JN261592

········ The Encyclopedia of Ornamental Horticulture ········

# 花の園芸事典

今西英雄　腰岡政二　柴田道夫　土井元章
【編集】

朝倉書店

| | | | |
|---|---|---|---|
| ナデシコ形花冠<br>（ナデシコ） | 十字形花冠<br>（スイートアリッサム） | バラ形花冠<br>（サクラ） | 高坏形花冠<br>（フロックス） |
| 鐘形花冠<br>（カンパニュラ） | 壺形花冠<br>（ドウダンツツジ） | 漏斗形花冠<br>（ペチュニア） | 舌状花冠と筒状花冠<br>（マーガレット） |
| 蝶形花冠<br>（ルピナス） | 唇形花冠<br>（ホトケノザ） | 仮面状花冠<br>（キンギョソウ） | 有距花冠<br>放射相称型<br>（セイヨウオダマキ） / 有距花冠<br>左右相称型<br>（スミレ） |

口絵 1　様々な花冠の形態（図 3.38，本文参照）〔作成：上町達也〕

口絵 2　様々な花弁状の器官をもつ花（図 3.44，本文参照）
左：花弁状雄蕊（サクラ，八重咲き），中：花弁状萼片（スターチス・シヌアータ），右：花弁状苞葉（スパティフィラム）〔作成：上町達也〕.

口絵 3　遺伝子組換えによるキク花色の青色化
〔作成：野田尚信（農研機構花き研究所）〕

口絵 4　エチレン生合成系遺伝子の抑制によるトレニアの花の寿命延長（図 4.5，本文参照）〔R. Aida, et al.: *Plant Science*, 138, 91–101, 1998 より転載（Copyright; Elsevier）〕

口絵 5　キクの育種圃場（有限会社精興園，上：スプレーギク，下：輪ギク）〔撮影：柴田道夫〕

口絵6 クローン苗生産用のSILHOSの実用化モデル（図5.11，本文参照）〔撮影：田中道男〕

口絵7 暗期中断時の光質と花成抑制効果（キク，図9.16，本文参照）
左から：暗期中断なし，青色光，赤色光，遠赤色光．12時間日長＋4時間暗期中断，品種：'セイローザ'〔作成：久松 完〕．

口絵8 EOD-FR処理の効果（図9.18，本文参照）
A：伸長促進（キク），B：開花促進（ストック）〔作成：久松 完〕．

口絵9 キクの大規模出荷調整施設（JA愛知みなみマムポートセンター）〔撮影：柴田道夫〕

口絵10 花卉卸売市場における時計競り（株式会社大田花き）〔撮影：市村一雄〕

口絵11 切り花のリファレンステスト（株式会社フラワーオークションジャパン）〔撮影：市村一雄〕

口絵12　コニファーを植栽したロックガーデン（兵庫県立淡路景観園芸学校）〔撮影：柴田忠裕〕

口絵13　マット植物による屋上緑化（新丸の内ビルディング）〔撮影：柴田忠裕〕

口絵14　パネル工法による壁面緑化（ヒメマサキ，丸の内パークビルディング）〔撮影：柴田忠裕〕

口絵15　キクの切り花生産（愛知県豊川市）〔撮影：柴田道夫〕

口絵16　キクの電照栽培風景（愛知県田原市）〔提供：愛知県農林水産部園芸農産課〕

口絵17　カーネーション切り花に対する品質保持剤（STS）処理の効果〔撮影：市村一雄〕

口絵18 バラの切り花生産（アーチング仕立て，広島県竹原市）〔撮影：土井元章〕

口絵19 オリエンタルハイブリッド系ユリの切り花生産（遮光栽培，新潟県魚沼市）〔撮影：土井元章〕

口絵20 シクラメンの鉢物生産（ひも給水，島根県出雲市）〔撮影：土井元章〕

口絵21 洋ラン（ファレノプシス）の鉢物生産（寄せ植え栽培，愛知県豊橋市）〔提供：大羽智弘（愛知県東三河農林水産事務所）〕

口絵22 観葉植物（ドラセナ・フラグランス'マッサンゲアナ'）の鉢物生産（愛知県田原市）〔提供：愛知県農林水産部園芸農産課〕

口絵23 パンジー（ビオラ）の花壇用苗物生産（広島県東広島市）〔撮影：柴田道夫〕

# 序

　社会がめまぐるしく移り変わるなかで，人々に一時の潤いと安らぎをもたらす'花のある生活'が日々の暮らしに定着してきました．また今年度の第186回国会において「花きの振興に関する法律」が成立し，今後の花卉産業と花卉文化の発展，振興の礎になることが期待されています．そのようななかにあって，この10年間の日本における花卉生産は低迷を続けています．しかし，花卉の育種は着々と進み数多くの画期的な品種が生み出され，世界的にも高く評価されています．一方この間に，植物の分子生物学や栽培技術に関する研究は飛躍的に進展しました．花成ホルモンと呼ばれたフロリゲンの正体が解明されるとともに，いくつかの園芸作物の全ゲノムが解読され，青いバラに代表される遺伝子組換えによる新規花卉の作出が可能になり，先端技術を駆使した植物工場における花卉生産も夢ではなくなってきました．

　朝倉書店からは，1986年に，当時営利的に栽培されていた多数の花卉を対象に，研究・技術情報などを整理してデータブック的にまとめた『花卉園芸の事典』が刊行されましたが，30年近くが経過し，新しい花卉や研究成果に対応できなくなっています．本書では，各論のみで構成されていた『花卉園芸の事典』とは異なり，総論を中心に編集し専門用語の解説を加えながら，最新の分子生物学的な発展もとりこみ，花の園芸全般が理解できるように努めました．また，代表的な種類については最近の研究成果を取り入れた栽培技術をコンパクトに紹介し，各論としても十分使えるように配慮しました．巻末には，花卉名・和文・欧文・学名と4種類の詳細な索引を作成し，索引項目から花の園芸の情報が手軽に引き出せるようにしました．花に関連する事柄を調べたいときや特定の分野の状況を知りたいときに，手軽に最新の知見がわかる事典を目指しました．

　本書は，全国の花卉園芸学の叡智を集め，花卉の歴史や文化的側面をも意識しながら，花卉の分類・形態・育種・繁殖・開花調節などの基礎的事項から，栽培管理・品質管理・利用まで，花卉に関するすべてを網羅する事典となっており，花卉研究の進展と花卉産業の発展に寄与することを願っています．大学や専門学校の園芸学・造園学分野などの教員や学生，都道府県や民間会社の研究者や花卉生産者のみならず，花卉産業の関係者，さらには花に興味をもつ一般の方々にも広く関心をもって読んでいただけるものと期待しています．

本書の出版にあたり，ご多忙のなか労を惜しまず筆をとられ，編集者の多大な要望に応えていただいた執筆者の方々に心から感謝申し上げます．また，企画段階から出版に至るまで種々尽力された朝倉書店の各位に対して謝意を表します．

　2014年8月

今西英雄<br>
腰岡政二<br>
柴田道夫<br>
土井元章

**編集者**　　今 西 英 雄　　大阪府立大学名誉教授
　　　　　　　腰 岡 政 二　　日本大学生物資源科学部
　　　　　　　柴 田 道 夫　　東京大学大学院農学生命科学研究科
　　　　　　　土 井 元 章　　京都大学大学院農学研究科

**執筆者**　　今 西 英 雄　　大阪府立大学名誉教授
(執筆順)　　湯 浅 浩 史　　東京農業大学名誉教授
　　　　　　　大 場 秀 章　　東京大学名誉教授
　　　　　　　鶴 島 久 男　　元テクノホルティ園芸専門学校
　　　　　　　池 谷 祐 幸　　農業・食品産業技術総合研究機構果樹研究所
　　　　　　　渡 辺 　 均　　千葉大学環境健康フィールド科学センター
　　　　　　　安 藤 敏 夫　　千葉大学名誉教授
　　　　　　　上 町 達 也　　滋賀県立大学環境科学部
　　　　　　　土 橋 　 豊　　甲子園短期大学
　　　　　　　柴 田 道 夫　　東京大学大学院農学生命科学研究科
　　　　　　　小野崎 　 隆　　農業・食品産業技術総合研究機構花き研究所
　　　　　　　間 　竜太郎　　農業・食品産業技術総合研究機構花き研究所
　　　　　　　羽毛田 智 明　　タキイ種苗株式会社研究農場
　　　　　　　福 井 博 一　　岐阜大学応用生物科学部
　　　　　　　高 村 武二郎　　香川大学農学部
　　　　　　　田 中 道 男　　香川大学名誉教授
　　　　　　　深 井 誠 一　　香川大学農学部
　　　　　　　後 藤 丹十郎　　岡山大学大学院環境生命科学研究科
　　　　　　　前 田 茂 一　　奈良県農業総合センター
　　　　　　　築 尾 嘉 章　　前農業・食品産業技術総合研究機構花き研究所
　　　　　　　河 合 　 章　　農業・食品産業技術総合研究機構野菜茶業研究所
　　　　　　　島 地 英 夫　　東京都農林総合研究センター
　　　　　　　佐 瀬 勘 紀　　日本大学生物資源科学部
　　　　　　　腰 岡 政 二　　日本大学生物資源科学部
　　　　　　　久 松 　 完　　農業・食品産業技術総合研究機構花き研究所
　　　　　　　仲 　 照 史　　奈良県農業総合センター
　　　　　　　林 　 孝 洋　　近畿大学農学部
　　　　　　　土 井 元 章　　京都大学大学院農学研究科
　　　　　　　中 山 真 義　　農業・食品産業技術総合研究機構花き研究所
　　　　　　　市 村 一 雄　　農業・食品産業技術総合研究機構花き研究所
　　　　　　　柴 田 忠 裕　　千葉県立農業大学校
　　　　　　　仁 科 弘 重　　愛媛大学農学部
　　　　　　　高 橋 洋 子　　JFTD学園日本フラワーカレッジ
　　　　　　　松 尾 英 輔　　九州大学名誉教授
　　　　　　　山 根 健 治　　宇都宮大学農学部
　　　　　　　上 田 善 弘　　岐阜県立国際園芸アカデミー

## 編集者・執筆者

| | |
|---|---|
| 豊田 正博 | 兵庫県立大学大学院緑環境景観マネジメント研究科 |
| 大石 一史 | 東海地域生物系先端技術研究会 |
| 梶原 真二 | 広島県立総合技術研究所 |
| 高野 恵子 | 高知県須崎農業振興センター |
| 古屋 挙幸 | 和歌山県農林水産部 |
| 福田 直子 | 農業・食品産業技術総合研究機構花き研究所 |
| 本図 竹司 | 茨城県農業総合センター |
| 宮前 治加 | 和歌山県農林水産総合技術センター |
| 佐藤 展之 | 静岡県経済産業部 |
| 中村 薫 | 宮崎県総合農業試験場 |
| 渡邉 祐輔 | 新潟県農業総合研究所 |
| 川村 浩美 | 岩手県立農業大学校 |
| 勝谷 範敏 | 前広島県立農業技術センター |
| 岡澤 立夫 | 東京都農林水産総合センター |
| 佐藤 武義 | 山形県農林水産部 |
| 湯本 弘子 | 農業・食品産業技術総合研究機構花き研究所 |
| 今村 仁 | 農業・食品産業技術総合研究機構九州沖縄農業研究センター |
| 稲本 勝彦 | 農業・食品産業技術総合研究機構東北農業研究センター |
| 駒形 智幸 | 茨城県県南農林事務所 |
| 石川 貴之 | 埼玉県農林総合研究センター |
| 関 栄一 | 前千葉県花植木センター |
| 二村 幹雄 | 愛知県農業総合試験場 |
| 加藤 克彦 | 岐阜県農業技術センター |
| 大野 始 | 静岡大学大学院農学研究科 |
| 酒井 広蔵 | 愛知県園芸振興基金協会 |
| 市橋 正一 | 愛知教育大学名誉教授 |
| 窪田 聡 | 日本大学生物資源科学部 |
| 新井 聡 | 愛知県農業総合試験場 |
| 内山 達也 | 三重県中央農業改良普及センター |
| 小田 正之 | 新潟県農林水産部 |
| 鎌田 正行 | 前三重県科学技術振興センター |
| 住友 克彦 | 農業・食品産業技術総合研究機構花き研究所 |
| 辻 俊明 | 富山県農林水産総合技術センター |
| 加藤 正広 | 千葉県農林総合研究センター |

# 目　　次

## Ⅰ. 花卉総論

### 1. 花卉園芸とその歴史・文化　　【編集：今西英雄】

1.1　園芸の成立と花卉園芸 ･････････････････････････････････････今西英雄 ････････ 2
　1.1.1　園　　芸 ･･････････････････････････････････････････････････････････････ 2
　1.1.2　花 卉 園 芸 ･････････････････････････････････････････････････････････････ 3
1.2　花卉の歴史 ･･･････････････････････････････････････････････････････････････ 5
　1.2.1　花 の 認 識 ･････････････････････････････････････････････湯浅浩史 ････････ 5
　1.2.2　西洋における発展 ･･････････････････････････････････････大場秀章 ････････ 7
　1.2.3　日本における発展 ･･････････････････････････････････････湯浅浩史 ････････ 9
　1.2.4　東西の交流 ････････････････････････････････････････････大場秀章 ･･････ 12
　1.2.5　明治時代以降第二次世界大戦前 ･･････････････････････････鶴島久男 ･･････ 17
1.3　第二次世界大戦後の推移 ･･･････････････････････････････････今西英雄 ･･････ 19
　1.3.1　花卉生産の推移 ･････････････････････････････････････････････････････ 19
　1.3.2　花卉の輸出入の推移 ･････････････････････････････････････････････････ 21

### 2. 種類・分類　　【編集：土井元章】

2.1　系統分類と命名法 ･････････････････････････････････････････池谷祐幸 ･･････ 23
　2.1.1　系統分類と分類体系 ･････････････････････････････････････････････････ 23
　2.1.2　命　名　法 ･････････････････････････････････････････････････････････ 23
　2.1.3　分類群と階級 ･･･････････････････････････････････････････････････････ 24
2.2　植物学的分類 ･････････････････････････････････････････････････････････ 26
　2.2.1　陸上植物の系統分類 ･････････････････････････････････････････････････ 26
　2.2.2　栽培植物の分類 ･････････････････････････････････････････････････････ 26
2.3　原生地の気候型による分類 ･････････････････････････････････渡辺　均 ･･････ 28
　2.3.1　原生地と気候型 ･････････････････････････････････････････････････････ 28
　2.3.2　気　候　区　分 ･････････････････････････････････････････････････････ 28
　2.3.3　自生植物と帰化植物 ･････････････････････････････････････････････････ 30
2.4　生活型・生活形による分類 ･･･････････････････････････････････････････････ 30
　2.4.1　休　眠　型 ･････････････････････････････････････････････････････････ 30
　2.4.2　水との関連による分類 ･･･････････････････････････････････････････････ 31
　2.4.3　生育地との関連による分類 ･･･････････････････････････････････････････ 32
2.5　人為分類（園芸的分類）･････････････････････････････････････安藤敏夫 ･･････ 32

## 2.5.1 生育習性等による分類 ……………………………………………… 33
## 2.5.2 園芸的分類 ………………………………………………………………… 34
## 2.5.3 利用法（流通形態）による分類 ……………………………………… 38

# 3. 花卉の形態　【編集：腰岡政二】

## 3.1 細胞・組織形態 ……………………………………… 上町達也 ……… 40
### 3.1.1 植物細胞 ……………………………………………………………… 40
### 3.1.2 分裂組織 ……………………………………………………………… 40
### 3.1.3 組織系 ………………………………………………………………… 41
## 3.2 栄養器官と構造 ……………………………………………………………… 42
### 3.2.1 芽 ……………………………………………………………………… 42
### 3.2.2 葉 ……………………………………………… 土橋 豊 ……… 43
### 3.2.3 茎 ……………………………………………………………………… 48
### 3.2.4 根 ……………………………………………………………………… 49
### 3.2.5 球根 …………………………………………………………………… 51
## 3.3 生殖器官と構造 ……………………………………………………………… 52
### 3.3.1 花の形態 ……………………………………………………………… 52
### 3.3.2 花の基本構造と多様性 ………………………… 上町達也 ……… 55
### 3.3.3 花序 …………………………………………………………………… 57
### 3.3.4 開花の形 ……………………………………………………………… 59
## 3.4 果実 ……………………………………………………… 土橋 豊 ……… 60
## 3.5 種子 …………………………………………………………………………… 60
## 3.6 その他の器官 ………………………………………………………………… 60

# 4. 育　種　【編集：柴田道夫】

## 4.1 育種 ……………………………………………………… 柴田道夫 ……… 62
### 4.1.1 花卉の育種 …………………………………………………………… 62
### 4.1.2 育種の進め方 ………………………………………………………… 62
### 4.1.3 花卉の育種目標 ……………………………………………………… 63
## 4.2 育種の原理 …………………………………………………………………… 63
### 4.2.1 遺伝 …………………………………………………………………… 63
### 4.2.2 雑種強勢と自殖弱勢 ………………………………………………… 64
### 4.2.3 自家不和合性 ………………………………………………………… 65
### 4.2.4 雄性不稔性 …………………………………………………………… 65
### 4.2.5 交雑不親和性 ………………………………………………………… 65
## 4.3 育種法 ………………………………………………………………………… 65
### 4.3.1 栄養繁殖性花卉の育種 ……………………………………………… 65
### 4.3.2 自殖性花卉の育種 …………………………………………………… 66
### 4.3.3 他殖性花卉の育種 …………………………………………………… 66
### 4.3.4 一代雑種育種法（$F_1$雑種育種法） ……………………………… 67
### 4.3.5 突然変異育種法 …………………………………… 小野崎 隆 …… 69

4.3.6 倍数性育種法……………………………………………………………………71
4.4 バイオテクノロジー……………………………………………………………73
　4.4.1 半数体育種………………………………………間　竜太郎…………73
　4.4.2 遠縁交雑…………………………………………………………………73
　4.4.3 細胞融合…………………………………………………………………74
　4.4.4 遺伝子組換え……………………………………………………………74
　4.4.5 分子マーカー……………………………………小野崎　隆…………77
4.5 新品種保護…………………………………………………柴田道夫…………79

## 5. 繁　殖　【編集：柴田道夫】

5.1 種子繁殖…………………………………………………羽毛田智明…………81
　5.1.1 採　種……………………………………………………………………81
　5.1.2 播　種……………………………………………………………………81
　5.1.3 発　芽……………………………………………………………………82
　5.1.4 種子処理…………………………………………………………………83
5.2 栄養繁殖……………………………………………………………………………84
　5.2.1 挿し木繁殖………………………………………福井博一…………84
　5.2.2 取り木繁殖………………………………………………………………86
　5.2.3 接ぎ木繁殖………………………………………………………………87
　5.2.4 株分け，分球，球根繁殖………………………高村武二郎…………91
5.3 組織培養……………………………………………………………………………92
　5.3.1 マイクロプロパゲーション……………………田中道男…………92
　5.3.2 凍結保存…………………………………………深井誠一…………99
　5.3.3 無病苗生産………………………………………………………………100

## 6. 土壌・肥料　【編集：土井元章】

6.1 土壌の種類と理化学性…………………………………後藤丹十郎………102
　6.1.1 土壌の種類………………………………………………………………102
　6.1.2 土壌の物理性……………………………………………………………103
　6.1.3 土壌の化学性と土壌診断………………………………………………104
6.2 鉢と配合土…………………………………………………………………………109
　6.2.1 鉢の種類…………………………………………………………………109
　6.2.2 配合土……………………………………………………………………110
6.3 肥料と施肥…………………………………………………前田茂一…………112
　6.3.1 肥料の種類………………………………………………………………112
　6.3.2 肥料成分…………………………………………………………………114
　6.3.3 施肥法……………………………………………………………………114

## 7. 病害虫防御　【編集：柴田道夫】

7.1 花卉の病害…………………………………………………築尾嘉章…………117
　7.1.1 糸状菌病…………………………………………………………………117

  7.1.2 細菌病 ····················································································· 119
  7.1.3 ウイルス・ウイロイド病 ································································· 120
 7.2 花卉の虫害 ·············································································· 河合　章 ········ 121
  7.2.1 害　　虫 ····················································································· 121
  7.2.2 線　　虫 ····················································································· 122
 7.3 防　除　法 ·············································································· 築尾嘉章 ········ 123
  7.3.1 伝染経路 ····················································································· 123
  7.3.2 化学的防除 ··················································································· 124
  7.3.3 耕種的防除 ··················································································· 125
  7.3.4 生物的防除 ··················································································· 127
  7.3.5 総合的防除 ··················································································· 128
 7.4 病害抵抗性 ··························································································· 128
 7.5 植物防疫 ······························································································ 129

## 8. 施設と環境調節　　【編集：腰岡政二】

 8.1 施設と環境 ············································································ 島地英夫 ········ 131
 8.2 施設の種類 ··························································································· 132
 8.3 被覆資材 ······························································································ 134
 8.4 環境制御技術 ························································································ 136
  8.4.1 施設環境制御 ·········································································· 佐瀬勘紀 ········ 136
  8.4.2 光環境制御 ··················································································· 137
  8.4.3 温度制御 ····················································································· 139
  8.4.4 換気制御 ············································································· 島地英夫 ········ 140
  8.4.5 二酸化炭素 ··················································································· 141
  8.4.6 土壌水分制御 ················································································ 141
  8.4.7 省エネルギー，省力 ········································································ 142

## 9. 生育と開花調節　　【編集：腰岡政二】

 9.1 生　育　相 ············································································· 腰岡政二 ········ 144
 9.2 休眠・ロゼットとその打破 ···································································· 144
  9.2.1 休眠とその打破 ·············································································· 144
  9.2.2 ロゼットとその打破 ······································································· 147
 9.3 栄養成長 ······························································································ 147
  9.3.1 光合成と成長 ················································································ 148
  9.3.2 植物の形態形成と成長 ····································································· 150
 9.4 幼若性と花熟 ························································································ 151
  9.4.1 幼　若　性 ··················································································· 151
  9.4.2 花　　熟 ····················································································· 152
 9.5 花芽形成 ······························································································ 152
  9.5.1 花芽分化と花器官の形成 ································································· 152
  9.5.2 花葉の属性を決定する ABC モデル ··················································· 153

9.6 開　　　花 …………………………………………………………………………… 154
　9.6.1　開花時期による花卉の分類 ……………………………………………………… 154
　9.6.2　開葯の形態 …………………………………………………………………………… 154
9.7 生育と開花の調節 ………………………………………………………………………… 154
　9.7.1　日長と生育・開花 ………………………………………………… 久松　完 …… 154
　9.7.2　温度と生育・開花 ………………………………………………………………… 159
　9.7.3　植物成長調節物質 ………………………………………………… 腰岡政二 …… 165

## 10．作型・育苗・栽培　　　　　　　　　　　　　　　　　【編集：腰岡政二】

10.1 作　　　型 …………………………………………………………… 腰岡政二 …… 173
10.2 育　　　苗 …………………………………………………………… 仲　照史 …… 174
　10.2.1　育苗の目的 ………………………………………………………………………… 174
　10.2.2　育苗の方法 ………………………………………………………………………… 174
10.3 栽　　　培 ………………………………………………………………………………… 175
　10.3.1　露地栽培と施設栽培 ……………………………………………………………… 175
　10.3.2　移植と定植 ………………………………………………………………………… 176
　10.3.3　剪定と整枝 ………………………………………………………………………… 177
　10.3.4　灌　　　水 ………………………………………………………………………… 178
　10.3.5　ベンチとベッド …………………………………………………………………… 180
10.4 養液栽培 ……………………………………………………………… 前田茂一 …… 181
　10.4.1　養液栽培の特徴 …………………………………………………………………… 181
　10.4.2　養液栽培の方式 …………………………………………………………………… 182
　10.4.3　培養液と通気 ……………………………………………………………………… 183
10.5 生理障害 ……………………………………………………………… 林　孝洋 …… 184
　10.5.1　不適当な環境条件による生理障害 ……………………………………………… 184
　10.5.2　欠乏症と過剰症 …………………………………………………………………… 189

## 11．品質管理　　　　　　　　　　　　　　　　　　　　　【編集：土井元章】

11.1 花卉の品質 …………………………………………………………… 土井元章 …… 191
　11.1.1　品　　　質 ………………………………………………………………………… 191
　11.1.2　日持ち（花持ち） ………………………………………………………………… 191
11.2 花色と香り …………………………………………………………… 中山真義 …… 191
　11.2.1　測 色 法 …………………………………………………………………………… 191
　11.2.2　葉色と花色 ………………………………………………………………………… 194
　11.2.3　色　　　素 ………………………………………………………………………… 195
　11.2.4　花の香り …………………………………………………………………………… 197
11.3 収穫後生理 …………………………………………………………… 市村一雄 …… 199
　11.3.1　老化と品質低下 …………………………………………………………………… 199
　11.3.2　呼吸と糖質 ………………………………………………………………………… 200
　11.3.3　エチレンと品質低下 ……………………………………………………………… 201
　11.3.4　水分生理 …………………………………………………………………………… 204

- 11.4 収穫後技術 …………………………………… 土井元章 ………… 206
  - 11.4.1 収穫・調整・箱づめ ………………………………………… 206
  - 11.4.2 予冷・輸送・貯蔵 …………………………………………… 207
  - 11.4.3 品質保持剤 …………………………………………………… 209
- 11.5 花卉の流通と消費 ……………………………………………… 212
  - 11.5.1 流　　通 ……………………………………………………… 212
  - 11.5.2 消　　費 ……………………………………………………… 214
  - 11.5.3 品質保証 ……………………………………………………… 214

## 12. 利　用　　【編集：今西英雄】

- 12.1 景観的利用 …………………………………… 柴田忠裕 ………… 217
  - 12.1.1 花　　壇 ……………………………………………………… 217
  - 12.1.2 都市緑化 ……………………………………………………… 220
- 12.2 室内装飾 ………………………………………………………… 223
  - 12.2.1 グリーンアメニティ ………………………… 仁科弘重 ………… 223
  - 12.2.2 花卉の装飾（フラワーデザイン） ………… 高橋洋子 ………… 226
- 12.3 社会と園芸 …………………………………… 松尾英輔 ………… 228
  - 12.3.1 社会園芸学 ……………………………………………………… 228
  - 12.3.2 人間と植物とのかかわり ……………………………………… 228
  - 12.3.3 園芸福祉 ………………………………………………………… 228
  - 12.3.4 園芸を通しての教育 …………………………………………… 229
  - 12.3.5 環境問題への取り組み ………………………………………… 229
  - 12.3.6 コミュニケーションの場や機会をつくりだす園芸 ………… 230
  - 12.3.7 健康に果たす園芸の役割 ……………………………………… 230
- 12.4 園芸と癒し ……………………………………………………… 231
  - 12.4.1 癒しの効果 …………………………………… 山根健治 ………… 231
  - 12.4.2 香　　り ……………………………………… 上田善弘 ………… 232
  - 12.4.3 園芸療法 ……………………………………… 豊田正博 ………… 236

# II. 花卉各論

【編集：柴田道夫・今西英雄】

## 13. 切り花類

- 13.1 キ　　ク ……………………………………… 大石一史 ………… 240
- 13.2 カーネーション ……………………………… 小野崎　隆 ………… 246
- 13.3 バ　　ラ ……………………………………… 梶原真二 ………… 250
- 13.4 ユ　　リ ……………………………………… 高野恵子 ………… 255
- 13.5 ストック ……………………………………… 久松　完 ………… 260
- 13.6 スターチス …………………………………… 古屋挙幸 ………… 262

| | | |
|---|---|---|
| 13.7 | トルコギキョウ……………………………………福田直子………… | 264 |
| 13.8 | フリージア………………………………………本図竹司………… | 268 |
| 13.9 | グラジオラス……………………………………今西英雄………… | 270 |
| 13.10 | シュッコンカスミソウ…………………………宮前治加………… | 271 |
| 13.11 | アルストロメリア………………………………本図竹司………… | 273 |
| 13.12 | ガーベラ…………………………………………佐藤展之………… | 275 |
| 13.13 | スイートピー……………………………………中村　薫………… | 278 |
| 13.14 | チューリップ……………………………………渡邉祐輔………… | 279 |
| 13.15 | リンドウ…………………………………………川村浩美………… | 283 |
| 13.16 | デルフィニウム…………………………………勝谷範敏………… | 286 |
| 13.17 | 切　り　葉………………………………………岡澤立夫………… | 289 |
| 13.18 | 切　り　枝………………………………………佐藤武義………… | 291 |
| 　13.18.1 | サクラ類……………………………………………………… | 291 |
| 　13.18.2 | その他の切り枝……………………………………………… | 295 |
| 13.19 | その他の切り花………………………………………………… | 304 |
| 　13.19.1 | 一・二年草………………………………………湯本弘子………… | 304 |
| 　13.19.2 | 宿　根　草………………………………………今村　仁………… | 308 |
| 　13.19.3 | 球　根　類………………………………………稲本勝彦………… | 316 |

## 14. 鉢　物　類

| | | |
|---|---|---|
| 14.1 | シクラメン………………………………………駒形智幸………… | 323 |
| 14.2 | プリムラ類………………………………………石川貴之………… | 326 |
| 　14.2.1 | プリムラ・マラコイデス…………………………………………… | 327 |
| 　14.2.2 | プリムラ・オブコニカ……………………………………………… | 328 |
| 　14.2.3 | プリムラ・ポリアンサ……………………………………………… | 328 |
| 　14.2.4 | プリムラ類の病害虫防除…………………………………………… | 330 |
| 14.3 | ベゴニア…………………………………………関　栄一………… | 330 |
| 　14.3.1 | エラチオールベゴニア……………………………………………… | 330 |
| 　14.3.2 | 木立性ベゴニア……………………………………………………… | 332 |
| 　14.3.3 | キュウコンベゴニア………………………………………………… | 332 |
| 　14.3.4 | ベゴニア・センパフローレンス…………………………………… | 333 |
| 14.4 | シネラリア（サイネリア）……………………二村幹雄………… | 333 |
| 14.5 | ゼラニウム………………………………………………………… | 335 |
| 14.6 | セントポーリア…………………………………………………… | 337 |
| 14.7 | サボテン・多肉植物……………………………加藤克彦………… | 338 |
| 　14.7.1 | カランコエ…………………………………………………………… | 338 |
| 　14.7.2 | シャコバサボテン…………………………………………………… | 340 |
| 　14.7.3 | サボテン科…………………………………………………………… | 342 |
| 14.8 | 洋　ラ　ン　類…………………………………………………… | 343 |
| 　14.8.1 | シンビジウム……………………………………大野　始………… | 343 |
| 　14.8.2 | デンドロビウム…………………………………酒井広蔵………… | 347 |

    14.8.3　ファレノプシス……………………………市橋正一…………352
    14.8.4　カトレヤ類………………………………………………………355
    14.8.5　オンシジウム……………………………………………………357
    14.8.6　その他のラン類…………………………窪田　聡…………359
  14.9　観葉植物………………………………………新井　聡…………361
    14.9.1　スパティフラム…………………………………………………361
    14.9.2　ポ ト ス……………………………………………………………362
    14.9.3　シ ダ 類……………………………………………………………362
    14.9.4　ドラセナ類………………………………………………………363
    14.9.5　フィカス類………………………………………………………363
    14.9.6　アナナス類………………………………………………………364
    14.9.7　アンスリウム……………………………………………………365
    14.9.8　ディフェンバキア………………………………………………366
    14.9.9　アフェランドラ…………………………………………………366
    14.9.10　その他の観葉植物………………………………………………367
  14.10　花 木 類………………………………………………………………368
    14.10.1　ハイドランジア…………………………内山達也…………368
    14.10.2　アザレア…………………………………小田正之…………370
    14.10.3　ハイビスカス……………………………鎌田正行…………372
    14.10.4　ポインセチア……………………………………………………373
  14.11　その他の鉢物類………………………………住友克彦…………374

## 15. 花壇用苗物類

  15.1　パ ン ジ ー……………………………………前田茂一…………380
  15.2　サ ル ビ ア……………………………………………………………382
  15.3　マリーゴールド………………………………………………………383
  15.4　ペチュニア……………………………………………………………384
  15.5　その他の花壇用苗物類………………………………………………385

## 16. 球根類（球根生産）

  16.1　チューリップ…………………………………辻　俊明…………387
  16.2　ユ　　　リ……………………………………小田正之…………389
  16.3　グラジオラス…………………………………本図竹司…………391
  16.4　フリージア……………………………………………………………392

## 17. 花木類（植木類）

  17.1　ツ ツ ジ 類……………………………………柴田忠裕…………394
  17.2　イ　ブ　キ……………………………………………………………395
  17.3　ツ バ キ 類……………………………………………………………395
  17.4　カ　エ　デ……………………………………………………………397
  17.5　ヒ　　　バ……………………………………………………………397

| | |
|---|---|
| 17.6 ツ　　　ゲ | 398 |
| 17.7 その他の花木類 | 399 |

## 18. 地被植物類

| | | |
|---|---|---|
| 18.1 つ る 物 類 | 柴田忠裕 | 401 |
| 18.2 タケ・ササ類 | | 403 |
| 18.3 ジャノヒゲ類 | | 403 |
| 18.4 その他の地被植物類 | | 404 |

## 19. シ　　　バ

　　　　　　　　　　　　　　　　　　　　　　　　　　加藤正広　　　　406

| | |
|---|---|
| 花卉名索引 | 409 |
| 和 文 索 引 | 414 |
| 欧 文 索 引 | 428 |
| 学 名 索 引 | 440 |
| 資　料　編 | 445 |

## 凡　例

1. 園芸用語については園芸学会編『園芸学用語集・作物名編』（養賢堂，2005）によった．その用語を詳しく説明している箇所に欧文表記を（　）で入れたが，原則として1カ所にとどめた．なお，「花卉」については，官公庁等の資料における「花き」を除き，すべて漢字で表記した．
2. 科名，属名，種小名を記載する場合には，被子植物についてはAPG Ⅲに則って示し，無理な場合にはその旨を示した．また，裸子植物，シダ植物，科名の和名などについては，大場秀章編著『植物分類表』（アボック社，2009）によった．
3. 種間交雑の進んだ結果，種レベルでの学名を付けることが不可能な場合は，属名の後に命名者のみを入れた．属内の複数の種がおもに用いられている場合は，「属名 spp.」とした．本文中で学名を（　）で挿入する場合は，命名者を省いた．
4. 栽培（園芸）品種では，カタカナ書きを' 'で囲み，複合語の区切りを示す中黒（・）は省いた．なお，洋ラン類では，両親を示す交雑（交配）種名は欧文表記とし，その両親の子の中から選抜された個体（品種）名を' 'でカタカナ書きした．
5. 特殊なもの，わかりにくいものを除いてSI単位系を用いた．
6. 〔　〕内の文字は省略しても同義であることを示す．欧文では［　］で表した．

# I. 花卉総論

# 1. 花卉園芸とその歴史・文化

## 1.1 園芸の成立と花卉園芸

### 1.1.1 園芸
#### a. 園芸の成立

13~14世紀になると，英国やフランスでは封建制が崩壊して，国王に権力が集中し，城が宮殿に変わった．宮殿内には庭園がつくられ，めずらしい異国の果樹や花，季節外れの野菜が栽培されて，王侯，貴族に供給されるようになった．造園，果樹，野菜，花の栽培の一体化である．16世紀のヨーロッパでは，一般家庭でも園をつくり，果樹，野菜，花を栽培することが普及してきた．それを受けて，1631年には英語で初めてhorticultureという言葉が使われ，1678年に新語として紹介されている．このように17世紀になり，horticultureという概念が生まれてきたのである．

「園芸」という語は，このhorticultureの訳語であり，ラテン語のhortus（囲うこと，または囲まれた土地の意）とcultura, colere（栽培，耕作の意）に由来している．gardeningもアングロサクソン語の囲まれた意のgyrdanに由来し，同義語として用いられるが，どちらかといえばアマチュアの間で使われることが多い．漢字の園芸という語は，比較的狭い土地で囲いをして，植物を保護しながら栽培管理するという意味にあたり，英語の訳としては当を得ているといえる．

日本では，徳川時代に果樹や野菜栽培は農業生産の一翼として，農村を中心に発達した．一方，花の栽培，造園は都会を中心に発達し，美的要求を追求し満足させるものとして，芸術的価値を発揮してきたという違いが見られる．近年になるまで，果樹・野菜と花を同一の場所で栽培することはほとんどなかったのである．そのため，明治時代になって，欧米から学問の一分野として園芸学が導入されるまで，園芸という概念はなかった．1873年に出版された英和語彙で初めてhorticulture, gardeningの訳語として現れた．

#### b. 園芸と園芸作物

園芸とは，生産の立場から果樹（fruit tree），野菜（vegetable），観賞植物である花卉（flower and ornamental plant）などを資本と労力をかけて集約的に栽培することとされ，対象作物の種類により果樹園芸（fruit science, fruit growing），野菜園芸（olericulture, vegetable gardening），花卉園芸（floriculture, flower gardening）に分けられている．これに対し，広い土地で作物を栽培するのが狭義の農業（agronomy）であり，林木を森林で育てる林業（forestry）のほか，動物を対象とする畜産（animal husbandry）を加え，農業（agriculture）となる（図1.1）．

このように果樹，野菜，花卉は囲われた園地で比較的小規模・集約的に栽培されることから，園芸作物（horticultural crop, garden crop）としてまとめられ，広い土地を使って比較的粗放的に栽培される農作物（field crop）とは別に扱われる．栽培管理の程度によって収穫物の品質や価格

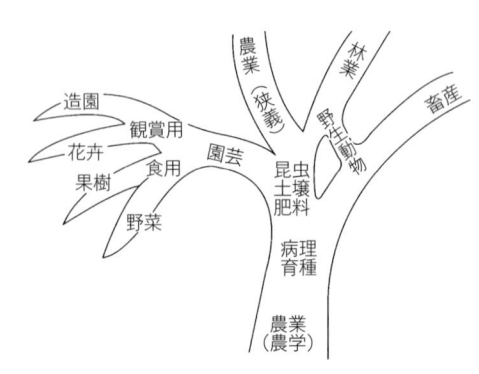

**図1.1 農業およびその技術に関する系統樹**

に著しい差が現れることから，化学肥料や農薬を使った集約的な栽培がふつうであったが，食の安全性や環境への配慮から，有機栽培（organic culture）や持続可能な農業（sustainable agriculture）の方向をめざす傾向もみられる．

**c. 園芸学**

園芸学（horticultural science）とは，園芸作物の生産および栽培に関する学問であり，栽培を中心にして園芸作物の歴史，分類，繁殖，生産，利用，育種，病害虫など広い範囲を応用科学として体系的にとり扱う．対象となる作物が果樹，野菜，花卉と三つからなることから，園芸学も果樹園芸学（fruit science, pomology），野菜園芸学（vegetable crop science, olericulture），花卉園芸学（floriculture）の3分野に分けられ，さらに三つの園芸作物の収穫後の生理，貯蔵，流通などを取り扱う園芸利用学（postharvest horticulture）が1分野として分化した．その後，研究の進展に伴って，対象作物別に分けるのでなく，繁殖をおもな研究対象とする園芸繁殖学，園芸種苗生産学，園芸作物を施設で保護して育てる栽培に関する施設園芸学（protected horticulture）などが分化してきている．

**d. 園芸の内容**

園芸は，販売を目的とする生産園芸（commercial horticulture）が主流であり，上述の園芸学も園芸作物の生産・利用の技術を中心に支える方向で発展し，体系化されてきた．これに対し，販売を目的とせず，個人の楽しみで植物を育てる趣味園芸（amateur gardening）の世界がある．古代から近代までの園芸，とくに花卉園芸の大部分は，この趣味園芸のカテゴリーに入り，盆栽（bonsai）もおもに趣味園芸の中で発展したものである．現在，この世界は家庭園芸（home gardening）とも呼ばれ，家庭菜園では野菜や小果樹を育て収穫の喜びを味わい，庭には花を植えてガーデニングを楽しむ人々が増えている．このような家庭園芸を楽しむ人々に，栽培の知識や助言を与えるのが園芸家（horticulturist）と呼ばれる人々である．

また，園芸を利用して健康や生活の質（quality of life：QOL）の改善を図ることが可能である点に着目し，福祉や医療，あるいは教育などに役立てようとする分野が注目され，園芸福祉（horticultural well-being）と呼ばれている．この分野を担うのが園芸からみれば，福祉園芸，社会園芸（sociohorticulture）となる．このような園芸のもつ機能を医療の一環として取り入れているのが園芸療法（horticultural therapy）である．

さらに，人口の集中，過密化が進む都市において，空間に植物を配置して，屋上や壁面の緑化，花のある街づくりなど，都市の無機的な環境を有機的な環境に変え，豊かな景観やアメニティの創造を目指すのが都市園芸（urban horticulture）といわれる分野である．

このように今日では，生産・販売という経済的行為を主目的とする生産園芸だけでなく，園芸のもつ社会，文化，および環境的機能にも眼を向けた新しい展開が期待されている．

### 1.1.2 花卉園芸

**a. 花卉の由来**

「花」とは「艸」と美しい意を表す音符「化」とから成る形声文字で，草の「はな」の意を表すという説と，端（はな）から転じ著しく目立つという意であるとの説がある．「卉」は会意文字で三つの草「屮」を併せて，多くの草，すべての草の意を表し，草の総称である．花卉とは花草，くさばな，花の咲く草の意となる．歴史上花卉の文字が初めて見られるのは，1630年の『群芳譜』（ぐんぽうふ）（明代）であり，花部として花木，花草を網羅し，卉部として陸生，水生植物，菌類，藻類とに分けており，観賞価値のないものも含まれていた．1688年の『秘傳花鏡』では，花木類，藤蔓類，花草類に区別し，花卉という語は使われていないが，観賞対象となる植物を網羅していた．日本では，貝原益軒の著した『花譜』（かふ）（1694年）の序文に初めて登場している．

**b. 花　卉**

花卉は観賞のために栽培される草本（herbaceous）および木本（woody）の植物であり，観賞植物（ornamental plant）と同義である．しかし花卉は切り花（cut flower），鉢物（potted plant），花壇用苗物（bedding plant）など，おもに花店で扱われるものを意味しているのに対し，観賞植物は，造園用に使われる植木（garden tree and shrub）やグランドカバープランツ（地被植物，ground cover plant）なども包含しており，幅広い意味でよく使われる．

日本の農林水産統計では「花き」と称して切り花類，鉢もの，花壇用苗もの，花木類（植木類），球根類（flower bulb），芝（turf, lawn grass），地被植物類を包含している．しかし，ふつう花卉といえば狭義で切り花，鉢物，花壇用苗物を指すことが多い．

#### c. 花卉園芸と観賞園芸

花卉園芸は園芸生産の一分野であり，花卉，すなわち観賞のために栽培する植物の生産および栽培を担っている．このような花卉の生産および花卉栽培（flower growing）に関する学問が花卉園芸学である．これに対し，近年，観賞園芸あるいは観賞園芸学（ornamental horticulture）という言葉がよく使われるようになっている．屋内外の環境を美化し，環境の機能性を高めるため，観賞植物を栽培し，利用する行為を重んじて，この言葉が用いられることが多い．

#### d. 営利生産で取り扱う花卉

①切り花：　地上部全体あるいはその一部を切り取り，水に挿して利用する場合で，葉の部分のみ切って使う場合は切り葉（cut foliage），木本性の切り花の場合は枝物・切り枝（cut branch, cut twig）とよぶ．世界中を通じて，キク，カーネーション，バラが三大切り花であり，日本ではキクが出荷量で1/3以上を占め，カーネーション，バラを大きく上回り，その生産が突出している．その他1億本を超す生産がある切り花は，2010年では，ガーベラ，ユリ，スターチス，トルコギキョウにすぎない．切り葉はシダ類など1億7000万本強の出荷があり，モモ，コデマリ，ユキヤナギなどの切り枝の出荷量はまとめると2億2000万本強に達する．

②鉢物：　鉢に植えられて利用されるもので，観賞期間が長く，植物を育てる楽しみが伴う．熱帯，亜熱帯原産で，主として葉の部分を観賞対象とする観葉植物の出荷が最も多く，ついでポインセチア，アザレア，ハイドランジアなどの花木類，シクラメン，洋ラン類の出荷が多い．

③種苗：　種子（seed）あるいは実生（seedling）だけでなく，栄養繁殖性の幼植物（young plant）の生産も増えている．切り花，鉢物生産に用いる営利生産用の種苗と，個人庭園や花壇に使用する一般消費者用の種苗に分かれる．前者は，苗生産専門の業者が現れて，種苗の生産と切り花や鉢物の成品生産との分業化が急速に進行した．後者は花壇用の苗物（nursery plant）が主となり，ガーデニングブームにのって急激に生産が伸びた．

④球根：　種苗の一種であり，営利生産者用と消費者用（ドライセール）の両方がある．球根生産は，オランダからの球根の輸入急増と栽培農家の高齢化により減少を続けている．

#### e. 花卉園芸の特徴

花卉園芸，とりわけ営利生産は，他の農作物生産と異なり次のような特徴をもっている．

①種類・品種の多様性：　観賞による美的要求を満足させるため，また消費者のニーズの多様化に応えるため，多様な変化と新奇なものを追求することになる．このため，多くの種類が栽培されており，品種数も多い．また，野生植物の園芸化が現在も進んでいる．

②文化的要素大：　もともと農作物は，文化の所産であり，園芸作物は嗜好性に強く左右されることから，文化的色彩を強く帯びている．とりわけ，花卉はその性格が強い．徳川時代後半には，町人の文学と芸術が栄え，日本固有の文化が形成されるのと併行して，固有の園芸植物としてハナショウブ，アサガオ，サクラソウなどの発達をみている．このような流れは今日まで続いており，多くの趣味団体が，キク，アサガオ，ラン，セントポーリアなど，それぞれの分野できわめて専門的に収集，育種を行っている．

③価格の変動大：　需給のバランスで価格が決定されるため，春・秋の彼岸や盆といった「もの日」に合わせた生産などでは天候に支配されて出荷期が合わず，市場価格が大きく変動することが

多い．あるいは，栽培管理の程度によって収穫物の品質に差が生じ，価格に大きな差が現れやすい．

④集約性大：　小規模の面積に大きい資本と労力を投入して多くの収入を得ようとしているため，施設栽培が主体となり，農作物の中で花卉ほど集約性の高いものはない．温室，ビニルハウス，時には冷房室を用いた栽培が行われている．嗜好的性格が強いため良質の生産物を作る必要があること，高い価格をねらって不時出荷を目指すことが多いこと，熱帯や高地原産の種類など世界各地原産の植物を栽培する必要があるといった事情が関係している．市場価格が高く粗収入が大きいので，土地生産性は高いが，所要労働時間が大きいため，1戸当りの家族労働報酬は低く，労働生産性はあまり高いとはいえない．

⑤高度の技術：　日本の市場は，品質に対する要求がきわめて高いため，栽培には高度の技術が必要とされる．このため栽培知識や新規導入花卉に対する情報が重視されてきた．植物生理学における光周性や春化作用の発見は，開花調節技術として利用されていった．また組織培養の技術は花卉の繁殖に適用され，種苗生産と成品生産との分業化へ発展し，新しい生産体系の組み立てが進行したという経緯がある．

[今西英雄]

## 1.2 花卉の歴史

### 1.2.1 花の認識
#### a. 花　食

人は花を美しいと感じる．この認識はいつ芽生えたのであろうか．単なる花の認識であれば，動物も行う．花を訪れる昆虫は少なくない．メジロや南米のハミングバードなど鳥も花に飛来する．さらに哺乳類もアフリカの原猿のギャラゴやマダガスカルのレムール類も花に群がり，ニホンザルはヒカゲツツジの咲く崖を降り，花に向かう．

しかし，昆虫や鳥の認識の多くは花の色であり，食物として蜜や花粉が結びつくからである．サルのレベルになると，季節や場所など時間的・空間的に認識度は高まるが，やはり食べ物の域を出ない．

ヒトも花を食べる．テキサスの岩陰遺跡の糞石の分析から3000年をさかのぼる先住民がリュウゼツラン，ユッカ，ウチワサボテンの花を大量に食べていたことがわかる．

人類の長い歴史，猿人，原人，旧石器人のどの段階で，花食から脱して花に美しいという感覚をもつに至ったのであろうか．

#### b. 最初の花人

人類が最初に花を美しいと認識したとみられる痕跡は6万年前のネアンデルタール人にさかのぼる．1960年，ソレッキー（Ralph S. Soleki）はイラクの北部，トルコとの国境近くのシャニダールの石灰岩洞窟を発掘中，洞窟奥の地下6 mから化石人骨を発見した．その周辺の土壌を依頼されて分析したパリの古植物学者ルロア・グーラン（Leroi-Gourhan）は，6種類の草花の花粉を同定した．それらはキク科のヤグルマギク属，ノコギリソウ属，セネシオ（キオン）属，アオイ科のタチアオイ属，キンポウゲ科のラナンキュラス属，ユリ科のムスカリ属で，いずれも虫媒花で花の美しい種類である．そのため，ソレッキーは死者への供花とみて，その弔いを行ったネアンデルタール人を the first flower people「最初の花人」と呼んだ．ただ，これには異論もある．同時に出土したマオウ属の花粉をソレッキーは，その枝を敷き，死者を横たえたからと考えたが，マオウにはエフェドリンが含まれ，鎮痛作用があり，ヤグルマギク，ノコギリソウ，セネシオ，アオイ類は薬草として使われる種類もあるので，治療に使い，花を愛でたのではないとの説も出されている．しかしながら，薬草として扱ったのなら，わざわざ開花株を使う意味は薄く，やはり，花を美しいと感じ，死者へ手向けたとする見方が有力であろう．

現世の人類，クロマニョン人はいつ花を美しいと見たのであろうか．旧石器時代の後期のスペインのアルタミラやフランスのラスコーの洞窟には躍動感のある動物が色彩豊かに描かれ，すでに審美眼をもっていたのには違いないが，それらの壁画には花も植物も描かれてない．旧石器時代の人類が花とどのようにかかわったのか，現時点では明らかでない．

### c. 古代エジプトの花

正確に意図のわかる花認識は，エジプトで最初に記録される．世界最古の花シンボル，最古の栽培花，最古の生け花，最古の花束，最古の神への献花などである．

紀元前3100年頃，古代エジプトでは上ナイルと下ナイル地域が統一された第1王朝が起こる．そのシンボルにされたのが上ナイルの熱帯スイレンと下ナイルのパピルスで，両者をそれぞれ手にもつ神が中央で統一の柱に結びつけているさまざまな図柄が残されている．パピルスは紙として重要視されたが，熱帯スイレンは象徴的，装飾的両面から利用された．

熱帯スイレンはアオスイレン（*Nymphaea caerulea*）とシロスイレン（*N. lotus*）がナイル川に自生する．太陽が朝その上から昇るとアオスイレンは花開き，傾くと閉じる．この太陽と行動をともにする開花習性から太陽神ラーあるいはホルスと結びつけられ，王はその中から生まれると思われた．また，ナイル川の氾濫によって姿を消した後，洪水が終わるとすぐ花が咲き，復活の表徴でもあった．

とくにアオスイレンは青色が魔除けの効果があると信じられたため，好まれた．死者を裁く冥界の王オシリスの前にはアオスイレンの花が飾られ，頭にその花を載せ，手にその花束を持った死者が進む姿が壁画や「死者の書」に描かれている．オシリスの妻イシスの姉妹は復活の女神ネフテュス（ネフティス）で，その頭にもアオスイレンを冠（かむ）る．

さらに熱帯スイレンは，日常生活にも深く利用されていた．ナイル川の水を引き入れた中庭の池で栽培もされ，これは世界最古の観賞用の栽培花にあたる．

また，世界最古の生け花もエジプトで始まる．上部が波状の深鉢にスイレンを生けた浮彫りが紀元前2500年頃の第5王朝時代の墓に残されている．世界最古の花束もエジプトでスイレンを主体として作られ，日常生活の装飾だけでなく，神々へ毎朝専門の職人が作り，供えられた．花は宴会にも使われ，昼はアオスイレン，夜はシロスイレンの花を手に持ったり，頭に冠った．以上述べた熱帯スイレンの利用はハスとされる場合が多いが，ハスが古代エジプトに伝わるのはクレオパトラのプトレマイオス朝以降である．

熱帯スイレン以外にもヤグルマギクが栽培され，その花はツタンカーメンの黄金のマスクの棺の首飾りに編まれていた．工芸デザインとしてもシュンギクの花を形どった象牙の小箱やザクロの果実の形のスプーンの出土品がある．建築物では神殿の柱にスイレンとパピルスのモチーフが使われている．神への献花にはパピルスを芯とした人の背丈を超えるフラワーアレンジメントが作られていた．古代エジプトは花文化のパイオニアと見られる．

### d. 古代インドの花

古代インドでは花が栽培され，利用されていた文化が存在していた．それは仏典に痕跡を残す．釈迦は摩耶夫人がカピラ城のルンビニ園のアソカの木の花に手を伸ばしたときに生まれ，ハスの中に立って第一声を発したと仏典に述べられている．庶民が仏教を受け入れるにはその背景が日常とかけ離れていては難しいと考えられ，その見方に立てば，紀元前6世紀にすでにインドあたりではアソカやハスが栽培下にあったといえよう．

仏典に取り上げられた120種類ほどの植物の中で，花が美しい樹木は30種類を超えるが，草花はゴジカ（アサギリ科），ハス，アオスイレン，シロスイレン，ケイトウ，チョウセンアサガオの6種にすぎない．花木は多彩だがその多くはマツリカ，ジャスミン，モクレン科のキンコウボクをはじめとする香りの高い花を咲かせる．釈迦が悟りを開いた後に魔女が芳花を散じて去る．この花首からもいだ花や花びらで散華したり，飾る手法は，現在もヒンズーの神への献花や生活の花飾りとしてインドの花習俗の主流をなす．

### e. 古代中国の花

中国最初の皇帝と伝わる黄帝は花園をもち種々の花を植えていたという（『新鄭県志（しんていけんし）』）．また，後苑にはシャクヤク（芍薬）が植えられていたとされる（『古琴疏（こきんそ）』）．シャクヤクは華麗な花を開くが，その名の中には「薬」を含む．芍（てんか

ん？）の薬にされたのである．アサガオの牽牛（下痢），リンドウの龍胆（胃薬）の例でみられるように，薬から利用の始まった花は少なくない．キク（菊）も長寿の薬利用が先立つ．ほかにも古代の漢方の書『神農本草経』には，セッコク，ユリ，フジバカマ，シオン，キキョウ，ボタン，セキチク，クチナシ，モクレンなど花の美しい植物が薬として名を連ねる．さらにウメ（梅干や烏梅）やモモのように果樹から花卉へ転じた種類もある．中国の花利用は観賞より実用で始まったのである．

[湯浅浩史]

### 1.2.2 西洋における発展
#### a. 花卉園芸前史

古代の歴史には資料や物件に乏しく不明な点が多いが，園芸も例外ではない．有史以前から人類は色鮮やかな花や果実に関心をもっていたと想像されるが，それが即，花卉園芸であったとはいえない．

園芸（horticulture）とは，もともとは「中庭（hortus）での植物栽培」あるいは「中庭を発祥とする植物の栽培」をいう．西アジアやアラビア，エジプトなどには城壁や石壁などに囲まれ，中庭をもつ建物を今もみる．その中庭に観賞を目的とした植物を植えたのが花卉園芸の始まりである．

最終氷期後の乾燥に直面した人類が，水の在り処を示す，スイレンとハスに特別の関心をもったことは疑いえない．古代エジプトの墳墓に描かれた黄泉の国に咲くスイレンやハス，仏教とハスの関連などがこれを示唆する．スイレンやハスのような，放射相称の大形で，多数の花弁が重なる八重咲き状の花型をもつ植物を「スイレン型花卉」と呼ぶ．最初は水の在り処を示す目印にすぎなかったが，やがて目印は不要となってもその花や植物自体が心の深層に刻まれ，愛でる心象風景を形成していったと考えられる．キクとバラはこの系列に属し，芳香を付加し，花卉園芸の中心素材として発展した．そのほか，色彩あざやかな放射相称花の「ヒナゲシ型花卉」，横向きか左右相称の「ユリ型花卉」などが注目を集め，やがて花卉園芸を代表する植物へとなっていった．

ただ，古代や中世を通じ，とくに観賞目的にそれらの植物が栽培されたかどうか，確かではない．またバラを愛でたサポー（Sappho）の詩などの文芸作品もあるが，種（または種類）の相異を認識して生み出された作品とは認められない．花卉園芸は種の多様性が認知されていることが条件であり，それに着目されているかどうかは花卉園芸の誕生・発展を測る重要な基準となる．

#### b. 花卉園芸の成立

中庭での栽培の中心は，最初は薬草（薬草園）とサラダ野菜（菜園）だった．プリニウス（Plinius）によれば皇帝自ら菜園を耕したという．中世後期（西暦1300年頃）には，イブン・ブートラン（Ibn Butlân）の「健康生活指南」などが登場し，アラビア医学の影響を受け，医学に健康維持の考えが加わり，薬草園にはそれに役立つハーブやスパイス類の栽培が増えていった．今でもヨーロッパでは修道院や教会の布施院などに，こうしたタイプの中庭が残る．また，広い空間を取り囲むように個人の中小住宅を配置する町づくりが進み，その空間が中庭として機能した．中庭を指すオランダ語 tuin は英語の town と同源である．

花卉園芸の存在を明確に証拠づけるのは花卉園芸に関係した書籍の出版の存在である．1536年にフランスのリヨンで出版されたエティエンヌ（C. S. Estienne）の "De re hortensi libellus"（『実用園芸書』），1560年に同じくリヨンで刊行された，ル・クール（B. Le Court）の "Hortorum libri triginta"（『30冊目の園芸書』）はその最古のものである．17世紀中葉になると，有名なパーキンソン（J. Parkinson）の "Paradisi in sole Paradisus terrestris"（『美花庭園』，1629年，ロンドン刊）など，多数の花卉園芸書の出版をみる．

15世紀後半，イタリアに古代エジプトの整形庭園や古代オリエントの複合庭園を範とする整形庭園が登場した．そのなかで花壇が登場し，花卉が主要な栽培アイテムとなった．花卉の需要が生まれたといえよう．中庭に観賞目的で花を植えることは，これよりも早くに起こっていると推量されるが，年月を特定できるものがない．大学付置の現存最古の植物園であるパドヴァの植物園ができ

たのは1545年である．その前年にはピサにも誕生したという．パドヴァをはじめ，それらの植物園は当初「薬草園」と呼ばれた．

植物への関心そのものが薬効の有無にかかわらずあらゆる植物へと広がりつつあったことを示す．植物への関心は多様性への関心を育み，観賞を目的とする花卉への関心にもつながった．

以上のことから，花卉中心の園芸が登場するのはルネサンスと重なる，15世紀中葉から遅くとも16世紀前半と考えるのが妥当であろう．ヨーロッパ中部では11世紀に小氷期があり，食糧難に直面し，幾多の戦争や，14世紀半ばの黒死病（ペスト）の大流行などに見舞われた．1536年の花卉書籍の出版はその約200年後であり，ヨーロッパの経済的な安定が背景にあった．

### c. チューリップ狂時代

ヨーロッパの花卉園芸の発展を象徴するひとつがチューリップの導入である．

オーストリアの駐トルコ大使ビュスベック（O. G. de Busbecq）は1559年にトルコからチューリップを持ち帰った．本草学者のゲスナー（C. Gesner）がこれを観察したことをコルディ（V. Cordi）が1561年に報告し，これをもとにリンネ（C. von Linnaeus）はチューリップにゲスナーを記念する学名 *Tulipa gesneriana* を与えた．その後，クルシウス（C. Clusius）がオランダのライデンで栽培研究し，ヨーロッパに広め，オランダが園芸王国となる契機ともなった．

チューリップは当時のヨーロッパにあっては特大の花をもつ魅力的な植物であったことから，球根を投機の対象とするチューリップ狂時代が1634年以降何度かあった．オランダ王室も新しいチューリップ属の種を探す探検隊をオリエント地方に送るなどした．以降，王室はしばしば新たな花卉資源の探索を目的に競って世界各地に探検隊を派遣し，全地球レベルでの花卉資源，強いては植物相の多様性解明にも貢献するところとなった．また，チューリップ狂時代は草創期の花卉園芸への関心を広める効果もあり，園芸の発展に果たした貢献も少なくない．

### d. 園芸の成立以後

1600年には英国，1602年にはオランダの東インド会社が設立された．ヨーロッパ外の地域をおもな対象とした貿易でヨーロッパの経済は飛躍する．これを支えた船舶建造や航海術の発展が，裕福な市民層を拡大し，花卉園芸人口は大幅に増加した．地球規模の航海は世界各地から多様な植物をオランダを中心にヨーロッパにもたらした．

邸宅には花卉栽培用の庭園が設けられるだけでなく，ガラスを多用した部屋，オランジェリーも建設された．それは植物の避寒場となるだけでなく，宮廷や家々での冬の団欒の場となり，植物の多様性を観賞する花卉園芸への関心は飛躍的に高まっていった．実際に生きた植物を観賞するだけでなく，おし葉標本帳（冬の植物アルバム）やコーヒーテーブルブックと呼ばれた植物画集も多数登場した．王侯らの庭やオランジェリーで過ごす機会の増加は，直接彼らと会話を交わせる立場にある園芸家の社会的立場を高めることにもなった．1724年には園芸植物を集大成した最初の出版物として，ミュラー（P. Miller, 1691-1771）の『園芸家事典』（*The Gardeners and Florists Dictionary*）がロンドンで刊行され，以後版を重ねた．

英国を代表に，19世紀には中産階級の人々が園芸を享受する中核となった．庭園の規模もそれまでの大規模庭園から，住宅の規模に応じた中小庭園が主流になり，庭への関心も特定の造形や様式を追うことから，個人の好みを重視したガーディネスク様式に変わり，主眼も作庭美から花卉の多様性の観賞に移った．育種技術も発展するが，世界各地に野生する花卉資源への関心は高く，未発見資源を求めて多くのプラントハンターが活躍する．

こうした状況は今に続いている．その後の花卉園芸を特徴づけるのは，様々な育種・栽培などの技術の進歩である．また，花卉需要が世界的規模となり，その生産は世界的な重要産業のひとつとなっている．

［大場秀章］

## 1.2.3 日本における発展
### a. 縄文人と花

日本の有史前,縄文時代や弥生時代に花を直接利用していた考古学的な証拠は,現在のところはない.しかし,縄文人が花の咲く植物を知らなかったわけではない.

日本最古の栽培植物はアフリカ原産のヒョウタンであり,その最も古い記録は琵琶湖の粟津湖底遺跡の9600年前(9600年±110年,BP)である.ヒョウタンは雌雄異花で,その夜咲きの白い花から実が成ることは十分知っていたと考えられる.

また,福井県の鳥浜貝塚からは5000年前のツバキのクシやサクラの樹皮も出土する.これらは他の木製品に比べて数が少なく,ツバキの材,サクラの樹皮の性質を理解した上での特別な目的をもっていたと思われる利用であり,その識別には花の認識も伴っていたと推察できよう.

### b. 神話の花

古代に日本の植物がまとまって記述されたのは3世紀の『魏志』の「倭人伝」が最初である.倭の木や竹や香辛植物などが16ばかり列挙されるも,サクラ,ツバキ,ツツジ,フジをはじめとする日本産の花木は一切顔を出さない.

文字で花の美しさが記述されたのは,日本では『古事記』(712年)が最初である.春山之霞壮夫がフジで織った衣服とたびやくつにフジづるの弓を持って伊豆志袁登売(出石乙女)のもとに出かけたところ,その花が咲き,求婚がかなえられたという神話は,フジの花の美しさが意識されないと成り立たない.

さらに,天照大御神の孫,天津日高日子番能邇々芸命が降臨し,見染めた木花之佐久夜比売はサクラを表徴し,姉の石長比売は大変醜いと避けているので,サクラの花を美しいとする意識がはっきりとわかる.

「雄略記」の中で雄略天皇が若き日に見染め,宮中に迎えるから待機せよといわれ,老婆になってもお呼びがなかったため,天皇に直訴する赤猪子が,若き乙女をハスの花に譬え,嘆いて歌う.このハスは日本の女性をたとえた最初の花である.

### c. 万葉時代,野の花から庭の花へ

『万葉集』は古代の日本人の花の扱いを知る第一級の資料である.古くは6世紀にさかのぼるが,多くの歌は8世紀前半に詠まれ,年代のわかる最後の歌が759年で,8世紀末までに成立した.20巻にまとめられた4516首のうち,1500首以上がなんらかの植物に関連し,植物の種類数は163を数える.

栽培下にあったと見られる花や庭木は29種類で,渡来花木ではウメ,モモ,スモモ,ニワウメ,ナシ,カラタチ,センダンの7種類,観賞木としてシダレヤナギ,草花はハス,ケイトウ(韓藍),ベニバナ(呉藍),ヤブカンゾウ(忘れ草)の合計12種類である.

一方,日本の植物で,宿(屋戸,室戸,屋前,屋外),庭,垣内,苑や園,島山(山斎)や門などの表現をともなったり,また,播く,植えるなどと歌われた観賞用栽培植物は17を数える.列挙すると,花木としてヤマブキ,サクラ,フジ,アセビ,ウツギ,ツツジ,タチバナ,アジサイ,ネムノキ,ハギ,ツバキの11種類,庭木のマツ,カエデ,タケ,草花のナデシコ,ユリ,ススキ(花ススキ)である.ハスは大賀ハスで知られるように日本に自生していたが,『万葉集』で歌われたのは,中国からの渡来と見られる.

『万葉集』では単に美しい花が取り上げられているだけではない.当時の栽培,観賞の仕方などに関しても手がかりが得られる.すでに種子を播いて花は育てられていた.大伴家持や山部赤人などの歌人が自ら草花の繁殖栽培を手がけている状況が詠まれている.

わが屋外に蒔きし瞿麦いつしかも 花に咲きなむ比へつつ見む(家持 巻8-1448)

その美しさを恋人と比べて見ようとし,家持はほかにも単身赴任の越中での暮らしのなぐさみに庭で花を作っているが,そこでもナデシコを播いて育てた(巻18-4113).

また,山部赤人も韓藍を播いたが枯れてしまったので,懲りずに再び播こうと詠む.

わが屋戸に韓藍蒔き生し枯れぬれど 懲りずてまたも蒔かむとぞ思ふ(巻3-384)

この韓藍はケイトウとされる．繁殖技法としてすでに挿し木も行われていたと思われ，ヤナギを池の堤に挿す歌がある（巻14-3492）．野生から庭の花へ野から引き抜いて植えられたユリが歌われる（大伴家持の長歌 巻18-4113）．さらにユリは油火（燈火）のもとで頭の蘰(かづら)にされている（巻18-4086, 4087）．これは室内で観賞された日本最初の花の記録である．ほかにもサクラ，フジやハギなど挿頭(かざし)しなどにされ，身を飾った花は少なくない．

造花も『万葉集』で歌われた．正月の宴の折，雪で岩山を造形し，巧みに草樹の花を彩り作り，そのナデシコを詠む（巻19-4231, 4232）．

ただし，ハギの枝を手折ったがどうしてよいかわからないと詠む巻10の2099番の歌が示すように，まだ花を水に生けるという「花習俗」もなかったと見られる．

#### d. 王朝の庭の花

平安時代の花栽培に最も多くの手がかりを残すのは，紫式部の『源氏物語』（1005年頃から執筆）と，ほぼ同時代の清少納言の『枕草子』である．その両書だけで『万葉集』に匹敵する160余りの植物が取り上げられ，多数の庭の植物が記述される．その数は両書で46種類にのぼる．花木として15種類，観賞木竹が13種類，草花が18種類で，草花の増加が目立つ．

渡来種は花木7種類，木竹3種類，草花7種類の計17種類で，新たに花木のキリ，ボタンとコウシンバラ（長春バラ），竹のクレタケ（ハチクか）とカラタケ，草花にキク，アサガオ，セキチク，タチアオイ，ユウガオが加わる．キクは奈良時代の終りにもたらされていたとみられ，797年に桓武天皇が菊花宴を開いた記録があり，平安時代には庭の草花の主役になる．ユウガオはヒョウタンと同種で，ヒョウタンそのものは縄文早期に渡来するが，花に注目した夕顔の名が記されたのは『源氏物語』が最初である．

日本原産の栽培花卉や観賞植物として平安時代に加わるのは，花木としてイワツツジとネコヤナギ（『枕草子』の葉の広い柳）．観賞木としてゴヨウマツ，モミジ，マユミ，カナメモチ，コナラ，カシワ，シュロがある．草花はキキョウ，リンドウ，オミナエシ，フジバカマ，シオン，ワレモコウ，フジグロセンノウ（『枕草子』の「ふし」），ガンピ（ナデシコ科），ショウブ（ショウブ科，旧サトイモ科）にカルカヤである．

意外なことに『万葉集』で歌われたアセビ，アジサイ，ツバキ，ユリなどはこの時代の文献の庭の花からは姿を消す．西行も平安時代末を生き，代表作の『山家集』は木竹37種類，草本類45種類，計82種類の植物を詠むが，上記の植物はそこでも歌われていない．一方，『山家集』の庭の植物にはバショウとヒオウギが加わる．バショウは『古今和歌集』（945年）巻10の454番の歌に初見するが，これが栽培されていたかどうかは定かでない．いずれにしてもバショウはエキゾチックな観葉植物のはしりといえよう．

平安時代には生け花が誕生した．仏への供花から切り離され，かめにフジ，サクラ，ヤマブキ，キクなどが生けられた．

鉢植えが日本で初めて記述されたのは839年で，5月に河内国の百姓が土器に植えた花つきの橘を献上したと『続日本後記』(しょくにほんこうき)に載っている．

花の愛で方も色だけでなく，香りが注目されてくる．ウメは『万葉集』には119首詠まれるが香りにふれたのは終りに近い巻10の4500番の市原王の歌1首のみにすぎない．それが『古今和歌集』では30首中16首で香りを詠む．

花の色の関心はさらに深まり，ウメは『万葉集』での白一色から紅梅が『続日本後記』（869年）に初見，『枕草子』では「濃きも淡きも紅梅」と微妙な色合いにも目が向けられている．キクは白菊が愛でられた．

#### e. 鎌倉時代の花栽培の発展

平安時代までの花の品種分化に八重咲きと色変わりがすでに知られていたが，その本格的な広がりは鎌倉時代からである．サクラの八重咲きは聖武天皇が三笠山から移植したとされる「奈良の八重桜」が著名であった．サクラの八重咲きは接ぎ木によって増殖できる．接ぎ木技術そのものは一説では「接木大夫」によって837年に日本で初めて行われたという．それが鎌倉時代に普及し，藤

原定家も1226年正月27日に八重桜を5～6本接ぎ，接ぎ木した八重桜が1227年閏3月8日に開花したと『明月記』に書く．吉田兼好も『徒然草』（1331年頃に成立）で，「八重桜は奈良の都のみにありけるを，このごろ世に多くなりにけり」と述べる．

鎌倉時代に幕府は鎌倉におかれたため，花にも影響を及ぼし，関東に自生するオオシマザクラ系の八重桜が誕生した．その最初の品種は鎌倉普賢堂の側に植えられていたのにちなむとされる'普賢象'である．また，泰山府君もその遅咲きからつけられたと『源平盛衰記』に書かれている．アジサイの原種のガクアジサイも関東沿岸に自生し，この時代に栽培化された可能性がある．

鎌倉時代には盆栽の前身である岩を配して木を植栽する中国の盆景が日本にも伝わり，『春日権現験記』（1309年）には長方形の花台の上にウメとセキショウが岩とともに植えられている．一方『法然上人行状絵図』（1300年）にはウメらしい古木やセキショウがそれぞれ単独で彩色された鉢に植えられたいわゆる「鉢の木」が描かれ，盆栽の原形もすでにできあがっていたと見られる．

### f. 室町時代の新しい花

室町幕府の足利義満は花を好み，京都の室町につくられた邸宅は，多くの花が植えられ，花の御所と呼ばれたほどである．

関白一条兼良は『尺素往来』（1489年）で，百数十もの庭の花の名をあげた．そこに初見するのは花木のニワザクラ，ユキヤナギ（庭柳），ジンチョウゲ，カイドウ，ボケ，シモツケ（下野草），クチナシ，ザクロ，フヨウ，モクセイ類（桂花）などに観賞木のイチョウ，草花には日本産のギボウシ，キチジョウソウのほか，渡来花としてキンセンカ，ホウセンカ，ケマンソウ，イチハツ，スイセンなどの名があがる．ただし，スイセンは先立つ『下学集』（1444年）に名がみえ，平安時代末にはすでに色紙に描かれていたとの説もある．

### g. 桃山時代の花のルネッサンス

安土桃山時代には狩野永徳が桃山様式の絵画を大成させるも，従来の山水画や仙画あるいは絵巻物と同じくそこに描かれる花は花鳥風月の世界で，岩が配され，花だけが単独モチーフにされることはなかった．それを変えたのは狩野山楽，山雪の親子である．京都の山岡家に伝わる「山茶花図」はサザンカの開花株のみが林立して描かれ，妙心寺天球院にはテッセンとアサガオの花の襖絵がある．花は主役におどり出て，絵画でも主体花となったのである．

### h. 江戸時代の園芸の流行

戦国時代からの戦乱が納まり，世の中が落ちつくと，花の時代が到来する．家康も花好きで，琉球のハイビスカスが1614年に島津家久から献上された．江戸城内の吹上にもお花畑を作らせ，秀忠はツバキをいろいろ植え，家光は多数の盆栽を集めたという．

ツバキは万葉時代以降500年近く，植栽や観賞の記録は残されていない．鎌倉時代になって再び栽培され（『明月記』），桃山時代に散りツバキや侘助，有楽などが見い出されたらしく，その時代にさかのぼる古木が残る．ただし，品種が一気に増加，記録されるのは江戸時代になってからで，1630年に安楽庵策伝は『百椿集』を出す．これは花のみ単独で集大成された日本初の図説である．

以降，江戸時代に多数の品種が分化した花はボタン，シャクヤク，ツツジとサツキ，カエデとモミジ，サクラ，ウメ，アサガオ，キク，ハス，ハナショウブ，マツモトセンノウなどである．さらに古典園芸植物と呼ばれるオモト，セッコク，ミヤマウズラ，カラタチバナ，ナンテン，マツバランなどは茎葉の奇形や斑入りの図譜が出版された．

総合的な園芸書も江戸時代にブームになるほど刊行された．その最初は水野元勝の『花壇綱目』（1664年脱，1681年刊）で，180種類もの花木や草花が取り上げられ，さらにツツジの147品種をはじめ，各種のさまざまな品種も載る．以降，貝原益軒の『花譜』（1694年脱，1698年刊），花屋（花戸）の草分け伊藤伊兵衛三之丞の『花壇地錦抄』（1695年）と，図が主体の『草花絵前集』（1699年），伊藤伊兵衛政武による『増補地錦抄』（1710年），『広益地錦抄』（1718年），『地錦抄附録』（1733年）と続く地錦抄シリーズと，元禄から享保にかけて江戸の園芸が大きく花開いた．

さらに江戸の後期には斑入りや奇形が大流行し，水野忠暁はそれら340種類1031品を取りあげた『草木錦葉集』(1829年) 前編，後編の7冊を刊行したが，残る半分の続編と終編は未刊に終った．増田金太も470種類の変わりものを載せた『草木奇品家雅見』(1827年) を出版した．

江戸時代にはオランダなどを経て，新大陸やヨーロッパの花卉が多数導入された．それらのうち，草花としては新大陸のヒマワリ，ダリア，センニチコウ，オシロイバナ，ルコウソウ，マリーゴールド，フロックス，カンナの原種のダンドクやトケイソウ，またヨーロッパやその近辺からヒナゲシ，ストック，カーネーション，ゼニアオイ，花木のエニシダ，レダマやキョウチクトウが入ってきている．ハボタンは野菜としてもたらされたが，すでに江戸時代に観賞栽培に切り換えられた．

中国あたりから江戸時代に導入されたのはシュウカイドウ，シジミバナ，ロウバイ，ノウゼンカズラ，ビヨウヤナギ，コデマリ，オオデマリなどがあり，また南方のビジンショウやサンタンカ，マダガスカルのニチニチソウも導入された．

さらに幕末には新大陸のフクシアやフウチョウソウ，ヨーロッパのヒナギク，セイヨウノコギリソウやキンギョソウなどがもたらされた．

多肉植物はアロエ，トウダイグサ科のハナキリンとキリンカク，ガガイモ科のギュウカク (牛角)，ベンケイソウ科のタカサキレンゲなどにサボテン科のウチワサボテン ('大型宝剣' など)，エキノプシス属の'短毛丸'，コノハサボテンの一種のサクラキリンなどが渡来した．

江戸時代に爆発的に増えた品種はどのようにして誕生したのであろうか．基本的には実生の選抜や枝変わりの発見によった．日本では柱頭，葯，花粉など受精に関する重要な用語は，1834年に宇田川榕菴が初めて翻訳したほどで，雄しべ，雌しべの役割を幕末の頃まで知らず，江戸時代に交配育種の形跡はない．それにもかかわらず品種のおびただしい増加は，さまざまな花の愛好者が「連」という花のクラブをつくり，互いに競ったのが一因である．また時代が平和であり，大名や武士までも花の趣味をもち，新しい品種の入手を図り，

そのために花を家業とする職人が生まれ，江戸では染井にその集落があった．それらの花屋の狭い庭に集められた花々がひしめき，自然に交雑が起り，そのこぼれ種子から新しい品種の誕生もあったと見られる．

江戸時代，日本から海外に渡った花は，ツバキ，ツツジやアジサイが代表的だが，シーボルトが1829年に持ち出しをはかった生きた植物は485種類にものぼったという．

鎖国が解けた幕末にはプラントハンターのフォーチュンも来日し，アオキの雄木を入手している．

日本は花だけでなく，伝統的に実物や観葉植物の宝庫であった．とくに斑入りは中国や欧米に先駆け，江戸時代に発達した日本の園芸分野といえよう．

[湯浅浩史]

### 1.2.4 東西の交流

東西交流といえば，古くはオリエントとヨーロッパ間のそれを指したようだが，ここでは中部ヨーロッパ (とくにフランス，ベルギー，オランダ，ドイツ) と東アジア (とくに日本と中国) との間の植物の移出入に焦点をあてて記述する．

#### a. 東西交流の概要

日本や中国など東アジア諸地域はヨーロッパ中部に比べ，種の多様性が格段に高い．これらの地域では最終氷期に絶滅を免れた植物が多く，しかも気候的には熱帯圏に連続し，また，日本や中国東部や南西部などでは降水量も多い．さらに複雑な地形が種の分布を分断したことも高い種多様性を生んだ一因である．

また，日本から中国を経てヒマラヤ東部に至る地域は植物区系上，日華植物区系区に分類され，その植物相は，単に種の多様性が高いだけでなく，日本特産のコウヤマキ，その他ツバキ属，アオキ属，ツワブキ属，ヤマブキ，シロヤマブキ，ボタン，シャクヤク，ガクアジサイ，キキョウのような固有かつ観賞価値にすぐれた植物を多く含んでいる．こうした植物相の特色も日本・中国を中心にした東アジアの植物の大きな魅力となった．

東アジアは中部ヨーロッパの国々と距離的には大きく離れているが，気候的にはともに大半が温

帯に属し，移植した植物が戸外またはオランジェリーで活着する可能性が大きかった．温度調整が容易ではなかった20世紀以前にあって，戸外またはオランジェリーでの栽培の可能性は植物を移出入する際に重要な要素だった．この点でも東アジアの植物はヨーロッパの人々にとって魅力的であった．

18～19世紀はヨーロッパでの花卉園芸発展の全盛期にあたるが，品種改良などの育種技術は限られ，野生種がそのまま園芸に利用されていた．種多様性が高ければ，それだけ園芸資源も多いことが期待されたのは当然であった．しかし，距離的に離れていることと，熱帯を通過する船舶での輸送などが，東アジア産植物のヨーロッパへの移出を大きく妨げていた．

1728年に中国北部からフランスに入ったアスター，1739年に英国に伝わったツバキ，さらにはシャクヤク，ボタン，キク，アジサイ，プリムラ・シネンシスなど，少数の東アジアから移入された野生植物は，移入後ヨーロッパで改良され，欧米（後にはオセアニアも含む）での花卉園芸や庭園に大きな影響を及ぼした．とくに，ツバキに代表される花木類，またギボウシ類（*Hosta* spp.）のような陰生植物（シェードプランツ）など，ヨーロッパにおける従来の園芸植物のジャンル分けでは扱いにくい植物は，新しいジャンルの確立に寄与するなど，その影響は多大であった．

**b. 日本の花卉園芸**

東アジア，とくに中国は古来より園芸が芽生え，隋・唐・宋時代は，ボタン，シャクヤク，キクなどを中心に栽培が盛んとなり，周叙の『洛陽花木記』など，園芸書も出版されたほどである．しかしその後園芸は廃れ，ようやく明時代になり再興され，17～18世紀には再び隆盛を迎えている．

日本での花卉栽培は奈良時代以前から行われていた可能性が高いことが，歌謡などに詠まれた詩歌や伝承などから推察されるが，詳しいことは不明である．奈良時代（710～794年）以降，遣隋使・遣唐使などが，当時の園芸先進国中国からウメなどを伝え，宮中を中心に栽培され，一部はしだいに国内に広がっていった．平安時代には中国から園芸文化とともに移入された，キク，ボタン，シャクヤク，モクレンなどが栽培され，国内で普及したが，それと同時に日本国内に自生する野生植物の観賞価値にも目が向くようになり，私庭などで栽培されるようになった．さらに，遣隋使・遣唐使が中国から持ち帰ったアサガオなどの薬用植物の一部が花卉に転用され観賞された．

室町時代には中国南部の植物が移入され観賞に供されたものの，その後の戦乱は江戸時代にいたるまで花卉園芸を停滞させてしまった．

江戸時代は軍事政権であったにもかかわらず，厭戦気分が広がり，平和を希求するなかで園芸への関心が急速に高まり，やがて広い階層に拡大していった．江戸時代の日本は園芸が突出して盛んな国のひとつであった．

国産と中国からの渡来植物を中心とした品種改良ではあったが，江戸時代中期にはそれが本格化し，やがて異種間交雑，挿し木・接ぎ木，選抜，変化アサガオにみる遺伝の法則に則った栽培と管理，矮小化技術など，当時の世界で最も高度な園芸技術が発達した．こうした技術を駆使し，ツバキ・サザンカ，ツツジ・サツキ，モモ（ハナモモ），サクラ，アジサイ，ヤブデマリ，レンギョウ，コデマリ，トサミズキなど，木本性で花も観賞性にすぐれた多数の花木類の作出，また，イロハモジミに代表される観賞性にすぐれた紅葉を生じるモミジ類，極端な矮性化個体を観賞する盆栽，オモト，マツバラン，変化アサガオ，千変万化の品種が独自の分類に体系化されたキク，サクラソウ，ハナショウブ，さらにはイワレンゲや木本類の斑入りなどの変異，枝変わりなど，おびただしい数の栽培品種が作出され，アサガオやホオズキ，キクなどその一部は庶民層にまで栽培されていた．

だが，江戸時代は，鎖国政策が敷かれ，その影響で，ヨーロッパなど，東アジア地域外からの花卉植物の渡来は限られていた．そのため，国内で作出されたおびただしい数の栽培品種は日本産ならびに中国から渡来したキクやモモ，ボタンなどを中心としたものだった．つまり，日本での東西間交流は，ヨーロッパ側が日本からの花卉資源の移入に積極的であったのに対して，日本では希望

はあったのにもかかわらず現実にはごく少数の園芸植物が移入されたにすぎない，という一方向的な状況だった．

江戸時代も幕末になり欧米と開国するにいたり，欧米の花卉が一度にかつ大量にもたらされる事態が生じた．日本人の高い好奇心，とくに新しもの好きに，西欧崇拝の心理が重なり，移入の一方でそれまでの伝統下で栽培されてきた多くの栽培品種が消滅し，また育まれてきた伝統的な園芸技術が廃れるという事態に直面した．

太平洋戦争終結（1945 年）以後の混乱期を経て，花卉園芸はしだいに復興したが，その過程では戦前での過度の西欧園芸崇拝への反省も強まり，ようやく両方向での園芸交流が行われるようになり，時代を下るにつれてそれがますます盛んになり，今日では東西というよりはグローバル化と呼ぶべき交流状況を呈している．

### c．ヨーロッパでの日本植物の受容

江戸時代中期から明治前期にあたる 18～19 世紀は，奇しくもヨーロッパでの花卉園芸の全盛期であり，多くの中国・日本産植物が花卉資源として利用された．ただ江戸時代（1603～1867 年）の大半は鎖国政策の影響で，日本植物はオランダを経由してヨーロッパ諸国に広まることが多かった．また，移出されるのは植物だけであり，日本の園芸技術の担い手や植物の栽培に長けた園芸人が彼地に渡ることはできなかった．したがって，日本原産の園芸植物といえども，品種改良はヨーロッパの園芸人の手に委ねられた．その結果，誕生した栽培品種には，原産国の日本とは異なる嗜好性によったものが多数を占めた．多くの場合，それぞれの野生種に比べ，花はいっそうの大形化が目論見られ，一重咲きは八重咲きへと変化し，色彩においても派手で鮮やかになる傾向が目立った．

こうした改良を経て，日本のツバキやモミジ類，ツツジ類などは，単なる日本の園芸植物から，欧米人の要求をも満足させる，汎世界的園芸植物へと変貌した．そうした一方で花の大形化にも不向きなハギ類のように，世界的な評価は乏しいものの，日本での伝統的な愛好に沿う風情を保ち続ける園芸植物もある．こうした園芸植物は国際的な評価は低いとはいえ，国内では根強い人気をもち，広い範囲で受容され続けてきた．さらに 20 世紀以降に顕著となる園芸の多様化の流れのなかで，こうした純日本風な園芸植物は欧米でもしだいに受け入れられるようになり，愛好者が急増している．

ヨーロッパでの花卉園芸の揺籃・発展期である 17 世紀から 19 世紀の大半，日本は鎖国令下にあり，ヨーロッパで誕生した新品種はもちろん，彼地の野生植物の輸入さえままならず，限定的だった．結果的には国産種を中心としたきわめて内向きな発展ということにはなるが，欠乏する園芸資源を補うために，タンポポやオオバコなどの，路傍の雑草にも改良の手が及んだことは注目される．たとえば，オオバコでは放射状に広がる短な花序をもつもの，羽状中裂の葉をもつものなど奇想天外な品種が生み出された．

### d．江戸・明治時代初期に日本に移入された植物

鎖国は園芸植物の渡来にも影響を及ぼしたが，渡来植物が皆無であったわけではない．多くはオランダ船などを通じて運ばれ，長崎の出島から国内に広がったが，琉球を経由し薩摩から伝わったもの，中国からの渡来など，別の移入経路もあった．江戸時代中期，とくに 18 世紀前半での将軍吉宗の「薬材政策」以降移入植物は増加するが，とくに幕末から明治初期に移入された園芸植物が数多い．『大和本草』，『物品識名』，『物類品隲』，『本草図譜』などは，渡来したヨーロッパ産植物を多く掲載・図化する．18 世紀までの移入園芸植物の例をあげると，トケイソウ（1642 年），サボテン（正保年間 1644～47 年），ノウゼンカズラ（1658 年），シュンギク，キササゲ，ソテツ，ヒマワリ（1666 年），トマト（1668 年），オシロイバナ（1698 年），テンニンカ（1738 年），トウガラシ（1756 年）などが代表的である．19 世紀以降に舶載された園芸植物は大幅に増加し，そのなかにはオランダハッカ，サルビア，ムラサキオモト，ゲッカコウ，ダリア，オランダフウロ，オジギソウ，シロツメクサなどがあった．

### e．日本植物紹介のパイオニア

すでに記したようにヨーロッパでの花卉園芸の全盛期の日本には，鎖国令による影響で園芸関係

者の来日は困難だった．ヨーロッパ唯一の交易国だったオランダの東インド会社，後にはオランダの植民地省に雇用されるかたちで来日したのは，おもに日本植物の分類に関心を抱く学者だった．その例外は，日本植物のおそらく最初の紹介者である，ドイツのクライヤー（A. Cleyer）とマイスター（G. Meister）である．来日は1682年で，クライヤーは日本滞在中に描かせた植物画をもとに53種の日本植物を紹介した．後にツュンベルクはサカキ属の名をCleyeraとし，彼の功績を讃えた．マイスターはクライヤーに伴われ来日したガーデナーで，帰国後の1692年に『オリエント・インドの庭園技師』（*Der Orientalish-indianische Kunst- und Lustgärtner*）を著し，ツバキなど89種の日本植物を紹介した．彼は若干の種苗をオランダに持ち帰ったといわれている．

だが，クライヤーとマイスターに交流した日本の植物学者や園芸人のことは知られていない．人的な交流もほとんどなかったのだろう．

**f. 出島の3賢人**

その後に来日し，日本植物の紹介に与った著名人は，ケンペル，ツュンベルク，シーボルトで，彼らは日本の文物・歴史研究への貢献も大きかったことから「出島の3賢人」と呼ばれている．

ケンペル（E. Kaempfer）は，レムゴー（現ドイツ）に1651年に生まれ，ウプサラ（スウェーデン）での勉学中に，スウェーデンがロシアとペルシアの宮廷に派遣する使節団の書記官となり，モスクワから南下しペルシア湾口のバンダル・アバスまで旅行した．そこでオランダの東インド会社勤務を決め，バタビア（インドネシアのジャカルタ）を経由し，1690（元禄3）年に来日した．

帰国後，ケンペルは『廻国奇観』（かいこくきかん）（*Amoenitatum Exoticarum*, 1712年）にこの旅行と見聞をまとめた．ケンペルは，日本人が様々に植物を利用し，園芸を含む独自の植物文化を生み出していることを見出した．『廻国奇観』第5分冊は「日本植物」の題があり，自ら採集・分類した420種類の植物を記載したものである．通詞の今村源右衛門がケンペルに協力したが，ほぼ同時代の貝原益軒や園芸関係者との交流はなかったと思われる．

ケンペルの『廻国奇観』がヨーロッパに与えた影響は大きかった．日本は植物の多様性が高いことや，その特色を示したことは重要であった．分類学の祖，リンネも，ケンペルの記述に基づいてイチョウやツバキに学名を与えて学界に紹介した．

1743年にウプサラで生まれたツュンベルク（C. P. Thunberg）は，世界の植物を自らの分類体系に則って分類できることを実証するリンネの使徒のひとりとして1775（安永4）年に来日し，帰国後に『日本植物誌』（*Flora Japonica*, 1784年）を著した．これは日本植物について学名を用いた最初の著作である．ツュンベルクは来日中に中川淳庵，桂川甫周らと交流し，相互に影響を受けたが，園芸人との交流は記録にない．

『日本植物誌』に記載された植物は812種だが，ツュンベルクは日本の植物の大半が，ヨーロッパに類似するが，一方で世界の他の地域にはない固有種も数多く存在することを見抜いた．アオキやウツギなど26種を新属として記載した．また，アジサイなどをウプサラで栽培した．

遠く隔たるヨーロッパと日本の植物相の類似をとらえたのは，ヨーロッパの植物もよく知るツュンベルクの炯眼の賜物である．同時に，日本がヨーロッパとは異なる要素を数多く含む独自性のある植物相をもつことを指摘した点は大きい．このような点を指摘した彼の著作は，その後の日本植物の研究や理解の基礎となったのだった．

シーボルト（P. F. von Siebold）は，最新式西洋医学の伝授やシーボルト事件を通して日本では有名人だが，最大の功績は日本の動植物研究と日本植物の園芸などの資源性に着目したヨーロッパ移出である．

シーボルトは，1796年，ヴュルツブルク（現ドイツ）の名門貴族の家系に生まれ，オランダの東インド植民地の軍医少佐としてバタビアに赴いた．そこで出島の医官に任命され，1823年に来日した．シーボルトの来日は，自発的だったケンペルやツュンベルクとは異なり，オランダ植民地省の命令による，植民地科学者としてのものだった．

シーボルトは協力者と共同で，『日本植物誌』（*Flora Japonica*, 1835-1844年，1870年）などを

刊行し，多数の新植物や新属新種を発表し，日本の植物の多様性や独自性を浮かび上がらせた（1870年には *Flora Japonica* の表題で，ミクェル（F. A. W. Miquel）によって遺稿が出版された）．一方，滞在中に園芸に関心を深め日本植物によるヨーロッパの庭景変革を試み，大量の生植物や種子を移出した．当時のヨーロッパ庭園には貧弱な地植え植物しかなかった．帰国したシーボルトはオランダ王立園芸振興協会を設立し，日本の植物を頒布して広めた．日本から持ち帰ったカノコユリなどは当時の園芸界に一大センセーションを巻き起こし，日本は魅力ある園芸植物が未だ紹介されずに眠る魅惑の国という印象をヨーロッパの人々に植え付けた．日本の園芸植物が世界的にも知名度を得ることができたのはシーボルトの貢献によるところが大きい．

### g. 幕末の開国以降の人的交流

シーボルト以後，日本植物への希求は大きかった．1858（安政3）年に交わされた修好通商条約を受け，1860年には日本の植物を求めて何人ものプラントハンターが来日する．

オランダの王立園芸振興協会はピエロー（J. Pierot）など数人を派遣した．1812年に生まれた英国人，フォーチュン（R. Fortune）は，中国を中心に茶や絹，綿などの資源植物，後には花卉資源の探索に従事した．日本開国を知り，1860（万延元）年と翌61年に来日し，アオキの雄株や他の園芸価値を有する植物の移出，江戸の植木職の分布などの調査を行った．滞在中の模様は著書『江戸と北京』に詳述されている．日本人が生物の高い多様性を伐採などで失うことなく維持し，自然と調和を保ちながら暮していることに注目した．世界最大の都市，江戸（東京）でさえ，町中の道端の小川には清流が流れ，魚が泳ぎ，水鳥が群れていることを感動的に記述した．独自に高度の発展を遂げたキクなどに目を瞠った．しかし，彼も滞在中，とくに日本人の園芸関係者との交流はなく，花卉資源を採集して持ち帰っただけだった．

さらに英国からは，有名な種苗業者，ヴェイッチ商会のヴェイッチ（J. G. Veitch）や，ウィルフォード（C. Wilford），オルダム（R. Oldham）らが来日し，花卉資源の採取を行っている．

入国が容易となった明治時代には，ユリ類やツツジ類，モミジ類などの栽培品種の収集を目指して多くのプラントハンターや園芸家などが続々と来日した．

1872年に北海道開拓使に園芸技師として雇用されたボーマー（W. G. L. Boehmer）は，退職後の1882年に横浜で園芸輸出入業を開始し，日本産の多種多様な栽培品種やヤマユリの球根などの輸出に携わった．彼が設立したボーマー商会は日本人を雇用し，種苗商の実務を実地に教授した．使用人の中から将来，横浜植木の設立者が生まれるなど，ボーマーは日本での種苗業の発展に貢献した．

来日のプラントハンターの最後を飾ったのは，中国でハンカチノキを含む多数の園芸植物を欧米に紹介したウィルソン（E. H. Wilson）であった．一連の中国での探検終了後の1914年と1917～1918年にアメリカ合衆国ハーヴァード大学付置のアーノルド樹木園から派遣され，サクラ，アジサイ，ツツジ類などを詳細に調査し，多数の栽培品種を収集した．調査では植物学者の小泉源一らが同行し，交流を深めた．帰国後それらをもとにサクラ，アジサイ，ツツジ類のおびただしい数の栽培品種が記載された．栽培品種名には日本での呼称が使用されたが，研究の基礎となるタイプ標本はすべてアーノルド樹木園に保管され，日本にはない．同様なことはプラントハンターが日本から持ち帰り，彼地で命名記載された他の植物にも該当する．日本産のものでありながら，基礎となる資料に欠けるのは途上国の特徴だが，この分野での日本もその例外でない．

日本の植物学・園芸関係者がヨーロッパに渡り，彼地の人々と交流した最初は，おそらく幕末の慶応3（1867）年にパリで開催された第2回パリ万国博覧会に幕府から派遣された田中芳男であろう．1884年にロシアのサンクト・ペテルブルクで開催された万国園芸博覧会に派遣された田代安定は，同博覧会終了後も彼地に滞在し，世界的な植物学者マキシモヴィッチの知遇を得るなど，交流を深めた．彼が搬出した日本の熱帯・亜熱帯植物の多くがいまも同市のコマロフ植物研究所内の温室に

1885年に政府からフランスに派遣された高島得三はおもにナンシーに滞在し，エミール・ガレやマルセル・プルーストなどの芸術家と交流を深め，彼らを通じ日本植物についての理解が広がった．1889年にパリで開催された万国博覧会は日本が出品した盆栽や日本庭園などが評判になったが，その管理に携わった畑和助は終了後もフランスに留まり，日本庭園を数多く手がけ，現地の園芸愛好家と交流を深めた．こうした人的交流は時代を下るにつれ増加し，技術や情報，さらには園芸植物の導入に大きな役割を果たした．　　　[大場秀章]

## 1.2.5　明治時代以降第二次世界大戦前
### a. 明治初期の花卉園芸導入の経緯

250年間の鎖国で海外との交渉が断たれた江戸時代に日本の花卉園芸は特異的な品種の発達を遂げたが，経済生産的な花卉園芸ではなかった．経済的な園芸が欧米から導入されたのは開国した明治維新以後のことである．文明開化で新体制にかわった日本政府は意欲的に欧米の文明とともに洋式の農業や園芸を取り入れた．洋花を主体とする花卉園芸もこのときに入って生産的な花卉栽培が始まったのである．

明治新政府は日本農業の近代化に備え，明治3（1870）年，青山に米国人技師を招いて開拓使を開いた．さらに明治8年，新宿に勧農寮内藤新宿農事修学処（別名内藤新宿試験場）を設置した．ここを新宿御苑として発足させるため，欧州の園芸研修に派遣されたのが福羽逸人である．福羽は明治19年から3年間フランス，ドイツに留学し，農園芸に関する知識および技術を習得し帰国した．彼は宮内省技師として新宿試験場を欧風の新宿御苑に改装し，園芸知識，技術普及の拠点としたのである．明治10（1877）年ごろには横浜山手地区の外国人居留地で初めて温室が建てられ，西洋草花の栽培が始まっている．またボーマーは山手地区に花専門商会を開き，欧州からの草花種子の輸入販売を開始している．これらが刺激になって，しだいに草花の栽培を志す日本人が各地に現れたのである．

### b. 花卉栽培の始まり

明治初期，旧東京市内では江戸時代からの花栽培があったようで，旧下谷区近辺の農家があさがお市のアサガオやほおずき市のホオズキを栽培していたという記録がある．さらに花の栽培は大都市近郊から始まっているので，明治中ごろから旧荏原郡の蒲田，旧南足立郡の千住や亀戸などではキクや宿根草，洋花などの露地切花栽培が行われている．旧葛飾の江戸川地区では明治40年ころから洋花のゼラニウム，シネラリア，プリムラ，ベゴニアなどの鉢物栽培が始まり，400坪くらいの温室があったという記録が残っている．

また，冬季温暖な千葉県の房総半島では寛永年間からスイセンが栽培されていたといわれているが，明治19年，丸山町の石井某はテッポウユリの切り花栽培を始めた．これを皮切りに冬季温暖な房総半島南端ではキンセンカやヤグルマギクの露地切花栽培が広がったという．

本格的に鉢物の生産を始めたのは神奈川県小田原市八幡山の辻村常吉であった．明治35年ころから栽培を始め，明治45年頃には300坪の温室やフレームでゼラニウム，シネラリア，プリムラ，パンジーなどの鉢物を生産し，鉄道貨車で東京に出荷していた．

明治42年，米国のシアトルでカーネーション栽培の研修をした澤田（名不明）が帰国し，東京市外中野町城山で小規模にカーネーションの栽培を始めたのが日本のカーネーション栽培の始まりだといわれている．澤田に続いて伊藤貞作や土倉龍次郎もカーネーション栽培を始めている．

当時は‘エンチャントレス’，‘ホワイトパーフェクション’など品種の導入に苦労したようである．とくに土倉は欧米より新品種の輸入に努め，栽培の研究だけでなく新品種の育成まで手がけ，‘菜花’などを育成している．

### c. 大正，昭和初期の花卉栽培と温室村

大正に入ると東京，大阪，京都など大消費地周辺での花栽培が盛んになった．おもに宿根性花卉の露地切り花栽培であったが，中でも東京市足立区の西新井や島根町などでは大正初年には夏ギク，シャクヤク，チューリップ，ユリの促成栽培技術

図1.2 昭和10年ころの全盛期の温室村，日本フロリスト農園を中心とした温室群（「東京の花」東京都花き園芸連合会発行，1968年による）

が開発されている．

島根町の鴨下栄吉，鴨下金三は大正8年ころ，テッポウユリの球根を低温処理をして温室や簡単なフレームで暮れに開花させる促成栽培技術を開発した．さらに同氏らはチューリップも球根の低温処理で1～2月に開花させる技術を考案している．これら球根類の促成，半促成技術が各地に広がったことはいうまでもない．東京市は大正12年関東大震災に見舞われ花の消費は壊滅的であったが，その復興とともに需要も増加し，花卉栽培も震災前より増加し，昭和2年には60名の花生産者により足立区園芸組合が結成されている．

関東大震災後，カーネーションやバラの需要が増加したため，大正13年から昭和10年ころにかけて，東京市荏原郡東調布町，玉川町などの多摩川沿いの沖積土地帯に温室経営者が集まる，俗称温室村が生まれた（図1.2）．彼らの中心になったのは米国で研修して帰国した烏丸，長田，犬塚などで，いずれも米国式の大型温室を建設した．最初に100坪の温室を建設したのは荒木石次郎で大正13年であった．犬塚卓一は米国でカーネーションの栽培技術を習得し，帰国時には温室を解体してボイラーなどの施設とともに持ち帰り，大正14年に120坪の温室をここに建設している．最も規模の大きな温室を建設したのは森田喜平である．大正14年，870坪，9棟の温室を建設し，バラを栽培している．彼らはいずれも自己資金や借入金で温室を建設し企業的な経営を志向し，当時としては先進的な花卉生産者であった．温室は昭和14年ころまで増加し続け，最盛期には温室面積は約1万2000坪，経営者は120名に及んだが，第二次世界大戦時，政府から花卉栽培が禁止され，爆撃の目標になるという理由で温室は解体されたため，15年間にわたる彼らの経営はほぼ消滅した．

d. 明治から昭和前期までの花卉業界

日本の花の需要は伝統的な「生け花」から始まった．江戸時代「生け花」は武士の嗜みとして武家社会に広がり，使用する花を提供する花店が早くから城下町に生まれている．慶長元年（1596）に大阪で創業した「花竹」，元禄元年（1688）に江戸で創業の「花定」，安永年間金沢で創業した「芳花園」などがいまも記録に残っている．明治の開国後，多様な洋花が入ってから花の消費は大きく変化した．明治20年代に東京麻布六本木に開店した「ゴトウ花店」は洋花中心のモダンな花店として注目された．

最初，花は町を売り歩く行商から始まったと見られるが，生産と需要が拡大すると町の中に生産者と花店を中継ぎする問屋が生まれた．しかし，大正の関東大震災後復興とともに花の消費が拡大すると，問屋にかわる花卉卸売市場ができた．大正14年，東京飛鳥山に飛鳥山生花市場ができ，昭和6年までに東京には11の花卉卸売市場が開設されている．

市場の取り引きをセリで行ったのは東京芝の東京高級園芸市場であった．このころ生産者が市場に出荷する切り花は束ねた花を新聞紙で包み，さらに花俵で巻いて，近郊の生産者は手持ちや大八車，後は自転車などで持ち込んだ．地方の生産者は鉄道の客車便で輸送した．このような花卉生産や流通，販売も，第二次世界大戦の開始とともに一部を除き花卉の栽培が禁じられ中断したのである．

e. 球根の輸出

ユリ球根の輸出は明治4（1871）年から始まったとされ，明治12年には4933円の輸出があったという．当初は，山に生えているヤマユリやカノコユリなどを掘り取っての輸出であり，やがて明治15年にボーマー（L. Boehmer）がL.ボーマー

商会を興して，企業的な輸出が開始された．米国や欧州にテッポウユリ球根を輸出していたバミューダ島で，明治28年に病害のためテッポウユリが全滅に近い状態になり，日本の球根がその代役として使われるようになって，ユリ球根の輸出は飛躍的に増加することになった．第二次世界大戦前，テッポウユリを中心に年3000万球前後，最高時の昭和12（1937）年には4000万球近くが輸出されていた．一方，チューリップの球根栽培は大正8（1919）年に始まり，球根の輸出は昭和9（1934）年に開始され，昭和15年に最高で686万球に達した．当然，輸出をめざした球根栽培が行われており，テッポウユリ球根の主産地，沖永良部島では100 haを超す作付けがなされていた．チューリップでは，ピーク時に主産地の新潟県で75 ha余り，富山県で22 haの作付面積があった．

[鶴島久男]

## 1.3 第二次世界大戦後の推移

### 1.3.1 花卉生産の推移

#### a. 戦後の復興期

日本の切り花・鉢物類の生産は，第2次世界大戦で壊滅状態になったが，昭和22（1947）年頃から，関東では神奈川，千葉，関西では兵庫，九州では福岡，中部では豊橋，渥美など，大都市周辺の栽培施設が残されたところで，いち早く栽培が始まった．朝鮮戦争（1950～1953年）の特需景気による国内経済の復興とともに，1950年以降，都市近郊地域と長野の高冷地などで生産が伸びていった．昭和35（1960）年には，切り花類の作付面積合計が5200 haで，内施設栽培378 ha（7％強），生産額は73億円弱という統計数値がみられ，キク1563 ha，カーネーション135 ha，枝物類760 ha，ユリ93 ha，チューリップ76 haの作付面積という記録が残っている．

球根生産については，戦後いち早く輸出を目的に栽培が再開された．終戦直後の昭和20～21（1945～46）年における球根作付面積は，ユリ類20 ha，チューリップ15 ha程度とわずかであったが，昭和25（1950）年には，ユリ類300 ha，チューリップ70 haに達し，昭和27（1952）年には，グラジオラスの作付面積87 haが初めて統計に現れている．昭和30（1955）年には，ユリ類229 ha，チューリップ221 ha，グラジオラス55 haという作付面積が残っている．この頃，少しでも輸出を伸ばして経済状態をよくしたいという状況にあり，花卉の中で唯一輸出産業と名のつくものが球根生産であった．1960年には球根類の作付面積合計は1086 haで，チューリップ486 ha，ユリ類283 ha，グラジオラス84 ha，ダッチアイリス62 ha，ダリア41 haなどであった．

#### b. 切り花・鉢物・花壇用苗物

切り花，鉢物，花壇用苗物の，いわゆる狭義の花卉の生産は，高度経済成長の波に乗って拡大の一途をたどり，昭和52（1977）年には生産額が初めて1000億円を超え，1980年には1565億円，1990年には3451億円と10年で2倍以上という成長を示してきた（図1.3）．とくに1990年に開催された「国際花と緑の博覧会」，いわゆる「花博」の前後数年の伸びは顕著であったが，1993年以降は成長が鈍化した．その後，長引く経済不況の影響を受けて，1999年以降は減少に転じており，とくに切り花で顕著である．栽培面積も1971年に1万ha，1992年に2万haを超えて増えていたが，2000年の2万3540 haをピークに漸減状況が続いている．そのようななかで，施設栽培の占める割合は増加を続け，1999年以降50％を超えている．なお，この栽培面積は公式の統計数値の揃う国の中では多く，中国について世界2位である．農家戸数についても，切り花，鉢物の栽培農家は1998

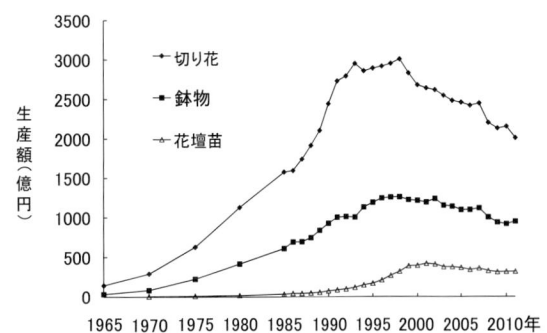

図1.3 切り花・鉢物・花壇苗（花卉）の生産額推移（出典：フラワーデータブック）

図 1.4 花木類・芝・球根類・地被植物の生産額推移（出典：フラワーデータブック）

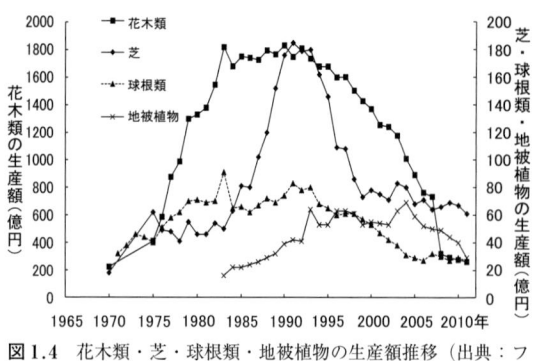

年以降，花壇用苗物の栽培農家は 2000 年以降，漸減傾向にある．史上最長といわれた平成の好景気（2002 年 2 月～2007 年 11 月）も，その成長率が低かったため，花卉生産を押し上げるには至らないままに過ぎた．2007 年には，原油などの資源価格の高騰により暖房経費と農業用資材の急激な高騰が生じ，さらに 2008 年には米国発の金融危機に見舞われて，生産の顕著な減少がみられた．その後も 2011 年の東日本大震災があり，減少傾向は止まっていない．

#### c. 花木類

花木類としてまとめられている植木類の生産については，1970（昭和 45）年から統計数値が出ており，当時の作付面積は 6380 ha であった．1975 年には 1 万 6700 ha あまりに増加し，その後 1994 年まで 1 万 5000 ha 前後で推移していたが，それ以降減少に転じ，2004 年には 1 万 ha を割りこみ急減が続いている．生産額は 1970 年の 225 億円から増加を続け，1980 年には 1330 億円に達するという急成長を示した（図 1.4）．これは，経済の高度成長に伴って，個人住宅の建設が進み庭園用の樹木の需要が急増したことと，公共の緑化事業による需要増大が重なったためである．その後も生産額は伸び続け，1990 年には 1832 億円に達したが，伸び率は切り花・鉢物・花壇用苗物のそれに比べ小さかった．その後，生産額も減少を続け，2005 年以降は 1000 億円を下回っている．長引く経済不況のため，公共の緑化事業による需要が減少した影響が大きい．なお，2008 年の急減は算出方法が変更されたためで，前年の 44％ となった．

#### d. 球根類

1960（昭和 35）年には，収穫面積が 1000 ha を超えた球根類の生産は，1970 年には 1788 ha と増加が続いていた．このまま日本の生産が伸び続けると，やがてオランダの球根生産の独占を許さないだろうという予測が西ドイツの雑誌に出たほどである．しかし，戦後増え続けた球根生産は，1973 年の 2159 ha をピークにして，以後漸減に転じた．これは，1973 年から円が変動相場制に移行して円高が進み，米国向けの球根輸出が急減したためである．ただし，国内における切り花，花壇植え用の球根需要の増加に助けられて，生産額は 1975 年以降も増加を続けたが，1991 年の 82 億円弱をピークに，収穫面積とともに減少の度合いが加速している（図 1.4）．これは，特定の球根類に対し，国内で 1 年間隔離栽培して，病気の有無を確認することを義務づけた隔離検疫制度が 1988 年にオランダとの間で免除になり，オランダからの球根輸入が急増したためと，生産農家の高齢化が進んだことと後継者の不足によるものである．

#### e. 芝，地被植物類

芝については，統計数値が初めて出てくる 1970（昭和 45）年には，2923 ha の作付面積で，生産額は 18 億円弱であった．その後，1980 年代に入って急増を続けた（図 1.4）．ピークは作付面積で 1995 年には 1 万 486 ha，生産額で 1991 年には 185 億円弱に達したが，ゴルフ場の建設が減るにつれて生産は急減し，近年は漸減が続いている．地被植物は 1980 年代以降しか統計数値がないが，作付面積のピークは平成 11（1999）年で 160 ha，生産額のピークは 2004 年で 69 億円弱に達し（図 1.4），その後漸減状況が続いている．

#### f. 花卉の消費の推移

生産を支える消費について，切り花の家庭用消費の動向を家計調査年報でみると，1965（昭和 40）年にはわずか 1200 円であったが，1975 年には 4000 円，1980 年には 6000 円を超え，1985 年には 8000 円弱と伸び続けてきた（図 1.5）．その後「花博」の影響も受けて，1992 年までは毎年数％の増加を示してきたが，それ以降は停滞ぎみで，1997 年頃から漸減状況が続いている．一方，1990

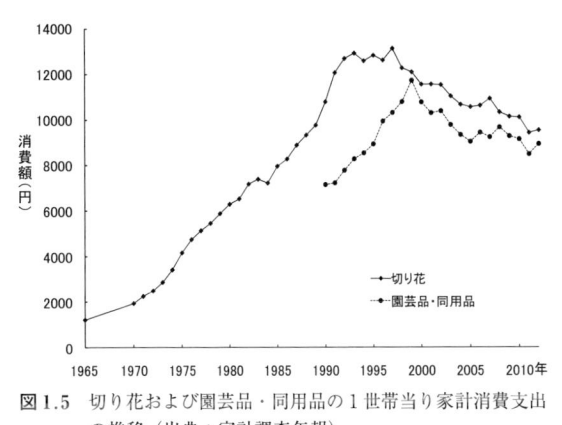

**図 1.5** 切り花および園芸品・同用品の 1 世帯当り家計消費支出の推移（出典：家計調査年報）

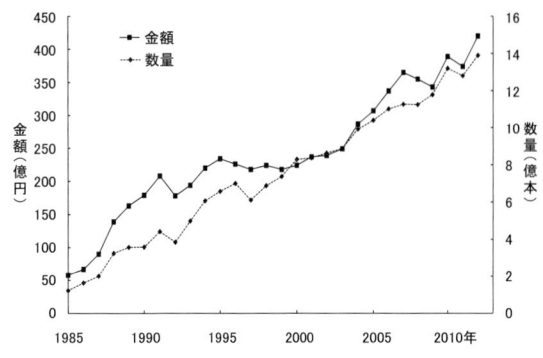

**図 1.6** 切り花・切り葉の輸入の推移（出典：金額は日本貿易月表，数量は植物検疫統計）
輸入本数は，サカキおよびヒサカキを 20 分の 1 に調整．

年から調査の対象となった園芸品・同用品の消費は，ガーデニングブームを反映して 1999 年まで着実に増加していたが，2000 年以降，急に減少に転じ，近年は横ばいから漸減の状況にある．なお，ギフトに使われた花は交際費に分類され，花だけとして集計されていないので，実態がつかめない．

### 1.3.2 花卉の輸出入の推移
#### a. 切り花・切り葉・樹木等の輸出
八丈島産のフェニックスの大株をオランダ向けに輸出するなど，盆栽も含めて樹木等の輸出が細々と続けられてきた．近年，高級ブランドとしてシンビジウムなどの高品質鉢物に対する需要が拡大し，中国や香港向けに輸出の機会が増大してきているが，80 億円を超えたばかりである．なお，切り花の輸出は 1 億円を超え，緒についたばかりである．

#### b. 球根の輸出
先述のように，球根生産は輸出を目的に戦後いち早く再開されたが，昭和 21（1946）年には，米国の軍政下にあった沖永良部島産でなく，九州産のユリ 2 万 1000 球が米国に向けて輸出されたという記録が残っている．その後の球根生産の増加を支えてきたのも輸出であり，ユリ類の輸出は 1955（昭和 30）年には 833 万球で戦前の 1/5 弱にしかすぎなかったが，1968 年に 1209 万球と初めて 1000 万球を超えた．その後も漸増して，1972 年には 2287 万球に達した後漸減した．おもな輸出先は昭和 30 年代は米国であり，40 年代に入ってオランダ向けの輸出が増えた．チューリップの輸出は，1955 年には 596 万球ですでに戦前の最高値に近づき，翌年には 913 万球を超えた．1958 年に 1000 万球を超え，1964 年に 2570 万球余りまで増加を続け，以後 2000 万球前後で推移した．輸出先は 85% 前後が米国で，残りがカナダであった．1970〜1972 年は 1700 万球強であったが，それ以降急減した．グラジオラスの輸出も昭和 30 年代前半に急増したが，ネマトーダの寄生問題で減少した後，1960 年代前半には，米国や香港向けに 1000 万球前後が輸出されていた．1970 年には 823 万球と減少し，以後は急減した．このようなチューリップ，グラジオラスの輸出急減は，1971 年のドル・ショックを受けて 1973 年から円が変動相場制に移行し，円高が進んで米国向けの球根輸出が急減したためである．このような影響を受けて，その後，球根全体の輸出は減少し続けることになり，2007 年以降 100 万球を下回っている．

#### c. 切り花・切り葉の輸入
切り花・切り葉の輸入は 1970（昭和 45）年にはわずか 1 億円余り，5 年後には 6 億 5000 万円余りであったが，1980 年には 43 億円強となった．この当時のおもな輸入先はタイ，台湾であり，両国で 60% 余りを占めていた．その後はタイからのランの輸入のみ増加を続け，全体としては微増の状態であったが，1987 年以降，オランダからの輸入の急増が見られ，1989 年にはオランダがタイを追い越して，金額で輸入先のトップとなった．この頃から，円高が進むにつれて切り花の輸入は増

加を続けたが，バブル景気の崩壊を受けて，輸入金額では1994年から2002年頃までは横ばいに近い状況が続き，増加に転じたのはその後である（図1.6）．一方，数量では1999年以降増加傾向にあり，2004年以降は金額とともに急増している．2012年の輸入量は，切り花の国内需要（生産量と輸入量の合計）の約25％に達している．

この輸入急増は，従来からの輸入の多かったタイからのデンドロビウム・ファレノプシスと，中国からのサカキ類を別として，カーネーション，キク（スプレーギク），バラの三大切り花で著しい．輸入先もマレーシア，中国，韓国といったアジアの近隣諸国やコロンビアに変わっている．これらの国々の生産地は，韓国を別として，熱帯高地の恵まれた気候帯に位置している．暖房経費が不要であり，しかも労賃が安いため，日本に比べ生産コストが低い．カーネーション，キクはもともと日持ちのする切り花であり，国産の切り花が輸入品と競争していくのは難しい状況にある．

#### d. 球根の輸入

球根の輸入は，1970（昭和45）年に1億4000万円余り，1980年には5億7000万円強，1985年には7億6000万円余りと，オランダを中心に種球の輸入を主体に少しずつ増加を続けていた．1988年からオランダとの間で隔離検疫制度の免除が始まり，それに伴って球根輸入は急増した（図1.7）．オランダは世界一の球根生産国であり，球根生産の適地であるだけでなく，大規模栽培で機械化生産されるため所要労力がきわめて少なく，生産コストが低い．このため，日本産球根は価格の点で太刀打ちできず，ユリ，チューリップ球根を中心に輸入の増加は続いていたが，金額では1997年度以降，数量でも2003年以降，減少傾向に転じている．これは，日本国内の需要が減少したためである．なお，隔離検疫の免除・自由化は，1999年にはニュージーランド産のユリやチューリップ，2000年にはベルギー産のユリ，翌年にはベゴニア，2002年にはチリ産のユリ球根に拡大された．このような状況下で，海外で生産された球根を使って切り花生産を行うという国際的な分業化が避けられない状況が続いている．

[今西英雄]

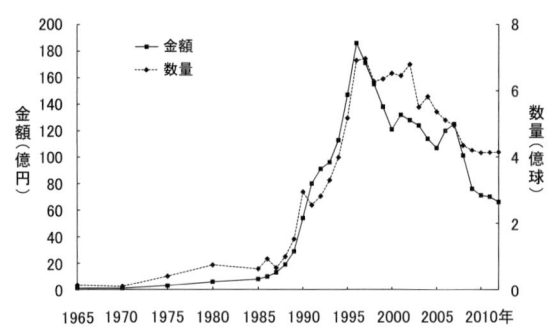

**図1.7** 球根類の輸入の推移（出典：金額は日本貿易月表，数量は植物検疫統計）

# 2. 種類・分類

## 2.1 系統分類と命名法

### 2.1.1 系統分類と分類体系

**a. 系統分類**（phylogenetic classification, systematics）

系統分類は，進化の過程で個々の生物が枝分かれしてきた歴史，すなわち系統発生の過程に基づいて行う分類である．この方法による分類が，生物の多様性を最もよく説明できることが多くのデータから判明しており，科学的にも有用である．植物の分類は，花の構造やその他の形態的形質に基づいた「自然分類」として始まったが，進化論が登場すると系統発生的な視点が加わった．20世紀に入るとさらに染色体や生化学物質などのデータも取り入れて，より系統を反映する分類が目指された．20世紀の終わりにDNA配列の解析が容易になると，相同なDNA配列を比較して系統を推定する方法が最も信頼度が高いことが判明し，系統分類の構築をDNAデータだけでなしえるようになった（分子系統学，molecular phylogeny）．現在では，この分子系統解析に基づく体系が広い支持を得ている．

DNA配列データの最大の利点は，形態などのデータに比べて比較しうる形質数が圧倒的に多いことである．それでも比較する塩基配列の種類や解析手法の違いにより，推定結果が異なることもあり，今後も研究の進展で変更される可能性がある．

**b. 分類体系**（classification system）

花卉園芸では陸上植物全般を対象としているが，とくに重要となるのは種子植物，なかでも被子植物である．被子植物の分類体系として従来広く用いられたものは，ドイツのエングラー（H. G. A. Engler）らにより19世紀の終わりに提唱され，その後の修正を経た体系である．一方，英米ではこれと対立する体系も利用され，その代表である米国のクロンキスト（A. Cronquist）らによる体系が1980年代には国際的に広まった．

分子系統学が1990年代に登場すると，被子植物の分子系統解析結果が相ついで発表された．とくに欧米の研究者により結成された「被子植物系統研究グループ」（Angiosperm Phylogeny Group）は，1998年に主要な被子植物の新たな分類体系（APG）を発表し，さらに2003年（APG II）と2009年（APG III）には，データを追加してより信頼度の高いものに改良した．現在では，この体系ないしはこれを修正したものが遺伝子データバンクをはじめ，生物学の研究に広く利用されている．ただし，植物誌や植物図鑑あるいは園芸分野の専門的文献であっても，クロンキストやエングラー体系に拠るものがまだ多く，どの分類体系に準拠しているのか，注意が必要である．

### 2.1.2 命名法（nomenclature）

**a. 植物の命名法**

生物分類学の目的には，生物の自然分類の推定に加えて，生物を命名することがある．これは，推定された各々の分類群について，全世界で通用する唯一の名称を与えることである．植物には種のランクだけでも数十万種以上があり，このすべてに異なる名称をつけるためには，数百年にわたる世界中の命名の中から，矛盾や混乱なく厳密に一つの名称を選定する必要がある．そこで，命名規約と呼ばれる詳細な規則を制定している．

命名規約に基づく具体的な個々の名称は学名と呼ばれる．植物と動物の学名は，ラテン語で記述される．植物の学名は，「国際藻類・菌類・植

命名規約（International Code of Nomenclature for algae, fungi, and plants：ICN）」と呼ばれる国際規約により規定されている．この規約は6年ごとに行われる国際植物学会議の際に改訂されており，最新の規約は2012年に出版された．

**b. 二命名法**（binomial nomenclature）

植物の学名のうち最も基本となる種（species）の名称は，属名（genus name）＋種形容語（種小名，specific name）よりなる二命名法（二名法）と呼ばれる形式で記述される．それぞれの語彙はラテン語かラテン語化した他言語由来の単語による．属の名称は名詞の1単語よりなり，単独で属名となる．種形容語は，属名を形容する1単語であり，ラテン語の文法に従って適切な活用をした名詞か形容詞である．亜種（subspecies）や変種（variety）など，種以下の分類群を区別する場合は，この後に亜種や変種などの形容語を続ける．なお，これらの形容語の後に人名やその省略形が続くことがあるが，これはその学名の発表者を示している．命名規約上は，命名者は学名の一部分ではないため，とくに必要な場合以外は省略してよい．

**c. 植物標本**（herbarium specimen）

植物分類学の研究では，植物標本（腊葉標本）を重要な研究試料として使用する．これは，生物には寿命があり，また遺伝子型も表現型も通常は個体ごとに異なるため，生体試料の永続的保存や複製試料の作成が困難ないし不可能だからである．また，学名とそれが示す植物との間に厳密な対応を与えるためにも，標本が必要である．たとえば，新種を発表する際は，その形質を文章，図解，写真，DNA配列情報などで詳細に記述する．しかし，新種が非常に細微な特徴で近縁種と異なる場合，標本の比較以外の方法では第三者にその差異を間違いなく伝達することが困難な場合もある．また，とくに古い時代の研究では，論文の記述が簡潔すぎて発表された新種の性質がわからないこともある．このような場合も，標本の調査により新種の実体を第三者が認識することができる．このため命名規約では，種や種内分類群を新しく発表する際には，基準となる標本（タイプ標本，type specimen）を作成し，公的研究機関に保存することを義務づけている．

また植物標本は，研究材料の実体を第三者に認識させるために利用される（証拠標本）．論文中で研究材料とした分類群の学名を記述するだけでは，同定間違いや分類についての異同（誤解）の問題に対処できないため，研究材料の一部を標本として公的研究機関で保存し，他の研究者による検証を可能としている．

### 2.1.3 分類群（taxon, pl. taxa）と階級（rank）（表2.1）

生物の基本単位は個体であるが，分類にあたっての基本単位は種である．最も一般的な種の定義は，交配可能性の可否により種を区分する生物学的種概念（biological species concept）である．ただし，植物において実際に種を区分する上では，形態等の類似に基づいていることが多いため（形態的種概念），もしも交配可能性で種を区分し直すと大幅に種の範囲が広がってしまう可能性が高い．また，植物の場合は，無性生殖する場合も多く，生物学的種概念が適用できないという問題もある．

このため，進化学的種概念や系統学的種概念などの他の種概念も提唱されており，生物学的種概念の問題点を補おうとしている．

種はその下位では，亜種，変種，品種（form，栽培植物の品種cultivarとは異なる）などに，上位では，属，科，目などに区分される．これらの区分は種という単位を階層的に細分ないし集合させたものである．例をあげると，バラ科，サクラ属，ソメイヨシノはそれぞれ科，属，種の階級で生物を区分して集合させた分類群である．種をはじめとするこれらの集合は分類群と呼ばれ，それぞれの階層は階級と呼ばれる．生物の進化においては，各々の生物群は時間の経過に伴い階層的に分岐してきたので，生物群を階級的に区分することは自然である．しかし，伝統的な分類学では，生物群を区分・集合させる基準があいまいであった．これに対して，20世紀中葉に起こった分岐学（cladistics）は，系統発生上の分岐関係で厳密に生物群を区分することを提唱した．この考えは当

**表 2.1** 国際藻類・菌類・植物命名規約におけるおもな分類階級

| 階級名 | 学名 | 日本語名 |
| --- | --- | --- |
| 界（kingdom） | **Planta** | 植物界 |
| 門（division） | **Embryophyta** | 有胚植物門 |
| 綱（class） | **Spermatopsida** | 種子植物綱 |
| 目（order） | **Ericales** | ツツジ目 |
| 科（family） | **Ericaceae** | ツツジ科 |
| 　亜科（subfamilly） | **Rhododendroideae** | ツツジ亜科 |
| 　連（tribe） | **Rhodoreae** | ツツジ連 |
| 属（genus） | **Rhododendron** | ツツジ属 |
| 　亜属（subgenus） | **Hymenanthes** | シャクナゲ亜属 |
| 　節（section） | **Ponticum** | シャクナゲ節 |
| 　列（series） | **Ponticum** | シャクナゲ列 |
| 種（species） | ***Rhododendron degronianum*** Carrière | アズマシャクナゲ |
| 　亜種（subspecies） | subsp. ***heptamerum*** (Maxim.) H. Hara | ツクシシャクナゲ |
| 　変種（variety） | var. ***kyomaruense*** (T. Yamaz.) H. Hara | キョウマルシャクナゲ |
| 　品種（form） | f. ***amagianum*** (T. Yamaz.) H. Hara | アマギシャクナゲ |

・アマギシャクナゲを例として示した．なお種以下のランクは，学名として記述する際は以下のように連続して表記する：*Rhododendron degronianum* Carrière subsp. ***heptamerum*** (Maxim.) H. Hara var. ***kyomaruense*** (T. Yamaz.) H. Hara f. ***amagianum*** (T. Yamaz.) H. Hara.
ただし，現在広く認められているアマギシャクナゲの学名は，*Rhododendron degronianum* Carrière var. *amagianum* (T. Yamaz.) T. Yamaz. である．
・ゴシックで示した箇所が，ラテン語として扱われる学名の部分である．とくに属以下の学名では，この部分はイタリックで印刷されることが多い．
・1字下げて示した階級は，補助的な階級であり，つねにあるとは限らない．

初は多くの反論を呼んだが，分子系統学の発展で系統関係が客観的に推定できるようになったため，現在では，分子系統に基づいて生物群を区分する場合は，ある一つの祖先から派生したすべての子孫の集合（単系統群，monophyletic group）を個々の分類群として区分する．その際には，この単系統群に最も近縁な分類群（姉妹群，sister group）や，この単系統群だけに共通して見られる形質（共有派生形質，synapomorphy）が重要となる．そして系統関係の階層性を考慮しながら，分類群の各階級を決めていく．

しかし，種より上位の分類群は生物学的な定義が曖昧であるため，系統関係のどの分岐を科，目などの階級にあてはめるかという基準は，従来の分類との整合性や他の分類群と比べての相対的関係に頼らざるをえない．また，分子系統で推定されたすべての分岐関係を命名して区分すると非常に煩雑になり，多くの場合は命名規約で定められた階級では足りなくなる．例をあげると，種子植物や被子植物は，エングラーやクロンキストの分類では門や亜門の階級で区分されてきたが，全生物の系統関係が推定された結果，陸上植物全体ないしはより上位の系統を含めて一つの門とされるようになった．そのため，陸上植物では目より上の階級をうまく設定することが困難になった．そこでAPGなどの最新の分類体系では，この階級にあたる分類群については命名規約上の名称を利用せず，「○○群（類）」などの非公式な名称ですませている．

分類学者の間では，階級の認識と区分にあたっては，実用的な分類体系を構築すべきという考えが主流であるが，系統関係を厳密に反映した分類体系を構築するべきであるという主張もある．このような状況であるため，属以上の分類群は，科学的な分類体系の構築のための便宜的な概念であると考えた方が理解しやすい．

一方，種より下位の分類群は，系統学的にみると各分類群が十分には分化していない状態である．このため，表現形質に限らず分子情報を用いても，分類群の範囲や境界が不明瞭な場合も多い．

## 2.2 植物学的分類

### 2.2.1 陸上植物の系統分類（図2.1）

**a. 陸上植物**（land plant, embryophyte）

陸上植物（有胚植物）は，コケ植物（bryophyte）と維管束植物（vascular plant, trachaeophyte）に分けられ，後者はさらにシダ植物（pteridophyte）と種子植物（seed plant, spermatophyte）に分けられる．

**b. コケ植物とシダ植物**

コケ植物は，従来はツノゴケ類，苔類，蘚類に分類されてきた．分子系統解析が進んだ現在でも，この3類の間の系統関係は十分には解明されていない．また，コケ植物とシダ植物では，体制的には前者が原始的であるが，化石記録では後者がより古い．分子系統解析の結果は，コケ植物の方が先に分岐したと推定されている．

シダ植物は，従来は比較解剖学的知見からマツバラン類，トクサ類，ヒカゲノカズラ類，シダ類（狭義）に分類されていた．分子系統解析の結果，前二者は狭義のシダ類に含まれることが判明した．また，後二者のそれぞれは単系統群であるが，シダ植物全体としては単系統群ではないと推定されている．

**c. 種子植物**

種子植物は，裸子植物（gymnosperm）と被子植物（flowering plant, angiosperm）に区分される．前者は，園芸植物としても重要なものの多い針葉樹のほか，イチョウ，ソテツ類，グネツム類の4類に区分される．これらの各々および裸子植物全体として単系統群であると推定されている．

**d. 被子植物**

被子植物は，エングラーやクロンキストの分類では単子葉植物（monocotyledon, monocot）と双子葉植物（dicotyledon, dicot）に区分されていた．後者はさらに花の形態により，花弁が分離する原始的な植物（離弁花類）と花弁が融合する進化した植物（合弁花類）に区分された．分子系統解析によると，双子葉植物のうちスイレン目やモクレン目などが最も原始的な被子植物であること

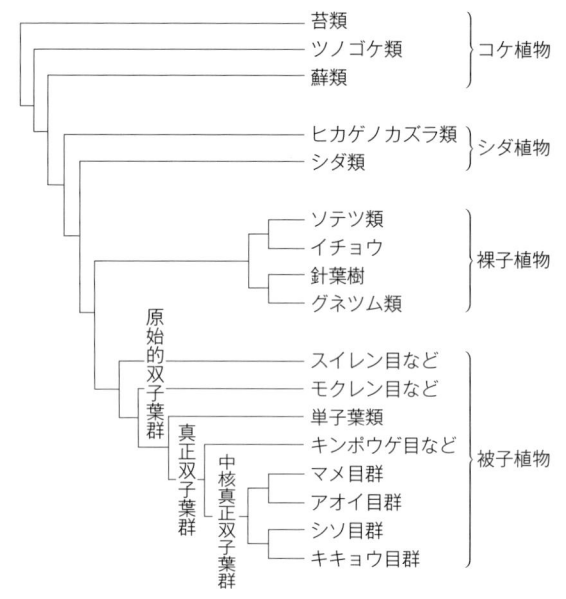

**図2.1** 現生の陸上植物の系統関係と分類体系
コケ植物とシダ植物については文献1），裸子植物については文献2），被子植物については文献3）をそれぞれ参照し，簡略化した．ただし，コケ植物と裸子植物の系統関係には別の見解もある．

が判明した（原始的双子葉群）．さらに単子葉植物と残りの双子葉植物（真正双子葉群）がそれぞれ単系統として分岐し，その後者から中核真正双子葉群，さらにマメ目群，アオイ目群，シソ目群，キキョウ目群などが分岐したと推定されている．

また，分子系統解析により，科についても従来より客観的に推定されるようになった．しかし，従来の体系で一つの科であったものが分割・統合されたり，まったく類縁の異なる複数の科に区分されたものもある．代表例としては，従来のユリ科，ユキノシタ科，ゴマノハグサ科などがあるが，このほかにも，カエデ属がカエデ科からムクロジ科へ，アオキ属がミズキ科からガリア科へと，なじみの深い植物で所属する科が変更されたものも少なくない．

### 2.2.2 栽培植物の分類

**a. 栽培植物の分類における問題**

栽培植物は，表現形質上では祖先の野生植物とは大きく異なるため，従来の植物分類で野生植物とは別の種や変種として区分されることもあった．しかし，野生植物における分類群の分化年代は亜

## 2.2 植物学的分類

**表 2.2** 国際栽培植物命名規約による栽培品種の学名

| 品種名の例 | | |
|---|---|---|
| 例1 | セトウチギボウシ '黄金瀬戸内' | 種の日本語名＋日本語の品種名，品種名は ' ' で囲む（以下同様） |
| 例2 | *Hosta pycnophylla* 'Ōgon-Setouchi' | 種の植物分類群の学名＋アルファベット化した品種名 |
| 例3 | 梅 '雪海宮粉' | 種の中国語名＋中国語の品種名 |
| 例4 | *Prunus mume* 'Xuehai Gongfen' | 種の植物分類群の学名＋アルファベット化した品種名 |
| 例5 | *Rhododendron* 'Lady white' | 属の植物分類群の学名＋英語の品種名 |
| 群名の例 | | |
| 例6 | *Hydrangea macrophylla* Hortensis Group | 種の植物分類群の学名＋群名，群名には Group を付ける（以下同様） |
| 例7 | *Iris* Dutch Group | 属の植物分類群の学名＋群名 |
| 例8 | *Dracaena fragrans*（Deremensis Group）'Christianne' | 群名と品種名を並べる場合は群名を（ ）に入れる |
| 例9 | *Primula*（Border Auricula Group）'MacWatt's Blue' | 属の植物分類群名＋群名＋英語の品種名 |

種や変種でも最終氷期以前であるのに対し，栽培植物とその祖先の野生植物の分岐年代は古くても農耕開始期であり，多くの観賞植物ではさらに新しい．よって栽培植物を野生植物の分類群と同様に認識することは生物学的に問題である．また栽培植物は，野生植物から一度分化した後にも栽培植物どうしないしは野生植物との再交雑を重ねているものも多い．この場合系統関係は複雑な網状となるため，系譜のわかる現代の品種などを別にすれば，系統関係の正確な推定は困難である．また，栽培植物の品種や系統間における形質の組み合わせは，人為交配により積極的に組み換えられるので，野生植物の分類群に見られるような複数形質間での相関があるとは限らない．このため栽培植物では野生植物と同様の手法での分類が困難な場合もある．しかし，ある栽培植物の品種や系統の集合をグルーピングすることは実用上不可欠であるので，その植物の重要な特性や原産地などを利用した分類が行われている．

**b．栽培植物の学名**（表 2.2）

栽培植物には栽培品種という概念があり，それぞれの栽培品種には品種名が付けられている．これらの品種名を全世界で通用する栽培品種の学名として位置づけることなどを目的として，「国際栽培植物命名規約（International Code of Nomenclature for Cultivated Plants：ICNCP）」が制定されている．現行の規約は 2009 年に改訂された第 8 版である．各国の種苗法や国際植物品種保護連合（UPOV）の対象は種苗登録された品種のみであるが，この規約は，過去の品種や個人等が育成して種苗登録していない栽培品種をも対象としている．また，あらゆる言語への対応を想定している．

ICNCP で規定している分類群は，品種と群の 2 種類だけである（このほか，ランだけに用いられる grex がある）．品種（cultivar）の名称は，植物分類群の学名，ないし各国語名の名称による種名ないし属名＋品種形容語で構成される．品種形容語の部分は，通常は栽培品種名そのものであり，命名された言語の文字または規約に明記された規則に従いアルファベットに翻字して表記される．

群（group）は，いくつかの栽培品種を集めた単位である．上述したように栽培植物を階層的に分類することは困難であるので，これ以上の分類群は設けられていない．そのかわり，着目する形質に応じて，一つの品種が複数の群に区分されることを許容している．

また ICNCP では，品種名の情報を収集・整理する組織として国際栽培植物登録機関が設けられている．この組織には各国の植物園や園芸協会等が自主的に参加し，組織ごとに特定の栽培植物を選び，全世界の品種名のリスト化や新たな品種名の登録などの事業を行っている．ただし対象となっている植物は，観賞植物に偏っており，かつ今のところごく一部に留まっている． ［池谷祐幸］

## 文 献

1) Tree of Life web project（http://tolweb.org/tree/phylog-

eny.html）．
2) Angiosperm Phylogeny Website（http://www.mobot.org/MOBOT/Research/APweb/welcome.html）．
3) The Angiosperm Phylogeny Group：*Bot. J. Linn. Soc.,* **161**, 105-121, 2009.

## 2.3 原生地の気候型による分類

### 2.3.1 原生地と気候型

　原生地（provinance）とは栽培化されたり，品種改良されたりした植物のもとの種（原種）が自然状態で生育している，あるいは生育していた所であり，国名や地域名で表すことが多い．花卉の原生地は，極地を除く世界の様々な気候型（climatic type）に属している．園芸品種は改良されるうちに原種のもつ性質が薄められていく．しかし，進化の過程で原生地の自然環境に適応して獲得した生育期（growth period）や環境耐性は残ることが多い．そのため，その原生地の自然条件，とくに日長（day length），温度（temperature），降水量（precipitation），土壌条件などを知ることで，その植物のおおよその生育特性を理解することができる．

### 2.3.2 気候区分

　世界各地の気候を気温と降水量の季節的な変化を目安に区分したものを気候型と呼ぶ．ミラー（A. A. Miller, 1931）の気候区分（climate classification）を，原生する植物の生態を考慮して，塚本洋太郎（1969）が修正したものが代表的であり，世界を八つの気候型に区分した（図2.2）．

#### a. 地中海気候型（mediterranean climate type）

　年間降水量は400〜800 mmで，1月の平均気温が6〜8℃，7月の平均気温が23〜25℃であり，アルカリ性土壌が多い．降水量は秋〜冬に多く，夏は著しく乾燥する．葉の表面にクチクラ層が発達し，革質となった硬葉常緑樹のオリーブやコルクガシなどが代表樹種として生育している．この気候型に属する地域とそこを原生とする花卉は，以下のとおりである．

　地中海沿岸：キンギョソウ，ヤグルマギク，カスミソウ，スイートピー，スターチス，アネモネ，クロッカス，シクラメン，ヒアシンス，ダッチアイリス，ニオイイリス，ムスカリ，フサザキスイセン，チューリップ，エニシダなど．

　北米・カリフォルニア：ハナビシソウ，ゴデチア，ネモフィラ，ブローディア，セイヨウオダマキなど．

　オーストラリア西南部：ブラキカム，ムギワラギク，ローダンセ，アカシア，バンクシア，カリステモン，ユーカリなど．

　チリ中部：カルセオラリア，シザンサス，アルストロメリアなど．

　南アフリカ西南部：ディモルフォセカ，ロベリア，ネメシア，バビアナ，フリージア，グラジオラス（春咲），イキシア，スパラキシス，カラー，ラケナリア，クンシラン，ゼラニウム，アガパンサス，ガザニア，エリカなど．

　この気候型には，降水量の多くなる秋に発芽し，冬から春に成長し，高温・乾燥期の前までに開花結実して種子として越夏する一年草か，地上部が完全に枯死し，地下部で休眠して越夏する球根植物が多く分布している．

#### b. 大陸西岸気候型（west continental climate type）

　大陸の西岸に位置する比較的冷涼な地域であり，年間降水量は500〜1000 mmと季節による偏りが少なく，気温は冬期4〜8℃，夏期は20℃前後であり，土壌は酸性ないしは中性である．この気候型に属する地域とそこを原生とする花卉は，以下のとおりである．

　ヨーロッパ西北部：パンジー，デージー，デルフィニウム，スズラン，ラッパズイセン，クリスマスローズ，キングサリ，ライラックなど．

　北米西北部：ルイシア，シダルケアなど．

　ニュージーランド南島：クレマチス，フクシアなど．

　チリ南部：ナンキョクブナなど．

　この気候型に属する花卉は宿根草が多いが，日本では北日本でなければ夏越しが難しく，秋播きの一年草として扱われる植物が多い．

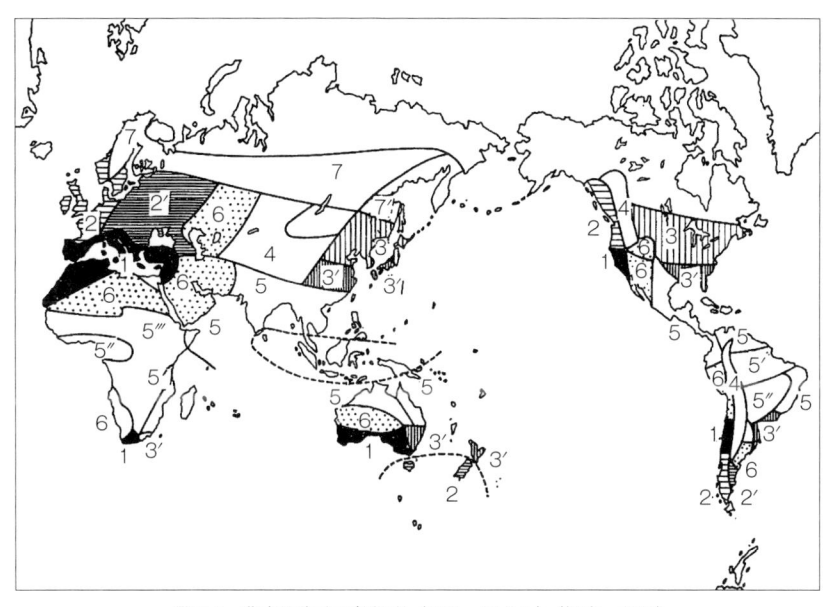

**図 2.2** 花卉原生地の気候型（Miller による）（塚本，1969）
1：地中海型，2：大陸西岸型，3：大陸東岸型，4：熱帯高地型，5：熱帯，6：砂漠，7：北帯．

**c. 大陸東岸気候型**（east continental climate type）

夏期と冬期の温度較差が大きい．低緯度地域では，冬期は比較的温暖でツバキを指標植物とする照葉樹林帯が見られる．これに対して，高緯度地域では，ブナを代表樹種とする落葉樹林帯を形成している．この気候型に属する地域とそこを原生とする花卉は，以下のとおりである．

日本：フクジュソウ，ミヤコワスレ，ハナショウブ，アヤメ，カキツバタ，キキョウ，ツワブキ，オモト，センリョウ，ツバキ，サザンカ，アジサイ，サクラ，ツツジ，ヤマユリ，スカシユリ，テッポウユリ，カノコユリなど．

中国東部および朝鮮半島：アスター，ヒオウギ，テッセン，ケマンソウ，シャクヤク，リーガル・リリー，キカノコユリ，リコリス，ブッドレア，ノウゼンカズラ，ハナズオウ，ボケ，コトネアスター，ジンチョウゲ，レンギョウ，キンシバイ，モクレン，カイドウ，ボタン，ウメ，モモ，コデマリなど．

北米東部：ガイラルディア，ヒマワリ，ルドベキア，クサフヨウ，リアトリス，トルコギキョウ，フロックス，フィソステギア，ストケシア，サラセニア，カルミア，アメリカヤマボウシ，ユリノキ，タイサンボク，カマシアなど．

南米東南部：マツバボタン，サルビア，ペチュニア，カリブラコア，バーベナなど．

南アフリカ東部：ガーベラ，グラジオラス，トリトマなど．

オーストラリア東南部など．

この気候型に属する花卉は種類が多く，日本では古くから栽培されている伝統花卉も多く含まれる．近年，海外の同気候型から導入された植物は，栽培が比較的容易である一方，雑草化しやすいという特徴がある．

**d. 熱帯高地気候型**（highland climate in tropics type）

熱帯や亜熱帯の高地の気候型であり，熱帯高地では年間の温度較差が小さく，年間を通じて平均気温は 15〜20℃ であるが，昼夜の日較差は大きい．降水量は年間平均して多い地域と，雨季と乾季のある比較的乾燥した地域とがある．この気候型に属する地域とそこを原生とする花卉は，以下のとおりである．

アンデス山系：キュウコンベゴニア，ナスタチウムなど．

メキシコ高原：マリーゴールド，ヒャクニチソウ，コスモス，ダリア，ブバルディア，ポインセチアなど．

中国西南部の山岳地帯：セキチク，コウシンバラ，トウツバキ，プリムラ・マラコイデス，プリムラ・オブコニカなど．

ヒマラヤ山麓：メコノプシス，ロードデンドロンなど．

インドネシア高地，ニューギニア高地，アフリカのキリマンジャロの高地など．

この気候型に属する花卉は，夏期は冷涼で冬期は温暖な気候を好むため，日本の自然状態では栽培が難しく，夏期に冷房が必要であったり，冬期は温室内で栽培されるのがふつうである．

**e. 熱帯気候型**（tropical climate type）

年間を通して気温が高く，その温度較差は小さい．降水量は地域によって差があり，雨季と乾季のある地域と，つねに降水の見られる地域に分けられる．この気候型に属する地域とそこを原生とする花卉は，旧大陸の熱帯アフリカ（セントポーリアなど），旧大陸の熱帯アジア（ハゲイトウ，ケイトウ，ホウセンカ，ベゴニア・レックス，コリウス，アグラオネマ，クロトン，クルクマ，ジンジャー，ネペンテス，デンドロビウム，ファレノプシスなど），新大陸の中南米（プルメリア，カラジウム，カンナ，グロキシニア，アマリリス，アンスリウム，コルムネア，モンステラ，フィロデンドロン，カトレヤ類，リカステ，ミルトニア，オンシジウムなど）である．この気候型に属する花卉は，夏期の高温を好み，日本では春播きの一年草や温室植物として扱われることが多く，種類も多い．

**f. 乾燥気候型**（dry climate type, arid and semi-arid climate type）

大陸内部の中緯度地帯に多く，雨が非常に少なく昼夜の温度較差も非常に大きい気候型である．乾燥が激しい不毛地帯から多少の降雨の見られるステップまでを指す．この気候型に属する地域とそこを原生とする花卉は，多肉植物とサボテンがほとんどであり，南アフリカ（アロエ，カランコエ，マツバギク，ハワーシアなど）と中南米（サボテン類）にいくつかの花卉がみられる．

**g. 北帯気候型**（arctic climate type）

高山の頂部，寒帯，亜寒帯の気候がこれにあてはまり，この地域に原生する花卉はすべて高山植物（クロユリ，エーデルワイスなど）である．

**h. 極気候型**（polar climate type）

地表面は凍結し，蘚苔類がわずかに生育する環境である．花卉は原生していない．

### 2.3.3 自生植物と帰化植物

自生植物（native plant）もしくは野生植物（wild plant）とは，人為的な栽培によらず（人の保護を受けず）に，山野などに自然に生える植物をいう．これには，その植物固有の原生地で自生していることを意味する場合と，本来その国や地域に自生していなかった植物が，偶然もしくは人為的に他の場所から侵入し，そこに定着して帰化植物（naturalized plant）もしくは，外来植物（alien plant）として自生（野生化）している場合がある．後者の例として，日本では数種のカタバミ（*Oxalis* spp.）が過去に観賞用として導入され，栽培化（domestication）されたものが逸脱し，野生化したものが多数見られる．

## 2.4 生活型・生活形による分類

生活型（life type）とは生物の生活様式を，系統分類学とは異なるある特定の方法で類型化したものである．植物の場合には休眠型（dormancy type），生育地や立地との関係からみた区分が行われている．また，植物などの生活様式や環境条件を反映した部分的な形態や外的形態を生活形（life form）といい，生活型と区別されている．

### 2.4.1 休眠型

**a. 生活形と休眠型**

植物の生活形は，一般に特定の環境条件に密接に適応しているような形態について論じられることが多く，植物については，ラウンキエール（C. Raunkiaer, 1934）の休眠芽（dormant bud）の高さを指標として類型化されたものがよく知られ

ている．以下にその分類を示した．

①地（陸）上植物（phanerophyte）： 休眠芽の位置が地表から 30 cm 以上にある植物．その分類は，i) 多肉茎地上植物：保護りん片をもたない芽（サボテンなど）をもつ，ii) 草状地上植物：木化しない茎と保護されない芽をもつ（バショウなど），iii) 着生的地上植物：高木や低木に着生もしくは寄生する（ヤドリギ），iv) 木本植物のうちの高木や低木．さらに木本植物は休眠芽の高さで細分され，その位置が地表から 30 m 以上の植物を巨形地上植物，8～30 m 未満の植物を大形地上植物，2～8 m 未満の植物を小形地上植物，0.3～2 m 未満の植物を矮形地上植物と呼ぶ．

②地表植物（chamaephyte）： 休眠芽の高さが，地面から 30 cm の間にある植物．常緑性や落葉性の匍匐性低木類や草本植物の一部がこれに含まれる（ヤブコウジ，ツルニチニチソウなど）．

③半地中植物（hemicryptophyte）： 休眠芽の位置が地表面に接している植物．ロゼット状になるものが多く，宿根草に多い（スターチス，アジュガなど）．

④地（土）中植物（geophyte, cryptophyte）： 休眠芽の位置が地中（土中植物）もしくは水中にある植物（水生植物）．地中（土中）にある植物は，芽のつく器官により，鱗茎（bulb），地下茎（subterranean stem；タケ，ササなど），塊茎（tuber, stem tuber；シクラメン，グロキシニア，サンダーソニア，グロリオサなど），球茎（corm；グラジオラス，フリージア，クロッカスなど），根茎（rhizome；ジャーマンアイリス，カンナ，ジンジャーなど），塊根（tuberous root, root tuber；ダリア，タチテンモンドウ，ラナンキュラスなど）に分けられる．鱗茎はさらに外皮膜のある有皮鱗茎（層状鱗茎，tunicated bulb）と，外皮膜のない無皮鱗茎（鱗状鱗茎，scaly bulb）に分けられる．有皮鱗茎には，チューリップ，ヒアシンス，スイセン，アリウム，ヒガンバナなどが含まれる．一方，無皮鱗茎には，ユリ，フリチラリアなどが含まれる．

⑤夏生一年生植物（therophyte, summer annual）： 単に一年生植物ともいわれるが，夏を中心に生育する植物を指す．夏生一年生植物は冬期もしくは乾季には植物体としての活動を終え，種子で不良環境を越すものをいう．このような植物は，冬期に十分な生育環境（温度，水など）が得られる場合には，枯死することなく越冬する（アサガオ，ヒマワリなど）．

**b．耐寒性と耐凍性，温帯性と熱帯性**

戸外で栽培した場合，冬の寒さでも枯死しない性質を耐寒性（hardy）といい，寒さに耐えず枯死する性質を非耐寒性（tender, non-hardy）という．また，その凍結に耐える能力を耐凍性（freezing resistance）といい，耐凍性を有する植物は氷点下の温度下でも生存可能である．耐寒性と非耐寒性には厳密な境界はなく，半耐寒性（half-hardy）という表現もなされる．また地域によって両者に含まれる種類も異なる．

一方，性質が重なる用語として温帯性（temperate）と熱帯性（tropical）がある．それぞれ品種の起源となる野生種が，温帯と熱帯に分布するものをいう．亜熱帯性（subtropical）を区分する場合もある．

植物の耐寒性とその地域の最低気温を指標とした植物耐寒限界ゾーン地図（plant hardiness zone map）は，ある植物を露地で栽培した際の冬越しが可能かどうかを知る目安として利用されている．この植物耐寒限界ゾーンは米国農務省で開発され，日本を含め世界各地で利用されている．

## 2.4.2 水との関連による分類

**a．水生植物と乾生植物**

河川や湖沼，池などの水中や水辺を中心に生活する植物を水生植物（hydrophyte, aquatic plant）という．水草とも呼ばれ，生活のすべてもしくは一時期を水中で生活する植物をいう．乾生植物（xerophyte）とは，外気および土壌の水分不足，低温，塩分過多などの環境要因によって，吸水が困難な場所に生育している植物をいう．このような植物は，高山や砂漠，また塩分集積地などに生育する（サボテン，マツバギクなど）．

気生植物（aerophyte）とは着生植物（epiphyte）ともいい，岩石や樹木などに固着し，生

育に必要な水分や養分を自らの葉や茎，気根を使って空気中から吸収する植物である．

**b. 水生植物の区分**

水生植物は生育型によって以下の四つに分類されている．海藻などの非維管束植物は含まない．湿原や湿潤地に生育する湿生植物（helophyte, hygrophyte）は，水生植物とは区別され，水生植物より水を多く必要としない場所で生育する．

①沈水植物（submerged plant），水中植物（hydrophyte）：植物体を完全に水中に没して生育する植物．

②浮葉植物（floating leaved plant）：水深の浅い場所に根を張り，葉や花を水面に浮かせて生育する植物（スイレン，オニバスなど）．

③抽水植物（emergent plant）：沼などの水底に根を張り，茎の下の部分は水中にあり，茎もしくは葉の一部が水上に展開している植物（ガマ，ハスなど）．

④浮遊植物（free-floating plant）：植物体のすべてが水面もしくは水面下に浮遊している植物．

### 2.4.3　生育地との関連による分類

**a. つる性植物と着生植物**

つる性植物（vine, climbing plant）は，他の植物などに巻きついたり，付着したりしながら自分の体を支持し生育する植物であり，草本植物，木本植物の両方に見られる．巻きつき方として，自らの茎自身で他の植物などに巻きつくものは，アサガオ，フジなどがあげられる．巻きひげが他の植物などに巻きつくもの（スイートピー，グロリオサなど）や茎から気根や付着根を伸ばして付着する（キヅタなど）植物をよじ登り植物（climbing plant）という．

着生植物（epiphyte）とは，土壌中に根を張らず，地上の岩石や樹木などに気根や付着根を伸長させて自分の体を固定（固着）して生活する植物をいう．シダ類，アナナス類，ラン科植物などに多く見られる．

**b. 陽生植物と陰生植物**

耐陰性が弱く明るい日なたを好んで生える植物を陽生植物（sun plant）という．生育には多くの光を必要とする陽生植物の樹木を陽樹（sun tree, アカマツ，ハンノキなど）という．

耐陰性が強く日陰でも生育できる植物を陰生植物（shade plant）という．陰生植物の多くは森林などの林床部に生育し，林床植物（floor plant）ともいわれる．陰生植物の葉（陰葉）は，弱光下では呼吸量が少なく，陽生植物の葉より純同化量が大きい．このような性質を示す樹木を陰樹（shade tree, ブナ，ツガなど）という．典型的な陰生植物は，直射日光下では生育できない．しかし，日陰で生育する多くの植物は，日なたでも生育することができ，このような中間的な性質を示す植物を陰-陽生植物という．

**c. 生育土壌による区分**

気象条件（気温，降水量など）は，その地域の土壌条件に大きな影響を及ぼす．そのため，ある植物種の好む生育土壌（growing soil）環境は土壌条件と密接な関連がある．

酸性植物（acid plant）：酸性土壌を好み，自生地は，火山灰地，高層湿原，酸性の湖沼や多雨地域などである．酸性植物として，シャクナゲ，ツツジ，スズランなどがあげられる．

中性植物（neutral plant）：pH 7 前後の土壌に好んで生育する植物であり，日本の土壌は弱酸性であることから，自生する多くの植物は中性植物である（サクラ，ツバキ，ボケなど）．

塩基性植物（alkaline plant）：pH 7 以上の土壌に好んで生育する植物である．海岸や砂丘，内陸部などの塩地に生育する塩生植物や石灰岩を母岩とする地域のみに自生する石灰岩植物（exclusive limestone plant）があげられる．　　　［渡辺　均］

**文　献**

1) 塚本洋太郎：花卉総論，pp. 69-78, 養賢堂, 1969.
2) M. Kottek et al.：*Meteorologische Zeitschrift*, **15**(3), 259-263, 2006.
3) C. Raunkiaer：The Life Forms of Plants and Statistical Plant Geography, pp. 632, Oxford University Press, 1934.

## 2.5　人為分類（園芸的分類）

自然分類（系統分類，natural classification）に

対して，対象とする生物群の把握を容易にするために，識別しやすい形質・特徴を適宜選んで分類することを人為分類（artificial classification）あるいは園芸的分類（horticultural classification）という．

## 2.5.1 生育習性等による分類

### a. 一回結実性と多回結実性

1世代に1回しか開花・結実せず，結実後は自然に枯死する性質を一回結実性（monocarpic, semelparous）といい，その性質をもつ植物を一回結実性植物（一巡植物，monocarpic plant）という．すべての一年草と二年草のほか，多年生植物の中にも，タケ・ササ，リュウゼツラン属，ユッカ属，プヤ属などに見られる．一回結実性植物には，結実させないと枯死が遅れるという性質がある．それに対して，1世代に複数回開花・結実し，結実後も自然に枯死することのない性質を多回結実性（polycarpic, iteroparous）といい，その性質をもつ植物を多回結実性植物（多巡植物，polycarpic plant）という．木本や，宿根草の多くがその例である．

### b. 木本と草本

盛んな肥大成長によって，木部を発達させた堅牢な茎と根を形成する植物を木本（woody plant）という．高木（喬木）と低木（灌木）に分ける．あまり木部を発達させない軟弱な茎を形成する植物を草本（herbaceous plant）という．草本では多くの場合，地上部は1年で更新される．

### c. 常緑性と落葉性

年間に成葉が完全に脱落する期間をもつ性質を落葉性（deciduous）という．落葉性の木本が落葉樹である．冬に落葉する夏緑性（summer green）と，夏に落葉する冬緑性（winter green）がある．日本の樹木はほとんど夏緑性だが，ナツボウズの異名をもつオニシバリなどは冬緑性である．多くの秋植え球根は冬緑性となる．年間を通じて常に生きた成葉をもつ性質を常緑性（evergreen）という．常緑性の木本が常緑樹である．常緑樹の葉の寿命は1年を超えるが，出葉期の直後に古い葉の落葉するものが多い．

### d. 単軸性と仮軸性

主軸が旺盛に発達して側軸（枝）と明確に区別できる性質を単軸性（monopodium）といい，そうした分枝を単軸分枝（monopodial branching）という．主軸がある程度までしか発達せず，側軸が発達して主軸のように見える性質を仮軸性（sympodium）といい，そうした分枝を仮軸分枝（sympodial branching）という．木本，とくに高木には単軸性が多く，草本には仮軸性が多い．ほとんどの重要花卉は仮軸性である．

仮軸性植物のシュートは有限成長であり，母枝の頂芽が花芽となるなどで頂芽優勢が崩れると，子枝の成長が始まり，またこれが母枝となり，母枝と子枝の成長のリズムが生じる．キクでは，シュートの頂芽が花芽分化するタイミングで地下茎（冬至芽）が伸び出し，次年の準備を始める．カーネーションでは，母枝が15～16節分化すると頂芽が花芽分化し，中位節の子枝が盛んに栄養成長を始める．

ラン類には単軸性と仮軸性の双方がある．単軸性ラン（ファレノプシス，バンダなど）では頂芽（主軸）が無限栄養成長し，側芽に花芽を生じる．仮軸性ランでは，茎頂に花芽を生じるか（カトレヤ，パフィオペディルムなど），止め葉を生じて成長を止め，側芽に花芽を生じる（シンビジウム，デンドロビウム，オンシジウムなど）．

### e. 早生と晩生

複数の品種間で，目的とする状態に仕上がる（花が咲く）までの期間が短い性質を早生，長い性質を晩生という．両者をまとめて早晩性という．本来もっている温周性や光周性を失うと早生化する場合が多い．夏至以降に花芽分化する，多くの秋咲きの短日植物では，限界日長が長い品種ほど早生となる．夏至以前に花芽分化する，多くの春咲きの長日植物では，限界日長が短い品種ほど早生となる．花壇苗類では早生化の育種が進んで，播種から100日以内に開花するものもある．

### f. 一季咲きと四季咲き

特定の季節にだけ咲く性質を一季咲き〔性〕（one season blooming, one season flowering）という．温度さえあれば季節に関係なく花芽を分化して，

咲き続ける性質を四季咲き〔性〕(ever-blooming, ever-flowering, perpetual flowering) という．四季咲きは，熱帯植物に広く見られるほか，本来一季咲きの植物が，温周性や光周性を失って四季咲きとなることもある．四季咲きは花壇苗，バラやカーネーションなどの切り花類，緑化用の低木に多い．切り花用のバラ品種は，コウシンバラ (*Rosa chinensis*) が交配され，四季咲きとなった．ナデシコ類は本来一季咲きだが，四季咲きのトコナツ (*Dianthus chinensis* var. *semperflorens*) が交配されて，カーネーションは四季咲きになったとされる．

### g. 種子系と栄養系

生殖を介して繁殖される，つまり種子繁殖 (seed propagation) される系統を種子系という．生殖を介さずに挿し木，接ぎ木，取り木，株分け，分球，組織培養などで栄養繁殖 (vegetative propagation, clonal propagation) される系統を栄養系 (clone, clonal line) といい，個体間の遺伝子型が同一である．種子系と栄養系の双方を使い分けることは，花卉園芸の特徴の一つとなっている．

## 2.5.2 園芸的分類

### a. 一年草 (annual, annual plant)

一年草は，一回結実性植物の中で，発芽から開花・結実までの期間が12カ月に満たない一年生の草本である．春から秋に生育する夏型一年草 (summer annual) と，秋から春に生育する冬型一年草 (winter annual) が区別され，春播き一年草と秋播き一年草にそれぞれ符合する．育種が進み，早生化した一年草には，温周性も光周性ももたないものが多い．秋播き一年草のパンジーでは，温周性が弱くなり，「秋咲き性」が付与されて開花持続性が強くなった．

花壇苗などとして戸外に植栽する花卉の中で，本来の一年草ではないが，耐寒性・耐暑性・耐乾性などが劣るために，地域によって一年草扱いされる植物があり，これを園芸的一年草という．一年草扱いされてきた熱帯〜亜熱帯性の宿根草の中には，温暖化によって，本来の宿根草として扱えるものが増えている．

### b. 二年草 (biennial, biennial plant)

二年草は，一回結実性植物の中で，温帯に適応して，明確な温周性をもち，成株が冬の低温に遭遇しないと花芽分化しない性質（植物体春化）をもつことから，発芽から開花・結実までの期間が，北半球では2年越しとなる草本である．ロゼット状態で越冬し，冬の低温によって春化を受けて，抽苔後開花する．この性質は冬型一年草にもあるため，二年草と区別が難しい場合もある．典型的な二年草は，タチアオイ，ゼニアオイ，ヒゲナデシコ，ケマンソウ，ジギタリスなどに限られる．

### c. 宿根草 (多年草, perennial, herbaceous perennial, perennial herbaceous plant)

宿根草は，生育不適期にも根株が宿存して，根株から地上部を再生することを複数年繰り返す多年生の草本である．仮軸分枝し，生育・開花に温周性と光周性がある．perennial は多年生植物の意味であり，本来木本をも含むが，園芸では草本に限定して使われる．本来宿根草だが，園芸的には一年草扱いされるものもある（園芸的一年草）．多くは多回結実性だが，タケやササなどの一回結実性植物も含まれる．ほとんどが栄養系品種である．キク，カーネーションをはじめ，重要な切り花が多い．

### d. 球根類 (bulbous and tuberous plant)

宿根草のうち，球根で繁殖する植物を球根植物という．葉や茎や根の肥大成長によって生じた球状・塊状の貯蔵器官を球根という．球根は園芸学用語で，形態の異なる鱗茎（葉が肥厚），球茎（主軸基部あるいは地下茎が球状・塊状に肥厚，葉の基部が膜状の外皮となって球根を包む），塊茎（地下茎が球状・塊状に肥厚，外皮がない），根茎（地下茎が不定形に肥厚），塊根（根が肥厚）の総称である．農学用語の「芋」に相当するが，芋は鱗茎と根茎を含まない．また，球根は胚軸芋を含まない．ユリ科，ヒガンバナ科，アヤメ科，カンナ科，ショウガ科などの単子葉類に多い．形成層をもたない単子葉類球根の肥大成長は散在分裂組織による．鱗茎では若い鱗片葉基部に分裂組織がある．仮軸分枝する．地中で位置を変えることが

あり，その移動方式には垂下球（dropper），牽引根（contractile root），パイオニアルート（pioneer root）がある．一作後も母球根（母球）の一部が宿存する非更新型球根と，宿存しない更新型球根が区別できる．子球根（子球）には，内子球（inner bulblet，鱗茎の分球時に母球内に生じた子球），外子球（outer bulblet，鱗茎の分球時に母球外に生じた子球），木子（cormel, cormlet, bulblet，地下茎から生じた子球），むかご（bulbil, aerial bulblet, aerial tuber，地上茎から生じた子球）がある．

栽培時期別に見ると，秋植え球根と春植え球根がある．秋植え球根（fall planting bulb）は，地中海沿岸型気候型に由来するものが多く，夏に休眠する明確な温周性をもち，春に開花後，地温が高くなると生育を止め，地上部が黄変し始める．チューリップやダッチアイリスのような秋植え球根の球根養成栽培は，冬に降水が多く，開花後の地温が上がりにくい日本海側が中心となっている．夏前に球根を掘り上げ，乾燥状態で秋まで貯蔵する．もっともスイセンやリコリスでは2〜3年の据え置きでよく増殖する．グラジオラス，カンナ，ダリアなどの春植え球根（spring planting bulb）には，耐寒性が劣るものが多く，寒さを避けるために晩秋には掘り上げる．

日本で発達した球根類は少ないが，日本原生のユリ属は，オリエンタル系（ヤマユリ，ササユリなどに由来）とアジアティック系（エゾスカシユリに由来）の遺伝資源として，今日の品種育成に貢献した．

光周性はダリアやキュウコンベゴニアのような低緯度地域原生の球根類に認められ，短日で球根形成が促される．ほとんど栄養系だが，伸長中のシュートに花芽分化する球根類には種子系もある．フリージア，シンテッポウユリがその例で，かつてはグラジオラスにも種子系があった．形態別の主要な花卉球根は表2.3のとおりである．

表2.3 花卉球根の形態

鱗茎
- 有皮鱗茎（層状鱗茎，肥厚葉は層状，乾燥した膜状外皮をもつ）：アリウム（ヒガンバナ科），カマシア，ヒアシンス，ムスカリ，オーニソガラム，シラー，ユーコミス（アスパラガス科），チューリップ（ユリ科），キルタンサス，スイセン，スノードロップ，スノーフレーク，アマリリス，ネリネ，リコリス，ユーチャリス，ゼフィランテス（ヒガンバナ科），ダッチアイリス（アヤメ科）
- 無皮鱗茎（鱗状鱗茎，肥厚葉は鱗状，膜状外皮をもたない）：ユリ，バイモ（ユリ科）

球茎（アヤメ科に多い）：バビアナ，クロッカス，フリージア，グラジオラス，イキシア，スパラキシス，トリトニア，ワトソニア（アヤメ科），コルチカム（イヌサフラン科），カタクリ（ユリ科），クルクマ（ショウガ科），カラー，カラジウム（サトイモ科）

塊茎（双子葉類に多い）：シクラメン（サクラソウ科），アネモネ（キンポウゲ科），キュウコンベゴニア（シュウカイドウ科），グロキシニア（イワタバコ科），グロリオサ，サンダーソニア（イヌサフラン科）

根茎：ジャーマンアイリス（アヤメ科），カンナ（カンナ科），ジンジャー（ショウガ科），リボングラス（イネ科），アキメネス（イワタバコ科）

塊根：ダリア（キク科），ラナンキュラス（キンポウゲ科）

### e. 花木類（ornamental tree and shrub）

おもに戸外に植栽される耐寒性の観賞用木本，すなわち観賞樹を指す．花を観賞の主目的とするとは限らず，カエデや針葉樹（コニファー，conifer，ヒバ類），ツゲなど，いわば「耐寒性の観葉植物」も含む．旧来の庭木としての用途のほか，鉢植えや寄せ植え用素材として，観葉植物や花壇苗と同様に用いられている．匍匐性のもの（コトネアスター，フッキソウなど）は地被植物として，四季咲き性のもの（木本性ヒペリカム，アベリア，ヤマブキなど）は大規模な修景用に多用される．かつて日本庭園の伝統を受けて常緑樹の利用が多かったが，近年ではヒメシャラなど落葉樹も用いられるようになった．常緑のカクレミノなど，新しい日本原産の素材も開発されている．流通上は枝物としても利用されてきた．バラやアジサイなどの低木も含むが，これらは統計上，切り花類や鉢物類に分類される．

日本に起源する花木にはサクラ，カエデ，ツバキ，サザンカ，ツツジ（クルメツツジ，サツキなど），フジがある．中国起源のボタン，ウメ，ボ

ケは日本で独特の品種分化をみた．アジサイ，シデコブシ，シャクナゲ類，ハコネウツギ属，マンサク，アセビ，アオキなどは，遺伝資源として海外での品種分化に貢献し，新品種が逆輸入されている．近年，アジサイは日本でも育種が盛んである．センリョウ，マンリョウ，ナンテンなどには，日本独特の用途がある．常緑でありながら耐寒性が強いヤツデ，アオキなどは，その熱帯情緒が評価されて，米国で大規模な生産が見られる．

日本における庭木の独特の剪定法は「庭植え盆栽」という位置づけを与えられ，刈り込まれたイヌマキは輸出商材となっている．海外に起源する花木も多いが，中国や朝鮮半島に起源するもののほか，日本と同様の大陸東岸気候区である北米東部に原生するタイサンボク，ハナミズキ，ユリノキ，アメリカキササゲ，モミジバフウ，クロバナロウバイなども日本でよく育つ．

**f. 温室植物**（greenhouse plant）

耐寒性が乏しいためにもっぱら温室で栽培する熱帯性・亜熱帯性花卉で，観葉植物やラン類とは重複が見られる．

**g. 観葉植物**（ornamental foliage plant）

一般には葉を愛でることを主目的とする温室植物を指す．温帯性植物にも葉の美しいものもあるが，観葉植物には含めない．クズウコン科，クワ科，イワタバコ科，サトイモ科，パイナップル科，ヤシ科，リュウゼツラン科などに多い．アナナス，アンスリウム，スパティフィラムなど，苞の美しいものも観葉植物とされる．ヤシ科とソテツ科の観葉植物を，ヤシ・ソテツ類として分ける場合もある．

**h. ラン類**（orchid）

ラン科植物を一括してラン類として分類する．洋ラン（西洋ランの略）と東洋ランが区別され，観賞方式も生産方式も異なる．洋ランの多くは温室植物で，ファレノプシス，シンビジウム，デンドロビウム，カトレヤ，オンシジウム，ミルトニア，バンダ，パフィオペディルムなどがある．前3者は日本の生産者による育種も盛んである．世界のラン生産は切り花用が主流だが，東洋ランに影響を受け，日本では鉢物が主流である．東洋ランの中心はシュンランやカンランなどのシンビジウム（蕙蘭属）で，発祥の中国では花型と芳香を尊ぶのに対して，日本では葉の斑をも尊ぶ．その他の属（フウラン・セッコクなど）を含める．

ラン類には地生種と着生種があり，洋ランの多くは着生種であるが，シンビジウム，パフィオペディルムには地生種が多い．東洋ランには地生種も多い．ラン類の光合成には$C_3$型（シンビジウム，オンシジウム，ミルトニア，パフィオペディルムなど）とCAM型（ファレノプシス，カトレヤ，バンダなど）があり，デンドロビウムにはノビル系の$C_3$型と，いわゆるデンファレ系のCAM型がある．シンビジウムとオンシジウムにも双方あるが，営利品種は主として$C_3$型である．

**i. 多肉植物**（succulent plant）**とサボテン類**（cactus）

ベンケイソウ科，ハマミズナ科（ツルナ科），リュウゼツラン科，ツルボラン科，ガガイモ科などの多肉植物と，サボテン科の観賞植物を指す．乾燥気候に適応して，いずれもCAM型の光合成様式をもつ．ハマミズナ科とサボテン科の主要花色素はベタレインである．きわめて多彩な形態と，種類の豊富さが魅力で，趣味家が愛培する．商品形態の変化に伴って，近年では室内の小物として生活に取り込まれ，若い女性層に需要が広がっている．また，セダムを中心として屋上緑化に使われる．カランコエとシャコバサボテンは，品種改良と栽培技術が進んでおり，鉢物として大量に市場流通している．

**j. シダ類**（fern）

観賞用のシダ植物の総称である．これらの多くは鉢物として生産・利用されるが，レザーファーン（オシダ科 *Rumohra* 属）やタマシダの葉は水揚げと日持ちがよいことから，葉物として利用されている．重要属には，アジアンタム，アスプレニウム，ネフロレピス（タマシダ）がある．胞子で繁殖されるほか，株分けやメリクロンの利用も盛んである．イワヒバやマツバランは古典園芸植物である．

**k. コケ類**（bryophyte）

コケ植物，蘚苔類，蘚苔植物ともいう．シラガ

ゴケ類，スギゴケ類，ツルゴケ，ハイゴケなどが庭園用に生産・利用されている．乾燥に強いスナゴケやハイゴケは屋上緑化にも利用する．

### l. ハーブ（herb）

ハーブとは「草本」の意味だが，園芸でのハーブは，花以外の器官（葉，茎，根，種子）に特有の芳香をもつことが多く，その芳香などを様々な用途に使う耐寒性植物の総称である．一般の名称は属名と異なっている場合が多い．たとえば，セージ（sage）はサルビア属（*Salvia*），カモミール（chamomile）はマトリカリア属（*Matricaria*），ローマンカモミール（Roman chamomile）はカマエメルム属（*Chamaemelum*），ダイヤーズカモミール（dyer's chamomile）はアンテミス属（*Anthemis*）などである．

### m. 食虫植物（insectivorous plant）

葉が昆虫や動物プランクトンを捕らえ，消化して栄養源とする植物群の総称である．ウツボカズラ科（*Nepenthes*），サラセニア科（*Sarracenia*など），モウセンゴケ科（*Drosera*など）などに分布する．きわめて多彩な形態と，種類の豊富さに魅せられ，趣味家が愛培する．水辺に生えるものが多く，温帯性と熱帯性の双方がある．

### n. つる性植物（climber）

つる（蔓）性の植物で，木本と草本がある．行燈仕立てなどにされて，鉢物として流通するほか，耐寒性のものは戸外の修景用に使われる．日本で花卉として発達したものに，フジ（木本）とアサガオ（草本）がある．

### o. 水草（water plant, aquatic plant）

池や水辺に生じる維管束植物で，海草などの非維管束植物は含まない．沈水性（全植物体が水面下にあるもの），浮遊性（全植物体が水に浮いているもの），浮葉性（葉が水面に浮かび，その表面だけが水面上にあるもの），抽水性（根が水面下にあり，茎や葉が水面から抽出するもの），湿地性（根元が水中に浸っているだけのもの）と水に対する関係は多様である．狭義の水草は沈水性の植物を指す．池やその周囲の修景用素材としてだけでなく，アクアリウムにも使われる．サトイモ科の観葉植物にも，アクアリウム用の水草として使われるものがある．本来，アメリカフヨウは抽水性の水草で，カンナは抽水性～湿地性である．球根類にも抽水性～湿地性のものがあり，タマスダレ，ヒメノカリスは湿地性，野生のアマリリス（*Hippeastrum*）の一部は湿地性である．

### p. 山野草

野生の風情をもつ小型の草本で，苗物あるいは鉢物として流通する．日本原生の植物とは限らない．品種は発達していない．

### q. 古典園芸植物（classical plant, *koten-engei* plant）

江戸時代に品種選抜され，現在も少数の好事家が愛培する日本を原産とする特定の植物で，伝統的な「植物遊び」の対象となっている．語の起源は『古典園芸植物』（誠文堂新光社，1969）[1]ではないかと考えられる．また，古典園芸植物を研究した米国人インガー（B. R. Yinger, 1983）[2]は，それを classical plants と訳して，以下の七つの特徴をあげた．①江戸時代に熱狂的に選抜・栽培され，現在でも少数の趣味家が愛培する．②日本原生の常緑植物で，もとより素朴で静かな美しさをもつ．③派手な花を咲かせず，花の美しさで評価されることはない．④特別な鉢に植えられ，庭植えされることはない．⑤品種名は漢字で書かれ，趣味家の組織により展示・評価され，相撲の番付に似た銘鑑にそのランクが表される．⑥品種の強さや派手な美しさが高く評価されることはなく，品種の価値は，独特な形質へのこだわりから評価される．⑦愛好家の興味は投機の波に影響され，継続的ではあるが，周期的である．ヤブコウジ（46／1829，1829年の銘鑑に46品種が記録されている），タチバナ（70／1799，カラタチバナ），サイシン（67／1735，カンアオイ），ナンテン（12／1827），オモト（79／1799），マツバラン（12／1827，47／1829），イワヒバ（54／1843），チョウセイソウ（55／1835，セッコク），シュスラン（111／1838），フウキラン（約100品種，フウラン）などが代表である．その究極は葉をもたず，茎だけを愛でるマツバランであろう．世界中に分布していながら，その観賞価値を認めたのは日本だけである．普通は東洋ランのシンビジウム

**r. 伝統花卉**（伝統園芸植物）

江戸時代に爆発的に発達した花卉の総称で，特異な価値観をもつ古典園芸植物と区別する場合が多い．ツバキ，サザンカ，サクラ，ウメ，ボタン，サツキ，キリシマツツジ，クルメツツジ，カエデのような観賞樹，フクジュソウ，キク，セキチク，ハナショウブ，カキツバタ，シャクヤク，サクラソウなどの宿根草，アサガオのような一年草などの品種群を指す．

**s. 盆 栽**（bonsai）

日本で発達した耐寒性木本の鉢植え芸術で，盆上に小さな自然の粋を表す．優美，幽玄，侘びなど，日本の伝統的な美的価値観を，矮小化させた樹木を介して具象化する．大胆な左右非相称（アシンメトリー）が基本で，植物自体だけでなく，鉢や盆栽の置かれる環境も重要な美的要素となる．その美的価値観は伝統的な生け花と一対を成す．

## 2.5.3 利用法（流通形態）による分類（統計数値は 2011 年実績）

**a. 切り花類**（cut flower）

切った花や茎葉を中心に観賞の対象とする花材の総称である．日本では切り花類の消費が多く，年間約 42 億本が生産されている．生産額は 2014 億円で，花卉産出額の約半分を占める．生産される切り花の 38％はキク（16.0 億本）で，ついでカーネーション（7.9％, 3.3 億本），バラ（7.2％, 3.0 億本）である．これらを三大切り花ということがあり，合計で「切り花統計にある総生産本数」の 50％を超える．このほか，品目単位で統計量が公表されているのは，ガーベラ（1.65 億本），ユリ（1.55 億本），スターチス（1.23 億本），トルコギキョウ（1.01 億本），アルストロメリア（6200 万本），シュッコンカスミソウ（5900 万本）である．輸入される切り花は 12.8 億本で，カーネーション（2.92 億本），キク（2.95 億本），ラン（1.47 億本），バラ（7410 万本）が多い．

切り葉（葉物，cut foliage）は切った葉を観賞の対象とする花材の総称で，統計上は切り花類に含まれる．輸入量も多く，シダ類（6390 万枚，多くはレザーファーン）とベアグラス（950 万本，*Xerophyllum* 属，鉢物のベアグラス（*Carex* 属）とは異なる）が中心である．

切り枝（枝物，cut branch, cut twig）は切った枝を観賞の対象とする花材の総称で，統計上は切り花類に含まれる．伝統的な生け花に多く利用される花材で，国内生産は 2.13 億本である．輸入が多いものには，サカキ・ヒサカキ（4850 万本）とルスカス（630 万本）がある．

**b. 鉢物類**（potted plant）

硬質の化粧鉢に植えて流通し，そのまま室内装飾にも利用できる商品形態を備えた花卉の総称である．硬質プラスチック製や陶器製の鉢が用いられる．化粧鉢の中に軟質の鉢を収めたものもある．年間生産量は 2.54 億鉢，生産額は 955 億円である．単品目ではシクラメンが最も多く，年間 2040 万鉢生産されている．観葉植物 4460 万鉢，花木類 5350 万鉢，ラン類 1720 万鉢の生産である．ラン類ではファレノプシス，シンビジウム，デンドロビウムの順番に生産が多い．シンビジウムやファレノプシス，大鉢のシクラメンなど，日本の鉢物には独特の形態がある．

**c. 花壇用苗物類**（花壇苗，bedding plant）

軟質の鉢（ポリポットと呼ぶ）に植えて流通し，花壇（flower bed）や寄せ植え用に，植え替えてから利用する若苗で流通する花卉を指す．年間生産量は 7.09 億ポット，生産額は 323 億円である．パンジー・ビオラ，ペチュニア，マリーゴールド，サルビアなどが多い．

**d. 球根類**（bulbous and tuberous plant）

切り花生産用あるいは一般花壇用に，乾燥状態の球根として流通する花卉の総称である．2〜3 年の据え置きができるものもあるが，多くは花後，球根を掘り上げて乾燥貯蔵する．過度の乾燥に耐えない球根もある．種苗会社や球根専門の業者を介して流通している根を切ると葉が伸びないアマリリス（*Hippeastrum* 属）では鉢に植えたまま流通することが多いが，これは球根の統計に入っていない．

**e. 地被植物類**（グランドカバー，ground cover plant）

地肌をおおうことを目的として植栽する丈の低い花卉の総称である．丈夫で地下茎など栄養繁殖器官が発達した宿根草や，匍匐性の低木が多く使われる．芝草（lawn grass）はその代表で，生産額は61億円，その他の地被植物の生産額は29億円である．

**f. 種 苗**

種子や生産用の苗として流通する商材で，普通は市場流通しない．ただし，これには花壇用苗物は含まない．多くは種苗会社から供給される．生産用の苗は，種子系花卉ではセル成型苗（plug）の生産業者が，また栄養系花卉ではメリクロン苗や挿し芽苗の生産業者が供給している．

[安藤敏夫]

**文 献**

1) ガーデンライフ編集部・農耕と園芸編集部編：総合種苗ガイド第3（古典園芸植物編），誠文堂新光社，1969.
2) Barry R. Yinger : A horticultural monograph of the genus *Asarum sensulato*, in Japan. Master of Science in Ornamental Horticulture, Thesis of University of Delaware, USA, 1983.
3) 農林水産省：統計情報，品目別分類/花き http://www.maff.go.jp/j/tokei/kouhyou/kensaku/hin7.html.

# 3. 花卉の形態

## 3.1 細胞・組織形態

### 3.1.1 植物細胞

　植物の細胞では細胞膜のさらに外側にセルロースを主体とした分子構造をもつ細胞壁（cell wall）が存在し，細胞の形は細胞壁により保たれている．細胞壁には一次壁と二次壁があるが，分裂や伸長を行っている細胞は一次細胞壁しかもたない．二次細胞壁は，分裂や伸長を終えた細胞において，一次細胞壁の内側に形成される．二次細胞壁にはリグニンが多く沈着しており，そのため物理的に強固な構造となっている．機械的な支持の役割をもつ厚壁細胞や木部の仮道管や道管要素では二次細胞壁が厚く発達している．

　細胞内にはミトコンドリアやリボソームなどそれぞれ特有の機能をもつ細胞小器官や顆粒が存在する．動物細胞と異なり，植物細胞はさらに葉緑体（chloroplast）および液胞（vacuole）を細胞小器官としてもつ．葉緑体は光合成を行う小器官であり，高等植物では細胞あたり10～数百個含まれる．しかし細胞内の葉緑体の数は，器官・組織内における細胞の場所により大きく異なっており，また生育環境や生活環により変化する．葉緑体はミトコンドリアと同様に環状二本鎖DNAの独自のゲノムを保有している．しかし葉緑体ゲノムの遺伝情報のみでは葉緑体の複製はできず，核ゲノムの協力が必要となる．液胞は膜に包まれており，内部は水溶液で満たされている．未分化な細胞では液胞はほとんど認められないが，成熟した細胞では大きく発達している．液胞を大きく発達させた細胞では膨圧が発生し，それにより植物は一定の強度を保っている．また液胞は代謝産物の貯蔵や変換の役割をもつ．

### 3.1.2 分裂組織

　同じような機能・形態をもつ細胞群を組織と呼ぶ．植物体を構成する組織は，細胞分裂を盛んに行う分裂組織と，分裂組織から生じた後に分裂を停止し機能的・形態的に分化した成熟組織に大別される．分裂組織は，さらに茎頂や根端に存在し縦方向の成長を促す頂端分裂組織（apical meristem）と，茎や根の内部に存在し肥大生長を促す側部分裂組織（lateral meristem）に分けられる．

　被子植物の茎頂分裂組織（shoot apical meristem）の内部構造は，最外面の1～数層の細胞層である外衣（L1層，L2層）と，その内側の内体（L3層）に分けられる（図3.1）．外衣の細胞は表面に対して垂直方向に分裂面ができるのに対し，内体の細胞は多方向に分裂する．また茎頂分裂組織の構造は，細胞の分裂程度や形状により，中央体，周辺分裂組織，髄状分裂組織に区分される．周辺分裂組織は分裂が最も盛んであり，この組織から葉原基が形成される．

　側部分裂組織には維管束形成層（vascular cambium，形成層（cambium）ともいう）とコルク形成層（cork cambium）がある．維管束形成層は茎や根の維管束内および維管束間に生じ，内側に二次木部，外側に二次師部を形成することにより肥大生長を促す．コルク形成層は木本植物におい

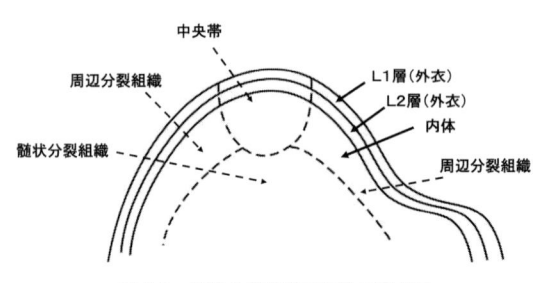

図3.1　茎頂分裂組織の構造の模式図

て皮層に生じる分裂組織で,外側にコルク組織,内側にコルク皮層を形成する.

### 3.1.3 組織系

維管束植物の内部構造は,表皮系（epidermal system）,基本組織系（fundamental tissue system）,維管束系（vascular system, vascular bundle system）の三つの系により成り立っている.表皮系は,表皮細胞（epidermis cell）,孔辺細胞（guard cell）,毛状突起（trichome）などからなり,植物体の表面をおおい,物理的あるいは生物的な傷害から内部を保護する役割をもつ.一般に表皮（epidermis）は1層の表皮細胞からなるが,複数の細胞層からなる場合もある.隣り合う表皮細胞は互いに隙間なく密着している.また表皮細胞では葉緑体が発達していない場合が多い.表皮細胞は外表面を蝋や不飽和脂肪酸のクチンからなるクチクラ（cuticle）でおおうことにより,外部からの物質の侵入を防ぐとともに表面からの蒸散を抑制している.気孔（stoma, pl. stomata）は表皮上の小間隙で,光合成,呼吸,蒸散における空気や水蒸気の通路の役割を担っている.気孔は2個の孔辺細胞に囲まれており,さらに孔辺細胞の周囲に2〜4個の副細胞を伴う場合が多い.毛状突起には,単細胞のものと多細胞のものが存在する.また毛状突起には,蜜,水,揮発性油などを分泌する腺毛や,土壌中で根を安定させるとともに水や栄養塩類の吸収効率を高める根毛など様々な機能をもつものが存在する.

基本組織系は,表皮系と維管束系以外の残りすべての組織系を指す.葉身の基本組織系は葉肉（mesophyll）と呼ばれ,柔細胞（parenchyma cell）で構成されている.普通葉の柔細胞は葉緑体を多くもち光合成を行うが,鱗茎などの貯蔵葉の柔細胞は多量の貯蔵物質を蓄えている.一般に普通葉の葉肉は柵状組織（palisade tissue）と海綿状組織（spongy tissue）の二つの組織で構成される（図3.2）.柵状組織は1〜数層の細胞層よりなり,細胞間隙が少ない.通常は上側（向軸側）の表皮に隣接しているが,両側の表皮の直下に存在する場合もある.細胞は葉の表面に対し直角な方向に縦長で円柱状である.柵状組織の発達程度は生育地の日照条件により影響され弱光下では発達が劣る.一方,海綿状組織では細胞は多様な形をしており,細胞間隙は大きく気孔を通じて外界とつながっている.葉脈の維管束を取り囲む1層の柔細胞で構成される組織を維管束鞘（vascular bundle sheath）と呼び,通道や同化産物の一時的な貯蔵の役割をもつと考えられている.

葉,花,果実を植物体から脱離させるために,葉柄,花柄,果柄などの基部に横断して存在する細胞層を離層（abscission layer, separation layer）といい,基本組織系に由来する.器官脱離は,離層において加水分解酵素により細胞壁が分解されることによって生じる.離層における器官脱離にはエチレンが促進的に作用する.

茎と根の表皮の内側の構造に関しては,基本組織系と維管束系に分けるよりも,皮層（cortex）とその内側の中心柱（central cylinder）に分別する方が理解しやすい.茎の皮層の大部分は柔細胞よりなるが,表皮のすぐ内側の1〜数層は一次細胞壁の厚い厚角細胞で構成される場合が多い.この組織は厚角組織（sclerenchyma）と呼ばれ,葉柄や葉の中肋部にも存在し,機械的支持の役割をもつ.根の皮層も柔細胞からなり細胞間隙が大きいが,皮層の最も内側の1層である内皮（endodermis）では細胞間隙がほとんどない.中心柱は皮層よりさらに内側の部分にあり,維管束が密集する.多くの双子葉植物の茎では,中心柱の維管束群のさらに内側に柔細胞で構成される髄（pith）と呼ばれる組織が存在する.イネ科やトクサ科植物では成長とともに髄が壊れることにより茎の内

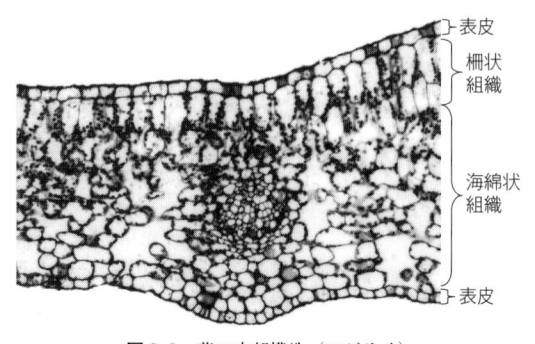

**図3.2** 葉の内部構造（アジサイ）

部に髄腔（medullary cavity, pith cavity）が生じる．根の中心柱の外層には内鞘（pericycle）と呼ばれる組織があり，内鞘からは側根が生じる．そのさらに内側に維管束が存在する．

維管束系は物質の移動や機械的支持の役割をもつ．維管束（vascular bundle）は木部（xylem）と師部（篩部，phloem）からなり，茎や根の頂端分裂組織から形成される前形成層に由来する維管束を一次維管束と呼ぶ．一方，多くの双子葉植物や裸子植物の茎や根では，木部と師部の間の維管束内形成層（intrafascicular cambium）と維管束間を結ぶ維管束間形成層（interfascicular cambium）により環状の維管束形成層を形成し，この形成層から二次維管束を発達させながら肥大成長を行う．木部は水や無機養分を通道させる組織である道管（導管，vessel）および仮道管組織（tracheid tissue）と，木部繊維組織，木部柔組織からなる複合組織である．道管と仮道管組織はそれぞれ道管要素（vessel element）および仮道管（仮導管，tracheid）と呼ばれ，二次細胞壁が厚く内容のない死細胞からなる．一方，師部は有機養分を通道させる組織である師管（篩管，sieve tube）および師細胞組織（sieve cell tissue）と，師部繊維組織，師部柔組織からなる複合組織である．師管と師細胞組織はそれぞれ師管要素（sieve tube element）と師細胞（sieve cell）からなる．

## 3.2　栄養器官と構造

### 3.2.1　芽

芽（bud）は葉が未展開のシュートを指し，頂端分裂組織と未熟な葉および茎からなる．種子の発芽後，子葉のすぐ上につく最初の芽は幼芽（plumule）と呼ばれる．芽はシュートにおける着生位置によりいくつかに分類される．シュートの先端に着生する芽を頂芽（terminal bud, apical bud），シュートの側部に形成される芽を側芽（lateral bud）と呼ぶ．一般に種子植物では側芽は葉腋（leaf axil）に腋芽（axillary bud）として形成される．多くの種子植物においてシュートの頂部と葉腋は芽が形成される定まった部位であり，そこ

で形成される頂芽および腋芽を定芽（definite bud）と呼ぶ．一方，定芽以外の芽は不定芽（adventitious bud, indefinite bud）と呼ばれる．サツマイモの塊根から形成される芽や，セントポーリアを葉挿しした場合に葉柄や葉の切断部から形成される芽，ベンケイソウ科植物の葉から形成される芽などはいずれも不定芽である．

シュートの葉腋に形成された小さな球根は珠芽（propagule）と呼ばれ，一般にむかごとも呼ばれる．珠芽は腋芽が肥大したものであり，肉質の鱗片葉が幼茎を取り巻いた鱗芽（bulbil）と幼茎が肥大して球状となった肉芽（brood bud）に分けられる．オニユリでは鱗芽が，シュウカイドウでは肉芽が形成される．

デンドロビウムの偽球茎の上位節の腋芽やファレノプシスの花茎の腋芽の多くは，発達しないか，あるいは花や花序として発達するが，条件によっては栄養枝として発達する場合がある．ラン類において，このように上位節の腋芽が栄養枝として発達したシュートを高芽（offshoot）と呼ぶ．

芽の状態のまま成長を停止しているものを休眠芽（dormant bud, resting bud）という．冬に休眠状態にある芽は冬芽（winter bud）と呼ばれる．多くの植物種の冬芽は鱗片葉におおわれ寒さから保護されているが，この冬芽をおおう鱗片葉を芽鱗（bud scale）という．冬芽は冬季の低温により休眠が破れ，春になると展開し伸長する．一方，春になっても展開せずに幹の成長とともに樹皮下に埋もれてしまう冬芽も多い．このように展開せずに痕跡状に残った芽を潜伏芽（潜芽，陰芽，latent bud）と呼ぶ．枝や幹を強く切り戻した場合などに，活動を停止していた潜伏芽が成長を始め，新たな枝や幹に発達する．

展開後に葉のみが着生したシュートとなる芽を葉芽（leaf bud），花あるいは花序として発達する芽を花芽（flower bud）という．一方，展開して葉と花から構成されるシュートとなる芽を混芽（混合芽，混合花芽，mixed bud）と呼ぶ．しかし，園芸的には混芽も含めて花芽と呼ぶ場合が多い．たとえばアジサイのように葉を展開した後に花序を着生する芽や，ドウダンツツジのように主

軸は花序となり芽を包む鱗片葉（芽鱗）の葉腋から葉をもつ枝が伸長する芽は，形態学的には混芽であるが，慣習的に花芽と呼ばれる．ツバキやウメのように発達して一つの花となる花芽やサクラのように花序として発達する花芽，すなわち混芽を含めない純粋な花芽を純正花芽（pure flower bud, unmixed flower bud）と呼ぶ．花芽や混芽，すなわち純正花芽や混合花芽が枝のどの位置に着生するかは植物の種類により決まっている．シュートの先端に形成される花芽や混芽を頂花芽（頂生花芽，apical flower bud, terminal flower bud）と呼び，葉腋に形成される花芽や混芽を腋花芽（腋生花芽，axillary flower bud）または側花芽（側生花芽，lateral flower bud）と呼ぶ．

キクの花芽（花序）では，分化後に長日や高温あるいは低温条件にさらされることにより発達が阻害された場合，花首が伸長するとともに総苞片が伸びて柳の葉のようになり，さらに花芽付近の上位節の腋芽は栄養枝として伸長する．このような異常な発達を示した花芽はやなぎ芽（crown bud）と呼ばれる． ［上町達也］

### 3.2.2 葉
#### a. 葉とは
根・茎とともに植物の栄養器官を構成し，ふつう茎のまわりに規則的につき，偏平な形の器官を葉（leaf, foliage）という．光合成を営むとともに，呼吸，蒸散の働きも行っている．このように葉の本来の機能をもつ葉を普通葉（foliage leaf）と呼び，一般に葉といえばこの普通葉をいう．葉は基本的に葉身（leaf blade, lamina），葉柄（peti-ole, leaf stalk），托葉（stipule）の3器官に区別される（図3.3）．この3器官が揃っている葉を完全葉（complete leaf），いずれかが欠けている葉を不完全葉（incomplete leaf）という．単子葉植物では，葉の基部が葉鞘（leaf sheath）となって茎を抱いていることが多い．ラン科のカトレヤ属などではシース（sheath）とも呼ばれ，蕾時の花や花序を包んで保護している．

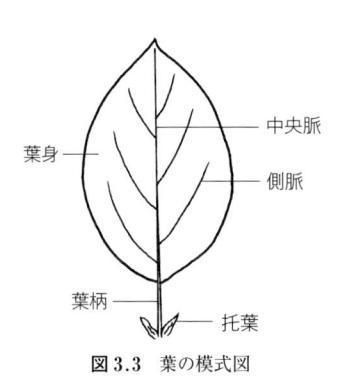

花を構成する萼片，花弁，雄蕊，心皮などは花葉（floral leaf）と呼ばれ，葉の変形と考えられる．

#### b. 葉身
葉の広がった部分を葉身と呼び，ふつう偏平で，葉の本体ともいえる．葉身の表皮にあって空気や水蒸気の出入りを行う小さな孔を気孔という．気孔は孔辺細胞（guard cell）と呼ばれる2個の細胞にはさまれた小間隙で，内外の条件によって孔辺細胞が曲がることにより気孔が開閉する．気孔は葉身に分布するだけでなく，光合成を行う器官であれば，托葉や葉状茎，葉柄でも，その表皮には気孔がある．

葉には一般に気孔の密度，維管束の配置などに関して表裏があり，このような通常見られる葉を両面葉（bifacial leaf）という．また，外見上，表裏の区別がない葉を単面葉（unifacial leaf）といい，ネギ属やアヤメ属などで見られる．

葉身の中に分布する維管束を葉脈（vein, nerve）という．最も太い葉脈を主脈（main vein）といい，ふつうは葉身中央を貫く中央脈（central vein）を指す．主脈から派生した葉脈を側脈（lateral vein）という．葉脈の分布する状態を脈系（venation）といい，網状脈系（reticulate venation），平行脈系（parallel venation），二又脈系（dichotomous venation），単一脈系（simple venation）の4タイプに大別される．

葉身の形態は種類により様々で，形態を表現する場合，全体の概形（図3.4），先端（図3.5），基部（図3.6），葉縁（leaf margin, 図3.7）などの特徴で区別する．なお，これらの用語は，他の平面的な器官でも使用される．

葉縁に大きな凹凸がある場合，葉縁が裂けると

図3.3 葉の模式図

3. 花卉の形態

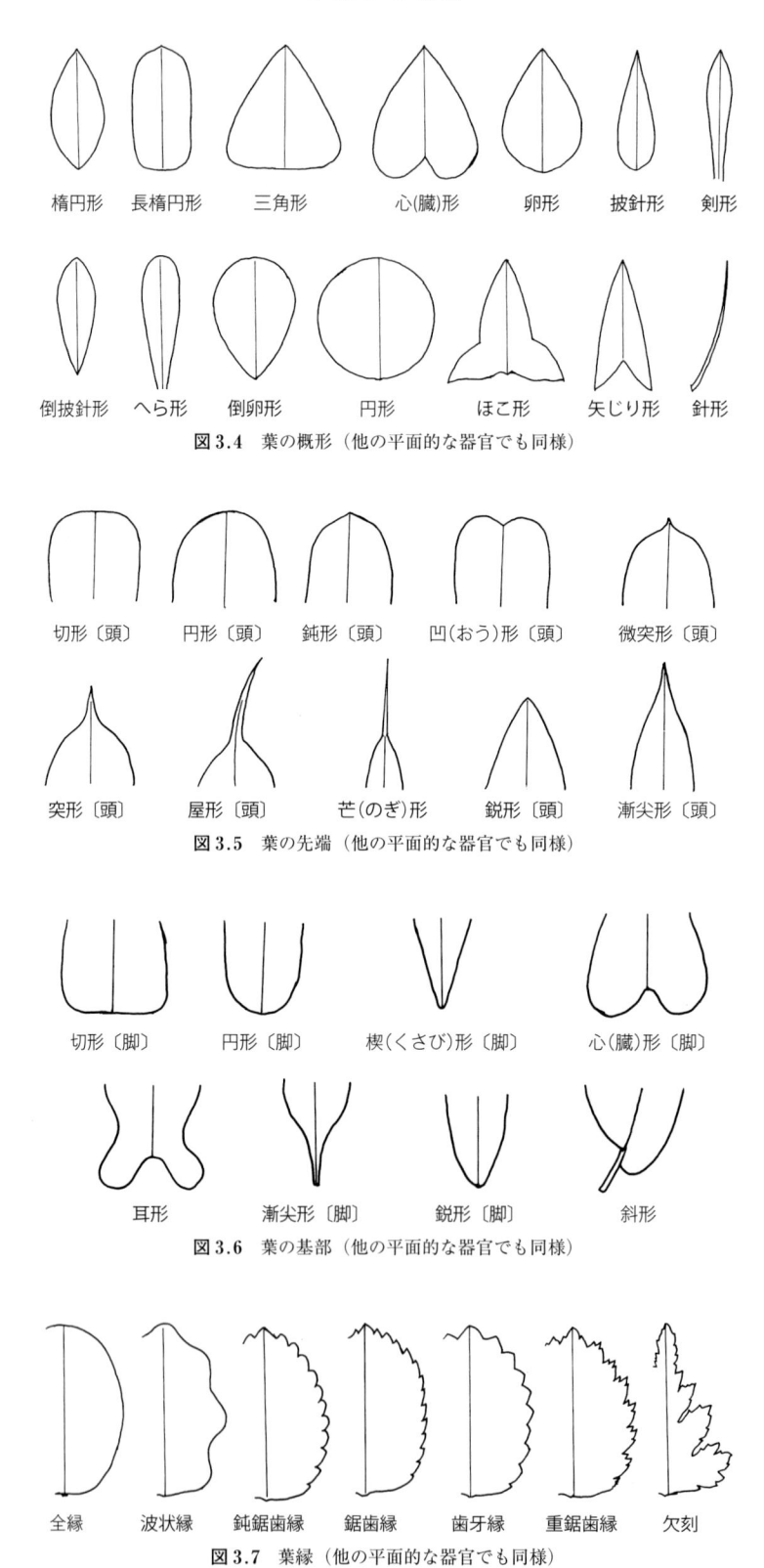

楕円形　長楕円形　三角形　心(臓)形　卵形　披針形　剣形

倒披針形　へら形　倒卵形　円形　ほこ形　矢じり形　針形

図3.4　葉の概形（他の平面的な器官でも同様）

切形〔頭〕　円形〔頭〕　鈍形〔頭〕　凹(おう)形〔頭〕　微突形〔頭〕

突形〔頭〕　屋形〔頭〕　芒(のぎ)形　鋭形〔頭〕　漸尖形〔頭〕

図3.5　葉の先端（他の平面的な器官でも同様）

切形〔脚〕　円形〔脚〕　楔(くさび)形〔脚〕　心(臓)形〔脚〕

耳形　漸尖形〔脚〕　鋭形〔脚〕　斜形

図3.6　葉の基部（他の平面的な器官でも同様）

全縁　波状縁　鈍鋸歯縁　鋸歯縁　歯牙縁　重鋸歯縁　欠刻

図3.7　葉縁（他の平面的な器官でも同様）

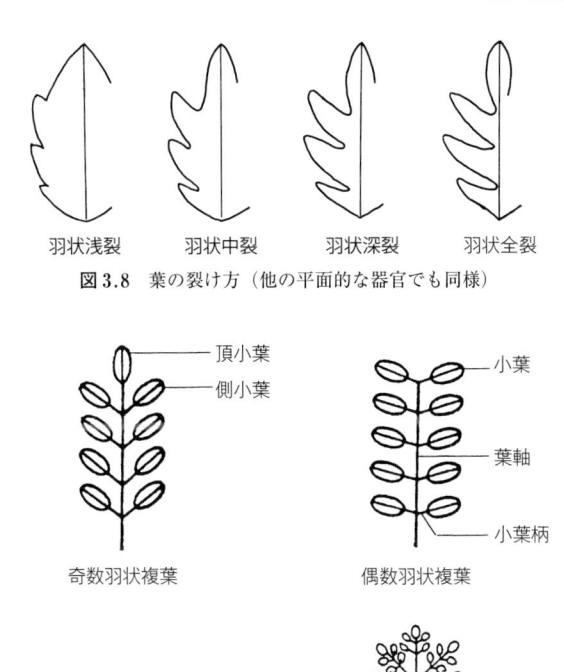

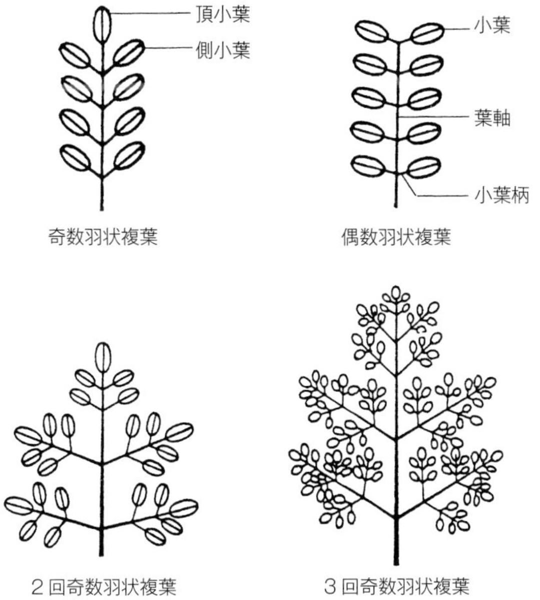

## 3.2 栄養器官と構造

図3.8 葉の裂け方（他の平面的な器官でも同様）
（羽状浅裂／羽状中裂／羽状深裂／羽状全裂）

図3.9 羽状複葉
（奇数羽状複葉：頂小葉・側小葉／偶数羽状複葉：小葉・葉軸・小葉柄／2回奇数羽状複葉／3回奇数羽状複葉）

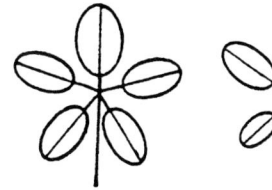

図3.10 掌状複葉

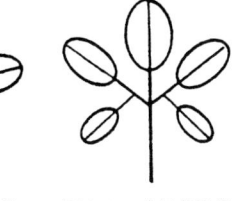

図3.11 鳥足状複葉

図3.12 三出複葉
（三出複葉／2回三出複葉／3回三出複葉） 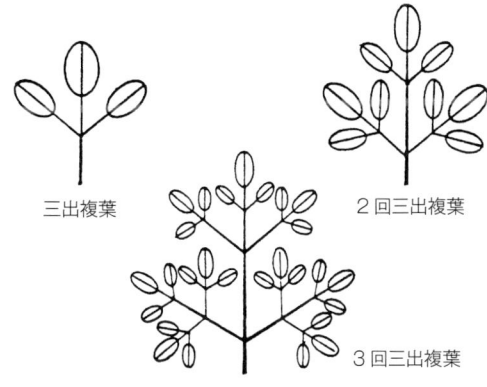

か，切れ込みがあると表現される（図3.8）．切れ込みの仕方には，羽状（羽状の，pinnate）と掌状（掌状の，palmate, digitate）に大別され，切れ込みと切れ込みの間の部分を裂片（lobe）という．切れ込みの程度は，浅裂（浅裂の，lobed），中裂（中裂の，cleft, split），深裂（深裂の，parted）と表現する．切れ込みが深くなって，ほとんど中央脈まで達した状態を全裂（全裂の，divided）という．さらに，葉身が複数の部分に分かれると，1枚の葉身のみからなる単葉（simple leaf）に対して，複葉（compound leaf）と呼ぶ．複葉の各部分を小葉（leaflet）という．複葉の小葉をつける葉の中心軸を葉軸（rachis），小葉に葉柄状の器官があれば小葉柄（petiolule），托葉状の器官があれば小托葉（stipel）という．複葉は，小葉の配列によって次のように分類される．

- 羽状複葉（pinnate compound leaf，図3.9）：中央に葉軸があり，その左右に小葉が並ぶ複葉．葉軸の先に，左右いずれでもない小葉がある場合，この小葉を頂小葉（terminal leaflet）といい，その他のものを側小葉（lateral leaflet）という．また，頂小葉があるものを奇数羽状複葉（imparipinnate leaf），ないものを偶数羽状複葉（paripinnate leaf）と区別する．さらに分かれる場合，2回羽状複葉（bipinnate leaf），3回羽状複葉（tripinnate leaf）と表現し，奇数，偶数の区別をする．シダ植物では羽状複葉が一般的で，小葉はとくに羽片（pinna）と呼んでいる．
- 掌状複葉（palmate compound leaf，図3.10）：葉柄の先端から何枚かの小葉が手のひら状に出た複葉で，小葉の数はふつう奇数である．
- 鳥足状複葉（pedately compound leaf，図3.11）：掌状複葉に似ているが，小葉が同一場所から出ないで，最下の小葉は，上部の小葉の小葉柄の途中から分かれて生じる．
- 三出複葉（ternate compound leaf，図3.12）：頂小葉と1対だけからなる複葉を三出複葉と呼ぶ．

### c. 葉　柄

葉身と茎の間の柄のような部分を葉柄と呼び，

葉身と茎の間の物質輸送路であるとともに，葉身を適当な位置に支える役目をしている．葉柄がある葉を有柄葉（petiolate leaf），ない葉は無柄葉（sessile leaf）という．

**d. 托葉**

葉が茎についている部分にある器官を托葉といい，葉状，突起状，刺状などその形態は様々である．対生する葉の葉柄と葉柄の間（すなわち茎の側面）にある托葉は葉間托葉（interfoliar stipule）または葉柄間托葉（interpetiolar stipule）といい，アカネ科などで見られる．バラ属などで見られる葉柄にそって合着するものを合生托葉（adnate stipule）と呼ぶ（図3.13）．

**e. 葉 序**

葉は茎の節についているが，茎に葉が配列する仕方を葉序（leaf arrangement, phyllotaxis）という（図3.14）．ふつう葉面が日光や大気に十分あたるように，互いに重なり合わないよう茎に配列している．茎の各節に複数の葉がつく場合を輪生（輪生の，whorled），各節に1枚の葉がつく場合を互生（互生の，alternate）という．各節につく葉の枚数が安定している輪生は，3輪生（ter-nate），4輪生（quaternate）と呼ぶ．各節に2枚つく場合は，2葉が茎をはさんで反対方向につくために，対生（対生の，opposite）という．また，節ごとに90°ずれて交互に葉がつく場合は，上から見ると十字形であることから十字対生（decussate opposite）という．

**f. 葉のつき方**

葉と茎のつき方において，葉柄や葉身の基部が幅広くなり，茎の両側を抱いているものを抱茎（抱茎の，amplexicaul）という（図3.15）．葉身の基部がしだいに狭まって，葉柄や茎に沿って続いている場合は沿下（沿下の，decurrent）と呼

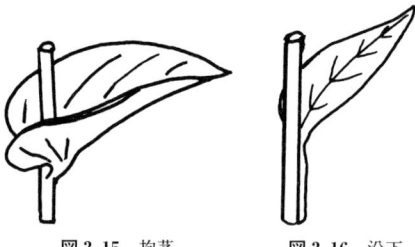

図3.15 抱茎　　図3.16 沿下

図3.13 合生托葉をもつ奇数羽状複葉（バラ）

図3.14 葉序

図3.17 盾着（キンレンカ）

図3.18 ロゼット（トルコギキョウ）

ぶ（図 3.16）．対生する葉の基部が互いに合着して，茎が葉の中心を突き抜いているように見える場合は突き抜き（突き抜きの，perfoliate）という．

葉身と葉柄のつき方において，葉柄が葉身のなかほどにつく場合，その形態より盾着（じゅんちゃく）（盾着した，peltate）という（図 3.17）．この場合，葉脈は葉柄がついたところから，側脈が放射状に広がる．

### g. 特殊な葉

- 根出葉（radical leaf）： 根ぎわから生じる葉のことで，あたかも根から葉が生じるように見えるのでこの名がある．根生葉ともいう．正確には地下茎の基部の節から生じる．根出葉が地面に放射状に配列すると，上から見るとバラの花弁状に見え，この場合はロゼット葉（rosette leaf），その集合をロゼット（rosette）という（図 3.18）．

- 低出葉（cataphyll）と高出葉（hypsophyll）： 葉は茎につく位置によってその形態や機能が異なる．発芽初期の茎に見られる鱗片状の葉を低出葉といい，その上に普通葉が生じる．その上の花に近い部分にある花葉以外の葉を高出葉という．苞，小苞，総苞片は高出葉の代表例である．

- 苞（bract, bract leaf）： 一つの花または花序を抱く小型の葉を，苞または苞葉と呼ぶ．ふつう苞の腋部には花芽がある．花弁状に大きくなることも多く，ポインセチアやヘリコニア属（図 3.19）などのように観賞の対象となる．苞の上部の最も花に近い苞を小苞（bracteole）と呼び，腋部に花を生じない．

- 総苞片（involucral scale）： 苞のうち，花序の基部に密集してつくものの全体を総苞（involucre）といい，一つ一つを総苞片と呼ぶ（たとえば，ハナミズキ，プロテア属など）．キク科の頭状花序の基部にある総苞片は一見すると萼片のようである（図 3.20）．また，サトイモ科に見られる肉穂花序（にくすいかじょ）を包む大型の苞も総苞の一種と考えられ，とくに仏炎苞（spathe）と呼ばれる．アンスリウム属（図 3.21），スパティフィルム属などでは観賞の対象となる．複合花序では小花序の総苞を小総苞（involucel），一つ一つを小総苞片（involucel segment）という．

図 3.19 苞（ヘリコニア・ロストラタ）

図 3.21 仏炎苞（アンスリウム）

図 3.20 総苞（コスモス）

図 3.22 捕虫葉（ハエトリソウ）

- 葉巻きひげ（leaf tendril）： 巻きひげのうち，葉が変形したものをいう．
- 葉針（leaf spine）： 葉，小葉，托葉が変形して先端が尖ったものをいい，光合成の機能はなく，サボテン科でふつうに見られる．
- 捕虫葉（insectivorous leaf）： 食虫植物（carnivorous plant, insectivorous plant）に見られるもので，昆虫などの小動物を捕らえるように変形した葉（図 3.22）．ウツボカズラ（ネペンテス）属の葉では，捕虫葉と葉巻きひげの両方の役目がある．
- 多肉葉（succulent leaf）： 葉が肥厚して全体に多量の水を含んでいるものを多肉葉と呼び，ふつう葉脈が観察できない．
- 止め葉（boot leaf, flag leaf）： 園芸上，花茎の最上位の普通葉を区別する場合，止め葉という．

### 3.2.3 茎
#### a. 茎とは

維管束植物において，葉をつける器官を茎（stem）という．ふつう，地上にあって，植物体の地上部を支える役目がある．茎の中には維管束が発達しており，水や光合成産物の通路にもなる．維管束の木部がよく発達した堅い丈夫な多年生の茎は，とくに幹（trunk）と呼ぶ．ふつう見られる地上茎（terrestrial stem）に対して，地下にある茎を地下茎（subterranean stem）と呼び，形態により，鱗茎，球茎，塊茎，根茎に区別される

**図 3.23** 不定芽（コダカラベンケイ）

（3.2.6 項「球根」参照）．

#### b. シュート

一つの茎とそれにつく葉とは，もともと一つの茎頂分裂組織からつくられたもので，茎の成長と葉の発生には密接な関係がある．茎とそれについた葉をまとめてシュート（shoot）と呼ぶ．

シュートの未展開のものを芽といい，発達して茎，葉，花になる．茎の先端にある芽は頂芽，茎の側方にできる芽を側芽と呼ぶ．頂芽と腋芽（種子植物の側芽）をあわせて定芽といい，その他の位置にある芽は不定芽と呼び，茎や葉，根にできる．不定芽のなかには，栄養繁殖に役立つものがある（図 3.23）．

地上茎の下部や地下茎の側芽からシュートを生じ，それらが互いに接して株立ち状となる状態を叢生（bushiness, tufted）という．

#### c. 節と節間

葉が茎につく部分を節（node）といい，節と節の間の部分を節間（internode）と呼ぶ．イネ科のタケ類（タケ亜科）やススキなどの茎のように，節間が中空で，外側が比較的堅い茎を，とくに稈と呼んでいる．

#### d. 枝

植物体の主軸から分かれた茎を枝（branch）といい，側芽または不定芽が発達したものである．同じ植物において，節間が長く伸びた枝を長枝（long branch）といい，ふつう見られる枝はほとんど長枝である．これに対し，節間が著しく短縮した枝を短枝（short branch）という．

枝が主軸から分かれることを分枝（branching, ramification）という．単軸分枝（monopodial branching）は種子植物に普通に見られ，主軸が成長しながら側芽が成長して枝になる．仮軸分枝（sympodial branching）は軸の先端の成長が止まるか，花や花序となり，かわって側芽が主軸のようになる．ランでは，前者を単茎性（monopodial），後者を複茎性（sympodial）という．複茎性ランにおいて，基部が分枝して現れた新しいシュートをリードバルブ（lead bulb）という．それに対し，古くて葉が脱落したものをバックバルブ（back bulb）という．

同じ場所から3本以上の枝が生じること，またはその枝を車枝（whorl of branches）という．

**e. 特殊な地上茎**

- 匍匐茎（stolon）：茎がつるになって地表面にそって伸びるもので，匍匐枝ともいう．オリヅルランやユキノシタのように，節からは根を生じず，先端の芽からだけ根を出して子株をつくり，繁殖に役立っている場合，走出枝（runner）と呼ぶ．また，直立する茎の枝の基部に生じる匍匐茎のうち，節から根を生じるものを吸枝（sucker）という．
- 巻きつき茎（twining stem）：アサガオなどのように，茎自体が他物に巻きついて高く伸びるものをいう．巻き方は，右巻き（右巻きの，dextral），左巻き（左巻きの，sinistral）と区別する．
- よじ登り茎（climbing stem）：茎自身は巻かずに，つるに生じたある種の器官で他物につかまって高く伸びるものをいう．つかまる器官としては，不定根，巻きひげなどがある．
- 茎巻きひげ（stem tendril）：巻きひげのうち，茎の変形であるものをいい，ブドウ科，トケイソウ科などで見られる．
- 茎針（stem spine）：ボケなどで見られるように，短縮して先の尖った茎のことで，針状や鉤状になったものをいう．
- 葉状茎（cladophyll）：茎が偏平または線状に変形し，緑色で，光合成を行うものをいう．ふつう葉は退化して，葉のかわりの機能を行っている．アスパラガス属や，クリスマスカクタス，観葉植物のカンキチク（図3.24）などで見られる．
- 多肉茎（succulent stem）：茎が著しく肥大して，ふつう緑色で，光合成を行うものをいう．ふつう葉は退化して，鱗片状または針状になっている．乾燥地の植物に多く，サボテン科やトウダイグサ科ユーフォルビア属などで見られる．
- 挺幹（caudex）：ヤシ科などで見られるように，枝を出さないで，頂部に多数の葉を群生する幹をいう（図3.25）．
- 偽球茎（pseudobulb）：ラン科植物に見られるもので，肥大して球形や卵形などになった茎をいう（図3.26）．園芸上はバルブという．

図3.24 葉状茎（カンキチク）

図3.25 挺幹（トックリヤシ）

図3.26 偽球茎（セロジネ・マサンジェアナ）

- 偽茎（pseudostem）：葉の葉鞘部が重なり合って，一見すると茎のように見えるものをいう．バショウ科，ショウガ科，カンナ科などで知られる．真の茎は地際付近にある．

### 3.2.4 根

**a. 根とは**

根（root）は，ふつう地中で水分や養分を吸収する機能をもつ器官の一つで，地上部を支える役目がある．一般に根冠（root cap）と根毛（root hair）をもつ．根冠は根の根端分裂組織を帽子状におおう保護組織のことで，根が土壌の中を伸長するときに，根の根端分裂組織を土壌との摩擦から保護している．根毛は根の先端付近に密生する組織で，根の表面積を増して，土中から養水分を吸収する役割がある．

種子が発芽すると，種子の中の幼根（radicle）が伸び，この根を初生根（primary root）という．裸子植物と双子葉植物では，幼根が発達して主軸として太くなり，主根（main root, taproot）となる．主根から分岐して側方に生じた根を側根という（図3.27）．イネ科植物では，種子の中で幼根から側根が生じ，これらを種子根（seminal root）という．単子葉植物の多くは，幼根の成長が早く止まり，節から生じるひげ根（fibrous root）を伸ばし（図3.28），主根と側根の区別がない．

幼根と幼根から分岐して生じた側根を合わせて定根（root）といい，それ以外の根はすべて不定根（adventitious root）と呼ぶ．茎や葉から生じる根は不定根といい，挿し木繁殖で生じる根，匍匐茎から生じる根，単子葉植物のひげ根，球根から生じる根も不定根である．

地中にある地中根（terrestrial root）のほか，空気中にある気根（aerial root）や，水中にある水中根（aquatic root）に分類され，後述するように，様々な形や機能をもつものに変形する．

**b. 根　系**

地上部のシュートに対し，植物の地下器官全体を根系（root system）といい，根と地下茎や球根が含まれる．植物体を固着させるとともに，水や栄養を吸収する役目がある．

**c. 特殊な根**

地中根の中で特殊な根として，以下のものが知られる．地中根が変形し，肥大してでんぷんやイヌリンなどの養分や水を蓄える器官となったものを貯蔵根（storage root）という．主根（一部，胚軸も含まれる）が肥大したものは多肉根（succulent root）といい，セツブンソウなどに見られ，野菜ではダイコンが代表的である．塊状に肥大し，栄養繁殖に役立つものは塊根（tuberous root）と呼び，ダリアなどに見られ（図3.29），球根として扱われる．グラジオラス，フリージアなど母球の上に子球が生じる球根植物において，生育初期に子球から生じる太い不定根を牽引根（contractile root）といい，乾燥期に収縮して子球を地中に引き込み，子球を乾燥から守る役目がある．

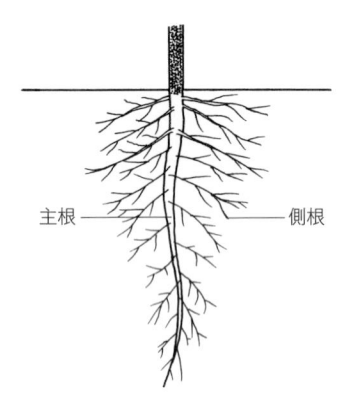

図3.27　主根と側根

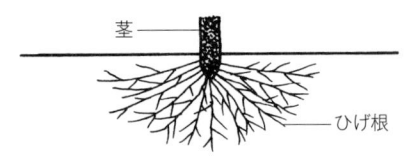

図3.28　ひげ根

図3.29　塊根（ダリア）

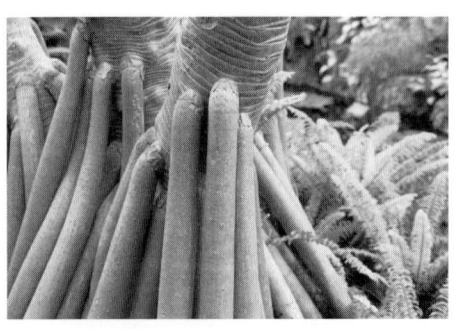

図3.30　支柱根（ビヨウタコノキ）

茎や幹から空気中に伸びだした根を気根といい，不定根の一種で，以下のものが知られる．支柱根（prop root）は支持根ともいい，地上部から生じて地中に達し，地上部を支える役目をしている．タコノキ属などでよく発達している（図3.30）．吸水根（absorptive root）はラン科植物に多くみられ，根の表面が根被（velamen）と呼ばれる海面状の組織でおおわれ，空中からの湿気や，降雨時の水を吸収する役目を果たす．付着根（adhesive root）はよじ登り植物の茎から生じた気根で，他物にはりついて体を支えるものをいう．

水中にある根を水中根といい，不定根の一種で，固着や支持は行わないが，吸水を担う．根毛や根冠の発達が悪く，まったくない場合もある．

### 3.2.5 球 根

#### a. 球根とは

多年草のうち，地下や地ぎわで肥大して養分を蓄えた貯蔵繁殖器官を，一般に球根（bulb）といい，球根をもつ植物を球根植物（bulbs, bulbous plant）と呼ぶ．原則として一・二年草では球根とはいわない．生育に不適切な環境が定期的に繰り返される地域では，球根をつくることで寒暑や乾燥に耐えることができる．

園芸上，植え付け時の球根，または鱗片繁殖などの人為繁殖に用いる球根を母球（mother bulb, mother corm, mother tuber）といい，新しくつくられた球根を子球（daughter bulb, daughter corm）と呼ぶ．園芸上，地下部に形成された小さい球根を木子（cormel, cormlet, bulblet）という．

#### b. 球根の分類

肥大した器官の種類や形態により，次のように区別されるが，これらの中間移行型のものもある．鱗茎は葉と茎，球茎，塊茎，根茎は地下茎の，塊根は根の一種である（2.5.2項 d 参照）．

①鱗茎（bulb）： 短い茎の周りに，葉の全体または葉鞘部が多肉化して貯蔵器官となった鱗片葉（bulb scale）が重なり合ったもの．さらに，次の二つに分けられる．層状鱗茎（tunicated bulb）は，鱗片葉が茎頂を取り巻いて層状に重なり合ったもので，最も外側の鱗片葉が薄皮になり，鱗茎全体をおおっている．有皮鱗茎ともいう．チューリップ（図3.31）などのように，毎年，母球が消耗してなくなり子球に更新されるものと，アマリリス，スイセン（図3.32）などのように母球は毎年更新されずに，新しい鱗片葉が内部でつくられて母球自体が大きくなっていくものがある．鱗状鱗茎（non-tunicated bulb）は，鱗状の鱗片葉が瓦のように重なり合ったもので，薄皮でおおわれていない．無皮鱗茎ともいう．ユリ属などがある．

②球茎（corm）： 短縮した茎が肥大して，養分の貯蔵器官になり，球形または卵形になったもの．葉の基部の各節に薄皮がついて，球茎全体を包む．グラジオラスやクロッカス（図3.33）など，アヤメ科植物によく見られ，毎年更新される．

③塊茎（tuber）： 短縮した茎が塊状または球状に肥大したもので，その形態と薄皮で包まれていないことで，球茎と区別される．アネモネなどのように母球を更新する更新型と，シクラメンなどの非更新型に分類できる．

④根茎（rhizome）： 地中を水平に這う茎が，

図3.31　層状鱗茎（チューリップ） 　　図3.32　層状鱗茎（ラッパズイセン） 　　図3.33　球茎（クロッカス）

球状にならず全体的に肥大したもので，地上茎と同様に節があり，そこから葉や根が生じる．カンナなどが知られる．

⑤塊根（tuberous root）： 根が肥大して塊状になり，多くの養分を貯えたもの．ダリア（図3.29），ラナンキュラスなどが知られる．

[土橋 豊]

## 3.3 生殖器官と構造

### 3.3.1 花の形態

#### a. 花とは

花（flower, blossom）とは，種子植物（裸子植物と被子植物）において，生殖を役割とする器官のことで，ふつう花といえば被子植物の花を指す．花は雌蕊（雌しべ，pistil），雄蕊（雄しべ，stamen），花被片（perianth segment，花弁と萼片），それらをつける花床（receptacle）で構成される（図3.34）．花被片には生殖の機能がなく，受粉を媒介する昆虫等を呼び寄せるなどの役目があるが，単なるアクセサリーにすぎない．花被片がなくても，雌蕊と雄蕊のいずれかがあれば花といえる．花は葉が変形したものの集合体とされ，雌蕊を構成する心皮（carpel），花弁，萼片などの葉的な器官を総称して花葉（floral leaf）という．花葉は，ふつう軸の中心より，心皮，雄蕊，花弁，萼片の順に配列している．

#### b. 雌 蕊

雌しべともいう．花の中心に位置する器官で，ふつう子房（ovary），花柱（style），柱頭（stigma）からなる．雌蕊は心皮と呼ばれる葉的な器官で構成され，被子植物では1〜数枚の心皮の縁が癒合して，内部に胚珠（ovule）を包んでいる．一つの花には雌蕊が1個であることが多いが，2個〜多数の場合もあり，このようなときは全体を雌蕊群（gynoecium）と呼ぶ．

柱頭は雌蕊の上端にあり，花粉を受け取る器官で，粘液や毛におおわれるなど，花粉を受けやすくなっている．子房は雌蕊の基部にあり，胚珠を内蔵した膨らんだ部分で，受精後は果実になる．花柱は子房と柱頭の間の円柱状の部分で，柱頭が花粉を受けやすい場所に突き出す役目をしていると考えられるが，ケシ属などのように欠いている花もある．アヤメ属では，三つに分かれた花柱が平たい花弁状になっており，裏側の先端に柱頭がある．

#### c. 雄 蕊

雄しべともいう．花粉（pollen）を入れる葯（anther）と，それを支える花糸（filament）からなる．一つの花がもつ雄蕊のすべてを呼ぶとき，雄蕊群（androecium）という．雄蕊が変形または退化して，正常な花粉をもった葯をつけず，その機能を失ったものを仮雄蕊（staminode）といい，ラン科，ショウガ科などで見られる．葯を構成する袋を花粉嚢（pollen sac）という．

#### d. 蕊 柱（図3.35）

雌蕊と雄蕊が癒合して合体する場合，その全体を蕊柱といい，ラン科の多くやガガイモ科で見られる．ラン科の場合，雌蕊の花柱の先に雄蕊がついているような構造で，葯帽（anther cap）と呼ばれる保護器官の中に花粉が互いに結合した花粉

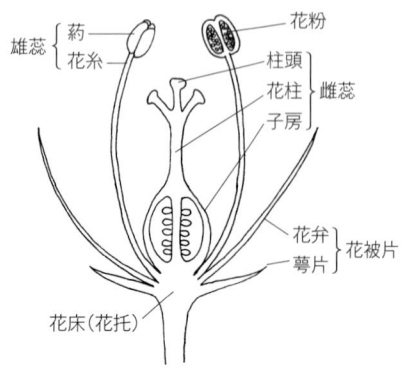

図3.34 被子植物の花の模式図

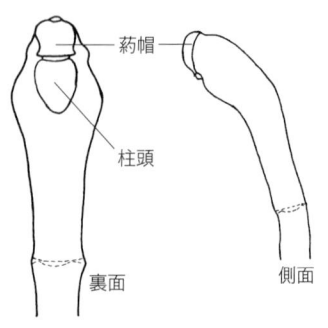

図3.35 ラン科植物の蕊柱

塊（pollen mass）が入っている．

### e. 花被片

花葉のうち，雌蕊や雄蕊を保護するための器官を花被片（perianth lobe, tepal）といい，生殖には直接かかわらないが，色彩や匂いで花粉を媒介する昆虫などを引き付ける役目がある．一つの花の花被片を全体として表す場合，これを花被（perianth）と呼ぶ．一つの花がもつそれぞれの花被片において，外見上の区別があまりなく，その配列が外側に並ぶものと内側に並ぶものに区別される場合，外花被〔片〕（outer perianth），内花被〔片〕（inner perianth）と呼ぶ．このように，外花被と内花被の色彩や形が似ている場合，この花を同花被花（homochlamydeous flower）という．花被片の質が異なる場合，外花被片を萼片（sepal），内花被片を花弁（petal）といい，このような花を異花被花（heterochlamydeous flower）と呼び，双子葉植物の多くの花はこれにあたる．

ラン科では3個ある内花被片のうちの1個が他のものと形態，大きさ，色彩などが異なるため，とくに唇弁（lip, labium）と呼ぶ．

### f. 花 冠

異花被花において，一つの花の花弁の全体を表す場合，これを花冠（corolla）と呼ぶ．花冠の形態は様々に表現され，表3.1に示す．花冠が互いに独立して花床についている場合，離弁花冠（choripetalous corolla, schizopetalous corolla）と呼ぶ（図3.36）．また，花冠が互いに癒合してひとつの筒状の部分をつくる場合，合弁花冠（gamopetalous corolla, sympetalous corolla）と呼び（図3.37），筒状部を花筒（corolla tube, floral tube）という．ふつう，合弁花冠の先は裂けており，この部分を花冠裂片（corolla lobe）と呼ぶ．

［土橋　豊］

花冠はその相称性により放射相称花冠（actinomorphic corolla）と左右相称花冠（zygomorphic corolla）に分けられる．花冠にはその特徴的な形により蝶形花冠や舌状花冠など固有の名称をもつものがある（表3.1，図3.38）．また花冠を構成する個々の花弁に対してそれぞれ形状や着生位置に基づく特有の名称が付けられているものも存

図3.36　離弁花冠（バウヒニア）

図3.37　合弁花冠（ソランドラ）

表3.1　花冠の種類

1. 離弁・放射相称花冠
   - ナデシコ形花冠（caryophyllaceous corolla）
   - 十字形花冠（cruciate corolla）
   - バラ形花冠（rosaceous corolla）
2. 合弁・放射相称花冠
   - 高坏形花冠（高盆型花冠）
     （hypocrateriform corolla, salverform corolla, hypocraterimorphous corolla）
   - 鐘形花冠（campanulate corolla, bell-shaped corolla）
   - 壺形花冠（urceolate corolla）
   - 漏斗形花冠（infundibular corolla）
   - 筒状花冠（管状花冠）（tubular corolla）
3. 離弁・左右相称花冠
   - 蝶形花冠（papilionaceous corolla）
4. 合弁・左右相称花冠
   - 唇形花冠（labiate corolla）
   - 仮面状花冠（masked corolla, personate corolla）
     （唇形花冠のうち，下唇がとくにせり上がったもの）
   - 舌状花冠（ligulate corolla）
5. その他の離弁花冠（左右相称と放射相称の両タイプがある）
   - 有距花冠（calcarate corolla）

54   3. 花卉の形態

| ナデシコ形花冠 | 十字形花冠 | バラ形花冠 | 高坏形花冠 |
| （ナデシコ） | （スイートアリッサム） | （サクラ） | （フロックス） |

| 鐘形花冠 | 壺形花冠 | 漏斗形花冠 | 舌状花冠と筒状花冠 |
| （カンパニュラ） | （ドウダンツツジ） | （ペチュニア） | （マーガレット） |

| 蝶形花冠 | 唇形花冠 | 仮面状花冠 | 有距花冠 放射相称型 | 有距花冠 左右相称型 |
| （ルピナス） | （ホトケノザ） | （キンギョソウ） | （セイヨウオダマキ） | （スミレ） |

図 3.38 様々な花冠の形態（口絵 1 参照）

在する．たとえば，マメ科特有の花冠である蝶形花冠は 5 個の花弁で構成されるが，正面から見て左右にある 2 個の花弁を翼弁（wing），上側の 1 個の花弁を旗弁（standard），下側の 2 個の花弁を竜骨弁（keel）という．　　　　［上町達也］

### g. 萼

異花被花において，一つの花の萼片（sepal）を全体として表す場合，これを萼（calyx）という．萼片の相互が合着しているときは合萼（gamosepal），合着していないときは離萼（chorisepal）と呼ぶ．合萼において，基部の筒状部を萼筒（calyx tube），上部の合着していない部分を萼裂片（calyx lobe）という．

クレマチス属などのように，花冠がない花では萼が花冠状に大きく発達していることがある．アカネ科のコンロンカ属では，花冠は漏斗状で小さく，萼裂片の一つが花弁状に大きく発達する．ホオズキでは，花後しだいに大きくなって袋状になって果実を包み，熟すと着色して観賞される．萼の基部にさらに萼状のものがある場合，これを副萼（accessory calyx）といい，アオイ科などで見られる．

### h. 花床

花柄の先端にあり，花を構成する花葉がつく台座を花托（torus）という．花床（receptacle）は平面的に広がったときに呼び，軸状の場合は花軸（floral axis）という．

### i. 副花冠

内花被または花冠と，雄蕊の間にできた花冠状の付属物を副花冠（corona）といい，副冠とも呼ぶ．スイセン属では大きく発達している（図 3.39）．また，トケイソウ属では糸状になる．

### j. 距

萼や花冠の一部が中空で，けづめ状に飛び出した部分を距（spur）といい，ふつう蜜腺があって蜜を溜めている．萼に距がある花としては，ヒエンソウや，インパチエンス属などがある．花冠に距があるものとしては，スミレ属や，多くのラン

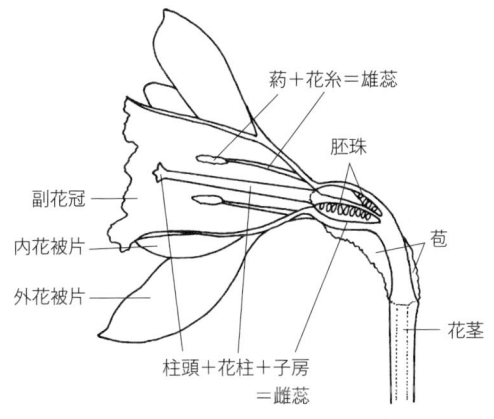

**図3.39 副花冠（ラッパズイセン）**

**図3.40 距（アングレクム・セスキペダレ）**

科植物で見られる．ラン科のアングレクム・セスキペダレでは，距は長く目立つ（図3.40）．

#### k. 花柄と花梗

花を構成するものではないが，花をつける枝や茎を次のようにいう．ひとつの花をつける柄を花柄（pedicel），複数の花をつける共通の柄を花梗（peduncle）という．枝分かれした花序の末端の直接花をつける柄を小花柄（pedicelet）と呼ぶ．タンポポの頭状花序のようにその頂部に花だけをつける場合，花茎（scape）という．　［土橋　豊］

### 3.3.2 花の基本構造と多様性

花（flower, blossom）は種子植物が有性生殖を行うための器官であり，シュートが変形したものと考えられている．萼片，花弁，雄蕊，雌蕊（心皮）はいずれも葉が変形した器官（花葉）であり，これらの花器官が着生する花托は茎に相当する．近年，シロイヌナズナやキンギョソウを用いた器官形成に関する分子生物学的な解析により，わずか3種類の遺伝子群の発現パターンの違いが花器官の分化の方向を決定することを説明する仮説としてABCモデルが提案された（図3.41）．クラスA遺伝子が働くと萼片，クラスA遺伝子とクラスB遺伝子がともに働くと花弁，クラスB遺伝子とクラスC遺伝子がともに働くと雄蕊，クラスC遺伝子が働くと雌蕊（心皮）が形成されるとするこのモデルは，その後の分子レベルでの解析の結果，ほぼ正しいことが確認されており，また多くの植物種で適用できることが明らかとなっている．ABCモデルは花の基本的な形がつくられる仕組みを分子生物学的に説明するものであるが，実際には花の形態は非常に多様であり，その多様化の機構に関しては多くの未解明な部分が残されたままである（9.5.2項参照）．

花の多様性は，各花器官の数，形，色，着生位置などが植物種ごとに様々に変化していることによりもたらされている．一つの花を構成する花器

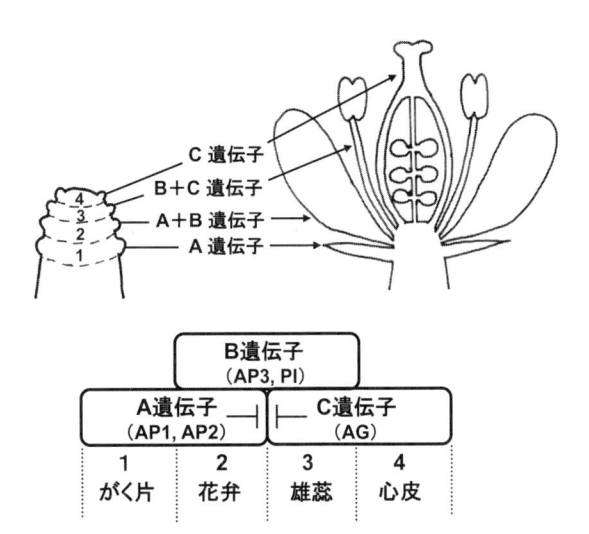

**図3.41 花器官の形成を説明するABCモデル**
花器官は葉が変化することにより形成されるが，いずれの花器官に分化するかは，A, B, Cの三つのクラスの遺伝子の組み合わせにより決定される（ABCモデル）．実際にこれらの遺伝子が機能するためには，四つ目の遺伝子群（E遺伝子：SEP1, SEP2, SEP3）の発現が必要なことが明らかとなっている（ABCEモデル）．

官の数は植物種ごとに基本的に決まっており，双子葉植物では基本数が5（5数性，pentamerous）または2（2数性，dimerous）のものが多く，単子葉植物では3（3数性，trimerous）となるものが多い．

アサガオやツツジのように隣り合う花弁が互いに合着した花冠をもつ花を合弁花（gamopetalous flower, sympetalous flower）といい，サザンカやサクラのように花弁が互いに離れた花冠をもつ花を離弁花（choripetalous flower, schizopetalous flower）という．花は全体的に見た場合の相称性によって3種類に大別され，サザンカのように対称軸が複数あるものを放射相称花（actinomorphic flower），キンギョソウのように対称軸が1本しかないものを左右相称花（zygomorphic flower），トモエソウのように対称軸がないものを非相称花（asymmetric flower）という．

子房と他の花器官との位置関係は，植物の種類により決まっている．子房が花弁や雄蕊の基部よりも上に突き出ている場合を子房上位〔性〕（hypogyny），子房が花托に完全に包まれて合着し，子房の上部に花弁や雄蕊が着生している場合を子房下位〔性〕（epigyny），子房の中位まで花托が合着し，子房上位と子房下位の中間的な形態となった場合を子房中位〔性〕（perigyny）という．またサクラのように子房部を萼筒が取り囲んでいるが合着はしておらず，萼筒の上部に他の花器官が着生している場合を子房周位性（perigyny）という．子房周位性の花は，子房が他の花器官の基部より下に位置する点では子房下位性であるが，花托と合着せずにいる点では子房上位性とみなすこともできる．

花の構造を記号化して式に示したものを花式（floral formula, flower formula）という．萼をK，花冠をC，花被をP，雄蕊〔群〕をA，心皮（雌蕊群）をGで表し，それぞれの花葉の数を各記号の右上または右下に小さい数字で表す．またサザンカの雄ずいのように，多数の花葉が着生する場合は花葉数を∞で示す．隣り合う花葉が合着している場合は，数字を括弧で囲む．また放射相称であれば☆を，左右相称なら↓を式の最初に付ける．たとえばパンジーなら花式は↓$K^5C^5A^5\underline{G^{(3)}}$となる．$G^{(3)}$の下に線があるのは子房上位であることを示しており，子房下位なら上に線を引く．

花器官の種類ごとの数や互いの位置関係を図に示したものを花式図（floral diagram, flower diagram）という（図3.42）．苞は白抜きで，萼は縦線を，花冠は黒塗りを施す．また同花被花の場合は，すべての花被に対し萼と同様に縦線を施す．雄蕊は葯，雌蕊は子房の横断面で示し，子房下位の場合は子房の周りを黒塗りで囲む．

萼片，花弁，雄蕊，雌蕊の四つの花器官がすべてそろっている花を完全花（complete flower, perfect flower），これらのうち一つ以上の花器官が欠けているものを不完全花（incomplete flower, imperfect flower）という．不完全花の中でセンリョウやポインセチアのように花被がまったく欠けているものを無花被花（achlamydeous flower），シュウメイギクのように1種類の花被（その花被は一般に萼とみなす）しかもたない花を単花被花（monochlamydeous flower）という．また不完全花の中で雄蕊と雌蕊のいずれかが発達してないものを単性花（unisexual flower）と呼び，単性花のうち雄蕊のみが発達したものを雄花（male flower, staminate flower），雌蕊のみが発達したものを雌花（female flower, pistillate flower）と呼ぶ．

被子植物の多くは雄蕊と雌蕊のいずれもが発達した両性花（bisexual flower, hermaphrodite flower）をもつが，雄蕊か雌蕊のいずれかのみが

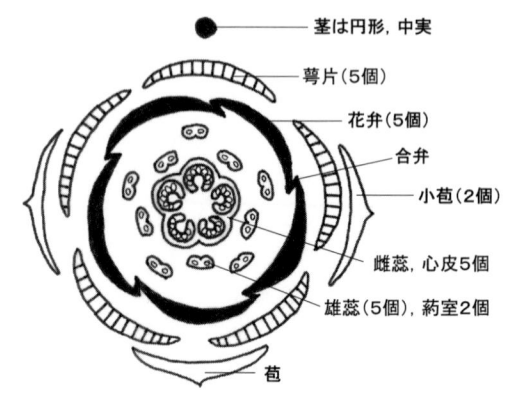

図3.42　ヒラドツツジの花式図

発達した単性花を着生するものも多い．雄花と雌花とに区別される花のことを雌雄異花（diclinous flower）という．単性花を着生する植物のうち，ベゴニアのように雄花と雌花が同一の株に着生するものを雌雄同株（monoecious），イチョウのように雄花と雌花が異なる株に着生するものを雌雄異株（dioecious）という．またキク科植物で見られるように雌花と両性花が同一の株に着生するものを雌花両性花同株（雌性両全性同株，gynomonoecious），ナデシコ科植物で見られるように異なる株に着生するものを雌花両性花異株（雌性両全性異株，gynodioecious）という．プリムラ属植物では雄蕊と雌蕊の位置関係が異なる2種類の花が存在し，どちらの型の花を着生するかは株ごとに決まっている．長い雄蕊と短い雄蕊の花を長花柱花（long-styled flower, pin），短い雌蕊と長い雄蕊の花を短花柱花（short-styled flower, thrum）という．このような雌雄異花性や異形花柱性は他家受粉の効率を高める機能をもつ．花冠が十分に発達しないために開花せず，蕾内で自家受粉が行われ結実するような花を閉鎖花（cleistogamous flower）という．スミレ属植物のように閉鎖花を着生する植物種では，正常に開花し他家受粉を行う開放花（chasmogamous flower）も着生する．

小さい花が密集して一つの花序を形成している場合，個々の花を小花（floret）という．またヒマワリ，ハナミズキ，アジサイなどのように多数の小花が集まり，全体で一つの花のように見える花序を偽花（pseudanthium）または集合花（aggregate flower）と呼ぶ．キクやアジサイのように小花が密集した花序を着生する植物には，一つの花序内に花被の発達の異なる2種類の小花を形成するものが多い．これらの植物では，花被を発達させた派手な小花が花粉媒介者を誘引し，花被のあまり発達していない地味な小花が受粉，結実の役割を担う．多くのキク科植物やマツムシソウ科植物では，平坦となった花序軸先端に多くの小花が着生した頭状花序（頭花）を形成し，頭状花序の周縁部に花弁の発達した装飾度合いの高い花を着生させる．キク科の頭状花序を構成する2種類の小花のうち，花冠筒と大きく舌状に発達した部分とで構成される花冠をもつ小花を舌状花（ray floret, ligulose flower）といい，花冠筒と小さい5個の裂片で構成される花冠をもつ小花を筒状花（管状花, disc floret）という．アジサイ科や，スイカズラ科のヤブデマリやカンボクなどのように，多くの小花の集合した花序を着生し，その花序が装飾度合の異なる2種類の小花で構成される場合，花弁や萼片がとくに大きく発達し装飾度合の高い小花を装飾花（decorative floret）と呼ぶ．キク科の舌状花も，装飾花の一つである．装飾花や舌状花では雄蕊や雌蕊が発達していない場合も多いが，必ずしも装飾花や舌状花が不稔花であるわけではない．

### 3.3.3 花序

多くの植物では，一つの枝に複数の花を着生する．枝における花の配列様式を花序（inflorescence）と呼ぶ．また配列様式ではなく，単に複数の花が着生した枝全体を示したい場合においても花序の用語が用いられる．花序において，複数の花が着生した中心の軸を花序軸（rachis, inflorescence axis）という．一方，チューリップやヤブツバキのように花茎の先端や枝先あるいは葉腋に1個の花が単独で着生する場合，この単生花を一つの花序とみなして単頂花序（solitary inflorescence, uniflowered inflorescence）と呼ぶことがある．

花序は，無限花序（indeterminate inflorescence）と有限花序（determinate inflorescence）に大別される．無限花序では，花序主軸の茎頂部において側花（腋花）が次々と形成される．このような単軸分枝型の発達を示す花序を総穂花序（botrys）という（図3.43）．基本的に総穂花序では，開花は下位の側花から咲き始め，上位へと求頂的に開花していく．一方，有限花序では花序軸の先端に頂花が形成され，頂花近くの節において腋芽が発達し新たな軸となる仮軸分枝型の発達を示す．このような仮軸分枝型の花序を集散花序（cyme）という．集散花序の開花は，基本的に頂花から側花へと求基的に進んでいく．集散花序のうち，節から側枝が1個だけ生じるものを単出集

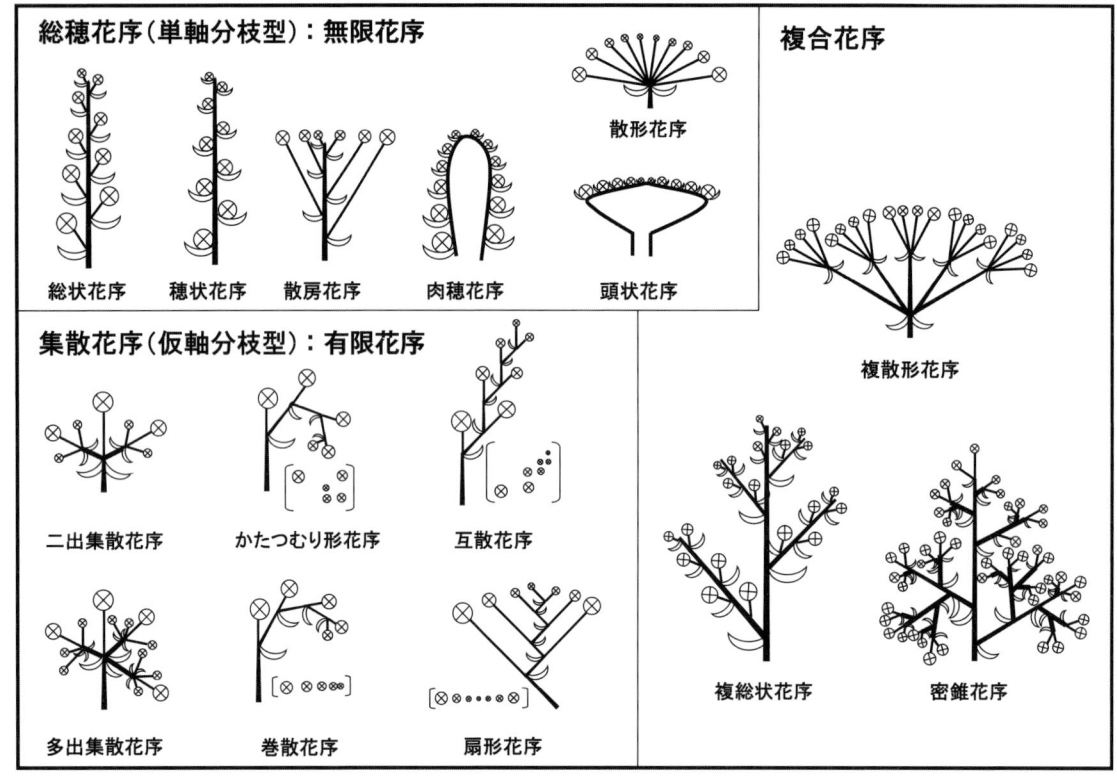

**図 3.43** 花序型の模式図
〔 〕内は上から見た花の配列図．複合花序は代表的なもののみ．

散花序（monochasium），2個生じるものを二出集散花序（岐散花序，dichasium），3個以上生じるものを多出集散花序（多散花序，pleiochasium）という．

以下に，代表的な花序型を示す（図 3.43）．

**総穂花序**（botrys）
- 総状花序（raceme）： 有柄の側花が花序軸に連続的に腋生する．
- 穂状花序（spike）： 総状花序と基本的に同じ形態であるが，それぞれの側花が無柄である．
- 散房花序（corymb）： 花序軸上に側花が互生し，下位の側花ほど花柄が長いため花序全体が倒円錐形となる．
- 散形花序（umbel）： 花序軸の先端に複数の有柄の花が放射状に着生する．基本的に総状花序であるが，節間が伸長しないためこのような形態となる．
- 頭状花序（頭花，head, caput, capitulum, pl. capitula）： 花序軸の先端に，複数の無柄の花が着生する．
- 肉穂花序（spadix, pl. spadices）： 花序軸が多肉となった穂状花序で，サトイモ科植物でみられる．

**集散花序**（cyme）
- 二出集散花序（岐散花序，dichasium）： 頂花付近の節から2本の花序軸が生じる．
- 多出集散花序（多散花序，pleiochasium）： 頂花付近の節から3本以上の花序軸が生じる．
- 単出集散花序（monochasium）： 頂花付近の節から1本の花序軸が生じる．
- かたつむり形花序（bostryx）： 単出集散花序の一つで，分枝が同一方向であり，花序全体が立体的な渦巻き状となる．
- 巻散花序（鎌形花序，drepanium）： 単出集散花序の一つで，分枝が同一方向かつ同一平面内で行われるため，花序全体が一つの平面内で渦巻き状となる．
- 互散花序（さそり形花序，cincinnus, scorpioid

cyme)： 単出集散花序の一つで，分枝はジグザグ方向であり，花序全体がやや立体的となる．
・扇形花序（rhipidium）： 単出集散花序の一つで，左右相互に花序軸が生じ，花序全体が一つの平面内におさまる．

複数の花序が組み合わさってできた花序を複合花序（compound inflorescence）という．同じ花序型が組み合わさってできた複合を同形複合花序（isomorphous compound inflorescence），異なる花序型が組み合わさってできた花序を異形複合花序（heteromorphous compound inflorescence）という．同形複合花序の例として，複総状花序（compound raceme），複散形花序（compound umbel），複穂状花序（compound spike）などがあげられる．一方，異形複合花序には，頭状花序が総状に着生した頭状総状花序（capitulum-raceme）や二出集散花序が総状に着生した密錐花序（thyrse）などがある．

円錐花序（panicle）は複合花序の一つであり，花茎上に側生する花序軸のうち下位のものほど長く，花序全体が円錐形となるものを指す．花序の全体的な形状にのみ基づいて定義されている用語であるため，複総状花序に由来するものや，散形総状花序に由来するものなどがある．

### 3.3.4 開花の形

花弁や花被片の基本数は植物種により決まっている．しかし品種や系統によってはこれらの数が通常より著しく多い花を着生するものがある．花弁や花被片が基本数通りの花を一重咲き（single flowered），増加したものを八重咲き（double flowered）という．また八重咲きのうち花弁の輪生が2列になったものを二重咲き（duplicated flowered）という．さらに，八重の程度により半八重，八重，超八重と区分して呼ぶ場合もある．八重化のおもな要因として，花弁そのものの着生数の増加（トルコギキョウなど），雄蕊や萼片が花弁状に変化する弁化（ツバキやベゴニアなど），花弁が裂けて裂片が大きくなった花弁分裂（アサガオやフクシアなど）があげられる（図3.44）．また花弁そのものの着生数の増加と雄蕊の弁化が組み合わさって八重化が生じる場合も多い（カーネーションなど）．

雄蕊の弁化した花では，サクラでみられるように雌蕊を構成する心皮が互いに合着せずに葉状になる場合や，弁化した雄蕊の内側に二次的な花あるいは花序が形成される場合がある．また八重咲きストックのように，雄蕊の花弁化した花には雌蕊がなく，花弁や花弁状雄蕊が何層にもわたって形成され続ける場合がある．このような形態は，クラスC遺伝子の欠失したアラビドプシスの花の表現型，すなわち花の外側から内側にかけて萼片，花弁，花弁，萼片，花弁，花弁，……と繰り返して形成され続ける表現型とよく似ている．

萼片の弁化では，クルメツツジやホタルブクロのように萼片が花弁と相同の形態になるものもあるが，スターチス・シヌアータ，アジサイ，ヘレ

**図3.44** 様々な花弁状の器官をもつ花（口絵2参照）
左：花弁状雄蕊（サクラ，八重咲き），中：花弁状萼片（スターチス・シヌアータ），右：花弁状苞葉（スパティフィラム）.

ボラス，オダマキなどのように花弁状の萼片と本来の花弁とで色や形など形態が大きく異なる場合が多い（図3.44）．このような花弁と異なる形態の花弁状萼片を着生する花は，八重の花とは異なる新たな観賞価値をもつ．花弁状萼片は花弁や雄蕊と異なり開花後も散らずに残るものが多いため，スターチス・シヌアータ，アジサイ，ヘレボラスなどは花の観賞期間が長い．またポインセチアやスパティフィラムのように苞が花弁状になるものも観賞期間が長いものが多い（図3.44）．

[上町達也]

## 3.4 果　　実

　種子植物（裸子植物と被子植物）のうち，子房をもっている被子植物の花が受粉をして，発達してできた器官を果実（fruit）といい，一般には胚珠が発達してできた種子を含んでいる．多くの場合，雌蕊の基部の子房が発達したものだが，種類によっては花床や花被などの雌蕊以外の部分，または苞や花柄など花以外の部分が加わったものがある．花序の花が発達して果実になった状態を果序（infructescence）という．

　果実は子房をもつ被子植物だけにできるもので，裸子植物では果実によく似た器官をつくるが，これは果実ではない．たとえば，イチョウの場合，種子は一見すると果実のようで，悪臭のある黄褐色の肉質の外種皮を取り除くと，白色の内種皮に包まれた銀杏が現れる．また，ヤブランでは，果実の果皮が非常に薄いため，早期に破れて，種子が露出して成長するため，やはり種子が一見すると果実のように見える．反対に，キク科のそう果（achene）や，シソ科の分果（mericarp）などは，園芸上は種子として扱われていることが多い．

　子房だけが発達してできたものを真果（true fruit）といい，果実の大部分がこれにあたる．真果は子房上位花または子房中位花に由来するものが多い．これに対し，他の器官（花床，花被，苞，花柄など）も加わってできたものを偽果（false fruit）という．子房下位花に由来する果実は，子房のみでなく，それを囲んでいる花床も発達して果実をつくるので，すべて偽果になる．

## 3.5 種　　子

　種子植物（裸子植物と被子植物）において，受粉後，胚珠が発達してできるものを種子（seed）という．種子は，一般に種皮，胚，胚乳からなる．

　種子の周囲をおおう皮膜を種皮（seed coat）という．被子植物のうち，双子葉植物の離弁花類と，単子葉植物ではふつう2枚からなるため，外種皮（external seed coat）と内種皮（internal seed coat）に区別される．被子植物のうちの双子葉植物の合弁花類と，裸子植物ではふつう1枚である．胚珠の中の受精卵は，種子が熟するまでのあいだ種子内である程度まで発達して，そこで休眠している幼体のことを胚（embryo）という．一般には，幼根，胚軸（hypocotyl），上胚軸（epicotyl），子葉（cotyledon）からなる．胚の発育や発芽のための養分を貯蔵する組織を胚乳（albumen）という．マメ科，バラ科，ブナ科などは種子形成の途中で胚乳がしだいに崩壊消失して発達せず，これにかわって胚の中の子葉に養分を蓄える．また，ラン科植物では，胚乳もなく，子葉も発達しないので，貯蔵養分がほとんどなく，発芽時の養分を土壌中のラン菌に依存している．このように，胚乳をもたない種子は無胚乳種子（exalbuminous seed），胚乳がある種子を有胚乳種子（albuminous seed）という．

　胚珠が子房と付着していたところは，種子の表面に痕跡として残り，これをへそ（hilum）と呼ぶ．胚珠の付け根のあたりがとくに発達して種子の一部または全部を包む場合があり，これを仮種皮（aril）という．へそや仮種皮がアリの食餌となり，種子散布に役立つ場合，これをエライオソーム（elaiosome）という．

## 3.6 その他の器官

・毛（hair）：　植物体の表面に生じる毛状の突起物を総称して毛といい，粗毛（粗毛がある，hirsute），剛毛（剛毛がある，hispid）などと区別す

る．先端が球状に膨らみ，その中に分泌物を含む毛を腺毛（glandular hair）といい，モウセンゴケ属などで見られる．食虫植物のハエトリグサなどで見られる接触を感じる毛を感覚毛（sensitive hair）という．
- 刺（thorn, spine, prickle）： 植物体の表面から突起した針状の硬い突起物の総称として刺という．変形した器官により，茎針，葉針，根針などに区別される．
- 巻きひげ（tendril）： 葉や茎の一部が変形して細長いつるになり，他物に巻きつくための器官を巻きひげという．葉巻きひげ，茎巻きひげがある（前述）．
- 腺（gland）： 蜜や粘液，油性の物質などを分泌するものを腺という．花や葉などにある．このうち，毛のようになり先端が球状で中に分泌物を蓄えたものを腺毛（glandular hair）という．糖を含む甘い蜜を分泌する腺を蜜腺（nectary）と呼ぶ．このうち，花にあるものを花内蜜腺（floral nectary）といい，花以外にあるものを花外蜜腺（extrafloral nectary）と呼ぶ．花外蜜腺は葉柄や托葉などにあることが多い．
- 乳管（latex tube, latex duct）： トウダイグサ科，クワ科，キョウチクトウ科，ガガイモ科，キク科などの植物で，植物体に傷をつけると白色の乳状の液が出てくることがあり，これを乳液（latex）といい，乳液を分泌する組織を乳管という．

[土橋　豊]

**文　献**

1) 土橋　豊：増補改訂版ビジュアル園芸・植物用語事典，pp. 11-73，家の光協会，2011．

# 4. 育　種

## 4.1 育　種

### 4.1.1 花卉の育種

日本では江戸時代に花卉園芸が大きく発展し，ボタン，ツバキ，ツツジ，サツキ，ウメ，サクラ，カエデなどの花木，キク，シャクヤク，ハナショウブ，サクラソウ，アサガオなどの草花で，多くの品種（cultivar）が作出された．これは，メンデルの法則が発見される以前であり，遺伝学の知識がなかった時代に，すでに品種改良が行われていたことを示すものである．このように古来より花卉の品種改良は盛んに行われてきた．育種（breeding）とは，既存の品種を改良して，それと異なる表現形質をもつ品種を作り出し，その特性を遺伝的に固定することである．なお，種苗法（Seeds and Seedlings Law）で「品種とは特性によって他の植物体の集合と区別でき，かつ，特性の全部を保持しつつ繁殖させることができる植物体の集合」と規定されている．

営利生産用花卉の本格的な育種は，戦後になってから行われるようになり，これまでに数多くの花卉の品種が育成されている．最近の日本の現状をみると，種子繁殖性花卉の育成が盛んで，トルコギキョウ，ペチュニア，リンドウ，パンジーなどは世界的に注目を集めている．一方，バラ，カーネーション，ガーベラなどの栄養繁殖性花卉では，国内において栽培される品種の多くを海外に依存している状況にある．花卉育種を他の作物の育種と比較すると，民間の育種家（breeder）や種苗業者が果たしてきた役割が大きい．本格的な営利栽培用品種の育成となるとそれほど容易ではないが，生産農家がそれぞれ栽培する花卉を対象にオリジナル品種の育成に取り組んでいる例も多い．

花卉は観賞が目的とされるために，どんなにすぐれた品種でも，長年にわたり大量に出回れば，消費者に飽きられてしまう．そのために，他の作物と比較すると，品種の寿命が短いのが特徴である．現在の品種に満足せず，たえず新しい品種育成に取り組むことが，花卉の生産・流通を発展させる上で不可欠である．

### 4.1.2 育種の進め方

一般的な育種の進め方をまとめると，①目標とする特性を中心とした遺伝的変異の作出，②目標とする特性を有する変異の選抜，③選抜した変異の固定の三つの過程となる．

育種目標（breeding objective）が決まれば，適当な育種素材（breeding material）を選定するとともに，適切な育種方法（breeding method）を選択する必要がある．素材の選定については，まずは，手持ち品種や材料から検討を始めて，国内の品種，海外の品種，そして野生種へと探索の輪を広げていくのが普通である．育種の成否にとって，適当な育種素材すなわち遺伝資源（genetic resource）を手に入れることがきわめて重要である．育種方法の選定については，育種対象となる花卉の繁殖様式が深いかかわりをもつ．自家受粉（self pollination）を主とする自殖性花卉，他家受粉（outcrossing）を主とする他殖性花卉，栄養繁殖性花卉のそれぞれで採用される育種方法は異なるが，変異の作出技術としては，交雑（crossing），突然変異育種（mutation breeding），倍数性育種（polyploidy breeding），細胞融合（cell fusion），遺伝子組換え（genetic modification）などがあり，変異の選抜・固定技術としては，純系選抜（pure line selection），集団選抜（mass selection），栄養系選抜（clonal selection），世代促進，葯培養（anther culture）や花粉培養（pollen culture）による倍加半数体法（double haploid method）などがある．

### 4.1.3 花卉の育種目標

育種に取り組む際には，まず育種目標を設定する必要がある．どんなにすぐれた品種であっても完全無欠な品種はない．すなわち現在栽培されている品種がもつ欠点は，そのまま育種目標となる．なお，観賞が目的とされる花卉では，これまでにないような新規性をめざすことも重要な育種目標となる．花卉は種類が多く，それぞれの種類がもつ多様性自体が重要視されることから，一概に育種目標を示すことは容易ではない．しかし，営利生産される花卉においては，以下のような点がおもな育種目標になる．

利用適性としては，①調和のとれた花形，花色，草姿への改良，②観賞期間の延長，③新需要を生むために新規性の付与などがあげられる．

生産性向上としては，①施設の利用率向上，年間の労働力の平準化，需要の拡大のための四季咲き性の付与，休眠性等の温度感応性の除去による収穫期の拡大，②高温開花性，低温開花性，耐陰性などの不良な環境に対する耐性の付与，③単位面積当りの収量性の向上（多収性），④生育，開花を早めることによる栽培期間の短縮（早生性），⑤無摘蕾性などの省力適性の付与，⑥病害抵抗性や虫害抵抗性の付与による環境負荷低減などがあげられる．

流通適性として，①エチレンに対する感受性の低減などによる日持ち性（flower longevity）の向上，②水揚げの改良などがあげられる．

## 4.2 育種の原理

### 4.2.1 遺　伝

育種によって品種改良を行うには形質の変異がどのように遺伝するか，すなわち育種の原理を理解しておくことが重要である．

#### a．メンデル遺伝

生物が形質を遺伝するには，親から子に伝わる遺伝子が関与している．遺伝子とは，メンデル（G. J. Mendel）がエンドウの交配実験によって発見した遺伝の法則を説明する上で想定した因子である．この法則の真価は，メンデルの没後十数年を経た 1900 年になって初めて認知され（メンデルの法則の再発見），メンデルが想定した因子はヨハンセン（W. L. Johansen）によってドイツ語で Gen と命名された．その後，さまざまな生物で遺伝子の実体について研究が進められ，最終的に，ワトソン（J. D. Watson）とクリック（F. H. C. Crick）によって，デオキシリボ核酸（DNA）という物質であること，二重らせん構造をもつことにより，正確に複製されて子孫に伝わることが明らかにされた．メンデルは，エンドウのマメの形，子葉の色などの個々の形質を取り上げて，$F_1$（雑種第 1〔世〕代，first filial generation）および $F_2$（雑種第 2〔世〕代，second filial generation）世代における形質の行動を調査し，これを数理的に取りまとめてメンデルの法則を見いだした．

①優劣の法則：　両親の相対立する形質は，$F_1$ においてはいずれかの一方だけが現れ（優性，dominant），他方は現れない（劣性，recessive）．ある対立形質について優性および劣性の形質に関与する遺伝子をそれぞれ $A$，$a$ とすると，遺伝子型 $AA$，$Aa$ は優性形質を表し，$aa$ のみが劣性形質を表す．遺伝子型が $AA$，$aa$ のように同質遺伝子からなるものをホモ（同型接合体，homozygote），$Aa$ のように異質遺伝子からなるものをヘテロ（異型接合体，heterozygote）という．

②分離の法則：　対立形質は $F_2$ において一定の割合に分離して現れる．ある対立形質の $F_2$ における分離をみると，遺伝子型が $AA : Aa : aa = 1 : 2 : 1$ となることから，表現型は優性（$AA$ と $Aa$）：劣性（$aa$）＝ $3 : 1$ に分離する．

③独立の法則：　2 組の対立形質は互いに独立に遺伝する．2 組の対立形質に関与する遺伝子を $A$，$a$ と $B$，$b$ とすると，$F_2$ における遺伝子型の分離は，$A\_B\_ : A\_bb : aaB\_ : aabb$（＿は $A$，$a$ もしくは $B$，$b$）＝ $9 : 3 : 3 : 1$ となり，2 組の対立

形質はそれぞれ独立に3:1に分離する.

**b. 非メンデル遺伝**

遺伝は基本的にはメンデル遺伝に従うものの,メンデル遺伝にあてはまらない場合もある.

減数分裂時の染色体の行動から,遺伝子は染色体上に存在することが明らかになっている. 2組の遺伝子が別々の染色体上に存在する場合にはメンデル遺伝に従うが,同じ染色体上に2組の遺伝子が存在する場合には2組の遺伝子はともに行動し,メンデル遺伝に従わない. このような場合を遺伝子の連鎖(linkage)という.

劣性遺伝子の作用発現能力がまったくなく, $F_1$ で完全に優性形質が発現する場合が完全優性 (complete dominance) であるが, オシロイバナの花色では, 優性形質である赤色と劣性形質である白色の $F_1$ はすべて桃色となり, $F_2$ では赤:桃:白が1:2:1で分離する. このように劣性遺伝子がある程度, 作用発現能力を有するために両親の中間型が発現する場合を不完全優性 (incomplete dominance) という. 一つの形質について三つあるいはそれ以上の遺伝子が対立関係にあるとき, それらの遺伝子を複対立遺伝子 (multiple alles) という. アサガオの葉の形に関する遺伝子には, $A$, $a$, $a'$ の三つがあり, それぞれホモでは並葉, 立田葉, 柳葉を表現するが, $a$ は $A$ に対して劣性, $a'$ は $A$, $a$ に対して劣性を示す. また, 致死作用をもつ遺伝子を致死遺伝子 (lethal gene) という. ストックでは八重咲き性が一重咲き性に対して劣性であり, 理論上, ヘテロな一重咲きの親どうしを交雑した場合に, 劣性形質である八重咲きは1/4しか現れない. しかし, 現在の品種の多くは八重咲きが約半分出現するエバースポーティグ系統(八重咲き常発系統)となっている. これは優性の一重咲き遺伝子に致死遺伝子が連鎖し, 一重咲き遺伝子をもつ花粉がほとんど生じないことによる.

メンデル遺伝では, 2組の対立遺伝子が独立に遺伝し $F_2$ で9:3:3:1に分離するが, 2組の遺伝子の間に相互作用があり複雑な遺伝を示す場合がある. スイートピーの花色遺伝子 $C$, $P$ は単独では白色が優性であるが共存すると紫色となり, 両親が白でも $F_1$ はすべて紫となり, $F_2$ では白:紫が9:7に分離する. このように非対立の二つの遺伝子が補足し合って個々の遺伝子の表現型と異なる表現型を示す場合を補足遺伝子 (complementary gene) という.

生物の遺伝子のほとんどは核内の染色体に含まれているが, ミトコンドリアや葉緑体にも核外遺伝子が含まれている. これらによる遺伝を細胞質遺伝 (cytoplasmic inheritance) という. オシロイバナの葉の色の形質には緑, 白, 斑入りの三つがあるが, これらの形質に関する遺伝子は葉緑体にあるので花粉親からの遺伝子は伝わらない. 種子親が緑葉および白葉の後代はそれぞれすべて緑葉, 白葉となり, 斑入り葉の後代は緑葉, 白葉, 斑入り葉が分離する. 細胞質雄性不稔も細胞質遺伝する.

なお, 花の大きさや草丈などの多くの特性は多数の遺伝子によって支配されている.

### 4.2.2 雑種強勢と自殖弱勢

縁が遠いものどうしの雑種がその両親に比べて生育旺盛になることを雑種強勢 (ヘテロシス, heterosis, hybrid vigor) といい, これに対し縁が近いものどうしで交配を続けていると, いろいろと障害が出たり生育が劣ったりすることを自殖弱勢 (近交弱勢, inbreeding depression) という.

雑種強勢の起こる機構の詳細は不明であるが, 二つの考え方がある. 一つは優性説で, 縁の遠い両親はそれぞれ異なる優性遺伝子をもつために, その雑種が両方の優性遺伝子を併せもつことから生育が旺盛になるという考えである. もう一つは超優性説で, 多くの遺伝子がヘテロとなっていること自体が旺盛な生育をもたらすというものである. 一方, 自殖弱勢は生育に好ましくない遺伝子がホモ化することによるものと考えられる.

一般に他殖性植物の方が自殖性植物に比べて自殖弱勢が起こりやすい. 雑種強勢は $F_1$ のときに最も強く現れることから, 一代雑種 ($F_1$ 雑種, $F_1$ hybrid) 育種法が広く利用されている.

### 4.2.3 自家不和合性

自分の花粉では受粉しても種子が採れず，別の株の花粉がかからなければ種子が採れない性質を自家不和合性（self imcompatibility）という．これは野生の植物にはよく見られる特性で，自殖による子孫の弱体化を避けるための巧みな機構である．植物では風や虫により送粉されるので，自分で相手を選ぶことができない．一つの花の中に雄蕊と雌蕊がある場合，たとえ自殖しても自分の花粉では種子ができず，同時に受粉した他の株の花粉で選択的に受粉するようになっている．

自家不和合性の植物では，自分の花粉が柱頭についた場合，花粉が発芽しない，花粉管が雌蕊に入らない，花粉管が雌蕊の中で伸長しないなどにより受精が起こらない．雌蕊が自分の花粉であるかどうかを識別する能力をもっており，自己と非自己を認識する遺伝子は $S$ 遺伝子（$S$ gene）と呼ばれる．$S$ 遺伝子は複対立遺伝子となっており，通常 $S_1$, $S_2$, $S_3$, $S_4$, $S_5$, $S_6$, ……というように区別される．雌雄が同じ $S$ 複対立遺伝子をもっていれば不和合性を示す．

一方，自家不和合性は育種を行う上では厄介な特性でもある．自家不和合性の強い植物では，自殖ができないために純系が得られず，品種の固定ができない．そこで，自家不和合性の植物では多数の株を栽培し，その間で交配を行い種子を採っていくが，自家和合性の植物に比べて遺伝的な均一性が劣る．

自家不和合性を打破する技術として，蕾受粉（bud pollination）や老花受粉（old flower pollination）の方法がある．蕾や老化した花の雄蕊は自己の花粉を拒絶する能力がなく，花粉を同じ株のこれらの花に受粉することにより種子がとれることがある．ハボタンのようなアブラナ科植物やナス科植物では蕾受粉がよく行われている．なお，ペチュニアやユリのように同じ種類の植物であっても，自家不和合の場合と自家和合の場合がある．

### 4.2.4 雄性不稔性

種子ができない特性を不稔性といい，雄蕊が正常な花粉をつくる能力がない雄性不稔（male sterile），雌蕊が正常な卵細胞をつくれない雌性不稔（female sterile），その両方の場合があるが，一般に雄の器官の方が弱く，雌蕊には生殖能力があるものの雄蕊が異常で花粉ができないことが多い．不稔性は，観賞用の花では望ましい場合があり，種子ができないことにより花の寿命が長くなったり，大輪化や八重化により観賞価値が向上する．また，一代雑種育種法で品種を育成する場合には，雄性不稔性を有する個体では除雄（emasceration, castoration）の作業を省略できることから，大変有用な特性となる．

### 4.2.5 交雑不親和性

自分の花粉を受粉した場合だけでなく，縁の遠い育種素材どうしの交雑を行った場合にも種子が採れないことがあり，交雑不親和性（cross imcompatibility）という．

花粉が雌蕊の柱頭に受粉されて種子ができるためには，まず，花粉が発芽して花粉管を出し，花粉管が雌蕊の花柱の中を通って子房の中まで伸び，子房の中にある胚珠の中に侵入し，花粉管の中にある精核が胚珠中の卵細胞に入って受精が行われる．受精卵から胚が発育して種子になり，その種子が育って次の世代ができる．両親の縁が遠いと，これらの過程でのいろいろな段階で様々な障害が起こる．

## 4.3 育 種 法

### 4.3.1 栄養繁殖性花卉の育種

宿根草，球根類，木本類といった栄養繁殖性の花卉の育種では，変異の固定という過程がまったく必要でない．遺伝的にヘテロ（異型接合体）であっても，栄養繁殖を続ける限り特性が変化することはない．このために，複雑な育種の理論は不要で，比較的容易に育種に取り組むことができる．しかし，交配から開花までの年数がかかるものが多く，さらに，選抜個体を増殖するまでの期間に長い年月を要するものもあり，育種年限は種子繁殖性花卉と同等あるいは長くなる．

交雑種子の播種から開花までに要する期間は，

キク，カーネーションなどの宿根草では1年以内であるが，ユリなどの球根やシンビジウムやデンドロビウムなどのラン類では2～4年，チューリップなどの球根やツツジ，ツバキなどの花木では5年以上を要する．一方，栄養繁殖による増殖率にも種類によって大きな違いがあり，キクやカーネーションなどの宿根草は比較的短期間に個体増殖が可能であるが，チューリップなどの球根やツバキなどの花木類では増殖率が低く，栄養繁殖に長期間を要する．播種から開花までの期間が長く，しかも球根の増殖率も低いチューリップでは，品種育成までに約20年もの年月を要することから，種苗会社における育種の取り組みもほとんど行われていない．なお，シンビジウムなどのラン類では組織培養による増殖体系が確立されている．

実生（seedling）当代の花は，その株が大きくなった後，あるいは栄養繁殖した後に開花する花と多少形質が異なるとされている．したがって，最初の選抜では花の色や形などの質的形質の選抜にとどめ，花の大きさや開花期などの量的形質については，植物体を十分に大きくした後に選抜する方が望ましい（口絵5参照）．

栄養繁殖を続ける限り，遺伝的にヘテロな植物の特性が変わることはないが，突然変異が起これば話は別である．花色などのように識別の容易な形質の突然変異は認識しやすいが，量的形質に関する変異は認識しにくい．キク，カーネーションといった宿根草では，非常に多くの栄養繁殖個体が栽培されることから，栽培中に花の大きさ，開花期，草丈などの形質についてさまざまな変異が認められることがある．これらの変異の中からの優良な個体の選抜，すなわち栄養系選抜（clonal selection）を行うとともに，優良個体の維持，増殖を行うと生産上都合がよい．なお，栄養繁殖性花卉ではウイルスなどの感染による品種の退化が認められる．茎頂培養（apical meristem culture）によるウイルスフリー化については5.3.2項「無病苗生産」を参照いただきたい．

### 4.3.2 自殖性花卉の育種

自殖性花卉は両性花をもち，同一個体内の雌蕊と雄蕊との間で受精が行われる．アサガオ，スイートピーなどの花卉がこれにあたる．

自殖性花卉の育種法の基本は，純系選抜（pure line selection）である．遺伝的に雑ぱくな育種素材からまず優良な個体を選抜し自殖を行い，次代以降でも優良個体の選抜と自殖を繰り返して遺伝的に均一にしていき，特性を固定する．ただし，育種が進んだ育種素材では，単なる純系選抜では均一性がそれ以上高まらない場合がある．

新たな特性の品種を作出するには，特性の異なる品種どうしで品種間交雑（varietal cross）を行い，雑種第1代（$F_1$）を作出し，さらに自殖によって新たな特性が組み合わさった個体を含む雑種集団，雑種第2代（$F_2$）を作出する．この$F_2$の中から優良個体を選抜し，$F_3$，$F_4$，$F_5$で系統として選抜し，一旦優良系統が得られたあとは，純系選抜のための自殖を続けて固定する系統育種（pedigree breeding）法がとられる．なお，$F_2$や$F_3$などの初期世代ではヘテロ性が高く選抜効率が低いために選抜をせず，放任して自殖を続け，$F_5$以降に個体選抜と系統選抜を開始する集団育種（bulk breeding）法も採用されることがある．ただし，この育種法では，選抜を開始するまで全個体自殖を続ける必要があることから，1個体の専有面積が少なく1年の間に数世代を進めることが可能な世代促進が適用できる種類に限られる．

自殖性の強いアサガオのような花卉では，幅広い交雑変異を含む$F_2$世代から個体選抜を開始し，選抜した1個体から，次代に複数の個体を育成して系統をつくり，よく観察することにより，目的とする形質組み合わせをもつ固定系統を得る．優良系統からの個体選抜を行い，自殖で種子を採り，世代を繰り返すため，選抜さえ誤らなければ非常に効率よく，$F_5$～$F_6$世代で固定化が達成できる．

### 4.3.3 他殖性花卉の育種

他殖性花卉の場合，選抜によって遺伝的純度を高めすぎると，自殖弱勢が生じるために，ある程度遺伝的多様性を保持しながら，望ましい特性にそろえていく必要がある．デージー，ハボタンなどの花卉がこれにあたる．自殖性花卉の純系選抜

のように厳しい個体選抜を行わず，選抜で少なくとも 10 株は残し，それらから次代種子を採っていく．このような遺伝的に雑多な集団から優良系統を選抜する育種法を，集団選抜（mass selection）法という．他殖性花卉の品種は，遺伝的に完全に均一ではないために，採種の際に常にその典型的な品種特性をもつ個体を残しながら，特性の異なるもの，生育の不良なものを除く程度のおだやかな選抜を行う．

　新たな特性の品種を作出するには，すでにある品種間交雑を行い，優良系統を選抜する．自殖性花卉に比べて選抜する系統数，系統当りの選抜個体数を多くする必要がある．後代における系統の固定を厳密には行わず，ある程度の変異を維持しながら集団選抜法の考え方で選抜・固定する．

　デージーは他殖性の花卉で，もともとヘテロな遺伝子構成をもつ個体の集団で品種が成り立っている．自家受粉できないこと，少数の選抜個体で交配を続ける選抜方法では，草勢の劣化が著しく，系統維持ができなくなるので，1 系統の採種個体数は 10 株前後とする．育種の手法としては集団選抜法をとり，決めた作型で生態的な特性と表現型による選抜を繰り返して，実用的に利用できる幅まで繰り返す．順調にいけば，$F_5 \sim F_6$ で選抜が終了できる．なお，他殖性花卉の場合は，他品種との交雑のしやすさや，原種の選抜チェックの不備による品質低下など，品種完成後もつねに選抜を繰り返していく必要がある．

### 4.3.4 一代雑種育種法（$F_1$ 雑種育種法）

　一代雑種育種法は最も高度で複雑な育種法である．自殖弱勢が起こるために遺伝的固定ができない他殖性作物に有効な育種法で，まずトウモロコシで確立され，その後アブラナ科野菜で利用され，現在では自殖性作物でも広く利用されている．花卉ではパンジー，ペチュニア，ハボタンなど，種子繁殖性の一・二年草を中心に 50 種類以上の花卉で実用化している．

　一代雑種の特徴は雑種強勢による旺盛な生育と均一性である．自殖性花卉の場合はもともと品種が均一であるので旺盛な生育が特徴となる．自殖性作物の場合は自殖系統を数系統作出し，その系統間で雑種第 1 代（$F_1$）を作出し，それぞれの組合せの $F_1$ を栽培してすぐれた特性のものを選ぶ．これにより優良な両親を選抜する．他殖性花卉の場合には自殖弱勢が著しいために自殖系統を作出するのが容易ではないが，集団育種法により親系統を作出する．

　一代雑種育種法では $F_1$ 種子の採種法が重要である．花卉の $F_1$ 品種は，ハボタンやハナナのように自家不和合性を利用したもの，マリーゴールドやジニアのように雄性不稔を利用して $F_1$ 種子をとりやすくしたものもあるが，多くの花卉では雌ラインの花を除雄して，雄ラインの花粉を交配する人工交配方式で種子の生産が行われている．$F_1$ 化が可能な条件として，1 回の交配で多数の種子が得られることがあげられ，ペチュニア，パンジー，ユーストマなどの例がある．子房内の胚珠が多い植物であれば，人工交配による $F_1$ 種子の生産は可能といえる．両親の遺伝的な形質の揃いが重要であり，雌・雄の系統を別々にして，系統分離や集団選抜法で世代を重ねて，固定させていくことが必要である．親が固定されたら，$F_1$ 組み合わせの能力検定を行い，試作と生産試験を経て，正式に $F_1$ 品種完成の運びとなる．

**a. 遺伝子雄性不稔性の利用**

　突然変異により生じた雄性不稔が利用される．核内遺伝子に支配される遺伝子雄性不稔はふつう単因子劣性に遺伝するものが多く，このような雄性不稔系では正常株と雄性不稔株が 1：1 に分離する．半数出てくる正常株は抜き取り，半数出てくる雄性不稔株の個体を雌親として残し，$F_1$ 採種に利用する（図 4.1）．なお，雌親の維持には半数の正常株の花の花粉を雄性不稔個体にかければよい．

　マリーゴールドとジニアは，ともにキク科植物で，小さな管状花が集合して頭状花を形成し，除雄はきわめて困難である．雄性不稔はマリーゴールドにおいて 1961 年にフェミナ系統が作出されて以降利用されている．近年は組織培養による雌系統の大量増殖がなされている．キンギョソウ，サルビア，マツバボタンなどでも単因子劣性の雄性不稔が利用されている．

**図 4.1** 遺伝子雄性不稔を利用した一代雑種育種法

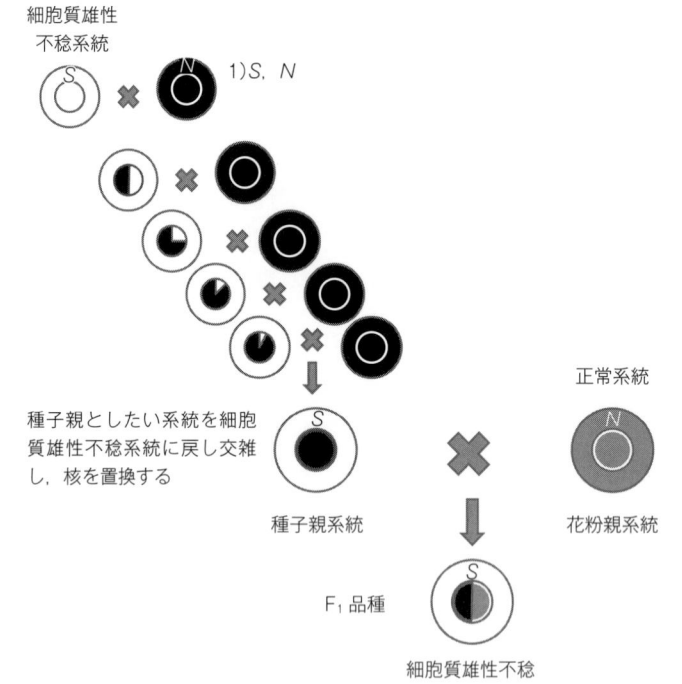

**図 4.2** 細胞質雄性不稔を利用した一代雑種育種法
$S$は細胞質雄性不稔遺伝子，$N$は細胞質正常遺伝子．

### b. 細胞質雄性不稔の利用

核内遺伝子によらず細胞質に支配されている雄性不稔を細胞質雄性不稔（cytoplasmic male sterility：CMS）という．細胞質は雌親のみから次代のすべての子孫に伝えられるので100％雄性不稔となり，効率のよい$F_1$採種ができて利用価値が高い（図4.2）．

細胞質雄性不稔を利用した$F_1$雑種にヒマワリの

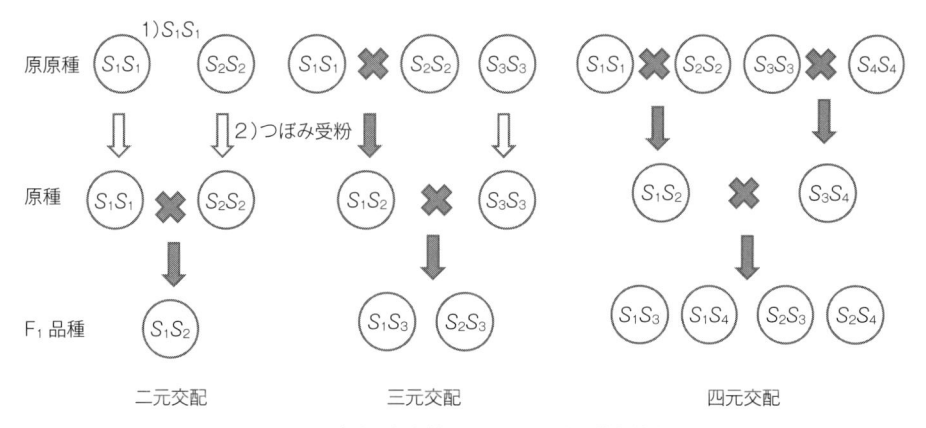

**図 4.3** 自家不和合性を利用した一代雑種育種法
1) $S_1$, $S_2$, $S_3$, $S_4$ は異なる自家不和合性因子の種類．同じ因子どうしは交雑できない．
2) つぼみ受粉により同じ因子でも後代を得ることができるが，採種数は限られる．

例がある．この細胞質は飼料用品種より導入されたもので，$F_1$ 品種自身が雄性不稔になるが，ヒマワリの場合にはむしろ花粉で花弁が汚れないことから利用上好都合となる．ほかにペチュニアやインパチエンスなどで細胞質雄性不稔が知られている．細胞質雄性不稔を $F_1$ 育種に利用するには，細胞質雄性不稔株に雌親候補品種を戻し交雑（backcross）することにより，比較的容易に種子親を作出できる．

#### c. 自家不和合性の利用

自家不和合性とは自分の株の花粉では種子をつけない性質で，他家受精植物に普遍的に存在する．アブラナ科植物の場合，自家不和合であっても蕾受粉や老花粉では自殖種子が採れる．1972 年以降ハボタンで $F_1$ 採種に利用されており，$F_1$ 採種には自家不和合性因子の分析による自家不和合ラインの確立が必須となる．ラインの数により，二元交配，三元交配，四元交配などがある（図4.3）．つぼみ受粉による自家不和合ラインの育成は個体数の確保が限られていることから，商業生産では多元交配が行われる．なお，自家不和合性の雌親を栄養繁殖で増殖している例としてアゲラタムやダリアなどがある． ［柴田道夫］

### 4.3.5 突然変異育種法

花卉においては，花色をはじめとして，一重八重などの花型，高性矮性などの草姿，葉の斑入りなど観賞上の様々な変異が要求されるので，突然変異育種が盛んに行われている．

#### a. 自然突然変異（natural mutation）

偶発突然変異（spontaneous mutation）ともいう．自然環境下の植物体で起こる突然変異で，変異率はきわめて低いが，大量に栽培されている植物個体の中から花色などの突然変異体が見いだされる例は多い．観賞花卉の発達には，世界的な規模で長年にわたる有用な自然突然変異を人為的に集積してきたことが大きく貢献している．日本においても，アサガオにおいて江戸時代後期に多彩な花色や模様，葉の形態をもち，多様な形の花を咲かせる，変化（変わり咲き）朝顔と呼ばれる自然突然変異体が多数作出された例がある．近年，九州大学，基礎生物学研究所，筑波大学のグループでアサガオの分子生物学的研究が進められ，これらの変化朝顔における花色や模様などに関する多種多様な自然突然変異の多くが，$Tpn1$ ファミリーと呼ばれるトランスポゾン（transposon）の挿入による劣性突然変異であることが解明された．キク，バラ，カーネーションなどの栄養繁殖性の花卉では，遺伝的に固定する必要がないので，自然突然変異の枝変わり，とりわけ花色に関する枝変わりによって生まれた品種が多数存在する．同一の栽培管理で花色のみ異なるいくつもの品種を栽培できることは，生産上大変都合がよい．たとえば，カーネーションでは，1939 年に米国で育成

された赤色のスタンダード系品種'ウィリアムシム'は非常に枝変わりしやすい性質をもち，この'ウィリアムシム'からシム系品種群と呼ばれる300種類以上の枝変わり品種が生まれている．バラにおいても枝変わりが品種改良に重要な役割をしている．枝変わりの発生頻度については品種間差が非常に大きい．

**b. キメラ**（chimera）

キメラとは，頭は獅子，胴体は山羊，尾は蛇の形をしたギリシャ神話に登場する想像上の動物のことである．生物学上は，遺伝的に異なった複数の組織あるいは細胞が同一個体に混在していることをキメラと呼ぶ．キメラは，その形態，構造により，異なる遺伝情報をもつ組織や細胞が層を形成して重なる周縁キメラ（periclinal chimera），縞状に分布する区分キメラ（sectorial chimera），区分キメラと周縁キメラが組み合わさった周縁区分キメラ（marginal sectional chimera）に分けられる．最も安定なのは周縁キメラで，周縁キメラ構造は栄養繁殖によってそのキメラ構造を永続的に維持することができるので，花卉園芸上重要である．キク，カーネーションなどでよく見られる花色の突然変異は，茎頂分裂組織近傍の一つの細胞に起こった突然変異が成長につれて拡大して生じる．茎頂分裂組織は外側からL1（表皮細胞），L2（内皮細胞），L3（心皮細胞）の三つの起原層（germ layer）に分かれているため，外側と内側で遺伝的に異なった周縁キメラ構造となる．生殖系列の細胞はL2由来の細胞より分化するといわれており，次世代の実生にはL2由来細胞の遺伝構成が伝えられるので，L1層のみ変異した周縁キメラ突然変異体の花色は後代に遺伝しない．

**c. 人為突然変異**（artificial mutation）

人為突然変異は，ガンマ線，X線，軟X線，中性子，イオンビームなどの放射線やエチルメタンスルホン酸（EMS），アジ化ナトリウム，ニトロソ化合物などの化学変異源を用いて突然変異を人為的に誘発し，その変異体から有用な個体を選抜することにより，作物の品種改良を進める育種法である．誘発された突然変異を有する細胞はキメラ状に現れ，突然変異の大部分は劣性で現れるので，出現した変異を効率的に選抜するための育種方法が考案されている．日本では1960年に放射線育種の基礎研究を目的とした農林水産省放射線育種場が茨城県那珂郡大宮町（現常陸大宮市）に創設され，おもにガンマ線照射による突然変異誘発に関する研究が進められてきた．照射圃場（ガンマフィールド）は直径200 mの円形で，その中心にある照射塔上にコバルト60の線源が置かれ，自然条件下で実験材料の植物にガンマ線を照射している．人為突然変異育種は交配育種に比べ，①現品種の優良な遺伝的構成をほとんど変えずに特定の形質のみの改良が可能，②栄養繁殖性，単為生殖性など交雑育種を適用しにくい繁殖様式をもつ植物の品種改良に役立つ，③従来存在しなかった新しい遺伝構成のものが得られる可能性がある，などの利点がある．一方，①有用形質の出現率が低い，②誘発変異に方向性が乏しく，誘発部位を制御できない，③遺伝的に劣性方向への突然変異がほとんどである，などの問題点がある．放射線や化学変異源を利用するときには，その強さ（線量や濃度）が重要であり，弱ければ変異の生じる割合は非常に低率であり，強すぎると障害で枯死する．突然変異率には品目により大きな差が見られるので，事前の予備調査が必要である．花卉において，キクでは，放射線育種が重要な育種法になっている．オランダでは，多くの民間育種業者がキクの育種プログラムに放射線照射による突然変異を取り入れている．

1990年代より突然変異育種に利用可能な新しい放射線としてイオンビームが注目されるようになり，研究が進められている．従来よく用いられてきたガンマ線やX線などよりも高い線エネルギーをもっており，局所的な領域に大きなエネルギーを高密度に付与することができ，収束性や深度制御にすぐれている．ガンマ線などでは得られなかったような新しい花色や花型の変異が高頻度で誘発されるなど，変異スペクトルが広いことも特徴の一つである．農作物の中でも，花卉では新しい変異体の価値が高いため，多くの花でイオンビームによる突然変異が利用されている．これまでに，イオンビームを用いて新しい花色のキク，カーネ

ーション，トレニア，斑入り葉のペチュニア，不稔化して花持ちが向上したバーベナなどが作出されている．最近の成果としては，日本における白系秋輪ギクの主力品種'神馬'の改良にこの技術が使用され，わき芽が少なく生産労力が省ける無側枝性の品種'新神'，'新神'にイオンビームを再照射して低温開花性を付与した品種'新神2'が鹿児島県で育成された．現在，イオンビームを用いた植物実験は，理化学研究所加速器施設，日本原子力研究所高崎研究所などで実施されている．

### 4.3.6 倍数性育種法

生物が生存していく上で必要な最小の染色体セットをゲノム（genome）という．ある種の1ゲノムを構成する染色体の数は決まっている．通常の植物は，親の雄性配偶子と雌性配偶子に由来する2組のゲノムをもっており，二倍体（diploid）と呼ばれる．2組より大きい数のゲノムをもつ個体を倍数体（polyploid）という．属内で染色体数が最も少ない種における配偶子の染色体数を染色体基本数（basic number）と定義し，$x$で表す．つまり，ゲノム1組に相当する染色体数が染色体基本数である．ゲノムの数が，3組，4組，5組，6組，8組の場合をそれぞれ三倍体（triploid），四倍体（tetraploid），五倍体（pentaploid），六倍体（hexaploid），八倍体（octaploid）という．それぞれ$3x$，$4x$，$5x$，$6x$，$8x$と表記する．倍数体は，同じ種類のゲノムを重複してもつ同質倍数体（autopolyploid）と異なる2種類以上のゲノムで構成されている異質倍数体（allopolyploid）の二つに分けることができる．また，染色体基本数の整数倍の増減が近縁種間に見られる現象を倍数性（polyploidy）と呼ぶ．倍数性は，ゲノムが重複する現象ともいえる．

倍数性育種法は，この倍数体を人為的に作り出して，すぐれた新品種を育成する育種法である．三倍体，四倍体に共通する性状を見ると，植物体を構成する一つ一つの細胞容積の増大が認められる．とくに，茎や葉，花弁の組織の肥厚や植物体の大型化が顕著に見られ，花の各部分も大きくなるために大輪になり，花色が濃厚になるなど，花卉の観賞価値を高める上で利点が多い．一般に，気孔，花粉なども大型化するので，孔辺細胞長径，花粉粒直径は倍数体の簡易判別によく用いられる．欠点としては，生育が緩慢となり，晩生化することである．さらに大きな難点は，遺伝的な不調和により稔実度が低下し種子生産量が大きく減退することであるが，この点は栄養繁殖性植物であれば問題とはならない．三倍体は，四倍体よりも晩生化の程度が低く，かつ花の大型化が図られる場合がある．三倍体の植物は，四倍体と二倍体の交雑によって得られる．一般に，三倍体の雄性および雌性生殖器官は，減数分裂時の配偶子の染色体行動が不規則になり，雄性器官では正常花粉が形成されにくくなり，受精に不都合を生じて無種子となることが知られている．花壇用花卉では，三倍体は，花粉が不稔となるために自家受粉によって引き起こされる花の老化が抑えられ，種子もできないので株の消耗が抑えられ，その結果，開花期間が長くなることが期待される．

五倍体，六倍体，八倍体など，高次の同質倍数体は，あまり実用上の価値がない．細胞の大きさは増加するが，三倍体，四倍体に見られる植物の大型化は見られず，むしろ種々の器官は小さくなる．また，不稔化も著しい．

倍数体は，減数分裂時に染色体の分配が行われない非還元配偶子（unreduced gamete）が形成されることなどによって，自然条件下でも低い頻度で発生し，これを自然倍数体と呼ぶ．花卉の園芸品種の分化は，自然の染色体数の増加によっていることも多い．自然倍数体の植物は，ほとんどが異質倍数性で，同質倍数性のものは1割にも満たない．これまでの研究で花卉の中に多くの自然倍数体があることが知られるようになった．たとえば，バラ属の染色体基本数は$x=7$で，これを基本とする倍数体系列があり，二倍体（$2n=2x=14$）から八倍体（$2n=8x=56$）までの種がある．ハイブリッドティー系，フロリバンダ系など現代の品種の多くは四倍体（$2n=4x=28$）である．キク属の染色体基本数は$x=9$であり，二倍体（$2n=2x=18$）から十倍体（$2n=10x=90$）までの種がある．栽培ギクは六倍体（$2n=6x=54$）である

が，実際には $2n=6x=54$ を中心とした幅広い異数性（aneuploidy）を示すことが知られている．ダリア属の染色体基本数は $x=8$ であり，現在の園芸品種は同質四倍体の交雑によって生じた異質八倍体（$2n=8x=64$）といわれている．オニユリやヒガンバナは同質三倍体であり，ほとんど種子を形成しない．このように，倍数性は花卉の発達にとって重要な役割を担ってきたと考えられる．

倍数体は，人為的に誘発することができる．1937年にブレークスリー（A. F. Blakeslee）とアベリー（A. G. Avery）によりイヌサフラン科のイヌサフラン（*Colchicum autumnale*）の種子や球根に含まれるアルカロイドの一種であるコルヒチンによる染色体倍加（chromosome doubling）の方法が確立された．これまで多くの植物種でコルヒチンによる倍加個体が得られている．コルヒチンには，細胞分裂時に紡錘糸の形成を阻害することにより，非還元配偶子形成を誘発し，染色体数を倍加する効果がある．コルヒチンは0.01～1％程度の濃度で使用されることが多いが，その適正な処理濃度は植物により異なるので，予備実験や文献による調査が必要である．コルヒチンの処理法には，種子処理する方法を始め，溶液を連続して茎頂や蕾に滴下する方法，枝をコルヒチン溶液に浸す浸漬法，茎頂をコルヒチンの入った寒天でおおう寒天法，寒天のかわりにラノリンを用いる方法，幼苗にコルヒチン溶液を噴霧する方法など，様々な方法がある．その他，アセナフテン，笑気ガス（$N_2O$）などの化学物質処理，組織培養などによっても倍数体が生じることが明らかになっており，倍数性育種に利用されている．

改良が進んだ花卉では，四倍体や三倍体などの倍数体の品種が多く見られる．ベゴニア・センパフローレンス，シクラメン，コスモス，ポインセチア，パンジーなどでは四倍体品種が実用化している．マリーゴールドでは，アフリカン・マリーゴールドとフレンチ・マリーゴールドとの種間雑種の三倍体 $F_1$ 品種が開発されている．アルストロメリア，アマリリス，ユリ，チューリップ，ダッチアイリス，スイセン，ヒアシンスなどの球根類では四倍体や三倍体品種が見られる．デルフィニウム属は基本数 $x=8$ であり，野生種はほとんどが二倍体（$2n=2x=16$）であるが，園芸品種では四倍体（$2n=4x=32$）のエラータム系，六倍体（$2n=6x=48$）のベラドンナ系などの倍数性が見られる．

植物の倍数性を明らかにすることは，交雑の成否などを推定する上で重要である．倍数性を検定する方法としては，根端組織の分裂細胞をスライドクラス上で押しつぶし，解離した細胞内の染色体数を顕微鏡下で観察するのが一般的であるが，多大な労力と時間を要する．現在では，1細胞核当りのDNA含量を調べることのできる装置であるフローサイトメトリー（flow cytometry）を用いた簡易な倍数性測定法が開発され，倍数性の判別が容易となった．ゲノムのDNA量は生物種ごとに決まっており，それはC値（C value）と呼ばれている．C値は通常DNAの塩基対の数で表されるが，化学的にピコグラム（pg）を単位とするDNAの量として測ることもできる．英国キュー植物園（Royal Botanic Gardens, Kew）の

表4.1　主要花卉における染色体数，倍数性およびゲノムサイズ

| 品目名 | 学　名 | 染色体数 ($2n$) | 倍数性 ($x$) | 1C (pg) | 1C (Mb) | シロイヌナズナとの比較* |
|---|---|---|---|---|---|---|
| キ　ク | *Chrysanthemum morifolium* | 54 | 6 | 9.58 | 9384 | 59.8 |
| バ　ラ | *Rosa × hybrida* | 28 | 4 | 1.15 | 1127 | 7.2 |
| カーネーション | *Dianthus caryophyllus* | 30 | 2 | 0.63 | 613 | 3.9 |
| テッポウユリ | *Lilium longiflorum* | 24 | 2 | 35.20 | 34496 | 219.7 |
| チューリップ | *Tulipa gesneriana* | 24 | 2 | 26.63 | 26093 | 166.2 |
| シロイヌナズナ | *Arabidopsis thaliana* | 10 | 2 | 0.16 | 157 | 1.0 |

英国キュー植物園 Plant DNA C-values Database（http://data.kew.org/cvalues/）を利用し，各花卉の学名によるキーワード検索により調査．
＊：シロイヌナズナのゲノムサイズを1としたときの相対値．

Plant DNA C-values Database によると，主要花卉はゲノムサイズが大きい種類が多い（表4.1）．シロイヌナズナは，植物の中で最小のゲノムサイズ（157 Mb）であり，染色体数も $2n=10$ と少なく，モデル植物として様々なゲノム・遺伝子研究の材料に用いられている．ユリ科のテッポウリ，チューリップのゲノムサイズは約26～34 Gbときわめて大きく，シロイヌナズナと比較すると約166～220倍のサイズがある．キクは六倍体である上，ゲノムサイズが約9.4 Gbとシロイヌナズナの約60倍のサイズであり，ゲノム研究に向いていないことがわかる．主要花卉の中では，カーネーションのゲノムサイズは613 Mbであり，比較的小さく，2013年に花卉で初めての全ゲノム解読に成功した．

[小野崎　隆]

## 4.4　バイオテクノロジー

### 4.4.1　半数体育種

ゲノム量が半分になっている半数体（haploid）植物を育種に利用する利点としては，交雑育種を行う場合に自殖の反復を経ずに純系系統が得られること，突然変異育種を行う場合に劣性形質を表現型として確認できることがあげられる．半数体植物を得るには，葯培養あるいは花粉培養を用いて雄性配偶子由来の半数体植物体を再生することが一般的である．また，コムギなどでは，遠縁植物の花粉を受粉させて雌性配偶子由来の半数体を得る方法も用いられる．通常，半数体は弱々しく，それ自体を利用することは困難であり，コルヒチン処理などにより倍加半数体（doubled haploid）を得て利用する．なお，小胞子の生育ステージは，花粉四分子期，一核期，二核期と進むが，葯培養・花粉培養により半数体が得られやすい小胞子のステージは，1核期後期である場合が多い．半数体育種は，イネ，コムギ，オオムギなどにおいては育種手法として利用されている．一方，花卉においては，ペチュニア，ガーベラ，アネモネ，セントポーリア，シクラメンなどで半数体植物の作成例はあるものの，実際の育種プログラムに半数体育種が利用される例はほとんどない．

### 4.4.2　遠縁交雑

交雑育種法はすぐれた方法であるが，通常の交配方法では植物種内あるいは交雑可能な近縁種（allied species, related species）の範囲の組み合わせしか雑種植物を得ることができない．通常の交配では雑種が得られないような遠縁交雑（wide cross）により種間雑種（interspecific hybrid）や属間雑種（intergeneric hybrid）を得たい場合，培養技術を用いることで雑種が得られる場合がある．すなわち，雑種植物が得られない原因が，受精しているのに胚の発育が不良な場合は，受粉後，胚（胚培養，embryo culture）や胚珠（胚珠培養，ovule culture），子房（子房培養，ovary culture）を取り出して人工的な培地上で発育させることにより雑種植物が得られる．胚の発育ステージは，球状胚（globular embryo），心臓型胚（heart-shaped embryo），魚雷型胚（torpedo-shaped embryo）と進んでいくが，早い生育ステージで成長が停止する場合は，当初胚珠培養を行い，後で胚を摘出し培養することも行われる．一方，花粉の不発芽や花粉管の伸長不良のため受精できない場合は，胚培養などを行っても雑種を得ることはできない．この場合は，試験管内受精（test tube fertilization）やユリで行われる花柱切断受粉（intrastyler pollination）が有効である．また，花粉管伸長が難しい材料の花粉を交雑可能な材料の花粉と混ぜて受粉（混合受粉，mixed pollination）させることで雑種が得られる場合もある．

花卉における胚培養などによる雑種作出は，ユリ，トレニア，ハナショウブ，シクラメン，ペチュニア，ペラルゴニウム，アルストロメリア，マーガレット，プリムラ，アジサイ，サンダーソニアとグロリオサ間，ユキヤナギとシモツケ間など，多くの種類で成功している．とくにユリでは胚培養技術を利用した品種育成が一般的に行われている．ユリの種間交雑を行う場合，タカサゴユリ×テッポウユリなど，ごく近縁の組み合わせでは種が異なっていても通常の交配で種子が得られる．ところが，少し遠縁の組み合わせになると，通常の交配では受精するものの交雑胚が十分に成長す

る前に死んでしまう．このような交雑組み合わせの場合は胚培養法を用いることで雑種を獲得することができる．また，さらに遠縁の組み合わせになると，花粉管の伸長が花柱の途中で停止し受精に至らない．このような場合は，花柱を 10 mm 程度に切断して受粉する花柱切断受粉法と胚培養法の組み合わせが有効である．このように，現在，ユリの種間交雑新品種の多くは胚培養技術を用いて作出されている．ユリに限らず，様々な花卉において，胚培養などを用いた遠縁交雑育種が実用品種の作出に重要な役割を果たしている．

### 4.4.3 細胞融合

細胞融合（cell fusion）は，通常は交雑できない遠縁種間の雑種を得る一つの方法である．この方法は，細胞壁を酵素で溶かした細胞（プロトプラスト）を融合させたものから植物体を再生し，体細胞雑種（somatic hybrid）を得ようとするものである．ジャガイモ（ポテト）とトマトの体細胞雑種が作出され「ポマト」という名称で脚光を浴びるなど，1980 年代には細胞融合技術が大いに期待された．しかしながら，融合プロトプラストからの植物体再生が困難であることや融合細胞の一方の遺伝子が脱落するケースが多いこと，また，細胞融合法は特定の有用遺伝子のみ導入できないことなどから，現在はほとんど取り組まれていない．花卉においては，セキチクとビジョナデシコ，あるいは，キクとハイイロヨモギの融合植物の作成例が報告されているが，細胞融合法を用いて作出された花卉が商業栽培された例はいまのところない．

### 4.4.4 遺伝子組換え

#### a．遺伝子組換え法の概要

交雑育種法は，交雑可能な植物の範囲内に存在する遺伝子しか利用できない．交雑不可能な植物の遺伝子を利用するため，先に述べた胚培養法や細胞融合法が開発されたが，適用範囲は比較的近縁の植物間に限られている．一方，遺伝子組換え（genetic recombination）は特定の DNA を目的の植物に導入する方法で，植物に限らず動物やバクテリアを含む任意の生物種の遺伝子の利用が可能であり，植物育種の可能性は飛躍的に増大する．また，特定の遺伝子のみを導入できるので，従来の交雑育種における戻し交雑などによる有用形質の復元が不要であり，育種年限の短縮化を図ることができる．なお，遺伝子組換えは形質転換（transformation），遺伝子組換え植物（genetically modified plant：GM plant）は形質転換植物（transgenic plant, transformed plant）と記載されることもある．また，遺伝子を人工的に操作する技術（遺伝子組換え技術）は，遺伝子工学（genetic engineering）あるいは組換え DNA（recombinant DNA）技術とも呼ばれる．さらに，遺伝子組換え生物は GMO（genetically modified organism）あるいは LMO（living modified organism），遺伝子組換え作物は GM crop（genetically modified crop）と呼ばれることがある．

植物の遺伝子組換えは，1983 年にタバコを用いた実験で初めて成功して以来，飛躍的に実用品種への応用が進んできた．遺伝子組換え作物の商業栽培面積は 1996 年にわずか 170 万 ha であったが，2012 年には 1 億 7000 万 ha となり，日本の耕地面積の約 37 倍に達している．栽培国は，米国，アルゼンチン，ブラジル，カナダなどの南北アメリカ大陸諸国が中心であるが，インド，中国，南アフリカなどにおいても拡大傾向にある．作目としては，ダイズ，トウモロコシ，ワタ，ナタネが大部分を占め，形質としては除草剤抵抗性や害虫抵抗性が主体となっている．

新花色の作出，花形の改変，花の日持ち性の改良など，花卉育種においても遺伝子組換え法は画期的新品種の育成につながる重要な育種法である．すでに，キク，バラ，カーネーションをはじめ，数多くの花卉において遺伝子組換え体の作出が報告されており，遺伝子組換えにより作出された青みがかった花色のカーネーションおよびバラが市販されている．

#### b．遺伝子組換え法の原理

生物の形質を決める遺伝情報は，染色体の構成物質であるデオキシリボ核酸（DNA）の配列によって親から子へ伝達されている．DNA は，アデ

ニン（A），チミン（T），シトシン（C），グアニン（G）という4種類の塩基で構成されており，それらの並び方によってアミノ酸配列が決定され，様々な種類のタンパク質が作られる．タンパク質のあるものは酵素として働き，また，あるものは構造タンパク質として生体を形成することで生命現象を司っている．また，決められた時期に決められた組織で特定の遺伝子が働くための情報も塩基配列にコードされている．この遺伝情報の伝達のしくみは全生物に共通であり，バクテリアも植物も動物もDNAの配列情報をもとに生きている．つまり，任意の生物から目的の有用遺伝子をコードしているDNA断片を取りだし，改良したい植物のDNAに組み込むことで，特定の形質を改良した個体を得ることが可能となる．

#### c. 遺伝子組換え育種の方法

遺伝子組換えによる育種の手法には大きく分けて次の二つがある．一つはターゲットとなる植物がもっていない遺伝子を新たに導入して発現させる方法である．もう一つは内在して発現している遺伝子を不活化させる方法である．後者は，ターゲット植物が本来もっている遺伝子を再導入することで，その遺伝子が不活化される現象を利用したものである．この場合，もとの遺伝子配列を逆向きに反復した配列を導入することでRNAの分解が生じて，効率的に遺伝子が不活化するRNA干渉（RNA interference：RNAi）が起こることが知られている．なお，遺伝子を単に同じ向き（センス方向）で導入したり，逆の向き（アンチセンス方向）で導入しても遺伝子の不活化が生じる．

遺伝子組換え法による育種を行うためにまず必要となるのは，育種目的のためにどの遺伝子を働かせる必要があるのか，あるいは，不活化する必要があるのかを明らかにすることである．生命現象の解析やゲノム研究の進展により多くの遺伝子が単離され機能が明らかになっていることから，関与遺伝子の特定は比較的容易になってきた．しかしながら，形質改変に必要な遺伝子が不明な場合には，基礎的な知見を集積した上で目的の遺伝子を決定・単離しなければならない．目的の遺伝子が得られたら，目的の組織・器官において目的の生育ステージに働かせるためのプロモーターと呼ばれるDNA配列と連結して植物体に導入する．植物体全体で外来遺伝子を働かせたい場合は，カリフラワーモザイクウイルスの35S RNA遺伝子のプロモーター領域（CaMV 35S promoter）がよく用いられる．

植物への外来遺伝子導入法にはいくつかあるが，最も一般的に用いられているのはアグロバクテリウム（*Agrobacterium*）法である．これは，バラなどの病害である根頭がんしゅ病の病原菌であるアグロバクテリウムが本来もっている，自らの遺伝子を植物に組み込む能力を利用した方法である．他に，遺伝子をまぶした金属粒を細胞に直接打ち込む方法（パーティクルガン法）や，細胞壁を取り除いた細胞（プロトプラスト）に電気パルスをかけ小さな穴をあけて遺伝子を入れる方法も用いられている．

遺伝子組換え植物を実用化するためには，生物多様性影響評価と，飼料または食品としての安全性評価を実施しなければならない．なお，観賞用植物については後者の安全性評価は不要である．

#### d. 花色の改変

花色は，花卉にとって最も重要な形質の一つであり，新花色の作出は従来から育種の重要な目標となっている．遺伝子組換えによって花の色素に関与する遺伝子の発現を制御できれば，従来の育種法の限界を超えた新花色の作出が期待できる．

花の主要な色素としては，フラボノイド系（アントシアニンを含む），カロテノイド系，そしてベタレイン系があり，多様な花色を発現している．このうちアントシアニンはオレンジ，赤，紫，青など広い範囲の色を司る最も重要な花の色素である．アントシアニンの骨格にはペラルゴニジン，シアニジン，ペオニジン，デルフィニジン，ペチュニジン，マルビジンの6種類があり，さらにその骨格に糖や有機酸が結合し，多様なアントシアニンが生じる．アントシアニンの生合成系や色素構造あるいは発色に影響を与える因子（コピグメントの存在や液胞pHなど）についても様々な知見が得られている．アントシアニンの生合成にか

かわる様々な遺伝子,またはそれらの転写を調節する遺伝子の発現を制御することで,花色を改変した事例が数多く報告されている.

アントシアニンは,B環(図11.1参照)の水酸基の数が増加すると青みがかって見える.実際に,青い花色の色素は,B環の水酸基の数が最も多いデルフィニジン骨格のアントシアニンである場合が大部分である.キク,バラ,カーネーションの3大花卉をはじめ,多くの花卉はデルフィニジン骨格の色素をもたないため本来青い花は存在せず,従来の育種法では作出することができなかった.デルフィニジンを生成させるために必要なフラボノイド3′,5′-ヒドロキシラーゼ遺伝子を導入することでデルフィニジンが蓄積した青紫色花が作出され,カーネーションは1997年から'ムーンダスト',バラは2009年から'アプローズ'の商品名で市販されている.また,キクにおいても同様の手法により,2013年には青紫色花が作出されている(口絵3参照).

カロテノイド系色素,ベタレイン系色素の生合成系および関与遺伝子についてもしだいに明らかになってきており,今後,遺伝子組換え法を用いて様々な色素の組成を制御することで,さらに多彩な色合いの花色を創出することが期待される.

### e. 花形の改変

花の形も花卉の商品価値に大きく影響する.八重咲きに代表される豪華な花形や既存品種にない新規花形の作出は大きな育種目標である.花器官の形態形成に関与する遺伝子については,シロイヌナズナの変異体を用いた研究からABCモデル説が提案されている(9.5.2項参照).それは,花は外側から,萼,花弁,雄蕊,心皮の四つの領域から構成されており,花器官形成にかかわる転写因子遺伝子のうちクラスA遺伝子が働いて萼片が,クラスA遺伝子とクラスB遺伝子が働いて花弁が,クラスB遺伝子とクラスC遺伝子が働いて雄ずいが,そしてクラスC遺伝子が働いて心皮が形成されるというものである.ABCモデルに基づく花器官形成のメカニズムは植物全般に保存されていることが明らかになっているので,これらの転写因子遺伝子の発現を制御することで花卉の花型改変を行うことが期待される.キクの花形を

**図4.4** クラスC遺伝子の抑制によるキクの花形改変
組換え体の舌状花において,雌蕊が複数の花冠に変化している.
R. Aida, et al.: *Plant Biotechnology*, **25**, 55-59, 2008 より許可を得て転載(Copyright;日本植物細胞分子生物学会).

**図4.5** エチレン生合成系遺伝子の抑制によるトレニアの花の寿命延長
(口絵4参照)
組換え体は野生型よりも花の寿命が長いので,結果としてより多くの花が咲いている.
R. Aida, et al.: *Plant Science*, **138**, 91-101, 1998 より許可を得て転載(Copyright; Elsevier).

改変した例を図4.4に示す.

**f. 花の寿命の延長**

花卉において花の観賞期間は重要な形質の一つであり,花の寿命の延長も育種の重要な目標である.多くの花卉では植物ホルモンのエチレンによって花の寿命が著しく低下することが知られている.また,エチレンの生合成系とシグナル伝達系はすでにほぼ解明されており,関係する遺伝子も単離されている.エチレンの生成あるいはシグナル伝達を抑制すれば,花の寿命を延長することが可能である.トレニアの花の寿命を延長した例を図4.5に示す.

**g. 病虫害抵抗性などの付与**

他の作物と同様,花卉においても,遺伝子組換えによる病虫害抵抗性やストレス抵抗性の付与が期待される.また,花壇用花卉については除草剤抵抗性の付与による維持管理の省力化も期待される.

**h. 今後の課題と展望**

植物の生理現象のメカニズムが解明され,関連する遺伝子の単離が進むにつれて,また,外来遺伝子の導入と発現制御技術の改良が進むにつれて,遺伝子組換え法の花卉育種への適用範囲はますます広がっていくものと考えられる.遺伝子組換え法を育種手法の一つに加えることで,従来育種では困難であった形質改変にも道が開かれる.今後,遺伝子組換え法と従来の育種法を効果的に組み合わせることで,花卉の育種はますます進展するであろう.　　　　　　　　　　　　　　[間 竜太郎]

### 4.4.5 分子マーカー

**a. 分子マーカー**

分子マーカーとは,染色体上の特定DNA領域における塩基配列の違い(DNA多型)を識別するための遺伝標識のことである.DNA多型は通常の遺伝子のようにメンデルの法則に従って遺伝し,標識として利用できる.初期によく利用されていたのは,特定DNA領域について制限酵素断片長の相違をサザンハイブリダイゼーションにより検出する制限酵素断片長多型(restriction fragment length polymorphism:RFLP)マーカーである.特定領域の未知の塩基配列の多型を検出する手法としてすぐれている.しかしながら,多検体を解析するには多量の高品質なDNAが必要であることや,操作が煩雑であることが障害となっていた.近年では,DNAを増幅する方法であるポリメラーゼ連鎖反応(polymerase chain reaction:PCR)を利用するマーカーが主流となって

いる．10～12塩基程度の短いランダムプライマーでPCR増幅を行うRAPD (random amplified polymorphic DNA)，制限酵素断片をPCRで増幅して得られる断片長の多型であるAFLP (amplified fragment length polymorphism)，PCR増幅産物を制限酵素処理するCAPS (cleaved amplified polymorphic sequence)，繰り返し配列の長さの違いを検出するSSR (simple sequence repeat) など，様々な分子マーカーが開発されている．これらのPCRを利用するマーカーは，使用するゲノムDNA量が少量で十分であり，幼苗期の検定を可能にする．RAPD, AFLPのような単に優性遺伝子を保有しているか否かのみを識別する優性マーカーよりも，RFLP, CAPS, SSRのようなヘテロとホモを識別することができる共優性マーカーの方が情報量が多いが，開発には労力と時間を必要とする．

近年では，いくつかの生物種においてゲノム全塩基配列が決定され，遺伝情報の塩基配列のうち，1カ所だけ違っている一塩基多型 (single nucleotide polymorphism : SNP) や塩基の挿入・欠失 (insertion deletion : InDel) が，植物を含む多くの生物種においてゲノム上に高頻度に存在する多型であることが明らかになった．近年のゲノム解析技術の著しい進展に伴い，多くの植物種で有用形質に連鎖した分子マーカーの探索が進み，その分子マーカーを育種選抜 (marker-assisted selection : MAS) に活用する試みが増えている．

花卉におけるMASの先駆例として，農研機構花き研究所では，カーネーション萎凋細菌病抵抗性に連鎖したDNAマーカーを開発し，それを実際の育種に利用して，抵抗性野生種 *Dianthus capitatus* 由来の強抵抗性を有するカーネーション新品種'花恋ルージュ'を2010年に育成した．

ゲノムの全DNAについて調べると，多数のDNA多型が検出される．そこで，遺伝子と同様にDNAマーカーについても染色体上の相対的な位置を示す連鎖地図を作成できる．農業上重要な形質の多くは量的な形質であるが，このような連鎖地図を利用することにより複数の遺伝子が関与する量的形質遺伝子座 (quantitative trait locus : QTL) についても，その染色体上の位置や遺伝効果を推定できるようになった．これをQTL解析という．QTL解析を行うには，$F_2$ (雑種第2世代), BC (戻し交雑世代) などの分離世代の集団を作成し，集団の全個体についてDNAマーカーの分離と量的形質の表現型値を調べることが必要である．

花卉に関しては有用形質に連鎖したDNAマーカー，連鎖地図作成，マーカー選抜育種の研究例は世界的にも少ない．その理由としては，花卉の種類は多品目にわたり品目ごとのゲノム分野の研究勢力が小さいこと，主要作物に比べ有用形質の基礎研究や花卉育種に関する研究蓄積が少ないこと，花卉の主要品目は，種間交雑に由来する栄養繁殖性の品目が多くヘテロ性が強い上に，倍数性のものが多く，有用形質の遺伝解析が難しいことなどがあげられる．たとえば，花卉の中で最も生産量が多く重要な品目はキクであるが，栄養繁殖性でヘテロ性が強いこと，異数体を含む六倍体であること，自家不和合性を有すること，形質転換が難しいことなどの点から，有用形質の遺伝学的解析が難しく，マーカー研究はあまり進んでいない．花卉においてマーカー研究が最も進んでいるのはバラである．ドイツ，米国，オランダ，フランスなどの研究者により多数の報告がある．花弁数，花色，黒星病 (*Diplocarpon rosae*) 抵抗性，うどんこ病 (*Podosphaera pannosa*) 抵抗性，葉柄のとげ，四季咲き性，八重咲き，とげ密度，開花期を制御する遺伝子座やQTLのマッピングが報告されている．黒星病抵抗性に関しては，マーカーの実際の育種への適用も検討されている．連鎖地図についても多数作成されている．

花卉のマーカー・ゲノム研究は，次世代シーケンサーと呼ばれるDNA大量解析技術の普及により，環境が変わりつつある．2013年12月には，農研機構花き研究所，かずさDNA研究所，東京農工大学，サントリーの研究グループが，カーネーションの全ゲノム解読に成功した．観賞用花卉の全ゲノム解読は世界初である．

分子マーカーのもう一つの利用としては品種識別がある．最近では，日本における植物新品種の

育成者権の保護，侵害対策の充実を図るため，分子マーカーによる品種識別技術が重要となりつつある．すでにヒトの親子鑑定や犯罪捜査においてはDNA鑑定が活用されており，分析技術の進歩とともに，植物分野においてもDNA分析技術を活用した品種識別のための研究開発が進められている．これまでに，イネ，イグサ，インゲンマメ，イチゴなどでは，DNAマーカーを利用した品種識別技術が確立されており，育成者権の保護に利用され始めている．花卉では，種苗流通の国際化が急速に進行し，とくに，栄養繁殖性の品目では簡単に苗を増殖することが可能なので，育成者権の侵害が増大する傾向にある．品種保護の観点から，その侵害の判断を容易にするため，花卉の品種識別技術開発が期待されている．ただし，花卉の品種では花色，花型，草姿，形態などの観賞性，新規性が重要であるため，毎年新品種が次々と市場へ提供され，他の作物に比べると，品種の変遷が激しい．また，主要花卉は栄養繁殖性の品目が多く，花色の変異した枝変わり品種が多数存在することである．枝変わり品種では，現在品種識別に最もよく利用されているSSRマーカーでは原品種との判別が不可能であることから，今後は枝変わり品種を判別する技術開発が課題と考えられる．日本では，2004年以降に花卉の品種識別マーカーに関する研究発表が行われ，キク，バラ，カーネーション，ユリ，リンドウなどで品種識別マーカーの報告がある．

**b. 系統分類**

これまでの植物分類は，形態学的特性および細胞遺伝学的手法により行われてきたが，近年では様々な植物で分子マーカーを用いた植物の分類が試みられるようになってきた．DNAやRNAの塩基配列やタンパク質のアミノ酸配列などの分子レベルの遺伝情報を用いて生物の系統類縁関係を推定する研究が発展し，従来の古典的なものと区別して分子系統学と呼ばれている．葉緑体DNAは一般的には母性遺伝するため，進化や系統関係を推測しやすいという点ですぐれている．父方の情報をまったく含まないという欠点はあるものの，進化スピードが遅い種単位の比較をするには適し

ている．

分子マーカーでの分類の結果は，分子系統樹に描くことができる．分子系統樹の枝の長さは，塩基対置換などの分子進化の事象の数を表現している．

[小野崎　隆]

## 4.5　新品種保護

花の生産において育種が果たす役割は大きく，新品種の育成によって，新規の栽培技術が確立されたり，新たな産地が形成された例も多い．一方，花の新品種の育成には専門的な知識，経験，技術が欠かせないほか，長い年月と多額の投資を必要とする場合が多いが，一旦新品種が出回ると，植物である性質上，第三者が増殖して生産することは比較的容易である．すぐれた新品種の育成者（breeder）が正当な利益を受けることができないと，新品種育成に対するインセンティブが停滞するおそれがある．

20世紀半ばになって，西欧諸国を中心に，植物新品種に対する保護を行い，新品種の育成を奨励していこうとする動きが強まった．同様な法的保護制度として特許法があるが，主として工業製品を念頭においた法制であり，植物の品種育成の場合は同じ交雑を行っても再現性が十分でないなどの理由から，特許法を適用しにくいなどの問題があった．そこで，特許法とは別に植物新品種に対する保護制度が世界各国で実施されるようになった．

国際的な新品種保護条約は，まず1961年に西欧諸国で統一した原則・方式で育成者の保護を図る目的で締結された．その後1969年に条約加盟国による植物新品種保護国際同盟（Union internationale pour la protection des obtentions végétales＝International Union for the Protection of New Varieties of Plants：UPOV）が発足し，1978年に改正条約を発表した（日本は1979年改正条約に加入）．UPOV条約は1991年に加盟20カ国によって再度改正され，登録の有効期間は草花では登録の日から20年，観賞樹などの永年作物では25年に延長された．さらに，登録品種から

突然変異が出た場合には登録品種の育成者にも権利が及ぶようになった.

日本では1978年に農産種苗法を大幅に改正する形で種苗法（Seeds and Seedlings Law）が制定され，翌1979年UPOVに加盟した．これによって新品種の育成者は一定期間品種繁殖の権利が保護され，その権利は国際的にも保護されることになった．種苗法の概要はUPOV条約と同じである．一方，米国では，植物品種保護法，植物特許（Plant Patent）法，特許法の三つの法律で新品種を保護している．

なお，2005年の種苗法改正において保護期間がさらに25年（永年作物30年）に延長され，2007年の改正では育成者権の侵害に対する規定も加えられている．

国際化の進展のもと，種苗の適正な国際流通を確保する必要性が増大しているが，国際的な品種保護制度を定めたUPOV条約の加盟国間では，当該登録品種につき育成者の権利が相互に保護されることにより，国外の優良品種を国内に導入して，これを利用して品種改良することが容易となる．他方，登録品種については，UPOV非加盟国等品種保護制度が適切に行われていない国への輸出を差し止め，国外において不正に生産された登録品種の逆輸入を防ぐことが可能となる．

新品種として登録されるためには，以下の三つの登録要件が必須である．①区別性：既存品種と形状，色，耐病性などの重要な形質が既存品種と明確に区別できること，②均一性：同一世代でその特性が十分類似していること，③安定性：増殖後も特性が安定していること．加えて，未譲渡性：出願日から1年遡った日より前に出願品種の種苗や収穫物を譲渡していないこと，および名称の適切性：品種の名称が既存の品種や登録商標と紛らわしいものでないことも必要である．

品種登録（registration of cultivar）制度は2011年11月現在，農林水産省が所管をしており，詳細については農林水産省の品種登録のホームページ（http://www.hinsyu.maff.go.jp/）から情報入手が可能である．

［柴田道夫］

# 5. 繁　　殖

## 5.1　種子繁殖

　株分けや挿し木で増やす方法を無性繁殖（asexual propagation），栄養繁殖（vegetative propagation）というのに対し，種子による繁殖方法を有性繁殖（sexual propagation），種子繁殖（seed propagation）という．種子が発芽してできた植物体を実生（seedling）と呼ぶことから，実生繁殖（seedage）ともいう．種子繁殖は簡単に多数の植物体をつくることのできるすぐれた繁殖方法である．長期の貯蔵が効き輸送に耐える点も種子のもつメリットである．種子繁殖は一年草において最も一般的な繁殖方法であり，宿根草や球根などでも育種目的の場合には種子による世代促進が行われる．種子を播くことによる変異の拡大・選抜は育種の手段として最も一般的で効率的である．

### 5.1.1　採　種

　採種（seed production）には，育種を行う段階での採種，育種が終了した段階で原種を確保するための採種（原種採種，stock seed production），その後一般栽培に供する種子を量産するための採種地で行う採種があるが，種子繁殖性の品種が成り立つためには，いずれの段階でも採種という作業が非常に重要な要素となっている．育種によりいくら特性のすぐれた品種が生まれても，最終的に採種による種子の量産が不十分では品種が普及することはない．また，採種は種子品質を決定する重要な要素のひとつである．採種環境や採種方法により，発芽率などの種子品質は大きく影響を受ける．採種方法が適切でない種子には，外観は種子の形態をしているものの胚や胚乳が未熟なため発芽能力のない種子が混じることがあり，これ

をしいな，またはしいな種子（empty seed）という．しいなの混入は種子品質を落とす大きな原因になるので，精選（seed cleaning）により除去する必要がある．

　採種方法は，その品目が自殖性（autogamy）か他殖性（allogamy）かにより異なる．自殖性の種類は基本的に自殖弱勢（inbreeding depression）を示さないので，自殖による採種で問題は起きないが，他殖性の種類に対して自殖を重ねると自殖弱勢により，採種量が減ったり，品質自体が劣化したりする問題が起きるので注意が必要である．

　採種のための交配には，放任状態で虫媒（insect pollination, entomophily）または風媒（wind pollination, anemophily）により交配させる方法と，人手により受粉作業を行う人工交配（artificial pollination, hand pollination）とがある．人工交配には花粉（葯）を取り除く作業，除雄（castration, emasculation）を伴う場合もあり，一般に人工交配は虫媒などに比べ採種コストがかかる．品種は，固定品種（固定種ともいう，purebred cultivar, truebred variety）と $F_1$ 品種（交配種，交配品種，一代雑種ともいう，$F_1$ hybrid）に分類できるが，アスターやケイトウなどの固定品種は一般に隔離（isolation）された圃場で自然交配（open pollination）で採種が行われる．ペチュニア，パンジー，トルコギキョウなどの $F_1$ 品種は人工交配により採種される場合が多い．

### 5.1.2　播　種

　播種（seeding）には，種を播く場所により直播き（direct sowing），床播き，箱播き，鉢播き，ポット播きなどがある．ラン類は自然状態では共生菌がないと発芽しないが，人工的には栄養成分

の入った寒天培地を用いて無菌状態で播種される．
　移植を行わずに，育てる場所または容器に直接播種することを直播き（直播ともいう）といい，直播きによる栽培方法を直播き栽培という．直播き栽培は根を傷めることがほとんどないので，自然状態の実生の生育に近く，非常に素直で植物のもつ本来の草姿に育てやすい．直播きは，直根性であるために移植に適さない品目などで一般的に行われる．ルピナスなどのマメ科，カリフォルニアポピーなどのケシ科などで直播きされる種類が多い．しかし，セルトレー（後述）で育苗した苗を移植すると，直根性の品目においても生育にあまり影響の出ない場合もあり，近年は直根性の品目はすべて直播きするとはいえない状況になっている．直根性の品目でなくとも，種子が比較的大きく定植地に直接播いて栽培しても問題なく生育する品目や，間引きを行う栽培で直播きされることもある．一方，微細種子では移植栽培が一般的である．微細種子では移植を行っても直根性の種類に比べ根を傷めることがあまりないので，直播きされた場合と実際にはほぼ同様の生育を示す．
　採種した種子を保存せずにそのまますぐに播くことを取り播き（sowing of freshly harvested seeds）という．時間が経つと発芽率（germination rate）が落ちたりまったく発芽しなくなる品目でこの方法を使う．育種目的の場合には，発芽率の低下しない品目であっても世代促進のために取り播きをすることもある．
　播種後に，種子周囲の環境を整え発芽しやすくするために，播いた種子に用土をかけること，またはその用土を覆土（soil covering）という．湿度と温度を一定に保ち，また，発芽後，幼根を固定し順調に根群を発達させる上でも覆土は重要である．一般的には大型の種子ほど多めの覆土を行い，微細種子では行わない．また好光性種子では行わないかごく軽く行う．覆土用の素材としてはバーミキュライトが一般に用いられるが，ピートモスや水苔，砂などが用いられる場合もある．種子のサイズに応じ，覆土の粒子サイズは調整する必要がある．種子の厚さの2～3倍の厚さにかけるのが標準だが，直播きなどで土が乾きやすい場合には多めにかけるなどの調整も必要である．
　微細種子を播種する場合は覆土を行わないが，灌水も上方からじょうろなどで行うのではなく播種容器の下方から吸水させる方法がとられる．播種した鉢や育苗箱を，水を張った容器に静かに漬け底から吸水させる方法を腰水灌水または底面灌水（bottom irrigation）という．上方からの灌水により用土の表面や種子自体が動いたり流されたりするのを防ぐ目的がある．
　近年は，セル成型苗（プラグ苗，plug, plug seedling）育苗が国内においてもごく一般化し，セルトレー（プラグトレー，cell tray, plug tray）を用いた播種が広く行われている．セル成型苗とは円錐形（楔型）などの育苗穴（セル，cell）を連結したセルトレーで育苗された苗のことである．セルトレーを使用した生産システムはもともと1980年頃に米国で完成された技術で，今日最も一般的な育苗方法として世界各国に普及している．セルトレーの各セルにおいては根圏（rhizosphere）の環境が均一で，根はセルの中でしか伸長できないため，できあがった苗も均質になる．しかも，移植の際に根鉢（root ball）を崩すことがないので，植え傷みが少なく作業性にも富む．一般にピートモスなどが培養土として使われるので，定植地の用土の種類が異なる場合には活着が好ましくない場合もある．植え傷みを軽減する成型苗育苗のひとつとしてソイルブロック（soil block）育苗という育苗方法もある．これは，練り床育苗の方法でつくった培養土を一定の大きさの立方体に整形したもので，播種・育苗用に用いられている．

### 5.1.3 発芽

　種子の発芽（germination）には，内的条件・外的条件が揃うことが必要である．内的条件としては，吸水した種子内部の酵素活性が高まることが必要である．一方，外的条件としては，水分，温度，酸素があり，これらを発芽の三大条件と呼ぶことがある．
　このうち温度は発芽の時期を決める最も重要な要素で，種類により最適温度が異なる．最適温度

は，原産地の気候に密接に関係している．アサガオ，センニチコウなどの高温性の種類は25〜30℃が適温であり，デルフィニウム類やラナンキュラスなどの低温性の種類は10〜15℃程度が適温である．中には変温処理が発芽を促進するとされる種類もあり，これにはルピナスやオダマキがある．発芽には適度な水分が必要であり，水分が多すぎると酸素供給が妨げられ発芽が阻害される．少なすぎれば発芽の過程が進まず，二次休眠（secondary dormancy）に入ることもある．

種類によっては外的要因として水分，温度，酸素のほかに光が関与する種類がある．光が発芽を促進させる種子を好光性種子（positively photoblastic seed）といい，ペチュニアやベゴニアがこれにあたる．逆に光が発芽に抑制的に働く種子を嫌光性種子（light inhibited seed, negatively photoblastic seed）といい，ガザニアやハナビシソウがある．光の発芽に対する影響が，温度条件に左右される種類もある．また，光の波長の違いにより発芽は影響され，その反応は種類により異なる．一般的にいうと，蛍光灯の光線が発芽に適し，次に自然光がよい．白熱電灯光は赤外線を多く含み適さないとされる．好光性種子においては，ジベレリン処理が光の代替となる場合もある．

外的条件が揃っても発芽しない状態にあることを休眠（seed dormancy）と呼ぶ．種子はそもそも自然環境に耐えて種族を維持するための器官であり，簡単に発芽しなかったり一斉に発芽しないのが自然にかなった本来の姿である．このため，園芸品種であっても，採種直後しばらくの間は発芽しない場合がある．

発芽は幼根が種皮を破り種子の外に伸び出すことによりスタートし，続いて幼芽が伸び出す．なお，幼芽が用土の表面から外に出現した状態を出芽（bud emergence）として区別する場合もある．将来正常な植物体に育つとみなされるもののみが正常発芽とされ，子葉や胚軸に損傷が見られ将来正常な植物体に育たないとみなされる場合は異常発芽として区別される．

発芽しにくい原因が硬実（hard seed）にあることがある．硬実とは種皮が硬いため吸水が行われず発芽しない種子のことである．例として，アサガオ，ルピナスなどがある．硬実を発芽させるためには，種皮に物理的に傷をつけたり除去したり，硫酸により種皮を軟化させる方法などがある．バーベナのように種子になんらかの発芽阻害物質が含まれている種類もある．

発芽率は，規定の条件下で一定期間内に正常発芽した種子数を整数でパーセント表示したものをいう．発芽勢（germination vigor, germination energy）は発芽の均一性と勢いを示すもので，発芽率同様にパーセントで表示するが，調査は発芽率より早い期間内で行う．

### 5.1.4 種子処理

近年，採種された種子はそのままの形で播種されるのではなく，発芽率や発芽勢の向上を目的として，種類により物理的，化学的，生物的な各種の処理が施されることが一般化しており，種子に対する付加価値として大きな意味をもつようになっている．種子処理（seed treatment）技術の発展は機械播きやセル育苗の普及と大きく関係している．なんらかの処理を施された種子を加工種子（processed seed）と呼ぶが，これには次のようなものがある．

ペレット種子（pelleted seed）は，種子以外の造粒素材で種子を被覆し，丸あるいは紡錘形の粒状に成型加工し扱いやすくした種子をいう．微細種子や不定形の種子の形と大きさを揃えることができるため，機械播きが容易で1粒ずつ正確にトレーなどに播種することができる．複数の種子を一粒のペレット種子に加工したものはマルチペレット種子と呼ばれる．

フィルムコート種子（film coated seed）は病害虫防除の目的で，薬剤を加えた水溶性ポリマー溶液で被覆加工した種子をいう．粉衣処理よりも薬剤が固着しやすく均一度も高い．種子の段階で薬剤を処理しておけば少量の農薬使用で効果を上げることができるというメリットもある．薬剤処理済みであることを示すため着色されることも多く，種子の識別も容易である．

水溶性ポリマーでできた2枚のシートの間に種

子を一定間隔で挟み込んでテープ状に加工したものはシードテープ（seed tape）という．種子を直接テープに密封する形式のものと，種子を糸に固着したものをテープに包み込む形式のものがある．シードテープ専用の播種機が開発されている．

　発芽を抑制する種子の殻を取り除き発芽を高める処理を施した種子は，ネーキッド種子（naked seed）と呼ばれている．

　プライミング（seed priming）は1974年にハイデッカー（W. Heydecker）らが開発した技術で，水溶性ポリマー（ポリエチレングリコールなど）水溶液もしくは塩類水溶液を媒体として，浸透圧によって種子への水分供給を制御する種子加工の方法で，オスモプライミング（osmo-priming）とも呼ばれる．種子の発芽勢向上および実生の初期生育の揃い性向上などを目的とする．発根しない程度の水分を種子に供給するが，高浸透圧剤により一定段階で代謝を抑制した状態に種子内部の含水量を留める．発芽に至るまでの種子内部の代謝をあらかじめ高めておくため，処理種子は発芽後に，発芽勢の著しい向上が見られる．プライミング種子は代謝がある程度進んだ状態の種子であることから，種子寿命は短く長期保存はできない．

〔羽毛田智明〕

## 5.2　栄養繁殖

### 5.2.1　挿し木繁殖

#### a．挿し木（cutting）

　植物体から茎や根の備わっていない一部を取り，不定根や不定芽を発生させる栄養繁殖技術で，挿し木に用いる植物体の一部を穂木（budwood, bud stick）という．挿し木に用いる部位によって茎挿し，葉挿し，根挿しに分けられる．

　植物体から切り取られた穂木は，根圧の強い力による水分の補給がないにもかかわらず葉の蒸散機能は低下せず保たれるため，乾燥に著しく弱い．したがって，蒸散を促進する条件である直射日光による葉温の上昇，低湿度や高温条件での放置，風にあてるなどを避ける必要がある．親木から採取した穂木は，採取後すみやかに低温，高湿度の密閉容器に入れることが望ましい．採取後の穂木の水への浸漬処理は，穂木からの糖やオーキシンなどの流失を防ぐためには避けた方がよい．ただし，発根阻害物質を含む場合や酸化酵素の活性が高く褐変が著しい場合には，穂木の切り口の流水への浸漬処理が効果的である．

　穂木の切り口は表皮でおおわれておらず，内部組織が露出した状態であるため病原菌が進入しやすい．このため穂木の保存には清浄な低温条件が必要とされる．また，挿し木用土（rooting medium）はピシウム（*Pythium*），疫病（*Phytophthora*），フザリウム（*Fusarium*），リゾクトニア（*Rhizoctonia*）などの病原菌を含まないことが重要である．

　親木から切り取られた穂木は，親木からの新たな養分（肥料成分に加えて光合成産物である糖など）の補給がなく，挿し木と同時に発根や萌芽などの分化・発育に伴う養分の消耗が始まる．発根には，とくに新たな組織を形成するため多大なエネルギーと養分が必要とされ，これらの成長のための養分は穂木に蓄えられている養分のみに依存している．したがって，穂木の中に含まれている養分の多少は挿し木の発根率に大きく影響を及ぼし，穂木を採取する前の親植物の栽培管理は挿し木の成否を左右する．このため，穂木を採取する親植物は十分に光合成を行わせて穂木への炭水化物の蓄積を高め，徒長させず，PやKなどの施肥を行って穂木の充実を図る必要がある．

　挿し穂の切断面において，傷を受けた細胞は傷害ホルモンともいわれるオーキシン（auxin）を分泌する．これに加えて茎頂で生合成され，下方移動して穂木内に含まれている成長ホルモンとしてのオーキシンの作用によって癒傷組織といわれるカルスが形成される．形成層から発達したカルスによって挿し穂の切り口は病原菌からある程度保護されるとともに，切り口からの有用物質の流失も防げる．これらのオーキシンはカルスの形成と同時に根原基の分化を促進するが，挿し木の発根過程におけるカルス形成と根原基の形成とは無関係である．カルスは切り口の保護のためには必要であるが，発根過程においては必ずしも不可欠と

はいえず，過度のカルス形成は発根を阻害することが多い．

　根原基（root initial）の分化は形成層の細胞分裂に伴って認められる．挿し木当初はカルス形成と同時にカルス周辺で根原基が分化し，切断部位からの発根がみられるが，その後切り口から離れた部位の形成層でも根原基が分化し，発根が始まる．植物ホルモンのオーキシンは根原基の分化を促進する作用が高く，発根促進剤の成分としてオーキシンの一種であるインドール酪酸（IBA）やナフタレン酢酸（NAA）が用いられている．

　切り口から行われる挿し木後の穂木の吸水は少ないのに対して，葉からの蒸散は通常行われるため，穂木が乾燥しやすく，この挿し木後の乾燥は著しく発根率を低下させる．このため，挿し木当初は蒸散を制限する管理が必要であり，葉からの蒸散を抑えるために，穂木の葉面積が大きい場合には1/2切除が行われたり，直射日光による葉温の上昇を抑える目的で寒冷紗による遮光が行われたりする．さらに湿度を高めて蒸散を抑制する目的で，定期的にミストを散布しながら管理するミスト繁殖（mist propagation）や霧状のフォッグで高湿度を保つ施設での管理が行われる．また挿し木後に十分な灌水を行い，その後遮光下でビニルシートで密閉して高湿度を保ちながら管理する密閉挿し（closed-frame cutting, cutting using high humidity tent）も簡便で有効な挿し木管理方法である．いずれの場合でも高温下での穂木のエネルギー損失を防ぐために，温度制御が必要である．

　発根した挿し木苗（rooted cutting）は，高湿度・低日射の挿し木管理条件から徐々に低湿度・高日射の一般栽培条件に順化（hardening）する必要がある．順化処理は発根後の根の生育を促す効果があり，根原基が形成され始めた時期から徐々に湿度を低下させ，発根が見られた挿し木発根苗（rooted cutting）は照度を確保した環境で管理する．

**b．茎挿し**

　茎挿し（枝挿し，stem cutting）は，挿し木に用いる枝の発育段階によって緑枝挿し（softwood cutting），半熟枝挿し（semi-hardwood cutting），熟枝挿し（hardwood cutting）あるいは休眠枝挿し（dormant wood cutting）に分けられる．緑枝挿しは成長中の枝梢から穂木を採取するのに対して，半熟枝挿しは成長が停止した枝梢を用いる．熟枝挿し（休眠枝挿し）は休眠期に入った枝梢から穂木を採取して挿し木を行う．通常は晩秋から冬期にかけて枝梢を採取し，低温庫で貯蔵して春期に挿し木を行う．

　茎挿しは穂木の採取部位によって天挿し（top cutting）と管挿し（normal cutting）に分けられる．天挿しは花芽分化前の成長期の枝梢の先端部から穂木を採取して挿し木を行う方法で，発根能力の高い草本類の緑枝挿しでよく用いられる．管挿しは枝梢の中間部から穂木を採取して挿し木する方法で，緑枝挿し，半熟枝挿し，休眠枝挿しのいずれでも用いられる．複数の側芽をもつ10〜20 cmの穂木を挿し木する長梢挿し（long stem cutting）と1節の穂木を挿し木する一芽挿し（bud cutting, eye cutting, single-eyed cutting）に分けられ，一芽挿しは草本類をはじめとする発根能力の高い植物に用いられ，多数の穂木が得られることから高い増殖率が得られる．

　挿し木発根能力は幼若性（juvenility）と関係しており，幼若期の部位から発生した枝梢ほど発根能力が高い．とくに木本類では発根と幼若性が大きく関係しており，樹の先端の花芽分化しやすい成熟相の新梢に比べて主幹から発生した幼若相の徒長枝の方が発根率が高いことが知られている．この性質を利用して，前年枝の一部を付けて穂木を調整する踵挿し（heel cutting）や撞木挿し（mallet cutting）などが用いられる．また，組織培養して鉢上げした個体は培養中に幼若性を獲得することから，果樹のカキのように挿し木が困難な植物でも培養後の植物体から穂木を採取すると容易に挿し木発根苗が得られることが知られている．

　挿し木発根率を向上させる手法としては，穂木を挿し木用土に斜めに挿す斜め挿し（oblique cutting）や，粘土質の土壌を篩にかけて少量の水で練り，数cmの団子状にしたもので切り口を包ん

で挿す団子挿し（earthen-ball cutting）が有効である．

### c. 葉挿し

葉を穂木として用いる挿し木を葉挿し（leaf cutting）といい，茎挿しとは異なって不定芽と不定根を一度に分化させることから植物体再生能力の高い草本植物に用いられる．全葉挿し（whole leaf cutting）と葉片挿し（part leaf cutting）に分けられ，ベゴニアなどの全葉挿しでは葉脈の各所に切れ目を入れることで一度に多数の個体が得られる．葉片挿しでは葉柄を付けて挿す場合と葉身のみを挿す場合があり，セントポーリア，カランコエ，ペペロミアでは葉柄を付けて挿し，サンセベリア，アロエなどでは葉身のみを挿す．葉挿しで育成された植物体は不定芽由来であるため基本的には単細胞由来の植物体となり，斑入りなどのキメラ由来の形質は維持されない．

鱗茎などの球根植物の鱗片は形態学上は葉の変形であり，ユリやアマリリスなどでの鱗片挿しは葉挿しの一種である．

### d. 葉芽挿し

葉を1枚と側芽および茎の一部を付けて挿す方法を葉芽挿し（leaf-bud cutting）という．茎挿しの一芽挿しとの違いは茎の長さと葉の役割の違いである．一芽挿しでは茎に蓄積された養分が発根や側芽の萌芽に主として用いられるため，挿し穂の茎の長さをある程度確保する必要があるが，葉芽挿しでは付ける茎の長さは短く，葉に含まれる養分に加えて挿し木後に葉で行われる光合成でつくられる糖も挿し木後の成長のための養分として用いられる．したがって，茎挿しに比べて一定の大きさの挿し木発根苗に成長させるには時間を要する場合がある．

葉芽挿しの利点は，側芽ごとに挿し木ができ，つける茎の長さも短いため節間の短い枝梢でも多数の穂木を調整できることから茎挿しに比べて増殖率が高く，葉での光合成が期待できることから活着率も高い．ツバキ，マサキなどの常緑広葉樹のほか，インドゴムノキ，アジサイ，キク，ダリアなどでも行われる．葉の大きなインドゴムノキでは蒸散を抑えるために葉を巻いて挿し木する．

茎は葉の上部で切断し，下部は数cm残して調整し，葉の1/3程度を挿し木用土に埋めて挿し木する．

### e. 根挿し

根の一部を切り取り，根から不定芽を形成させて個体を得る方法を根挿し（root cutting）という．根挿しは茎挿しとは異なり不定芽を形成させる方法であり，根が養分の貯蔵組織であるという特性から，ある程度の太さの根が得られる場合には容易に挿し木発根苗を得ることが可能であり，アカンサスのように，茎挿しでは発根が困難な植物でも根挿しでは容易に挿し木発根苗が得られる．根を10cm程度に切り取り，挿し木用土から1〜2cmぐらい出るように斜めに挿す．

### f. 接ぎ挿し

切り花用のバラの苗生産でおもに用いられている方法で，1963年に開発された比較的新しい増殖法である．とくに，オランダのファン・デ・ポール（van de Pol, 1982）が改良した方法は接ぎ挿し（stenting）と呼ばれ，広く普及している．stentingはオランダ語のstekken（挿し木）とenten（接ぎ木）の合成語からきており，6〜8mm径の台木の新梢を3〜4cm程度に切り取り，側芽を切除した後，同じ径の穂木を栽培品種の新梢から切り取って合わせ接ぎして挿し木する方法である．接ぎ木部は結束せず，クリップで挟んで固定する．挿し木台（cutting stock）は *Rosa indica* var. major のほか，*Rosa* 'Natal Briar' などが用いられている．接ぎ挿しは台木，穂木ともに温室内で成長した新梢を用い，挿し木は湿度と温度が制御された施設で行われるため季節に関係なく年中挿し木発根苗を生産でき，接ぎ木操作も容易であることから大量生産が可能で，ロックウール栽培の普及とともに世界中のバラ苗生産で用いられている．接ぎ挿しでつくられた挿し木発根苗はミニプラント（mini-plant）と呼ばれている．

## 5.2.2 取り木繁殖

取り木（layerage）は，挿し木のように親植物から枝梢を切り離すことなく土中にその一部を埋

めるなどして発根を促し，発根後に親植物から切り離して個体を得る栄養繁殖法で，圧条法（bowed branch layering, trench layering）ともいう．栄養繁殖法としては苗の養成に長期間を要することや手間がかかることから大量増殖には向いておらず，営利栽培で行われることはないが，特別な器具を必要とせず確実で簡便な増殖法であるため，一般の繁殖法として有用な方法である．地植えの植物から取り木する（layering）方法として，普通取り法（simple layering），先取り法（tip layering），撞木取り法（continuous layering, horizontal layering, modified trench layering），波状取り法（serpentine layering, compound layering），盛り土法（mound layering, stool layering）などがある．

普通取り法は長く伸長した新梢を地上部まで曲げて誘引し，先端から 10～20 cm に土を盛って発根させる方法で，埋設する部分に切れ目を入れたり発根促進剤を処理したりすると発根が容易となる（図 5.1）．先取り法は普通取り法の変法で，新梢の先端部を土に埋めて発根させる．ランナーなどを発生する植物では容易に個体を得ることができる．撞木取り法は，側枝の発生した新梢を誘引して全体を横に埋めて発根させる方法で，一度に複数の個体を得ることができる．発根後，新梢を側枝の前後で切り取って個体とするため逆 T 字の形となり，打楽器の撞木のように見えることから撞木取り法と呼ばれる．波状取り法は，新梢を誘引して地面に横たえ，部分的にピンなどで波状に固定して埋設する．埋設した部位から発根が始まり，地上部に出た部位から萌芽する．盛り土法は，地際部でいったん剪定して多数の新梢を発生させた後，株の基部に盛り土を行って新梢基部から発根させる方法で，一度に多数の苗を育成できる．

高取り法（air layering, marcotting）は新梢の誘引を行うことなく空中で発根させる方法で，ゴムノキやドラセナなどの木本の観葉植物や盆栽などで用いられ，生育の進んだ大型の苗が得られることや樹齢の進んだ個体を鉢上げする場合などに用いられる．一般に生育期の 6～7 月に行われ，発根させたい部位の皮層部を環状剥皮（girdling, ringing）して取り除き，その部分に湿らせた水苔などを巻いた後，ビニルシートでおおって上下を縛って密閉する．環状剥皮を行って皮層部を除去したときに，形成層が残存していると通導組織が再生されてしまうため，ナイフの腹で残った形成層を十分取り除くことが重要である．環状剥皮法のほかには，発根させたい部位の茎を斜めに 2/3 程度大きく切り込みを入れ，切れ込み部に湿った水苔などを挟み込んで癒着できないようにし，さらに水苔で周りを巻いてビニルシートで密封する方法もある．

デンドロビウムなどの着生ランは高芽（offshoot）と呼ばれる発根した葉芽をもつ．高芽は切り取って水苔などに植えることで個体を繁殖することができる．

### 5.2.3 接ぎ木繁殖
#### a. 接ぎ木

接ぎ木（grafting）は，増殖しようとする植物の枝を切り取って接ぎ穂（scion）とし，発根した台木（rootstock）に接合して個体とする栄養繁殖法である．接ぎ木は挿し木繁殖が困難な植物で用いられることが多いが，台木の種類による樹勢の調節，台木の病害虫耐性の利用，台木の環境適応性の利用などを目的とする場合には挿し木発根能

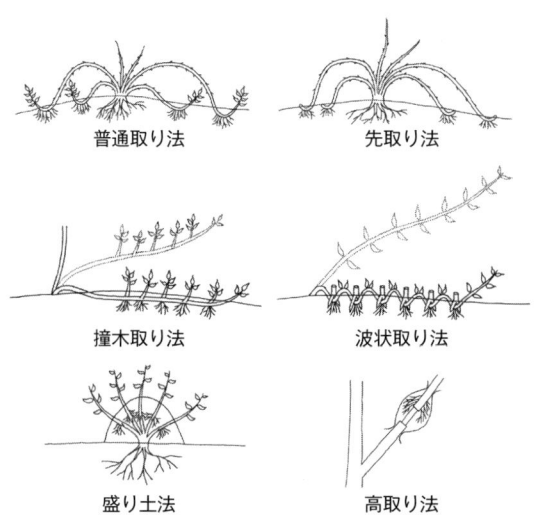

図 5.1　取り木

力とは関係なく用いられる．また，根接ぎや橋接ぎのように衰弱した個体の樹勢回復に用いられる特殊な接ぎ木法もある．

接ぎ木は異なる植物体である接ぎ穂と台木の形成層組織の癒合と通導組織の連絡によって完成する．両者の接合面の形成層組織から癒傷組織としてのカルスが形成され，その後通導組織が連絡して両者間で養水分の移動が自由に行われるようになり，接ぎ穂の芽の成長が始まると活着した（graft-take, take）という．したがって，形成層をもたない単子葉植物では接ぎ木はできない．接ぎ木の活着（successful union）の難易は親和性（affinity, compatibility），不親和性（incompatibility）として表現されるが，これは接ぎ穂と台木の癒合組織や通導組織の形成の容易さによるものだけではなく，接ぎ木苗（grafted nursery plant, graft）の長期間にわたる成長の良否をも含んで表現される．すなわち，接ぎ木直後の癒傷組織や通導組織の形成が順調であっても，数年後に台木の成長が接ぎ穂の成長を上回る台勝ち（overgrowth of the rootstock）といわれる現象や，台木の成長が著しく劣る台負け（overgrowth of the scion）といわれる現象が生じて樹勢が著しく衰える場合も不親和性という．接ぎ木親和性（graft compatibility）に関係する要因には組織形態的な違いや生理的な要因のほか，台木と接ぎ穂の成長速度の差異や接ぎ木技術の問題なども関与していると推定されており，接ぎ木不親和の原因は必ずしも一定ではない．一般に植物学的類縁関係が近いほど両者の接ぎ木親和性は高く，異種，異属となるほど接ぎ木不親和性（graft incompatibility）が高くなる．接ぎ穂の品種の実生に接ぎ木する場合には台木を共台といい，接ぎ木親和性は高い．しかし，ライラック/イボタのように異属間でも親和性が高いものもある．

接ぎ木は接ぎ穂に用いる器官によって枝接ぎ，芽接ぎ，根接ぎに分けられる．

**b. 枝接ぎ**

1〜数芽をもつ枝梢を接ぎ穂として台木に接ぎ木する方法を枝接ぎ（scion grafting）という．休眠枝あるいは貯蔵した休眠枝から接ぎ穂を調整して用いる場合を休眠枝接ぎ（hardwood grafting, dormant wood grafting）といい，成長中の新梢から接ぎ穂を調整して接ぎ木を行う場合を緑枝接ぎ（greenwood grafting, softwood grafting）という．休眠枝は芽が充実しており，剪定後の枝梢を用いることが可能であるため接ぎ穂の入手が容易であり，冷蔵庫で貯蔵できることから最も一般的に用いられる接ぎ木法である．バラなどでは，休眠した台木を掘り上げて冷蔵庫に貯蔵し，室内で順次接ぎ木を行う揚げ接ぎ（bench grafting）が行われる．花木類では春に種子を播いて台木を養成し，圃場に植栽した状態で冬期に接ぎ木を行う居接ぎ（field-grafting, field-working）が行われる．いずれの場合も接ぎ木が冬期に行われるため，長期間にわたって大量の接ぎ木苗の生産を行うことが可能である．春期の成長の開始とともに樹液の移動が始まり，一斉に成長を開始することから活着もよく，接ぎ木後の生育も良好である．

休眠枝接ぎで最も広く行われている方法が切り接ぎ（veneer grafting, [inlay] bark grafting）であり，その操作を図5.2に示す．まず接ぎ穂の下部を縦に2.5 cm程度の長さでそぎ切りし，その反対側から基部を斜めに切り落とす．台木は水平に切り戻した後，形成層をわずかに含んで舌状に2 cmほど切り下げる．台木の切れ目に接ぎ穂を隙間のないように挿し込み，台木の舌状の皮層で接ぎ穂の下部をくるむように固定し，両者をテ

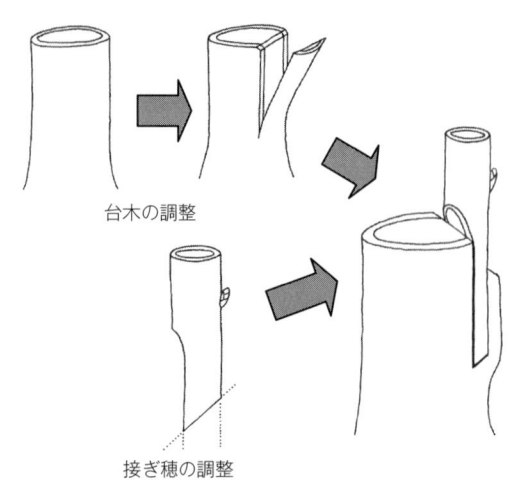

図5.2 切り接ぎ

ープなどで結束する．水や雑菌の侵入を防ぐために，接ぎ木部全体を溶融したパラフィンなどで軽く封入して低温で春まで保存する．

緑枝接ぎは成長中の枝梢から接ぎ穂を調整し，同様に成長中の台木の枝梢に接ぎ木を行う方法で，樹液の移動が盛んな6月に行うことに加えて，台木と接ぎ穂の組織が若く細胞分裂が旺盛なために活着率が高いが，接ぎ木適期が短く大量の苗生産には適していない．台木の枝梢の径が細く形成層が充実していないため，切り接ぎのように台木の皮層部を舌状に切り下げることができないため，台木の枝梢横断面を1/2に割るように切れ目を入れ，接ぎ穂の基部をくさび状にそぎ切りしたものを台木の切れ目に挿し込んで接ぎ木を行う割り接ぎ（cleft grafting, split grafting, wedge grafting）が行われる（図5.3）．接ぎ穂が細く台木の太さと異なる場合には，必ず台木の片側の形成層が接ぎ穂の片側の形成層と一致するように留意する．台木と接ぎ穂の径が同じ場合には，割り接ぎのほかに，台木の上部と接ぎ穂の下部を同じ角度で斜めに切り戻して両者の切断面を合わせて接ぎ木し固定する合わせ接ぎ（[ordinary] splice grafting）も用いられる．

太い台木に接ぎ木を行う方法として袋接ぎ（bark grafting）がある（図5.4）．台木に1本あるいは接ぎ穂の径に合わせて2本の切れ目を入れ，皮層部を剥離させる．接ぎ穂は萌芽前の枝梢から採取し，接ぎ穂の基部の両側をそぎ切りしたものを剥離した皮層部の間に挿し込んで固定し，ビニルテープなどで結束する方法で活着率は高い．バラのスタンダード仕立ての苗を生産する場合などで用いられ，2年生以上の長く伸長した台木の上部にバラ品種の接ぎ穂を接ぎ木して苗を生産する．

特殊な接ぎ木法としては，根のついた個体どうしを接ぎ木する呼び接ぎ（[tongued] approach grafting）や寄せ接ぎ（approach grafting, inarching）があり，果菜類では一般的な接ぎ木法となっているが，花卉では盆栽などで用いられている．このほかに，接ぎ穂の基部を凹状に切り取り，台木の上に被せるように接ぎ木する鞍接ぎ（saddle grafting）があるが，実用的な方法ではない．

病虫害や根の障害などで樹勢の弱った樹を回復させるために樹勢の強い若い根を接ぎ木する方法として根接ぎ（root grafting）がある．サクラの老木の樹勢を回復するために実生の若木を樹幹部に接ぎ木することで，根の機能を代替して樹勢の回復を図る．また，病虫害や凍害で樹幹に障害を受けた場合に，障害を受けた部位の上下の健全な部位を長い徒長枝で袋接ぎして樹液移動のバイパスをつくる橋接ぎ（bridge grafting）など，衰弱した個体の樹勢回復に接ぎ木が用いられる場合もある．

**c. 芽接ぎ**

芽接ぎ（budding）は，枝梢の芽を皮層部でそぎ切りしたものを接ぎ穂とし，台木の皮層部に接ぐ技術である．芽接ぎを行う時期は，台木が盛ん

**図5.3 割り接ぎ**

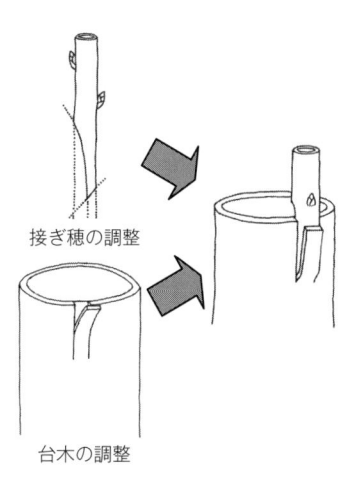

**図5.4 袋接ぎ**

に樹液の移動を行っている時期がよく，さらに接ぎ穂の芽が充実していることが必要であるため，8月から10月上旬に行われる．芽接ぎ操作は比較的容易で活着率が高い．接ぎ穂として芽を1個用いることから1本の枝梢から多くの接ぎ芽が採取でき，活着の成否を1週間程度で判別できることから，たとえ失敗しても同じ台木に再度芽接ぎを行うことが可能である．芽接ぎは接ぎ穂の形状によって盾芽接ぎ（shield budding），そぎ芽接ぎ（chip budding）に分けられる．

盾芽接ぎは，図5.5に示すように，芽の充実した枝梢の葉柄を残して葉身を切り取り，木部を少しつけて芽の上下1～2cm程度をそぎ切りして接ぎ穂として用いる．そぎ切りした葉柄のついた芽の形が西洋の盾に似ていることから盾芽接ぎと呼ばれる．台木は，地際から5～10cm程度上の部分に木部に達するT字の傷をつけ，ナイフの先などで皮層部のT字の上部を両側に開き，接ぎ穂を開いたT字の内部に挿し込んで固定する．台木のT字の上部に突き出た余分な接ぎ穂の皮層部を切り取って，接ぎ穂が台木に密着するようにビニルテープなどで結束する．台木にT字に傷をつけることからT字形芽接ぎ（T-budding）ともいう．盾芽接ぎの接ぎ穂を効率よく切り取るために，刃先がカーブし尖った専用の芽接ぎナイフを用いて行う．

そぎ芽接ぎは，図5.6のように切り接ぎの要領を芽接ぎに応用した方法で，切り出しナイフを用いて行う．芽が充実した枝梢を用い，芽の上部1cmから基部に向かってわずかに木部を削るように切り下げ，芽の下1cmで45度の角度を付けて切り取り接ぎ穂とする．台木は接ぎ穂を切り出すのと同じように木部を少しつけて2～3cm切り下げ，舌状になった皮層部の1/3程度を残して上部を切り取る．切り下げた台木の隙間に接ぎ穂を挿し込み，接ぎ穂の形成層と台木の形成層が一致するように固定してビニルテープなどで結束する．

盾芽接ぎ，そぎ芽接ぎともに，接ぎ木後1週間程度で葉柄が脱落すれば活着したと判断できる．これは，接ぎ穂と台木の間にカルスが形成され，接ぎ穂の芽に養水分の供給が始まることによって芽の成長が開始し始め，葉柄の離層が形成されることによる．活着後に接ぎ木の上部で切り取って接ぎ木苗とする．

このほかの特殊な芽接ぎ法としてはめ接ぎ（patch budding）がある．はめ接ぎは，専用の刃のついた型枠で枝梢から芽を切り抜いて接ぎ穂とし，同様に台木から型枠で皮層部を切り抜いて，その部分に接ぎ穂を貼りつけるように接ぎ木する方法であるが，専用の型枠の入手が困難であることから実用的に行われることはほとんどない．

［福井博一］

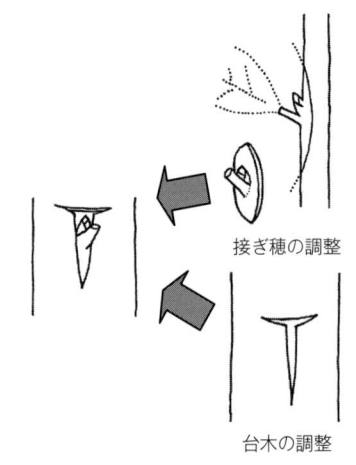

図5.5 盾芽接ぎ

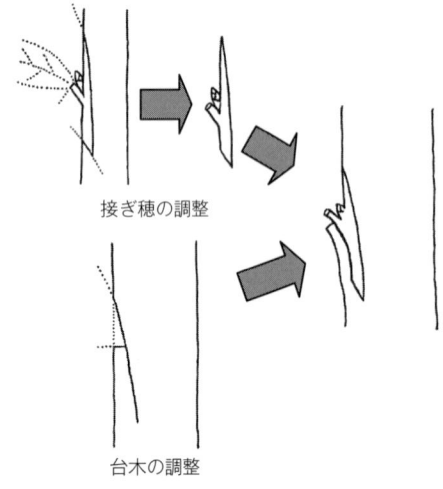

図5.6 そぎ芽接ぎ

### 5.2.4 株分け，分球，球根繁殖
#### a. 株分け

宿根草や花木類などで用いられる最も単純な栄養繁殖法の一つに株分け (division, suckering) がある．一般的に株分けの増殖率は低いが，増殖以外でも株の更新を目的として用いられることもある．株分けは，芽，根，茎（枝）などの位置をよく確認して切り分ければ，技術的にさほど難しい方法ではない．ただし，切り口には殺菌剤を塗布し，はさみやナイフを使用する場合には1株切り分けるごとに消毒するなど，病気感染防止のための注意を払うことが望ましい．また，株分け後の水分管理，株が受ける光の調節，施肥管理なども株分けの成否に大きく影響することが多いため，株分け後のこれらの管理に注意を払うことも重要である．

株分けを行う部位は，植物により異なる．シャクヤクなどでは芽を，シランなどでは芽のついた地下茎を用いる．また，キクなどでは吸枝 (sucker) で，オリヅルランなどではランナー (runner) で株分けを行う．株分けを行う適期は植物によって異なり，その植物の生育特性が大きく影響する．また，株分けの目的が増殖であるのか株の更新であるのかも，株分け時期の決定に影響する場合がある．

#### b. 分球

球根類において母球 (mother bulb, mother corm, mother tuber) が子球 (daughter bulb, daughter corm, daughter tuber) を形成し，これを分けて数を増やすことを分球 (division) という．分球による繁殖も一種の株分け繁殖であるが，生きた茎葉や根をつけていない球根の状態で分ける点で一般の株分けと区別される．球根は，そのもととなった器官および形態から，鱗茎，球茎，塊茎，根茎，塊根の五つに分けることができ，分球様式もそれぞれ異なる．

球根植物のうち，養分を蓄え肥大した葉が鱗片葉 (scale leaf) となり，短縮して盤状になった茎についた形になっているものが鱗茎である．鱗茎には，分球時に母球が消耗してなくなっている更新型鱗茎（消耗型鱗茎）と，母球の一部が残っている非更新型鱗茎（非消耗型鱗茎）とがあり，それぞれで分球様式が異なる．更新型鱗茎のチューリップでは鱗片の基部に腋芽が発生し，その腋芽が子球となって側球を形成するが，母球は完全に消耗してしまう．なお，チューリップでは，一つの球根から2～4本の花茎が形成されてそれぞれが開花し，母球は消耗しきってしまうものの，子球はほとんどできないことがある．この現象は親食いと呼ばれ，球根繁殖のうえで問題となることがある．一方，同じ鱗茎でも非更新型のスイセンでは分球時に母球の一部が残っている．ユリでも外側の鱗片から順次消耗して脱落するものの，母球は完全には消耗せずに年々内部に新しい鱗片を形成して生育を続け，鱗片数が増加すると新しく伸長する茎の基部に側芽を形成し，この側芽が2個以上できると分球する．このように鱗茎では，通常球根内に腋芽が形成されてそこから子球が形成されるが，浅いところに植えられている鱗茎に形成された腋芽が球根の外に飛び出し，地中深いところで子球を形成することがある．これはドロッパー (dropper) と呼ばれる．

茎が養分を蓄え肥大した球茎では，母球に直接子球が形成されるものもあるが，グラジオラスでは球茎の基部が肥大して新球が形成され，その下部の節から現れるストロン (stolon) の先端が肥大して木子 (cormel) が形成される．同じく茎が肥大した塊茎には，胚軸にあたる部分が肥大を続ける非更新型塊茎と子球を形成する更新型塊茎とがある．前者の非更新型塊茎では子球形成や分割が困難であり，通常分球を行うのは後者の更新型塊茎を形成する植物である．また，更新型塊茎でも比較的増殖率が高いものと，地上茎の基部に新しい二股の子球を1個形成し，その先端に芽をつけるグロリオサやサンダーソニアのように増殖率が低いものとがある．

地下茎が肥大して形成された根茎では，株分けのように2～3芽をつけて切り分ける方法がとられることが多い．また，塊根は根が肥大して形成されたものであるから，不定芽が形成されていない限り芽がない．また，芽がない状態で分球すると，不定芽を形成しない塊根では萌芽は望めない．こ

のことが分球様式に影響し，たとえばダリアでは茎の基部に着生する芽をつけて分球することが必要となってくる．

#### c. 人為的な球根繁殖

チューリップなどでは，おもに自然分球で増殖される．しかし，球根類には，ユリ，アマリリス，ヒアシンスなど自然分球では効率が悪いものがあり，そのようなものでは人為的な手段を加えて子球を形成させて増殖効率を高めることがある．

非更新型の鱗茎植物では鱗片繁殖（scale propagation）が可能であり，ユリ類では底盤部をつけずに1枚の鱗片（scale）をはがして挿す鱗片挿し（scaling）により，球根繁殖が可能である．鱗片挿しによる子球形成や形成された子球からの出葉には，鱗片を採取した母球の生理状態が影響することが多い．一方，鱗茎植物でも1枚の鱗片を用いた鱗片挿しでは，子球形成が困難なものもある．そのうち，アマリリスやスイセンなどでは，底盤部でつながった2枚以上の鱗片を挿す切片挿し（fractional scale-stem cutting）により子球を形成させ，球根繁殖することができる．アマリリスでは，底盤部でつながった2枚の鱗片を挿す二鱗片挿し（twin-scaling）が用いられることが多い．鱗片の殺菌に問題がなければこれらの鱗片挿しは *in vitro* でも可能であり，大量増殖法としてだけではなく，コルヒチンなどの薬品処理による染色体倍加を効率的に行うためにも用いられている．なお，いずれの鱗片繁殖法においても，健全で充実した母球を選ぶことが肝要である．

また，古くから行われている球根繁殖法として，球根に傷をつけることにより子球を形成させる傷つけ法がある．これらはおもにヒアシンスの増殖法として用いられてきたものであり，球根の底盤部に切り込みを入れるノッチング（notching），底盤部をえぐりとるスクーピング（scooping）やコルクボーラーで筒状の穴を打ち抜くコーリング（coring）などがあげられる．また，非更新型塊茎で分球不可能なシクラメンの傷つけ処理による増殖法として，塊茎分割法がある．これは，塊茎上部を切除し，横断面に碁盤状の切り込みを入れシュートを形成させて，それぞれを分割する方法で

ある．しかしながら，現在でもシクラメンの繁殖は種子繁殖が主流であり，栄養繁殖が望まれるときにも組織培養による増殖が試みられることがほとんどである．

　　　　　　　　　　　　　　　　　［高村武二郎］

### 5.3 組織培養

#### 5.3.1 マイクロプロパゲーション

##### a. マイクロプロパゲーションの対象植物

マイクロプロパゲーション（micropropagation）は，組織培養技術を用いて，選抜された優良個体と同じ遺伝子をもち，同じ性質を示す栄養繁殖個体群（クローン）を，急速・大量に増殖することであり，微細繁殖とも呼ばれる．このマイクロプロパゲーションによるクローン苗生産は，作物，プランテーション植物，薬用植物，花卉，野菜，果樹，さらに森林樹に至るまでをその対象として，世界中で活発に展開されているが，その中でもクローン苗生産量が最も多いのは花卉である．これらの対象植物の大部分は栄養繁殖性であり，種子繁殖を行うと不均一な後代を生じやすいため，従来は伝統的な栄養繁殖法で増殖していた．遺伝形質にすぐれたクローン苗を効率よく生産するマイクロプロパゲーションは，苗生産と成品生産の分業化が着実に進行している園芸産業において不可欠な技術となっている（図5.7）．

##### b. マイクロプロパゲーションの利点

マイクロプロパゲーションには以下のような利点がある．すなわち，①交雑育種や遺伝子組換え

**図5.7　ベルギーのクローン苗生産工場**
この企業では年間約2000万本のクローン苗が生産されている．

などによる育成個体の迅速な品種化が可能，②無病クローン苗を用いた成品生産における品質・収量の向上，③従来の栄養繁殖法が適用できない植物の増殖，④種子繁殖性植物における選抜個体のクローン化，⑤遺伝的雄性不稔個体のクローン増殖による効率的な $F_1$ 種子生産，⑥培養由来の有用なソマクローナル変異の固定，⑦従来法に比べ小スペース（培養室）において繰り返しの増殖・保存と計画的な周年生産が可能，などである．

c. マイクロプロパゲーションのプロセス

母植物から，茎頂，腋芽，葉片などのさまざまな材料を採取し，これらを外植体（explant）として無菌的に in vitro（容器内）の培地（medium）上で培養することにより苗条（shoot）などを増殖して，最終的にクローン苗を生産する．基本的には次の5段階に分かれる．

ステージ0（母植物の準備）：　母植物の選択が重要となる．選抜優良個体を母植物とし，温室内などの清潔な場所で育て，健全な外植体を得ることなどに配慮する．

ステージ1（培養の開始）：　内生菌フリーの茎頂などの外植体を無菌的に採取し，in vitro での無菌培養系を確立する．

ステージ2（増殖）：　外植体から発達した苗条などを大量増殖する．いずれの増殖法でも，繰り返し増殖する間に遺伝的変異が発生しないようにする必要がある．

ステージ3（発根とシュート伸長）：　ステージ2での苗条などの増殖を止め，in vitro で苗条に不定根を形成させ，シュート伸長を開始させる．順化の前段階といえる．

ステージ4（順化）：　in vitro で得られた小植物体（plantlet）を培養容器から取り出し，成品生産のために用いるに先立って，培養容器外（ex vitro）の環境にならす段階である．

d. ラン類の茎頂培養

マイクロプロパゲーションが最初に確立された植物はシンビジウムである．その端緒となった茎頂培養（shoot tip culture）の技術は1960年にフランスで開発された．シンビジウムの茎頂は，ダリアやジャガイモのようにただちに小植物体に発達せず，ラン種子の播種後に形成されるプロトコームに類似した球体（プロトコーム状球体，protocorm-like body：PLB）を直接に分化する．PLBは分割するとさらに増殖し，分割をやめるとPLBからシュートが形成される．このようにして1茎頂から大量のクローン苗が得られる．この増殖に分裂組織（meristem）を有する茎頂が用いられたことから，実生苗（seedling）と区別し，茎頂培養由来クローンをメリクロン（mericlone）と呼び，1960年代半ばにフランスで最初に市販された．その後メリクロン苗生産が各国で実用化され，洋ラン産業のめざましい発展を導いた．

e. ラン類の茎頂培養の手順

ランの茎頂培養では，①採取した茎頂からのPLB誘導（ステージ1），②PLB増殖（ステージ2），③PLBからの小植物体の発達（ステージ3）の3段階が重要になる．

1）茎頂の採取とPLB誘導

偽球茎（pseudobulb）から萌芽した長さ10〜15 cmの若いシュートを採取し，外葉を数枚取り除き，2〜4個の腋芽を露出させる．次にシュート基部の汚れを除き，長さ3〜4 cmに調整する．これを70％エタノールに10秒間浸漬し，アンチホルミン液中で10分間表面滅菌を行った後，滅菌水で3回すすぐ．シンビジウムでは，腋芽から葉原基2枚の茎頂（約0.2 mm）を採取すればウイルスフリーとなる．しかし，小さな茎頂ではPLB形成までに時間がかかり，カトレアでは茎頂が小さいほど生存率が低下するため，増殖に主眼をおく場合には比較的大きい茎頂が供される．初代培養（initial culture）には，Knudson C 培地，Vacin-Went（VW）培地，Murashige-Skoog（MS）培地などを用いる．シンビジウムではVW培地でよいが，他属ではココナッツウォーター（CW）や植物ホルモンなどを加えた培地を用いることがある．茎頂が褐変しやすいカトレア類では1〜2 rpm の液体回転培養を行い，他属では固体培地を用いる．培養は，通常25℃，16時間日長，1000〜2000 lx下で行う．PLB形成までの期間は種類により異なり，シンビジウムでは約2カ月，カトレアではより長期間を要する．

### 2）PLB 増殖

PLB 増殖は，原則として固体培地で行う．液体培地を用いる場合は，1～2 rpm の回転培養か，160 rpm 前後の旋回培養で増殖を行う．いずれも PLB の分割切片または PLB 集塊を継代培養するが，固体培地では増殖 PLB を放置するとシュートを分化し小植物体に発達するので，シュートが形成される前に PLB を移植する．なお，一般に，PLB 増殖には PLB 誘導培地を流用できるが，増殖用培地組成が詳細に検討されている種類もある．

### 3）小植物体形成

増殖 PLB 集塊を固体培地に移植すると，個々の PLB からシュートが形成され，後に植え出し可能な小植物体に発達する．日本では，20本前後の苗を 9 cm ポットに水苔をコンポストに用いて寄せ植えし，コミュニティポット（community pot）として鉢上げする．オランダでは，角型バットに比較的多くの苗を鉢上げしている．

### f. ラン類のその他の培養法

茎頂培養によるクローン苗生産は，シンビジウム，カトレア類，デンドロビウムなどの主要なラン類で実用化されている．一方，茎頂以外の外植体を用いる手法も開発されている．たとえば，若い葉，若い花序，花序先端，花茎節間，根端などから PLB が誘導できる．ファレノプシスでは，花茎基部にある腋芽を花茎組織をつけた花茎片として培養し，シュートと根を発達させて小植物体を得る方法は花茎培養（flower-stalk cutting culture）と呼ばれている．この花茎培養によって得られたシュートの葉を材料として葉片上に PLB を誘導する葉片培養法が，ファレノプシスで初めて実用化された（図 5.8）．

### g. 節培養法

節培養法（single node culture）は，茎切片とともに腋芽を含む節を採取し，腋芽を発達させてシュート増殖を行う手法である．変異（variation）の出現頻度がきわめて低い安全なクローン苗増殖法として広く利用されている．培養茎頂は，通常，1本のシュート（小植物体）に発達する．この場合，シュートの形態は，①節間が伸長する植物種（カーネーションなど）では軸性成長を示し，また，②ロゼット状の生育をする種（ガーベラなど）では叢生となる．培養茎頂が①の成長反応を示す場合，ステージ 2 で節培養法が使える．なお，茎頂が②の形態を示す植物種では腋生分枝法が有効である．

### 1）茎頂の採取とシュート形成

無病のクローン苗生産を目的としたマイクロプロパゲーションでは，通常，葉原基 1～2 枚を含む 0.2～0.3 mm の大きさの茎頂が採取される．しかし，クローン苗増殖が主目的の場合は，衛生状態のよい母植物を材料として，比較的大きな茎頂が用いられる．また，ツバキなどの花木では，緑枝の葉腋にある腋芽をそのまま切り取って外植体とする場合もある．茎頂培養培地には原則としてサイトカイニンは添加しない．これにより茎頂由来シュートの頂芽優勢が維持され，ステージ 2 における in vitro の節切片の採取が容易になる．

### 2）シュート増殖

培養茎頂から発達したシュートの各節にある腋芽を，茎の一部を付けて切り取り，それらを再び in vitro で培養してシュートを得る．このシュートの節切片の培養を反復することによって，クローン苗の大量増殖が可能となる（図 5.9）．繰り返し行う節培養の培地には，カイネチン（kinetin）のほかにベンジルアデニン（BA）やイソペンテニルアデニン（2iP）などのサイトカイニンを添加し，腋芽の発達を促す．なお，用いるサイトカイニン

**図 5.8** ファレノプシノスの葉片培養により得られた PLB の増殖
葉片培養由来 PLB を縦に 1/2 に分割して植え付けると，各切片から 10 個以上の PLB が増殖できる（培養 60 日後）．

## 5.3 組織培養

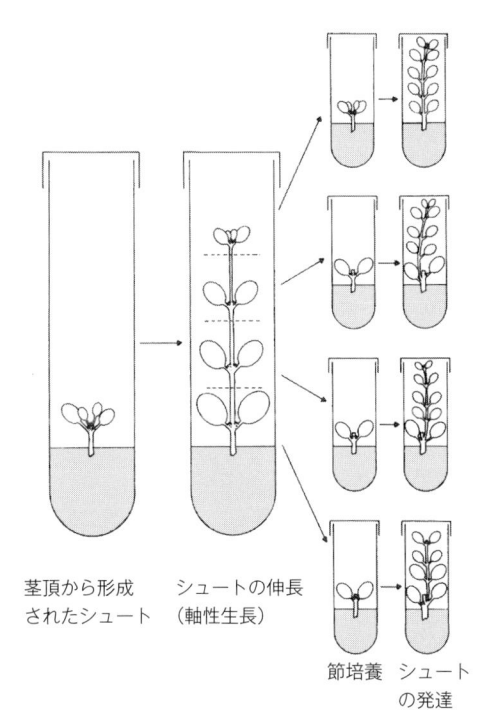

**図5.9** 節培養によるクローン苗増殖のスキーム
茎頂培養によって得られたシュートの各節を茎組織をつけて培養するとシュートが増殖できる.
(R. L. M. Pierik, 1987. In Vitro Culture of Higher Plants. p. 193, Kluwer Academic Publishers, Dordrecht：with kind permission from Kluwer Academic Publishers)

の種類により腋芽の反応が異なるので，植物種ごとの検討が必要になる.

3）シュートの発根と伸長

ステージ2で増殖したシュートは，基本的には，①in vitro で小植物体に発達させるか，②ex vitro で挿し穂（microcutting）として利用される．①は現行のマイクロプロパゲーションにおいて一般的に採用されている手法で，増殖培地で形成されたシュートを，IBAまたはナフタレン酢酸（NAA）を添加した発根培地に移植し，発根・シュート伸長させる．一方，②は，in vitro の増殖シュートを ex vitro でピートや砂に挿して直接発根させる方法である.

### h. 腋生分枝法

腋生分枝法（axillary branching method）は，1970年代の初めに開発された．培養茎頂からロゼット状のシュートが得られる植物種で本法が適用できる．シュートの葉腋にある複数の腋芽を，サイトカイニンによって発達させ，得られたシュートを切り取り，新しい培地に置床することを繰り返して，大量のクローン苗を増殖する．この腋生分枝法は，現在最も広く用いられている増殖法である．その理由として，①手法がシンプル，②増殖率が高い，③遺伝的安定性が高い，④クローン苗の生育が良好，などがあげられる.

1）茎頂の採取とシュート形成

採取する茎頂の大きさや採取法は，節培養法に準じる．種々の基本培地が用いられてきたが，ビタミン類，糖，およびゲル化剤などを変更した修正MS培地が最も一般的に用いられる．節培養法とは異なり，一般に茎頂の初代培養培地にはサイトカイニンを添加する.

2）シュート増殖

シュート増殖率は，母株の分枝能力に制約される場合もあるが，通常は，培地に加えるサイトカイニンの種類と濃度により向上する．一般にBAが用いられ，1継代培養で3倍以上のシュートの増殖が実現できる．一部の植物種（ツツジなど）では2iPが使用される．シュート増殖の継代培養を無制限に行うと，サイトカイニンがシュート内に蓄積され，その結果，ガーベラやスターチスなどでは生産圃場で葉ばかりが分化し，花数が減少する叢生（bushiness）という異常が発生する．増殖シュートの発根は節培養法に準じる.

### i. 不定芽形成

不定芽形成（adventitious bud formation）は，セントポーリア，ベゴニアなどの葉挿し，あるいはユリ，ヒヤシンスなどの人為的球根繁殖に見られるように，植物の再生（regeneration）能を利用した栄養繁殖法である．マイクロプロパゲーションにおいても，茎頂を外植体とする節培養法や腋生分枝法と異なり，葉や茎などから採取した外植体に新たに分裂組織を誘導して不定芽（シュート）を形成させ，クローン苗を育成できる.

1）外植体からの不定芽形成

葉片，葉柄切片，茎切片，花序，花茎片，鱗片，塊茎切片など，さまざまな外植体を母株から採取する．外植体が内生菌によって汚染されている場合は，培養初期に検出用培地で確認する必要

がある．不定芽形成には，基本的に，外植体からの直接形成と，カルス形成を経由する間接形成の2タイプがある．後者では一般に変異の出現率が高く，生産現場ではあまり用いられていない．

 2) 不定芽形成に関与する要因

母植物の齢，外植体の齢，種類，起原，生理的状態などは不定芽の形成に影響する．一般に，若い植物，若い器官から採取した外植体では，古いものに比較して，不定芽形成が容易である．また，カノコユリやアマリリスでは，鱗片の上部から採取した外植体に比べ，基部から採取した外植体で子球（bulblet）形成能が著しく高くなる．一般に，不定芽形成には，高濃度のサイトカイニン（BA）と低濃度のオーキシンが必要とされる．培養温度，光，ガス環境などの物理的条件も不定芽形成に影響する．

 3) 増　殖

ユリ科，ヒガンバナ科，イワタバコ科などの球根植物では，初代培養で得られる子球から鱗片を分離したり，子球を2分割した後に，これらを培養することで子球が増殖できる．増殖子球は，そのままか，休眠状態にあるものは低温処理などによって休眠打破した後，直接鉢上げする．一方，外植体からシュートが得られる植物種では，①シュートから初代培養と同様の器官を採取し，これから不定芽誘導を繰り返すか，②シュートの腋生分枝能を利用して，それぞれ増殖する．増殖シュートの発根については腋生分枝法に準じる．

### j. 不定胚形成

体細胞胚（somatic embryo）は，体細胞の細胞塊（または1細胞）に由来し，また受精胚に似た形態形成を示し，さらにもとの組織と維管束連絡のない独立した個体である．体細胞胚形成には直接形成と間接形成の2タイプがあるが，ほとんどの成功例は後者である．近年，高い体細胞胚形成能を有するエンブリオジェニックカルス（embryogenic callus：EC）増殖系が注目されている．シクラメンやファレノプシスでは，EC増殖と体細胞胚形成の制御が容易なことから，大規模で省力的な体細胞胚由来のクローン苗生産法が開発されている．

 1) ECの誘導と増殖

ECの誘導には，選抜母植物の茎頂，若い葉，葉柄，茎などを外植体とする．基本培地には，MS培地が一般に用いられる．オーキシンとしては2,4-ジクロロフェノキシ酢酸（2,4-D）が最も一般的であり，比較的高濃度で使用される．植物種によっては，これに比較的低濃度のBAを組み合わせて用いる．ECは外植体に直接最初から形成されるのではない．一般に，次のような特徴を示すカルスを注意深く選抜し，誘導培地で繰り返し継代と選抜を行う．ECは，①外観的に黄白色，②粒状で，③容易にばらばらになる．これらを検鏡すると，④細胞は小さく，⑤液胞化しておらず，⑥細胞質に富み，⑦核が大きく，⑧デンプン粒を含む．以上のような明確な特徴を備えたECを分離できれば，その増殖は，原則として誘導培地で行える．

 2) 体細胞胚の誘導

ECからの体細胞胚誘導には，増殖培地から植物ホルモンを除いた培地を用いることが多い．しかし，植物種によっては，オーキシン濃度を下げる，あるいはサイトカイニンのみ添加することもある．ECから体細胞胚が誘導できても，体細胞胚の休眠，生理的異常，未成熟などによって小植物体への発達が困難な場合がある．これらの対策として，種々の休眠打破処理，乾燥処理，成熟促進のためのABA処理などが有効である．

### k. その他の増殖法（多芽球体法と苗条原基法）

シダ類の根茎（rhizome）を培養して誘導される緑色球状体（green globular bodies）を多芽球体と呼び，これを用いた増殖系が多芽球体法である．まず，①BA添加培地で根茎切片を培養して多芽球体を形成させ，②多芽球体をBA添加培地で分割・継代培養を繰り返して増殖を図り，③最終的にBA無添加培地に移植して葉と根を分化させ小植物体を得る．*Nephrolepis*属，*Asplenium*属，*Pteris*属，*Adiantum*属などで本増殖法が適用できる．

カラジウムなどでは，葉原基2枚の茎頂や葉柄切片を2rpmで液体回転培養すると，ドーム状の小突起をもつ苗条原基（shoot pimordia）と呼ば

れる緑色集塊を形成することがある．苗条原基は，MS培地にNAAとBAを5段階濃度で添加すると，いずれかの組み合わせで誘導できる．苗条原基増殖は誘導培地で可能であり，液体回転培養から固体培地に移植すると小植物体が得られる．

l. マイクロプロパゲーションの課題と関連技術

クローン苗生産では，高い生産コスト，順化時の枯死，さらに計画生産の必要性など種々の問題がある．このため，「高品質クローン苗をいかに低コストで計画的に生産するか」がマイクロプロパゲーションの今日的な研究課題であり，以下の関連技術が注目されている．

1) シュートの水浸状化

培養中に観察される葉や茎の水浸状化（ハイパーハイドリシティ，hyperhydricity）は順化時の小植物体の生存率を著しく低下させる．これらの小植物体は，葉が厚く，半透明で，緑色が淡く，もろい．また，エピクチクラワックスの発達不良，気孔の機能異常，維管束系の発達不良などの解剖学的異常が伴う．水浸状化の原因として，①低ゲル化剤濃度，②高濃度無機塩類，③高濃度サイトカイニン，④エチレン，⑤高相対湿度などが報告されている．水浸状化の予防には，これらの原因を除くとよい．また，カーネーションではペプトン，ファレノプシスではジャガイモデンプンを培地に添加すると水浸状化を防止できる．

2) 大量増殖システム

マイクロプロパゲーションはクローン苗を大量増殖する技術であるが，培養装置の選定やスケールアップなどによって，より大規模な工業的増殖を指向した研究開発が行われている．クローン苗の大量培養装置はドイツで最初に開発され，液体培地を入れた通気型の気泡塔（エアリフト）形培養装置によってシンビジウムPLBの大量増殖（mass propagation）に成功している．その後，ジャーファーメンターを用いたPLBの大量増殖法が開発され，培養装置のスケールアップに弾みがついた．また，通気型ジャーファーメンターは，ベゴニアなどの苗条，ユリなどの子球，グラジオラスでは球茎の大量増殖に，それぞれ有効に利用できる．

3) 自動化システム

クローン苗生産の各プロセスに関連する労力コストは，先進国でとくに高く，60〜70％に達する．この生産コスト低減のために，さまざまな自動化システムが提案されている．すなわち，外植体の殺菌を自動化した表面殺菌システム，培養容器内の培地交換が自動制御される自動植物培養システム（automated plant culture system：APCS），チャンバー内のガス環境の自動制御が可能なシュート培養システム，体細胞胚の選別や培養容器への移植を自動化したシステム，小植物体を無菌的・自動的に移植できる"メリクロン・ロボット"，苗条の分割と置床を自動化したロボットなどが開発されている．

4) フィルム培養容器

クローン苗生産用のガラス製や樹脂製のボトル類などの培養容器は，比較的高価，低耐衝撃性，密閉による成長抑制，培地乾燥や微生物汚染の発生など，問題点が多い．そこで，ガス透過性，光透過性，耐熱性にすぐれたフッ素樹脂フィルムを用いた密閉箱型培養容器ミラクルパック（MP）が開発された．とくに，MPとロックウールマルチブロックとを併用したシステムでは，従来法に比べクローン苗の生育が促進されるだけでなく，順化時にはロックウールマルチブロック付き苗の鉢上げが効率よく行える．また，培養室内の$CO_2$濃度を高めて，無糖培地上でクローン苗の光合成能の向上と光独立栄養成長の促進が図れる．

5) 省電力新光源

クローン苗生産は，25℃前後に空調された培養室内の，蛍光灯を光源とした多段の培養棚上で行われるため，高いランニングコスト，とくに電力消費量（照明＋空調費）が問題となる．蛍光ランプに代わって最初に開発されたクローン苗生産用の省電力新光源は，低発熱，低消費電力，長寿命などの特徴をもち，近年急速に高輝度化・低価格化の進んだ発光ダイオード（LED）を用いたものである．これまでに，LEDはクローン苗生産用の光源として有用であり，生育には赤色80％＋青色20％のLED混合比が最適であることが明らかにされている（図5.10）．LEDと同様の特徴をも

**図 5.10** クローン苗の生育に最適な赤色/青色 LED 混合比率を調査できる LED PACK3（隆祥産業製）

上部の操作盤で各 LED ごとに任意の PPFD 値の設定が可能で，それらの組み合わせも自由に制御できる．

**図 5.11** クローン苗生産用の SILHOS の実用化モデル（口絵 6 参照）

各棚の側面に設置された光源ボックス（蛍光灯 1 本入）から出た光は中空と反射板により下方に向い，最終的に拡散シートを通して棚面に均一に近接照射される．各棚面は引き出すことができる．

ち，液晶テレビなどのバックライトとして実用化されている CCFL（冷陰極蛍光灯）も省電力新光源としての有用性が実証され，すでにクローン苗生産現場で用いられている．最近，種苗工場用光源として蛍光灯を用いた省電力新照明方式：サイドライトホローシステム（side light hollow system：SILHOS）が開発された．SILHOS は，側面に透明板で仕切って設置した光源ボックスから出た光を，反射板や中空および拡散面を通って均一に下方の培養棚面に照射する構造となっている．SILHOS 光源下では，従来法に比べクローン苗の生育が促進され，しかも SILHOS 設置の培養室における電力消費量（照明＋空調費）は，従来法と比べ単位棚面積当りで約 60% 以上低減できる（図 5.11）．この SILHOS とコンパクトな養液栽培システムを併用することにより，クローン苗の効率的な順化・育成が行えることも証明されている．

6) 順化システム

クローン苗を培養容器から新しい環境に移し，その環境に適応させることを順化（acclimatization）という．高湿度の培養容器内で生育したクローン苗は，鉢上げ後に先端部が枯れたり，高率で枯死することがある．通常，クローン苗をセルトレーに鉢上げし，透明樹脂製のふたをして高湿度に保つか，あるいはミスト下で順化する．また，鉢上げ前 4〜5 日間，培養容器のふたを開けてクローン苗を 30〜40% の相対湿度にさらすと，気孔開閉機能が改善でき，順化もうまく行える．さらに，順化時に $CO_2$ 施用（$CO_2$ enrichment）を行うと，光独立栄養成長への転換とクローン苗の生育が促進される．気温，相対湿度，光量，$CO_2$ 濃度，気流，施肥量などの自動制御を可能にした順化装置も開発されている．

7) *in vitro* 培養体の保存

クローン苗生産における対象植物の多様性や需要の季節性に対応するためには，さまざまなプロセスで培養体の成長抑制が必要となる．*in vitro* 培養体の保存技術としては，培養条件を変更して種々の培養体（増殖シュート，節切片，PLB，体細胞胚など）の成長速度を低下させる成長抑制法が重要である．低温保存（low temperature storage）は，培養体の成長を抑制するために最も広く用いられる．一般に，温帯・寒帯原産の植物種では 2〜5℃，熱帯・亜熱帯原産のものでは 8〜15℃ の温度下で保存される．その他の成長抑制法では，培地の塩類濃度や糖濃度を低下させたり，無

糖培地を用いることもある．

**8) クローン苗の遺伝的安定性**

クローン苗は母植物と同じ遺伝子をもち，同じ性質を示す個体群（true-to-type）である．しかし，クローン苗にも変異（体細胞変異, somaclonal variation, off-type）がしばしば発生し，生産現場では深刻な問題となる．典型的な変異には，矮化，花と葉の色および条斑の変化，成長習性（草姿，葉の形など），収量の変化（不稔性，長い幼若性）などが含まれる．変異誘発メカニズムは不明であるが，変異の発生頻度には次の要素が関与している．すなわち，培養法，植物材料，植物ホルモン，培養材料（若い組織より古い組織で，2倍体より倍数体で，変異の頻度が高まる），継代培養回数（増加により変異の頻度が高まる）などである．変異の発生を回避するには変異頻度を高めるこれらの要素に配慮する必要がある．

**9) 人工種子**

増殖率，遺伝的安定性，輸送性および生産コストなどの観点から，人工種子（synthetic seed）はクローン苗の究極モデルといえる．人工種子は，「体細胞胚などの将来植物体へと発達する培養物を，ゲルに包んでカプセル化し，種子の機能を持たせたもの」と定義される．不定胚などを混入した3%アルギン酸ナトリウム水溶液を50 mM塩化カルシウム水溶液中に滴下することにより容易にカプセル化できる．これまでに多くの植物種で人工種子化が検討されてきたが，乾燥に弱い，小植物体への転換率が低い，長期貯蔵が困難など，その実用化には課題が多い．乾燥防止対策として，樹脂で人工種子をコーティングする方法や，アブシシン酸（ABA）処理によって乾燥耐性を付与した不定胚を使った人工種子が提案されている．なお，洋ランではPLBをカプセル化した人工種子がファレノプシスで初めて開発されている（図5.12）．

[田中道男]

**図5.12** ランの体細胞胚（PLB）をカプセル化した人工種子

### 5.3.2 凍結保存

植物を *in vitro* で保存する方法は，その目的に応じて，短期的保存には成長抑制法が，長期的保存には凍結保存法が用いられる．

成長抑制（slow growth）法とは，*in vitro* の状態で植物を短期的に保存しようとするもので，ゆっくりと成長させ，継代培養のサイクルを長くすることを目的とする．この目的のためには，培養温度を下げることが最も効果的であり，温帯植物では5℃付近，熱帯植物であれば15℃付近の温度を採用する．この際，暗黒より弱光を与えた方が植物の生存がより長期に保障される．その他に培地の糖濃度を下げる，マンニトールなどの浸透圧調整物質を添加する，ウニコナゾールなどの成長抑制剤を添加する，ミネラルオイルを培地に重層するなどの方法もある．

凍結保存（cryopreservation, freeze preservation）法は，*in vitro* で植物遺伝資源を長期的かつ安全に保存することを目的とする．凍結保存法には，二段階凍結（two-step freezing）法，ビトリフィケーション（vitrification）法，アルギン酸カプセル化乾燥（encapsulation dehydration）法などがある．いずれの方法でも，外植体はなるべく小さくかつ安定して植物体が再生することが重要で，この点から茎頂や培養植物の節などが適している．植物種によっては，切りだした茎頂を数%のジメチルスルホキシド（DMSO）または数%のショ糖を含む培地で前培養することにより凍結・解凍後の生存率が向上する．

二段階凍結法では，茎頂を5〜10% DMSOと3〜10%グルコースを含む溶液とともに精液ストロー管に封入し，プログラムフリーザーで0.1〜0.5℃/分でゆっくり−40℃まで冷却，その後液体窒素に浸漬する．解凍は温水で急速に行い，ただち

に茎頂を培地に置床する．

ビトリフィケーション法では，茎頂を 2 M グリセロール，0.4 M ショ糖を含む Murashige-Skoog (MS) 培地で 20 分程度前処理した後，クライオチューブを用いて 30% グリセロール，15% エチレングリコール，15% DMSO，0.4 M ショ糖を含む MS 培地（PVS2）に浸漬し，室温下または 0℃ 下で数分から数十分間処理をした後，液体窒素に浸漬する．温水で急速解凍後，茎頂を 1.2 M のショ糖溶液で洗浄してから，培地に置床する．このビトリフィケーション法を改良し，小さなアルミ箔片に茎頂を一つ置き，そこへ PVS2 を滴下，アルミ箔ごと液体窒素で満たしたクライオチューブの中に直接浸すドロップレット法が開発されている．なお，組織培養中に植物に生じる水浸状の異常をビトリフィケーションと呼ぶことがあるが，これは用語適用の誤りであり，ここでいうビトリフィケーションとは異なる．

アルギン酸カプセル化乾燥法では，人工種子を作成する要領で茎頂をアルギン酸ナトリウムを用いてカプセル化（これをビーズと呼ぶ）した後，ショ糖 0.1〜1.0 M を含む培地で 1 日前培養し，その後クリーンベンチ内でビーズの含水率が 20% 前後になるまで風乾する．乾燥したビーズをクライオチューブに封入して液体窒素に浸漬する．急速解凍後は，ビーズを培地に置床する．

いずれの方法でも凍結解凍された茎頂は多少の障害を受けている．このため凍結保存した外植体から再生した植物における変異の有無は，厳重に評価されなければならない．いかなる組織培養においても体細胞変異の発生はさけられないものであるという認識のもとに *in vitro* での遺伝資源の保存を考える必要がある．

液体窒素下に保存された有用な遺伝資源は，少なくとも数十年は確実に生存率の低下なしに保存できると考えられる．

### 5.3.3 無病苗生産

#### a. 無病化

キク，カーネーション，ユリなど花卉類には栄養繁殖性の植物が多く，ウイルス罹病が問題となる．これらの作目では苗生産と切り花生産の分離が進んでおり，苗生産者は健全な苗を供給することが求められている．近年，種子繁殖性草花類の栄養系品種が作られるようになり，ウイルス罹病が問題とされるが，ウイルスの種類，ウイルス除去を目的とした茎頂培養の方法など未確立なものも多い．

また市販の苗において，組織培養苗またはメリクロン苗と称されるものがあるが，これは苗の増殖方法の呼称であり，必ずしもウイルスなどの病害に罹病していないことを意味（または保証）していない．

茎頂培養（apical meristem culture, shoot tip culture）は，ウイルスに汚染されていない植物を得るための最も一般的な方法である．植物のシュートの先端部には頂端分裂組織があり，茎葉を分化し続けている．この部分は植物体の他の部分に比べて，ウイルス濃度が低いことが知られており，頂端分裂組織と葉原基を含む組織を切り出し培養することにより，一定の割合でウイルス濃度が検出限界以下に低下した植物が得られる．こうした植物をウイルスフリー化された植物と呼ぶ．また，こうして組織培養で再生した植物は，ウイルス以外の病害ももたないことから，無病化した植物（苗）と呼ばれる．

茎頂培養に用いる培地は，植物種ごとに最適な組成が異なるが，MS 培地に NAA などのオーキシンを 0.1〜1 mg/L，BA などのサイトカイニンを 0.05〜0.5 mg/L，ショ糖を 20〜40 g/L，寒天を 0.7 g/L 程度添加した培地が一般に用いられる．旺盛に成長している栄養成長状態のシュートが茎頂摘出に適している．通常茎頂付近は無菌であり，シュート全体をあらかじめ表面殺菌する必要はなく，不要な展開葉を取り去り，茎を扱いやすい長さにした後，70% エタノールを散布する程度で十分である．その後クリーンベンチ内で，実体顕微鏡下で茎頂を切り出す．切り出す茎頂は，頂端分裂組織と数個の葉原基を含む 100〜500 μm の大きさ（図 5.13）とし，ただちに上記の固形培地に置床する．一般に切り出す茎頂のサイズが小さいほどウイルス除去の割合が高くなるが，一方で植物

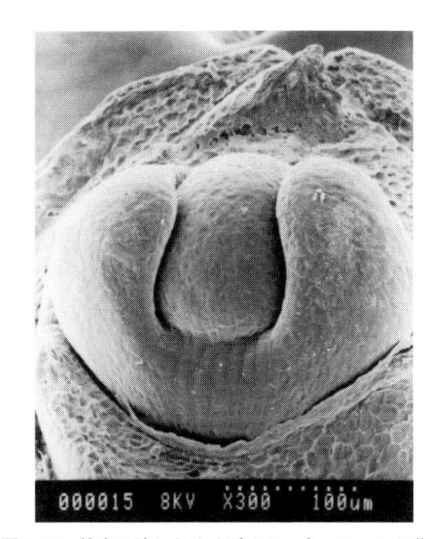

図 5.13 摘出に適したサイズのカーネーションの茎頂

体再生率は低下する．置床後は 20〜25℃，明条件下に置くと，30〜60 日でシュートが発達してくる．培地の植物ホルモンの濃度が不適切であると，再生したシュートが多芽体や水浸状化（ハイパーハイドリシティ，p. 97 参照）の症状を示すので注意が必要である．再生シュートは順化後，網室に入れ，アブラムシの飛来を防いだ場所で栽培する．ウイルス検定（次項）を経た無病の母株から，通常の挿し芽により増殖して一度生育開花させ，品種本来の生育開花特性を確認した上で増殖母株とする．増殖母株から切り花生産用の苗（または球根）を大量生産する過程で，ウイルスなどの再汚染を防ぐことが重要となる．

一般に茎頂培養により多くのウイルスは除去できるが，ウイロイドの除去は困難である．キクスタントウイロイド（CSVd）を対象にして，葉原基を含まないキクの頂端分裂組織を in vitro でキャベツの根端に乗せて養成することにより，ウイロイドを除くことが可能となる超微小茎端分裂組織培養（leaf primordia-free shoot apical meristem culture）法が開発されている．

b. ウイルス検定

繁殖母本がウイルスに汚染されていないことが，苗生産にとって重要である．このため簡易でかつ精度の高いウイルス検定法が必要である．ウイルス罹病の有無を検定する方法は，生物検定法，エライザ法，RT-PCR 法などが一般的である．

生物検定（バイオアッセイ，bioassay）法は汁液接種（sap inoculation）法とも呼ばれ，アカザやタバコなどの検定植物の葉に，ウイルス感染の有無を検査しようとする植物の樹液をカーボランダムとともに塗布し，ウイルス病斑の発生の有無から検定を行うものである．特別な設備を必要としない簡便な方法であるが，検出感度は高くない．

エライザ法（酵素抗体結合法，enzyme-linked immunosorbent assay：ELISA）によるウイルス検定とは，植物の樹液に含まれるウイルスのコートタンパクを，抗原抗体反応を利用して検出する方法である．マイクロプレートのウェルなどにあらかじめ抗体を結合させておき，これにサンプルを加え目的タンパクを抗原抗体反応によりウェルに結合させる．そこへ酵素標識した二次抗体を再度抗原抗体反応により結合させ，発色基質を添加してその発色程度からウイルスの有無を判定する．比較的検出感度が高く，現在広く用いられているウイルス検定法である．多くのウイルスの抗血清（抗体）が公的機関から入手可能である．またこの方法を使った簡易キットが市販されているが，対象とするウイルスの種類は少ない．

逆転写-ポリメラーゼ連鎖反応（reverse transcription - polymerase chain reaction：RT-PCR）法は，逆転写酵素による cDNA 合成と PCR 法とを組み合わせた遺伝子の増幅法である．ウイルスの RNA を cDNA 化して，それを鋳型とした PCR 増幅産物の有無でウイルス罹病を検定する．上記の二つの方法に比べ，ウイルスの検出感度が非常に高い．それぞれのウイルスに対するプライマーの設計を工夫することにより，1 回の RT-PCR で複数のウイルス検定が可能である．植物からの RNA 抽出，RT-PCR 反応などはキットが市販されており，簡便で感度の高い検定方法となっている．

いずれの方法でも，陽性・陰性の対照となるポジティブコントロールとネガティブコントロールを必ず加えて，検定を行うことが重要である．

［深井誠一］

# 6. 土壌・肥料

## 6.1 土壌の種類と理化学性

### 6.1.1 土壌の種類
#### a. 土 性

土壌の固相（後述）は，その大部分が無機質の粒子で構成されている．これらの土壌を構成する粒子は，粒子の大きさ（粒径）によって区分されている．日本では国際土壌学会法による粒度区分を採用しており，粒径によって，礫>2 mm，粗砂2～0.2 mm，細砂0.2～0.02 mm，シルト（微砂）0.02～0.002 mm，粘土<0.002 mmに区分される．粒径が細かいほど表面積は大きくなり，養水分の吸着保持，イオン交換などの土壌の理化学性に大きく関わる．粒径が大きいほど，通気性，透水性などの物理性に関わる．

粒度区分のうち礫を除いた部分を細土という．この細土中の粒径組成によって示される土壌の区分を土性（soil texture）といい，砂（粗砂＋細砂），シルト，粘土の3成分を総計100として各成分の比率を求め，図6.1, 表6.1に示した土性三角図表にあてはめて決定する．土性は砂土（sand），砂壌土（sandy loam），壌土（loam），埴壌土（clay loam），埴土（粘土，clay）などの12に区分される．粘土含量が高く，微粒質な土壌を，重埴土（heavy clay）といい，排水性，通気性が不良なうえに乾燥すると固まるため，耕うんが容易でなく，水田に利用される．粘土，シルト

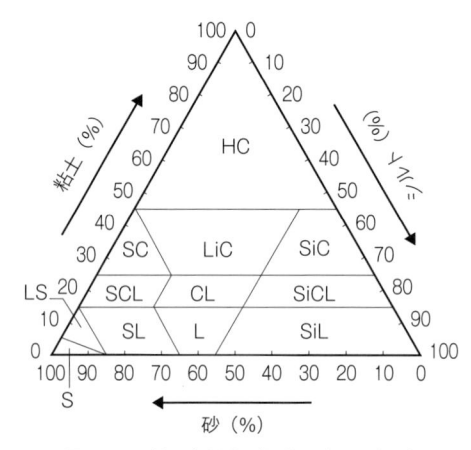

図6.1 土性三角図表（記号は表6.1参照）

表6.1 三角図表による土性区分

| 土性 | 記号 | 区分 粘土（％） | 区分 シルト，砂（％） |
|---|---|---|---|
| 重埴土 | HC | >45 | |
| 砂質埴土 | SC | 25～45 | 砂>55 |
| 軽埴土 | LiC | 25～45 | 砂<55, シルト<45 |
| シルト質埴土 | SiC | 25～45 | シルト>45 |
| 砂質埴壌土 | SCL | 15～25 | シルト<20 |
| 埴壌土 | CL | 15～25 | シルト20～45 |
| シルト質埴壌土 | SiCL | 15～25 | シルト>45 |
| 砂壌土 | SL | <15 | 砂65～85 |
| 壌土 | L | <15 | 砂<65, シルト<45 |
| シルト質壌土 | SiL | <15 | シルト>45 |
| 壌質砂土 | LS | <15 | 砂>85 |
| 砂土 | S | <5 | 砂>85 |

など細粒質の粒子を多く含む土壌を細粘土（fine clay）という．

### b. 洪積土と沖積土

日本の土壌は，山地，丘陵・台地，沖積平野で大きく異なる．このうち，丘陵・台地では，約160万年前から約1万年前の地層を母材として発達した古い洪積土（diluvial soil）で形成されており，おもに畑に利用されている．土層（soil layer）の分化が最も進んでいるが，酸性で肥沃度が低い土壌が多い．沖積平野は，1万年前から現在に至る沖積世に，河川の浸食作用により堆積してできた平野であり，その土壌を沖積土（alluvial soil）という．沖積土は河川や湖，海に近い低地に広がり，多くは水田に利用されている．一般に土壌の肥沃度は高い．日本は火山噴出物による土壌も多く，このうち黒色で腐食質に富む火山灰土壌を黒ボク土（andosol）という．この黒ボク土は腐食質に富むほか，比重が軽く，保水性と排水性がよいが，リン酸吸収力が高いためリン欠乏症が生じやすい．

## 6.1.2 土壌の物理性

### a. 三相分布

土壌は固相（solid phase）と液相（liquid phase）と気相（gaseous (vapor) phase）から構成されている．これらの三相の占める割合を三相分布（three phase distribution）という．固相とは有機物や無機物などの固体部分をいい，土壌の骨格を形づくっている．固体部分のすき間を孔隙（pore space）といい，土壌の液体部分で占められる液相と気体部分で占められる気相とから成り立っている．液相は作物に水や養分を供給し，気相は作物への酸素供給，通気性（air permeability）や透水性（water permeability）に関与する．土壌中の全容積中に占める固相と液相の容積の和を実容積という．実容積はコアサンプル（多くの場合100 mLの円筒型コアを用いる）があれば実容積測定法により簡易に測定でき，全容積と実用積の差が気相（空気容積）である．液相に含まれる土壌水の比重は通常1.0とされているため，コアサンプルの乾燥重を測定すれば，固相と液相

（水分容積）が算出できる．同一土壌でも環境条件により三相分布は変化するが，固相の比率はほぼ一定である．固相は黒ボク土や泥炭土の20%程度から，砂質土の60%程度まで変化する．

### b. 比　重

土壌の全重量のうち，固相部分の重量を固相重量といい，とくにコアサンプル100 mLの土壌の乾燥重量を容積重（volume weight）という．単位容積当りの固相重量を仮比重（apparent specific gravity, bulk density）といい，黒ボク土では0.6～0.7である．土壌の固相部分のみの比重を真比重（specific gravity）といい，土壌粒子自体の比重を表している．黒ボク土では2.4～2.9である．真比重は孔隙量によって変化しないが，仮比重は土壌の種類，土壌の構造や充填状態によって大きく異なる．

### c. 単粒構造と団粒構造

土壌粒子（soil particle）が固まらないで単一粒子として存在している場合の土壌構造を単粒構造（single grained structure）という．有機物がほとんど見られない状態で生じやすい．大きさや形が異なる土壌粒子が集合したものを団粒といい，この団粒が集まって構成された土壌の構造を団粒構造（aggregate structure）という．土壌粒子の配列の状態によって，孔隙率（air filled porosity）が異なるため，団粒の形成が孔隙量の増大に多大な役割を果たしている．図6.2に示したように団粒構造には，種々の大きさの孔隙が存在し，単粒

**図6.2** 団粒構造の概要
単粒が集まって団粒を構成している．

どうしの間の小さな孔隙は水分を保持しやすく，団粒どうしの大きな孔隙は通気しやすくなっており，土壌に適度な孔隙の確保，透水，保水をもたらしている．団粒の生成には有機物や土壌生物（後述）が関与しており，具体的には，ミミズの導入や，落ち葉やわら，畜産廃棄物等の有機物（organic substance）を投与する方法があげられる．また，過剰な土壌水分時の耕うんによって団粒は単粒化するので，団粒化の増進には適正な土壌水分時における耕うんが必須である．

d. 土壌溶液

植物や土壌生物が利用できる土壌中の水（土壌水）は液相の水である．土壌水（soil water, soil moisture）には，有機および無機物質が溶存している．このように種々の土壌成分が溶け込んでおり，植物の養分吸収等を問題にするときには土壌溶液（soil solution）という．土壌水は土壌への水の吸着・保持力で分類する方法と，植物の吸水の難易度によって分類する方法がある．前者は吸着・保持力が弱いものから重力水，毛管水，膨潤水，吸湿水に，後者は利用しやすいものから易効性有効水，難効性有効水と無効水に分類できる．土壌水は湿った場所から乾いた場所へ毛管移動する．土壌溶液の組成は，土壌の化学的性質および施肥や栽培管理等により異なり，土壌の水分状態に応じてたえず変化する．

e. 土壌空気

気相部分を満たしているのが土壌空気（soil air）である．土壌空気は主として窒素，酸素，二酸化炭素，アルゴン，水蒸気などから構成されている．土壌空気の組成と大気組成を比較した場合，酸素と二酸化炭素の割合が大きく異なっている．これは，植物の根や土壌生物の呼吸によって，酸素が消費され酸素濃度が極端に低くなり，二酸化濃度が高くなるためである．土壌中の空気は拡散されにくいため，土壌では下層にいくほど土壌通気（soil aeration）が悪くなる．土壌通気は孔隙の大きさや量，すなわち土壌構造によって異なる．植物の根群の伸長に好適な空気率は通常20%以上といわれ，10%以下になると過湿害が生じやすくなる．

f. 土壌生物

土壌中には，植物の根のほかに，土壌微生物（soil microorganism）や土壌動物が存在し，これらを土壌生物（soil organism）という．土壌微生物は，細菌，放線菌，糸状菌，藻類と原生動物に分類される．土壌動物はその大きさによって，アメーバやベンモウ虫などの小型土壌動物（0.2 mm以下），ダニ，トビムシなどの節足動物，線虫などの中型土壌動物（0.2〜2 mm），アリなどの昆虫類，クモ，ヤスデなどの節足動物とミミズを含む環形動物などの大型土壌動物（2 mm以上）に分類される．また，土壌動物はその生育する水分条件から水生動物，湿生動物，乾生動物に分類される．

土壌生物は，土壌の種類や場所によって種類と数が異なり，とくに有機物が豊富な土壌ではかなりの量になる．土壌動物，土壌微生物，植物は，密接にかかわりあいながら土壌環境を構成していて，これを土壌生態系という．土壌生物には生物遺体の破壊，粉砕，分解の働きがあり，有機物や無機物へ変換する．土壌動物の中でミミズは最も重要なものであり，ミミズによって土壌の腐熟化が促進されるほか，土壌の耕うんによって土壌の団粒化も促進される．

### 6.1.3　土壌の化学性と土壌診断
a. 土壌の反応

土壌は，酸性，中性あるいはアルカリ性を示すが，その性質を土壌の反応（soil reaction）という．土壌酸度（soil acidity）はpHで表記され，土壌の化学性を基本的に特徴づけているため，土壌のpHは，植物の生育や土壌微生物の活動に大きな影響を及ぼす．一般に土壌が中性に近いほど植物の生育には好適とされている．これは土壌中の養分の可給度が土壌のpHに大きく影響されるためである．低pH条件では，アルミニウム，マンガン，鉄，銅，亜鉛が溶出しやすくなり，アルミニウムの過剰症が問題となる．アルカリ条件ではこれらの元素が溶出しにくくなり，欠乏症が生じやすくなる．また，糸状菌の活動はpHに影響されにくいものの，多くの土壌微生物は土壌の

pHに影響され，細菌は土壌のpHが低下すると活動を低下させるものが多い．

土壌のpHは，土壌中の水素イオン濃度（potential of hydrogen：pH）を測定することによって得られる．土壌のpH測定は，土壌試料に2.5倍量の純水を加えて30分間浸透した後，pHメーターを用いる方法が一般的である．なお，単に土壌酸度とは，土壌を酸性にする物質の全量を表す言葉であり，土壌のpHとは意味が異なるので注意する．

土壌のpHは地域によって異なる．日本は年間の降水量が多いため，土壌は酸性土壌（acid soil）になりやすい．これは，雨水の$H^+$が交換性塩基と交換するためである．乾燥地域のように降水量が少ない地域では，交換性塩基の溶脱が進まないうえに地中深くの可溶性塩類が毛管現象によって土壌表面に移動，集積し，これらが交換性塩基と交換されるために，土壌は塩基性土壌（alkaline soil）になりやすい．

**b. 電気伝導度**

土壌溶液中の水溶性塩類の濃度（イオン濃度）を電気伝導度（electric conductivity：EC）という．測定法としては，乾土に5倍の水を加えてECメーターで測定する方法が一般的である．単位は，mS/cmが用いられていたが，現在ではdS/mで表す．ECは，硝酸態窒素含量との間に正の相関が認められるため，土壌中の硝酸態窒素分の指標となる．ECが高い土壌では根に塩類による高濃度障害が生じ，作物の生育に影響が生じるので，湛水などによる除塩が必要となる．土壌や作物の種類にもよるが，1 dS/m以上の土壌は注意が必要である．これらの理由により，ECは土壌診断の必須分析項目となっている．

**c. イオン交換容量**

土壌では，土壌粒子の表面に吸着していたイオンと土壌溶液に溶解しているイオンとの間で交換反応が起こる．土壌のおもなイオン交換体は腐食物質と粘土鉱物である．これらの腐食物質や粘土鉱物はコロイド的性質（コロイドとは微細な粒子が気相，液相，固相に分散している状態をいう）をもつので，土壌コロイド（soil colloid）あるいは土壌膠質物という．通常，土壌コロイドは負に帯電しているので，カリウム，カルシウム，マグネシウム，ナトリウム，水素，アンモニウム，アルミニウム，鉄などの陽イオン（cation）が吸着しているが，これらの陽イオンは他の陽イオンによって容易に交換される性質をもっている．この交換作用は土壌の肥料成分の吸収や放出，土壌緩衝能，土壌反応などに関与するため，重要な作用である．土壌に交換吸着されやすい陽イオンには順位があり，水素＞カルシウム＞マグネシウム＞カリウム＝アンモニウム＞ナトリウムの順である．交換される陽イオンのうちカリウム，カルシウム，マグネシウム，ナトリウムの4元素を，交換（置換）性塩基（exchangeable cation, exchangeable base）という．植物は根から酸性物質を分泌することによって土壌中に吸着されている交換性塩基を吸収することができる．

土壌の陽イオンの交換量は土壌の負の荷電量によって決定する．土壌が陽イオンを吸着できる総量を土壌の陽イオン交換容量（cation exchange capacity：CEC）という．乾燥土壌100 g当りのミリグラム当量（meq/100 g）で表される．CECが大きい土壌ほど保肥力が高いといえる．土壌のCECは，土壌中の粘土と腐食の種類によって異なる．

土壌溶液中では，陽イオンのほかに，硝酸（$NO_3^-$），リン酸（$H_2PO_4^-$），硫酸（$SO_4^{2-}$）などの陰イオン（anion）も溶けている．一般に多くの土壌ではこれらの陰イオンは吸着されず溶脱される．しかし，正に帯電しているアロフェン（火山灰土に広く分布する中空球状の粘土粒子，リン酸を固定しやすい）などの粘土物質は陰イオンを吸着できる．この総量を陰イオン交換容量（anion exchange capacity：AEC）というが，多くの土壌では陽イオン交換容量のそれと比較してきわめて小さい．陰イオン交換容量はpHの低下に伴って増加する．

**d. 土壌診断**

作物の生産性を高めるためには，土壌環境を最適にする必要がある．そのため，栽培する地域の土壌の物理性，化学性，生物性を明らかにする土

壌診断（soil diagnosis）が必要となる．その調査項目には，土性，土層の厚さ，土壌の三相，腐食含量，養分含量，pH, EC, CEC, 有害物質や有害生物の有無などが含まれる．適正条件から外れている場合には，土壌改良，土壌管理および肥培管理が必要となる．このように土壌分析に基づいて化学的な側面から診断することを，土壌の栄養診断（soil diagnosis of nutrient condition）という．

　土壌がもつ作物生産力を地力という．この地力という言葉は，土壌肥沃度（soil fertility），土壌生産力と類義語である．地力は総合的な土壌の生産力を表す言葉であるが，土壌肥沃度とは，土壌の自然肥沃度（作物にとって必要な土壌養分の供給力を保持，固定，土壌の塩基状態で表したもの）と土壌中の養分総量から，地力の化学的側面を判断したものである．

　植物体中には 40 以上の元素が存在しているが，その中で陸上植物の生育に不可欠な元素は 17 種である（以前は 16 種であったが，最近ニッケルが加えられたため）．これらを必須元素と呼ぶ．必須元素はその存在割合から多量必須元素（macronutrient）と微量必須元素（micronutrient）に大別される．これら必須元素のうち，C, H, O は有機物の主成分であるが，土壌中の水や二酸化炭素から供給されるため，これらの元素以外の根から吸収される必須元素について以下に解説する．

### e. 窒素

　窒素はタンパク質，核酸，クロロフィルなどの構成成分であり，作物の生育に影響を及ぼす最も重要な元素である．窒素は土壌中では有機態窒素と無機態窒素に大別されるが，ほとんどは有機態窒素の形で存在している．植物は通常，窒素を硝酸態窒素（nitrate nitrogen, $NO_3$-N）やアンモニア態窒素（ammonium nitrogen, $NH_4$-N）の無機態窒素で吸収し，有機態窒素を直接利用できない．植物に利用されるためには，有機態窒素が微生物によって無機態窒素に分解される必要がある．これを有機態窒素の無機化という．これを促進するために，乾土効果，地温上昇効果，アルカリ効果を利用している．乾土効果とは，荒起ししてよく乾燥させた土壌を湛水することにより，土壌中の有機物の無機化が促進されることである．水田で効果が高く，畑では効果が小さい．地温上昇効果とは，地温の上昇に伴い土壌微生物の活動が盛んになり，土壌中の有機物の無機化が促進されることである．アルカリ効果とは，土壌に消石灰などを大量に散布することで土壌をアルカリにして土壌中の有機態窒素を微生物によって無機化することである．

　大気中の大部分を占める窒素ガスを植物は直接利用できない．マメ科植物などに共生する共生根粒菌やラン藻などの窒素固定微生物は，大気中の窒素ガスを有機態窒素に変換する．この窒素固定由来の有機態窒素は，土壌微生物によって分解され，アミノ酸を経てアンモニア態窒素になる．アンモニア態窒素は，硝酸化成菌（nitrifying bacteria）によって亜硝酸態窒素（nitrite nitrogen, $NO_2$-N）を経て，硝酸態窒素になる．これを硝酸化成（nitrification）という．植物に吸収されたアンモニア態窒素や硝酸態窒素は，植物体内で有機態窒素に変換され，動物はこの有機態窒素を利用する．動植物が死ぬと，有機態窒素は微生物に分解され無機化される．土壌中の硝酸態窒素の一部は，脱窒菌に利用され，窒素ガスになり大気中に放出される．このような自然界の窒素循環の概要を図 6.3 に示した．

　植物は窒素を硝酸態窒素とアンモニア態窒素で吸収する．アンモニア態窒素のほうが速効性であるが，過剰害が生じやすい．硝酸態窒素とアンモニア態窒素を単独の窒素源として与えて生育させた場合，硝酸態窒素で生育が旺盛となる植物を好硝酸性植物，アンモニア態窒素で生育が旺盛になる植物を好アンモニア性植物という．代表的な好アンモニア性植物としてサツキやツツジがあげられる．一般に畑地作物は好硝酸性であり，アンモニア耐性が低いものが多い．

### f. リン

　リンは窒素とならび植物の栄養素として重要である．リンは核酸，タンパク質，リン脂質，補酵素，糖リン酸エステルなどの構成元素である．リンはほとんどすべての炭素代謝，エネルギー代謝

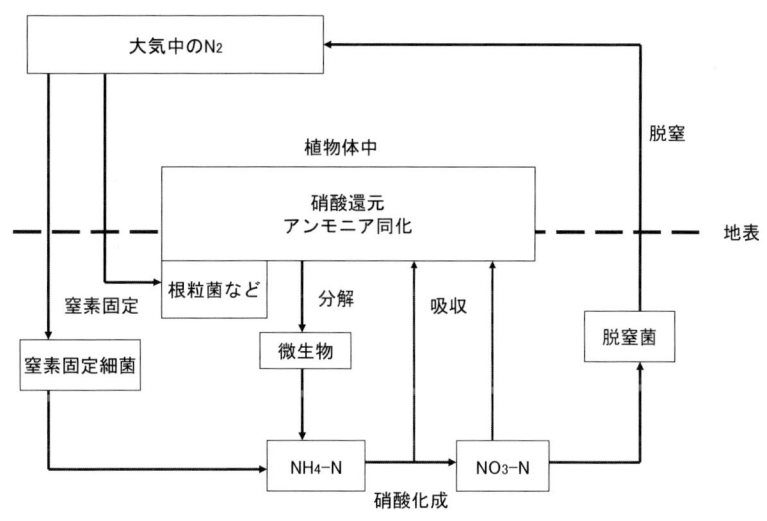

**図6.3** 植物と土壌中の窒素のおもな循環経路

に関与するといえる．植物はリンをリン酸イオン（$H_2PO_4^-$ および $HPO_4^{2-}$）の形態で吸収する．土壌中のリン酸（phosphorus）は，リン肥料や有機物の分解により供給される．リン酸は土壌中で有機態リン酸と無機態リン酸に大別される．植物に吸収されたリン酸は植物体中で有機態リン酸の形態で存在する．

土壌に施肥されたリン酸肥料のうち，大部分のリン酸が土壌に吸収されて植物が利用できなくなることをリン酸固定という．この土壌中に吸収されたリン酸のうち，作物に吸収可能なリン酸を可給態リン酸（有効態リン酸）という．土壌中でリン酸は，カルシウム，鉄，アルミニウムと結合していることが多い．このうちリン酸カルシウムは植物に利用されやすい可給態リン酸であるが，リン酸鉄やリン酸アルミニウムは難溶性リン酸である．可給態リン酸の測定には，一般にトルオーグ法が用いられる．土壌のpHを6～7で維持すると，リン酸肥料の肥効が高まる．

リン酸吸収係数（phosphorus absorption coefficient）とは，土壌100gに対し，リン酸が吸収・固定される量をmg単位で表したものである．リン酸吸収係数が高いほどリン肥料が効きにくく，黒ボク土は1500以上である．リン酸吸収係数が1000以下の土壌では，リン酸の吸収，固定はあまり問題にならない．日本の土壌は火山灰土が多いため，リンを過剰に施肥しても過剰害は生じにくい．

**g. カリウム**

カリウム（potassium）の作用は，植物体内の環境を整える役割の元素と考えられている．植物体内では大部分は水溶性の無機塩，有機塩として存在している．カリウムは過剰に施肥しても過剰害が発生しにくく，ぜいたく吸収される．カリウムはpHの調節，細胞内の浸透圧の調節，気孔開閉，膜透過，酵素作用の調節などがおもな作用と考えられている．

カリウムは土壌では一次鉱物や粘土物質に含まれているが，風化作用などによりカリウムイオンの形態に変化する．カリウムイオンは固定態，交換態，水溶態の形態で存在し，植物に利用されるカリウムの大部分は交換性カリウムである．土壌分析の表示は $K_2O$ でカリ（加里）という．

**h. カルシウム**

カルシウム（calcium）は，植物体内ではペクチン酸カルシウムの形で存在し，細胞壁の構造と機能の維持に関与する元素であり，炭酸や有機酸などと不溶性の塩をつくり液胞中に存在することで過剰の有機酸を中和する役割を果たしていると考えられている．カルシウムイオンは体内での移動性が乏しいため，たえず吸収していないと，分裂組織で欠乏症状が現れやすい．葉先枯れ症状や

芯腐れ症状もカルシウム欠乏と考えられる．

土壌中のカルシウムは一次鉱物と粘土鉱物由来である．植物はカルシウムイオンの形態で吸収するが，土壌溶液中の塩類に由来するものと，土壌に吸着されている交換性石灰に由来するものがある．交換性塩基の中でも最も多いが，降雨により溶脱しやすい．土壌分析の表示はCaOで石灰という．

### i. マグネシウム

マグネシウム（magnesium）は，植物体内ではクロロフィルの構成成分で光合成に重要な役割を果たすほかに，酵素の活性化，リン酸化反応を補助する役割もある．マグネシウムが欠乏すると葉緑素が形成できなくなるため葉が黄化するが，マグネシウムは体内を移動しやすいため古い葉から黄化が生じる．

土壌中のマグネシウムも一次鉱物と粘土物質由来である．植物はマグネシウムイオンの形態で吸収し，土壌に吸着している交換性苦土に由来するものが多い．マグネシウムは土壌から溶脱しやすく，酸性土壌ではマグネシウム欠乏症になりやすい．土壌分析の表示はMgOで苦土という．

### j. イオウ

イオウ（硫黄）は硫酸イオン（$SO_4^{2-}$）の形で吸収される．体内で光エネルギーを利用して還元されシスチン，システィン，メチオニンなどの含硫アミノ酸になる．イオウが欠乏するとこれらのアミノ酸が合成されないため，タンパク質の合成が低下する．香気成分である硫化アリルの構成成分である．

土壌中のイオウは，一次鉱物由来のほか，大気中の二酸化硫黄にも由来している．土壌中のイオウ化合物の酸化還元反応には，イオウ細菌が関与している．日本ではイオウ欠乏症はほとんど報告されていないが，硫酸根を含んだ肥料から無硫酸根肥料に変わりつつあることから，イオウ欠乏症が生じる可能性が指摘されている．

### k. 微量必須元素

植物の必要量が微量である微量必須元素（micronutrient）には，鉄，マンガン，ホウ素，モリブデン，銅，亜鉛，塩素に加えて，近年追加されたニッケルがある．微量に必要なため，欠乏症や過剰症が生じやすい．

鉄は2価あるいは3価の鉄イオンとして吸収される．鉄は体内移動性が著しく低いため，新葉からその症状が現れる．土壌pHが中性あるいはアルカリ性になると鉄欠乏症が生じやすくなる．マンガンは2価イオンの形で吸収される．マンガン欠乏症は有機質の多い高pH土壌で生じやすい．ホウ素はホウ酸イオンの形で吸収される．モリブデンはアニオンのモリブデン酸イオンとして吸収されるため，酸性土壌で欠乏症が生じやすくなる．銅は1価，2価のイオンとして吸収される．過剰の銅の存在は鉄の吸収・移行を妨げ，鉄欠乏クロロシスを促進する．銅は土壌のpHが高くなるほど吸収されにくくなり，欠乏症が生じやすい．亜鉛も2価イオンの形で吸収される．亜鉛欠乏症も有機質の多い高pH土壌で生じやすい．塩素は塩素イオンとして吸収され，光合成における酵素発生や蒸散の制御に関与していると考えられている．塩素の毒性は弱いが，塩害や塩類集積で著しく濃度が高まると過剰害が生じる．ニッケルは植物のウレアーゼに含まれることから，以前からその必須性について議論されてきたが，2000年以降，必須微量元素に含まれるようになった．

その他，微量必須元素のほかに，特定の植物の生育に有用な作用をする有用元素がある．重要な有用元素として，イネ科を含め，いくつかの植物の生育に必須なケイ素があげられる．ケイ素はオルトケイ酸，またはそれに近い低分子の重合物の形で吸収される．

### l. 塩類集積

降雨量が多い日本では，通常，土壌溶液中の塩類は圏外に溶脱するため，土壌溶液の濃度は低く維持されている．しかし，施設栽培土壌では，土壌表層の水が蒸発すると毛管現象による水の上昇に伴って塩類が下層から表層に移動し，土壌中の塩類濃度が増加する．これを塩類集積（salt accumulation, salinization）という．土壌中の塩類濃度が高くなると，作物生育は抑制され，最悪の場合には作物が枯死する．このような塩類障害（salt injury）は，土壌溶液の浸透圧上昇による養

水分や特定のイオンの吸収阻害などによって生じるといわれている．塩類障害を回避するには，土壌中の EC や各種元素の濃度を測定した土壌診断結果に基づいて施肥量や施肥方法を勘案しながら，土壌を適正に維持することが重要である．塩類集積が生じた土壌では，湛水により塩類を下層に溶脱させたり，吸肥作物を栽培し栽培地外へ搬出して土壌の塩類濃度を低下させるなどの方法をとる必要がある．

（文献は 6.2 節参照）

## 6.2 鉢と配合土

### 6.2.1 鉢の種類

#### a. 鉢栽培

容器栽培である鉢栽培（pot culture）が地面の土による栽培と大きく異なっている点は，地面から隔離されているところである．コンテナ栽培（container culture）ともいう．容器で植物が栽培される場合，植物の生育は容器の形，素材によっても影響を受ける．鉢栽培における根の発達は，鉢サイズ，培地の物理性，灌水の方法などによって影響を受ける．鉢サイズは，植物の成長に応じて順次大きな鉢に植え替えられる．容器栽培では根の伸長量に応じた鉢サイズの管理が必要であり，これは地上部とのバランスで判断されなければならない．鉢の容量が小さすぎる場合には，容器内一杯に根が回ってしまう根づまり症状が発生しやすい．根づまりした植物では移植後の活着が遅れるため，移植作業はこの根づまりが発生する前に行う必要がある．

容器の形は培養土内の水分含量に大きな影響を及ぼす．浅い容器の方が灌水直後には保水量が多くなる．逆に深い容器では保水量が少なくなり，とくに上部では保水量が著しく少なくなる．そのため，セル（プラグ）苗用トレー（後述）を用いて栽培する場合，セル数が多いトレーの方がより浅くなっていることが多く，水分補給に十分注意を払う必要がある．

#### b. プラスチック鉢と陶器鉢

鉢に用いられる材質は様々である．陶器や磁器，プラスチック，木製品，金属製品，紙製品，およびこれらのリサイクル品などがある．とくに，育苗用には合成樹脂のポリエチレンで作成された軽くて軟らかいポリ鉢（ポリポット，polyethylene pot）が多量に利用されている．ガーデニング用に利用される鉢として，以前は陶器鉢が多かったが，近年は軽くて壊れにくいプラスチック鉢（plastic pot）が多く利用されている．ポリ鉢やプラスチック鉢は，自然界で分解されないうえリサイクルしにくいため，環境に配慮した自然界で分解する材質を利用した生分解性ポットが利用されるようになった．材質としては，デンプンなどのバイオマス由来のプラスチックや化学合成プラスチックなどが利用されている．問題点として，コストが高い，分解速度が遅い，そのまま植えると活着が悪いことなどがあげられる．

鉢栽培に最もよく利用される陶器鉢として，素焼き鉢（clay pot）と駄温鉢（partly glazed [clay] pot），テラコッタ（terracotta），化粧鉢（glazed pot）がある．素焼き鉢は焼成温度が約 700℃ であり，もろくて汚れやすく壊れやすいが，通気性がよい．駄温鉢は焼成温度が約 1000℃ で上薬が鉢上部のふちに塗ってあり，素焼き鉢よりは固くきめが細かいが，通気性が悪い．茶色やオレンジ色の装飾用の素焼き鉢のことをテラコッタというが，その語源はラテン語の焼いた土に由来する．テラコッタは焼成温度が 1000〜1300℃ で，高温で焼くが上薬を利用していない．朱温鉢の一種ともいえる．通気性は素焼き鉢よりは劣る．観葉植物やラン類などは，うわぐすりのかかったつやのある化粧鉢で販売されることが多い．化粧鉢は全面に上薬が塗ってあるため，通気性が非常に悪い．観葉植物では，はじめから化粧鉢で栽培されることもあるが，ラン類は出荷時に化粧鉢に入れられることが多い．

多孔質の素焼き鉢のように通気性がよい鉢と，プラスチック鉢のようにそうでないものとでは，培養土内の環境が大きく異なる．素焼き鉢では側面からも空気の入れ替えが生じ，プラスチック鉢より植物に適した空気環境が維持されやすい．また，素焼き鉢では側面から水分が蒸発するため，

培養土内の空気が多くなって過湿害が生じにくくなる．一方，プラスチック鉢では，側面から水分が蒸発しないため，過湿害が生じやすくなる．ただし，素焼き鉢で栽培したときの方が培養土はしまりやすく，時間がたつにつれて培養土の物理構造が細かくなる．また，水分の蒸発が多いため，気化熱が奪われ，培養土の温度が低くなる．

**c. その他の鉢**

植物栽培用の容器を総称してプランター（planter）というが，日本ではプランターといえばガーデニング用に利用される長方形のプラスチックのものを指すことが多い．

育苗用に用いられる鉢として，小型のセルが連結したセルトレー（cell tray）がある．このセルトレーは大きさがおおよそ $30 \times 60$ cm であり，このセルトレーを用いた育苗システムが欧米で開発され，苗生産と成品生産の分業が生じた．セル育苗は根域容量が小さいため養水分ストレスが生じやすい．また，セル育苗では培養土の周りを根がおおいセルから抜けやすくなってから移植するので，セルサイズが小さい場合には，根づまり苗，いわゆる老化苗になりやすい．この老化苗を移植すると活着が遅れ，花芽分化が早い種では花の品質が低下するものがある．したがって，花自身の品質が重要視される花卉園芸では，植物の生育から見た移植適期と移植の作業性からみた移植適期とが異なっている場合が多々認められる．

野菜苗や花壇苗の営利販売用にマルチポット（multi-pot）がある．これはセルサイズ約 $50 \sim 150$ mm のセルが 2～6 個連結したものである．カットパック，セルパックともいわれる．また，不織布ポットやピートモスでつくられたピートポット（peat-pot）もある．このピートポットは鉢のまま定植できるが，コストが高い，水分管理が難しいなどの問題点がある．

## 6.2.2 配合土
**a. 配合土とは**

鉢物生産，苗生産，ベンチ栽培では，土壌，有機資材，土壌改良資材などを配合して作成した配合土（mixed soil, soil mixture）を用いることが多い．配合土は培養土，培地，培土ともいうが，培土とは，本来「土寄せ」を意味する用語であるので，基本的にはあまり用いない方がよい．従来，生産者は自分でそれぞれの資材を配合して作成していたが，分業化，省力化のため，市販の配合土を用いることが増えている．

配合土を作成するうえで，再現性の高い配合土を作成することが重要であり，理化学性を基準にして標準配合土が作成されている．標準配合土には，以下のような条件が必要となる．素材が大量に存在すること，安価であること，労働効率が高いこと（軽いこと）である．さらに構造が安定しており栽培期間中の経時変化が少ないこと，有害な菌がいないこと，雑草等の種子を含まないことも求められる．とくに，配合土の軽量化は作業効率を高めるだけではなく，孔隙を高める上で有効な方法である．水稲用の配合土と園芸用の配合土では大きく特性が異なり，水稲用の配合土では，pH $4.5 \sim 5.5$ の酸性であるのに対し，園芸用の配合土は，pH $5.8 \sim 7.0$ の弱酸性である．配合土の作成に用いられる資材は，無機質素材，有機質素材，土壌由来素材に大別される．

**b. 無機質素材**

配合土に利用される無機質素材には，バーミキュライト（vermiculite），パーライト（perlite），ロックウール（rockwool）などがあり，これらに共通する特性として，軽量で，仮比重が $0.1 \sim 0.2$ 程度であることがあげられる．これらの多くは元来，建築用資材などの他の用途で開発され，農業用に転用されたものが多い．

バーミキュライトはひる石を 1000℃ で焼成し，膨張させたもので，保肥力が高い．単体でも栽培は可能だが，長期作物では粒子が壊れて空気の拡散が悪くなる傾向がある．通気性，透水性，保水性にもすぐれる．

パーライトは真珠岩を 1000℃ で焼成し，膨張させたもので，非常に軽い．通気性，透水性にすぐれているが，保肥力はほとんどない．排水性の悪い土壌の土壌改良資材としてよく利用される．

ロックウールは玄武岩などの岩石やスラグを約 1500℃ で溶解したものをガラス状の繊維状に加工

したものである．ブロック，キューブ，粒状綿など様々なサイズや形があり，配合土には粒状綿が利用される．透水性，通気性にすぐれているが，保肥力はほとんどない．

**c．有機質素材**

有機質素材としては，腐葉土（leaf mold），ピートモス（peat moss），水苔（sphagnum peat），籾殻（rice husk），バーク（樹皮，bark），コイア（coir），ココナッツピート（coconut peat）などがある．

落ち葉が堆積し発酵したものを腐葉土といい，保水性がよく，保肥力が高い．土壌改良資材として古くから利用されており，土壌と混合し団粒構造をつくる核として利用される．

湿生草本の植物が堆積し，完全に分解することなく炭化したものをピート（泥炭，草炭）という．ピートは温度が低く分解速度が遅い亜寒帯，寒帯に広く分布する．ピートには腐熟度の異なるものが存在し，園芸用には腐熟度が中程度のものが利用されている．ピートの材料になる植物は多様で，ヨシ，アシ，スゲ，水苔などである．とくに水苔由来のピートをピートモスといい，園芸素材として用いられることが多い．ピートモスは保水性の高い，孔隙に富んだ素材である．分解に伴う有機酸の生成のためかなり酸性に偏っており，石灰によって酸度調整後，利用されている．ピートモスはCECが高く，保肥力が高い．

湿生植物の水苔の乾燥物は，保水性，通気性に富み，保肥力もあることから，ラン類や観葉植物の植え込み資材や，取り木や挿し木に利用される．

イネの籾をついて玄米を得たあとの殻を籾殻といい，土壌改良剤として利用される．保水性は悪いが，非常に軽く通気性がよい．水をはじき，イネ種子を含んでいる．籾殻を炭化させたものを籾殻くん炭という．加熱しているため無菌であり，通気性や保水性がよいが，非常に壊れやすい．作成直後はアルカリ性が強く，十分水洗してから利用する．

樹木の樹皮をバークという．製材時の副産物として広く世界的に分布する．樹種によって化学的な性質が異なり，針葉樹の中には，タンニンやフェノールなどの植物生育阻害物質をもつものもあり，樹種に注意する．広葉樹と針葉樹の間にも違いが見られ，広葉樹は分解が早く，針葉樹は分解が遅い．ラン栽培では針葉樹のバークがよく用いられる．鉢物の化粧用（土壌表面に敷きつめる）の資材としても利用される．

ココヤシの果実の殻の繊維状の部分を，1〜数cmに細かく切ったものをヤシ殻という．とくに繊維状に裁断したものをコイアという．ヤシは海辺で栽培されているため，ナトリウムを保持しているものが多く，塩類除去してから使用する．通気性はよく保水力や保肥力もあるため，観葉植物やラン類の植え込み資材として利用される．コイアを細かく裁断し，数年間堆積，発酵させたものをココナッツピートという．ピートモスと特性が似ており，保水性と通気性に富んでいる．CECも大きく，保肥力に富んでいる．これらの特性のため，園芸資材としても利用が増加している．

**d．土壌由来素材**

土壌由来素材は，培養土の基本的な素材であり，混合によって生育が安定することが多い．しかし，無機質土壌は重く，労働効率は悪い．土壌由来素材は，山土，山砂，川砂，田土に分類される．砂は透水性を高める資材として重要である．粒子のそろっている川砂は，挿し木用土に用いられる．

日本の山土の大部分を占める火山灰土壌は腐食に富むことが多い．また，リン酸吸収係数が高いために，リン酸を多用する必要がある．火山灰土壌は酸性のものが多い．火山灰土壌のうち，比較的粒子が大きく軽いものが園芸用として利用されている．九州の日向土のように地域の名称がつけられて普及していることが多い．

栃木県の鹿沼市一帯から産出される鹿沼土（Kanuma soil）は古くから全国的に利用されている．軽いうえに，透水性，通気性，保水性にすぐれているため，挿し木用土のほか，サツキなど，盆栽用の土として利用されている．リン酸吸収係数が高い．

赤玉土（red soil）は関東ローム層の粘土質を多く含んだ赤土を乾燥させ，機械で砕いてからふるいにかけ，粒子のサイズごとに選別した土である．

赤玉土は，弱酸性で，通気性・透水性に富む．CECも高いが，リン酸吸収係数が高い．

軽石（pumice）は火山からの噴出物の粒子であり，多孔質となっている．そのため，粒子は軽く，あまり固くない．保水性はよく，保肥力は高い．鉢底用資材として利用されることが多い．

荒木田土（Arakida soil）は，粘着力の高い茶褐色をした粘土質の田土で，有機質を多く含み，保肥力，保水力がよいが，透水性や通気性は悪い．乾燥すると固まる．水生植物などの培地として利用される．　　　　　　　　　　［後藤丹十郎］

**文　献**〔6.1～6.2節〕
1) 長村智司：鉢花の培養土と養水分管理，農山漁村文化協会，1995．
2) 藤原俊六郎他編：土壌肥料用語事典，農山漁村文化協会，1998．
3) 松坂泰明・栗原　淳監修：土壌・植物栄養・環境事典，博友社，1994．
4) 三枝正彦・木村真人編：土壌サイエンス入門，文永堂，2005．
5) 山崎耕宇他：植物栄養・肥料学，朝倉書店，1993．

## 6.3　肥料と施肥

### 6.3.1　肥料の種類
#### a. 肥料とは
日本の肥料取締法によれば，肥料（fertilizer）とは「植物の栄養に供すること又は植物の栽培に資するため土壌に化学的変化をもたらすことを目的として土地にほどこされる物及び植物の栄養に供することを目的として植物にほどこされる物をいう」と定義されている．

肥料には，普通肥料（公定規格が定められるものおよび指定配合肥料など）と有機質肥料を中心とした特殊肥料（農家が経験や五感で判断できるものおよび規格化がなじまないものなど）がある．普通肥料には窒素，リン酸，カリなどを含む「三要素系肥料」と石灰，苦土，マンガンなどを含む「その他肥料」ならびに指定配合肥料などがあり，現在，公定規格で定められたものは約120種類である．特殊肥料には未粉砕の有機質肥料（organic fertilizer）や稲わら，汚泥，バーク堆肥やコンポストなどが含まれ，多量に施用されても過剰障害を起こしにくいとされている．市販されている肥料は，製法，外観，有効成分，溶解性などにより，様々な種類，銘柄があり，利用する際には栽培品目に応じて最適なものを選択する必要がある．また，成分量，形態，三要素の構成割合ばかりでなく，硫酸や塩素などの副成分や微量要素の量，固結力，吸湿性，流動性なども肥料選択の際の重要なポイントとなる．

花卉生産で用いられる肥料には，動植物質資材を原料として製造される有機質肥料（表6.2）と工場などで化学合成によって製造される化学肥料があり，肥効の特徴を利用した生育制御により，栽培期間の短縮化，収量の最大化ならびに品質向上などを目的として利用されている．

#### b. 土壌改良材・厩肥・有機質肥料
土壌改良材（soil condition）とは，土壌の地力や生産性を高めるために，土壌の物理化学性あるいは微生物相を改良する資材のことで，バーミキュライト，パーライト，ベントナイト，ゼオライトなどの鉱物質のもの，ピートモス，泥炭，甲殻類粉末などの動植物質のもの，さらには土壌の団粒化や保水を目的とした合成高分子系化合物などがある．

厩肥（animal manure）とは，家畜糞尿単独あるいは家畜糞尿にわらなどを堆積し腐熟させたものをいう．成分として窒素，リン酸，カリの3要素ならびに各種の微量要素を含んでおり，植物系残渣を堆積発酵させた堆肥（manure）とともに重要な自給肥料であり，双方を併せて堆厩肥と呼ぶ．堆肥や厩肥は土壌に腐植質を供給するとともに保肥力を高め，土壌が酸性化するのを抑制するので，地力を維持する効果があり，化学肥料と併用されることが多い．

有機質肥料とは，魚かす・骨粉・なたね粕・綿実粕などの動植物質資材（表6.2），堆厩肥・緑肥などの自給有機質資材，食品廃棄・下水汚泥・鶏糞などの有機廃棄物資材を原料とした肥料のことで，工業的に生産された化学肥料と比べて遅効性で，堆厩肥や緑肥などのように土壌改良資材的な効果を発揮するものもある．また，油かす類，魚

表6.2 有機質肥料の事例と保証成分

| | 品目 | 保証成分 (%) | | |
|---|---|---|---|---|
| | | 全窒素量 | リン酸全量 | カリ全量 |
| 動物質肥料 | 魚かす | 5〜8 | 6〜9 | 0〜1 |
| | 肉骨粉 | 6〜7 | 10〜13 | − |
| | 生骨粉 | 4〜5 | 16〜21 | − |
| | 蒸製骨粉 | 2〜5 | 14〜26 | − |
| 植物質肥料 | ナタネ油かす | 5〜6 | 2〜3 | 1 |
| | ダイズ油かす | 6〜7 | 1〜2 | 1〜2 |
| | 綿実油かす | 5〜7 | 1.5〜2.8 | 1〜1.5 |
| | 米ぬか油かす | 2〜2.5 | 4〜6 | 1〜2.5 |

かす類,骨粉などは普通肥料に分類され,米ぬか,堆肥,汚泥肥料などは特殊肥料に分類されている.

#### c. 化学肥料

硫酸アンモニウム,尿素,過リン酸石灰,塩化カリのように工場などで化学的に製造され,無機物からなる肥料を化学肥料(chemical fertilizer)という.これらは水溶性(water solubility)で速効性のものが多いが,リン酸とカリを含む肥料の中には根酸(クエン酸)などの弱酸に溶解しやすいく溶性(citrate solubility)で緩効性の化学肥料もある.化学肥料はその形状により,固形肥料,液体肥料,粉末肥料に分けることもある.なお,化学肥料のうち窒素,リン酸,カリの3要素のうち1要素しか含まないものを単肥といい,単肥を組み合わせ,混合や造粒などにより,3要素のうち2要素以上を含むものを複合肥料という.

さらに,複合肥料のうち2要素以上を含み,粒状に加工したものを化成肥料という.化成肥料の有効成分は3要素である窒素,リン酸,カリがどの程度含有されているかによって示される.たとえばそれぞれが10%ずつ含有された肥料であれば,肥料袋には商品名とともに「10-10-10」と示されている.また,化成肥料のうち3要素の割合の合計が30%以上にブレンドされたものを高度化成,30%未満のものを低度化成あるいは普通化成という.低度化成は肥効上必要十分な条件を満たしているためコスト的にも有利であり,生産農家の間ではよく利用されている.

化学肥料はそれを水溶液にしたときのpHにより,酸性肥料,中性肥料,アルカリ性肥料に分類することができる.酸性肥料にはリン酸アンモニウム,過リン酸石灰,中性肥料には尿素,硝酸アンモニウム,アルカリ肥料には消石灰,炭酸カルシウムなどがある.

一方,肥料の有効成分が植物に吸収されてから土壌のpHが変化して,酸性となるもの,中性となるもの,アルカリ性となるものがあり,それぞれを生理的酸性肥料,生理的中性肥料,生理的アルカリ性肥料という.硫酸アンモニウム,塩化アンモニウムなどは生理的酸性肥料,過リン酸石灰,リン酸アンモニウムなどは生理的中性肥料,石灰窒素,熔成リン肥などは生理的アルカリ性肥料に分類される.「化学的〜性肥料」と「生理的〜性肥料」の分類には一致するものとしないものがあり,水に溶けてイオンになったとき,どの成分が主として植物に吸収され,どの成分が吸収されずに残るかによって決まる.

#### d. 速効性肥料,緩効性肥料,遅効性肥料

施用した肥料が植物に取り込まれ効果を発揮するまでに要する時間の違いにより,速効性あるいは緩効性の区分がなされており,すばやく効く肥料を速効性肥料(quick-acting fertilizer, rapid-acting fertilizer),ゆっくりと効く肥料を緩効性肥料(controlled release fertilizer, slow release fertilizer)という.また,施用した初期にはほとんど効果を発揮せず,肥効期間の後半以降に効果を発揮する肥料を遅効性肥料(delayed release fertilizer)という.いずれも,肥効はシグモイド曲線を描くものが多い.

速効性肥料は,水溶性成分が主体で施用時に即座に水に溶けてイオン化し,植物にすばやく吸収される.また,これら肥料の施用効果はすぐに現れるため,生育促進を目的とした追肥用の肥料として用いられることが多い.一方,速効性肥料は過剰に施用された場合,水に溶け出してからの高い浸透圧のために栽培植物の根毛を傷め,それ以降の養水分の吸収に支障をきたし,生理障害あるいは生育障害をひき起こすことがある.

緩効性肥料は,水に不溶性の成分を主体として化学合成された肥料で,微生物活動による分解や加水分解を経た後に肥効が見られる.緩効性肥料にはイソブチルアセトアルデヒド縮合尿素(IB),

シクロディウレア（CDU），オキサミドなどの窒素成分を含む肥料がある．これらの肥料は多量に施用しても濃度障害が発生しにくく，基肥として施用されることが多い．

### 6.3.2 肥料成分

普通肥料の最低保証成分量を定めた保証成分のうち，実際に肥効が見られる有効成分には，窒素ではアンモニア態窒素，硝酸態窒素，リン酸では可溶性リン酸，く溶性リン酸，水溶性リン酸，カリでは水溶性カリとく溶性カリがある．肥料成分のうちアルカリ分は可溶性石灰と水溶性およびく溶性苦土の含有量を酸化カルシウム量に換算して示される．また，硫酸アンモニウムの硫酸イオンや塩化アンモニウムの塩素イオンは肥料中に必然的に含まれることになり，副成分と呼ばれる．これらの副成分は有効成分が植物に吸収された後，土壌中に残存・集積すれば濃度障害の原因となることがある．

なお，花卉生産に用いる肥料には，含まれる主成分によって，窒素質肥料，リン酸質肥料，カリ質肥料などに分類されており，それぞれの肥料の特徴は以下のとおりとなっている．

1）窒素質肥料（nitrogen fertilizer）

窒素はタンパク質やクロロフィルなどを構成する成分で，細胞の分裂と増殖，根，葉，茎の発育，生育促進などの効果がある．窒素質肥料には無機質のものと有機質のものがあり，工業的に生産される無機質系の窒素質肥料には，アンモニア態，硝酸態，尿素態，シアナミド態窒素などがあり，有機質系の窒素質肥料には動物系の魚肥類や植物系の油かす類がある．アンモニウムイオンは陽イオン（cation，プラス電荷を帯びたイオン）であるため，土壌粒子に保持されやすく肥効が持続しやすいのが特徴である．一方，硝酸イオンは陰イオン（anion，マイナス電荷を帯びたイオン）のため，肥効期間は短くなるが植物には吸収されやすく，一度に多量施用した場合には濃度障害も発生しやすい．

2）リン酸質肥料（phosphatic fertilizer）

リン酸は，核酸や酵素の構成成分で，根の発育促進，発芽力の向上，成長促進，根，茎，葉の数の増加，子実収量の増加などの効果がある．リン酸質肥料はリン鉱石を原料とし，形態としては水溶性リン酸，可溶性リン酸，く溶性リン酸に分けることができる．なお，水への溶けやすさはこの順序となっており，肥効は水溶性リン酸が最も早いとされる．リン酸質肥料には無機質のものと有機質のものがあり，無機質のリン酸肥料には熔成リン肥，過リン酸石灰などがあり，有機質のリン酸肥料には米ぬか，骨粉などがある．リン酸はリン酸吸収係数の高い火山灰土や粘土系の土壌に吸着されやすく，pHの矯正や有機物資材の投入により土壌への固定を抑制することができる．

3）カリ質肥料（potash fertilizer）

カリウムはデンプンやタンパク質の生成，移動，蓄積に関与し，根の発育促進，蒸散作用の調節，開花と結実の促進などの効果がある．カリ質肥料のおもな原料はカリ鉱石であり，形態は速効性で水溶性の塩化カリや硫酸カリが中心となっている．カリウムイオンはプラス電荷を帯びているため土壌に吸着保持されやすく，マグネシウムイオンが多量にあれば拮抗作用（多数のイオンが水溶液中に同時に存在する場合，お互いのイオンが他方の植物吸収を妨げる作用）によって吸収されにくくなる．

### 6.3.3 施肥法
#### a. 施肥環境の事前確認

花卉生産における施肥法は栽培環境，栽培する植物の種類，土壌の物理性や水分状態などによって異なる．とくに営利栽培では，これらに加えて栽培圃場の土壌に関する塩類濃度，塩基バランス，施肥時期，施肥位置などを事前にチェックしておく必要がある．

また，施肥後の肥効は気候や温度条件に大きく左右されるため，環境条件によっては施肥法に工夫を加える必要がある．たとえば，露地栽培ではハウス栽培に比べ降雨の影響を受けやすく，肥料成分は圃場外へ溶脱しやすい．さらに土壌の物理化学性や肥沃度は圃場ごとに異なるため，同じ肥料を同量施用した場合でも圃場によって肥効が違

ってくる場合がある．一方，ハウス内環境は，温度・湿度・日射量・二酸化炭素濃度などが露地環境とはまったく異なっており，肥効も露地栽培とは違ってくるため独自の施肥を行う必要がある．

1) 塩類濃度の確認

施肥を行っても，施肥成分のすべてが植物に吸収されるわけでなく，吸収されなかった成分は土壌中に蓄積される．とくにハウス栽培では雨水による溶脱がなく，蒸発と毛管現象によって土壌水分が地表面に上昇してくるため，水溶性の肥料成分は土壌表面に集積する．この集積が進むと土壌表面には肥料成分の結晶が析出するため白っぽく見える．土壌表面への塩類集積が過剰になったとき，栽培植物の濃度障害が発生しやすくなる．

土壌溶液中の大まかな塩類濃度は，蒸留水を用いた浸出液の電気伝導度（EC）で推定できるので，適切な施肥を行うためには，事前に土壌のECのチェックを行っておく必要がある．

2) 塩基バランスの確認

施肥を行う場合，栽培植物にとっての適切な濃度域を維持しながら，各成分間の塩基バランスをとることが重要となる．たとえば施肥したとき，塩基バランスが狂ってカルシウムやカリウムあるいはアンモニウムが過剰となった場合，拮抗作用によりマグネシウムの吸収が抑制されて欠乏症状を呈することがある．

塩基飽和度が90％以上の土壌では緩衝能が低下しており，塩基バランスを調整するのが困難である場合が多い．このような場合，いったん湛水状態にして水に過剰な塩類を溶かし出してから，暗渠あるいは明渠を通じて圃場外にこの水を排出し，余分な肥料成分を取り除いておく必要がある．なお，塩基バランスの確認は，pHやECの測定とは異なり，個人では難しいため地域の公的機関に依頼することが多い．

b. 施肥時期と施用位置

植物の生育初期に施用する肥料は基肥（元肥，basal fertilizer），生育期間中に施用する肥料は追肥（supplement application [of fertilizer], side dressing, top dressing）といい，2回以上に分けて施用する．また，植物が養分を必要とする時期に適切に施肥することができれば，施肥の利用率を高められるとともに施肥にかかるコストを低減することが可能になる．花卉類の主要品目については，生育期間を通じて必要な施肥量や施肥成分の吸収特性が調べられており，この特性に従って施肥することにより効率的な施肥が可能である．

一方，肥料の施用位置についての詳細な報告例はほとんど見られないが，リン酸の施用位置に関する経験則には，①肥効は施用位置から根までの距離に影響される．②水溶性リン酸は土壌に固定されやすいため根の近くに全量施用する．③く溶性リン酸は移動しにくいため，土壌中に広く分布させて根との接触が多くなるように施用する，といったものがある．なお，硝酸態あるいはアンモニア態窒素を含む水溶性の速効性肥料は，施用する濃度にもよるが，根に直接触れると濃度障害を生じることが多いため，できるだけ根から離して施用する工夫が必要となっている．

c. 液体肥料の利用法

液体肥料（liquid fertilizer）とは液体の状態で市販されている肥料をいい，3要素がすべて含まれるものとそれぞれが個別に含まれるものがある．液体肥料は原則的に水に希釈して利用するため，硝酸アンモニウムや尿素などの溶解度の高い原料を用いた複合肥料となっている．肥効は速効性のものが大半を占めるが，アミノ酸などの有機物を含む肥料は緩効性のものが多い．

また，液体肥料には土壌施用するものと葉面散布するものがある．葉面散布用の液体肥料には生理障害対策のため，鉄やモリブデンなどの微量要素を含むものが多いが，使用濃度によってはこれらの微量要素が過剰になり，生理障害が発生する場合があるので注意を要する．

現在，液体肥料は固形肥料とともに，花卉生産に積極的に利用されている．とくに，キク，バラ，カーネーションをはじめとする主要切り花や鉢花・花壇苗の栽培では，これら植物の養分吸収パターンや生育好適濃度が解明されている．液体肥料の施用方法も栽培様式や栽培品目に応じて多様である．

通常，固形肥料を基肥とし，液体肥料は生育制

御を目的とした肥効調節を行うために用いられる．このときの液体肥料は追肥としての役割を果たすことになるが，主として速効性の成分が用いられているため肥効を早く確認することができる．さらに，処理濃度を低く設定して灌水と同時に施用されるので，肥効は比較的短期間で消失し，濃度障害の発生もほとんど見られない．

近年，ロックウール耕をはじめとする切り花の養液栽培が全国各地で行われているが，液体肥料はこの栽培方式に最適であるとされている．また，鉢花・花壇苗の生産にも液体肥料の利用が増加しつつある．

［前田茂一］

# 7. 病害虫防御

## 7.1 花卉の病害

日本で栽培される花卉は非常に多岐にわたり，概算で400科，1500属，5000種，2万品種ほどと推定されている．これらには日本原産種はもちろんのこと，新規性という観点から海外からの導入種も数多く含まれる．これらには冷温帯や熱帯，または乾燥地の原産の植物が含まれる．温帯に位置し，四季の温度較差が大きく，かつ多湿気候である日本の栽培環境で周年生産を目指して栽培されるため，様々な障害が発生し，その中には対策に苦慮する病害が含まれる．花卉は他作物と比較すると，以下の特徴がある．

①一つの名称の中に植物学的には複数種・雑種が包含されることがある（例：バラ，ユリ類，アイリス，プリムラなど）．
②栄養繁殖性のものが多い．
③種苗が地域あるいは国境を超えて移動するようになっている．

これらを反映して，花卉病害には以下の特徴がある．

①抵抗性育種が実施されている品目が少ない，または抵抗性の実態が不明である．
②抵抗性台木による病害回避がほとんど行われていない．
③防除のための登録薬剤が少ない，またはない品目が多い．
④要防除水準が非常に高い．

花卉病害を病原別に分けると，糸状菌，細菌（放線菌，ファイトプラズマを含む），ウイルス，ウイロイドとなる．病原体の大きさではこの順でおおむね小さくなる．これ以外に動物に属するが，微小なため，センチュウによる障害も通常，センチュウ病と名づけて病害に加えられることもある（7.2.2項参照）．

### 7.1.1 糸状菌病

食用作物や野菜の病害と同様，花卉においても約7割を糸状菌病害（fungal disease）が占める．糸状菌とはいわゆる「かび」の仲間であるが，その内容は起源を異にする微生物の集団である．病徴としては萎凋，斑点，枯損，腐敗，増生，奇形，萎黄叢生などである．病害によっては病斑部に胞子を大量に形成し，病原体そのものが肉眼的に見える（標徴）こともある（例：うどんこ病，さび病）．

①ネコブカビ類（例：アブラナ科植物根こぶ病菌）：現在，原生動物界に分類されている．花卉病害では本グループによる病害は知られていないが，生活環のなかに運動性のある遊走子を形成する時代がある．

②卵菌類（例：*Pythium*菌，疫病菌，べと病菌）：かつて菌界に含まれたが，遊走子のべん毛構造などからクロミスタ界に分類される．系統学的には葉緑体を失った藻類に近いと考えられている．セルロース（＋グルカン）主体の細胞壁をもつ．胞子のうから運動性のある遊走子（無性世代）を形成することが多い．菌糸体は単相で隔壁がない．造卵器と造精器による有性生殖の結果，卵胞子を形成する．多数の花卉の苗立枯病などの原因菌として重要である．

③接合菌類：細胞壁はキチン質（＋キトサン）よりなり，菌糸には隔壁がない．運動性のある胞子を形成しない．強病原性菌はないが，*Choaenephora cucurbitarum*（こうがいかび）菌など，市場病害に関与する菌が含まれる．

④子のう菌類：細胞壁はキチン質（＋グルカ

ン）よりなり，運動性のある胞子は形成しない．有性生殖の結果，子のうと呼ばれる袋をつくり，その中に子のう胞子（減数分裂の結果，形成されるので8個を基本数とする）を形成する菌類群である．栄養体は単相の菌糸であることが多い．菌糸には隔壁がある．子のう菌類は，炭疽病菌，うどんこ病菌など，糸状菌と呼ばれる微生物の多数を占める．

⑤担子菌類：　細胞壁はキチン質（＋グルカン）より構成され，運動性胞子は形成しない．担子胞子と呼ばれる有性世代を形成する菌類で，菌糸には④とは異なる隔壁がある．いわゆる「キノコ」の仲間ではあるが，植物病原菌には「キノコ」をつくらないものが多い．さび病や Rhizoctonia 菌が代表である．

⑥不完全菌類：　近年の植物病原菌の分子分類の結果から，大半は④や⑤に属することが明らかになりつつある．自然界ではほとんど有性世代（完全世代）をつくらず，無性世代（不完全世代＝分生子と菌糸体で増殖する）のみで生活環を全うするため，所属が定まらないものを暫定的措置としてここに含めている．

分生子は菌糸から特別な器官なしで直接形成されたり，分生子殻や分生子層と呼ばれる器官内や上に形成される．フザリウム菌，灰色かび病菌が含まれる．

④や⑤は有性世代とともに無性世代をもつため，それぞれの世代で名前が異なっている場合があるので注意が必要である．たとえば炭疽病菌の一種 Gromerella cingulata は有性世代（子のう菌類）の名前であるが，Colletotrichum gloeosporioides という無性世代（不完全菌類）の名前もある．これらは表裏の関係で同一菌である．どちらの名前を使ってもよいが，有性世代が自然界で見つかっている場合は有性世代名を使う習慣となっている．③，④および⑤が菌界に所属する一般的な「かび」とされる．

以上のように，糸状菌と総称されるものの起源が異なるため，細胞壁の構成成分，代謝機構などがそれぞれ異なり，薬剤に対する感受性が異なるので防除薬剤の選定にあたり，当該病害がどの分類群に属するのかを知ることが防除上重要となる．

また菌により宿主範囲の広い菌と狭い菌がある．白絹病菌（不完全菌類，Scleotium rolfsii；100科，500種類）[11] や菌核病菌（子のう菌類，Sclerotinia sclerotiorum），灰色かび病菌（不完全菌類，Botrytis cinerea）などは植物の科を超えて病原性を発揮する．このような菌については，輪作が防除に無効なことが多い．

これに対し各種作物の萎凋病菌（不完全菌類，Fusarium oxysporum）は，形態上は区別できないが，病原性が分化しており，アスター萎凋病菌ではアスター（エゾギク）にのみ病原性があり，他のキク科作物にも他科に属する作物にも病原性がない．このような場合には種小名の後に分化型（forma specialis：f. sp.）をつけ，Fusarium oxysporum f. sp. callistephi と表現する．Fusariuum oxysporum ではさらに病原性が分化している場合がある．すなわち同じ種に属しても品種によって病原性が認められる場合と，そうでない場合がある．この場合は病原菌のレース（race）として扱われる．野菜では多くの病原菌でこれらの例が知られるが，花卉では不明なものが多い．ただし，カーネーション萎凋病菌（Fusarium oxysporum f. sp. dianthi）ではよく検討されており，レースとして15種類が知られるが，race 2 が主流となっている．ちなみに日本の主要カーネーション産地から分離された萎凋病菌は，海外と同じく race 2 に属する[6]．

Rhizoctonia solani, Pythium spp. などは中間的な性質で，寄生性が分化している種類もあれば，分化せず多犯性を示すものの両方が含まれる．

病害の発病適温はそれぞれでほぼ決まっており，秋播き草花の雪腐病菌のように積雪下でのみ病原性を発揮するもの，菌核病菌，灰色かび病のように 15～20℃ と比較的低温で発生しやすい菌と，白絹病菌のように 30℃ を超える適温をもつ菌など様々である．したがって，春や秋に発生しやすい病害，白絹病のように真夏に発生しやすい病害などが存在する．

また植物の齢と発病が関係する場合もある．Pythium 属菌はおもに苗立枯病を起こすが，成熟

した植物には強い病原性は示さないことが多い．逆に Fusarium oxysporum による病害は生育の後半，栄養成長から生殖成長に変わる頃に発病することが多い．

それぞれの花卉で記録されている病害の種類を調べ，病原菌の性質を知ることで，該当病害に対して警戒すべき時期が大まかにはわかる．なお発病には温度以外に相対湿度や水分が大きく影響し，基本的には多湿条件は好適条件となることが多い．

ほとんどの病原菌は胞子（分生子）を形成し二次伝染していく．胞子形成と光の関係では 300～700 nm の単色光に対する反応から紫外線誘起型，紫外線促進型，紫外線・青色光誘起型，紫外線・青色光促進型，光感応型および光阻害型に区別される[7]．

菌界に属する糸状菌は通常，分生子と呼ばれる分散手段で空気中や水中を他動的に移動する．卵菌類ではおおむね遊走子がこの役割を果たす．水中の遊走子は走化性を示し，植物体から分泌される低分子有機物に誘引され植物体に到達，感染・侵入する．なお，一部の菌は運動性を消失しているため，菌界でいう分生子と同じ振る舞いをする．この場合は卵菌類でも分生子と呼ぶことがある．これらが二次伝染に役立つ．宿主側の栄養分などが枯渇すると様々な耐久器官を形成し，枯死植物体内外などに残存して次年度の伝染源になる．それらは菌核，厚壁胞子，微小菌核，分生子殻などと呼ばれるが，菌の種類ごとに形成される耐久器官は決まっている．これらは通常メラニン色素で着色されたり，細胞壁が肥厚したりして不良環境を乗り超えるようになっている．有性生殖の結果形成された卵胞子（卵菌類）や子のう殻（子のう菌類）なども中の胞子が厚い壁で守られており，耐久器官と考えられる．担子菌類における冬胞子も細胞壁が肥厚し，耐久器官として機能すると考えられる．

一方，バラうどんこ病菌のように絶対寄生菌でかつ完全時代が国内では発見されない菌類では，菌糸の状態で不良環境を乗り超えていると考えられるが，詳細は不明である．

### 7.1.2 細菌病

#### a. 細菌病（bacterial disease）

原核細胞の単細胞生物である細菌によって起こる病害である．萎凋，斑点，枯損，腐敗，増生，奇形，萎黄叢生などを起こす．病徴部は水浸状になったり菌泥（細菌の塊）が見えることもある．細菌は表面にべん毛をもち，自律的な運動が可能だが，微小なため，広域には水などの移動に伴う他動的な動きによる．植物への侵入門戸は自然開口部や傷口に限られる．細胞壁の構成の違いから，グラム陽性菌とグラム陰性菌に大別される．植物病原細菌はグラム陰性菌が多い．形態的に異なるが放線菌やファイトプラズマも細菌の一種である．もともと，単細胞で形態的特徴に乏しいため，古くから培養性質や化学的性質が分類に利用されており，中でも病原性が分化している場合は病原型（pathovar：pv.）が使われる．たとえばヒヤシンス黄腐病菌は Xanthomonas campestris に属し，キャベツ黒腐病菌と同じ分類群に属するが，病原性では明らかに区別されるため，Xanthomonas campestris pv. hyacinthi と表記する．ちなみにキャベツ黒腐菌は Xanthomonas campestris pv. campestris となる．一方，病原性は同じでも生理，生化学的な性質が異なる場合があり，この場合は生理型（biovar）として分類される．別の概念として細菌でも品種に対する寄生性の違いからレースの存在が知られる．一例をあげると，青枯病菌ではレースと biovar が併用される．中米から北米大陸に苗木を通じて侵入したとされるゼラニウム青枯病菌は Ralstonia solanacearum Race 3 biovar 2 と表記され，もともと米国内に存在した青枯病菌とは区別される．

一般に，細菌は増殖速度が他の微生物よりも速いため，病気の進展も速い傾向にある．このため防除時期が遅れると大きな被害をもたらす．青枯病や軟腐病など土壌伝染性細菌病は発病後は対策がないものが多い．

#### b. ファイトプラズマ病（phytoplasma）

純寄生性細菌の一種，ファイトプラズマによって起こる病害で，かつてはマイコプラズマ様微生物（mycoplasma like organism：MLO）と呼ば

れていた．日本の研究者が世界に先駆けて発見した植物病原体である[4]．その後の研究で動物に発生するmycoplasmaと植物で発生するMLOは系統的に異なることから，ファイトプラズマと呼ばれるようになった．細胞壁をもたない．一般にヨコバイ類によって媒介されるが，媒介虫が不明な場合もある．虫体内と植物体内の両方で増殖が可能である．萎黄叢生，てんぐ巣，花の葉化・緑化などを起こすことが多い．アジサイ葉化病やリンドウてんぐ巣病などが知られる．発病後の対策はないので予防に努めるしかないが，幸い発生頻度はあまり高くない．

### 7.1.3 ウイルス・ウイロイド病

#### a. ウイルス病 (virus disease)

ウイルスは，自らの複製のための鋳型である核酸をもつが，増殖のための装置を体内にもたず，寄主体の器官を利用して複製を行う微小構造体である．通常タンパク質の外被をもつ．植物ウイルスの核酸はRNA（一本鎖または二本鎖）のものが多い．形態的にはひも状，桿状，球形など種類によって特徴がある．葉の輪紋，条斑，壊死，モザイク症状や花弁の色割れや株の萎縮，黄化，生育不良などを起こすことが多い．

チューリップモザイク病（病原は*Tulip breaking virus*：TBV）では花弁に特徴的な色割れを生じ，一見新品種のようにも見えるためウイルスの存在そのものが知られていなかった17世紀オランダでは当該球根が高値で取引されたという．このようにチューリップのTBVでは顕著な症状を現すが，必ずしもすべてのウイルスが明瞭な色割れやモザイクを示すわけではない．LSV (*Lily symptomless virus*) などは単独ではほとんど病徴を表さない．このような病原性という点では弱い部類に入り，いわば共生状態といえ潜在的に常在するものもある．しかし近年は複数のトスポウイルス（トマト黄化えそウイルス (*Tomato spotted wilt virus*：TSWV) を含むブニアウイルス科に属するウイルスの総称）が国内に侵入し，花卉のウイルス病の世界は従来とはかなり異なる様相を示すようになった．

日本で最初に侵入したトスポウイルスはTSWVで，1970年にダリアから発見された．本ウイルスは宿主範囲が広くキク，ガーベラ，トルコギキョウ，スターチス，アルストロメリアなど多様な花卉類だけでなくトマト，ピーマン，ナス，パプリカなどナス科野菜の被害も問題となっている．実際キクではえそ病とともに同じトスポウイルスに属するキク茎えそ病の被害が激しくなり，かつてのCVB (*Chrysanthemum virus B*)，TAV (*Tomato aspermy virus*) などのウイルスによる被害はこれらの陰に隠れてほとんど話題になっていない．

現在ではさらに同じトスポウイルスに属するINSV (*Impatiens necrotic spot virus*)，IYSV (*Iris yellow spot virus*) などが猛威をふるって安定生産を脅かしている．とくにトルコギキョウではこれら複数のトスポウイルスに感染するため診断が難しくなった．トスポウイルスは宿主範囲が広いものが多く，また媒介虫が薬剤抵抗性をもっているため，従来の防除法だけでは防除が困難である．しかし汁液伝染はせず，また種子伝染，土壌伝染もしないとされる．アザミウマ類による虫媒伝染と挿し芽，栄養繁殖体による伝染をもっぱらとする．このためネットによる被覆など，外部からの侵入予防が重要な防除法となる．チューリップでは微斑モザイク病，条斑病を起こす土壌伝染性ウイルスが問題となっている．前者はオフィオウイルスグループに属し，土壌生息菌の*Olpidium*菌が媒介する．いったんウイルスを保毒すると球根伝染するので被害は大きい．病徴はTBVによる色割れに比べると弱いものであるが，促成栽培時のつぼみで明瞭に現れるので問題となる．虫媒伝染しないのでTBV対策とは別の対策が必要である．

#### b. ウイロイド病 (viroid disease)

ウイロイドとは「ウイルスもどき」の意味で，ウイルスのもつタンパク質の外被をもたず，数百のヌクレオチドのみからなる世界最小の植物病原体であり，動物では見つかっていない．現在，花卉で問題となっているウイロイド病はキクわい化病である．これはキクわい化ウイロイド (*Chrysan-*

*themum stunt viroid*：CSVd）によるもので，株のわい化のみを病徴とするため，発病初期の診断が困難である．潜在感染した種苗から伝染するため全国的に蔓延している．

かつては判別品種'ミスルトー'に接ぎ木接種して葉の白色斑点が現れることで罹病の有無を判定していたが，発病が環境条件に影響されやすいことや時間がかかることなどにより，現在ではRT-PCR法により診断される．ウイルス病の場合，成長の盛んな茎頂分裂組織付近にはウイルスがいないことが多いため，茎頂培養でウイルスフリー化が行われるが，キクわい化病の場合，茎頂にもウイロイドが存在するため保毒株からウイロイドを除去することはかなり困難である．またRT-PCR法も定量的ではないという欠点がある．本ウイロイドは栄養繁殖により次世代に伝染し，機械的接触で伝染するが，昆虫媒介や土壌伝染はしないとされる[10]．　　　　　　　　　［築尾嘉章］

〔7.1節, 7.3～7.5節の文献は p.130 参照〕

## 7.2 花卉の虫害

### 7.2.1 害虫

#### a. 花卉害虫の特徴

1）種類数の多さ

花卉は種類・品種が多く，作付時期・栽培方法がきわめて多様なことから，それを加害する害虫（insect pest）の種類はきわめて多い．たとえば，害虫としての記載のある種がキクでは90種，バラでは119種，サクラで211種あり（『農林有害動物・昆虫名鑑』, 2006），今後研究が進展すればさらに増加するものと思われる．花卉害虫には野菜害虫と共通の種類も多いが，花卉のみで問題となる種類も多い．

2）要防除水準の低さ

花卉では花はもちろん葉も観賞の対象となることから，被害に対する考え方が他の作物と異なる．他の作物では収穫部位以外への加害は，減収をもたらさない密度以下では問題とならないが，花卉では害虫の寄生が生育に影響を及ぼさない場合でも，加害痕や害虫の存在自体が価値を低下させる．このため要防除水準（control threshold）はきわめて厳しく設定される．

3）侵入害虫の多さ

花卉では新しい植物や新品種の海外からの導入が盛んであり，切り花などの輸入も急増している．植物の輸入の際には，植物検疫により害虫の侵入を阻止する措置が取られているが，検疫をかいくぐり侵入した害虫も多い．近年侵入して花卉の重要害虫となった種として，オンシツコナジラミ，ミナミキイロアザミウマ，タバココナジラミ（バイオタイプB, Q），マメハモグリバエ，ミカンキイロアザミウマ，トマトハモグリバエなどがあげられる．

4）栽培の多様化に伴う害虫の増加と発生相の複雑化

花卉栽培の周年化に伴い，栽培型は多様化し，また施設栽培が増加している．これに伴い，害虫の発生様相も複雑化し，発生期間が長期化，周年化する傾向にある．たとえば，モモアカアブラムシは本来，冬期はバラ科植物の芽などで卵で越冬する種であるが，施設内を中心に冬期でも繁殖を行っている．また，海外からの侵入害虫の多くは非休眠性で施設内では冬期も繁殖している．さらに，施設内は閉鎖的環境であり，風雨・天敵などの増殖阻害要因はきわめて小さく，害虫は指数的に増加するため露地栽培に比べ被害は多く，また露地での発生源にもなっている．

5）薬剤抵抗性の発達

害虫の発生の増加，周年化，被害許容水準が厳しいことなどによる薬剤散布回数の増加により，ハダニ類，コナジラミ類，アザミウマ類，アブラムシ類，ハモグリバエ類など多くの害虫で薬剤抵抗性（pesticide resistance）が発達し，防除が困難となっているのも近年の特徴である．また，オンシツコナジラミ，ミナミキイロアザミウマ，ミカンキイロアザミウマ，タバココナジラミ，トマトハモグリバエなど海外で薬剤抵抗性を発達させた系統が侵入した例も多い．

#### b. 花卉害虫による被害

1）吸汁による被害

植物組織に口針を挿入して，汁液を吸汁するこ

とによりもたらされる．植物の生育を抑制し，著しい場合は枯死することもある．また，茎葉の変形，変色や萎縮などの症状を生じる場合もある．また，吸汁性害虫は汁液の吸汁とともに，多量の排泄物を排出する．排泄物には糖が多く含まれ，葉に付着するとすす病菌が繁殖し，光合成を阻害するとともに，外観を悪くする．アブラムシ類・カイガラムシ類・コナジラミ類・キジラミ類・グンバイムシ類・カメムシ類などのカメムシ目害虫，ハダニ類・ホコリダニ類・サビダニ類・ネダニ類などのダニ目害虫などがこの加害様式である．一般に小型の害虫が多いが，増殖力が大きく，集団で加害するため被害が大きい．茎葉部を吸汁する種が多いが，ネダニ類など根部を吸汁する種もある．

2) 食害による被害

咀嚼性の口器をもつ害虫が，植物の種々の部位を摂食することによりもたらされる．ヨトウガ類・オオタバコガなどのチョウ目害虫，コガネムシ類・ハムシ類などのコウチュウ目害虫，ハバチ類などのハチ目害虫，バッタ目害虫などがこの摂食様式である．多くの種は葉を加害するが，ハマキガ類のように葉を綴り合わせて食害する種，ネキリムシ類のように地際部を食害する種，コガネムシ類幼虫のように根を食害する種，コウモリガ・ゴマフボクトウ・カミキリムシ類のように茎内に食入して加害する種など，加害部位，方法は多岐にわたる．

3) 舐食による被害

吸汁と咀嚼の中間的な摂食様式で，表面組織を口器で傷つけ，そこから分泌される汁液を舐める．アザミウマ目の害虫がこの摂食様式である．加害部は白化し，後に褐変する．多くの種は茎葉を加害するが，ユリクダアザミウマのように球根を加害する種もある．

4) 産卵による被害

他の作物では大きな被害となることが少ないが，花卉では大きな被害を出す種が見られる．キクスイカミキリはキクの新芽の茎に産卵し，上部は成長が止まる．バラクキバチはバラの新梢に産卵し，上部は枯死する．チュウレンジハバチはバラなどの樹枝組織内に産卵し，産卵痕が植物の成長とともに割れる．また，オトシブミ類では新葉を巻いて独特の揺籃（ようらん）をつくり，その中に産卵する．

5) ウイルス病の媒介

アブラムシ類はCMV（キュウリモザイクウイルス），TBV（チューリップモザイクウイルス）など，多くのウイルス病の伝搬者である．アブラムシ伝搬のウイルス病は非永続的に伝搬されるため，花卉で増殖する種以外の"ゆきずり"の種による伝搬も多い．また，TSWV（トマト黄化えそウイルス）はミカンキイロアザミウマなどのアザミウマ類により永続的に伝搬される．

### 7.2.2 線 虫

線虫は線形動物門に属する動物の総称で，細菌・糸状菌・小動物などを餌とする自活性線虫，カイチュウなどの動物寄生性線虫と，植物に寄生する植物寄生性線虫（plant-parasitic nematode）があり，後者は花卉を含め多くの作物で問題となっている．

1) ネコブセンチュウ類

第2期幼虫が根の組織に侵入後，維管束付近に定着し，その後移動しない．摂食を行うと，周囲に巨大細胞（giant cell）が形成され，外観的には根にゴール（根こぶ）ができる．成虫になると，尾端がこぶの外面に現れ，卵のう中に数百の卵を産む．作物の生育が阻害され，枯死に至る場合もある．花卉に寄生する種として，サツマイモネコブセンチュウ，キタネコブセンチュウ，ジャワネコブセンチュウ，アレナリアネコブセンチュウが重要である．

2) ネグサレセンチュウ類

成虫・幼虫とも活動的で，作物の根に侵入し，細胞内容物を摂取しながら，根の内部を移動する．細胞は壊死し，組織が破壊され，後に褐変し，根腐れ症状を呈する．多くの花卉で連作障害の一因となっている．また，ネグサレセンチュウ類の被害は各種土壌病害の発生を助長する．花卉に寄生する種として，ミナミネグサレセンチュウ，キクネグサレセンチュウ，キタネグサレセンチュウ，スズランネグサレセンチュウなどが重要である．

3) ハガレセンチュウ類

キク，ユリなどの花卉の葉の気孔から幼虫が侵入し，葉枯れ症状を起こす．また，冬至芽の茎頂付近に外部寄生した線虫は，萎縮症状を示す．

[河合 章]

## 7.3 防除法

病害は，①主因の病原体，②素因の植物体の感受性，③誘因の環境条件の三つがそろわないと発病しない．防除方法を考える上で最も重要なのは病原体の伝染環（生活環，disease cycle）を知ることである（図7.1）．この伝染環を切断してやれば病害は防除できる，または被害を回避できる．第一次伝染源と呼ばれる耐久器官では密度が低いことが多く，この時期に防除ができれば，密度が高くなっていることの多い蔓延期に比べ防除は容易で，かつ環境保全面でも負荷が少ない．菌体密度が高いときは有効農薬がある場合でも，完全防除は困難でかつ，環境保全的にも負荷が大きい．その意味で永年性作物で古くから冬季に行われる石灰硫黄合剤の散布などは見直されるべき技術である．

### 7.3.1 伝染経路

1) 第一次伝染源

病原体は発病個体の枯死・死滅後，次世代の宿主となる作物へ伝えられ，これを第一次伝染源（primary inoculum）と呼ぶ．どのようにして宿主へ到達するのかはそれぞれの病原体に固有の方法をとる．

①罹病した種子・苗木・球根： 種子の表面や内部に病原菌が付着して次代の宿主に伝染される方法で，種子に病原体が混入する場合（菌核など）から，種子表面に付着している場合，種子内部に侵入している場合などが考えられる．食用作物や野菜ではそれぞれの例が示されている．残念ながら花卉ではほとんど解明されておらず，病原体の所属から類推されているにすぎない．球根類，苗木では外観上保菌の有無はほとんどわからないことが多いので，かつては隔離検疫制度が実施されていた．一般に処女地での発病は種子伝染や種苗伝染で病原体が持ち込まれることが多い．

②土壌・罹病植物残渣： 土壌中に病原菌が残存して次代に伝わる伝染様式である．*Fusarium*病（萎凋病や立枯病）や半身萎凋病では，根の表面や内部に耐久性の高い厚壁胞子や微小菌核などを形成する．これらは植物の枯死後も残渣中で長期間生存できる．新たに宿主の根から分泌されるアミノ酸などに誘引され発芽し，根部から侵入し，維管束経由で上部へ移動して維管束内を充満し，水分，栄養分の移動を阻止することで発病する．

③罹病した枝梢： 永年性の花卉では前年の発病部に生存している病原体が越冬して次年度の伝染源になる．バラうどんこ病の病徴は胞子塊が白く見えるがやがて胞子が見えなくなると病斑は紫色に見える．この部分には菌糸体が存在し，一部は越冬・越夏し次年度の感染源になる．また越冬

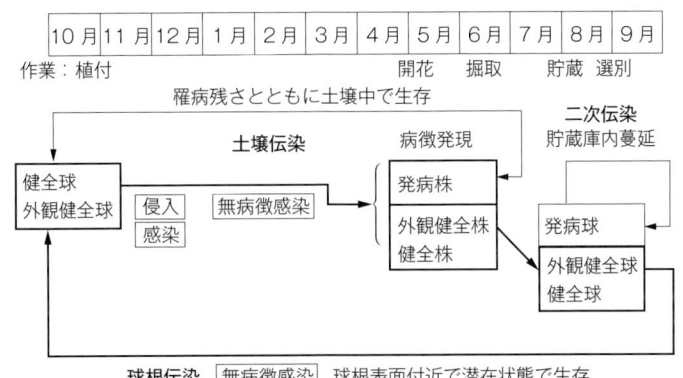

図7.1 チューリップ球根腐敗病菌の伝染環

芽にも菌糸の状態で存在するとされる．

④他種植物：　各種さび病菌では異種寄生性が知られている．これは2種類のまったく異なった植物間を同じ病原菌が宿主として往来する現象で，食用作物では個別の例が明らかにされている．しかし花卉病害ではほとんど不明の状態である．たとえば *Puccinia polygonii-amphibii* var. *polygogii-sieboldii* という菌ではゲンノショウコ（フウロソウ科）とイシミカワ（タデ科）が宿主となる．この場合，どちらかが栽培種の場合，相手方の非栽培種（中間宿主）が防除の対象となる．花卉ではないがナシの赤星病ではビャクシン（カイズカイブキ）が中間宿主となるため，ナシの産地では条例などでビャクシンの栽培を規制している例がある．しかし，すべてのさび病菌が異種寄生をするわけでなく，キク白さび病菌のようにキクのみで世代を全うしている菌もある．一方，キク黒さび病では栽培ギクと野生ギクであるリュウノウギクやキクタニギクを宿主とする．しかし，栽培ギクの周辺にこれら野生ギクが必ずしも存在するわけでもなく，伝染環における野生ギクの重要性は不明である．

⑤昆虫：　昆虫類は直接の食害以外に多くの植物病原菌の媒介者となっている．アブラムシ類はキュウリモザイクウイルス（CMV）をはじめとする多くのウイルス病の媒介者である．アザミウマ類，とくにミカンキイロアザミウマは近年猛威をふるっているトスポウイルスの重要な媒介者である．ウイルス病に直接効果のある薬剤は農業分野ではないので，媒介虫の防除が基本となる．伝搬の仕方では単純に口針の周りにウイルスなどが付着して次の吸汁行動で機械的に伝搬される場合と，虫体内でウイルスが増殖して半永続的に伝搬される場合がある．アブラムシ伝搬性のウイルスにはほとんど両者があり，アザミウマ伝搬性ウイルスには後者が多い．口針型の昆虫以外に咀嚼型の口器をもつハムシ類も媒介者となるが，重要度は低い．昆虫以外の媒介者としてはダニ類，センチュウ，土壌中の菌類も特定のウイルスの媒介者として知られる．

2）二次伝染

発病個体から隣接する健全個体への伝染や他圃場の作物への伝染を二次伝染（secondary infection）と呼ぶ．二次伝染の方法も病原体に固有であるので，当該病害がどのような伝染手段をとるのかを知ることが防除対策上重要である．

①空気伝染（air-borne）：　多くの糸状菌病の胞子がとる手段で病斑上に大量に形成された胞子が風の流れに乗って近隣またははるか遠方まで伝達されるもので，うどんこ病菌，さび病菌，灰色かび病菌などが該当する．

②水媒（雨滴）伝染（water transmission）：胞子が雨滴など水によって伝搬される．水中を遊泳できる *Pythium* 菌や疫病菌，また胞子が粘液で包まれる炭疽病菌などが該当する．風では飛びにくい比較的大型の分生子をつくる糸状菌もこの方法によることが多い．

③土壌伝染（soil-borne）：　病原菌を含んだ土壌が移動することで病害が拡大するもので，トラクターや農機具に付着した土壌によって発病土が持ち込まれることがある．*Rhizoctonia* 菌，*Fusarium* 菌，白絹病菌などがある．一部の耐久性の高いウイルスでも認められる．これを防ぐためには土壌消毒が必要になる．

④虫媒伝染（insect transmission）：　媒介虫がウイルスを保毒した株を吸汁後，他の健全な株に移動し吸汁することで伝染するもの．

⑤傷伝染（wound transmission）：　芽かき・誘引など農作業では植物体に小さな傷を与えることが多く，ここを入り口として病原体が侵入する．傷口感染をもっぱらとする細菌病やウイルス病で見られる．

## 7.3.2　化学的防除

化学的防除（chemical control）はおもに化学合成農薬を使用する．ほとんどの農薬は野菜などで既登録の薬剤の花卉への適用拡大である．前述したように花卉はその種類が野菜の10倍以上あり，品種数ではさらに数倍増える．品種によって薬剤に対する感受性が異なることがあり，同一薬剤の同一濃度であっても薬害が出る場合がある．

また同じ品種でも秋作と春作で薬害が出たり出なかったりすることが知られている．さらに種類が多岐に渡り，野菜に比べ少量多品目生産にならざるをえないため，現在の農薬登録制度のもとでは農薬メーカーにとってリスクの大きい分野となっている．このため花卉の農薬登録は他部門に比べはるかに少ないのが薬剤防除上，ネックとなっている．これを解消すべく平成15（2003）年に「作物のグループ化」という考えが導入された．〔花卉類では花卉（個別に登録のある花卉と花卉類），観葉植物，樹木（個別に登録のある作物と樹木類），芝〕という概念が導入され若干緩和されたが，依然として登録数が少ない状態に変わりはない．とくに栽培面積の少ないマイナーな花卉で顕著である．なお農薬の登録期間は3年で，更新手続きが行われない限り登録切れとなる．したがって，かつて登録があった剤でも登録切れになっている場合がありえるので，使用にあたっては最新の情報を得る必要がある．

### 7.3.3 耕種的防除

耕種的防除（cultural control）とは病原菌を薬剤などで直接死滅させるのではなく，環境や宿主抵抗性あるいは土壌微生物に影響を与えて，間接的に病害の被害を回避または減少させる方法[13]を指す．本方法は農林水産省環境保全対策室による「持続性の高い農業生産方式に関わる技術」の中に組み込まれており，病害防除分野として以下の8種類の技術がある．

1）温湯種子消毒技術

休眠状態にある種子は短期間の高温処理に比較的抵抗性を示す．この性質を利用して，種子表面だけでなく，内部にまで侵入した種子伝染性の糸状菌，細菌およびウイルスの防除を行うものである．イネ種子の消毒をはじめ，野菜種子でも一般的に行われてきたものであるが，種類によって発芽勢の低下をまねきやすいこともあり，一時は薬剤による消毒に切り替えられた経緯がある．しかし環境保全の風潮から野菜種子でも温湯種子消毒が再検討されつつある段階と思われる．ただ，花卉の種子はほとんど$F_1$品種であることから農家が自家採種することはなく，種子消毒に関しては種苗メーカー側に依存するので，どの程度行われているのか，詳細は不明である．

種苗や球根では次の例がある．キク白さび病（*Puccinia horiana*）対策として苗の温度処理では，発病苗の場合，35℃，3日間，無病徴の自然感染苗では35℃を1日当り6時間ずつ間欠的に7日処理することで発病が顕著に抑制される．ただし，苗の熱による品質への影響が大きく，また苗の耐熱温度と菌の死滅温度が近接しているため，適用できる品種などが限られる欠点がある．また，オリエンタル系ユリ球根のネダニ対策として，温湯に45℃，15分浸漬する方法がある．

2）対抗植物利用技術

病害分野ではないが，センチュウ対策としてマリーゴールドの栽培は有名である．マリーゴールドの根から何らかのセンチュウ生育阻害物質が分泌され，センチュウの増殖を抑えると考えられている．チューリップ微斑モザイク病の発病は前作にクロタラリア（マメ科緑肥作物）を栽培し，鋤込むことで減少する．ただし，その作用機作は不明で，媒介菌である*Olpidium*の菌量は必ずしも減らない．クロタラリア以外にもこのような作用をもつ緑肥作物がある．

3）台木利用技術

台木の利用はバラのような一部木本花卉に限られる．バラでは芽接ぎのためにノイバラ（*Rosa multiflora*）などが利用されたが，これらはバラ根頭がんしゅ病（*Agrobacterium tumefaciens*）に抵抗性のものが見られる．品種更新と病害防除の両方に役立つ．

4）土壌還元消毒技術

はじめに易分解性の有機物（米ぬか，コムギフスマ）を大量に（1t/10a）投入したのち水封し，土壌を還元条件下において土中の病原菌を死滅させるものである．地温30℃以上を20日間維持できれば成功する確率が高い．本方法は温度だけでなく易分解物が分解される過程で，生成される有機酸も消毒に寄与していると考えられる．はじめ太陽熱消毒の実施時期が限られる北海道のタマネギの土壌病害用に開発されたものだが，多くの野

菜・花卉に応用された．デルフィニウム，トルコギキョウ，マトリカリア，アネモネ，キク，ラナンキュラスなどで実施例がある．多量の易分解性有機物を投入するので肥料成分の調整が必要である．

5）熱利用土壌消毒技術

大きく分けて太陽熱消毒，蒸気消毒，熱水土壌消毒などがある．それぞれ一長一短があり，実施する場所，時期，土壌，立地条件を検討して選択する必要がある．

太陽熱消毒（solar heat disinfection）は日本独自の技術で，ハウス内圃場を水封し（石灰窒素を先に投入する場合もある）夏期の高温下で地温40～45℃を30日程度維持するもので，高い地温が維持できるか否かが成功の鍵を握る．一般に植物病原菌は55～60℃だと短時間で死滅し，より低温でも時間をかければ死滅することを利用したものである．一般の土壌細菌の耐熱温度はこれより高いことが多いので選択的に殺菌することができる．この変形として宮崎方式の太陽熱処理（通常の太陽熱消毒の順番が消毒→元肥施用→畦立てとなるところを，元肥施用→作畦→消毒とする）もある．これにより消毒し漏れの起こりがちなハウスの端（温度が上がらない，消毒されない土壌が混じる）も消毒できる．青枯病菌（*Ralstonia solanacearum*）など地中深くまで菌が存在する場合は効果が低いが，多くの土壌病害に有効である．花卉ではスイセン葉先枯病防除の実例がある．ニホンズイセンの球根を前年から植え付けたままの栽培圃場において，透明ポリエチレンフィルムを畦全面に被覆し，7月中下旬の酷暑期に1～3週間太陽熱消毒すると，葉先枯病（*Phoma* sp.）の発生を著しく抑制できる．

蒸気消毒（steam sterilization）は古くから知られる技術で，温室を中心に実施されてきた．初期の設備投資が必要なため，普及は限られていたが，近年は作業性が向上した，よりコンパクトな機械が考案され再評価されつつある．蒸気消毒の変形として蒸気消毒後散水して熱を地中深く到達させる方法（散水蒸気消毒）も考案された．蒸気消毒後に1 m$^2$当り50 L（毎分約0.5 L）の散水を行うことで，地下深くまで効率的に地温を上げることができ，トルコギキョウ茎腐病菌（*Fusarium avenaceum*），白絹病菌（*Sclerotium rolfsii*）および菌核病菌（*Sclerotinia sclerotiorum*）に対しては臭化メチルと同等の殺菌効果がある．

熱水土壌消毒は80～95℃の温湯をボイラーで沸かし，これを土壌に投入するものである．土壌の殺菌効果とともにリフレッシュ効果（有害塩類の除去，作物の生育促進）も認められる．近年は専用の小型移動式ボイラーも市販されるようになり実用化した．ただし土壌の種類を選ぶのと，傾斜地では実施が困難な欠点がある．花卉ではガーベラ根腐病（*Phytophthora cryptogea*）の汚染ロックウール資材の消毒で卓効があった．ほかに，トルコギキョウ青枯病，カーネーション萎凋細菌病，萎凋病，キク立枯病，スイートピー腰折病（ともに*Rhizoctonia solani*）で有効例がある．これらの変形として，家庭用小型ボイラーと点滴灌水チューブを用いて夏季に75℃の熱水を点滴灌水する消毒法でトルコギキョウ根腐病（*Pythium* spp.），青かび根腐病（*Penicillium* sp.）およびネコブセンチュウに対して効果が確認された．

6）光利用技術

糸状菌の胞子形成には光が必要なものと不要なものがあるが，必要な場合は，胞子形成誘導光は330 nm以下の波長（紫外線）であることが多い．この領域の紫外線は一般用農業用ビニルフィルム（波長300 nm以上を透過）を透過するが，紫外線除去フィルム（波長390 nm以下を吸収除去）を透過できない．この原理を応用して胞子形成による二次伝染を防ぐ手法である．シンテッポウユリの育苗期にこのフィルムを使うと，ユリ葉枯病（*Botrytis elliptica*）の発生が著しく少なくなる．ユリの生育そのものは一般用ビニルフィルムに比べて遜色はない．

7）被覆栽培技術

多くのウイルス病は虫媒伝染性である．近年ではTSWV，INSV，IYSVなどのトスポウイルスに被害が目立っている．ウイルス病を治療する薬剤はないため，それを伝搬する媒介虫を防除するしかない．このため施設栽培の入口，天井換気口，

ハウス側面などを寒冷紗でおおい，媒介虫が内部に入らないようにする．対象とする媒介虫の大きさにより目合い数が異なるが，あまり目が細かいと通風不良となるし，粗いと虫の通過率が高くなる．近年はコナジラミ類で伝搬するウイルス病もあり被覆栽培の重要度は増している．

　8）マルチ栽培技術

　畦を各種マルチでおおうと除草の手間が省けるが，それ以外に土壌表面からの水分蒸発を抑えることができ，ハウス内の相対湿度を下げる効果がある．灰色かび病など発病が湿度に大きく影響される病害では有効である．スターチスでは地際部の根出葉が地面におおうように広がるため，灰色かび病（*Botrytis cinerea*）が発生すると地際部の茎が侵され上部を倒伏させるが，上記の湿度制御でかなり抑制することができる．地温低下のために特定のマルチを使うことがレタス根腐病（*Fusarium oxysporum* f. sp. *lactucae*）で試みられており，一部の花卉土壌病害でも有効かもしれない．

　9）その他の方法

　上記の項目には当てはまらない防除法として以下がある．解説は省略するが，耕種的防除法である適切な圃場管理作業，すなわち栽植密度，施肥量，排水対策，発病株の早期発見・除去などの対策が総合防除に含まれることはいうまでもない．

　①作型の変更：　病害の抑止目的で作型を変更する試みがある．チューリップ球根腐敗病（*Fusarium oxysporum* f. sp. *tulipae*）や微斑モザイク病は植え付け直後の地温が高いと球根腐敗病菌自身や微斑モザイク病ウイルスを伝搬する *Olpidium* 菌の活動が盛んなため発病しやすい．このため通常の植え付け時期より1カ月以上遅らせる「遅植え」が有効と考えられていた．しかし11月頃の北陸の気候は雨天が多いため実用的ではなかった．そこで専用の整畦植え込み機が開発され，これを克服することができた．

　②除湿処理：　前述のマルチ栽培との組み合わせでスターチス灰色かび病抑止に除湿器の運転が有効である．トルコギキョウまたはスターチス栽培施設において，除湿機を利用すると花梗部分の灰色かび病発病抑制効果が高く，発病軽減効果がある．除湿機の利用下で農薬の使用量を慣行防除の50％削減しても同等かやや優る防除効果が得られ，省農薬が可能であった．

　③土壌の化学性の修正：　土壌病害では病原菌が土壌に生息するため，土壌の物理性を改変することで発病抑制につながることがある．ベントグラス・ダラースポット病（*Sclerotinia homoeocarpa*）では尿素施用で発生を抑制できる．これは本病が窒素質肥料の欠乏時に発生しやすい性質を逆用したものである．コウライシバ葉腐病（*Rhizoctonia solani*）では土壌pHの調整で制御できる．本病は土壌表層pHの影響を強く受け，pH5以下になると被害が軽減される．そこで硫黄粉末を深さ1cmの範囲に施用すると本病の被害が軽減される．同様の例はカーブラリア葉枯病でも見られる．なおpH4以下だとシバの葉に褐変や黄化が見られる．

　④減農薬：　キク白さび病は20℃前後の気温と降雨によって病勢が進展する．本病は常発病のため，産地では降雨に関係なく慣行（ローテーション）防除が行われることが多い．これを発病適温になった時期以降の最初の降雨の後に薬剤散布を実施することに変更し，葉裏中心に7日間隔で散布すると，慣行散布より薬量を約70％に削減できる．これは近年クローズアップされているEBC（evidence based control）の先駆けといえる．

### 7.3.4　生物的防除

　生物的防除（biological control）とは，植物病原体に対して拮抗作用のある微生物や微生物起源の物質を防除に用いるもので，近年の食の安全・安心のスローガンと環境保全型農業の推進で生物農薬の登録件数は飛躍的に増加した．しかし残念ながら花卉分野への適用は非常に遅れている．2013年現在，既登録の生物農薬はキク・バラの根頭がんしゅ病用の *Agrobacterium radiobactor*（バクテローズ®），と灰色かび病用の枯草菌の一種 *Bacillus subtilis*（ボトキラー®），シクラメンの軟腐病防除用の *Erwinia carotovora*（バイオキーパー®）のみである．バクテローズ®ではアグロシン84と呼ばれる抗菌物質を生産して病原菌の増殖

を抑えるとされる．またボトキラー®は直接の殺菌作用はなく，病原菌が蔓延する前に植物体表面をすべておおうことにより養分の競合を起こし，病原菌の定着を抑えるのが作用機作とされている．また，温風を送るダクト内に直接薬剤を投入してハウス全面に薬剤を到達させる「ダクト内散布」と呼ばれる施設内の湿度を高めない方法が実用化しており，効果をあげている．

弱毒ウイルスは干渉効果を利用したもので，一つの個体にあるウイルスが感染するとその個体には同じウイルスまたは近縁なウイルスが感染しにくくなる現象が認められる．そこであらかじめ人工的に病原性を弱めたウイルスを接種しておくことで，強毒性の通常のウイルスに感染したときに被害を回避または軽減するものである．矮性リンドウのインゲンマメ黄斑モザイクウイルス（*Bean yellow mosaic virus*：BYMV）に対して埼玉県が特許出願している（特願 2001-82011，特開 2002-272456）．

### 7.3.5 総合的防除

総合的防除とは「あらゆる利用可能な防除技術を慎重に検討し，それに基づき適切な防除手段を統合する」とされ，従来の化学農薬一辺倒の防除から脱却して種々の手段を複合利用して行う防除体系を指す．この意味で総合的病害虫・雑草管理（integrated pest management：IPM）と呼ばれるものに包含される．IPMは「利用可能なすべての防除技術を経済性を考慮しつつ慎重に検討し，病害虫及び雑草の発生増加を抑えるための適切な手段を総合的に講じるものであり，これを通じ，人の健康に対するリスクと環境への負荷を軽減あるいは最小にする水準の維持を図るものである．総合的病害虫・雑草管理は，農業生態系への影響を可能な限り抑制することを通じ，生態系が有する病害虫及び雑草抑制機能を可能な限り活用することにより，安全・安心な農作物の（低コストでの）安定生産に資するもの」と農林水産省では定義している．個別の手段としては前項の耕種的防除，物理的防除，生物的防除，化学的防除などすべてが包含される．

花卉分野の総合防除で，現状の一つの目安としてエコファーマーの認定件数がある．農林水産省では環境保全型農業推進の一環として，エコファーマー制度を制定した．エコファーマーとは「持続性の高い農業生産方式の導入に関する計画」を都道府県知事に提出して，当該導入計画が適当である旨の認定を受けた農業者（認定農業者）の愛称であり，現在は21万2053件（2011年3月末現在）が登録されている．日本全体の7.4%で右肩上がりで増加しているが，花卉分野ではまだわずか1.2%である．このように花卉分野の環境保全型農業への取り組みは他分野に比べ，遅れているといわざるをえない．それは，①花卉は食用ではないという意識，②要防除水準が高い，の2点が大きい要因であろうか．とはいえ民間ではオランダ発の花卉の環境負荷軽減プログラムである認証制度が2006年，日本に導入されるなど，環境保全型農業に対し花卉分野も無視できない状況にある（MPS，p. 216参照）．農業関係各試験研究機関において，今後実践に耐えうる技術の開発が期待される．これとともに要防除水準を少し低下させるだけでも投下農薬量をはじめ環境負荷は大きく低減できるが，これには生産者側，流通者側，購入者側の同意も必要になる．

## 7.4 病害抵抗性

前述したように花卉では1品目に多数の品種が存在する．この中には病害抵抗性を異にするものが含まれ，ほとんどの病害にはなんらかの品種間差異がある．しかし花卉品種の遺伝的来歴はほとんどの場合，公的機関の育成品種以外は公表されていないので，病害抵抗性の遺伝様式などに踏み込んだ研究例はほとんどない．その中でカーネーションの主要な土壌伝染性病害である萎凋病（病原菌：*Fusarium oxysporum* f. sp. *dianthi*）では，品種間差異や病原菌のレースの存在，抵抗性のメカニズムなどが詳細に検討されている[1]．すなわち，本菌の分生子懸濁液を$10^7$ cfu/mLに調整し，ポット育苗した各品種に灌注接種し，約1カ月後に発病調査することにより，日本の主要40品種の

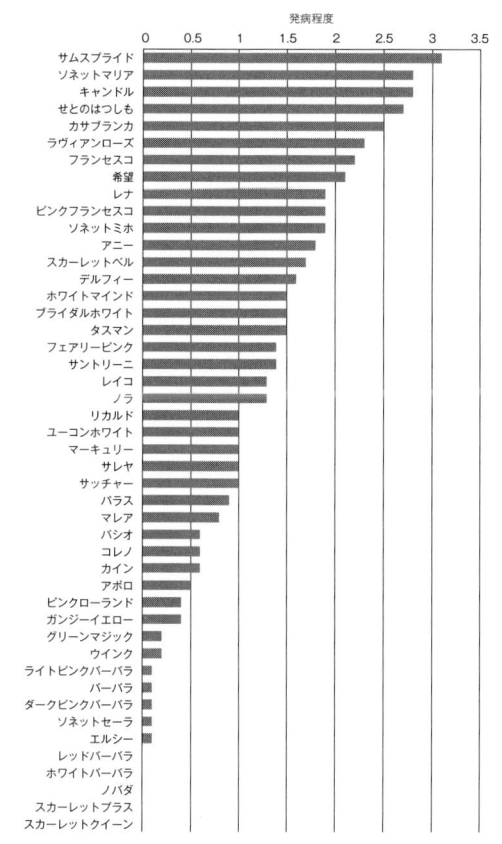

**図 7.2** カーネーション萎凋病に対する抵抗性の品種間差異
（平成14年度成果情報，花き研究所）

抵抗性強弱が現れた．それによるとバーバラ系品種は本病に対し強い抵抗性を示すが，フランセスコを中心に国内で生産量の多い品種は比較的抵抗性の弱い品種が多い（図7.2）．

一方，日本のカーネーション栽培で真夏を中心に発病する萎凋細菌病（*Burkholderia caryophylli*）でも品種間差異が明らかとなっている[12]．さらに，野生種 *Dianthus capitatus* が本病耐病性であり，本野生種を栽培種と戻し交雑することで萎凋細菌病抵抗性育種が進められ，赤花の実用品種'花恋ルージュ'が作出された．ただし，萎凋細菌病抵抗性と萎凋病抵抗性の間には関連がないので，品種の選択では栽培圃場の病害発病履歴を調べ，適切な品種を選ぶ必要がある．

その他，病害抵抗性の品種間差異はキク半身萎凋病，キク白さび病，アスター萎凋病，チューリップ球根腐敗病[3]などで明らかにされている．

最初に記したように花卉では同一品目に複数の種が含まれるので，品種間差異ならぬ種間差異が見られる．ヒペリカム類にはセイヨウキンシバイ（*Hypericum calycinum*），キンシバイ（*H. patulum*）およびビョウヤナギ（*H. monoginum*）があり，属は同じだが，種は異なる．ヒペリカムさび病（*Melampsora hypericolum*）はこのうちセイヨウキンシバイで激発するが，残り2種では発病しない[8]．

## 7.5 植物防疫

花卉産業はグローバル化が進んでおり，国内はもとより，世界レベルで種苗が移動するようになった．たとえばキク挿し穂の生産はブラジル，インドネシア等世界各地で行われている．これに伴い世界各地で発生する花卉病害の国内への侵入を警戒しなければならない時代となった．実際，海外発の病害の国内での発生は非常に多い．

実例を数点あげると現在，野菜，花卉を問わず大きな問題となっているトスポウイルスの代表のトマト黄化えそウイルス（TSWV）は，もともと日本には存在せず，1970年に初めて岡山県のダリア塊根から確認された．しばらく局地的な発生でとどまっていた．しかし同じく侵入害虫であるミカンキイロアザミウマが1990年に日本で発見されるに及んで，全国的に被害が拡大した．後にミカンキイロアザミウマは高率で本トスポウイルスを伝搬することが明らかになった．現在では花卉に限らず果菜類をはじめ，大きな問題となっている．同じくトスポウイルスであるCSNV（*Chrysanthemum stem necrosis virus*）によるキク茎えそ病は2006年に広島県で初発生したが，翌年以降，関東各県で発生するなど苗の移動によって被害が拡散したとしか考えられない動きをしている．

また，土壌伝染性細菌病であるショウガ青枯病菌（レース4）は在来系統（レース1, レース3）とは病原性が異なり，ショウガ科作物にのみ病原性がある．このレースは日本には存在しなかったが，クルクマの球根経由でタイ国から侵入し，国内に定着したことが明らかにされている[9]．クル

クマそのものは1990年の「国際花と緑の博覧会」に切り花用としてタイ国から導入された経緯がある．本病は現在ではクルクマの病害というよりは，ショウガ，ミョウガの重要病害となっている．

球根類など外観上罹病の有無がわからないものに対してかつては隔離検疫制度が適用され，隔離圃場で栽培し各種の方法で罹病の有無を検定していたが，現在，この制度が緩和された．隔離栽培代替措置制度と呼ばれ，輸出国政府と日本の植物防疫機関との合意に基づいて行われる．この措置においては，輸出国において輸出国側植物防疫機関により栽培地検査が実施され，その検査に日本の植物防疫官が立ち会う．さらに輸出国側植物防疫機関の発行する植物検査証明書にその旨の追記をする等の条件を満たすことになっている．2012年現在，オランダ産，ベルギー産，チリ産およびニュージーランド産の特定の花卉球根類がこの制度の適用対象となっており，これらについては隔離栽培が免除されている．以上のことから海外の病原菌が国内に侵入してくる危険度はかつてより高くなったといわざるをえない．　　　［築尾嘉章］

**文　献**〔7.1節，7.3〜7.5節〕

1) Baayen, R. P. : Fusarium Wilt of Carnation, van Kluwer Academic Publishers, 1988.
2) 築尾嘉章：植物防疫，**62**, 96-97, 2008.
3) 築尾嘉章：植物防疫，**57**, 281-285, 2003.
4) 土居養二・奥田誠一：植物病理学事典（日本植物病理学会編），pp. 291-293, 養賢堂, 1995.
5) 古市崇雄他：植物防疫，**57**, 276-280, 2003.
6) 井　智史：今月の農業，**44**, 20-25, 2000.
7) 本田雄一：植物防疫，**33**, 430-438, 1979.
8) 堀江博道：花と緑の病害図鑑，全国農村教育協会, p. 192, 2001.
9) 土屋健一：植物防疫，**62**, 72-75, 2008.
10) 松下陽介：農業技術大系，花卉編6追録10号, pp. 325-334, 農山漁村文化協会, 2008.
11) 岡部郁子：農環研報告21, 1-39, 2002.
12) 小野崎　隆他：園学雑，**68**, 546-550, 1999.
13) 脇本　哲編：総説植物病理学，養賢堂, 1994.

# 8. 施設と環境調節

## 8.1 施設と環境

　被覆資材を用いて外界と隔離する施設栽培（protected cultivation）は，温室（ハウス）栽培（greenhouse cultivation）とも呼ばれているように，文字どおりの温かさだけでなく，低温や強風，降雨，雹などの外部気象の影響からも作物を保護する．さらに，病害虫の侵入，鳥害などを防ぐこともできる．施設園芸（protected horticulture, horticulture under structure）とは，温室内の気象や根圏（土壌）環境を人為的に制御して，作物の品質や生産性を高めることを目的とした栽培技術である．これに対して，施設を利用せずに屋外で行う栽培を露地栽培（cultivation under open field）という．

　施設栽培には，被覆資材だけの簡易なハウスから，暖房機や換気装置などによる環境を自動的に調節する施設や，隔離されていることを特徴として外部の環境の影響を受けない植物工場まで，いろいろな形態がある．

　施設栽培は，外界から不完全ながら隔離されているために，露地栽培とはまったく異なった環境となるが，その一方，さまざまな環境制御が可能となる．施設栽培では，太陽放射エネルギーを最大限に利用して生産性を高めることが基本で，光エネルギーを光合成に利用しながら，同時にハウス内の温度上昇による好適温度環境を実現しようとする．実際には，外部の気候変化に対応するために環境調節が行われ，温度環境については，温度が高すぎるときには換気を行い，不足するときには暖房を行う．

　施設栽培では降雨が遮断されているために，灌水が必要であり，この技術によって高品質の作物が生産可能となる．また，ハウス内の湿度は高く，温度を含めて高温多湿環境となる．生育には有利な環境になるが，その反対に，病害への対策が必要である．さらに，作物にとって好適環境になるとき，害虫にとっても好適な環境になる場合が多い．被覆資材による侵入を阻止する機能があっても，いったん害虫が侵入するとハウス内で増殖していく危険性が高い．栽培空間が限定されているために，農薬の散布は効果的である．同様の理由で，生物農薬や訪花昆虫の利用はしやすい．

　施設栽培は外部と仕切られているために，ガスや気流環境についても露地栽培とは大きく異なる．風速が極端に小さいために，葉がこすれるなどの風害はないものの，ハウス内に温度差が生じ，生育差が生じることがある．換気しない冬季においては，日中の二酸化炭素濃度が外気の半分以下に低下することがあり，大量の有機物の施肥や，直接に発生器による二酸化炭素施用を行うことによって，露地栽培では不可能な二酸化炭素の高濃度栽培にして，生産性を高めることができる．

　施設栽培は，温度を高める機能があるが，夏季においては逆に高温によって障害をもたらすことが問題となる．栽培を休止するか，あるいは高温対策を施す環境調節が行われる．夏季には，高温やそれに伴う水分ストレスを回避するために，遮光，ミスト冷房，ヒートポンプによる夜間冷房が行われる場合がある．

　好適環境を実現するために，表8.1に示す環境調節が行われるが，すべての要素が必要でなく，栽培目的や目標に合わせて導入されている．作物の生育環境には，光，温度，湿度，二酸化炭素濃度，気流（風）などの地上部環境と根圏の温度や土壌（あるいは根圏）の養水分環境がある．必要とする生育環境に応じて環境調節が行われる．当

表8.1　温室環境制御のおもな項目

| 制御項目 | 制御機器 | 目的・効果 |
|---|---|---|
| 換気 | 天窓, 側窓, 換気扇 | 上限温度維持, 除湿, 炭酸ガス補給 |
| 暖房 | 温風暖房機<br>温水ボイラとポンプ<br>ヒートポンプ | 下限温度維持<br>相対湿度低減 |
| 保温 | カーテン | 放熱抑制 |
| 炭酸ガス | 炭酸ガス発生器, 炭酸ガスボンベ | 炭酸ガス高濃度化 |
| 光調節 | 遮光カーテン<br>補光ランプ | 高温抑制, 日長処理（短日）<br>補光, 日長処理（長日） |
| ミスト・細霧 | 細霧冷房 | 日中冷房, 加湿 |
| 冷房 | ヒートポンプ<br>パッドアンドファン | 夜間冷房, 根圏冷房 |
| 撹拌 | 撹拌扇, 温風暖房機の送風機 | 温度均一化, 葉面結露防止 |
| 養液栽培 | 培養液調節<br>給液装置 | EC・pH 調節<br>給液量調節 |
| 灌水 | 灌水装置 | 土壌水分調節, 頭上散水, 養液土耕 |

然, 被覆だけの栽培もあり, 積極的な環境調節が行われない場合も多い.

被覆資材だけの栽培例としては, 雨除け栽培（cultivation under rain shelter）, トンネル栽培（tunnel cultivation）, べたがけ栽培（cultivation under row cover）などがある. 雨除け栽培は基本的に降雨遮断によって病害発生の抑制や灌水調節による高品質化を目的としているが, 露地栽培よりはるかに生産性が高く安定している. 最近は, 側面をネット資材でおおい, 防虫を行っているところが多い. トンネル栽培では日中の温度上昇や地温の上昇などを目的に, 簡易な施設で栽培の前進化を図っている. べたがけ栽培は, 防霜, 高温抑制, 防風, 防虫など多用途ではあるが, 季節によって目的が異なる. 地表面だけを被覆資材でおおうマルチ（mulching）は, 地温上昇, 雑草防除などを目的としている. このように被覆資材の目的を特化することにより, 低コストを実現している. キク栽培などで見られる平張ネットハウスもよい例である. 地域気象や季節に応じて適切な使い方をする必要がある.

施設園芸は生産性向上を目的としているが, ときには過剰投資となることもあり, 土地生産性, 労働生産性, 資本生産性など, それぞれの観点から最大のパフォーマンスを得られる設計が必要である.

## 8.2　施設の種類

### a. 温室

施設栽培の温室（greenhouse）に求められる一般的性能は, 採光性が高いこと, 密閉性にすぐれ保温性が高いこと, 必要なときに十分な換気ができることである. さらに, 長期にわたり構造的に強固で, コストが低いことなどがあげられる. 栽培の目的やコストの点から, 構造体や被覆資材の種類が選択され, 設計が行われる. 日本は, 南から北まで気候や栽培作物が多様化しており, 施設の種類も多様である.

①温室屋根の形状による分類：　平面の屋根を山型に組み合わせた合掌型温室と, 半円型に近い曲面屋根の形をした丸屋根型温室（round-arched greenhouse）に分けられる. 前者の合掌型温室のうち, 両側とも長さも勾配も等しい温室を両屋根式温室（even-span greenhouse）といい, 一般家屋の切妻型の形状をしている. スリークォーター式温室（three-quarter greenhouse）は, 両屋根温室を東西に配置して, 北側1/3を切り取った形で, 南側に3/4の屋根がある温室となる. 片屋根式温室（lean-to greenhouse）は片側だけ平面屋根となる温室で, 中国で普及している日光温室がこれに相当する.

②東西棟と南北棟：　温室の建てる方向は重要な要素で, 温室の棟が東西に向いているときは東西棟（east-west oriented greenhouse）, 南北のときには南北棟（north-south oriented greenhouse）という. 太陽軌道と入射する日射と部材の影, 被覆資材の反射などの関係から, 東西棟は透過日射の総量は南北棟に比べて多いが, 光分布の均一性は南北棟の方がすぐれている. 生育の均一性を求める観点から, 南北棟の方が多い. スリークォーター式や片屋根式は, 基本的に東西棟である.

③単棟と連棟：　棟が一つの場合を単棟温室（single-span greenhouse）, 軒を連結して複数の

棟をもつ温室を連棟温室（multi-span greenhouse）という．積雪地帯では，降雪の関係から単棟温室が用いられることが多い．とくに間口の広い温室を大型温室（wide-span greenhouse）ということがある．連棟温室では，棟数によって2連棟，3連棟，多連棟温室と呼ぶ．

④ガラス室とプラスチックハウス： 温室に使用される被覆資材によって，ガラス室（glass-house）とプラスチックハウス（plastic house）に大別できる．ガラスとプラスチック硬質板は基本的に平面屋根にしか使用できないが，プラスチック硬質フィルムと軟質フィルムは，平面屋根にも曲面の丸屋根型温室にも使用できる．

ガラス室では3mmの透明な板ガラスが用いられるが，厚さ4mmを用いることもある．ガラスは破損しない限り，日射透過率等の経年変化による劣化もなく，長期にわたって使用できるために交換が不要である．重量が大きいために，鉄骨構造として強度を高め，アルミ部材も多用して建築物としての精度が高く，換気窓やカーテンなど環境制御に必要な装備の設計もしやすい．耐用年数が長い一方，コストが高いとされているが，償却費用や性能から算定すると，必ずしも高コストではない．大型台風に遭遇すると甚大な被害となりやすいため，最近の生産用の温室は，フェンロー型温室を除いて，プラスチック被覆資材が採用されることが多い．

最も一般的な形式の両屋根式温室は，H型の合掌部材とアルミ型材の組み合わせでガラスを支持する構造である．両屋根式は天窓の設計がしやすく，跳ね上げ式の連続天窓が用いられ，開口面積を確保できる．側窓は，アルミサッシの3枚引き違い戸が使用されていたが，近年は換気面積の増大を図るために，プラスチックフィルムの巻き上げ式が使用されることも多い．

屋根の被覆資材としてプラスチックも使用される．プラスチック硬質板が用いられ，波板を利用すると被覆材自体に強度があるために垂木（たるき）が省略でき，構造の簡易化と採光性の向上につながる．プラスチックフィルムも被覆材として使用されるが，被覆資材の張り替えは高所作業のために危険が伴い，専門業者が行うことが望ましく，この点から長期展張性のフィルム資材が適している．

⑤フェンロー型温室： オランダで開発されたフェンロー型温室（Venlo-type greenhouse）は，多連棟を前提としたガラス室で，連棟数を増やし，桁方向の長さを延長することにより，1ha以上の広い面積の大規模温室の建設が可能である．特徴としては，構造部材が細く，採光性が高い．現在でも改良が行われており，谷樋の幅を狭くするなどで日射透過率が65%から72%に向上したといわれている．また，初期は2.5mであった軒高が高くなり，高いものでは4.5mになっている．栽培空間の拡大や，換気効率の高い換気窓への改良など，環境制御特性の改善が進んでいる．

**b. APハウス**

プラスチックフィルムを被覆資材に用いた丸屋根型温室は，曲げパイプの屋根でプラスチックフィルム資材を展張したものである．鉄骨と組み合わせた温室は連棟式としたものが主で，APハウスと呼ばれることがある．Aは山型鋼の通称であるアングル，Pはパイプに由来している．現在は，C型鋼や角パイプなどを組み合わせて，さまざまな様式が市販されている．屋根面が軽量であるために低コスト化，栽培面積に合わせて多連棟化できるために設計がしやすいなどの特徴がある．反面，丸屋根は天窓の設計において，両屋根式のように大きな開口面積をとることが難しい．基礎は，コンクリート製の柱ごとの独立基礎となる．

**c. パイプハウス**

直径が19～25mm程度の鋼管パイプを，基礎を用いないで地中に押し込む方式のハウスを，普通はパイプハウス（pipe frame house）と呼んでいる．基本的には単棟ハウスであるが，連棟ハウスも可能である．積雪や強風に対応して補強，あるいは太い鋼管を用いたハウスもある．高さも低いために，張り替えも比較的容易であることから，安価で耐久年数が1～3年程度のポリ塩化ビニルフィルム（polyvinyl chloride film：PVC，農ビと略称）やポリオレフィン系特殊フィルム（polyolefin film：PO，農POと略称）が用いられる．日本では，軟質フィルムとしてほとんどが農ビを使

用していたことから，ビニルハウスという名称が定着し，ポリエチレン系のフィルムを使用していてもビニルハウスと呼ばれることが多い．

**d. トンネル**

同じような形状で，人が中で作業できない施設をトンネル（arched low tunnel）という．被覆資材は，1年以内の使用期間であるために，ポリエチレンやエチレン-酢酸ビニルフィルム（ethylene vinyl acetate copolymer：EVA，農酢ビと略称），あるいは厚みが薄い農ビが使用される．アーチパイプは鋼管，小型のものはファイバーポール，竹などが使用され，きわめて簡易な施設である．

**e. 空気膜二重温室**

空気膜二重温室（air-inflated double-poly greenhouse）は，透明な2枚の被覆フィルムの間にブロワーによって送風し空気圧を高めることにより，空気座布団のように膨らまして剛性をもたせて温室の被覆資材としたものである．2枚のフィルムを使用しているために光透過率は減少するが，空気膜による剛性によって，骨材の間隔を広げることができるので，影の少ない構造体とすることができる．また，風によるばたつきがないために，耐風性能がよいといわれている．断熱性が向上するために，約30％の暖房燃料の節約になる．専用に設計した空気膜温室以外に，外張りを2枚にして空気膜化したパイプハウスが普及している．

## 8.3 被覆資材

施設栽培における被覆資材（covering material）は，温室（ハウス），トンネル，雨除け栽培，べたがけ栽培，マルチなどに用いられる．温室（ハウス）などでは，構造体に被覆資材を固定し，外界と隔離する資材を外張り資材（greenhouse covering material）と呼ぶ．外張り資材の内側には，保温や遮光の目的で用いる内張り資材がある．熱を逃がさない目的には保温カーテン（thermal screen），日射を弱める，あるいは日長処理のために遮断する目的には，遮光カーテン（shading screen）を用いる．

温室以外では，作物に直接被覆するべたがけ栽培（cultivation under row cover）があり，その資材は通気性があり軽量である特徴を有し，保温，防風，防虫，防霜，遮光などの機能を有している．地表面を直接おおうマルチ栽培（mulching cultivation）は，地温上昇，雑草防除，水分調節として機能する．反射マルチ（reflecting mulching）は，上方の作物の光環境向上のために用いられる．防虫や防風の目的で，ネット資材も使用される．

**a. プラスチック硬質板**（rigid plastic sheet）

厚さ0.5～2.0 mm程度の平板や波板で，ハウスの外張り用としては厚さ0.7 mm程度の波板が多く使用される．材質は，塩化ビニル（PVC），ガラス繊維強化ポリエステル（glass fiber reinforced polyester：FRP），ガラス繊維強化アクリル（glass fiber reinforced acrylic：FRA），アクリル（methyl methacrylate：MMA），ポリカーボネート（polycarbonate：PC）が使用されている．

ガラス繊維で強化しているため，FRPは強度的にすぐれているが，紫外線を通さないことや経時変化によって黄化するなどの問題点があり，また，FRAは光透過率や光の拡散性にすぐれているが，経時変化による白化や可燃性の問題がある．MMAは，素材がアクリルのために透明度が高く耐用年数も長いが，施工時に割れやすく，降雹などによる破損，可燃性に問題がある．現在，新設や張り替えに使用される硬質板はPC板が多い．特徴は，耐衝撃性があり降雹においてもほとんど破損がなく，光透過率はガラスに近い．その反面，380 nm以下の紫外線が透過しないために，アントシアニン色素の発色には問題がある．

硬質板を使用した温室は，鉄骨温室ではあるが，施設構造材の軽量化や，独立基礎，ガラスのようにアルミ材を使用した取り付けの必要もないために，初期投資額はガラス温室より安価である．

2層の板をリブによってつなぎ，厚さ3～20 mm程度の空気層を形成する複層板（double-layered panel）も硬質版の一つの種類とされている．断熱性・保温性は高いが，光の透過率は低下し，

散乱性がある．ポリカーボネート，あるいはアクリル製であり，力学的な強度があるために，一部の構造部材を細く，あるいは省略できる．

**b. 硬質フィルム**（rigid plastic film）

厚さがおおよそ0.2mm以下で，曲げてももとの形状に戻るような弾性率をもつ被覆資材である．外張資材として使用され，軟質フィルムに比べ耐候性（weatherability, adaptability to severe climate）にすぐれている．ポリエステルフィルム（polyester film, polyethylene telephtalate film：PET）は，透明性が高く厚さは0.15mmで，耐久年数は6～10年である．フッ素フィルム（fluoropolymer film：ETFE）は，厚さは0.06～0.1mmで，耐久性が10～15年と長く，透明性が高く紫外線をほとんど透過する．紫外線がプラスチックの劣化の要因であることが多く，透過することがこの資材の耐候性が高い要因である．花卉の栽培においては，アントシアニン色素が強く出る場合には紫外線透過を抑えたフィルムを使用する必要がある．面積当りのコストは高いものの，透明性が長期にわたって維持できることから，大型鉄骨温室やフェンロー温室のガラスにおきかわる被覆資材として使用されることがある．

**c. 軟質フィルム**（non-rigid plastic film）

ハウスやトンネルなどの外張り，カーテンなどの内張り，マルチなど最も多くの用途に使用されている．

①農ビ： 軟質フィルムの中で最も利用されてきた．透明性が高く，柔軟性があるために，パイプハウスの外張として展張しやすく，保温性が高い．一方，柔軟性をもたせるための可塑剤が入っているためにべたつきやすく，そのため塵がついて透明性を損なうという欠点があり，防塵処理などで改良された製品がある．プラスチックは，普通は疎水性の水滴がつくと透明性が損なわれ，それが落下して作物の病害の原因となるために，界面活性剤を添加することによって曇りとボタ落ちを防いでいる．結露した水滴をフィルム内面にそって流すことでハウス内の霧発生を防ぐ防霧性フィルムもある．

②ポリエチレンフィルム（polyethylene film：PE）： 耐候性や保温性では農ビに劣るが，べたつきがなく軽く展張作業の軽減ができ，安価なために，保温カーテン，トンネル，マルチ資材として多用される．しかし，赤外線の透過率が高く，保温性は農ビより劣る．エチレンと酢酸ビニルの共重合体である農酢ビは，低温でも硬化せず，保温性は農ビとPEの中間である．

③農PO： ポリエチレンと酢酸ビニルを多層構造にし，添加剤，塗布剤も使用して，保温性のほか水滴防止性，耐候性を改良したものである．農POは農ビに比べ硬く，伸びも少ないため擦れに弱いが，固定方法の改良で問題はなく，保温性能も農ビに近い．厚みは短期用で0.07～0.1mm，5～8年の中長期用で0.13～0.2mm程度であり，外張り用として農ビにかわって使われることが多くなってきた．

④反射性フィルム（reflective film）： アルミ蒸着やアルミ粉混入フィルムのように，光を透過せず保温性が高いためにカーテン資材として使用され，また，光を反射するために上方への光反射を目的としたマルチフィルムとしても用いられる．

**d. 不織布**（non-woven fabric）

ポリエステルなどの短繊維を布状に接着加工した通気性資材である．光透過率は透明フィルムより低いが，透湿性や吸湿性があるために保温カーテンや遮光資材，べたがけ資材として使用される．ポリエチレンやポリビニルアルコール（PVA）の細いテープを積層接着した割繊維資材も，不織布と同様な用途に用いられる．とくに，PVAは吸水性を有するプラスチック資材で，除湿機能がある．

**e. 寒冷紗**（cheesecloth）

ビニロン，ポリエステルなどのプラスチックの糸，ひもを網目状に織ったものをいい，編んだものをネットという．防虫，防風などの目的に使用される．また，アルミテープやPVAのテープをネットに編みこんだ，保温や遮光を目的としたカーテン資材がある．

**f. その他**

被覆資材の本来の特性に加え，光，温度，湿度特性などに新たな機能を付加した資材の開発や利用がなされている．光のある波長だけをカットす

る，あるいは選択的に透過する光選択性（photo-selective, light selective）資材として，以下のフィルムがハウスの被覆に使用されている．紫外線カットフィルム（UV cut film）は，病虫害の忌避や植物の成長促進に効果があるとされている．赤色光（R，極大吸収は約 660 nm）と遠赤色光（FR，極大吸収は約 730 nm）のスペクトルの光強度の比を変えることによって，植物の形態形成に影響を及ぼす．すなわち，R/FR の比が小さいと伸長が促進され，大きくなると伸長が抑制される．R/FR の透過比の異なる光質転換フィルムは生育調節資材という．赤外線をカットする，あるいは反射するフィルムは，温室内の高温抑制に効果があり，遮熱資材といわれている．梨地フィルムといわれている散乱性フィルム（light scattering film）は，ハウス内の光分布の強光のピークを分散し，光環境を均一化する効果がある．湿度を下げるためには通気性のある不織布や細かい穴のあいたガス透過資材や PVA を用いた吸湿性資材が使用される．　　　　　　　　　　　　　　　［島地英夫］

## 8.4 環境制御技術

### 8.4.1 施設環境制御

単に日射透過性の被覆資材で閉鎖された温室空間は，屋外に比較して，過度の温湿度の変化，二酸化炭素の低下，光量減少，気流速の低下などの特徴を有し，作物の生育にとっては必ずしも好適ではない．温室生産は，保温，暖房，換気，冷房などといった環境調節または環境制御（environmental control）によって作物の好適環境が作出されることで成立しているといっても過言ではない．

温室は屋外環境と完全に隔離されているわけではないので，室内の環境因子（光，気温，湿度，気流速，二酸化炭素濃度など）は屋外環境の影響を受ける．一方，一つの環境制御は複数の環境因子に影響する．たとえば，換気の主目的は過度の昇温の抑制であるが，光合成によって低下した二酸化炭素濃度を外気の濃度近くまで復元させる．また，湿度にも影響し，一方では，気流速の増大によって作物群落のガス交換が促進される．このような関係があるため，たとえば，夜間に湿度を低下させたい場合，湿度低下のために換気を行い，同時に暖房も行って気温の低下を抑制するというような環境制御を行うこともある．

温室環境制御システム（greenhouse environmental control system）は，環境を計測するセンサー，温室制御装置（greenhouse controller），環境制御機器などから構成される．温室制御装置は，温室環境を設定値に維持するために，温湿度などの環境センサーの計測値に基づいて，暖房装置や換気装置といった環境制御機器を操作する装置である．制御装置の最も簡単な例は，気温制御のサーモスタットである．より多くの制御機器や種々の環境センサーに対応した制御装置は，アナログ式からデジタル式のコンピュータ制御装置に発展している．パネル上で操作するものから，ネットワークに接続されたパソコンで操作できるものまで，複雑な制御が簡易にできるようになった．また，遠隔操作，状態把握，メーカーからの直接メンテナンスなどが，インターネットを通じて可能となっている．トラブル発生時に制御装置が電話で連絡する機能もある．このような 1 台のコンピュータ制御装置が集中管理する一般的方式に対して，ユビキタス環境制御システムと呼ばれる自律分散型のシステムも開発されている．これは，ノードと呼ばれるネット化マイコンをそれぞれのセンサーや環境制御機器に取り付け，それらをネットワークで結んで情報交換を行いながら制御を行うシステムである．

植物工場（plant factory）とは，植物を工場的に生産できる生産システムの総称である．狭義には，完全人工環境下において植物の生育や品質を人為的に制御でき，しかも，生産工程の自動化がはかられるものと定義できる．人工光源（artificial lighting source），空調設備（エアコンなど），二酸化炭素調節装置，養液栽培装置などが装備される．特長として，屋外の気象条件に左右されずに生産が可能，収量や品質が向上，栽培管理が自動化，無農薬や高栄養価など高付加価値植物の生産が可能，などがあげられる．広義には，一般の

温室よりもさらに機能化された生産システムを植物工場と呼ぶことがある．

人工気象室またはファイトトロン（phytotron）は，空調設備やガス調節設備を備えた気密温室で，気象条件に対する植物の生育や生理的反応を研究するために用いられる．自然光を利用するものが多いが，人工光源を設置したものもある．グロースチャンバー（growth chamber）も類似の設備であるが，人工光源を備え，屋内に設置されることが多い．

### 8.4.2 光環境制御
#### a. 太陽光

太陽からの放射は，日射（solar radiation）または短波放射（shortwave radiation）と呼ばれ，地上で受ける波長範囲はほぼ0.3〜4 $\mu$m である．波長380 nm 以下の光を紫外線（ultraviolet rays : UV），人間の目に感じる波長380〜760 nm（照明の分野では380〜780 nm としている）を可視光（visible light）または可視光線（visible rays），波長780 nm〜1000 $\mu$m を赤外線（infrared rays）と呼ぶ．紫外線は，波長315〜380 nm の UV-A，280〜315 nm の UV-B などに分けられる．赤外線は，波長2.5 $\mu$m 以下の近赤外線（near infrared rays）と，それ以上の波長の遠赤外線（far infrared rays）に分けられる．光合成には葉緑素に吸収された光エネルギーが使われるが，その波長域は400〜700 nm であり，この波長域の放射を光合成有効放射（photosynthetically active radiation : PAR）という．

光強度（light intensity）は，光量子束（photon flux）や放射束（radiation flux）で表され，前者は光合成や光形態形成などの生理的な反応を扱う場合に，後者は熱エネルギー的な解析に用いられる．単位はそれぞれ $\mu$mol/m$^2$·s, W/m$^2$ である．波長400〜700 nm の光量子束を光合成有効光量子束（photosynthetic photon flux : PPF）という．照度（illuminance，単位は lx）は人間の目に感じる光の強さを表す量で，波長分布が異なる場合，照度が同じであっても光量子束や放射束が異なることがあり，植物の環境評価には適さない．

#### b. 温室内光環境の改善方法

光環境の改善方法は表8.2のように分類できる．温室内に透過する日射の強度や波長分布（光質）は，温室の形状・方位，構造部材，被覆資材などに影響される．光の入射量に対する透過量の比である透過率（transmittance, transmissivity）は，対象とする波長域によって，日射透過率（transmittance of solar radiation），〔可視〕光線透過率（[visible] light transmittance），紫外線透過率（transmittance of ultraviolet radiation）などがある．

被覆資材は温室内の光質制御の一つの方法であるが，被覆資材によっては紫外線が減少し，色素であるアントシアニンの生成が抑制されてトルコギキョウの紫色が発色しなかったり，バラの花色のあざやかさが低下したりすることがある．ポリエチレンフィルムは紫外線をほとんど透過し，ガラスは波長310 nm 以上の紫外線を一部透過する．一方，塩化ビニルフィルムは，耐候性の向上や紫外線カットのために添加する紫外線吸収剤によって紫外線透過率が異なる．

短日植物であるキクの電照栽培は，人工光源を用いて長日条件を与え，開花を抑制し，収穫時期を遅らせる日長制御の典型例である．照射時間が重要であり，強光を必要としない．一方，補光（supplemental lighting）は，高緯度地域で冬期に日射量が不足するような場合に，人工光源を用い

表8.2　温室内光環境制御法の分類[2]

| | 手　段 | 目　的 |
|---|---|---|
| 光質の制御 | 被覆材の選択<br>人工光源 | 紫外線その他の光質変化による形態形成 |
| 日長の制御 | 短日処理（シェード） | 短日による休眠 |
| | 人工光源による電照 | 短日植物（キクなど）の開花抑制，長日植物（カーネーションなど）の開花促進 |
| 光量の制御 | 遮光 | 夏期の高温抑制 |
| | 被覆材の洗浄・交換<br>温室構造・方位，被覆材の選択<br>反射板などの利用<br>人工光源 | 冬期の光量増大 |

て不足する光量を補足し，光合成を促進させようというのがその目的である．日射量が一定以下になる夕方に補光をはじめ，補光時間は日積算PARに基づいて調節される．補光の強度は50～100 $\mu mol/m^2 \cdot s$ 程度が一般的である．なお，二酸化炭素施用と組み合わせることにより，補光のみよりも安価に増収効果が得られる．ランプの消費電力は400 W，600 W，1000 Wなどがあるが，消費電力が大きなランプを使用した方が，単位面積当りの経済性は高まる．ただし，作物レベルでの光量を均一にするためにはランプの設置位置を高くする必要があり，結果として軒高の高い温室が必要である．

#### c. 人工照明

補光や植物工場などの人工照明（artificial lighting）には，蛍光灯（fluorescent lamp），HIDランプまたは高輝度放電ランプ（high intensity discharge lamp），LED（light emitting diode，発光ダイオード）などの光源が用いられる．一般的な蛍光灯は陰極を加熱して電子を放出させるが（熱陰極），加熱しない方式として冷陰極蛍光灯（cold cathode fluorescent lamp：CCFL）が開発されている．約6万時間と寿命が長いのが特長であるが，出力はまだ小さい．

放電ランプは，金属原子蒸気中のアーク放電によって発光する．フィラメントがないため，長寿命で高効率であるのが特長である．封入する金属によって，ナトリウムランプ（sodium lamp），メタルハライドランプ（metal halide lamp），キセノンランプ（xenon lamp）などがある．低圧ナトリウムランプ（low-pressure sodium lamp）はナトリウム蒸気圧が低く，演色性（物体を照らした時の物体の見え方の良否）が劣るため，ナトリウム蒸気圧を高めて演色性を改善したのが，高圧ナトリウムランプ（high-pressure sodium lamp）である．メタルハライドランプなどに比較して黄色の光を多く含む（図8.1）．植物育成用として波長500 nm以下の光強度を強めた高圧ナトリウムランプもある．メタルハライドランプは，水銀とハロゲン化金属（メタルハライド）を封入したもので，ハロゲン化金属の種類や比率を変えることによって光質を調整できる．放電ランプは，放電の開始や放電の安定的維持のために安定器が必要である．

LEDは電流を流すと発光する半導体で，直流で駆動する．小型で波長域の狭い単色光が照射できるのが特徴である．従来は照射できる光質が赤色などに限られていたが，現在は紫外線から赤外線の領域までさまざまな単色光がそろっている．白色のLEDは，それらを組み合わせたものである．また，超高輝度のものが開発され，発光強度も高まりつつある．

電力-光変換効率は，高圧ナトリウムランプが最大で39％，蛍光灯が最大で28％，LEDは2010年現在，最大で32％程度である．寿命は，それぞれ最も長いもので2万4000時間，1万2000時間，4万時間程度である．

#### d. 光強度の計測

光量子束の測定には（光合成有効）光量子計（quantum sensor，PAR sensor）を用いる．日射（太陽から直接届く直達日射と散乱されて天空から届く散乱日射の和である）の放射束の測定には，全天日射計（pyranometer）を用いる．受感部にフォトダイオードや光電池を用いた全天日射計は，感応波長域が0.4～1.1 $\mu m$ 程度のため，波長分布が屋外日射と異なる場合（たとえば，群落内や反射光など），誤差が生じることがある．

波長別の光量子束や放射束の測定には，分光放

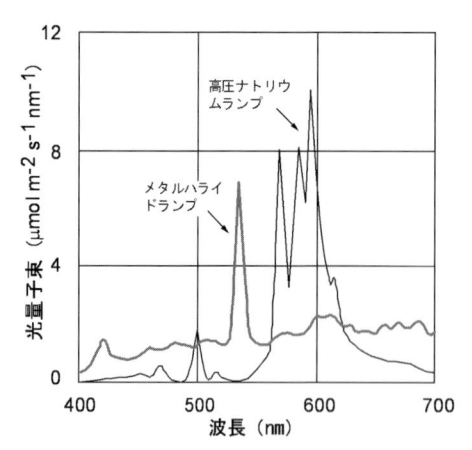

**図8.1** 高圧ナトリウムランプとメタルハライドランプの波長分布特性（PPFはいずれも350 $\mu mol/m^2 \cdot s$）[1]

射計または波長別放射計（spectroradiometer）を用いる．プリズムや回折格子で分光し，各波長を一つの光センサーでスキャンする方式と，各波長の位置ごとに光センサーを設置する方式がある．後者の方が高速であるが，測定波長幅が広い場合がある．とくに，LEDのように波長域が狭い場合，測定波長幅は1nm程度が望ましい．

### 8.4.3 温度制御
#### a. 保温

低温期に温室内気温を外気温よりも高めるためには，保温（heat insulation）や暖房（heating）が必要となる．「保温性の高い温室」とは，夜間の室内気温を高く維持でき，室内気温を維持するために付加する暖房熱量も少ない温室を指す．したがって，断熱性が高く，日射による室内の蓄熱量が多いことが保温性を高めるための必要条件である．薄いフィルム1枚の対流による伝熱量は，資材の種類によって大きな差はないが，多層にし，空気の層をつくることによって対流は抑制される．一方，長波放射（long-wave radiation）特性は資材の種類によって異なり，長波放射の反射率の高いものが放熱抑制効果が高い．保温被覆はこのような原理に基づいて保温性を高めるものである．

保温被覆には，保温カーテン，二重被覆，外面被覆などの方法がある．資材の枚数は，資材が可動の場合は「層」，固定の場合は「重」で便宜的に表される．保温カーテンは，夜間，室内に展張されるが，昼間に遮光に兼用されることもある．塩化ビニルフィルム被覆温室の場合，カーテンのない温室に対して，ポリエチレンフィルム1層で35％，2層で45％，ポリエチレンフィルムとアルミ蒸着フィルムの2層で65％の暖房熱量の節減が可能である．日本の花卉温室の51％が保温カーテンを設備している（温室全体では35％，2007年）．

井水の温度は地域によって異なるが，年間を通じで大きく変化しない．たとえば，関東以西では13〜15℃程度である．ウォーターカーテン（water curtain）は，井水の代表的活用技術である．カーテン上に井水を散水し続けることにより，無暖房で室温8℃程度を維持でき，適温の低い作物に普及している．散水によってカーテンに熱が与えられているが，温室内空気を積極的に温めているわけではない．井水の温度に近い水膜を天井面に維持することによって，対流伝熱量と上向きの純放射量を抑制していることが，高い保温性を維持できるメカニズムである．

二重被覆としては，フィルム間に空気を吹き込んで屋根や側壁を形成する空気膜二重温室が，米国を中心に普及している．被覆材に複層板を使用した温室も二重被覆の一つである．外面被覆の典型であるこもがけは65％の熱節減率があるが，手間がかかるため，日本では利用されなくなった．中国の日光温室で利用されている．

#### b. 暖房

日本の花卉温室の66％が暖房設備を備えている（温室全体では44％，2007年）．暖房の熱源としては，石油，太陽熱，地下水，石油代替燃料などが利用できるが，暖房温室の96％は石油（多くはA重油）を熱源としている．暖房方式には，温風暖房（hot air heating），温水暖房（温湯暖房，hot water heating），蒸気暖房（steam heating）などがある．

空気を直接暖めて送風する温風暖房が最も普及しており，暖房温室全体の91％を占める．予熱時間が短く気温の制御性にすぐれる，設備費が安価などの特長がある．燃焼空気比の改善や熱交換部の面積拡大などにより，温風暖房機の熱利用効率は85〜90％に達している．気温分布を均一にするため，ダクト送風するのが一般的である．

温水暖房は，ボイラーで温められた60〜80℃の温水を放熱管（heating pipe）に循環させて暖房する方式である．温水温度の調節には，戻り温水の一部をボイラーを通さずにバイパスさせる三方弁が用いられる．放熱管としては，炭素鋼管を利用するベアパイプやフィンを巻き付けたエロフィンパイプ（単位長さ当たりの放熱量は，ベアパイプの約3倍）が使われる．温水暖房は，水の熱容量が大きいので予熱に時間がかかる，室内気温の変化が緩慢であるなどの特徴があるが，コストはかかる．蒸気暖房は，蒸気消毒の必要性があるよ

うな場合を除き，利用されなくなった．

以上は温室内の空気を温めるものであるが，根圏部を暖房するために，防水・絶縁された電熱線を土壌に配置した温床を電気温床（electric hot-bed）という．育苗など小規模の育成に使われる．

**c. 冷 房**

温室内気温を外気温よりも低くするのが冷房（cooling）である．冷房の方法は，水の蒸発（気化）を利用する蒸発冷却法（evaporative cooling）が最も効果的かつ低コストである．水の気化熱は2501 J/g（0℃の場合）であり，比熱は4.2 J/g·℃である．冷水に空気を接触させて冷却する方法もあるが，たとえば，水温が10℃上昇した場合に奪える熱量は，同量の水が蒸発した場合に奪える熱量の1/60にすぎない．

空気に加湿すると，その状態は湿り空気線図（psychrometric chart）の同一の湿球温度線上を変化し，乾球温度は相対湿度が100％に達するまで低下する．外気を加湿冷却して温室内に導入するのが蒸発冷却法の基本であり，換気が不可欠である．原理的には外気の湿球温度まで冷却でき，外気の相対湿度が低いほど，蒸発散量（evapo-transpiration rate，加湿，蒸発，蒸散で気化する量の総和）や換気量が大きいほど，冷却効果は高まる．

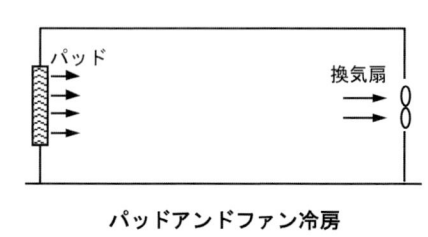

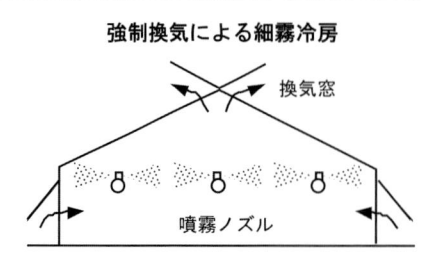

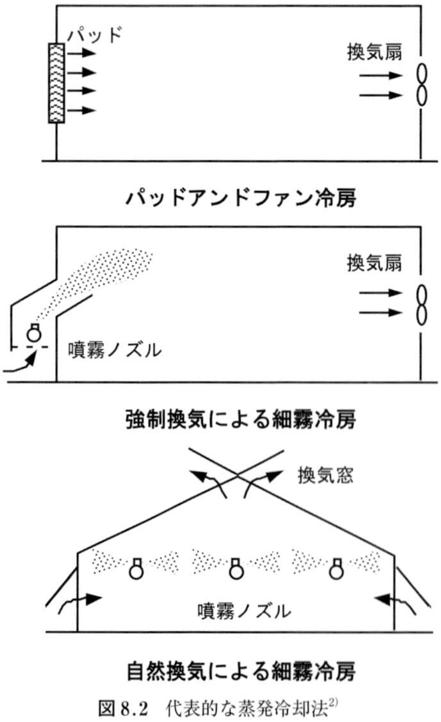

図8.2に代表的な蒸発冷却法を示す．パッドアンドファン冷房（pad and fan cooling）は，水を滴下して湿らせたパッドを通じて外気を吸気する．接触面積を増やすために，パッドは波状セルロース紙を積層してハニカム構造になっている．おもに米国などで普及している．

細霧冷房（fog cooling）は粒径0.05 mm以下の細霧をノズルから噴霧して加湿冷却する．粒径が0.05 mm以上の場合はミスト冷房（mist cooling）と呼ぶ．細霧冷房は，強制換気と組み合わせるもの（fog and fan cooling）と，自然換気と組み合わせるもの（fog cooling in combination with natural ventilation）がある．後者で農薬散布もできるもの（細霧の粒径は冷房専用のものより大きい）は多目的細霧システムと呼ばれ，1990年代中頃から日本で普及している．細霧冷房時の気温と湿度は，換気量と蒸発散量に依存するが，目標の室内気温を得られるように噴霧量や換気量を最適化するソフトが「Visual VETH」（http://hdl.handle.net/2501/4432）という名で開発されている．

［佐瀬勘紀］

図8.2 代表的な蒸発冷却法[2]

**文 献**

1) 佐瀬勘紀：農業施設ハンドブック（農業施設学会編），pp. 242-246，東洋書店，1990.
2) 佐瀬勘紀：新農業気象・環境学（長野敏英・大政謙次編），pp. 147-158，朝倉書店，2005.

### 8.4.4 換気制御

換気（ventilation）とは，窓やすき間を通して，ハウスの外の空気と室内の空気とが入れ替わることである．被覆材を透過して温室内に入った日射は，気温を上昇させる．換気制御とは，換気を行うことによってハウス内の温度を下げて，設定温度になるように換気量を調節することである．換気は，温度調節のほか，空気を入れ替えることによって，湿度を下げる．また，光合成によって低下したハウス内の二酸化炭素濃度を高める働きがある．

換気は，強制換気と自然換気に分類される．強制換気（forced ventilation）は，換気扇などの動力を用いて，室内空気を排出し，室外空気を導入する．ファン換気（fan ventilation）ともいう．換気扇が，排出方向に動作する場合を排気方式，外気を導入する場合は吹き込み方式の強制換気という．温度調節のための自動換気（automatic ventilation）は，サーモスタットのような簡易調節計によって制御することができる．比較的小型のハウスに用いられ，大型温室では，温度勾配が生じやすく，大風量の換気扇では近辺の作物の障害が起きやすい．室内温度の均一化を図るために，ダクトを用いる場合がある．

自然換気（natural ventilation）とは，温室内外空気のおもに温度差から生じた空気の比重差によって起きる重力換気（浮力換気，ventilation due to buoyancy）と，外部の風力によって起こされる内外の圧力差によって生じる風力換気（ventilation due to wind force）の総称である．

重力換気は，温度差換気（ventilation due to temperature difference）ともいい，温室の軒高が高くなると換気量はほぼ比例して増加する．換気する位置によって，天窓換気，側窓換気，肩換気，裾換気と呼ばれる．天窓と側窓の組み合わせが，温度差換気を促進し，また，換気窓の開口面積も換気性能を決める要素である．

環境制御コンピュータや温度調節器と組み合わせてモーターで開閉する自動換気（automated ventilation）が，温度環境の安定維持のために使用される．

### 8.4.5 二酸化炭素

温室に人為的に二酸化炭素を供給して，大気中と同等，あるいは数倍の濃度に高めることを二酸化炭素施用（施与）（carbon dioxide enrichment）といい，成長促進を目的とする．光合成反応における炭酸固定反応のカルビン回路中の酵素，ルビスコ（Rubisco）が，二酸化炭素と酸素の分圧比に比例して，カルボキシラーゼ反応かオキシゲナーゼ反応のどちらかに進む．二酸化炭素濃度が高いとカルボキシラーゼ反応が進み，見かけ上の光合成速度が高くなる．一方，二酸化炭素濃度が低くなると，二酸化炭素を再放出（光呼吸）して，見かけ上の光合成速度は低下する．酸素濃度を下げても，同様な効果があるが，技術的に問題があり，二酸化炭素を施用することによって，分圧比を変えている．$C_4$植物には，二酸化炭素施用は効果がない．

施設栽培において，有機物を多く施用した温室では，その分解時に発生する二酸化炭素によって，温室内は高濃度が維持される．養液栽培や養液土耕では二酸化炭素の発生源が少ないために，冬季の密閉温室では，100 ppm 近くまで低下することがあり，二酸化炭素施用が有効である．液化炭酸ガスを直接使用する，あるいは，灯油やプロパンガスの燃焼による二酸化炭素の発生機が市販されている．

二酸化炭素濃度は，午前中に 800～1200 ppm の濃度で施用されることが多い．日射が強くなると高濃度のほうが光合成の増加も大きくなる．日射の弱い曇天では，500 ppm 程度に設定を下げるという施用方法がとられることもある．また，換気窓が開くと，施用した二酸化炭素が逃げるために，発生器の運転を停止するか，外気並みの設定濃度とする．

ほとんどの作目で原理的には成長が促進されるが，バラでは，ボリュームや，花持ち，生育速度などが改善されたという報告がある．ファレノプシスのような CAM 植物では，花成誘導期以降の二酸化炭素施用は，夕方 17 時から夜 23 時までの夜間に行う．

高圧ナトリウムランプなどの補光栽培との組み合わせも行われている．生育後期のように体内の糖濃度が上昇すると，光合成の抑制制御が生じ，二酸化炭素施用の効果が少なくなる．

### 8.4.6 土壌水分制御

含水量（water content, moisture content）は，土壌水分の多少を表す．乾燥土壌質量と土壌水の質量の比で示す含水比，体積によって土壌水の比を示す体積含水率，液相率などで表される．もう一つの表し方として，土壌の水分吸引圧とし

て土壌の水分保持力を表す方法がある．これは，土壌から水分を取り出すのに必要な負の圧力であり，水ポテンシャル（water potential）で示され，土壌水を植物が吸水利用するという観点からよく使用される．吸引圧が1気圧であれば，1013 hPa（約0.1 MPa）となり，水柱の高さで表せば10 mである．よく使用されるpFは，水柱の高さをcmで表し，それを常用対数としたものである．水柱10 mは$1×10^3$ cmであるから，pF＝3となる．水ポテンシャルで表す場合，通常負の数となり，pF 3であれば，水ポテンシャルは$-0.1$ MPaとなる．負の記号（マイナス）は，水の流れ方向を決めるために必要であるが，マイナスを表記しない場合もある．

植物の生育に関連づけた土壌水分量を水分定数，あるいは水分恒数（water constant）といい，土壌の種類によって異なるが，植物が枯死する水分を永久しおれ点（pF 4.2，$-1.5$ MPa），成長阻害水分点（pF 2.7〜3.0），重力に対抗して水分を保持できる圃場容水量（pF 1.0〜1.8）となる．実際栽培においては，圃場容水量と成長阻害水分点の間になるように，灌水する．土壌水分の制御とは，土壌水分が，目標値である灌水開始点まで減少する時点までに灌水することである．1回灌水量は，有効水分量（available water）を目安にするが，根域制限栽培のように少量培地の場合，1日に複数回灌水する必要がある．

土壌水分の測定は，テンシオメーター（tensiometer）の使用が一般的で，水ポテンシャルあるいはpF値を読み取る．TDR（time domain reflectometry）は，土壌の誘電率を計測して，体積含水率との関係から含水率を求める方法である．多くの場合，経験的にタイマーなどで灌水を制御し，土壌水分を調節しているが，植物の蒸散速度は日射にほぼ比例することから，日射比例方式で灌水し，土壌水分を調節することもある．

### 8.4.7　省エネルギー，省力

施設園芸に使用されるエネルギーの80％以上が，暖房のために使用されている．したがって，省エネルギー（save energy）は，暖房エネルギーの節減と考えてよく，基本的には，ハウスの面積に対するというより，生産性当りの投入エネルギーを少なくすることである．

温室を少ないエネルギーで加温して，より多くの収量を得るためには，大きく分けて三つの手法がある．第一に，温室からの放熱量を減らすことである．ハウスの断熱性を高くすることによって，小さな投入エネルギーで高い温度を維持することができる．温室の被覆資材の熱的特性を表すために熱貫流率（heat transmission coefficient）が使用され，表面積1 $m^2$・1時間当りハウス内外温度差1℃に対し通過する熱量を表す係数である．保温被覆の種類や多層化によって，この値を小さくすることが，最も簡単に省エネを達成する手法である．ハウス内の設定温度を下げることによって放熱量を下げることができるが，生産性の維持が必要で，低温伸長性の品種などの選択が必要である．

第二に，熱源の効率化がある．ヒートポンプのように，投入エネルギーに対して，2倍から5倍の熱エネルギーの利用を可能とする方法も有効である．石油の代替エネルギーとして，太陽エネルギーや地下水，バイオマスを利用することにより，脱化石燃料化による省エネを図ることが，温暖化対策の面からは重要であるが，経済的効果も同時に求められる．

第三に，面積当りの生産性向上を求めることによって，収量当りの投入エネルギーを削減することである．一例として，二酸化炭素施用のように生育を促進する技術であれば，多少エネルギー投入が増加したとしても，投入以上の収量が得られれば，結果的には省エネルギーとなる．

施設栽培は労働密度が高く，規模拡大や快適化の点から，省力化（save labor）技術が導入されている．一般的な作業内容は，播種・育苗，定植とその準備，作物管理，収穫・出荷，環境管理に大別される．作業時間を短縮するために，自動化が行われており，環境制御装置や養液栽培が導入され，大幅な時間短縮がなされている．また，温室の大型化も作業効率向上になる．

花卉栽培においては，重作業や激作業はほとん

どなく，軽作業が多いが，温室内は高温多湿，また，防除についても不快な作業である．ハウスの自動換気や農薬散布の無人化などによって，作業環境の快適化が図られる．

省力化は単に面積当りの投下労働時間の短縮ということではなく，省エネと同様に，収量性や品質を考慮し，生産額当りの労働量を考え，経営に反映する省力化技術を導入する必要がある．

［島地英夫］

# 9. 生育と開花調節

## 9.1 生育相

　植物の生育とは，成長（growth）と発育（development）を意味する．成長とは植物体の大きさや重さが量的に増加することをいい，発育とは組織や器官が分化し発達することをいう．一・二年草では種子が発芽して生じた実生（seedling）が，生育して茎・葉・根を繁らす．この期間を栄養成長相（vegetative growth phase）といい，その前半部の幼若相にある段階では，どのような環境条件を与えられても花芽分化を開始することができない．しかし，生育が進むとやがて花芽分化を開始し，開花・結実する．この期間を生殖成長相（reproductive growth phase）という．一方，形成された種子は次の成長を開始するまで休眠する．植物のこのような生育過程を生活環（life cycle）というが，生活環の長さは植物の種類によって異なる．図9.1に一年草の生活環を示す．宿根草では開花・結実後に地上部が枯死するが，地下部の根や茎あるいは葉の一部が貯蔵器官となって残り，次の生育適期まで休眠する．春から夏に開花・結実する花木では，夏から秋に形成された葉芽あるいは花芽が冬芽となって次の生育適期まで休眠する．日本では多くの植物の成長盛期は春から夏であるが，一年草あるいは多年草にかかわらず，1年間の成長量の推移はシグモイド型成長曲線（sigmoid growth curve）で描かれる．

## 9.2 休眠・ロゼットとその打破

　植物には生育を停止しているか，あるいは生育がきわめて緩慢な時期がある．このような生育を，休眠（dormancy）あるいはロゼット状態にあるという．たとえば，形成直後の種子や球根は，発芽にとって好適な条件におかれても発芽せず休眠状態にある．このような休眠を自発休眠（endodormancy）という．これに対し，高温や低温あるいは水分欠乏などで，発芽にとって不適当な環境であるために休眠状態にあるものを他発休眠（ecodormancy）という．

### 9.2.1 休眠とその打破
#### a. 種子の休眠と発芽
　種子休眠の要因として，形態的あるいは生理的に胚の成熟を必要とするものがある．これを後熟（afterripening）という．キンポウゲ科植物やラン科植物の中には，種子が親植物から離れた時点では胚が形態的に未熟であり，胚が成熟するのに一定の期間を必要とするものがある．一方，秋に形成される種子の中には，胚が形態的には完成しているものの生理的な成熟に低温を必要とするものがある．同様に，初夏に形成される種子の中には，胚の生理的な成熟に高温を必要とするものが

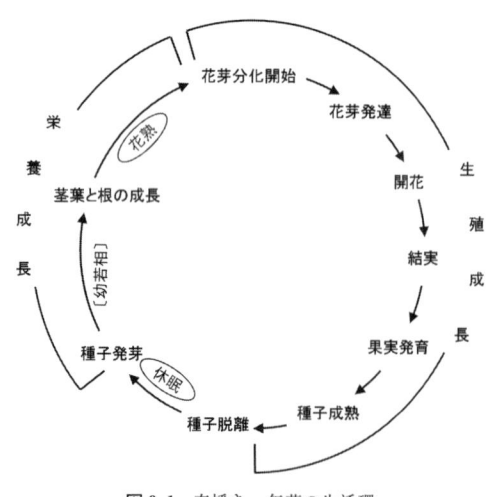

図9.1　春播き一年草の生活環

ある.ほかにも,種皮が硬く物理的に水や空気を通しにくいために発芽が困難なスイートピー,ルピナス,ボタン,アサガオなどや,種皮や果実に発芽抑制物質を含むために発芽が困難なパンジーやナナカマドなどがある.ヤマユリやカノコユリなどのユリ科植物の中には,種子発芽した後に地中で休眠するものがある.たとえば,秋に播種したサルトリイバラは,発芽した後に幼芽が地中で鱗茎状を呈して翌夏を休眠状態で過ごす(図9.2左).このような植物は翌冬の低温を受けて,2年目の春に茎頂が成長して萌芽する(図9.2右).このような休眠を上胚軸休眠(epicotyl dormancy)という.

多くの種子では,温度,水,酸素が発芽にとって好適な環境では光の有無にかかわらず発芽する.しかし,光がなければ発芽率が低下する好光性種子(positively photoblastic seed, 明発芽種子:light germinating seed)や,光があれば発芽率が低下する嫌光性種子(negatively photoblastic seed, 暗発芽種子:dark germinating seed)がある(表9.1).このような種子を播種する場合には,好光性種子に対しては覆土せず,嫌光性種子に対しては覆土する.

発芽の促進には,休眠要因に対応した処理が必要である.胚に形態的な成熟を必要とする種子では,発芽の促進は困難であるが,胚に生理的な成熟を必要とする種子には,高温処理あるいは低温処理などを行う.硬皮の種子には,硫酸や次亜塩素酸などの薬品処理による種皮の軟化処理やサンドペーパーなどによる種皮の磨傷処理,あるいは剥皮処理を行う.発芽抑制物質を含む種子には,流水などで種子の洗浄処理を行う.一般的に,難

表9.1 光に感受性のある種子の例

| | |
|---|---|
| 好光性種子 | *Antirrhinum majus*(キンギョソウ),*Aquilegia flabellata*(オダマキ),*Armeria maritima*(アルメリア),*Begonia* spp.(ベゴニア),*Bellis perennis*(デージー),*Campanula* spp.(カンパニュラ),*Dahlia* spp.(ダリア),*Dianthus* spp.(ナデシコ),*Digitalis purpurea*(ジギタリス),*Eustoma grandiflorum*(トルコギキョウ),*Exacum affine*(エキザカム),*Impatiens walleriana*(インパチエンス),*Kalanchoe* spp.(カランコエ),*Lobelia* spp.(ロベリア),*Mimosa pudica*(オジギソウ),*Petunia* spp.(ペチュニア),*Primula* spp.(プリムラ),*Sinningia speciosa*(グロキシニア),*Solenostemon scutellarioides*(コリウス),*Veronica* spp.(ベロニカ) |
| 嫌光性種子 | *Amaranthus tricolor*(ハゲイトウ),*Carthamus tinctorius*(ベニバナ),*Catharanthus roseus*(ニチニチソウ),*Celosia argentea*(ケイトウ),*Clarkia amoena*(ゴデチア),*Consolida ambigua*(ヒエンソウ),*Cyclamen persicum*(シクラメン),*Delphinium* spp.(デルフィニウム),*Eschscholzia californica*(ハナビシソウ),*Lathyrus odoratus*(スイートピー),*Lilium* × *formolongi*(シンテッポウユリ),*Lupinus* spp.(ルピナス),*Mirabillis jalapa*(オシロイバナ),*Nigella damascena*(クロタネソウ),*Papaver rhoeas*(ヒナゲシ),*Tropaeolum majus*(キンレンカ),*Zinnia* spp.(ジニア) |

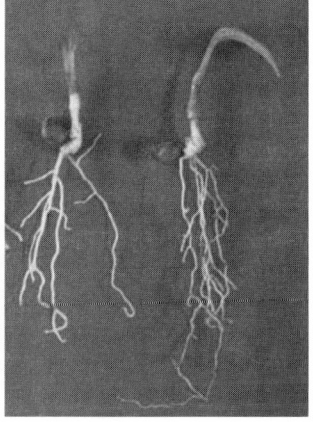

図9.2 サルトリイバラの発芽(写真提供:鷹見敏彦)
左:秋に取り播きし,翌年の夏に掘り上げたもの(この状態で翌翌春までじっとしている).
右:翌年の冬に低温感応し,翌翌春に萌芽し始めたもの.

発芽種子の発芽促進には植物成長調整剤であるジベレリン剤が利用される．これは，ジベレリンによる部分的な低温代替やα-アミラーゼ活性促進などの作用による発芽促進である．

発芽の斉一化には，プライミング（priming）処理が有効である．これは，播種前の種子の水分保持力（水ポテンシャル）をある程度にまで高めて維持することで播種後の発芽を斉一化する方法である（5.1.4項参照）．また，種子の大きさ，形，重さなどを選別することでも，均一な発芽を期待できる．

**b. 球根類の休眠と発芽**

多くの球根類では球根形成（bulbing）が休眠導入とみなされ，球根形成以前の環境要因が休眠誘導の条件となる．初夏から晩夏にかけて開花する春植え球根は（表9.2），秋の短日により球根形成が誘導され秋から冬にかけて休眠する．このような球根では，冬の低温あるいは人為的な低温処理が休眠を打破する．秋から初冬に開花する夏植え球根は（表9.2），春から初夏に球根形成が進み，地上部が枯れて休眠する．このような球根では冬の低温が休眠を誘導し，夏の高温が休眠を打破する．秋から冬に出葉して冬から春に開花する秋植え球根は（表9.2），春から初夏に球根形成が進み夏に休眠する．このような球根では冬の低温が休眠を誘導し，夏の高温が休眠を打破する．たとえば，テッポウユリは秋から冬に萌芽し，春から初夏にかけて開花する．開花と同時期に球根形成も進みそのあと休眠するが，切り花促成栽培に用いる球根の生産を目的とした栽培では，球根の収穫時期が早いので，休眠打破のための高温処理が必要である．一方，秋植え球根であるユリの多くは春に萌芽し，初夏から晩夏にかけて開花することから，球根形成時期や休眠特性は春植え球根と同様である．休眠中には葉分化が停止して，器官形成はほとんど行われないが，フリージアやグラジオラスでは球茎の休眠中に子球（daughter corm）の肥大が起こり，スイセンやチューリップでは花芽が形成される．一方，ユーチャリスやアマリリス類の中には，温度条件がよければ常緑型の生育を続けて休眠しないものもある．

**表 9.2 球根類の植え付け時期の例**

| | |
|---|---|
| 春植え球根 | *Achimenes* spp.（アキメネス），*Begonia*× *tuberhybrida*（キュウコンベゴニア），*Bessera elegans*（ベッセラ），*Caladium bicolor*（カラジウム），*Canna*×*generalis*（カンナ），*Curcuma* spp.（クルクマ），*Dahlia* spp.（ダリア），*Eucharis*×*grandiflora*（ユーチャリス），*Eucomis* spp.（ユーコミス），*Gladiolus* spp.（グラジオラス），*Gloriosa superba*（グロリオサ），*Hippeastrum* spp.（アマリリス），*Hymenocallis narcissiflora*（ヒメノカリス），*Oxalis* spp.（オキザリス），*Polianthes tuberosa*（チューベローズ），*Rhodohypoxis baurii*（アッツザクラ），*Sandersonia aurantiaca*（サンダーソニア），*Tigridia pavonia*（チグリジア），*Zantedeschia* spp.（カラー） |
| 夏植え球根 | *Colchicum autumnale*（コルチカム），*Crocus sativus*（サフラン），*Lycoris* spp.（ヒガンバナ），*Nerine* spp.（ネリネ），*Sternbergia* spp.（ステルンベルギア） |
| 秋植え球根 | *Allium* spp.（アリウム），*Alstroemeria* spp.（アルストロメリア），*Anemone* spp.（アネモネ），*Babiana stricta*（バビアナ），*Camassia* spp.（カマシア），*Crocus* spp.（クロッカス），*Eremurus* spp.（エレムルス），*Erythronium japonicum*（カタクリ），*Freesia* spp.（フリージア），*Fritillaria imperialis*（フリチラリア），*Galanthus nivalis*（スノードロップ），*Hyacinthus orientalis*（ヒアシンス），*Iris*×*hollandica*（ダッチアイリス），*Ixia* spp.（イキシア），*Leucocoryne* spp.（リュウココリネ），*Lilium* spp.（ユリ），*Muscari* spp.（ムスカリ），*Narcissus* spp.（スイセン），*Ornithogalum* spp.（オーニソガラム），*Ranunculus vulgaris*（ラナンキュラス），*Scilla* spp.（シラー），*Tritonia* spp.（トリトニア），*Tulipa gesneriana*（チューリップ），*Watsonia* spp.（ワトソニア） |

**c. 花木類の休眠と萌芽**

初夏から夏の高温期にあるいは秋に花芽形成する花木は（表9.3），いずれも花芽形成後に秋の短日で休眠が誘導されて，葉芽や花芽が冬芽（winter bud）として冬に休眠する．このような花木の休眠は，前休眠（predormancy），真休眠（true dormancy）および後休眠（postdormancy）の3段階に分けられる（図9.3）．前休眠は真休眠への導入の段階であり，除葉することで休眠への導入が妨げられ新葉の萌芽や開花が見られることがある．真休眠時には，低温処理などで生理的要求の

**表9.3 花木の休眠の例**

| 休眠する花木：初夏から夏の高温期に花芽分化するもの | *Camellia japonica*（ヤブツバキ），*Cercis chinensis*（ハナズオウ），*Cornus florida*（ハナミズキ），*Daphne odora*（ジンチョウゲ），*Enkianthus perulatus*（ドウダンツツジ），*Forsythia suspensa*（レンギョウ），*Prunus persica*（モモ），*Rhododendron* spp.（ツツジ），*Prunus mume*（ウメ），*Prunus×yedoensis*（ソメイヨシノ） |
|---|---|
| 休眠する花木：秋に花芽分化するもの | *Cytisus scoparius*（エニシダ），*Hydrangea macrophylla*（アジサイ），*Philadelphus coronaries*（バイカウツギ），*Spiraea cantoniensis*（コデマリ），*Spiraea thunbergii*（ユキヤナギ） |
| 休眠しない花木 | *Abelia×grandiflora*（アベリア），*Camellia sasanqua*（サザンカ），*Hibiscus syriacus*（ムクゲ），*Osmanthus fragrans* f. *aurantiacus*（キンモクセイ），*Serissa foetida*（ハクチョウゲ） |

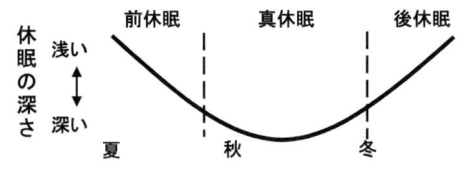

図9.3 花木の休眠の概念図

充足を促進することはできても休眠打破はできない．後休眠は真休眠の覚醒段階であり，モモ，サクラ，レンギョウなどでは低温処理や温湯処理あるいは植物成長調整剤のシアナミド剤処理との併用で休眠が打破され開花が促進される．一方，春から夏にかけて花芽分化し，年内に開花する花木は休眠しない（表9.3）．

### 9.2.2 ロゼットとその打破

ロゼット（rosette）とは，茎頂では葉分化が継続しているにもかかわらず茎の節間伸長がなく，葉が地際から放射状に直接出ているように見える状態をいう．宿根草の休眠と類似しており，生育にとって不良環境耐性を得るための生理的・形態的な防御機構であると考えられる．秋にキクの地下茎から生じる腋芽を吸枝（sucker）というが，吸枝や株元の腋芽は夏の高温でロゼットが誘導され，秋の涼温・短日でロゼットを形成し冬至芽（winter sucker）として越冬する．同様に夏の高温でロゼットが誘導されるものとしてシュッコンカスミソウ，マーガレット，ミヤコワスレなどがあり，秋の短日でロゼットが誘導されるものとしてデルフィニウム・エラーツムがある．トルコギキョウでは，種子が吸水してから本葉が2対展開するまでに高温に遭遇するとロゼット化する．キクの電照栽培や早期のシェード栽培においては，栽培温度が低くなると，それまで生育を続けていた茎頂付近の節間伸長が停止してロゼットを形成することがある．これを，高所ロゼット（secondary rosette）という．トルコギキョウでは，幼苗時の高温遭遇や栽培途中の短日・低温で高所ロゼットが形成されることもある．

秋にロゼットを形成した植物は冬の低温を受けた後に茎伸長を開始するが，一定期間の低温処理を行うことでもロゼットの打破を促進できる．また，夏の高温で生理的にロゼットの誘導を受けた植物は，秋に高温を維持するか長日処理を行うことで，ロゼット形成を防止して生育・開花させることが可能になる．トルコギキョウでは，種子低温処理や夜冷育苗でロゼットを防止できる．

近年，エチレンの感受性を抑制したキクの形質転換体では，野生型に比較して低温域でもロゼット誘導が抑制されることから，エチレン情報伝達がロゼット導入に重要な役割をもつことが明らかになった．

## 9.3 栄養成長

栄養成長期の地上部では，茎頂分裂組織において細胞分裂が続き，葉の分化と茎の伸長を行う．地下部では根端分裂組織において細胞分裂が続き，根の肥大と伸長そして側根の分化を行って成長する．植物は気象，土壌，生物および化学物質などの環境要因によって様々な影響を受けるが，本質的には効率的な光合成を通して，根の発達や茎葉の生育量を増加させ，植物体を形成する．

## 9.3.1 光合成と成長
### a. 光合成のしくみ

光合成（photosynthesis）は，細胞中の葉緑体において光エネルギーを利用して二酸化炭素（$CO_2$）を固定して炭水化物に同化することから，炭酸同化作用（carbon assimilation）ともいわれる．植物は$CO_2$の固定の仕方によって$C_3$植物（$C_3$ plant），$C_4$植物（$C_4$ plant），CAM植物（crassulacean acid metabolism plant：CAM plant）に分類される．

$C_3$植物では，葉肉細胞に存在する葉緑体のチラコイドで光エネルギーを吸収して，葉緑素（chlorophyll）の一つであるクロロフィルaが活性化される．活性化したクロロフィルaは，水を水素と酸素に分解する過程で酸化型ニコチンアミドアデニンジヌクレオチドリン酸（nicotinamide adenine dinucleotide phosphate：NADP）を還元型ニコチンアミドアデニンジヌクレオチドリン酸（NADPH）に変換する．この反応をヒル反応（Hill reaction）という．このときチラコイドでは同時にアデノシン-5′-二リン酸（adenosine diphosphate：ADP）がアデノシン-5′-三リン酸（adenosine triphosphate：ATP）に変換される．引き続き，葉緑体のストロマでチラコイドで生産されたNADPHとATPを利用して，気孔から取り入れた$CO_2$をカルビン回路（Calvin cycle，図9.4）においてリブロース-1,5-二リン酸に固定し，3-ホスホグリセリン酸（phosphoglycerate：PGA）に変換する．この過程で，$CO_2$を固定する酵素をルビスコ（ribulose-1,5-bisphosphate carboxylase/oxygenase：Rubisco, リブロース-1,5-二リン酸カルボキシラーゼ/オキシゲナーゼ）という．PGAは引き続きグリセルアルデヒドリン酸（glyceraldehydephosphate：GAP）に変換されるが，GAPの2分子が異性化を経て結合し，フルクトース-1,6-二リン酸を経由してスクロースやデンプンなどの炭水化物となる．気孔から取り込まれた$CO_2$がカルビン回路で固定されて，最初に炭素数が3のPGAが生産されることから，このような光合成を行う植物を$C_3$植物という．日本などの温帯域に生息する花卉植物の多くは，このタイプである．

$C_4$植物では，気孔から葉肉細胞に取り込まれた$CO_2$は細胞基質で水和して炭酸水素イオン（$HCO_3^-$）となる（図9.5）．この炭酸水素イオンはホスホエノールピルビン酸カルボキシラーゼ（phosphoenolpyruvate carboxylase：PEPC）の働きによって，炭素数が3の化合物であるホスホエノールピルビン酸（phosphoenolpyruvate：PEP）と結合し，炭素数が4のオキサロ酢酸となる．さらに同じ細胞内の葉緑体で，オキサロ酢酸はリンゴ酸に変換される．ついで，このリンゴ酸は葉肉細胞の葉緑体から維管束鞘細胞の葉緑体へと移動し，そこでピルビン酸に変換されると同時に$CO_2$を放出する．この$CO_2$が引き続き維管束鞘葉緑体のカルビン回路において，$C_3$植物と同様に炭水化物に変換される．気孔から取り込まれた$CO_2$が，最初に炭素数が4のオキサロ酢酸に変換されることから，このような光合成を行う植物を$C_4$植物という．ハゲイトウ，ケイトウ，センニチコウ，ススキ，マツバボタン，シバなどがこのタイプである．葉緑体を含む維管束鞘細胞は一見花環の形をしていることからクランツ（Kranz）型葉構造といわれる．PEPCは炭酸水素イオンと高い親和性があるため，低濃度の$CO_2$条件でも，$C_4$植物の光合成能力は高い．$C_4$植物には，リンゴ酸のかわりにアスパラギン酸，ピルビン酸のかわりにアラニンとして細胞間を移動するものもある．

CAM植物の特徴は，暗期に$CO_2$の取り込みを行い，取り込んだ$CO_2$を明期に光合成に利用する

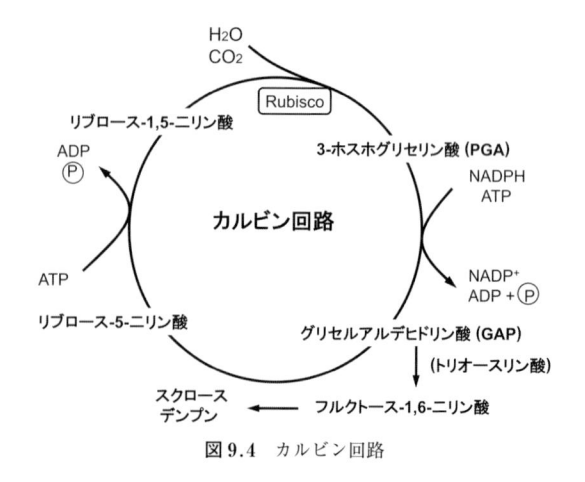

図9.4 カルビン回路

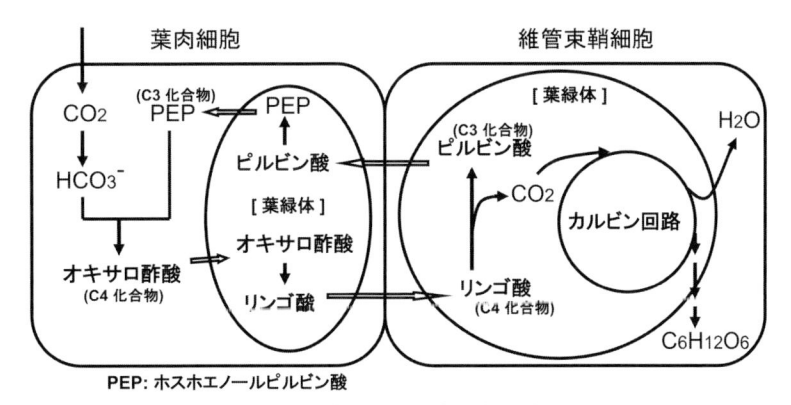

**図 9.5** $C_4$ 植物における光合成の概念図

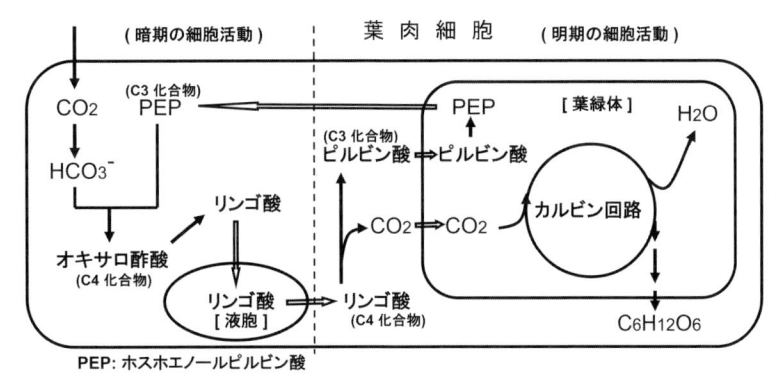

**図 9.6** CAM 植物における光合成の概念図

ことである（図 9.6）．暗期に気孔から葉肉細胞に取り込まれた $CO_2$ は，$C_4$ 植物と同様に細胞基質で水和して炭酸水素イオン（$HCO_3^-$）となる．この炭酸水素イオンは PEP と結合しオキサロ酢酸となり，さらに細胞基質あるいはミトコンドリアにおいてリンゴ酸に変換された後に液胞に蓄積される．液胞に取り込まれたリンゴ酸は，明期に液胞から細胞基質に放出された後にピルビン酸に変換され，同時に $CO_2$ を放出する．この $CO_2$ が引き続き葉緑体のカルビン回路において炭水化物に変換される．CAM 植物は明期に気孔を閉じているので，リンゴ酸の分解で発生した $CO_2$ は，細胞外に漏出することなく効率よく固定される．ベンケイソウ科（Crassulacean）植物が特異的にこのような光合成を行うことから CAM 植物という．CAM 植物にはベンケイソウ科植物以外にも，アナナス，カトレヤ，リュウゼツラン，サボテンなど多くの植物がある．

**b. 光合成と環境要因**

太陽からの放射を日射（solar radiation）というが，そのうち光合成のエネルギー源となる波長域 400〜700 nm を光合成有効放射（photosynthetic active radiation：PAR）という．PAR は，エネルギー（$W/m^2$），または，光合成有効波長域の光量子束密度（光合成有効光量子束密度，photosynthetic photon flux density：PPFD，$\mu mol/m^2 \cdot s$）の単位で測定される．植物は光合成によって $CO_2$ を吸収しながら，一方では光の有無とは関係なくつねに呼吸を行い，$CO_2$ を排出する．したがって光合成に用いられる単位面積時間当りの $CO_2$ 吸収量は，光の強さが弱い場合には，光合成による $CO_2$ 吸収より呼吸による $CO_2$ 排出が多いために，光合成速度（photosynthetic rate）は負の値となる（図 9.7）．光強度が増加し，光合成による $CO_2$ 吸収量と呼吸による $CO_2$ 排出量が等しくなったとき，光合成速度は 0 となる．このときの光強度を光補償点（light compensation point）とい

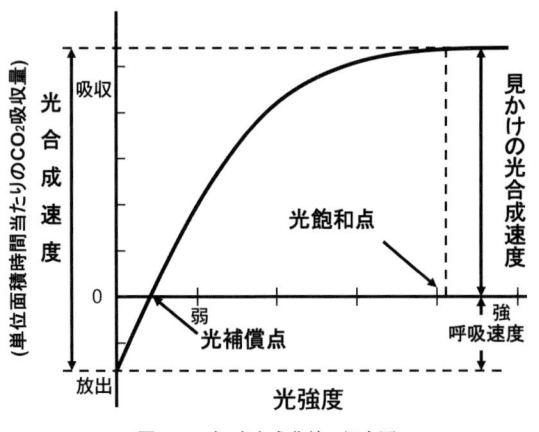

図9.7 光-光合成曲線の概念図

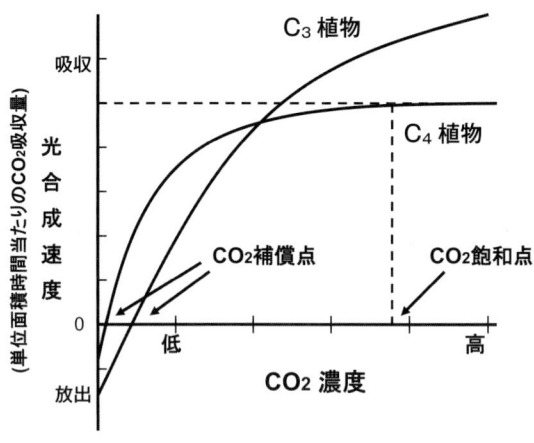

図9.8 $CO_2$-光合成曲線の概念図

う．光強度の増加により光合成速度は増加するが，やがて光強度を高めても光合成速度が増加しなくなる点を光飽和点（light saturation point）という．光補償点から光飽和点の光量範囲では，光量の増加に伴い光合成量が増すことで生育量も増加する．カーネーション，キクなどの宿根草では，寡日照時の生育量の増加や開花促進に，光合成の補強を目的として光合成有効放射波長を多く含む蛍光灯，水銀ランプ，高圧ナトリウムランプ，メタルハライドランプなどを用いて補光（supplemental lighting）する．同様に，花卉の群落中の下層部の葉に光を供給し，個葉の光合成量を増加させる手段として反射マルチ資材が利用され，カーネーションの生育促進や開花促進，バラの冬季寡日照時における収量低下の解消に役立つ．これは，個葉の両面受光による光合成量の増加による．

一般に，弱光下でも耐陰性が高く生育が良好な植物を陰生植物（shade plant）といい，アンスリウム，クンシラン，セントポーリア，アジサイ，シダ植物などがある．反対に，耐陰性が低く明るい場所で生育する植物を陽生植物（sun plant）といい，キク，カーネーション，ペチュニア，パンジー，サクラ，ツツジなどがある．陰生植物は陽生植物に比べて呼吸量，光合成量とも小さく，光補償点，光飽和点も低い．

低い $CO_2$ 濃度では，光合成速度は $CO_2$ 濃度によって律速される（図9.8）．光合成による $CO_2$ 吸収量と呼吸による $CO_2$ 排出量が等しくなって，$CO_2$ 吸収が0となる $CO_2$ 濃度を $CO_2$ 補償点（$CO_2$ compensation point）という．一般に，$C_4$ 植物の $CO_2$ 補償点は $CO_2$ 濃度が0～10 ppmであるのに対し，$C_3$ 植物では30～100 ppmと高い．一方，光合成速度は $CO_2$ 濃度の増加に伴い増えるが，ある濃度に達すると，それ以上に $CO_2$ 濃度を高めても光合成速度は増加しない．そのときの $CO_2$ 濃度を $CO_2$ 飽和点（$CO_2$ saturation point）という．$C_3$ 植物は $C_4$ 植物よりも $CO_2$ 飽和点が高い．冬季の花卉施設栽培では，施設内の保温のために換気回数を制限する．その結果，外気との換気が不十分となり施設内の $CO_2$ 濃度が低下し，光合成量が落ちる．したがって，冬季の施設栽培における $CO_2$ 施用は，作物の光合成を促進し，生産性を高める有効な手段である．

光が十分にあるときは，光合成量は温度の上昇に伴って増加するが，ある温度以上になると呼吸量が急増するために，見かけの光合成量は激減する．光合成を最適に維持する温度域は，植物によって異なるが，$C_4$ 植物は $C_3$ 植物に比べて広い．

### 9.3.2 植物の形態形成と成長

植物の形態形成（morphogenesis）には二つの基本的な発生様式がある．一つは根と茎を形成する上下軸であり，上端には葉原基（leaf primordium）を形成する茎頂分裂組織（shoot apical meristem）があり，下端には根を形成する根端分裂組織（root apical meristem）がある．他の一つは茎や根あるいは花で見られる放射状の発生様

式であり，異なる機能をもった組織が同心円状に配置される．

### a. 茎の成長

茎頂分裂組織は外側からL1層，L2層，L3層と呼ばれる3種の細胞層に分けられ，L1層由来の細胞は表皮を，L2層とL3層由来の細胞は内部組織を形成する（図3.1を参照）．分裂組織の中央は中央帯と呼ばれる細胞群で，周辺領域と呼ばれる中央帯の周辺の組織では葉原基が発生する．中央帯の下には髄状領域があり，茎の中央の組織を形成する．葉原基は発達した後，葉腋に腋芽の分裂組織を分化する．腋芽が生育して側枝を形成することを分枝（branching）という．頂芽が主茎として伸長しながら同時に腋芽も伸長するものを単軸分枝といい，頂芽が花芽分化して茎伸長が停止した後に，腋芽が伸長して主軸を形成するものを仮軸分枝という．頂芽の生育が旺盛な場合，頂芽に近い腋芽の伸長が抑えられる．これを頂芽優勢（apical dominance）という．頂芽優勢の強い植物は分枝の少ない草姿になり，頂芽優勢の弱い植物は分枝の多い草姿になる．頂芽優勢には，植物ホルモンであるオーキシンやサイトカイニンが深くかかわっている（3.2.3項参照）．

### b. 葉の成長

茎頂分裂組織で分化した葉原基は，成長して葉を形成する．L1層由来の細胞は表皮細胞や孔辺細胞などに，L2層由来の細胞は葉肉細胞に，L3層由来の細胞は維管束にそれぞれ分化する．茎頂で葉原基が形成される順序を葉序（phyllotaxis）といい，連続した葉の配向には互生，対生，輪生などのような一定の規則性がある．葉原基が形成される間隔を，葉間期（plastochron）という．葉の成長は細胞数の増加と細胞の拡大により起こるが，ある程度分裂した後は，細胞の拡大に支配される．1日または積算気温1℃当りに出現あるいは展開する葉数を，出葉速度（leaf emergence rate）あるいは展開速度（foliation rate）という（3.2.2項参照）．

### c. 根の成長

根端には下端から，根冠，分裂領域，伸長領域，成熟領域がある．根冠は，根端分裂組織が物理的な障害を受けないように保護している．分裂領域では，重層分裂により根の長さを増し並層分裂により根の太さを増す．分裂領域では，一次根（primary root）のみが形成される．伸長領域では細胞伸長が盛んに起こり，師管の分化が見られる．成熟領域では細胞の組織分化が起こり，維管束の発達や側根（lateral root）の分化が見られる．根の分布状態を根系（root system）というが，双子葉植物では幼根が成長して主根となり，側根が分岐して根系が形成される．単子葉植物では，幼根は幼苗時には機能するが，その後生育が停止する．かわって，茎の基部節に多数の不定根（adventitious root）が発生して根系が形成される．

## 9.4 幼若性と花熟

### 9.4.1 幼若性

種子発芽した植物は，ある一定の齢（age）に達するまでは栄養成長を続けるが，どのような環境条件におかれても花芽形成が起こらない生育期がある．このような生育期を幼若相（juvenile phase）といい，植物がもつこの性質を幼若性（juvenility）という．幼若相の長さは花卉の種類によって異なり，一・二年草や宿根草では短く，球根類や花木では長い．一年草のスイートピーやスターチス・シヌアータなどでは，吸水した種子が低温に感応して花芽分化することから幼若性はないとされる．また，ストックでは本葉2枚時において低温感応することから，この時点で幼若相は終了していると考えられる．チューリップの実生は，萌芽する葉を毎年1枚ずつ増やして球根を更新するが，このような生育を数年繰り返したあと，葉を3〜4枚分化すると花芽を形成する．したがって，チューリップは4〜6年の幼若相をもつといえる．このように球根類を種子から育てる場合，充実した球根が形成されるまでは花芽形成できず幼若相にある．花木の幼若相は，バラやアカシアなどのように1年以内に終了するものもあるが，通常は，数年〜数十年である．宿根草であるキクの実生苗は幼若性を有するが，成長した株においても，夏の高温を経過してロゼットした吸枝

や腋芽が実生苗と同様な幼若性を示す．このように種子由来の植物に限らず，栄養繁殖由来の植物であっても，花芽形成する能力をもたない性質を幼若性という場合もある．

### 9.4.2 花　熟

幼若相を経過したあと，日長や温度などの花成刺激（floral stimulus）に反応して花芽形成を開始できる能力を有した栄養成長相にある状態を花熟（ripeness to flower）という．花熟とは生理的な状態をいうが，形態的な変化として見られることもある．幼若相にあるセイヨウキヅタは3～5裂の掌状葉を蔓性の茎に互生するが，花熟状態では葉は卵形となり直上する茎に螺旋状につき，茎頂部に花序を形成する（図9.9）．ある種のアカシアでは幼若相にある葉は2回羽状複葉であるが，花熟状態になると葉柄が扁平化して偽葉（phyllode）と呼ばれる1枚の葉の形となり，葉と同じ機能をもつようになる（図9.10）．花熟に達し，生殖生長ができるようになった生育相を成熟相（adult phase）という．

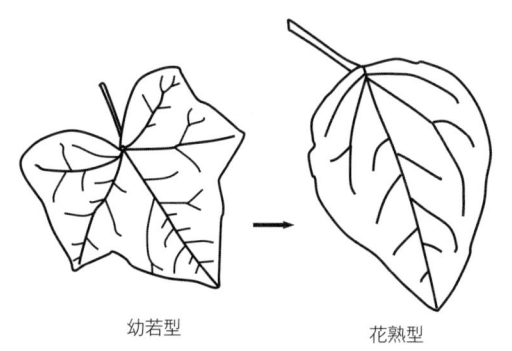

**図 9.9** セイヨウキヅタの花熟時における葉の形態変化

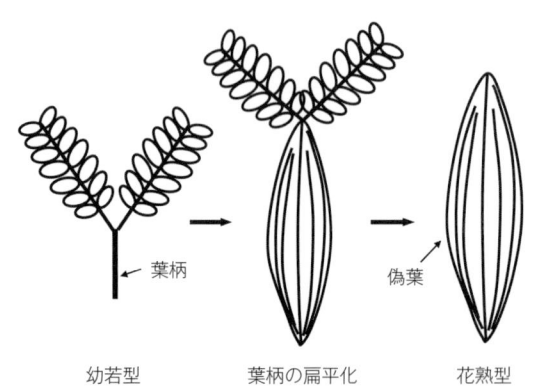

**図 9.10** アカシア品種の花熟時における葉の形態変化
幼若型から花熟型への移行の中間的な形態として，花熟型である偽葉の先端に幼若相の形質が発現している．

## 9.5　花芽形成

### 9.5.1　花芽分化と花器官の形成

日長，温度，加齢などの刺激により栄養成長から生殖成長へ転換することを花成（floral transition）という．栄養成長相において葉原基の分化を続けていた頂端分裂組織が，花熟状態に達したときに花成刺激を受けると，その形態に変化を生じて花序分裂組織（inflorescence meristem）となり，花原基（flower primordium）を分化するようになる．この状態を，花芽分化の開始（flower bud initiation）という．花原基では茎生葉（cauline leaf）と花分裂組織（floral meristem）が形成される．引き続き，花芽分裂組織を取り巻く環域（whorl）と呼ばれる同心環状の領域で，通常外側から順に異なる四つの花葉，すなわち萼片（sepal），花弁（petal），雄蕊（stamen），心皮（carpel，または雌蕊，pistil）が形成されて花器（floral organ）が完成する（図9.11）．このように，花芽分化の開始から花芽分化（flower bud differentiation）し，花芽発達（flow-

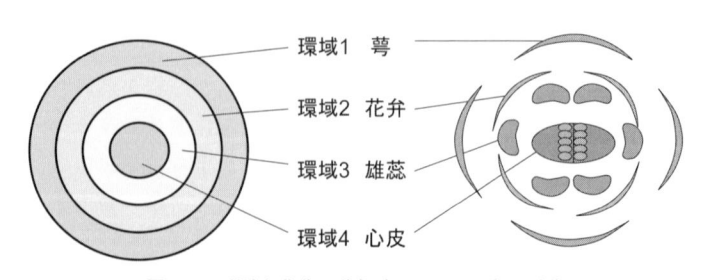

**図 9.11** 環域と花葉の形成（シロイヌナズナの例）

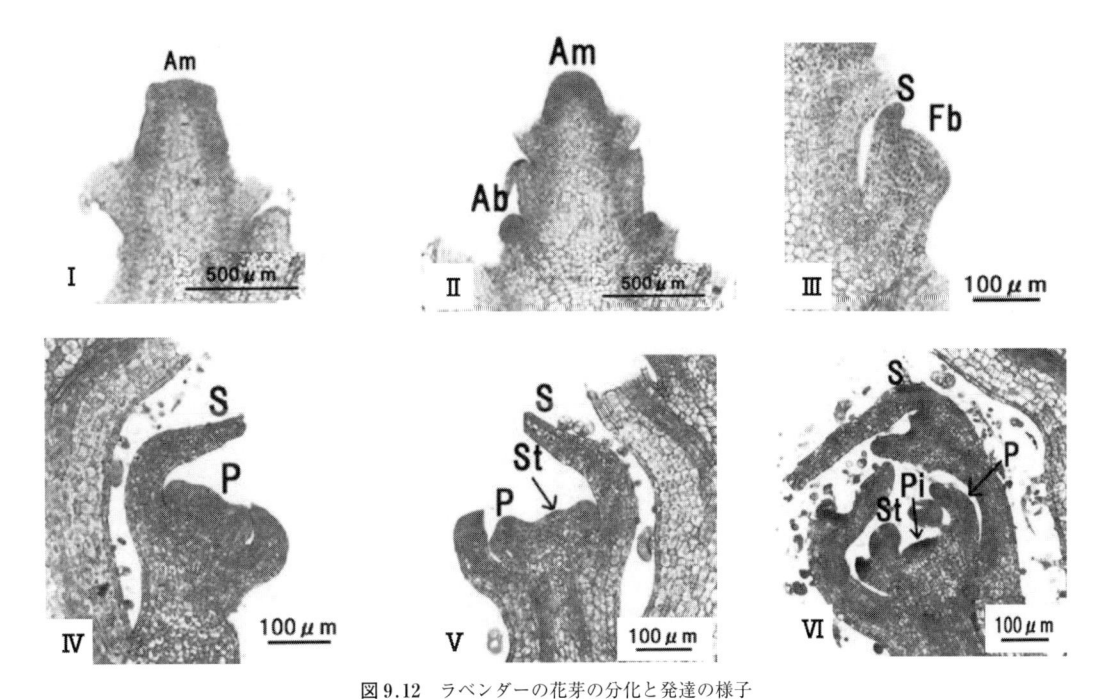

**図 9.12** ラベンダーの花芽の分化と発達の様子
Ⅰ：栄養成長時の茎頂分裂組織（Am），Ⅱ：茎頂のドーム化と側芽（Ab）の分化，Ⅲ：花芽（Fb）と萼片（S）の分化，Ⅳ：花弁（P）の分化，Ⅴ：雄蕊（St）の分化，Ⅵ：雌蕊（Pi）の分化．

er bud development）することを花芽形成（flower bud formation）という．たとえば，ラベンダーの花芽分化と発達の様子を顕微鏡下で観察すると，栄養成長相の茎頂分裂組織はほぼ平坦であり葉原基のみが分化（図9.12 Ⅰ）するが，生殖成長相に転換する過程で茎頂部が膨らみドームを形成する（図9.12 Ⅱ）．やがて小花原基が分化して花序を形成する．ついで，萼片の分化（図9.12 Ⅲ），花弁の分化（図9.12 Ⅳ），雄蕊の分化（図9.12 Ⅴ），最後に雌蕊の分化（図9.12 Ⅵ）が起こり，それぞれ発達して花器が完成する．

### 9.5.2 花葉の属性を決定する ABC モデル

器官の分化の方向を決定する遺伝子をホメオティック遺伝子（homeotic gene）というが，シロイヌナズナ（*Arabidopsis thaliana*）やキンギョソウを用いた花器官形成に関する遺伝的な解析から，異なる三つのタイプの遺伝子により，花葉の属性が決定されることが明らかになった．これは，ABC モデル（ABC model）として説明される（図9.13）．環域1ではクラスAの遺伝子の発現で萼が分化する．環域2ではクラスAとクラスBの両方の遺伝子の発現で花弁が分化する．環域3ではクラスBとクラスCの両方の遺伝子の発現で雄蕊が分化する．環域4ではクラスCの遺伝子の発現で心皮が分化する．なお，環域1と環域2では，クラスAの遺伝子がクラスCの遺伝子の発現を抑制し，逆に，環域3と環域4では，クラスCの遺伝子がクラスAの遺伝子の発現を抑制している．したがって，クラスCの遺伝子の機能が喪失した場合は，クラスAの遺伝子の発現が全環域に拡張し，花芽分裂組織では外側から順に萼片，花弁，花弁，萼片が分化する．同様に，クラスAの遺伝子の機能が喪失した場合は，クラスCの遺伝子の発現が全環域に拡張し，外側から順に心皮，雄蕊，雄蕊，心皮が分化する．クラスBの遺伝子の機能が喪失した場合は，クラスAとクラスCの遺伝子の発現で，外側から順に萼片，萼片，心皮，心皮が分化する．さらに，これらすべてのクラスの遺伝子の機能を喪失した場合は，四つの花器官のかわりに，それぞれ葉化した構造がつくられる．しかし，実際の花器官形成には，これら三

| 環境 | 1 | 2 | 3 | 4 |
|---|---|---|---|---|

野生型
- 遺伝子のタイプ: Class B (領域2,3), Class A (領域1,2), Class C (領域3,4)
- 形成される花葉: 萼片, 花弁, 雄蕊, 心皮

クラスC機能喪失変異体
- 遺伝子のタイプ: Class B (領域2,3), Class A (領域1〜4)
- 形成される花葉: 萼片, 花弁, 花弁, 萼片

クラスA機能喪失変異体
- 遺伝子のタイプ: Class B (領域2,3), Class C (領域1〜4)
- 形成される花葉: 心皮, 雄蕊, 雄蕊, 心皮

クラスB機能喪失変異体
- 遺伝子のタイプ: Class A (領域1,2), Class C (領域3,4)
- 形成される花葉: 萼片, 萼片, 心皮, 心皮

図9.13 花葉の属性を決定する ABC モデル

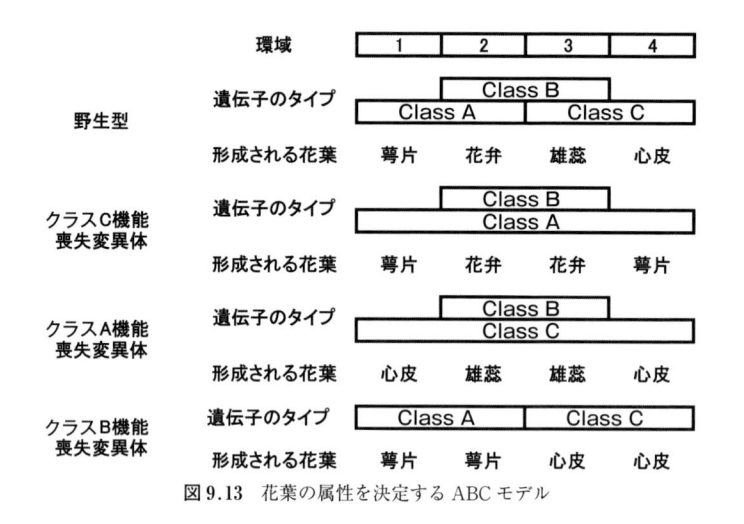

つのクラスの遺伝子に加え，クラス D の遺伝子やクラス E の遺伝子の発現が必要なことが明らかになっている．シロイヌナズナでは，クラス A の遺伝子として *APETALA1* と *APETALA2* が，クラス B の遺伝子として *APETALA3* と *PISTILLATA*，クラス C の遺伝子として *AGAMOUS* が知られている．

## 9.6 開　花

開花（flowering）とは，花芽（flower bud）が発達し花冠が成長して展開することをいうが，開葯（anthesis）して花粉を放出したときをいう場合もある．

### 9.6.1 開花時期による花卉の分類

開花時期は気候により変動があるものの，ほぼ決まった時期に自然開花することを季咲き（season flowering）といい，咲く時期によって春咲き，夏咲き，秋咲き，冬咲きに分類される．また，1年間における開花の回数によっても，一季咲き，二季咲き，四季咲きに分類される．一方，初夏から夏の高温期に花芽分化する花木では，前休眠時に旱魃や風害などによる落葉の刺激で休眠導入が妨げられて開花することがある．このように季咲き時期ではないときに開花することを，返り咲き，狂い咲きあるいは二度咲きという．

### 9.6.2 開葯の形態

開葯時期は植物によって異なり，花冠の展開とほぼ一致するものや前後するものがある．開葯の仕方にも種類があり，ユリのような縦裂開型では葯が縦裂して花粉を放出し，フヨウのような横裂開型では葯の中央が横裂して花粉を放出する．ツツジ類で見られる孔開型では，葯の先端部に孔隙ができ花粉を放出し，メギやクロモジなどの弁開型では，弁が開くように葯室に穴が開いて花粉を放出する．

[腰岡政二]

## 9.7 生育と開花の調節

### 9.7.1 日長と生育・開花

#### a. 日長と生育・開花のかかわり

光は，動けない植物にとって光合成を行うために不可欠なエネルギー源であるとともに，生育している場所の環境を感知して生活環を決定していく上で重要な情報源でもある．情報としての光は，赤色光（red light；R）領域と遠赤色光（far-red light；FR）領域に吸収極大をもつフィトクローム（phytochrome），青色光領域をおもに吸収するクリプトクローム（cryptochrome）やフォトトロピン（phototropin）などの光受容体によって感受され，情報伝達系を通じて光形態形成，光生理反応を支配している．光応答のうち日長（day length）の変化を感知して植物が季節を判断し，開花時期

9.7 生育と開花の調節

や休眠の導入時期などを決定する応答を，日長感応性（photoperiodic sensitivity, sensitivity to photoperiod）あるいは光周性（photoperiodism）という．1920年のガーナー（W. W. Garner）とアラード（H. A. Allard）による光周的花成の発見以降，光周性は開花反応（flowering response）だけに限らず，休眠現象や球根肥大など種々の現象に関与することが明らかにされてきた．

なお，植物の成長は，光，温度，湿度，栄養条件など様々な外界の環境に影響を受けているが，これらの外的環境シグナルのうち日長の変化は最もぶれの小さい環境要因であり，植物が季節の変化を感知する場合に，日長の変化を適用するのは理にかなった選択といえる．

生物は進化の過程で細胞内に概日時計（circadian clock）あるいは生物時計（biological clock）と呼ばれる約24時間周期の時計機構を備えるようになったと考えられている．概日時計の存在は，恒常条件下でも約24時間周期で生理活動が変動する概日リズム（circadian rhythm）として，単細胞生物から高等動植物に至るまで普遍的に確認されている．植物は内在の概日時計と光受容体からの光情報とを用いて日長の変化を感知しており，シロイヌナズナなどのモデル植物では光周性花成において，概日時計による関連遺伝子の発現制御と光によるタンパク質相互作用の制御が重要であることが示され，その機構解明が進んでいる．

**b. 光周性反応と開花**

開花における日長反応（photoperiodic response）において植物は，基本的に次の三つに分類される（図9.14）．①短日植物（short-day plant：SDP）：日長が短くなると花芽が形成され，開花する植物．②長日植物（long-day plant：LDP）：日長が長くなると花芽が形成され，開花する植物．③中性植物（day-neutral plant）：日長に関係なく花芽が形成され，開花する植物．

短日植物・長日植物は，さらに質的（絶対的）な反応を示すものと量的（相対的）な反応を示すものに分けられる（表9.4）．ある一定時間以下の日長条件でなければ開花しないものが質的（絶対的）短日植物（qualitative or obligate short-day plant）であり，逆に一定時間以上の日長条件でなければ開花しないものが質的（絶対的）長日植物（qualitative or obligate long-day plant）である．この開花を決定する閾値となる日長を限界日長（critical day-length）という．また，限界日長をもたないが，短日条件で開花がより促進されるものを量的（相対的）短日植物（quantitative or facultative short-day plant），長日条件で開花がより促進されるものを量的（相対的）長日植物（quantitative or facultative long-day plant）という．

なお，花芽分化と花芽発達に質的に異なる日長反応を示す種類が知られており，短日条件で花芽分化が促進され，長日条件で花芽発達が促進され

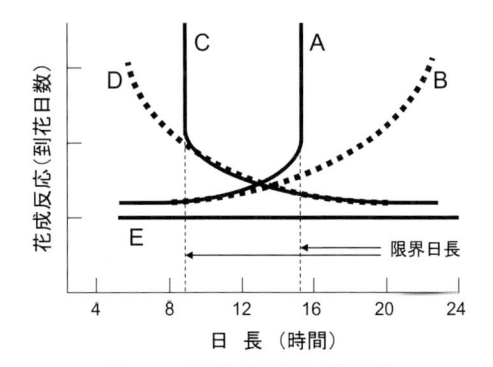

図9.14 光周性花成反応（模式図）
A：質的短日植物，B：量的短日植物，C：質的長日植物，D：量的長日植物，E：中性植物．

表9.4 日長反応性による花卉の分類

| 短日植物 | 質的<br>（絶対的） | 秋ギク，寒ギク，アサガオ，カランコエ，ポインセチア |
| --- | --- | --- |
| | 量的<br>（相対的） | 夏ギク，コスモス，マリーゴールド，ケイトウ |
| 長日植物 | 質的<br>（絶対的） | シュッコンスイートピー，カスミソウ，カンパニュラ，ルドベキア |
| | 量的<br>（相対的） | スイートピー（冬咲き），カーネーション，ペチュニア，シュッコンカスミソウ，ストック，トルコギキョウ |
| 中性植物 | | バラ，シクラメン，チューリップ，ゼラニウム，セントポーリア |
| 短長日植物 | | カンパニュラ・メディウム，ハナショウブ |
| 長短日植物 | | アスター |

図 9.15 キクの花芽分化・発達と日長
A：13時間日長，B：14時間日長，C：15時間日長，D：16時間日長．品種：'カーニバル'．

る植物を短長日〔性〕植物（short-long day plant：SLDP），長日条件で花芽分化が促進され，短日条件で花芽発達が促進される植物を長短日〔性〕植物（long-short day plant：LSDP）という．

また，花芽分化と花芽発達の限界日長が量的に異なる種類が知られている．キクの場合，花芽発達のための限界日長が花芽分化開始の限界日長よりも短く，限界日長が量的に変化するため，比較的長い日長条件では花芽分化を開始するものの花芽発達が正常に進まず開花に至らない（図9.15）．

光周性反応については，"日長"，"短日"，"長日"，"限界日長"のように1日のうちの明期の長さを基準にした用語で説明される．しかし，植物にとっては，明期の長さよりも暗期の長さが重要である．短日植物の開花反応の場合，長い暗期の中ほどに与えられた光パルスは花成を阻害する．このことは，日長によって誘導される開花は明期の長さよりも連続した暗期の長さが重要であることを示している．なお，長い暗期の中ほどに光パルスを与える操作を暗期中断（night break）あるいは光中断（light break, light interruption）という．

この暗期中断に最も効果的な光は660 nm付近の赤色光であり，赤色光の効果は直後に照射した730 nm付近の遠赤色光で打ち消される．このことは，花成を制御する暗期中断効果にフィトクロムが関与していることを示している．キクの場合

も，4時間の暗期中断による花成抑制効果は赤色光領域（660 nm付近）の光照射で顕著に見られ，青色光領域（450 nm付近）および遠赤色光領域（730 nm付近）の光照射ではほとんど花成抑制効果が見られない（図9.16）．このように光周性反応では，光照射の長さや強さといった光のエネルギー量とともに光の質が重要になる．

長日植物の開花反応の場合も，短日条件での暗期中断により開花が促進されることが知られており，短日植物の場合と同様，暗期の長さが重要であるとされてきた．長日植物の場合，遠赤色光が

図 9.16 暗期中断時の光質と花成抑制効果（キク）
（口絵7参照）
左から：暗期中断なし，青色光，赤色光，遠赤色光．
12時間日長＋4時間暗期中断．品種：'セイローザ'．

開花促進に効果的な事例が比較的多いものの，植物種によって反応が異なる場合があり，短日植物ほど理解が進んでいない．遠赤色光照射による長日植物の開花促進効果の事例も，複数の制御機構を通した複雑な機構が存在すると考えられている．

近年，発光スペクトル幅の狭い単色光（monochromatic light）を発光する発光ダイオード（light emitting diode：LED）などの光源を活用した解析が進行しており，植物の光周性反応における光質（light quality, spectral quality of light）の影響についてもさらに理解が進むと思われる．

c. 光周性反応の分子機構

光周性反応において植物が光情報を感受する器官は葉である．その感受性は葉齢により異なり最も感受性が高いのは完全展開前後の葉である．光周性反応では，葉から情報の作用器官への情報伝達物質の存在が想定されている．光周的花成では，葉で感知した光周期に応答して生成される花成誘導因子，フロリゲン（florigen）を情報伝達物質として葉から茎頂分裂組織へと情報が伝達され，花芽形成が開始されるというフロリゲン説が，1937年にチャイラヒャン（M. Chailakhyan）により提唱された．

その後，局所的な光処理や接ぎ木実験から花成非誘導条件の葉で生成される花成抑制因子，アンチフロリゲン（antiflorigen）の存在も示唆されてきた．しかし，これら仮想物質の存在は証明されず，幻の植物ホルモンと呼ばれてきた．

フロリゲンについては2007年に長日植物シロイヌナズナの*FLOWERING LOCUS T*（*FT*）遺伝子，短日植物イネの*Heading date 3a*（*Hd3a*）遺伝子の翻訳産物，FTタンパク質とHd3aタンパク質がその正体，すなわち実際の情報伝達物質であることが示された．*FT*遺伝子あるいは*Hd3a*遺伝子を導入したキク形質転換体では，野生型の非花成誘導条件においても開花することが示され，キクにおいて*FT/Hd3a*遺伝子産物がフロリゲン様機能をもつことが示されている．*FT/Hd3a*遺伝子は相同遺伝子であり，花卉類を含む多くの植物種を対象とした研究からFTタンパク質が普遍的に植物の花成を促進させるフロリゲンの実体であることが支持されている．なお，長日植物のモデルとして光周的花成が研究されてきたドクムギ（*Lolium temulentum*）では，長日刺激で誘導されるジベレリンがフロリゲン様物質として作用することが示されており，花成誘導において優位に作用する物質が植物種あるいは環境条件によって異なることも想定される．

一方，アンチフロリゲンについては，2013年にキクから*Anti-florigenic FT/TFL1 family protein*（*AFT*）遺伝子が単離された．

シロイヌナズナの場合，茎頂に到達したFTタンパク質はFDと呼ばれるbZIP型タンパク質とともに働き，花芽分裂組織遺伝子の*APETALA1*（*AP1*）や*FRUITFULL*（*FUL*），*SUPPRESSOR OF OVEREXPRESSION OF CO 1*（*SOC1*）遺伝子など花芽形成の初期段階にかかわる遺伝子を誘導する．SOC1タンパク質は花芽形態形成の鍵因子，*LEAFY*（*LFY*）遺伝子を誘導し，LFYタンパク質はFT-FDタンパク質と同様に*AP1*遺伝子の発現を誘導する．このようにFTタンパク質によって茎頂部での花芽形成にかかわる遺伝子ネットワークが働きはじめる．キクの場合，フロリゲン（FTL3）とAFTは，共通のFD様タンパク質（FDL1）と複合体を形成し，茎頂部においてFTL3-FDL1複合体は下流の*AP1/FUL*様遺伝子や*SOC1*遺伝子など花芽形成遺伝子群の発現を誘導し，一方，AFT-FDL1複合体は下流の花芽形成遺伝子群の発現を抑制する．このようにFTL3とAFTは茎頂部で共通のタンパク質と結合することで拮抗的に花成を制御している．

シロイヌナズナの光周的花成では，鍵となる*FT*様遺伝子の発現調節機構として，概日時計により制御された*CONSTANS*（*CO*）遺伝子の発現と光によるCOタンパク質の安定性と活性の制御が重要であることが示されている（図9.17）．このCO-FT経路は，シロイヌナズナとは日長反応が異なるイネの光周的花成や木本類の芽の休眠，ジャガイモの塊茎形成においても重要な役割を担っていることが示され，光周性の分子機構が植物の中で広く保存されていることが示されつつある．

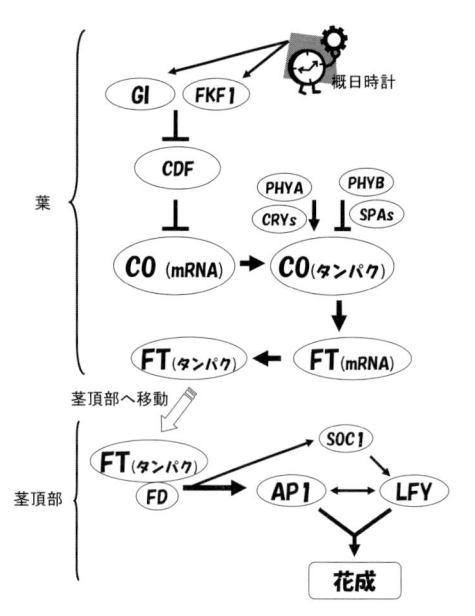

**図9.17** シロイヌナズナにおける光周的花成関与遺伝子の関連
各遺伝子間の発現（反応）の促進（→），抑制（⊥）の関係．

### d. 日長と休眠

　温帯落葉樹では芽の休眠誘導に日長が関与し，一般に短日条件で伸長成長が抑制され，休眠芽の形成が促進される．この休眠誘導における光周性反応でも花成反応と同様にフィトクロームが関与し，葉で日長を感受する．最近，芽の休眠に関しても分子生物学的アプローチによる解析が進行し，ポプラの芽の休眠誘導における光周性においてもCO-FT経路が重要な役割を担っていること，エチレンおよびアブシシン酸低感受性に改変した形質転換体において，休眠芽の形成から自発休眠導入が抑制され，これら植物ホルモンの情報伝達が休眠導入に重要な役割をもつことが明らかになった．花木以外でもダリアやキュウコンベゴニアでも短日により休眠が誘導される．また，キク，シュッコンカスミソウ，ソリダスターなど宿根草では短日条件で休眠の一種とみなされるロゼット形成が促進される．

### e. 避陰反応

　自然環境下における植物群落では光エネルギー獲得のために生存競争が行われるので，植物には周囲の他個体の存在を感知し，他の植物の陰から逃れようとする機構が備わっている．この応答は避陰反応と呼ばれ，赤色・遠赤色光受容体であるフィトクロームを介して調節を受けている．日射は可視光領域の光をほぼ等分に含むが，植物群落内では植物色素により可視光の大部分が吸収され，その一方で緑色光などは反射または透過され，光スペクトルの分布が大きく異なる．とくに植物群落内ではクロロフィルにより赤色光が吸収されるため，遠赤色光に対する赤色光の割合（R/FR）が減少する．日射のR/FRは天候や季節によって多少変動するものの1～1.15の範囲であるが，植物群落内のR/FRは0.05～0.7であるとされている．このような植物群落内での低R/FRの光環境がシグナルとなり，茎伸長が促進され，植物は他の植物の陰から逃れようとする．植物種によっては開花の促進も観察される．

　フィトクロームを介した植物の形態形成は，暗期開始時期のフィトクロームの活性型と不活性型

**図9.18** EOD-FR処理の効果（口絵8参照）
A：伸長促進（キク），B：開花促進（ストック）．

の平衡状態が非常に重要であると考えられており，明期終了時（end-of-day：EOD）の短時間遠赤色光照射処理（EOD-FR）によって避陰反応と同様の伸長，開花の促進作用がみられる（図9.18）．これらの低R/FRやEOD-FR光環境でのフィトクロームを介した反応にはジベレリン生合成や応答性が関与していると考えられている．

**f. 光を利用した生育・開花調節**

花卉生産における光の利用は，光周性反応や光形態形成などを基礎とした生育・開花調節を目的とした利用と低日照期の光合成増大や成長促進を目的とした補光栽培の二つに大別される．ここでは，光周性反応やフィトクロームを介した光形態形成の活用事例をおもにとりあげる．

光周性反応を利用した生育・開花調節では，生産圃場での人為的な日長の制御が行われる．日長制御の方法として，短日処理（short-day treatment）と長日処理（long-day treatment）がある．短日処理は，自然日長が長い時期の夕方あるいは明け方の時間帯に栽培施設の周囲を完全に光を遮光するフィルム資材を使用したカーテンなどでおおう暗黒処理（blacking-out）により暗期の時間を延長し，短日条件にする処理であり，短日植物の花成誘導（floral induction, flower induction）や長日植物の開花抑制などに有効である．この遮光資材を用いて短日処理を行う栽培をシェード栽培と呼ぶ．

長日処理は，自然日長が短い時期に人工照明を利用した電照（lighting）により暗期の時間を短くする処理であり，長日植物の花成誘導や短日植物の開花抑制などに有効である．植物の種類によっても異なり一概にはいえないが，長日処理時に必要な光量は，光合成に必要な光量に比較するときわめて低い光量で有効である．ただし，電照時の光質が生育に影響するため，用いる光源の分光分布に留意する必要がある．長日処理の方法には，自然日長を電照によって延長する明期延長（day extension），夜間を継続して電照する終夜照明（continuous lighting），深夜電照（midnight lighting）により暗期を二分する暗期中断，電照の際に短時間の点灯と消灯を繰り返す間欠照明（cyclic lighting）がある．なお，明期延長のうち夜明け前の数時間を電照する方法を早朝電照（pre-dawn lighting）と呼ぶ．

花卉における光周性反応を利用した開花調節（regulation of flowering）は，キクをはじめトルコギキョウ，デルフィニウム，シュッコンカスミソウ，カンパニュラ，ソリダゴ，ポインセチア，カランコエなど多くの品目で実際栽培に組み入れられ，周年出荷や需要期出荷に利用されている．また，花卉生産場面において，フィトクローム反応を利用した茎伸長や開花を調節する試みが行われている．植物一般に低R/FR光環境での茎伸長促進，また，EOD-FR処理による茎伸長促進効果が見られること，両光環境において，とくにジベレリン処理による開花促進が見られる植物種において開花促進効果が見られることが示されている．これらの現象の営利生産場面での適用が期待されている．

近年，新しい資材や光源の開発が急速に進展しており，R/FRを調節するための光選択透過資材や光源を導入した，鉢物類，苗物類の矮化栽培技術，切り花類の生育・開花促進による施設回転率の向上などの技術開発が期待される．

このように花卉生産では光周性反応や光形態形成などを基礎とした生育・開花調節を目的とした光環境の調節や光の利用が行われている．しかし，花卉類と称される一群は多くの植物種から構成されており，個々の植物種の生理機構の理解の深化，その理解に基づいた適切な生育・開花調節技術の開発が望まれる．

### 9.7.2 温度と生育・開花

**a. 温度と生育・開花のかかわり**

温度によって植物の成長速度は影響を受け，植物種によって成長に好適な温度域は異なるものの低温域から温度が上昇するにつれて成長速度は速くなり，20～35℃でピークに達する．このピークに達する温度域がその植物にとっての最適温度域であり，それ以上あるいは以下の温度では成長速度が低下し，さらに両極では高温障害（high temperature injury, heat injury）や低温障害（low temperature injury, cold injury）を生じ，枯死に至る．なお，生育ステージや器官によっても成長速度の最適温度域が異なる場合がある．

植物の生育適温は周期的に変動しており，夜の温度が昼温より数度低いときによく成長する．植物のもつこのような性質を温周性（thermoperiodicity, thermoperiodism）という．この温周性には日周期のものだけでなく，成長と開花のための適温が年周期で変動するというように，長期の温周性もある．四季の変化があり温度が年周期的に変動する温帯地域原産の植物では，発芽，花芽分化・発達，休眠導入・打破など，その生活環において重要な各過程での適温が周期的に変動し，その適温の変化は原産地の季節による温度変化と一致することが多い．

このように植物の生活環において，温度は光とともに，その生育している場所の環境を感知して発芽，栄養成長，花芽分化・発達，休眠，老化などを決定していく上で重要な情報源でもある．花卉類の生産では，この長期の温周性を利用し，各過程での適温を人為的に与える温度処理により生育・開花調節を行っていることが多い．

## b. 低温要求と春化

種子や芽の休眠打破あるいは開花誘導の要因として低温が働く場合がある．これらを低温要求（chilling requirement, low temperature requirement）という．これらの低温要求性は生活環のなかでの年周期とした温度要求であり，温周性の一環である．生育・開花にかかわる低温の作用については，①花成誘導，②成長の停止（休眠誘導），③成長の開始（休眠打破）に類別できる．まず，花成誘導に係わる低温の作用に春化（バーナリゼーション，vernalization）がある．

1918年にガスナー（G. Gassner）によって，秋播き型の冬ライムギの種子を低温（1〜2℃）で発芽させて春に植えると春播き型ライムギと同様に出穂することが発見され，生育初期の低温が秋播き型冬ライムギの正常な出穂のために必要であることが示された．その後，ルイセンコ（T. D. Lysenko）らによって追試され，農業生産への種子の低温発芽方法の応用が図られるとともに，この方法を春化と呼ぶことが提唱された．

春化現象の発見以降，様々な植物種について花成誘導に対する低温の作用に関する研究が行われ，現在では，開花誘導の要因として低温が働く場合，以下の二つのケースに分類されている．

第一は，低温遭遇後，温暖な温度条件（15〜20℃程度）に移されて花芽分化が始まり，開花に至るケースである．つまり低温刺激の後作用（after-effect）として花芽分化が起こる場合であり，厳密にはこの後作用型の花成誘導現象を春化という．

第二は，ある限界温度以下の温度（低温）が直接的に花成誘導効果をもつ場合であり，後作用型に対して直接作用（direct-effect）型と呼ばれる．この場合，ある限界温度以下の温度域に移されると花芽分化が始まるが，花芽分化の初期段階で限界温度以上にすると花芽分化が進行しない．

春化は低温に感応する生育段階によってさらに二つのケースに分類される．吸水したばかりの種子段階から低温感応する場合を種子春化（seed vernalization），植物体がある一定の大きさになって初めて低温感応する場合を緑色植物体春化（green plant vernalization）と呼ぶ．緑色植物体春化型の植物において，低温に感応できない生育ステージを幼若相（juvenile phase）という．

春化に有効な温度範囲は−5〜15℃程度であり，

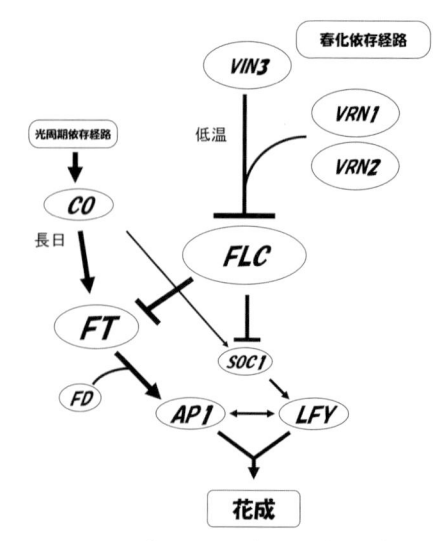

図9.19 シロイヌナズナにおける春化応答機構と各花成関与遺伝子間の発現（反応）の促進（→），抑制（⊥）の関係

0～5℃で最も効果が高い場合が多く，この低温刺激の効果は，低温遭遇直後に高温（25～30℃程度）に遭遇すると消去される．この高温による低温刺激の打ち消し現象を脱春化（devernalization）と呼ぶ．

### c. 春化の分子機構

植物は春化における低温刺激を茎頂や腋芽の分裂組織で感受する．光周性反応におけるフロリゲンに対し，春化で生成される花成誘導因子としてバーナリン（vernaline）が提唱された．その後の研究において，多くの低温要求性植物において，ジベレリンが低温刺激を代替することからバーナリンの正体はジベレリンであると考えられたが，その正否は不明である．

最近の分子生物学的手法の発展ならびに変異体の解析や遺伝解析との融合によって春化現象の分子レベルでの理解が，シロイヌナズナとムギ類において進展している．シロイヌナズナの春化応答機構では，花成抑制因子である *FLOWERING LOCUS C*（*FLC*）遺伝子の発現調節機構が鍵となる（図9.19）．この因子は花器官形成のABCモデルで知られるMADSボックスと呼ばれるアミノ酸配列をもつ転写調節因子である．発芽後の低温未遭遇の植物体では *FLC* 遺伝子の発現が高い状態にあるが，春化によって *FLC* 遺伝子の発現が抑制され，花成が促進される．

*FLC* 遺伝子産物はフロリゲンをコードする *FT* 遺伝子および花成シグナルを統合する因子の一つ *SUPRESSOR OF CONSTANS 1*（*SOC1*）遺伝子の発現を抑制することで花成を抑制している．一方，*FT* および *SOC1* 遺伝子は光周性花成の重要な促進因子 *CO* 遺伝子産物を介して発現がともに誘導されることから，春化応答による *FLC* 遺伝子の発現調節と *CO* 遺伝子産物を介した光周性応答とのバランスによって，*FT* および *SOC1* 遺伝子の発現が調節され花成の時期が決定されている．

これまで花卉園芸分野では，低温要求性長日植物の花成において長日による低温の代替あるいは低温による長日の代替と説明される場面が多くあった．これらは春化応答による抑制因子の減少および光周性応答による促進因子の増大のバランスであると理解できる．

シロイヌナズナでは，春化応答の鍵となる *FLC* 遺伝子の発現調節に関与している多くの因子が明らかになってきている．たとえば，*VERNALIZATION 1*（*VRN1*），*VERNALIZATION 2*（*VRN2*），*VERNALIZATION INSENSITIVE 3*（*VIN3*）遺伝子などの突然変異体では春化に非感受性の表現型を示し，*FLC* 遺伝子の発現にも異常が観察される．野生型での *FLC* 遺伝子の発現は低温遭遇によって抑制され，その後，適度な生育温度に移された後も抑制状態が維持される．ところが，*vrn1* および *vrn2* 変異体では，*FLC* 遺伝子の発現は低温遭遇によって抑制されるものの，適度な生育温度に移された後の抑制状態が維持されず，発現が低温遭遇前の状態に戻る．また，*vin3* 変異体では，低温遭遇による *FLC* 遺伝子の発現抑制が見られない．このことから，*VIN3* 遺伝子産物は *FLC* 遺伝子の発現抑制の開始に関与し，*VRN1* および *VRN2* 遺伝子産物は *FLC* 遺伝子の発現抑制の維持に関与している因子であると考えられている．

さらに，*vrn1*，*vrn2* および *vin3* 変異体では，ゲノム上の *FLC* 遺伝子領域のヒストンの化学的修飾に異常が観察されることから，これらの因子によるヒストンの化学的修飾の変化が春化による *FLC* 遺伝子の発現調節に重要であると考えられる．このようなヒストンの化学的修飾やDNAのメチル化など，DNA配列の変化によらない細胞分裂を通じた安定的な遺伝子発現制御機構はエピジェネティクス（epigenetics）と称される．春化応答は，分裂組織で体細胞分裂を通して細胞に記憶され，減数分裂により生じた次世代には伝わらない典型的なエピジェネティクス現象である．*FLC* 様遺伝子を介した春化応答機構は，アブラナ科近縁種に特徴的な機構であり，他の植物種では見いだされていない．

花成に低温要求をもつムギ類では，春化応答にかかわる *VERNARIZATION 1*（*VRN1*），*VRN2*，*VRN3*（シロイヌナズナの *VRN* 遺伝子とは遺伝子名は同じだが相同遺伝子ではない）の三つの遺

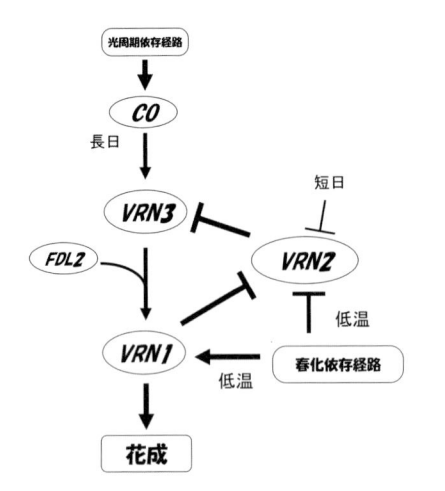

図9.20 ムギ類における春化応答機構と花成関与遺伝子の関連
各遺伝子間の発現（反応）の促進（→），抑制（⊥）の関係．

伝子座が知られていた．最近，VRN1 遺伝子は，MADS ボックスをもち花成の初期段階で重要な APETALA1/FRUITFULL と高い相同性をもつ転写調節因子，VRN2 遺伝子は光周性反応で重要な時計関連遺伝子や CO 遺伝子などと共通モチーフ（CCT ドメイン）をもつ転写調節因子，VRN3 遺伝子は，フロリゲンをコードする FT 相同遺伝子であることがそれぞれ明らかになった．これら重要な因子の同定により，ムギ類においても様々な遺伝的背景を有する系統や遺伝子組換え体を活用した春化応答の分子レベルでの理解が進んでいる（図9.20）．

これら三つの遺伝子のうち VRN2 遺伝子が FLC 遺伝子と同様に春化応答の鍵となる抑制因子である．低温遭遇により VRN2 遺伝子の発現が抑制され，VRN2 遺伝子産物を介した VRN3 遺伝子（FT 相同遺伝子）の発現抑制が解除される結果，長日条件下での VRN3 遺伝子の発現が誘導される．VRN3 遺伝子産物は VRN1 遺伝子の発現を促進し，花成が促進される．さらに，花成促進因子である VRN1 遺伝子の発現は，低温遭遇により VRN2，VRN3 遺伝子を介さず誘導されることが観察されている．

低温遭遇による VRN1 遺伝子の発現誘導については，シロイヌナズナ FLC 遺伝子の低温による発現調節と同様に，低温遭遇による VRN1 遺伝子領域のヒストンの化学的修飾の変化が見られる．

なお，シロイヌナズナ FLC 遺伝子の場合と対照的に，ムギ VRN1 遺伝子の場合は，低温遭遇前には VRN1 遺伝子領域は転写抑制状態にあり，低温遭遇によるヒストンの化学的修飾の変化により遺伝子領域が転写活性状態になる．低温遭遇による VRN1 遺伝子の発現誘導により VRN2 遺伝子の発現が抑制されることから，ムギの場合，春化応答の際の初期ターゲット因子が抑制因子 VRN2 遺伝子ではなく，VRN1 遺伝子であるとの見方が提案されている．いずれにせよ VRN1，VRN2，VRN3 遺伝子の間には互いに発現を調整しあうフィードバック制御機構が存在している．

低温要求性のムギ類では弱いながらも短日による低温の代替作用が知られている．抑制因子 VRN2 遺伝子は低温のみならず短日条件での発現低下が観察されており，花成にかかわる春化応答と短日誘導の二つの環境刺激が VRN2 遺伝子を介しているものと考えられる．

このようにシロイヌナズナとムギ類では春化応答の鍵となる抑制因子が同様に存在するが，その因子の遺伝子構造が異なることや発現調節にかかわる環境刺激に違いが見られるなど，それぞれの植物種の進化過程での遺伝子の機能分化が推察される．

花卉類には，スイートピーやスターチス・シヌアータのような春化植物，ストックやフリージアのような直接作用型の低温要求性を示す植物，カンパニュラ・メディウムのような短日による低温の代替作用をもつ植物など多くの植物種が存在する．これらの低温の作用機構について，先駆的な解析が進んでいる植物から得られる情報を活用した生理機構の理解の深化，そして，その理解がさらなる生育・開花調節技術の発展につながることが期待される．

### d. 温度と休眠

開花誘導の要因として温度反応とともに種子，球根（鱗茎，球茎，根茎，塊茎，塊根）および芽（栄養芽，花芽）の休眠誘導・打破における温度反応の理解は，花卉生産において生育・開花調節を行ううえで重要なことである．休眠（dormancy）とは，植物の生活環の中で成長が一時的に停

止あるいはきわめて緩慢になることであり，一般に低温，高温，乾燥など原生地での不良環境となる季節を生き残るための生存戦略として進化発達してきた機能と考えられている．

一方，休眠打破に低温要求性をもつ植物が多数存在するが，その作用機作については，ほとんどわかっておらず，今後，春化応答機構のようにその作用機作の解明が進むことが期待される．

### e. 温度を利用した生育・開花調節

花卉生産では，長期の温周性を利用し，花成誘導や球根や芽の休眠打破に必要な温度遭遇履歴を人為的に与える温度処理により生育・開花調節を行っていることが多い．温度処理は，1）低温処理，2）高温処理に大別できる．低温処理の方法として，低温庫を利用して種子，苗，挿し穂，球根，切り枝などを冷蔵する冷蔵処理，育苗期，花成誘導期に施設内をヒートポンプなどを利用して冷房する冷房処理がある．冷房処理の一種として夜間のみ冷房を行う夜冷（night chilling）処理や地下部の冷却を行う地中冷却（soil cooling）がある．以下，品目，目的別に温度処理の代表的な事例をあげる．

スイートピーは，種子春化型植物に分類されるため，開花促進を目的に種子冷蔵処理が行われる．種子の吸水後，1～3℃で30日程度処理される．

スターチス・シヌアータは，種子春化型植物に分類されるため1～3℃で30日程度（早生品種の場合）の種子冷蔵処理が行われる．さらに，作型との関係で種子冷蔵処理後，高温による脱春化防止のため昼温25℃，夜温15℃を目安に管理した施設内で本葉10枚程度に生育するまで冷房育苗があわせて行われる．このようにして育成された苗を利用することで10月下旬からの採花が可能となる．ただし，現在では低温要求性の低い早生の系統が選抜され，メリクロン苗を利用して促成栽培している．

トルコギキョウは，種子の吸水後，本葉2～3対展開時までに日平均気温25℃以上，かつ夜温20℃以上の高温に遭遇すると，幼苗はロゼット化し，茎伸長，開花のために低温要求性をもつようになる．ロゼットの回避のため，夏の高温期が育苗期にあたる作型では，育苗を昼温25℃，夜温18℃を目安に管理した冷房施設で本葉2～3対展開時まで冷房育苗が行われる．夜間のみ低温管理（15℃）でロゼット回避効果が得られることから，冷房育苗に準じて夜冷育苗を行う事例もある．低温処理によりロゼット打破を行う苗冷蔵法もある．この場合，本葉3対程度展開時まで成長の適温である高温下で育苗し，その後，10～12℃の低温庫で30～40日低温処理を行う．低温庫内を明条件にすることで苗のロス率が軽減される．このようにして育成された苗を利用することで11～12月からの採花が可能となる．

一方，トルコギキョウは種子低温処理により開花率が向上する．ロゼット形成する特性の弱い系統の育成とあわせて，実用的に種子低温処理の利用が可能となり，栽培に種子冷蔵処理が取り入れられている．種子をセルトレーに播種し，吸水後，暗黒下で10～12℃の低温処理を5週間程度行う．その後，通常に育苗する場合とやや高めの温度設定での冷房育苗を組み合わせる場合がある．この種子低温処理の効果や種子の登熟時の低温の効果から，低温の充足が抽苔の条件といった一種の春化応答をもつとの考えが提唱されている．トルコギキョウは，最も低温の効果が高い温度域が10～12℃と比較的高く，20/15℃（昼／夜温）でも低温として作用するため，冷房育苗期間中に低温を充足すると考えることもできる．このようにトルコギキョウの幼苗期の温度反応は見方により高温によるロゼット誘導とも春化応答の低温不足とも考えられる．

キクでは挿し穂冷蔵が行われる事例がある．主力輪ギクとして栽培されていた'秀芳の力'では，冬季の栽培において電照打ち切り後にシュート先端部がロゼットを形成し，不開花になる問題があった．その問題解決の手段として穂冷蔵処理が行われた．穂冷蔵は，苗の安定確保のための貯蔵手段であると同時に低温伸長性，低温開花性を付与する低温処理としての意義が大きく，'秀芳の力'の場合，1～3℃で30日程度の穂冷蔵処理が行われた．この技術は，'秀芳の力'の低温期の安定栽培を可能とし，30年以上も主力輪ギクとして栽

培される要因の一つであった．ただし，この処理も万能ではなく，品種よっては低温処理によって開花が遅延する事例が認められていた．近年では低温開花性の品種の導入が進み，穂の一時保存の目的での冷蔵貯蔵は行われるが，低温開花性獲得を目的とした積極的な穂冷蔵処理はほとんど行われていない．なお，'秀芳の力'にかわって主力品種となった'神馬'は低温処理による開花遅延が見られるタイプの品種である．

アルストロメリアは，花芽分化に低温要求性をもち，地下茎で低温を感受する．十分に低温遭遇した株でも地温15～18℃以上で栽培を続けると，やがて採花ができなくなる．そこで，地下にパイプを設置し，10℃程度の水を循環させて地温を15～18℃以下に維持し，周年採花する地中冷却法が開発されて普及している．なお，この装置は低温期の生育促進のために地中加温にも利用されている．

ユリ類では，鱗茎の休眠打破に高温遭遇も有効なテッポウユリの例もあるが，いずれの種類でも鱗茎の休眠打破と花成誘導に低温遭遇が必要である．テッポウユリの促成栽培（10～11月開花）の場合，暖地産の早堀り球を用い，鱗茎を45℃の温湯に60分間浸漬する温湯処理（hot-water treatment）を行い，花成誘導のための低温処理が行われる．低温処理は湿らせたピートモスなどで鱗茎の乾燥防止を図る湿潤冷蔵（wet cold storage）で行われる．15℃前後で2週間の予備冷蔵後，8℃前後で5週間の本冷蔵を行った後，植え付ける．その他の種類の場合，促成栽培では，休眠打破と春化要求をみたすために植え付け前に湿潤冷蔵を行う．種類間に差があるがおおむね2～8℃，8週間程度の処理が行われる．抑制栽培では，自然開花期以降の出荷を目的に0℃よりやや低い氷温で鱗茎を長期貯蔵する氷温貯蔵が行われる．氷温貯蔵では，耐凍性を付与するために，1℃前後で4～8週間の予冷を行う．植え付けは5℃前後で5日間程度解凍処理をした後に行う．氷温貯蔵により半年から約1年間発芽を抑制することができる．この貯蔵方法を利用して，ユリ切り花の周年生産が実現した．現在国内で使用されるユリ球根の多くは輸入球根に依存している．

チューリップは，球根掘上げ後，夏の間に花芽が分化し，冬の低温遭遇後，急速に成長し開花に至る．花芽分化の適温は20℃前後であり，日本の夏は高温であるためできるだけ冷涼な環境で花芽分化を進めることが好ましい．雌蕊（心皮）分化（G段階）以後に促成のため，乾燥での低温処理が可能となる．低温処理の適温や期間は品種や促成時期によって若干異なるが，年内開花の促成の場合，おおむね13～15℃で2～3週間の処理後，2～5℃で7～10週間程度の低温処理が行われる．なお，球根掘上げ後，34℃で10日間を目安に高温処理することで，その後の葉分化，花芽分化が促進される．この処理は夏の冷涼なオランダでは行われるが，日本ではあまり行われていない．チューリップでも，ユリ同様に氷温貯蔵により10月開花させる抑制栽培が可能である．また，季節の逆転する南半球産球根を利用した切り花生産も試みられている．

ファレノプシスは，25℃以下の温度で花茎が発生し，開花する特性が明らかにされ，マイクロプロパゲーションにより供給された苗を用いて周年供給が達成された．促成栽培では，夏に昼温25℃，夜温18℃程度の冷房処理により花茎発生と花芽分化を促進し，10月頃から順次開花させる．一部，山上げ栽培と呼ばれる高冷地の自然低温の利用がある．抑制栽培では，9月から最低気温25℃以上に加温し花茎発生を抑制し，出荷時期から逆

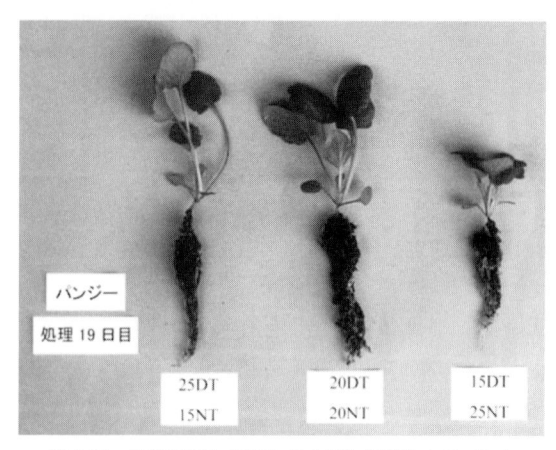

**図9.21** 昼夜温較差（DIF）による草丈調節（パンジー）左から正のDIF，ゼロDIF，負のDIF（腰岡原図）．

算して抑制の期間を決定している．

　ハナモモやサクラなど春咲きの重要な温帯花木では，自然環境下で栽培した株や切り枝を加温室で開花させることが基本となっており，切り枝の促成に花芽の休眠制御が重要になる．これらの花芽の休眠打破のためには低温遭遇が必要であり，促成可能な時期や低温処理量を決定するために品目ごとの休眠打破の検討が行われている．

**f．変温管理による生育・開花調節**

　植物は一般的に夜温が昼温より数度低いときによく成長する．花卉生産において，この日周期の温周性を利用したDIF（ディフ）と称される伸長成長の調節のための温度管理法がある．DIFの概念はミシガン州立大学のハインズ（R. Heins）らのグループによって，ポットマム，ポインセチア，テッポウユリなどの鉢物，花壇用苗物生産における昼夜温の影響に関する研究結果から導かれ提唱された．DIFとは，昼温と夜温の差を意味するdifferenceの最初の3文字をとって名づけられたものである．DIFはおもに茎伸長（草丈）の調節に利用され，昼温が夜温より高いときを正のDIF，昼温が夜温より低いときを負のDIF，昼温と夜温が等しいときをゼロDIFと呼び，DIFの値が増加するほど，節間伸長量が大きくなる（図9.21）．当然，生育障害の生じない適当な温度範囲という限定条件はあるが，DIFの値が等しい場合，平均温度が異なっても最終的な節間伸長量は同じになる．なお，成長速度については，平均温度が高いほど早く成長する．欧米においてこの技術はおもに鉢物，花壇用苗物生産において利用され，それまで多用されていたわい化剤の使用削減に貢献した．ただし，DIFも万能ではなく，植物種や品種によって適応できるものとできないものがある．なお，DIFによる伸長反応にはジベレリン生合成や応答性が関与した調節機構があると考えられている．

　施設花卉生産では，冬季の加温が必須となる．原油価格の変動は施設園芸の経営を不安定にする要因の一つである．経営安定化のためにも省エネルギー対策を進めることは重要である．1970年代のオイルショックを機に消費燃料の削減を目的とした変温管理技術が果菜類を中心に開発された．変温管理（time-dependent temperature management）は，施設内を一定の温度に保つ恒温管理に対して，ある時間ごとに温度を変えて管理する方法である．変夜温管理は，夜間を前半と後半に分け，前半を転流促進の時間帯として温度を高めに管理し，後半を呼吸抑制の時間帯として温度を低めに管理する方法である．

　最近，数種の花卉類で日没の時間帯から数時間の温度を高めに保つ初夜加温（end-of-day-heating：EOD-heating）が，到花日数の短縮に有効であることが見いだされ，品質を維持しつつ消費燃料の削減を実現する変温管理方法として注目されている．一方，早朝加温（early morning heating）は日の出前の数時間高めに温度管理し，日の出とともに光合成を盛んにする目的で行われる．花卉生産においてもバラ，シクラメン，スプレーギクで変夜温管理の有効性が示されている．たとえば，低温期の輪ギク栽培では消灯後の短日条件によりロゼット形成が誘導され，花芽分化を阻害する事例が知られている．この場合，日没後の加温よりも夜明け前の加温での開花率の向上効果が高いとされている．

　日本の花卉生産では，夏季に施設内が高温高湿の環境となる．そのため多くの花卉において，花器官のボリューム低下，アントシアニン系花色の発色不良，日持ち性の低下が大など品質低下が生じ問題となる．その対策の一つとして，最近，バラ栽培を中心にヒートポンプの導入が進み，冬季の暖房コスト低減とともに夏季の冷房・除湿による生産性向上が図られている．花卉類全般に拡大していくためには，施設のコストならびにランニングコストの問題が大きいのが現状である．その他，細霧冷房やドライミストの活用の試みがあるが，施設の高温対策は今後の大きな課題である．植物側からの対処方法として，これまで耐暑性品種の導入などが試みられているものの十分ではない．

〔久松　完〕

### 9.7.3　植物成長調節物質

　植物の成長と発育の過程において，生理機能を

促進，抑制あるいはなんらかの形で変化させる栄養素以外の有機化合物を，植物成長調節物質（plant growth regulator）という．このうち植物自身が生育段階や環境刺激に応答して生産し，微量で生理機能を調節する物質を，植物ホルモン（plant hormone）という．一方，花卉生産において休眠打破，発根促進，生育および開花の促進や抑制などを目的に用いる植物成長調節物質を，農薬登録上では植物成長調整剤（plant bioregulator）として分類している．

### a. 植物ホルモンと生理作用

植物ホルモンは多様な化合物群から構成され，現在，8種類（図9.22）が知られている．各々の植物ホルモンは特定の器官あるいは組織で生合成され，生理作用を発現する場所へと植物体内を移動する．

#### 1) オーキシン（auxin）

1880年にダーウィン（C. R. Darwin）らが，カナリーグラスの成長の刺激は幼葉鞘の先端で生産され，成長領域に伝達されると報告した．その後，1926年にウェント（F. W. Went）がオートムギの幼葉鞘の先端に成長促進物質が存在することを証明し，オーキシンと名づけた．天然オーキシンとして，インドール酢酸（indoleacetic acid：IAA），インドール酪酸（indolebutyric acid：IBA），クロロインドール酢酸などが発見されている．

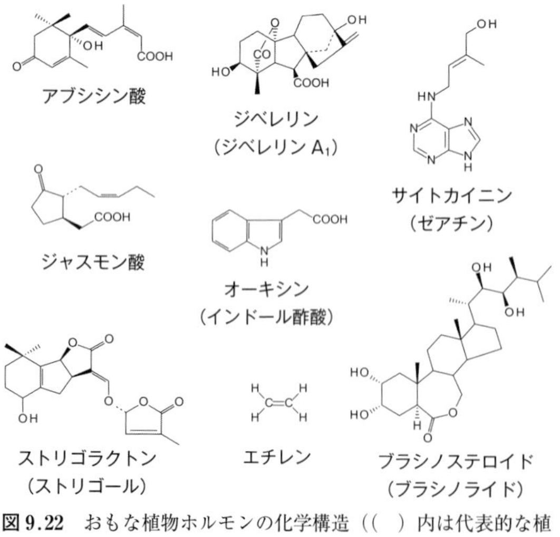

**図9.22** おもな植物ホルモンの化学構造（（ ）内は代表的な植物ホルモン）

オーキシンは茎頂分裂組織，若い葉，発達中の果実および種子において，おもにアミノ酸であるトリプトファンを経由して生合成される．オーキシンは茎頂から基部に向かって移動するが，これは重力によるものではなく極性移動（polar transport）による．生理作用として，光屈性，重力屈性，幼葉鞘の細胞伸長促進，茎伸長促進，頂芽優勢の調節，葉の脱離抑制などがある．

IAAによるエンドウの茎伸長は，IAAがジベレリンの生合成遺伝子の発現を促進調節することで誘導される．頂芽優勢ではIAAが根でのサイトカイニン生合成を抑制調節し，葉の脱離ではIAAが離層帯のエチレン感受性を抑制する．このように植物ホルモンどうしの相互作用により，ある生理現象について促進的にあるいは抑制的に働くことをクロストーク（cross talk）という．

#### 2) サイトカイニン（cytokinin）

アデニンを基本骨格とする植物ホルモンの総称である．1955年にスクーグ（F. Skoog）らが，オーキシンの存在下でタバコ髄の細胞分裂を誘導する物質として，DNAの分解物からカイネチン（kinetin）を単離・同定した．その後，1963年にリーサム（D. S. Letham）がトウモロコシ未熟内乳の抽出物から，カイネチンと同様にオーキシンの存在下で植物細胞の分裂を誘導するゼアチン（zeatin）を発見し，植物体内でサイトカイニンが生合成されること明らかにした．現在，約30種類におよぶゼアチン誘導体が発見されている．

サイトカイニンの生合成は，根端分裂組織，葉や未熟種子において，核酸のアデニン骨格にイソペンテニル基が転移することに始まる．生理作用として，カルスの増殖促進，細胞分裂の促進，側芽の伸長促進，老化の抑制，葉緑体の発達促進，本葉と子葉の細胞拡大などがある．側芽の伸長は頂芽優勢と深くかかわり，頂芽の成長が活発なときには頂芽から根に供給されるオーキシンが根端分裂組織でのイソペンテニル基転移酵素遺伝子の発現を抑制しサイトカイニンの生合成を抑えているが，頂芽からのオーキシンの供給がなくなると根端分裂組織でイソペンテニル基転移酵素遺伝子

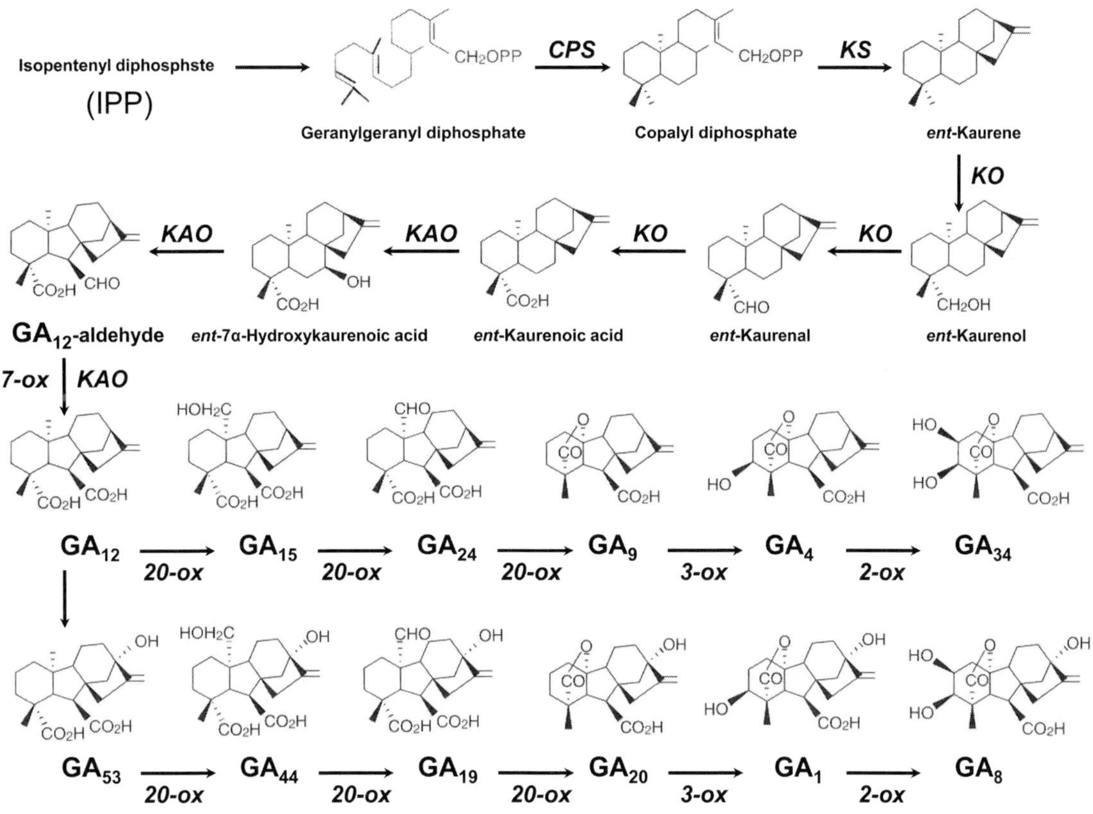

図 9.23 代表的なジベレリンの生合成経路

が発現してサイトカイニンの生合成が始まり，それが道管を通して側芽に移動して側芽を伸長させる．

**3） ジベレリン（gibberellin）**

1935年に藪田貞治郎がイネばか苗病菌（*Gibberella fujikuroi*）が生産しイネ苗の徒長を誘起する物質に対し，病原菌の学名にちなみジベレリン（GA）と命名した．1955年に高橋信孝らにより初めて GA の化学構造が明らかにされ，$GA_1$，$GA_2$，$GA_3$ が同定された．その後，植物界に広く分布していることが明らかになり，現在，微生物および高等植物から136種類が発見されている．GA は $GA_1$〜$GA_{136}$ まで，その発見順に番号が付与されるが，ラクトン環を有する炭素数が19の GA 類と，それらの前駆体である炭素数が20の GA 類に分類される．

GA はイソペンテニルピロリン酸（isopentenyl pyrophosphate, isopentenyl diphosphate：IPP）から生合成されるテルペン化合物であるが，植物での IPP の生合成は微生物での生合成と同様に，メバロン酸を経由して行われるとされていた．しかし近年，植物細胞では色素体においてメチルエリスリトールリン酸（methylerythritol phosphate：MEP）を経由して生合成される MEP 経路が主体であることが明らかにされた．IPP から始まる GA の生合成経路は，そこにかかわる酵素の性質と存在場所により3段階に分けられる（図9.23）．第1段階では，色素体において環化酵素により炭素数が5の IPP から炭素数が20の *ent*-カウレンに至る．第2段階で *ent*-カウレンは小胞体へに移動して，シトクロム P450 系1原子酸素添加酵素により，すべての GA の出発物質となる $GA_{12}$ に至る．第3段階において $GA_{12}$ は細胞質へに移動して，そこで可溶性の 2-オキソグルタル酸依存性2原子酸素添加酵素により様々な GA に変換される．GA の生合成活性は若い茎葉や未熟種

子で高いが，植物体内では，$GA_1$や$GA_4$などの特定のGAに変換されて初めて生理作用を示す．

生理作用として，節間伸長成長促進，種子や芽の休眠打破，発芽促進，花芽形成促進，花芽発達促進，単為結実誘起，果実肥大などがあり，植物の生活環に深くかかわっている．IAAによるエンドウの茎伸長は，IAAが$GA_{20}$を$GA_1$に変換するGA3位酸化酵素遺伝子の発現を促進するとともに，$GA_{20}$を$GA_{29}$あるいは$GA_1$を$GA_8$などの不活性型GAに変換するGA2位酸化酵素遺伝子発現を抑制することで誘導される．穀物種子では，糊粉層においてα-アミラーゼ，リボヌクレアーゼ，プロテアーゼなどの加水分解酵素のデノボ（de novo）合成を誘導する．低温要求性植物では，GA処理により低温要求量を低減できる．現在ではGAの生合成にかかわるほとんどの酵素遺伝子が明らかにされており，植物の生理発現解析に利用されている．

### 4) アブシシン酸（abscisic acid）

1963年にオークマ（K. Ohkuma）らが，ワタ果実から離層形成を促す物質としてabscisin IIを単離した．本化合物は，当時ウェアリング（P. F. Wareing）らがカエデ葉からオートムギの子葉鞘成長阻害物質として単離していたdorminと同一物質であることが判明し，1968年にアブシシン酸（ABA，アブシジン酸ともいう）に統一された．ABAの生合成は葉緑体やプラスチドで行われる．生合成は炭素数が5のIPPに始まり，炭素数が40のテルペノイドであるゼアザンチン，9'-シス-ネオザンチンを経由して，9-シス-エポキシカロテノイドジオキシゲナーゼ（NCED）の触媒により炭素数が15のABAになる．生理作用として，種子発芽や胎生発芽の阻害，茎成長の抑制，根の成長促進，カルス形成促進などがある．種子休眠は，ABAとGAの発現の強さの比によって調節される．

### 5) エチレン（ethylene）

石炭ガスが街路灯に使用されていた19世紀の欧米では，街路灯の近くの木が落葉しやすいことや異常な形態を示すことが知られていた．1901年にこれらの原因が石炭ガスに含まれるエチレンであることが，エンドウの水平方向へ伸長する重力屈性異常の実験から証明された．その後，開花していたカーネーションが閉花して二度と開花しなくなる眠り病（sleeping, sleepiness）の発生がエチレンに起因することも明らかになった．1913年にはナイト（L. I. Knight）とクロッカー（W. Crocker）が，エンドウの芽生えに対するエチレンの作用として，茎の伸長成長を抑える，横方向へ肥大する，重力屈性が異常になり水平方向に伸長成長する，いわゆる三重反応（triple response）を報告した．その後，1934年にゲイン（R. Gane）がリンゴ果実からエチレンが発生することを報告し，植物自身がエチレンを生産することが明らかになる．

高等植物において，エチレンはメチオニンからS-アデノシルメチオニン（S-adenosylmethionine：SAM，AdoMet），1-アミノシクロプロパン-1-カルボン酸（1-aminocyclopropane-1-carboxylic acid：ACC）を経由して生合成される．この経路をACC経路という．SAMはACCを生成する一方で，5'-メチルチオアデノシンに変換され，ヤン（Yang）回路において再びメチオニンに戻る（p. 203参照）．

生理作用として，不定根や根毛の形成，伸長成長促進，花芽の形成や開花促進，茎伸長の抑制，果実の成熟，老化や落葉促進，病害抵抗性の誘導などがある．葉由来のオーキシンは離層帯においてエチレンに対する感受性を妨げて落葉を防いでいるが，葉の老化によりオーキシンの供給が低下すると，離層帯のエチレン感受性が増加して老化の引き金となり，細胞壁多糖の加水分解酵素が発現して細胞どうしが離れ落葉する．ある種の果実や花卉では生育の過程で急激に呼吸が増加する時期があり，この現象をクライマクテリック上昇（climacteric rise）という．これは，老化の始まりを示す指標であり，エチレンにより誘導される．

### 6) ブラシノステロイド（brassinosteroid）

1970年にミッチェル（J. W. Mitchell）らが，セイヨウアブラナの花粉の抽出物がピントマメの幼植物に対し成長促進作用を示すことを発見した．その後，1979年にグローブ（M. D. Grove）らが，

## 9.7 生育と開花の調節

表9.5 花卉に登録のある植物成長調整剤の一覧と使用および適用作物

| 農薬の種類 | 農薬の名称 | 使用目的 | 適用作物等 |
|---|---|---|---|
| **オーキシン活性を有する農薬** | | | |
| インドール酪酸 | オキシベロン | 花茎基部の伸長 | チューリップ |
| | | 挿し木の発根促進および発生根数の増加 | 草本花卉類（カーネーション，キクなど草本植物），木本花卉類（ツツジ，ツバキなど木本植物），観葉植物 |
| 1-ナフチルアセトアミド | ルートン | 発根促進 | 花卉（キク，ゼラニウムなど），庭園樹（アオキ，ジンチョウゲ，マサキなど） |
| **ジベレリン活性を有する農薬** | | | |
| ジベレリン $A_3$（$GA_3$） | ジベレリン | 発芽促進 | 花卉類（難発芽種子） |
| | | 休眠打破 | テッポウユリ（促成栽培） |
| | | 休眠打破による生育促進 | サクラ（切り枝促成栽培） |
| | | 生育促進 | アイリス，カラー，トルコギキョウ，リンドウ（セル苗） |
| | | 茎の伸長促進，花芽分化の抑制 | サツキ（施設栽培苗） |
| | | 花丈伸長促進および茎の肥大促進 | チューリップ（促成栽培） |
| | | 開花促進 | アザレア，シクラメン，スパティフィラム，チューリップ，プリムラ・マラコイデス |
| | | 開花促進，草丈伸長促進 | キク，シラン，ミヤコワスレ |
| **抗ジベレリン活性を有する農薬** | | | |
| ウニコナゾール | スミセブンP | 節間の伸長抑制（矮化） | ポットマム，ポインセチア |
| | | 茎葉の伸長抑制による小型化 | アゲラタム，インパチェンス，キンギョソウ，ケイトウ，サルビア，ゼラニウム，ニチニチソウ，ハボタン，パンジー，ヒペリカム（鉢栽培），ペチュニア，マツバボタン，マリーゴールド |
| | | 節間の伸長抑制（矮化）および着蕾数増加 | ツツジ類（鉢栽培） |
| パクロブトラゾール | ボンザイ バウンティ | 花首伸長抑制 | キク（切り花用） |
| | | 新梢伸長抑制 | キク科花卉類 |
| | | 草丈の伸長抑制 | パンジー |
| | | 節間の伸長抑制 | チューリップ，ハイドランジア，ポインセチア，ポットマム |
| | | 新梢伸長抑制および刈込軽減 | サツキ類，ツゲ類，ツツジ類 |
| | | 草丈の伸長抑制による刈込軽減 | 西洋芝（オーチャードグラス，フェスク，ブルーグラス，ベントグラス，ライグラス） |
| | | 新梢伸長抑制および整枝・剪定軽減 | アベリア，イヌツゲ，サザンカ，シャクナゲ，トウカエデ，ヒラドツツジ，マテバシイ，ヤマモモ |
| | | 節間の伸長抑制，着蕾数増加 | サツキ類，セイヨウシャクナゲ，ツツジ類，ツバキ類 |
| クロルメコート $ClCH_2CH_2N^+(CH_3)_3 \cdot Cl^-$ | サイコセル | 節間の伸長抑制（矮化） | ハイビスカス |

| 名称（構造式） | 商品名 | 用途 | 適用作物 |
|---|---|---|---|
| フルルプリミドール | グリーンフィールド | 草丈の伸長抑制 | 日本芝，西洋芝（バーミューダグラス，ブルーグラス，ベントグラス） |
| プロヘキサジオンカルシウム | ビビフル | 花首伸長抑制 | キク |
| | | 開花促進 | ストック |
| | ビオロック | 芽数増加 | 日本芝（コウライシバ），西洋芝（ベントグラス） |
| | | 草丈の伸長抑制による刈込み軽減 | 日本芝，西洋芝（ブルーグラス，ベントグラス） |
| トリネキサパックエチル | プリモ | 芽数増加および根量増加 | 日本芝（コウライシバ），西洋芝（バーミューダグラス，ブルーグラス，ベントグラス） |
| | | 草丈の伸長抑制による刈込み軽減 | 日本芝（コウライシバ，ノシバ），西洋芝（バーミューダグラス，ブルーグラス，ベントグラス） |
| ダミノジッド | ビーナイン | 節間の伸長抑制，花首の伸長抑制 | キク（切り花用） |
| | | 節間の伸長抑制 | アサガオ，アザレア，ハイドランジア，ハボタン，ペチュニア，ポインセチア，ポットマム |
| | キクエモン | 節間の伸長抑制，花首の伸長抑制 | キク（切り花用） |
| | | 節間の伸長抑制 | ポットマム |

エチレン活性を有する農薬

| 名称（構造式） | 商品名 | 用途 | 適用作物 |
|---|---|---|---|
| エテホン | エスレル | 開花抑制 | キク |
| | | 早期不時発蕾防止 | キク（電照栽培） |

サイトカイニン活性を有する農薬

| 名称（構造式） | 商品名 | 用途 | 適用作物 |
|---|---|---|---|
| ベンジルアデニン | ビーエー | 親株栽培における側枝への腋芽の着生促進 | キク |
| ホルクロルフェニュロン | フルメット | 花丈伸長促進および茎の肥大促進 | チューリップ（促成栽培） |

その他の農薬

| 名称（構造式） | 商品名 | 用途 | 適用作物 |
|---|---|---|---|
| ヒドロキシイソキサゾール | タチガレン | 発根促進 | キク |
| イソプロチオラン | フジワン | 分枝促進 | カーネーション |

| クロレラ抽出物 | グリーンエージ | 根の伸長促進，萌芽促進 | 芝（コウライシバ，ベントグラス） |
|---|---|---|---|
|  |  | 張芝の活着促進 | 芝（コウライシバ） |
|  |  | 夏期の生育維持 | 芝（ベントグラス） |
| 混合生薬抽出物 | アルムグリーン | 挿し木の発根促進 | バラ |
|  |  | 根の伸長促進 | 日本芝（コウライシバ），西洋芝（ベントグラス） |
| シイタケ菌糸体抽出物 | レンテミン | 発根促進 | アザレア，ツバキ |
|  |  | 根部生育促進 | 日本芝（コウライシバ），西洋芝（ベントグラス） |
| シアナミド $NH_2CN$ | CX-10 | 休眠打破による萌芽促進 | サクラ（切り枝促成栽培） |
|  | ヒット α10，ヒット α13 | 休眠打破による萌芽促進 | サクラ（切り枝促成栽培），レンギョウ（切り枝促成栽培） |

成長促進作用の活性物質としてステロイド骨格を有するブラシノライド（brassinolide）を単離・同定した．現在ステロイド骨格を有する類似の化合物として60種以上が同定されており，ブラシノステロイドと総称される．ブラシノステロイドは花粉，種子，茎，葉，根など植物のほとんどすべての部位，器官から検出されるが，含有量が多いのは花粉と未熟種子である．

ブラシノステロイドは，炭素数が5のIPPを出発物質として生合成される炭素数が30のトリテルペン化合物である．生合成される場所からはほとんど移動せず，生合成場所の近傍で作用発現すると推測される．ブラシノステロイドの炭素骨格の23位の配糖体化あるいは26位の水酸化により，著しい生理活性の低下が誘起されることから，これら二つの代謝経路はブラシノステロイドの不活性化の調節に重要な役割を担っていると考えられる．

生理作用として，細胞分裂や伸長促進，維管束分化促進，老化の抑制，貯蔵栄養分のソース/シンクの相互作用の調節，ストレス耐性の向上などがある．ブラシノステロイドの炭素骨格の23位の配糖体化あるいは26位の水酸化により，著しい生理活性の低下が誘起されることから，これら二つの代謝経路はブラシノステロイドの不活性化の調節に重要な役割を担っていると考えられる．

### 7) ジャスモン酸（jasmonic acid）

1962年にデモール（E. Demole）らがジャスモン酸のメチルエステルをジャスミンの花の香り成分として単離・同定したが，1970年代に入り，ジャスモン酸がもつ植物の生育阻害作用や老化促進作用が明らかになった．その後，傷害応答反応の誘導，離層形成促進，塊茎形成促進，果実の成熟促進，休眠打破促進などの生理作用が知られ，植物ホルモンとされた．近年，葯の開裂や発芽に必須とされている．ジャスモン酸はα-リノレン酸を出発物質として生合成される五員環ケトン化合物であり，シス型ジャスモン酸（7-イソジャスモン酸 7-*iso*-jasmonic acid，エピジャスモン酸 *epi*-jasmonic acid）として生合成されるが，炭素鎖の立体的配置の異なるトランス型ジャスモン酸（ジャスモン酸）にも変換される．しかし，生理的な活性本体はシス型ジャスモン酸とされる．ジャスモン酸の類縁体として約20種類が植物界に分布している．ジャスモン酸はACC酸化酵素などのエチレン合成系遺伝子の発現誘導を通じたエチレンの生合成を活性化する．

### 8) ストリゴラクトン（strigolactones）

ハマウツボ科に属する寄生性雑草植物のストライガやオロバンキの種子発芽を誘導する物質として単離・同定された．1966年にクック（C. E. Cook）らによりワタの根浸出液からストリゴール（strigol）の発見が報告されて以降，さまざまな植物から10種類以上のストリゴラクトン類が発見されている．これらの化合物は，いずれも二つの五員環ラクトンを共通な部分化学構造として有している．ストリゴラクトンはカロテノイドの酸化開裂産物から生合成されるが，詳細については不明である．2008年，ゴメス-ロルダン（V. Gomez-Roldan）らやウメハラ（M. Umehara）らにより

エンドウあるいはイネの変異体を用いた解析から，ストリゴラクトンやその代謝物が枝分かれを抑制する作用を有することが報告され，植物の枝分かれを制御する植物ホルモンであることが明らかになった．

### b. 植物成長調整剤の作用機作

花卉生産において休眠打破，発根促進，生育および開花の促進や抑制などに用いられる植物成長調整剤には，植物ホルモン活性を有する農薬，抗植物ホルモン活性を有する農薬，その他の農薬が含まれる（表9.5）．このうち，植物ホルモン活性を有する農薬として，オーキシン，GA，エチレンおよびサイトカイニン活性農薬があるが，有効成分はいずれも天然型植物ホルモンそのものか，あるいは類似の化学構造や作用性を有する有機合成化合物である．エチレンはガス体であるために直接的な利用が難しく，作物への施用を可能にする水溶性のエテホン剤が開発されている．本剤は植物に吸収された後に，細胞内で加水分解されてエチレンを発生しその作用を発現する．

抗植物ホルモン活性を有する農薬として，花卉に対して7種類の登録薬剤がある．すべてGAの生合成経路を阻害する抗GA農薬であるが，薬剤により作用点が異なる．クロルメコート剤はIPPから $ent$-カウレンへの過程における環化酵素を阻害する．ウニコナゾール剤，パクロブトラゾール剤，フルルプリミドール剤は，$ent$-カウレンから $GA_{12}$ への過程を触媒するシトクロム P450 系 1 原子酸素添加酵素を阻害する．プロヘキサジオンカルシウム剤，トリネキサパックエチル剤，ダミノジッド剤は $GA_{12}$ から $GA_1$ や $GA_4$ などの活性型 GA に至る過程を触媒する GA 20 位酸化酵素および GA 3 位酸化酵素などの 2-オキソグルタル酸依存性 2 原子酸素添加酵素をそれぞれ阻害する．いずれも植物体内において内生の活性型 GA 量の生合成蓄積を抑えることで，草丈や節間あるいは花首の伸長抑制などの生理作用を発現する．一方，プロヘキサジオンカルシウム剤によるストックの開花促進は，$GA_1$ や $GA_4$ などの活性型 GA から $GA_8$ や $GA_{34}$ などの不活性型 GA への変換を触媒する GA 2 位酸化酵素を阻害することで，活性型内生 GA が蓄積するために発現する作用である．その他の農薬についての作用機作は，まだ十分には解明されていない．

近年，切り花の収穫後において，老化抑制や品質保持を目的にエチレンの生合成阻害剤やエチレンの作用阻害剤が広く利用されているが，現時点では農薬には指定されていない． ［腰岡政二］

# 10. 作型・育苗・栽培

## 10.1 作　　型

　作型（cropping type）とは，品種選定と環境調節，栽培管理技術によって成り立つ，経済栽培を行うための技術体系をいう．花卉の作型は基本的には野菜の作型と同じで，播種または植付け期別の品種選択を主とする作物に適用できるものと，環境調節技術を主とする作物に適用できるものが主体である．しかし，花卉では，環境調節技術や開花調節技術あるいは品種開発の発達とともに，個別の花卉特有の作型も分化しつつあることから，大きく三つのタイプに分類できる．

　1) 播種または植付け期別の品種選択を主とする作型：　露地生産花卉の多くがこれに属する．基本作型名は，播種あるいは植付けの季節区分によって，春播き（春植え），夏播き（夏植え），秋播き（秋植え），冬播き（冬植え）に分類できる．必要な場合には，「彼岸採り」などの収穫期を補足的に示すこともある．季節区分は月を明示しないが，品種が同じであっても，地域により播種または植付け期と収穫期が異なるため，種類によっては月ごとに播種または植付けが分類されるものもある．また，この作型呼称に用いられる春・夏・秋・冬が一般的な四季とずれる場合がある．さらに，露地生産花卉であっても，近年の高品質生産のために雨除けや厳寒期の保温，あるいは開花調節を目的として，補光や遮光などの施設・資材の利用が普及しつつある．

　この作型の代表的なものに露地栽培のキクがある．キクはその生態的特性から，夏ギク，夏秋ギク，秋ギク，寒ギクに分類され，自然開花期ごとに，タイプ（輪ギク，スプレーギク，小ギク），花色，花型の異なる品種を組み合わせて栽培される．さらに，露地においても補光装置を設置し電照抑制栽培を行うことで，開花時期の幅が広がる．

　2) 環境調節技術を利用する作型：　施設生産花卉の大部分がこれに属する．基本作型名は環境調節の有無，作付時期および方法などによって，普通（季咲き）栽培，促成栽培，抑制栽培などに分類できる．普通栽培とは，花卉の自然な生態に近い気温下で行う作型をいう．促成栽培（forcing [culture]）とは，普通栽培より早い時期での収穫を目的とする作型をいう．ハウスなどの施設を利用し，晩秋から春までの低温期間の多くを保温あるいは加温して栽培する．促成の強さの程度により半促成栽培，超促成栽培などにも分類される．抑制栽培（retarding culture）とは，普通栽培より遅い時期での収穫を目的とする作型をいう．夏季の冷涼，晩秋の温暖な地域性を活かすことが多い．また，花卉の開花特性を利用して補光や遮光などを行うことで，開花時期の幅が広がる．

　この作型の代表的なものにユリがある．産地の異なる（国産，北半球産，南半球産）球根に加え，氷温や冷蔵などの貯蔵方法の異なる球根を利用することで，季咲き栽培，促成栽培，抑制栽培を組み合わせた周年生産体系が確立している．

　3) 生産体系に存在する固有の作型：　基本的には長期栽培型の施設生産花卉がこれに属する．たとえば，カーネーションにおける冬春切り1年作型，夏秋切り1年作型，2年切り作型，バラにおける周年切り作型，冬切り中心（夏季剪定）作型，夏切り中心（冬季剪定，厳寒期休眠）作型などがある．

〔腰岡政二〕

### 文　献

1) 野菜の種類別作型一覧，2009年度版，農研機構・野菜茶業研究所，2009.

## 10.2 育苗

　花卉栽培においては，品目と目的に応じて様々な育苗（raising seedling）が行われており，これによって多様な作型と経営が成立している．育苗は繁殖方法によって，播種から始まる種子繁殖と，挿し木（挿し芽），接ぎ木，球根および組織培養から始まる栄養繁殖に大別される．

### 10.2.1 育苗の目的

　育苗の目的としては，大きく次の4点がある．

　①気候の変化や病害虫に弱い幼作物を集約的に保護する．キクでは，適温期には挿し穂を直接，圃場に挿して育苗過程を省略する直挿し栽培が可能であるが，それ以外の時期にはセルトレーなど育苗後に定植するのが一般的である．また，洋ラン類などで実用化している組織培養（tissue culture）も，ウイルス汚染を回避し，安定した制御環境下で作物を保護しているといえる．

　②育苗段階で不揃いや経済性のない個体を除去して，定植後の生育を斉一にする．いずれの品目においても定植するときには，生育の揃った苗を定植するのは当然であり，ストック苗では一重咲き個体の排除がこの段階で行われる．

　③施設や圃場の利用期間を短縮してその利用率を高める．鉢物や花壇苗の生産では，セル苗や生育ステージ別の施設を利用することによって，単位面積当りの生産鉢数を最大にするよう品目・品種が組み合わされている．スプレーギクの生産では，長日下での育苗期間を長くした大苗を短日条件の本圃に定植することで，在圃期間を大幅に短縮できる直接短日定植法も行われている．

　④気温などの育苗条件を制御することによって開花を調節し，出荷時期を広げる．秋からの出荷のために夏季の高温を回避する必要のあるトルコギキョウ，スターチス，プリムラなどの品目では，セル育苗の期間を高冷地で栽培する高冷地育苗（raising seedling in cool upland），小面積の温室に苗を集約してクーラーで昼夜の気温を下げる冷房育苗（raising seedling at cool temperature），夜温のみを下げる夜冷育苗（raising seedling in night chilling）などの育苗方法によって，出荷期の拡大を可能としている．またニチニチソウやベゴニアなど春の花壇苗では，暖房下で育苗したセル苗を利用することで，4〜5月の高需要期に集中して出荷されている．

### 10.2.2 育苗の方法

　育苗の方法は，根圏培地の量・形状が一定な成型苗とそれ以外の非成型苗に大きく区分される．成型苗としては，容器を用いる鉢苗，ペーパーポット苗と，容器を用いないソイルブロック苗，ロックウールキューブ苗，セル苗などがある．非成型苗は花木類で利用される根鉢付きの苗と，キクやカーネーションなどで利用されてきた砂上げ苗のような根鉢なしの苗に大別される．

　鉢苗（ポット苗，pot seedling）はポリポットで育苗する方法であり，様々な育苗サイズに対応できるが，比較的小さな苗はセルで育苗されることが多くなったため，比較的大苗での定植が必要とされるスターチスや，株での低温処理が必要な宿根草類で用いられている．ペーパーポットは，紙を原料とした折りたたみ式の連結ポットで，簡便な定植器具で半自動定植できるため，小ギクやケイトウなどの生産で利用されている．ソイルブロック（soil block）は，ピートモスと土などの素材で調製した培養土をブロック状に造型したもので，苗を置くだけで覆土をしない定植が可能であるため欧米で普及している．日本ではスプレーギクで利用されている．ロックウールキューブ（rockwool cube）は，繊維状に加工された玄武岩など鉱物系のブロックで，おもにバラの養液栽培に用いられている．バラでは，ミニプランツと呼ばれる接ぎ木と挿し木を同時に行う接ぎ挿し（stenting）苗が主流となってきている．

　セル苗（セル成型苗，プラグ苗，cell raised plant，cell seedling，plug seedling）はセルトレー（cell tray）あるいはプラグトレー（plug tray）と呼ばれるプラスチックでできた小型の連結した容器に育成された苗のことで，苗が根鉢によって用土をかかえ込んでいるため，土に差し込

むように定植できる．1970年頃に米国で開発され，日本では1980年代後半から急速に普及したが，プラグ苗という表現が商標になったため，一般にはセル苗（セル成型苗）と呼ばれている．セル苗には，定植時の植え傷みが少なく初期生育に優れる，小型の苗であるため集約的な管理が可能で運搬も容易，苗の規格化が進んでいるため作業工程の単純化や機械化が可能，定植作業の機械化が可能，といった利点がある．その一方，株当りの培養土量が限られているため，育苗段階での灌水と施肥に細かな管理が要求される．定植適期の幅が比較的短い，苗密度が高いため徒長しやすい，といった問題点もある．

セル苗生産での大きな特徴は，運搬が容易で規格化されたセルトレーを軸に，自動播種機（mechanical seeder）や培養土充填機のような作業機械類，発芽室や生育ステージ別の順化室，自走式灌水装置のような生育管理のための施設類，ピートモスを基本素材とした標準化された培養土，発芽が斉一で自動播種しやすい粒径に加工した種子などの個別技術が，体系的にプラグシステム（plug system）として組み立てられていることである．

このため，セル苗は導入当初，パンジーなどの種子系花壇苗や微細種子であるトルコギキョウなどを中心に広がってきたが，今日ではシクラメンなどの鉢花やカーネーション，キク，スターチスなど栄養繁殖系の切り花でも利用されるようになっている．さらに，こうしたセル苗での技術をベースに，根鉢の形成にかかわらず定植を可能とするような培地固化技術や培養土を用いないセルシート育苗などが研究開発されている．

セル育苗の普及と同時に，発芽が遅く不揃いとなりやすいパンジーなどの種子に対しては，プライミング処理と呼ばれる発芽促進処理が一般化してきた．また播種機による播種を容易にするため，ベゴニアやトルコギキョウのような微細な種子に対しては，粘土鉱物などによって一定の大きさをもつ均一な形に造粒したコーティング種子やペレット種子が一般化してきた．

セル苗では多種の培養土が販売されているが，ピートモスとバーミキュライトを主体とした配合用土に，pHを調整するための苦土石灰，初期生育を促すための少量の肥料，ピートモスの撥水性を軽減する界面活性剤（wetting agent）などが添加されている場合が多い．セルトレーもまた，国内外から多くの規格が販売されており，セル当りの培地容量，深さ，形状に違いがあるものの，トレー当りのセル数は50～800の間で比較的共通している．生産性と管理のしやすさから，パンジーやベゴニアでは406～512穴，キクの挿し芽苗では128～200穴のセルトレーが用いられることが多い．

セル育苗では，温湿度などの環境を品目と生育ステージ別に最適化することで，生産効率を著しく向上させることができる．このため，育苗初期の環境を制御する発芽室や順化室が広く用いられている．近年では温湿度だけでなく蛍光灯などの人工光源による光環境制御や$CO_2$ボンベによるガス環境制御まで可能なタイプが増えつつある．またキク，バラなどの栄養繁殖においても，均一な挿し穂の発根を得るためのミスト（mist）や細霧（fog）の散水にとどまらず，人工気象室が利用されるようになってきている．

## 10.3 栽　　培

### 10.3.1 露地栽培と施設栽培

花卉の営利生産における栽培方法は今日，非常に多岐にわたるが，栽培圃場の環境制御のあり方によって，施設を用いずに自然状態の圃場で行われる露地栽培（open field culture）と，ガラスやプラスチックといった被覆資材によっておおわれた温室やハウス内で栽培される施設栽培（protected cultivation）に大きく二分される．

露地栽培においても様々な園芸資材が用いられており，ポリエチレンフィルムなどで畝を被覆するマルチ（mulch, mulching）栽培や，親株管理や早春の定植後に作物のみを一時的にプラスチックフィルムや不織布でおおうトンネル栽培（growing in plastic tunnels, plastic-tunnel culture, tunnel cultivation）やべたがけ栽培（[floating] row cover cultivation）もキク類などで広く行われている．マルチ栽培の目的は，雑草の発生防止だけでなく，低温期の地温確保，土壌水分の保持，肥料の流亡抑制，土壌の固結防止，病害虫の蔓延防止などがあり，目的に合わせた様々なマルチ資材が利用されている．

施設栽培は，ガラス室における温室栽培（greenhouse culture）とパイプハウスにおけるハウス栽培（cultivation (or growing) in a plastic house）に区別されることもあるが，単に施設栽培（生産）とされることが多い．施設栽培は，保温のみを行う無加温栽培（cultivation in an unheated plastic house），積極的な加温による温度制御を行う加温栽培（cultivation in a heated plastic house），温度制御は行わず降雨による花弁の傷みなどを避けるために上部のみを被覆資材でおおったハウスで行われる雨除け栽培（rain protected culture）などに分けられている．さらに近年，防風や防虫のため鉄骨施設やパイプハウスにネットのみを被覆したネットハウス栽培（cultivation in a screen house）も増加している．

こうした栽培施設環境による区分だけでなく，開花制御の方法によって，白熱灯などの光による花芽分化抑制で開花制御を行う電照栽培（〔キクなどの〕light culture, illuminated culture），暗幕などのシェード施設による開花制御を行うシェード栽培などと区分されることもある．

### 10.3.2 移植と定植

作物を，ある場所から他の場所に植え替える作業を一般的に移植（transplanting）といい，収穫まで栽培される圃場に植え替えることを定植（planting, setting）という．また，定植までの期間に株間を広げるために苗床などで行われる移植を仮植（temporary planting），鉢物で行われる移植を鉢上げ（potting），植物の生育に応じてより大きな鉢に鉢上げすることを鉢替え（repotting）と呼んでいる．

移植では，作業時に根が切断されること，育苗時の培養土と移植場所の土壌との水分状態の変化，温度や日射などの環境条件の急変などによって，移植した作物が一時的に吸水不足となって生育が停滞する植え傷み（transplanting injury）が避けられない．植え傷みを軽減するためには，断根を少なくするセルトレーやポットでの育苗，育苗培養土と圃場の毛管連絡を安定させるための移植直後の十分な灌水，環境変化への耐性をつけるための定植前の灌水制限や被覆除去などの苗に対する順化処理などが大切である．

これらの移植作業は，腰を屈めた姿勢が続く労働負担の大きい作業のひとつといえるが，切り花類と鉢物類のいずれにおいても，いまなお手作業で行われている場合が多い．野菜類では，セル育苗とともに自動移植機が普及しつつあるが，花卉類ではキクの一部でペーパーポット式の簡易移植機や半自動移植機が用いられている程度である．一方，鉢花や花壇苗生産においては，少品目を大量に生産する大規模経営で自動移植機（potting machine）が利用されるようになってきている．

移植作業を省力化するとともに栽培施設の効率的利用を行う方法として，チューリップなどの球根花卉ではコンテナ栽培（container planting, container culture）も行われている．コンテナ栽培では，ピートモスなどの培養土を充填したコンテナに球根を定植し，各生育ステージにあわせて好適環境に制御した冷蔵庫や温室に移動させて栽培する．

切り花栽培における定植時の栽植方法（planting method）や鉢花栽培における鉢間隔は，品種，品目，作型，栽培期間（growing period）および管理作業のしやすさなどによって経験的に決められている場合が多い．このため同一品目であっても，地域の機械装備や施設設計によって栽植方法が異なることも多い．たとえば，同じ露地小ギクでも，東北地方では畝間100 cmの1条植え，西南暖地では畝間120 cmの2条植え，沖縄県では畝間140 cmの4～5条植え，といった違いが見られる．

栽植方法を決める要素としては，畝間（distance between rows, distance between ridges），畝幅（bed width, ridge width），株間（intrarow spacing, planting distance）および条間（row spacing, distance between rows, spacing between rows）といった栽植距離（[plant] spacing, planting distance）と栽植条数があり，これらは栽植密度（plant[ing] density, planting rate）もしくは，栽植密度と株当り仕立て本数の積である立茎密度を通じて，収穫本数や切り花品質に影響する．栽植密度は通路部分を含む圃場面積当り栽植株数で示されることが多いが，通路幅は地域や機械装備によっても異なるため，試験研究では通路を含まない栽植面積当り株数で示されることもある．

　一般的に栽植密度や立茎密度が高くなると，単位面積当りの葉面積（葉面積指数，leaf area index：LAI）が増大し，群落内部の光量が低下するとともに赤色光の割合が相対的に小さくなる．この影響によって，切り花として重量が小さく，細い切り花が多くなる．逆に栽植密度が低すぎると，剛直で重い切り花が得られるものの，単位面積当りの収穫本数が少なくなる．したがって，限られた圃場や施設面積から最大の収益を得るために，高品質の切り花をできるだけ多く得られる最適な栽植密度を，品目や品種，消費動向に応じて調整することが肝要である．夏秋ギクを例にとると，高品質の切り花が多く得られ経営的にすぐれるのは，栽植面積3.3 m² 当り300本前後の立茎密度とされてきたが，重厚長大な切り花の単価が下落してきている昨今では，従来よりも軽く短い切り花を多く得るため，栽植密度を高める傾向が各産地で見られるようになっている．

　また，条間や栽植条数の決定にあたっては，切り花重量と収量に対する影響だけでなく，開花時期や切り花品質の揃いをあわせて考慮する必要がある．ひとつの畝（ベッド）に複数条で植えられた作物では一般に，畝（ベッド）周縁部に位置する個体で切り花重量が大きく開花が早期化し，中央部に位置する個体で切り花重量が小さく開花が遅れる傾向が見られる．そこで，畝の中央部の日射量を確保して切り花品質と開花を揃えるため，カーネーションでは8条を植えることのできる80 cm幅の畝（ベッド）に対して，中央部の2条を抜いて6条植えとされることが多い．

　鉢花栽培においても，徒長による品質低下を避けるため，栽培期間の長いシクラメンなどでは，鉢間隔を修正する鉢広げ（スペーシング，spacing）が行われる．

### 10.3.3 剪定と整枝

　花卉は自然のままに生育させると，切り花や鉢花といった生産目的に合わない形態になることが多い．そこで生産目的に合った形に修正するため，茎頂，花または枝を除去する栽培管理が行われる．こうした栽培管理には，おもに木本性花卉の枝を切り取って整理する剪定（pruning）のほか，茎頂部を除去して分枝発生を促す摘心（pinch[ing], topping），分枝を制限して特定の樹形や適正な立茎密度に調整する整枝（training, trimming），観賞のために不要となる腋芽や花蕾を除去して草姿を整える摘芽（disbudding, suckering）や摘蕾（disbudding），チューリップなどの球根生産において球根肥大を促すための摘花（topping）などがある．

　剪定には，弱小枝や枯れ枝などを除去して採光と通風をよくする，採花母枝を更新する，樹高を下げる，切り花本数を制限して切り花品質を高める，開花期を調節するなどの目的がある．多くの露地花木やバラの夏切り作型では，樹液の移動が少なくなる1～2月の休眠期に弱小枝をすべて取り除き，株あたり数本の採花母枝だけを残して切り下げる．これに対して，バラの冬切り中心の作型では6～7月に夏季剪定（summer pruning）を行うが，この時期の剪定では枯れ込みが発生しやすい．そのため，剪定予定の2週間前頃から灌水を止めて樹体内水分を低下させた上で，すべての枝を折り曲げる全枝折り曲げ法や太い採花母枝のみを切断して他の枝を折り曲げる一部剪定折り曲げ法によって剪定する．

　バラの栽培管理では，蕾が小さい間に茎頂部を摘除するソフトピンチ（soft pinch），蕾が大豆大になり茎が堅くなったときに切り戻すハードピンチ（hard pinch），開花が終わり十分に茎が堅くなってから切り戻すフラワーリングアウトピンチを組み合わせることで，開花時期と採花母枝数を調整する．ソフトピンチは強い枝を1本伸ばして樹

高を上げるときに，ハードピンチは枝数を増やすときに，フラワーリングアウトピンチは樹勢を高めてベーサルシュートの発生を促すときに，主として用いる．

キクやカーネーションなどの切り花類では，摘心によって株当りの切り花本数を確保するとともに開花時期を調節する．このような摘心栽培では，切り花となる枝の立茎密度が高すぎると切り花品質が低下するため，側枝が揃った時期に整枝を行う．カーネーションでは，1回摘心（single pinch）では開花が早いものの収量性に劣るため，強勢の枝のみを2回摘心する1回半摘心（pinch and a half）が行われることが多い．バラにおいても，新植や剪定後の最終摘心時期によって収穫開始時期を調節することができる．ポットマムやベゴニアなどの鉢花類では，摘心によって側枝発生を促し，草姿を整えることが広く行われている．

スタンダードタイプ（standard type）のキク，バラ，カーネーションなどの摘芽や摘蕾は，頂花蕾以外の側花蕾や側枝をすべて摘除するように行われる．摘蕾が遅れると，花が小さくなり開花も遅れるため，早めの作業が必要である．しかし，この摘芽・摘蕾作業は現在，人の手作業によるほかなく，その労力はキクで全労働時間の20％前後と大きい．このためキクにおいては，高温などによって側芽形成が抑制される無側枝性品種（芽なし品種，non-branching type cultivar）が育成・導入され，大幅な省力化が可能となっている．

### 10.3.4 灌　水
#### a．土壌水と水分恒数

土壌の中にある土壌水（soil water, soil moisture）は様々な状態で存在し，おもに土の粒子と水との間に働く力の強弱によって，土壌表面に強く吸着されている吸湿水（hydroscopic water），粘土結晶の間などに入り込んでいる膨潤水（swelling water），毛管力によって土壌中の細孔隙に保持されている毛管水（capillary water），灌水後一時的に土壌の粗孔隙に存在するが重力で下方に排除される重力水（gravitational water）に区分される．また，土壌成分に化学的に結合しているか否かによって，自由水（free water）と結合水（bound water）に大きく区分される．毛管水の大部分と重力水は植物の利用できる自由水であり，吸湿水と膨潤水は利用できない結合水である．また，圃場容水量から初期萎凋点に相当する毛管水を有効水（available water），そのうち圃場容水量から毛管連絡切断点に相当する毛管水を成長有効水（易効性有効水，readily available water）と区別する場合もある．

水が土壌に引きつけられている強さの程度は，土壌水分張力（potential of free energy, pF）と呼ばれ，それに相当する水柱の高さの対数によってpF値（pF value）で表される．pF値は，植物の吸水に対する難易の程度を支配する土壌水分の状態を示すものであって，土壌の含水量を示すものではないが，同一土壌では含水量が少なくなるにつれてpF値は大きくなる．花卉生産の圃場レベルでpF値を測定する方法としては，テンシオメーター（tensiometer）が最も一般的に利用されている．テンシオメーターは，土壌中に埋設した素焼き管（ポーラスカップ）を水で満たして土壌水と水理的に連続させ，その水が受けている負圧を読み取る装置であり，飽和容水量であるpF 0から毛管連絡切断点にほぼ相当するpF 2.7付近までの土壌水分張力を測定することができる．

土壌の水分状態はつねに変動しているが，植物と土壌の関係において重要な節目となる水分量があり，それを水分恒数という．園芸生産上で重要な水分恒数として，飽和容水量，圃場容水量，毛管連絡切断点，初期萎凋点，永久萎凋点がある．

飽和容水量（saturated water capacity）は，土壌が保持できる水分の最大量で，全孔隙量にほぼ相当し，この状態では水を取り去る力がまったく働いておらずpF 0に相当する．圃場容水量（field [moisture] capacity）は，大量の水を灌水してから1〜2日が経過し重力水が根圏から排水され，水の下降浸透がほぼなくなったときの圃場の土壌水分量で，土質によって違いはあるがpF 1.5〜1.8程度に相当する．畑地灌漑などの実用上は，50〜100 mmの多量灌水の後，蒸発を防止して24時間経過したときの土壌水分の状態（24時間圃場

容水量）を圃場容水量とみなしている．毛管連絡切断点は土が乾いて毛管水の連絡が切れ，毛管孔隙による水分移動が困難となる水分状態で，pF 2.7～3.0 程度に相当する．植物が容易に利用できる易効性有効水が失われる状態でもある．初期萎凋点（初期しおれ点，initial wilting point）は，土壌水分が減少し植物の吸水にみあう水分の補給が間に合わなくなって植物が萎れ始める水分状態で，植物や土壌にもよるがおおむね pF 3.8 に相当する．永久萎凋点（永久しおれ点，permanent wilting point, irreversible wilting point）は，土壌水分が減少したために植物が吸水できなくなって萎れ，飽和蒸気圧下でも萎れが回復できないような土壌水分の状態を指し，土壌に関係なく pF 4.2 にほぼ相当する．

**b．灌水方法**

多くの植物で最適土壌水分レベルは，標準的な園芸用土で飽和容水量の 50～60％ 程度，容積比で 30％ 前後，pF で 1.5～2.0 程度とされているが，こうした最適土壌水分レベルをつねに維持することは不可能である．現実の土壌（培養土）の水分レベルは灌水後には過湿・気相不足であり，重力水の流亡と植物による毛管水の吸収・蒸散，土壌表面からの蒸発によって減少して，再び灌水される直前には過乾燥となっている．そこで，作物の生育や品質を最大にするために，再灌水すべき最低の土壌水分レベルを灌水〔開始〕点といい，露地栽培で pF 2.7～2.8，バラなどの施設花卉で夏に pF 1.5～2.0，冬に pF 2.5 前後である．

灌水方法は地表散水式，点滴灌水式，地上灌水式および地中灌水式に大別できる．施設切り花では地表散水式が広く利用されており，地表散水式の灌水器具としては，塩化ビニルなどのパイプに 0.5～1.0 mm 程度の穴をあけた多孔パイプ，ポリエチレンなどの軟質プラスチックに 0.2～0.5 mm 程度の小さな穴をあけた多孔チューブ，塩化ビニルなどのパイプに一定間隔で取り付けて使用する散水ノズル（spray nozzle）がある．ノズル灌水は耐久性にすぐれるが，設備費が割高となるためバラなどの比較的長期にわたって栽培する品目で利用されることが多い．多孔チューブによるチューブ灌水（plastic-tube watering）は比較的安価で取り扱いが簡便であるが，耐用年数は 2～3 年と短い．

これら地表散水では茎葉部が濡れて病害を誘発しやすく，重力水として流亡する水が多いため水の利用効率に劣る欠点がある．これらを改良した方法として点滴灌水（drip irrigation, drip watering, trickle irrigation, trickle watering）がある．なんらかの方法で減圧した小さな吐出口から，点滴として水を地表面に与える方法で，少量多頻度の灌水が容易にできることから，灌水だけでなく養液を与えるカーネーションなどの灌水同時施肥（cultivation by [using] fertigation）にも利用されている．他の灌水器具と比べて低い水圧で利用できるが，目づまりしやすく頻繁なメンテナンスを必要とする．

地上散水式は，散水ノズルを作物より上に配置し，植物体も含めて圃場に散水する頭上灌水（葉上散水，overhead irrigation, overhead watering）が一般的である．ホースにハス口を付けて行われる手灌水も地上散水式のひとつといえる．頭上灌水では植物体や培地の状態によって，ノズルから散布する水の粒径を変えており，挿し芽や接ぎ木の養生には粒径の小さい細霧灌水（fog irrigation）やミスト灌水（mist irrigation）が，露地での花木やキク栽培などでは粒径の大きいスプリンクラー（sprinkler）などによる散水が行われている．また近年，セル苗生産においては可動式のブーム上に散水ノズルを取り付けた自走式散水装置も使われるようになっている．

これらの器具を用いた灌水では，タイマーや日射もしくは土壌水分のセンサーによって灌水量や灌水間隔を制御し，省力化を図るための自動灌水（automatic irrigation）も広く利用されている．

地中灌水（subirrigation）式は，土壌中に埋設した多孔質ゴムパイプなどによって灌水を行う方式である．施設内の湿度を低く保ち，均一性も高い利点があるものの，水の挙動が把握しにくいため花卉生産の場面で用いられることは少なく，花壇管理などの利用場面で用いられている．水田転換畑などでは，畦間に水を溜め，土壌の毛管現象

によって作物に灌水する畝間灌水（furrow irrigation）が行われているが，これも地中灌水式のひとつとみなすことができる．

#### c．給　水

鉢花や苗の生産における灌水は，鉢やポットで独立した栽培植物に水を与えることから，給水（watering）と表現される場合が多いため，ここでは鉢花の給水を中心に述べる．古くから「水やり3年」といわれるように，給水は熟練を要する作業のひとつであるが，栽培するうえでその労力は大きく，鉢花シクラメンでは全労力の40％にもなる．この労働を軽減すると生産性を大きく向上できるため，様々な自動給水の方法がこれまでに実用化している．併せて，自動給水に対応しやすい培養土組成や排水対策も開発されてきた．

給水は大きく，培養土内を上部から下部に向かって水が移動する頭上給水（上部給水，overhead watering）と，下部から上部に向かって水が移動する底面給水（底部吸水，bottom watering）に区分される．頭上給水は，自然条件での降雨と同様，根の近傍にある余剰塩類や生育阻害物質を下部に洗い流すことができ，水の移動に伴って上部から気相が確保されやすいという利点があるが，鉢ごとに均一に給水することが難しく自動化しづらい，花や茎葉を濡らしてしまう，という欠点をもつ．一方，底面給水では均一な給水が比較的容易で自動化しやすい，花や茎葉を濡らさないため炭疽病や灰色かび病といった病害の蔓延を予防しやすい，といった利点がある反面，鉢内が過湿になりやすく気相が確保しにくい，培養土上部に塩類が集積する，などの欠点がある．

頭上給水には，古くから行われているホースによる手灌水のほか，スプリンクラー，ミスト，フォグ，チューブなど切り花生産とも共通する灌水方式が含まれる．鉢ごとに細いチューブや点滴装置を培養土の表面に配置して給水する点滴灌水も用いられているが，このときには培養土内での水の横方向への広がりを確保するため，細かい粒子の素材を培養土に混合する必要がある．

底面給水には，培養土と外部にある水をつなぐ方法に毛管給水（capillary watering）を利用する外部毛管給水と，湛水などにより大量の水を培養土に下から与える外部非毛管給水がある．

毛管給水としては，水の毛管連絡にすぐれるひもや不織布を鉢底部から垂らし，C型鋼などで鉢底の数cm下に溜めた水を培養土まで吸い上げる，ひも給水法（ウイック法，wick system），不織布のマット上に鉢底を接触させて水を吸い上げるマット給水（capillary mat watering）がある．ひも給水法は自由水面が鉢底より下にあるため，培養土内の気相が確保しやすく過湿害を生じにくいため，シクラメン栽培などを中心に広く普及している．マット給水では，ベンチの凹部で過湿害が生じやすいためマットの端をベンチの外に数cm程度，垂れ下げるなどの対策により，マット面の排水を確保しておくことが重要である．また，マットへの根の進入防止とマット面での藻の発生抑制のために通水孔をもつ反射フィルムなどをマット上に敷いておくこともある．

外部非毛管給水としては，鉢の下部1/2～1/3を水に浸して給水する腰水給水法，腰水給水を改良し潮の満ち干きのようにベンチ内の水位をゆっくりと上昇，下降させることで培養土内の水分を制御するエブアンドフロー方式（間断腰水給水，ebb and flow system），アルミ製の緩い傾斜をつけた20～30 cm幅の樋（トラフ）に鉢を並べて給水するトラフ法（trough system）などがある．これらの外部非毛管給水では比較的大量の水を給排水するため，循環方式によって節水に努める必要がある．

### 10.3.5　ベンチとベッド

施設内で植物を栽培するための基本的な構造物として，おもに鉢花栽培や野菜類も含めた苗の育成に用いられるベンチ（栽培棚，bench）と，おもに切り花栽培に用いられるベッド（栽培床，bed, planting bed）がある．

鉢花の栽培や苗の育成をベンチ上で行う最大の目的は，栽培植物と人の目線を近づけ，腰の屈伸や腕の屈曲を伴う作業を減らすことができるといった作業性の改善である．こうした作業性改善に加え，ベンチを用いることで土壌表面やそこに残

存している作物残渣に由来する根腐病などの病害やナメクジなどの害虫被害を軽減することができる．また，ベンチを地表面から上げることによって，地表面との間の高低差を利用した給排水システムを構成できる．このことがエブアンドフロー方式など，種々の自動給水を成り立たせている．

こうしたベンチは通常，L型アングル鋼やパイプなどの鋼材で架台（フレーム）をつくり，その上にエキスパンドメタルや石膏スレート板などの板を載せて構成される．ベンチ幅は作業者の腕の運動範囲にあわせて100～150 cm 程度に，ベンチの高さは，腕を大きく曲げ伸ばしせずに作業のできる60～70 cm 程度に作られることが多い．

しかし，こうしたベンチを固定設置すると，栽培に直接利用できる面積は施設全体の60～65％程度しか確保できない．そこで，施設利用率を高めるため，架台と栽培面の板（エキスパンドメタルなど）の間にパイプや車輪といった構造を挟むことで水平方向に可動できる移動式ベンチ（ムービングベンチ，movable bench）が利用されている．移動式ベンチでは，作業時にベンチを動かして1通路分だけを通路用に確保すればよいため，施設利用率は85％程度まで高まる．また自在に移動できるパレット式のベンチを用いると，日長処理や異なる温度管理が必要な植物を処理が可能な施設にベンチに載せたまま移動させることで一連の作業体系を組むことが可能となり，管理作業や施設の合理化ができる．

一方，切り花栽培で用いられるベッドの主目的は，カーネーションやバラなどでの土壌伝染性病害を回避することと土壌水分の管理を容易にすることである．バラの養液栽培で用いられるロックウールスラブ（rockwool slub）などもベッドの一形態といえる．

ベッドは通常，コンクリートやスレート板によって栽培用土の底面と圃場の土壌表面を切り離し，木材などで設けた板枠の中に栽培用土を充填して作成される．カーネーションではベッド幅が80 cm 前後，栽培用土の深さは20 cm 程度とすることが多い．こうした栽培ベッドは地表面に設置されることもあるが，土壌伝染性病害を回避するという目的からコンクリートブロックなどで20 cm 程度持ち上げて高設ベッド（elevated bed）として設置されることが多い．栽培用土にはピートモスやバーク堆肥などの粗大有機物を容積比で30～40％程度混ぜた通気性と排水性のよい土を用い，改植時には蒸気または薬剤による土壌消毒を必ず行うことが大切である．

近年では，鉢花と同様に作業性を改善する目的でベッドの栽培面を地表面から60～70 cm 程度持ち上げた高設栽培システム（elevated bed system）も多く見られる．高設栽培される花卉類としては，ロックウール栽培におけるアーチング仕立てのバラやガーベラがあげられる．こうした高設栽培では，鉢花と同様に移動式ベンチを導入することができ，施設利用率を大幅に向上させる栽培も可能である．

〔仲　照史〕

## 10.4　養液栽培

### 10.4.1　養液栽培の特徴

養液栽培（hydroponics, nutriculture, solution culture, soilless culture）の特徴としては，①土壌を使用しないため土に起因する不適地での栽培が可能，②連作障害の回避が容易，③自動化が簡単で労働コストの低減が可能，④栽培環境をクリーンに保つことが可能，などがあげられる．

そのため，システム化された工場的な花卉生産では養液栽培が積極的に採用されている．養液栽培の成否は施肥管理方法がポイントとなり，一般には電気伝導度により培養液濃度を制御する手法が主流である．

養液栽培のルーツは古く，17世紀のベルギーや英国においてその原型となる考え方が確認されている．養液栽培が研究として本格的に発展してきたのは19世紀に入ってからで，ドイツのザックス（J. von Sachs）やノップ（W. Knop）は養液栽培のための培養液を独自に開発したことが報告されている．日本における花卉の養液栽培は，1985年頃から切り花のバラやカーネーションでロックウール耕が開始された．とくにバラでは，2000年までに急速に普及した．

養液栽培とは元来，土壌を使用せず培養液によって養水分管理を行う栽培のことである．様々な養液栽培の方式を大別すると，植物の支持体として何らかの培地を用いる培地耕（固形培地耕，substrate culture, media culture）と，培地をまったく用いない水耕（water culture）（噴霧耕を含む）に分けることができる．固形培地耕のうち有機物を用いるものにピートモス耕，おがくず耕，籾殻耕などがあり，無機物を用いるものに礫耕（gravel culture），砂耕（sand culture），ロックウール耕（rockwool culture）がある．さらに，水耕には薄膜水耕（nutrient film technique：NFT），湛液循環式水耕（湛液流動水耕，deep flow technique：DFT，以下湛液型水耕とする），噴霧耕（nutrient mist culture）があり，根圏への酸素供給の方法が技術的に重要なポイントである．これらのシステム構築にかかるコストは，導入時の大きな課題である．また，土耕で行う「灌水同時施肥栽培」（養液土耕栽培）も養液栽培の一分野として捉え，培土耕として養液栽培の分類の中に含めることもある．以下には，これら培地耕，水耕，培土耕の各システムにおいて，代表的な方式の特徴を述べる．

### 10.4.2 養液栽培の方式
#### a. 培地耕

養液栽培の方式は多様であるが，現在の花卉生産で養液栽培の中心的なシステムとなっているのは，培地耕のうち無機固形培地耕に分類されるロックウール耕である．現在のロックウール耕の原型は1970年代にオランダで実用化されたシステムである．

日本では1980年代前半に全国の研究機関がこぞってロックウール栽培に関する研究に取り組み，1985年頃から全国的に急速に広まり，現在ではバラを中心として，カーネーション，ガーベラ，キクなどで営利生産が行われている．

ロックウール耕の特徴は，ロックウール培地の特性に大きく依存している．ロックウールとは主成分がケイ酸カルシウムで，玄武岩，鉄炉スラグなどに石灰などを混合し，高温で溶融し繊維化した繊維径が3～10 $\mu$m の人造鉱物繊維である．具体的な特徴としては以下があげられる．①培地の固相率が約3％で孔隙率が大きいため根への酸素と養水分の供給が容易である．②植物を栽培するための培地量を少なくでき，栽培装置の小型軽量化が容易である．③培養液の供給が自動制御でき，細かな生育制御や大規模化が可能である．④培養液を循環利用しない「かけ流し方式」では病害の発生を少なくできる．⑤コスト的には比較的高価であり，資材の廃棄やかけ流し方式では環境負荷が生じる．⑥研究事例が数多くあり，比較的充実した栽培マニュアルがある．

ロックウール耕の給液方式としては，点滴チューブや底面給水などを応用した方式が採用されている．また，日本において環境負荷の小さい「循環式」で行われている事例は依然として少数で，「かけ流し方式」が主流となっている．実際のロックウール耕では，根圏環境を大きく変化させないことが最も重要なポイントであり，培養液の濃度・温度・組成の制御が安定生産を行うためのキーとなっている．

#### b. 水　耕

水耕にはNFT耕，湛液型水耕，噴霧耕の3方式があるが，現在，花卉の営利栽培ではこれらいずれの方式も，栽培上あるいはコスト面で問題があり，利用が少ないのが現状である．切り花栽培では，野菜とは異なり，背が高くて不安定なため，根を支える必要があるためである．

NFT耕は1973年に英国のクーパー（A. Cooper）らが開発・実用化した方式で，栽培ベッドに傾斜をもたせ，培養液を薄く平らに流して根に養分と酸素をいきわたらせる点に特徴がある．この方式では栽培ベッドの培養液が少なくてすむため，システム全体が軽量で栽培ベンチの高さを自在に調整することができる．そのため，楽な作業姿勢がとれるので，労働生産性が高い．また，培養液の温度管理が比較的容易であり，自動化も自在にできるため，イニシャルコスト・ランニングコストともに安価で導入しやすいとされている．一方，欠点としては，栽培ベッド内の水量が少ないため水温が変化し，とくに夏の根圏温度が容易

に上昇し，pHやECも変化しやすいため，培養液の調節を頻繁に行う必要がある．

湛液型水耕は1964年に日本の園芸試験場で開発された方式で，栽培ベッドと養液タンク間で培養液を循環させるものと，養液タンクを省略または小型化し栽培ベッド内で培養液を貯留するものがある．いずれも多量の培養液が必要で，通気のためポンプで強制的に循環させる．

この方式では，循環の途中に曝気できるようなメカニズムを設置して溶存酸素を溶け込ませ，培養液の循環時に発生する水流によって根に酸素が供給されるよう工夫されている．また，循環の途中でpH，EC，塩基バランス，水温などを計測し，自動制御するとともに大量にある培養液のバッファー効果により，これら数値の急変を抑制することができる．さらに，ベッド内の培養液が随時交換されるため，培養液濃度を比較的均一に維持することができる．

噴霧耕は根に培養液をミストとして噴霧することで，養水分と酸素を供給する方式の養液栽培であるが，花卉生産ではほとんど利用されていない．

#### c. 培土耕

培土耕のうち，「養液土耕」の名称は登録商標されており，一般名称としては灌水同時施肥栽培が用いられる．この栽培方式は近年，全国的に急速に普及している．

灌水同時施肥技術は，降雨の少ないイスラエルなどで使われていた栽培方式が日本に導入され，改良が加えられた後に実用化されたもので，液体肥料を利用することにより養分と水分の供給を同時に行う方法である．栽培植物の生育ステージに合わせて必要とする養水分を培養液の形で供給するため，全栽培期間におけるトータルの灌水量が低減でき，過剰施肥による土壌への塩類集積が起こりにくく，養水分の効率的な利用が可能である．

また，土耕の長所である土壌の緩衝能を生かした栽培方式でもあり，養水分管理の省力化と肥料にかかる経費の節減が可能である．

給液法としては地上部に設置した点滴チューブより培養液を滴下する方法と，地中に埋設したパイプから培養液を浸出させる方法がある．さらに

リアルタイム診断を併用することにより植物や土壌の栄養状態をすばやく解析し，必要最低限の養水分を少量ずつ複数回に分けて施用することができる．

また，点滴灌水は，栽培中の植物の根域を一定の範囲内に制限することができるため，生育コントロールが比較的容易で，収量や品質の向上に結びつけやすい．

### 10.4.3 培養液と通気

#### a. 培養液と原水

養液栽培に用いる培養液（nutrient solution）は，通常，肥料成分を水に溶かしたものを用いる．このとき用いる原水としては地下水，雨水，水道水，河川水などがあり，必要量が確保できることを前提としておかねばならない．たとえば，バラのロックウール耕の場合，10 a 当りに換算して1日当り4～5 t 程度の水を必要とする．

さらなる原水の条件としては，栽培期間を通じて安定的に利用できる水源であること，pHと塩類濃度が適正で，汚染物質や病原菌などを含まないことなどが求められる．地下水は最も多く用いられる原水であるが，地域や地形によって水質が大きく変化することが欠点である．雨水は降り始めに大気中の埃や塵を含むことがあるが，一般に水質は非常に良好である．

養液栽培では水質が不良であった場合，栽培が不安定になり，ひどい場合は栽培中の植物の生育に支障をきたす．なお，水質不良の要因としては以下のものがある．

まずpHが不適切な場合で，地下水を利用する場合によく見られる．これは，水溶性の重炭酸濃度が高いために引き起こされる．硝酸やリン酸などの酸性物質を用いてpH調整するが，重炭酸濃度が30～50 ppm以上あると中和するのも困難なアルカリ性となり，栽培中の植物には微量要素欠乏のような症状が発生する．

第二に，ECが高い場合で，原水中に多量に含まれるナトリウムイオンや塩素イオンが高ECの要因となっていることが多い．カルシウムイオンやマグネシウムイオンの濃度が高い場合は，肥料

成分の調整でしのげるが，ナトリウムイオンの濃度が高い場合には，システム内に集積して，しだいに原水の利用が困難となっていく場合が多い．

また，鉄分や粘土分が多い場合にはベンチ内が汚れたり，ドリップチューブが目づまりする．鉄分を除去するには，砂濾過などの単純な方法があるが，これ以外にも曝気しながらポリ塩化アルミニウムなどを用いて鉄イオンを沈殿させた後，フィルターなどで濾過する方法がある．粘土分についてはフィルターで除去する必要がある．ちなみに，ポリ塩化アルミニウムを用いた場合，培養液のアルミニウムイオン濃度が高くなる場合があり，赤色系ハイドランジアの底面給水法による栽培では注意する必要がある．

以上のように，原水の水質によっては成分調節が必要であり，原水に含まれる成分を考慮して適切な施肥処方の作成を行わねばならない．

通常，培養液作成にあたって単肥配合を行えば，原水に含まれる肥料成分を考慮した調整が可能となり，経営コストの低減につなげることができる．バラのロックウール耕における単肥配合の培養液処方の例としては，1/2〜1/3強度の園試処方がよく用いられている．また，ロックウール耕で主流となっている「かけ流し方式」では，養水分の利用が均一でないために引き起こされるイオン組成の変化を補正する必要がないことから，「循環方式」に比べて培養液の管理の手間が省け，装備にかけるコストを低く抑えることができる．「かけ流し方式」によるバラ栽培では，培養液の排液率を30%程度に設定することで，安定して生産できることが報告されている．

### b. 培養液への通気

培養液への酸素供給は，とくに循環型の養液栽培を行う上で重要である．培土耕あるいはロックウール耕などの培地耕においては，根毛の発達が良好で環境変化に対する適応幅が広いが，水耕で湛水状態を長く続けた根は根毛が未発達となり，環境変化に対する適応幅も狭い．根は培地の間隙にある気相の酸素に曝されることによりガス交換を行うが，水耕，とくに常時湛水状態となっている湛液型水耕では，培養液中の溶存酸素濃度が低下すると，根が酸欠状態となり壊死することがある．根がいったん壊死すると，養水分を十分吸収することができなくなるため，生理障害あるいは生育障害が引き起こされる．

そこで水耕タイプの養液栽培ではこのような状況を回避するため，培養液温度の制御やエアポンプなどを用いた強制的な通気（aeration）などによって溶存酸素濃度を高めるような工夫がなされている．

なお，野菜類の養液栽培では，溶存酸素濃度を25℃で飽和値の約8ppmに設定することにより生育が良好になり，2ppm以下の低濃度にすると生育が抑制されることが報告されている．花卉類の栽培においても大差はないものと考えられる．

［前田茂一］

## 10.5 生理障害

### 10.5.1 不適当な環境条件による生理障害

成長中の植物体では，新たな組織や器官をつくるために，養水分の吸収と物質の代謝・転流・移動が盛んに起こっている．代謝（metabolism）は生体内の物質変化の総称で，同化と異化に分けられる．同化（anabolism）はエネルギーを使って，低分子化合物から高分子化合物を合成する反応（たとえば，光合成）で，異化（catabolism）はエネルギーを放出して，高分子化合物から低分子化合物へ分解する反応（たとえば，呼吸）である．転流（translocation）は光合成産物の植物体内での移動のことをいい，水や無機要素，植物ホルモンなど，その他の物質が体内を動くことは単に移動もしくは移行と呼ぶ．植物のこうした生理反応がなんらかの外的要因によって抑制あるいは阻害され，目に見えるかたちで生育阻害を起こした場合，これを生理障害（physiological disorder, physiological injury）と呼ぶ．ただし，生理障害という用語は非常に範疇が広く，術語として厳密なものではない．園芸的には，直接的な原因が不明な場合や，原因が生理的と考えられる様々な障害の総称として使われる．

以下に，不適当な環境条件によって発生する生

理障害の代表的なものについて概説する．花卉ではおもに花芽（花器）の発育不全（stunting, atrophy）と奇形花（malformed flower）の発生が問題となるが，生理障害の診断・防止には注意を要する場合が多い．なぜなら，植物の生理は互いに連係しながら複雑に制御されていて，引き金となる主たる環境条件（主因）との間の関係だけでなく，障害を起こしやすくする間接的な原因（副因）を明らかにしなければならない場合があるからである．たとえば，水ストレス条件下では，気孔が閉じやすく，光合成活性の低下による同化産物の不足や，強光による葉焼けが生じやすくなる．また，蒸散量が減るので，カルシウムなどの要素欠乏も出やすくなる．生育不良な植物は生理障害を発生しやすい状態にあり，障害の診断・防止には総合的な観察と判断が必要である．

## a．ブラインド

花芽が着生すべき状況において，なんらかの原因により花芽が形成されないことをブラインド（blindness）という．花芽が形成されないのは，生殖成長相にあった，もしくはなろうとした植物体が栄養成長相に逆戻りして花芽を分化しなかったか，あるいは分化した花芽が初期の段階で発達を停止したことによる．花芽を着けないシュートをブラインド枝（blind shoot），花芽を着けない球根をブラインド球（blind bulb）などと呼ぶ．バラやカーネーションでは，ブラインドの発生率は品種間差が大きい．

花熟状態にあるシュートがブラインドになるのは，花芽の発達が停止するためである．分化初期の花芽はシンクとしての力が弱く，不良環境下で植物体内の同化産物量が減少すると，発達に必要な分量を得られずアボーション（abortion：流産という意味）する．ブラインドの研究は，これまでにバラやカーネーションで多く報告されている．引き金となる環境条件は土壌水分の不足または過剰，光量不足，あるいは低温や高温である．土壌水分の不足は水ストレスで光合成活性を低下させるだけでなく，水とともに土中を移動する無機養分の吸収効率を低下させる．水分の過剰は根の呼吸を抑制し，過度の場合は根腐れを起こす．光量不足はブラインドの直接的な原因であり，寡日照だけでなく，密植や過度の整枝・剪定，摘芯の遅れなどによっても生じる．低節位でブラインドが発生しやすいのも光量が関係している．低温はすべての生理活性を低下させる．冬季は地温も重要で，根での植物ホルモン生成量がブラインドの発生に影響する．高温，とくに高夜温は，呼吸による同化産物の消耗を促進する．高夜温によるブラインドは熱帯原産のアンスリウムでも報告がある．また，窒素（N）は栄養成長を促進するので，窒素過多もブラインドの原因となることがある．

花芽の不分化によって生じるブラインドの典型的な例は球根類でも見られる．テッポウユリ，ダッチアイリスなどの秋植え球根は，冬の低温によって花芽分化する．促成栽培では，低温処理した球根を植え付けるが，低温処理の開始時期が早すぎると，テッポウユリでは不発芽となり，ダッチアイリスでは葉だけを分化して花芽を形成しない．春植え球根のグラジオラスでも定植直後に低温を受けると花芽を形成しないことがある．

## b．ブラスティング

目に見える大きさにまで発達した花芽が，なんらかの原因により枯死し，開花に至らないことをブラスティング（blasting）という．同じ発達途中の枯死であっても，花芽が見えるものがブラスティング，見えないものがブラインドである．日本語の「花飛び」は同じ意味であるが，学術的にはブラスティングを用いることの方が多い．シンビジウムでは，夏季の高温によってブラスティングが発生するが，これにはエチレンが関与している．この場合，エチレンの作用阻害剤であるチオ硫酸銀錯塩（silver thiosulfate：STS）やエチレン生合成阻害剤のアミノエトキシビニルグリシン（aminoethoxyvinylglycine：AVG），アミノオキシ酢酸（aminooxyacetic acid：AOA）は高温条件下のブラスティング発生を抑制する．球根類では，花芽分化後の温度の急変でブラスティングが発生しやすい．

ブラスティングの問題を考える際には二つの視点が重要である．一つは，花卉を環境調節によって周年栽培する場合の株の成長力（growth vigor）

である．たとえば，高温・長日を好む花卉を冬季の低温・短日で栽培する場合，花芽分化は可能でも，日射量と温度が影響して花芽の発達が遅れる．この場合，同化産物だけでなく，花器や花序の発達に必要な植物ホルモンが不足することもある．

もう一つは，花序の発達特性である．花卉の多くは複数の小花を着生する花序を形成するが，品種によって1花序当りの小花数が異なる．単軸分枝型の総穂花序と仮軸分枝型の集散花序のいずれにおいても，小花原基の分化が早く止まるものと長く続くものがある．長く続く品種では，最初に分化した低次の小花と，後に分化した高次の小花では開花日が大きく違う．これらの品種は，切り花としての観賞期間中に咲ききらない小花をつけることになる．花色や花形に重点をおいて育種が進められると，このような花序の形質が見落とされる．トルコギキョウでは冬季出荷の作型でブラスティングが起こりやすく，これは，遅れて分化した小花の発達が，先に分化して発達の進んだ小花と競合するためである．

**c. ブルノーズ**

ラッパズイセンにおいて，花蕾が花茎に対して45°程度下に傾いた段階（英語でgooseneck stageという）にまで発達しながら，ブラスティングにより開花に至らない生理障害をブルノーズ（bull-nose）という．栽培中の急激な高温遭遇が原因である．ラッパズイセンの花はエチレンに敏感なことから，シンビジウムと同様，高温遭遇で生じたエチレンによりブラスティングが発生すると考えられる．

**d. 花下がり**

フリージア花序の発達障害で，第1小花と第2小花との間の花茎（花序軸）が間延びしたものを花下がり（thumbing）という．程度がひどく，花茎が直立したものはグラジオラス咲き（gladioli-like-flower）と呼ばれる．花序の形成初期に受けた高温が原因で，早期促成栽培において花芽分化が不完全な冷蔵球を高温下に定植したときに発生しやすい．

フリージアの花序は穂状花序で，涼温下で正常に分化・発達すると，小花が連続して数個から十数個着生する．花下がりは高温遭遇による花序の栄養成長への部分的転換であり，高温を受ける時期によって発生する花序の形が異なる．球茎の発芽後，早期に高温を受けると第1小花のみが着花し，それより上位は小花原基が栄養芽に変わり，2,3の側枝あるいは側花序を出して，再び花序をつけることもある．後期の高温は第1小花と第2小花の着生間隔を延ばす．第1小花が雌蕊形成期にまで達すると，高温に遭遇しても奇形花は発生しにくくなる．

**e. ブルヘッド**

バラに生じる奇形花で，その外観が雄牛の頭のように見えることから，ブルヘッド（bullhead）の呼び名がある．形態的には，正常な花弁に比べて内側に湾曲した，短く，幅の広い花弁が多数つき，蕾の段階から押しつぶされたような，平坦な形をしている．解剖すると，花床が盛り上がっていて，連続して多数の花弁が形成されたことがわかる．

バラの花は萼片，花弁，雄蕊，心皮で構成されるが，これらは葉から変化したもので，花葉と呼ばれる．萼片が最も葉に近く，花葉として栄養成長的で，花弁，雄蕊，心皮の順で生殖的傾向が強くなる．花葉は外から内へ発生順に萼片，花弁，雄蕊，心皮となるのがふつうであるが，環境による生理変化で形態が変化する場合がある．すなわち，雄蕊が花弁となることもあり，これが遺伝的に固定されたものが八重の花である．また，各花葉の数は品種によっておおむね決まっているが，花葉原基の細胞分裂活性が長く維持されて，その数が異常に増える場合がある．バラの場合，雄蕊と心皮の間に蜜腺が形成されるが，ブルヘッドではこの蜜腺の領域にも花弁が多数形成される．このことから，ブルヘッドは雄蕊原基の分裂活性が長く続き，それらの雄蕊が弁化したことによって起こると考えられる．似たような奇形に，花の中心に小さな葉が生じる葉化（phyllody）というものがあるが，これは心皮が葉に変化したことによる．心皮とは胚珠がついた花葉のことで，発達して融合することで雌蕊になるものである．

ブルヘッドの発生は品種間差が非常に大きいが，

その原因として報告されているのは，花芽分化初期の低温や高温，あるいは多肥（とくに窒素過多）である．ただし，バラ栽培では，花弁数が増えて花の中に新たな芯ができた奇形花を細部の区別なく，おしなべてブルヘッドとみなす傾向があり，詳しい発生メカニズムについては慎重な判断が必要である．低温下で栽培されたバラの花はジベレリン活性が低下し，サイトカイニン活性が高まっている．解剖学的に，低温下で発生するブルヘッドは雄蕊が弁化したタイプである．高温下で栽培されると，花芽のサイトカイニン含量が低下し，オーキシンレベルが高くなる．高温で発生するブルヘッドは葉化に類似したものと考えられ，この場合の奇形花も花弁数が増加する．花葉の変化は原基の分化時に起こるため，雌蕊まで形成された花芽は，その後に低温や高温を受けてもブルヘッドにはならない．多肥がブルヘッドの発生に及ぼす影響については詳しくわかっていないが，窒素過多によって生じた植物体内の栄養成長的傾向が，植物ホルモンのバランスを介して花葉の種類と数を変化させていると考えることができる．

#### f. だんご花

シュッコンカスミソウにおいて，塊状の花弁が多数つき，巨大化した小花をだんご花と呼ぶ．雄蕊形成期に，高夜温に遭遇すると発生する．花葉の変化として見ると，雄蕊の数の増加とそれらの弁化である．ロゼット打破の低温要求量が多い品種（系統）で発生しやすい傾向がある．

小花の大きさと数には負の相関があり，だんご花で小花が巨大化するとシュート当りの小花数は減少する．シュッコンカスミソウは添え花であり，小さな小花が多数つくものが良品である．だんご花は商品価値を著しく低下させるため，花芽分化期が高夜温になりやすい暖地の夏季の栽培では注意を要する．

#### g. 貫　生

花芽分裂組織は最後の花葉である心皮原基の形成によって器官分化を終えるのがふつうであるが，まれに細胞分裂を続け，花の中に新たなシュートや花を形成することがある．また，花序においても，小花原基の分化後，小花として発達せず，新たなシュートや花序となって発達を続けることがある．このような現象を貫生（proliferation）という．貫生を起こした花を貫生花という．サクラなどでは二段咲きと呼ばれることもある．

貫生は花や花序の分裂組織が栄養成長に戻ってしまう現象と考えられ，キクでは長日条件や高温下で花芽分化した場合に発生しやすい．カーネーションでは花芽発達中の低温で発生しやすい．バラでは，葉化した花器原基がさらに発達を続けたものと解釈できる．ゼラニウムには品種によって遺伝的に貫生になりやすいものがある．

#### h. 帯　化

茎頂分裂組織の細胞分裂異常により，茎が偏平になる現象を帯化（fasciation）という．園芸や生け花の分野では石化または綴化（てっか）ともいう．茎頂分裂組織はその頂端から放射状に新たな組織を形成する．したがって，茎はふつう棒（円柱）状に成長するが，なんらかの原因によって茎頂分裂組織が稜線状に細胞分裂し，側枝になる茎がいくつも癒着して帯状に成長することがある．これを帯化という．花は正常に分化・発達するため，チューリップでは数輪，（テッポウ）ユリでは数十輪の花をつけることがある．花床は偏平な茎の影響を受けるので，キクの扁平花のように頭状花序は幅広の奇形となるが，小花は正常に形成される．

帯化は，温度や栄養条件，虫害などによる傷つけが引き金となって起こることもあるが，遺伝的な要因が大きい．スターチスやガーベラなどでよく見られ，石化ヤナギ，クルメケイトウのように遺伝的に固定したものもある．

#### i. 露芯花 (open centers)

キクの花は頭状花序で，舌状花と管（筒）状花によって構成される．輪ギクや大ギク品種の多くは育種的に舌状花が多く，重弁の花になっているが，極端な短日や低温で開花すると管状花の数が増える．管状花は短い黄色の小花で，それらが露わになることを露芯という．露芯花は奇形花ではないが，祭壇などの用途が多い輪ギクでは好まれない．

夜間の暗期中断で電照栽培を行うと，キクは生理的に24時間日長の長日から自然日長に移行した

のと同じ開花刺激を受ける．このような極端な日長変化が起こると，露芯しやすい．露芯防止には再電照が行われる．再電照は，電照打ち切り12～15日後，再び短期間電照を行う方法である．目安は，5日間電照，4日間自然短日，3日間電照で，その後は自然の短日に戻す．短日開始から12～15日後は，キクの小花形成期にあたり，再電照で小花が舌状花になりやすくなる．管状花の方が舌状花より生殖的傾向が強く，これを長日で抑制するという考えに基づいている．また，小花形成期に寒冷紗を用いて光量を減らす処理を行っても露芯防止に効果がある．

ダリアでも秋から冬にかけて露芯花が発生しやすくなる．これを防止するために，日長が13時間30分～14時間となるような電照栽培が行われる．

**j. 萼割れ**（calyx splitting）

カーネーションで見られる生理障害で，筒状の萼が内部の花冠の発達による膨圧に耐えられず，裂けることをいう．萼割れ花では花冠が開いて締まりがなく，商品価値を失う．品種間差が非常に大きく，近年は発生しにくい品種が選抜されている．

カーネーションの萼は，萼片が筒状に合着した合萼で，その筒状の構造を萼筒という．萼割れは，養水分やハウス内の温度が不適で小さな萼筒ができ，その後涼温下で花弁数が増えて萼筒より花冠が相対的に大きくなるとき，あるいは萼筒の強度が低下するときに発生する．萼筒の強度低下にはホウ素不足が関与しているとされる．

**k. 葉焼け**

生態的に強光を好まない陰生・半陰生植物は，強光を受けると短時間であっても葉焼け（leaf photodamage）を起こす．セントポーリアやグロキシニアのような鉢物・観葉植物には陰生・半陰生植物が多く，栽培管理に注意を要する．

強光による葉焼け発生の分子機構はすでに詳しくわかっている．葉に吸収された光のエネルギーは，光合成の最初の反応として，$H_2O$ を $O_2$，$H^+$，$e^-$（電子）に分解する．生じた電子は電子伝達系を流れて，気孔から取り込まれた $CO_2$ を還元する．この過程で，光が過剰で相対的に $CO_2$ が不足すると，余剰の電子が葉中の酸素を還元し，生体にきわめて有毒な活性酸素を生じる．活性酸素は葉緑体膜などに損傷を与え，最終的に細胞（組織）を壊死させる．壊死した細胞はその後褐変して枯れあがり，外観を著しく損なう．

葉に吸収される光と気孔より取り込まれる $CO_2$ に量的な釣り合いがとれれば活性酸素は発生しないが，現在の大気の $CO_2$ 濃度（380 ppm）ではクロロプラストへの $CO_2$ 拡散量が不足して，葉内には活性酸素が発生することになる．植物は，有害な活性酸素を発生させない，あるいは消去するためのメカニズムを様々なレベルで発達させている．葉の調位運動，葉緑体の定位運動，光呼吸，water-water サイクルやスーパーオキシドジスムターゼ（superoxide dismutase：SOD），D1 タンパクの分解などである．セントポーリアの観察では，葉緑体が弱光定位から強光定位に変化するまで約30分を要する．葉焼けが起こるのは寒冷紗の隙間から直射日光が差し込むような場合であり，定位運動が間に合うような，光強度がゆるやかに変化するときに葉焼けは起こりにくい．

**l. リーフスポット**

イワタバコ科やキツネノマゴ科植物の中で，葉温より低い温度の水が葉にかかると発生する黄色斑状の障害をリーフスポット（leaf spot）という．障害はリング状に生じることが多く，リングスポット（ring spot）とも呼ばれる．セントポーリアでは，葉温と水温の差が8℃程度で発生する．葉温が40℃程度あれば30℃の水でも発生するので，頭上灌水には注意を要する．

障害は，急激な葉温降下に対する過敏感反応であり，葉緑体内で生じる活性酸素が原因と考えられる．セントポーリアは，葉緑体の大半が柵状細胞に集中しているため，葉の表は緑色で，葉の裏は白い（色素で赤いものもある）．活性酸素で柵状細胞が壊死すると，最終的にクロロフィルが分解されてその部分が黄色くなり，それがリーフスポットとなる．

## 10.5.2 欠乏症と過剰症

要素の欠乏症（deficiency）は，細胞分裂の盛んな分裂組織や光合成器官として様々な代謝が繰り返される葉で発生しやすい．要素によって最初に障害の発現する部位が異なり，植物体内で移動しやすい要素は下位葉から，移動しにくい要素は上位葉から発生する．一方，要素の過剰症（excess damage）は茎や下位葉で発生する傾向がある．正確な診断には十分な経験が必要であるが，要素の過不足によって生じる特徴的な障害には，以下のものがある．

### a．芯止まり（芯枯れ）

茎頂部と未展開の幼葉部分を指して芯葉と呼ぶ．芯葉が壊死して，シュートの成長が止まることを芯止まりという．要素障害としての芯止まりは，細胞分裂に必要なカルシウム（Ca）やホウ素（B）の欠乏によって生じる．Ca，Bともに植物体内を移動しにくい要素であり，欠乏症は茎頂部の若い組織で起こる．重度の場合は茎頂分裂組織の壊死，軽度の場合は葉の奇形や淡色化，矮小化が起こる．

細胞壁のおもな構成成分はセルロース，ヘミセルロース，ペクチンなどの多糖類である．CaとBは，これら多糖類の架橋構造に不可欠で，細胞壁の強度を高めるために重要な役割を果たしている．不足すると細胞壁の肥厚が不均一になるため，葉が奇形になる．欠乏すれば，細胞の分裂・肥大が阻害される．

### b．クロロシス

葉緑素の欠乏により，組織がカロテノイドのみの黄白色になることをクロロシス（chlorosis）という．白化ともいう．葉緑素の欠乏は，中心の元素であるマグネシウム（Mg）や構成成分である窒素（N）の欠乏によって直接的に起こる．また，葉緑体中に含まれ，葉緑素の形成に間接的に影響する鉄（Fe）やマンガン（Mn）の欠乏によっても起こる．

MgとNはともに移動しやすい要素であるため，欠乏症状は下葉から発生する．不足すると下葉の葉緑素が分解され，それらのMgとNは新葉の葉緑素形成に利用される．N欠乏によるクロロシスは葉身全体に現れ，Mg欠乏の場合，葉脈は緑色で，葉脈間にのみクロロシスが発生する．

Feは葉緑体中のリンタンパクと結合し，葉緑素の形成に関与する．また，Mnは葉緑体中の酸化還元反応の酵素の中心にあり，光合成に深くかかわっている．Fe，Mnともにやや移動しにくい要素で，欠乏症状は上位葉から現れる．Fe欠乏では葉脈間にクロロシスが生じ，Mnが不足すると葉緑体が壊れ，葉脈間に小斑点のクロロシスが生じる．Mnは，Feと似た化学的性質があり，過剰に存在するとFe欠乏を生じさせて，クロロシスを誘発する．

### c．ネクロシス

細胞や組織の局部的な壊死のことをネクロシス（necrosis）という．要素障害よるネクロシスは，葉脈間の斑点や，葉先あるいは葉の周縁部の枯れ上がりとなって現れる．比較的大きな斑点はカリウム（K）欠乏が考えられ，小さな斑点はMnやニッケル（Ni）の過剰が原因である．葉縁の枯死は，K欠乏やB過剰によって起こる．Kは移動しやすい要素であり，欠乏によるネクロシスは下位葉に発生する．MnとBは移動しにくい要素で，過剰によるネクロシスは下位葉に現れる．Niは移動しやすい要素であるが，過剰による小斑点のネクロシスは下位葉に発生しやすい．

### d．チップバーン

上位の新葉の先端部が枯れる現象をチップバーン（tip burn）という．直接的な原因はCaの不足である．Caを好むカーネーションやシュッコンカスミソウで発生しやすい．土壌中に十分なCaがあっても，N（とくにアンモニア態N）が急激に吸収されると，拮抗作用でチップバーンが生じることがある．トルコギキョウの栽培でもよく認められる現象である．

Caは細胞壁の構成成分であり，正常な細胞分裂に不可欠である．不足し始めると葉先に軽微なチップバーンが生じるので，これを兆候として見逃さずに塩化カルシウム（$CaCl_2$）の水溶液を葉面散布すると，その後の障害の拡大を防止できる．

### e．カッピング

葉の周縁部が向軸側あるいは背軸側に反り返って，葉がカップ状になる奇形をカッピング（cupping）という．葉身部に比べ葉縁部の成長が悪いために起こる．BやMnの過剰，あるいはBの欠乏によって起こる．B過剰のカッピングは時間とともにネクロシスを起こし，葉縁部は褐変枯死する．

**f. 茎の亀裂**

Bの欠乏によって茎の亀裂（cracked stem）が生じる．同様に，葉柄や葉脈にも亀裂が発生することがある．Caと同じく，Bも細胞の正常な分裂・肥大に不可欠である．不足すると，厚さが不均一で，強度の劣る細胞壁が形成される．その結果，不均一な伸長・肥大により亀裂が生じる．カーネーションの萼割れにもBの欠乏が関係する．

**g. 窒素飢餓**

おが屑など十分に完熟していない有機物を堆肥として土壌に施与したとき，分解過程で微生物によって土壌中の窒素（N）が奪われ，植物がN欠乏を起こすことを窒素飢餓（nitrogen starvation）という．土壌微生物は，有機物の炭素（C）をエネルギー源として増殖するが，菌体のタンパク源としてNも必要とする．分解中の有機物にNが足らない場合，微生物は土壌中の無機Nを吸収する．その結果，植物は成長に必要なNを吸収できなくなり，欠乏症状を示す．

微生物による有機物の分解速度は，CとNの含有比によって決まる．野菜屑のようにN成分が多く，C成分が少ない有機物は分解が速く，Nは無機化されて植物に吸収される．一方，おが屑のように，リグニンやセルロースなどC成分を相対的に多く含む有機物は分解に時間がかかる．堆肥として施与する場合，そのC/N率が問題になる．土壌中で十分に分解された有機物のC/N率は10程度であり，完熟堆肥はC/N率が20〜30くらいになっている．落葉したばかりの葉はC/N率が50程度，稲わらは70程度である．C/N率が30以上の堆肥は窒素飢餓を起こす可能性があり，施与には注意が必要である．

**h. 葉焼け**

過剰な施肥が原因で葉に焼けたような障害が発生したとき，葉焼け（leaf burn, leaf scorch）と呼ぶことがある．肥料焼けともいう．これらは要素の過剰障害であって，直接的な原因を同定する前に，生じた障害に対して総称的に葉焼けと呼ぶ．前項の強光による葉焼け（leaf photodamage）とは機作が異なるが，施肥量が多く，根が浸透圧のストレスで水を吸えないとき，気孔が閉じ，結果的に光ストレスによる葉焼けを生じてしまうこともある．症状からの診断では，直接的な原因を特定するのが難しい場合もある．

当該年度の施肥設計が適当であっても，前年度の肥料が残存していて，施肥過剰による葉焼けを生じることがある．また，施肥量が適正であっても，灌水によって肥料の分解が急激に進み，一時的に供給過剰になる場合もある．化成肥料であればNが効きすぎることが多い．この場合，葉は暗緑色で，光沢をもつ．このような軽度の症状から，根腐れによる重度な葉焼け症状まで，葉には様々な生理障害が発生する． 　　　　［林　孝洋］

# 11. 品質管理

## 11.1 花卉の品質

### 11.1.1 品質

観賞を目的とする花卉においては,その外観(視覚)的美しさ(観賞価値,ornamental value)がまず重要であり,大きさ(長さ,ボリュームなど),形,色,質感,葉と花のバランス,病害虫や障害の発生の有無といった要素がそれを構成する.これらは,いわゆる外的品質(external quality)と呼ばれる.また,切り花では鮮度(みずみずしさ,freshness)も重要な品質構成要素となる.視覚的な要素以外の品質要素には香りがあり,「癒し(healing)」をもたらす快い花の香りは特徴的な品質構成要素となる.鉢物や花壇苗では,観賞期間を長く維持するために連続して開花すること(連続開花性,flowering durability)が必要であり,加えて管理のしやすさや活着のしやすさといった要素も見逃せない.

花卉の外的な品質は,時間経過とともに変化する.収穫・出荷後の品質を高め,それをできるだけ長く維持することが収穫後技術(postharvest technology)を駆使した品質管理(quality control, quality management, keeping quality)の主たる目的である.なお,切り花では品質管理に対して鮮度保持(keeping freshness)という用語も広く用いられているが,本来鮮度は切り花の水分状態と関連するみずみずしさの度合として狭義に用いられるべき用語である.出荷時点の花卉の品質は,その植物の遺伝的な特性と生産環境や栽培・管理技術を反映して,収穫時点で一定のレベルに達している.また,その後外的品質がどの程度まで高まり,どの程度の期間維持できるかといった潜在的な能力もある程度決まってきており,これを内的品質(internal quality)という場合もある.小売店や消費段階での実際の品質保持期間(vase life, lasting quality)は,収穫後の取扱いや条件によって様々に変化するが,収穫時点で潜在的な能力の低い花卉の外的品質をその後維持することには自ずと限界がある.

### 11.1.2 日持ち(花持ち)

切り花では,収穫後,急激な品質変化が起こることから,どのくらいの期間その切り花を観賞することができるかといった潜在的な日持ちを日持ち性(longevity)と呼び,実際の日持ち(vase life,花持ちともいう)と区別する.切り花の日持ち性は,生産者や卸売市場の段階で標準条件を設定して日持ちを測定することで評価される.日持ち性は小売店での棚持ち(shelf life)や消費者段階での日持ちとも密接に関係している.したがって,切り花の品質は,その時点での外的品質に日持ち性を加味して評価を行うべきであるという考えが広まった.

[土井元章]

## 11.2 花色と香り

### 11.2.1 測色法

#### a. 色

光は電磁波の1種であり,人間の目はだいたい380〜780 nmの波長の光を感知することができる.この領域の波長の光を可視光(visible light)という.光の波長の違いが色として認識される.波長の短い方から長い方にかけて,紫,青,緑,黄,橙,赤を呈する.紫よりも波長の短い光は紫外光(ultraviolet light),赤よりも波長の長い光は赤外光(infrared light)と呼ばれる.

赤(R),緑(G),青(B)の3種の光を混合す

ることによって，ほとんどすべての色をつくることができる．この3色を三原色という．ある色に対して混合して無色になるもう一つの色を補色と呼ぶ．物体の色は吸光スペクトルに依存し，吸収されない波長の光が反射や透過してその物体の色を構成する．したがって，吸光スペクトルをもとに物体の色を判定することが可能である．

吸光スペクトルを用いる色の表現に対して，より想像が容易な方法で色を表現するために，色相（hue），明度（lightness, brightness），彩度（chroma, saturation）という3要素を，色の3属性として用いる概念が提唱され，広く受け入れられている．色相とは赤，黄，緑，青などの区別であり色調（coloration）ともいわれる．明度とは白，灰色，黒といった明るさの区分である．彩度とは色の強さや鮮やかさの区分である．これらの3属性を3次元に極座標表示することで，色の変化を連続的に捉えることができる．

### b. 表色系

色を記号や数値で体系づけて表したものを表色系（chromaticity scale, color system）という．その中で感覚を基準にして，各要素を示す座標の間隔が等歩度になるように尺度を決めた表色系を顕色系という．マンセル表色系（Munsell color system）が顕色系の代表的なものである．これに対して，物理的な理論に基づいて数値を導き出して色を表現する体系を混色系という．国際照明委員会（CIE）表色系が混色系の代表的なものである．

マンセル表色系では，色相，明度，彩度を3次元の立体に擬して，色相をxy平面上の角度で，明度をz軸の値で，彩度をxy平面上のz軸からの距離で，それぞれを感覚的に等歩度になるように分配して表したものである．ここでは色相を赤（R），橙（YR），黄（Y），黄緑（YG），緑（G），青緑（BG），青（B），青紫（PB），紫（P），赤紫（RP）を等間隔に配置し，その間を10等分して100種類に分類している．明度は最も明るい白を10として表示する．彩度は無彩色を0として，鮮やかさの度合いにより数字を大きくする．具体的には「色相　明度／彩度」の順に5R 4/7のように表現される．色相をもたない白や灰色は無色彩記号としてNを用いて，明度とともにN3のように表記する．

CIE表色系では，色は原刺激によって構成されているという考えに基づいている．赤，緑，青の3原色の光刺激を原刺激といい，原色の混合（加算）によって大部分の色をつくることができるが，一部の色は減法によって数学的にのみつくり出すことができる．そこで，加算のみですべての色を表現できるように仮想的な原刺激をX, Y, Zとした表色系をXYZ表色系（XYZ chromaticity scale）という．

X, Y, Zの原刺激に対応させた分光成分の割合を3刺激値として，$X, Y, Z$で表示する．$x=X/(X+Y+Z)$, $y=Y/(X+Y+Z)$, $z=Z/(X+Y+Z)$として，$x, y, z$の値で色を表現したものを色度（chromaticity）という．ここには$x+y+z=1$という関係があるので，$x$と$y$が決まることで$z$も自動的に決まる．したがって，横軸を$x$，縦軸を$y$とした座標を用いて色を表示することができる．ただしこのXYZ表色系では色差が人の感覚とずれることから，それぞれの属性の値が感覚的な値と対応するように等歩度に補正した表色系がUCS（uniform chromaticity scale）である．極座標表示からの変換方法は様々なものがある中で，最も広く利用されているのは，CIEが1976年に定めた$L^*a^*b^*$表色系（$L^*a^*b^*$ chromaticity scale）である．ここでは$+a^*$方向を赤，$-a^*$方向を緑，$+b^*$方向を黄，$-b^*$方向を青として，$a^*b^*$平面上の位相（$\tan^{-1}b/a$）を色相，$a^*b^*$平面上の原点からの距離（$\sqrt{a^2+b^2}$）を彩度（$C$），$L$の値を明度として表示している．このように色を数値で表現した場合には，二つの色の差を数値として表すことができる．これを色差（color difference, $\Delta E$）という．たとえば，$L^*a^*b^*$表色系において，色差は$L, a, b$それぞれの値の差とともに，色座標空間上の距離（$\sqrt{\Delta L^2+\Delta a^2+\Delta b^2}$）として表現される．

### c. 測色

色を計量化することが測色（chlorimetric measurement）であり，測色に用いる機械が測色計

(colorimeter) である．測色計として，分光スペクトルを測定する分光測色計と，表色系上の値を表現する色彩計がある．分光測色計は研究や開発などにおける高度な色の解析や厳密な色管理が必要な場合に用いるのに対して，色彩計はおもに生産や検査などにおける色差測定に用いる．

標準色を提示したカラーチャート（color chart）を用いて実際の色に対応する色を選んで表現する場合もある．カラーチャートとしては，英国のR. H. S.（王立園芸協会：The Royal Horticultural Society）カラーチャート（808色）とともに，日本の農林水産省が編集した日本園芸植物標準色票（502色）が広く用いられている．後者は花卉・野菜・果樹の色の出現頻度が高い色相の範囲に対応して作成されており，慣用的な固有色名が表記されている．カラーチャートを用いる場合には，異なる照明のもとでは反射光の分光スペクトルが異なるために，物体の色が違ってくることに留意すべきである．

花の色を表現するには，色彩計を用いて$L^*a^*b^*$表色系などで表現する，あるいはカラーチャートに対応させるのが一般的である．また植物からの抽出液の分光スペクトルを測定することで色素成分についての化学的な知見が得られる．測定器によっては花弁など植物組織の分光スペクトルを直接測定することも可能である．色の発現には，色素成分と他の物質との相互作用が関与している場合がある．組織を破壊せずに測定することで，自然に近い状態でこれらの相互作用に関する情報が得られる．

**d. 色素分析**

可視光の波長の光を吸収して色を呈する化合物が色素（pigment）である．植物に含まれる代表的な色素として橙，赤，紫，青を呈するアントシアニン，淡黄および黄を呈するフラボノイド（黄色系フラボノイドともいう），黄および赤紫を呈するベタレイン，濃黄，橙，赤を呈するカロテノイド，緑を呈するクロロフィルがある．アントシアニンとフラボノイドは生合成的に関連の深い化合物であり，アントシアニンを広義のフラボノイドとして扱う場合もある．これらの化合物は抽出後に薄層クロマトグラフィー（thin layer chromatography：TLC）や高速液体クロマトグラフィー（high performance liquid chromatography：HPLC）などを用いて，分析あるいは精製を行う．精密な構造の決定には，質量分析器や核磁気共鳴スペクトルなどを用いて，スペクトルを測定する．

アントシアニン，フラボノイド，およびベタレインは水溶性であり，細胞の中では液胞に存在する．これらの水溶性色素を分析するためには，極性の高い水和性有機溶媒で抽出する．アントシアニンは弱酸性以上のpHでは不安定で退色してしまうため，通常は酸性の溶媒で抽出する．ただし酸性にするために塩酸や硫酸などの鉱酸を用いると，アントシアニンやフラボノイドの分子内に存在する脂肪酸エステルが加水分解して構造が変化する場合があるので，酢酸やギ酸などの有機酸を用いるのが望ましい．ベタレインは逆に酸性溶液中で分解し退色するので，中性の溶媒で抽出する．

カロテノイドとクロロフィルは脂溶性である．細胞の中ではカロテノイドは色素体あるいは葉緑体に存在し，クロロフィルは葉緑体に存在する．これらの脂溶性色素を抽出するには，はじめに水和性有機溶媒で抽出し，その後で極性の低い有機溶媒で抽出する．これらの色素は酸やアルカリによって構造が変化するので，抽出時に植物から溶出する成分によってpHが変化しないようにする必要がある．

水溶性色素は極性が高いので，薄層クロマトグラフィーには吸着力の弱いセルロースを用いて，水とともにブタノールなどの極性の高い溶媒を用いて展開する．脂溶性色素は極性が低いので，薄層クロマトグラフィーには吸着力の高いシリカゲルを用いることができる．また，展開溶媒にはヘキサンや酢酸エチルなどの極性の低い溶媒を用いる．これらの化合物は色素として可視的に検出が可能である．フラボノイドや色素代謝の関連物質のように色が薄いあるいは無色の化合物の検出には工夫が必要であり，暗所で約360 nmの紫外光を照射して黒いスポット検出する方法などが利用される．

高速液体クロマトグラフィーでは，いずれの色

素も逆相系のODSカラムを用いるとよい分離が得られる．水溶性色素は，水とメタノールあるいはアセトニトリルなどの極性の高い溶媒を用いて溶出させる．脂溶性色素は酢酸エチルなど極性の低い溶媒を用いて溶出させる．また，脂溶性色素に対しては順相系のカラムも利用できる．検出はそれぞれの色素の吸光スペクトルに特徴的な波長の光を用いた吸光検出によって行う．紫外光から可視光の広い波長域の吸光スペクトルをオンラインで測定可能なフォトダイオードアレイ検出器を用いると，色素の化学構造についてのより豊かな情報を得ることができる．

## 11.2.2 葉色と花色

### a. 葉　色

多くの植物の葉色（leaf color）は緑であり，クロロフィルとカロテノイドが共存している．一般にカロテノイドが単独でも存在できるのに対し，クロロフィルはカロテノイドとの共存を必要とする．これは光合成によって得られる過剰なエネルギーの分散にカロテノイドを必要とするために，カロテノイドがない状態ではクロロフィルが分解されてしまうためである．そのためカロテノイドの合成阻害剤を処理することによってカロテノイド濃度が減少すると，葉は脱緑されて白く変色する．クロロフィルは，葉の緑とは少し異なる，やや青みがかった色調をもつ色素である．クロロフィルにカロテノイドの黄が混合されることで緑が発色している．

クロロフィルが分解されて脱緑（degreening）し，カロテノイドが残ったことで黄を呈するのが黄変（yellowing）であり，秋季の落葉の前に黄に変化した葉を黄葉という．また葉の一部分でクロロフィルの濃度が低下して黄の斑ができる植物，あるいはクロロフィルとカロテノイドの濃度が低下して白の斑ができる斑入り植物（variegated plant）もある．また毛状細胞が表面に密集することで，色素とは関係なく葉が白く見える場合もある．

葉にアントシアニンやベタレインなどの赤色素が蓄積すると赤を呈する．発芽や落葉前の一時期にのみ赤くなる場合と，定常的に赤を呈する場合がある．定常的に赤みを帯びた葉が銅葉（bronze leaf）であり，秋季の落葉の前に赤に変化した葉が紅葉（autumn leaf）である．葉の一部分で赤色素の濃度が増加して赤の斑ができる場合もある．

コリウスでは白と赤の斑が一つの葉に生じる．シクラメンでは向軸側と背軸側で色が異なる葉をつける．ポインセチアでは花序中の葉である苞葉のみが白，桃，赤を呈する．観葉植物の葉にも様々な色彩や模様がある．

### b. 花　色

花には様々な種類の色素が存在する．おもな花色と色素の関係は以下のように整理される．

アントシアニン：赤，紫，青

フラボノイド：淡黄（フラボン，フラボノール），黄（カルコン，オーロン）

カロテノイド：赤（カロテン），黄（キサントフィル）

クロロフィル：青緑（クロロフィルa），黄緑（クロロフィルb）

ベタレイン：赤紫（ベタシアニン），黄（ベタキサンチン）

花の組織では異なる発色（coloration）を示す複数の分子種の色素が存在することで，花色（flower color）の多様性は葉など他の器官の色に比べてたいへん豊かなものとなっている．

花の赤は多くの場合，アントシアニンが担っているほか，リコペンやカロテンなどの赤−赤黄系カロテノイドが担っている場合もある．ベタレインによる赤はベタシアニンとベタキサンチンの混在によって発色している．紫や青の発色機構は複雑であり，アントシアニン色素に対するフラボノイドの補助色素効果（copigmentation）を必要とする例や，アジサイやヤグルマギクのように金属イオンとのキレート（chelating）を必要とする例，キキョウのように複雑な構造を有するアントシアニンの分子内補助色素効果で発色する例，アサガオのように液胞のpHが関与している例が知られている．

花の濃黄の発色を担うのは，多くの場合はキサントフィル類のカロテノイドである．トルコギキ

ョウやペチュニアのように，カロテノイドの濃度が低い場合には淡黄を発色する．多くの種類の花における淡黄の発色を担うのはフラボンやフラボノールといったフラボノイドである．フラボノイドの中でもカルコンやオーロンは比較的濃い黄を発色する．また，黄色ツバキのように金属イオンの存在によってフラボノールで濃黄が発現している例も示されている．一部の植物における黄の発色は，ベタキサンチンが担っている．緑の発色は葉色と同様にクロロフィルとカロテノイドの混在によるものである．

これらの色素の種類や濃度が部分的に変化することで模様が形成される．周辺と内部の色が異なる覆輪（picotee）や，中心から周辺にかけての色が異なる絞り（splash），花弁や花被の付け根の色が異なる花底色，色の異なる点状の鹿の子模様などにも様々な種類がある．絞り模様の形成には多くの場合トランスポゾンが関与して，色素合成遺伝子の発現が制御されている．また向軸側と背軸側で花の組織の色が異なる場合もある．ランタナやスイフヨウのように開花後に花の色が変化する植物もある．

多くの場合，水溶性の色素は表皮細胞の液胞中に溶けて均一に分布している．植物によっては色素の凝集・沈降が生じるあるいは色素胞をつくるなどして，色素が液胞内でさらに局在する場合がある．色素の分布の均一性は花色に影響を与え，濃い赤バラのように色素の凝集によって暗い色合いが加わる例が知られている．

一方，細胞の構造が花色に影響を与える要素の一つとなる．葉の表皮細胞が扁平な形態をしているのに対して，花の表皮細胞は三角錐（釣り鐘）状の形態をもつ場合が多い．三角錐の高さが高いほど影ができやすくなり，暗い色合いが加わる．また細胞の構造によっては光の反射率が高まり，金属様の光沢が加わる例が知られている．

### 11.2.3 色 素
#### a. アントシアニン

アントシアニン（anthocyanin）は液胞に存在する水溶性の色素であり，赤，紫，青の発色に関係する．炭素数15の三員環構造をもつアントシアニジン（anthocyanidin）を発色団として，様々な糖が結合した構造をとる．糖に脂肪酸あるいは芳香族有機酸などのアシル基が結合しているものも多い．色素の色調に影響を与えるアントシアニジンのB環の水酸基あるいはメトキシ基によって橙のペラルゴニジン（水酸基1個，4′位），赤のシアニジン（水酸基2個，3′，4′位），赤紫のデルフィニジン（水酸基3個，3′，4′，5′位），赤のペオニジン（水酸基1個，4′位；メトキシ基1個，3′位），赤紫のペチュニジン（水酸基2個，4′，5′位；メトキシ基1個，3′位），赤紫のマルビジン（水酸基1個，4′位；メトキシ基2個，3′，5′位）の6種類に分類される．比較的構造の簡単なアントシアニンであるシアニジン3-グルコサイドの構造を図11.1に示す．

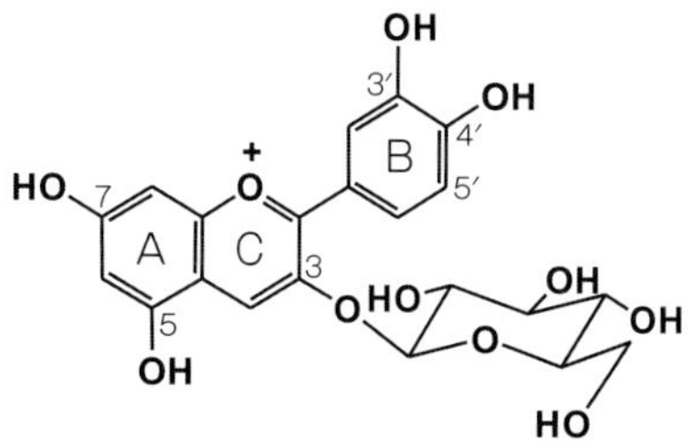

**図11.1** シアニジン3-グルコサイドの構造

アントシアニジンはフェニルアラニンを前駆体として生合成される芳香族化合物であり，生合成的にフラボノイドと深い関係がある．アントシアニジンの3位の水酸基に糖が結合した後，糖や有機酸による様々な修飾を受けて複雑な構造の分子が形成される．pHの影響を受けて，酸性では赤，弱酸性では紫，中性や塩基性では青を発色する．酸性以外ではすみやかに退色する一方で，補助色素効果となるフラボノイドの共存や，分子内の芳香族有機酸の存在によって，濃色化や紫や青への深色化が起こる．その他マグネシウムや鉄，アルミニウムなどの金属イオンによって紫や青を発色することがある．以上のように，アントシアニンの発色機構はたいへん複雑であり，植物種によって発色機構の多様性が認められる．

アントシアニンの生合成に光，とくに紫外光を必要とする植物が多い．また一般には低温で生合

成活性が高まり，高温で活性が弱くなる傾向が認められる．アントシアンによる花色を有する花卉は，生育条件によって花色や模様が変化する場合があるので，望ましい花色を得るには栽培管理にも注意を要する．

b. フラボノイド

フラボノイド（flavonoid）は液胞に存在する水溶性の色素であり，淡黄や黄の発色に関係する．炭素数15の三員環からなる炭素骨格をもつ分子を発色団として，様々な糖が結合した構造をとる．糖に脂肪酸あるいは芳香族有機酸などのアシル基が結合しているものも多い．発色団のC環の構造によってカルコン，オーロン，フラボン，フラボノールなどに分類される．またB環の水酸基などによっても分類される．

フラボノイドの基本骨格が糖や有機酸による様々な修飾を受けて複雑な構造の分子が形成される．340 nm付近に極大吸収を示すフラボンや360 nm付近の紫外領域に極大吸収を示すフラボノールは可視光領域の光の吸光度が低いために，淡い黄を呈する色素である．これらの化合物は暗所で紫外光を照射することで容易に検出できる．またアントシアニンに対して補助色素効果をもち，紫や青の発色に関与する．370 nm付近に極大吸収を示すカルコンや，400 nm付近に極大吸収を示すオーロンは可視光領域の光の吸光度がフラボンやフラボノールに比べて高いので，比較的濃い黄を呈する色素である．

フラボノイドとアントシアニンは，フェニルアラニンからカフェ酸やクマル酸を経て生合成される芳香族化合物であり，生合成経路を共有する部分が多い．生育条件に対してアントシアニンと同様の生合成制御を受ける．これらの化合物は化学的な性質が似ているので，同時に抽出・分析することができる．

c. クロロフィル

クロロフィル（chlorophyll）は葉緑素とも呼ばれ，植物の光合成に関与する緑色素である．クロロフィルの基本構造は，窒素を含む五員環が4個結合したテトラピロール環を有するポルフィリン誘導体のマグネシウムイオン錯体である．クロロフィルはポルフィリン内に窒素を含まない5番目の環状構造をもつことを特徴としている．高等植物およびシダ類やコケ類の陸上植物に存在するのは，フィチル基がエステル結合した青緑のクロロフィルaと黄緑のクロロフィルbである．これらのクロロフィルは400〜500 nmの青紫から青の波長領域と，620〜680 nmの赤の波長領域で光を吸収することによって青緑を呈する．フィチル基の存在によって脂溶性が高くなり，アセトンや酢酸エチルなどの低極性溶媒で容易に抽出することができる．

陸上植物においてはクロロフィルのテトラピロール環は，グルタミン酸から5-アミノレブリン酸を通して合成される．クロロフィルの分解はクロロフィラーゼ（chlorophyllase）によって触媒されるフィチル基の加水分解によるクロロフィリド（chlorophyllide）への変換から始まる．さらにデキラターゼに触媒されてマグネシウムが離脱することで，クロロフィリドからフェオフォルビド（pheophorbide）に変換されて緑が失われる．クロロフィルからフィチル基を残したままマグネシウムが離脱するとフェオフィチン（pheophytin）になる．アルカリ処理によってフィチル基は加水分解され，酸処理によってマグネシウムは離脱するので，クロロフィリド，フェオフォルビド，フェオフィチンは化学的にクロロフィルから調整することができる．

クロロフィルaとクロロフィルbは葉緑体の中に存在して光合成を担っている．クロロフィルとその中間代謝物はタンパク質との複合体として存在する．クロロフィルbと大部分のクロロフィルaは光合成の集光色素として機能する．一部のクロロフィルaは光合成の反応中心として機能する．さらに別の一部のクロロフィルaとフェオフィチンは，光エネルギーを受け取って反応中心のクロロフィルaが放出した電子の受容体として機能する．

d. カロテノイド

カロテノイド（carotenoid）はクロロフィルとともに葉緑体に存在し，植物の光合成に関与する脂溶性の赤〜黄の色素である．花や果皮などの非

緑色組織では，クロロフィルと共存せずに色素体の中に存在して黄の発色を担っている．カロテノイドはイソプレンという5個の炭素原子を基本骨格とするテルペノイド（terpenoid）という化合物群の一部である．酸素を含まない炭化水素分子種である赤〜黄赤のカロテン（carotene）と，酸素を含む分子種である黄のキサントフィル（xanthophyll）に分類される．これらのカロテノイドは400〜500 nmの青紫〜青の波長領域で光を吸収することによって赤から黄を呈する．

カロテノイドは，おもにメチルエリスリトールを前駆体として合成されるイソペンテニルピロリン酸が8分子結合した，40個の炭素原子を基本骨格とする化合物である．赤のリコペンから黄赤のカロテンを経て，酸素分子の付加によって黄のキサントフィルに代謝される．カロテノイドの分解は，キサントフィルに対してカロテノイド酸化開裂酵素（carotenoid cleavage dioxygenase：CCD）や9-シス-エポキシカロテノイドジオキシゲナーゼ（9-$cis$-epoxycarotenoid dioxygenase：NECD）によって触媒される分子の開裂によって行われ，同時に黄が失われる．

葉緑体の中ではキサントフィルは非結合体として存在する．一方で色素体中のキサントフィルの多くは他の分子との結合体として存在するので，黄色組織のカロテノイドを分析する場合には，アルカリによって加水分解を行い非結合体として分析することが多い．

#### e. ベタレイン

ベタレイン（betalain）は植物ではナデシコ科とザクロソウ科を除くナデシコ目植物のみに存在する水溶性の赤紫〜黄の色素である．ベタレインとアントシアニンをともに合成する植物は知られていない．ベタレインを合成する代表的な花卉として，オシロイバナやスベリヒユ，マツバボタン，サボテンなどがあげられる．ベタレインは含窒素化合物であるアルカロイドという化合物群の一種である．ベタレインは540 nm付近の光を吸収する赤紫のベタシアニンと，480 nm付近の光を吸収する黄のベタキサンチンに分類される．他の色素と同様に，ベタレインは花以外にも茎葉や果実などの発色も担っている．

ベタシアニンは，チロシンからドーパを通して合成されるベタラミン酸に，同じくドーパから合成されるシクロドーパが結合したベタニジンを基本骨格とし，配糖化などの修飾を受けている．ベタキサンチンは，ベタラミン酸にアミノ酸やアミンなどが結合して合成される．生合成や生合成酵素については不明なところが多いものの，配糖化段階などについての新しい知見が得られつつある．

### 11.2.4 花の香り

#### a. 香りの発散

嗅覚に対する刺激を香り（scent, smell）という．心地よい刺激を芳香（fragrance, aroma）と呼び，不快な刺激を悪臭（odor）と呼んでいる．花が香りをもつと認識されるためには，嗅覚を刺激する化合物である香気成分が合成され，さらに気化して花の組織の中から空気中に発散される必要がある．花の香気成分には多くの種類があり，その組成の違いが各々の花を特徴づける香りを生み出している．これらの香気成分は二次代謝物（secondary metabolite）に属する低分子の有機化合物であり，常温においても比較的高い蒸気圧を有している．ただし，多くの香気成分の沸点は180〜350℃に分布していることから，常温では一部分しか気化していない．花の香りは香気成分の組織中の濃度と，蒸気圧によって決定されると考えられる．温度をはじめとする環境因子は香気成分の代謝に影響を与えるとともに，香気成分の気化に対しても物理的な影響を与える．その結果，置かれた環境によって花の香りは強さばかりでなく質的にも変化する．

一部の植物種では花の香りが昼夜で著しく変化する．香気成分の分布は花の組織によっても異なり，多くの花では花弁や花被から香気成分が発散される．同じ器官でも向軸側，背軸側で発散される香気成分の組成が異なる場合もある．また，雄蕊や雌蕊から香気成分が発散される場合もある．異なる組織から出る香気成分が一体となって，その花を特徴づける香りが形成される．

### b. 香気成分

香気成分は嗅覚を刺激して香りを感じさせる性質をもつ化合物である．花の香気成分は低分子の有機化合物であり，炭素の基本骨格や官能基に基づいて分類される．基本骨格には生合成経路が反映され，花の香気成分の大部分はモノテルペン（monoterpene），セスキテルペン（sesquiterpene），芳香族化合物（aromatic compound）に分類できる．

モノテルペンとセスキテルペンは，イソプレンというイソペンテニルピロリン酸に由来する5個の炭素原子のくり返しを基本骨格とするテルペノイドという化合物群の一部である．モノテルペンは，イソペンテニルピロリン酸が2分子結合した，10個の炭素原子を基本骨格とする化合物である．セスキテルペンは，イソペンテニルピロリン酸が3分子結合した，15個の炭素原子を基本骨格とする化合物である．

一方，芳香族化合物はフェニルアラニンを前駆体としたフェニルプロパノイド（phenylpropanoid）という化合物群の一部であり，6個の炭素原子で構成される芳香環と1～3個の炭素原子で構成される側鎖を基本骨格とする化合物である．このほかに脂肪酸（fatty acid）を前駆体とする香気成分もある．

人はこれらの基本骨格に特徴的な香気を感じる．さらにそれぞれの基本骨格に結合したアルコール，エステル，アルデヒド，ケトンなどの官能基の種類に基づいて特徴的な香気を感じる．香気成分の構造は比較的単純であるために，現在ではほとんどの化合物の化学合成が可能になっている．しかし，現在でも花から抽出された天然化合物由来の香気成分は，香水や香料の高級品に用いられている．抽出方法としては水蒸気蒸留やアルコールによる抽出などが採用されている．

### c. 香りの計測

花の香りは多くの種類の香気成分によって構成されていることから，それぞれの成分を分離して定性・定量分析を行う必要がある．香気成分の分離にはガスクロマトグラフィーを用いる場合が多い．香気成分は有機物であることから水素炎イオン化検出器（flame ionization detector：FID）で検出が可能である．検出器として質量分析器を用いてガスクロマトグラフィー質量分析（gas chromatography-mass spectrometry：GC-MS）を用いることで化合物の同定が容易になる．香気成分を官能的に検出したいときは，検出口ににおい嗅ぎ装置（olfactometer）を取り付けたにおい嗅ぎガスクロマトグラフィー（sniff-gas chromatography）を用いる．他には高速液体クロマトグラフィー（high performance liquid chromatography：HPLC）を用いて分離し，芳香族化合物などの検出に適した紫外線検出器により検出する場合もある．

香りを測定する機械として種々の匂いセンサーが開発されている．しかし，香りを評価するためにはいまだなお嗅覚を指標とした官能検査（organoleptic evaluation）が必要である．香りの感じ方には個人差が大きいことから，一定の基準によって選抜された人物によって評価が行われることが望ましい．一般には，感じ方に個人差が多い化合物である$\beta$-フェニルエチルアルコール，メチルシクロペンテノロン，イソ吉草酸，$\gamma$-ウンデカラクトン，スカトールの臭いを嗅覚測定用基準臭とする．18歳以上の試験者にそれぞれの基準臭を含んだ2枚の紙を5枚の紙の中から選ばせるパネルテスト（panel test）を行い，すべての基準臭を判定できた者を嗅覚正常者として選抜する．

花の香りは環境条件によって容易に変化する．温度や湿度は，植物に対して生理的・物理的に影響を与えて香気を変化させる要素と考えられる．昼夜で香りが劇的に変化する植物もあり，香りの評価には環境条件や測定した時間帯に関する注意が必要である．一つの花序に多くの花が咲く植物では，個々の花の香りが弱くても花序全体としては香気成分の量が多くなり，強い香りを放つと評価される．その他にも測定時の花からの距離や，用いる空間の広さも評価に影響を与える．つまり距離が短いほど，空間が狭いほど香気成分の濃度が高く，香りが強く感じられる．また官能的に評価を行う場合には，評価者の体調などにも気を遣うべきである．

［中山真義］

## 11.3 収穫後生理

### 11.3.1 老化と品質低下
#### a. 老化

成熟した（mature）組織が，加齢（aging）により死に向かう過程を老化（senescence）といい，物理的なダメージで引き起こされる壊死（necrosis）とは区別されている．ただし，切り花では蕾のように未成熟の（immature）組織でも，成熟する前に老化が進行する．可視的に観察される老化の最初の兆候が花弁の萎凋である花では，老化に伴い花弁の退色（discoloration, fading），さらには褐変（browning）が起こる場合が多い．また，花弁内では細胞内成分の分解も進行する．ただし，切り花では，厳しい水分ストレスにさらされると，収穫後まもない場合にも萎れが起こる．これは組織の老化とは明らかに異なる現象であるため，区別しなければならない．

花弁が萎れる前に脱離する花では，脱離した時点で生体内成分はほとんど変化しないことから，花弁そのものの老化が進行する以前に，離層が形成されて花弁脱離に至ると考えられる．

#### b. 花弁の老化に伴う形態的変化

花弁は主として向軸側および背軸側表皮細胞および柔細胞から構成される．ダッチアイリスにおいて，老化に伴い最初に観察される形態変化は表皮細胞間の原形質連絡の遮断である．また，ダッチアイリス，アルストロメリア，アサガオなど多くの花では，柔細胞のほうが表皮細胞より前に崩壊する．ミトコンドリアや葉緑体などの細胞内小器官が液胞などのリソゾームにより分解される自食作用をオートファジー（autophagy）と呼ぶ（図11.2）．細胞内小器官を飲み込む小胞としてオートファゴソームが形成され，これが液胞に取り込まれ，タンパク質が分解される．花弁の老化に伴い液胞中に細胞内小器官が観察されるようになることから，花弁の老化にはオートファジーが関与していると考えられている．

#### c. 花弁の老化に伴う代謝と生体膜の変化

花弁の老化に伴いタンパク質，デンプン，DNAおよびRNAなどの高分子化合物含量が減少する．それに伴い，デオキシリボヌクレアーゼ，リボヌクレアーゼおよび$\beta$-グルコシダーゼなどの加水分解酵素活性が上昇する．また，老化に伴い細胞膜（cell membrane）の組成が変化する．リン脂質（phospholipid）およびその脂肪酸（fatty acid）を含む極性脂質は老化に伴い減少する．また，脂質の構成成分である脂肪酸のうち，不飽和脂肪酸（unsaturated fatty acid）ほど早く減少し，脂質の飽和度が増加する．このような脂質組成の変化，とくに脂質構成脂肪酸の飽和度の増加は，膜の流動性を低下させるだけでなく，相転移温度を上昇させる．これにより，一部の脂質は相転移（phase transition）を起こして液晶状態からゲル状態になり，膜中に液晶とゲルが混在する相分離状態をつくる．このようにして膜の機能が損なわれ，低分子物質が自由に透過し，イオン漏出（ion leakage）が促進される．エチレンに感受性の高いカーネーションでは，脂質組成の変化がエチレンにより促進される．

#### d. 細胞死

花の寿命は遺伝的にある程度決まっている．また，多くの花では，タンパク質合成阻害剤であるシクロヘキシミド処理により，老化が遅延する．したがって，花の老化は能動的な死の過程であるプログラム細胞死（programmed cell death：PCD）により制御されているとみなされている．

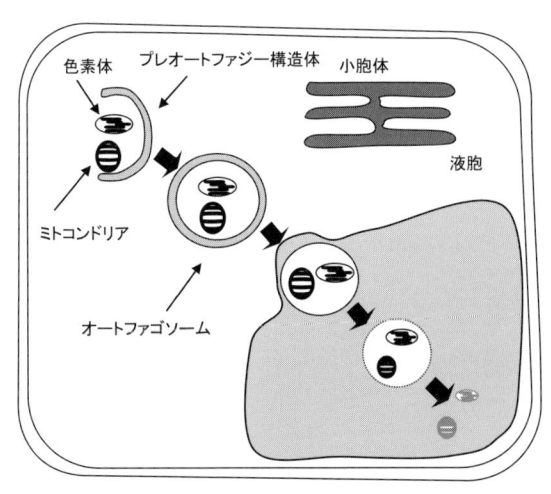

**図11.2** オートファジーの模式図

PCDの過程で最初に検出される核の形態的変化はクロマチンの凝縮である．カーネーション，アサガオなど花弁が萎凋するタイプの花では，PCDの特徴であるDNAの断片化が老化の過程で起こる．動物と同様に，アサガオ，ペチュニアなどでは，細胞死の過程で核が分裂する．一方，カーネーションやキンギョソウでは，核そのものは分裂せず，核内でクロマチンが分裂する．カーネーションでは，エチレンがPCDの引き金となっているだけでなく，正常なPCDの進行にもエチレンが必要であることが示唆されている．一方，花弁が脱離するサクラでは，花弁が脱離した時点ではDNAの断片化と核の分裂は起こっておらず，このような花卉では落弁の時点でPCDは進行していない．

### e. 老化に伴い発現する遺伝子

ダッチアイリス，アルストロメリア，カーネーションなどの多くの花卉から，システインプロテイナーゼ，アスパラギン酸プロテイナーゼなどのタンパク質分解に関わる酵素をコードする遺伝子，リン脂質分解に関与する遺伝子など，花弁の老化に伴い発現が上昇する遺伝子が多数単離されている．しかし，老化の鍵となる遺伝子はわかっていない．

### f. 活性酸素

電子伝達系をはじめとする種々の酸化還元反応の過程で生成する活性酸素種（reactive oxygen species：ROS）には，ヒドロキシルラジカル（hydroxyl radical），過酸化水素（hydrogen peroxide），スーパーオキシド（superoxide），一重項酸素（singlet oxygen）が含まれる．このような活性酸素種はすみやかに除去されないと酸化障害（oxidative damage）を引き起こし，細胞死を誘導する．スーパーオキシドジスムターゼ（superoxide dismutase：SOD），カタラーゼ（catalase），アスコルビン酸パーオキシダーゼ（ascorbate peroxidase）およびアスコルビン酸-グルタチオンサイクル（ascorbate-glutathione cycle）に関与するデヒドロアスコルビン酸還元酵素とグルタチオン還元酵素などの酵素は，活性酸素消去系（antioxidant system）として機能している．花弁の老化に伴い，これらの酵素活性は上昇する場合が多い．また，過酸化脂質（lipid peroxide）は老化した花弁で増加することが示唆されている．しかし，抗酸化物質（antioxidant）が老化を明瞭に遅延させた例は知られておらず，活性酸素が花の老化を引き起こす原因であることを明確に示す証拠は得られていない．

## 11.3.2 呼吸と糖質

### a. 糖質と花の老化

切り花は室内の比較的弱い光の下に置かれることが多く，光合成による炭水化物の合成は制限されている．したがって，呼吸により貯蔵炭水化物を消費し，結果として老化に至る（図11.3）．また，花が開く過程では，多量のエネルギー源が必要である．そのため，糖質の不足により，蕾からの開花が不完全になりやすい．

呼吸量は温度が上昇するほど多くなる．したがって，切り花を保持する温度が高いほど，呼吸量が上昇して，貯蔵炭水化物含量が減少し，老化が早まることになる．10℃の温度上昇に伴う呼吸量の増加比を温度係数（temperature quotient）と呼んでおり，$Q_{10}$という記号で表される．$Q_{10}$は切り花の品目により異なっているが，利用できる貯蔵炭水化物量が異なることから，その高低が切り花の温度反応を判断する指標にはならない．呼吸による発熱を呼吸熱（respiratory heat）という．切り花の輸送では，気温が高い場合には，呼吸熱による周囲の気温の上昇により呼吸量がさらに増加し，急激な品質低下を招きやすい．

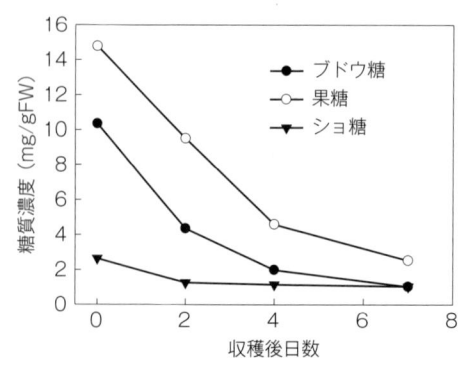

図11.3 カーネーション切り花花弁中の糖質濃度の変化

#### b. 花弁展開のメカニズムと糖質

蕾が開花する過程で花弁は成長する．蕾の発育段階のかなり初期で細胞分裂はほとんど停止する．したがって，花弁の成長は主として細胞の肥大によっている．花弁細胞の肥大成長には，浸透圧調節物質（osmoticum）の細胞内への蓄積と水の流入に加え，多量のエネルギー源と細胞壁の合成基質が必要である．糖質（sugar）はエネルギー源，細胞壁の合成基質および浸透圧調節物質として花弁の展開に不可欠な物質である．

バラをはじめとする多くの花卉では，ブドウ糖（glucose）や果糖（fructose）をはじめとする単糖（monosaccharide）の濃度が開花に伴い著しく上昇するのに対して，二糖（disaccharide）であるショ糖（sucrose）濃度はほとんど上昇しない．このような単糖の増加は，浸透圧の上昇に寄与している．

#### c. 呼吸基質と浸透圧調節物質

花卉の種類により花弁や花被に含まれる糖質は異なっている．ブドウ糖，果糖およびショ糖は植物に普遍的に存在しており，相互に容易に変換する．いずれも呼吸基質（respiratory substrate）および浸透圧調節物質として機能している．バラ，キク，カーネーションをはじめとして，花弁の展開に伴い増加する糖質はブドウ糖と果糖である花卉が多い．トルコギキョウやスイートピーのように果糖がほとんど蓄積しない植物種ではブドウ糖とショ糖が増加する．

このような普遍的に見られる代謝糖質以外に，植物種により特異的な糖質が蓄積する場合がある．ゲンチオビオースはリンドウの最も主要な構成糖質となっている．バラではキシロースとメチルグルコシドが構成糖質となっている．また，一部の花卉ではポリオール（糖アルコール）が主要な構成糖質となっている．デルフィニウムではマンニトール，フロックスでは2-C-メチルエリトリトールが花弁中の主要な糖質であり，これらの濃度は花弁の展開に伴い上昇する．また，デルフィニウムではマンニトール処理により蕾の成長が促進される．したがって，このような糖質が浸透圧調節物質だけでなく，呼吸基質としても重要であることが示唆される．

一方，シクリトール（イノシトール）が主要な構成糖質となっている花卉もある．カーネーションではメトキシ化したイノシトールであるピニトールが主要な構成糖質である．しかし，シクリトール類の開花に伴う濃度の上昇は認められないことに加え，シクリトール処理は蕾の成長を促進せず，花弁の展開においてシクリトール類の重要性を示す結果は得られていない．

植物において，多糖（polysaccharide）であるデンプンとフルクタンが貯蔵炭水化物として重要である．樹上で開花したバラでは，花弁の展開に伴うデンプン含量の減少は，増加した単糖含量に比較するとごくわずかである．したがって，花弁の展開には，葉から供給される光合成産物が使われ，花弁展開におけるデンプンの貯蔵炭水化物としての役割は限られたものとみなされる．一方，ヘメロカリスとキクではフルクタンが貯蔵炭水化物として重要であることが明らかにされている．

### 11.3.3 エチレンと品質低下
#### a. エチレンと老化

エチレン（ethylene）は多くの花卉の老化に関与している．エチレンに対する感受性は花卉の種類により著しい差がある．たとえばカーネーションでは0.2 μL/Lのエチレンで処理すると，8時間目には萎れが認められるが，バラでは1 μL/Lのエチレンで処理した場合，落弁が起こるまで2日以上かかる．一方，キクでは1 μL/Lのエチレンで10日間以上処理しても，花に対する影響は認められない．表11.1から類推できるように，キク科あるいはアヤメ科に属する花はいずれもエチレン感受性が低い．一方，ナデシコ科の花はエチレン感受性が高い．エチレンに感受性の高い花卉のエチレン反応（response to ethylene）として，花弁や花被の萎れを誘導するタイプ（花弁萎凋型）の花と花弁あるいは萼片が離層形成して器官離脱（abscission）を引きおこすタイプ（花弁脱離型）の花がある．輸送されたカーネーション切り花が萎れて，開花しなくなる現象を眠り病（sleeping, sleepiness）というが，これもエチレン反応の一

表 11.1 切り花のエチレンに対する感受性

| 感受性 | 植物種 |
|---|---|
| 高い | カーネーション，デルフィニウム，スイートピー，シュッコンカスミソウ，ラン類 |
| やや高い | キンギョソウ，トルコギキョウ，アルストロメリア，バラ，ブルースター，ストック |
| やや低い | スカシユリ，スイセン |
| 低い | キク，ガーベラ，ヒマワリ，テッポウユリ，グラジオラス，チューリップ，フリージア |

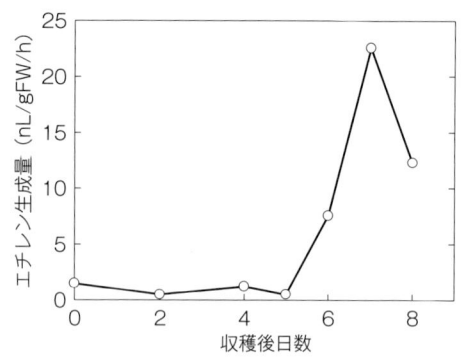

図 11.4 カーネーション切り花の老化に伴うエチレン生成量の変動

つである．

キクでは，花そのものはエチレンに対する感受性が低いが，葉の感受性は比較的高い品種が多く，エチレン処理はクロロフィルの分解による脱緑 (degreening) を促進し，葉の黄変を引き起こすことが知られている．

多くの花卉ではエチレンに対する感受性は老化に伴い上昇するが，カーネーションでは老化に伴い低下する．また，カーネーション，デルフィニウムなどではエチレンに対する感受性に著しい品種・系統間差があることが知られている．

**b. エチレン感受性花卉とエチレン生合成**

カーネーションをはじめとする花弁萎凋型の花では，花弁からのエチレン生成量が老化に伴ってしだいに増加する（図 11.4）．したがって，花弁の萎凋には花弁から生成されるエチレンが直接的に関与している．カーネーションの切り花では，雌蕊からのエチレン生成が花弁からのエチレン生成の上昇に先立ち上昇する．また，雌蕊を除去すると，花弁の老化が著しく遅延し，花弁からのエチレン生成の上昇が見られなくなる．これらの結果から，カーネーションでは，花弁の老化は雌蕊から生成されるエチレンにより制御されている可能性が指摘されている．

花弁脱離型の花では，老化に伴う花弁からのエチレン生成の上昇は見られない．デルフィニウムでは雌蕊と花托，トレニアでは雌蕊からのエチレン生成のみが老化に伴い上昇する．したがって，これらの器官から生成されたエチレンが離層 (abscission layer) に作用し，花弁や萼片の脱離に関与するとみなされている．

カーネーション，トルコギキョウ，ペチュニアなど，エチレンに感受性の高い多くの花卉では受粉により老化が促進される．このような花卉では，受粉によりはじめは花柱で，ついで子房でエチレン生成が上昇し，最終的に花弁からエチレンが生成されて，萎れに至る．

一方，アサガオのようにエチレンに感受性が高くても，老化に伴うエチレン生成の上昇が見られない花卉も存在する．カンパニュラのように，受粉しない状態ではエチレン生成が上昇しないが，受粉によりエチレン生成が急激に上昇する花卉もある．

老化に伴う急激な呼吸の上昇をクライマクテリック上昇 (climacteric rise) と呼ぶ．カーネーションのように，老化に伴いエチレン生成と呼吸が上昇する花をクライマクテリック型 (climacteric type of senescence)，呼吸の上昇が見られない花を非クライマクテリック型 (non-climacteric type of senescence) として分類することもあった．しかし，エチレン感受性であっても，加齢に伴うエチレン生成の上昇と呼吸の上昇が見られない花卉も多い．また，切り花では呼吸基質が限られるため，呼吸が明瞭に上昇しない場合も多い．それとは逆に，グラジオラスやフリージアのように，エチレンに感受性が低くても，老化に伴いエチレン生成と呼吸が上昇する花卉もある．このようなことから，現在ではクライマクテリック型，非クライマクテリック型という用語は，花卉に関してはあまり使用されなくなっている．

## c. エチレンの生合成

エチレンはタンパク質を構成するアミノ酸の一つであるメチオニンを出発点として，S-アデノシルメチオニン（SAM, AdoMet）および1-アミノシクロプロパン-1-カルボン酸（1-aminocyclopropane-1-carboxylic acid：ACC）を経て合成される（図11.5）．エチレン生合成（ethylene biosynthesis）経路において，メチオニンはヤン回路（Yang cycle）により再合成される．エチレンの生合成において重要な酵素は，エチレンの前駆物質ACCの合成にかかわるACC合成酵素（1-aminocyclopropane-1-carboxylate synthase）と最終段階を触媒するACC酸化酵素（1-aminocyclopropane-1-carboxylate oxidase）である．

植物の栄養組織では，ACC合成酵素がエチレン生合成の律速段階であるとみなされている．しかし，カーネーションをはじめとした多くの花が老化する過程では，花弁においてACC合成酵素活性だけでなくACC酸化酵素活性も上昇することから，エチレン生合成には両者が重要な役割を担っていることが示唆されている．

生成されたエチレンがその生合成に関与する酵素を活性化することにより，エチレン生合成を促進することを自己触媒的エチレン生合成（autocatalytic ethylene biosynthesis）という．それとは逆に，エチレンによる生合成酵素活性の制御によりエチレン生合成が抑制されることを自己抑制的エチレン生合成（autoinhibitory ethylene biosynthesis）という．カーネーションなどにおいて，花弁の老化に伴う急激なエチレン生成は自己触媒的エチレン生合成である．

これまでにカーネーション，ペチュニアをはじめとするいくつかの花卉で，ACC合成酵素とACC酸化酵素をコードする遺伝子が単離されている．カーネーションの花弁では，老化に伴うACC合成酵素活性とACC酸化酵素活性の上昇が，これらの遺伝子発現の上昇と一致することから，酵素活性の変動が転写レベルで制御されていると考えられる．ACC合成酵素とACC酸化酵素はいずれも多重遺伝子族（multigene family）を形成しており，器官およびステージに特異的な発現パターンを示す．

## d. エチレンの受容とシグナル伝達

エチレンのシグナル伝達系は，シロイヌナズナを用いて解明が進んでおり，エチレン受容体（ethylene receptor）をはじめとして，それぞれのタンパク質をコードする遺伝子が単離されている（図11.6）．

エチレンの受容体は膜タンパク質であり，レシーバードメインの存在の有無からETRタイプとERSタイプに分けられる．ETRタイプの受容体は銅イオンを必要とするエチレンの結合部位（binding site）が存在するセンサードメイン，ヒスチジンキナーゼドメインおよびレシーバードメ

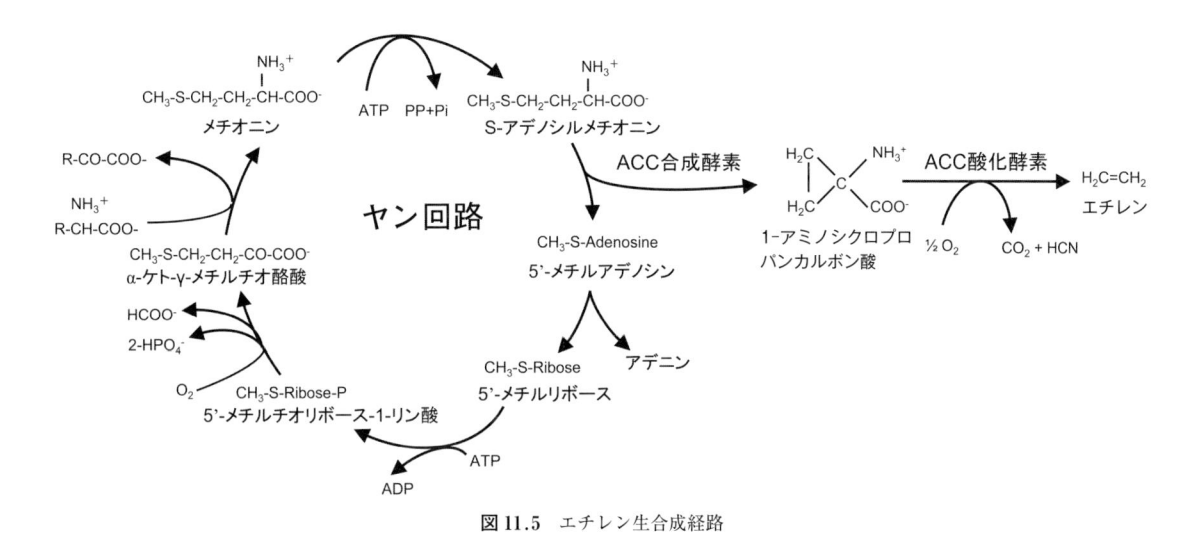

**図11.5** エチレン生合成経路

## 11. 品質管理

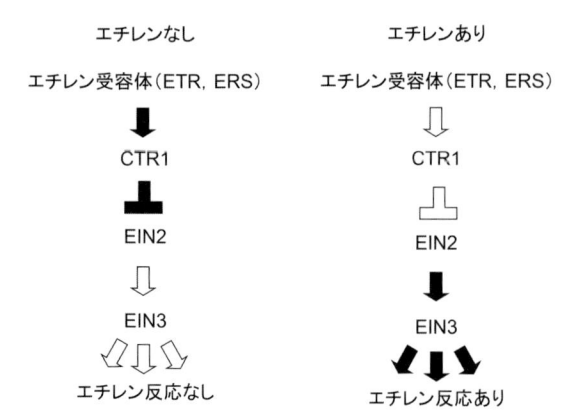

```
エチレンなし              エチレンあり
エチレン受容体(ETR, ERS)   エチレン受容体(ETR, ERS)
    ▼                        ⇩
   CTR1                     CTR1
    ⊥                        ⊓
   EIN2                     EIN2
    ⇧                        ▼
   EIN3                     EIN3
   ⇧⇧                       ▼▼
エチレン反応なし           エチレン反応あり
```

**図 11.6** エチレンシグナル伝達経路の模式図
⇩は促進，⊓は抑制を，また黒色の記号は信号が伝達されていることを，白抜きの記号は信号が伝達されていないことを示す．

インから構成される．ERS タイプにはレシーバードメインが存在せず，センサードメインとヒスチジンキナーゼドメインから構成される．

エチレンの刺激は，受容体によるエチレン受容（ethylene reception）後，シグナル伝達（signal transduction）因子である CTR と EIN2 を経て，転写調節因子（transcriptional regulator）である EIN3 に伝達される．CTR の機能発現は負に，EIN2 と EIN3 のそれは正に制御されていると考えられる．

花卉でもエチレン受容体をコードする遺伝子がカーネーション，キク，バラ，デルフィニウムなどから単離されている．また，シグナル伝達にかかわる CTR はカーネーションとデルフィニウムから，EIN2 はペチュニアから，また EIN3 はカーネーションから単離されている．EIN2 をコードするのは単一遺伝子であることが多いが，EIN3 は多重遺伝子族を形成している．

エチレン受容体はエチレン応答を負に制御していることから，受容体の量が多いほど感受性は高まるとするモデルが提唱されている．しかし，バラでは感受性の高い品種ほどエチレン受容体遺伝子の発現量が多いことが報告されるなど，受容体の量でエチレンに対する感受性の高低を説明するには至っていない．

### 11.3.4 水分生理
#### a. 蒸散，吸水および萎凋

切り花の水分状態は水の吸収量と損失量の差し引きにより決まる．水揚げが不良になると切り花の萎凋（wilting）が引き起こされるが，この直接の原因は吸水量よりも蒸散量の方が多いことである．また，萎凋は組織の老化とは必ずしも関係なく生じる現象である．したがって，水揚げは単に「水の吸収」を意味する語ではなく，「切り花の水分状態」を表す語であるとみなさなければならない．吸水量が多くても，それよりも蒸散量が多ければ水揚げ不良となる．吸水（water uptake）の原動力は，蒸散（transpiration）による葉や花弁の水ポテンシャルの低下がもたらす生け水との水ポテンシャル差であり，これによって蒸散流（transpiration flow）が生じる．

蒸散には二つの経路がある．葉肉細胞から気孔を通じて行われるものを気孔蒸散といい，表皮細胞のクチクラ層を通じて行われるものをクチクラ蒸散（cuticle transpiration）という．葉においては全蒸散量に対するクチクラ蒸散の割合は 10% 以下と少ないのが普通である．気孔蒸散の速度は，気孔内の水蒸気圧と周辺大気の水蒸気圧の差に比例し，その間の拡散抵抗に反比例する．拡散抵抗は，気孔内から葉表面までの抵抗である気孔抵抗（stomatal resistance）と葉表面から自由大気までの拡散抵抗である葉面境界層抵抗（leaf-surface boundary layer resistance）からなる．

一般に気孔は明所および低湿度条件では開きやすく，組織の水分状態が悪化しやすい．そのため，切り花は暗所で高湿度条件下での保管が有効である．バラなど，萎れやすい切り花では，葉を取り除いたり，あるいは気孔の閉鎖を促進するアブシジン酸を処理したりすると，水揚げが改善され，品質保持期間が延長される．

#### b. 水ポテンシャル

土壌に植えられた植物の水の流れについては，土壌−植物−大気連続系（soil-plant-atmosphere continuum：SPAC）という概念が提案されている．切り花の場合には，そのアナロジーで生け水−切り花−大気という系が想定される．水ポテン

シャル（water potential, $\Psi_w$；単位 Pa）は水分状態の指標であり，圧ポテンシャル（pressure potential, $\Psi_p$），浸透ポテンシャル（osmotic potential, $\Psi_s$），マトリックポテンシャル（matric potential, $\Psi_m$），重力ポテンシャル（gravitational potential, $\Psi_h$）の合計値で表される．このうち重力ポテンシャルは切り花の水移動においてほとんど無視できる．植物組織において，細胞壁や道管の空間とエアスペースをアポプラスト（apoplast），原形質膜の内側をシンプラスト（symplast）という．シンプラストのマトリックポテンシャルは無視できるが，アポプラストではマトリックポテンシャルの値は無視できない．

植物細胞の水ポテンシャル（負の値）は一般に浸透ポテンシャル（負の値）と圧ポテンシャル（正の値）の合計値で近似することができる．圧ポテンシャルは膨圧（turgor pressure）に相当しており，植物が萎れるということは圧ポテンシャルが低下して0に近づくことを意味している．圧ポテンシャルは水ポテンシャルの低下に伴い低下するため，水ポテンシャルを萎れの指標とすることができる．なお，浸透圧（osmotic pressure）は浸透ポテンシャルを正にした値である．

バラ切り花では十分に水揚げした状態から10%の水分が失われると，水ポテンシャルは$-1$ MPaまで低下し，膨圧はほぼ0となり，花弁が萎れ，花首が折れるベントネック（bent neck）と呼ばれる現象が起きる．

#### c．通導抵抗と道管閉塞

道管（xylem vessel）の閉塞により通導抵抗（hydraulic resistance）は上昇する．また，水通導性（hydraulic conductance）は通導抵抗の逆数であるため，道管閉塞に伴い低下し，吸水が抑制される．その結果，蒸散による水の損失が吸収を上回ると，水揚げが悪化する．道管閉塞（vascular occlusion, stem-plugging）は収穫してから数日後に問題となる場合が多い．道管閉塞の原因として細菌の増殖，切り口と道管内部に発生する気泡ならびに傷害反応が関与していることが明らかにされている．

道管閉塞の最も重大な原因と考えられているのが細菌である．生け水および道管における細菌の増殖に伴い道管閉塞が進行する（図11.7）．また，細菌を生け水中に添加すると道管閉塞が促進され，日持ちが短縮される．さらには，抗菌剤を生け水に溶解すると，細菌濃度は低下し，道管閉塞が抑制され，花持ちが延長される．このような知見は，生け水中の細菌が道管を閉塞させる原因であることを強く支持している．

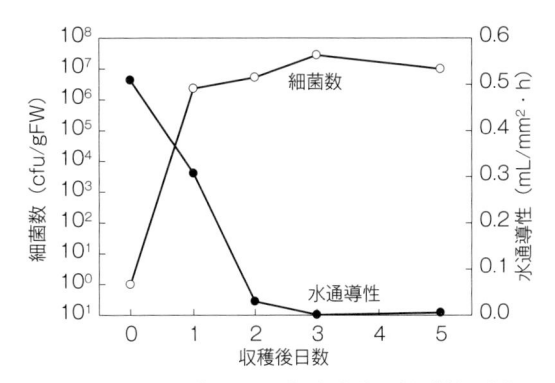

図11.7 バラ切り花における茎の細菌数と水通導性の変化

細菌に対する感受性は切り花の種類により異なる．たとえば，バラは細菌に弱く，生け水中で$10^6$cfu（colony formation unit）/mL以上の細菌濃度があると著しく花持ちが低下するが，カーネーションは比較的強く，この細菌濃度では花持ちに影響しない．切り花を乾式輸送した場合でも，細菌は生け水に挿したときと同様に増殖する．

細菌による道管閉塞（bacterial plugging）の機構に関して，死滅させた細菌の懸濁液でも道管閉塞を引き起こすという報告もあれば，それに反する報告もある．また，カーネーションの切り花では，細菌の分泌産物が水揚げを低下させることが示されている．

切り口を空気にさらすと，空気が道管に入り込む．このような空気による道管閉塞（air embolism）は水の吸収を阻害する．気泡には切り口から入り込んだ空気に加え，キャビテーション（cavitation）と呼ばれる茎の内部に生じる気泡も水輸送を阻害する．バラの切り花では，脱気した水あるいは濾過した水を生け水に用いると吸水が促進される．それとは逆に，生け水を通気することにより，吸水が抑制される．

植物の茎が切断されると傷口を治癒するため，スベリンやリグニンをはじめとして，表皮を保護する物質の合成と蓄積が起こる．キク，バラおよびアスチルベ切り花においては，切断傷害により誘導される生理的な反応が道管閉塞に関与していることが明らかにされている．キクとアスチルベ切り花ではパーオキシダーゼとカテコール酸化酵素阻害剤により道管閉塞が遅延することから，道管閉塞にはリグニン生合成が関与している可能性が示唆されている．これとは別に，ブルースターのように汁液をいっ泌するものもあり，汁液が固化することにより道管が閉塞される．　［市村一雄］

## 11.4 収穫後技術

### 11.4.1 収穫・調整・箱づめ

#### a. 順化

生産物が収穫・出荷後の様々なストレスに耐えるよう，出荷後予想される条件を想定して栽培期間中に種々の耐性を付与することを収穫前の順化（[preharvest] acclimatization, hardening）と呼ぶ．たとえば，バラ切り花では流通や観賞期間中に水ストレスを受け，花首が曲がるベントネックが発生しやすいが，収穫前の環境を低湿度下で水蒸気圧欠差を大きくして栽培したり，風を当てて栽培したりすることで気孔の開閉機能が付与でき，葉が乾燥するブリトルリーフ（brittle leaf）やベントネックの発生が抑制されて日持ち性が向上する．

室内で観賞されることの多い鉢物では，出荷後光強度が急激に低下することで落葉，落蕾，不開花，茎葉の徒長といった様々な品質低下が起こる．そこで，出荷前にあらかじめある程度光を弱くして栽培することで，出荷に伴う急激な環境変化を回避し，光補償点のより低い状態に植物体を変化させて，出荷に伴う急激な品質低下を防止することができる．また，花壇苗では，出荷前に塩処理などによりある程度の水ストレスを与えることで，輸送に対するストレス耐性が付与でき，植付け後の活着を円滑に行わせることができる．

#### b. 収　穫

収穫（harvest, harvesting）は早朝に行うことが望ましいとされる．これはこの時間帯に植物の水分状態が回復していることに加えて，品温の急激な上昇が起こりにくいことによる．ただし，光合成産物が多く蓄積しているという点からは夕方の収穫が望ましい．バラのように萎れやすい切り花では，収穫後ただちに清潔な水に生けて吸水させる．

切り花をどの段階で収穫するかを切り前（harvest maturity, stage for harvest）と呼び，その後の切り花の品質変化に大きな影響を及ぼす．一般に輸送や取扱いの容易さからはよりかたい蕾段階で収穫する方がよく，開花や開花時の花の品質からはより開花が進んだ段階で行う方が望ましい．これらのことから，蕾が一つの場合には開花の直前，多花性の場合には何割かの蕾が開花した段階が標準的な切り前となっている場合が多い．また，切り前は収穫後の蕾の開花のしやすさ，季節，その後の取扱い方に応じて決定される．カーネーションやシュッコンカスミソウでは，蕾段階で収穫することで，切り花の輸送性や貯蔵性が増すことから，蕾切り（bud cut）が行われる．蕾切りした切り花は糖を含む溶液を用いて開花させる．

花鉢物や花壇苗の収穫（出荷）適期は通常数輪が開花した段階であり，出荷後の蕾の開花のしやすさや個々の花の日持ち，連続開花性などを加味して小売店および消費者の段階でディスプレイ上十分に観賞価値をもつように設定される．

#### c. 水揚げ

通常切り花を収穫した時点では数％の水欠差が生じており，これを空気中に放置すると水欠差がさらに大きくなってやがて萎れる．そこで，この段階で生じている水欠差を取り除き，切り花の水分状態を回復させるために行われる給水処理が水揚げ（hydration）である．水揚げは蒸散を低く抑えうる条件（低温，暗黒，高湿，無風）下で茎の切り口を水につけることで行われるが，水揚げが困難な品目では，茎を水中で切り戻して気泡や分泌物による道管閉塞を取り除く水切り（recut under water）や，切り口以外からの吸水を促す

深水が有効である．また，水温を高めることで水の粘度を低下させて吸水を促す湯揚げ（hydration with hot water）や，切り水（hydration water）に界面活性剤（surfactant）を添加することで水の表面張力を低下させる方法も採用される．生産者が行う水揚げにおいて，水中の微生物が吸水を阻害することは稀であるが，この段階で微生物が道管中に入り込むと輸送中に繁殖して道管閉塞を引き起こし，小売店や消費者段階での茎の腐敗や吸水不良の原因となるので，抗菌剤を添加した清潔な水で水揚げを行わなくてはならない．

生産者が出荷前に行う水揚げに対して，流通段階で生じた水欠差を取り除く目的で行われる水揚げを英語ではrehydrationとして区別する．この段階では，微生物による道管閉塞が水揚げ不良の最大の原因となっているので，とくに茎基部の道管閉塞部を取り除く茎の切り戻しが有効である．また，上記の吸水促進処理に加えて，生け水（vase water）への抗菌剤の添加が効果を発揮する．

#### d. 調整・選別

切り花では，下葉や傷んだ葉を取り除いたり，開花の望めない不要な蕾や枝を取り除いて草姿を調えることを調整という．その上で，長さや重さ，花蕾数を基準として階級分け（sizing）する．階級分けは手作業によるほか，重量選花器が用いられる．品目にもよるが，2L～2Sといった何段階かの階級（size, class）が設定される．その上で，曲り，葉と花のバランス，花色や葉色などの外的な品質を評価して等級分け（grading）され，秀，優，良といった等級（grade）が決定される（口絵9参照）．

鉢物でも，切り花と同様の調整作業のほかに，花寄せや葉組みといった全体のバランスの調整作業が加わる．また，ランなどでは支柱立てと誘引も出荷前の重要な調整作業である．鉢物では鉢の大きさが階級となり，小鉢の場合0.5号（直径1.5 cm）刻み，大鉢の場合1号刻みで出荷される．等級付けも当然行われるべきであるが，鉢と植物，花のバランスの悪い下位等級は通常出荷されない．

花壇苗では，品目によって大小はあるものの，関西市場では直径9 cm（3号）ポット，関東市場では直径10.5 cm（3.5号）ポットが標準規格品としてパレット単位で出荷される．パンジーのように花色が豊富な場合には，いくつかの色目を1パレット内に組み合わせる場合もある．

#### e. 結束・箱づめ

通常の大きさの切り花では階級，等級の揃ったものを10本単位で結束（bunching）する．なお，米国では12本が1束の単位となっている．その上で，品目によってはスリービング（sleeving）を行う．たとえば，ユリ類では蕾を上方向に向けて束単位でセロファン製のスリーブを用いて蕾を固定する．ガーベラではフラワーキャップという舌状花が傷まないための小型のスリーブを1本ずつはめ込む．バケット輸送の場合にはこれを所定のバケットに入れる．1バケット当り50本または100本単位とする場合が多い．バケットは規格サイズの台車と組み合わせて用いると，輸送効率が高まる．乾式輸送の場合には，結束が完了した切り花を再度十分に水揚げしながら，低温下で保持する．その上で，所定の本数を段ボール箱（cardboard box, fiberboard carton）に詰める．輸送中の衝撃で花首が折れないよう切り花を段ボール箱に固定することも必要となる．

花鉢物の中でファレノプシスなどのように傷みやすい品目には花序に薄紙をかける．また，必要に応じてスリービングを行う．鉢物や花壇苗の場合，台車流通が普及しており，プラスチックのパレットや蓋のない段ボール箱に所定の数量を入れこれを台車に搭載する．

### 11.4.2 予冷・輸送・貯蔵

#### a. 予　冷

切り花は，収穫後できるだけすみやかに品温を下げ，呼吸消耗を抑制することが望ましい．とくに，バラでは収穫後ただちに吸水させる必要があるが，この場合品温を下げないと開花が進行する．このような収穫後切り花を冷蔵庫に入れ冷やす行為を含め，本来は予冷（precooling）と呼ぶべきであるが，一般には輸送に先立って出荷作業中に上昇した品温を下げる操作を予冷と呼んでおり，

箱詰め輸送の場合には，箱づめ後に予冷が行われる．

切り花の予冷はその方式により，真空予冷（vacuum cooling），差圧予冷（forced air [pressure] cooling），通風予冷（room cooling）に大別できる．真空予冷は，箱づめした切り花を減圧装置の中に入れ，水の気化潜熱を利用して品温を下げる方法である．短時間で予冷できるためキクなどでの利用がみられるが，大規模な予冷装置が必要なことに加え，切り花から水分が奪われること，水滴が付着していると凍害が発生しやすいことが問題である．差圧予冷は，切り花をつめた箱の両端の穴に圧力差を生じさせることで冷風を箱内に流し，品温を下げる方法である．30分〜1時間で5℃程度にまで下げることができ比較的効率のよい方法であるが，バケット輸送の切り花には適用できない．通風予冷は，低温の部屋に切り花を入れ，空気を動かして冷却する方法である．箱づめの切り花ではなかなか品温が下がらず不向きである．一方，バケットづめの切り花に対しては，台車に積載した状態で予冷できること，そのまま低温保管庫としても予冷室を利用できることから効率がよく，集出荷施設で広く採用されている．

予冷は物流におけるコールドチェーン（cold chain）の始まりであり，その後品温が上昇しないように十分な注意が払われなければならない．すなわち，予冷後はただちに低温庫に移し，トラックに積載するまで保冷する必要がある．

**b. 輸　送**

国内で流通している花卉のほとんどは，一部フェリー積載の区間も含めトラックコンテナ，あるいはシャーシとボディ（積載部）が切り離せないタイプのトラックにより輸送（transportation, shipping）される．冷凍機を積載した冷蔵コンテナ（reefer）が利用され，積載部を低温に維持できるようになっている．鉢物やバケットづめの切り花では，植物が露出していることから，冷風の吹き出し部で凍害が生じる場合があり，またコンテナ内の温度むらも生じやすい．そこで，冷風の吹き出しダクトを設置したり，測温センサー位置を吹き出し部に移したりといった工夫がなされる．

トラックコンテナは後方に積み込み口があるバン型であるが，一体型ではバン型に加え側面が鳥の翼のように開くウイング型も採用されている．ウイング型はパレットを使用したフォークリフトによる積み降ろしができ，鉢物などの輸送には効率的である．ただし，あらかじめコンテナを冷やしておくことができず，ドックシェルター方式を採用した保冷庫からの直接の積み降ろしには不向きで，この時点でコールドチェーンが途切れやすい．鉢物や花壇苗では台車（cart）流通が一般的で，これを積み降ろしするためのリフトを備えたトラックもある．

多くの場合，多品目が混載されることから，コンテナ内の温度は5〜10℃に設定される．ただし，夏場は輸送中徐々に昇温し，卸売市場に到着時点で20℃前後にまで高めることで急激な温度上昇を回避し，結露を防止する．

一方，北海道や沖縄などの遠隔地からの輸送や輸出入される切り花では，航空コンテナが利用される．航空コンテナは温度制御が困難で，積み降ろしの際の物理的な衝撃も受けやすい．輸送時間は多く必要であるものの，国内輸送であれば低温管理を確実に行えるトラック便へとシフトしてきている．

切り花の輸送は現在でもなお段ボール箱を利用した乾式輸送（dry transportation, dry shipping）が主流ではあるものの，縦型の段ボールやバケットを利用した湿式輸送（wet transportation, wet shipping）がバラ，シュッコンカスミソウ，ガーベラなどで急速に普及した．バケット輸送（bucket transportation）では，再利用型バケット（returnable bucket）が使用され，卸売市場で回収後洗浄されたバケットや台車が生産者のもとへ届くので，使用料あるいは保証金を支払って利用する．バケット流通では，輸送中水に微生物が繁殖することが問題となるため，抗菌剤の添加が必須となる．また，満載の場合のトラックへの積載効率は横積み段ボール箱と比較して3割程度低くなる．

**c. 貯　蔵**

花卉の貯蔵は，球根類を除き，数日の出荷調整と，盆や正月をターゲットとした数週間の短期貯

蔵（short term storage）以外，長期貯蔵（long term storage）はほとんど行われていない．これは，長期貯蔵した花卉では出庫後に急激な品質低下が起こり，日持ち性が低くなるためである．

花卉の貯蔵は，低温障害（chilling injury）が発生しない範囲内でできるだけ低い温度を設定して行うことが望ましく，通常温帯性の花卉の場合0～2℃を下限とする低温貯蔵（cold storage）が行われる．チューリップやユリの球根類，芽を吹かせる前の枝物などの貯蔵には氷温（0℃に近いマイナス側の温度）帯を利用するとより長く貯蔵できる．低温処理を兼ねて湿ったピートモス中で氷温貯蔵された球根類を凍結〔貯蔵〕球（ice bulb）と呼び，凍結状態（球根は凍っていない）でオランダなどより輸入され，抑制栽培に利用されている．切り花の場合，貯蔵効率からすると箱づめした乾式貯蔵（dry storage）が水や品質保持剤に生けて貯蔵する湿式貯蔵（wet storage）よりも効率的であるが，シュッコンカスミソウのように湿式貯蔵しかできないものもある．

カーネーションは，蕾段階（蕾の先端の萼筒が割れた状態）で収穫すると乾式で数カ月の蕾貯蔵（storage of bud-cut flower）が可能である．これらは，出庫後抗菌剤とショ糖を含む開花溶液（bud-opening solution）を用いて開花させ，その上でSTSを処理すると十分日持ち性のある切り花となる．母の日需要に対応したり，改植時の切り残しを出荷したりすることができるのみならず，年間を通じて蕾切りを採用することにより，収穫本数を増やすことができる．シュッコンカスミソウでも，蕾が花序に多く残る咲き始めの段階で収穫し，これを光強度を確保した開花室（bud-opening room）で開花溶液を用いて開花させることにより，高温期の黒花を回避することができる．

二酸化炭素濃度を高め，酸素濃度を下げて低温貯蔵するCA貯蔵（controlled atmosphere storage）や，適度に通気性のあるフィルムで包装（MA包装，modified atmosphere packaging：MAP）することにより気相環境を制御するMA貯蔵（modified atmosphere storage）については，研究事例はあるものの，切り花の貯蔵にはほとんど利用されていない．ただし，オランダにおいてはユリ球根の長期貯蔵に低酸素貯蔵が利用されている．

一方，鉢物の貯蔵はあまり効率的ではないが，欧米ではバレンタインやイースターに合わせて出荷するため，チューリップやユリの鉢物を箱詰め後低温庫で貯蔵する場合がある．日本では，母の日向けのカーネーション鉢物の貯蔵が検討されている．

### 11.4.3 品質保持剤
#### a. 品質保持剤（材）

収穫以降消費段階に至るまで，花卉の品質の保持・改善を目的として処理される薬剤を品質（鮮度）保持剤（[floral] preservative），または単に保存剤という．切り花では，エチレン阻害剤，糖質，抗菌剤などが品質保持剤として吸水を通じて与えられる（表11.2）．鉢物では，エチレン阻害剤や蒸散抑制剤が葉面散布されたり，気浴処理されたりする．

これに対して，雰囲気中の有害物質であるエチレンを化学的に分解する過マンガン酸カリウムなどの薬剤や紫外線，活性炭を用いて物理的に吸着・分解したりする装置をエチレン除去剤（装置）（ethylene scrubber）と呼び，輸送ケースやコンテナ，冷蔵庫などに設置される．また，吸湿・保湿フィルム，発泡スチロールなどの断熱容器，蓄冷材，衝撃防止資材，ガス透過調節フィルムなども広い意味での品質保持材である．

#### b. エチレン阻害剤（ethylene inhibitor）

エチレン感受性の老化様式をとる花卉や落花・落弁が起こる花卉に対しては，品質保持剤としてエチレン阻害剤の前処理が有効である．エチレン阻害剤には，生合成を抑制するエチレン生合成阻害剤（ethylene biosynthesis inhibitor）とエチレン受容体に結合してエチレン作用を抑制するエチレン作用阻害剤（ethylene action inhibitor）がある．前者には，ACC合成酵素の阻害剤であるアミノエトキシビニルグリシン（aminoethoxyvinyl-glycine：AVG）やアミノオキシ酢酸（aminooxy-acetic acid：AOA），ACC酸化酵素の阻害剤であ

表11.2 切り花用品質保持剤のおもな成分と処理濃度

| 分類 | 成分名 | 化学（構造）式 | 処理濃度範囲 |
|---|---|---|---|
| エチレン阻害剤 | アミノエトキシビニルグリシン（AVG） | | 5〜100 ppm |
| | アミノオキシ酢酸（AOA） | | 50〜500 ppm |
| | アミノイソ酪酸（AIB） | | 50〜500 ppm |
| | チオ硫酸銀錯塩（STS） | $Ag_n(S_2O_3)_m^{(2m-n)-}$　$n=1〜3, m=2〜5$ | 0.1〜4 mM |
| | 1-メチルシクロプロペン（1-MCP） | | 0.1〜5 ppm |
| | シス-プロペニルホスホン酸（PPOH） | | 1〜20 mM |
| 糖質 | ショ糖 | | 0.5〜20% |
| | ブドウ糖 | | 1〜10% |
| | 果糖 | | 1〜10% |
| 殺菌剤 | 次亜塩素酸（ナトリウム塩，カルシウム塩） | $NaClO, Ca(ClO)_2$ | 50〜400 ppm（有効塩素） |
| | 硝酸銀 | $AgNO_3$ | 10〜200 ppm |
| | 8-ヒドロキシキノリン（8-HQ）（硫酸塩，クエン酸塩） | | 100〜600 ppm |
| | 四級アンモニウム塩（QAS） | $NR_4^+$　R：置換基 | 5〜300 ppm |
| | クロロメチルイソチアゾリノン（CMIT） | | 5〜300 ppm |
| | チアベンダゾール（TBZ） | | 5〜300 ppm |
| | 硫酸アルミニウム | $Al_2(SO_4)_3$ | 200〜300 ppm |
| 界面活性剤 | ポリオキシエチレンラウリルエーテル（PLE）（$n=7$ 前後が望ましい） | $C_{12}H_{25}-O(C_2H_4)_nH$ | 50〜500 ppm |
| 成長調節物質 | ジベレリン酸（GA$_3$） | | 1〜100 ppm |
| | ベンジルアミノプリン（ベンジルアデニン）（BA） | | 1〜100 ppm |
| | アブシシン酸（ABA） | | 1〜10 ppm |

るアミノイソ酪酸（aminoisobutyric acid：AIB）が知られている．後者には，銀や構造的にエチレンに近い物質である 2,5-ノルボルナジエン（2,5-norbornadiene），1-メチルシクロプロペン（1-methylcyclopropene：1-MCP），シス-プロペニルホスホン酸（$cis$-propenylphosphonic acid：PPOH）などがある．

　品質保持剤の成分としては，外生エチレンに対しても阻害効果のある作用阻害剤が用いられており，なかでも切り花には銀を錯イオンにして負に帯電させることで道管内の移動性を高めた STS（silver thiosulfate）の処理が広く普及している．STS は硝酸銀とチオ硫酸ナトリウムを 1：4～8 のモル比で混合した溶液で，溶液中には 3～7 価の銀を含む陰イオンが形成される．市販の STS 剤には，塩素を含む水道水でも希釈できるように，安定剤として亜硫酸アンモニウムなどが添加されている．STS は，切り花 100 g 当り 2～5 $\mu$mol が吸収されると十分な効果を発揮し，安価であることに加えて，有効濃度範囲が広く薬害が発生しにくいこと，代謝されにくく効果の持続性が高いことが広く普及している理由である．カーネーション，シュッコンカスミソウ，デルフィニウム，スイートピー，アルストロメリアなどには STS の前処理が必須である．

　エチレン感受性の花鉢物や花壇用苗物では，0.1～1 ppm の 1-MCP の気浴処理が有効であるが，効果の持続性や価格の面で処理が普及しているとはいえない．

c. 糖　質

　切り花では，光合成による炭水化物の供給がほとんどなくなるため，水揚げ用の水（切り水）や生け水にショ糖やブドウ糖をはじめとする糖質を数％加えて栄養の補給が行われる．とくに，多花性の品目では蕾の開花に糖が必要で，ハイブリッドスターチスやシュッコンカスミソウでは糖処理による品質保持効果が高い．また，カーネーションのように蕾段階で収穫して室内で開花させる場合にも糖を吸収させることが必要となる．多くの品目で花弁の褐変や萎凋の発生を遅らせて老化を抑制するとともに，アントシアニンの発色を促して花色を鮮やかにする効果がある．ただし，アルストロメリアやユリ類では葉の黄変を引き起こすので糖処理は行われない．

d. 抗菌剤

　切り花において，生け水や道管内での微生物の繁殖を抑える目的で，品質保持剤には抗菌剤（殺菌剤，bacteriocide）が加えられる．切り花用の抗菌剤には，高い殺菌効果に加えて植物に薬害が生じないことが求められる．次亜塩素酸（hypochlorite）は，殺菌効果は高いが，効果の持続性に乏しく，植物にしばしば障害を生じさせる．

　$Cu^{2+}$ や $Ag^+$ などの金属イオン，生け水の pH を下げるクエン酸や酢酸には制菌作用があり，生け花の伝統的技術としても生け水に加えられる．8-HQ（8-hydroxyquinoline）や硫酸アルミニウム（aluminum sulfate）は古くから抗菌剤として用いられているが，前者には比較的弱い抗菌作用が，後者には細菌を沈降させて切り口を保護する作用がみられる．四級アンモニウム塩（quaternary ammonium salt）やクロロメチルイソチアゾリンをはじめとするチアゾリン（thiazoline）系の抗菌剤は，強い殺菌作用とともに，植物に対する薬害が生じにくいことから広く用いられており，バケット輸送用の品質保持剤の主成分となっている．

e. その他の成分

　吸水速度を高めるには，生け水に界面活性剤を添加することが有効で，非イオン系界面活性剤で洗剤や農薬用の展着剤の成分でもあるポリオキシエチレンラウリルエーテルの効果が優れる．バラやブバルジアのように水ストレスを受けやすい切り花用の品質保持剤には，蒸散抑制を目的として蒸散抑制剤（transpiration suppressant）が添加され，なかでも硫酸アルミニウムの使用が一般的である．アブシシン酸（ABA）にも強い蒸散抑制効果がみられるが，一方で葉や花弁の老化を促進する．また，植物成長調節物質であるジベレリン酸（gibberellic acid：$GA_3$）やベンジルアミノプリン（ベンジルアデニン）（benzylaminopurine, benzyladenine：BA）は，アルストロメリア，ユリ，スイセンの葉の脱緑を防止することに有効である．

#### f. 前処理と後処理

　生産者や集出荷団体が収穫後に切り花の水揚げを兼ねて短時間で行う品質保持剤の処理を前処理（pretreatment）という．STSをはじめとするエチレン阻害剤，糖質，蒸散抑制剤などが界面活性剤や抗菌剤とともに処理される．とくに濃度を高めて短時間で処理する場合には，パルス処理（pulsing treatment, pulsing）という．品目別に有効な成分を調合した品質保持剤が市販されている．また，卸売市場によっては処理が義務づけられている品目もある．前処理では，調整・出荷作業の中で有効量の品質保持剤成分を吸収させることが必要で，品質保持剤の成分濃度，処理時間とともに，切り花の状態（乾き具合）や温度，湿度，光，風といった処理環境に対する配慮が必要である．とくに糖質は前処理だけでは必要量を与えきらない場合があり，輸送時処理や後処理において糖処理を継続する．

　バケット輸送では，前処理に引き続いて品質保持剤を与えることができ，通常抗菌剤単独あるいは糖質と組み合わせた溶液が用いられる．

　これに対して，小売店や消費者が品質保持剤を生け水に添加して行う処理を後処理（continuous treatment）という．小売店用の後処理剤には，抗菌剤の単独あるいは栄養となる糖質が1〜2％添加されており，蒸散抑制剤や界面活性剤が添加される場合もある．抗菌剤は生け水や茎の腐敗を防止して，水替えや茎の切り戻し（recut）を不要にする．消費者用の後処理剤には汎用性が求められ，バラ用を除き品目別の剤は少なく，小売店が切り花を販売する際に添付する場合が多い．

### 11.5　花卉の流通と消費

#### 11.5.1　流通
#### a. 物流・商流・情報流

　流通（marketing）とは，単に物流のみならず，商流，情報流などの商品の動きに伴って生じる様々な流れの全体を指す．花卉の流通は，大きく市場流通と市場外流通に分かれ，切り花，鉢物では前者が，花木，球根類，種苗では後者が中心である．とくに種苗は，品種の育成者権をもつ業者が取り扱っている．

　戦後日本の園芸産業は，施設化と産地の大型化，輸送園芸による市場流通をベースに発展してきた．花卉産業においても例外ではなく，都市近郊で発達した個人規模の花卉生産から，20世紀後半には遠隔地にも大型産地が形成され，共同出荷による大型流通時代を迎えた．卸売市場も大型化し，各地で時計競りのシステムが導入された（口絵10参照）．この変化には功罪があり，日本の近代的な花卉産業の体制づくりを促し，生産の拡大に貢献した一方で，多くの個性あるマイナーな品目や品種は切り捨てられていった．ここに，輸入花卉が入り込む余地を与えてしまったといえる．しかし，21世紀に入ると，農産物全体における地産地消の動きに加え，花卉産業においては環境負荷の低減といったことにも焦点があてられるようになり，生産に要する農薬やエネルギーの削減，フードマイレージならぬフラワーマイレージが一つの商品情報として議論され始めようとしている．

#### b. 流通経路

　切り花，鉢物・花壇苗の流通経路（trade (marketing) channel）の中心は，日本やEUの場合，生産者から卸売市場（auction market）を経て小売業者（retailer）に至る経路である．米国では，仲卸（wholesaler）が中間に入る場合もあるが，大型のスーパーマーケットなどへは生産者から直接搬送される．

　日本の卸売市場の多くは都市にある消費地市場であり，中央卸売市場法ならびに地方卸売市場法に基づいて設置された全国約200の卸売市場が花卉を扱っている．統廃合が進んだとはいえ，大都市にあるいくつかの市場を除くと，いずれも零細な卸売市場が多い．卸売市場へは生産者から直接，あるいは集出荷団体を経て出荷され，仲卸を経て，あるいは直接小売業者へと渡る（図11.8）．かつて花卉卸売市場では，競り（auction）による取引比率が仲卸による先取りや予約相対取引の比率に比べて大きかったが，1999年，2004年の市場法の改正に伴い商物一致原則が緩和され，これを契機に予約相対取引による比率が急速に高まった．

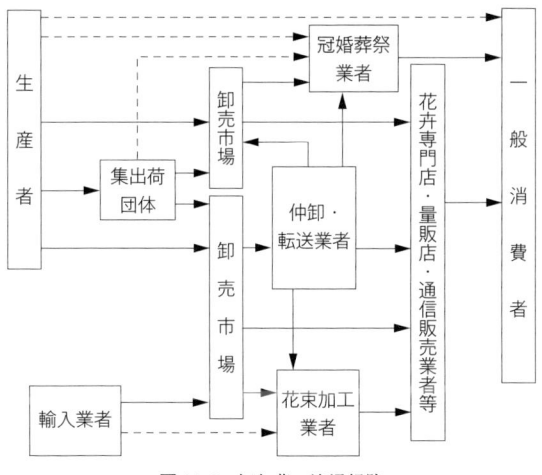

**図 11.8 切り花の流通経路**
実線は市場流通，破線は市場外流通．

また，転送は品質管理上も物流効率からも大きな問題をはらんではいるが，大都市の大型市場からは移出業者による地方市場への転送が相当量ある．

切り花の場合，小売業者の中心は花屋（花店，florist, flower shop）である．鉢物や花壇苗では，ホームセンター（garden center）などの大型量販店による販売が増加する中で，卸売市場を経由せず直接量販店と取引する市場外流通が増加している．さらに今世紀に入って，ネット取引，地場の産直販売を経由する経路も無視できない流通経路となっている．

輸入切り花は，輸入業者（importer）を通じて卸売市場へと出荷されるとともに，花束加工業者（[cut flower] packer）へと流れる．一方，花木や芝，球根類は買取り業者（buyer）が生産者から買い付けた上で，分荷される．とくにマット芝やカバープランツのような緑化植物は建築材料でもあり，造園業者を経由する場合が多い．

**c. 出荷体制**

花卉の出荷には，個人単位で選別・出荷する個人出荷（private shipping）と，いくつかの生産者が集まって出荷する共同出荷（cooperative shipping）がある．とくに，遠隔地からの輸送では輸送量を確保する必要から個人出荷が困難な場合が多く，共同出荷体制をとっている花卉産地が多い．共同出荷では，統一の選花基準を設けて個人で選花，荷造りした上で集出荷場へ集め，それを再チェックして出荷する場合（個選共販）と，共同選花場（cooperative packing house）へ収穫後の花を集め，一定の基準に基づき共同選花（co-operative sorting）して一括で輸送販売する場合（共選共販）とがある．また，このような共販体制を運営する組織を集出荷団体という．

**d. 価　格**

卸売市場に出荷された花卉は，基本的には競りにより箱単位で市場価格（market price）が決定される．また，仲卸による先取りの場合，店頭では束売りにまで分荷され，その商品の競り価格に手数料を上乗せした価格が設定される．とはいえ，大型の花卉卸売市場では近年予約相対取引の割合が増加しており，市場出荷されるすべての商品が競りにかけられるわけではないことから，卸売市場における価格決定機能が十分に働かなくなってきている．予約相対取引の場合には，購入者があらかじめ商品と購入日，数量を指定し，生産者や集出荷団体との間で協議の上価格決定される．また，商品は直接購入者に届けられ，決済のみを卸売市場が行う場合もある．卸売市場の手数料は，中央および地方卸売市場法の改正により自由化されたとはいえ，予約相対取引を含め，従前どおり取引価格の9.5％ないし10％としている場合が多い．

小売店における花卉の小売価格（consumer price）は，店舗によりまちまちであるが，通常仕入れ価格（卸売価格）の2〜3倍に設定される場合が多い．小売価格には，人件費，資材，光熱水費を含む店舗料などが収益とともに含まれ，売れ残りによる損失分も上乗せされる．とくに日本の花屋は小規模で，商店街やデパート，駅前などの繁華街に立地している場合，店舗の借料が小売価格のなかでかなりの割合を占めることとなる．

**e. 輸出入**

花卉の輸入のほとんどは，切り花と球根類で占められ，土がついている鉢物・花壇苗，花木類の輸入は植物検疫の問題から皆無である．花卉の輸出入には，輸出国においては輸出業者，輸入国においては輸入業者の仲介があり，集荷・分荷が行われる．

切り花の輸入数量は今世紀に入り急増しており，2012年時点で約14億本の輸入がある．これは国内市場流通量の25％に達し，国内生産を圧迫する要因となっている．品目別では，コロンビア，中国からのカーネーション，マレーシア，中国からのキク，タイ，台湾からのラン類（主としてデンファレ），インド，ケニア，韓国からのバラが多く，神事や仏事用に利用されるサカキ類も中国から大量に輸入されている．

球根類の輸入は，それまで輸入障壁となっていた隔離検疫が1988年のオランダ産チューリップ球根に対して撤廃されたことを契機として，その後品目・品種が拡大され増加の一途をたどった．この間，チューリップ球根とユリ球根の多くが国内産から輸入球根におきかわった．これ以外の品目では，ダッチアイリス，グラジオラス，フリージアなどの球根が多く輸入されている．輸入先はほとんどがオランダであるが，1999年より南半球産のチューリップやユリ球根の輸入が始まり，ニュージーランドやチリからの輸入が増加した．2012年時点で4.1億球（66億円）の輸入がある．

切り花や球根以外では，キクやカーネーションの挿し穂や発根苗，ガーベラ，アルストロメリアなどの組織培養苗，ユッカやドラセナなどの観葉植物の挿し木用の枝が輸入されている．

一方，花卉の輸出はマキなどの樹木類とラン類がほとんどであるが，2012年現在で83億円と輸入に比べると1/10にも満たない．ただし，2007年より花卉の輸出に向けた施策が講じられるようになり，それ以前から輸出がみられたリンドウ切り花やフェニックス・ロベレニー鉢物に加えてグロリオサやスイートピー切り花の輸出が始まった．

### 11.5.2 消費

花卉の利用形態は多岐にわたり，流通ロスも含めその数量を正確に把握することは難しい．緑化樹や街路樹，芝などの需要は公共事業の量を大きく反映するし，オリンピックをはじめとするスポーツイベントや博覧会の開催などとも無縁ではない．また，切り花や鉢物・花壇苗の需要は，その時々の生活様式を反映するとともに，消費者はデザインも含め目新しさにも敏感で流行にも左右されて大きく変動する．切り花に限っていえば，1970年代には仕事花，稽古花，家庭花と呼ばれる利用形態がほぼ同じ割合であった．1990年頃には稽古花の比率が大きく下がり仕事花（冠婚葬祭や業務需要）の割合が増加し，贈答用（gift use）の高級な花卉の需要が増えた．その後国内経済の悪化とともに業務需要が急激に落ち込み，パック花も供給されるようになって家庭需要が増加したことから，店頭売り（贈答用を含む）の花の割合は2007年現在で約6割に至っている．

総務省発行の「家計調査年報」では，県庁所在地における1世帯（農林漁業者を除く2人以上の世帯）当りの切り花および園芸品・同用品（鉢物，花壇苗，種苗，園芸資材，農薬・肥料など）の調査結果が示されている．これは，主として家庭消費（household domestic consumption）される切り花（仏花を含む）の購入量とガーデニングなどへの鉢物・花壇苗・種苗の購入量を反映しているとみることができる．地域差はあるものの全国平均でみると，切り花は1997年の13000円をピークとして2012年の9500円まで減少した．一方，園芸品・同用品も，1999年の約12000円をピークに2012年の9000円にまで低下してきた．日本の花卉の消費は欧米先進国に比べると低めである．また，切り花や園芸品・同用品の購入は世帯間での格差が大きく，花卉をまったく購入しない世帯もかなりある．

### 11.5.3 品質保証

#### a. 必要性

収穫後の花卉の市場価値（market value）がどこまで高まり，実際の日持ちや棚持ちが何日得られるかを予測することは難しい．ただし，一定の条件下で一定の基準で評価された日持ちは，一般的な消費条件下での日持ちを考える上での目安となる．

EU市場への切り花の供給基地であるオランダの卸売市場では，出荷されてきた切り花をオランダ生花市場協会（VBN）の策定した品質評価基準に則り，一定の条件の部屋を設けて一定の基準で

日持ち評価するリファレンステスト（reference test）が実施されている．また，この結果をもとにいくつかのスーパーマーケットにおいて切り花が日持ち保証（vase life guarantee）を行って販売されるようになり，とくにこれまで切り花需要が低迷していたイギリスでの販売促進につながった．

一方，切り花の段ボール箱による乾式輸送中心の日本では，2000年頃よりEU市場に倣い湿式のバケット低温流通を導入しようとする気運が高まり，バラ，シュッコンカスミソウ，トルコギキョウなどに導入が進んだ．これに伴って，前処理と水揚げや生け水の微生物管理を徹底することで，これまで以上に日持ち性の向上が図られるようになった．花卉の消費拡大を家庭消費に求めざるをえない状況下で，消費者が強く求める日持ちに対する要求に対応し，積極的に情報提供を行って販売促進に繋げるため，リファレンステストに基づいた品質保証（quality guarantee）の制度確立が急がれている．

**b. リファレンステスト**

オランダ生花市場協会が定めた品質評価基準では，標準条件として，温度20℃，相対湿度60％，白色蛍光灯による12時間照明（光強度は床面で$10\,\mu mol/m^2 \cdot s$）下で，清潔なガラス容器に脱塩水を入れてそこに複数本の切り花を生け，品質評価を行うこととなっている．日持ち終了の判断は，一般（共通）検査除外基準および個別検査除外基準において三つ以上の事項で除外基準を下回った場合に品質保持期間の終了と判断される．得られた結果は，切り花の潜在的な日持ち性を示すと同時に，前処理や収穫後の取り扱いが適切に行われているかどうかを判断する上でも参考となる．

日本においても，バケット低温流通の普及とも相まって，同様の方法を採用した切り花の日持ち保証制度の構築が検討された．その際消費の実状を反映して標準条件の温度を25℃に高め，後処理剤を用いることを前提として，品質評価の基準はオランダ生花市場協会の基準より厳しく設定された（バラにおける検査基準例：表11.3）．一部の卸売市場や（一財）日本花普及センターでは，全国標準の基準でのリファレンステストを受託している（口絵11参照）．

表11.3　バラ（スタンダード）切り花のレファレンステスト評価基準

| 項　目 | 判 定 基 準 | 備　考 |
|---|---|---|
| 花弁の萎れ | 触診により，A：リジッド（かたく張りがある），B：やや軟，C：軟，および視覚的に，D：垂れ下がる | |
| 花首の萎れ（ベントネック） | 視覚的に，A：リジッド（しっかりしている），B：しわが寄る，C：傾く，D：折れ曲がる | 花弁の萎れと花首の萎れは並行するが，品種により花弁の萎れのみが進行する場合がある |
| 開花 | 視覚的に，A：未露心，B：露心，C：雄蕊突出（花弁の退色が進む），D：落弁，またはE：開花せずブルーイング・乾燥・変色（花弁の状態から時期を総合的に判定） | 露心までは，A1：かたい，A2：ほころぶ（円筒形），A3：半開（逆円錐形），A4：全開，B：露心と判定 |
| 灰色かび病 | 花弁に，C：小斑点（5 mm以下），D：大斑点，E：落弁 | 花床に発生すると落弁 |
| ブルーイング | A：なし，B：やや変色，C：明らかなブルーイング，D：激しいブルーイング | 花の展開に伴う花色の淡色化は測定対象としない |
| 花弁の乾燥・変色 | A：なし，C：先端がわずかに変色，D：先端が変色・壊死 | 赤色花花弁先端で発生しやすい |
| 萼片・葉の黄変 | A：なし，C：わずかに黄変，D：黄変，E：落葉 | |
| その他 | D：落葉，薬害，虫害など | |

切り花の保持環境条件は，温度25℃，相対湿度60％（可能な限り±10％以内に調節する），光強度1000 lx（切り花のない床面）・蛍光灯照明，日長12時間．花瓶は洗浄・消毒後に使用し，生け水には後処理剤を用い，当初1 L，半量がなくなれば同一溶液を補給する．いずれかの項目でC判定となった場合，以後毎日測定する．いずれかの項目でCからDへ移行した時点で日持ち終了とする．Cが複数ある場合にも日持ち終了とする．

#### c. 品質保証

　花卉の品質保証は，切り花が家庭で何日持つかという日持ち保証にとどまらない．たとえば，バラ切り花では咲ききり保証を行っている小売店がある．また，切り花では後処理剤の添付販売や水揚げ法の説明，鉢物では好適な消費環境と管理法の説明をはじめとした種々の情報提供を消費者に行って，品質保証をより確実なものにしていこうという試みがなされている．

　一方，ヨーロッパにおいては，「安全な農産物を生産するために必要な圃場や集出荷施設等の環境整備と栽培管理において守るべき規範」を定め，プロセスチェック方式による管理規範を定めている．これを適正農業規範（good agricultural practice：GAP）と呼んでおり，とくに園芸生産においては，一般に受け入れ可能な農業生産のための最低基準として1997年に策定されたユーレップギャップ（EUREPGAP）が広く実践され，生産環境の保全と生産物の安全や品質確保に大きな役割を果たした．

　また，オランダでは花卉生産における環境負荷の低減を目指して1995年にMPS（オランダ語 Milieu Programma Sierteelt の略）と呼ばれる環境認証プログラムがスタートした．これは，エネルギー，農薬，肥料の投入量や廃棄物の処理方法といった要素をポイント評価して，PDCA方式（plan-do-check-act cycle）による改善を図り，目標を達成した生産者や流通業者を認証しようとするプログラム（MPS-ABC）である．同様の認証プログラムを活用して，生産者向けにはMPS-ABC以外にMPS-GAP（安全性と環境保全対策）やMPS-Q（品質管理）などが，流通業者向けにはFlorimark TraceCert（品質管理のトレーサビリティ）などが普及し，MPSは花卉産業総合認証プログラムとなっている．この認証システムは，21世紀に入りオランダ以外でも採用されはじめ，輸出花卉の品質や生産履歴を保証する国際指標となりつつある．　　　　　　　　　　［土井元章］

# 12. 利用

## 12.1 景観的利用

### 12.1.1 花壇

　花壇（flower bed）とは，庭園（garden）や公園に設けた草花類や樹木類を植栽した花床のことである．したがって，英語では庭園と同様の意味であった．日本で初めて花壇が記されたのは，その書名にあるとおり日本最古の園芸書『花壇綱目』（水野元勝著，延宝9年（1681年））からとされている．西洋では，フランス人のル・ノートル（A. Le Notre，1613～1700年）が17世紀末に6種類の花壇を提唱している．すなわち，刺繍花壇，仕切花壇，英国花壇，区画花壇，柑橘花壇，水花壇からなり，これらはル・ノートル式花壇と呼ばれる．この頃欧州では，結び目模様（knot）がある花壇が流行し，この様式にはオープンノットとクローズドノットの2種類がある．

　現代の花壇は，植栽材料，観賞時期，形状，様式などによって類別が異なる．表12.1は花壇の種類と特徴を示したものであるが，分類によっては重複するものもある．

#### a. 代表的な花壇の特徴

①毛氈花壇（carpet garden）：幾何学的な模様・図案にそって草丈10 cm程度の低い花を密に植え込み，毛氈（絨毯）を敷き詰めたように見せる．スペース的に余裕がある場所か観賞場所と高低差がある場所に適し，四方から観賞することを考えてつくられる．

②舗石花壇（paved garden）：庭園全体に敷石を敷きつめてデザインする．敷石のデザインとして，整形，放射形，同心円形，直線形，モザイク形，不整形，乱形，折衷形などのパターンがある．

③タペストリーガーデン（tapestry garden）：主としてセダムなどの多肉植物を中心に構成し，緻密な描写に特徴がある．日本ではなじみが薄いが，英国では各地につくられている．

④リボン花壇（縁花壇，ribbon garden）：建物や園路などにそってリボン状（帯状）に草丈20～30 cm程度の花を植え込む．境栽花壇（ボーダー花壇）と似ているが，リボン花壇の方が幅が狭い．

⑤境栽花壇（ボーダー花壇，border flower bed, border garden）：生け垣や塀，壁などを背にしてつくられ，視点が園路側からの一方向なので，前方が低く後方が高くなるよう立体的に植栽する．用いる植物により，一年草ボーダー，宿根草ボーダー，樹木ボーダー，それらを混植するミックスボーダーに分けられる．

⑥擁壁花壇（壁面花壇，wall garden）：レンガ塀や建物の外壁を植物で緑化する方法で，つる性植物を這わせたり，壁掛け鉢などを配置し緑化する．多くはナツヅタやヘデラなどの吸着登攀型のつる性植物で緑化されるが，壁に添って据え付けられたフェンスなどの登攀補助材と組み合わせ，カロライナジャスミンなどの巻きつき登攀型やブドウなどの巻きひげ登攀型のつる性植物による緑化も増えている．近年，都市緑化で注目されるようになり，緑地面積としてカウントされるケースも増えている．

⑦沈床花壇（サンクガーデン，sunken garden）：整形式庭園に多く見られ，紋章や幾何学模様などのデザインに整形され，歩道面より低い位置につくられる．

⑧テラス花壇（terrace garden）：リビングルームなどから庭に張り出すようにつくられたテラスやデッキ部分に人工地盤を設けたコンテナを置

表12.1 花壇の種類と特徴（上原編（1978）を参考に柴田作表）

| 花壇の種類 | | 英名 | 特徴 |
|---|---|---|---|
| 植栽植物の性状による類別 | 一・二年草花壇 | annual or biennial plant garden | 一・二年草を季節に応じて年間3〜4回入れ替える. |
| | 多年草花壇 | herbaceous perennial plant garden | 宿根草, 多年草を植栽するため, 入れ替え不要. 四季を通じ花が咲くよう配植する. |
| | 木本花壇 | woody plant garden | 木本植物を植栽するため, 入れ替え不要. 大〜小の木本植物を組み合わせ, 四季の変化を楽しむ. |
| 植栽植物の種類数による類別 | 単植花壇 | monoculture garden | 1種類の植物を植栽. 広がり感や落ち着き感が得られる. |
| | 混植花壇 | polyculture garden | 複数の植物を植栽. 四季の変化が感じられる. |
| 観賞時期による類別 | 春花壇 | spring garden | プリムラ, アリッサムなど春咲きの植物を組み合わせた花壇. |
| | 夏花壇 | summer garden | サルビア, ベゴニア・センパフローレンスなど夏咲きの植物を組み合わせた花壇. |
| | 秋花壇 | autumn garden | コスモス, キクなど秋咲きの植物を組み合わせた花壇. |
| | 冬花壇 | winter garden | ハボタン, パンジーなど冬咲きの植物を組み合わせた花壇. |
| | 永久花壇 | permanent garden | 宿根草・多年草や木本植物を組み合わせた花壇. |
| 形状による類別 | 整形花壇 | formal garden | 形づくられた花壇. 多くの西洋庭園で見られる. |
| | 円形花壇 | circle garden | 円状に形づくられた花壇. |
| | 角形花壇 | square garden | 四角形に形づくられた花壇. |
| | 帯形花壇 | zonal garden | 帯状に形づくられた花壇. |
| | 混合形花壇 | mixing garden | 上記形状を組み合わせた花壇. |
| | 自由形花壇（自然形花壇） | free style garden（natural garden） | 特定の形ではなく, 自然的につくられた花壇. |
| 様式による類別 | 平面的花壇 | | |
| | 毛氈花壇 | carpet garden | 幾何学模様・図案模様を取り入れた花壇. |
| | 舗石花壇 | paved garden | 庭園いっぱいに石を敷き詰めた花壇. |
| | タペストリーガーデン | tapestry garden | 多肉植物など小型の植物を組み合わせ, 緻密な模様を描く花壇. |
| | リボン花壇（縁花壇） | ribbon garden | 園路, 植え込み周縁などに添って帯状につくられた花壇. |
| | 立体的花壇 | | |
| | 寄せ植え花壇 | assorted flower bed | 相性のよい植物を組み合わせてつくられた花壇. |
| | 境栽花壇（ボーダー花壇） | border flower bed | 垣根, 塀, 園路などに添ってつくられた細長い花壇. |
| | ピラミッド花壇（天幕花壇） | pyramid garden | 四角錐の基盤に植栽し, ピラミッド状に整形された花壇. |
| | ポール・フェンス仕立て花壇 | pole or fence garden | ポールやフェンスを利用し, 立体的につくられた花壇. |
| | 高床式花壇（レイズドベッド） | raised bed | 床を地面より高い位置に設けた花壇. 近年は, 車椅子に併せてつくられるものも見られる. |
| | 擁壁花壇（壁面花壇） | wall garden | 石積や石垣, 石塀などと植物を組み合わせてつくられた花壇. |
| | 掘り下げ式花壇 | | |
| | 沈床（サンク）花壇 | sunken〔sunk〕garden | 地表から1〜2m掘り下げ, 底面に植え込みや芝生, 池泉などを設けた花壇, 庭園. |
| | 水栽花壇 | water garden | 池泉, 流れなどと植物を組み合わせてつくられた花壇, 庭園. |
| | 建築物にかかわる花壇 | | |
| | 屋上花壇 | roof garden | 屋上に設置された植栽基盤やコンテナでつくられた花壇, 庭園. |
| | 屋内花壇 | interior gargen | 屋内に設置された植栽基盤やコンテナでつくられた花壇, 庭園. |
| | テラス花壇 | terrace garden | テラスに設置された植栽基盤やコンテナでつくられた花壇, 庭園. |
| | 壁面花壇 | wall garden | 建物外壁やコンクリート壁, ブロック塀などと植物を組み合わせてつくられた花壇, 庭園. |
| | 移動式花壇 | | |
| | ボックス花壇（コンテナガーデン） | container garden | ポットやプランターなどのコンテナでつくられた花壇, 庭園. |
| | 石・岩をベースとする花壇 | | |
| | ロックガーデン | rock garden | 植物の栽培用に配置された石組みと植物を組み合わせてつくられた花壇, 庭園. |
| | ドライウォールガーデン | dry wall garden | 緩傾斜に石を積み上げたり, 緩傾斜面に石を配し, その間に植物を植栽してつくられた花壇, 庭園. |
| | トラフガーデン | trough garden | 岩の窪みなどに植物を植え付けて観賞する. |
| | 水面をベースとする花壇 | | |
| | 水栽花壇 | water garden | 池泉, 流れなどに添って水生植物を組み合わせてつくられた花壇. |
| | フローティング花壇 | floating garden | 発泡スチロールなど浮力が高い構造の基盤を水面に浮かせ, そこに植物を栽培した花壇. |
| 植物による類別 | ハーブガーデン | herb garden | タイムなどの香草を組み合わせてつくられた花壇, 庭園. |
| | ローズガーデン | rose garden | バラ中心につくられた花壇, 庭園. |

| | コニファーガーデン | conifer garden | コニファー中心につくられた花壇，庭園． |
| --- | --- | --- | --- |
| | ベジタブルガーデン | vegetable garden | 様々な野菜を組み合わせてつくられた花壇，菜園． |
| | トピアリーガーデン | topiary garden | 鳥獣形など様々な形に仕立てられた樹木を配した花壇，庭園． |
| | オランジェリー | orangery | オレンジ栽培温室と訳されている．寒さに弱い柑橘類の越冬施設． |
| 生活に伴う類別 | コミュニティガーデン | community garden | 地域住民が主体となり，場所の選定から造成，維持管理まで自主的につくられた緑の空間． |
| | ホームガーデン | home garden | 家庭園芸の場．花壇のほかに，ハンギングバスケットや寄せ植え，フラワーアレンジメントを含む． |

き，植物を栽培する．

⑨ボックス花壇（コンテナガーデン，container garden）： ポットやプランターなどのコンテナ（容器）に草花を植え付けて観賞するもので，移動が容易なため移動花壇とも呼ばれる．一般の家庭でも容易に楽しめるため，最も身近に感じる花壇である．近年は，テラコッタ（terracotta）などの焼成ポットの人気が高まってきた．

⑩ロックガーデン（rock garden）： 岩と植物を組み合わせ，高山の雰囲気を演出する方法で，3タイプが知られる．

・盛り上げ式ロックガーデン： 土を盛り上げたり，傾斜地に岩を配置してつくる．岩と岩のポケットなどに植物を配置し，高山帯のガレ場を思わせるよう演出する．

・スクリーガーデン： 緩斜面を利用し，川の流れを模してつくる．水はけがよい砂地に岩や低木を配置し，その間に植物を植える．

・ドライウォールガーデン： 隙間をつくりながら垂直に岩石を組み上げ，岩と岩の隙間などに植物を植え込む．ハイネズなどの枝垂れ（匍匐）性の植物やタマシダなどの乾燥に強い植物が植栽される．

⑪水栽花壇（water garden）： 川の流れや湖沼の周囲におもに水生植物や湿生植物を植えて，水と植物の調和を楽しむ．水中にはスイレンやハス等の水生植物，それより少し離れた場所には，セキショウやロベリア，水生カラーなどの湿生植物，さらに先の離れた場所へはミソハギなどの湿った場所を好む植物を配置する．

⑫フローティング花壇（floating garden）： 発泡スチロールなど浮力が高い素材でつくられたプラントベッドを水面に浮かせ，植物を栽培する．根は水中に伸び出すため，灌水は不要である．多くの植物が植栽可能であるが，水位と植物体の間に若干の隙間をつくり，呼吸ができるようにする方が失敗が少ない．

⑬ハーブガーデン（herb garden）： 香草（ハーブ類）を中心に植栽する．葉や花が美しいハーブを集め，中世の薬草園の雰囲気を伝える．

⑭ローズガーデン（rose garden）： バラを中心としてつくられる．バラの割合が高いガーデンも含まれる．

⑮コニファーガーデン（conifer garden）： 針葉樹（コニファー）がもつ葉色や高低差，樹形などを巧みに組み合わせ，落ち着いた雰囲気を醸し出す（口絵12参照）．

⑯ベジタブルガーデン（vegetable garden）： 葉色や形態が異なる野菜を美的に配してつくられる．近年人気のキッチンガーデンや家庭菜園も含まれる．

⑰トピアリーガーデン（topiary garden）： 動物や器物に似せて刈り込まれた樹木で構成される．植物的にはツゲやコニファーなどが使われる．

⑱コミュニティガーデン（community garden）： 直訳は「地域の庭」，つまり公に使うことのできる庭＝公園と訳せるが，普通の公園をあえてコミュニティガーデンと呼ぶことは一般的ではない．地域住民が主体となり，地域のために場所の選定から造成，維持管理まで自主的に行う「緑の空間」を意味し，作業はボランティアによる．地域住民どうしの横方向の結束が高まり，暖かい地域空間がつくられる．

⑲ホームガーデン（home garden）： 家庭園芸の場であり，花壇のほかにハンギングバスケットや寄せ植え，フラワーアレンジメントも含まれる．

⑳ペットガーデン（pet garden）： ペットとして飼っている動物が安心して動き回れるスペース．

有毒植物などを排除したりして動物への危険性をなくす．

#### b. 庭園のスタイル

庭園のスタイルは，国，民族，歴史文化，気候，立地条件などにより異なり，地域性が見られる．なかでも欧州における庭園のスタイルは歴史的変遷の影響を受け，次の三つのスタイルに大別できる．

①イタリア式庭園（Italian garden）：　14世紀から16世紀にかけておもにイタリア郊外の別荘で発達した．幾何学式庭園の要素をもち，テラス式，あるいは露段式庭園とも呼ばれる．丘の中腹に造られた数段のテラスで立体的に構成され，上段テラス中央に建物を配して軸線（ビスタ）を設定し左右対称の構成をとり，庭園内部から周囲のパノラマ景を楽しむ，などの特徴をもつ．園路交差点や要所に彫像，飾り鉢，噴泉，カスケード（階段状の滝），トピアリーなどが設けられている．イタリア式庭園は，フランス式庭園を生む礎となり，やがてイギリス風景式庭園へと発展する．

②フランス式庭園（French garden）：　17世紀から18世紀にかけておもにフランスで発達した平面幾何学式庭園．イタリア式庭園の影響を受けたが，立体的なイタリア式庭園に対して平面的で，ベルサイユ宮殿のように貴族趣味的色彩が強い．平坦で広大な敷地に軸線（ビスタ）を設定して左右対称性をとり，幾何学的な池の配置や人工的に整形された植栽などを特徴とし，主軸の交点には，池泉・噴水・彫像などが設けられる．

③イギリス式庭園（英国の自然式庭園，English garden）：　人工的なフランス式庭園に疑問を抱いた英国において，自由思想の広がりとともに，四季の自然の彩りを楽しむ独特の自然スタイルをもつ風景式庭園が発達した．コンセプトは，ゆるやかな起伏をもつ丘陵の牧歌的な風景と思想を基盤においたものとなっている．境栽花壇に特徴があり，花や葉の形，質感，色の調和を重視した設計で，高低差を考慮し宿根草をバランスよく植栽している．

### 12.1.2　都市緑化

地球温暖化（global warming）が進み，とくに都市化（urbanization）が進んだ大都市ではヒートアイランド現象が加わり，よりいっそう熱的環境は悪化している．都市緑化（urban greening）は，公園や街路，屋上，壁面，個人庭を含めた町並み全体の景観の向上やヒートアイランド現象などの緩和に不可欠となっている．東京都区部は都市化が進み，それに反比例するかのように緑被率（ある地域全体の面積に占める樹林，樹木，草などでおおわれた土地面積）は減少傾向にあり，2000年には22%程度の状況にある．ストレスが多い現代社会において，緑地（open space），緑の空間（green space）は，心理的・生理的なオアシスである．人間といえども動物であり，緑の中で最も安らぎが感じられる．緑の空間に接すると，生命感や安らぎ感，四季の変化が感じられ，植物がもたらす香気や葉色は，疲労回復やパソコンなどの電子機器の操作に由来するテクノストレス（technostress）の解消に効果がある．さらに，緑化植物（greening plant）は汚染された空気の浄化や酸素の発生源といった機能をもっている．しかし，それらの機能も，植物が健全に育ってこそ，最大の効果を発揮するものであり，都市園芸学（urban horticulture）や都市緑化技術（urban greenery technology）に立脚した技術が求められる．

#### a. ヒートアイランド現象

近年，ヒートアイランド現象による都市の高温化が問題視されている．ヒートアイランド現象（heat-island observation）とは，地表面における熱の収支が，道路舗装や建築物の増加，冷暖房などの人工的な熱の増加によって変化し，都市中心部の気温が郊外に比べて高くなる現象で，等温線を描くと，島の形に似ることからヒートアイランド（熱の島）と呼ばれるようになった．都市部における緑地の減少もこれに拍車をかけている．

このヒートアイランド現象の緩和に，緑地および植栽が効果を発揮する．とくに，建物の緑化は効果的で，屋上や壁面を緑化すると，太陽からの放射熱がコンクリートに蓄熱されないため，温度の上昇が抑制される．また，道路においても，街

路樹の植栽により，アスファルトの蓄熱が抑制されることから，道路の熱的改善効果が期待できる．

一方，より積極的に冷気を都心部に導入し，都市内の冷却を図る風の道（ventilation path）が都市計画上で提案されている．これは，建物の配置の工夫や幹線道路の植栽，都市公園や緑地を連続的に結び，郊外から都市部へ風を誘導する風の通り道をつくりだそうとするものである．たとえば，東京湾から皇居を結ぶ線上に位置し，八重洲通りの突き当たりに壁のように存在していた東京駅の鉄道会館ビルが解体されることで，皇居に向けて風が通り抜ける道筋ができ，その先に位置する北区や豊島区などの内陸部へ冷気が運ばれるものと期待されている．

**b. 屋上緑化**

屋上緑化（roof planting）のルーツは，古代バビロニア王国のバビロンの空中庭園（the hanging gardens of Babylon）にある．架空庭園あるいは懸垂庭園とも呼ばれる．ネブカドネザル2世が王妃の故郷の森を再現すべく屋上に庭園を設けたもので，ユーフラテス川から大量の水を汲み上げ，屋上の植物に供給したことに始まる．

屋根やテラスなどを含めた屋上緑化は，近年とくに面積を拡大している．東京都をはじめ，一定面積以上の新築建物の屋上緑化を義務づけている自治体が多くなってきた．また，工場立地法の改正により，屋上緑化面積の緑地面積への算入が可能となり，企業としては土地の有効利用が可能となった．自治体によっては補助制度もある．

屋上緑化の効果は，景観形成，癒しの場や教育の場の提供，建物の質的向上，熱環境の改善などがあげられる．とくに，空調機器や排気筒などの無機的な空間が広がる屋上に有機的な広がりを演出し，そこに集う人々に潤いを与える場所でもある．なお，最新の構造をもつ建物は，断熱構造が発達しており，屋上緑化による熱的な緑化効果は少ないと思われるが，古い建物ほど夏の最上階の部屋の室温は，屋上緑化により上昇が抑えられ，逆に冬は若干暖かくなる．夏は太陽光を遮断して建築材の蓄熱を抑制し，冬は屋上面からの放熱を抑制して，保温効果が期待できるからである．

**表12.2** 建物の制限積載荷重 (kgf/m$^2$)

| 部屋の種類 \ 構造計算用 | 床計算用 | 大梁，柱，基礎用 | 地震力用 |
|---|---|---|---|
| ① 住宅 | 180 | 130 | 60 |
| ② 事務室 | 290 | 180 | 80 |
| ③ 教室 | 230 | 210 | 110 |
| ④ 学校・百貨店 | 300 | 240 | 130 |
| 屋上・バルコニー | ①に準じる．ただし，学校・百貨店の場合は④に準じる． | | |

注）建築基準法施工令，第85条に基づき作成

人がたえず出入りしたり，直接目視できる場所では，観賞性を重視した屋上緑化が求められるが，ただ緑化すればよい屋上の場合，観賞性より経済性を優先することが多く，芝生，自然植栽，ワイルドフラワーなど比較的安価な植物が多用される．一方，観賞性を重視する屋上緑化は，基本設計からデザイン性を考慮し，植物も多岐にわたる植栽が求められる．しかし，屋上緑化を考慮して設計された建物は少なく，そこを緑化するためには積載荷重の制限がある．表12.2は建築基準法からの抜粋であるが，一般的な建物の地震を考慮した安全な積載荷重は60 kg/m$^2$，学校や百貨店は130 kg/m$^2$であり，いずれも厚く土を盛ることができないため，軽量土壌の利用や薄層化で対応している．軽量土壌はパーライトなどの人工的な焼成土やピートモス，ココヤシ繊維などの素材で構成されているものが多い．屋上に設けた薄層基盤，しかも土壌が支持強度が劣る焼成土の場合，植栽した植物は風の影響などにより活着が困難である．そこで，あらかじめ数cm厚の基盤で栽培され，それを置くだけで緑化が完成するマット植物（mat plant）が新しい緑化素材として普及してきた（口絵13参照）．

**c. 壁面緑化**

壁面緑化（wall greening, vegetation covering on wall surface）は，建物や塀などの壁面を植物によっておおう緑化技術で，温暖化を抑制し，環境への負荷を軽減させる方法として注目されるようになってきた（表12.3）．太陽光により壁面が熱せられて蓄熱し，その熱が室内に伝導したり夜間に放熱されるため，生活環境に及ぼす熱環境が

表12.3 壁面緑化方法（柴田原表）

| 緑化形態 | | 緑化方法 | 適用植物 | 代表的な植物 |
|---|---|---|---|---|
| 壁面被覆 | 付着登攀（吸着登攀） | 壁面に自力登攀タイプのつる植物を直接登攀させる | 付着（吸着）登攀性つる植物 | イタビカズラ，ヘデラ，ツルマサキ，ナツヅタ |
| | 格子登攀 | 壁面に設置した格子等に巻き付きタイプのつる植物を絡ませるか誘引する | 巻き付き性，巻きひげ性つる植物 | ムベ，アケビ，カロライナジャスミン，ブドウ |
| | 下垂 | つる植物や匍匐性植物を上から垂らす | つる植物，匍匐性植物 | ツルニチニチソウ，ハイネズ，ヘデラ，ローズマリー |
| | コンテナ | バルコニー等に置いたプランターなどのコンテナに低木などを植栽する | つる植物，匍匐性植物，低木，草花 | コノテガシワ，アオキ，ハイビャクシン，ヘデラ |
| | パネル | 植栽パネルで栽培した下垂植物などを壁に固定する | つる植物，匍匐性植物，低木，草花 | ヘデラ，ヒメマサキ，ジャノヒゲ，セダム |
| | 苔 | 苔が張り付いたシートごと張り付ける | 苔 | スナゴケ |
| 壁前被覆 | 壁前植栽 | 壁や建物に接するように高木などを植栽する | ファスティギアータタイプの高木 | イタリアンサイプレス |
| | エスパリア | 壁や建物に接するよう高木などを植栽し，枝を直接壁に誘引する | 中・高木 | ピラカンサス，リンゴ，ナシ |

悪くなる．また，冷房に対する負荷もかさむ．そこで，壁一面を緑の植物でおおうことにより，壁の表面温度が下がり，冷房への負荷が軽減される[4]（口絵14参照）．

しかしながら，屋上緑化と比べると壁面緑化は技術的に未確立の部分が大きい．

①付着（吸着）登攀緑化： ナツヅタやイタビカズラなどによる，建物と一体の緑化方法だが，吸盤や付着根で壁面にへばりついているため，強風などで脱落する危険性が高い．

②格子登攀緑化： 他の方法と比べ適用植物が多いものの，建物にあらかじめ登攀用の丈夫な格子やワイヤーなどの設置が不可欠であり，建物と緑化部位の間に空間ができ厚ぼったくなる．

③下垂緑化： 高い位置に設けたプランターなどから植物を垂らし緑化する方法であるが，風の影響を受け，傷んだりつるや茎が偏在しやすい．

④コンテナ緑化： 設置が容易で経費も安価であるが，風による倒伏の危険性や個々のコンテナに灌水が必要であったり，土の容量が限られているため，大規模な緑化には限界がある．

⑤パネル緑化： 数十cm角の型枠と一体となった培地に植物を植え込み，十分根が張ったものを垂直に固定する方法であるが，水平で栽培していた植物を垂直に立てると，生育形態が不自然になりやすく，培地に水分勾配が生じるため，均一に栽培するための維持管理が困難である．

⑥苔による緑化： 乾燥に強いスナゴケ（砂苔）を利用したものが多い．スナゴケは水分を含むと葉が展開し，乾燥すると葉を上方に巻き込んで，白っぽくなる．したがって，降雨時のみ緑色で，それ以外の時間は乾燥形態にあるため観賞性の面で劣る．また，乾燥時は蒸発散がないため，クーリング効果が劣る．

⑦壁前植栽： ファスティギアータタイプ（箒性：枝が鋭角に伸びるため，縦長で箒のような樹形をとる）の高木を建物に添って植栽し，その緑陰により太陽光を遮蔽するもので，灌水などの通常管理が不要である．意匠性や目的によって落葉樹，常緑樹を選択するが，ファスティギアータタイプの品目揃えに限りがある．

⑧エスパリア： 欧米を中心に普及している技術で，壁面に枝や茎を誘引し，オリジナルなデザインに仕立て上げるものであるが，日本ではレンガや石塀が少ないためか実例が少ない．今後コンクリート壁に応用するためには，誘引固定するための支持基盤の設置が必要である．

**d. 室内緑化**

室内に設けた植栽スペースまたはコンテナ栽培された植物を室内で栽培すること．身近に植物が

あると癒され，装飾効果も得られるため，人気が出てきた．室内環境，とくに光の強弱によって，栽培可能な植物は異なる．　　　　　　　　　　[柴田忠裕]

## 文　献
1) 上原敬二編：造園大辞典，加島書店，1978.
2) 上野博昭：Pet Garden，グリーン情報，2006.
3) 齋藤武雄：ヒートアイランド，講談社，1997.
4) 下村　孝他：立体緑化による環境共生，ソフトサイエンス社，2005.

## 12.2　室内装飾

### 12.2.1　グリーンアメニティ

オフィスや自宅などの室内に植物を配置して居住者の快適性を向上させることをグリーンアメニティ（green amenity）という．グリーンアメニティにはさまざまな効果があり，温熱環境調節・快適性向上効果，空気浄化効果，心理的効果，視覚疲労緩和・回復効果の四つに分類されている．ここでは，これら四つの効果の中でも主要な効果である温熱環境調節・快適性向上効果と心理的効果について，得られた実験結果を中心に述べる．

#### a. 温熱環境調節・快適性向上効果

植物が室内の温熱環境に及ぼす効果は，おもに蒸散による湿度上昇である．代表的な観葉植物について，それらの蒸散量，気孔抵抗を光強度との関係で求めた．その結果，大きさが同じ植物であれば，カポック（Scheflera arboricola），アレカヤシ（Chrysalidocarpus lutescens），ゴールドクレスト（Cupressus macrocarpa 'Goldcrest'）の蒸散量が多く，反対に，マッサンゲアナ（Dracaena fragrans 'Massangeana'）やユッカ（Yucca elephantipes）は少なかった[1]．

冬期に，同じ大きさの二つの部屋（両部屋とも，床面積約 20 m² で，南面に窓がある部屋）を使用して，高さ（鉢を含む）1.8 m のカポックを6鉢置いた部屋とマッサンゲアナを5鉢置いた部屋の晴天日の室内相対湿度の変化を調べたところ，相対湿度は，昼間，マッサンゲアナの方は低下しているのに対し，カポックの方は上昇し，14時にはカポックの方が約20％も高くなっていた（図

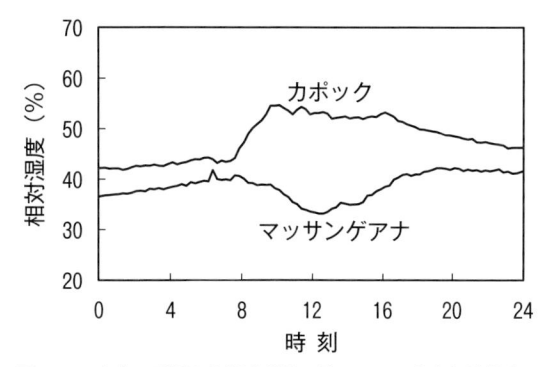

**図 12.1**　室内に配置した観葉植物の違いによる室内相対湿度の日変化（12月，晴天日）

12.1）．この日の蒸発散量は，マッサンゲアナが鉢当り 99 g であったが，これは，カポックの蒸発散量（約 400 g）の4分の1であった[2]．また，湿度の高い夏期の場合は，マッサンゲアナを室内に点在させれば，相対湿度の上昇は3％に抑えられた[3]．また，観葉植物を配置した室内の温熱環境・快適性を予測する非定常シミュレーションモデルを作成し，様々な条件（地方，季節，窓の向き，観葉植物の種類・配置方法）における室内の温熱環境・快適性のシミュレーションも可能となっている[4]．

#### b. 心理的効果

心理的効果は，狭義には「室内に植物や花を配置することで居住者がリラックスできる効果」と考えられるが，より広く考えれば，「植物と接すること」，「植物を世話すること」，「植物を育てること」による効果と考えられる．園芸療法が注目されているように，現代のストレス社会においては，心理的ストレスを軽減，解消するための一方法として，「植物との関わり合い」が注目されている．

人間の心理状態は，人間の無意識的な反応でその時の心理状態も表すとされている脳波の測定・解析と，人間の主観的な意識による評価とされているSD法（12.4.1項参照）を用いたアンケートによる心理評定とによって解析できると考えられる．脳波のうち，α波（8.0～13.0 Hz）は心身ともに落ち着いた状態において出現するとされ，β波（13.0～30.0 Hz）は緊張・興奮時において出現するとされている．α波の平均パワー（$\mu V^2$）を

$\beta$ 波の平均パワーで割り，さらに，この値を測定日ごとの各被験者の平均で割ったものを $\alpha/\beta$ 値と定義し，快適性の指標とした．この $\alpha/\beta$ 値の値が大きいほど快適性（心が落ち着いている程度）が大きく，反対に，値が小さいほど快適性が小さいと考えられる．SD 法は，意識調査の一方法で，被験者が体験した評定対象について生じた心理反応を形容詞対の評価尺度に回答してもらう方法である．得られた評定データに対して，因子分析を行う．

1) 植物を世話することによる愛着の解析

ここでは園芸療法の心理的効果に着目し，被験者（学生12人）に植物（ゴールドクレスト）を渡し，自宅で世話することによって生じる植物への愛着の度合の変化を測定，解析した．また，被験者が，自分が世話した植物に感じる愛着と，他の人が世話した植物に感じる愛着の差についても解析した．56日目に，世話してもらった植物を被験者の前に置いて脳波測定と心理評定を行った後，これらの植物の根元の付近の茎を半分切って，再び脳波測定と心理評定を行い，世話した植物の茎が切られたことによる心理的変化からも愛着度を解析した．

その結果，茎が切られる前は，12人中8人で自分が世話した植物を見た時の方が $\alpha/\beta$ 値が高かったが，茎が切られた後では，12人全員で自分が世話した植物を見た時の方が $\alpha/\beta$ 値が低かった．心理評定の因子分析結果でも，自分が世話した植物により愛着を感じていることがうかがえた．このことは，自分が世話した植物に愛着を感じていたこと，および，その植物の茎が切られたことによる心理的動揺・興奮を示していると考えられる[5]．

2) 植物が好きなことおよび植物を育てることが人間の心理に及ぼす影響の解析

次に，植物を育てることが人間の心理に及ぼす効果が，植物が好きな人と興味のない人で異なるかについて解析した．被験者（学生13人）に植物を渡し，自宅で10週間世話してもらった．被験者を，植物好きの人7名と植物に対してあまり興味のない人（以下，対照者）6名の2グループに分けた．世話してもらう植物は，観葉植物2種類，シクラメン（以下，F），柱型サボテン（以下，S）の計4種類とした．観葉植物については，被験者ごとに，13種類の観葉植物の中からそばに置いていて最も心が落ち着くもの（以下，B）と，最も心が落ち着かないもの（以下，W）の2種類

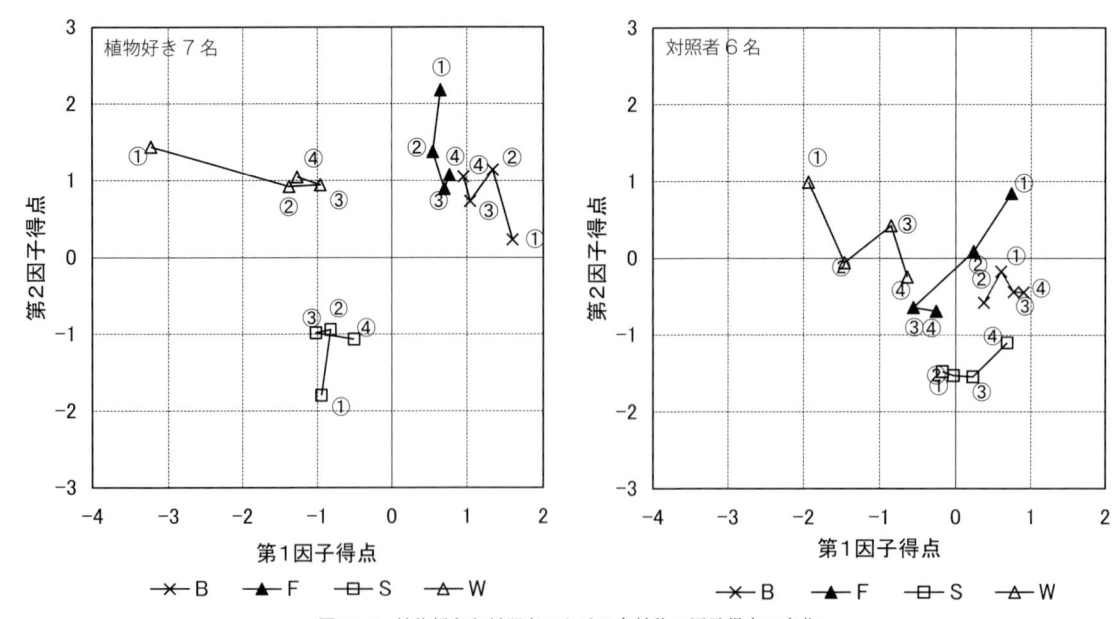

図12.2 植物好きと対照者における各植物の因子得点の変化
①0週目，②2週目，③6週目，④10週目．B：最も心が落ち着く観葉植物，F：シクラメン，S：柱型サボテン，W：最も心が落ち着かない観葉植物．

とした.0,2,6,10週目の4回,脳波測定と心理評定を行った.

得られた評定データに対する因子分析の結果,三つの因子が抽出され,第1因子には「安らぎのある」や「落ち着きのある」など「心の落ち着き」に関連する形容詞が,また,第2因子には「動的な」や「情熱的な」など「刺激」に関連する形容詞が含まれていた.各植物の第1因子得点と第2因子得点の0から10週間にかけての変化を図12.2に示す.植物好きでは,4種類の植物が離れた位置にあり,このことは,植物好きは植物に対する感性が豊かであるため,植物によって異なった心理状態になると考えられる.さらに,最も心が落ち着かない観葉植物(W)の第1因子得点は10週の間にかなり高くなっており,心が落ち着くようになったと考えられる.これに対して,柱型サボテン(S)については,形状が変化しないために愛着を感じなかったためか,因子得点も変化しなかったと考えられる.対照者では,4種類の植物は近い位置にあり,植物に対してあまり興味がないことを表していると考えられる.脳波の解析結果でも,植物好きでは,植物ごとの$\alpha/\beta$値に違いがみられ,最も心が落ち着かない観葉植物の10週後の$\alpha/\beta$値が0週に比べ高くなるなどの結果が得られた.これらの結果から,植物を育てることが人間の心理に及ぼす影響が確認できたが,その影響の大きさは,植物の好き嫌いや植物の種類によって異なるといえる[6].

3) 観葉植物がオフィスワーカーの心理に及ぼす効果の解析

オフィスワーカーの働く空間にも快適性が求められる時代となってきた.ここでは,コクヨ(株)東京品川オフィス11階のフロア全面で行った実験結果を紹介する.まず,各席の卓上に小さめの(高さ30cm程度)観葉植物を配置した「卓上区」の方が,窓際に大きい(高さ1m50cm程度)観葉植物を配置した「窓際区」より心理的効果が大きいことを明らかにした.次に,各席の卓上に小さめの植物を配置し,植物の種類選択の可否と世話の有無によって四つの処理区を設けた.A区は「植物を選択せず,世話する」,B区は「植物を選択し,世話する」,C区は「植物を選択し,世話しない」,D区は「植物を選択せず,世話しない」とした.植物は10週間配置し,SD法による心理評定と植物の効果に関するアンケートを実施した.

「今後,オフィスで個人的に植物を育てたいか?」については,植物を世話したA区,B区で肯定的な意見が多かった.「植物があることがストレスの緩和に繋がったか?」については,どの処理区でも「少しそう思う」以上の回答がほとんどで,オフィスに植物を配置することが,職場におけるストレスの緩和に繋がることがわかった.その中でも,A区とB区は「とてもそう思う」,「そう思う」の割合がC区,D区よりも高く,植物の世話をすることが,職場のストレスの緩和に効果があると推察された[7].

4) 配置する植物の量が人間の心理に及ぼす影響の解析

配置する植物の量は,緑視率で表した.緑視率は,被験者の目の位置にデジタルカメラ(焦点距離28mm)を置いて撮影した画像の中で植物の占める割合(全体に対する植物の面積の割合:0~1)として定義した.配置する観葉植物の鉢数・距離を変えることによって積算緑視率を変化させながら,被験者(学生10名)に対し,脳波測定・解析とSD法による心理評定を行った.

SD法のデータを因子分析した結果や脳波の解析値から求めたリラックス度は,緑視率が5%から10%と大きくなるに従って上昇し,15%で最も高くなった.緑視率が20%を超えると,すなわち緑が多すぎるとリラックス度は低下した[8].この結果から,緑視率で10~20%に相当する植物を配置することが効果的であることがわかった.

c. 空気浄化効果

近年,シックハウス症候群(建材から発生するホルムアルデヒドなどの有害物質による健康被害)が問題となっているが,植物や培養土がホルムアルデヒドを吸収・吸着するので,室内のホルムアルデヒド濃度を低下させることが知られている.このように,空気中の有害物質を除去する植物の作用も,グリーンアメニティの効果の一つと考え

られる．

**d. 視覚疲労緩和・回復効果**

オフィスなどでのVDT（visual display terminal）作業の増加に伴い，長時間のVDT作業による眼の疲れ，視力低下，ドライアイ，肩・腕・腰の痛み，精神疲労などのテクノストレスが社会的問題となっている．植物を見ることがVDT作業による視覚疲労に及ぼす影響について，フリッカー値により評価すると，若干の個人差はみられるが，VDT作業中に，あるいは作業後に植物を見ることによって視覚疲労が緩和・回復される[8]．

**e. 対話型居住環境緑化デザイン支援システムの開発**

グリーンアメニティの効果をより効率的に引き出すため，ユーザーインターフェイスに重点を置いた「対話型居住環境緑化デザイン支援システム」[9]が開発されている．このシステムでは，居住者が置いてみたいと思う観葉植物を選択し，任意の場所に植物を配置し，その結果として快適性がどのように向上するかを表示できる．具体的には，居住者の希望や部屋に配置された観葉植物に基づいて，①温熱快適性効果，②空気浄化効果，③視覚疲労緩和効果，④安らぎ感，⑤華やかさ，⑥リラックス効果の観点ごとに，その室内の快適性を評価し，その評価結果をレーダーチャートとして表示するシステムを構築している．なお，各効果の算出には，長年蓄積されてきた各種データが用いられている．このシステムを利用することにより，居住者が納得できる室内緑化が実現できる．

［仁科弘重］

**文　献**

1) 浅海英記他：植物工場学会誌，**4** (2)，131-138，1993．
2) 浅海英記他：日本建築学会計画系論文集，**464**，39-46，1994．
3) 仁科弘重・川西高司：生物環境調節，**37** (1)，73-81，1999．
4) 仁科弘重他：生物環境調節，**33** (4)，277-284，1995．
5) 仁科弘重・永安正明：農業環境工学関連4学会2002年合同大会講演要旨，170，2002．
6) 仁科弘重・郷田知里：農業環境工学関連4学会2004年合同大会講演要旨，181，2004．
7) 仁科弘重他：日本生物環境工学会設立大会講演要旨，228-229，2007．
8) 浅海英記他：植物工場学会誌，**7** (3)，138-143，1995．
9) 仁科弘重他：特願2009-020679，2009．

### 12.2.2　花卉の装飾（フラワーデザイン）

フラワーデザインは，20世紀に入り世界的に普及し，花の栽培技術や流通機構の飛躍的な発展に伴い，急速な展開を遂げた．出版物の刊行，展示会などの開催も多彩で，また専門の学校もつくられた．英国では職業として成り立つ技法や応用形態も確立され，フラワーデザイン隆盛の基礎が築かれた．また第二次世界大戦後，作業が自由に効率的にできる優れた新しい資材も開発されたことにより，これらがフラワーデザインの幅をさらに広げ，ビジネスとして発展してきた．

**a. 日本への導入**

日本にフラワーデザインが紹介されたのは，明治の開国後のことで，ヨーロッパの園芸技術とともに輸入され，おもに宮中の儀式や晩餐会の卓上を飾る花として活用され，一般庶民に親しまれるものではなかった．

大正から昭和にかけて，欧米文化の吸収に努めた多くの先駆者たちの尽力により，花業界を中心にフラワーデザイン技術が紹介された．プロを目指す多くの人が海外に研修に出かけ，その知識や技術を日本に持ち帰った．その流れは第二次世界大戦で一時中断したが，戦後の生活様式の欧米化とともに，フラワーデザインはその波に乗り急速に普及し，花店のみならず，一般の人々にも浸透していった．1970年代にはフラワーデザインがブームとなり，多くのフラワーデザインスクールができた．欧米の場合はプロ養成のためであるが，日本では独特のお稽古文化の一端として普及するという特色もあった．

現在は，欧米からの輸入デザインを模倣するだけの時期もすでに過ぎ，日常生活にフラワーデザインは溶け込み調和している．世界に誇る伝統文化の生け花とともに，日本の花卉装飾にはなくてはならないものとなった．

**b. デザインの基本**

花卉の装飾とは，生活の場を飾る，装いを豊かにする，空間を演出するなどの様々な目的に合わ

せて表現する花の造形である．装飾の場の目的や条件にあった花の装飾をすることが必要となる．目的にそって自由に表現するには，まずデザインの原則を理解し，基礎的な技法を習得しなければならない．また花の装飾は商品となる場合も多く，そのため技術はもちろんのこと，目的，条件，場所などに合わせてセンスあふれた商品展開が望まれる．

表現するための構成要素としては，形，構図，比率・割合，釣り合い，技法がある．その表現形式は，アレンジメント，ブケー，コサージに大別される．

後述するように，花の形態は大きく四つに分けることができる．この四つの形態の特徴をとらえ，合理的に構成できることが必要となる．

さらに花自体の要素として，形，色彩，質感，大きさなどがあげられる．デザインをする上では，これらの要素を組み合わせ，目的にあった花を選択していくことが必要となる．季節感も重要な要素の一つとして取り入れる．

1. 構成要素
①形（form）：　自分の意図する形が正しく構成されているか．
②構図（composition）：　自分の意図する形の中に植物をどのように配置するか．またその植物の葉などの分量，色の配置．
③比率・割合（proportion）：　デザインのボリューム，サイズ，上下・左右・前後の割合．色の割合．
④釣り合い（balance）：　作品自体の安定感があるか．器との釣り合いがとれているか．置かれる空間にふさわしいか．
⑤技法（technique）：　意図するデザインの制作に対して，ふさわしい技法であるか．

2. 表現形式
①アレンジメント（arrangement）：　花の装飾において，ブケー，コサージを除いた花の造形を指す．半円球型，水平型，三角形，楕円形，扇形など既定の形にまとめる方法と自由な形にまとめる方法とに大別することができる．
②ブケー（bouquet）：　花を束ねたものの総称で，ウェディングブケーをはじめ，手に持つ，腕に抱える，結婚式用や贈呈用などの花束を指す．
③コサージ（corsage）：　女性が身につける小さな花飾りを指す．

3. 花材
①生花（fresh flower）：　生きた花を指す．
②ドライフラワー・造花・プリザーブドフラワー：　ドライフラワー（dried flower）とは花，葉，枝，木の実，果実などを乾燥させた状態のものをいう．造花（artificial flower）は布の花，リボンの花，ペーパーの花などをいう．プリザーブドフラワー（preserved flower）は，植物の一番美しいときに水分を取り除き，有機溶媒と色素からなるプリザーブド溶液に浸してつくったもので，ドライフラワーとは異なり，生花に近い質感と色合がある．

4. 花の形態と役割
花材を形態別に大きく4タイプに分け，それぞれの花の形態的特性をいかして構成する．しかし必ずしもこの四つの形態がすべて揃わなければ表現ができないのではなく，それぞれの特徴を生かして，美しくデザインすることが大切である．また花それぞれの季節感，色，性質をよく観察し，知ることが重要である．

①ラインフラワー（line flower）：　線的な特性をもつ花の総称で，一般的にはデザインの骨組みとなる．線的な形態を活かして，直線や曲線の形態を構成する．グラジオラス，キンギョソウ，ストック，デルフィニウム，リアトリスなどがあげられる．

②マスフラワー（mass flower）：　かたまりを表す花の総称で，花の形が大きく，丸いもので，デザインを構成する上で，視覚上の中心に配置したり，全体の中間部を形成する．カーネーション，ガーベラ，キク，ダリア，バラなどがある．

③フィラフラワー（filler flower）：　埋め草的な小花の総称で，空間を充たす，つなげる，立体感を出すなど，花と花の間を埋める役目をする．シュッコンカスミソウ，小ギク，スターチス，ブプレウルム，ホワイトレースフラワーなどがあげられる．

④フォームフラワー（form flower）：個性的な形態の花の総称で，目立って，視覚上もっとも大きな役目をする．アマリリス，アンスリウム，カラー，プロテア，ユリなどがある．

5．ラッピング（wrapping）

ギフト商品の使用目的や運搬方法，季節などを考えあわせ，目的，条件にあわせたラッピングを行う．環境を守る観点に立って自然に還元できる素材を選ぶように，また過剰包装はやめるようにする．

ラッピングの役割として，次のような点があげられる．

①デザイン上必要な装飾を施して，付加価値をつける．
②風除けや保水で，花材を安定した状態に保ち，保護する．
③商品の移動に備え，安全性，利便性を図る．
④ギフトの目的をさらに明確にする．

c．花卉装飾をする際に使用するおもな資材

①アレンジメント

土台：　生花用吸水性スポンジ，造花・ドライフラワー・プリザーブドフラワー用非吸水性スポンジ，スタイロフォームなど．

花器：　材質，形状とも多種多様である．材質は，陶器，磁器，植物素材，ガラス，金属，プラスチック，紙類など．形状は，シリンダー状，箱形，鉢形，壺形，皿状など．

②ブーケ：　ひも類，ワイヤー，フローラルテープ，リボン，ブーケホルダーなど．

③コサージ：　ひも類，ワイヤー，フローラルテープ，リボンなど．

④共通の資材

ラッピング：　ラッピングペーパー，リボン，ひも類，透明フィルム，アルミホイルなど．

給水：　水差し，スプレーなど．　　　［高橋洋子］

## 12.3　社会と園芸

### 12.3.1　社会園芸学

個人あるいは集団としての人と園芸とのかかわりについての学問領域として提唱された言葉が社会園芸学（sociohorticulture）であり，園芸学という分野の中では，園芸生産そのものよりも，人間とのかかわりを重視して取り上げる領域である．従来の園芸を生産科学としての園芸学とすれば，生活科学としての園芸学あるいは暮らしの中の園芸に関係する学問ということができる．それは，飲食物，医薬，衣料，染料，住まいとしての材料生産や活用だけでなく，精神・心理，健康，教育・文化，交流，環境など，日々の暮らしのあらゆる面でのかかわりに関係する．これらの中でも，とくに人間の社会生活と深くかかわる園芸の領域を園芸社会学（horticultural sociology）と称する場合もある．ここではまず園芸活動やその生産物である植物と人とのかかわり方を述べたうえで，園芸のもつ社会的役割がみえやすく，また社会的問題となっている教育，環境，交流，健康に寄与する園芸についてふれておきたい．

### 12.3.2　人間と植物とのかかわり

園芸における活動そのものにかぎらず，その成果として得られる植物とのかかわりという視点に立つと，そこには植物と人間とのかかわりという，より広い領域がみえてくる．環境問題を考えるうえでは，このような人間と植物とのかかわり（人間・植物関係；people-plant relationship）を明らかにすることがとくに重要になる．従来は，植物が私たちにどんな恩恵・効用を与えてくれるか，という人間中心の人間・植物関係という見方が強かったが，人間の営みが植生を変えたり，地球上の植被率の減少あるいは砂漠化を招いて地球環境の悪化が見られる，すなわち地球環境の悪化が見られる現在では，人間と植物とがお互いにどのような影響を及ぼしあっているかという人間・植物相互作用（people-plant interaction）という視点が求められるようになってきている．

### 12.3.3　園芸福祉

園芸活動ならびにその成果である生産物は，私たちに生産的効用，経済的効用，心理的・情緒的効用，環境的効用，社会的効用，教育的効用，身体的効用などをもたらしてくれる．それらの効用

を享受し，癒しや喜び・愉しみを得て，心身ともに健康に人間らしく生きているという幸福（しあわせ）感を味わうことを積極的に推進しようとする考え方・実践が園芸福祉（horticultural well-being）である．園芸療法もこの中に含まれるが，その対象者が療法的かかわりを要する人であること，療法としての手続きを踏んだうえで実践される活動であることがその特徴としてあげられる．対象者を限定せず，手続きを踏まない活動を園芸レクリエーション（horticultural recreation）とする捉え方も提案されている．

### 12.3.4 園芸を通しての教育
#### a. 教育にみる二つの側面

従来，教育面での園芸の活用には二つの方向，技術教育と人格陶冶があると捉えられてきた．これに対して，「猟る行動・思想と育てる行動・思想は人間として欠かせないものであり，両者を併せもっていてはじめて人間として生きているといえる」という相補的観点から，園芸（農耕をも含めて）は，その両行動・思想を充足するのであるが，どの成長過程で，どちらの行動・思想に重きをおいた教育をするかが大切である，という考え方が提唱されている．これによると，とくに幼少期の人間形成期と，大人になってから生活の質の向上を図るときには，育てる行動・思想に重点があることはいうまでもないが，青年期以降に行われる職業教育では，猟る行動・思想の比重が大きくなる．とくに自立を目指して園芸に関する知識・技術を教授し，実践する園芸の職業訓練（vocational horticultural training）は後者の典型である．

#### b. 子どもの教育の場における園芸

育てる行動・思想の養成に寄与しうる活動の代表的な例が，学校園芸（school gardening）である．すなわち，土に親しむこと，いのちの大切さ，感性の練磨，食料や農業の理解，地域社会との交流，環境問題への関心など，児童・生徒へのさまざまな教育効果をねらって，学校行事の一環として行われる植物の栽培である．その実践の場として，学校〔農〕園（school garden）があり，児童・生徒の教育をねらいとして，教師が主体性をもって指導する．農園は学内だけでなく，学外にある場合もある．地域社会の人たちが同じような目的で行うものとして，子ども農園・児童農園（children garden）がある．

### 12.3.5 環境問題への取り組み
#### a. 環境への関心

環境教育（environmental education）の一環として，おもに都市域で取りあげられているのがビオトープ（biotope）である．その空間で様々な野生生物群が生物社会を維持しながら生息していることを学び，体感することを目的とする．

環境教育が注目されるようになった背景には，地球環境が健全性を失い，人類の生存が脅かされるようになりつつある，という危機感がある．その要因の一つが空気（大気，室内）汚染，水質汚染，土壌汚染，騒音，振動などの環境汚染（environmental pollution）である．この環境汚染から人の健康を守り，生活環境を保全するうえで維持されることが望ましい基準を環境基準（environmental standard）という．

#### b. 環境にやさしい，持続的，環境保全型農業

農作物の汚染は直接的に食べ物として人体の健康を犯すだけでなく，その生産過程で農薬や肥料などによる環境負荷を大きくする．この環境負荷をできるだけ小さくして農業生産を行おうというのが，環境にやさしい農業（environment-friendly agriculture）であり，環境保全型農業（conservation oriented agriculture）とも呼ばれる．農林水産省によると，「農業の持つ物質循環機能を生かし，生産性との調和などに留意しつつ，土づくり等を通じて，化学肥料，農薬の使用等による環境負荷の軽減に配慮した持続的な農業」である．この農業は環境負荷が小さいので，地球環境の平衡を保つうえで大きな役割を果たすだけでなく，人類に資源を供給し，暮らしと文化の空間となり，環境変動を小さくして生物多様性（biological diversity）の保存にも寄与しうる．

## 12.3.6 コミュニケーションの場や機会をつくりだす園芸

### a. 仲間づくりからまちづくりへ

　園芸の社会的役割として忘れてならないものに，コミュニケーションのきっかけや媒体となり，交流を円滑にし，仲間づくりやまちづくりに寄与していることがある．実際，植物の愛好者によるグループが多いことはよく知られている．家庭では子どもとともに植物を栽培することによって，親子の会話が円滑に進む．荒れた中学校でキク栽培を取り入れたところ見事に収束したという事例では，教師と生徒が栽培体験を共有し，そこで語り合う場が増えたことが生徒の心を開き，収束につながったといわれる．花の手入れを通して隣近所と親しくなった例は各所にみられる．庭の生垣の花が，通りがかりの知らない人と懇意になるきっかけとなった話はよく耳にする．このような隣近所から広がる交流の輪はまちづくり，地域づくりへと発展する．

### b. 外国の事例

　よく知られている例としては，米国におけるフィラデルフィアグリーンがある．この運動は，荒廃してスラム化したマンションの窓辺に鉢物の花をおくことから始まった．鉢物の植物はそこに住む人たちの話のきっかけとなり，お互いに声を掛け合うようになった．やがて窓だけでなく，建物に囲まれた空き地に花を植えてきれいにしよう，街路花壇を整備しよう，という具合に展開していった．この運動が軌道に乗ってくるにつれて，子どもが花を摘むことはなくなり，若者がいたずらや不愉快な行動をすることがなくなった．マンションの人々はそのコミュニティに住んでいることに誇りをもち，意識を共有することになった．同じような例は，戦後に始まり，ヨーロッパを席巻した，ドイツにおける「わが村は美しく」運動にもみとめられる．

### c. 日本の事例

　日本にも同じような例はたくさんある．とくに最近では園芸福祉活動の主流になっているのが，園芸を通してのまちづくりである．比較的早くから全国的に知られた例としては，徳島県阿波町における「バーベナの咲きあうまちづくり」であろう．1990年の国際花と緑の博覧会のとき，関係者によって紹介された．隣近所の花好きの人が花の咲く期間が長いバーベナを植えたところ，周辺の人々もこの花に魅かれて同調し，短期間にバーベナが町中にあふれるようになった．これが近隣の町や村だけでなく，他の府県でも評判となり，全国から見学者が訪れるようになった．町の人々の意識は高まり，自信と誇りをもち，かつ町民としての連帯感をもつようになった．都会に就職して町を出た人たちも，自分の町はバーベナの町だと誇りにしているという．

## 12.3.7 健康に果たす園芸の役割

### a. 健康：個人の問題から社会の問題へ

　心身の健康は本来個人が心がけるべき性質のものである．しかしながら，心身の健康を損なって加療・入院することになると，その影響は単なる個人の問題ではなく，社会の問題となる．健康保険による経費の支払いや入院・入園施設の整備ともかかわってくるし，人間関係の構築に問題が出てくることもある．そうなると，社会的に大きな課題として取り組まざるをえなくなる．つまり，健康の維持増進は，単なる個人の問題として片付けるのではなく，社会運動として取り組まなければならない課題である．とくに高齢社会といわれるようになった昨今では，元気な高齢者の健康維持・増進が焦眉の課題となってきた．

### b. 心身の健康と園芸

　そのような私たちの健康に，園芸はどのように寄与しうるのであろうか．まず一つは，生産した野菜や果物が食べものとして利用され，エネルギー源や栄養源となり，身体の生理機能を制御するという役割を果たしている．次に，日常的な園芸活動で身体を動かすことが，筋肉の衰え（廃用性症候群）を防ぐだけでなく，生体調節物質の分泌を促進して体調を整える役割を果たす．さらに，園芸活動を通して得られる癒しと，満足感・達成感を味わい，自信と意欲が出てくるだけでなく，孤独から解放される，生きがいが生まれるなどからもたらされる喜び・愉しみは，人間らしく生き

ている実感を与え，快感をもたらしてくれる．

**c. 高齢者の健康対策としての園芸**

このような心理的充足感（健康な状態）は，食べものとしてのエネルギー・栄養・機能性物質の供給，運動機能の充足による廃用性症候群の予防や体調の調整機能とあいまって，身体の健康維持に貢献する．とくに高齢社会を迎えた現在では，亡くなる直前まで毎日を元気に過ごしたいという高齢者の願いをかなえるにはどうすればよいかというPPK（ぴん，ぴん，ころり）運動の一つとして，園芸（農耕を含む）が注目されてしかるべきであろう．日野原重明氏（聖路加国際メディカルセンター理事長）は，「健康に配慮して実践している日常生活を『健康行動』と称して日々の実践の大切さを訴えている」が，園芸（ガーデニング）は身近なところで，体力に合わせて，誰もが いつでも，きがるに，たのしみながら実践できる，いきた健康活動の一つである．　　　　［松尾英輔］

## 12.4　園芸と癒し

### 12.4.1　癒しの効果

**a. 園芸による癒し**

人は園芸により食物を得るだけでなく，花や園芸作業により精神的な癒し（healing）を得ることができる．園芸による癒しを積極的に活用するものが，後述の園芸療法または療法的園芸（therapeutic horticulture）である．園芸や植物による癒しをすべての人が享受できるように設計された場が，癒しの庭（healing garden）や感覚の庭であり，バリアフリーやユニバーサルデザインが設計の基本となる．感覚の庭は視覚，聴覚，嗅覚，味覚および触覚からなる五感を使って植物や自然に触れることができるため，なんらかの障害をもつ人でも癒しを感じることができる．さらに，春の桜並木や秋の紅葉など美しい景観を目にするとき，多くの人が癒されたと感じる．このように人々に癒しを与える景観は，広義の療法的景観（therapeutic landscape）といえる．しかし，花，園芸や景観による癒しは個人の経験，嗜好や心理状態の影響を受けるため個人差が大きく，その評価は難しい．

**b. アンケートや観察による癒しの評価**

癒しの効果を被験者の印象，心理および身体の状態，日常生活活動（activity of daily living：ADL），表情などの変化により評価する試みがなされている．植物がある空間の印象評価の手法として，質問用紙を利用したSD法（semantic differential technique）があげられる．SD法は，1957年オスグッド（C. E. Osgood）が提案した心理測定の方法で，被験者に園芸植物や景観の印象を形容詞対で評定してもらい，データを因子分析によって解析し，抽出した主要な因子のスコアの変動などから印象評価する手法である．被験者自身の心理的な状態を測定するために気分プロフィールテスト（profile of mood states：POMS）などの質問用紙が利用されている．

生活の質（quality of life：QOL）の測定には，世界保健機構の発表したWHOQOL短縮版や医学領域で患者の健康関連QOLの評価のために開発されたSF-36などが活用されている[1]．

高齢者施設における園芸活動では日常生活活動（ADL）や認知能力を指標とすることがある．ADLの測定にはN式老年者用日常生活動作能力評価尺度（N-ADL）が，認知能力の評価としてN式老年者精神状態尺度（NMS），MMS（mini mental state）および改定長谷川式知能評価スケール（HDS-R）などが利用されている．認知症高齢者に対する園芸活動プログラムの実施前後のこれらの指標の測定により，ADLの向上や認知能力の維持効果が報告されている．

作業療法では対象者にリハビリテーションの目標を定め，作業への関心や集中度などの認知遂行能力，感覚運動能力，心理面，社会技能などの項目について観察や面接により評価する[2]．園芸療法の現場では，作業療法の視点なども含めて対象者や施設に合わせた評価表が利用されている（12.4.3項参照）．

**c. 癒しの効果の生理心理学的評価**

癒しの効果についての生理心理学的な指標としては，脳波（brain wave），血圧，心拍数，心拍変動，瞬き率，唾液中のアミラーゼ，コルチゾー

ルや免疫グロブリンAなどがあげられる[3]．一般に閉眼安静状態では脳波のα波（alpha wave）が増加し，脳が活発に活動しているときや興奮状態ではβ波（beta wave）が増加するため，α波/β波比が高いほどリラックス度が高いとされている．心拍変動性の周波数解析から得た値が自律神経系の交感神経と副交感神経活動の指標となり，HF（高周波成分）値は副交感神経活動を表すので被験者のリラックス度を評価できる[4]．ホルター心電図を利用することで，園芸作業中の心拍変動を連続的に計測し，快適性を評価する試みもなされている[4]．

内分泌系と免疫指標は心身医学的に利用されてきたストレスの指標であり，園芸による癒しの評価にも適用されている[3]．血中および唾液中のコルチゾール（cortisol）はストレスを受けると副腎皮質刺激ホルモンに影響されて増加する内分泌系の指標である[3]．唾液中の免疫グロブリンAはストレスに反応して増加する免疫指標である[3]．交感神経系のストレス指標となるアミラーゼも含め，唾液を用いて非侵襲的に測定できるため活用しやすい．

自発性瞬き率なども緊張度の指標となる．一方，眼球運動を記録し，注視点の分布や移動の特性を測定することにより，樹形や庭園のイメージの違いをとらえる試みもなされている[5]．また，VDT作業による視覚疲労の指標として，点滅する光を見きわめる力を測るフリッカー値が用いられ，植物の存在が視覚疲労度を緩和することが報告されている[6]．

植物の温度や湿度への影響や，粉塵の軽減効果など物理的なファクターも快適性（アメニティ）の評価に用いられる[6]．コンピュータ作業中の疲労度に及ぼす植物の影響を人為的な入力ミスの頻度を指標として調査した報告もある[7]．さらに，被験者の「痛み」そのものを評価の指標とした研究もある．すなわち，被験者が氷水中に手を浸して耐えられた時間を指標として，周囲の環境の影響を検討し，植物を配置したときの方がより長い時間痛みに耐えられる人が多かったことが報告されている[8]．

### d．癒しの効果の聞き取りによる評価

園芸のもたらす癒しには医療におけるEBM（evidence based medicine）的な定型の質問用紙や生理的パラメータで客観化できない要素も含まれている．そのため，個人を対象とした聞き取り調査も重要な方法の一つとなりうる．たとえば，被験者に「癒される空間」をイメージしてもらい，自由に記述してもらう方法などがある[9]．園芸療法活動においては，対象者およびボランティア各個人へインタビュー形式で物語を聞き取り，テープ起こしした語句から，共通点を帰納的に導き出す手法も使われている．このような聞き取りや対話を基本とした手法は，医療においてはEBMに対してNBM（narrative based medicine）といわれる方法であり，対象者の満足度などを全人的に評価する方法である．とくに，花，植物，園芸や景観による癒しの効果においては，EBMとNBMの両方からのアプローチが必要である．

〔山根健治〕

### 文　献

1) 池上直已他：臨床のためのQOL評価ハンドブック，pp. 2-49，医学書院，2001．
2) 山根　寛他：園芸リハビリテーション，pp. 30-53，医歯薬出版，2003．
3) 宮田　洋他：新生理心理学第1巻，pp. 90-290，北大路書房，1998．
4) 古橋　卓他：人間・植物関係学会誌，**6**，29-34，2006．
5) 藤井英二郎：見る庭と触れる庭，pp. 94-131，淡交社，1995．
6) 仁科弘重：農及園，**74**（1），34-40，1999．
7) V. I. Lohr et al.：*J. Environ. Hort.*, **14**（2），97-100，1996．
8) V. I. Lohr and C.H. Pearson-Mims：*HortTechnology*, **10**（1），53-58，2000．
9) 浅野房世・高江洲義英：生きられる癒しの風景，人文書院，2008．

### 12.4.2　香　り

近年，ハーブ（herb）の栽培・利用の流行にみられるように，香り（fragrance）への関心は異常な高まりをみせ，人の生活において香りは欠かせぬものとなってきた．一方で，芳香物質を利用した療法としての芳香療法（アロマテラピー，aromatherapy）も一般の人に認知され始めている．

植物体から香りを発散する芳香性植物（aromatic plant）は古来より，香料用，薬用に栽培，利用

されてきた.香りがヒトの五感のひとつ,嗅覚に働きかけ,心理生理学的な効果により癒され,生活にうるおいをもたらすとともに病気の治療にも用いられてきたのである.生物はその生命活動を維持していくために,感覚器官を通して外部情報を受容し対応していかなければならない.この感覚には,視覚,聴覚,味覚,嗅覚,触覚の五感があり,このうち,嗅覚は他の感覚と異なり,人間の情動活動と深く関係している.そのため,治療等に用いる場合も,対象とする人間(クライアント)の性格や,そのときの精神的状態に大きく左右される.

### a. 匂いの認識

嗅覚における匂いの認識メカニズムは,最近になり,科学的に証明されてきたものである.それによると,空気中の匂い物質が鼻のなかに入ってきて,粘膜にある嗅細胞につく.そこでは,匂い受容体(嗅覚受容体)がこの匂い物質を受け取り,電気信号となり,嗅神経を通り,脳の中の嗅球へ到達する.最終的には,嗅球から扁桃核を経て,古い脳である大脳辺縁系の海馬に入る.海馬は,記憶に関連し,アルツハイマー病における最初の病変部位としても知られている.そのため,匂いの記憶は,他の感覚と異なり(他の感覚は新しい脳の一部,大脳新皮質に入る),ほとんど低下しないので,匂いで昔の記憶がよみがえることがよくある.

嗅覚受容体の遺伝子は解明されており,ヒトでは910個あり,そのうち62%ほどが機能をもたなくなっていて(偽遺伝子),残りの347個が機能していることがわかっている.ネズミやマウスなどの齧歯類では約1000種類の嗅覚受容体遺伝子が存在し,そのほとんどが機能しており,ヒトの嗅覚がいかに退化してきたかがわかる.匂い物質と嗅覚受容体は,カギとカギ穴の関係にあるが,個々の嗅覚受容体はそれぞれ複数種の匂い物質と結合でき,受容体のどれとどれに結合したかで匂い物質の種類がわかることになる.また,同じ匂い物質でも,その物質が低濃度のときと高濃度のときで認識される受容体の組み合わせが変わってくる.この組み合わせの違いにより,濃度による匂いの質の変化が生じ,濃度が薄いときはよい匂いであったのに,濃くなると嫌な匂いに感じられるようなことがある.このようにして,ヒトは347個の嗅覚受容体で多くの匂いを認識することができ,1万種ぐらいの匂いを嗅ぎ分けられるといわれている.

### b. アロマテラピー

芳香成分によるヒトへの影響は幅広く,脳,自律神経系,内分泌・免疫系に及んでいる.具体的な心理生理学的効果としては,鎮静,高揚,安眠,血行促進,血圧安定などがあり,また,抗菌作用,抗ウイルス作用,抗炎症作用のあることも知られている.

アロマテラピーでは,これらの心理生理学的効果を利用し,エッセンシャルオイル(精油,essential oil)で心と身体のバランスを整え,自己の免疫力,治癒力を高め,病気の治療や症状の緩和を図る.エッセンシャルオイルとは,芳香性植物の全草,花,茎葉,根や種子から抽出された天然の沸点が低い非水溶性の混合物をいい,その抽出方法には,水蒸気蒸留法,超臨界流体抽出法,圧搾法,冷浸法などがある.水蒸気蒸留法が最も一般的に用いられる方法で,植物材料に水蒸気を通すことにより,芳香性成分と水を沸騰させ分離する.

### c. バラの香気成分とその影響

香りといえば,古来よりバラの香りが重宝され,香料産業においてなくてはならないものである.現在栽培される観賞用の現代バラの花の香りは香気成分分析とパフューマー(調香師)による香気評価から,①ダマスククラシック,②ダマスクモダン,③ティー,④フルーティ,⑤ブルー,⑥スパイシー,⑦アニス(ミルラ)の七つの香りタイプに分けられている.香料生産に用いられるダマスセナやセンティフォリア系のバラは,ダマスククラシックに含められる.ティーは1,3-ジメトキシ5-メチルベンゼンを多く含む.このようなバラの花の香りの多様性は,栽培バラの成立にかかわってきた野生種に由来する.

主要な栽培バラ系統にかかわってきた七つの野生種および種間雑種の花から発散される香気成分

をヘッドスペース法（花のまわりを密封できる容器で覆い，発散された香気を容器の上部空間に集める方法）により採取し，GC-MS（ガスクロマトグラフィー質量分析計）で分析された香気組成は表12.4のようになる．花の香りのノート（note，香調）により八つに分け，それらのノートを特徴づける成分がバラ各種にどのように含まれるかを表している．ヨーロッパ，西アジアの野生種 Rosa gallica, R. phoenicia, R. damascena および古いバラが，フェニルエチルアルコール，ゲラニオールなどのロージースイートの香りを基調とするのに対し，中国の野生バラ（R. chinensis var. spontanea, R. gigantea）はシス-3-およびトランス-2-ヘキセノール，シス-3-およびトランス-ヘキセニルアセテートなどのフレッシュグリーンの香り，トリメトキシベンゼンとジメトキシメチルベンゼンによるフェノリックスパイシーの香りを基調とする．とくにフェノリックスパイシーの香り成分は中国のバラにだけに見られる成分で，紅茶の香りがすることから，この香りのバラをティーローズと呼ぶ．

ティーローズの主要香気成分，1,3-ジメトキシ

表12.4 原種バラ（Rosa 7種）のヘッドスペース香気組成表（蓬田，2004）[1]

| 香りのノート（8分類）* | 香気成分 | Rosa gallica | Rosa phoenicia | Rosa damascena | Rosa centifolia | Rosa chinensis | Rosa gigantea | Rosa moschata |
|---|---|---|---|---|---|---|---|---|
| ①ロージースイートの香り | フェニルエチルアルコール | 7 | 7 | 6 | 7 | 1 | 2 | 8 |
| | ゲラニオール，ネロール | 4 | 6 | 4 | 4 | 3 | 1 | 3 |
| | シトロネロール | 2 | 2 | 3 | 3 | - | 1 | 1 |
| ②ロージーフルーティ，フローラルの香り | フェニルエチルアセテート | 1 | 1 | 1 | | | | 2 |
| | ゲラニルアセテート，シトロネリルアセテート，シトラール，アルデヒド類 | 1 | 2 | 3 | | | | |
| | リナロール，ターピネオール | 1 | | | | 1 | 1 | |
| | ベンジルアルコール | 2 | 1 | 1 | 2 | | | 2 |
| ③スパイシーの香り | オイゲノール，メチルオイゲノール | | | 2 | 1 | | 2 | 3 |
| ④ハーバルグリーンの香り | モノテルペン炭化水素類（リモネン，ミルセン，オシメン，ターピネンなど） | 4 | 4 | 4 | 3 | 5 | 2 | 2 |
| ⑤ウッディハニーの香り | セスキテルペン炭化水素類（カリオフィレン，ムーロレンなど） | 2 | 1 | 2 | 1 | 1 | 3 | 2 |
| ⑥バイオレットの香り | イオノン，イオノール，ジヒドロイオノン，ティアスピラン，ゲラニルアセトンなど | | 1 | | | 2 | 1 | |
| ⑦フレッシュグリーンの香り | シス-3-およびトランス-2-ヘキセノール，ヘキサノール | 2 | 2 | 2 | 2 | 2 | 4 | 2 |
| | シス-3-およびトランス 2-ヘキセニルアセテートなど | | 2 | 1 | 1 | 6 | 1 | 1 |
| ⑧フェノリックスパイシーの香り | トリメトキシベンゼン | | | | | 2 | 1 | |
| | ジメトキシメチルベンゼン | | | | | | 7 | |
| そのほか | | | | | | | 2 | |

注）香気組成：1；0.1〜1%，2；1.1〜4%，3；4.1〜10%，4；10.1〜20%，5；20.1〜30%，6；30.1〜40%，7；40.1〜60%，8；61%以上．
*：パフューマーの評価による．各香気成分のバランスおよび香りの強さ，拡散性，上品さ，華やかさ，新鮮さについて官能評価を行った．

5-メチルベンゼンは単独または調合香料に加え，その香りを人間に嗅がせると興味深い影響を及ぼすことが実証されている．まず，脳機能への影響として，随伴性陰性変動（concomitant negative variance：CNV）が調べられている．CNV は，注意，期待，予期などの心的過程，意識レベルの変動と関連する脳の緩徐電位変動であり，この変動を調べることにより心理的な覚醒・鎮静効果をみることができる．1,3-ジメトキシ 5-メチルベンゼンはラベンダーやバラ精油より高い鎮静効果を示し，覚醒的に働くジャスミン精油に配合することにより鎮静側に CNV が変動する．同様に心拍変動でも鎮静的に働くことが検証されている．副腎皮質ホルモンの一種，コルチゾールはストレスホルモンとして知られ，人間にストレスがかかるとその分泌量が増える．従来，このホルモンは血液や尿から測定されていたが，唾液から簡単に測定できるようになり，アロマテラピーや園芸療法などの補完代替医療（complementary and alternative medicine：CAM）の効果を検査するために用いられている．このコルチゾールの分泌量も，ストレスのかかる作業を行わせ，1,3-ジメトキシ 5-メチルベンゼンを嗅がせると減少し，この芳香成分にストレス緩和効果があることがわかっている．さらには，テープストリッピング法（セロテープで表皮を薄く剥ぎ取り皮膚機能を調査する方法）を用いた皮膚バリア機能の回復率の測定により，この芳香成分の肌荒れ改善効果も検証されている．

#### d. 免疫指標

芳香成分の免疫系への影響評価には免疫指標として，分泌型免疫グロブリン A（secretory-immunoglobulin A：S-IgA）の変化が用いられる．S-IgA は局所の産生細胞から粘膜中に分泌される抗体で，口腔などの粘膜に細菌やウイルスなどの侵入を防ぐための抗菌性の膜をつくるとされている免疫物質である．唾液中の S-IgA 分泌量で調べることができ，その分泌量は個人差が大きいが，強いストレスにより S-IgA 量は低下する．また，香りに対する好みと S-IgA 上昇率との間に相関関係が成り立つことがわかっており，香りによる免疫系の活性化が単なる薬理的効果でなく，好き嫌いという情動を介して起こることが示されている．ということは，一般に効果があるといわれている芳香成分でも，人によりその効果が異なるということでもある．

#### e. 官能評価

香りの官能評価（sensory evaluation）は一般に，心理学的手法がとられており，SD 法がよく用いられる．SD 法はオスグッドが 1957 年に提案した心理測定の一方法で，言語による尺度を用いて心理実験を行い，その分析を通して，ある概念の構造を定量的に明らかにしようとするものである．まず，官能検査にあたり，評価用語を決定する．評価用語に何段階かの評価尺度を設定し，被験者に香りを嗅がせ評価してもらう．評価尺度には，「素朴な」に対し「華やかな」，「刺激的な」に対し「まろやかな」，「深みのある」に対し「淡泊な」などのような相対する両極尺度と，甘いか否か，気分が落ち着くか否かのような単極尺度がある．通常，被験者による官能評価結果は因子分析にかけられ，各花の香りの特性，被験者の属性による分析が行われる．

#### f. ハーブの利用

芳香性植物の身近な利用では，ハーブの利用がある．香りや香味が体によい影響を与える植物を総称してハーブといい，地中海沿岸原産のものが多い．欧米ではハーブ園（herb garden）として庭園の一角に設けられることが多く，近年は，園芸療法庭園の一つ，センサリーガーデン（五感に訴える庭）に嗅覚に訴える庭として加えられる．ハーブは園芸療法に大きな効果があり，ハーブを育て，収穫し，その収穫物を利用する．収穫物はハーブティー，料理，浴用，湿布，ローション，石鹸，ポプリ（potpourri），クラフトなどに利用される．

花卉は，利用的には視覚を重視した観賞植物として発達してきたが，バラがもともとは薬用，香料用に用いられてきたことから考えると，香りの効用からみた薬用植物（medicinal plant）としての視点からも花卉を見直す必要がある．

［上田善弘］

文　献
1) 蓬田勝之：農林水産技術研究ジャーナル, **27** (12), 23-29, 2004.

### 12.4.3　園芸療法
#### a. 園芸療法の定義
　園芸療法 (horticultural therapy) は，植物や園芸活動 (horticultural activity) が心身に与える効果を活用して，対象者の気持ち，心身機能，日常生活における活動などの改善を目的とした非薬物療法，補完代替医療 (CAM) の一つである．

　資格をもつ園芸療法士 (horticultural therapist)，あるいは園芸療法に関する専門的知識・技術をもつ医師，看護師，作業療法士などが，疾患や心身機能の障害などの理由で日常生活に支援が必要な人を対象として，対象者の健康状態，心身機能，活動状況，個人情報，対象者をとりまく環境要因などについて，医師の診断，検査，観察，聞き取りなどをもとに評価を行い，目標を定めて，植物・緑のある環境・園芸作業が人に与える効果を活用した計画的・継続的な園芸療法プログラム (horticultural therapy program) に基づいた支援を行い，定期的に再評価を行う活動といえる．

#### b. 園芸療法の特徴と効果
　園芸療法では，日常生活にもなじみ深く，種類や性質が多様な植物という生き物と園芸作業を活用する．植物や園芸作業には以下のような特徴があり，精神や身体に関するいろいろな効果が期待される．

　①植物の色・形・香り・味・手触りなどは，視覚，嗅覚，味覚，触覚を刺激する．また，葉が風に擦れる音や園芸中の会話は聴覚を刺激する．このように，植物は，いろいろな知覚機能を刺激する素材としてすぐれている．これらの刺激は，それぞれ大脳皮質の異なる感覚野で受容されるため，感覚機能の一部に障害がある人も植物を楽しむことが可能である．

　②植物には，「きれい」，「よい香り」，「おいしい」など快感情をもたらすものが数多くあり，精神的ストレスを軽減する．このため，とくに園芸に興味をもたない人でも動機づけしやすく，植物を用いた作業に集中させやすい．また，植物に対していだく快感情は共感しやすいし，植物と季節，行事，生活などとのかかわりも深く，長期記憶を想起させる．こうしたことから，植物を用いた活動は，注意，記憶，言語などに関する精神機能の活性化や，人と共感しながら会話を行う機会の増加に伴うコミュニケーション能力の改善などが期待できる．

　③植物の生育には一定の時間がかかるため，計画的に栽培を行うときには，季節を意識し，数カ月単位で時間をとらえることが求められる．これは，時間の見当識や，時間の長さと経過を認識する精神機能を刺激する．

　④植物の成長につれて必要な園芸作業は変わる．また，毎年の気候によっても生育は変わる．こうした変化があるため，園芸の実施者は飽きることなく長年にわたり園芸を続けやすい．慣れや飽きは脳の働きを低下させやすいが，園芸ではつねに新しい課題に対処する機会が多く，継続的に精神機能と身体機能の活性化をもたらす．

　⑤園芸では，日常的に，水やり，草取り，花がら摘み，枯葉取りなどの作業が生じる．こうした作業に付随して起床，更衣，移動，手洗いなどの日常生活活動も生じる．また，毎日植物の世話をすることで，植物への関心が記憶として保持される．つまり，日常生活のなかで園芸活動を行うことは，記憶，判断，順序立てた活動などに必要な精神機能を使いながら，日常生活に必要な動作を行うので，心身機能の廃用防止や，低下した機能の回復につながる．

　⑥園芸作業 (gardening activity) は，耕す動作のように全身を使うものから，播種のように手指の巧緻動作を必要とするものまで多様で，かつ，平易な作業が豊富にある．このため，障害や体力に応じた作業を提供しやすく，いろいろな障害がある人の精神機能や運動機能の回復に役立つ．また，園芸作業の多くは平易な動作の組み合わせである．たとえば，播種は，用土作り (数種の用土をすくう，混ぜる)，種をつまむ，種を土に置く，種を指で埋める，土を寄せる，土をおさえるなどの一連の作業からなる．このように作業を分解し

ていくと，障害がある人にもできる場面がみつかりやすい．このため，支援を受けながらの参加であっても，自分が作業や栽培にかかわっているという有用感や満足感が得られやすい．

⑦園芸作業には，前述の播種のように，いくつかの動作を繰り返し行うものが多い．これは，作業に必要ないくつかの動作を覚える，いま何をしたか覚えているという短期記憶機能と，次に行うことを理解して，順序立てた動作を行う精神機能を使った行為である．こうした行為には，注意機能，言語に関する機能，高次認知機能などもかかわっており，継続的に園芸作業を行うことによって大脳皮質全般が活性化され，認知機能の低下抑制，維持，回復などが期待される．

### c. 園芸療法の対象者

園芸療法は，多くの人が興味をもって参加しやすい療法である．このため対象者も幅広い．日本では，高齢社会を背景に，高齢者を対象に行われる事例が多いが，こうした人の多くは，高齢者向けの福祉施設や療養病床がある病院の利用者である．このほかに，リハビリテーション科・精神科・緩和ケアなどがある医療施設の利用者，精神障害や知的障害，発達障害などがある人，アレルギーやリウマチの人，ストレス軽減が必要な人などがその対象となっている．

### d. 日本における園芸療法の普及過程

日本では，明治以降，精神科の病院や結核患者を対象とした病院などで，農耕や園芸を活用した取り組みが行われていた．しかし，園芸が療法として一般市民から注目されるのは，1990年代に欧米で園芸療法の研修を受けた人々が，雑誌・新聞などを通して園芸療法を紹介してからである．

当時は，horticultural therapyの訳として，園芸療法，園芸セラピーなどの言葉が使われた．therapyは，治療，療法と訳されることが多いが，あえて「園芸セラピー」と訳された背景には，園芸療法が紹介されたばかりで，日本における園芸療法の実施者や，園芸療法士に求められる知識や技術がはっきりしていなかったことが考えられる．「園芸セラピー」という言葉には，「療法」という言葉に対する抵抗感を和らげるとともに，一般市民も行える園芸の活用までを含んだ表現にしようという意図が感じられる．

同時期には，ガーデニングブームによって一般市民の園芸に対する関心も高まっていた．そのため，市民が園芸療法に関する研修や講座を受けて，おもにボランティアとして高齢者や障害者の福祉施設で「園芸の療法的な活用」を行ってきた経緯がある．また，この頃から全国の農業系専門高校生が福祉施設などで行う園芸福祉活動や園芸の療法的活用も始まった．これらの活動は，園芸療法の理解者を増やし，日本の園芸療法の定着を支える基盤となっている．

2000年代になると，医療や福祉分野などで園芸療法への関心が少しずつ高まり，園芸療法士の資格を認定する学校，団体がいくつか生まれた．資格認定に必要な要件が示されたことで，今日では園芸療法士の専門性も高まりつつある．このため，資格をもつ園芸療法士や園芸療法を理解した医療関係者が行う「園芸療法」と，一般の人が園芸の効用を理解して行う「園芸の療法的活用」，あるいは，園芸の効用を活用してすべての人が健康で人間らしく幸せに暮らせるようにという「園芸福祉」の使い分けが生まれている．

### e. 他の療法との違い

理学療法（physical therapy）は，機能・形態障害に対して，運動療法による筋力，関節可動域，協調性といった身体機能の改善，温熱，水，光線，電気などの物理療法による疼痛，循環などの改善を図る．作業療法（occupational therapy）は，身体または精神に障害のある者，またはそれが予測される者に対し，諸機能の回復，維持および開発を促す作業活動により，主体的な生活の獲得を図る．これに対して園芸療法は，心身機能やストレス軽減や意欲向上など，気持ちの回復が求められる人に対して，植物・緑の環境・興味をもって取り組める園芸作業を通して，できることを引き出し，気持ち，心身機能，日常生活活動などの回復を図りつつ生活の質（QOL）の維持や向上をめざす．このため，他の療法や日常生活への参加意欲が低い人，心身機能の低下により日常生活活動や他のレクリエーション活動などへの参加が

難しい人にも取り組みやすい．

医師，看護師，作業療法士などが国家資格であるのに対して，園芸療法士は県，団体などの認定資格であり，医療的な介入行為はできない．しかし，対象者の健康や生活の維持・改善のため，園芸を通した介入を行う．その際，医療，福祉，園芸などに関する専門的な知識をもとに，医療・福祉分野で使われる評価法などを用いて対象者の全体像をとらえ（初期評価），医療的な知見もふまえて，目標設定，介入方法（頻度，プログラム内容など）の計画，支援を行い，園芸療法実施中および開始から一定期間ごとにも評価を行いながら効果を検証する．この点が，園芸の療法的活用や園芸福祉との違いである．

#### f. センサリーガーデン

植物が五感を刺激することに注目して設計された庭にセンサリーガーデン（sensory garden）がある．植物の色彩，形，大きさ，影などの明暗を利用した視覚刺激，花や葉の香りといった嗅覚刺激のほか，手触りなどの触覚（体性感覚），味覚，水の音や植物の葉が風で擦れる音などを利用した聴覚刺激を活用する．また，地面を高くしたレイズドベッド（raised bed）に植栽して車椅子や立位でも植物に触れやすくしたり，車椅子や杖歩行の人にも利用しやすいよう，道の勾配，幅，材質などにも配慮している．障害のある人も，そうでない人も，子どもから大人までだれもが楽しめるセンサリーガーデンは，バリアフリーガーデンでもある．

#### g. 園芸と脳活動

近年，園芸活動と脳の関係について，植物を見るだけより，播種，水やり，間引き，収穫などの育てる行為をしているときに$\alpha$波が発生しやすいことが報告されている[1]．$\alpha$波とは，脳波の一つで，楽しいことに没頭したり，リラックスしているときに発生する．これは，自律神経のうち，副交感神経が優位に活動している状態で，脳波が$\alpha$波になると$\beta$-エンドルフィンが脳内に分泌される．$\beta$-エンドルフィンには鎮痛，鎮静，多幸感などの効果があるといわれる．

［豊田正博］

#### 文　献

1) 遠藤まどか他：人間・植物関係学会雑誌, **1**(1), 21-24, 2001.

# II. 花卉各論

# 13. 切り花類

## 13.1 キク

*Chrysanthemum morifolium* Ramat. キク科

■来歴・分布

　キク属野生種は基本染色体数を9とする倍数性を示し，日本産キク属では2倍体（2n＝18）から10倍体（2n＝90）までの種が存在する．キクの多くは2n＝54の6倍体である．その起源については諸説ある．中国に自生するチョウセンノギク（*C. zawadskii* var. *latilobum*）（2n＝18）とハイシマカンギク（*C. indicum* var. *procumbens*）（2n＝36）が自然交雑し，2n＝27となったものが倍加し，2n＝54となって現在のキクに発達したとする説がかつて提唱された．しかし，この説も定説ではなく，現在も遺伝子解析による研究が継続されている．

　キクが中国から渡来した時期については，奈良時代末期から平安時代のころとされる．これにも諸説があるが，江戸時代には栽培や育種が盛んに行われていたことが種々の書物からうかがわれる．現在見るような大輪ギクの厚物，管物などが育成され，18世紀の半ばには花径が30 cm以上の大輪花が作出されていた．中輪ギクでは江戸ギク，嵯峨ギク，伊勢ギク，肥後ギクなどがそれぞれの地域で独自に発達し，これらは古典ギクとして現在まで伝えられている．

　キクは，日本では最も生産量の多い切り花で，需要も多く，各地で産地の形成が認められる．また，バラ，カーネーションと並んで世界の三大切り花の一つとして世界中で生産されており，最近では1年を通してキクの成長に適した温度と開花に適した短日条件が保たれる熱帯高地での生産も盛んである（口絵15参照）．

■系統・種類・品種

　切り花として生産されるキクには，大別して輪ギク，スプレーギクおよび小ギクがある．

　**輪ギク**　先端の蕾を一つだけ残し，摘蕾（葉腋に着生する蕾を取り除く）して一輪だけ開花させる．最近では無側枝性といって葉腋に蕾が着生しない性質が重要視されている．この無側枝性を有する品種群は，一般的に「芽なしギク」と呼ばれ，葉腋の蕾の数が減少するので，摘蕾作業が軽減される．代表的な品種は'岩の白扇'である．

　舌状花が重なって盛り上がって咲くものが多い．開花する直前の状態で出荷，流通するので，満開の輪ギクを見る機会は少ない．満開になれば15 cm程度の花径となる．後述するスプレーギクと比較すると，節間が短く葉が密に着生するタイプが多い．輪ギクは，日本では最も生産量が多く，おもに葬儀用の仏花として用いられる．

　花色は白が圧倒的に多く，ついで黄で，赤の生産はごくわずかである．白では，6～8月出荷の'岩の白扇'，9～10月出荷の'精の波'，'精の一世'，9～5月出荷の'神馬'，'精興の誠'が主要品種である．黄では'精興の秋'，'精興光玉'，'精の曲'，赤では'精興の紅'，'美吉野'などがおもな品種である．

　**スプレーギク**　ヨーロッパで改良されたものが1974年に逆輸入され，日本に定着した．葉腋に着生する蕾を取り除かず開花させる．頂花が早く咲きすぎる品種では，輪ギクとは反対に先端の蕾を取り除く場合がある．数輪開花した状態で収穫，出荷される．輪ギクや小ギクより節間の長い品種が多い．フラワーアレンジメントや花束に用いられるなど，業務用および家庭用に用途が広い．

　花色や花型が多様で変化に富む．生産量の最も多い花色は白で，ついで桃，黄となる．「つま

紅」，「底白」などの複色も生産される．花型は，最も生産量の多い一重咲きを始め，二重咲き，半八重咲き，八重咲き，丁子咲き（アネモネ咲き），ポンポン咲き（球状の花形），スパイダー咲き（細い管弁）など非常に種類が多い．花の大きさも多様で，1～2 cm の'マイクロマム'から 10 cm を超えるものまで変化に富む．6 cm 前後が主流である．白では'セイプリンス'，'セイエルザ'，'セイエース'，桃では'セイマリア'，'ピンクモナリザ'，'ビアリッツ'，'トゥアーマリン'，黄では'レミダス'，'イエローベスビオ'，'サニーユーロ'などがある．

**小ギク** 放任しても茎の上部で自然に分枝し多数の花を着生する．スプレーギクと形態が似ており，中間的なものはスプレー小ギクと呼ばれることもある．仏花，フラワーアレンジメントの素材として様々な場面で用いられる．

開花調節を行わない自然開花の作型が多い．収穫期の分散を図るため，作付けする品種数が多い．200～300 品種を作付けする産地もある．黄では'玉さかり'，'小鈴'，'金竜'，白では'小雨'，'はじめ'，'そよ風'，'涼風'，赤では'恋心'，'やよい'，'小町'などがある．

■形態・生理生態的特徴

**形態** 茎は硬く直立し，葉は互生する．葉身は卵形で羽状に中裂，裂片は不整の切れ込みときょ歯があり，基部は心臓形となる．葉の裏面にはT字型の毛を着生する．毛の粗密は品種間差が大きい．イソギク（C. pacificum Nakai）を交配親に用いて育成された'沖の白波'は密に毛を着生する．花は茎の先端に形成される．花芽分化は，まず茎頂が膨らみ（茎頂膨大期），続いて総苞形成期に進む．総苞に包まれた茎頂の基部から頂部に向けて舌状花が形成され，ついで管状花が形成され（小花形成期），開花に至る．キクの花は，頭花（頭状花）といい，花柄のない多数の小花が密生し，全体が一つの花のようにみえる．舌状花は雌性の単性花で，管状花は両性花である．管状花は雄性先熟で，一つの管状花でみると自家受粉しない仕組となっている．受粉すると雌蕊は縮み，花冠の中に引き込まれる．開花後，地上部は枯れ，地際から吸枝（冬至芽ともいう）が発生する．吸枝の先端は地上に出てロゼット状となり越冬する．なお，吸枝を含めキクの側枝はすべて定芽であり，通常不定芽は出ない．

**品種分類** 岡田（1957）は，温度と日長に対する反応から品種を分類した（表 13.1）[8]．欧米では日長依存型の秋ギクを用いて日長操作により開花調節を行って周年生産され，日本では開花生態を異にする多様な品種群と気候条件の異なる産地の組み合わせによって周年出荷が行われてきた．1980 年代頃までは，春から秋は夏ギク，8月咲きギク，9月咲きギクの自然開花，秋ギクのシェード栽培により生産し，秋から春は秋ギク，寒ギクの自然開花，秋ギクの電照抑制栽培，夏ギクの促成栽培により生産された．この生態分類は日本における作型の分化を理解する上で重要な役割を果たした．

川田ら（1987）は，花芽分化は日長に依存しないと考えられていた夏ギクや 8, 9月咲き品種の中には日長に反応し，限界日長をもつ質的短日植物の性質を有する品種があることを見出し[4]，川田・船越（1988）は，7～9月に開花するこれらの品種群を夏秋ギクと呼ぶことを提唱した[5]．また，開花に適した環境条件下でも花成が誘導されない性質（幼若性）の強弱が 7～9月に咲く品種群の開花期に影響を及ぼすことを考慮し，品種分類を行った（表 13.2）[4,6]．

欧米では，秋ギクを用いて週単位で植え付け，電照栽培とシェード栽培により周年生産を行っており，計画生産のために短日処理を開始してから開花までの週数で品種を分類している．これは response group と呼ばれ，6 週から 15 週までの

**表 13.1** キクの生態分類（岡田, 1957）[8]

| 品種群名 | 日長時間に対する反応 | | 温度に対する反応 |
|---|---|---|---|
| | 花芽分化 | 蕾の発達，開花 | |
| 夏 ギ ク | 中 性 | 中 性 | 10℃前後で花芽分化 |
| 8月咲ギク | 中 性 | 中 性 | 15℃以上で花芽分化 |
| 9月咲ギク | 中 性 | 短 日 性 | 15℃以上で花芽分化 |
| 秋 ギ ク | 短 日 性 | 短 日 性 | 15℃以上で花芽分化 |
| 寒 ギ ク | 短 日 性 | 短 日 性 | 高温で花成抑制 |
| 岡山平和型 | 短 日 性 | 中 性 | 15℃以上で花芽分化 |

表13.2 キクの生態的特性によって分類された品種群の自然開花期,限界日長,ロゼット性および幼若性(川田ら,1987;川田・船越,1988)[4,6]

| 品種群名 | | 自然開花期 | 限界日長 | ロゼット性 | 幼若性 |
|---|---|---|---|---|---|
| 夏ギク | 早生 | (暖 地)<br>4月下旬～5月上旬 | 24時間 | 極弱 | 極弱 |
| | 中生 | 5月中旬～5月下旬 | 24時間 | 弱 | 弱 |
| | 晩生 | 6月上旬～6月下旬 | 17時間以上 | 弱 | 弱 |
| 夏秋ギク | 早生 | (冷涼地)<br>7月 | 17時間以上 | 弱～中 | 中 |
| | 中生 | 8月 | 17時間 | 中～強 | 中～強 |
| | 晩生 | 9月 | 16時間 | 中～強 | 中～強 |
| 秋ギク | 早生 | (冷涼地・暖地)<br>10月上旬～10月中旬 | 14～15時間 | 弱～強 | 弱～強 |
| | 中生 | 10月下旬～11月上旬 | 13時間 | 弱～強 | 弱～強 |
| | 晩生 | 11月中旬～11月下旬 | 12時間 | 弱～強 | 弱～強 |
| 寒ギク | | (暖 地)<br>12月以降 | 11時間以下 | 弱～中 | 弱～中 |

到花週数で分けられる.

**成長と開花を制御する要因**

1) **ロゼット性** キクは通常,低温,短日,寡日照条件に遭遇すると,茎の伸長が抑制され節間がつまった形態を呈する.この状態をロゼットという.自然状態で冬の低温を経過したキクは,春以降節間伸長を継続し,夏の高温に遭遇した後に晩秋の低温により形態的にロゼット化する.形態的にロゼット化したキクは,適温を与えても茎は伸長せず開花もしないが,低温に遭遇するとロゼットが打破されて成長,開花が可能な生理状態となる.ロゼットが打破されるのに必要な低温要求量がロゼット性の強弱である.ロゼット性の強弱は品種によって異なり,ロゼット性をもたない品種は低温開花性が高く,周年生産に適する.'ローズクイーン'や'ディッパー'は最低夜温が0℃程度のハウス内でも,ロゼット化せず花芽が分化する.1980年代に生産された'金丸富士'はロゼット性が弱く低温栽培が可能な品種であったが,これに続く品種がなかった.日本ではロゼットに関する育種の取り組みが遅れているので,今後力を入れるべき育種目標である.

小西(1980)は,形態の変化に先立つ生理的な変化が重要であるとして,生理的な概念としての「成長活性」でロゼットを説明した[7].成長活性は低温に遭遇すると高くなり,高温で低下する.成長活性が低くても,適温下では正常に開花するが,適温より低い温度では花芽が分化せず,形態的にロゼット化する.生長活性が高い生理状態のときは,適温より低い温度でもロゼット化せず,花芽の分化が可能になる.挿し穂や発根苗の低温処理により節間伸長が促進され,花芽分化が可能な温度域が拡大する現象も,この成長活性の概念で説明できる.

2) **幼若性** ロゼットが打破されて節間伸長を開始してもただちに花成が誘導されない品種がある.開花に適した環境条件を与えても花成が誘導されにくい性質を幼若性といい,幼若性を有する生育ステージを幼若相と呼ぶ.低温に遭遇すると幼若相に誘導され,この生育ステージを離脱するには高温が必要である.幼若性は内的要因として7月から9月に開花する夏秋ギク品種群の開花期に影響を及ぼしている[4].

挿し穂や発根苗の低温処理により開花が遅延する品種があり,低温処理と開花反応の関係によって,促進型,遅延型,無反応型に分けられる.'弥栄'は遅延型品種の代表的な例である.この現象は,低温により幼若性が強く誘導されるためであると説明できる.また,最近の主要品種'神馬'では,栽培期間中に10℃以下の低温を経過すると,節間は正常に伸長するが開花が遅延する.この現象も低温遭遇により幼若性を有するように

なったためであると考えられている．苗あるいは本圃の栽培期間中に受けた低温の影響がその後の高温遭遇により解消することが知られており，低温で幼若相に誘導され，高温で幼若相から離脱するという概念と合致する．

■開花調節・作型

**苗の貯蔵，低温処理** 一時的な貯蔵目的や積極的に低温処理する目的で，挿し穂や発根苗の冷蔵が行われる．冷蔵温度は凍らない範囲で低い温度がよい．0℃近辺では凍る危険性があるので，通常は2〜3℃で冷蔵する．挿し穂の場合，夕方に穂を採り少し時間をおいて密閉するが，内部に水滴が生じないようにすることが大切である．安全な貯蔵期間は挿し穂で5週間，発根苗で4週間である．低温に遭遇することにより，ロゼット性および幼若性が影響を受ける．とくに幼若性が強い品種では開花遅延のおそれがあるので，基本的には冷蔵を避ける．

**長日処理** 質的な短日植物の性質を有する夏秋ギク，秋ギクの花芽分化を抑制するために長日処理が行われる．この長日処理は電照と呼ばれる（口絵16参照）．電照によって花芽分化を抑制し自然の開花期より開花を遅らせる作型を，電照抑制栽培という．花芽分化を抑制する光は赤色光（波長600〜700 nm）で，電照にはこの波長の光を含む白熱電球が用いられる．白熱電球（90〜100 W）は植物体上1.5〜2 mの高さで，10 m$^2$に1灯の割合で設置する．近年，消費電力の少ない電球型蛍光灯も利用される．最近は蛍光灯よりもさらに消費電力が少なく寿命の長い発光ダイオード（LED）が注目されている．電照は，秋ギクでは22時から3〜4時間照明する暗期中断で行うことが多い．夏秋ギクには3〜4時間では不足で，5時間程度の暗期中断を行う．短時間の照明と中断を繰り返す間欠照明が試されたことがあったが，実用化されていない．

**短日処理** 夏秋ギクおよび秋ギクでは限界日長以下で花芽が分化する．限界日長以下に日長を操作することを短日処理といい，日長時間が限界日長より長いときは，光を通さないシルバーフィルムなどで自然光を遮断するシェードを行う．日長時間が短いときは電照を打ち切って自然の短日とする．想定する出荷期から逆算して短日処理を開始する．

輪ギクの夏期生産では，夏秋ギクが見出されていなかった時期には，秋ギクの'名門'などを用いてシェード栽培を行ったが，夏秋ギクの'精雲'の電照栽培が確立されると秋ギクのシェード栽培は減少した．'精雲'や'岩の白扇'の限界日長は18時間以上であるので，必要な草丈が確保されるまで電照を行い，電照を打ち切るだけでよい．日長時間が最も長い夏至のころでも16時間程度の日長時間なのでシェードなしで花成が誘導される．日本では図13.1に示すように，秋ギクと夏秋ギクの電照抑制栽培による周年生産体系が確立されている．

スプレーギクの夏期生産では，品質的にすぐれる秋ギク品種を用いる場合や，夏秋ギクを用いる場合でも花房の形の乱れを防止するためにシェード栽培を行う．高温期のシェードでは日長時間を11時間前後とし，深夜の時間帯はシェードを開放して施設内の気温の低下を図る．

限界日長以下で花芽が分化するが，短かすぎる日長では開花が遅れる．花芽分化に最適な日長があって，秋ギクでは12時間である．12時間より短い日長の時期には，日の出前に電照して日長時

| 5月 | 6月 | 7月 | 8月 | 9月 | 10月 | 11月 | 12月 | 1月 | 2月 | 3月 | 4月 |
|---|---|---|---|---|---|---|---|---|---|---|---|
| ☆ | | | | ☆ | | ▽再電照 | ☆ | | | | |
| ↓ | ★ | | □ | ↓ | ★ | | □ | | ★ | | ◎ |
| 直挿し | 電照打ち切り | | 収穫 | 直挿し | 電照打ち切り | | 収穫 | | 電照打ち切り | 収穫 | 土壌消毒 |
| | '岩の白扇' 8月開花 | | | | '神馬' 12月開花 | | | | '神馬' 二度切り栽培4月開花 | | |

**図 13.1** 夏秋ギク'岩の白扇'と秋ギク'神馬'を用いた一輪ギク周年生産の一例
↓直挿し，☆電照開始，★電照打ち切り，▽再電照，□収穫，◎土壌消毒．

間を12時間に補正すると花芽の分化および発達が順調に進む．また，短日処理期間中に日没後短時間の740 nm前後の遠赤色光を照射すると茎の伸長が促進される[1]．

**二度切り栽培** 切り花を収穫した株から生じる芽（吸枝が望ましい）を仕立て，同一株で2回切り花栽培を行う栽培法である．1回目の出荷が12月開花の'神馬'を例にすると，出荷が終わった後電照を開始し，芽が2〜5 cmになったらジベレリン50 ppmを散布する．2回目のジベレリン50 ppmは1回目の1週間後に処理する．電照を開始後2〜3週間は夜温を18℃，その後15℃で管理する．栄養成長期間は約45〜60日とし，必要な草丈になったら電照を打ち切る．電照打ち切り後3〜4週間を夜温22℃，その後15℃で管理すると，4月上旬に開花する．二度切り栽培は育苗と植え替えの手間が省けるが，採花茎の成長に時間がかかるため，圃場の占有期間が長くなる欠点がある．かつて，'秀芳の力'では三度切り栽培も行われた．

**短茎多収栽培** キクの切り花は，通常90 cm前後の長さで出荷され流通している．しかし，実際に使うときは60 cmの長さで十分な場合が多い．20〜30 cmの茎葉はゴミとなっているのが実情である．通常の規格より短い切り花であれば，栽培期間も少なくてすむ．輸送のコストも軽減される．このことを背景として，調整分の10 cmを想定し70 cmのスプレーギク切り花を年間5回作付けする技術が開発されている（図13.2）[12]．一歩進めて育苗施設と切り花生産施設を分離し，専用施設で育苗した大苗を短日条件の切り花生産施設に直接定植する方法も検討されている．

**直挿し栽培** 通常は挿し芽床で発根させ，抜き取った発根苗を定植するが，切り花生産を行う施設の栽培床に直接挿し芽する栽培法がある．これは直挿し栽培といわれる．発根苗を挿し芽床から抜いて定植する手間が省けるが，発根期間が栽培期間に加わるので施設の占有期間が長くなる．挿し穂を軟質ポリエチレン袋で密封し20℃前後，300 lx程度の照明下で1週間程度おくと直挿し後にすみやかに発根する[2]．直挿し後乾燥を防ぐためにポリフィルムなどで地表面を被覆する（べた掛けという）．あるいは，ミストで頭上灌水する．

■栽培管理

**系統選抜** 挿し芽によって栄養増殖された集団は均一なはずであるが，栄養繁殖の過程で変異が生じると，形質の異なった株が混在することになる．営利生産の立場から見た場合，望ましくない変異が起きる可能性の方が高い．長命な品種では，系統分離が起きていると考えるべきで，品種本来の特性を維持した系統を選抜して均一な集団にする必要がある．一つの品種で大量生産が行われる輪ギクでは，生産性の向上にこの系統選抜の効果が高い[10]．

**親株管理** 育苗は冬期の自然低温を経過した吸枝を親株として用いる．2〜3回摘心し，伸長してきた側枝を採取して挿し穂とする．基本的には育苗中電照を継続する．夏秋ギクは不時発蕾しやすいので，側枝を伸ばしすぎないように適期に穂を採ることが重要である．親株が老化すると良質な挿し穂が採れなくなるので，それまでに得られた挿し穂を用いて親株を更新する．

必ず手で折るようにして穂を採るようにする．ポキンと折れるような硬化していない穂であることが重要で，刃物が必要な硬さの穂では発根が悪い．また，ウイルスやウイロイドの感染を防ぐためにも刃物を使うことは極力避ける．刃物を使う場合には，少なくとも品種ごとに消毒する．バー

| 5月 | 6月 | 7月 | 8月 | 9月 | 10月 | 11月 | 12月 | 1月 | 2月 | 3月 | 4月 |
|---|---|---|---|---|---|---|---|---|---|---|---|
| | ☆ | | | ☆ | | ☆ | | | ☆ | | |
| ○-■ ── □ ◎ | | | | ○-■ ── □ | | ── ★ | | □ | ── ★ | | □ |
| 夏秋ギク6月開花 | | | | 夏秋ギク9月開花 | | 秋ギク11月開花 | | 秋ギク2月開花 | | | 秋ギク4月開花 |

**図13.2** 夏秋ギクと秋ギクを用いたスプレーギク年5作の周年生産の一例
○定植，☆電照開始，■シェード開始，★電照打ち切り，□収穫，◎土壌消毒．

ナーで刃先を焼くのが最も確かな方法である．

**植え付け，灌水**　南北方向に 60～120 cm の畝を立て，8～15 cm 間隔で 10 a 当り 4 万本前後の発根苗を植える．

灌水はタイマー制御による地上設置型ノズル灌水が一般的である．近年，植物体の上方に設置したノズルから灌水する頭上灌水が普及し始めている．頭上灌水は装置を設置したまま耕うんでき，改植に伴う灌水装置の撤去，設置作業が不要な点で省力的である．また，地上設置型より灌水の均一性が高くなるとされている[3]．

**摘心**　定植後根が活着してから摘心する．摘心後側枝が伸長してくるので 2～3 本に整枝する．なお，最近は無摘心栽培が一般的である．とくに二度切り栽培を前提とする場合には 1 作目は無摘心栽培とする．

**肥培管理**　施肥量は品種，作付け時期，土質，前作の残存肥料分によって異なるが，基肥と追肥を合わせて 1 作当り N 成分量で 15 kg/10 a 程度である．植物体の無機成分は一定濃度を保ちながら肥料成分を吸収するというキクの養分吸収特性から見て，肥料分の急激な溶出は好ましくなく，緩効性肥料か有機配合肥料が適している．

灌水同時施肥栽培（養液土耕栽培）は，必要な成分を過不足なく与える方法である．栄養診断，土壌養液診断を利用して，点滴灌水チューブを用いて均一に灌水することにより，品質を損ねずに施肥量を減らすことができる．また，施設外への養分の流失を減少させることができる．

**再電照**　岡田・平城（1954）は，電照打ち切り後再び短期間の電照を行うと舌状花数が増加することを明らかにし，これを再照明といった[9]．大須賀ら（1978）はこの再照明の効果は，舌状花数の増加だけではなく，小型化しやすい上位葉を大きくする効果があることを示し，再電照と呼んだ[11]．電照打ち切り 12 日後から 5 日間電照（暗期中断 3 時間）し，次の 4 日間は短日，その次の 3 日間を電照（暗期中断 3 時間）する方法は 12－⑤－4－③方式と呼ばれ，品質向上の技術として一般化した．再電照を 2 回に分けることにより，花芽分化が不揃いでも効果が安定する．再電照を開始する花芽分化ステージの適期は，総包形成期から小花形成前期である．12－⑤－4－③方式では上位葉が大きくなりすぎることもあるので，最近は 12－③とか 12－④方式が多い．再電照の日数だけ開花が遅れる．

**成長調整剤**

発根促進：　1-ナフチルアセトアミド（商品名ルートン）粉剤，インドール酪酸（商品名オキシベロン）粉剤は挿し穂の基部に塗布する．インドール酪酸液剤は，規定倍率の希釈液に挿し穂の基部を浸漬するか，挿し穂 100 本当り 10 mL を挿し穂の基部に散布して用いる．

わい化：　ダミノジッド（商品名ビーナイン，キクエモン）は，節間伸長抑制および花首伸長抑制を目的に 1000～1500 倍液を茎葉に散布する．バクロブトラゾール（商品名ボンザイ，バウンティ）は 400 倍液を発蕾期に散布し，花首伸長抑制を図る．

開花促進・草丈伸長促進：　ジベレリン 50～100 ppm 液を茎葉に散布する．夏ギクの促成栽培や二度切り栽培の吸枝の伸長促進に用いる．

開花抑制：　エテホン（商品名エスレル）は，切り花長の確保と開花抑制を目的としておもに夏ギクや夏秋ギクに用いられる．摘心時または定植後 1 週間以内およびその後 10～14 日ごとに 500～1000 倍液を散布する．夏秋ギクや秋ギクの電照栽培では，親株摘心時に 500 倍液を散布すると早期不時発蕾防止に効果がある．

腋芽の着生促進：　ベンジルアデニン（商品名ビーエー）液剤 2000～4000 倍液を摘心時に散布すると，親株における萌芽が促進される．

いずれの薬剤も使用規定を遵守することに留意する．

**病害虫**　とくに注意を要する病害虫は次のとおりである．

①キク白さび病：　*Puccinia horiana* によって起きる病害である．おもに葉裏に冬胞子堆を形成し，著しく品質を低下させる．完全に防除するには予防散布が必要である．いったん発病すると抑止するのは難しく，定期的な薬剤散布が必要である．

②キクえそ病： トマト黄化えそウイルス（*Tomato spotted wilt virus*：TSWV）によって引き起こされるウイルス病で，葉に現れた退緑斑点がやがてえそ斑となる．茎にえそ症状が現れると商品価値がなくなる．発病した株は抜き捨てるしかない．媒介するアザミウマ類を防除するのが重要である．

③キクわい化病： キクわい化ウイロイド（*Chrysanthemum stunt viroid*：CSVd）の感染によって起きる．植物体全体が小型化し，上位等級の切り花が得られない．伝搬はおもに汁液感染である．病原体のウイロイドは環状のRNAで，非常に強固な分子構造をもっている．そのためハサミに付着したウイロイドが1年後にも感染能力を失わないといわれる．いったん発病すると，高濃度のウイロイドを保毒した状態が継続し，症状が軽減することはない．注意深く観察すると親株の段階で症状を見分けることができるので，早期に発病株を抜き捨てることを徹底すると被害を軽減できる．

④アザミウマ類： 侵入害虫のミナミキイロアザミウマ，ミカンキイロアザミウマの被害が大きい．吸汁された柔らかい未展開葉は，展開した後ケロイド状の引きつれができ，品質が低下する．ミカンキイロアザミウマはキクえそ病の病原であるTSWVを媒介する．施設周辺の雑草に生息しているので，施設内の防除と平行して施設外からの侵入を防止するために開口部を1mm程度のメッシュの網でおおう． ［大石一史］

### 文　献
1) 久松　完：園学研, **6**別2, 355, 2007.
2) 本多めぐみ他：農と園, **63**(11), 30-34, 2008.
3) 石川高史他：愛知農総試研報, **37**, 135-139, 2005.
4) 川田壤一他：野菜・茶業試験場研報, **A.1**, 187-222, 1987.
5) 川田壤一・船越桂一：園学要旨, 昭63春, 472-473, 1988.
6) 川田壤一・船越桂一：農及園, **63**, 985-990, 1988.
7) 小西国義：園学雑, **49**(1), 107-113, 1980.
8) 岡田正順：園学雑, **26**(1), 59-72, 1957.
9) 岡田正順・平城好明：園学雑, **23**(3), 193-198, 1954.
10) 大石一史：愛知農総試研報, **32**, 161-167, 2000.
11) 大須賀源芳他：愛知農総試研報, **B10**, 21-29, 1978.
12) 和田朋幸他：愛知農総試研報, **38**, 121-126, 2006.

## 13.2　カーネーション

*Dianthus caryophyllus* L.　ナデシコ科

### ■来歴・分布

カーネーションは，日本だけでなく世界的にみても，キク，バラと並んで生産量の多い主要な花卉の一つである．品種が多様化しており，花色，草姿，花型が非常に豊富である．現在のカーネーションは交雑種であり，地中海沿岸で長く栽培され，自生化していた原種 *D. caryophyllus* が基礎となり，数種の野生種が交雑されて育成されたと推定されている．

カーネーションの原種ははじめ地中海沿岸の暖地で栽培されていたが，10世紀の初め，フランス西部のノルマン民族が南欧に侵入した際に故国に持ち帰り，中欧に伝えたものといわれる．英国にはノルマンディ公ウイリアム1世（William I, 在位1066-1087）により1066年にもたらされたとされている．また，回教徒によって栽培されていたものが，十字軍によって13世紀にヨーロッパにもたらされたという説もある．カーネーションは，その特有の香り（甘くスパイシーな芳香）によっても人々に重用され，おもにワインやビールの香り付けのために使われたという．

カーネーションがヨーロッパで広く栽培され，愛好されるようになったのは，16世紀頃といわれている．ルネサンス期の美術絵画の中には，数多くのカーネーションが描かれている．フランスのルイ14世（Louis XIV, 在位1643-1715）時代のベルサイユ宮殿には，300種に及ぶ品種が集められていたという．これらの品種は鉢花・花壇用で，一季咲きまたは二季咲き性であった．

カーネーションの品種改良は16世紀初頭から始められ，17世紀の中頃までに赤，白，桃，黄などの基本色が揃い，絞り，覆輪，八重咲きの花も出現した．原種や初期のカーネーションの花は花弁数5枚の一重咲きであるが，その長い育種の途上で八重咲きの優性突然変異を生じ，八重花が生じた．カーネーションの八重咲きの発生については，花弁原基が数多く形成される器官重複により生じ

る．このため，雄蕊，雌蕊が花弁化した八重花とは異なり，交配に用いて後代獲得が可能である．

18世紀～19世紀末には，一季咲きで耐寒性の強いグレナダンをはじめ耐寒性のやや劣るシャボー，マーガレット，リヴィエラ，マルメイゾン，アンファン・ド・ニースなどの系統が南フランスを中心に育成された．

営利栽培を目的とした茎のしっかりした切り花用ツリーカーネーションの育種が始まったのは，19世紀に入ってからである．1840年に，フランス・リヨンの育種家ダルメ（M. Dalmais）によって，二季咲きの'ウイエ・ド・マオン'をもとに四季咲き性品種'アティム'が初めて育成された．このときに中国から入った四季咲きのセキチク（D. chinensis）が交配に使われたと考えられている．ダルメの仕事は同じリヨンの町の2人の栽培家に引き継がれたが，アレガティエ（M. A. Alegatiere）によって茎の剛直な園芸品種が作出され，これが今日のカーネーションのもとになった．

アレガティエの育成途中の園芸品種が1852年に米国にわたり，その後，育種の中心地は米国に移り，多くの育種家がカーネーションの育種に取り組んだ．この時代の米国の品種としては，フィッシャー（P. Fisher）が育成した1903年の'エンチャントレス'，1935年の中輪の桃色品種'ピーターフィッシャー'，ドーナー（F. Dorner）が育成した1924年の'スペクトラム'（'コーラル'の親）などがあげられるが，中でもメーン州の育種家シム（W. Sim）によって1939年に育成された，大輪で赤の画期的な品種'ウィリアムシム'は非常に枝変わりしやすい性質をもっていて，300以上の品種が枝変わりにより作出され，シム系品種群が育成され，世界中に普及した．

日本には，江戸時代初期（17世紀後半）にオランダ人を通じて渡来した．園芸家の伊藤伊兵衛の『地錦抄付録』（1733年）に，「オランダ石竹」，「アンジャベル」の名称と図録がみられ，当時の花容をうかがい知ることができる．「カーネーション」の名称は，明治末期～大正時代まで一般的ではなく，香りのよさから「麝香撫子（じゃこうなでしこ）」とも呼ばれた．1902（明治35）年頃には，福羽逸人（ふくばはやと）博士がフランスのマルメイゾンカーネーションを輸入して，明治政府直轄の植物試験場であった新宿御苑で栽培したという記録がある．

■日本における営利生産の歩み

日本のカーネーション営利生産は，1909（明治42）年に米国のシアトルに在住していた澤田が帰国に際し，'ホワイトエンチャントレス'，'ビクトリー'などの品種を持ち帰り，東京市外中野町城山に小規模な温室を建てて栽培を始めたのが始まりである．その翌年には，土倉龍次郎が東京市外上大崎において栽培に着手した．1925（大正14）年には，犬塚卓一が米国の品種を多数持ち帰るとともに，米国式の大規模な温室を東京郊外の多摩川沿い（現在の大田区田園調布4丁目付近）に建て，カーネーション栽培を始めた．この地は「玉川温室村」と呼ばれ，日本の近代施設花卉園芸発祥の地として知られている．澤田と同時期に生産を開始した土倉は，玉川温室村での生産を指導した．1933（昭和8）年には日本国内のカーネーション作付面積は1万7610坪（5.82 ha）に達した．とくに東京田園調布の玉川温室村の面積は6150坪（2.03 ha）と，戦前のカーネーション生産の一大中心地であった．

第2次世界大戦によりカーネーションの生産は皆無となったが，終戦とともに花卉産業は復興し，作付面積が急速に回復していった．1960（昭和35）年には，初めて花卉の種類別の統計が出され，カーネーションは栽培面積で136 ha（露地77 ha，施設59 ha），生産額で9億円の水準に達していた．1955年頃からはビニルフィルムによるハウス栽培が始まり，露地栽培はしだいに減少していった．

カーネーション生産は，つねに新しい技術を先取りして花卉園芸をリードしてきた歴史をもつ．ウイルス病，立枯れ性土壌病害（萎凋病，萎凋細菌病など）の被害により生産が停滞した時期（1960～1970年頃）もあったが，茎頂培養による無病苗の利用，ベンチ方式の隔離床での栽培，土壌消毒の導入などにより生産が安定した．流通面では，1980年代に花持ちを延長するためのチオ硫酸銀錯塩（STS）による前処理が実用化され，そ

の後広く普及するなど，生産が順調に伸び続けてきた．しかし，1990年に作付面積が616 haとピークに達した後，近年では国内での生産量は減少傾向が続いている．最近では，コロンビア，中国など海外からの輸入切り花の急増，市場での価格低迷，苗代や労賃，暖房用重油代などのコスト上昇など，国内のカーネーション生産を取り巻く環境は厳しくなっている．栽培面積の減少傾向が続き，2012年には367 haと，ピーク時の面積の約60％に減少している．切り花輸入の増加により，2012年には日本の販売数量約6.6億本（国内産数量3億1430万本＋輸入数量3億4573万本）に対する輸入物の占める割合は52.4％に達している．

■系統・種類・品種

カーネーションの属するダイアンサス属は，約300種が主としてヨーロッパ，地中海沿岸から日本にかけてのアジア地域に分布し，切り花，鉢花および花壇用の園芸素材として広く利用されている．染色体基本数は$x=15$で，二，四，六倍体が知られている．切り花用カーネーションはほとんどの品種が二倍体（$2n=2x=30$）であるが，一部に三倍体，四倍体品種を含んでいる．

現在の切り花用カーネーションは，パーペチュアルカーネーションまたはアメリカンツリーカーネーションと称する温室栽培用の系統である．花房の特徴から1茎1花のスタンダード系と1茎多花のスプレー系に大きく分けることができる．

日本で栽培される品種については，'コーラル'，'ピーターフィッシャー'などの中輪品種からシム系へ，さらにスプレー系と地中海系へと進化していった．1960年代より中輪房咲きのスプレー系品種や，立枯れ性病害である萎凋病抵抗性の導入が図られた地中海系交雑品種群がヨーロッパで育成された．スプレー系品種，地中海系品種は1980年頃から日本に導入され，シム系品種にかわり急速に普及し，現在のカーネーション品種の中心となっている．地中海系の育成過程は明らかではないが，コートダジュール，リビエラ地方のカーネーションブリーダーによって古くから露地栽培されていた病気に強い系統と，シム系の交配により育成されたと考えられている．

現在栽培の多いスタンダード系品種には，'マスター'（赤），'ネルソン'（赤），'エクセリア'（赤），'フランセスコ'（赤），'シルクロード'（白），'プラドミント'（淡緑），'コマチ'（複色）などがある．'マスター'は中国での栽培が多く日本へ多量に輸入されている赤品種である．花弁の欠刻が深いのが特徴である．'フランセスコ'はイタリア・サンレモの著名な育種家ノビオ（G. Nobbio）により1985年に作出された朱赤の大輪品種である．日本では最も一般的な赤品種であったが，最近は栽培が減少傾向にある．'エクセリア'，'シルクロード'は日本の種苗会社で育成された品種である．

スプレー系品種は'バーバラ'，'テッシノ'とその枝変わり品種群が作付けの多い品種である．'バーバラ'はオランダのヒルベルダ社で1981年に作出された濃洋紅の品種である．切り花にボリュームがあり，市場評価も高く，萎凋病，萎凋細菌病などの病害にも比較的強くつくりやすいので，人気品種となった．枝変わり品種の'ライトピンクバーバラ'の作付けも多い．'テッシノ'（紫に白覆輪）とその枝変わり品種群は，やや晩生で長日開花性をもっているので，産地によっては電照栽培を行うところもある．

ダイアンサス属は種間交雑が容易であることから，カーネーションと野生種との種間交雑育種も盛んで，ソネット系，ジプシー系，ラフィーネ系など小輪でナデシコタイプの品種群が作出されている．野生種には，現在の栽培品種にはない形質（耐病性，耐寒性，耐暑性など）をもつものもあり，在来品種と同様に，品種改良には不可欠である．

切り花用品種のほかにも，矮性のポットカーネーション品種の育成も近年盛んであり，おもに母の日向けの鉢物として栽培されている．農林水産省統計（平成20年花き卸売市場調査結果の概要）によると，日本におけるポットカーネーションの卸売数量は，2008年には522万鉢であり，鉢物の中でも主要品目の一つである．

■形態・生理生態的特徴

カーネーションは量的長日植物に分類される．

現在の品種は四季咲き性を有し，花芽は短日条件下でも形成されるものの，開花には長日が促進的に作用する．このため，日長が長くなるほど到花日数が短くなる．豊富な日照を好むため光は強いほどよく，遮光は生育と品質を低下させる．冷涼な温度を好み，昼温15〜20℃，夜温10℃程度が最も好適な温度である．温度と光合成速度との関係については，10〜15℃までは急速な増加がみられ，16〜18℃付近で最大となる．急激な温度変化は，大輪品種では萼割れの原因になるので注意が必要である．

■開花調節・作型

カーネーションの2012年（平成24年）の栽培面積は367 ha である．日本の主産地は，愛知（平成24年栽培面積52.0 ha），千葉（27.1 ha），兵庫（27.9 ha），長崎（19.0 ha）など冬〜春期出荷を主体とする温暖地と，長野（92.7 ha），北海道（44.6 ha）など夏〜秋期出荷を主体とする冷涼地とに大別できる．

冬春切り1年作型：　温暖地で最も標準的な作型であり，6月中下旬〜7月上旬に植え付け，夏の高温期を幼齢のうちに過ごし，温度が低下して切り花品質が向上する11月頃から収穫を始め，翌年の5月下旬まで継続して収穫する．

夏秋切り1年作型：　長野県，北海道などの冷涼地で用いられる作型であり，2月前後に定植し，6月頃から収穫を始め，夏〜秋期を中心に年末まで収穫する作型である．

2年切り作型：　カーネーションは，全経営費に占める種苗費の割合が20％前後と他の品目に比べ高く，経営を圧迫している．そこで，種苗コストの低減，作型の分散，改植労力の省力化を目的とした2年切り栽培も試みられている．暖地では，1年目の収穫が終わる6月頃に切り戻し，その後連続栽培する．2年切りは確実に種苗費が減少し，改植労力が軽減するものの，切り戻し後の夏季の欠株発生による収量減少，秋季の切り花品質低下，整枝労力の増大などの問題点も指摘されている．

このほか，切り花価格の上昇する母の日，彼岸，年末などに向けて，1番花のみ収穫する短期作型も行われてきたが，最近は種苗コストの上昇により減少している．

■栽培管理

**定植と栽植様式**　定植前に十分に土壌消毒を行い，完熟堆肥やピートモスを混入し，10 cm角のプラスチックネットを4〜5段重ねて張っておく．種苗業者から購入した発根苗を浅植えで直接定植する．苗を定植する際の栽植方式については，幅80 cmの植え床の中央部2条（20 cm）を空けた1列6株植え（栽植密度：37.5株/m²）とした栽植様式が一般的である．群落内部（ベッド中央部）の光環境を改善し，品質の向上と上物収量を高めることに有効である．ただし，この方式は栽植株数が少ない分だけ，8株植え（栽植密度：50株/m²）よりも初期収量が少ない難点をもっている．

**摘心・仕立て**　植え付け後，新しい葉が展開し，茎が伸長し始めた頃（定植から約3週間後）に5〜6節目で摘心し，側枝を伸ばす．仕立て本数が多すぎると品質が低下するので，その後側枝を3〜4本に整理する．摘心については，1回摘心，1回半摘心，2回摘心がある（図13.3）．1回摘心が基本であるが，1番花が集中して開花し，2番花との間に開花の切れ目が生じる欠点がある．1回半摘心は，1回摘心の欠点を解消し，開花の分散を図ろうとするものである．2回摘心は，1番花主体の収穫をする晩生系品種向きの摘心法である．スタンダード系では，側蕾と側枝を早めに摘み取る．スプレー系では頂蕾が直径1 cmくらいになったときに，側蕾の開花をそろえるために頂蕾を摘除する．

**病害虫防除**　萎凋細菌病，萎凋病などの立枯れ性病害防止のため，必ず定植前に土壌消毒を行う．

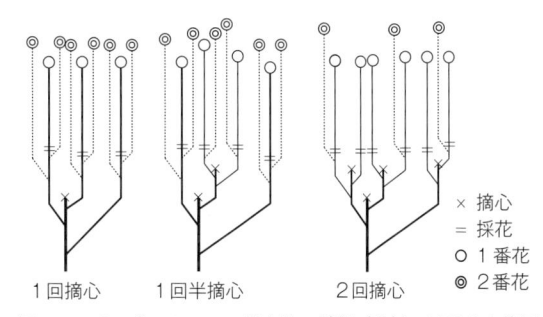

**図13.3**　カーネーションの摘心法の種類（米村，1990から修正作図）

高温期には，ハダニ，スリップスなどの被害が発生するので，薬剤散布を定期的に行う．新しい技術としては，黄色蛍光灯の夜間点灯によるカーネーションのタバコガ，ヨトウムシ類防除技術が開発された．点灯により生育，開花および切り花品質に大きな問題は起きず，高い防除効果を示したため，栽培現場に急速に普及した．

**収穫後技術** エチレンは気体の植物ホルモンであり，植物の成熟や老化を促進する生理作用をもつことが知られている．切り花の中には，エチレンにより老化が促進され，花が萎れたり，蕾や花が落ちる種類が多く存在する．このような花はエチレン感受性花卉と呼ばれ，カーネーションはその代表例である．カーネーションのようなエチレン感受性花卉の品質保持に効果が高いのが，STSなどのエチレン作用阻害剤である．切り花収穫後の水揚げ時に，切り花の切り口をSTS溶液に1晩程度浸漬処理する前処理という方法で，STS処理が行われている．STSには，花の老化に関与するエチレンの作用を阻害し，自己触媒的なエチレン生成を抑える作用がある．STSは安価なうえ低濃度で大きな日持ち延長効果があるため，オランダ，米国，日本などの世界の切り花生産国で1980年代以降急速に普及した（口絵17参照）．

[小野崎　隆]

## 13.3　バラ

*Rosa* L.　バラ科

■**来歴・分布**

バラの野生種は世界中に130種あるとされる[14]．野生種の自生地は北半球に限られており，南半球のオセアニア大陸，ニュージーランドや南アメリカ大陸には自生していない．自生地は北アフリカ，ヨーロッパ，ロシア，中近東，東南アジアと中国，日本を含む東アジアや北アメリカなどであるが，熱帯の自生種はきわめて少ない．これらの地域の中では，とくに中国に多くの野生種が自生する．日本の代表的な野生種には，ノイバラ（*R. multiflora*），ハマナス（*R. rugosa*），テリハノイバラ（*R. wichuraiana*）がある．ノイバラは沖縄を除く日本各地に自生し，切り花生産用の台木として用いられることもある．ハマナスは北海道から茨城県の太平洋側と島根県までの日本海側に自生するが，自然海岸の減少により自生地が減少している．テリハノイバラは関東から沖縄地方の海岸や河原などに自生する．

バラは，北アフリカやヨーロッパでは古代より栽培され，利用されていた．エジプトの墳墓からはバラでつくったリースが発見されており，紀元前2000年頃のミノア文明時代の宮殿にはバラが描かれている．また，紀元前1200年頃のギリシア時代には，バラから精油を抽出していた．

一方，日本では『万葉集』にノイバラとされる「うまら」の歌が詠まれている．ノイバラの果実は，乾燥して民間薬として利用されている．近代における本格的なバラ栽培は，明治維新前後に和歌山県の士族が450余りの品種を輸入したのが始まりとされる[9]．

■**系統・種類・品種**

バラ属の種は多く，しかも変化に富んでいること，また種間で容易に交雑するので多くの系統や品種が育成されてきたが，園芸化は18世紀に中国から四季咲き性をもつコウシンバラ（*R. chinensis*）が英国へ導入されて以降，急速に進展した．現在，切り花生産に多く用いられているのは，春と秋の二季咲きで四倍体のハイブリッド・パーペチュアル（Hybrid Perpetual：HP）系に四季咲きで紅茶の香りのする二，三，四倍体のティー・ローズ（Tea Rose：T）系を交配したハイブリッド・ティー（Hybrid Tea：HT）系，ハイブリッド・パーペチュアル系に四倍体のポリアンサ・ローズ（Polyantha：Pol）系を交配した四季咲きのフロリバンダ（Floribunda：F）系の2系統である．なお，フロリバンダ系は，ハイブリッド・ポリアンサ（Hybrid Polyantha：HPol）系と呼ばれることもある．ハイブリッド・ティー系は基本的には1茎1花の大輪であり，フロリバンダ系はその名のとおり多花性で中輪の房咲きである．その他に，鉢花や花壇によく用いられる矮性で小輪多花性のミニチュア（Miniature：Min）系や，庭園の植え込みに用いられる強健で低木性のシュラ

ブ・ローズ（Shrub Rose：S）系などがある．

育種はおもに交配により行われているが，枝変わりの品種も多い．また，従来の放射線に加えて重イオンビームの照射による育種も行われている．農林水産省の登録品種情報によるバラ属の全登録品種数は2412件（2013年12月時点）で，キクについで多い．

現在，流通している切り花用の品種は，様々な系統が複雑に交配されて育成されているため，正確な分類はかなり難しい．

表13.3に2011年の流通量が多い，1茎1花のスタンダードタイプと1茎多花のスプレータイプの切り花品種をおおまかな花色ごとに記載した．花色別では，スタンダードタイプの流通は桃が最も多く32％，ついで赤が21％，白，橙および黄がそれぞれ10％程度である．スプレータイプの流通は桃が圧倒的に多く40％，橙および黄が15％，赤および白が9％程度である．なお，スタンダードタイプの流通が76％を占める．2008年の流通量は379,344千本であり，そのうち輸入は50,830千本である．

■形態的・生理生態的特徴

**形態** バラの観賞価値は，花と呼ばれる部位の影響が最も大きい．花は萼，花弁の集合した花冠，雄蕊群および雌蕊からなる．バラ属の野生種の多くは，ノイバラやハマナスのように5枚の花弁をもつ．現在のバラは多弁化した品種が多く，開花時の花型が大きく異なることから，花弁の形，開き方，大きさや重なりの程度による分類もされている．開花時の形状から分類すると，①花弁の先端が下に向かって反り返り剣のように尖り，花の中央部が高い剣弁高芯咲き，②それよりもやや反り返りの少ない半剣弁高芯咲き，③花弁は反り返らず花の中心が高い丸弁高芯咲き，④花弁は丸弁で中心が高くなく中心部に向かって巻き込む丸弁抱え咲き，⑤丸弁で盃のような形状で開花する盃状（カップ）咲き，⑥盃状咲きの一種で中央部の花弁が小さく数の多いロゼット咲き，⑦花弁数の少ない半八重咲きや一重咲きなどがある．

小葉は葉縁が鋸状の鋸歯であり，先端は尖る鋭先頭ないし鋭頭で，基部はくさび形である．一部の野生種を除いて，奇数個の小葉が集まって複葉を形成する．複葉は，偶数個の小葉が対生に着生し，先端に1枚の小葉が着生する奇数羽状複葉となり，葉柄には托葉がある．葉序は，茎の節ごとに複葉が着生する互生である．刺の形状は種によって異なり，基部が太く先端が基部に向かってかぎのように曲がっているもの，まっすぐで細いもの，あるいは円錐状のものなどがある．

**花色** 花色は豊富であるが，あざやかな青の花は存在していない．これは，バラが青い色素であるデルフィニジンをもっていないためである．現在の青く見えるバラは，赤い色素であるシアニジンの量を減らすことによって青く見えるように育種されている．そこで，デルフィニジンを発現させる遺伝子をパンジーから取り出し，アグロバクテリウムをベクターとしてバラの葉から作出したカルスへ感染させ，植物体を再生することで青い色素をもつバラが育成された．一方，バラも青い色素であるロザシアニンをもつ[4]ことが明らかにされ，従来の交配育種でも青いバラを育成できる可能性が示唆されている．

表13.3 切り花用の主要品種[12]

| 花色 | タイプ | |
|---|---|---|
| | スタンダード | スプレー |
| 赤 | ローテローゼ<br>サムライ08<br>レッドスター | ファンファール<br>リトルマーベル<br>レッドマカレナ |
| 桃 | スイートアバランチェ+<br>テレサ<br>ノブレス<br>イブピアッチェ | ラブリーリディア<br>ファンシーローラ<br>パリ！ |
| 白 | アバランチェ+<br>ティネケ<br>ブルゴーニュ | スプレーウィット<br>ビビアン！ |
| 橙 | パレオ90<br>カルビィディーム+ | ベイブ<br>マカレナ<br>シンディ |
| 黄 | ゴールドストライク<br>デュカット<br>ゴールドラッシュ | シューティングスター<br>フレアー<br>サラ |
| 紫 | クールウォーター！<br>デリーラ | エクレール（緑）<br>アメジスト |
| 複色 | ピーチアバランチェ+<br>エスターオファリム | M-セカンドラブ |

**花芽形成** 頂部の芽が旺盛に成長しているときには，シュート中央部にある腋芽は，頂芽優勢の作用によりほぼ栄養成長状態のままであり，葉原基はゆるやかに分化を続ける[2]．しかし，ピンチや折り曲げにより頂芽優勢が解除されると，腋芽の成長が促進されて花芽分化を開始する．腋芽の成長には，サイトカイニン[3]，葉からの同化産物の供給[10]，腋芽の着生位置[1]が影響している．萌芽し，伸長を始めたシュートの花芽分化は，温度および日長などの環境条件による影響をあまり受けず，一定の大きさになると花芽を分化する自己誘導型に属する[5]．

**環境条件と生育** 温度，光および二酸化炭素は，収量のみならず，切り花長，切り花重，花弁長，花弁数などの形質にも大きく影響する．

営利栽培されている切り花品種は四季咲き性をもつように育種されており，収穫後に生育可能な温度があれば腋芽は成長を開始して花芽形成し，開花する．花芽の発達と開花は低温よりも高温で促進されるが，夜温が20℃でも昼温が40℃のような過度の高温条件下では，到花日数が著しく長くなる（表13.4）．昼温が25～30℃で夜温が20℃の好適温度条件下では，'ローテローゼ'の到花日数は41～43日程度である．しかし，昼温が20℃の場合，夜温が15℃になると到花日数は60日を，夜温が10℃に低下すると80日を超える．好適温度条件下にあっても，日射量の低下する秋以降は収量の増加と到花日数を短縮するために高照度の補光が行われることがある．

高温あるいは低温の影響により，品種によっては奇形花が発生することがある．この奇形花は，花弁数が正常花より多く，花弁は短く広くなるとともに花床が盛り上がり正常に成長しない形状が雄牛の頭部に似ていることからブルヘッドと呼ばれる[6]．

また，花の形状が正常でも，低温下では赤いバラの花弁が黒くなるブラックニングを生じることもある．春先に曇雨天が続いた後に急に晴天になると，開きかけた花弁の先端が黒ずむ日焼けに似た症状を呈することがあり，これもブラックニングの一種である．この場合は，温度よりも強日射による水分不足が影響しているとされる．一方，高温下では花弁長および花弁数ともに小さくなり，花色は退色する．

秋～春季においては，換気不足により栽培施設内の二酸化炭素濃度が低下することがあり，1000ppm程度の二酸化炭素の積極的な施用は収量を増加させる効果がある．バラの光合成速度は二酸化炭素濃度が高くなると上昇するので，同化産物の生成量が増大する．その結果，同化産物の花芽への移行量が低下した場合に発生するシュートの先端に花をつけないブラインド枝が減少して，収量が増加する[7]．また，二酸化炭素施用は，切り花

表13.4 気温がバラ'ローテローゼ'の到花日数および切り花形質に及ぼす影響（梶原原表）

| 昼温/夜温[z]<br>(℃) | 到花日数<br>(日) | 花弁長<br>(cm) | 花弁数<br>(枚) |
|---|---|---|---|
| 20/10 | 83.3±4.3[y] | 5.6±0.1 | 29.1±0.9 |
| 20/15 | 62.8±2.6 | 4.8±0.1 | 29.0±0.5 |
| 25/15 | 45.1±0.6 | 4.7±0.1 | 26.5±0.4 |
| 25/20 | 43.1±0.7 | 4.5±0.1 | 26.2±0.5 |
| 30/20 | 40.8±1.1 | 3.7±0.1 | 24.7±0.5 |
| 40/20 | 60.8±2.0 | 2.7±0.1 | 12.3±0.9 |

[z]：昼温は7～19時，夜温は19～7時
[y]：値は平均±標準誤差（$n=6$）

表13.5 $CO_2$施用がバラ'ローテローゼ'の切り花収量および形質に及ぼす影響（梶原原表）

| 処理区 | 切り花本数[z]<br>(本/株) | 切り花長<br>(cm) | 切り花重<br>(g) | 節数 | 総切り花重<br>(g/株) |
|---|---|---|---|---|---|
| 無施用 | 25.2 | 65.7 | 31.6 | 14.2 | 794.2 |
| $CO_2$施用 | 30.4 | 70.0 | 35.1 | 14.1 | 1065.4 |
| 有意性[y] | ** | ** | * | ns | ** |

[z]：収穫期間は12～5月
[y]：nsは有意差なし，*は5%，**は1%水準で有意な差があることを示す

長や切り花重を大きくする（表13.5）．

■開花調節・作型

切り花用のバラ品種は四季咲き化されていることから，温度制御のみならず，摘心，樹形を整える整枝や枝を切る剪定により開花期を調節する．そこで，生産現場で用いられている主要な樹形管理法である仕立て（training）と作型について概説する．

**1) 仕立て**

切り上げ仕立て：定植後に発生してきたシュートのピンチを行いながら株を養成し，切り花を発生させるために母枝（mother stem）を1株当り5本程度形成させる樹形管理法である．母枝を形成させる必要があることから，定植から収穫開始までの期間は長くなる．また，収穫は花茎基部の5枚葉を1～3節程度残して行うので，収穫ごとに樹高が高くなることから，作業性を改善するために1年に1回は切り戻し剪定を行う必要がある．収穫時に5枚葉を残すのは，残された5枚葉からの光合成産物が腋芽へ転流し，次のシュートの生育を促進するからである[11]．

アーチング（arching, shoot bending）仕立て：1989年に特許が出願されて以降，改良が重ねられて国際特許をも取得した樹形管理法である．定植後に伸長してきたシュートを株元から折り曲げることにより株元からベーサルシュート（basal shoot, bottom break）と呼ばれる剛直なシュートを強制的に発生させて，基部から収穫する仕立てであり，折り曲げたシュートが弓状に曲がっていることから命名された[13]．この仕立て法は，切り上げ仕立てと比較した場合，収穫位置が一定であることから切り戻し剪定が不要で周年収穫が可能であり，しかも切り花が長大になる．しかし，冬季に収量が低下するので，この時期には5枚葉を1節残して切り上げ収穫し，春に株元まで切り戻すこともある．シュートを株元で折り曲げることから，高設ベンチによる栽培が前提となる（口絵18参照）．

ハイラック（high-rack）仕立て：1994年に国内特許を取得した樹形管理法で，折り曲げ枝が株元よりも高い位置にあり，それらが棚のように見えることから命名された．アーチング仕立てとは異なり，切り上げ仕立てと同じように1株当り3～5本のベーサルシュートを母枝とし，母枝それぞれも折り曲げ枝をもつ．収穫は母枝頂部の一定位置であることから，周年収穫が可能である．切り花収量はアーチング仕立てよりも多いが，切り花長はやや短い．母枝をもつので，高設ベンチ栽培のみならず土耕栽培にも利用できる．

シュート水平折り曲げ（leveling）仕立て：1997年に国内特許を取得した樹形管理法で，初期に発生した弱いシュートを通路側に折り曲げ，その後発生するベーサルシュートをベンチ上に水平に折り曲げて母枝とすることから命名された．母枝は1～2本で，切り花の収量および形質はハイラック仕立てと同程度である．周年収穫が可能であるが，ベーサルシュートを母枝として折り曲げるので，高設ベンチ栽培が前提となる．

これらの折り曲げ枝をもつ仕立てでは，接ぎ挿し苗を用いて高設ベンチで栽培した場合，台木から発生するシュートをも折り曲げ枝として利用することがある．ただし，この場合の台木には土耕栽培でよく用いられているノイバラは不適であり，オドラータ（R. odorata）が適する．これは，ノイバラの台芽を伸長させて折り曲げると，穂木よりも台木の肥大が大きくなる台勝ちを起こすためである．定植後に伸長したシュートを折り曲げる仕立てでは，折り曲げられた枝そのものは折り曲げ枝（bent shoot），それらを群落として見る場合はベントキャノピー（bent canopy）と呼ばれる．折り曲げ枝は光合成量を増大させ，光合成産物を供給するソースとしての役割をもつ．折り曲げ枝に由来する光合成産物は，アーチング仕立てでは根のほかにベーサルシュート発生部位のクラウンに，ハイラック仕立てでは根やクラウンに加え採花母枝へも多く転流している．これらの光合成産物は切り花シュートへ再転流することで，その発生と発達を促す役割をもつ[8]．

**2) 作型**

周年切り（year-round production）作型：ロックウールを培地とした養液栽培において，アーチングやハイラック仕立てが普及して以降，急速

にこの作型が広まった．加温が不要になる4～6月に苗を定植し，シュートの摘蕾を繰り返しながら葉数を確保し，それらを6～8月に折り曲げる．しかし，最近は多品種少量生産の傾向にあり，品種の寿命が短くなってきていることから，定植時期にこだわらない場合も多い．いずれの仕立てでも，定植年の収穫開始は気温が低下し始めて切り花品質の向上する9月以降からとする．切り花品質や収穫本数を考慮すると，最低気温は15～18℃を確保する必要がある．そのため，冬季温暖で日射量の多い地域が適する．一方で，夏季は高温となる場合が多いので，切り花品質の低下を防止するために，昼間はパッドアンドファン冷房を利用した気化冷却が，夜間はヒートポンプによる冷房が行われることもある．

冬切り中心（夏季剪定，summer pruning）作型：　温暖地の土耕栽培の切り上げ仕立てで一般的に行われている．収穫開始2年目以降は，気温が高くなり品質の低下する前に剪定し，秋以降から収穫を再開する作型である．切り上げ仕立てでは，収穫開始2年目以降の樹高を下げるための剪定は，気温があまり高くない梅雨の間に枝を折り曲げ，あるいは切り戻すことにより行う．剪定後に新たに萌芽したシュートは，開花が高温時期とならないようピンチにより開花時期を調節する．なお，ピンチ後に急速に葉を展開し，茎が伸長する現象をフラッシング（flush〔ing〕）と呼ぶ．

夏切り中心（冬季剪定，winter pruning）作型：　単価の高い12月の収穫終了から1カ月程度は温度を低下させて収穫を行わず，株を低温に遭遇させた後に剪定し，再び加温を開始する作型である．寒冷地，高冷地や冬季に日射量の少ない日本海に面した地域での事例が多いが，周年収穫が可能な地域や仕立てでも，加温に要する燃料費を考慮して冬季に加温を止めて保温のみで休眠させる事例もある．寒冷地や高冷地では定植を1～3月頃に保温したハウス内で行い，株を養成し母枝を形成させる．収穫の開始は，暖地や温暖地の品質の低下し始める6～7月頃からとする．

■栽培管理

切り花生産は，培地に土を使う土耕栽培と，ロックウールなどの人工鉱物やピートモスなどの有機質資材を培地に用いて培養液を施与する養液栽培に大別できる．日本では，養液栽培による切り花の生産面積が約半分を占める．施肥や灌水の省力化を図るとともに過剰な施肥による環境への負荷を軽減するために，土耕栽培では点滴灌水チューブを用いた灌水同時施肥栽培が，養液栽培では排液循環栽培が広まりつつある．

**繁殖**　切り花の営利生産用苗の繁殖は，ほとんどが挿し木で行われる．養液栽培では挿し木苗と接ぎ木苗とでの生産性に大きな差がないので，安価な挿し木苗の利用が多い．しかし，土耕栽培では生産性や耐病性を考慮して接ぎ木苗が用いられることが多い．接ぎ木苗では，育苗期間を短縮できることから，台木に穂木を切り接ぎし，ミスト下で発根させる接ぎ挿しが行われる．また，芽接ぎ苗を用いることもできる．

**定植**　養液栽培ではロックウールキューブなどに挿し木された発根苗を，そのまま十分に灌水して水を含ませた培地に定植する．ロックウールスラブの代替資材として，ピートモスやココナッツ繊維であるコイア（coir）を粉砕してマット状に成型した固化培地も利用できる．施設利用率を高めるため2条植えとし，栽植密度は施設面積100 $m^2$ 当り600株程度にする．定植後は，栽培培地への雑草種子の侵入や培地表面からの蒸発を防止するために培地表面をマルチする．土耕栽培の場合，苗を定植前にポット育苗することで，収穫までの期間が短縮できる．施設面積当りの栽植密度は養液栽培の場合と同じにする．

**施肥管理**　養液栽培の場合，多くの養液栽培機械メーカーや肥料関連業者から様々な培養液の処方が公表されているが，いずれを用いても大きな差はない．また，単肥を配合することも難しくなく，配合方法はインターネット上で公開されており，培養液の処方には園試処方が応用できる．培養液の供給方法は，点滴と散水に大別できるが，資材費や培養液供給装置のポンプの送水能力を勘案して決定する．1日当りの培養液の給液量は，1株当り，春と秋には0.6 L，夏には1.0 L，冬には0.4 L程度とすると過不足がない．培養液の濃度

はおもにECで制御し,定植後は0.6〜0.8 dS/m,収穫開始以降は,春と秋には1.2〜1.5 dS/m,夏には0.8〜1.0 dS/m,冬には1.8〜2.2 dS/m程度とする.pHは,年間を通して5.0〜6.0を標準とする.土耕栽培では,養液栽培よりも要素の過剰,あるいは欠乏症状が発生しやすいので緩効性肥料に,速効性肥料または液肥を組み合わせて施用する.年間の施肥量はN,P,Kともに10a当り50〜70kg程度とし,土壌のECを0.5〜1.0 dS/mの範囲に制御する.

**病害虫防除** うどんこ病,黒星病,べと病,灰色かび病,枝枯れ病が発生しやすいので,殺菌剤による定期的な防除に務める.根頭がんしゅ病(crown gall)は,挿し木苗を用いた養液栽培ではあまり問題にならないが,土耕栽培の場合は挿し木や接ぎ木の際に健全な穂木を選別し,感染の防止に務める.ハダニ,アブラムシやアザミウマは殺虫剤による定期防除に務め,発生した場合には初期に重点的な殺虫剤散布を行う.とくに,高温期におけるハダニの繁殖は早いので注意する.夜蛾類やカイガラムシは殺虫剤による防除を行う.成長した夜蛾類の幼虫には殺虫剤の効果が劣るので,発生初期に防除する.夜蛾類は,ハウス内に設置した黄色,あるいは緑色蛍光灯の終夜照明により侵入を抑制することも可能である.

**収穫・出荷** 切り前は季節ごとに調節するとともに,出荷する市場にあわせる.また,開花ステージの若い段階で収穫すると,十分に花弁が展開しない品種もあるので切り前には留意する.収穫後は下葉と刺を落とし,長さを「切花全国出荷標準規格」に従い調整する.切り花は抗菌剤を加えた水の入ったバケットに入れて,1〜5℃程度の保冷庫で出荷まで保存する.保冷期間が長い場合には花弁の展開が進むので注意する.花持ち期間を延長させるためには,バラの切り口を水につけずにそのまま段ボール箱に詰めて輸送する乾式輸送よりも,切り口を水につけたままで輸送する湿式輸送が有効である.しかし,この場合も輸送が長時間になると花弁の展開が進むので,高温期は10℃程度,そのほかの時期は5℃程度で輸送する.

バラの切り花は,水に生けても,導管閉塞や葉からの蒸散が多い場合には,花への水分の供給が不足して水揚げが不良になり,花首が折れ曲がって花が下を向くベントネックが発生する.赤や濃桃品種ではベントネックが発生しなかった場合でも,花弁に青味がかかるブルーイング(blueing, bluing)を生じることが多く,これらにより観賞価値を失う. [梶原真二]

**文 献**

1) Bredmose, N. et al. : *J. Plant Sci.*, **160**(5), 819-825, 1999.
2) Cockshull, K. E. and J. S. Horridge : *J. Hort. Sci.*, **52**, 421-427, 1977.
3) Dielemen, J. A. et al. : *Physiol. Plant.*, **99**(3), 456-464, 1996.
4) Fukui, Y. et al. : Symposium on the Chemistry of Natural Products, 42, 55-60, 2000.
5) Halevy, A. H. : Proceedings of the 18th International Horticultural Congress, 5, 178-198, 1972.
6) Halevy, A. H. and N. Zieslin : *Acta Hortic.*, **14**, 149-157, 1969.
7) Hand, D. W. and K. E. Cockshull : *J. Hort. Sci.*, **50**, 183-192, 1975.
8) Kajihara, S. et al. : *Sci. Hortic.*, **121**, 485-489, 2009.
9) 賀集久太郎:薔薇栽培新書, pp. 39-73, 朝陽園, 1902. (http://kindai.ndl.go.jp 国立国会図書館近代デジタルライブラリー)
10) Marcelis-van Acker, C. A. M. : *Ann. Bot.*, **73**, 415-420, 1994.
11) Mor, Y. and A. H. Halevy : *Physiol. Plant.*, **45**, 177-182, 1979.
12) 日本花普及センター:2011年における花き品種別流通動向分析調査(CD版), 2014.
13) Ohkawa, K. and M. Suematsu : *Acta Hortic.*, **482**, 47-51, 1999.
14) Zlesak, D. C. : Flower Breeding and Genetics : Issues, Challenges and Opportunities for the 21st Century(N. O. Andersen ed.), pp. 695-738, Springer-Verlag, 2006.

## 13.4 ユ リ

*Lilium* L. ユリ科

■**来歴・分布**

ユリ属の原種の数は130種に及び,その分布は北半球に限られている[5].最も自生種が多く密度の高いのは中国雲南・四川省である.ユリの祖先種は中国で生じて,その種が各地域に分布を広げる過程で地理的に隔離され,様々な種が分化したと考えられている.その分布域は亜熱帯から亜寒帯に広がり,温帯,暖帯に最も多い.

日本には独自の固有種が8種と，日本を含めたユーラシア大陸などにも分布する7種の合計15種が分布している．日本に自生するユリの固有種は，テッポウユリ（*L. longiflorum*），ササユリ（*L. japonicum*），カノコユリ（*L. speciosum*），ヤマユリ（*L. auratum*），サクユリ（*L. auratum* var. *platyphyllum*），オトメユリ（*L. rubellum*），タモトユリ（*L. nobilissimum*），ウケユリ（*L. alexandrae*）である．これらは品種改良をしなくてもすぐれた観賞性を備えている．

■系統・種類・品種

　ユリの原種の分類は，各種の特性を比較してまとめられたものが基本として用いられてきた．しかし，ユリの分布域と種の類縁関係にはある程度の関係があるため，花型などの特性によって分類したこれまでの方法では真の類縁関係を表していないと考えられ，近年はDNA塩基配列の違いに基づいて系統解析されている[2]．

　ユリの品種改良は，19世紀後半からおもに米国やヨーロッパで行われた近縁種間交雑により育成されたものが多く，その中からすぐれたものがアジアティックハイブリッドやオリエンタルハイブリッドとして発展した．世界一の球根生産国であるオランダでは，胚培養などの種間交雑の技術が進む中で1980年代までにこれら多くのハイブリッド品種を作出した．品種改良の初期段階には原種間の近縁の組み合わせで交雑が行われたことから，園芸学的分類は原種の分類に準じて行われた．この分類方法は英国の王立園芸協会で考案されたが，最近は品種改良が進んでこの分類に含まれないものが多くなったため，北米ユリ協会が新規の分類を加えている（表13.6）．近年は，自然交雑ではできない雑種を胚培養により育成したLAハイブリッドやOTハイブリッドなどの品種も一般に出回るようになり，またそれらの新しいハイブリッド品種の交雑によりユリ品種の多様化が進んでいる．ここでは，現在，切り花用の園芸品種として流通している雑種群をいくつか述べる．

　1）アジアティックハイブリッド（園芸分類Ⅰ）：日本のイワトユリ（*L. maculatum*）やオニユリ（*L. lancifolium*），エゾスカシユリ（*L. dauricum*）などの交雑から育成されたミッドセンチュリーハイブリッドがもとになっている（以下アジアティック系）．これにマツバユリ（*L. cernuum*）が交配され，さらに複雑に品種間交雑がくりかえされてできあがったものである．そのため各品種は雑多な特性をもち，系統だった分類はできないが，オニユリの血を引く品種が親になったものは赤，橙，黄系統の花色の品種が多く，マツバユリの色素を受け継いだ品種は白や桃のものが多い．主要品種には，'モナ'（黄），'ベアトリクス'（橙），'ビバルディ'（桃），'アビニョン'（赤），'ナボナ'（白）などがある．

　2）オリエンタルハイブリッド（園芸分類Ⅶ）：ヤマユリ，カノコユリ，ササユリ，オトメユリなど極東に自生する種をもとに育成された品種群で，いずれの品種も香りをもつのが特徴である（以下，オリエンタル系）．営利的品種としては，1975年に米国で育成された上向き咲きの深紅色の品種'スターゲザー'が始まりで，これがオランダに導

表13.6　ユリの園芸学的分類（International Lily Resister の分類表を改変；岡崎，2005）[2]

| | 園芸分類 | 雑種の交雑親および原種 |
|---|---|---|
| Ⅰ | アジアティックハイブリッド | コマユリ，スゲユリ，マツバユリ，ヒメユリ，エゾスカシユリ，オニユリ，リリウム・ウイルソニー，他7種 |
| Ⅱ | マルタゴンハイブリッド | タケシマユリ，マルタゴンリリー，クルマユリ，リリウム・チンタオエンセ |
| Ⅲ | マドンナリリーハイブリッド | マドンナリリー，リリウム・カルセドニカム，リリウム・モナデルファム， |
| Ⅳ | ノースアメリカンハイブリッド | リリウム・ハンボルティー，リリウム・ケロギーなど北米のユリ類 |
| Ⅴ | ロンギフローラムハイブリッド | テッポウユリとの雑種，LA，LOハイブリッドを含む |
| Ⅵ | チャイニーズオーレリアンハイブリッド | リリウム・ローランツム，リーガルリリー，キカノコユリ |
| Ⅶ | オリエンタルハイブリッド | ウケユリ，ヤマユリ，ササユリ，タモトユリ，オトメユリ，カノコユリ |
| Ⅷ | オリエンペットハイブリッド | 園芸分類Ⅵと園芸分類Ⅶから得られた雑種群 |
| Ⅸ | 原種 | 原種とその変種 |
| Ⅹ | その他の遠縁雑種 | 上記の雑種群に含まれない遠縁交雑による雑種群 |

入され，日本からきたタモトユリなどと交雑されて多くの上向き咲きの品種が育成された．主要品種には，'カサブランカ'（白），'シベリア'（白），'マルコポーロ'（淡桃），'ソルボンヌ'（桃），'ルレーブ'（桃），'アカプルコ'（桃）などがある（口絵19参照）．

3) オリエンペットハイブリッド（園芸分類Ⅷ）：　近年，胚培養によって育成されたオリエンタル系とチャイニーズオーレリアンハイブリッド（園芸分類Ⅵ）の交雑種である．一般には，オリエンタル系の黄品種で知られており，OTハイブリッド（以下，OT系）と呼ばれている．開花球までの球根の育成年数がオリエンタル系より短く営利的に有利であるために交雑が進み，黄以外の花色の品種も増えている．主要品種には，'イエローウィン'（黄），'コンカドール'（黄），'マニサ'（黄），'ロビナ'（赤），'ニンフ'（複色）などがある．

4) ロンギフローラムハイブリッド（園芸分類Ⅴ）

テッポウユリ：　鹿児島県では1963年からテッポウユリの交雑育種が開始され，'おきのしろたえ'などが育成された．また，オランダでは近年'ホワイトフォックス'や'ホワイトエレガンス'などが育成され，これら交雑種はロンギフローラムハイブリッド（以下，ロンギフローラム系）の分類に入ると考えてよいであろう．ただ，青軸で花形や葉の形がよいことから日本の切り花用の主要品種となっている'ひのもと'は屋久島自生種から選抜されたもので，原種の分類に入る．同じ頃，米国で選抜された'ジョージア'も'ひのもと'と同様である．

シンテッポウユリ：　テッポウユリとタカサゴユリ（*L. formosanum*）の種間交雑によって育成されたもので，遺伝的に雑ぱくなものが多い．かつては球根も利用されていたが，現在では営利的な点から7〜9月切り花用の実生による1作栽培型の品種が主体となっている．

LAハイブリッド：　胚培養の技術によって育成されたテッポウユリとスカシユリ（アジアティック系）の交雑種である（以下，LA系）．花型はテッポウユリ型とスカシユリ型があるが，主要品種の多くはスカシユリ型である．この品種群は，アジアティック系に比べて花が大きく，花色も豊富になっている．また，球根の育成年数がアジアティック系より短くてすむ．主要品種にはスカシユリ型で，'ロイヤルトリニティ'（橙），'オレンジタイクーン'（橙），'セラダ'（黄），'クーリア'（白）などがある．

LOハイブリッド：　テッポウユリとオリエンタル系の原種や園芸種との交雑種はLOハイブリッド（LO系）と呼ばれている．

5) 原種（園芸分類Ⅸ）：　ササユリ，オトメユリ，ヒメユリ（*L. concolor*）などは，原種がそのまま園芸用の栽培種として用いられている．

■形態的・生理生態的特徴

　形態

球根（鱗茎）：　球根は，扁平になった底盤と呼ばれる茎に，葉が変化・肥大した鱗片がうろこ状に重なり合ったもので，皮膜に包まれていない．無皮鱗茎，鱗状鱗茎と呼ばれている．外皮に包まれていないので乾燥に弱い．

下根・上根：　鱗茎の底盤部から出ている下部にある太い底出根（通称・下根，basal root）は，養分の吸収よりむしろ地上部を支え，球根を牽引する役目をする．茎が球根上に10cm程度に伸長した頃に，地中にある茎の各節から発生する茎出根（通称・上根，stem root）は，おもに養水分吸収をつかさどると考えられている．

木子・珠芽：　茎の地中にある部分の節に木子と呼ばれる小球を形成する．これは腋芽の変化したもので，小さな鱗片からなる小鱗茎である．また，種によっては地上の茎の葉腋に珠芽を形成する．珠芽は植物学的には木子と同じで小鱗茎である．

葉：　葉は互生または輪生する．品種，鱗茎の大きさにより葉数や形は異なる．

花：　花は頂生で，単生するか総状花序につくが，散形花序状に見られるものもある．外花被片・内花被片各3枚からなる．雄蕊は6本あり，葯は丁字につく．心皮は3枚で融合し，柱頭は3裂する．

**生育習性** ユリの多くは耐寒性の秋植え球根である．オリエンタル系の原種の一つであるアカカノコユリ[3]を例に生育過程を見ると，秋に植え付けた球根は，気温の上昇とともに下根が活動を始め，地上には3月下旬～4月に出芽し，同時に地下部の茎の各節に上根の形成が始まる．茎軸の長さが数cmになったときに花芽の分化が始まり，茎軸は急速に伸長して草丈40～60 cmで発蕾する．その後2カ月程度して開花する．この生育過程は基本的には他の種類のユリにもあてはまるが，発蕾から開花まで2カ月を要するのはオリエンタル系の特徴であり，テッポウユリ，ロンギフローラム系やアジアティック系では1カ月程度である．

地下部では，球根の重量は発芽する頃から減り始め，5月中旬の発蕾前に最低となる．これは，茎葉の伸長に使われた外側の3年生鱗片の消耗によるもので，5月中旬には3年生鱗片は完全に消失して，新球の茎頂を中心に形成された新鱗片の肥大が始まる．6～7月はおもに前年に形成された2年生鱗片が肥大し，8～9月には1年生鱗片が肥大し，10～11月にかけて球根は成熟する．

**休眠打破** ユリの球根は秋に収穫された時点で休眠しており，そのまま露地に植え付けてもすぐには発芽しない．休眠が破れて節間伸長するためには球根が一定期間低温にあう必要がある．

アカカノコユリの例では[3]，球根が未熟な6月上旬頃は5℃を中心とした狭い温度域で長期間かけて休眠打破されるが，球根の成熟に伴って低温感応の温度域は広がり，秋の掘り上げ時には−2～21℃の温度域に感応する．花芽分化も低温によって起こるが，発芽より多くの低温量を必要とし，十分な低温が与えられなかった場合，発芽はするが正常に花芽分化，開花せず，葉数が非常に増加したり，到花日数が長くなるなどの生育を示す．

また，生育期の温度条件が球根の休眠の深さに大きく影響する．冷涼地で気温の低下の早い地域で生育した球根ほど休眠は浅くなり，暖地で開花前に低温，開花後に高温または高地温で生育した球根は休眠が深くなる．

テッポウユリについては，沖永良部島で球根養成されて6～7月に掘り上げられ，夏の高温によって休眠が破れる．しかし，10℃の低温にも休眠打破効果があるとされており[1]，他のユリと同様に低温で休眠が打破されると考えられる．

**花芽形成** ユリの花芽分化の開始時期は種によって異なる．日本の自生種については，①秋に球内で分化を開始し，年内には完成するもの（1-a），②晩秋に球内で分化を開始し，翌春発芽直後に完成するもの（1-b），③発芽直後に分化を開始するもの（2-a），④発芽後約1カ月してから分化を開始するもの（2-b）の四つのタイプに分けられている[4]．原種レベルでは，③の発芽直後に分化を開始するものが最も多いが，①，②のタイプに属するものは北方あるいは標高の高い地域に自生する種が多く，開花は5月中～下旬と早い．現在の園芸品種では，球根を氷温貯蔵する必要性から球根内で分化を開始する品種は淘汰されて，③の発芽直後に分化を開始するもので占められている[6]．

**開花と温度** 休眠が破れた球根では栽培温度が高いほど発芽，開花が早まり，到花日数が短くなる．オリエンタル系で最低夜温を20℃とすると10，15℃に比べて開花は早くなるが，茎長が短くなって切り花品質が低下する．アジアティック系では，15℃でも花蕾数が減少して品質が低下するという事例がある．

**開花と光条件** テッポウユリ，アジアティック系，LA系は，オリエンタル系に比べて生育，とくに花蕾の発育に多くの光を必要とする．低日照下で栽培すると，花蕾の落下や発育停止を引き起こすため，日照に敏感でない品種の選択や過度の遮光や被覆資材の汚れ，密植などに注意する．

■**開花調節・作型**

**開花調節** オランダでは，1970年代の後半にはいわゆる氷温貯蔵を利用した長期の球根貯蔵技術が確立されて切り花の周年生産が可能となった．オリエンタル系やアジアティック系，LA系，OT系の球根はオランダで養成されて秋に掘り上げられ，4℃から1℃まで順次温度を下げて耐凍性をつけた後，さらに−1.5～−2℃の氷温に移した状態で日本に1月以降輸入されてくる[7]．

アジアティック系・LA系：　氷温で1年以上

貯蔵することが可能であることから，氷温貯蔵球を用いて周年切り花栽培することができる．

オリエンタル系・OT系：　氷温貯蔵が長期間になると障害の発生や花蕾数の減少などの問題が生じるため，9カ月以上の貯蔵は困難であるとされている．このため，球根輸入の初期にはオランダ産の小球根を日本国内で養成して促成のために低温処理する方法が検討された[6]．低温処理の温度は5℃を中心として2～8℃でよい．処理期間は品種間差が大きく，早生系の品種では6週間程度でも低温量を満たすが，晩生系の品種では10週間は必要である．しかし，オリエンタル系は球根の成熟が遅く，日本で早掘りをしても主要な品種ではオランダ産球の使用可能時期と大差が見られない．周年切り花生産は，その後，オランダ産の氷温貯蔵球の品質が落ちる10月～翌1月に南半球のチリやニュージーランドで養成された球根を用いることで可能となった．

テッポウユリ：　球根養成地の沖永良部島で6月中旬以降に掘り上げられ，切り花生産地に送られて促成のために低温処理される．低温処理の前に，不発芽防止のために温湯浸漬処理や流水浸漬処理を行う必要がある．低温処理の温度は5～13℃の範囲がよく，植え付け時期の温度から10℃程度低い温度で処理することが実用的であるとされている．

作型　主要な種類のユリについては周年生産が基本であり，国内のそれぞれの地域の季咲きの時期を中心に促成や抑制の作型に分けられる．また，夏を中心とした栽培は高冷地や寒冷地の産地が中心で，平坦地では高温期を避けた時期の栽培が多く，冬を中心とした栽培は太平洋側の暖地の産地が中心となっている．

アジアティック系・LA系：　オランダ産の氷温貯蔵球を用いた周年生産が可能であることから，日照条件と生育適温に応じて全国の各地域で栽培されている．

オリエンタル系・OT系：　栽培期間が長いうえに長期氷温貯蔵が困難であることから，オランダ産と南半球産の球根を用いた周年生産の作型が確立している．しかし，9月～翌1月の定植には南半球産の球根の入手が不安定なこともあって国産の1年養成球や切り下球などを用いる場合もあり，栽培技術面からみると定植する球根の前歴により作型を分けた方がわかりやすいと考えられる．

テッポウユリ：　オランダ産の球根を用いて周年生産することも可能と考えられる．しかし，日本人には'ひのもと'の花姿が好まれることから，沖永良部島で養成される国産の球根を用いて10月～翌6月に出荷する作型，'ひのもと'に似た花姿のシンテッポウユリを用いて6～9月に出荷する作型，これらの切り花品質の劣る5～7月と10～11月にオランダ産の氷温貯蔵球を用いる作型が組み合わされて，日本のテッポウユリ切り花の周年生産が成り立っている．

■栽培管理

**圃場の準備**　ユリは保水性に富み，排水良好な圃場を好む．連作圃場で，とくに施設栽培では1年に1度は定期的な土壌分析を行い，土壌中の塩基の過不足やバランスの状態，pHを把握するとともに，良質の堆肥を適量投入するなどして土壌改善に努める．pHが適正でないとスミ症（仮称）[8] やまだら症（仮称）[9] などの生理障害を生じやすくなる．また，ネダニや疫病など土壌病害の対策として，薬剤や太陽熱による消毒，蒸気土壌消毒などを必ず行う．

**定植前の球根の処理**　ユリの種類と球根の前歴，作型によって定植前に行う処理は異なる．たとえば，オリエンタル系の氷温貯蔵球を高温時に定植する作型では，解凍・芽伸ばし処理により切り花品質の低下を防ぐ．品種や生産地によって処理温度や期間は異なるが，おおむね2～5℃で1週間程度解凍処理した後，8～13℃で10 cm程度まで芽伸ばし処理を行う．

**定植**　切り花品質は栽植密度の影響が大きいことから，球根の大きさや品種を考慮して，適正な栽植密度を決める．植え付けの深さは，おおむね球根の2倍程度とし，覆土後に切りわらや落ち葉などで被覆する．

**肥培管理**　以前は基肥に，N，P，Kの各成分とも10～20 kgを施用していたが，最近は灌水で流亡しやすいことを考慮に入れて基肥は5～7 kg

とし，生育を見ながら追肥で補っていく方法が効果が高いとされている．また，蒸気土壌消毒を行った圃場では，基肥を無肥料として追肥中心の管理が行われることが多い．

ユリの種類によって差があるが，灌水や温度管理は生育に合わせて行う．たとえば，オリエンタル系の温度管理は，定植初期には夜温が12～13℃でもよいが，生育につれて高め，発蕾期以降は15～16℃，17～18℃と上げていく．日中は20℃程度で換気して22～23℃を上限の目安とする．

**病害虫防除** 疫病や茎腐病，ネダニなどの防除は定植前に必ず行う．生育中の葉枯れ病対策には，過湿を防ぎ予防的に薬剤防除を行う．また，ウイルス症状の見受けられる株は早期に抜き取りを行い，アブラムシの防除を行う．

**収穫・出荷** 出荷先の市場までにかかる時間を考慮して切り前を決める．採花後，産地で決められた規格に分け，品種のボリュームに合わせて5～10本を一束とし，段ボール箱に入れる本数も品種によって変える．水揚げがよいことから，乾式横箱で出荷する．　　　　　　　　　[高野恵子]

**文　献**
1) 今西英雄他：園学雑，66 (1)，157-162，1997．
2) 岡崎桂一：ユリをつくりこなす（今西英雄編著），pp. 9-34，農山漁村文化協会，2006．
3) 大川　清：神奈川県園試特報，17-18，1977．
4) 大川　清：園学雑，57 (4)，655-661，1989．
5) 清水基夫編著：日本のユリ―原種とその園芸種，pp. 42-110，誠文堂新光社，1987．
6) 高野恵子：高知農技セ特報，34-39，2009．
7) 吉田光毅・山本史哉：ユリをつくりこなす（今西英雄編著），pp. 67-88，農山漁村文化協会，2006．
8) 糸川修司・岡林美恵・島﨑純一・北村明久：高知農技セ研報，**12**：27-35，2003．
9) 糸川修司・北村明久：高知農技セ研報，**14**：47-56，2005．

## 13.5　ストック

*Matthiola incana* (L.) R. Br.　アブラナ科

■**来歴・分布**

ストックは南ヨーロッパ，南西アジアおよび北アフリカに分布するアブラナ科アラセイトウ属の一種である．これらのなかで，南ヨーロッパ原産の一年草で半耐寒性のものをもとにして，今日栽培される品種が作出されてきた．栽培の歴史は古く，古代ローマ時代には薬草として栽培されていた．日本へは江戸の寛文年間に渡来し，「あらせいたう」として『花壇地錦抄』に示されている．本格的営利栽培は，1925（大正14）年に千葉県の温暖な無霜地帯で始まった．第二次世界大戦後に欧米からさまざまな系統，品種が導入され，生産が拡大するとともに交配育種が盛んに行われ，極早生品種の育成，ビニルハウス栽培の普及とともに重要な切り花としての地位が確立した．

■**系統・種類・品種**

日本で栽培されている品種は，コモン・ストックと呼ばれる *Matthiola incana* とテン・ウィーク・ストックと呼ばれる変種 var. *annua* の交雑種である．現在の品種は，夏播きした場合の開花の早晩性から極早生，早生，中生，晩生に区分される．それぞれの品種で八重咲き株と一重咲き株があり，八重咲き株の商品性が高い．この八重咲き性については，エバースポーティング系，オールダブル系，トリゾミック系に区分される．ストックの八重咲きは一重咲きに対して単因子劣性であるが，エバースポーティング系では一重因子が劣性ホモで発現する花粉致死因子と連鎖しており，八重咲き率が55％程度である．現在の品種の多くはエバースポーティング系である．オールダブル系は種皮色と八重咲き性がリンクしており，種皮色で鑑別でき種子販売前に一重咲き株を除き95％程度の八重率を確保している．ただし，花色は白～淡黄に限られる．トリゾミック系はほとんど普及していない．

■**形態的・生理生態的特徴**

**形態**　花は総状花序で1穂に20～40花を着け，八重咲きと一重咲きがある．その色は紫，濃桃，淡桃，淡黄，白など豊富である．葉は長楕円形で有毛系と照り葉系があり，有毛系は葉表面に灰色の短い軟毛がある．草姿は分枝性により，分枝系，無分枝系（1本立ち）とスプレー系に区分される．現在，露地生産では分枝系，施設生産では無分枝系とスプレー系が栽培されている．また，草丈により，高性種と矮性種に区分され，高性種は切り

花，矮性種は花壇用に利用されている．

**花芽形成** 播種後，花芽分化に適当な低温条件で栽培すると，30節前後の葉を分化した後，花芽分化が始まる．小花の分化は肥大した茎頂の基部から求頂的に進む．一重の場合，分化した小花は外側から順に4枚の萼片，4枚の花弁，6本の雄蕊，2枚の心皮を分化する．なお，4枚の花弁は分化後の発達が著しく遅れ，雄蕊の発達が先行して進む．八重の場合，分化した小花は4枚の萼片の分化後，幾重にも4枚ごとの花弁の分化を続け，多数の花弁が形成される（図13.4）．小花の中心部から再度花序を分化する場合がある．

**開花と温度** 開花は花芽分化可能な限界温度によって決定されており，その限界温度は極早生種の25℃前後から晩生種の15℃前後の範囲にある（表13.7）．花芽形成は一定の大きさに成長した苗が，限界温度以下に一定の期間遭遇すると始まる．花芽形成に直接作用（direct-effect）型の低温反応をもち，花芽分化の初期段階で限界温度以上になると花芽分化が進行しない．また，花芽形成の途中に限界温度以上に遭遇すると栄養成長的な発育が起こり，小花の間隔が開き「花飛び」が発生する．なお，花芽分化開始に最も効果的な温度は10℃前後である．

**表13.7** ストックの花芽分化に及ぼす生育温度の影響（Hisamatsuら，1999）[1]

| 早晩性 | 生育温度（昼/夜温） | 花芽分化率（%） | 花芽分化節位 |
|---|---|---|---|
| 極早生 '早青' | 20/15℃ | 100 | 37.0±0.3 |
| | 25/20℃ | 100 | 35.8±0.3 |
| | 30/25℃ | 100 | 80.2±4.8 |
| 早生 'パールピンク' | 20/15℃ | 100 | 58.8±0.9 |
| | 25/20℃ | 100 | 87.0±5.1 |
| | 30/25℃ | 0 | |
| 中生 '藤娘' | 20/15℃ | 100 | 72.6±2.2 |
| | 25/20℃ | 100 | 87.7±4.7 |
| | 30/25℃ | 0 | |
| 晩生 '晩麗' | 20/15℃ | 8.3 | 92 |
| | 25/20℃ | 0 | |
| | 30/25℃ | 0 | |

**図13.4** ストックの花芽発達過程（Hisamatsuら，2000）[2]
A：花序の分化，B：一重小花の発達，C：八重小花の発達．
0：未分化，1：膨大期，2：小花分化期，3：萼片形成期，4-S：雄蕊・雌蕊分化期，
4-D：花弁・雌蕊分化期，5-S：雄蕊・雌蕊発達期，5-D：花弁・雌蕊発達期，
6：花弁伸長前期，7：花弁伸長後期．

**開花と光条件**　花芽分化・発達は短日下に比べて長日下で促進される量的長日植物である．日長とともに光質が花芽分化・発達に影響し，遠赤色光を多く含む光による促進効果が高い．また，光量も影響し低日射条件では花芽分化・発達が遅れ，アボーションが起こる場合がある．

■開花調節・作型

　地域ごとに花芽分化可能な限界温度の異なる品種群を組み合わせて連続出荷する体系が組まれている．また，作期が短い特徴から野菜など他品目との輪作体系が組まれ，施設の有効利用が図られる．最近，アイアン系と称される花穂部に小花が密着してつき，茎の固い品種群が育成され，その高い切り花品質から市場での需要が増し作付けが急増している．ただし，アイアン系品種群は開花の早晩性から早生〜中生に分類され，10〜11月の出荷が難しい．そこで，開花促進を目的としたシクロヘキサジオン系ジベレリン生合成阻害剤（プロヘキサジオンカルシウム）が処理されている．

　夏播き栽培：　極早生〜中生品種を用いて，7月中旬〜8月中旬に播種し，10月中旬〜2月に出荷する．

　秋冬播き栽培：　10〜翌1月に播種し，2月中旬〜4月に出荷する．極早生〜晩生品種まで花芽分化可能な温度条件であるため，最小葉数で花芽分化を開始するので，切り花長を確保しにくい作型である．

■栽培管理

　定植：　おもに簡易ハウスで栽培され，露地栽培は一部地域に限られている．移植栽培，直播き栽培ともにあり，移植栽培の場合，本葉3〜4枚前後の苗を13 cm前後の間隔で6〜8条植えする．直播き栽培の場合，シードテープの利用で省力化が図られる．

　八重鑑別：　栽培の大きなポイントに発芽の早晩，子葉の色・形状などを指標に行われる八重鑑別がある．品種により特徴に差があるが，八重咲き株は一重咲き株に比較して，発芽がやや早く，子葉の色がやや淡く，葉長，葉幅ともに大きい傾向がある．

　摘心：　スプレー系品種では，頂花序の第一小花の着色始めに摘心を行う．

　**肥培管理**　10 a 当り N，P，K 各成分20 kg前後を基肥7割，追肥3割を目安に施す．スプレー系品種は，基肥量をやや減らし，追肥を多くする．ホウ素欠乏が出やすいので留意する．

　**病害虫防除**　病害では苗立枯病が最も問題となる．低温期には灰色かび病，菌核病の発生が多くなるので，適宜防除する．虫害ではコナガをはじめ，ヨトウムシ，ハイマダラノメイガなどが問題となる．

　**収穫・出荷**　8輪前後開花を目安に株ごと引き抜いて収穫する．出荷基準に準じて10本1束とし，50または100本を段ボール箱に詰めて出荷する．鮮度保持剤はとくに必要がない．　［久松　完］

**文　献**

1) Hisamatsu et al.：*J. Japan. Soc. Hort. Sci.*, **68**, 540-545, 1999.
2) Hisamatsu et al.：*Physiol. Plant.*, **109**, 97-105, 2000.

## 13.6　スターチス

*Limonium* Mill.　イソマツ科

■来歴・分布

　スターチスは，温帯を中心に世界に広く分布しており，150以上の種からなるリモニウム属の植物である．日本では，シヌアータ（*L. sinuatum*），ボンジェリー（*L. bonduellei*），ペレジー（*L. perezii*），ラティフォリア（*L. latifolium*）などが栽培されているが，栽培の中心はシヌアータとラティフォリアやハイブリッドスターチスと呼ばれるシネンシス（*L. tetragonum* = *L. sinense*）を中心とした種間交雑種である．

　日本での栽培は，1920年代から始まり，1975年頃から消費が拡大したことを受けて増加しはじめ，さらには1980年頃に組織培養苗の生産技術や開花促進技術が開発されたことにより，品種育成や高品質生産が容易になった．このことから，年々新品種の開発が盛んになるとともに，栽培が一段と拡大した[1]．

■系統・種類・品種

　スターチス・シヌアータ：　一般的に，総称し

て「スターチス」と呼ばれる（以下，シヌアータ）．本来は多年草であるが，園芸的には一年草として取り扱われている．現在の栽培品種は高性で多収性の特性をもつものが多く，ほとんどが組織培養による栄養繁殖系品種である．代表的な品種には，'サンデーバイオレット'（青紫），'アラビアンブルー'（青紫），'サンデーラベンダー'（淡紫），'エターナルピンク'（濃桃），'スターエーゼ'（黄），'ミルキーウェイ'（白）などがある．

ハイブリッドスターチス：　総称して「ハイブリッドスターチス」と呼ばれているが，カスピア（$L.\ bellidifolium = L.\ caspium$）とラティフォリアとの種間交雑種であるハイブリッドスターチスと，シネンシス系の原種どうしの種間交雑種であるシネンシス系ハイブリッドスターチス（以下，シネンシス系）に大別される．ハイブリッドスターチスは，耐暑性および耐寒性に強い多年草で，4～5年の据置き栽培が可能であり，四季咲き性の強い品種'ブルーファンタジア100'（青紫）などが栽培されている．シネンシス系は，耐暑性および耐寒性の品種間差異が大きく，一年草として取り扱われる品種が多い．栽培品種にはキノシリーズ，スーパーシリーズ，ダイヤモンドシリーズなどがある．

■形態的・生理生態的特徴

**形態**　シヌアータの花は，小輪で多数が偏側性につき，散房状円錐花序を形成する．一般に花と呼ばれている膜質の筒状漏斗形の部位は萼で，そのなかに深く5裂した花弁が形成される．萼の色は多彩であるが，花弁の色は白または黄のみである．葉は切れ込みや葉縁に波打ちがあり，多数根生する．直立した花茎からは翼が発生する．

ハイブリッドスターチス，シネンシス系とも花は小輪で多数つき，円錐花序を形成する．葉は切れ込みがなく，多数根生し，直立した花茎からは翼の発生がない．ハイブリッドスターチスは，萼の色が白系で花弁の色が青紫の品種が多く，シネンシス系は，萼の色が多彩で花弁が黄の品種が多い．

**花芽形成**　花芽形成には，低温に遭遇する必要があるが，その低温感応に有効な温度と必要期間は種類・品種によって異なる．シヌアータの栄養繁殖系品種においては，組織培養の温度が花芽形成に大きく影響を及ぼしており，初代～発根培養を20℃で培養し，その後，冷房育苗（昼温25℃／夜温15℃）を行うと，早晩性にかかわらず低温感応し，葉数8～12枚で花芽が形成されるが，培養温度を25℃とすると早生系以外の品種は抽苔率が低下する（図13.5）．いったん低温感応すると，順次花芽が形成され，成長が進むにつれて発達し，開花に至る．

**開花と温度**　生育適温が20℃前後であるため，高温期は遮光や換気などを行って，気温が25℃以下となるように管理する．また，冬季は最低夜温が7～13℃での栽培が望ましい．

**開花と光条件**　量的長日植物であるが，品種間

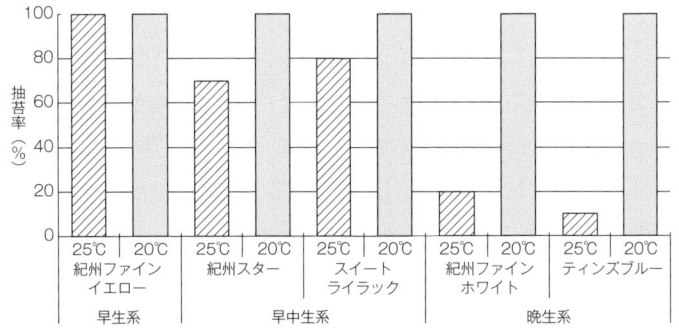

**図13.5**　スターチス・シヌアータの培養温度の違いが冷房育苗後の抽苔に及ぼす影響（古屋ら，2009，改変）
25℃区：25℃で初代～発根培養まで約6カ月間，組織培養．20℃区：20℃で初代～発根培養まで約6カ月間，組織培養．培養条件：PPFD 40～50 $\mu mol \cdot m^{-2} \cdot s^{-1}$，16時間照明．冷房育苗：昼温25℃／夜温15℃，遮光率60％，約40日間．

差異がある．寡日照と低温が重なると，開花が2週間程度遅れることから，抽苔や開花に及ぼす影響は日長よりも日照量と温度の方が大きい．

■開花調節・作型

和歌山県や千葉県のような11～翌6月頃に出荷を行う暖地の作型と，北海道や長野県のような4～11月頃に出荷を行う寒冷地の作型に大別される．

暖地超促成栽培： 8月下旬～9月中旬に定植する作型で，育苗時に冷蔵処理（温度：2～5℃，期間：15～30日間）と冷房育苗（温度：昼温25℃/夜温15℃，期間：30～40日間）を併用すると，抽苔・開花が促進され，10月中下旬の出荷が可能になるとともに冬季の増収効果が高い．冷房育苗のみでも脱春化を防止することができ，抽苔が安定する．また，昼温25℃以下，夜温約15℃の高冷地で育苗した苗を用いても同様である．定植期の苗齢は，展開葉数が8～12枚程度を目安とする．

寒冷地促成栽培： 秋に定植し，冬季は5～10℃で管理して，4月頃から出荷を行う．

寒冷地普通栽培： 3～5月に定植し，自然の低温に遭遇させて花芽形成を促し，6月頃から出荷を行う．

寒冷地抑制栽培： 6月頃に定植し，お盆や秋の彼岸需要にあわせて出荷する．

■栽培管理

定植　弱酸性土壌が栽培に適し，株間を30～60cmとして2条千鳥植えか1条植えとする．また，畝にはマルチを被覆し，土壌水分の保持，雑草や病害の抑制を図る．

肥培管理　基肥として，10a当りN，P，K各成分7～10kg施用する．生育が旺盛な品種は，窒素成分が多いと抽苔の遅れや切り花品質の低下を招くため，減肥する．追肥は，生育の状況を見ながら，定期的に液肥を施用する．

病害虫防除　灰色かび病，褐斑病，炭疽病が発生しやすいため，殺菌剤の予防散布や換気などを行って徹底防除する．また，暖地では萎凋細菌病が発生しやすく，土壌消毒が必須である．高温期にはヨトウムシ，アブラムシ類，ハダニ類の発生が多いので，殺虫剤を散布して，発生初期に防除する．

収穫・出荷　シヌアータは，萼が完全に展開し，乾燥して音がするくらいになってから収穫する．10本ずつ結束して水揚げし，50または100本を段ボール箱などに詰めて出荷する．ハイブリッドスターチスは，1列目の小花が8～9分咲きで朝夕の涼しい時間帯に収穫する．収穫後はただちにハイブリッドスターチス用の前処理剤で処理すると，花持ち効果が高い．シネンシス系は，萼が8分から完全に展開してから収穫する．前処理はとくに必要がない．

[古屋挙幸]

文　献

1) 藤田政良：花専科＊育種と栽培スターチス（リモニウム），pp. 2-6, 誠文堂新光社，1993.
2) 古屋挙幸・藤岡唯志：和歌山県農林水技セ研報，**10**：43-48, 2009.

## 13.7　トルコギキョウ

*Eustoma grandiflorum*（Raf.）Shin.　リンドウ科

■来歴・分布

ユーストマ属には *E. barkley*, *E. exaltatum*, *E. grandiflorum* の3種が報告されている．

現在の切り花品種の原種と考えられている *E. grandiflorum* の自生地は北米ロッキー山脈の東側，北緯43°付近のサウスダコタ州南部から北緯27°付近のメキシコ北部の範囲にある石灰岩地帯の草原である．気象環境を自生地北部のコロラド州フォートコリンズと南部のテキサス州オースチンを例に示すと，月平均最高気温は8月に最も高く29℃と35℃，最低気温は1月に最も低く－10.4℃と4.2℃で周年変化が大きい．2地点の降水量は最も多い5月で70mmと110mm，年間370mmと850mmで，年間降水量約1500mmの日本と比較して少ない．英名の prairie gentian が表すように，*E. grandiflorum* の自生地の大部分はステップ気候の草原地帯であるが，生息地は湿地や川岸，流水の痕跡地などの水辺に限られる．

花弁長2.5cm，花径4cm前後と比較的小輪の *E. exaltatum* は北米北緯33°付近のアリゾナ州南

部からメキシコ，コロンビアやベネズエラ北部の広範囲に自生し，E. grandiflorum と自生地が交錯するところでは交雑が生じていると考えられている．近年日本の切り花品種の育種素材として用いられ，小輪多花の特徴を有した品種群が構成されつつある．

E. barkley はメキシコ北部で自生するとされるが，詳細は不明である．

■系統・種類・品種

トルコギキョウの品種改良は日本で精力的に進められ，現在も日本で育成された品種が世界市場における流通量のほとんどを占めるという数少ない切り花品目となっている．1930年代初期に種子が導入された後，1980年代前半までの間トルコギキョウの品種改良は，長野，千葉，静岡の3県の切り花生産者でもある民間育種家によっておもに行われた．在来種や導入種の選抜や交配によってこの頃までに紫，桃，白，純白，淡紫と覆輪の花色および八重の固定種が育成された．その後種苗会社が本格的に参入し，生育・開花の斉一性が高く草勢が強い $F_1$ 品種が育成され，1990年代からは $F_1$ 品種が流通のほとんどを占めている．現在トルコギキョウの種子を販売する種苗会社は13社，さらに，秋田県，長野県，岐阜県，島根県，大分県，福岡県なども育種を行っており，民間育種家も健在である．多様な組織や単位で品種育成が行われることが，日本のトルコギキョウの育種力の源であると考えられる．現在流通している品種数は500を超え，毎年多数の新品種が発売されている．

トルコギキョウの品種は自生地や開花時期などによる系統分けはなく，固定種か $F_1$ かの遺伝背景による分類のほか，開花の早晩性と花形・花色によって整理される．早晩性は一般的に極早生，早生，中早生，中生，中晩生，晩生と表記される．この分類は品種育成地での冬播き～夏開花の季咲きの作型における開花の順を根拠とする相対的なものであるため，同じ早晩性表記であっても開花時期が同一であるとは限らない．トルコギキョウの開花の早晩性は，おもに花芽分化に要する温度と日長によって決まると考えられているが，同じ早晩性でも温度や日長に対する反応が異なる場合もあり，今後詳細な解析が待たれる．花芽分化から開花が低温・短日期に進行する冬～春開花の作型には極早生～早生品種が，生育初期に高温期を経て秋に開花する作型には中晩生～晩生品種がおもに用いられる．

トルコギキョウの花は花弁数が5枚の一重と10枚2層以上からなる八重の分類，および花の直径をもとに3cm程度の極小輪から8cm前後の大輪に分類される．また，花形は従来の鐘状，漏斗状，盃状，平椀状の表現のほか，花弁の縁が外側に反転するバラ咲きや，フリル状になるフリンジ咲きの品種も増加しつつある．花色についてはアントシアニンが主要色素である紫，赤紫，桃，白，淡紫（ラベンダー，オーキッド）のほかに，カロテノイドが発色にかかわる淡黄，アントシアニンとカロテノイドによる杏色（アプリコット，橙），フラボノイドとカロテノイドにクロロフィルが寄与する淡緑，これら4色素すべてで構成される茶色など，多様な色彩の品種が育成されている．また，複色では花弁の縁が地色と異なる覆輪（パステルまたはピコティ，marginal variegation, picotee），霧状の着色（刷毛目模様またはフラッシュ）が代表的であり，花弁の縦方向の不規則な着色パターン（絞り）も存在する．1990年代には一重の覆輪品種が生産量の過半数を超える時期もあったが，現在は八重品種の需要が高く，2011年の市場流通上位50品種のうち八重が47品種で流通量の56%を占め，うち白色が11品種である[1]．

■形態・生理生態的特徴

トルコギキョウは宿根草としての性質をもつが，栽培上は種子繁殖性の一・二年草として取り扱われている．種子は直径0.4mm前後と非常に小さく，発芽には光が必要である．葉は対生の柄がない抱茎葉で，初生葉と本葉3～5対展開までは節間が詰まったロゼット状の形態を示す．その後，低温要求が充足されれば茎の伸長を始める．発芽率は25～30℃で最も高く発芽も揃うが，この温度帯で育苗をすると大多数の品種で茎伸長が開始せずロゼットを形成して開花に至らない．ロゼット化した植物体が茎伸長を開始するには低温が与えら

れることが必要で，その低温条件は品種によって異なるが，本葉2対の苗では15℃4週間，本葉4対の苗では10℃5～6週間と苗齢が進むほど低温要求量が増加することが報告されている．ロゼットにある植物体ではジベレリンの生合成が抑制されており，$GA_3$を与えることで茎伸長が誘導される．トルコギキョウのロゼットは低温要求が充足されない温度環境で生じるほか，育苗中の土壌の乾燥や，定植時の地温や土壌水分の変化等の不良環境によっても発生することから，環境ストレスに耐えるための適応形態でもあると考えられる．

茎長は節数と節間長で決まり，節数は花芽分化の早晩によって決まる．トルコギキョウは花芽分化と発達が高温と長日によって促進される相対的長日植物であり，低温・短日では花芽分化が遅れる．他の長日植物と同様に光質が花成や節間伸長に影響し，波長600～700 nmの赤色光（R）に対する700～800 nmの遠赤色光（FR）の比率が大きい光源で花芽分化や節間伸長が促進されることが明らかになっている[2]．

花は長い花柄を有し，筒状の萼と基部が癒合した5枚以上の花弁からなる花冠をもつ．雄蕊は5～6本で最も内側の花弁縁基部に合着している．雌蕊は2心皮，1室である．開花の翌日に開葯するが，雌蕊の柱頭が展開し成熟するには3日から7日程度を要する雄蕊先熟性である．花序を構成する最小ユニットは1対の苞葉と小花からなり，各節の左右の苞葉基部から高次のユニットが発生する能力があることから，本来は二出集散花序（岐散花序）[2]と考えられる．栽培環境や植物体の充実度によって花序構造は柔軟に変化し，冬季には互散花序（さそり形花序）の様相を呈することもある．

■開花調節・作型

トルコギキョウの花芽分化は高温と長日によって促進される（図13.6）[4]．原産地での開花期は7～9月であることから，季咲きは夏の植物である．現在，高品質な切り花を同一地域で周年生産するのは困難なことから，気温と日照条件を中心とする気象・立地条件を活かした開花調節が行われ，産地連携によって市場に周年供給されている．出

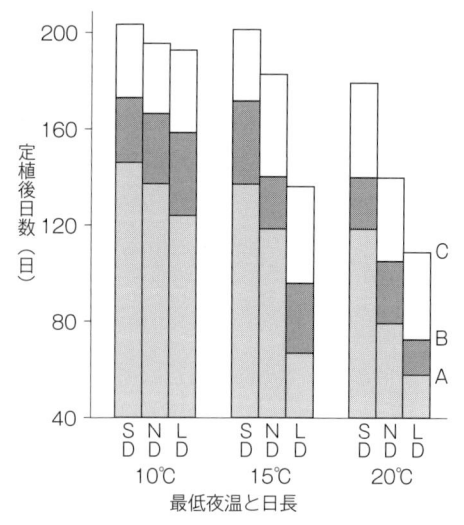

図13.6 日長と温度が開花に及ぼす影響（塚田ら，1982）[4]
A：花芽分化，B：発蕾，C：第1花の開花．
8月20日播種，12月5日定植．
SD：8時間日長，ND：自然日長，LD：16時間日長，品種は早生系紫．

荷期の分担は比較的明瞭で，夏～秋季は夏が冷涼な北海道，長野県，福島県，山形県などの寒地および寒冷地が，冬～春季は冬が温暖な静岡県，高知県，熊本県，福岡県などの暖地および温暖地が主要産地となっている．

季咲きよりも早く，冬から春に開花させる促成栽培においては，播種期が6～8月で育苗期間が高温のためロゼット対策が必要である．ロゼット形成を回避する技術としては育苗中の温度を昼温25℃夜温15℃前後の涼温とする冷房育苗のほか，吸水種子を10℃で5週間低温処理する種子冷蔵処理の汎用性が明らかにされ[5]，普及した．またこの作型は定植が10月で生育初期から花芽分化期が低温，短日条件となることから，加温と白熱灯による長日処理によって花芽分化を促進する開花調節が有効である．温度管理については25℃換気，夜温（加温設定温度）15℃が適温とされてきたが，生産コスト削減の必要性から再検討が進められている．

季咲きよりも遅く，秋に開花させる抑制栽培においては，定植が6～7月と生育初期から高温・長日であるために低節位で花芽が分化して，切り

花長や分枝数が確保できず切り花品質が低下する．そのため，寒・高冷地では定植直後から9時間の短日条件となるようにシェード栽培を行って，花芽分化を抑制して切り花長や1次分枝数，花蕾数の増加を図る．短日処理の期間は定植後4～6週間とされるが，終了のタイミングは施設内の気温条件や作型によって異なる．また，収穫期が短日低温条件となる10月以降の場合は花芽および花序の発達促進のための長日処理や加温が必要となる[6]．暖地の抑制栽培の場合，シェードによる短日処理は行われておらず，種子冷蔵処理と冷房育苗および固化培土を用いた稚苗移植によって生育量を確保する技術が普及しつつある．

冬季の生産量は，たとえば2011年1月の卸売り数量が8月の約36％であるように顕著に少ない．冬に開花する超促成の作型は定植期が8～9月で，生育初期の高温によって花成が促進されて花芽分化が始まるが，花器官の分化や発達，開花が短日低日照条件で進行するためにブラスティングが発生しやすい．冬開花の作型は電照や加温が必要で高コストである上に安定生産が困難なため，生産量が少ない状態が続いている．高単価のこの時期に台湾をはじめとする東南アジアからの輸入が増加しつつある．

■栽培管理

**播種・育苗** 288または406穴のセルトレーまたはペーパーポットに市販の育苗培土を詰めて用いることが多いが，稚苗移植や作業性のメリットから固化培土を用いる場合もある．トルコギキョウの種子は非常に小さく取り扱いが困難なために，直径1.5 mm程度にコーティングされたペレット種子となっている．発芽には1000 lx以上の光が必要であるため，播種時には覆土をせず，吸水させてコーティングを崩壊させる．また，種子に貯蔵養分をほとんどもたないことから，育苗初期からの施肥が有効であり，N成分で500 mg/Lの肥料分を含む用土を用いるか，液体肥料を施用する．土壌の気相率が低く，土壌溶液の塩類濃度が高いと苗の根の発達が貧弱となり，定植後の生育が停滞する原因となることから，発芽までは底面吸水でよいが，その後は上部からのミスト灌水が望ましい．苗の生育速度は育苗時期，温度に大きく影響されて変動するが，288穴のセル成型苗の場合本葉2対展開時が定植適期の目安となる．

**圃場管理** 施肥量は季咲き栽培における吸収量が個体あたりN 400 mg，P 70 mg，K 470 mgと報告されており，窒素成分で1a当り1.5 kg前後の施肥が一般的である．しかし，畜糞堆肥の連用や追肥によって多肥の傾向にあり，作型や生理障害との関係に着目した肥培管理を行う必要がある．定植・活着時の地温および土壌水分条件が，育苗環境と大きく異なると，ロゼット化する原因となるため，適湿条件での耕耘や地温の調節など定植前の圃場準備を周到に行う必要がある．定植から花芽分化期までは十分な灌水を必要とする一方で，発蕾後は花柄や節間の徒長防止や切り花の日持ち向上を目的として，灌水量を控えるのが一般的であるが，極端な管理は逆効果となる．主茎の頂花は早期に摘蕾し，複数輪開花した状態で採花して出荷調整を行う．出荷規格はおもに切り花長と花蕾数によって決まり，季咲きの場合，切り花長80 cmで2L規格とするのが一般的である．

**病害虫防除** 立枯病，株腐病，疫病，根腐病，青かび根腐病など，土壌伝染性の病害が多いため，薬剤や蒸気などによる土壌消毒が必要となる．また，灰色かび病は低温多湿の条件で多発し，傷口や壊死組織から植物体をおかすほか，花弁に明瞭な浸潤斑（花しみ）を生じて著しく商品性を低下させる．薬剤散布とともに低湿度管理が有効である．近年ウイルスによる劇症型の病害が増加しており，媒介するシルバーリーフコナジラミやアザミウマ類の防除の徹底が必要になっている．アザミウマ類は花粉や花弁を好んで食害するために，濃色花弁の品種では食害跡が明瞭になり商品性を低下させる．このほか，夏以降ハスモンヨトウやヨトウガの食害の被害も大きいことから，侵入の防止や初期防除に務める必要がある．　　［福田直子］

文献

1) 日本花普及センター品種別流通動向，2011　http://www.jfpc.or.jp/hinnsyube-ryuutuudoukoubunnseki%20tyousa/2011kirihana.xls

2) Yamada, A. et al. : *J. Japan. Soc. Hort. Sci.*, **77**, 69-74,

3) トロール：図説植物形態学ハンドブック下巻，pp. 500-513, 朝倉書店，2004.
4) 塚田是久他：長野県野菜花き試報，**2**, 77-88, 1982.
5) 福島啓吾：農と園，**62** (7), 157-161, 2007.
6) 佐藤武義他：園芸学研究，**8** (3), 327-334, 2009.
7) 大川　清編著：トルコギキョウ，pp. 1-311, 誠文堂新光社，2003.

## 13.8　フリージア

*Freesia* Eckl. ex Klatt　　アヤメ科

### ■来歴・分布

14種からなるフリージア属は，12種が南アフリカのケープ地方に，残り2種が熱帯アフリカに自生している．さらに1種はスーダン北部まで自生地が広がっている．18～19世紀に発見された原種を利用して，英国を中心に品種改良が積極的に行われた．その後，育種の中心はオランダに移り，現在に至る．日本には20世紀初め，*F. alba* などが小笠原諸島に導入されたのが最初である．切り花生産は千葉県，静岡県，茨城県などで行われている．切り花生産は近年漸減傾向にあり，ピーク時の1997年には約8700万本，約35億円の生産であったものが，2008年には約3400万本，約13億円になっている．

### ■系統・種類・品種

**切り花用大輪系品種：**　*F. alba* や *F. corymbosa* などの原種間交雑から始まった育種は，大輪化や長茎化を目指した．主力品種は，原種の選抜系の'春助アルバ'からラインベルト（F. Rijnveld, オランダ）育成の'ラインベルトゴールデンイエロー'（黄），ゴーマン（J. Goemans, 英国）育成の'ブルーヘブン'（紫）へと変遷した．21世紀以降はリショーン（J. Richon, フランス）育成の'アラジン'（黄）や'アンバサダ'（白）などが主力になっている．オランダでは，多くの品種は約7年間隔で交代する．

**切り花用早生系品種：**　オランダのvan Staaveren社（現Van Zanten社）が，早生品種の育成を目的に秋咲き系原種との交雑を試み，約30年をかけて育成した品種群（ラピッド系）である．'ラピッドイエロー'（黄）や'ラピッドフォーカス'（白）などがある．

**切り花用種子系品種：**　19世紀に育成されたスーパージャイアント系などをもとに育種が進み，ロイヤルクラウン系やインペリアル系として発展した．播種から1年以内に開花するが，日本では営利生産されていない．

**鉢物用品種：**　前述のラピッド系の育成過程で見いだされた極早生の矮性品種である．低温要求性がほとんどなく，日本の自然気象条件下でも50～60日間で開花する．営利品種として'ポパイ'（黄），'スージー'（白），'ピノキオ'（黄）などがある．

### ■形態・生理生態的特徴

**形態：**　発根するとまもなく最上節腋芽が葉を展開して成長を始める．本葉の多くは根出葉を呈し線形で互生する．やがて，新梢基部に子球（新球）が形成され始めると，子球底部から牽引根が伸長し始める．その後，花芽の発達とともに茎伸長が始まり，発蕾後に花序軸が第1花基部から水平に屈曲する（図13.7）．花被は漏斗状で6片，雄蕊は先熟で，花柱とも3本，子房が3室で上位，蒴果を形成する．基本染色体数は $x=11$ である．

**球形成・休眠期：**　子球は最上節腋芽で7～8枚の葉原基を分化した後，開花後急激に肥大する．また，開花期頃から子球下位節腋芽が肥大して木

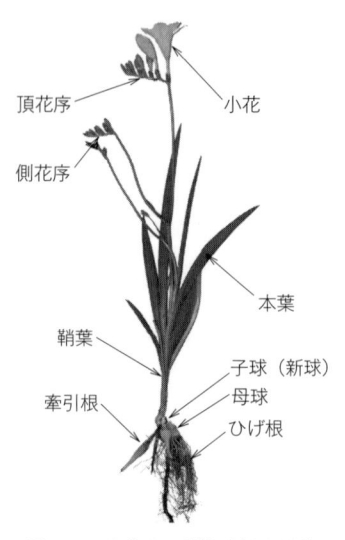

**図13.7**　開花時の形態（本図原図）

子を形成する．子球は開花期頃に休眠が最も深いが，その後高温を受けるにしたがい休眠は浅くなる．休眠は30℃に12週間遭遇することで覚醒するが，くん煙やエチレンに気浴させることにより，休眠覚醒がさらに早まる（16.4節参照）．休眠覚醒時には球茎底部に根原基が出現する．

　生殖成長（花芽分化・発達・開花）：　大きな球茎では休眠覚醒時には幼若相からほぼ脱しており，発芽後に花芽分化の適温（8～12℃）に移すと，約3週後に第一小花の外苞葉が，4～5週後には内苞葉が，5～6週後には三原基が分化する．三原基は内側が雄蕊，外側が外花被に分化する．7～8週後には外花被の間に内花被が分化し，9週後に雌蕊原基が分化して花芽が完成する．その後，外気温の上昇とともに発達が早まり開花に至る．なお，分化限界温度（17℃）前後では短日下で分化が早まるが，適温であれば日長の影響はない．

■開花調節・作型

　無冷蔵栽培（季咲き栽培）：　休眠覚醒球を9～11月に植え付け，凍らない程度の夜温で栽培する．栽培温度を高めにすれば早く開花し，低めに保てば遅く開花する．温度設定により，2月中～下旬から4月上旬まで開花を調節できる．

　冷蔵促成栽培：　休眠覚醒球に8～12℃の低温処理を行うことで開花を早める．出荷時期によって処理期間と定植期を変える．11月に出荷する場合は7～8週間の低温処理後9月中～下旬に，12月に出荷する場合は5～6週間の低温処理後10月上旬に定植する．なお，低温処理終了時に20℃以上の高温に遭遇すると，開花時に「花下がり」や「グラジオラス咲き」のような奇形花になる（図13.8）．

　抑制栽培：　球茎を貯蔵し，定植期を遅らせることにより開花を抑制する．年内定植であれば2℃の低温貯蔵とこれに加える2週間の30℃高温処理で可能である．これ以上の低温貯蔵では「二階球」(pupa)という不発芽現象が発生する．年明け以降に定植する場合は，木子，切り下球を有孔ポリエチレン袋に入れて30℃で貯蔵したものを利用するか，周年供給が可能なオランダ産球茎を用いる．

図13.8　'ブルーヘブン'における高温障害の形態分類（本図, 2001）[1]

■栽培管理

　定植：　連作圃場では首腐病が発生しやすいので，太陽熱などの土壌消毒を行うか，輪作体系を構築する．球茎は10a当り14万～17万球植え付ける．冷蔵促成栽培では高温障害を回避するため，定植2日前までに寒冷紗などを被覆し，灌水を行って地温を低下させる．栽植距離は3～5cm×10cmで，球根の先端がわずかに隠れる程度に覆土する．

　肥培管理：　定植前に堆肥を10a当り2t混和しておき，施肥量は各成分で最大20kgとし，7割程度を基肥として施用する．前作の肥効を考慮して増減し，EC 1.0 ds/m以上では基肥は施さない．追肥は生育を見て施す．

　病害虫防除：　高温期には首腐病が発生しやすいので，土壌消毒を行い，適宜殺菌剤を散布する．ウイルス株は早めに抜き取る．アブラムシやネダニが発生するので適宜防除する．

　収穫出荷：　第1花が開花する前日か前々日に収穫する．25本を1束として100本をダンボール箱に詰めて出荷する．　　　　　　［本図竹司］

文　献
1) 本図竹司：茨城農総セ園研特報, 1, 1-70, 2001.

## 13.9 グラジオラス

*Gladiolus* L. アヤメ科

### ■来歴・分布

250以上の種からなる属で，アフリカ，中央ヨーロッパ，地中海沿岸地方に分布する．これらの多数の種の中で，南アフリカおよび熱帯アフリカに自生する10種前後の種をもとにして，数多くの交配・淘汰が繰り返され，今日栽培される品種が作出されてきた[1]．日本では，明治時代後半から栽培が始まり，昭和に入って多くの品種が輸入され，第二次世界大戦後，その栽培が急速に増えた．

### ■系統・種類・品種

春咲き（早咲き）系と夏咲き系とに大別されるが，ふつうは夏咲きの系統をグラジオラスと呼んでいる．

夏咲き系統： 高性・大輪のグランディフローラ系が一般に栽培され，代表的な品種には，'ハンティングソング'（赤），'トラベラ'（桃），'グリーンアイル'（緑黄），'マスカーニ'（赤），'ジェシカ'（鮭肉桃），'富士の雪'（白）などがある．草丈が低く小輪のピクシオーラ系と呼ばれる品種群もおもに趣味用に栽培されており，花の中心に斑が入るものや複色花が多く，この中には，春咲き系との交雑で育成されたものもある．

春咲き系統他： 春咲きグラジオラスと呼んで区別され，コルヴィリー系の'アルバ'（白）や下部の三花被片に菱形の斑が入るナヌス系の品種がハウスで栽培されている．また，近年はトリスティス（*G. tristis*）などの種や，自生種をもとに日本で育成された品種も少しずつではあるが普及し，切り花として出荷されている．

### ■形態的・生理生態的特徴

形態： 花は直立した茎に穂状に着き，その色彩は豊富で，ほとんどの色が揃う．大きさも径6.4 cm以下の極小輪から，14 cm以上の巨大輪まで幅があり，形もさまざまである．花は内外3枚ずつの花被片をもち，雄蕊は3本，花柱は細長く先が3裂する．茎の基部は肥大して球茎となり，その基部に木子と呼ばれる小球茎が多数着生する．

花芽形成： 2葉期になれば自然に花芽の形成が始まり，6葉期まで小花の分化が続く．個々の小花はまず苞を分化した後，中央部に三つの膨らみを生じ，それぞれが二つに分かれて外側は外花被片，内側は雄蕊となる．ついで内花被片，雌蕊が形成される．花被よりも先に雄蕊が形成されるのはアヤメ科の特色である．花芽の発達は，ほぼ出葉の速さに比例して進む．

開花と温度： 出葉の速さには温度が強く影響し，夜間15℃，昼間25～30℃ぐらいの生育適温では7日に1枚，これより低い温度では生育が遅れ，3℃以下になると生育が止まってしまう．生育可能な温度範囲内では，1～2葉期と5～6葉期に低温に遭遇したとき開花率が低下しやすい．このうち，1～2葉期の低温の影響は，その後短日下で育てられたときにのみ強く現れる．

開花と光条件： 花芽の発達は長日下に比べて短日下で促進され，開花が1～2週間早まる．また，短日と低照度が重なって低日射量になると，花芽の発達が途中で停止するブラスティングが発生しやすい．とくに4～5葉期の低照度は開花率の著しい低下と，開花した場合でも小花数の著しい減少をもたらし，6～7葉期では小花数を減少させる（図13.9）．一方，この低照度の影響を受けやすい時期に，補光により16時間の長日にすると，

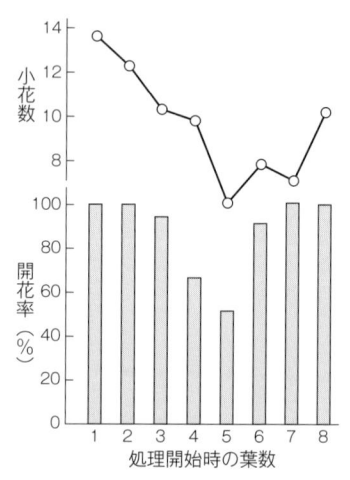

**図13.9** 種々の葉齢時からの2週間の遮光処理が開花に及ぼす影響（Imanishi and Imae, 1990）[2]
品種：トラベラ，黒色寒冷紗（30％に遮光）で9月20日～10月30日の間に被覆処理．小花数は開花株の平均．

開花は2週間前後遅れるが，開花率は高く，小花数も増えて切り花品質はよくなる．

春咲きグラジオラス： いずれの系統も植え付け後本葉1～2枚展開時に花芽を分化し，数枚の葉を展開後出穂，開花に至る．しかし，高温により休眠が破れ，低温と長日処理により開花が促されるという夏咲きとは逆の特性を示す．とくにコルヴィリー系，ナヌス系では，植え付け前の低温処理，植え付け後の長日処理に反応して開花が促進される[3]．

■開花調節・作型

促成栽培： 秋に収穫された直後の球根は休眠状態にあるが，冬の低温を受けてしだいに休眠が破れる．12月以降の球根の入手時には，自然低温を受けて休眠はすでに破れているため，早生の品種を選び，ハウスやトンネルでマルチ栽培し，発芽を促して開花を早める．

抑制栽培： 1～2月から1～2℃の冷蔵庫に移し乾燥条件で貯蔵すれば，球根の発芽を抑えておくことができ，随時取り出して植えていけば，降霜期まで開花させることができる．植え付け限界は，生育の限界となる降霜期から逆算して100～110日前となる．霜の心配がない地域では，当然のことながら，冬季間も連続して開花させることができる．

周年生産： 弱光下で開花率が低下することもあり，露地主体に，各地の立地条件をいかして栽培が行われ，周年生産されている．促成栽培では，暖地の方が気温の上昇が早く，より早い開花が望めるために有利である．普通栽培は，夏季の高温が花穂の焼けを生じ，切花品質を低下させるため，平地よりも高冷地や寒冷地での生産が望ましい．抑制栽培の主体は，降霜期が早いだけでなく，植え付け時が高温であると球根が腐敗しやすいことも影響し，高冷地から準高冷地，そして平地，暖地，さらに無霜地帯へと移っていく．

■栽培管理

植え付け： 連作を避けて，最低3年の間隔をあけるようにし，できれば水田との輪作をはかるとよい．弱酸性土が栽培に適し，なるべく高畝とする．大球で15 cm，小球で9 cmの間隔とし，球根の高さの2倍程度に覆土して植える．

肥培管理： 基肥として，10 a当りN, P, K各成分10 kg程度を全面に施す．窒素肥料の過多は病気の発生，根の枯死や葉先の枯れ込みを招くので，多肥を避けて適湿を保つ．発芽後は，1球の芽数を1本に整理し，倒れないように土寄せかネット張りをする．

病害虫防除： 球根腐敗病，首腐病，赤斑病が発生しやすく，殺菌剤を予防的に散布して防除する．ウイルス病の株は抜き捨てる．ヨトウムシ，アブラムシ，ハダニの発生が多いので，殺虫剤を散布して発生初期に防除する．

収穫・出荷： 蕾が着色した時点で収穫する．10本1束とし，50本または100本を段ボール箱に詰めて出荷する．収穫後の切り花を横にしておくと，花穂の先端が上を向き，商品価値が低下するので，早く束ねて立てておくようにする．

［今西英雄］

文 献

1) 今西英雄：植物遺伝資源集成 第3巻（飯塚宗夫他編），pp. 1077-1080，講談社，1989.
2) Imanishi, H. and Y. Imae : *Acta Hortic.*, **266**, 189-196, 1990.
3) Imanishi, H. et al. : *Acta Hortic.*, **570**, 437-446, 2002.

## 13.10 シュッコンカスミソウ

*Gypsophila paniculata* L.　ナデシコ科

■来歴・分布

約125の種からなる属で，中部および東部ヨーロッパから中央アジアの夏季乾燥する地帯に分布する．日本には1879年に渡来したとされているが，当時は増殖が困難であったことから定着しなかった．1970年代半ばに組織培養苗を用いた挿し芽繁殖技術が開発され，苗の安定供給体制が整ったことや，開花調節による多様な作型が開発されたことにより，急速に生産面積が拡大した．

■系統・種類・品種

'ブリストルフェアリー'は，1925年に米国で育成された八重咲きの早生種で，1990年中頃まで栽培の中心となっていた品種である．1992年以

降，早晩性，花径，草姿などが異なる多様な品種が育成され，現在では約30品種が栽培されている．'ブリストルフェアリー'からの選抜種に'ニューフェイス'，'ビッグミスター'などがある．1996年に日本に導入された'雪ん子'は，中生種で茎が固く，枝が絡みにくいが，低温期に花弁が桃色になりやすい欠点がある．この品種と同じ系統に'スノークイーン'，'雪ん子360'などがある．'アルタイル'は，日持ちがよい品種で，近年栽培面積が増加している．多くの品種の花色は白であるが，'マイピンク'，'ピンクオリナ'などは花色が桃である．

■形態的・生理生態的特徴

形態： 対生葉で各節に2枚の葉と二つの腋芽をつける．生殖成長に移ると側枝は分枝を繰り返しながら成長し，各枝の先端に二出集散花序を形成する．二出集散花序は上位節から下位節へと求基的に分化し，これら二出集散花序が集合して円錐形の花序となる．1本の切り花（主茎）には数千個の小花をつけるが，小花の着生数は季節的な変動が大きい[1]．園芸品種のほとんどは，八重咲きである．小花の大きさは，3～12 mm程度と品種により幅がある．

開花期： 自然状態では夏の高温を受けて，秋から冬の低温，短日条件下でロゼット化し，一定期間の低温に遭遇したのち，春の強光，長日条件下で茎が伸長し6～8月に開花する．

ロゼット： 高温によりロゼット化が誘導され，低温，短日，低日照，養水分不足，根量の不足などの条件が引き金となって形態的にロゼットを形成する．高温に遭遇した株でも，夜温15℃以上，16時間以上の長日条件で生育するとロゼット化しない．ロゼット打破に有効な低温は0～10℃とされており，その要求量は品種により異なる．

温度条件： 小花の雄蕊形成期（発蕾10日前後）に，22～23℃以上の高夜温に遭遇すると，雄蕊が花弁化することによって奇形花（通称：だんご花）が発生する[2]．また，開花した小花では，23℃以上の高温でエチレン生成量と呼吸量が大きくなることにより，小花中の浸透物質が低下し花弁がしおれ，黒花とよばれる障害花が生じる[3]．一方，低温下で生育すると，茎や花弁にアントシアニンが発色し，品種によっては花弁が桃色を帯び，切り花品質を低下させる．

日長条件： 量的長日植物であり，長日条件で生育，開花が促進される．

■開花調節・作型

秋から翌春にかけては暖地が，春から秋にかけては寒冷地が出荷する作型の導入により，日本では周年出荷体系が確立されている．

暖地の作型： 初冬切り栽培は，8月下旬～9月上旬頃に定植し，11～12月に採花する作型である．定植期から生育初期が高温となりやすく，奇形花の発生のほか，早期抽苔による短茎化，側枝数や小花数の減少によってボリューム不足の切り花が生じやすい．二度切り栽培は，収穫後の株を12～1月に刈り込み，3～5月に採花する作型である．刈り込み時期，品種の選定，加温，電照によって，2番花の開花時期を調節する．冬切り栽培は，9月下旬～10月中旬頃に定植し，1～3月に採花する作型である．低温，短日期に生育，開花する作型であり，加温と電照を行う．

寒冷地の作型： 夏秋切り栽培は，5～7月に順次定植し，8～10月に採花する作型である．据え置き栽培は，採花後の株を積雪下で越冬させ季咲きの7月に採花する．2月頃から加温と電照を順次行うと採花期を5月頃からに前進させることができる．

電照と加温： 低温期に開花させる作型では，ロゼットの防止と開花をそろえるために10～15℃程度の加温と電照を行う．電照は暗期中断または早朝電照の効果が高いとされているが，開花期まで継続すると上部節間の徒長や草姿が乱れることから発蕾後に打ち切る．

■栽培管理

定植： 水はけの悪い圃場では高畝とする．畝幅120 cm以上，株間25～40 cmの1条植えとする（10a当りの植え付け株数は2500株程度）．一般的には挿し芽苗を用い，浅植えとする．定植時の苗は摘心苗と無摘心苗がある．無摘心苗を用いた場合は，活着後5節程度の位置でソフトピンチをする．

肥培管理: 基肥として10a当りN, P, K各成分10kg程度を施用する. 生育初期は十分灌水して活着と生育を促し, 草丈が30～40cm程度まで伸長すると徐々に灌水を控え, 徒長や軟弱化を防ぐ.

二度切り栽培: 一度目の収穫終了後, 株元から1～3cm程度を残して刈り込む. 刈り込み後は追肥を行うとともに十分灌水し, 日中もトンネル被覆などで保温管理を行い萌芽を促進する. 萌芽した芽は2回程度に分けて4～6本に整理する.

病害虫防除: 土壌病害では萎凋細菌病, 疫病, 茎腐病, 立枯病などが発生するため, 土壌消毒を行う. 春季はうどんこ病が多発するため予防に務める. 虫害ではヨトウムシ, アブラムシ, ハダニ, アザミウマ, ハモグリバエの発生が多く, 発生初期に防除する.

収穫・出荷: 25～30%程度開花した時点で収穫する. 採花期が高温期の場合は, 開花の進行が早いため切り前を早めにする. 採花の方法には主茎を基部から採花する元切りと, 側枝を残して主茎を採花後, 残った側枝を順次採花する枝切りがある. 収穫後はSTSと糖を含む前処理剤で処理する. シュッコンカスミソウは, 湿式輸送による品質保持効果が高く, 1%のショ糖液で輸送するとその後も未開花の小花がよく開花する（図13.10）.

［宮前治加］

**文 献**
1) 林 孝洋他: 園学雑, **61**, 135-141, 1992.
2) 土井元章他: 園学雑, **59**, 795-801, 1991.
3) 土井元章他: 園学雑, **68**, 854-860, 1999.
4) 宮前治加他: 園学研, **8**, 509-515, 2009.

## 13.11 アルストロメリア

*Alstroemeria* L.　アルストロメリア科

■来歴・分布

原種は100種以上確認され, チリやブラジルを中心とした南米に広く自生している. しかし, 近縁のボマレア属との区別が困難なこと, 新種が発見され続けていることなどから正確な原種数はわからない. 自生地が熱帯雨林の低地からアンデス山脈の高地まで, さらに湿地から砂漠まで広がり, 気象条件が多岐にわたるため生育習性も様々である. チリ産の原種が園芸的に最も多く利用されているが, 最近はブラジル産の原種も利用されている. 今日の園芸品種育成に貢献した原種は, *A. aurantiaca, A. ligutu, A. caryophyllaea, A. pelegrina, A. violacea, A. haemantha, A. pulchella, A. brasiliensis* などで, それほど多くはない. *A. caryophyllaea* は四季咲き性と芳香性の付与に大きく貢献した貴重な原種である.

国内では, 2013年に約93haの作付けがあり, 約6300万本の生産がある. 長野県（全国比32%）, 愛知県（同17%）, 北海道（同14%）, 山形県（同11%）で生産が多い.

■系統・種類・品種

種間交雑はきわめて困難で, 交配してもほとんどの場合胚の段階で枯死してしまうので, 胚培養により植物体を得ている. 現在の営利品種のほとんどは胚培養によって生まれた. 一方, *A. pelegrina* を交配親として育成された品種群（バタフライ系）のみ特異的に種子ができやすいので, オランダではこの系統を利用した種子による育種も盛んである. 日本には二倍体品種が大正時代に導入され, 切り花用の三倍体栄養系品種は1970年

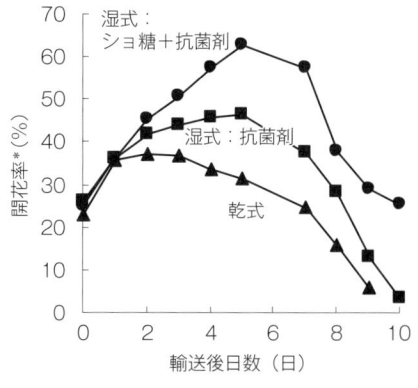

図13.10 シュッコンカスミソウ切り花における輸送時の処理方法が輸送後の開花に及ぼす影響（宮前ら, 2009）[4]

\*: 観賞価値のある開花小花数の割合. 輸送温度12℃, 輸送時間48時間とした. 湿式輸送では1%ショ糖+抗菌剤溶液および抗菌剤溶液のみで輸送した.

代半ばにオランダから導入された．当時の品種は一季咲き性の強いものであった．現在では四季咲き性が強くなっている．2013年における主力品種は，'ヘルシンキ'（白），'レモン'（黄），'コモド'（桃），'ミスティック'（複色），'ドリームランド'（複色），'トロピカーナ'（橙），'プッチーニ'（複色），'レベッカ'（複色），'オルガ'（白）などである．

■形態・生理生態的特徴

形態： 地下茎の先にある芽はやがて発達し地上茎となる（図13.11）．次に発達してくる地上茎は，この地上茎の第2節腋芽である．この仮軸分枝を繰り返しながら地上茎が次々と発生するとともに，竹のような地下茎（根茎）が形成される．地上茎の第3節より上には腋芽がないが，第1節には腋芽があり，まれに地上茎として発達し，その後，地下茎の分枝を引き起こす．これを繰り返すことにより株が広がっていく．地上茎からは発根せず，根は地下茎先端部から発生する．地上付近には細根が広がり養水分を吸収する．比較的太い根は地下深部に潜っていき，先端部がデンプンを蓄え貯蔵根となる．老齢化した地下茎基部では細根はなく貯蔵根のみ残る．乾燥条件では貯蔵根の形成が促進される．

葉序は3/8，葉が葉柄基部でねじれ，表裏が反転する．栄養成長終期に5枚の輪生葉を分化した後，花柄に数輪の小花が着生した互散多軸散形花序を形成する．離弁花で花被は6片，雄蕊は6本で先熟する．雄蕊は規則的に開葯するので花の齢が容易に判定できる．子房は下位で3室，蒴果を形成する．基本染色体数は$x=8$である．

生理・生態： 開花には地下茎上の芽が低温に感応することが絶対的な必要条件であるが，低温に対する開花反応は原種や品種で異なる（図13.12）．初期の品種では15℃以下の低温が必要であったが，近年の品種では20℃程度であれば連続的に開花する品種が多い．低温感応した後であれば長日下で開花が早まるが，長日に低温の代替作用はない．また，A. aurantiacaやA. pelegrinaが交配親となっている品種群では，寡日照下でブラスティングが多発する．花芽は，地上茎が地上に出てまもない頃までには分化を開始している．低温遭遇量が花芽分化のための必要量を満たさないときは，地上茎は栄養枝になる．

■開花調節・作型

地中冷却： 地中冷却は米国のウィルキンス（H. F. Wilkins）やオランダのフォンク・ノールデグラーフ（C. Vonk Noordegraaf）が開発した技

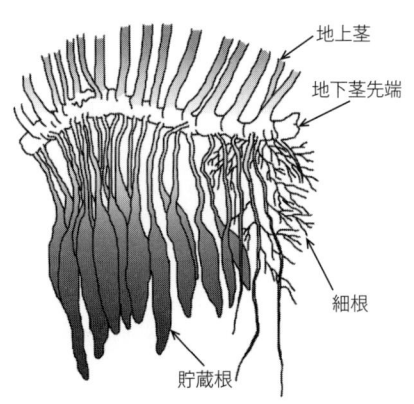

**図13.11** 地下茎の形態（本図原図）

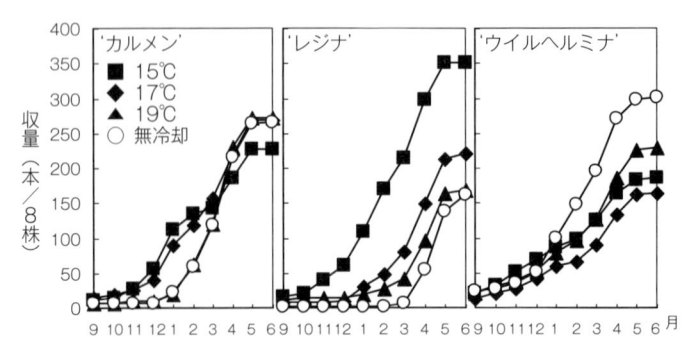

**図13.12** 地中冷却の温度が収量に及ぼす影響に関する品種間差異（本図・浅野，1995）[1]

術で，日本の切り花生産で周年出荷を可能にする必須技術となっている．冷凍機で冷やした冷却水を循環ポンプで，地下茎周辺に埋設した冷却パイプを通して循環させ，地温を20℃程度に維持する（図13.13）．冷却パイプは，かつてはパイプハウス用の直管を利用したが，改植労力が多大なため，熱伝導率が劣るものの作業性で優る電気配管用のプラスチック管を利用する例が多くなった．なお，大量の灌水は移動しない地下茎部分の温度上昇をまねき，冷却効率を著しく低下させるので，地中冷却では灌水を極力控える水分管理が必要である．

低温処理： A. ligutu およびリグツハイブリッドでは地中冷却でも開花誘導できないため，5～8℃で7～10週間の低温処理後に植え付けて開花を早める．

電照： 品種間差はあるが，低温に遭遇していれば深夜4時間電照の暗期中断処理により開花が早まり，早期出荷と労力分散が可能になる．

■栽培管理

定植： 定植前に25 t/10 a 程度の堆肥を投入し，pH 6.0，有効態リン酸10 mg/Lを目標に土壌改良し，50 cm以上の耕土が確保できるように深耕しておく．太陽熱などによる土壌消毒も実施する．株元に陽光が十分あたるように，条間120～160 cm，株間40 cmの単条で植え付ける．地中冷却を行う場合は，地下約10 cmに埋設した（図13.13）冷却パイプで苗を挟むように30 cm間隔で定植し，地上部に籾殻やヤシ殻などをマルチして地温の上昇を防ぐ．

肥培管理： 施肥量は10 a 当り成分総量でN 50～60 kg，P 20～30 kg，K 40～50 kgを目安にする．総量の1/3を基肥で，残りを追肥で施用する．

病害虫防除： 病害虫が少ない品目であるが，アイリスイエロースポットウイルス（IYSV）による黄化えそ病が増えつつあるので，媒介するネギアザミウマを適宜防除する．

収穫・出荷： 冬季は数輪開いたとき，温暖になるにしたがい固めに収穫する．地下茎が浅い品種では切り取り，深い品種では抜き取って収穫する．下葉をとって10本1束で結束し，アルストロメリア専用前処理剤で水揚げ後に出荷する．

[本図竹司]

**文　献**

1) 本図竹司・浅野　昭：茨城農総セ園研報, **3**, 48-53, 1995.

## 13.12　ガーベラ

*Gerbera jamesonii* Bol. ex Adlam　キク科

■来歴・分布

温帯および熱帯アジア，アフリカの山地に約40種類が分布している．ガーベラという名前は，ドイツの自然科学者ゲルベル（T. Gerver）の名前にちなんで命名されたといわれている．おもな原産地である南アフリカは，年間平均気温16～20℃前後と温暖で，年間降水量は500～1000 mmと少ないため，栽培には温暖で乾燥した気候が適すると考えられ，日本の夏季の高温多湿条件は，ガーベラの生育には厳しい条件である．

1910年以降に英国，フランスで育種され，現在ではオランダを中心に数多くの品種が育成されている．日本への導入は，明治初期に始まり，昭和初期から民間での育種改良も行われ，戦後盛んに栽培されるようになった．

現在ガーベラの花色は，白，赤，桃，黄，橙，紫，褐色，複色など豊富なため，フラワーアレンジメントの花材としても人気がある．

冬季温暖な気候を好むため，日本では静岡県，福岡県，愛知県，千葉県など温暖な地方を中心に，全国で施設栽培されている．

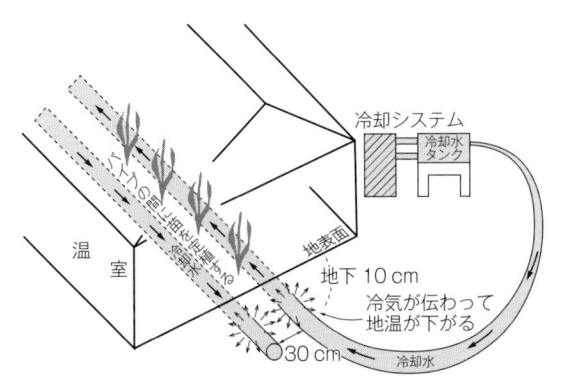

**図13.13**　地中冷却システムの概要（本図原図）

■系統・種類・品種

　*G. jamesonii* は南アフリカ共和国の北東にあるトランスバール地方が原産地とされる．現在栽培されているガーベラの品種は，*G. vividifolia* と *G. jamesonii* の交雑種を改良した園芸品種である．英国の育種家が交雑育種し，その後フランスなどで品種改良された．葉色が薄く，花弁が白，桃，紫紅などのものがある．

　花径が6〜7cm程度の小輪系が，栽培の主力品種である．花径が12cmにも及ぶ大輪系は，おもにオランダの種苗業者の育種による栄養繁殖苗を用いた生産が多い．オランダのフローリスト社やテラニグラ社などで，組織培養により優良個体を繁殖したものが，切り花生産に用いられている．

　毎年オランダだけでも100種類以上と数多くの品種が発表される．産地での品種変遷も激しく，長年にわたり栽培され続けている品種は少ない．

　鉢物・切り花用として利用され，鉢物用品種は種子から栽培され，切り花用品種は組織培養苗を種苗業者から購入している．

　花型も種類が多く，一重咲き（シングル：周辺の舌状花が2層になっているもの），半八重咲き（セミダブル：周囲の舌状花と中心の管状花の間に小型の舌状花をもつもの），八重咲き（ダブル：すべての小花が舌状花）があり，さらに花弁が細いスパイダータイプ（舌状花弁が糸状の花弁となったもの）もある．

■形態的・生理生態的特徴

　繁殖は，種子または栄養繁殖による．実生からある程度の大きさに生育（7〜26枚の葉の展開後）すると，花芽を形成する．花芽は茎頂と最上位葉の葉腋に分化し，そのすぐ下の葉腋から側枝が発生して仮軸分枝し，数枚の葉を分化した後に花芽を形成する．以後はこのパターンを繰り返す．

　光量は3000〜4000lxが必要とされる．根は過湿を嫌う．

　培地は20〜23℃が適温で，30℃以上になると生育が著しく劣ることから，高温期には地温が上昇しすぎないように注意する．

■開花調節・作型

　花芽形成に日長は関係なく，施設栽培で生育に適した温度管理（日中22〜28℃，夜間16〜21℃）を行えば，周年で開花する．

　吸水量は，4〜6月に400〜500mL/株・日で最も多く，10〜12月に200〜300mL/株・日と最も少なくなる[1]．灌水・給液は蒸発散量に合わせて行い，培地が過湿状態になるのを防ぐ．

■栽培管理

　ガーベラの切り花周年栽培には（図13.14），冬季夜温16℃以上の温度が必要なため，加温ハウス内で栽培する．

　**土耕栽培**（切り花）

　育苗：　組織培養から順化したポット苗を使用する．栽植本数は10a当り4500株とする．

　定植：　定植後2年間は同一株から収穫するために，土壌伝染性の病気が発生すると生産量に対する影響が大きい．そのため，クロルピクリンや蒸気消毒により土壌消毒を確実に行う．収穫は株元から行うため，作業をしやすいように，畝幅70cm，通路60cm，高さ40cm程度の高畝とする．10a当り堆肥は約5〜8t程度施用し，基肥としてN，P，K各成分量で20kgを施肥する．土壌のpHは5.5〜6とする．

　本葉3〜4枚程度の苗を，株間30cm，条間30cmの2条千鳥で，新葉が少し見える程度に浅植えする．

　一般管理：　活着まではていねいに灌水する．活着後は徐々に灌水を減らし，乾燥気味に管理する．葉が繁ってきたら，古い葉を葉かきし，株元の通気・採光をよくする．夏季は高温を避けるために遮光をし，冬季は夜間16℃以上で管理する．

　追肥は定植2カ月後から，1〜2カ月に1回の割合で，N，P，K各成分量で10a当り5kg程度与える．1年目の追肥量が各成分とも合計で25kg

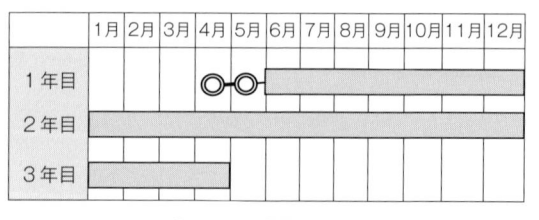

| | 1月 | 2月 | 3月 | 4月 | 5月 | 6月 | 7月 | 8月 | 9月 | 10月 | 11月 | 12月 |
|---|---|---|---|---|---|---|---|---|---|---|---|---|
| 1年目 | | | | ◯ | ◯ | ━ | ━ | ━ | ━ | ━ | ━ | ━ |
| 2年目 | ━ | ━ | ━ | ━ | ━ | ━ | ━ | ━ | ━ | ━ | ━ | ━ |
| 3年目 | ━ | ━ | ━ | ━ | ━ | | | | | | | |

◯ 定植　　━ 収穫期間

**図13.14**　切り花用ガーベラの栽培暦

表13.8 ガーベラ'イリュージョン'のみかけの時期別平均養分吸収量（mg/株·日）（高田, 2006）[1]

| | 時期 | 月 | $NO_3$-N | P | K | Ca | Mg |
|---|---|---|---|---|---|---|---|
| 定植1年目 | 夏 | 8〜9 | 14.5 | 3.7 | 39.1 | 10.9 | 2.5 |
| | 秋 | 10〜12 | 12.7 | 2.9 | 28.5 | 13.0 | 3.1 |
| | 冬 | 1〜3 | 20.8 | 4.5 | 37.2 | 17.9 | 4.9 |
| 定植2年目 | 春 | 4〜6 | 28.4 | 5.3 | 65.7 | 20.4 | 5.9 |
| | 夏 | 7〜9 | 31.3 | 4.6 | 45.2 | 18.0 | 5.6 |
| | 秋 | 10〜12 | 22.8 | 3.4 | 31.0 | 13.5 | 3.0 |
| | 冬 | 1〜3 | 40.3 | 5.9 | 28.2 | 17.4 | 4.0 |

程度になるように与え，2年目も同程度で追肥を行う．葉色が薄いなど，生育が遅れているような場合は，液体肥料を与える．

**養液栽培**（切り花） 土壌病害の回避や，作業の省力化を目的として，ガーベラの高設養液栽培が増加している．養液栽培の培地には，ロックウール，ココピート，フェノール発泡樹脂などが用いられている．

育苗： 組織培養苗を一度3号鉢またはロックウールキューブ（10×10×7.5 cm）に定植し，1カ月程度育苗してから培地へ定植する．育苗時にはEC 0.8 dS/m程度の薄い養液を灌水する．

定植： 苗は培地を詰めた，6〜7号鉢に定植する．ロックウールや3号鉢で育苗した苗は，鉢の上に直接載せるだけで定植することができ，その後の活着もよい．定植直後は，EC 0.8 dS/m程度の養液を，回数を多めに給液する．

給肥特性と養液管理： 'イリュージョン'を用いた湛液水耕栽培で，養分吸収を測定した結果（表13.8），1〜3月に最も養分吸収が大きかった．この時期は気温と日射量が増加する時期で，生育も旺盛となり，収量も増加する．一方，10〜12月は日射量も気温も低下する時期で，養分吸収量も低下した．

収穫開始後の給液のECは，1.5 dS/mを基本とし，蒸発散量の多い初夏から夏にかけてはECをやや低く多めの給液とし，蒸発散量の少ない秋冬期はECをやや高く給液量を減らすのがよい．

培養液の処方は，園試処方か養分吸収量から作成した処方（$NO_3$-N：5.8，P：1.4，K：3.3，Ca：2.7，Mg：1.1（mg/L））を用いる．

**鉢物用の栽培** 鉢物用の種子を，8〜10月に覆土を薄めにして播種箱に播種する．加温温室であれば，1月まで播種が可能である．20℃で約4〜6日で発芽する．

本葉が2枚展開時に，72穴のプラグトレーに移植する．用土はピートモスとパーライトを1：1で配合したものなどを用いる．肥料は化成肥料を5 kg/m$^3$程度混入し，用土のECを1 dS/m以下とする．

本葉が5〜7枚展開時に，4号鉢へ鉢上げする．用土はピートモス，鹿沼土，パーライトなどを混合したものに，緩効性化成肥料を5 kg/m$^3$，苦土石灰2 kg/m$^3$などを加えて使用する．

1鉢当り2〜3本以上開花した時期が出荷期となる．

**病害虫** おもな土壌病害は疫病と半身萎凋病で，症状が進行するとどちらも株枯れを起こし，収量を大きく減少させる．定植前の土壌消毒による防除が必要となる．えそ輪紋病はトマト黄化えそウイルス（TSWV）による病害で，ミカンキイロアザミウマにより媒介され，葉の退緑輪紋，花色の変化を起こす．

ミカンキイロアザミウマ自体は，花弁や葉のかすり症状を起こす．チャノホコリダニは葉の生育抑制，マメハモグリバエは葉の食害を起こし株の生育が悪くなるので，殺虫剤で防除する． ［佐藤展之］

**文 献**

1) 高田久美子：平成15年度秋冬作・平成16年度春夏作，静岡農試試験成績概要集，2006.

## 13.13 スイートピー

*Lathyrus odoratus* L.　マメ科

■来歴・分布

　イタリアのシシリー島の原産で，1695年に修道士クパーニ（F. Cupani）によって発見された．その後，英国・米国を中心に多くの品種が育成された．欧州，北米，オーストラリア，ニュージーランド，日本で盛んに栽培されており，花壇での利用が多いが，日本では切り花での利用が中心である．日本への渡来は江戸時代で，大正時代から営利栽培が営まれている．

■系統・種類・品種

　関東以西において，8月下旬～9月上旬に播種した場合の自然開花期によって夏咲き系，冬咲き系，両者の中間の春咲き系に大きく分けられる．また，草型によって高性，中性，矮性に分けることができる．多くの市販種子は海外で花壇栽培向けに採種されたものであるため，開花や花色に変異のある種子が含まれている場合がある．そのため，日本で切り花の促成栽培を行うと，形質がばらつくことがある．日本で育成または市販種子から選抜されてきた品種は固定されている．

　夏咲き系：　自然開花期が4月以降の品種群である．最も品種数が多い．日本での営利栽培にはあまり利用されない．'クパーニ'（旗弁が赤紫，翼弁が明紫），'チャーリーズエンジェル'（紫），スイートメモリーシリーズ（旗弁と翼弁が異なる花色）などがある．

　冬咲き系：　自然開花期が11～12月の品種群．'アメリカンビューティ'（濃紅），'ダイアナ'（桃），'イースターパレード'（白），'茅ヶ崎11号'（濃桃），'湘南オリオン'（旗：浅青味紫，翼弁：青紫），'シルキー・ピーチ'（淡黄桃）などがある．

　春咲き系：　自然開花期が2～3月の品種群．'ステラ'（淡黄），'ファーストレディ'（桃），'ネオグレース'（紫），'ローズピンク'（桃），'式部'（旗弁が赤紫，翼弁が明紫），'美々'（明桃），ロイヤルシリーズ（各色）などがある．

■形態的・生理的特徴

　形態：　スイートピーはつる性の植物で，高性種の草丈は4～5mになる．茎には巻きひげをもつ複葉が互生する．葉柄の基部に托葉が，葉柄の先に楕円形の小葉が左右に1対，そして葉柄の延長上には巻きひげがある．花芽分化すると葉腋ごとに花が着生する．花は総状花序で，花梗上に蝶形花冠の小花を数個つける．小花は旗弁，翼弁，舟弁の花弁をもつ．果実は豆果である．

　開花生理：　種子春化型の長日植物である．春化は植物体でも起こるが，発芽種子～4葉期までが春化効果が大きい．春化に必要な低温量は，系統によって異なる．日長には発芽直後から感応し，長日条件で発蕾および開花が早まるが，その反応は冬咲き系は小さく，春咲き，夏咲きと晩生になるほど大きい．冬咲きと春咲き系では種子春化すると日長感応性は消失するか弱まるが，夏咲き系では日長感応性が残る．

　花芽発達と環境条件：　花芽分化から開花に至る過程において，しばしばアボーションや落蕾が発生する．アボーションは花器が完成した初期の段階で発育が停止し枯死するもので，種子春化日数の不足と短日条件で発生しやすい．落蕾は曇雨天日が連続すると発生しやすく，発達中の4～30mmの大きさの花蕾が花梗から落下する．曇雨天によって光合成量が低下すると，光合成産物は花蕾より茎頂部に優先的に分配されるためである．

■開花調節・作型

　営利栽培は施設内で行い，3種類の作型がある．

　8～9月播種，11～4月出荷作型：　関東以西で行われる作型で，8～9月に播種し，11～4月に出荷する．播種前に発芽種子を0～2℃で冷蔵し，種子春化させた後に栽培施設内に直播きする．種子冷蔵期間は春咲き系の品種が4週間，冬咲き系の品種は2週間である．冬咲き系は無冷蔵でも栽培できる．夏咲き系の品種は4週間の種子冷蔵に加え長日処理が必要だが，春咲き系や冬咲き系に比べて徒長や落蕾が発生しやすく，草勢管理が難しい．

　10月播種，4～6月出荷作型：　北海道など冬季厳寒地での作型である．10月に冬咲き系7日間，

春咲き系15日間程度の種子冷蔵後播種する．厳寒期は保温し，4～6月に出荷する．

7月播種，9～11月出荷作型：　同じく冬季厳寒地での作型である．冬咲き系10日間，春咲き系21日間程度の種子冷蔵後7月上旬に播種する．9月から出荷を始め，厳寒期前に終了する．気温が下がる10月以降は5～8℃に加温する．

■栽培管理

圃場の条件：　スイートピーは労働集約型の品目であり，1人当りの適切な栽培面積は約300 m²である．また，日照を好むため，圃場の日照条件や施設の向きに注意する．土壌は排水がよく，保水・保肥力があり，耕土の深いことが望ましい．好適pHは6.5前後である．

種子冷蔵：　春化処理のため，種子を冷蔵する．種子は10 a当り約1.5 L準備する．1 L当りの種子数は7000～1万粒．種皮が硬く吸水しにくいので約5分間の濃硫酸処理もしくは種皮傷付け処理を行う．その後に流水中に浸し十分吸水させる．吸水後18～20℃で2～3日間催芽する．発芽した種子は所定の期間を0～2℃で種子冷蔵する．

定植：　種子冷蔵終了後，圃場に発芽種子を直播する．施肥は基肥で10 a当りN，P，K各20 kg程度施用し，畦間135 cm，畦幅85 cmとする．栽植密度は株間15 cm，条間20～40 cmの2条植え（1000 m²で約1万本）とする．播種後は十分に灌水する．

摘心・誘引：　4～5節目の葉が展開した頃に3～4節残して摘心し，側枝の発生を促す．伸長した側枝は1本に整理し，垂直に展張したネットに誘引する．ネット上端まで茎が伸長したら茎葉を横に倒し，茎葉の先端の位置を下げる「つる下げ」を行う．縦糸に誘引し，茎葉を輪状に巻いて先端の位置を下げる「巻き下げ」という誘引法もある．

草勢管理：　スイートピーは栄養成長と生殖成長のバランスをとりながら栽培を行う切り花であり，天候など環境の変化にきわめて敏感に反応するので注意を払う必要がある．施設内の気温は夜温が5℃，昼温は20℃以下を目標に管理する．多灌水，低温，摘蕾は草勢を強め，逆に少灌水，高温，摘葉，つる下げは草勢を弱める．草勢が強いと栄養成長に偏り，十分な切り花が得られない．草勢が弱いと切り花長が短くなり，品質が低下する．

病害虫防除：　立枯病，腰折病が定植後の苗のうちに発生しやすい．花には灰色かび病，茎葉にはうどんこ病が発生する．ウイルス病も発生するが，発見しだい抜きとる．虫害にはアブラムシ，スリップス，ハダニがあるが，低温期の発生は少ない．

収穫・出荷：　下から3～4番目の小花が半開の時点で花梗の基部をハサミで切り取り採花する．スイートピーはエチレン感受性の花卉であり，そのままでは日持ちが悪いので，採花後は必ずSTS剤で処理（0.2 mMの場合2時間）を行う．50本1束で扇型に結束し，出荷箱1箱2束入りで出荷する．

採種：　優良な種子を得るため，栽培中から株の選抜を行っておき，収穫期間が終了後は次年度の種子を自家採種する．

［中村　薫］

## 13.14　チューリップ

*Tulipa gesneriana* L.　ユリ科

■来歴・分布

チューリップの原種は，ヨーロッパ，中央アジア，北アフリカにかけての地域に広く分布している．チューリップ属の分類については諸説あるが，約100種が存在するといわれている．その中で園芸上利用度の高い種は，ゲスネリアナ（*T. gesneriana*），カウフマニアナ（*T. kaufmanniana*），フォステリアナ（*T. fosteriana*），グレイギー（*T. greigii*）などで，一般的に利用されている園芸品種の多くはゲスネリアナに分類される[1]．

日本では，大正年代に，新潟県，富山県など日本海側の地域を中心に球根生産が始まった．昭和に入ると切り花の促成栽培が試みられ，戦前にその基本は明らかにされ，戦後に乾燥冷蔵による促成方法が確立された．昭和の後半からは，付加価値の高い切り花栽培が盛んに行われるようになり，現在は主要な切り花品目の一つとなっている．

## ■系統・種類・品種

　チューリップは複雑な交配が繰り返されているため，遺伝的に分類することは困難であり，系統分類は園芸学上便宜的なものとなっている．現在，オランダ王立球根生産者協会（KAVB）の分類では，開花期や花型により，11の系統と4の原種およびその雑種に分けられている（表13.9）[2]．

　チューリップの正確な品種数は明らかではないが，1996年にKAVBが出版したチューリップ品種の分類と国際登録リスト（Classified List and International Register of Tulip Names）には，約5400もの品種が登録されており，現在も多くの新品種が発表されている．一般に栽培されている品種はこれらのごく一部で，その多くはオランダで育成されたものであるが，近年は日本で育成された品種も利用されている．

## ■形態・生理生態的特徴

　形態：　花は直立した茎の先端に1花つくが，1本の茎に複数の花をつける枝咲き性の品種もある．花色が豊富で，花の形や大きさも様々である．一重品種の場合，内外3枚ずつの花被片，6本の雄蕊，先端が3方向に分かれた1本の雌蕊からなる．八重品種は雄蕊が弁化し，花被片が増加する．葉数は品種により異なるが，3〜5枚程度である．

　花芽分化：　花芽分化は，球根（鱗茎）掘り上げ後の乾燥時に開始される．花芽分化が開始されるには，一定程度の高温に遭遇することが必要とされる．品種や年次によって変動はあるが，自然

表13.9　チューリップ品種の系統分類表

| 系統名 | 英名（略記） | | 特徴 |
|---|---|---|---|
| 一重早咲き | Single Early | (SE) | 早生の一重咲き品種群．花が小さく草丈の低い品種が多い． |
| 八重早咲き | Double Early | (DE) | 早生の八重咲き品種群．一重早咲きの突然変異で生まれたものが多く，特性も似る． |
| トライアンフ | Triumph | (T) | 中生の一重咲き品種群．一重早咲き品種群と一重晩咲き品種群の交配により育成された．草丈は高く，草姿がよいので，切り花に適する品種が多い． |
| ダーウィン・ハイブリッド | Darwin Hybrid | (DH) | 中生の一重咲き品種群．旧系統分類の一重晩咲き品種群（ダーウィン）とフォステリアナを中心とする野生種の交配により育成された．大輪で草丈は高い． |
| 一重晩咲き | Single Late | (SL) | 晩生の一重咲き品種群．草丈が高い品種が多い．旧系統分類のコッテージとダーウィンを含む． |
| ユリ咲き | Lily-flowered | (L) | 中生から晩生の一重咲き品種群．草丈はさまざまで，花被の先端が細く，外側にそりかえる花型を示す． |
| フリンジ咲き | Fringed | (FR) | 中生から晩生の一重咲き品種群．草丈はさまざまで，花被の周縁に細かい切れ込みが入る． |
| ビリデフローラ | Viridiflora | (V) | 晩生の一重咲き品種群．草丈はさまざまで，花被の一部，特に中央部付近が緑色を呈している． |
| レンブラント | Rembrandt | (R) | 斑入りのチューリップ．赤，白または黄の地色に，黒，赤，桃，紫などの縞や模様が入る．ウイルスに感染したもの（歴史的な収集品にのみ残る）． |
| パーロット咲き | Parrot | (P) | 晩生の一重咲き品種群．草丈はさまざまで，花被の周縁に深い切れ込みやねじれが入る．ほとんどが一重晩咲きの突然変異による． |
| 八重晩咲き | Double Late | (DL) | 早生の八重咲き品種群．草丈が高く，茎が太い．一重晩咲き品種の突然変異といわれている．一部，一重晩咲きと八重早咲きの交配種． |
| カウフマニアナ | Kaufmanniana | (K) | *Tulipa kaufmanniana* とその交配種で，開花期は特に早い．覆輪の花色を示すものが多く，草丈は低い． |
| フォステリアナ | Fosteriana | (F) | *Tulipa fosteriana* とその交配種で，早生で葉が非常に広く，しばしば斑が入る．草丈は中程度から高いものまでさまざまあり，花は大きい． |
| グレイギー | Greigii | (G) | *Tulipa greigii* とその交配種で，葉に紫色の斑が入る．開花期は *T. kaufmanniana* より遅い． |
| その他原種 | Miscellaneous | (S) | *T. kaufmanniana*, *T. fosteriana*, *T. greigii* 以外の原種とそれらの交雑種． |

条件下では，おおむね6月下旬から7月中旬に花芽分化が始まる．花芽分化開始後は，20℃前後の温度が花芽発達やノーズ（nose, 球根内にある花，葉，花茎をもった芽）伸長に適しており，高温は花芽の発達に阻害的に働く．花芽分化ステージは，未分化期，花芽分化開始期，外花被分化期，内花被分化期，外雄蕊分化期，内雄蕊分化期，雌蕊分化期に区分され，適温条件下では約3週間で外花被分化期から雌蕊分化期まで進む．

球根とエチレン： 貯蔵中の球根は，エチレンの影響を受けやすい．エチレンは，球根腐敗病に感染した球根や，物理的な傷害を受けた球根から発生する．球根がエチレンにさらされると，花芽が形成初期の段階で分化あるいは発達を停止し開花に至らないブラスティング，ノーズの変形，やに状物質の滲出などの症状が発生する．エチレン感受性には品種間差があり，エチレン濃度，暴露される時期や温度によって症状発生の程度が異なる．

生育と低温： チューリップの生育には，低温遭遇が必要である．露地では，定植後に冬季間の低温を受けるために問題ないが，切り花栽培では，多くの場合球根を冷蔵する必要がある．冷蔵は，底盤の発達やノーズの伸長を促す予備冷蔵と，花茎の伸長や開花を促進する本冷蔵に区分される．予備冷蔵は，10月までに本冷蔵を開始する作型において必要であり，15℃で2～3週間を基本とする．雌蕊分化期前の花芽が完成していないステージから予備冷蔵を開始すると，開花率や切り花品質が著しく低下する．本冷蔵は，2～5℃乾燥で7～9週間が標準とされており，同じ処理期間であれば低温ほど効果が高く，処理期間が長くなるほど定植から開花までの日数が短くなる傾向にある．ただし低温反応は品種により大きく異なるため，品種に応じて冷蔵条件を設定することが重要である．

根： 球根の底盤から，細くて分枝しない根が，1球当り100～300本発根する．発根適温は品種により異なり，14～25℃と幅がある[3]．根は乾燥や濃度障害などに弱く，障害を受けると伸長を停止し再生しない．

開花と温度： 花茎の伸長や展葉の速度は，球根の冷蔵状態や定植後の温度管理によって異なる．一般的に，球根を定植してからの到花日数は有効積算温度に比例し，温度が高いほど短くなる．しかし，極端な高温管理は，採花率や切り花品質を低下させる原因となる．

■開花調節・作型

作型： 切り花栽培は，定植時期と収穫時期の関係から，早期促成栽培，促成栽培，半促成栽培，季咲き栽培，抑制栽培の5作型に分類される[4]．さらに，栽培方法により，土耕栽培，ボックス栽培，水耕栽培に区分される．これらの作型を組み合わせることにより，10～翌5月に長期出荷が可能になる（図13.15）．

早期促成栽培： 当年産の球根を用いて，9月中旬～10月に定植し，11月中旬～12月下旬に収穫する作型である．ブラスティングなどの生理障害の発生が多く，チューリップの切り花栽培の中で最も高度な技術を必要とする．7月下旬～8月上旬に予備冷蔵を開始するため，この時期までに花芽が完成していなければならない．そのため，必要に応じて高温乾燥処理や中温処理を行う．高温乾燥処理は，花芽分化開始を促す処理で，花芽分化前の葉分化段階であることを確認し，33℃で3日間を目安にする．長期の高温乾燥処理は切り花品質を低下させるので注意する．中温処理は，花芽分化の促進と切り花品質の向上を目的とし，20℃で3週間を基本とする．エチレン感受性が高まる温度であるため，換気を十分に行う．早期促成栽培用の冷蔵済みオランダ産輸入球根を用いることも可能である．10月中旬までに定植する場合は，地温が発根適温より高いことが多いため，発根施設で発根させるボックス栽培を行う．

促成栽培： 11～12月に定植し，12月下旬～翌2月に収穫する作型である．早期促成栽培に比べて定植までのスケジュールに余裕があるため，冷蔵を十分に行い，採花率を高めるように管理する．12月出荷には早咲き品種を用い，1～2月出荷では，晩咲き品種も利用される．

半促成栽培： 最も需要の多い3月を中心に収穫する作型で，早期促成栽培の後作として冷蔵球

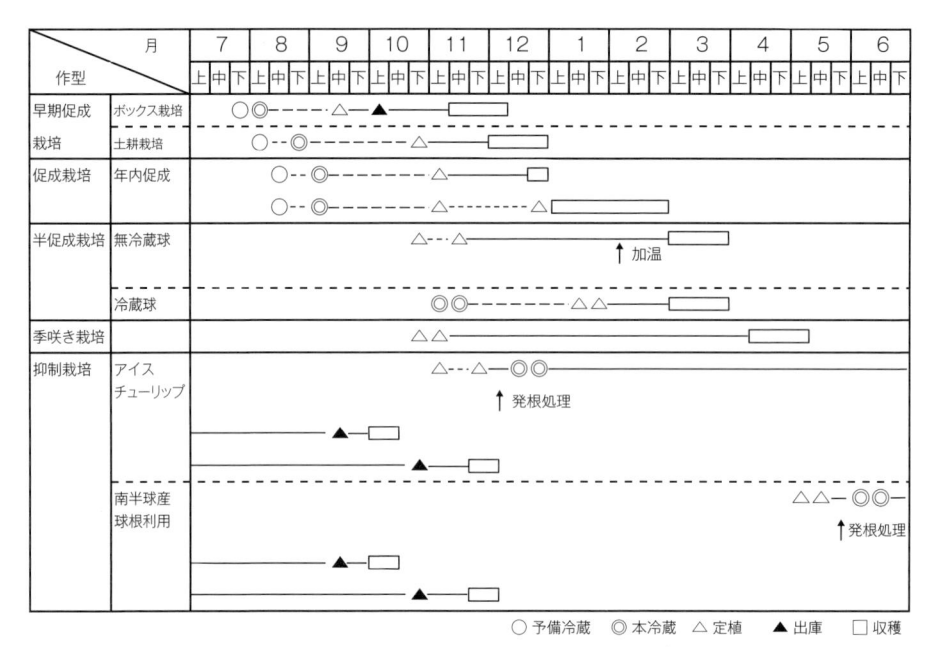

**図 13.15** チューリップ切り花栽培のおもな作型[4]

○ 予備冷蔵　◎ 本冷蔵　△ 定植　▲ 出庫　□ 収穫

を用いる場合と，10〜11月に無冷蔵球を定植して，2月以降に加温または保温する場合がある．冷蔵は11月上〜中旬に開始し，1月まで行う．利用できる品種が多く，需要動向に応じて品種を選定する．

抑制栽培：　アイスチューリップとも呼ばれ，早期促成栽培から季咲き栽培では対応できない時期に収穫する作型である．日持ちの関係から，実用的な出荷期は10〜11月である．前年の11月にプラスチックコンテナに球根を定植し，9℃で2〜3週間の発根処理を行った後，シュートの伸長を抑えるため−1.5℃で氷温貯蔵する．出荷期に応じて冷蔵庫から出庫し，解凍した後，遮光資材を用いて極端な高温を避けるように管理する．切り花品質に差が出るため，利用できる品種は限られる．なお近年，南半球産の球根が利用できるようになったため，促成栽培による同時期の開花が可能となっている．

ボックス栽培：　球根流通用のプラスチックコンテナにピートモスを主体とした培地を入れ，切り花を栽培する方法である．10月中旬までに定植する早期促成栽培や抑制栽培，大規模経営で回転率を重視する場合などで導入される．切り花品質は土耕栽培に比べてやや劣るが，より適切な温度管理ができるため採花率が向上する．

水耕栽培：　培地を使わず，水または培養液を溜めた栽培槽で栽培する方法である．球根の支持には，専用の支持トレーや50穴のセルトレーなどを用いる．土耕栽培に比べて，定植や収穫などの管理作業が容易で作業効率がよく，採花率も高い．品種により水耕栽培適性が異なるため，品種の選定に注意する．

■栽培管理

定植準備：　土耕栽培では，あらかじめ圃場に有機質を施用し，pH6〜7，EC0.3〜0.4 dS/m程度に調整する．平畝を基本とし，地下水位が高い圃場や排水のよくない圃場は高畝とする．ボックス栽培では，pH，EC調整済みのピートモスを主体とし，培地コストを削減するためにヤシ殻などを混合する．培地量は深さ10cm程度，球根輸入用コンテナ当り25L程度とする．発根を促進させるために，定植前に球根の根盤付近の外皮を除去する．

施肥：　基肥として，N，P，Kの各成分を1a当り1kg程度施用する．早期促成栽培の後作の場合は，無施肥とする．ボックス栽培で市販のピー

トモスなどを利用する場合は，施肥の必要はない．

定植：　栽植密度は9×9cmを基本とし，球根サイズや品種によって調整する．定植は，球根の1/3〜1/2が地上部に出るように浅植えとする．浅すぎると，発根の際に球根が浮き上がってくるので注意する．

灌水・温度管理：　活着するまでは，土壌を乾かさないようにこまめに灌水する．展葉が完成するまでは水分を切らさないようにして，それ以降は控えめにする．温度管理は切り花品質の低下を防ぐため，発根適温によらず，活着するまでの2週間程度は13℃前後とする．その後は昼温18℃，夜温13℃程度とする．日中，温度が上がりすぎないように20℃程度で換気する．

植物成長調整剤処理：　ブラスティング発生防止，開花の促進，切り花ボリュームの増加を目的とする．ブラスティング発生防止と開花促進効果のあるジベレリン，切り花ボリュームの増加効果のあるサイトカイニン，これらの処理によって助長されるカルシウム欠乏症を回避するためのカルシウム剤を混合し，草丈7〜10cm時に葉筒内に1mLずつ滴下処理する．品種や処理方法によっては生理障害が認められることがあるため，使用にあたっては十分留意する．

病害虫防除：　ウイルス病，球根腐敗病，褐色斑点病，青かび病，根腐病などの病害や，アブラムシ類，チューリップサビダニなどの虫害が発生する．発生に注意を払い，早めの防除に努める．また，過湿になると褐色斑点病が発生しやすいため換気に心がけ，腐敗球やウイルス病株は早めに抜き取る．

収穫・出荷：　通常，開花の2〜3日前に収穫する．収穫は球根ごと抜き取り，バルブカッターを用いて球根を除去する．規格別に選別し，10本ずつ結束，調整，ラッピング後，水揚げする．5束50本または10束100本ずつ箱詰めして，花茎が曲がらないように縦置きで輸送する．　　　［渡邉祐輔］

## 文献

1) Van Raamsdonk, L. W. D. et al. : *Acta Horticulturea*, **430**, 821-827, 1997.
2) van Scheepen, J. et al. : Classified List and International Register of Tulip Names, pp. 20-21, Royal General Bulbgrowers Association, 1996.
3) Katsukawa, K. et al. : Effect of post-planting temperatures on root elongation of hydroponically forced tulip bulbs. *J. Japan. Soc. Hort. Sci.*, **72**, 46-48, 2003.
4) 新潟県農林公社編：花き栽培のマニュアル（球根養成・球根切花），pp. 94-103, 1999.

# 13.15　リンドウ

*Gentiana* L.　リンドウ科

■来歴・分布

世界には，リンドウ属の自生種は約400種あるといわれている．その中で，おもに切り花用園芸種として栽培されているものは，日本に自生するエゾリンドウ（*G. triflora*）やササリンドウ（*G. scabra*, 本来和名はリンドウであるが，属の総称としてのリンドウとまぎらわしいため，本種をササリンドウと呼ぶ），あるいはその交雑種から育成されたものがほとんどである．エゾリンドウは本州中部から北海道にかけて分布しているのに対し，ササリンドウは本州，四国，九州に分布する．エゾリンドウは湿地を好み群落を形成するのに対し，ササリンドウは草原などの比較的乾燥地に点在する．

日本におけるリンドウの栽培は，昭和30年代に自生している山取り株の栽培で始まり，その後，実生育苗技術が確立されたことにより，本格的に普及した．

■系統・種類・品種

品種は，おもにエゾリンドウ，ササリンドウ，両者の交雑による種間雑種が中心となる[1]．昭和52年にリンドウの切り花用$F_1$品種として'いわて'が初めて品種登録され，その後，平成に入り，登録品種は急速に増加した．リンドウの園芸品種は品種登録をされているものだけで200を超える．

エゾリンドウ系統は，自生するエゾリンドウより選抜や交雑を繰り返し育成されるが，一代雑種（$F_1$）として育成された品種が数多くある．$F_1$品種は一般に性質が強く，また，大量に種子繁殖できるメリットがある．一方で，$F_1$品種の問題は，

品種そのものの形質維持，採種用母株の維持にある．自殖弱勢の強いリンドウでは，自殖を繰り返し，形質を固定化することにより性質が弱くなるため，$F_1$ 品種の採種用母株は，集団選抜により維持される．表現型による集団選抜では，安定した形質を継続して維持するのは容易でない．その対策として，組織培養による採種母株の増殖がある．一般的にエゾリンドウの栄養繁殖は困難とされてきたが，組織培養による増殖は実用化されており，これによってクローン個体の集団を用いて $F_1$ 採種することで形質の維持が可能となっている．しかしながら，エゾリンドウ系統の培養増殖については，系統によって増殖効率がまちまちである問題が残されている．

ササリンドウ系統についてもエゾリンドウ系統と同様な手法により品種育成されているが，数は少ない．一般に開花期が遅いことと，ササリンドウ系統どうしの交雑種では形質の点で劣る部分が多いためと考えられる．

そこで，増加しているのがエゾリンドウ系統とササリンドウ系統の交雑種である．エゾリンドウとササリンドウの交雑は比較的容易に行われ，実生で増殖する $F_1$ 品種と挿し芽などで増殖する栄養系品種がある．とくに栄養系品種ではピンク系の増加が著しく，鮮明な桃色を有するすぐれた品種が多い．また，栄養系品種には形質が均一に揃うという生産上のメリットがある．品種育成の点では，種子系の $F_1$ 品種よりも短期間で育成できるメリットもある．

■形態的・生理生態的特徴

営利用として栽培されるリンドウは多年草であり，冬期の低温により休眠打破され，気温の上昇に伴い，花茎が伸長する．草丈は，鉢物用の 20 cm 程度から切り花用の 150 cm を超えるものまである．葉は単葉で対生する．一般的に花は茎頂から下位節につき，5 節，多いもので 10 節程度に着花する．花色は鮮明な青紫が中心である．育種が進み，桃や白の品種も増えている．

エゾリンドウ系統の開花期は極早生で 7 月上旬から開花する品種があり，遅いもので 9 月末の開花となる．ササリンドウ系統は一般的に遅く，9 月下旬～10 月末頃に開花するものが多い．

エゾリンドウとササリンドウは形態的に容易に区別できる．ササリンドウは，エゾリンドウに比較して，分枝が多く，花形は花冠裂片が外反転するものが多い．また，エゾリンドウとササリンドウとの交雑種は両者の中間的な形態を示す場合が多い．

リンドウは冷涼な気候を好み，生育適温は 20℃ 程度と考えられる．15℃，20℃，25℃ の一定温度に設定した人工気象器で栽培した場合では，20℃ で開花が最も早く，それより高くても，低くても遅くなる（表 13.10）．25℃ 以上になると，着蕾から花弁の発達までの日数がかかっており，高温により花弁の発達が抑制されることがわかる．また，青系品種では，25℃ 以上で花色が薄くなったり，高温障害花が発生する．このような症状は，8 月の高温期に見られる．

表 13.10 エゾリンドウ早生系統の異なる栽培温度における生育ステージ別所要日数（岩手県農業研究センター，2007）

| 栽培温度[*1] | 側芽～着蕾[*2]（日） | 着蕾期[*3]（月/日） | 着蕾～花弁抽出（日） | 花弁抽出期[*4]（月/日） | 花弁抽出～開花（日） | 開花期（月/日） | 到花日数[*5] |
|---|---|---|---|---|---|---|---|
| 15℃ | 16 | 7/20 | 18 | 8/7 | 17 | 8/24 | 51（+5） |
| 20℃ | 8 | 7/12 | 21 | 8/2 | 17 | 8/19 | 46 |
| 25℃ | 8 | 7/12 | 26 | 8/7 | 16 | 8/23 | 50（+4） |
| 30℃ | 18 | 7/22 | 32 | 8/23 | 15 | 9/7 | 65（+19） |
| 露地 | 8 | 7/12 | 23 | 8/4 | 14 | 8/18 | 45（-1） |

[*1]：各区とも人工気象器を使用
[*2]：側芽発生期に達した個体について，7 月 4 日から試験開始
[*3]：全供試株に側芽の先端が肥厚して萼片が形成され，花蕾が一つ以上着生した日
[*4]：全供試株の頂花房に花弁の抽出が確認できた日
[*5]：側芽発生期から開花期までの日数，（ ）は 20℃ 区との差

■開花調節・作型

　リンドウの栽培は，ほとんどが露地栽培である．極早生種から極晩生種まで各品種を揃えることにより7〜10月の継続出荷が可能となる．それぞれの品種や収穫時期により収穫期間に幅がある．栄養系品種のように開花が揃うもので1週間，長いもので2週間程度の収穫期間となる．間を開けることなく継続して収穫するためには，1カ月に3〜4品種揃えることが必要になる．

　その他，簡易ビニルハウスにおける促成栽培（加温），半促成栽培（無加温）が行われている．リンドウの開花期は積算温度により決まることから，冬から保温を開始し，開花促進を行う．リンドウの生産が盛んな岩手県においては，休眠が打破される時期が12月とされており，促成の場合，1月上旬からの加温開始が可能である．半促成では保温により5℃程度を確保できる頃を開始時期とする．保温の開始時期，温度管理により異なるが，5〜7月の収穫となる．保温方法はトンネルを含めて3重被覆とするのが一般的である．花芽分化までの温度条件が開花の早晩に影響するので，開花促進のためには，夜温を確保し，花芽分化をできるだけ早めることが大切である．品種は早生品種を用い，促成栽培では軟弱に育ちやすいことから茎葉は固く締まった，着花節数が多い品種が適する．

　鉢花栽培では，実生株の0℃での冷蔵による抑制栽培があり，冷蔵庫からの出庫時期により開花期を調節する．また，栄養系品種では採穂用母株の加温開始時期を変えることにより，挿し芽時期をずらし，開花調節を行っている．

■栽培管理

　育苗：　培土はpHなどが調整されたリンドウ専用の培土を使用し，128穴ないし200穴のセルトレーを使って育苗する．適切な環境下であれば播種後75日前後で本葉3〜4対の定植適期となることから，播種期は6月上旬定植の場合，3月中〜下旬となる．播種は，セル当り3粒程度とし，発芽が揃うまでは昼夜20〜23℃を保ち，培土の表面が十分に湿った状態を維持する．播種後，30日程度経過した頃に間引きを行う．複数発芽しているセルから苗を間引いて1本とする．二次根が発生する前であれば，間引いた苗を移植することができる．また，この時期から灌水を兼ねた液肥による追肥を開始する．育苗前半は硝酸態窒素濃度50ppm，後半は100〜150ppmを基準にP，Kともに与える．

　定植：　リンドウの圃場としては，pH5.5前後の酸性土壌，土壌病害やセンチュウの影響を受けにくい転換初年目の転作田が望ましい．定植時の基肥は，10a当りN，K成分10kg，K15kgを標準とする．栽植様式は条間30cm程度の2条植えとし，株間を15〜20cmとする．これにより10a当り8000〜1万本の定植となる．

　株養成：　定植後1〜2年は株養成期間となる．定植時のジベレリン100ppm散布処理により定植年に茎が抽苔し，生育が促進されることから，株養成期間の短縮が可能となる．品種や株の生育状況により異なるが，これにより2年目からの3〜4本程度の収穫が可能となる．

　2年目以降の施肥は，萌芽期頃，基肥として緩効性肥料を10a当りN，P，K各成分とも10〜12kg施用する．また，必要に応じて側芽発生時期までに速効性肥料で10a当りN，K成分とも5〜8kg施用する．

　株仕立て：　本格的な収穫が始まる3年目以降は，切り花の品質と株の栄養状態維持のために株当りの茎数を一定の本数に仕立てる．草丈が30cmの頃までに生育のよい茎を7〜8本残して他の茎は，株元で折り取るか，先端を摘み取るようにする．

　収穫：　頂花が色づいてふくらみかけた頃が収穫適期である．規格は草丈と花段数により区別されるのが一般的である．葉取りから結束までを行うフラワーバインダーを導入して省力化を図っている．

　病害虫防除：　おもな病害虫として葉枯病，花腐菌核病，褐斑病，リンドウホソハマキ，ハダニ類，アザミウマ類がある．葉枯病は5月から発生が見られ，9月まで防除が必要である．花腐菌核病は9月以降に発生するが，8月下旬頃が防除開始期となる．褐斑病は7月から発生が見られるが，

6月下旬に効果の高い薬剤での予防散布を徹底する必要がある．

岩手県においては，リンドウホソハマキは，年に3世代経過するが，最初に発生する5月下旬〜6月下旬が重点防除期となる．ハダニ類，アザミウマ類は高温，乾燥条件下で発生が多くなるので注意する．
〔川村浩美〕

## 文献

1) 吉池貞蔵：農業技術体系，花卉編9，農山漁村文化協会，pp. 516-519, 2003.

## 13.16 デルフィニウム

*Delphinium* L. キンポウゲ科

■来歴・分布

宿根性の*Delphinium*属の植物で，日本ではヒエンソウと呼ばれる．これに近い種類として一年草のチドリソウ（ラークスパー，*Consolida*属）があり，かつては同属であったが，現在では独立した属名が用いられている．日本へは，どちらも明治時代に渡来した．*Delphinium*属の植物は世界中に約250以上の種が存在し，冷涼な気候を好む習性から，自生地の多くは大陸西岸の標高の高い山岳地帯であり，また，寒地のシベリア，中国東北部から西南部の山岳地帯にまで分布している．

園芸種の育種親となった主要な種は，以下のとおりである[1]．

エラータム（*D. elatum*）：ピレネー山脈からアルプス山脈，シベリア，さらに中央アジアから中国西南部にかけて広く分布している．

グランディフローラム（*D. grandiflorum*）：寒地のシベリアからモンゴル，中国東北部から西南部にかけて広く自生している．切り花として多く栽培されているシネンシスは，グランディフローラムの変種（*D. grandiflorum* var. *chinense*）である[2]．

カーディナル（*D. cardinale*）：カリフォルニア州中部から南部の標高300〜1000 mの沿岸地域に自生する．

ヌーディカーレ（*D. nudicaule*）：矮性で，カリフォルニア州に自生するが，中部から北部，さらに隣接するオレゴン州4郡にも見られる．

ザリル（*D. semibarbatum* = *D. zalil*）：イランからアフガニスタン，中央アジア，中国西北部にかけて分布し，ステップ気候となる冷涼な高地の草地に自生する．

■系統・種類・品種

切り花生産に用いられる系統は，エラータム系，ベラドンナ系，シネンシス系，原種系の4系統に大別でき，種子系品種が多い．

エラータム系：*D. elatum*が育種の基本となっており，小花は半八重である．元来は花壇用として利用され，栄養系の高性品種が英国で多く育成されている．

種子系の短茎種としては'ブルーティット'が最初に育成され，さらに他の短茎系統を交配して'ブルーファウンティンミックス'が育成された．その中から白目で八重の'ブルーヘブン'が選抜された．続いて'ブルースプリングス'，'クリアースプリングス'や'マジックフォンテンズ'の固定種が育成され，1985年以降に営利的な切り花生産が急増した頃の主要品種となった．F₁品種として，1995年にキャンドルシリーズが最初に育成され，その後，オーロラ系，トリトンシリーズ，アリエルシリーズ，センチュリオンシリーズが育成された．また，県独自の品種として'ガンマアーミー'，'パルフェ'（愛媛県），'シリウス'，'レグルス'（宮崎県）などが育成されている．

エラータム系の花色は青が多いが，赤系品種を育成するために，*D. nudicaule*と*D. cardinale*が導入され，種子系のパシフィックジャイアント'アストラット'が育成された．

栄養系では青のリバーシリーズ，桃〜赤の'ユニバーシティハイブリッド'があり，'プリンセスキャロライン'は切り花用品種としてのすぐれた特性をもっている．

ベラドンナ系：本来，染色体が自然倍加した四倍体の*D. elatum*と二倍体の*D. grandiflorum*とが自然交雑した三倍体であり，不稔であることから栄養繁殖されている．栄養系品種としては，'カプリ'，'フォルカフリーデン'，*D. elatum*と

D. nudicaure との偶発的な自然交雑種といわれる'ピンクセンセーション'（D. ×ruysii）があり，近年では，ワルツシリーズ，クラウンシリーズ，'プラージュブルー'，'アクティア'，'アルデブルー'，'はるな'が育成されている．

種子系のベラドンナは，自然倍加し六倍体となった株から種子を得ることに成功し，そこから発展したものである．固定種として'ベラドンナインプ'，'ベラモーサムインプ'，'カサブランカ'があり，近年，$F_1$ 品種としてプリズムシリーズが育成された．

なお，種間交配種と思われる栄養系のトリックシリーズ，'ももか'ならびに種子系の'プレストンブルー'も花序の形とロゼット性が弱いことから，ベラドンナ系として扱われている．

シネンシス系： 花は一重であるがスプレー状の花序の花柄は細くて固く，また，ロゼット性が弱く，採種が容易であるなどの切り花生産に適した特性をもっている．高性種のハイランドシリーズが育成されたことから切り花生産が安定し，さらに固定種のミストラル系，クリスタルシリーズ，$F_1$ 品種としてスーパーシリーズ，プデルシリーズ，'デジタルピンク'，'エナジーブルー'，'ティエラピンク'が育成されている．

原種系： 花が硫黄色のザリルや鮮紅色のカーディナルが栽培され，カーディナルを改良したビバリーヒルズシリーズも育成されている．

■形態・生理生態的特徴

形態： 葉は葉柄をもち，切れ込みが深い掌状である．花序は総状または穂状であり，エラータム系品種の花穂は大型で壮麗である．花冠のように見えるのは萼であり，上部の萼片は末端が距を形成する．花冠は中心部の目といわれる部分であり，上部の花弁は蜜腺となり距の中に入り込む．花は開花直後から激しく落花する．STSが落花に対して著しい効果を示し，切り花は浸漬処理後に出荷される．

花芽形成： エラータム系品種は花芽誘導に低温が必要でなく，連続した20℃以上の高温と長日条件とで量的に促進され，花芽分化と同時に抽苔を開始する．高温期には花芽分化が促進されすぎて低品質の切り花となるので，冷房育苗のように花芽分化を抑制する手段が必要である．

ベラドンナ系とシネンシス系品種も抽苔・開花は特定の時期に集中することはなく，エラータム系と同様に，花芽分化は高温と長日で促進される．原種系品種についても，生育できる高温域は低いが同様の開花反応を示し，花芽分化に対する低温要求は認められない．

ロゼット・休眠： エラータム系では，ロゼット性が強い品種の場合，秋〜冬季の加温栽培で多くの株は新葉の成長が徐々に緩慢となり，茎の中心部に微細な葉を多数分化してロゼット化する．ロゼット化すると，抽苔が著しく遅れるばかりでなく，開花しても花序の多くが奇形となって市場性のない切り花となる．エラータム系品種のロゼット化は短日条件が主要因となってもたらされ，涼温がそれを助長し，発芽直後の高温や生育時の低日射が涼温・短日条件と組み合わさった場合，副次的にロゼット化を促す作用がある．最近では，ロゼット性の弱い品種が育成されており，採花率が著しく上昇している．

ベラドンナ系の種子系品種や最近育成された栄養系品種では，ロゼット性が弱いためにロゼット化はほとんど見られない．ただ，栄養繁殖性の品種である'フォルカフリーデン'や'ボルクレード'は短日・涼温条件下ではロゼット化する．

シネンシス系品種もロゼット性が弱く，電照（長日条件）して加温温度が高いとロゼット化することは少ない．しかし，二番花となる花茎基部の側芽は，自然日長（短日条件）で加温温度が10℃程度と低い場合にはロゼット化することがあり，開花が遅れる．

ザリルは高温条件下で茎葉が黄変・枯死し，多くの株は塊根を形成して休眠する．

■開花調節・作型

**無加温栽培** 寒冷地で行われ，5月に播種，7月中旬に定植して9月から採花する．あるいは，購入苗を3〜4月に定植し，7月から採花する．翌年以降は，6月から11月中旬まで連続して採花する．ハウス内は，高温にならないよう換気に務める．

**促成栽培**

エラータム系: 日中20℃/夜間10℃の冷房育苗により，本葉が6〜7枚になるまで育苗して9月中旬に定植する．定植後は電照と10℃の加温を行うと11月下旬に一番花が開花する．ロゼット性の強い品種では長日処理を18〜20時間とし，また，休眠している二番花となる側芽の抽苔を促すため，採花後からサイドを開放して30日間低温に遭遇させた後，12月下旬から再び電照・加温を行うと3月中旬から採花できる．

ベラドンナ系・シネンシス系: エラータム系品種と同様に，高温期の播種・育苗には冷房育苗が必要となる．ベラドンナ系の品種はほとんどロゼット化しないため，加温栽培すると連続して抽苔・開花する．シネンシス系品種は，秋〜冬季には草丈を伸ばすために電照・加温しており，長日条件下となることからロゼット化しない．二番花となる側芽の抽苔が遅れる場合には，エラータム系品種と同様の低温処理によって抽苔を早め，翌年の2月下旬〜3月中旬に開花させることができる．

ザリル: エラータム系と同様に，5〜9月中旬は冷房育苗する．9月中旬以降は涼温となることからよく生育するが，栄養成長期間が長く，また，抽苔から開花までの期間も長い．早期開花のためには，休眠した塊根を掘り上げ，湿った砂とともにポリポットに植え付けて50日間冷蔵する．発芽を確認後，9月下旬に定植すると年末に開花する．

■**栽培管理**

リゾクトニア菌による立枯病に弱いので，土壌消毒を必ず行う．定植は株間と条間を15 cmとして，中央を1条開けた4条植えとする．定植前にネットを2段張っておく．

肥培管理: 土壌は弱アルカリ性で，壌土〜砂壌土が好ましいが，通常の土壌であればよく生育する．基肥はN, P, Kともに，10 a当り10〜20 kg施与し，生育状況に合わせて液肥で調節する．基肥が多いと，花穂が肥大して商品価値が低下する．促成栽培の定植期は高温期であるので，定植前には遮光したうえで灌水し，地温を低下させておく．定植後も十分に灌水し，早期に活着させる．

病害虫防除: うどんこ病の発生が多いので，有効な薬剤で予防に努める．また，シュート先端を食害するナメクジの被害がかなり多いので，ナメクジ専用のメタアルデヒド剤を水のかからないところに散布しておく．シネンシスとザリルは，発蕾期にシュート先端が灰色かび病に侵されやすいので，換気を図るとともに，予防に努める．

収穫・出荷: シネンシス系は蕾が展開を始めたときに必ず頂花序をピンチして，花序をスプレー状に仕立てる．採花は，冬では花穂全体の1/2以上，夏では1/4以上が開花したときに行う．落花防止のために，STSを必ず処理した後に出荷する．花穂の先端が折れやすいので必ず中締めする．輸送中の萎れを防ぐために，袋状の給水資材や縦箱の利用，バケット輸送により出荷する．

〔勝谷範敏〕

**文 献**

1) 鶴島久男: 平成3年度日種協育種技術研究会シンポジウム資料, pp. 83-94, 日本種苗協会, 1991.
2) Bassett, S.: The Delphinium Society Year Book, pp. 37-39, The Delphinium Society, 1994.

# 13.17 切り葉

表13.11参照.

表13.11 切り葉

| 和名・学名（科名） | 原産地 | 出荷期・出荷形態 | 形態・生理生態的特徴 | 栽培管理 |
|---|---|---|---|---|
| アスパラガス・デンシフロルス'マイアーズ'（メイリー＝流通名）*Asparagus densiflorus* (Kunth) Jessop. 'Myers'（キジカクシ科←ユリ科） | 南アフリカ | 周年<br>葉が十分に展開し終えたものを根元から収穫し，10枚1束にする．古葉は早期落葉するので注意が必要． | 茎は横に広がり群生する．草丈50〜90 cmになり多数の小枝を円筒状に密生し，1 cmくらいの仮葉を多くつける． | 植え付け：3〜10月にかけて，本葉10枚前後の大苗を株間30 cm条間40 cmで定植．10年以上据え置き栽培できる．<br>肥培管理：堆肥を十分に施用する．基肥は緩効性肥料中心にN成分で30 kg（10 a当り）施用し，春と秋の年2回，N成分約5 kgの追肥を行う．<br>繁殖：実生，株分け． |
| シノブボウキ（ペラ＝流通名）*Asparagus setaceus* (Kunth) Jessop. 'Nanus'（キジカクシ科←ユリ科） | 南アフリカ | 周年<br>葉が十分に展開し終えたものを10本ないし25枚で1束にする．途中から収穫すると弱い側枝が多数発生するので，地際から収穫する． | 茎は緑色で半つる性．小枝は平らに広がる．仮葉は緑色の羽毛状で密生する．若いときは草丈20〜40 cmで，古くなるとつる状になり5 m以上に達する．切り葉や鉢物として多く栽培され，伊豆大島ではペラと呼ばれている． | 植え付け：3〜4月にかけて播種し本葉4〜5枚で7月頃に定植するか，6月に移植し翌春に株間20 cm以上で定植．株分け苗を定植する場合は9〜10月頃とする．<br>肥培管理：堆肥を十分に施用する．基肥は緩効性肥料中心にN成分で30 kg（10 a当り）施用し，春と秋の年2回，N成分約5 kgの追肥を行う．<br>繁殖：実生，株分け． |
| シンノウヤシ *Phoenix roebelenii* O'Brien（ヤシ科） | ラオス | 周年<br>鎌で葉を収穫．葉柄部の棘を鎌で削り，葉先の傷みは鋏で切り揃える．50枚1束にし，浅水を張って一晩水揚げしたものを箱詰め出荷． | 幹は高さ2〜4 mで，羽状葉はやわらかく，表面は光沢がある緑色で，小葉が50対ほどある．潮害や風害により葉先枯れが生じる．寒さにやや弱く，暖地以外では越冬しにくい．鉢物を含め，八丈島が最大の産地である． | 植え付け：播種は取り播きで行い，5年以上育てた本葉10〜12枚の苗を露地に株間60 cm程度で定植．防風ネットなどで被覆栽培すると葉先の傷みが少ない．<br>肥培管理：長期栽培となるので，堆肥を十分に投入し土作りを行う．追肥は生育にあわせて，N成分10 kg（10 a当り）を年約3回施す．<br>繁殖：実生． |
| センネンボク *Cordyline terminalis* (L.) Kunth（キジカクシ科←リュウケツジュ科←リュウゼツラン科） | 中国南部〜オーストラリア北部 | 10〜翌2月（ただし，グリーン系と周年着色種は周年）<br>小型種は10本1束，大型種は5本1束に結束し，30〜50本を段ボール箱に詰めて出荷．市場でドラセナと呼ばれることもある． | 葉は披針形で長さ30〜60 cm，幅7〜10 cm，多くは茎の先端で斜上する．'愛知赤'や'アトムホワイト'などおもに赤，桃，白，緑，紫の組合せで多くの品種が存在し，切り葉として流通している． | 植え付け：秋挿し（11月）した苗か，春挿し（3月）した苗を5月までに株間20 cm程度で定植する．立性のものは密植できる．4〜6年据え置き栽培する．<br>肥培管理：基肥は緩効性肥料中心にN成分約10 kg（10 a当り）とし，2カ月に1回，N成分5 kgを追肥する．<br>繁殖：挿し木，地下茎の伏せ込み． |
| タマシダ *Nephrolepis cordifolia* (L.) Presl.（ツルシダ科←ツルキジノオ科） | 日本 | 周年<br>新葉の先端が丸まったものを20枚1束に結束する．100枚1束の場合はスリーブに入れる． | 根茎から多数の鱗片におおわれた匍匐枝を出し芽と塊茎をつける．塊茎は長さ1.5〜2 cm，やや縦長の球形で鱗片におおわれ，水と栄養を蓄える．葉は幅3〜6 cm，長さ30〜100 cmで，葉の中央部が最も広い． | 植え付け：梅雨時に大苗を株間20〜25 cmで定植．遮光は20〜30％程度がよい．ハンノキ林などの林間地を利用するとよい．<br>肥培管理：植え付け前に堆肥を投入し土作りを行うが，基肥はほとんど入れない．年約3回，緩効性肥料中心にN成分3 kg（10 a当り）の追肥を行う．<br>繁殖：株分け． |

| 種類 | 原産地 | 出荷時期・出荷規格 | 形態的特徴 | 栽培管理 |
|---|---|---|---|---|
| ディアネラ・カエルレア（キキョウラン＝流通名）<br>*Dianella caerulea* Sims<br>（ススキノキ科←ワスレグサ科←ユリ科） | オーストラリア | 周年<br>上位葉が3枚以上展葉したものを10本1束にし，浅水を張って一晩水揚げしたものを箱詰め出荷． | 常緑の多年生で草丈50～80 cmとなる．葉は革質で緑色，葉の外側に白斑が入る．葉が8枚以上展開した株が，11月頃から紫色の小花を50個ほどつける．花序は25～30 cm．新芽は下位部側芽から2個以上発生する． | 植え付け：基本的には春植えが望ましいが，暖かいところでは冬植えも可能．開花株を半分ほど切り，黒変した根を取り除き株間約20 cmで植え付ける．遮光は20～30%とし，強遮光は新芽の展開が少なくなる．<br>肥培管理：肥料の要求量は少なく，基肥は緩効性肥料中心に施用し，2カ月に1回，N成分が約5 kg（10 a当り）追肥する．乾燥に強いが，灌水量は多いほど生育はよい．<br>繁殖：株分け． |
| トラフヒメバショウ（ゼブリナ）など<br>*Calathea* spp.<br>（クズウコン科） | 熱帯アメリカ | 周年<br>葉が十分に展開し終えたものを10枚1束にする．高芽が生じるリーツェイ（*C. lietzei*）は先端で分枝した扇状の葉を最低2枚以上つける． | 常緑の多年生で草丈30～120 cm．葉は根出葉で，葉身はほとんどが長楕円形．100種以上があり，種により葉の模様は様々である．いずれの種類も高温多湿を好む．鉢物としての栽培が多いが，切り葉としての需要もある． | 植え付け：品種により異なるが，通常，株間30 cmで4～6月に株分け苗を定植．<br>肥培管理：基肥は緩効性肥料中心にN成分約10 kg（10 a当り）とし，約3カ月に1回，N成分5 kgを追肥する．<br>繁殖：株分け． |
| ハラン<br>*Aspidistra elatior* Blume<br>（キジカクシ科←スズラン科←ユリ科） | ヒマラヤ，中国南部，沖縄 | 8～12月<br>葉が十分に展開し終えたものを20枚1束にする．一晩水揚げしたものを箱詰め出荷． | 地上茎をもたず，地下の根茎が横に広がる．根茎からは葉柄が直立し，披針状の葉身がつき，葉長は1 m近くに達する．遮光資材（遮光率50%以上）を展張したハウス栽培だけでなく，樹陰地を利用した露地栽培も多い． | 植え付け：3～4月か9月～10月に，本葉5～6枚程度つけた株分け苗を株間40～50 cmの1条植えで定植．10年以上据え置き栽培できる．<br>肥培管理：圃場占有期間が長いため，堆肥を十分に施用する．基肥は緩効性肥料中心にN成分で20 kg（10 a当り）施用し，春と秋の年2回，N成分約10 kgの追肥を行う．<br>繁殖：株分け． |
| ヒメモンステラ<br>*Monstera adansonii* Schott.<br>（サトイモ科） | 熱帯アフリカ | 周年<br>小型種は10本1束，大型種は5本1束に結束し，50～200枚を段ボール箱に詰めて出荷． | 葉は暗緑色で20～80 cm．羽状に深く裂け，成葉になると主脈付近に不規則な穴があく．葉柄は大部分が鞘状になる．同属のデリキオサ（*M. deliciosa*）は，本種と比べ，大型であるが，生育が遅く切り葉枚数が少ない． | 植え付け：3～4月にかけて，本葉2～3枚の苗を株間20 cmで定植，あるいは直挿し．収穫サイズにあわせ，遮光率を20～30%の範囲で調整する．<br>肥培管理：圃場占有期間が長いため，堆肥を十分に施用する．基肥は緩効性肥料中心にN成分で20 kg（10 a当り）施用し，春と秋の年2回，N成分約10 kgの追肥を行う．<br>繁殖：挿し木． |
| ベニフクリンセンネンボク<br>*Dracaena concinna* Kunth<br>（キジカクシ科←リュウケツジュ科←リュウゼツラン科） | モーリシャス | 周年<br>きれいに発色したものを5本ないし10本1束にする．50～100本を段ボール箱に詰めて出荷． | 葉は披針状で長さ40～50 cm，幅1～2 cm，茎の先端で斜上するが，古くなると下垂する．葉は緑で赤の葉縁が入る．鮮紅色が見事な'トリコロル・レインボー'が有名． | 植え付け：4月に挿し木した苗を6月に株間20 cm以上で定植．10年据え置き栽培できる．<br>肥培管理：基肥は緩効性肥料中心にN成分約10 kg（10 a当り）とし，2カ月に1回，N成分5 kgを追肥として施用する．<br>繁殖：挿し木（できれば天芽），取り木． |

| 名称（科） | 原産地 | 出荷期 | 収穫・出荷 | 形態 | 栽培 |
|---|---|---|---|---|---|
| ルスカス（別名イカダバルスカス）*Ruscus hypophyllum* L.（キジカクシ科←ナギイカダ科←ユリ科） | マデイラ諸島～コーカサス | 周年 | 高温時は新芽が展開しないため収穫量が減る．25本1束に結束し，100～200本を段ボール箱に詰めて出荷． | 茎は高さ60～120 cmで分枝しない．茎が扁平になった葉状枝は光沢があり7～11 cm．花は1 cmに満たないほど小さく，葉状枝の表裏どちらか一方の中央につき，果実は赤熟する． | 植え付け：地下茎の長さ10～15 cm，仮植枝4～5枚，新芽が2～3個ついた株分け苗を3～4月か10～11月に株間20 cm 1条植えで定植．約10年据え置き栽培できる．<br>肥培管理：基肥はあまり必要でなく，N成分で約20 kg（10 a当り）．堆肥は十分に入れる．活着してから約2カ月に1回，緩効性肥料中心にN成分5 kgを追肥として施用する．<br>繁殖：株分け，実生． |
| レザーリーフファーン*Rumohra adiantiformis* (Forst. f.) Ching（オシダ科） | 南アフリカ，マダガスカル，オーストラリア東南部など南半球 | 周年 | 葉が展開し終えた時点で収穫．葉柄部は全長の25～50%に調整する．20枚1束にし，浅水を張って一晩水揚げしたものを箱詰め出荷． | 葉の形は2回羽状で深裂するか3回羽状複葉で，羽片および小羽片ともに先端に向かうほど短くなるため，全体は三角形となる．光沢のある濃緑色で，葉長は用土や葉の残し方など栽培環境による変異が大きい． | 植え付け：展開葉2～3枚の株分けあるいは仮植苗を3月下旬～6月下旬，あるいは9月下旬～11月下旬に定植．定植間隔は栽培状況に応じて株間，条間ともに20～35 cmの範囲内とする．浅植では倒伏しやすく，深植では萌芽が極端に遅れるため，7～8 cmを目途とする．<br>肥培管理：直接的には多くの肥料を必要としないが，水分を多く要求するため肥料分が流亡しやすい．生育に窒素の影響が大きく，リン酸やカリの施用量による違いは少ない．基肥はN成分で約20 kg（10 a当り）とし，生育にあわせて追肥を行う．<br>繁殖：株分け． |

[岡澤立夫]

## 文献

1) 八丈島園芸植物図書編集委員会：八丈島の園芸植物，2001.

# 13.18 切り枝

## 13.18.1 サクラ類（*Prunus* subg. *Cerasus* Pers., バラ科）

### ■来歴・分布

サクラ亜属は大部分が北半球の温帯と暖帯に分布する．そのなかでも日本国内には園芸的に取り扱われる自生種が多くある．一般的に，国内の自生種は，形態学的特性や開花期などから，サクラ節（sect. Pseudocerasus）のヤマザクラ群（ヤマザクラ，オオヤマザクラ，カスミザクラ，オオシマザクラ），エドヒガン群（エドヒガン），チョウジザクラ群（チョウジザクラ，オクチョウジザクラ），マメザクラ群（マメザクラ，キンキマメザクラ，タカネザクラ），カンヒザクラ群（カンヒザクラ）と，ミヤマザクラ節（sect. Phyllomahaleb）のミヤマザクラ群（ミヤマザクラ）に分類される．中国に分布する自生種にはロボペタルム節（sect. Lobopetalum）のシナミザクラ群（シナミザクラ）がある．

現在，花が美しく観賞用に栽培されているサクラ類の多くは，サクラ亜属の中でも，これらサクラ節，ミヤマザクラ節，ロボペタルム節の種内変異や種間交雑などにより成立していると考えられている．'染井吉野'のようにオオシマザクラ由来の品種に加えて，オオヤマザクラ，ヤマザクラ，カスミザクラ，エドヒガンなどから育成された園芸品種群は交雑に伴う複雑な過程を経ており，とくに，サトザクラグループ（*Prunus* Sato-zakura Group）と分類される．

切り枝の促成栽培は明治時代から始まり，昭和の後半以降は，切り枝後の樹の再生力にすぐれた栽培品種が普及し，さらに，平成に入って正月（新春）や冬～春期の需要の増加に対応して急速に栽培が拡大した．

### ■系統・種類・品種

切り枝生産においては，小花の形態から小輪系，

大輪系，八重系に大別されるが，樹形，収量性に加えて，花芽の休眠特性，耐寒性など適応性の不明な品種が多いため，栽培される品種は限られている．

小輪系の代表的な品種には'啓翁桜'と'小彼岸'（別名'彼岸桜'）がある．

'啓翁桜'はシナミザクラと'小彼岸'の雑種，またはシナミザクラ台木に接ぎ木した'小彼岸'の芽条変異といわれ，樹勢が強く，枝切り後の枯れ込みは少ない．幹は株立ちし，枝は半立ち性で'小彼岸'より硬く，スプレー状で用途が広い．花は一重咲きで小さく多花性である．花色は促成することによって鮮明に発色し，桃色から淡桃色を示す．花芽の休眠が浅いため，寒冷地では12月上旬に休眠打破処理後に促成を開始すると正月向けに開花させることが可能である．

'小彼岸'は，エドヒガンとマメザクラの雑種といわれ，切り枝向けの枝変わり系統が多い．開花の早晩や枝の太さ，花色で分けられ，そのなかで紅色の濃い系統の栽培が多い．樹勢が強く，枝切り後の枯込みが少なく，枝は半立ち性であるが，細くしなやかで束作りが容易である．花は一重咲きで叢生し，淡紅色で'啓翁桜'よりやや大きい．促成開始時期は1月中旬以降が適する．

大輪系の代表的な品種には'染井吉野'がある．オオシマザクラとエドヒガンの雑種で，枝が太く横に広がり，樹冠が大きくなる．枝切りすると，枯れやすい欠点があるため，切り枝収穫は'啓翁桜'や'小彼岸'よりも控えめに行う．花は一重咲きで密集し，花色は淡紅色または淡紅白色である．促成開始時期は，3月の季咲き前の出荷を目途に2月中〜下旬以降が適する．その他に桃紅色の'陽光'や'紅姫'（別名'紅吉野'）などが用いられる．

八重系の代表的な品種には'天の川'がある．枝は上向きで箒立ち性となる．樹勢は弱く枯れ込みやすいので，切り枝収穫は控えめにする．花は淡紅色，弁数15枚前後で花柄が太く硬いので受け咲きとなる．促成開始時期は，'染井吉野'と同様である．その他に淡紅白色の'普賢象'や'牡丹'，淡桃色で樹勢の強い'春月花'や'八重久作'などが用いられる．

■形態的・生理生態的特徴

形態：　落葉性の高木が主で，樹高は10 mに達し，幹周も1.5 mに及ぶものがある．一部に低木性品種もある．樹形は円柱状，箒状，盃状，広卵状，広円錐状，球状，傘状，枝垂状があり，分枝は密生と粗生がある．葉は単葉で互生する．花は散房花序，散形花序または総状花序につき，萼筒の先が明瞭に5列し，花弁は5個のものが多い．一部に多数の花弁をもつものがある．雄蕊は萼片に着生して10〜20個あるが，それより多数のものもある．葯は2室で縦列し，子房は1個，まれに2〜5個で，1室2個の胚珠がある．

着花の習性：　花芽は新梢の葉腋に着生し，頂芽は葉芽となる．図13.16のように，前年生枝の頂芽，および枝勢が強い場合には，その下の2, 3の葉芽が伸長して着花枝となる．これを長花枝と呼ぶ．概して基部の葉腋ほど花芽が着生しやすく，枝勢が弱いほど腋芽は花芽になりやすい．一方，前年生枝の基部から中央部の葉芽は伸長量が小さく着花枝は短い．これを花束状短花枝と呼ぶ．短花枝の腋芽はほとんど花芽になる．これら長花枝と短花枝のバランスが切り枝品質の決定要素の一つになる．

花芽形成：　春期は新葉の展開につれ，新梢が急速に伸長，肥大し，その後6月中旬以降は緩慢

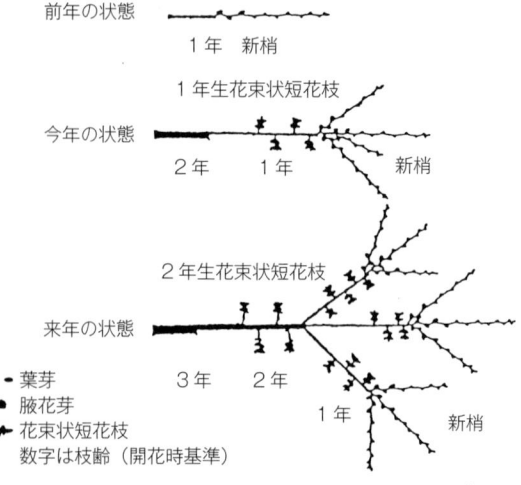

図13.16　サクラの花芽着生の模式図（勝木，1989）[1]

となる．花芽分化期には品種や地域的な差異がみられ，分化開始期は暖地あるいは低標高地で早く，寒冷地あるいは高標高地では遅れ，完成期は同時期または後者で早まる傾向がある．また，若齢樹の分化開始期は遅れる傾向がある．山形県における'啓翁桜'の花芽分化開始期は7月下旬，花房分化期は8月上旬で，9月上旬には花弁分化期に達し，10月上旬に雌蕊分化期となる．'小彼岸'は7月上旬が分化開始期で'啓翁桜'よりも約2週間早く，雌蕊分化期も9月中旬と3週間早い．完成した花芽は葉芽とともに11月以降の低温期はほとんど伸長，肥大を停止し休眠状態となる．翌春は2月頃から再び伸長，肥大が始まり，温度上昇とともにその速度を増し，平均気温で10℃を超えるころに開花する．

芽の休眠： 夏秋期に分化した芽は11～翌1月の低温期を除いて伸長，肥大しつづけるが，冬には芽鱗に包まれた冬芽となり，休眠状態に入る．芽の休眠は，一般の樹木の芽と同じく，前休眠期，真休眠期，後休眠期の3相に分けられる．

まず前休眠期（predormancy：同じ植物体の他の部分，たとえば隣接葉の存在が芽の成長を抑えているものと考えられており，夏秋期に摘葉すると芽が成長してくる）がある．この時期をすぎると，自発休眠の状態である真休眠期（true dormancy：葉を除去しても，環境条件を好適にしても芽は成長しない）に入る．ついで，強制休眠の状態となる後休眠期（postdormancy：環境条件を好適にすると芽の成長が始まる）に移行する．

これら3相の移行時期は漸進的で，明確な区別はむずかしいと考えられる．休眠開始時期と休眠の深さは，品種や栽培されている地域，標高差，さらに，その年の気象条件によって大きく異なる[2]．促成栽培の場合，促成室に入室するときまでの低温遭遇量が，開花率，促成所要日数，小花の品質などを左右する[3]．

■開花調節・作型

'啓翁桜'では，切り枝の休眠打破処理を行い促成すると，新春向けに12月下旬から開花させることができ，その後，翌年4月まで連続して出荷することが可能である．

早期促成： 低温遭遇により自発休眠がある程度覚醒するまでの期間は，人為的な休眠打破処理が必要となる．'啓翁桜'では，切り枝の温湯浸漬と8℃の低温処理により開花が促進され，開花率が高まり[1]（図13.17），温湯浸漬は40℃で45～60分処理が効果的である[4]（図13.18）．また，8℃以下の低温遭遇量500時間から800時間程度では，温湯浸漬後に切り枝にシアナミド液剤またはジベレリン水溶剤の処理を併用した休眠打破処理により，開花率と開花促進効果が高くなる[5～7]．12月上旬に休眠打破処理を行って促成を開始すると，開花までの促成所要日数はおおむね20～25日となり，新春向けに開花させることが可能となる．なお，他の品種への休眠打破処理の適用にあたっては，'啓翁桜'と低温要求性が異なることから，品種に応じた検討が必要である．促成温度は，昼温20～25℃，夜温10～15℃を目安とする．

普通促成： 切り枝の休眠打破処理の必要はなく，早期促成と同様の促成温度管理を行い開花させる．切り出した枝を調整し，十分水揚げ後に促成を開始する．開花までの促成所要日数は，1月

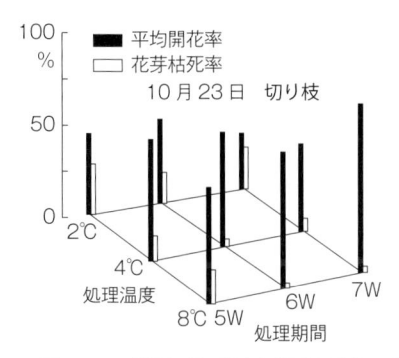

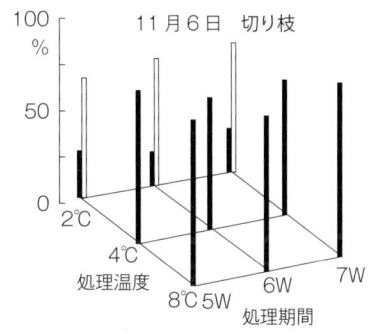

**図13.17** 低温処理の温度と期間が開花に及ぼす影響（品種：啓翁桜）（勝木ら，1979）[1]

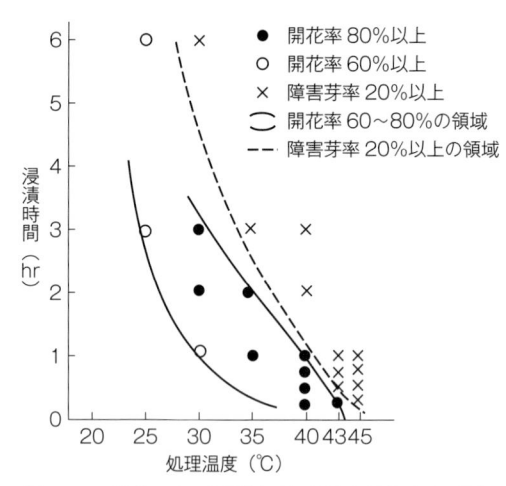

図13.18 開花に及ぼす温湯処理の温度と浸漬時間の影響（品種：啓翁桜）（小野ら，1979）[4]

文献

1) 勝木謙蔵：山形園試特報，**4**，1-63，1989.
2) 佐藤裕則他：東北農業研究，**56**，243-244，2003.
3) 勝木謙蔵他：園学要旨，昭54秋，386-387，1979.
4) 小野惠二他：園学要旨，昭54秋，388-389，1979.
5) 小野惠二・岡崎幸吉：園学要旨，昭57秋，544，1982.
6) 佐藤武義他：山形園芸研報，**17**，65-73，2005.
7) 佐藤武義他：東北農業研究，**63**，171-172，2010.
8) 佐藤裕則他：山形園芸研報，**17**，59-64，2005.

出荷では20日程度，2月出荷では14日程度，3月出荷では7日程度と徐々に短くなる．

■栽培管理

繁殖・幼木管理： '啓翁桜'や'小彼岸'では挿し木繁殖，サトザクラグループの園芸品種は接ぎ木繁殖が一般的である．挿し木の場合，挿し穂は，春季に前年生枝または夏季に緑枝を用いて15～20 cmに調整する．接ぎ木の場合，オオシマザクラや'青葉'を台木として，穂木は前年生枝を2～3芽つけて調整して，春季に切り接ぎをする．翌春に仮植し，1年間養成後に植え付ける．植え付け3～4年目に10～15 cmまたは80～100 cmの高さで収穫を兼ねて切り戻して母枝をつくり，順次収穫用の枝を仕立てる．

肥培管理： 肥沃な土壌が適し，早春と秋季に施肥を行う．

環状剥皮： 花芽着生率を高め，良質な切り枝を計画的に生産するために，5月中旬から6月中旬にかけて，1 cm幅で剥皮する[8]．剥皮後は処理部の乾燥と病原菌や害虫の侵入を防ぐために，ビニルテープを巻く．

病害虫防除： てんぐ巣病は病患部を休眠期に切り取り，癒合殺菌剤を塗布する．幼果菌核病は，殺菌剤を散布して発生初期に防除する．カイガラムシ類，アメリカシロヒトリの発生がみられる場合は殺虫剤を散布して発生初期に防除する．

## 13.18.2 その他の切り枝

表13.12参照.

表13.12 その他の切り枝

| 和名・学名<br>(科名) | 自生地 | 出荷期 | 形態・生理生態的特徴 | 繁殖・栽培管理・開花調節 |
|---|---|---|---|---|
| アジサイ類<br>*Hydrangea* spp.<br>(アジサイ科) | 東アジア,北米,南米 | 5～11月<br>(花物) | 耐寒性のある落葉性または常緑性の低木,よじのぼり植物,まれに高木.樹高は1～15 m.葉は対生または輪生.花は頂生し,集散花序または円錐花序につき,花序周縁部が不稔花(装飾花)で中心部に稔性花(両性花)をもつタイプ,不稔花のみのタイプ,稔性花のみのタイプに大別される.青,紫,桃,紅,緑または白色などの装飾花は,ほとんど不稔花であり,萼片が花弁状に大きくなったものである.花器官の数は,通常の稔性花では5数性,装飾花では4数性.花芽は,9月下旬～10月中旬に新梢の頂部に形成される.涼温～低温により分化が促進される.11月中～下旬に雄蕊・雌蕊が形成され,その後休眠に入る.開花には,5℃以下で6～7週間以上の低温遭遇後,15～20℃前後の条件に移される必要がある.おもに,ガクアジサイやセイヨウアジサイを含む広義のアジサイ(*H. macrophylla*),アメリカノリノキ(*H. arborescens*),ノリウツギ(*H. paniculata*),カシワバアジサイ(*H. quercifolia*)の園芸品種や選抜系統が用いられる. | 挿し木繁殖が一般的である.挿し穂は,春季に緑枝を用いて,10～15 cmに調整する.挿し木から切り枝の収穫開始までは1～2年間の養成期間を要する.株分けも可能であり,晩秋～春季に行う.植え付け2年目以降は,アジサイやカシワバアジサイでは,春季に2節を残して摘心して翌年の収穫用の枝を仕立てる.アメリカノリノキやノリウツギでは,新梢に形成される花芽が夏季に開花する性質をもつことから,毎年,春季に地際で切り戻して,当年の収穫用の枝を仕立てる.開花後に直射日光や強風に当てないように管理すると,装飾花の色彩が変化してくることから,秋色アジサイとして秋季の出荷が可能となる.日当たりがよい場所または半日陰の場所で,肥沃で排水のよい土壌が適する. |
| アメリカテマリシモツケ<br>*Physocarpus opulifolius* (L.) Maxim.<br>(バラ科) | 北米 | 1～4月<br>(芽吹き物)<br>5～6月<br>(花物)<br>7～10月<br>(実物) | 耐寒性のある落葉性の低木.樹高は2～3 m.単葉で互生する.花は頂生し,散房花序につく.小花は白または淡桃白色で花弁は5枚.開花後に緑赤～赤褐色の袋果が房状に実る.'ルテウス'は葉が黄に近い色をしていることからキンバコデマリと呼ばれる.他に,葉が赤紫色のドウバコデマリと呼ばれる'ディアボロ'などがある. | 繁殖は挿し木または吸枝からの株分けにより行われる.挿し木は,6～7月頃に緑枝を用いて10～15 cmの長さに調整して行う.挿し木から切り枝の収穫開始までは3年間の養成期間を要する.収穫用の枝は,7月中旬頃まで摘心と整枝を行い仕立てる.排水のよい土壌が適する. |
| ウメ<br>*Prunus mume* Sieb. et Zucc.<br>(バラ科) | 中国 | 12～翌2月<br>(花物) | 耐寒性のある落葉性の高木.樹高は10 m.葉は単葉で互生する.花は1年生枝に腋生し,単芽では花芽1個,複芽では花芽1～2個と葉芽1個がつく.花は白または紅色で一重咲きの花弁は5枚.八重咲き系統のものも多い.花芽は8月中～下旬に分化し始め,10月下旬には雌蕊形成期に達する.開花には,雌蕊形成期から5℃以下で2～4週間の低温遭遇後,5～15℃前後の暖かい条件に移される必要がある.おもに,野梅系で枝が細く,葉が小さく,早咲きの系統が用いられる. | 繁殖は,一般的に野梅系の実生または挿し木苗を台木として,接ぎ木により行われる.穂木は前年生枝を2～3芽つけて調整して,春季に切り接ぎをする.8～9月に芽接ぎも可能.植え付けから切り枝の収穫開始までは5～6年間の養成期間を要する.植え付け4年目に母枝を3～5本として整枝し,高さ60～80 cmに切り戻す.収穫用の枝は母枝から伸長する枝を伸ばして仕立てる.切り枝の促成温度は,昼温25℃,夜温15℃を目安とする.日当たりがよい場所で,排水のよい土壌が適する. |

| | | | | |
|---|---|---|---|---|
| コウヤマキ<br>*Sciadopitys verticillata* (Thunb.) Sieb. et Zucc.<br>(コウヤマキ科←スギ科) | 日本 | 8〜翌5月<br>(葉物) | 耐寒性のある常緑性の高木.樹高は20〜40 m.葉は光沢があり,線形で1節に20〜40個を輪生する.花は雌雄同株で別々の枝に頂生し,雌花は1個つき,雄花は房状に群生する.3〜4月に開花し,球果は木質化し,開花後2年で成熟する. | 挿し木繁殖が可能で,春季に若枝を先端から15〜20 cmに調整して挿す.挿し木から切り枝の収穫開始までは8〜10年を要する.植え付け8〜10年目に80〜100 cmの高さで収穫を兼ねて切り戻し,その後,主枝を母枝として利用し収穫用の枝を仕立て,伸長した側枝から順に収穫する. |
| コデマリ<br>*Spiraea cantoniensis* Lour.<br>(バラ科) | 中国 | 1〜5月<br>(花物)<br>9〜11月<br>(紅葉物) | 耐寒性のある落葉性の低木で叢生する.樹高は2 m.葉は単葉で互生.花は春に伸長する腋芽の短枝に頂生.散房花序で4〜5月に開花.小花は白色で花弁が5枚.花芽は11月上旬頃に分化し始め,小花原基が分化後,12月に小苞形成期の段階で完全に発達を停止し,そのまま越冬する.2月下旬以降に萼片,雄蕊,雌蕊と花器官を順次分化して開花する.花芽の発達には小苞形成期に0〜5℃で6〜8週間の低温遭遇が必要で,その後に萼片以降の花器官が発達する.開花には,その後,さらに15〜20℃前後の条件に移される必要がある. | 繁殖は,株分けもできるが,一般的に挿し木により行われる.春季の新芽が動き出す直前が適期であり,挿し穂は前年生枝を用いて,約15 cmに調整する.挿し木から切り枝の収穫開始までは3年間の養成期間を要する.促成は,栽培圃場に株を据え置いたままビニルを被覆して行うか,コンテナ栽培で養成したうえで温室に入室する.ビニルの被覆開始の時期や加温の有無によって開花期を調節する.促成温度は,昼温25〜30℃,夜温15〜20℃を目安とする.日当たりがよい場所で,排水がよく肥沃でやや粘土質の土壌が適する. |
| サカキ<br>*Cleyera japonica* Thunb.<br>(サカキ科←ツバキ科) | ミャンマー,中国,朝鮮半島,日本 | 周年<br>(葉物) | 半耐寒性の常緑性の小高木.樹高は3〜10 m.葉は全縁の楕円形の単葉で光沢があり,2列互生する.花は葉腋に単生または2〜3個束生し,6〜7月頃に開花する.小花は白色で花弁が5枚.液果は12月頃に黒色に熟する.形状が類似し,葉に丸い鋸歯があるヒサカキ(*Eurya japonica*)と比較して成長が遅く,とくに,幼木期は伸長が緩慢である. | 種子繁殖が可能であるが,優良系統の繁殖は挿し木繁殖が一般的である.挿し穂は,春季は前年生枝,夏季は半熟枝を用いて,10〜15 cmに調整する.挿し木から切り枝の収穫開始までは5〜6年間の養成期間を要する.樹高が約150 cmに到達したら70〜80 cmの高さで収穫を兼ねて切り戻し母枝をつくり,収穫用の枝を仕立てる.温暖な地域の肥沃で保水性のある土壌が適する. |
| シキミ<br>*Illicium anisatum* L.<br>(マツブサ科←シキミ科) | 中国,台湾,日本 | 周年<br>(葉物) | 半耐寒性の常緑性の小高木.樹高は8〜10 m.樹全体に香気があり,葉は全縁の披針形の単葉で光沢があり,互生する.花は葉腋に単生し,3〜4月頃に開花する.花色は淡黄で,花弁は多数あり,らせん配列する.扁平な袋果は10月頃に褐色に熟する.種子は,薬用や料理の香料として用いられるが,同属のトウシキミ(*I. verum*)と異なり,有毒である. | 種子繁殖が可能であるが,優良系統の繁殖には挿し木繁殖が一般的である.挿し穂は,春季は前年生枝,夏季は半熟枝を用いて,10〜15 cmに調整する.挿し木から切り枝の収穫開始までは4〜5年間の養成期間を要する.樹高が約100 cmに到達したら20〜30 cmの高さで収穫を兼ねて切り戻し母枝をつくり,収穫用の枝を仕立てる.温暖な地域の肥沃で保水性のある土壌が適する. |
| シロバナエニシダ<br>*Cytisus multiflorus* (L'Hér. ex Ait.) Sweet<br>(マメ科) | スペイン,ポルトガル,北西アフリカ | 8〜12月<br>(石化物)<br>2〜4月<br>(花物) | 非耐寒性の落葉低木.樹高は3 m.葉は基部では三出掌状複葉であり,枝先では単身複葉となり互生する.白色の花は前年生枝の葉腋に単生または2〜3個束生し,マメ科に特有の蝶形花冠で,春に開花する.果実は扁平な豆果となる.おもにシロバナエニシダの中で,枝条が直立し,石化の発生率や石化の幅が大きい系統が用いられる.枝の伸長速度は速く,樹勢の強い枝の上部が帯状に石化し,硬化する.花物は石化していない細長くしなやかな枝を用いる. | 挿し木繁殖が一般的である.挿し穂は,2〜3月に前年生枝を用いて約15 cmに調整する.挿し木から切り枝の収穫開始までは2年間の養成期間を要する.挿し木当年に樹高が約100 cmに伸長するので,翌年の早春期に約15 cmに切り詰め定植する.定植した翌年の春期に,約20 cmの高さで花物としての収穫を兼ねて切り戻して母枝をつくり,収穫用の枝を仕立てる.温暖な地域の日当たりがよい場所で,排水のよい土壌が適する. |

| | | | | |
|---|---|---|---|---|
| シンフォリカルポス Symphoricarpos spp. (スイカズラ科) | 北米，メキシコ，中国 | 8～12月 (実物) | 耐寒性のある落葉性の低木．樹高1～2m．葉は単葉で対生．花は頂生または腋生し，穂状または総状花序につく．小花は白または桃で，果実は熟すると白，淡桃，濃桃色を呈する．おもに，S. microphyllus, S. orbiculatus, S. albus var. laevigatus などの種間雑種から選抜された園芸品種が用いられる． | 挿し木繁殖が一般的である．挿し木から切り枝の収穫開始までは3年間を要する．挿し穂は6月頃に緑枝を用いて10～15cmの長さに調整する．収穫用の枝は，冬期～早春に株元から切り戻した後に萌芽してくる新梢を仕立てる．夏季に冷涼な地域で，肥沃で保水性の高い土壌が適する． |
| スモークツリー Cotinus spp. (ウルシ科) | 南ヨーロッパから中国，北米南東部 | 5～10月 (花物) | 耐寒性のある落葉性の高木または低木．樹高は5～10mまたは1m．葉は単葉で互生し，橙，赤色に紅葉する．花は頂生し，円錐花序につく．小花は目立たず，淡黄緑色で花弁は5枚．開花後に不稔花の花柄が伸長して花序全体が緑，桃灰，紫桃色などの羽毛状となり煙のように見える．種子は熟すと灰褐～黒褐色を呈する．C. coggygria は雌雄同株．C. ovovatus は雌雄異株であり，雌株のみ羽毛状となる．おもに実生から選抜された園芸品種が用いられる． | 繁殖は実生，取り木，接ぎ木，組織培養により行われる．実生は9月頃に採種し，取り播きする．取り木は6月頃に2年生枝を利用する．接ぎ木は実生苗を台木とし，穂木は前年生枝を2～3芽つけて調整し，春季に切り接ぎをする．晩秋～早春の落葉期に植え付ける．植え付けから切り枝の収穫開始までは，4～5年間の養成期間を要する．植え付け2年目に主幹を高さ1mで摘心し，3～4本の母枝を養成して収穫用の枝を仕立てる．排水のよい土壌が適する． |
| センリョウ Sarcandra glabra (Thunb.) Nakai (センリョウ科) | インド，マレーシア，中国，台湾，朝鮮半島，日本 | 11～翌1月 | 山林の半日陰に自生する半耐寒性の常緑性の小低木．樹高50～100cm．葉は単葉で対生し，葉縁には鋸歯がある．花は前年生枝の先端や腋芽から伸びた短枝に頂生し，穂状花序につく．小花には花被がなく，花軸に緑色の雌蕊がつき，その側方に薄緑色の雄蕊がつく．開花期は6月下旬～7月中旬頃で，花が終わると球形の果実ができ，11月中旬頃には赤く熟す．果実が黄熟するもの，葉に斑の入った園芸品種もある． | 種子繁殖が一般的である．熟した果実を採取し，果肉を洗い流した後に播種する．播種から収穫開始までは4年間の養成期間を要する．葉焼けを防止するために遮光率約80%の日覆下で栽培する．収穫用の枝は，3年目以降に毎年地中から伸長してくるシュートを株当り3～4本に仕立てる．挿し木繁殖も可能であり，2年生枝を用いると増殖効率が高い．温暖な地域で風通しがよく，保水性のある土壌が適する． |
| ソケイ Jasminum spp. (モクセイ科) | 温帯～熱帯 | 4～5月 (花物) 6～11月 (葉物) | 半耐寒性の常緑性の低木．樹高は2～3m．葉は羽状複葉で互生または対生する．花は頂生し，集散花序につき，4～5月頃に開花する．花色は黄または白で，花冠裂片は5裂する．おもに，黄色の花が咲くキソケイ (J. humile var. revolutum)，細長い華奢な緑の枝に明黄色の花が咲くヒマラヤソケイ (J. humile)，鮮黄色のリュウキュウオウバイ (J. floridum)，ハゴロモジャスミンと呼ばれる強い芳香があり，白色でときに淡桃色の J. polyanthum が用いられる． | 挿し木繁殖が一般的である．挿し穂は，春季は前年生枝，夏季は半熟枝を用いて，3～4節をつけて15～20cmに調整する．挿し木から切り枝の収穫開始までは4年間の養成期間を要する．植え付け3年目に30～40cmの高さで収穫を兼ねて切り戻し母枝をつくり，収穫用の枝を仕立てる．植え付け4年目以降は，伸長した側枝から順に収穫する．温暖な地域の日当たりがよく，排水のよい土壌が適する． |
| ツツジ類 Rhododendron L. (ツツジ科) | 北半球全域，オーストラリア，ニュージーランド | 12～翌5月 (花物) 9～11月 (紅葉物) | 耐寒性の常緑または落葉低木．樹高は2～5m．葉は単葉で互生または輪生する．赤桃，橙，紫紅または白色の花は頂生または腋生し，散形花序につき，4～6月に開花する．花冠は漏斗形で，先は浅く5裂する．花芽は7月中旬～8月中旬に分化し始め，10月下旬～11月下旬には花粉形成期に達する．開花には，5℃以下で20日間以上の低温遭遇後，15～20℃前後の条件に移される必要がある．おもにキリシマ (R. ×obtusum)，ミツバツツジ (R. dilatatum)，ヤマツツジ (R. kaempferi) の園芸品種や選抜系統が用いられる． | 種子繁殖が可能であるが，優良系統の場合は挿し木繁殖が一般的である．挿し穂は，夏季に半熟枝を用いて，10～15cmに調整する．挿し木から切り枝の収穫開始までは5～6年間の養成期間を要する．種子繁殖の場合は，秋季に取り播きする．樹高が約120cmに到達したら株を掘り取り，株入れ促成に用いる．促成温度は，昼温25℃，夜温15～20℃を目安とする．促成を経た大株は，株分けのうえ再利用が可能であり，春季に植え付け，次の促成まで4～5年間の養成期間を要する．日当たりがよい場所で，肥沃で保水性のある土壌が適する． |

| 名称 | 原産地 | 収穫期 | 特性 | 栽培 |
|---|---|---|---|---|
| ツバキ類<br>Camellia spp.<br>（ツバキ科） | 東アジア，インドネシア，スマトラ島，ジャワ島 | 10～翌3月（花物） | 耐寒性～非耐寒性の常緑性低木または小高木．樹高は2～9m．葉は単葉で互生し，葉縁に細鋸歯がある．花は頂生または腋生し，1～数個つく．花形は一重咲きや八重咲きなどがあり，花色は赤紅，白，黄色，白地に紅絞り，白地に紅斑り，淡桃色など豊富であり，秋季から冬季または春季に開花する．子房は3～5室で，成熟して蒴果を形成する．花芽は新梢の伸長が停止する6月上旬～7月中旬頃に分化を開始し，10月上旬頃には花粉形成期に達する．おもにヤブツバキ（C. japonica），ユキツバキ（C. rusticana），サザンカ（C. sasanqua），トウツバキ（C. reticulata）由来の園芸品種や選抜系統が用いられる． | 挿し木繁殖が一般的で，挿し穂は，6月に新梢を用いて10～15cmに調整する．発根までは40日間程度を要し，翌年から2～3年間仮植して70～80cmの植え付け用の苗を養成する．植え付けから切り枝の収穫開始までは5～6年間を要する．樹高約200cmに達したら80～100cmの高さで収穫を兼ねて切り戻し，その後，主枝から収穫用の枝を仕立て，伸長した枝から順に収穫する．切り枝促成が可能であり，促成温度は，昼温25℃，夜温15℃を目安とする．秋咲き性の品種を用いた年内促成では約1週間，春咲き性品種を用いた1月下旬以降の促成では約2週間を出荷までに要する．日当たりがよい場所で，肥沃で保水性のある土壌が適する． |
| ドウダンツツジ<br>Enkianthus spp.<br>（ツツジ科） | 日本，ヒマラヤ，ミャンマー，中国 | 3～8月（葉物）<br>9～11月（紅葉物） | 耐寒性の落葉低木．樹高は2～5m．葉は単葉で互生する．花は頂生し，散形花序または総状花序で，春～初夏に開花する．花冠は鐘形または壺形で，先は浅く5裂する．成長が遅く，とくに，幼木期は伸長が緩慢である．おもに，ドウダンツツジ（E. perulatus），サラサドウダン（E. campanulatus），ベニドウダン（E. cernuus f. rubens），アブラツツジ（E. subsessilis）の選抜系統が用いられる． | 種子繁殖が可能であるが，優良系統の場合は挿し木繁殖が一般的である．挿し穂は，夏季に半熟枝を用いて，10～15cmに調整する．挿し木から切り枝の収穫開始までは6～7年間の養成期間を要する．種子繁殖の場合は，春季に播種する．樹高約100cmに達したら20～30cmの高さで収穫を兼ねて切り戻し母株をつくり，収穫用の枝を仕立てる．日当たりがよい場所で，肥沃で保水性のある土壌が適する． |
| ナンテン<br>Nandina domestica Thunb.<br>（メギ科） | インド，中国，日本 | 5～9月（緑葉物）<br>10～11月（紅葉物）<br>11～翌1月（実物） | 耐寒性のある常緑性または半常緑性の低木．樹高2m．葉は羽状複葉で互生し，小葉は披針形．花は頂生し，円錐花序．小花は白色で，果実はおもに明赤または白色の球形の液果で，初冬に成熟し長持ちする．'シナナンテン'（別名：'ヒメナンテン'）は小葉が小型であることからおもに緑葉物や紅葉物に，'ナミバナンテン'や'ホウライナンテン'などは実物に用いられる． | 挿し木繁殖が一般的である．挿し木から切り枝の収穫開始までは，3～4年間の養成期間を要する．挿し木は3月頃に前年生枝を用いて10～15cmの長さに調整して行う．種子繁殖も可能であり，3月頃に取り播きする．収穫用の枝は，摘葉，摘心，断根処理により樹勢を調節して仕立てる．排水のよい土壌が適する． |
| バラ<br>Rosa spp.<br>（バラ科） | 北半球の亜寒帯～亜熱帯 | 7～12月（実物）<br>9～11月（紅葉物） | 耐寒性のある落葉性の低木．樹高は1～3m．葉は奇数羽状複葉で互生する．花は前年生枝の腋芽から伸びた短枝または当年生枝の先端に頂生．散房花序で5～7月頃に開花する．小花は白または淡桃白色で花弁は5枚．開花後に淡緑色の球形，扁球形，卵形などの果実をつけ，秋に赤～赤橙色となる．ノイバラ（R. multiflora）の系統は実物または紅葉物として，欧米自生種のR. setigera, R. canina, R. rubiginosaなどの系統はおもに実物として用いられる． | 繁殖は，挿し木または吸枝からの株分けが一般的である．実つきがよく，葉はコンパクトで，樹形は立性で棘の少ない系統を選抜する．挿し穂は，夏季に半熟枝を用いて，10～15cmに調整する．挿し木から切り枝の収穫開始までは3～4年間の養成期間を要する．種子繁殖も可能であり秋季に採種し，果肉を取り除いたうえで取り播きする．収穫用の枝は，植え付け2年目に主枝を高さ100cmで摘心して，側枝5～7本を母株として養成のうえ仕立てる．腐食に富み肥沃で排水のよい土壌が適する． |
| ピットスポラム<br>Pittosporum tenuifolium Gaertn.<br>（トベラ科） | ニュージーランド | 周年（葉物） | 半耐寒性の常緑性の低木または小高木．樹高は1～8m．葉は単葉で互生する．花は腋生し，単生または集散花序につく．晩春から初夏にかけて開花し，黒赤色で花弁は5枚．園芸品種の中には，葉縁が波打つもののほかに，矮性で白覆輪葉のものや白色の散斑や黄色の中斑が入り美しいものがある． | 挿し木繁殖が一般的である．種子繁殖も可能であるが，形質が安定しない．挿し穂は半熟枝挿を用いて約15cmに調整する．挿し木から切り枝の収穫開始までは3年間を要する．収穫用の枝は，主枝を高さ50～100cmで摘心して仕立てる．温暖な地域の日当たりがよい場所で，肥沃で排水のよい土壌が適する． |

| | | | | |
|---|---|---|---|---|
| ヒバ<br>*Chamaecyparis* spp.<br>（ヒノキ科） | 北米，台湾，日本 | 周年<br>（葉物） | 耐寒性のある常緑性の高木または低木．樹高は 3～20 m．葉は十字対生する．花は雌雄同株で小枝に頂生または腋生し，雌花と雄花は別々の枝につく．4～5 月に開花し，雌花は年内に成熟して球果となる．おもに，ヒノキ（*C. obtusa*）の園芸品種で秋季から冬季にかけて黄金色の美しいオウゴンクジャクヒバ（'Filicoides Aurea'）や，サワラ（*C. pisifera*）の園芸品種のヒムロ（'Squarrosa'），オウゴンシノブヒバ（'Plumosa Aurea'）が用いられる． | 挿し木繁殖が一般的である．挿し穂は，秋季または春季に若枝を用いて，先端から 15～20 cm に調整する．挿し木から切り枝の収穫開始までは 3 年間の養成期間を要する．種子繁殖も可能であり，春季に播種する．植え付け 2 年目に 10～15 cm の高さで収穫を兼ねて切り戻し，母枝をつくり収穫用の枝を仕立てる．植え付け 3 年目以降は，伸長した側枝から順に収穫する．日当たりがよく，やや湿った肥沃な土壌が適する． |
| ビブルナム<br>*Viburnum* spp.<br>（レンプクソウ科←スイカズラ科） | 北半球の温帯，暖帯，東南アジア，南米 | セイヨウカンボク<br>1～6 月<br>（花物）<br>ガマズミ<br>8～11 月<br>（実物）<br>オオデマリ<br>5～6 月<br>（花物）<br>ティヌス<br>11～翌 5 月<br>（花物）<br>8～11 月<br>（実物） | 耐寒性～耐霜性の落葉性または常緑性の低木ないし小高木．葉は単葉で対生する．花は大形で円錐ないし散房花状序につく．セイヨウカンボク（*V. opulus*）の樹高は 3～5 m．葉は 3 裂する．花は前年生枝に頂生または腋生し，5～6 月に開花する．花序周縁部は白色の不稔花（装飾花）で，中心部は白色筒状の稔性花（両性花）を有する．開花後に明赤または黄色の果実をつける．園芸品種の 'ロゼウム'='スノーボール' は，花序全体が装飾花で，花色が淡緑から白色となり花物に用いられる．'コンパクタム' は実物として出荷される．ガマズミ（*V. dilatatum*）の樹高は 2～4 m．葉は円形または広卵形．花は前年生枝に頂生し，白色の花が 5～6 月に開花する．開花後に赤または黄色の果実をつけ，実物として用いられる．オオデマリ（*V. plicatum*）の樹高は 2～4 m．葉は卵形または広卵形．花は前年生枝に頂生し，花序全体が白色の装飾花となり 5～6 月に開花する．ティヌス（*V. tinus*）の樹高は 3～5 m．常緑性の葉は，細長く全縁で光沢がある．花は頂生し，蕾は秋冬季に紅色を帯び，花物として用いられる．春季に開花すると花色は白または淡桃色となる．開花後に濃青色の果実をつける． | 挿し木繁殖が一般的である．セイヨウカンボクの挿し穂は，春季に前年生枝または夏季に緑枝を用いて 15～20 cm に調整する．ガマズミ，オオデマリ，ティヌスの挿し穂は，夏季に緑枝を用いて 15～20 cm に調整する．挿し木の翌春に植え付けし，2～3 年間養成後の植え付け 3～4 年目に 10～15 cm または 30～50 cm の高さで収穫を兼ねて切り戻し母枝をつくり，収穫用の枝を仕立てる．ガマズミ，ティヌスの種子繁殖の場合は，秋季に果肉を取り除き，取り播きするか，春季まで培養土に埋めて乾かさないようにして 3 月に播種する．セイヨウカンボク 'ロゼウム'='スノーボール' の促成は，栽培圃場に株を据え置いたままビニルを被覆して行うか，コンテナ栽培で養成したうえで温室に入室する．促成開始前にシアナミド液剤を用いて立木に散布処理を行うと萌芽が促進される．促成温度は，昼温 20～25℃，夜温 10～15℃を目安とする．日当たりがよい場所で，肥沃で排水のよい土壌が適する． |
| ヒペリカム<br>*Hypericum* L.<br>（オトギリソウ科←フクギ科） | ヨーロッパ，北米 | 6～10 月<br>（実物） | 耐寒性のある落葉性または半常緑性の低木．樹高は 1～1.5 m．葉は単葉で対生する．花は当年生枝に頂生または腋生する．集散花序で 5 月に開花する．小花は黄色で花弁は 5 枚．開花後に淡緑色の球形の果実をつけ，果実の色は緑，桃，赤橙，赤などになる．おもに，*H. androsaemum* や，*H. androsaemum* と *H. hiricinum* の種間雑種などの園芸品種や選抜系統が用いられる． | 挿し木繁殖が一般的である．挿し穂は，夏季に半熟枝を用いて，10～15 cm に調整する．種子繁殖も可能で，秋季に採種し果肉を取り除いたうえで，取り播きする．挿し木から切り枝の収穫開始までは 2 年間を要する．2 年目以降，毎年，春季に地際で切り戻しまたは枯れ枝と弱勢な前年枝を除去して，収穫用の枝を仕立てる．長日処理により開花が促進され，秋季の出荷が可能となる．肥沃で排水のよい土壌が適する． |

| | | | | |
|---|---|---|---|---|
| ボケ<br>*Chaenomeles speciosa* (sweet) Nakai<br>(バラ科) | 中国, 日本 | 10～翌3月<br>(花物) | 耐寒性のある落葉性の低木で叢生する. 小枝は棘になる場合が多い. 樹高は1～2 m. 葉は単葉で互生. 一重または八重の花は, 当年生枝の短枝または長枝の腋芽や, 2年生枝以上の潜芽状の腋芽および短枝に単生または散房花序につき, 雄性花と雌性花がある. 主要な花色は赤と白. 花芽は9月上旬に分化が始まり, 10月中旬に雌蕊形成期に達する. 花芽には浅い休眠があり, 低温に遭遇することにより打破される. おもにボケ (*C. speciosa*) の園芸品種 '舞子' (薄紅), '更紗' (桃と白の絞り) '緋の御旗' (赤), '東洋錦' (赤と白の咲き分け) などや選抜系統が用いられる. | 挿し木繁殖が一般的である. 挿し木から切り枝の収穫開始までは4～5年間の養成期間を要する. 挿し木は, 9月頃に当年生枝を用いて約15 cmの長さに調整して行う. 収穫用の枝は, 摘心と整枝を繰り返し, 養成のうえ仕立てる. 切り枝の促成は, 1～2日間水揚げを行った後に, 最低温度約15℃の加温温室に約20日間入室して行う. 高冷地ほど枝の形状が直立するようになり, また, 休眠覚醒が早まり早期に開花し, 開花率が高まることから適している. 排水がよく肥沃な土壌が適する. |
| マツ<br>*Pinus* spp.<br>(マツ科) | 北半球の寒帯～亜熱帯 | 12月<br>(葉物) | 耐寒性のある針葉高木. 樹高は20～30 m. おもにクロマツ (*P. thunbergii*), ゴヨウマツ (*P. parviflora*), ダイオウマツ (*P. palustris*) が用いられる. 針状葉はクロマツでは長さ10～15 cmで2葉, ゴヨウマツでは長さ3～6 cmで5葉, ダイオウマツでは長さ30 cmで3葉が束生. 花は雌雄同株で, 雌花は長枝に数個つき頂生または側生し, 鱗片がらせん状に並び, 内側に胚珠が2個ある. 雄花は鱗片葉に腋生し, 若枝の基部に集まり, 多数の葯がらせん状につく. 球果は木質化し, 開花後2～3年で成熟する. | 繁殖は, 一般的にクロマツとダイオウマツは種子繁殖により行われる. ゴヨウマツは接ぎ木で, 台木はクロマツを2年間養成したものが用いられる. 播種または接ぎ木は春季に行い, 切り枝の収穫開始までは4～5年間の養成期間を要する. クロマツの場合,「若松」と呼ばれる1 m程度の細く長い枝に仕立てるために密植し, 旺盛な側枝は整枝を行う.「根引松」と呼ばれる根付きのまま出荷する枝を仕立てるには植え付け幅を広げて栽培する. 日当たりがよい場所で排水のよい土壌が適する. |
| ミズキ<br>*Cornus* spp.<br>(ミズキ科) | 北半球の温帯 | シラタマミズキ<br>9～翌4月<br>(条物)<br>サンシュユ<br>1～3月<br>(花物)<br>アメリカヤマボウシ<br>3～4月<br>(花物)<br>ヤマボウシ<br>5～6月<br>(花物) | 耐寒性のある落葉性の低木または小高木. シラタマミズキ (*C. alba*) の樹高は2～3 m. 葉は単葉で対生する. 白色の花は新梢に頂生し, 集散花序で5～6月頃に開花する. 枝の色彩が桃橙色のサンゴミズキや黄色のオウゴンミズキと呼ばれる園芸品種がある. サンシュユ (*C. officinalis*) の樹高は5～6 m. 葉は単葉で対生する. 黄色の花は短枝に頂生し, 散形花序で3～4月頃に開花する. 果実は楕円形の石果で熟して明赤色となる. アメリカヤマボウシ (*C. florida*) の樹高は4～10 m. 葉は単葉で対生する. 花は短枝に頂生し, 散形花序で, 白や薄桃色の花弁にみえる総苞片がつき4～5月頃に開花する. ヤマボウシ (*C. kousa*) の樹高は10～15 m. 葉は単葉で対生する. 花は短枝に頂生し, 散形花序で, 花弁にみえる白色の総苞片がつき, 6～7月頃に開花する. なお, アメリカヤマボウシ, ヤマボウシの市場出荷はきわめて少ない. | シラタマミズキは挿し木繁殖が一般的で, 挿し穂は春季に前年生枝を用いて15～20 cmに調整する. 挿し木の翌春に植え付けし, 秋季には10～15 cmの高さで収穫を兼ねて切り戻し, 母枝をつくる. 植え付け2年目以降は, 春季に母枝を5～7本に整枝して, 伸長した枝が色づいたものから順次収穫する. 寒冷な地域での栽培が適する. サンシュユは接ぎ木繁殖または種子繁殖が一般的である. 接ぎ木は, 春季に共台を用いて, 切り接ぎまたは根接ぎを行う. 穂木は前年生枝を10～15 cmに調整する. 種子繁殖は秋季に果肉を取り除き, 取り播きするか, 春季まで培養土に埋めて乾かさないようにして3月に播種する. 接ぎ木から植え付けまで2年間の養成期間を要する. 植え付け3～4年目に50～60 cmの高さで収穫を兼ねて切り戻し, 母枝を3～5本仕立て, 伸長してくる枝を養成して収穫する. 切り枝の促成温度は, 昼温25℃, 夜温15℃を目安とする. アメリカヤマボウシとヤマボウシは, 接ぎ木または挿し木繁殖が一般的である. 接ぎ木または挿し木から植え付け後6～7年目に80～100 cmの高さで収穫を兼ねて切り戻し, 母枝を仕立てる. いずれの種類も日当たりがよい場所で, 排水のよい土壌が適する. |

| | | | | |
|---|---|---|---|---|
| モモ<br>*Prunus<br>persica* (L.)<br>Batsch<br>(バラ科) | 中国 | 2～3月<br>(花物) | 耐寒性のある落葉性の小高木．樹高は3～5 m．葉は単葉で互生する．花は1年生枝に腋生し，単芽では花芽1個，複芽では花芽1個と葉芽1個がつく．花は桃または白色で一重咲きの花弁は5枚．八重咲き系統のものも多い．花芽は8月上～中旬に分化し始め，10月上～中旬には雌蕊形成期に達する．開花には，雌蕊形成期から5℃以下で3週間以上の低温遭遇後，15℃前後の条件に移される必要がある．おもに，八重咲きで濃桃の'矢口'，純白の'寒白'，白地に紅の絞りの入る'源平'が用いられる． | 一般的に実生を台木として接ぎ木される．穂木は前年生枝を2～3芽つけて調整し，春季に切り接ぎをする．8～9月に芽接ぎも可能．植え付けから切り枝の収穫開始までは3～4年間を要する．植え付け時に高さ50～60 cmで摘心し，3～4年目に高さ100～150 cmで1回目の切り枝を収穫した後，母枝とする．以後は母枝から伸長する枝を伸ばして仕立てる．切り枝の促成温度は，昼温22～23℃，夜温18～20℃を目安とし，遮光資材などを利用して温度変化を少なくする．温暖な地域の日当たりがよい場所で，排水のよい土壌が適する． |
| ヤナギ<br>*Salix* spp.<br>(ヤナギ科) | 北半球およびオーストラリアを除く南半球 | 1～3月<br>(花物)<br>7～12月<br>(枝物) | 耐寒性のある落葉性の高木または低木．樹高は1～15 m．葉は単葉で互生する．雌雄異株．花は苞に腋生する．尾状花序で春季に開花する．花被はなく杯状または指状の腺体がある．おもに，フリソデヤナギ（*S. ×leucopithecia*, 通称アカメヤナギ），セッカヤナギ（*S. sachalinensis* 'Setsuka'），クロヤナギ（*S. gracilistyla* var. *melanostachs*, 通称クロメヤナギ），コリヤナギ（*S. koriyanagi*），ウンリュウヤナギ（*S. matsudana* 'Tortuosa'），オオキツネヤナギ（*S. futura*, 通称キンメヤナギ），シダレヤナギ（*S. babylonica*）が用いられる． | 繁殖は挿し木による．挿し穂は，秋季または春季に，枝の下部で花芽のついていない部分を15～20 cmに調整し，栽培圃場に直接挿し木する．生育の旺盛なフリソデヤナギは挿し木1年目から，その他の種類では2年目から収穫が可能である．樹勢が旺盛な場合，枝が太くなり，また，節間が間延びするので，5月頃までに摘心する高さや摘心時期を変えて，枝数を増やしたり枝の伸長を調節し，商品性の高い枝に仕上げる．アカメヤナギ，クロメヤナギは，日当たりがよくやや乾燥気味で肥沃でない土壌，セッカヤナギは肥沃な土壌が適する． |
| ユーカリ<br>*Eucalyptus*<br>spp.<br>(フトモモ科) | オーストラリア，タスマニア島 | 8～翌2月<br>(葉物) | 半耐寒性の常緑性の高木または低木．樹高は10～25 m．葉は単葉で幼木時には対生，成長するにつれて互生する．花は腋生し，散形花序につき，秋季に開花する．花弁と萼片が合着した帽子状の形態をもち，この部分が脱落した後，白または紅色を帯びた多数の長い雄蕊が放射状に広がる．大半はグニーユーカリ（*E. gunnii*）で，ほかにコマルバユーカリ（*E. pulverulenta*），ギンマルバユーカリ（*E. cinerea*），ツキヌキユーカリ（*E. perriniana*）が用いられる． | 種子繁殖が一般的である．発芽適温は20℃である．秋季～冬季に播種し，春季に植え付ける．植え付け2カ月後に，切り枝収穫を兼ねて，主枝を高さ30～40 cmに摘心して仕立てる．温暖な地域の日当たりがよい場所で，排水がよく肥沃な土壌が適する． |
| ユキヤナギ<br>*Spiraea<br>thunbergii*<br>Sieb. ex<br>Blume<br>(バラ科) | 中国，日本 | 12～翌3月<br>(花物)<br>5～8月<br>(葉物)<br>9～11月<br>(紅葉物) | 耐寒性のある落葉性の低木で叢生する．樹高は2 m．葉は単葉で互生する．花は当年生枝に腋生する．散形花序で4月頃に開花する．小花は白色で花弁は5枚．園芸品種の中には秋季に美しく紅葉するものがある．花芽は9月下旬～10月上旬に分化し始め，約1カ月後には雌蕊形成期に達する．開花には，雌蕊形成期から0℃前後で4～6週間の低温遭遇後，15℃前後の条件に移される必要がある． | 繁殖は株分けと挿し木による．株分けでは直径5 cm以上の大きさで当年から収穫が可能である．挿し穂は，6～7月頃に緑枝を用い，10～15 cmに調整する．挿し木から切り枝の収穫開始までは3年間の養成期間を要する．切り枝収穫を行うには7月中～下旬に枝の先端を摘心し，形状を整える．切り枝促成と株入れ促成が可能であり，促成温度は，昼温25℃，夜温15℃を目安とする．日当たりがよい場所で，排水がよく肥沃でやや粘土質の土壌が適する． |

| 名称 | 原産地 | 出荷期 | 特性 | 繁殖・栽培 |
|---|---|---|---|---|
| ライラック<br>*Syringa* L.<br>(モクセイ科) | ヨーロッパ,<br>アジア | 1〜6月<br>(花物) | 耐寒性のある落葉性の低木または小高木.樹高は2〜8 m.葉は単葉,全縁で対生する.花は前年生枝に頂生または腋生し,円錐花序をなし,春に開花する.花冠筒部は長さ10 mm,裂片は卵形鈍頭で開出する.花色は白,淡紫,赤紫,紅,青紫,赤紫色に白の覆輪などがある.花芽は6月下旬〜7月上旬に分化し始め,8月下旬に雌蕊形成期に達する.開花には,8℃以下で6〜8週間以上の低温遭遇後,15℃前後の条件に移される必要がある.おもに,ムラサキハシドイ(*S. vulgaris*)や,*S. oblata*と*S. vulgaris*の種間雑種である*S.* ×*hyacinthiflora*の園芸品種などが用いられる. | 接ぎ木繁殖が一般的である.接ぎ木は実生苗を台木として,穂木は前年生枝を2〜4芽つけて調整し,春季に切り接ぎをする.挿し木繁殖も可能で,6月中旬頃に半熟枝を用いて,10〜15 cmの長さに調整して行うと増殖効率が高い.接ぎ木から切り枝の収穫開始まで,2〜3年間を要する.植え付け3年目以降に30〜40 cmまたは80〜100 cmの高さで収穫を兼ねて切り戻し,母枝をつくり,翌年以降の収穫用の枝を仕立てる.促成は,栽培圃場に株を据え置いたままビニルを被覆して行うか,コンテナ栽培で養成したうえで温室に入室する.促成温度は,昼温20〜25℃,夜温10〜15℃を目安とする.秋冷の早い地域の日当たりがよい場所で,肥沃で排水のよい土壌が適する. |
| リューカデンドロン<br>*Leucadendron* R. Br.<br>(ヤマモガシ科) | 南アフリカ | 12〜翌4月<br>(花物) | 非耐寒性の常緑性の低木および高木.樹高は1.5〜10 m.葉は単葉で密集し,茎を覆い互生する.雌雄異株で,雌花・雄花とも頂生し,頭状花序につく.雌花は苞が木質化し球果状となる.冬季〜春季にかけて苞が色づき,開花する.おもに,*L. discolor*, *L. laureolum*, *L. salignum*などの原種や,'サファリサンセット','インカゴールド'などの園芸品種が用いられる. | 種子繁殖,挿し木,接ぎ木が行われる.発芽適温は20℃である.播種または挿し木から切り枝の収穫開始までは5〜6年間の養成期間を要する.挿し穂は夏季に半熟枝を用いて,15〜20 cmに調整する.温暖な地域の日当たりがよい場所で,排水がよく,礫を多く含む砂壌土のような肥沃でない土壌が適する. |
| リンゴ<br>*Malus* spp.<br>(バラ科) | ヨーロッパ,<br>アジア,北米 | 4月<br>(花物)<br>9〜12月<br>(実物) | 耐寒性のある落葉性の高木.樹高は3〜10 m.葉は単葉で互生する.花は前年生枝の腋芽から伸びた短枝に頂生または当年生枝に腋生する.集散花序で4〜5月頃に開花する.小花は白または淡紅色で,一重咲きの花弁は5枚.八重咲き系統もある.開花後に淡緑色の球形,扁球形,長球形などの果実をつけ,秋に赤〜赤橙,黄色などに着色する.おもに,花物としてハナカイドウ(*M. halliana*)の系統,実物としてカイドウ(*M. micromalus*),ヒメリンゴ(*M. prunifolia*)の系統や,欧米において観賞用に改良されたクラブアップル(crab apple)の園芸品種が用いられる. | 繁殖はマルバカイドウ(*M. prunifolia* var. *ringo*)や'JM2'などを台木として,接ぎ木により行われる.穂木は前年生枝を2〜3芽つけて調整し,春季に切り接ぎをする.8〜9月に芽接ぎも可能である.挿し木の場合は,挿し穂は春季に前年生枝を用いて,10〜15 cmに調整する.植え付けから切り枝の収穫開始までは4〜5年間の養成期間を要する.植え付け3年目に母枝を3〜5本として整枝し,高さ80〜100 cmに切り戻す.収穫用の枝は母枝から伸長する枝を伸ばして仕立てる.冷涼な地域の日当たりがよい場所で,排水のよい土壌が適する. |
| レンギョウ<br>*Forsythia* spp.<br>(モクセイ科) | 中国,朝鮮半島,日本,ヨーロッパ南東部 | 12〜翌3月<br>(花物)<br>5〜9月<br>(葉物) | 耐寒性のある落葉低木.樹高は2〜3 m.葉は単葉で対生する.花は新梢に腋生し,春に開花する.花冠は黄色で4深裂して基部で筒状に合着する.花芽は6月下旬〜7月上旬に分化し始め,9月下旬に胚珠形成期に達する.開花には,5℃以下で5週間の低温遭遇後,15℃前後の条件に移される必要がある.おもに,レンギョウ(*F. suspensa*)やシナレンギョウ(*F. viridissima*)とその変種のチョウセンレンギョウ(*F. viridissima* var. *koreana*)の系統,レンギョウとシナレンギョウの種間雑種であるアイノコレンギョウ(*F.* ×*intermedia*)の園芸品種などが用いられる. | 挿し木繁殖が一般的である.挿し木は,3月頃に前年生枝を用いて約15 cmの長さに調整して行う休眠枝挿しと,6〜7月に新梢を約15 cmの長さに調整して行う緑枝挿しが可能である.挿し木から切り枝の収穫開始まで,3〜4年間の養成期間を要する.収穫用の枝は,植え付け2年目に主枝を高さ100 cmで摘心して,側枝5〜7本を母枝として養成のうえ仕立てる.切り枝の促成では,シアナミド液剤を用いて切り枝浸漬処理を行うと萌芽が促進される.促成温度は,昼温25℃,夜温15℃を目安とする.秋冷の早い地域の日当たりがよい場所で,排水のよい土壌が適する. |

| | | | | |
|---|---|---|---|---|
| ワックスフラワー<br>*Chamelaucium uncinatum* Schauer<br>(フトモモ科) | オーストラリア | 12～翌4月<br>(花物) | 非耐寒性の常緑性の低木．樹高は2～3m．葉は単葉で対生する．花は腋生または頂生し，散房花序につく．花色は白，桃，赤，紫で，花被片は5枚．八重咲き品種も育成されており，非常に多くの園芸品種がある．栄養成長は高温・長日条件で促進され，花芽分化は1カ月間程度の短日条件または昼温20℃，夜温14℃の涼温条件下で促進される． | 挿し木繁殖が一般的で，挿し穂は冬季～春季に頂芽を約10 cmに調整して用いる．挿し木から切り枝の収穫開始までは1年間を要する．植え付け2年目に30～40 cmの高さで収穫を兼ねて切り戻し，母枝をつくり，収穫用の枝を仕立てる．3年目以降は，前年に切り戻した高さから約10 cm上げて収穫する．促成栽培の最低加温温度は10℃を目安とする．温暖な地域の日当たりがよく，排水のよい土壌が適する． |

[佐藤武義]

# 13.19 その他の切り花

## 13.19.1 一・二年草

表 13.12 参照.

表 13.12 一・二年草

| 和名・学名（科名） | 原産地 | 開花（出荷）期 | 形態・生理生態的特徴 | 栽培管理・開花調節 |
|---|---|---|---|---|
| アゲラタム<br>*Ageratum houstonianum* Mill.<br>（キク科） | 熱帯アメリカ | 7～10月<br>（周年） | 春播き一年草. 草丈約 60 cm. 葉は卵形. 管状花が集まった径約 1 cm の頭状花を散房状につける. 花色は青紫, 桃, 白などがある. | 発芽適温は 20～25℃, 生育期は昼温 25℃, 夜温 15℃以上で管理する. 平坦地での施設栽培と冷涼地での露地栽培がある. |
| アスター<br>*Callistephus chinensis* (L.) Nees<br>（キク科） | 中国大陸 | 6～7月<br>（周年） | 半耐寒性の春播き一年草. 葉身は広卵形～三角状卵形で葉柄に沿下し, 葉縁は不規則に切れ込む. 花径 3～15 cm の頭状花をつける. 花色は白, 赤, 紫と豊富である. 花芽分化前は長日性, 分化後は短日性を示す. | 発芽適温は 15～20℃, 生育適温は 10～25℃である. 耐寒性が強く−2～3℃の低温にも耐える. 土壌感染性病害（立枯病）に弱いため, 連作は避ける. 立枯病を引き起こすフザリウム菌の活動は 22℃以上で活発になる. 露地栽培や加温電照による施設栽培がある. |
| アマランサス<br>*Amaranthus caudatus* L.<br>（ヒユ科） | 熱帯アメリカ, 熱帯アフリカ | 8～10月<br>（6～10月） | 春播き一年草. 草丈 70～100 cm. 茎頂にやや円錐状に集まった穂状花序をつける. 花序は長さ約 20 cm で, 下垂する. 花色は赤が多い. | 発芽適温は昼温 26℃, 夜温 16℃で, 高温ほど発芽が早い. 日照と排水のよい肥沃な土壌が適する. |
| カンパニュラ・メディウム<br>*Campanula medium* L.<br>（キキョウ科） | ヨーロッパ南部 | 5～6月<br>（12～翌7月） | 二年草. 草丈 60～100 cm. ロゼット葉は広披針形, 茎葉は無柄. 花は釣鐘形で約 5 cm で総状花序をなす. 花色は紫, 桃, 白などがある. 萼が花弁化したものはカリカンテマと呼ばれ, ホーズインホーズとカップアンドソーサー型がある. 秋までに育った株が, 冬の低温に遭遇し, 翌春に抽苔開花に至る緑植物春化型植物である. 低温に遭遇しなくても短日の後に長日になると開花する. | 発芽適温は 20℃, 生育期は昼温約 25℃, 夜温 2～10℃で管理する. 日照と排水のよい土地を好む. 夏期に出荷する場合は冷涼地に限られる. 早春からの出荷では保加温と電照が必要になる. 従来は二年草であったが, 近年育種が進み, 秋播き一年草としての栽培が可能になっている. |
| キバナコスモス<br>*Cosmos sulphureus* Cav.<br>（キク科） | メキシコ | 6～10月 | 草丈 1～2 m. コスモスよりも葉はまばらに羽裂し, 裂片の幅が広い. 花は頭状花で, 花色は黄, 橙黄, 朱赤がある. | 盛夏期にもよく開花する. 3月下旬以降に播種し, 播種後 2 カ月後には開花し始める. |
| キンギョソウ<br>*Antirrhinum majus* L.<br>（オオバコ科←ゴマノハグサ科） | 南ヨーロッパ, 北アフリカの地中海沿岸 | 5～6月<br>（9～翌6月） | 草丈 20～100 cm. 葉は全縁で長楕円状披針形. 花は 4～6 cm, 花冠下部は筒状で上下二つの唇弁をもつ. 穂状または総状花序をなす. 花色は白, 黄, 赤, 紫紅など豊富である. 通常の花型に加えて八重咲きやベル咲き（ペンステモン）の品種もある. もともとは長日性であったが, 切り花用品種は日長に対して鈍感である. | 切り花用の品種の多くは温室用促成種（冬～春咲き）である. 発芽適温は 18～20℃. 生育適温は日中 15～18℃, 夜間最低温度は 5～8℃を維持する. 排水と通気性のよい土壌を好む. 施設による加温促成栽培が行われている. |

| | | | | |
|---|---|---|---|---|
| キンセンカ<br>*Calendula officinalis* L.<br>（キク科） | 南ヨーロッパ | 3～5月<br>(12～翌4月) | 耐寒性の秋播き一年草．草丈30～60 cm．葉は広楕円形または披針形である．花径約10 cmの頭状花をつける．花色は淡黄または橙黄である．一重咲きと八重咲きがある．基本栄養生長後に花芽分化し開花する． | 発芽適温は20℃，8月下旬～9月下旬に播種する．発蕾初期は0℃以下の温度が長期間続くと，凍害を受けやすい．保水力のある砂質土壌か粘質土壌が適する．温暖な地域での露地栽培がある． |
| クロタネソウ<br>*Nigella damascena* L.<br>（キンポウゲ科） | 南ヨーロッパ | 5～6月<br>(12～翌7月) | 秋播き一年草．草丈60～80 cm．葉は羽状裂片で糸状に細裂する．花は3～4 cm径で，萼片が花弁状に発達し，青または白に着色する．果実は風船状にふくらむ．保・加温と長日処理により開花が促進される． | 発芽適温は15～20℃，生育適温は5～25℃である．嫌光性種子のため播種時に覆土は厚めに行う．強健であり，排水のよい土壌であれば栽培は容易．高冷地では春播きの露地栽培がある．施設栽培では無加温季咲き栽培，加温電照による促成栽培がある． |
| クローバー<br>*Trifolium incarnatum* L.<br>（マメ科） | 南ヨーロッパ | 5～6月<br>(11～翌5月) | クリムソンクローバー（ストロベリーキャンドル）．草丈約50 cm．穂状花序である．花色は赤と白がある．花芽分化には約10℃の低温遭遇と長日条件が必要であると考えられている． | 発芽適温は20℃である．生育期は昼温25℃，夜温約10℃が適する．施設栽培で普通栽培と加温電照栽培がある．出荷時期を早めるために苗冷蔵や種子冷蔵または夜冷育苗が行われることがある． |
| ケイトウ<br>*Celosia* spp.<br>（ヒユ科） | 熱帯アジア，インド | 7～10月<br>(6～12月) | 春播き一年草．草丈15～100 cm．葉は卵形または卵状披針形である．花序が扁平状，球状や羽毛状になる．約4 mmの花が密生する．久留米系，羽毛系，ノゲイトウ系などがある．量の短日性を示す． | 発芽適温は20～25℃，嫌光性種子のため播種時に覆土は厚めに行う．生育適温は15～30℃である．久留米系は石化（茎や花の帯化）しやすい．肥沃地は茎葉が強大になるため不適当である．露地栽培がある． |
| ケシ<br>*Papaver* spp.<br>（ケシ科） | ヨーロッパ，アジア | 5～7月<br>(12～翌4月) | 秋播き一年草．草丈50 cm．葉は羽状中裂する．花は放射相称で6～10 cm径である．花色は桃や赤．アイスランドポピー（*P. nudicaule*）は多年草だが，園芸上は一年草として扱う．ケシ類は長日開花性である． | 寒さに対して比較的強い．アイスランドポピーは短日でも温度があれば開花するため，暖地の冬出荷に利用される．日照のよい場所が適する．露地栽培がある． |
| コスモス<br>*Cosmos bipinnatus* Cav.<br>（キク科） | メキシコ | 9～10月<br>(周年) | 春播き一年草．草丈2～3 mにも達する．葉は羽状に細かく切れ込みほぼ糸状である．花径6～10 cmの頭状花をつける．花色は白，桃，赤などがある．遅咲き系は量的短日性を示す． | 早咲き系は温度の上昇により開花する．生育開花に要する期間は60～70日である．栽培はきわめて容易で，日照と排水のよい場所を好む．暖地での無加温施設栽培や露地栽培がある． |
| ゴデチア（別名イロマツヨイグサ）<br>*Clarkia amoena* (Lehm.) Nels. & Macbr.<br>(= *Godetia amoena* G. Don)<br>（アカバナ科） | 北米，南米西部 | 5～6月<br>(4～6月) | 秋播き一年草．草丈20～60 cm．花は漏斗形で花弁長3～5 cm．総状または穂状花序をなす．花色は淡紅，紫紅，緋，白がある．量的長日植物である． | 直根性のため大苗での移植は避ける．9月中旬播種，10月中旬定植．生育適温は15～18℃である．暖地での露地栽培がある． |
| スカビオサ<br>*Scabiosa* spp.<br>（スイカズラ科） | ヨーロッパ西部・コーカサス地方 | 6～10月<br>(周年) | セイヨウマツムシソウ（*S. atropurpurea*）とコーカシカ種（*S. caucasica*）がある．セイヨウマツムシソウは一年草，コーカシカ種は多年草であるが，園芸上は一年草として扱う．草丈60～100 cm．花径5～8 cmの頭状花をつける．花色は深紅，紫，桃，淡青など． | 発芽適温20℃，生育期は昼温25℃以下，夜温約10℃で管理する．比較的冷涼な気候に適する．コーカシカ種は主茎を切り花として収穫した後も，根出葉の側芽が伸長して開花茎になる．両種ともに電照により切り花長が増加する．露地栽培や加温施設栽培がある． |

| | | | | |
|---|---|---|---|---|
| センニチコウ<br>*Gomphrena* spp.<br>(ヒユ科) | 熱帯アメリカ | 7〜10月<br>(周年) | 春播き一年草．センニチコウ (*G. globosa*) とキバナセンニチコウ (*G. haageana*) がある．キバナセンニチコウは多年草だが，園芸上は一年草として扱われる．草丈50〜80 cm. 茎頂に球状の頭状花をつける．小さな目立たない小花が苞に包まれている．苞は乾質で観賞価値がある．センニチコウの苞の色は紫紅，桃，白．キバナセンニチコウの苞の色は黄または橙赤である． | 種子には綿毛がついているので，よくほぐしてから薄く播種する．発芽適温は20〜25℃，生育適温は15〜30℃である．成長すると高温乾燥に強いため，夏場の切り花に適する．日照と排水のよい砂質土を好む．露地または無加温施設栽培がある．切り花を乾燥させ染色して用いることもある． |
| ハナナ<br>*Brassica rapa* L. var. *amplexicaulis* Tanaka et Ono<br>(アブラナ科) | ヨーロッパ | 2〜3月<br>(12〜翌3月) | 秋播き一年草．草丈60〜80 cm. 葉は楕円形で縮緬状と丸葉に近い系統がある．花茎先端に総状花序をつける．花色は黄である．種子冷蔵を行うと，開花を早めることができる． | 発芽適温は20℃前後で，9月上旬〜10月中旬までに直播きする．品種の早晩性と適切な時期に播種を行うことにより開花期を調節する．比較的温暖な気候を好む．太平洋沿岸の温暖地での露地栽培がある． |
| ハボタン<br>*Brassica oleracea* L. var. *acephala* DC.<br>(アブラナ科) | ヨーロッパ西〜南部 | (11〜翌1月) | ケールが観賞用に改良されたもの．耐寒性の秋播き一年草．切り花用の高性種では草丈60〜80 cm. 白，赤，紫になるロゼット葉を観賞する． | 固定種は7月下旬，$F_1$品種は8月上旬を基準に播種する．低温に遭遇すると葉が発色する．発色の発現には品種によって早晩の差が見られる．露地栽培で10〜11月に下葉をかく． |
| ヒエンソウ<br>*Consolida* spp.<br>(キンポウゲ科) | ヨーロッパ南部 | 5〜6月<br>(10〜翌6月) | 秋播き一年草．花穂が長い高性種 (*C. ajacis*) と，スプレー種 (*C. regalis*) がある．草丈30〜90 cm. 根出葉は掌状に細裂する．萼片が花弁状で5個あり，上部1片は距を有する．総状花序をなす．花色は青，桃，白など．量的長日性を示す． | 発芽適温は15〜20℃．嫌光性種子である．生育期は昼温25℃，夜温10℃で管理する．比較的冷涼な気候を好み，耐寒性が強い．日照と排水のよい深い土壌が適する．無加温，シェード抑制，冷房育苗抑制，電照加温促成，加温促成栽培などによりほぼ周年出荷が可能． |
| ビジョナデシコ<br>*Dianthus barbatus* L.<br>(ナデシコ科) | ヨーロッパ東部および南部 | 5〜6月<br>(12〜翌6月) | 本来は多年草だが，秋播き一年草として扱われる．草丈40〜60 cm. 1.5〜2 cm径の花が十数輪散形に密集する．先端が細くとがった無数の総苞がある．花色は赤，桃，白など豊富である．花芽分化には8℃前後の低温に一定期間遭遇する必要がある緑色植物体春化型植物． | 発芽適温は15〜20℃．生育適温は10〜20℃である．極端な酸性土壌を嫌う．暖地では露地栽培，寒冷地では施設栽培が行われる．園芸品種では四季咲き性の強いものもある．四季咲き性の品種では，加温施設による促成栽培が可能である． |
| ヒマワリ<br>*Helianthus annuus* L.<br>(キク科) | 北米 | 7〜9月<br>(3〜12月) | 春播き一年草．草丈90〜200 cm. 花径6〜75 cmの頭状花をつける．一重咲きや八重咲の品種がある．花色は黄，橙黄，赤褐がある．一般的には中性，切り花品種は量的短日性を示すものが多い． | 播種後50〜70日の短期間で開花に至る．発芽適温は20〜26℃，生育適温は20〜30℃である．シェードや電照により開花期の調整が可能である．腐植質に富む肥沃な粘質土が適する．露地栽培，無加温・加温の施設栽培がある． |
| ブプレウルム<br>*Bupleurum rotundifolium* L.<br>(セリ科) | ヨーロッパ中部〜南部，ロシア，イラン | 3〜5月<br>(周年) | 草丈50〜100 cm. 葉の基部が茎を包むようにつく．黄緑色の苞に囲まれた花は小さい．複散形花序である．電照により開花が促進され，切り花長が伸びる． | 発芽適温は15℃，生育適温は15〜20℃である．定植後2〜4カ月で出荷できる．排水よく，水分調節が容易で耕土の深い土地が適する．温暖地での促成栽培，冷涼地での普通栽培がある． |

| 名称 | 原産地 | 開花期(出荷期) | 形態的特性 | 栽培 |
|---|---|---|---|---|
| ブルーレースフラワー<br>*Trachymene coerulea* R. C. Grah.<br>(ウコギ科←チドメグサ科←セリ科) | オーストラリア | 5〜6月<br>(9〜翌4月) | 秋播き一年草．草丈60 cm．小花は5 mm程度で，7〜10 cm径の散形花序をなす．花色は青，桃，白で長い花柄をもつ．長日条件下で開花が促進される． | 発芽適温は20℃，生育適温は10〜25℃である．播種後4〜5カ月で開花する．冷涼な気候を好む．施設における加温栽培や無加温栽培がある． |
| ベニバナ<br>*Carthamus tinctorius* L.<br>(キク科) | 不明（*Carthamus*属はカナリア諸島，地中海沿岸地方から中央アジアにかけて分布） | 7月<br>(4〜7月) | 春播き一年草．草丈1 m．葉は広楕円形で縁に刺状の鋸歯がある剣葉種と刺のない丸葉種がある．花径2.5〜4 cmの頭状花をつける．花色は開花当初は黄で，しだいに紅に変化する．量的長日性を示す． | 発芽適温は20〜26℃，生育適温は10〜26℃で乾燥気味の気候に適する．中性ないし弱アルカリ性で肥沃で排水のよい土地を好む．暖地・中間地の施設栽培による春出荷から，寒冷地・高冷地の露地，雨除け栽培による夏〜秋出荷が行われている． |
| ホワイトレースフラワー<br>*Ammi majus* L.<br>(セリ科) | 地中海地方 | 3〜4月<br>(11〜翌6月) | 草丈30〜100 cm．径6〜10 cmの複散形花序をなす．散形花序は径約1 cmで十数個の花からなる．花色は白．限界日長（13時間前後）の質的長日性を示す． | 発芽適温は10℃前後．昼温30℃，夜温20℃より高い温度で発芽が著しく抑制される．電照による開花促進効果が見られる．耐寒性が弱く，最低夜温5℃以上を必要とする．日向地あるいは半日陰で，湿り気のある肥沃地が適する．露地栽培や加温施設栽培がある． |
| マリーゴールド<br>*Tagetes* spp.<br>(キク科) | 中央アメリカ | 6〜10月<br>(5〜12月) | 春播き一年草．切り花としてはアフリカンマリーゴールド（*T. erecta*）の高性種が用いられる．草丈50〜80 cm．花径8〜10 cmの頭状花をつける．花色は黄，橙，乳白がある．花型には舌状花が発達したカーネーション咲きと管状花が発達したキク咲きがある． | 発芽適温は25℃，生育適温は15〜20℃である．相対的短日植物であるが，アフリカンマリーゴールドは日長に対して鈍感である．露地栽培と施設栽培がある． |
| モルセラ<br>*Moluccella laevis* L.<br>(シソ科) | シリア | 7〜8月<br>(11〜翌7月) | 春播き一年草．草丈40〜90 cm．花は白でハッカに似た芳香がある．花を包み込むように3 cm径の大きな杯状で淡緑色の萼がつく．輪散花序である． | 発芽適温20〜25℃．抽苔するまでは耐寒性がある．日照のよい砂質土壌が適する．寒冷地での露地，雨除け栽培，暖地・中間地での無加温栽培や電照加温栽培がある． |

開花期は自然開花時期を，（　）内に示す出荷期は市場に広く流通している時期を示す．

［湯本弘子］

## 13.19.2 宿根草

表 13.13 参照.

表 13.13 宿根草

| 和名・学名（科名） | 原産地 | 開花（出荷）期 | 形態・生理生態的特徴 | 栽培管理・開花調節 |
|---|---|---|---|---|
| アガパンサス<br>*Agapanthus africanus* (L.) Hoffmgg.<br>（ヒガンバナ科←ネギ科←ユリ科） | 南アフリカ・ケープ地方 | 6月<br>（5～8月） | 線形の根出葉を互生し，花茎の高さは60～100 cm．花茎の先端に濃青色や白色の漏斗状の花を20～30輪つける． | 9月中・下旬に株分け・植え付けを行う．秋の冷涼な温度で花芽分化を開始する．花芽の発達は温暖な条件で促進される． |
| アキレア（ノコギリソウ）<br>*Achillea* spp.<br>（キク科） | 北半球 | 6～10月<br>（6～7月） | 切り花に広く利用されるキバナノノコギリソウ（*A. filipendulina*）は，高さ80～150 cm，葉は羽状複葉，花は黄色で，小さい頭状花が集まって10～12 cmの花となる．セイヨウノコギリソウ（*A. millefolium*）は，高さ60～100 cm，花色は白，淡紅，濃紅． | 冷涼な地域の日照と排水のよい場所が適する．10月か3月に株分けする．排水のよい場所であれば，広い土質に適応する．長日で開花が促進される． |
| アザミ（ノアザミ，ハナアザミ）<br>*Cirsium japonicum* DC.<br>（キク科） | 日本 | 5～9月<br>（12～翌6月） | ノアザミの改良種．高さ1m前後で下部から分枝．根出葉は長楕円形の5～6対に裂け，刺が多い．頭状花は枝の先に1～2個つき径2.5～4 cm．花色は紅紫～淡紅紫で白もある． | 日照のよい場所で，壌土が適する．初夏から夏に播種し，年末から翌年の初夏に出荷する作型がある．株分けは開花後に行う． |
| アスクレピアス（トウワタ）<br>*Asclepias* spp.<br>（キョウチクトウ科←ガガイモ科） | 北米 | 6～10月<br>（6～11月） | 高さ約1m．茎を切ると乳液が出る．ヤナギトウワタ（*A. tuberosa*），トウワタ（*A. curassavica*），オオトウワタ（*A. syriaca*）がおもに栽培される．ヤナギトウワタの名は，葉の形がヤナギに似ることによる．果実がパンヤノキに似ることから，シュッコンパンヤとも呼ばれる．花色は橙黄，紅，黄，白など． | 日照と排水のよい，やや乾燥した場所が適する．オオトウワタとヤナギトウワタは，寒冷地でなければ露地でも越冬する．トウワタは約10℃を保つ．増殖は株分け，実生．春に播種すると夏から秋に開花する．切り花にする場合は樹液を洗い流す． |
| アスチルベ<br>*Astilbe×arendsii* arends<br>（ユキノシタ科） | 中央アジア，日本，朝鮮，北米東部 | 6～9月<br>（9～翌7月） | 多く栽培されるアレンジー種（*A.×arendsii*）は日本に自生するアワモリショウマ（*A. japonica*）と中国原産の*A. chinensis*とを交雑して育成された．さらにアカショウマ（*A. thunbergii*）も交雑されている．高さ20～90 cm．羽状複葉．粟粒のような小花が花茎の先に円錐状に並ぶ．花色は暗赤，赤，桃，白など． | 有機質の多い砂壌土が適する．10月または3月頃に株分けを行う．日照がよくない場所でも耐える．苗の低温処理で開花が促進される．切り花には「湯揚げ」処理を行う．STS処理後に出荷する． |
| アストランチア<br>*Astrantia* spp.<br>（セリ科） | 欧州，西アジア | 5～9月<br>（周年） | 一般的に栽培される*A. major*は高さ30～60 cm．葉は5裂して鋸歯がある．長い花茎の先に花序を形成し，花弁状の苞をもつ．花色は緑がかった桃，淡緑，暗赤． | 腐植質の多い排水のよい場所が適する．10～11月に定植し，約3年で改植する．暑さにはあまり強くない． |
| アニゴザントス<br>*Anigozanthos* spp.<br>（ハエモドルム科） | オーストラリア南西部 | 3～6月<br>〈施設栽培〉<br>（3～12月） | 単子葉植物．草丈30 cm～2 m．地下茎から剣状の葉を出す．葉の間から花茎を伸ばし，先端にカンガルーの足を思わせる花をつける．花序は有毛．花被は長い筒部をもつ．種間交雑などによる園芸品種が多く利用される．花色は赤，黄，緑，その中間色など．花被筒部の先端とつけ根部分で色が異なるものなど，着色部位にも変化がある．園芸上はしばしば「カンガルーポー，キャッツポー」の名でよばれる． | 増殖は，秋または早春播きでの種子，秋の株分けによる．排水と日照のよい場所が適する．温暖地では無加温の施設で越冬可能．開花期には十分に灌水する． |

| | | | | |
|---|---|---|---|---|
| アマドコロ<br>*Polygonatum odoratum*<br>var. *pluriflorum*（Miq.）<br>Ohwi<br>（キジカクシ科←スズラン科←ユリ科） | 日本 | 5～6月<br>（2～10月） | 草丈40～80 cm．長さ約10 cmの楕円形の葉を2列に互生する．葉腋に長さ約2 cmの筒状の花を1，2個ずつ下垂する．花は白色で先端は緑色．白縞斑入りの園芸品種があり，葉物的な切り花として利用される．花店では「ナルコ（鳴子）ラン」と呼ばれることが多い．同属のナルコユリ（*P. falcatum*）ともしばしば混同されるが，茎の断面の形状で区別できる． | 半日陰のやや乾燥した場所が適する．繁殖は晩秋の株分けによる．定植後は4～5年据え置きする． |
| アヤメ<br>*Iris sanguinea* Hornem.<br>ex Donn.<br>（アヤメ科） | 日本，朝鮮半島からシベリア | 5月 | 葉は長さ約50 cm，幅約1 cmで主脈は不明瞭．花茎は約60 cm，径10 cmの花を2～3花つける．花色は紫，まれに白，紫紅，淡黄．咲き方には三英，六英，八重咲きがある（ハナショウブを参照）． | 日照と排水のよい場所が適する．開花直後9月に株分けで増殖する．定植後5～6年はそのまま据え置くほうがよい． |
| アルケミラ（ハゴロモグサ）<br>*Alchemilla mollis*<br>（Buser）Rothm.<br>（バラ科） | 欧州東部 | 6～7月<br>（4～7月） | 高さ40～50 cm．株の直径約50 cm．葉は心臓形で軟毛がある．散房花序に緑黄色の花を多数つける．ロックガーデンやグランドカバーに利用される．花はドライフラワーにも適する． | 半日陰のやや湿り気のある場所が適する．夏の暑さと乾燥には弱い．秋または春に株分けする．実生も可能． |
| エキナセア<br>（ムラサキバレンギク）<br>*Echinacea purpurea*<br>（L.）Moench.<br>（キク科） | 北米東部 | 6～10月<br>（6～10月） | 高さ60～100 cm．茎の中ほどでよく分枝する．葉は卵状披針形．頭花は茎頂に1個つき，径10 cm．舌状花の色は紫紅～白．舌状花を取り除きドライフラワーにもする． | 日照と排水のよい場所が適する．春に株分けを行う．実生も可能．1月にフレーム内に播くと，年内に開花． |
| エリンジウム<br>*Eryngium* spp.<br>（セリ科） | 欧州，中央アジア，北米，中米 | 6～8月<br>（周年） | 切り花として栽培の多いマツカサアザミ（*E. planum*）は高さ約1 m．球状の頭状花の基部から7～9枚の短い総苞が放射状に出る．花色は淡紫．他には，*E. alpinum*, *E. giganteum*, *E. yuccifolium* などが栽培される． | 冷涼な地域の日照と排水のよい場所が適する．秋または春に株分け，または実生で増殖する．高温・多湿には弱い． |
| オイランソウ（クサキョウチクトウ，シュッコンフロックス）<br>*Phlox paniculata* L.<br>（ハナシノブ科） | 北米 | 6～9月<br>（6～8月） | 高さ60～120 cm．茎は剛直で直立し，先端に球状になる円錐花序をつける．花は花筒をもち径約2.5 cm．花色は，紅，桃，淡桃，鮭桃，藤紫，白など．マキュラータ種（*P. maculata*）も，切り花，鉢物，花壇用に利用される． | 性質は丈夫．苗は9～10月に定植する．3～4月の萌芽前に掘り上げ，3～4芽ずつに株分けする．数年間は据え置きできる．挿し木も可． |
| オウゴンヤグルマソウ<br>*Centaurea macrocephala* Puschk.<br>Ex willd.<br>（キク科） | アルメニア，コーカサス | 6～7月<br>（11～翌6月） | *Centaurea* 属は500以上の種からなる大きな属で，宿根性の種としては本種がよく栽培される．高さ約1 m．葉は大きな長楕円形～披針形で有毛．茎頂に径約10 cmの黄金色の花をつける．本属では，*C. cineraria* もよく栽培される．他に，*C. dealbata*, *C. montana* などが栽培される． | 日照と排水のよい場所が適する．耐寒性は強い．増殖は開花後の株分け，または春の播種での実生による． |
| オキシペタラム<br>*Tweedia caerulea*<br>D. Don<br>（キョウチクトウ科←ガガイモ科） | ブラジル，ウルグアイ | 6～9月<br>（周年） | 半つる性で草丈100 cm以上．茎葉には細かな白い毛が生えている．葉は長楕円形，基部は心臓形で，長さ9 cm前後．上位の葉腋に有柄の星形の花を1～数個つける．花は径約3 cm．花色は淡青が一般的だが，桃，白などの品種もある．従来の学名は *Oxypetalum caeruleum* とされていた．園芸上は「ブルースター」とも呼ばれる． | 日照と排水のよい場所が適する．繁殖は種子や挿し木．播種時期は春または秋，挿し木時期は夏．耐寒性は強くないが，約3℃を保てれば越冬が可能．切り花にする場合は，樹液を洗い流す． |

| | | | | |
|---|---|---|---|---|
| オミナエシ<br>*Patrinia scabiosifolia* Fisch.<br>（スイカズラ科←オミナエシ科） | 日本，朝鮮半島，中国，シベリア東部 | 8～10月<br>(7～9月) | 高さ1m以上．茎は直立して分枝し，根出葉は卵形または長楕円形．花は黄色の小花で散房状の集散花序となる．秋の七草の一つ． | 日照と排水のよい場所が適する．栽培は容易． |
| カキツバタ<br>*Iris laevigata* Fisch.<br>（アヤメ科） | 日本，朝鮮半島からシベリア | 5月 | 葉は幅広く2～3cm，広線形の剣状で長さ50～80cm，肉厚で主脈は細い．花茎は葉とほぼ同長．花は径12cm前後で青紫，白，絞りもある．咲き方には三英，六英，八重咲きがある（ハナショウブを参照）． | 耕土が深く，夏に冷涼な湿地が適する．地下水位が10～20cmを維持できれば通年湛水を保たなくてもよい． |
| ガマ<br>*Typha latifolia* L.<br>（ガマ科） | 北半球の温帯 | 7～8月<br>(4～9月) | 水辺湿地に生育する大形の抽水性水草．高さは1.5～2m．葉は線形．花序の上部に雄花群，その下方に雌花群をつけ，ともに花被はない．花が終わった後の肉穂花序は褐色． | 肥沃な粘質土壌が適する．春に株分けし，水深は10～20cmにする．2～3年ごとに植え替える． |
| カライトソウ<br>*Sanguisorba hakusanensis* Makino<br>（バラ科） | 日本（本州中部） | 6～9月<br>(6～10月) | 高さ40～80cm．根出葉の小葉は楕円形で9～13個，長さ4～6cm．枝の先に長さ10cmほどの円柱形の穂状花序を1個～数個つける．花序は垂れ下がる．花弁はなく，赤紫色の目立つ部分は雄蕊．日本固有種． | 日照と排水のよい場所が適する．山野草だが，水や肥料は比較的多く要する．春の発芽前か秋に株分け．実生栽培の播種は春． |
| カンパニュラ<br>*Campanula* spp.<br>（キキョウ科） | ユーラシア中部・北部（*C. glomerata*） | 5～7月<br>〈*C. glomerata*〉 | カンパニュラ属は約300種がおもに北半球の温帯から寒帯に分布し，日本にもホタルブクロ（*C. punctata*）など4種が自生．花冠の先端は5裂，雄蕊は5本．本属の中で多く栽培されるフウリンソウ（*C. medium*）は二年草．宿根草では*C. glomerata*（リンドウザキカンパニュラ）と*C. persicifolia*（モモバギキョウ）の栽培が多い．前者は高さ30～90cm，茎の上部にリンドウに似た紫色の花を斜め上向きに多数つける．九州に自生するヤツシロソウはこの変種．後者は高さ30～100cm，キキョウのような広鐘形の花を総状につける．花色は淡青紫や白．*C. rapunculoides*は，高さ60～120cm，長い花穂に淡紫色の花を斜め下向きに多数つける． | 日照と排水がよく，pH6.0～7.0の腐植質に富んだ土壌が適する．耐寒性は強いが，高温多湿には弱いものが多い．それらは，夏には半日陰にする．繁殖は秋または春の株分けによる．挿し芽のできる種もある．実生も可能で，春播きすると翌年から開花するものが多い． |
| キキョウ<br>*Platycodon grandiflorus* (Jacq.) A. DC.<br>（キキョウ科） | 日本，朝鮮半島，中国北部 | 6～8月<br>(5～10月) | 1属1種．高さ50～100cm．葉は狭卵形で鋸歯がある．茎頂に5花弁の鐘形の花をつける．花色は濃青，淡紫，淡桃，白など．二重咲きの品種もある．根は薬用に利用される．秋の七草の一つ． | 耕土が深く，有機質の多い土壌が適する．増殖は，株分け，挿し芽，または3月下旬播種での実生．低温，ジベレリン処理で休眠は打破される． |
| ギボウシ<br>*Hosta* spp.<br>（キジカクシ科←リュウゼツラン科←ユリ科） | 極東アジアの亜寒帯から温帯 | 5～9月<br>(4～7月) | 約20種あり，多くは日本に自生する．高さは20～100cm．葉は長い葉柄を持ち披針形または広楕円形．白～紫の6弁のラッパ状の花を花茎につける．花は一日花．栽培品種の中には，葉が白覆輪になるものもある． | 湿地の半日陰が適する．増殖は株分け，実生による．株分けは春の萌芽前が適するが，年間を通じて可能．混植すると交雑の恐れがある． |
| クジャクアスター（シロクジャク，クジャクソウ）<br>*Aster ericoides* L.<br>（キク科） | 北米 | 9～10月<br>（シュッコンアスターとして周年） | 高さ約1.5m．根出葉は長さ12cmで有柄．頭状花は径1.5cmで茎の上部に多数つく．舌状花は白色，管状花は黄色．14時間以下の短日で花芽分化する．シュッコンアスターとして扱われることもある．ユウゼンギク（*A. novi-belgii*）との交雑により，桃や淡紫の花色の品種も作出されている． | 挿し芽で増殖．日長操作と加温によって周年生産が可能．促成栽培では出荷期の45日前から短日処理を行う．抑制栽培では出荷期の30日前まで電照する． |

| | | | | |
|---|---|---|---|---|
| クラスペディア<br>*Pycnosorus globosus* Benth (= *Craspedia globosa* Benth.)<br>(キク科) | 西オーストラリア州以外の豪州（*Pycnosorus* 属の分布域） | 5～7月<br>（周年） | 高さ60～100 cm．ロゼット状の株から線形ないし披針形の葉を伸ばす．葉は銀白色の細かい毛でおおわれる．細く硬い花茎の先端に黄色の球状の花序をつける．花序は筒状花が集合したもので，舌状花を欠く．ドライフラワーにも向く．なお，近縁種について，小花が短い茎を介して基部に着生しているか否かにより，茎のない種を *Pycnosorus* 属，茎のあるものを *Craspedia* 属と区別する見解もある． | 増殖は株分けまたは種子による．秋（寒冷地では春）に種子を育苗用土にばらまきし，覆土はしないか2 mmほどにする．鉢上げや定植には肥沃で排水のよい土が適する．高温多湿や霜を避け，やや乾燥ぎみに管理する． |
| クレマチス<br>*Clematis* spp.<br>(キンポウゲ科) | 温帯アジア，欧州，北米 | 5～6月〔一季咲き品種〕，5～10月〔四季咲き品種〕<br>（4～10月） | 宿根草のほか，つる性の木本に分類される種もある．花被片は普通4枚，ときには6または8枚で偶数．花被片は萼片由来．雄蕊は多数で一部花被片状になることもある．雌蕊も多数あり，開花後花柱は伸びて長い尾毛のある痩果をつける．園芸品種には，中国産のテッセン（*C. florida*）や日本にも自生するカザグルマ（*C. patens*）などと，アジアやヨーロッパ産の種が交雑されてつくられたものが多い．欧州ではジャックマニー種（*C.* ×*jackmanii*）の栽培が多い．園芸品種の花色は青紫や藤，桃，白，深紅，緑，淡黄などだが，原種には黄もある． | 保水性，排水性のよい土が適する．繁殖は主として挿し木による．挿し木の適期は5～7月．定植の適期は10～11月，定植時は基部の2～3節が土中に埋まるようにする．一季咲きの品種は開花後に剪定．四季咲きのものは，冬期に1/2～1/3に刈り込み，開花後は花をつけている節の下で剪定．土壌の乾燥には弱い． |
| ゲイラックス<br>*Galax urceolata* (Poir.) Brummitt<br>(イワウメ科) | 北米東部 | 5～6月<br>（切り葉は周年） | 地下茎から多くの葉を出し，ロゼットをつくる．葉柄長は約15 cm，葉は直径約9 cmの心臓形で厚く光沢がある．冬には銅色になる．長さ約20 cmの花茎に，多数の小さな白花からなる長い総状花序をつける．花色は白，萼，花弁，雄蕊など5数性． | 半日陰の酸性土壌が適する．増殖は株分けによる．切り葉がフラワーアレンジメントに利用される． |
| ケローネ（チェロネ・リオニー，スピードリオン，ジャコウソウモドキ）<br>*Chelone lyonii* Pursh.<br>(オオバコ科←ゴマノハグサ科) | 北米東部 | 6～9月<br>（7～9月） | 高さ約80 cm．長い柄のある葉は，卵形で光沢があり対生する．茎の上部に筒型の唇形花をかためてつける．花色は紫紅，淡桃，白など． | 繁殖は6月に挿し芽，あるいは春の実生による．4～5年ごとの秋または3月下旬に改植や株分けをする． |
| コウホネ<br>*Nuphar japonicum* DC.<br>(スイレン科) | 日本，朝鮮半島 | 6～9月 | 小川，溝などに自生する．名は白色の肥大した根茎に由来する．水中葉と水上葉があり，水上葉は長円形で濃緑色，平滑．長い花梗上に径4～5 cmの黄色い花を単生する． | 4～5月に株分けし，水深の浅い池や水田に植え付ける．このとき施肥も行う． |
| シオン<br>*Aster tataricus* L. f.<br>(キク科) | 朝鮮半島，中国北部，シベリア，（日本） | 9～10月 | 高さ約2 m．根出葉は長さ60 cmで長楕円状披針状，羽状脈がある．径3 cmの頭状花を散房状につける．舌状花は淡紫色，管状花は黄色．矮性種もある．日本に自生との説と，日本へは薬用に持ち込まれたとする説がある． | 壌土または砂質壌土が適する．日照や排水はとくに良好でなくてもかまわない．繁殖は，秋または春に地下茎を株分けする． |
| ジャーマンアイリス<br>*Iris germanica* L.<br>(アヤメ科) | （不明） | 5月 | 葉は幅広い緑白色の剣状葉．花は大輪で3外花被片は下垂し，3内花被片は大きく直立し，外花被の基部より中央にかけてひげ状の突起をもつ．紫，青，藤，黄，橙，黄茶，桃，白など多彩で，黒に近い品種もある．種間交雑により多様な品種群が分化し，ほとんどが四倍体． | やや乾き気味の弱アルカリ性の土壌が適する．耐寒性は強いが，高温多湿に弱い．2年に一度9月に株分け．根茎の背部が地表に出るような浅植えとする． |

| | | | | |
|---|---|---|---|---|
| シャクヤク<br>*Paeonia lactiflora* Pall.<br>(=*Paeonia albiflora* Pall.)<br>(ボタン科) | 中国東北部, モンゴル, シベリア | 5～6月<br>(4～6月) | 高さ40～100 cm. 下葉は複葉, 上部は単葉. 花型は変化が多く, 花弁の形, 雄蕊の発生位置から8型に分類される. 花色は紅, 桃, 白など. | 排水のよい土壌に9月下旬植え付け. 翌年は摘蕾し開花させない. 開花促進に低温を必要とする. |
| シャスタデージー<br>*Leucanthemum* × *superbum* (J. Ingram) Bergmans ex Kent (=*Chrysanthemum maximum* Ramond)<br>(キク科) | (種間交雑植物, 交雑親の原産地はヨーロッパ, 日本) | 5～6月 | 高さ20～100 cm. ロゼット状に広がった株から花茎が伸長して頂部に頭状花をつける. 花径5～10 cmで花色は白. 米国の育種家バーバンク (L. Burbank) によって育成された種間交雑植物. 交雑親には, ヨーロッパ原産のフランスギク (オックスアイデージー, *L. vulgare*), *L. maximum*, *L. lacustre*, 日本原産のハマギク (*Nipponanthemum nipponicum*) が用いられたとされる. | 日照と排水のよい場所が適するが, 性質は強健で栽培は容易. 繁殖は秋の株分けによる. 挿し芽や実生も可能. 長日条件 (16時間) で開花が促される. |
| シュウメイギク (キブネギク)<br>*Anemone hupehensis* Lem. var. *japonica* (Thunb.) Bowles & Stearn<br>(キンポウゲ科) | 中国 | 9～10月 | 高さ約70 cm. 長柄の根出葉のほか茎にも短柄の葉をつける. 茎は上部で分かれ, 先端に径約5 cmの淡紫紅色の花をつける. 八重咲きが一般的だが, 白一重咲き種やタイワンシュウメイギク (*A. vitifolia*) との交雑に由来する品種も栽培される. 着色し目立つ部分は萼片. | 肥沃でやや湿り気の多い土壌が適する. 春または秋に株分けを行うか, 早春に播種する. 3～4年据え置きがよい. 夏は遮光する. |
| スイレン<br>*Nymphaea* spp.<br>(スイレン科) | 北半球の熱帯と温帯, 南アフリカ, オーストラリア | 5～10月 | 約40種が含まれ, 耐寒性と熱帯性スイレンに分けられ, 耐寒性スイレンはさらに, 大形系と小形系に分けられる. 熱帯性スイレンは昼咲き系と夜咲き系に二分される. 種間交雑などにより多くの品種が作出された. 葉は長い葉柄の先端につき, 円形で水面に浮かぶ. 熱帯性スイレンの花は, 水面からとび出して咲く. 耐寒性スイレンの花は, 水面に浮かび, 昼咲きのみ. 原種では, 花径10～15 cmのものが多く, 芳香のある花をつける種もある. 花色は青, 紫, 赤, 桃, 鮮黄, 淡黄, 白など多彩. | 水生植物. 耐寒性種は, 防寒なしで越冬. 熱帯性種は秋に掘り上げ, 徐々に乾燥させ, 冬季も7℃以上を保つ. 水中に残す場合は15℃以上の水温が必要. 繁殖は株分け. 春に, 芽の先端を出して土中に地下茎を埋め込む. 水深は, 発芽するまで15 cm, その後は耐寒性種では約30 cm, 熱帯性種では50 cm以上を保つ. |
| ストケシア<br>*Stokesia laevis* (Hill) Greene<br>(キク科) | 北米南西部 | 6～9月 | 高さ50～60 cm. 下部より分枝し, 先端に径7～10 cmの花をつける. 花色は青紫, 淡紅, 淡黄, 白など. 量的長日植物. | 日照と排水のよい場所が適する. 秋または春に株分けで繁殖. |
| ストレリチア・レギネ (ゴクラクチョウカ)<br>*Strelitzia reginae* Banks ex Dryand.<br>(ゴクラクチョウカ科←バショウ科) | 南アフリカ・ケープ州東部からナタールにかけて | 周年だが秋が盛期<br>(周年) | 温室植物. 高さ1～2 m. 葉は根生し革質で40 cmほど. 葉柄には溝があり葉身より2～3倍長い. 花茎の先端は仏炎苞状の苞葉となり, 鳥の頭のような形に曲がる. 萼片は黄または橙. 花弁は青紫. | 生育適温は25℃だが, 暖地では露地でも越冬可能. 営利生産では最低気温5～7℃を確保する. 1株3～4茎に株分けする. |
| ソリダゴ<br>*Solidago* spp.<br>(キク科) | 北米 | 7～9月<br>〈オオアワダチソウ〉<br>(周年だが, 秋が盛期) | 園芸的に用いられるオオアワダチソウ (*S. serotina*) は, 高さ約1 m, 直立し, 黄色の偏側生の花穂を茎頂につける. セイタカアワダチソウ (*S. altissima*) より開花期が早い. カナダアキノキリンソウ (*S. canadensis*) は7～9月に開花し, 花穂はやや細い. | 日照と排水のよい場所が適するが, 非常に強健. 繁殖は春, または秋の株分けによる. 長日条件でロゼット化が防止できる. 株の台刈りや電照により開花期を遅らせることができる. |

| | | | | |
|---|---|---|---|---|
| ソリダスター<br>×*Solidaster luteus*<br>Green ex Dress.<br>(キク科) | (属間雑種,原種の原産地は北米) | 6～9月<br>(9～翌7月) | アスター属の*Aster ptarmicoides*とソリダゴ属の一種（種は不明）との属間雑種．20世紀初頭に育成されたといわれる．高さ約70 cm．茎は上方で多数枝分かれし，直径1.3 cmほどの頭花を散房状に多数つける．葉は長楕円形～線形．舌状花は咲き始めは鮮黄，後に淡黄． | 耐寒性，耐暑性があり，強健．株分けは2～3年ごとに春，または秋に行う．さび病予防のため，風通しをよくする．長日で茎の伸長が，その後の短日で花芽分化や開花が促進される． |
| タナケツム（ナツシロギク，マトリカリア）<br>*Tanacetum parthenium*<br>(Willd.) Schultz-Bip.<br>(=*Chrysanthemum parthenium* Bernh.)<br>(キク科) | 西アジア，バルカン半島 | 6～7月<br>(周年) | 草丈30～80 cm．茎はよく分岐し，葉は有柄で羽状深裂．直径1.5～2.5 cmの頭花を多数散房状につける．中心花は黄色，辺花は白色．野生種は一重咲きだが園芸品種には八重咲き，ポンポン咲きなどがある．園芸上は「マトリカリア」と呼ばれる．質的長日植物である． | 日照と排水のよい場所が適する．増殖は春の挿し芽，あるいは種子（秋または春まき）による．耐寒性は強いが，高温多湿には弱い． |
| チョコレートコスモス<br>*Cosmos atrosanguineus*<br>(Hook) Voss.<br>(キク科) | メキシコ | 4～7月，9～11月 | 高さ50～60 cm．長い花柄の先に径2.5～4 cmの一重の暗赤褐色の花を咲かせる．チョコレートのような香りがある．キバナコスモス（*C. sulphureus*）との交雑種も栽培される． | 日照と排水のよい場所が適する．繁殖は，5～6月の挿し芽，春または秋の株分けによる． |
| ドイツスズラン<br>*Convallaria majalis* L.<br>(キジカクシ科←スズラン科←ユリ科) | ヨーロッパ | 4～5月<br>(3～6月) | 一般に「スズラン」として流通しているのは本種．日本にも自生するスズラン（*C. keiskei*）より花茎が長く，葉と同じ高さになる．葉は長楕円形．葉鞘間から長さ約30 cmの花茎を伸ばし，芳香のある壺状の白色の花を10個ほど下向き，総状につける．花が八重や桃の品種，斑入り葉の品種もある．有毒植物． | 10～11月の株分け時に花芽をもつ芽を区別して植える．葉芽の開花は翌々年．冷蔵処理（-2～2℃湿潤8週間）後の加温栽培や長期冷蔵（-4～-2℃湿潤）による抑制栽培も可能． |
| トリカブト（アコニタム，ハナトリカブト）<br>*Aconitum carmichaelii*<br>Debeaux<br>(キンポウゲ科) | 中国四川省 | 8～10月 | 高さ1m前後．葉身は厚く3深裂し有柄．濃紺青色の円錐花序を茎の上部につける．有毒だが薬用にもされる．花はエチレン感受性あり． | 肥沃な深い土壌が適する．秋に塊根状の根を株分けする．連作障害に注意． |
| ハス<br>*Nelumbo nucifera*<br>Gaertn.<br>(ハス科←スイレン科) | 熱帯および温帯，東アジアから北オーストラリア | 7～8月<br>(7～8月) | 耐寒性の水生植物で根茎を食用とする．葉は水面より高い位置に広がり円形，盾形で径約40 cm．花色は紅，淡紅，白で，径10～25 cm． | 3～4月に株分けし，先端の芽を土の上に出して浅い池や水田に植え付ける． |
| ハナショウブ<br>*Iris ensata* Thunb. (=*I. kaempferi* Siebold)<br>(アヤメ科) | 日本，朝鮮半島からシベリア | 5～6月 | 葉は線形の剣状で長さ80～100 cm．主脈は太く明瞭．花茎は1～1.2 m，花は径12～15 cm．外花被片3弁が大きく発達した3英咲き，内・外花被片6弁がほぼ同大になる6英咲き，雄蕊が花弁化して立つ八重咲き，外花被が内花被を包むような玉咲き，外花被の両縁が内側に巻き込み先が爪のような形になる爪咲きがある．花色は紫，青紫，紫紅，白などと覆輪． | 植壌土または砂壌土で，水田または多湿な畑地が適する．6月に株分けし，葉を30 cmほどに切りつめて定植する．3～4年で改植する．10月上旬から2か月間長日処理し，低温経過後に加温すると3月から開花する． |
| ハマナデシコ（フジナデシコ）<br>*Dianthus japonicus*<br>Thunb.<br>(ナデシコ科) | 日本（本州中部以西） | 6～10月 | 高さ30～70 cm．葉は肉厚で光沢がある．茎頂に集散花序をつける．野生種の花色は藤色だが，園芸品種は紅と白．近年藤色の品種も作出された．種間交雑も行われている．ダイアンサス属の中では開花期が最も遅い． | 暑さに強く，日持ちがよい．挿し芽が可能だが，種子が多数採れ実生も容易．秋に播種や定植をし，夏に採花する栽培が多い． |

| | | | | |
|---|---|---|---|---|
| ヒオウギ<br>*Iris domestica* Goldblatt & Mabb.<br>（アヤメ科） | 中国，日本，台湾，インド北部 | 7～8月<br>(6～10月) | 高さ50～100 cm．葉は扁平で剣状，扇形に開く．花は分枝した花梗に頂生し，赤，赤橙，桃など．切り花用には矮性，広葉のダルマヒオウギ（var. *cruenta* f. *vulgaris*）がよく利用される． | 日照と排水のよい場所が適するが，土質は選ばない．増殖は，株分け，実生，挿し木． |
| ビャクブ（リキュウソウ）<br>*Stemona japonica* (Blume) Miq.<br>（ビャクブ科） | 中国 | 5～6月<br>(切り葉として周年) | 草丈1～2 m．茎は叢生し上部はつる状になる．葉は有柄，卵形で長さ5 cm前後．平行な5本の脈がある．花は淡緑色で，葉腋に単生するが，葉柄と花柄の一部が合着しているため，葉身の上についているように見える．花の中心部分は紫を帯びる． | 温暖な環境で，肥沃な半日陰の場所が適する．増殖は，3月下旬～4月上旬播種の種子または，晩秋か春の萌芽前の株分けによる． |
| フィソステギア（カクトラノオ，ハナトラノオ）<br>*Physostegia virginiana* (L.) Benth.<br>（シソ科） | 北米 | 8～9月<br>(7～10月) | 高さ1 m前後．地下茎は匍匐する．茎は直立して一本立ちし，四角形．葉は長楕円形で長さ8～12 cm．茎の先端に長さ20～30 cmの穂状花序をつける．花色は桃紅，紫桃，暗紅，白など． | 日照と排水のよい場所が適する．9月または3月に株分けをするなど，実生も可能． |
| フジバカマ（ユーパトリウム）<br>*Eupatorium japonicum* Thunb.<br>（キク科） | 東アジア | 8～10月<br>(8～10月) | 高さ1 m前後．茎は硬く直立し，茎頂に小さな筒状花を散房状につける．花色は淡紫紅，白．茎葉を乾燥させると芳香がある．秋の七草の一つ．環境省レッドリストの準絶滅危惧種． | 腐植質が多く，日照のよい場所が適する．増殖は，6～7月に挿し芽，または，秋に播種して春に定植する． |
| ブバルディア<br>*Bouvardia* Salisb.<br>（アカネ科） | 熱帯アメリカ | 10～11月<br>〈施設内自然日長〉<br>（周年） | 半耐寒性の低木または多年草．葉は卵形または披針形．花は長い管状で，集散花序となる．花冠は先端が4裂し，花色は白，桃，橙，赤など．*B. leiantha*, *B. longiflora*, *B. ternifolia*などの交配による品種が広く栽培される．*B. longiflora*は白色品種の重要な親となった．量的短日植物． | 腐植の多い肥沃な土が適する．日長操作と加温による周年栽培が可能．切り花や鉢物として利用される．増殖は5～6月の挿し木による．灌水は十分に行う．冬は霜よけをする． |
| ヘリオプシス（キクイモモドキ）<br>*Heliopsis helianthoides* (L.) Sweet subsp. *scabra* (Dunal) T. R. Fisher<br>（キク科） | 北米東部 | 6～9月<br>(6～10月) | 高さ約1 m．茎は基部で分枝．葉はざらつく，径6～7 cmの黄色い頭状花をつける．八重品種もある．「ヒメヒマワリ」と呼ばれることがあるが，「ヒメヒマワリ」は*Helianthus debilis*を指す． | 日照と排水のよい場所が適する．4月に播種をするか，10～11月，あるいは3～4月に株分けをする． |
| ヘリコニア<br>*Heliconia* spp.<br>（オウムバナ科←バショウ科） | 熱帯アメリカと南太平洋諸島 | 6～10月<br>〈温室栽培〉<br>（周年） | 草丈は種や品種により異なり，50 cm～7 m．茎は葉鞘が包み合った偽茎．葉身と葉鞘の間に葉柄のある種と，無柄かごく短い種に分けられる．多数の苞からなる花序は，直立または下垂する．苞は二つ折れの舟形で色は赤や黄．苞の中には小苞をもつ両性花が数個ずつある． | 耐寒性が弱く，10～15℃以上必要．肥沃で排水のよい土が適する．高温多湿を好むが，夏季は半日陰にする．生育期間中は十分な灌水が必要だが，冬期はひかえる．増殖は5～6月の株分け． |
| ベロニカ<br>*Veronica* spp.<br>（オオバコ科←ゴマノハグサ科） | 北半球の温帯 | 7～9月〈*V. longifolia*〉<br>(5～10月) | 日本にもクワガタソウ（*V. miqueliana*）など約20種が自生．単にベロニカと呼ばれることが多い*V. longifolia*は，欧州中部から北アジアの原産で，高さ60～80 cm．花は頂生で，密な総状花序につく．花色は青紫，桃，白など．高さ20～60 cmの*V. spicata*は，花壇に多く利用． | 日照と排水のよい肥沃な場所が適する．3月に株分け，または4月に播種する．3年ほど据え置き，3月に改植する． |

| | | | | |
|---|---|---|---|---|
| ホオズキ<br>*Physalis alkekengi* L.<br>var. *franchetii* Makino<br>（ナス科） | 東アジア | 7～8月<br>（着色期）<br>（7～8月） | 高さ60～90 cm．葉は卵円形で花は腋生する．果実は液果で，球形で赤熟する．袋状の宿存萼は，橙赤色になり観賞の対象となる．萼が分かれるヨウラクホオズキ（f. *monstrosa*）や，矮性の園芸品種にサンズンホオズキがある． | 日照と排水のよい場所が適する．栽培は容易で数年間据え置きできる． |
| ホトトギス<br>*Tricyrtis hirta*<br>(Thunb.) Hook.<br>（ユリ科） | 日本<br>（関東以西） | 9～11月<br>（9～10月） | 高さ30～70 cm．葉腋に漏斗形の花を1～数個つける．白地に紅紫色の斑点がある．タイワンホトトギス（*T. formosana*）は頂部に散房状の花序をつくり，切り花によく用いられる．ホトトギスとの交雑品種，黄色の花をつける原種もある． | やや冷涼な気候を好み，保水・排水のよい土壌が適する．9～10月に挿し木，あるいは3～4月に株分けし，2～3年据え置く．夏は遮光． |
| ホリホック（タチアオイ）<br>*Alcea rosea* L.<br>（アオイ科） | アジア西部 | 5～8月 | 高さ約2 m．茎は硬く，絨毛がある．葉は心臓形で長い葉柄があり葉身は10 cm以上．茎の上部葉腋に径10 cmを超える一重または八重の花をつける．花色は白，黄，桃，赤，紫など． | 日照と排水がよければ土質は選ばない．実生あるいは3～4月に株分け．毎年植え替えると生育がよい． |
| マーガレット（モクシュンギク）<br>*Argyranthemum frutescens*（L.）Schultz-Bip.<br>（キク科） | カナリア諸島 | 3～6月<br>（11～翌5月） | 高さ約1 m．半低木性で，盛んに分枝する．葉は羽状に裂刻した単葉で，枝の頂部に数個の頭状花をつける．舌状花の色は淡桃，淡黄，白などで，一重あるいは八重．普通は種子をつけない． | 0℃以下に下がらないようにする．繁殖は挿し芽による．越夏後の株は花芽分化しにくい状態になっており，低温にあうことにより回復する．開花は長日で促進される． |
| ミソハギ<br>*Lythrum anceps*<br>(Koehne) Makino<br>（ミソハギ科） | 日本<br>（本州，四国，九州），朝鮮半島 | 7～8月<br>（7～8月） | 草丈1 m．水辺の湿地帯に生育する．葉は広披針形，無柄またはほとんど無柄で対生する．直立した茎の葉腋に3～5花をつけ穂状花序をつくる．花色は淡桃紫．園芸的に利用が多いのはエゾミソハギ（*L. salicaria*）で，全体に突起状毛をもつ点でミソハギと区別できる．花色が白，桃紅，濃桃紫などの品種もある． | 湿地や水辺が適する．増殖は秋か早春の株分けによる．3年に1回は株分けして更新する． |
| ミヤコワスレ（ミヤマヨメナ，ノシュンギク）<br>*Aster savatieri* Kitam.<br>（キク科） | 日本<br>（本州，四国，九州） | 4～5月<br>（2～5月） | 高さは矮性種で15 cm，高性種で30～40 cm．根出葉は長卵形，長柄で長さ4～6 cm．茎は上方で分かれ，径3～4 cmの頭状花をつける．舌状花の色は，淡青，濃紫，桃，白などで，管状花は黄色．切り花用にはミヤマヨメナから選抜された高性品種が用いられる． | 9～10月に吸枝を株分けして定植．4～5月に挿し芽も可能．苗の低温処理とその後の加温で，12月からの開花可能．ただ高温ではアボーションが発生することがある． |
| モナルダ・ディディマ（タイマツバナ）<br>*Monarda didyma* L.<br>（シソ科） | 北米東部 | 6～8月<br>（5～7月） | 高さ約1 m．茎は四角，葉は卵形で先がとがり，ハッカのような香りがある．花色は紅，紫紅，桃，白など．矮性品種もある．ヤグルマハッカ（*M. fistulosa*）は，本種より茎は少し細く，密生して株立ちする． | 土壌はとくに選ばないが，やや湿った場所が適する．増殖は春に実生，または秋に株分け．3年目ごとに植え替える． |
| ユウゼンギク（ミケルマスデージー）<br>*Aster novi-belgii* L.<br>（キク科） | 北米 | 9～11月<br>（シュッコンアスターとして周年） | 高さ50～150 cm．上部の普通葉は無柄で茎を抱く．頭状花は径2.5 cm，濃いスミレ色，赤，白．日本に帰化している．英国で他種との交雑により多数の品種が作出された．これら*Aster*属の種間交雑で育成された品種を日本では「ミケルマスデージー」と呼ぶことが多いが，「シュッコンアスター」として扱われることもある． | やや湿り気のある排水のよい土壌が適する．耐寒性が強く強健．花壇では6月に摘心する．うどんこ病に注意が必要．長日条件でも花芽分化はするが，花芽の発達は短日で進む． |

| 和名・学名（科名） | 原産地 | 開花（出荷）期 | 形態・生理生態的特徴 | 栽培管理・開花調節 |
|---|---|---|---|---|
| リアトリス（ユリアザミ、キリンギク）<br>*Liatris* spp.<br>（キク科） | 北米東南部 | 6～9月<br>(2～8月) | 高さ60～180 cm. 葉は線状で、らせん状につく. 小花は集合して穂状花序を形成する. 花のつき方により、「槍咲き」と「玉咲き」に区別される. 槍咲き種では *L. scariosa*, *L. ligulistylis* が、玉咲き種では *L. spicata* が多く栽培され、種間雑種も利用される. 花色は淡紫紅、桃、白. 塊茎状の肥大茎をもつ. 矮性種もある. | 日照と排水のよい場所が適する. 株分けは3月か10月. 実生も可能で、3～4月に播種すると翌年開花する. 2～3年に1回改植する. 夏の高温で休眠が誘導され、低温で打破される. |
| ルドベキア<br>*Rudbeckia* spp.<br>（キク科） | 北米 | 7～9月〈*R. laciniata*〉、6～9月〈*R. hirta*〉(7～9月) | オオハンゴンソウ（*R. laciniata*）は、草丈60～270 cm. 頭花は散房状に1～数個つく. 花径は6～10 cm. 舌状花は黄、筒状花は緑黄. 日本でも野生化. 八重咲き種はハナガサギクとも呼ばれる. 栽培の多い *R. hirta* は一年草で、草丈30～90 cm、全体に粗い毛がある. 舌状花は黄や橙. 筒状花は黒褐色. | 3～4月に播種、または、3月あるいは9月に株分けで繁殖する. 日照と排水のよい場所が適し、高温多湿には弱い. 花芽形成は長日で促進される. |
| ルリタマアザミ（エキノプス）<br>*Echinops ritro* L.<br>（キク科） | 欧州南部から西南アジア | 7～9月<br>(5～8月) | 高さ1 m前後で、茎は中ほどで分枝. 葉は羽状に深裂し、下面は綿毛を生じる. 頭状花は球形. 淡青紫または白の小花が全面に分布. 日本にはヒゴタイ（*E. setifer*）が自生. | 酸性土は適さないのでpH 7前後に調整する. 9～10月に播種し4～5月に定植、または3月に株分けを行う. |
| ワレモコウ<br>*Sanguisorba officinalis* L.<br>（バラ科） | ユーラシア大陸 | 7～10月<br>(6～10月) | 高さ30～100 cm. 根出葉は長い柄があり、羽状複葉. 秋に茎を伸ばし、穂状の花をつける. 花穂には花弁のない数十の小花が密に集合する. 萼片と花糸は暗紅紫色. | 排水のよい肥沃な粘質土が適する. 繁殖は開花後の株分け、あるいは実生. |

開花期は自然開花時期を、（ ）内に示す出荷期は市場に広く流通している時期を示す.

［今村　仁］

## 13.19.3　球根類

表13.14参照.

表13.14　球根類

| 和名・学名（科名） | 原産地 | 開花（出荷）期 | 形態・生理生態的特徴 | 栽培管理・開花調節 |
|---|---|---|---|---|
| アネモネ<br>*Anemone coronaria* L.<br>（キンポウゲ科） | ヨーロッパ南東部～地中海地方北部 | 4～5月<br>(11～翌4月) | 種子の発芽後、胚軸からなる塊茎が形成され、やがて上胚軸、シュート軸も塊茎に含まれる. 葉の展開、開花後地上部は枯死し、次のシーズンは塊茎上に形成された芽が伸長、開花する.<br>催芽時に10℃で4～5週間低温処理をすると、開花が1カ月程度早まる. | 実生から：発芽適温は10～20℃. ポリポットに移植、1カ月後に定植する. 温暖地では9～10月定植で11月下旬～4月開花、冷涼地では6～7月定植で9～12月開花が可能である.<br>塊茎から：6～12時間程度水か温湯に浸漬し、砂に伏せ込んで催芽し、発芽を確認後に定植する. 塊茎を冷蔵し、9月上旬に定植すると11月下旬～4月出荷が可能である. 25℃以上では、生育が停止する. 夜温は約10℃が切り花品質のためによい. |

| 名称 | 原産地 | 開花期 | 生理生態的特性 | 栽培管理 |
|---|---|---|---|---|
| アマリリス<br>*Hippeastrum* Herb.<br>(ヒガンバナ科) | 南アメリカ | 5～6月<br>(11～翌4月) | 鱗茎内で，基本的に鱗片葉を4枚分化するごとに，茎頂に花芽を分化する．花芽の順調な発達の適温は18～23℃である．これより高温，あるいは5℃以下になると，花芽が枯死し，開花数が減少する． | 10～11月に鱗茎を掘り上げ，切り花栽培に用いる．乾燥貯蔵する場合は5～10℃とする．12月出荷の場合，11月上旬に鱗茎を電熱線を敷設した促成床に植え込み，被覆を行って25℃で花蕾の抽出を促す．その後，昼温25℃，夜温20℃程度で管理する．植え込み時期および保温の程度を調節することにより，開花時期を調節できる．開花後の鱗茎は，据え置き，または掘り上げて植え付け，次作のための養成を行う． |
| アリウム<br>*Allium giganteum* Regel,<br>*A. cowanii* Lindl.<br>(=*A. neapolitanum* Cirillo.),<br>*A. unifolium* Kellogg,<br>*A. sphaerocephalon* L. など<br>(ヒガンバナ科←ネギ科←ユリ科) | 地中海沿岸，ヨーロッパ～中央アジア，アフリカ大陸北部，北アメリカ大陸西海岸 | 4～6月<br>(12～翌7月) | いずれの種類も露地では秋に植え付け，春に開花するが，生理生態的には三つに大別できる．<br>① *A. giganteum* など：花芽分化は植え付け前で，出葉時期は低温経過後．花芽形成後に低温に遭遇しないと開花に至らない．<br>② *A. cowanii*，*A. unifolium* など：花芽分化，出葉ともに秋の植え付け後．さらに花芽分化(適温15℃)に先立って高温遭遇(25～30℃)が必要なタイプ(*A. cowanii* など)と，必要でないタイプ(*A. unifolium* など)に分かれる．<br>③ *A. sphaerocephalon* '丹頂' など：一定の低温(2～10℃)遭遇によりバーナリゼーションして，花芽が分化する．<br>*A. sphaerocephalon* '丹頂' は長日で開花が促されるが，その他の種では日長の影響はほとんどない．<br>なお，*A. cowanii* は *A. neapolitanum* の異名とされるが，現在流通しているものは，本来の *A. neapolitanum* と若干形態が異なり，生態的特性も異なっている． | いずれのタイプも，栽培は最低夜温を10℃に設定するのがよい．<br>*A. giganteum*：促成栽培では，初夏の鱗茎掘上げ後，夏季に20℃90日の予冷で花芽分化させ，2℃70日の本冷をして11月に定植すると3月に開花する．<br>*A. cowanii*：ハウスでの養成あるいは前作球を5月下旬から30℃で8週間高温処理をした後に，25℃と20℃を組み合わせて3カ月間貯蔵し，10月上旬に植え付けると，11月下旬から12月下旬まで連続して開花させることができる．このとき，20℃期間が長い方が早く開花する．<br>*A. sphaerocephalon* '丹頂'：7月下旬から順次8℃10週間の乾燥貯蔵を開始し，その後定植して16時間の長日処理を行って栽培すると，1月中旬から順次開花する． |
| オーニソガラム<br>*Ornithogalum arabicum* L.,<br>*O. thyrsoides* Jacq. など<br>(キジカクシ科←ユリ科) | ヨーロッパ，西アジア，北アフリカ，南アフリカ | 4～5月<br>(周年) | 鱗茎を植え付けると秋に発芽するが，冬の間は根出葉が展開する．花芽分化は種類により9月上旬(*O. arabicum*)ないし11月中下旬(*O. thyrsoides*)に鱗茎内で始まる．4月に根出葉の間から花芽が伸長して5月に開花する．花芽の分化している茎軸の最上位葉の葉腋に，当期の2番花序(*O. thyrsoides*)として開花，あるいは次年度(*O. arabicum*)開花する茎軸が分化する仮軸生長を示す．<br>花芽分化のためには，高温遭遇による花熟状態にあることが必要である．また，順調な花茎伸長・開花には，花芽分化後に低温に遭遇することが必要である． | *O. arabicum*：5～6月の鱗茎掘上げ後，ただちに30℃12週間貯蔵してから，17～20℃に移し，花芽が花被形成段階に達した後に9～13℃乾燥8週間の低温処理を行い，定植・加温すれば，2月より開花する．30℃高温貯蔵を延長して花芽の形成を遅らせれば，抑制栽培も可能である．<br>*O. thyrsoides*：花芽形成に先立って4～8週間高温遭遇させる．11月頃からの5℃約4週間の低温処理により，花茎伸長・開花が促進される．また，最低温度10℃で管理すれば，低温処理がなくても十分な花茎伸長・開花が可能である． |

| | | | | |
|---|---|---|---|---|
| イキシア<br>*Ixia* L.<br>（アヤメ科） | 南アフリカ | 5月<br>(1～5月) | 更新型の球茎を形成し，秋に出葉して，春に抽苔・開花する．夏季は地上部が枯死し，球茎は休眠状態にある．休眠は夏季の高温により打破され，秋の涼温下で発根，葉分化と出葉，続いて花芽が分化する． | 露地，無加温栽培のほか，促成栽培が行われている．<br>掘り上げ後の球茎に対し，30℃ 4 週間の高温処理を行い，23～25℃貯蔵で根原基と葉原基の分化・発達を促してから，9℃ 4～6 週間の低温処理で花芽分化を促進する．これを 11 月初旬に植え付け，15℃に加温栽培すると 2 月に開花し，23～25℃貯蔵期間の延長により 6 月まで連続出荷できる． |
| カラー（湿地性）<br>*Zantedeschia aethiopica*（L.）Spreng.<br>（サトイモ科） | 南アフリカ | 5～6月<br>(12～翌5月) | 温暖な適温下（15～25℃）では，周年生育開花を続ける．<br>葉が 4 枚分化すると，その中心に鞘状の葉状体が形成されてその中に 1 個の花芽が形成される．その脇にやや小さい花芽がもう一つ形成される．さらに，新たな腋芽が形成されて同様の順序で葉と花芽の形成が行われる．地下茎にはこのような花芽群が三つほど存在するが，開花に達するのはその一部である． | 湧水を利用して，夏季は株元を冷涼に保ち，冬季は被覆と組み合わせて約 15℃に保温することで，花芽の発達・開花を安定させている．6～8 月は約 50％の遮光と，滞水をさけて温度上昇を防止する．暖地では 10 月より保温を開始し，冬季～春季に採花する．開花後は地上部を約 30 cm で刈り取り，夏越しに備える．株分けも開花後に行う． |
| カラー（畑地性）<br>*Zantedeschia elliottiana*（W. Watson）Engl.,<br>*Z. rehmannii* Engl.,<br>*Z. albomaculata*（Hook.）Baill. および種間雑種<br>（サトイモ科） | 南アフリカ | 5～6月<br>(ほぼ周年) | 春から生育を開始し，初夏に開花，晩秋に塊茎を形成して冬に休眠する．休眠打破には低温が必要とされる．休眠打破後は約 25℃の高温に置かれることにより植え付け後の開花が早まるが，開花数は減少する．休眠打破後の塊茎はジベレリン処理（50 ppm 液瞬間浸漬）により開花が促進され，花数も増加する． | 夏季の高温により軟腐病による被害が激しいため，冷涼地が適地である．<br>促成栽培：12～翌 2 月に休眠の破れた塊茎にジベレリン処理を行って順次植え付けることにより，2～5 月に開花させる．<br>抑制栽培：休眠打破後の塊茎を 4℃で貯蔵しておき，5 月以降に植え付けると 7 月以降の開花が可能である． |
| クルクマ・シャローム<br>*Curcuma alismatifolia* Gagnep.<br>（ショウガ科） | 熱帯アジア | 7～9月<br>(6～10月) | 球茎（1 次茎）から優勢な地上茎が発芽して，展葉，発蕾し，この頃 2 次茎が 1 次茎から発生する．さらに 2 次茎から地上茎が伸び出し，以後同様のパターンを繰り返す．球茎からは肥大根が伸長し，先端が肥大して貯蔵根を形成する．<br>開花後，短日（13 時間以下）および低温によって休眠が誘導される．この休眠打破には，数カ月の時間の経過が必要であるが，10～15℃の貯蔵で早期に休眠打破される．高温性で，栽培は最低温度 15℃以上，球茎の貯蔵温度が 10℃以下では腐敗する． | 高温性で，10℃以下の低温下では，球茎が腐敗する．一方，20℃では貯蔵中に発根・発芽する．植え付けまでは，貯蔵根を傷めないよう，13～15℃で乾燥おが屑などにパッキングしておく．<br>促成栽培：30℃で 1 カ月催芽して 3 月に植え付け，20℃以上，電照下で栽培すると，5～6 月より収穫が可能である．<br>抑制栽培：夏季の採花後，9 月より電照することにより休眠化を抑制し，12 月頃まで収穫を延長することができる． |

| 植物名 | 原産地 | 開花期 | 生態的特性 | 栽培上の特徴 |
|---|---|---|---|---|
| グロリオサ<br>*Gloriosa superba* L.,<br>(イヌサフラン科←ユリ科) | 熱帯アフリカ,<br>熱帯アジア | (周年) | 塊茎の唯一の頂端分裂組織より主枝が1本伸びる。葉の先端が巻きひげ状となり、他のものに絡みながら伸長し、数十枚の葉を展開した後に花を着生する。花の着生した節より上位の各節に花を、これより1～3節下位に側枝を形成する。主枝の発芽と同時に母塊茎より新塊茎が2～3個形成され、母塊茎は定植後30日間でほぼ消耗する。開花時頃には新塊茎は休眠状態にあり、時間の経過とともに打破されるが、10℃乾燥で45～60日間貯蔵すると早期に打破される。高温性の植物であり、塊茎は5℃以下、あるいは40℃以上で枯死し、栽培には8℃以上の加温が必要である。 | 栽培には誘引ひもあるいは支柱が必要である。<br>10℃乾燥に60日間置いて塊茎の休眠を打破後、30℃で25～40日間催芽し、約1cm発芽したものを定植する。品種によっては催芽を30℃ 20日間に続いて20℃ 20日間とすると開花節位が低下し、夏季の過度の伸長を抑制できる。<br>収穫は15～25枚の葉を残して行い、冬季では60日間、夏季には45日間新塊茎を養成して掘り上げ、冷蔵による休眠打破後に次作に用いる。順次このように栽培をすることにより、年2～3作が可能である。 |
| サンダーソニア<br>*Sandersonia aurantiaca* Hook.<br>(イヌサフラン科←ユリ科) | 南アフリカ | 5～6月<br>(周年) | 塊茎は、母塊茎が発芽後形成される2枚の低出葉の腋芽が多肉となったものであり、二又状の外見をもつ。開花時には新塊茎は休眠状態にあり、2～5℃に3～4カ月置くと打破される。<br>休眠打破後の塊茎を植え付けると、生育時期に関わらず10～15節目より上位の節に順次花芽が形成される。花芽分化に日長・温度はほとんど影響しないが、開花までの日数は高温・長日で短くなる。着生する花数は塊茎が大きいほど多くなる。 | 二又状の塊茎を茎頂部を傷めないよう注意しながら分割する。2℃で3カ月以上貯蔵して休眠を打破し、20～30℃で催芽して定植する。塊茎の植え付け時期を順次ずらすことにより、周年収穫される。ただし、夏季の高温期は品質が低下するため、冷涼地で栽培される。<br>花蕾が2～4輪開花した段階で、新塊茎の肥大のため、下葉を4～5枚以上残して収穫する。葉が黄変したときに、塊茎を掘り上げて次作に用いる。近年では、実生養成球による切り花栽培も行われている。 |
| スイセン(房咲き:ニホンスイセン,黄房スイセン)<br>*Narcissus tazetta* L.<br>(ヒガンバナ科) | 地中海沿岸 | 12～翌2月<br>(11～翌2月) | 7月中旬から鱗茎内に花芽分化を始めるが、それに先だって30℃ 3週間程度の高温遭遇を必要とする。また、くん煙やエチレン処理により、花芽分化・発達が促進される。花芽分化開始後は、20～25℃で花芽発達がすみやかに進み、自然条件下では9月中旬に副冠形成期に達する。花茎伸長や開花にはとくに低温遭遇は必要がなく、植え付け後15～20℃で栽培すればすぐに葉が出現し、順調に開花する。<br>なお、形態的には房咲きスイセンでも、口紅スイセン *N. poeticus* との交雑種 (ポエタズ系:'ゼラニウム'など) は、自然条件下では7月末に副冠形成まで達し、ラッパ・大杯系スイセンと同様に、開花には低温要求性 (5～9℃ 9週間) をもつ。 | 10～11月開花促成(ニホンスイセン):鱗茎を5月下旬に掘り上げ、葉の脱落後に30℃ 3週間の高温処理、続いてエチレン処理(1日当り6時間を2回)を施し、7月中旬までに植え付ける。<br>年末促成(ニホンスイセン,黄房スイセン):鱗茎を6月中下旬にエチレン処理し、夏季は約25℃で貯蔵、秋に涼しくなってから定植する。<br>抑制栽培:鱗茎掘上げ後、ニホンスイセンは5～10℃、黄房スイセンでは1℃で乾燥状態で貯蔵し、適宜取り出して30℃ 3週間、続いて25℃ 12週間置いた後に植え付け、15～20℃で栽培する。低温貯蔵を4月までとすれば、9月開花が可能である。30℃処理後にエチレン処理を行えば、開花率が高まる。 |

| | | | | |
|---|---|---|---|---|
| スイセン（ラッパ・大杯系）<br>*Narcissus pseudonarcissus* L. など種間雑種<br>（ヒガンバナ科） | ヨーロッパ・北アフリカ | 3～4月<br>(12～翌4月) | 葉が枯死する前の5月上中旬より鱗茎内で花芽分化が始まり、7月中旬に花被が形成された段階で約1カ月発達が停止し、その後再開して9月中～下旬には副冠形成期に達する。秋の植え付け直後に発根するが、葉の出現は春になってからであり、その中心から花茎が伸長・開花する。<br>りん茎掘り上げ直後に30～35℃の高温に5～7日遭遇させると、花芽の発達がより早くなる。花芽形成の適温は初め20℃前後であるが、発育が進むにつれて約13℃に低下する。正常な花茎伸長と開花（休眠打破）には、副冠形成後、8～10℃の低温に50～60日遭遇することが必要である。 | 年末促成栽培が主として行われている。掘上げ後、20℃に置いて内雄蕊形成期以後に達した鱗茎に対し、14℃2週間の予冷、続いて8℃で8～10週間の低温処理を行い、9月末～10月初めに植え付ける。11月より保温を行うと、年末から年始に開花させることができる。<br>栽培適温は約15℃であり、地温が20℃以上となると、開花が遅れるので注意する。 |
| ダッチアイリス<br>*Iris × hollandica* hort.<br>（アヤメ科） | 地中海沿岸 | 4～5月<br>(11～翌5月) | 自然開花期は4～5月であり、これ以前より鱗茎の肥大が進むが、6月中旬から約2カ月間は、鱗茎の肥大が進むにもかかわらず、茎頂部での葉数増加は停止しており、休眠状態にあると考えられる。休眠が破れた後、葉の分化が再開し、10月中旬頃植え付けると、11月以降に花芽の分化を開始する。<br>休眠の打破は夏季の高温によるが、花芽形成のためには、さらに花熟状態に進めておく必要がある。花熟の促進にはくん煙あるいはエチレン処理（10 ppmで1日当り8～10時間を3回気浴）が有効である。<br>花熟状態に達した鱗茎は、8～10℃の低温がバーナリゼーションとして作用し、低温感応性の高い早生系（ウェッジウッド系）'ブルーダイヤモンド'などは6週間、中生系'ブルーリボン'、'ブルーマジック'などは10週間低温遭遇することにより花芽分化が誘導される。 | 現在ではほとんどオランダからの輸入球で切り花生産が行われている。促成用輸入球は到着までにエチレンおよび低温処理が行われており、低温処理が不足しているときには、これを補った上で植え付ける。<br>年内出荷：前年産'ブルーマジック'鱗茎を28～30℃で高温貯蔵して発芽を抑えておき、7月より低温処理、10月に植え付けて加温栽培すると12月に出荷できる。早生系品種では、当年産球でも年内出荷が可能である。<br>1～3月出し促成：早生系に加え、中生系の当年産鱗茎を用いることができる。低温処理開始前にエチレン処理を行い、8～10℃での低温処理後10～11月に植え付け、保温して栽培する。<br>普通栽培：'ナショナルベルベッド'など小球性の品種も用いることができる。また、通常開花しない'ブルーマジック'小球（7 cm球）でも、植え付け直前にエチレン処理を行えば、ほぼすべて開花させることができる。10月中旬に植え付け、露地あるいは1月以降保温栽培して3～5月に出荷する。 |
| ダリア<br>*Dahlia* Cav.<br>（キク科） | 中央・南アメリカ | 7～10月<br>(周年) | 塊根を形成し、その上部の茎の基部にある芽が伸長、開花する。日長が短いほど花芽分化開始が促される量的短日植物であるが、これに続く花芽の発達は12時間以下の日長で抑制され、不開花となるか、舌状花が減少した露芯花となって切り花品質が低下する。さらに日長が短くなると、地上部の生育が停止し、地下部には塊根が形成されて休眠する。したがって、切り花栽培のための適正な日長は13～14時間とされる。休眠に入った塊根は、凍らない程度の低温で30～40日貯蔵すると、休眠が打破され、速やかな発芽が可能となる。<br>夏季の高温下では生育が不良となり、地上部の枯死にも至る。一方、開花のための夜温は8℃以上が必要である。 | 露地または雨除けハウスに4～5月に定植し、2～3節で摘芯し、暖地では7月に採花、いったん切り戻して9～10月に再び採花する。冷涼地の無加温栽培では、降霜まで連続して採花可能であるが、短日低温期になると露芯花の発生が見られる。暖地では無加温ハウスに3月に定植し、採花開始を6月からに早めることができる。<br>また、冷蔵抑制球あるいは挿し芽苗をハウスに9月以降に植え付け、電照、加温栽培することによって、12月から順次採花することが可能である。<br>近年は、高冷地や寒冷地で14時間日長、最低夜温10℃の条件を維持して据え置き栽培も行われている。 |

| 名称 | 原産地 | 開花期 | 特性 | 栽培 |
|---|---|---|---|---|
| ネリネ<br>*Nerine* spp.<br>（ヒガンバナ科） | 南アフリカ | 9～11月 | 耐寒性は低く，露地栽培は困難である．秋から初夏に生育し，夏季は休眠するタイプ（*N. sarniensis*, *N. undulata* など）と，休眠期のない常緑性のタイプ（*N. bowdenii* など）がある．<br>花芽分化の時期は不定であり，一定葉数（種類により5～7枚）を分化するごとに茎頂が花芽になる．茎頂が花芽となると，最上位葉液に新茎軸が形成される．通常，この葉数分化に1年かかるため，約1年に1回花芽が形成される．<br>花芽分化開始後の発育はきわめて遅く，開花に至るまで約2年を要する．雌蕊形成に達するまでは生育可能温度域内では温度の影響を受けないが，雌蕊形成後の花芽の発育は温度の影響が大きく，適温は20～25℃である． | 日本では，夏季の高温および冬季の低温が障害となり，*N. bowdenii* の栽培は困難であり，*N. sarniensis* 系の品種が経済栽培される．<br>促成作型：葉が枯れて休眠期に入った7月上旬から20～25℃に設定した恒温室（暗黒でも可）に鱗茎を貯蔵し，花序が鱗茎先端から出現したところでハウス内に定植して開花を9月に早めることができる．<br>抑制作型：7月上旬より5℃の低温あるいは30℃の高温に貯蔵し，花芽の発達を遅らせておく．長期貯蔵には5℃が適し，32週間まで可能であるため，2月植え付け25℃栽培で，7月に開花させることができる． |
| ユーチャリス<br>*Eucharis* ×<br>*grandiflora* Planch. &<br>Linden<br>（ヒガンバナ科） | 中央・南アメリカ | （周年） | きわめて高温性で，15℃で生育が停止し，8℃以下では枯死する．<br>2～3カ月に1枚地下の鱗茎から出葉し，4～6枚の展開葉をもつ互生葉序を形成する．鱗茎内の茎軸は仮軸型で，葉身をもたない薄い鱗片葉を2枚つけた後，頂端に花芽を形成し，上から2枚目の鱗片葉の葉腋に次の茎軸が形成される．まれにその下位の葉身のある鱗片葉の葉腋にも茎軸が形成され，この茎軸は別の鱗茎となり，分球する．<br>開花に対する温度反応は特殊であり，25～30℃の高地温で栽培し，茎軸の成熟が促進された後，10～15日の短期間の低地温（15℃）に遭遇させると茎軸頂部が生殖成長を開始し，再び高地温に戻すことにより，花芽の発達，開花が促進される． | 年間の採花本数を高めるには，地中冷却ならびに加温が必要である．基本的には25℃の地温で栽培し，茎軸の成熟を促しておく．収穫目的時期の90～100日前に15℃ 10～15日間の低温処理を行い，再び25℃として管理する．発蕾後開花までの日数は気温の影響を受けるので，開花日の調整は気温管理によって行う．<br>強光に弱く，夏季には70％遮光を行う．この性質を利用し，他の品目のベンチ下での栽培を行うことも可能である． |
| ラナンキュラス<br>*Ranunculus asiaticus*<br>L.<br>（キンポウゲ科） | 中近東，ヨーロッパ東南部 | 3～4月<br>(11～翌4月) | 秋から春にかけて生育し，地下部には塊根を形成して，夏の高温期に休眠する．9月頃が最も休眠が深く，発芽に長い時間を要する．発芽後，展開葉数5枚程度から花芽分化を開始する．長日条件で花芽分化と開花が促進される量的長日植物である．<br>休眠打破および花芽分化に対して質的な低温要求はないが，吸水・催芽後の塊根を3～5℃で30日間低温処理を行った後に定植することにより，開花が促進される．塊根は急激に吸水すると腐敗するので，清潔な培地を用い，1～3℃の低温でゆっくりと吸水させる． | 種子からの栽培：種子の発芽適温は10～15℃で，小苗を長日条件下におくと，葉が黄変し塊根を形成して，休眠に入るので注意する．温暖地では10月播種，無加温ハウスで3月出荷，平坦地では10月播種，二重トンネルで4月出荷，高冷地では9月播種，加温ハウスで2月出荷の作型がある．<br>塊根からの栽培：9月に催芽，10月に定植して無加温栽培し，2～4月に収穫する普通栽培と，8月に催芽・低温処理を行い，9月に定植し，保温を行って11月下旬から収穫する促成栽培が一般的である．<br>生育適温は低く，昼温15～20℃，夜温2～8℃で管理するとよい．最低夜温15℃以上では生育不良となる． |

| | | | | | |
|---|---|---|---|---|---|
| リコリス<br>*Lycoris albiflora* Koidz.（シロバナマンジュシャゲ），<br>*L. aurea*（L'Herit.）Herb.（ショウキラン），<br>*L. incarnata* Comes ex Spreng.，<br>*L. radiata*（L'Herit.）Herb.（ヒガンバナ），<br>*L. sanguinea* Maxim.（キツネノカミソリ），<br>*L. squamigera* Maxim.（ナツズイセン）など<br>（ヒガンバナ科） | 東アジア，東南アジア | 種類によって8～10月<br>(9～10月) | 生態的には葉が地上部に現れている時期により，春季出葉型（*L. incarnata*，キツネノカミソリ，ナツズイセン）と秋季出葉型（ショウキラン，シロバナマンジュシャゲ，ヒガンバナ）に分けられる．いずれも初夏になると葉はすべて枯死するが，葉のない時期も新根の発生と伸長は続いている．<br>いずれの種も4月下旬に花芽形成を開始し，6月には花芽が雌蕊形成期に達する．春季出葉型は7月上旬に花粉形成期に達し，8月上～中旬に開花する．秋季出葉型は，8月下旬に花粉形成期に達し，9月中～下旬に開花する．<br>花芽分化開始に先立って低温遭遇が必要であり，種によって若干異なるが，おおむね12～15℃でも感応する．花芽分化開始後雌ずい形成期までは30℃が適温である．以後の発達適温は20～25℃に低下するが，その発達速度が春季出葉型と秋季出葉型では異なり，前者は後者と比較して，高温での抑制程度が小さく，かつ発達速度が速い． | 鱗茎の掘り上げは，葉の枯死後ただちに，根を傷めないように行うのが望ましい．<br>露地栽培：自然開花期は種類ごとに1週間程度となるため，種類あるいは品種を変えて出荷調整する必要がある．<br>高温抑制栽培：花芽完成後，畝全体をビニル被覆して地温を高め，花芽の発達を抑制し，自然開花より1～2週間開花を遅らせる．畝と被覆の間に電熱線あるいは温風を吹き込んで地温を高く維持することにより，さらに開花を遅らせることができる．<br>低温抑制栽培：葉の枯死後，ただちに鱗茎を掘り上げ，育苗箱に仮植する．約2週間戸外で発根を促し，その後約5℃の低温で貯蔵し，随時取り出して最低20℃で栽培する．種類により12～翌4月頃まで，開花を遅らせることができる．最低20℃に維持しないと，花芽が枯死し開花に至らないので要注意である． |
| リューココリネ<br>*Leucocoryne* spp.<br>（ヒガンバナ科←ネギ科←ユリ科） | チリ | 3月<br>(1～6月) | 有皮鱗茎を持ち，鱗片2枚分化するごとに，花芽を分化する仮軸分枝性を示す．<br>日本での自然開花期は3～4月である．その後地上部の枯死とともに休眠に入り，花芽の発達も初期で停止する．10月頃に休眠は破れ，花芽の発達が再開し，植え付けると発根，発芽を開始する．早期休眠打破のための適温が20～25℃で，約4カ月を要する．25℃では開花後13カ月の貯蔵が可能であり，貯蔵中に休眠が破れる． | 促成栽培：10月の休眠打破後の鱗茎を5～10℃で冷蔵して植え付け，約20℃で栽培すると，1月から採花が可能となる．<br>抑制栽培：休眠状態を維持する5～10℃の低温貯蔵と20～25℃で休眠打破する方法を組み合わせるか，25℃の長期貯蔵を行うことにより周年の採花が可能となる．<br>鱗茎は，地上部の生育中に肥大し，次作に用いることができる． |

開花期は自然開花時期を，（　）内に示す出荷期は市場に広く流通している時期を示す．

［稲本勝彦］

# 14. 鉢 物 類

## 14.1 シクラメン

*Cyclamen persicum* Mill. サクラソウ科

■来歴・分布

シクラメン属は，西アジアからヨーロッパ，北アフリカの地中海沿岸を中心に20種ほどが分布しており，現在栽培されている園芸品種のほとんどは，その中の1種 *C. persicum* から作出されたものである．*C. persicum* はエーゲ海の島々からキプロス，トルコ，レバノン，シリア，イスラエルに至る地中海東岸とアルジェリア，チュニジアに自生している．シクラメンの語源は，原種の多くが受精後に花柄がらせん状に巻くことから，ギリシャ語の kyklos（円，旋回）に由来する．

17世紀初期にコレクターズアイテムとして西ヨーロッパに導入された．1800年代までは繁殖や生産は難しいものとされ，栽培期間は塊茎分割により2年を要していた．1825年までに，英国で種子繁殖によって15カ月の栽培が行われるようになった．日本には明治時代に導入され，大正時代の終わり頃には岐阜県恵那地方で営利栽培が行われていた．

■系統・種類・品種

19世紀中頃に営利品種の育種が始められ，さらに1870年までに英国とドイツで原種の2倍の大きさの花をもつ品種が作出された．原種である *C. persicum* は二倍体で，現在の営利品種の多くは二倍体または四倍体である．近年は花色や花形に特徴をもった品種や香りをもつ品種が多く作出されている．

品種は育種方法，花の大きさや色，花形，葉斑などにより分類できる．育種方法では固定品種と $F_1$ 品種に大別されるが，最近は栄養系品種も増えてきた．固定品種は従来からある古い品種や国内で育成，選抜された多くの品種や系統が含まれ，$F_1$ 品種は海外の種苗会社で育成されたものが多い．栄養系品種は花色や八重咲きなど種子では形質がばらつきやすいものを組織培養し，苗で販売されている．

**固定品種**

1) 在来系品種： 従来からある大輪系品種群で多くは四倍体である．生育や開花が遅いため，早めに播種をする必要がある．'バーバーク'（赤），'ピュアホワイト'（白），'ビクトリア'（白地に赤紫覆輪・フリンジ咲き），'ハーレカイン'（薄いピンク地に濃桃のストライプ）などがある．

2) パステル系品種： もとはヨーロッパから導入された大輪の二倍体品種群で，品種名に有名な作曲家の名前がつけられているため，作曲家シリーズともいわれる．国内で選抜や交配が行われて多くの品種や系統が作出され，現在の大輪系の主流系統となっている．生育や開花は在来系よりも早く作りやすい．'シュトラウス'（明赤），'シューベルト'（明桃），'ハイドン'（桃），'ベートーベン'（濃藤紫），ピアスシリーズ，リップスシリーズ，あけぼのシリーズ，バニーシリーズ，ビネットシリーズなどがある．

3) ミニ系品種： 生育や開花はパステル系よりも早く，出荷時期の早い作型での利用が多い．コンパクトミニシリーズ，湘南ミニシリーズ，シルバーエッジシリーズ，ピッコロシリーズ，'ミニビクトリア'などがある．

**$F_1$ 品種**　生育や開花はパステル系よりも早く，生育も斉一である．中〜小輪系品種が多い．大輪：ハリオス，ロイヤル，ロブスター，Kマキシなど，中輪：カント，コンサート，シエラ，スターリング，ティアニス，ラティニア，レーザー，

ロンド，Kミディなど，小輪：シルベラード，ミドリ，ミラクル，メロディ，メティス，リブレット，Kミニなど（いずれもシリーズ名）がある．

**栄養系品種** 'ヴェスタ'（覆輪の安定性がよい'ビクトリア'），'ビクトリアクラウン'（八重の'ビクトリア'），'うすべにのかほり'（芳香品種）などがある．

■形態・生理生態的特徴

形態： 塊茎をもつ多年草で，発芽すると胚軸が肥大し塊茎を形成する．塊茎は最初球形～卵形であるが，生育が進むにつれて扁平になり，表面はコルク化する．根は塊茎下部および側部より生ずる．芽は塊茎上ですでに分化していて頂芽を形成し，頂芽葉の葉腋に1次側芽，1次側芽の葉の葉腋に2次側芽が形成される．さらに上位に分化が進むが，側芽は分化葉位を増すほど発育停止や枯死する割合が高まる．葉は塊茎上部の短い茎部に生じて長い葉柄を有し，葉身は心臓形で表面に斑紋をもち，葉縁には小さな鋸歯がある．花は長い花柄を伸ばして葉上で開花する．5枚の萼片をもち，花冠は5裂して開花時に上方に反転する．雄蕊は5個あり，基部で癒合する．果実は球形の蒴果で，中に50粒前後の種子をつける．受精すると花柄は下方へ湾曲し，種子は3～4カ月で熟して果実が軟らかくなり頂部が裂開する．

花芽形成： 頂芽では，子葉を含めて5～6葉ぐらいまでは葉腋に側芽を生ずるが，これ以降に分化する葉の葉腋には花芽をつけ，展開葉数が10～13枚くらいになると花芽が確認できるようになる．

開花と温度： 'ソリッドローズ'では，花柄長1.5～2 cmの花芽は昼温/夜温が26℃/22℃で最も早く開花し，30℃/26℃ではこれよりも2.5週間開花が遅れる（図14.1）．このように高温で開花が抑制されることは一般的にみられるが，大きな花芽は高温による開花抑制程度が小さい．また，カールソン（Karlsson）ら（2001）は蕾が2 mmの生育ステージに達した'ミラクルサーモン'と'ミラクルホワイト'を供試し，8週間の異なる温度処理をして開花への影響を調べた．その結果では，開花までの日数は20℃前後で最も促進され，

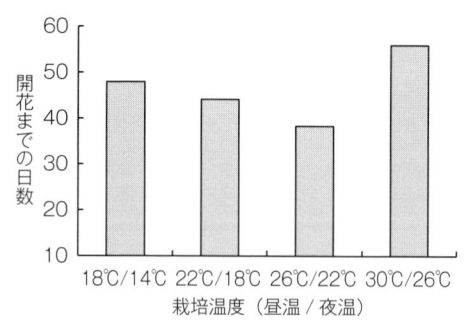

**図14.1** 栽培温度がシクラメン'ソリッドローズ'の開花に及ぼす影響（駒形，未発表）
開花までの日数は，花柄長1.5～2 mmの蕾が処理開始（10月5日）から開花するまでの日数．

24℃ではこれよりも抑制されている．これらから，開花適温は生育ステージや品種により異なると考えられる．

開花と光条件： 花芽分化には日長の影響は見られないが，花芽発達は長日条件下で促進される．開花促進効果は終夜照明で高く，'ピュアホワイト'では加温温度10℃で花柄長2.5 mm程度の花芽に11月から終夜照明を行うと，自然日長に比べて14日開花が早まる．光の強さと開花との関係について，'メティススカーレットレッド'では光合成有効光量子束密度（PPFD）150 $\mu$mol/m$^2\cdot$s以下では光が強いほど開花が早まるものの，PPFDをこれ以上に高めても開花はあまり促進されない．

光合成特性： 'バーバーク'の個体の光合成速度は生育期間にかかわらず15～20℃で最大となり，25℃を超えると大きく低下する．また，個体の光合成速度は5万～6万lxでほぼ飽和に達し，空気湿度の影響は60～90%の範囲内では見られない．一方，呼吸量は25℃以上で急増する．

水分特性： 培地のpF値と葉内の水欠差との関係は，pF 1.2～2.0では水欠差は3～4%程度であるが，pF 2.2を超えると急激に上昇し，葉からの蒸散に対して根からの給水が追いつかない状態になる．葉からの蒸散量は日射量に応じて変化し，培地内の水分が減少すると葉内水分が減少して蒸散量が低下し，葉は萎れて葉温が上昇する．夏季の日中にこのような状態になると葉温は40℃以上にもなり，葉焼けが生ずる．水分欠乏により萎れた葉は，灌水によって萎れが回復しても蒸散速度

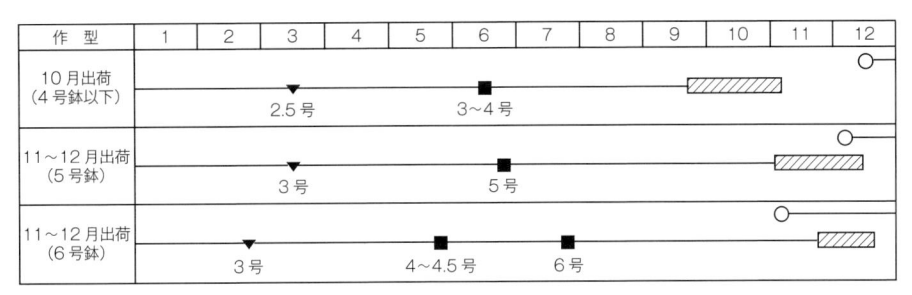

| 作　型 | 1 | 2 | 3 | 4 | 5 | 6 | 7 | 8 | 9 | 10 | 11 | 12 |
|---|---|---|---|---|---|---|---|---|---|---|---|---|
| 10月出荷<br>(4号鉢以下) | | | ▼<br>2.5号 | | | ■<br>3～4号 | | | | ○ | ////// | |
| 11～12月出荷<br>(5号鉢) | | | ▼<br>3号 | | | ■<br>5号 | | | | | ○ ////// | |
| 11～12月出荷<br>(6号鉢) | | | ▼<br>3号 | | ■<br>4～4.5号 | | ■<br>6号 | | | | ○ ////// | |

○ 播種　▼ 鉢上げ　■ 鉢替え　////// 出荷

**図14.2** シクラメンの作型

の回復はさらに遅れる.

■**開花調節・作型**

作型は主力作型である11～12月出荷（暮れ出し），小鉢を中心とする10月頃の出荷（早出し）とに大別される（図14.2）.ミニシクラメンを主とした年明けから3月頃までの出荷（春出し）も見られるが，その量はごくわずかである.シクラメンの花芽はある一定葉位以上になれば分化するが，開花は高温で抑制されるため早出し栽培は夏の気温が低い冷涼地で行われ，おもに$F_1$品種やミニ系など早生系品種が使用される.開花調節の手段としては，植物成長調節剤処理や出荷前の温度調節が一般的である.植物成長調節剤処理は，年末出荷ではGA＋BAの溶液を9月中下旬に，花蕾を含む芽の中心部に散布すると効果的である.長日処理は開花促進の効果が期待できるが，花柄や株の徒長など品質面への影響が見られるためほとんど行われていない.

■**栽培管理**

播種：　セルトレーまたは播種箱に播く.セルトレーのサイズは200～288穴が一般的である.播種用土は調整ピートを主体とする市販品を使用する.用土を十分湿らせておきセルトレーでは1穴1粒ずつ播き，種子が隠れるよう5mm程度の覆土をする.種子の発芽は光で阻害されるため，播種後はシルバーポリなどで被覆して光が入らないようにする.

播種後の管理：　播種後は気温18～20℃，地温17～18℃を目標に管理する.気温10℃以下あるいは25℃以上では発芽が極端に悪くなる.適温下では3～4週間くらいで地上に芽が出てくるので，出芽がある程度そろったら被覆を取り除いて光に当てるが，子葉が展開するまでは照度15000 lx以下になるように遮光を行う.また，空気が乾燥していると種皮が硬くなって葉身が種皮から抜け出せなくなるため，加湿を行ったりフィルムでおおうなどして相対湿度を90％以上に保つ.子葉が十分に展開したら相対湿度を85％程度に下げ，光を強くして（最大3万 lx程度）徒長を防ぐ.このころから液肥（1：1：1）をN濃度50 mg/L程度で適宜施用する.

鉢上げ：　本葉が2～4枚展開したら，苗が混み合って徒長する前に3号鉢に鉢上げする.シクラメンは生育初期のリン酸欠乏に非常に敏感で，欠乏すると生育が著しく抑制される.鉢上げ用土に赤土などリン酸吸収係数の高い材料を使う場合はリン酸質肥料，堆肥などと混和して1年以上堆積してから使用する.用土の水分状態を適湿（握ると固まり，押すと崩れる程度）に調整し，奇形葉のない健全な苗を選んで塊茎の頂部を少し出す程度に植える.植えた後は苗を落ち着かせる程度に軽く灌水する.

鉢上げ後1週間程度は活着促進のため，最低気温18℃程度で管理する.植えた苗を抜いてみて，新しい根が伸びていれば活着したと判断してよい.活着したら気温を徐々に15～16℃程度に下げる.5月以降になると日差しが強くなるため，ハウス内の気温が24～25℃を超えるような場合は日中50～60％程度の遮光を行う.

鉢上げ後3週間程度は培養土の肥料分で生育させ，その後は葉色や葉芽の状態を見ながらN濃度50～100 mg/L程度の液肥を施用する.

鉢替え： 6号鉢生産では5月中〜下旬頃に4〜4.5号鉢に鉢替えし，その後7月中〜下旬頃に仕上げ鉢に鉢替えをする．5号鉢生産では6月下旬頃に仕上げ鉢に鉢替えをする．作業は植え傷みを防ぐため遮光下で行い，鉢上げ後1週間くらいは日中遮光を行う．

夏季の管理： 夏季の高温・強光はシクラメンにとっては過酷な環境である．日中は50〜60％の遮光を行うとともに通風を図り，できるだけ涼しい環境を整える．必要に応じてミストや葉水，送風などを行う．灌水は朝のうちに行い，日中に水不足とならないよう十分注意する．培地のpFを2.0以下に管理できれば，水不足の心配はほとんどない．

秋季以降の管理： 秋になり気温が下がると生育が旺盛になってくる．芽をよく観察し，頂部付近の葉柄の基部が太く花芽に比べて旺盛に生育している株や，花芽が横方向を向いていて上方向に立ち上がっていない株は，開花が遅れる傾向となるので施肥をやや控える．逆に，大きな蕾が多く花芽が旺盛に生育している株は，開花は早いが葉数増加が抑制されるため，大きな蕾を取り除いて施肥量をやや多くして葉数確保を図る．9月上〜中旬に花柄長2cm程度の花芽が多数確保されていれば，11月下旬の出荷に間に合う．施肥はN濃度50〜100mg/L程度の液肥（N：P：K＝1：1：2）を適宜施用するとともに，必要に応じて固形肥料を施用する．

9月に入ったら葉組みを行う．葉組みは上に伸びた大きな葉を下方に引き下げ，株の中央部に光が当たるように葉を配置し直すことにより，外観品質を高めるとともに受光態勢を改善して光合成速度を高める効果がある．葉組みは高品質生産に欠かせない作業で，労力が許せば出荷までに3〜4回は行う．一方で，ベンチ上に反射マルチを設置すると，葉がマルチからの反射光に向かって鉢をおおうように向きを変えるため，自然と株の形がまとまり，コンパクトに仕上げることができる（図14.3）（口絵20参照）．

病害虫防除： おもな病害は灰色かび病，炭疽病，萎凋病，葉腐細菌病，軟腐病などで，最近で

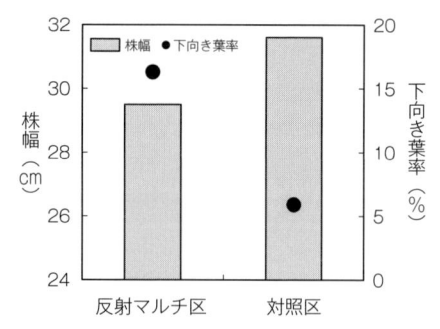

**図14.3** 反射マルチが株幅および葉の向きに及ぼす影響（駒形，未発表）
反射マルチは白色のものを9月14日に設置し，対照区には黒色不織布を使用した．葉組は行わず，調査は12月5日に行った．

は壊疽斑紋病などウイルス性病害の発生も問題となっている．土壌消毒や殺菌剤の予防的散布を行うとともに，細菌性病害では傷口感染を防ぐために作業に用いる器具の消毒を行う．壊疽斑紋病はウイルスを媒介するミカンキイロアザミウマの防除を行う．また，細菌やウイルスによる病害株は処分する．アザミウマ，ハスモンヨトウ，ホコリダニの発生が多いので，殺虫剤を散布して初期防除に務める．とくにアザミウマやホコリダニは蕾に進入して加害するため，開花期前の10月までにしっかり防除したい．

出荷： 出荷は5号鉢以下では10輪程度，6号鉢では20輪程度の花数を目安に行う．出荷前に花蕾や葉の配置を整え，老化した花や黄化葉，枯れ葉を取り除き，病気がないかチェックする．また，薬剤などによる葉や鉢の汚れがないように配慮する． ［駒形智幸］

## 文　献

1) Meriam Karlsson and Jeffrey Werner : Temperature affects leaf unfolding rate and flowering of Cyclamen. *HortScience*, **36**, 292-294, 2001.

## 14.2　プリムラ類

*Primula* L.　サクラソウ科

プリムラ類は，サクラソウ科サクラソウ（*Primula*）属に属する原種，種間雑種およびそれらの園

芸品種の総称である．プリムラ類の原種の大部分は北半球の温帯から亜熱帯，すなわち，ヨーロッパからアジアにかけて広く分布しており，その中心はヒマヤラから雲南にかけての地域である．現在記録されているものは500種以上あって，日本にはそのうち20種程度が自生している[3]．

いずれも多年生の草本で，葉はすべて根出し，葉間から花茎（scape）を伸ばし，多くは散形花序をつける．花は合弁花の5数性である．花冠は高盆状または鐘状で5裂し，各裂片の先端は2裂するものが多い．雄蕊は5本で花筒の半ばにつく．

種類によって異型花現象が見られ，長花柱花と短花柱花の株がある．異なる花柱型をもつ個体間の交雑でのみ種子が得られ，同じ花柱型どうしの個体間の交配ではほとんど種子を得ることができないため，採種のときには注意が必要である．種子は一般に光発芽性をもち，暗黒下では発芽はまったく起こらないかきわめて悪いので，播種の際に覆土をしない．

これらプリムラ類の中には園芸的に利用価値の高い種が多く，中でもマラコイデス，オブコニカ，ポリアンサは鉢物や花壇苗として営利的に広く利用されている．冷涼な気候を好み暑さには弱いので，関東以西の夏越しには工夫が必要となる．

### 14.2.1 プリムラ・マラコイデス（*P. malacoides* Franch.）

#### ■来歴・分布

中国の雲南・四川省が原産である．1884年にデラバイ（J. M. Delavay）により発見され，1905年にフォレスト（G. Forrest）により英国へもたらされた．その後，品種改良が進み，白花種と八重咲き種が現れ，第二次世界大戦後に四倍体の大輪系品種が育成された．日本へは明治末期に導入された．

#### ■系統・種類・品種

①富士シリーズ：1970年後半に育成され，大輪の波打ち弁で花茎節間がつまった'富士ざくら'をはじめ，花つきがきわめてよく，ボリューム感に富む品種群である．②ポシェットシリーズ：草丈10 cm以下で，2.5〜3号鉢で仕上げる．③うぐいすシリーズ：小輪多花性で耐寒性が強く丈夫で育てやすいため，花壇植えとして根強い人気をもつ．

#### ■形態的・生理生態的特徴

形態： 草丈20〜30 cm．葉は長さ6〜10 cmの卵形で基部が心臓形となる．葉柄が長い．葉縁は6〜8浅裂し，裂片が鋭い歯牙をもつ．葉は淡緑色．葉の表面は平滑で細毛があり，裏面に白粉がある．地際より10数本の花茎を抽出し，多数の花からなる散形花序を2〜6段につける．花径は2〜3 cm．花色は桃ないし紫が主であるが，濃紅，白，それらの複色もあり八重咲きもある．

生育温度： 生育適温は15〜20℃で，日本の夏のような暑さは苦手で一年草として扱われる．寒さには比較的強いが，1〜2℃以下では生育が緩慢になり，0℃以下では凍害を受けることがある．日中の高温は生育を阻害し，30℃以上になると生育低下が目立ってくる．

開花： 花芽分化に，温度と日長が関係する．10℃の場合，日長の長さにかかわらず開花するものの，16〜21℃の場合，短日条件下では花芽を形成し長日条件下では花芽を形成しないか著しく抑制される．30℃の場合，成長が抑制され開花しない[6]．

#### ■開花調節・作型

一般的に，6月上〜中旬に播種し，12月末〜1月に出荷する．早期に出荷するために，高冷地育苗が行われる．5月中〜下旬に播種して冷涼な高冷地で育苗することにより，11月からの出荷が可能となる．また，照度200 lx以上の蛍光灯連続照明下で夏場に1カ月間ほど8℃で苗冷蔵処理を行えば，開花の促進が可能である[7]．

#### ■栽培管理

種子は1 mLで3000粒と，非常に微細である．播種が遅れると株が充実できずに開花してしまうため，6月中旬までに播種を終える．発芽適温は15℃くらいであるため，遮光下で風通しをよくしてできるだけ涼しい状態にする．好光性種子なので，覆土はしない．7〜10日で発芽する．播種後1カ月で本葉3〜4枚になるので，2〜3号のポリポットに移植する．9月中〜下旬に4.5〜5号鉢へ

定植する．傷んだ下葉を取り除き，株がぐらつかないように植える．気温が5℃以下になると休眠してしまうことがあるので，その前に保温し必要に応じて加温を開始する．3～4輪開花したときが出荷に適する．

### 14.2.2　プリムラ・オブコニカ（P. obconica Hance）

■来歴・分布

中国の湖北省で発見されて，1880年代に英国やドイツで品種改良が進められ，明治末期に渡来した．P. megaseifolia との種間雑種から，現在の大輪系品種が育成されたという．

■系統・種類・品種

①変わり咲き品種：咲き始めは淡色で，咲き進むと濃色になり，色調の変化がある．'ローターアハト'，'アグネス' など．②クリスタルシリーズ：一代交配種で，生育がよく育てやすい．開花が早く，多花性であざやかな花色を有する．③プリミンフリー品種：アルカロイドのプリミン（primin）を保有しない．一代交配種で，リブレシリーズ，プリノーシリーズ，タッチミーシリーズなどがある．

■形態的・生理生態的特徴

形態：　葉は広卵形で基部がやや心臓形となる．葉柄は長く，葉縁に欠刻状歯牙がある．葉の表裏をはじめ花茎，葉柄，萼などの表面に毛茸を生じ，その先端からプリミンが分泌される．プリミンに触れると，人によってはかゆみを伴うかぶれを起こすため注意が必要である．近年，プリミンを保有しない品種が市販されるようになった．花茎は高さ10～20 cmで次々に独立し，頂部に散状に多数の花をつける．花期はきわめて長い．花径4～5.5 cm，花色は赤，青，紫，桃，白など豊富である．

生育温度：　適温は15～20℃くらいで，低温にはかなり強いが，0℃近くになると生育は止まりクロロシスを生じる．プリムラ類の中では高温に強い方で，越夏は容易である．

開花：　20℃くらいならば苗齢の進行により花芽分化が起こり，花芽分化に低温は影響しないようである．20℃長日下で栽培した場合，20℃短日下よりも早く開花する．30℃では長日でのみ開花し，短日では開花しない[1]．

■開花調節・作型

3～4月に播種すると年内に，6月に播種すると1月以降に開花する．低温により開花が促進されることはないものの，夏期に冷涼な気象条件で順調に生育させるため高冷地育苗も行われている．

■栽培管理

種子は1 mL当り2000粒と大変小さく，3～6月に播種する．発芽適温は15～20℃で，発芽までに15～20日を要する．好光性種子のため覆土はしない．本葉が3～4枚になれば，2～3号のポリポットへ鉢上げする．きわめて細根性で根量も少ないので，肥沃で保水性にすぐれる用土を用い，灌水に注意する．9月中～下旬になり気温が20℃前後に下がり始めれば，4.5～5号鉢に定植する．5～6輪開花し，花色が十分に確認できたら出荷する．

### 14.2.3　プリムラ・ポリアンサ（P. Polyanthus Group）

■来歴・分布

長い間園芸的に改良されてきた種類で，P. veris, P. elatior, P. vulgaris などが長年にわたり交配されて作出されたと考えられている．18世紀にはドイツや英国で盛んに品種改良が行われ，花色も豊富である．

■系統・種類・品種

①パシフィックジャイアント：米国のVettle and Reinelt社が育成した巨大輪の系統で，1950年代に育成され急速に普及した．これまでになく花色の幅が広く各色あり，花茎を長く抽出する．大輪咲きのスーパーシリーズをはじめ，現在の品種の多くがこの系統から作出されたといわれている．②セブンティーシリーズ：花茎をもたず，株の中心部から花を束生する．一代交配種で，開花や草姿のそろいがよく作りやすい．中大輪咲き．③ジュリアンハイブリッド（ジュリアン）：小輪のジュリエ（P. juliae）とポリアンサ間の交雑から育成され，1972年に坂田種苗（現サカタのタネ）

から発売された．小型の草姿で，花数がきわめて多い．④極早生品種：中輪咲きで，年内に出荷できて人気が高い．ポリアンサとジュリアンハイブリッドの一代交配種として発売されたロメオシリーズをはじめ，キャンディシリーズやポニーシリーズなどがある．

■形態的・生理生態的特徴

形態： 草丈は10〜30 cm，根生する葉は倒卵形で鈍頭，基部はしだいに細くなり，葉柄の翼になる．葉の表面にはしわがある．花茎の長さに長短があり，葉間から花茎をのばすものから地際から花を散形に着生するものまであり，後者をアコーリスタイプと呼び，草姿がすぐれているので好まれている．赤，橙，黄，青，紫，桃，白など花色が非常に豊富で，覆輪やアイ（目）のあるものまで花の模様も変化の幅が広い．原種に比べて花径の大きいものから小輪のジュリアンハイブリッドまであり，花径は多様である．

生育温度： 生育適温は15〜20℃で，比較的寒さに強い方である．30℃を超えると生育が停滞する．宿根草で株分けにより繁殖できるが，鉢花や花壇苗として春から夏にかけて種を播き，初冬から春にかけて開花させる一年草として扱われている．

開花： 花芽分化は低温によって行われ，晩生品種ほど花芽分化に必要な低温要求量が大きい．開花期の異なる種々の品種を比較すると，早生品種では20℃以上の温度下でも発蕾，開花するものの，いずれの品種も10℃以下の低温に遭遇することで開花が促進される[5]．花芽分化は本葉6〜8枚以上で行われ，葉数が多いほど低温による花芽分化はより確実に起こるようである．パシフィックジャイアント系の品種の場合，花芽分化に及ぼす日長の影響は温度と関係しており，20℃以上では短日で花芽分化しないかかなり遅れるのに対し，長日で促進され，10℃以下では短日でも長日と同じように花芽分化する[4]．

■開花調節・作型

5〜6月に播種し，1〜2月に出荷する．平坦地や暖地で栽培する場合，苗の夏越しが難しく，7〜8月の幼苗期にできるだけ涼しい環境下で栽培する必要がある．

11〜12月に出荷する場合，極早生品種を用いるか冷涼地で育苗を行う．5月に播種し，花芽が見えてくれば保温して開花を促進させる．関東地方の場合，7月上旬から初霜が降りる直前の9月下旬頃までの間，標高1000 m以上の高冷地で育苗が行われている．夏の暑さを回避し開花を促進させ，良質な苗を確保できる．また，8月に0℃で30日間の低温処理により，暗黒条件でも品質を損ねることなく開花の促進が可能である（図14.4）[2]．

■栽培管理

播種： 種子は品種により大きさが異なり，1 mLで700〜1000粒．発芽適温は15〜20℃で，5

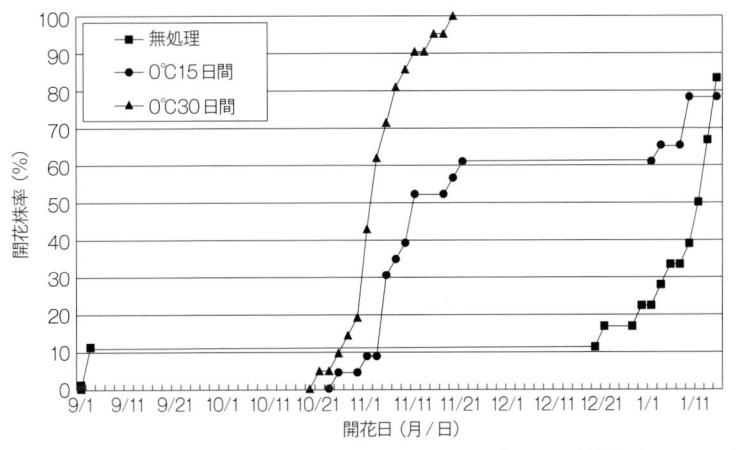

**図14.4** 8月に実施した低温処理がプリムラ・ポリアンサの開花に及ぼす影響（石川，2008）[2]
品種：'セブンティー'，8月31日まで，0℃で，15日間および30日間暗黒条件で低温処理．

〜6月に播種する．培養土の粒子が細かい場合，発根した根が地中に入りにくく倒れやすくなるので，バーミキュライトなどで種子が見え隠れする程度に光を通しやすいよう薄く覆土する．発芽に15〜20日ほどかかり，その間涼しく水を切らさないように管理する．

　育苗：　本葉2〜4枚で移植する．暑さに弱いため7〜8月の移植を避け，梅雨の前半に移植してできるだけ涼しく管理する．ポリアンサは日光を好むものの，6〜9月上旬の育苗期間は50〜70％の遮光下で栽培しても品質に悪影響を与えることはない．鉢底に根が回る9月下旬に，4〜4.5号鉢へ定植する．培養土は赤土2に腐葉土1を配合したものなど，肥沃なやや保水性のよいものがよい．

　開花：　花芽分化が完了するまでできるだけ自然の低温に長くあわせて，11月下旬頃から5〜10℃で加温する．冬の日中に温度が上がりすぎると葉や花梗が徒長し軟弱になるので，20℃以下に保つよう注意する．

　出荷：　2〜3輪開花したときが出荷適期となる．結露すると，花弁にしみが生じるので注意する．花色に幅があるので，出荷の際に色の組み合わせに配慮する．

## 14.2.4　プリムラ類の病害虫防除

　軟腐病が夏期の高温多湿期に多発し，灰色かび病が15〜20℃前後で湿度が高いときに発生する．通風，換気を図り，病葉は早めに除去し，殺菌剤を予防的に散布して防除する．ヨトウムシ，アブラムシ，ハダニの発生が多いので，発生初期に殺虫剤を散布して防除する．　　　　　　［石川貴之］

**文　献**

1) 五井正憲・塚本洋太郎：園学要旨，昭43春，202-203，1968.
2) 石川貴之：園学研，**7**別1, 219, 2008.
3) 三位正洋：農業技術大系，花卉編8, pp. 295-298, 農山漁村文化協会，1994.
4) 西村元男・卜部昇治：奈良農試研報，**8**, 43-49, 1977.
5) 島野秀文他：園学雑，**73**別2, 467, 2004.
6) 鶴島久男：鉢花のプログラム生産Ⅱ，pp. 192-213, 誠文堂新光社，1972.
7) 矢部泰弘他：園学研，**6**別1, 492, 2007.

## 14.3　ベゴニア

*Begonia* L.　シュウカイドウ科

　ベゴニアの野生種はオーストラリア大陸を除く，世界の熱帯から亜熱帯にかけて広い地域に約2000種が分布するとされているが，地域的にはブラジルが最も多く，メキシコや中南米，フィリピンやボルネオ島などの熱帯アジアなどでも多くの野生種が発見されている．

　ベゴニアには多くの野生種があり，その分類はかなり複雑である．種間交配が比較的容易にできることから，交配種は膨大な数になるが，国内では，①木立性ベゴニア，②四季咲き性ベゴニア，③根茎性ベゴニア，④レックスベゴニア，⑤球根性ベゴニア，⑥キュウコンベゴニア，⑦エラチオールベゴニア，⑧クリスマスベゴニアの八つに分類分けをしている．

　園芸店などでよく見かけるベゴニアには木立性ベゴニア，四季咲き性ベゴニア，レックスベゴニア，クリスマスベゴニア，エラチオールベゴニアなど様々な種類があり，ここでは，おもに営利栽培されているものを紹介する．

### 14.3.1　エラチオールベゴニア（*B.* Elatior Group）

■特徴・来歴

　アンデス山脈原産の原種を交配して生まれたキュウコンベゴニアと，アラビア海に浮かぶソコトラ島に自生するソコトラーナ（*B. socotrana*）との交配によって作出された．園芸上はベゴニア・ヒエマリス（*B.* ×*hiemalis*）と呼ばれている．1883年に最初の品種が作られた．日本に導入されたのは1964年といわれ，比較的歴史は浅い．

　種類も多く花型や色彩も豊富で，毎年新しい品種が導入されているが，枝変わりなども出やすい．生育適温は18〜22℃，8℃以下になると休眠する．

■系統・種類・品種

　近年，海外から新品種が次々と導入されており，品種も様々である．導入当初の園芸品種は大別して，花は一重で直立性のシュワベンランド系と，

花は八重で下垂性のアフロディテ系とに分けられていたが，現在は一部の品種を除いてほとんど栽培されていない．かわりにイローナ系と呼ばれる品種が主力になり，その他フリンジ系や花の大きい品種が中心となっている．

■形態・生理生態的特長

形態：　直立した茎の側芽から多くの花をつけて咲き，花色も豊富である．花の大きさは4～5cmが中心で，8cmを超える大輪系もあり，花弁は20枚前後のものが多い．このグループは基本的には，雌花の着生がない．

開花生理：　限界日長が13時間半の質的短日植物であるが，気温によって限界日長が変化し，秋から春にかけては自然日長で開花する．

長日処理を行う場合，電灯照明時期は9月上旬～4月中旬の間で，2～4時間の暗期中断を行うが，時期によって電照時間に多少の差がある．

短日処理は10月上旬に出荷する作型で行う．7～8月の短日処理は高温で花芽形成が阻害されたり，遅れるなどの影響もあるので，夜間にカーテンの開放などを取り入れ，できるだけ降温対策に努める．これらの方法を用いて，栽培適温下で栽培すれば葉挿しで約7カ月，茎挿し（天挿し）で4～4.5カ月で出荷となり，周年栽培が可能となる．

■栽培管理

エラチオールベゴニアの営利生産では，一般的に繁殖は天挿しか葉挿しで行う．葉挿しは出荷までに7カ月余りを要するため，ここでは天挿し法の場合を紹介する．

挿し芽にはピートモスを主体にパーライト，バーミキュライトを組み合わせた用土を用い，挿し

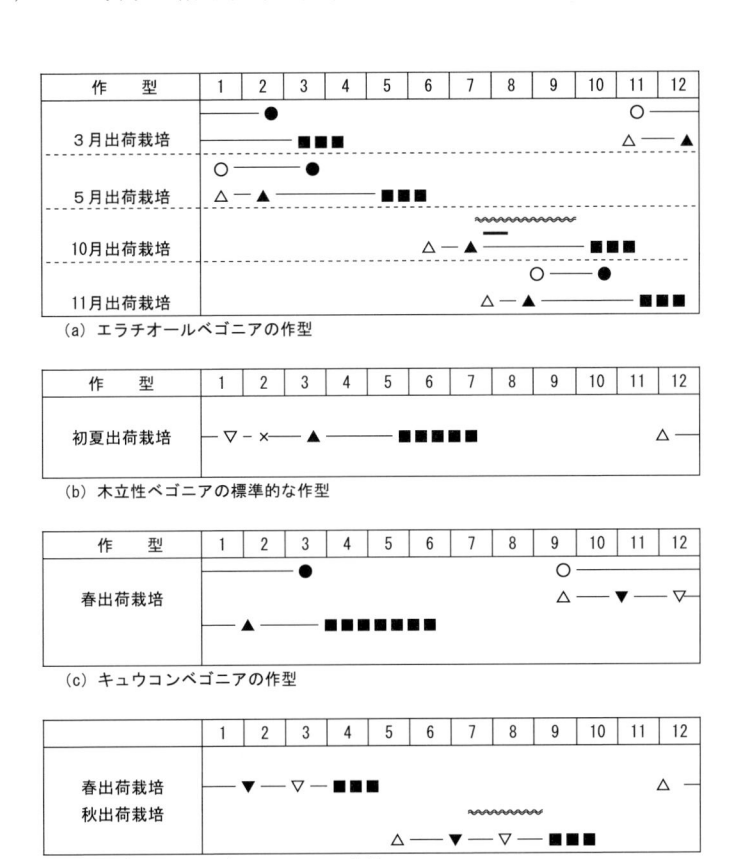

○ 電照開始　● 電照終了　△ 挿し芽（播種）　▼ 仮植　▽ 鉢上げ　▲ 定植
〜〜 遮光　── 短日処理　× 摘心　■ 出荷

図14.5　ベゴニアの作型

芽を行った後夜温18～20℃で，2週間80%の遮光を行い，16時間日長で管理する．挿し芽後4週間目に鉢上げ定植とする．

定植は4.5号鉢によく揃った苗を3本植えとし，2～3日は遮光下で管理，2週間後に摘心する．生育適温の夜温は16～18℃であるが，鉢上げ直後はやや高めに管理し，出荷の2～3週間前には14～15℃に温度を下げるとともに，日中は25℃を目安に管理する．株間をしっかりととり，良品生産に務める．

肥培管理：基肥としてマグアンプK，ロング100，CDU化成などを3g/L施用し，追肥は液肥で行う．

光条件：夏期の遮光はやや強めで，遮光率はおおむね60～70%を目安に行う．初夏・初秋の遮光率はこれより低くする．

病害虫と防除：灰色かび病，うどんこ病，斑点性細菌病が発生しやすく，殺菌剤を予防的に散布して防除する．ハダニ，ヨトウムシ，アブラムシの発生があるので，殺虫剤を散布して発生初期に防除する．

収穫・出荷：出荷10日前と2～3日前の2回，落花防止剤を散布すると落花防止に効果がある．70%程度開花した状態になったら支柱を立て，出荷となる．

### 14.3.2　木立性ベゴニア（erect stemmed begonia）

■特徴・来歴

茎が直立して上に伸び，地下に塊茎などを作らないグループで，茎の形状の違いにより，四つのタイプに分けられる．①矢竹型：茎が矢竹に似て，節間がやや長い．②叢生型：茎がやや細めで，節間はやや狭く，株立ち状になり，こんもりと茂る．③多肉茎型：茎が多肉質で太く，分枝が少ない．これに該当する種類は少ない．④蔓性型：茎が細く，蔓状になって伸び，他のものにからまったり，地面を這ったりする．

■形態的・生理生態的特徴

花は葉腋から出て花柄の先端は花をつけながら次々に二つに分岐していき，最後は大きな花房となる集散花序を形成する．花は雌雄同株だが，雄花と雌花とに分かれ，分岐の途中で雄花がつき，花房の末端には雌花だけがつく．

雄花は十字型に4弁で構成され，そのうちの大きな2枚が萼片で，小さな2枚が花弁である．花の中心部にはたくさんの雄蕊が固まっている．一方，雌花は大きな2枚の萼片，小さな3枚の花弁の計5枚で構成され，中心部に柱頭が三つに分かれた雌蕊をもつ．花弁の下の子房には，3枚の翼状の突起がついている．子房はふつう3室に分かれ，微細な種子を多数つける．開花期はまちまちで，四季咲きと一季咲きとがある．

■栽培管理

生育適温は18～25℃で，10℃以下や30℃を超える温度では生育が阻害される．耐暑性や耐寒性は種によって異なる．日照条件も同様であるが，半日陰を好むものが多く，夏は60%くらいの遮光をする．

通常は鉢花として用いられ，葉や茎を使って挿し芽で繁殖する．鉢植えの用土としては通気性，排水性のあるものを用い，基肥として緩効性のものを使い，追肥は液肥で行う．

病害虫はホコリダニやスリップスの害に注意する．

### 14.3.3　キュウコンベゴニア（B. Tuberhybrida Group）

■特徴・来歴

「キュウコンベゴニア」はいくつかのアンデス原産の種の交配によってヨーロッパで作出された球根をもつベゴニアの総称である．球根は年々肥大を続けるが子球は作らず，増殖は期待できないため，繁殖は主として実生によるが，形質が変化しやすく，園芸品種は栄養繁殖による．

現在の園芸品種の基本となった野生種は $B.$ $clarkei$, $B.$ $boliviensis$, $B.$ $cinnabarina$, $B.$ $davisii$, $B.$ $pearcei$, $B.$ $veitchii$, $B.$ $rosaeflora$ の7種とされている．アンデス山脈の高地のやや冷涼な地帯に自生するため，夏咲き植物でありながら，30℃以上の高温が続くと株が弱り，花が咲きにくくなる．とくに25℃以上の夜温が続くと厳し

い．生育適温は18～25℃だが，10～30℃の範囲であれば問題なく，10℃以下の低温に加えて日長が11時間以下になると，球根が肥大し始め，茎が枯れて，休眠に入る．そのため，株を成長させて花を楽しむには長日処理が必要で，14時間以上の長日にする．

■栽培管理

鉢物栽培は実生と球根を用いる場合とがある．実生の場合は1～3月と8～9月播種とがあり，いずれも開花まで6カ月程度かかる．

種子は1gで8～12万粒ときわめて小さく，種皮が薄く多汁質のためつぶれやすいので注意が必要である．播種用土は腐葉土とピートモスを主体にしたもので，6～9cm鉢に500粒前後播種する．覆土はせず底面吸水で管理，発芽温度は20～25℃で約10日で子葉が展開する．発芽50日前後，本葉2枚ころに2.5～3cm間隔に移植し，葉が重なるくらいになったら順次鉢上げする．生育適温は18～25℃で，6～9月の期間は60～80％の遮光を行う．また，短日期にあたる9月下旬～3月下旬までは14時間以上の日長とする．

鉢物として出荷する際に注意することとして，落花がある．この落花は商品性を著しく低下させ，消費拡大のネックになっている．落花防止処理するとよい．

### 14.3.4　ベゴニア・センパフローレンス（*B. Semperflorens-cultorum* Group）

■特徴・来歴

ブラジル原産のベゴニアで，四季を通じてよく開花するので，四季咲きベゴニアとも呼ばれている．花壇や鉢植え，プランター植えに多く利用されている．

原種は高さ15～45cmの直立性で半低木，葉は小型で緑色，表面には光沢がある．花は葉腋に2～10花が房状につく．

鉢花生産においては必ずしも単価が高くないが，花壇・プランターなどの植栽用として重要な品目である．耐寒性がないため4月中旬～10月下旬が観賞期間であり，出荷はこれに先立ってされるので3～5月が中心となる．

■栽培管理

種子は1gで3万粒にもなり細かいため，播種用土はピートモスやバーミキュライトを用いて鉢に播いて底から吸水させる．発芽温度は20～25℃で，この温度を保持すれば2週間で発芽，本葉2～3枚のころ移植する．移植用土は細かめの腐葉土を4割ほど混ぜたものを使い，トレーなどに2cm間隔に植える．葉が重なるくらいになったら3号鉢に植え，用途に合わせて出荷する．

病害虫ではアブラムシがつきやすいので，防除に務める．

［関　栄一］

## 14.4　シネラリア（サイネリア）

*Pericallis* × *hybrida* R. Nord.　キク科

■来歴・分布

シネラリア（cineraria）は葉をおおう綿毛の色から，ラテン語の cinera（灰色）に由来している．本来は多年草であるが，日本では秋播き一年草として栽培される．原産はカナリア諸島で，冷涼な気候を好む．18世紀後半に英国に導入され，*P. cruenta* と *P. lanata* などとの交雑によって作出された．19世紀後半には八重咲きが育成され，日本では大正時代には鉢物として栽培が開始されていた．園芸店などではサイネリアと表示していることがあり，これはシネラリアが「死ねラリア」と聞こえるのを嫌ってのことである．

■系統・種類・品種

花の大きさや形，色ともに多様な栽培品種があり，花の大きさから大輪，中輪および小輪種に大別される．

大輪種：グランディフローラナナの系統で，ドイツで最初に育種されたらしい．花が直径7cm以上になり，花数は中・小輪種に比較して明らかに少なく，草丈は40cm前後になる．葉も大きくなるので，5号以上の大鉢作りに適する．

中輪種：最初にグランディフローラナナ系，マルチフローラナナ系が導入され，その後長年この2系統の交配が行われる過程でできた．草丈が低く株の上部が球状に開花するものをダルマと称したが，現在の品種の多くがこの形状を呈する．

花の直径は4～6cmで花数が多いために，ボリュームのある花傘状となる．小葉で草形がよく，比較的低温で栽培可能である．

小輪種：　小鉢向きの矮性種でホイップシリーズ，'アーリーパーフェクション'などがある．

栽培は全国的に行われているが，関東では東京ダルマ，関西では奈良の橿原ダルマなどの交配育種が進んだ．現在の品種は埼玉の鴻巣系，大宮系，栃木のひしぬま系など，栽培農家で広く自家交配による品種育成が行われている．

■形態的・生理生態的特徴

形態：　葉はフキの形に似た波状の互生葉で，生育中は根生するが，開花期が近づくと花茎を伸ばし，その先は分枝して多数のキク花状の頭状花をつける．

花芽形成：　シネラリアは，ある一定の大きさに育ってから低温で花成が促進される植物体春化型と考えられる．品種によって差はあるものの主茎の本葉が7枚展開，すなわち7葉齢程度に育つと低温に敏感となる．10日ほどの低温で花成は誘導されるが，20日以下の低温期間では，花の中に反復して花が形成される貫生花や花弁数減少など蕾の発達異常，花蕾数の減少などが認められることがある．日長反応については，短日で花芽形成が促進され，花芽形成後は長日や強い光線で開花が早められる短長日型である[1]．なお，花成誘導時の低温・長日条件は，貫生花を誘発するので注意する．

開花と温度：　花芽の分化に適した夜間温度は10℃前後であり，それを超える温度では発蕾が遅れ，20℃以上では不開花となる．夜間温度5～20℃の範囲では低温ほど花蕾数が多く，開花期が集中する（図14.6）．一方，発蕾後の蕾の発達については高温で促進される．花芽分化後の温度は12～13℃がよく，これ以上の高温下に置くと花首が伸びて品質が低下する．開花促進を必要としない場合，夜温5℃前後で管理しても健全に生育する[1]．

開花と光条件：　蕾の発達については量的長日性を示す．長日処理の効果は品種によって異なるが，茎が徒長して品質が低下するので行わない方がよい．

■開花調節・作型

冬から春の鉢物として人気があり，比較的低温管理が可能で，労力や資材などを多く要しない．10～12月出荷の作型では暖房費も少なく，施設も簡易ハウス程度で栽培可能である．

促成栽培：　極早生から早生系の品種が多く用いられる．とくに10月出荷では極早生系を用いた4.5～5号鉢程度の中鉢生産が多い．早出しのためには，播種時期は7月上旬，夏越し時の病害回避および花芽分化にあまり強い低温要求性を有しない品種を用いる．

抑制栽培：　最も遅い作型は晩生から極晩生の品種を用いた9月下旬～10月上旬播種による3月中旬～4月出荷である．3月下旬以降の出荷には極晩生品種を用い，生育適温限界近くの低温管理が必要となる．

■栽培管理

播種：　1～3月開花では8月末～9月上旬に播種する．発芽適温は15～20℃なので，遮光を行いできるだけ涼しくする．

鉢上げとその後の管理：　発芽後すぐに3cm間隔に移植する．10月末に3号鉢に鉢上げし，11月末～12月上旬に4～4.5号鉢に鉢替えする．シネラリアは株張りが大きくなりやすく，鉢間隔を詰めすぎると品質が低下しやすい．鉢間隔が狭いと草丈は高くなり，葉数は少なくなる[2]．

肥培管理：　用土はやや重めの土で，生育後半

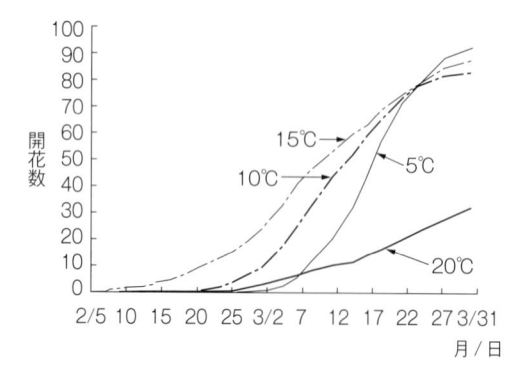

図14.6　加温温度とシネラリアの株当り累積開花数（二村ら，1994）[1]
播種：10月5日，温度処理：12月4日～3月31日，夜温：5, 10, 15, 20℃，昼温：夜温+10℃で天窓開閉．

で蒸散量が多くなることを考慮し，ピートモスなどを加えて保水力を高める．肥料はP，Kは基肥中心でよいが，N過剰は葉を大きくするとともに開花が遅れ，品質を低下させるので，追肥を中心に行う．液肥を2週間に1回程度施す．シネラリアの水消費量は多いので，栽培期間中は用土の乾燥に注意する．

病害虫防除: 発芽時に苗立枯病が出やすいので，用土，鉢などは十分に消毒したものを用いる．鉢上げ後では褐斑病，輪紋病，うどんこ病も発生することがあるので，防除に努める．アブラムシ類，ハダニ類は早めに防除する．

出荷: 出荷期間の幅は約1カ月だが，基本的には品種の特性によるところが大きい．

### 文献

1) 二村幹雄他: 愛知農総試研報, **26**, 241-246, 1994.
2) 肥土邦彦・滝沢昌道: 東京都農試研報, **21**, 181-188, 1988.

## 14.5 ゼラニウム

*Pelargonium* × *hortorum* L. H. Bailey　フウロソウ科

### ■来歴・分布

葉に黄白の斑入りや馬蹄形の褐紋の現れる野生種の *P. zonale* と，高茎となる *P. inquinans* をもとに改良された園芸種で，*hortorum* は「園芸の」という意味であり，今日園芸上ゼラニウムと呼んでいる種類を指す．ペラルゴニウム属は，南アフリカ・ケープを中心として東部地中海沿岸，カナリア諸島，セントヘレナ，さらにオーストラリア，ニュージーランドなどに分布する非耐寒性の常緑半低木あるいは草本植物であり，約250種が知られている．なかには，蔓性の種類もある．属名はコウノトリを意味する pelargo に由来し，本属の果実がこの鳥のくちばしに似ているところから名づけられた．1690年，アフリカから英国に初めて紹介されて以来，続々と新しい種が輸入されるとともに，18世紀初頭から欧米諸国で数多くの園芸品種が育成され，現在も栽培が盛んに行われている．

### ■系統・種類・品種

ゼラニウムを園芸的に大きく分けると，*P.* × *hortorum* に属する花ゼラニウム，変わり葉ゼラニウムおよび星咲きゼラニウム，この他に種が異なるが，枝が長く伸び吊り鉢によく使われるアイビーゼラニウム（*P. peltatum* を中心に改良），花が豪華な一季咲きのペラルゴニウム（*P.* × *domesticum*），葉に香りのあるニオイゼラニウム（=ハーブゼラニウム）がある．なお *P.* × *hortorum* は，挿し芽で繁殖する栄養系と実生系に分けられる．

栄養系: 一重咲き，八重咲き，半八重咲き，カクタス咲き，ミニチュア，矮性，斑入り葉など様々にあり，古くから鉢物および花壇用に利用されてきた．

実生系: いずれも $F_1$（一代雑種）で生育旺盛，開花も早い．①ケアフリー系（1968年発表）: 播種後，16〜18週で開花する．②スプリンター系（1973年発表）: 分枝性，矮性である．播種後，16〜18週で開花する．③フラッシュ系（1960年代後半発表）: 前系よりもさらに早咲き，強健，多花性である．その他，日本で利用される品種群は，ピント系，ビデオ系，リンゴ系，エリート系，マルチブルーム系，オービット系など多くある．

### ■形態的・生理生態的特徴

形態: 茎は多肉質で太く，全体に細軟毛がある．葉は円形に近いものから腎臓形まで変化があり，また多少の差はあるが匂いがある．葉の輪紋は鮮明なものからないものまで品種間差がある．花色は赤，鮭桃，バイオレット，白やその中間色と豊富で，また花型は一重，半八重，八重がある．

花芽形成: ゼラニウムは四季咲き性なので日長に関係なく花芽分化する．花は品種や栽培条件によって異なるが，2〜4節ごとに散形をなしてつき，低節位から順に開花する．

開花と温度: 原産地の気温は，夏は20℃，冬は10℃程度である．原産地と比べて日本の夏は高温すぎるので，なるべく涼しい環境におく．また，

冬は7〜8℃以上に保温すると生育するが，霜除け程度でも凍傷を受けなければ枯死することはない．半耐寒性で，最適な生育・開花の温度は12〜20℃であり，10℃以下，また30℃以上になると生育が衰え開花数も少なくなる．32℃の高温では開花数が著しく減少し，花が小さくなると報告されている[1]．

開花と光条件：　陽生植物で，いずれの種も光が強いほど生育・開花は良好である．弱光の3000 lxで栽培すると徒長し，1000 lxになると半枯れ，これ以下になると枯死する．また，受光総量が多く長日であるほど生育・開花は促進される．

■開花調節・作型

栄養系，実生系ともに四季咲き性のため，開花調節は基本的に挿し芽あるいは播種の時期による．春〜初夏，秋口が需要期であるので，その時期に合わせた出荷となるよう挿し芽・播種時期を決定する．

■栽培管理

繁殖：　栄養系の品種は挿し芽による．温度さえあれば1年中挿し芽が可能で，ふつう4〜6月および9〜10月に行う．挿し穂は若い健全なものを選んで葉を2〜3枚つけて切り取る．挿し床は砂かピートモスを用い，挿し木後は灌水して20℃前後で乾かさないように管理すると20日ほどで発根する．実生系品種の種子は1gで約200粒と小さい．播き床の温度を20℃にすると，10〜20日で発芽する．

鉢上げ：　挿し床で挿す場合，発根したら3〜4号鉢に上げる．鉢植え用土はピートモス，砂，腐葉土，田土の混合土を用いる．最近は直接ポットに挿すことも行われる．

肥培管理：　灌水は生育期間中は多く与えてもよいが，秋から春にかけて保温が不十分なときは控えるようにする．また，生育期間中は肥効が切れないように有機質や緩効性肥料を与える．11種の無機成分の影響を調べたところ，Nが不足すると生育が衰え，葉が小型化し，葉色が薄くなり，葉脈間に赤みがさす．Pが欠乏すると葉の小型化，葉縁のネクロシス，葉縁が巻く，古葉が枯れる，赤い色素の発現などが起こる．Kの欠乏により脈間のクロロシス，葉の光沢がなくなる，赤いブロッチの発現，葉の小型化が見られる．またCaの欠乏症状も顕著に現れる[2]．越冬した株は下葉が枯れ上がるので春に切り込み，地際から新芽を発生させると草姿がよくなる．このとき新しい用土に植え替えるとよい．

草丈の調節：　冬期の温度管理は，DIF（昼夜温較差）の理論に基づき，日中を低温域，夜温は高めで管理すると草丈の伸長を抑えられる．草丈の伸長抑制には，矮化剤の茎葉散布も効果的である．

病害虫防除：　ゼラニウムはウイルス病にかかりやすいので，$F_1$による実生系品種で病害を防ぐ以外，組織培養によるウイルスフリー苗の利用が有効である．灰色かび病や褐斑病は，多湿になる環境で発生しやすいので注意するとともに，被害葉や枯れ葉は早めに取り除く．害虫はアブラムシ，コナジラミの発生が多いので注意する．

落花防止：　種子系ゼラニウムは輸送中や市場で落花したり，店頭においても花を散らしてしまうことがある．落花は輸送中の暗黒や高温によるストレスで，内生エチレンが生成されるためと考えられる．開花の2〜3週間前にSTS 0.5 mMを茎葉散布することにより落花はほぼ防止でき，この処理で内生エチレンの生成量も少なくなる．なお，散布は花蕾だけでは効果が低いので株全体に行う[3]．

出荷：　鉢物として購入された場合でも，のちに地植えにされることが多い．暑さ，寒さなど耐候性が強いこと，耐雨性が強いこと，コンパクトな草姿であること，花つきがよく連続開花することなどが求められる．

文　献

1) Armitage, A. M. et al. : *J. Amer. Soc. Hort. Sci.*, **106**, 639-647, 1981.
2) Kofranek, A. M. and O. R. Lunt : *J. Amer. Soc. Hort. Sci.*, **94**, 204-207, 1969.
3) 鈴木基夫：農及園，**62**, 747-751, 1987.

## 14.6 セントポーリア

*Saintpaulia ionantha* H. Wendl.　イワタバコ科

### ■来歴・分布

約20種が知られ，その全種がタンザニアとケニアの一帯に自生しており，ウサンバラおよびウルグル山を中心に分布する．ほぼ赤道直下で四季の区別はなく，いつも霧に包まれた場所で，岩棚の割れ目にたまった有機質を栄養源とし，木漏れ日程度の光を受けて育つ．1892年，ドイツのセントポール（Walter von Saint Paul）男爵が発見し，その翌年にはドイツのベナリー商会から種子が販売された．1960年以降にはドイツの育種家によって営利栽培用の品種改良が始まり，フィッシャー社はバレー系，ホルトカンプ社はラプソディー系，オプティマラ系など多数の実用品種群を発表した．米国では1950年代から趣味栽培として発達し，日本でも1975年頃よりブームが始まった．趣味栽培で使われる品種群は，趣味家の間で育成されたもので普通種といわれる．

### ■系統・種類・品種

地際から葉を叢生するスタンダード，スタンダードに近いが葉や花が小柄なミニ，茎が長く匍匐状になるトレイラーの3タイプに分けられ，それぞれに品種がある．花色，花型，花弁の形，葉形，葉の斑などにきわめて変化に富んだ多様なものがあり，品種数は1万以上といわれる．

スタンダード：　①実用種：営利栽培に向く品種で，ラプソディ系，オプティマラ系，バレー系がある．②普通種：趣味家を中心に栽培され，やや栽培しにくい品種もある．

ミニ：　1951年に発表されたコンパクトサイズのタイプである．小さいので狭い場所でも楽しめ，多数の花をつける．

トレイラー：　腋芽が多数出て盛り上がった形に仕立てられ，吊り鉢でも育つ．

縞花：　1960年代後半から花弁に縞の入るタイプが突然変異で生まれた．外縞と中縞があり，1980年代には日本でも多くの品種が作出された．縞花は葉挿しでは増やせないので，腋芽か花茎に2枚の葉をつけた挿し穂を増殖に用いる．

斑入り葉：　葉に白，桃，赤，黄などの斑が入るタイプで，原種以外にはすべてにある．花がなくとも葉を観賞して楽しめる．

### ■形態的・生理生態的特徴

形態：　半陰生の多年草で全体に小柄，葉は有柄，卵状だ円形ないし円形の多肉質で，全縁または粗鋸歯があり，繊毛でおおわれる．地際から葉を叢生するグループと茎が長く匍匐して葉をつけるグループがある．葉腋から花梗を抽出し，通常5弁花を数輪つける．

生育温度：　25℃が適温で，10℃以下は生育が劣り，30℃以上でも悪くなる．したがって順調に生育させるためには昼温20〜25℃，夜温18〜20℃に保つとよい[3]．灌水の水温が葉温より低いと，かかった葉に輪紋を生ずるので，栽培室の温度に水温を高めて灌水する．

開花と光条件：　開花に対し日長はほとんど影響せず，光量と温度が適当であれば周年開花する．半陰生のため低照度でも光合成が行われ，光飽和点6500〜8000 lx，また光補償点100〜200 lxと低い[1]．花成は光強度と密接な関係があり，5000〜13000 lxで正常に花芽が形成されるが，それ以下ではほとんど形成されない．白色蛍光灯または白熱電灯で6000 lxの12〜18時間照明で生育・開花ともに良好である[2]．

### ■開花の調節・作型

セントポーリアの開花期を変えるには，生育を始める時期を変え，花芽分化をずらす．日長や低温は開花に不可欠な条件ではない．栽培温度が重要で，室温20〜25℃では成長が早く開花も早い．この最適温度からの隔たりが大きいほど花芽形成は遅れる．

### ■栽培管理

繁殖：　一般に葉柄をつけた葉挿しで繁殖する．繁殖親株は葉挿し後5〜10カ月目のものがよく，熟度が中位の葉を採って挿すと早くシュートを形成する．採葉時には葉柄を1〜2 cmつけて切り取り，バーミキュライトを入れた育苗箱に葉を上に向けて斜めに，互いに接するように挿して，半日陰のミスト下に置く．葉挿し後1カ月くらいで切

り口より発根し，40〜50日後には芽をいくつか形成し始める．この芽が発育して3〜4枚の葉をもつようになったら1本ずつ分離して小鉢に上げる．鉢上げは葉挿し後80〜90日後である．品種にもよるが，最近は葉柄を輪切りにしたり，葉片を切断して組織培養で大量に増殖されている．

鉢上げ： 用土は排水性のよい腐植質の多いものがよいが，砂，バーミキュライト単用でもよい．pHは7.0前後と比較的pHの高い用土を好むため，ピートモスの場合は中和して用いる必要がある．

葉挿し苗を6cmポリポットなどに上げ，5000〜10000 lxになるよう遮光した室内で，前述した温度条件を保って栽培し，株が一杯になったら9〜12cmの定植鉢に鉢替えする．葉挿しから開花し始めるのに，実用種で約6カ月，普通種で7〜8カ月かかる．

高温期： 遮光が強すぎて光量不足になったり，鉢間隔が狭すぎると徒長する．高温によって緩効性肥料の肥料分の溶出が早く一時的に多肥となるため，株当りの葉数が少なく大きな葉が展開して不均衡になる．したがって，鉢広げ作業を早めに行い，肥料を減らし，植え付け3週間後から灌水は控えめで乾燥気味に管理する．高温対策としてパッドアンドファン冷房が有効である．

寒冷期： 冬季の灌水は鉢用土が過湿にならないよう注意する．灌水は午前中にすませ，夕方には葉面に水が残らないようにする．

周年生産： 花つきをよくするため摘蕾を続け，開花予定日の1カ月前に摘蕾を止める．

肥培管理： セントポーリアはNに敏感な植物である．基肥として用土1m³当り緩効性肥料のマグアンプKの6kgあるいはロング180の5kg施用でよい結果が得られている．また追肥としては7〜10日おきに液肥を与えるのが有効である．

病害虫防除： 灰色かび病は梅雨時や多湿状態になると花を中心に発生するので，湿度は低くして適温に保ち，風通しをよくして古い花は早く摘み取る．うどんこ病は葉，花，萼に白粉をふりかけたようになるので，殺菌剤を予防的に散布して防除する．ホコリダニ，ワタカイガラムシ，コナジラミ，スリップスが発生したら，殺虫剤を散布して防除する．

生理障害： 葉に黄色の輪斑紋が生じる場合は，灌水する水の温度をチェックし，葉温との温度差が5℃以内となるようにする[4]．葉の硬化・白化や変色は強光，軟弱・多毛は弱光や高温が原因である．

〔二村幹雄〕

文 献

1) 阿部恒充他：園学要旨，昭42春，336-337，1967.
2) Cathey, H. M. and L. E. Campbell : *J. Amer. Soc. Hort. Sci.*, **104**, 812-825, 1979.
3) Herklotz, A. : *Gartenbauwiss.*, **29**, 425-438, 1964.
4) 前川 進他：園学雑，**55**, 484-489, 1987.

## 14.7 サボテン・多肉植物

### 14.7.1 カランコエ (*Kalanchoe blossfeldiana* Poelln., ベンケイソウ科)

■来歴・分布

カランコエ属はベンケイソウ科の多年生の草本または低木状の多肉植物で，アフリカを中心に約90種あり，分布域も広く，自生地は乾燥地から多雨地域までの多岐にわたっている．鉢花として栽培・流通しているのは，「紅弁慶」の園芸名をもつ*K. blossfeldiana*をもとに育成された園芸品種群である．欧米では，鉢花品目として高い評価が与えられており，日本においても冬期の鉢花として人気が高い（なお，園芸名とはサボテン・多肉植物で，明治・大正時代に輸入業者などが学名のかわりに種そのものにつけた和名であり，ここでは「 」で示す）．

日本には昭和初期に導入され，鉢花としての栽培が始まり，昭和40年代に入って本格的な栽培が行われるようになった．その後，海外で育成された品種が多数導入され，現在のように豊富なバリエーションをもった品種による生産が行われている．

■系統・種類・品種

カランコエ属には，先に示した*K. blossfeldiana*のほか，おもに鉢花として利用されるものに「紅姫提灯」の園芸名をもつ*K. manginii*と，エンゼ

ルランプとして流通している．現在は別属の *Bryophyllum uniflorum*（＝*K. uniflora*）やその交配品種がある．また，観葉として利用されるものに，「仙女の舞」の園芸名をもつ *K. beharensis*，「江戸紫」の園芸名をもつ *K. marmorata* など多数あるが，一般的にカランコエといえば *K. blossfeldiana* の交配種で鉢花用に育成された品種を指す場合が多い．

流通している品種の大部分は，育種の進んでいるオランダ，ドイツなどの海外で育成された園芸品種群である．これらの品種は分枝性がよく，色彩が鮮明で，耐病性も高いため，広く利用されている．おもな品種には'ダークコーラ'（濃桃），'キャロライン'（桃），'イエロージェセフィン'（黄），'エルサ'（白），'カランディーバ'（八重咲き）などがある．

なお，本項より以下は，*K. blossfeldiana* の園芸品種について記述する．

■形態的・生理生態的特徴

形態：　草丈は 10～50 cm で，20 cm 程度までの矮性品種と 50 cm 程度まで伸長する切り花用品種がある．葉は楕円形の単葉で対生につく．葉縁は，円鋸歯状または波状となるが，品種によってその形状が異なる場合もある．花は 4 数性で，萼は深裂し，花冠は管状か筒状で上向きに咲き，花冠が複数に断裂して八重咲きとなる品種もある．頂生あるいは腋生の散房状ないし円錐状の集散花序となる．頂花から順に開花していく．1 花の開花期間は長く，比較的長い期間観賞できる．

花芽形成：　基本的に質的短日植物であることから，花芽形成については日長の影響が大きい．品種により若干の違いはあるが，限界日長は 12.5 時間である．よって，11.5 時間より長い暗期が与えられると花芽分化が可能となる．また，花芽分化には限界日長以下の短日期間が 30 日以上必要で，十分な短日期間を与えることは，花芽の発達，花数の増加に対して促進的に働く（図 14.7）．

開花と温度：　栽培の適温は 18℃前後であるため，高温は花芽の形成・発達に対し抑制的に働く．このため，高温時の短日処理では十分な短日処理期間がないと，開花遅延や奇形花の発生が起こる．

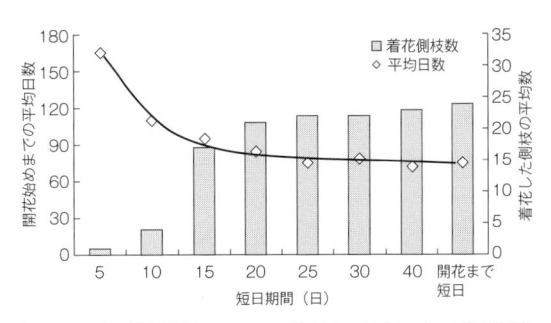

**図 14.7**　短日期間がカランコエ（*K. blossfeldiana*）の花芽形成と発達速度に及ぼす影響（Rünger, 1978）[1]

十分な短日処理が行われれば，25～30℃程度の温度でも花芽形成に大きな支障はない．

開花と光条件：　日中の栽培限界温度が 30℃程度と比較的低く，限界温度以上では開花遅延や奇形花が発生しやすくなるため，夏期には遮光などによる温度低下に務める．また，強い日射によって，葉の縁が黄化または葉全体が退色する葉焼けが発生しやすいので，日射量が多い場合は 60％程度の遮光が必要となる．なお，花芽の分化を抑制するには，夜間に照度 30 lx 以上で 4 時間程度の電照による光中断を行う．

■開花調節・作型

上述したように，日長に反応して花芽分化するため，短日処理による開花促進あるいは長日処理による開花抑制で，周年生産が可能である．限界日長以上の 3～10 月は短日処理により開花調節を行う．それ以外の期間は生育期に長日処理を行い，花芽分化を抑制して栄養成長を促進する．

■栽培管理

用土：　適度な保水性をもち，通気性にもすぐれた軽い用土が適しているため，一般的には調整ピートを主体とした pH 6 前後の用土を使用している．また，挿し木の用土には肥料分の少ないものを使用する．

育苗：　ポット直挿しによる生産が多い．挿し穂は親株のピンチ後発生した側枝を約 5 cm の長さで採穂し，下葉を 3～4 枚取り除き調整する．調整した穂の高さを揃えながら基部を 2 cm 程度用土に挿し，十分に灌水する．挿し木後 20 日程度で発根するので，発根までは適宜灌水を行うが，用土の多湿や乾燥は発根を著しく遅らせるので，

水分管理には注意する．また，夏期には60％程度の遮光を行い，強日射による葉焼けや葉の異常着色を防ぐとともに，老化による下葉の落下を防ぐ．

摘心： 挿し木後30〜40日で3〜4節を残して摘心する．摘心位置を揃えないと分枝が不揃いとなり，品質を落とすので注意する．また，寄植えあるいは大鉢に仕立てる場合は，この時期により大きな鉢へ鉢替えを行う．

肥培管理： 鉢当りN，P，Kそれぞれ250〜400 mg[2]程度が適量とされるが，品種や用土の種類によって施肥量を変える．全量の2/3を緩効性肥料（ロング肥料など）で与え，残りを追肥として液肥などにより数回に分けて施用する．間隔としては，摘心後に1回目，短日処理開始時に2回目，出荷の2週間程度前の開花初期に3回目の追肥を行う．

短日処理： 安定した短日処理効果を得るために夕方5時〜翌朝8時までを暗期とする9時間日長の短日処理を行う．短日処理開始後10日程度で花芽分化を開始し，30〜40日で発蕾する．花蕾の発達は高温により抑制される場合があるので，夏期は夜間シェードを開放するなどして温度低下に務める．

病害虫防除： 高温期には疫病，根腐病などの土壌伝染性病害が発生する．腰水灌水方式の場合は，被害の進展が早いので注意する．施設内環境を良好とし，用土・資材などは清浄なものを用いるよう心がけて病害の発生を防ぐ．また，うどんこ病や褐斑病が発生する場合もあるので，発生初期に殺菌剤によって防除する．

出荷： 頂芽の蕾が冬期で7分咲き，春期で5分咲きになったところで，化粧鉢に鉢替えをする．スリーブに入れ，ラッピングあるいはトレーに詰めて出荷する．

## 14.7.2　シャコバサボテン（*Schlumbergera* Lem., サボテン科）

### ■来歴・分布

*Schlumbergera* 属のほか，サボテン科の *Zygocactus* 属（現在は *Schlumbergera* 属に含まれる），*Rhipsalidopsis* 属（現在は *Hatiora* 属）が交配されて成立した．これらの種はいずれもブラジルの山地に分布する着生サボテンである．海外で *Schlumbergera* 属を中心とした交配が進み，現在のような園芸品種群が育成された．

日本には明治10年頃に導入され，戦前には鉢花として栽培されていた．海外から多数の園芸品種が導入されたことと，開花調節技術が確立されたことで，1970年以降に本格的な生産が始まった．その後，デンマークカクタスと称されるすぐれた園芸品種群が育成されたことで人気が高まり，冬期の主要な鉢花品目として現在に至っている．

### ■系統・種類・品種

シャコバサボテン類は，*Schlumbergera* 属を中心に育成された品種群と *Rhipsalidopsis* 属を中心に育成された品種群に大きく分類できる．*Schlumbergera* 属を中心に育成された園芸品種群を一般的にシャコバサボテンまたはデンマークカクタスの名称で呼んでいる．シャコバサボテンと非常によく似た系統としてカニバサボテンがある．カニバサボテンは，茎節に突起がなく，全体に丸みを帯びていることで区別されている．また，*Rhipsalidopsis* 属を中心に育成された園芸品種群をイースターカクタスの名称で呼んでいる．これらの品種は遅咲きのものが多く，4〜5月に開花する．本種の代表品種として大型となる'星孔雀'（クリムソンジャイアント）があるが，名称のとおり，花は複数の花弁が放射状に出て星形となるため，シャコバサボテンと区別できる．

シャコバサボテンの園芸品種は，デンマークカクタスの系統が主流になっており，茎節が小さく，低い節位でも開花が可能な，生育期間の短いタイプが多く育成されている．代表的な品種として'シンデレラ'（赤），'チタクイーン'（桃），'パールウェーブ'（白），'ゴールドチャーム'（黄），'スーパーケニガ'（赤橙）などがある．

以下，シャコバサボテンについて記述する．

### ■形態的・生理生態的特徴

形態： 草丈は30 cm程度で，茎は多数分枝して，茎節と呼ばれる葉状の茎が多数連なった先に花をつける．茎節は，おもに扁平で長楕円型となる．多肉質で，長さは3〜5 cm，幅は2 cm程度，

円鋸歯または鋸歯縁となる．花は茎節の先端に1～2花をつけ，内側の花被が基部で結合するため筒状となる．花弁は上下2群に分かれ，花弁が反り返り後方に向く．

**花芽形成**：　基本的に質的短日植物であり，限界日長は12時間程度である．したがって，限界日長以下の短日条件を与えることで，開花を促進することが可能となる．ただし，限界日長は温度条件の影響を受け，高温ほど限界日長は短くなり，低温下では日長の影響を受けずに花芽分化が可能との報告もある．また，先端部茎節の成熟度も花芽形成に大きく影響し，十分に成熟した状態でないと花芽ができない．一般的に，新しい芽が形成されてから40日程度経過して成熟した茎節に花芽がつく．

**開花と温度**：　生育・開花の適温は，日中20～25℃，夜間15℃程度である（図14.8）．これよりも高い，あるいは低い温度域では，花芽分化が抑制され開花数が減少する．また，蕾が5mm程度の花蕾発達期に，不適切な高温や低温に遭遇すると落蕾が起こりやすいため，花弁着色期まで注意が必要である．

**開花と光条件**：　シャコバサボテンは，強日射を好むタイプであるが，必要以上の日射は焼けの原因となる．また，日射量が不十分であると葉色は濃くなるが，着花しにくくなるため，夏期の遮光は必要ではあるが，十分な光量を確保するよう心がける．

■**開花調節・作型**

**作型**：　花芽分化が日長に反応するため，短日処理による開花促進あるいは長日処理による開花抑制で周年生産も可能である．しかし，季節的な需要の強い11～12月開花の季咲きが最も多い．また，より開花を促進するため，冷涼な地域で育苗する山上げを行う場合もある．

■**栽培管理**

**育苗**：　通常，挿し木によって苗をつくる．利用する挿し穂は，摘葉で出た茎節を2節程度に分割して使う．ポット挿しの場合は肥料分の少ない培土を用い，基部の茎節を半分程度埋め込む．また，保水性のよさから水苔を利用する場合もある．

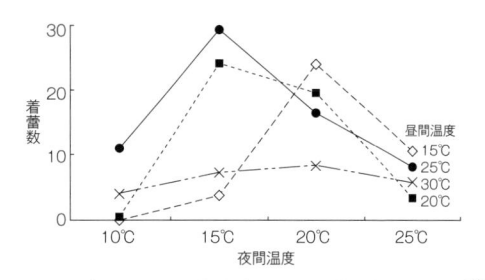

**図14.8**　夜温・昼温が着蕾数に及ぼす影響（米村, 1979)[3]

挿し木後約30日で発根するので，適宜鉢替えなどを行う．

**短日処理**：　10月開花を目指すような促成栽培の場合に短日処理を行う．処理時期は8～9月で，夕方5時～翌朝8時までを暗期とする9時間日長の短日処理とする．処理期間は20～25日間でよいが，高温により花蕾の発達が抑制されるので，夜間シェードを開放するなどして温度低下に務める．

**摘葉**：　花芽分化させるには茎節の成熟が必要であるが，先端の茎節を同程度に成熟させることは不可能であるため，そのままの状態では開花が不揃いとなってしまう．そこで，成熟した茎節を残して未熟な茎節を摘除する．これにより，先端の茎節の成熟度が一定以上に揃うことから，一斉に開花させることができる．時期としては，3～4月頃に整枝を兼ねて行い，9～10月頃さらに開花揃いのために行う．なお，短日処理を行う場合は，摘除を短日処理開始前に行う．

**肥培管理**：　4号鉢でN，P，Kそれぞれ0.3～0.4g程度が適量とされる．花芽分化期の茎節内の適正な窒素含有量は2％前後で，これよりもN含有量が高い場合に着蕾率は低くなる．着蕾率はN含有量と密接な関係がある．株作りのために旺盛な生育を維持するには，N含有量3～5％と高い方がよく，着蕾率を高めるにはN量が少ない方がよい．このため，生育初期には十分な施肥を行って，栄養成長を促し，花芽分化前に施肥を打ち切って，生殖成長に適するレベルまでN含有量を下げるような肥培管理が必要となる．

**病害虫防除**：　基本的に病害虫の発生は少ないが，おもに多灌水や肥料焼けに起因すると思われ

る根腐れや茎腐れが発生する場合があるので，適正な灌水・肥培管理に務める．また，害虫としてヨトウムシやナメクジが発生し，新葉や蕾の柔らかい部分が食害されるので，発生を見たら薬剤によって早期に防除する．

出荷：　蕾が出揃い，すべての花蕾が着色し始めたところで，化粧鉢に鉢を替える．スリーブあるいは箱に入れ，ラッピングまたはトレーに詰めて出荷する．出荷時の気温や光環境の大きな変化は落蕾を引き起こしやすいので注意する．

### 14.7.3　サボテン科（Cactaceae）
■来歴・分布

形態や生育的な特性が類似していることから，多肉植物のことを総称してサボテンと表現する場合もあるが，分類学上サボテンとはサボテン科に属する植物を指す．したがって，アロエやハナキリンなどは多肉植物ではあるが，サボテンとは異なる科に属す植物である．

サボテン科に属す植物は豊富で，200属以上，数千種に及ぶ．アメリカ大陸およびその周辺諸島を中心に分布し，多くは乾燥地に自生する乾生植物であるが，亜高山帯の樹木や岩石に着生する種や寒冷な山岳地帯に分布する種もあり，その分布域はきわめて広い．しかし，いずれの種も共通して，一般的な植物が生存できないような乾燥や栄養分の乏しい土壌においても適応可能な特性をもつ．

17世紀半ばに日本に渡来したとされており，一部の愛好家によって栽培や品種改良が盛んに行われた．全体が緋色となる'緋牡丹'の接ぎ木は海外での評価も高く，1960年代後半には欧米を中心に輸出されたこともあった．現在でも海外を含めて生産が行われている．近年は，クジャクサボテンやシャコバサボテンを中心に品種改良が大きく進んでいる．なお，サボテンは一部を除き，ほとんどの種がワシントン条約における保護該当植物であり，輸出入における規制対象となることに注意する．

■系統・種類・品種

サボテン類は，分類学上大きく分けて，コノハサボテン亜科，ウチワサボテン亜科，ハシラサボテン亜科の三つに分類されるが，園芸上はそのサボテンの形態から，ウチワサボテン，ハシラサボテン，タマサボテンの3種類に分けている．大きさも数cmのものから10m以上になるものまで多種多様である．クジャクサボテン類やシャコバサボテン類を除き，流通しているのは，小型のタマサボテン類やハシラサボテン類が中心である．数cm～10cm程度の大きさの小鉢での生産が主体となっている．

なお，本項ではクジャクサボテン類とシャコバサボテンを除くサボテン類について記述する．

園芸愛好家を中心に育種が進められ，国内には多くの育成品種がある．先の'緋牡丹'のほか，ウチワサボテン類の'バニーカクタス'，有星類といわれる'兜'などが代表的な品種である．その他，おもに花を観賞するものにタマサボテン類の「青王丸」，「雪晃」などがあり，形態を観賞するものとしてハシラサボテン類の「金鯱」や「白雲閣」などが栽培されている．

■形態的・生理生態的特徴

形態：　サボテン類の形態は様々であるが，全体の形状から木の葉形，団扇形，柱形，玉形，その他に分けることができる．一般に，茎は筒または球形，葉は退化して針状の刺となる．短枝の1種である刺座（areole）と呼ばれる特殊な器官を有し，通常は腋芽に刺座が形成され，多くは刺が着生する．また，刺座が綿毛でおおわれる場合もある．さらに，稜と呼ぶ波形の凹凸とした稜線があり，稜がいぼ状あるいはこぶ状になる場合もあって，サボテン類の独特な形状を司っている．

開花：　種により最適な生育環境が大きく異なるため，温度や光量などの環境が適していないと開花に至らない場合が多い．また，株の成熟度も開花に影響し，成熟が不十分な場合には開花できない．一般的にサボテン類は生育が遅いものが多く，代表的な種の「金鯱」では，開花するまでに数十年を要する．

■作型

サボテンはその利用形態によって，様々な作型がある．一般的に，タマサボテン類は実生から苗

を育成して栽培するため，出荷する鉢サイズによって栽培期間が大きく変わる．ウチワサボテン類やハシラサボテン類は挿し木苗で育成するため，挿し穂の大きさにより栽培期間をほぼ一定にした生産が可能となる．ミニ鉢生産の場合は，実生株で出荷されるため，短い栽培期間で出荷することが可能となる．

■栽培管理

繁殖： サボテン類の多くは，種子によって繁殖を行う．種子繁殖は一度に大量の苗を作ることができること，交配によって様々な変異個体を育成できることなどから，増殖，育種の手法として最も利用されている．サボテン類の開花期は春が多いので，この時期に交配を行うが，他家受精であるため，人工授粉により交配を行う．交配後数カ月で採種が可能となる．

ウチワサボテン類やハシラサボテン類では，おもに挿し木による増殖を行っている．種子繁殖とは違い，親株を確保する必要はあるが，挿し穂の大きさを変えることで，様々なサイズの鉢生産が可能となる．挿し木は鋭利な刃物で挿し木部を切り取り，日陰などの直射日光が当たらない場所で，1週間以上切り口を十分に乾燥させる．品目によっては，さらに数週間乾燥させることもある．用土には，水はけのよい砂やバーミキュライトなどを使い，製品鉢や育苗床などに挿し木を行う．

'緋牡丹'などでよく用いられる方法に接ぎ木がある．接ぎ木は，根腐れしやすい種に台木として過湿に強い種を接ぐ，生育が遅い種に生育が早い種を接ぐなど，栽培を容易にするために用いるほか，異種のサボテンを接いで草姿をユニークにして，商品性を高めるためにも用いられる．台木にはウチワサボテン類やハシラサボテン類が利用されている．接ぎ木の方法は，穂木と台木の維管束を合わせる．あるいは，台木の先端を尖らせ，その部分を穂木に挿すなどの手法がある．

用土： 必要以上に水分があると根腐れしやすいため，ある程度の保水性をもちながら排水性にすぐれたものが適する．よく利用されるのは川砂であるが，重量が重いため，一般的には川砂，赤玉土などを主体に，バーミキュライトなどの資材を複数混用したものを利用している．また，アルカリ性を好む種が多いことから，pHは7程度に調整する．

肥培管理： 乏しい栄養土壌に適応している種が多く，肥料の要求量は比較的少ない．このため，用土に完熟堆肥を基肥のかわりに混用し，その後は年数回の液肥による追肥を行う程度で栽培できる．ただし，種によっては一定の肥料分を与えた方が生育はよくなるため，少量ではあるが化成肥料による基肥や追肥を行う場合もある．

病害虫防除： 疫病，腐敗病，すそ腐病などの立枯れ性病害が発生するほか，茎腐病や炭疽病の発生も見られる．これらの病害は過剰な灌水による多湿条件が原因となるので，発生しやすい環境をつくらないよう注意する．発生が見られたら殺菌剤を散布し病害の拡大を防ぐ．害虫ではカイガラムシの発生が多いため，初期に殺虫剤などで防除する．

出荷： 鉢サイズに合わせて，箱詰めする．ミニ鉢の場合は，用土がこぼれないように表面を接着剤で固めたり，数種のサボテンをミニアレンジメント風に仕立てたりして，観賞性を高めた商品も出荷される．

[加藤克彦]

文献

1) ワルター・リュンガー著，浅平 端・中村英司訳：園芸植物の開花生理と栽培，誠文堂新光社，1978.
2) 加藤俊博：新版花卉の栄養生理と施肥，pp. 284-292，農山漁村文化協会，1995.
3) 米村浩次：シャコバサボテンの開花調節に関する研究，愛知農総試特報，1979.
4) 米村浩次：農業技術体系，花卉編第12巻，pp. 543-544，農山漁村文化協会，1996.
5) 長田清一：農業技術体系，花卉編第12巻，pp. 571-572，農山漁村文化協会，1996.

## 14.8 洋ラン類

### 14.8.1 シンビジウム（*Cymbidium* Sw., ラン科）

■来歴・分布

約70の原種が知られており，日本から中国にかけての温帯地域に小型の地生種が存在している．また，アジアのシンビジウムベルトと呼ばれるネ

パールからミャンマー，タイ，ベトナムに至る熱帯・亜熱帯の標高500〜2500 mの高地には，主として大型の着生種が自生している．このほか，インドやオーストラリアにも一部の原種がある．

日本のシュンランをはじめとする小型のシンビジウムは，東洋ランの中心をなし，古くから趣味家に愛玩され，今日に至っている．一方，営利栽培されているシンビジウムは，大型種を用いて当初はアメリカやヨーロッパで改良されたことから，同様の経緯をたどった他の属のランと合わせ，洋ランと呼ばれている．

洋ランは，日本へは明治時代の中頃に入ってきたが，高価であったことなどから趣味的な栽培が主で，あまり普及しなかった．1970年代に入り，株分けにかわり茎頂培養によってメリクロン苗が安価に大量増殖されるようになり，営利栽培が急速に増加するとともに品種改良も大いに進んだ．

■系統・種類・品種

ランの中では比較的寒さに強く，冬に枯れることも少ないため，同じ品種では再購入につながらないことから，品種の変遷が非常に速く，次々に新しい品種に変わっていく点が特徴的である．原種の数は上記のようにそれほど多くはないが，その中でも品種改良に主として用いられているのは20種程度で，これらの種間やその子孫である種間雑種間などの複雑な交配の繰り返しにより，非常に多数の品種が作出されている．

大別すると，上記の大型種，小型種，それに大型種と多花性で小型のキンリョウヘン（*C. floribundum*）に代表される小型種との交配に基づく中型種があり，中型種の作出は鉢物シンビジウムの生産拡大に貢献した．鉢物シンビジウムは支柱を立てて誘引する関係で，直立性の花茎をもつ品種が選抜・作出されてきているが，下垂性の花茎をもつキャスケードタイプの小型品種が1990年頃に発表されて以来，少数ではあるが下垂性の中・小型品種も作出されている．また，テーブルシンビと呼ばれる卓上用の鉢植えも2003年頃からつくられるようになり，専用の小型品種も作出されている．

シンビジウムの花色は赤や桃の赤系が主であるが，澄んだあざやかな色合のものは少ない．他に黄，橙，緑，白の品種がある．これらには，さらに赤リップと呼ぶ，唇弁にアントシアニンによる紅がのるものとのらないものとがある．紅がのるものには口紅状にべたにのるものと斑点状にのるものとがあり，日本では前者が好まれるようである．

■形態的・生理生態的特徴

形態：　複茎性のランで，茎の頂端分裂組織は葉原基を10〜20程度分化した後，座止する．茎の節間は伸長せず，基部の節間を除き肥大して，バルブと呼ばれる球状の偽球茎（pseudobulb）を形成する．葉は剣状で，互生し，開度は1/2である．長さは小型種で20〜40 cm，大型種では1 m以上になるものもある．根は径5 mm前後もある太いひも状で，その表皮は数層の細胞からなっていて根被（velamen）という．

花は普通，当年生の新しいバルブ（リードバルブ，lead bulb）の基部の腋芽に形成される．すなわち，バルブ基部の腋芽が花芽（花序）となり，この総状花序に小花が10数輪，多いものでは30輪ほど着生する．小花は子房下位で，内外各3枚の花被片があり，雄蕊は雌蕊の花柱と癒合し，蕊柱（column）を形成している．向軸側の内花被片は唇弁となっていて，開花時には小花柄が180°ねじれ（倒立という），唇弁は花の下方に位置して，花粉媒介昆虫に止まる場所を提供する．花後，花茎発生節位より下位の節の腋芽が伸長し，新しいシュート（リード）になる．このような仮軸分枝を繰り返す．葉は数年で脱離するので，古い株ではいくつも連なった葉のないバルブをもつ株となる．

花芽形成：　花芽（花序）の形成には日長や温度などの要因に対する顕著な要求性は見られず，生育が順調であれば，最長葉の伸長が停止する頃から，新しいバルブの基部に形成される[1]．品種によっては，古いバルブ（バックバルブ，back bulb）にも花芽が形成される．

開花と温度：　形成された花芽は発育の初期に25℃以上の高温に遭遇すると「花飛び」と呼ばれるブラスティングを起こし，花序全体が枯死した

り，花蕾が脱離したりする．この現象はほとんどすべての品種に見られるといっても過言ではなく，シンビジウム生産の最大のネックとなっている．

これについては，Ohnoらの研究により，その発生機構がほぼ明らかとなっている[2]．すなわち，きわめて発育ステージに依存した現象で，花粉形成過程の胞原細胞期から前減数分裂期の高温が問題となる．このステージの高温により花蕾のエチレン生成が高まり，それにより花芽が枯死する．ジベレリン処理やエチレンの生合成阻害剤，作用阻害剤の処理により花飛びを抑制することは可能であるが，これらの処理は実用的ではなく，高温を避けるための山上げ栽培などが行われている．原種の中にはスルガラン（*C. ensifolium*）や *C. madidum*，*C. aloifolium* などのように高温でも花飛びを起こさないものもあり，花飛びを起こさない培養変異体も見つかっているが，花飛びを起こさない品種の作出は行われていない．

なお，温度は花色の発現にも大きな影響を与える．とくに，アントシアニンを花色素にもつ赤系の品種では高温で花色が薄くなるものが多い．ただし，唇弁の赤色は逆に高温で濃くなったり，着色範囲が広がったりする．

開花と光条件： 遮光が強すぎて光強度が弱い場合には，花芽が形成されない．しかし，花芽が形成されるような通常の光条件であれば，できた花芽の開花に対して光は問題とならない．ただし，花色の発現には光の影響が見られ，とくに赤系の品種では光が弱いと花色の発現が不十分となる．一方，緑の品種では光を弱めた方が発色が良好となる．

■開花調節・作型

冷房栽培による周年生産が行われているファレノプシスとは対照的に，シンビジウムの需要は秋から年末にかけての時期に大きく偏っていて，その傾向はとりわけ，鉢物生産の場合に著しい．したがって，作型といってもこの時期の出荷をねらったものが中心となり，暖地では山上げ促成栽培が一般的である．高冷地や寒冷地では山上げを行わない施設栽培が行われている．

山上げ促成栽培： メリクロン苗移植から春苗の場合には3年目，秋苗の場合には4年目の秋から年末にかけての出荷を目標に，主として鉢物で行われている作型である．この時期に出荷するには，夏の高温期に花芽を発生させる必要があるが，そのままでは高温のために花飛びを起こしてしまい，結局，年内の出荷が難しくなる．それを避けるために標高800～1000mほどの高冷地に移して避暑させるもので，山上げや山下げ時の株の移動や山上げ中の芽かき，施肥，灌水などの日常の栽培管理に時間や労力がかかり，生産者の大きな負担となっている．それにもかかわらず，山上げ栽培が行われているのは，シンビジウムが比較的強光を好み，需要期も限られていることから，高温期に冷房栽培により花飛びを防ぐのは難しいことによる．出荷前年にも生育を促進し，株の充実を図るために山上げすることがある．切り花栽培では，花だけを出荷し，株は継続して使用することから，鉢物栽培に比べて株も不揃いで，大株になる傾向がある．年明け以降の需要もあることから，山上げをしないケースもある．また，高冷地での栽培と組み合わせて，出荷期の幅を拡大している生産者もいる．

寒冷地における施設栽培： シンビジウムの需要の特徴から，山上げ促成栽培と同様の出荷期を目指す促成栽培であるが，この地域では山上げをする必要はない．そのかわり，最低温度を15℃に維持しようとすれば，長期間暖房する必要があり，暖房のコストがかさむ．小森は出荷前年の秋冬季の温度を慣行の15℃から5℃に下げて管理することで，暖房コストを半減でき，開花も早くなることを示した[3]．同様のことは，それ以前にも森田らによって報告されている[4]．

その他： 花芽をつけた株を低温・弱光下で維持して開花を遅らせる抑制栽培も可能ではあるが，それほど需要もなく，あまり行われていない．また，季咲き栽培にあたる普通栽培もシンビジウムでは行われない．強いていえば，温室やハウスをもたない趣味栽培がこれに相当する．

■栽培管理

プラ鉢によるポット栽培が一般的で，苗の段階ではポリポットも用いられる．メリクロン苗移植

から1～3年目の株まで，発育ステージの異なる3年分の株を栽培する鉢物栽培では，鉢の大きさをしだいに大きくしていき，出荷時には5～6.5号鉢となる．切り花栽培では同じ株を何年も使用することから，さらに大鉢となることが多い．シンビジウムは植え込み材料をあまり選ばないので，早くから水苔を離れ，バークと軽石の混合，あるいは近年ではバーク単用が一般的となっている．

肥料は，置き肥としては油粕と骨粉の混用が一般的で，リードの発育期に毎月1回程度，施用される．最近では緩効性の化学肥料であるコーティング肥料も用いられている．また，液肥も灌水がわりに施用される．灌水は頭上灌水で，夏の高温期には朝夕の2回，春秋は毎日1回，冬季には1日おきに行われる．

温度管理は前述のように，最低気温を15℃に維持し，25℃で換気するのが一般的である．しかし，原油の高騰などで暖房コストがかかることから，寒さに強いシンビジウムの特性をいかし，低夜温で管理する場合もある．また，花芽が若い時期には花飛びを起こす高温を避けて栽培することが必要である．シンビジウムは比較的強光を好むので，夏場に30％程度の遮光を行うくらいである．

株の仕立て方は，1本のメリクロン苗から2本の芽を出し，一方から2本，もう一方から1本，計3本のリードを出す1-2-3仕立てが一般的で，それ以外の芽はかきとる．この芽かきの作業にも労力を要する．各リードに1～2本の花芽をつければ3～6本立ちとなり，高品質の鉢物生産にはこれらの開花を揃えることが重要である．このほか，1-1-2仕立てなどを行う場合もある．

病害虫防除： ウイルスによる病気は，シンビジウムモザイクウイルス（*Cymbidium mosaic virus*：CyMV），オドントグロッサムリングスポットウイルス（*Odontoglossum ringspot virus*：ORV）などによるものが知られているが，感染が相当ひどい場合を除き，シンビジウムでは問題にならない．市販されている鉢物はほとんどすべてがメリクロン苗によるものなので，ウイルス感染は問題でない．それよりも，フザリウムによる病気が最も深刻で，有効な薬剤もない．

フザリウムによる病気には腐敗病，乾腐病，黄斑病，褐色葉枯病がある[5]．中でも腐敗病は成株にも発生するが，主として苗での発生が多く，悪臭を放ってバルブの内部まで腐敗するもので，苗が比較的高価なシンビジウムの生産にとっては大きな問題となっている．乾腐病はバルブの内部までは腐敗しないことから腐敗病と区別されるが，二つの病気を起こすそれぞれのフザリウム菌が複合感染しているケースも多い．黄斑病は葉に黄斑病徴などが出る病気であり，高温多湿を避け肥料を控えるなどの耕種的方法により被害が軽減できる[5]．褐色葉枯病は褐色の病斑ができて葉が枯れる病徴を示す．日本ではいまのところ問題となっていない．なお，フザリウムによる病気は品種によっても発生率が大きく異なり，フザリウム抵抗性品種が求められている．

害虫としては，株にはカイガラムシ，花にはアブラムシ，ナメクジなどがつくが，防除は困難ではない．栽培環境が乾燥気味であるとダニが発生しやすく，オンシツケナガコナダニやランヒナダニによる蕾の黄化や花の萎凋，リップの紅変が発生する[5]．

出荷： 鉢物栽培では，花茎が伸長し花蕾が鞘（シース，sheath）から出てきて，出荷が近くなると，支柱を立てて花茎を誘引し直立させる．前述のように下垂性品種が現れて人気が高まってからは，ファレノプシスのように花茎の上部を下方に曲げて誘引するアーチ仕立てが，直立性のやや弱い品種を用いて2001年頃から行われるようになった．8割程度の蕾が開花した時点でトレイに入れて出荷される．ただし，下垂性品種の出荷には特製の出荷箱やスタンドなどの専用資材が使われる．切り花栽培では，支柱に誘引せず，専用の器具を用いて上方からワイヤーで引っ張って直立させている．シンビジウムの切り花は蕾状態で収穫してもほとんど開花しないことから，大部分の蕾が開花した段階で切り花とされる．切り花には切り口に水を入れたプラスチックチューブをつけ，ラッピングして段ボール箱に詰めて出荷される．

［大野　始］

文　献
1) 加古舜治他：園学要旨，昭51秋，236-237，1976．
2) Ohno, H.：Proc. 5th Asia Pacific Orchid Conference, 174-177, 1996.
3) 小森照彦：農と園，**57**（3），156-160，2002．
4) 森田正勝他：園学要旨，昭62春，436-437，1987．
5) 市川和規：農と園，**56**（10），182-185，2001．

## 14.8.2　デンドロビウム（*Dendrobium* Sw.，ラン科）

### ■来歴・分布

デンドロビウム属はバルボフィラム属につぐラン科第2の大属で，1000とも1500ともいわれる種を含む．ヒマラヤ山麓から東南アジア，オセアニアにかけての平地から標高3000 mの高地にまで広く分布し，日本には2種を産する．原産地は熱帯雨林，サバナ，モンスーン気候帯のいずれかに位置し，それぞれに特徴ある種が自生している．シュレヒター（F. R. R. Schlechter）（1912）は本属を4亜属，41節に分類しているが，同一節内の種は形態や生態が似ているだけでなく，分布域もほぼ共通している．

19世紀後半に最初の種間雑種が生まれて以来，多くの品種が育成されているが，品種の育成にかかわった種はそれほど多くない．それぞれの系譜からはDendrobium，Phalaenanthe，Ceratobium，Formosae，Latourea，Dendrocoryne節などの限られた種が確認されるにすぎない．

日本の営利栽培ではノビルタイプ，ファレノプシスタイプ（デンファレ），フォルモーサムタイプ（フォーミディブル）およびスペシオキンギアナム（スペキン）タイプと称される品種群が，おもに鉢花として生産されている．それぞれの生産割合はノビルタイプ60〜70％，デンファレ20〜30％，他はそれぞれ3〜5％となっている．切り花では沖縄県にデンファレの産地が形成されている．なお，高温性で25℃前後に加温されるデンファレの鉢花生産は，2005年から始まった原油価格高騰を受け，急速に減りつつある．

### ■系統・種類・品種

1) ノビルタイプ：　*D. nobile* を基本種に，*D. aureum* など Dendrobium 節に属する10前後の種に由来する品種群で，日本において鉢花用品種が多数育成されている．これらは，早生で茎立ちのよいことを特徴とするカシオープ（*D. nobile*×*D. moniliforme*）系，中晩生で太い偽球茎，厚い花弁，高日持ち性を特徴とする四倍体系に大別されるが，最近は，既存品種と *D. moniliforme*，*D. unicum* などとの交配による小型品種が増えつつある．

現在，500近い品種が栽培されている．最近のおもな品種は，Second Love 'トキメキ'（カシオープ系，薄桃），Hamana Lake 'ドリーム'（カシオープ系，桃赤），Comet King 'アカツキ'（四倍体系，桃赤），*D. unicum* を片親とする小型の Rainbow Dance 'アカズキンチャン'（ユニカム交配，赤紫）などである．

2) デンファレ：　*D. phalaenopsis* を基本種に *D. bigibbum* など Phalaenanthe 節内の種に由来する白〜桃の整形大輪花を特徴とするファレノプシスタイプ，*D. gouldii* など Ceratobium 節内の種に由来する長い偽球茎と黄〜緑の細いねじれ弁を特徴とするケーンタイプ，および両品種群の交配による中間タイプに大別される．本品種群は切り花用として改良されてきたが，*D. biggibum* の交配からはミディあるいはミニデンファレと呼ばれる鉢花向き矮性品種が育成されている．

最近のおもな品種は，鉢花では 'ブラナピンク'（整形丸弁，桃），'ペガサス'（整形丸弁，白），'カレン'（整形丸弁，赤），'キャサリンBB'（ねじれ細弁，黄茶），'サマークラウト'（剣弁中輪，青），'メリーファンタジー'（整形小輪，赤）など，切り花では 'プラモット'（桃），'ジャックハワイ'（白）などである．

3) フォーミディブル：　*D. formosum* を基本種に，Formosae 節や Latourea 節内の種に由来する品種群である．品種数は少ないが，おもな品種は Formidible '竜馬'（*D. formosum*×*D. infundiblum*，白・大輪），Fire Coral 'ジパング'（*D. curentum*×Formidible，白・中大輪），Summer Night Dream 'シューティングスター'（*D. atroviolaceum*×Formidible，白・中輪）などである．

4) スペキンタイプ： Dendrocoryne 節内の数種に由来し，呼び名は人為交雑種 *D. specio-kingianum* にちなむ．花は白〜赤紫を基調とし，剣弁で小さい．デンファレとの交配が可能で，その高温性，秋咲性を改良する素材として期待されている．'オーキッドソング'（Berry×*D. specio-kingianum*），'イースターパレード'（Mini Pearl×*D. specio-kingianum*）などが栽培されている．なお，本タイプは生育開花にかかわる研究例が乏しく，以下では扱わない．

■形態的・生理生態的特性

**1) 成長と開花習性**　いずれのタイプも，繁殖から開花まで2〜3年を要するが，ここでは開花当年の成長と開花の習性について述べる．なお，本属は複茎性の成長様式を示し，同一株内に発生年次の異なる複数の偽球茎を有する．これらのうち，発生からおよそ1年もしくは1年未満の偽球茎をリードバルブ（新茎），それ以外をバックバルブ（旧茎）とよぶ．

ノビルタイプ：　秋に前年生偽球茎の基部より発生した新茎は，翌年の春から初夏にかけて盛んに伸長した後，夏に止め葉を形成する．その約1カ月後，偽球茎は肥大，充実し，10月以降の自然低温に感応して花芽を形成し，12〜翌2月に開花する．花芽は偽球茎の中ほどから上位の各腋芽に着生し，短い花茎上に2〜3輪の花をつける．このように，秋に発生した新茎がおよそ1年で開花に至る品種はリード咲きとよばれ，現在の栽培品種の大半がこのタイプに属する．これに対し，新茎発生から開花までにおよそ2年を要する品種群をバック咲きとよぶ．

デンファレ：　新茎は3〜4月に発生した後，7〜8月に止め葉を形成し，伸長を停止する．止め葉形成後は環境条件の影響を受けることなく，ただちに茎頂部の腋芽から1〜2本の花茎が伸長し始め，9〜10月に20〜30 cmの花茎上に5〜15輪の花をつける．

フォーミディブル：　春に発生した新茎は，夏から秋にかけて盛んに伸長した後止め葉を形成し，冬にかけて肥大を完了する．花芽は翌年の2〜3月に茎頂から数節下の各腋芽に形成され，4〜6月にかけ，短い花茎上にそれぞれ2〜5輪の花を咲かせる．

**2) 成長過程と発育相**　ノビルタイプの営利栽培では，温度管理が最も大切という意味で「デンドロビウムは温度しだい」といわれている．これは，以下のように，本品種群は6段階の発育相を経て開花に至るが（図14.9），各発育相の経過と離脱には温度が深くかかわり，かつそれぞれ適温条件が異なることによる．事実，生産現場では品種，作型を問わずきめ細かな温度管理が行われ，出荷期の拡大や品質向上が的確に図られている．

休眠相：母茎完成後の一定期間．母茎基部の腋芽はしばらく休眠状態にあり，高温を経ることで打破される．その後は中温により萌芽が促進される．幼若相：新茎（リード）の発生から偽球茎の

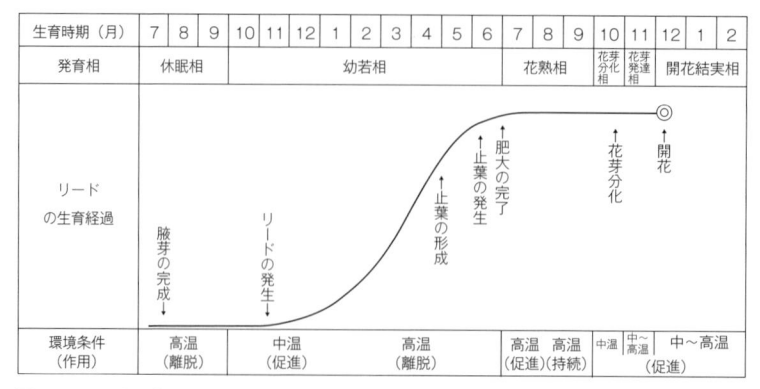

| 生育時期（月） | 7 | 8 | 9 | 10 | 11 | 12 | 1 | 2 | 3 | 4 | 5 | 6 | 7 | 8 | 9 | 10 | 11 | 12 | 1 | 2 |
|---|---|---|---|---|---|---|---|---|---|---|---|---|---|---|---|---|---|---|---|---|
| 発育相 | 休眠相 | | | 幼若相 | | | | | | | | | 花熟相 | | | 花芽分化相 | 花芽発達相 | 開花結実相 | | |
| リードの生育経過 | ↑腋芽の完成 | | | ↑リードの発生 | | | | | | ↑止葉の形成 | | ↑止葉の発生 | ↑肥大の完了 | | | ↑花芽分化 | | ◎開花 | | |
| 環境条件（作用） | 高温（離脱） | | | 中温（促進） | | | | | | 高温（離脱） | | | 高温（促進） | 高温（持続） | | 中温 | 中〜高温（促進） | 中〜高温 | | |

図 14.9　ノビル系デンドロビウムのリードの生育経過と発育相の関係および各発育相に関与する環境条件とその作用（酒井，2001）
高温：おおむね18℃を超える温度域，中温：10〜15℃の温度域．

肥大完了までの期間で，偽球茎の伸長と止め葉形成時期は冬季の温度の影響を強く受ける．花熟相：偽球茎の肥大完了から腋芽が花芽分化能を獲得するまでの期間で，高温により短縮される．花芽分化相：花芽分化の開始から完了までで，中温で促進，高温で抑制される．花芽発達相：花芽分化の完了から開花までの期間で，高温で促進される．開花結実相：開花後受粉し，種子（胚）が完成するまでの期間で，高温条件で促進される．

他のデンドロビウムも，一部類似した特性を有することが示唆されている．

### 3）生育制御と環境条件

#### 新茎の萌芽

ノビルタイプ： 偽球茎基部の腋芽は，通常の栽培では8月中～下旬に休眠が打破され，その後は10～15℃で萌芽が促進される．また，施肥は萌芽を促すが，多肥を継続すると発生時期が不揃いとなり，品質低下の一因となる．対策として，7月以降は施肥を中断し，新茎が発生する約1カ月前から再開するとよく揃い，発生数も確保できる．

デンファレ： 偽球茎基部の腋芽は休眠もしくは頂芽優勢のため，開花が終了するまで萌芽しない．開花終了後は，昼温/夜温が30/25℃ではすみやかに萌芽，30/18℃では遅れ，15/10℃ではほとんど動かない[1]．また，開花前に茎頂部を切除すると，頂芽優勢が打破され萌芽が早まる[4]．光も影響し，株元に光を当てると，よく揃って萌芽する．

フォーミディブル： 偽球茎基部の腋芽は冬期の夜温5～15℃では，3～4月によく揃って発生するが，5℃では発生数が減少する．20℃では3～4月のほか，9～10月にもかなり萌芽する．

#### 偽球茎の伸長

ノビルタイプ： 冬期温度の影響を強く受ける．6℃では茎長，節数のいずれも12℃と変わらないが，花熟成立が遅れ，開花数が減少する．12℃では偽球茎はよく伸長・肥大し，開花数も多い．18℃では止め葉形成が促進され，草丈の低い，節数の少ない偽球茎となる（図14.10）．早生性が強い品種ほど偽球茎が矮小化し，開花数の減少を招く．

栄養条件も大きく影響する．とくに新茎の発生

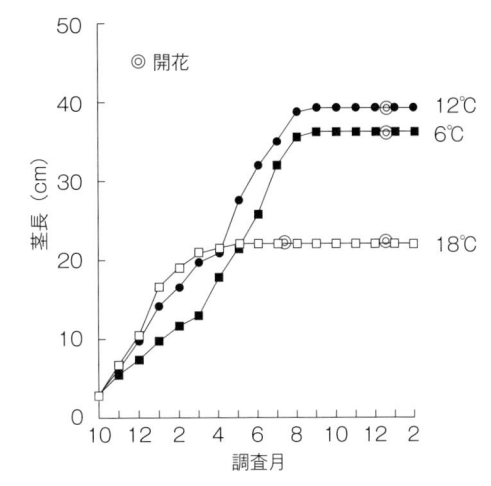

**図14.10** 第1次リードの生育経過と冬期夜温の関係（品種：ノドカ，3年生株）（酒井，2001）[3]

前後の数カ月間，すなわち，9～翌1月の肥効が最も大きく，3.5号鉢，水苔植えの成苗では，鉢当り毎月N 50 mg，計N 200～250 mgを液肥（10：10：10）で施用すると茎長，節数，開花数のいずれも最大となる[3]．4月以降は無肥料でも開花への影響は見られないが，追肥を与えない場合は秋以降落葉しやすくなる．なお茎立ちの少ない品種では，止め葉形成期まで施肥を継続すると開花数が増加する．

デンファレ： 昼温/夜温が35/30℃では，伸長停止が早く，茎長も短い．また，花が小さく，落蕾しやすい．30/25℃は生育適温とみなされ，良好な成長を示す．25/20℃では伸長の停止がやや遅れる．低温（20/15℃）では，より伸長が緩慢となり，短い偽球茎となる．なお，新茎の発生前から30/25℃を保つと，偽球茎の節数が減少し，開花率も低下する[6]．

デンファレはCAM植物に属し，その光合成特性から成長を促進する環境条件が整理されている．それによると，明期温度25～30℃，暗期温度25℃，日長は10～12時間，明期の光強度250～900 $\mu mol/m^2 \cdot s$ などである[6]．

栄養条件では，新茎の発生前より十分に肥培し，新茎の萌芽と伸長，肥大を促すことが開花率の向上につながる．施肥量はPおよびKをほぼ同じとし，N濃度のみ異なる液肥を週3回，開花直前ま

で施用する試験では N 150～200 ppm がすぐれていた（未発表）．

フォーミディブル：　偽球茎の伸長は，新茎の萌芽前後の冬期温度に影響され，夜温20℃では止め葉形成が早く，茎長の短い，節数の少ない偽球茎となる．5～15℃では，温度が高いとやや成長が早い程度で，成長量はほとんど変わらない．

### 止め葉形成と花熟

ノビルタイプ：　冬期，すなわち新茎の成長初期に18℃を超える加温をすると，止め葉形成が促進される（図14.11）．止め葉形成時期と高温期間[3]あるいは積算温度[5]との間には密接な関係があり，高温期間が長いほど，また，積算温度が高いほど早くなる．止め葉形成促進と高温期間の関係は品種によって異なり，早生系品種で短く，晩生系品種で長い．止め葉形成にかかわる高温の作用は，12℃ぐらいの温度により消去され，高温とした後，中温とすると止め葉形成時期が不揃いとなり（図14.11），開花も不安定になる．

止め葉形成から花熟成立まで，おおむね45～60日を要する．花熟は高温により促進されるため，冷夏の年には開花が不安定になる．また，バック咲き品種の抑制栽培では，冬期夜温を12℃とすると花熟の成立が遅れ，開花率が著しく低下する[3]．

栄養条件もいくらか影響する．偽球茎の伸長盛期以降も肥効が続くと止め葉形成が遅れ，結果として花熟の成立が遅延する．

デンファレ：　新茎の発生前[7]の高温（30/25℃）および極端な高温（35/30℃）[1]は止め葉形成を早め，偽球茎の節数と開花率の低下を招く．高温性といえども新茎の発生前後は20℃ぐらいを適温とするようである．

### 花芽分化

ノビルタイプ：　花芽分化は10～15℃で促進され，18℃以上で抑制される．花芽分化に要する期間は，昼夜恒温（13℃）では約30日，昼夜変温（25-13℃）では50日，自然低温ではその間の平均気温がおおよそ17℃以下となる約50日間である．低温処理開始と同時にベンジルアデニン（BA）を散布すると，低温の刺激だけでは萌芽できない腋芽の萌芽が促され，開花数が増加することが知られている．

日長は影響しない．

デンファレ：　開花齢に達した株は，どの作期においても新茎の萌芽から開花まで，成長が途切れることはない．これは，花芽分化が内的要因に支配されていることを示している．後述するリレー栽培の株では，メリクロンバルブから数え，おおむね4本目と5本目の偽球茎で開花率が大きく異なる．また，同時期に発生した偽球茎でも茎長，節数が大きいほど開花率の高いことが観察される．なお，春期開花の作型やバックバルブでは25℃より20℃で開花率が高いことが示されている[1]．日長については，短日性を示唆する知見もみられるが，最近の研究例では影響のないことが示されている[7]．

フォーミディブル：　4月以降に開花期を迎えることから，花芽分化期は1～3月とみなされる．11月～3月まで夜温10，15，20および25℃で栽培する試験では，10℃では5月，15℃では3月に開花したのに対し，20および25℃ではいずれも7

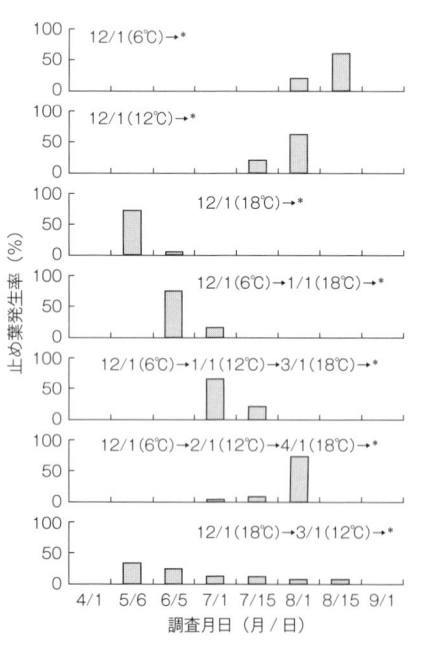

**図14.11**　冬期夜温および変温時期と止め葉発生時期（酒井原図）
月/日（温度）は，加温開始時期（設定温度）→変温時期（設定温度）→同．

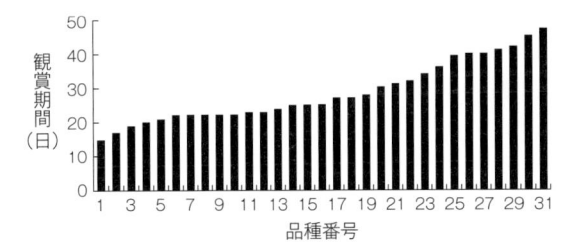

**図 14.12** 観賞期間の品種間差（酒井，1998）[2]
観賞条件：温度 20±1.5℃，植物体上部の照度 300 lx.

月の開花となった．これは，花芽分化が 15℃以下で誘起され，20℃以上で抑制されることを示唆している．

**開花・日持ち（ノビルタイプ）**

15〜18℃を開花時の適温とする．開花は温度が高いほど早くなるが，20℃を超えると花色の退色，花サイズの縮小だけでなく，日持ちが悪くなる．温度が低い場合は日持ちが改善され，赤系の花色は濃くなるが，黄色系では濁ることがある．また，市場出荷などで突然 0℃近辺の低温に遭遇すると，障害を受け花弁が柔らかくなる．一旦軟化すると回復は望めない．なお，日持ち性は品種間差も大きく，既存品種では 2 週間から 6 週間と，その差は最大 3 倍強に及ぶ（図 14.12）．

■**開花調節・作型**

1）ノビルタイプ

普通栽培： 品種の早晩性を利用することで，11 月から 2 月までの出荷が可能である．また，花芽分化後を 10℃前後で管理することにより，3 月下旬まで出荷期を延長できる．

促成栽培： 自然低温および人工低温を利用する方法がある．前者は標高 800〜1000 m の自然低温を利用して花成誘導を図る栽培法で，一般に山上げ栽培と呼ばれる．後者では冷蔵庫や冷房温室により低温処理を行う．冷蔵庫を使用する場合は，株の消耗防止に光が必須であることから光・低温処理栽培と呼ばれる．低温処理温度は前述の「花芽分化」の項を参照．処理時期は，山上げ栽培では 8 月下旬から，光・低温栽培では 9 月上旬から開始し，いずれも 10 月上旬に終了する．これにより開花期を約 1 カ月早めることができる．なお，8 月下旬より低温処理を行う場合は，冬期夜温を調整し，6 月末までに止め葉を形成させる必要がある．

抑制栽培： 花芽分化抑制のため 10 月始めより 20℃を超える夜温を維持し，年明け以降に順次夜温を下げることで 4〜6 月に計画的に出荷できる．自然低温を利用して花成誘導を図る場合の高温解除時期の限界は，東海地方では 4 月上旬となる．

2）デンファレ

普通栽培： 早晩性の異なる品種の導入，加温温度の変更などで開花期の幅が広がりつつある．鉢花では 9 月をピークに 4〜11 月に，沖縄の切り花は無加温栽培中心であるが，ほぼ同時期に出荷される．

促成栽培（春期開花）： 4〜6 月を開花目標とする作型で，現在においても開花率は 50％前後に留まっている．研究例は少ないが，その内容から春期開花を安定させる要素として，①新茎（リード）の一つ前の偽球茎が開花齢に達していること，② 12 月以前に新茎を発生させること，③冬期は可能な限り光量を確保すること，④的確に肥培しかつ夜温を 20℃近くまで下げ，茎長が長く，節数の多い偽球茎を完成させることなどがあげられる．②に関しては，偽球茎の茎頂部を花茎を含めて 8 月下旬に切除し，昼温 30℃，夜温 25℃で栽培すると新茎の発生時期が大幅に前進することが示されている[4]．

リレー栽培： 栽培期間の短縮と育苗コストの低減を目的に，海外（おもにタイ）で生産された苗を利用するもので，コスト削減の切り札として広く定着している．フラスコ苗からの日本での栽培と比べて 1〜1 年半栽培期間を短縮できる．当初は苗を周年的に導入し，周年的に出荷する栽培体系が期待されたが，実現には至っていない．現在は春に導入した苗を，その年の秋から翌年の秋にかけて出荷する体系がほとんどを占めている．

■**栽培管理**

繁殖： ノビルタイプおよびフォーミディブルは茎伏せにより繁殖する．前者では，開花株のバックバルブを切り取り，1 節ごとに切断して伏せ床上に縦に並べる．温度が低いと花芽となるため，伏せ床は 20℃以上を保つ．後者は 2〜4 月に開花

株のバックバルブを切り取り，そのまま水苔上に並べる．温度は15℃以上を保つ．特殊な交配で一部実生繁殖が行われているが，他はメリクロン苗が利用される．

植え込み材料： 水苔，軽石，杉皮，ピートモス，バークなどが利用可能であるが，作業性，栽培管理の容易さおよびコストから，育苗では水苔，開花株では粒状バークの利用が一般的となっている．

温度： デンドロビウムの温度管理で最も大切なことは，生育適温，たとえばノビルタイプでは12℃，デンファレでは20℃以下に下げないことである．リードバルブの伸長期の温度が不足すると，後にどんな管理をしても開花までに生育の遅れを取り戻すことはできない．

光線： デンファレでは光量が生育開花の制限因子となることがある．春期開花では，冬期の照度が15000 lxを下回ると開花率が低下する．また，沖縄県の切り花生産では，遮光率70%とすると冬期は日射が不足するとされている．

養水分管理： 植え込み材料により，保水性や保肥力が大きく異なる．また，肥料では有機，化成，液肥，固形，被覆，肥効調節型など多くの種類が利用されている．養分吸収特性とともに資材，肥料に適った施肥方法，灌水方法を見きわめることが大切である．　　　　　　　　　　［酒井広蔵］

**文 献**
1) 上里健次：農業技術体系，花き編12, pp. 159-163, 農山漁村文化協会，1996.
2) 酒井広蔵他：愛知農総試研報，第30号，183-188, 1998.
3) 酒井広蔵：愛知農総試特報，第11号，1-55, 2001.
4) 坂井康弘他：花き研究所編平成15年度花き試験成績概要集，福岡県，16-17, 2004.
5) 篠田浩一他：園学要旨，昭58春，298-299, 1983.
6) 関塚史朗：沖縄県農試研報，第17号，1-70, 1996.
7) 谷川孝弘・花田由里子：園学雑，71別2, 427, 2002.

### 14.8.3　ファレノプシス（*Phalaenopsis* Blume, ラン科）

■分布・来歴

ファレノプシス属は，スリランカ，インド，インドシナ，マレー半島，インドネシア，パプアニューギニア，オーストラリア，中国南部，台湾，フィリピンに分布する．多年生で単茎性の着生植物である．ファレノプシスの種の数は必ずしも定まったものではなく，新種の発見，分類基準の見直しによって変更されることもあるが，クリステンソン（E. A. Christenson）によると62種とされている[1]．園芸的に栽培されるファレノプシスは，おもにファレノプシス属内の種間交雑，ドリチス（*Doritis*）属との雑種によって作出されてきた．

現在栽培されている園芸品種は，戦中・戦後にヨーロッパ，米国で育成された交配種がもとになって，1970年代以降に日本で交配が進んだものである．ファレノプシスを含めた洋ラン生産額のわかる最も古い統計データは1986年の愛知県のもので，総額31億1821万円のうち，シンビジウム19億1993万円（62%），デンドロビウム3億8200万円（12.3%），カトレヤ2億8686万円（9.2%），ファレノプシス3億5256万円（11.3%），その他1億7686万（5.7%）となっている．同年の全国の統計資料では，洋ラン鉢物の生産の総額132億9600万円のうちシンビジウム81億700万円（61.0%），デンドロビウム12億4900万円（9.4%），その他39億4000万円（29.6%）となっており，ファレノプシスの生産額は不明であるが，その他に占めるファレノプシスの割合は大きいものと考えられる．

統計の種類は違うが，2008年の花き流通統計では全国の洋ランの総額は249億4889万円，そのうちシンビジウムは49億6051万円（19.9%），デンドロビウムが16億3854万円（6.6%），デンファレが10億8826万円（4.4%），ファレノプシスは149億8940万（60.1%），その他22億7218万円（9.1%）となっており，洋ラン生産額の増大とともにファレノプシス生産の増加が著しい．なお，花き流通統計は2008年を最後にとられていない．ただ洋ランの生産はその後減少を続けているが，ファレノプシスの占める比率は変わらない．

■系統・種類・品種

ファレノプシスはもともとは種子繁殖され，日本での品種の改良は実生苗の利用を前提に行われ

てきた．しかし，近年クローン増殖技術の発展に伴って，クローン品種の利用が一般的になっており，品種の品質レベルは向上したが，新品種開発の停滞が指摘されるようになってきている．また，クローン品種の普及による育種コストの増大とともに，育種の舞台も日本から台湾へと移動している．

ファレノプシスの品種は，株の大きさ，花の大きさによって小型，中型，大型に大別されるが，決まった基準があるわけではない．日本では大型白大輪系の生産が主体であったが，最近は中型中輪（ミディー）系の生産も増加してきた．しかし，小型品種の生産は少ない．中輪以上の花については，花色によっても分類され，白花，白弁赤リップ，桃系などのほか，紫紅，桃に紅色筋花，黄，点花系など多彩である（口絵21参照）．

ミディー系品種は，原種の *Phalaenopsis amabilis* から育成された実生繁殖系交配 'アマビリス'（通称）のほか，*P. equestris*, *Doritis pulcherrima* などの形質を受け継いだ *P.* Wedding Promenade, *Doritinopsis*（*Dtps.*）Queen Beer 'Manten Fon'（通称は'満天紅'），*Dtps.* Beauty Sheena の選抜品種 'リンリン'，'ランラン' などがある．

日本では大輪系は白花の人気が高く，従来は日本で育成された White Dream, Forest Dream, Cygnus などの交配からの選抜個体のクローン増殖株が生産されていたが，最近は Sogo Yukidian (Yukimai×Taisuco Kochdian)，通称V3が多くつくられている．これは，日本と台湾の品種間の交配で，従来の白大輪系交配に比べて，樹姿，花並び，弁質など多くの点ですぐれた形質をもっている．日本で流通しているものにはいくつかの系統があるが，兄弟株なのか再交配なのか詳細は不明である．この交配の選抜個体は種苗登録されていないため，流通している鉢花から複数の場所で大量に再増殖され，その成株が日本に大量に輸入されている．ウイルス病，花の奇形などクローン増殖に伴うと思われる問題も多く発生している．

■ 形態的・生理生態的特徴

ファレノプシスは単茎性で，毎年葉を数枚左右に展開しながら茎頂が伸び続ける．根は茎葉基部から伸び出し，根の出る位置は順に上に移動する．上位から3～4枚目の葉の腋芽（主芽）は，低温刺激を受けると花序として発達を開始する．伸長を開始した花序原基は，葉の基部を突き抜けて外に伸び出し，低温条件で発達・伸長を続け，上位節に花蕾を分化する．花序先端は開花時期には分裂能力はもったまま成長をいったん停止する．主茎の各節位に存在する主芽と副芽は，主芽が花序として発達する以外は，ほとんど休眠状態に留まり，栄養芽を分枝することは少ない．しかし，頂芽が損傷を受けた場合，あるいは株が古くなり節数が増加すると下位節から栄養芽を発生することがある．また，低温条件が不十分なときは，花序先端が栄養芽に変化することもある．

ファレノプシスはCAM型光合成の植物（CAM植物）であり，その$CO_2$吸収の様相は比較的よく調べられている[2]．ファレノプシスの$CO_2$吸収は，温度，湿度などによって大きく影響される．また好適な環境条件は1日の時間帯（フェイズ）によっても異なる（表14.1）．制御可能な栽培管理の中で，ファレノプシスの生育にとって最も有効なのは，夜間の湿度を高く維持すること，夜温を20℃前後に保つことである．

ファレノプシスの開花要因は比較的単純で，花成誘導に必要な低温条件（昼温25℃以下）にさらされれば，腋芽が低温に感応して休眠打破され生育を開始する．この段階では花序になるか栄養芽になるかは決定していないものと考えられる．さらに低温が継続すると，腋芽は花序として発達を続け，上位節に花蕾を分化する．いったん花序として発達し始めた後は必ずしも低温は必要ではなく，GA処理によっても高温下での開花は可能である[3]．

ファレノプシスの花成誘導の過程は，頂芽優勢の強い単茎性植物が，低温で頂芽優勢が弱められ主茎腋芽が動き出し，引き続き低温で花序（分枝）の頂芽優勢が弱められ，その腋芽が花蕾に分化する過程と見ることができる．しかし，その生理的過程は不明の部分が多い．

休眠芽が低温に感応し花序として発達する過程には，低温以外にもいくつかの要因が関係してお

表14.1 ファレノプシスのフェイズ*と好適環境条件 (Ichihashi et al., 2008)[2]

| フェイズ（時間帯） | 温度 | 光強度 | 相対湿度 | $CO_2$濃度 |
|---|---|---|---|---|
| 1（夜間） | 20℃ | 暗条件（夜） | 高い | 高い |
| 2（明け方） | 短時間の移行時期なので栽培上は考慮不要 | | | |
| 3**（昼間） | 25℃（花序誘導） | 強い | 影響しない | 無関係 |
| | 31℃（抑制栽培） | | | |
| 4**（夕方） | 20℃ | 弱い | 高い | 自然条件 |
| | | 強い | | 高濃度条件 |

\*：CAM型光合成植物では、$CO_2$はおもに夜間に吸収される。$CO_2$吸収は明け方にも見られるが、明るくなると停止し、昼間には見られなくなる。夕方になると$CO_2$吸収が始まる場合があり、そのまま夜の吸収につながる。$CO_2$の吸収の様相の違いから、これらの時間帯はそれぞれフェイズ1, 2, 3, 4と呼ばれる。

\*\*：フェイズ3の好適温度条件は栄養成長と生殖成長で異なる。またフェイズ4の光条件は$CO_2$濃度で異なる。

り、それらが満たされないと低温条件でも花序は発生しない。光条件は花序の発生にとって重要な条件で、弱光条件では低温であっても花序は発生しない。ファレノプシスの花成反応には、一定レベルの連続した光強度下での低温条件が必要で、これは光合成とは別の生理的過程と考えられる。窒素過多の場合にも花序の発生は抑制され、C/N率によってファレノプシスの開花は説明できる。また、腋芽部位へのNAA処理は花序の発生を抑制し、殺菌剤であるチジアズロン（TDZ）処理は腋芽の発達を誘導するが、花序になるか栄養芽になるかは温度条件に依存する。

■開花調節・作型

鉢物として生産される他の洋ランと異なり、単茎性であることがファレノプシスの特徴であり、花成反応を含め生育に必要な条件は単純で、開花時期を完全に制御することが可能である。また、花熟に達するまでの期間が短く、フラスコ出し1年以内の開花も可能であり、これらがファレノプシス鉢物の生産量の大幅な増加をもたらした原因と考えられる。

現在、実用的に用いられている主要な開花調節の方法は温度管理によるもので、最低温度を28℃程度に設定し花序の発生を抑える抑制栽培、昼間の温度を25℃以下、夜温を18℃程度に設定し管理する促成栽培である。しかし、冬季の抑制、夏季の促成栽培のエネルギーコストは多大で、低エネルギーコストでの方法が模索されている。

小川ら[4]は、ファレノプシスの花序誘導には昼間の低温が重要で、逆に抑制するには昼間の高温が効果的であることを明らかにし、エネルギーコストを低減するための高温処理の方法について検討を進めている。市橋らは、最低温度を18℃に設定した条件での花茎発生の抑制に、アンモニア態N施用とオーキシン処理が有効であることを明らかにし、実用化に向けた検討を進めている。また台湾では、暗処理による抑制[5]が実用的レベルで利用されている。

ファレノプシスの作型はいたって単純で、花熟状態の株では温度処理により開花時期は何時にでも設定できる（図14.13）。現在はリレー栽培による生産が多くなっており、3～3.5号鉢植えの花熟状態の株を台湾、タイ、インドネシア、中国などから輸入し、ただちに低温処理を行う。輸入株の特性は、輸入国によって異なり、季節による温度変化のある台湾、タイ、中国などの株は季節性があり、輸出前の開花抑制の方法によっては冬期間の輸入株の品質は低下し、低温処理前に高温抑制処理が必要となる場合もある。

高温によって花序発生が完全に抑制された株では、低温処理開始から4週間で花序の発生が確認され、5カ月前後で出荷となる。温度を高めに管理すれば出荷までの期間は短縮できるが、花持ちは悪くなる。

■栽培管理

ファレノプシスはCAM植物であり、多くの$C_3$

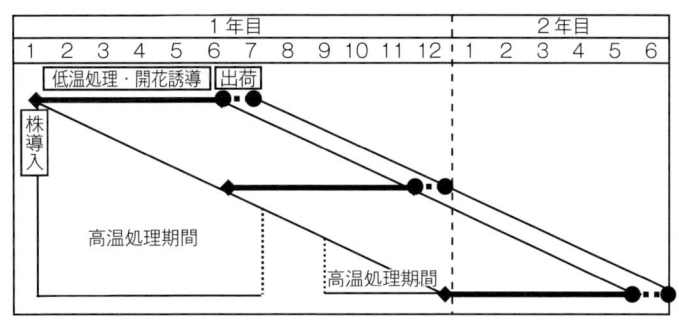

**図 14.13** リレー栽培によるファレノプシス鉢物栽培の作型の一例
出荷からさかのぼって 5～6 カ月前に株を導入する．低温処理前の株には，事前に高温抑制栽培が必要な場合もある．

植物とは違った考え方での栽培管理が必要とされ，その管理は時間帯（フェイズ）によって異なる（表 14.1 参照）．

環境条件：　フェイズ 1 は，CAM 植物に特徴的な夜間の $CO_2$ 吸収時間帯であり，気孔の開度は温度と湿度に影響され，温度 20℃ 前後で相対湿度が高い場合に $CO_2$ 吸収は促進される．したがって，夜間は高湿度で温度は 20℃ 前後に保つのが好ましい栽培管理と考えられる．フェイズ 2 は，短時間の移行期間なので栽培管理上はとくに注意する必要はない．フェイズ 3 は，夜間に蓄積した $CO_2$（リンゴ酸）を利用して光エネルギーを固定する時期であり気孔は閉じている．したがって光合成には，湿度，$CO_2$ 欠乏などの影響をあまり考慮する必要はない．また，$CO_2$ 欠乏が律速要因にならないため，より高温で高光強度条件（遮光率 0～30％）が適し，好適温度は栄養成長には 31℃，生殖成長には 25℃ 程度と考えられる．フェイズ 4 は，夜間に蓄積したリンゴ酸を使い切った後，気孔を開いて行う $C_3$ 型の光合成で，$CO_2$ 吸収が光合成の律速要因になる．水分欠乏状態，低湿度条件ではフェイズ 4 の $CO_2$ 吸収は抑制される．高湿度，高 $CO_2$ 濃度条件で光合成は促進され，好適温度は 20℃ 程度である．遮光は 70～80％ 程度とする．

灌水施肥：　ファレノプシスは灌水施肥に関しては比較的鈍感な植物であり，他の洋ランの場合と同様に，鉢内が乾いたら灌水するが，植え込み材料，環境条件によってその間隔は異なる．保水率の高い水苔では毎週 1 回，夕方の灌水施肥が基準となるが，保水率の低いバークなどでは灌水頻度は多くなる．灌水のほかに湿度を高めるために，毎日夕方に棚下などに散水すると生育は促進される．施肥は，市販の液肥を灌水とともに与えるのが一般的で，一液処方の市販の液肥では，不溶化を避けるため Ca，Mg などが含まれないことがあり，Ca 欠乏と思われる生理障害の発生が見られるために，バランスのよいファレノプシス専用施肥処方[6] での施用が望まれる．植え込み素材中あるいは水の中に十分な Ca，Mg などが含まれる場合は問題ないが，通常用いられるファレノプシスの植え込み材料には必要量の Ca，Mg などは含まれない．また日本では，灌水用水にもこれらのミネラルは十分含まれない場合が多いので，注意する．

## 文　献

1) Christenson, E. A.：Phalaenopsi, Timber Press, 2001.
2) Ichihashi, S. et al.：*Acta Hort.*, **766**, 245-256, 2008.
3) Chen, W. S. et al.：*Physiol. Platr.*, **90**, 391-395, 1994.
4) 小川理恵・西尾譲一：園学雑，別 1，289，2003.
5) Wang, Y. T.：*Amer. Soc. Hort. Sci.*, **13**, 56-60, 1998.
6) 金勲他：園学雑，**73** (3)，280-286, 2004.

### 14.8.4　カトレヤ類（*Cattleya* Lindl., ラン科）
■分布・来歴

中南米全域には *Cattleya* 属（*C.*, 45 種）のほか，近縁の *Laelia* 属（*L.*, 69 種），*Brassavola* 属（*B.*, 17 種），*Sophronitis* 属（*S.*, 6 種）など多様な種類が分布する[1]．これらは，多年生の複茎性で，着生ないし岩生する．葉のつき方から一葉系と二葉系に大別される．日本での栽培の歴史は明治時代

の後半からで，宮廷園芸として始まった．戦後は趣味園芸としても普及したが，本格的な生産は微細繁殖技術の普及した1970年代以降である．1970年ごろには愛知県に，シンビジウム，カトレヤ，ファレノプシスの鉢物と切り花の生産者がいて，切り花出荷は東京からの集荷業者に名古屋駅のプラットホームで手渡ししていたとのことである．

なお，最近，分子分類学の成果によってラン科植物の分類が見直されている．その結果，属のレベルでの名称変更が行われ，Sophronitis 属（S.）が消滅し，交配でつくられた新属，新種の名前の改正も行われたが，ここでは従来の分類名にしたがった．

■系統・種類・品種

カトレヤの仲間は花が大きく美しいものが多く，鉢物として育種が進んだ．お互いにあるいはその他の近縁属との交雑が可能で，1859年の最初の交配登録 C. Dominiana（intermedia×maxima）以来，膨大な数の種間，属間交配が試みられ，多数の交配種が作り出された．園芸的には，属間交配種も含めてカトレヤ類として扱っている．

生産を目的とした場合の育種目標は，趣味用とは異なった観点も必要とされる．花つきのよさのほか，鉢物の場合は開花したときの株のバランスなども重要な観点である．切り花品種では，花首の長いもの，リードが直立するもの，葉幅の細いものが管理しやすい．根茎（リゾーム）の短い品種も鉢内にコンパクトに納まり，植え替え間隔を延ばすことができるため，小さい鉢での栽培が可能となる．

カトレヤは，苗から成品までの栽培期間が長いため，生産コストの低減が難しく，販売を目的にした鉢物の生産は多くはない．しかし，ミニカトレヤと呼ばれる小型の品種については，鉢物用として普及してきている．大輪系のカトレヤはおもに切り花用に生産され，その過程で増殖した株が鉢物として出荷される．

鉢物品種： ミニカトレヤは，従前の分類の小型のソフロニティスやレリアなどを交配親としてつくられたもので，比較的寒さに強い．×Sophrocattleya（Sc.）Beaufort（S. coccinea×C. luteola, 1963年登録）や×Laeliocattleya（Lc.）Mini Purple（L. pumila×C. walkeriana, 1965年登録）の誕生により，急速に育種が進んだ．これらと大輪系品種の交配により花がより大きなミディー系品種が作られている．Sc. Fairyland（Sc. Beaufort×C. Candy Tuft），×Potinara（Pot.）Memorial Gold（×Brassolaeliocattleya（Blc.）Memoria Helen Brown×Sc. Beaufort），Pot. Angel Kiss（Blc. Love Sound×S. coccinea）などの交配から選抜された多くの品種がある．

切り花用品種： 趣味栽培用に改良された品種の中から，生産に適したものが選抜され，メリクロン苗が生産に用いられている．春秋咲き性の，Blc. Mem. Helen Brown，Lc. Irene Finny，C. Irene Holguin など，秋咲き性の Blc. Malibu Gem，秋冬咲きの Lc. Melody Fair，Lc. Washington Post など，冬咲きの Lc. Drumubeat などがあるが，1960年代に登録された比較的古い交配が多い．

■形態的・生理生態的特徴

カトレヤの仲間は，複茎性で茎葉基部から根茎（リゾーム）を伸ばし，その先が新茎（リード）に成長し，その下部は偽球茎となり，先端部節位から厚みのある葉を1枚展開するものと2枚展開するものがある．毎年偽球茎基部からリードを1～2本発生する．花序は偽球茎の頂部から発生し，花序の発達は日長に依存する．リード完成後頂芽はいったん休眠する場合と，リードが成長しながら開花するものがある．開花時期の違いによって，春咲き，秋冬咲き，二期咲き，不定期咲きなどに分けられる．これは原種に由来する性質であるが，厳密に決まっているものではなく，温度肥培管理などによっても開花期は変動する．ファレノプシスと同様に CAM 植物であるが，その特性についてはあまり深く調べられていない．

■開花調節・作型

ミニカトレヤは，年に2回リードを発生し新旧リードに冬から春に1回同時に咲くもの，不定期に咲くものなどがある．切り花用のカトレヤの開花特性は，①年に2回リードを発生しリードが完成すると春と秋に2回開花する Blc. Mem. Helen

Brown など春秋咲き品種と，②年に2回リードを発生し新旧リードに年に1回同時に咲く Lc. Irene Finny など春咲き，Lc. Melody Fair など秋冬咲き，Blc. Malibu Gem など秋咲き，Lc. Drumubeat など冬咲きのものがある．このほかに，③年に1回リードを発生し，1回開花する秋咲きの C. Fabingiana，Pot. Lemon Tree 'Yellow Magic' などがある．

カトレヤは品種を組み合わせれば，自然開花でも年間を通した切り花の生産が可能である．また，温度管理によってもある程度開花時期の調整が可能であるが，品質のよい春咲き品種（3～4月咲き）の電照により秋まで咲かせる方法が一般的である．秋咲き性の Lc. Washington Post では短日処理によってある程度開花は早まるが，夏季の短日処理は温度管理が困難になるため，あまり実用的ではない．

春咲き品種の電照抑制は便利な方法であるが，抑制株では生育が次の段階に進むことも抑制されるため，株の老化と衰弱が大きく，同一株では採花輪数が減少するなど，継続的に生産するのは難しい．

■栽培管理

ミニ系は最低温度8～12℃とするが，低温では生育開花は遅れる．切り花品種では育苗段階は20℃，成株では最低16℃とする．夏はできる限り涼しく管理する．遮光は夏場で70%程度とする．光管理，温度管理は，CAM型光合成であるファレノプシスと同様な考え方が適用できる．灌水は乾けば行うが，乾き方は栽培環境で異なる．ポリ鉢バーク植えであれば夏は毎日，冬場は2～3日に1回程度，素焼き鉢水苔植えでは夏は1日おき，冬場は4日に1回程度となる．施肥は開花株で液肥の場合，N 50～100 ppm，P 25～50 ppm，K 50～100 ppm を灌水ごとに与える．

### 14.8.5 オンシジウム（Oncidium Sw., ラン科）
■分布・来歴

オンシジウム属は，中南米全域に約420種[1]が分布する多様な属である．また交雑可能な近縁属も中南米に多数分布している．現在栽培されるものは，$C_3$型光合成を行う薄葉系オンシジウム（O. flexuosum, O. varicosum, O. sphacelatum, O. cheirophorum, O. ornithorhynchum など）から1970年代以降に，ハワイ，日本，台湾などで交配育成されたものである．草丈は20～150 cmで枝分かれした細長い花茎に多くの小形の花を咲かせるものが多い．代表的な花色は黄であるが，白，桃，橙，茶などがある．小型のものは鉢物専用に，中型・大型のものは鉢物用あるいは切り花用に生産される．

■系統・種類・品種

鉢物専用に栽培されるものは，O. cheirophorum（原種），Twinkle（O. cheirophorum × O. ornithorhynchum）のほか，バニラ様の香りがある Sharry Baby など，また比較的大輪の Jiuhbao Gold, Sweet Sugar などがある．鉢物・切り花用に生産されるものには，O. obryzatum（原種），Aloha Iwanaga, Milky Way 'イエローバード' など，切り花用には Gower Ramsey とその変異株の 'ハニードロップ'，Taka '三ヶ日'，Sam Lai Woh, May Fair 'イエローエンジェル' などがある[2]．Cochlioda 属と O. obryzatum の交配種（Oncda.）は最近，いままでにはなかった感じのオンシジウムの鉢物として出回っている．オンシジウムは近縁属も多く，Odontoglossum, Miltonia などとの交配も可能で，多くの属間交配種も作出され，園芸的に将来有望な多くの素材を有している．

■形態的・生理生態的特徴

複茎性で，茎葉基部には円形の偽球茎をもち，毎年偽球茎基部から新茎（リード）を1～3本側生する．着生，岩生，地生がある．葉の形態は薄葉系，厚葉系，剣葉系，棒葉系に大別される．薄葉系は，しなやかな薄い葉を偽球茎基部節位あるいは先端部節位から展開する．偽球茎が完成し株が成熟すると偽球茎基部から花茎を発生する．開花時期の違いによって，春咲き，秋冬咲き，二季咲き，不定期咲きなどに分けられる．これは原種に由来する性質であるが，必ずしも決まっているものではなく，温度・肥培管理などによって開花期は変動する．

秋咲き系統： 秋咲き性の原種（*O. forbesii*，*O. varicosum* など）の性質を受け継いだ交配で長短日性を有する Boissiense，Palolo Gold などがある．*O. cheirophorum* は秋咲きであるが，開花時期は冬季と夏の管理温度に影響され，最低20℃で管理したものは早く開花する．また，夏越しを涼しくすると花芽分化は促進される．

二季咲き・不定期咲き系統： オンシジウムの原種には前述の秋咲き性のほか，春咲き（*O. sphacelatum*），夏咲き（*O. flexuosum*）のものがあり，その性質を引き継いだ交雑種では，二季咲き性あるいは不定期咲き性を示す．個々のリードには年に1回咲くだけであるが，二季咲き性のものは集団として見た場合に年に2回の開花ピークを示す．不定期咲きは，明らかな開花のピークが見られない．

二季咲き性のJava（*O. flexuosum*×*O. varicosum*）の開花には，長日条件が促進的に働く．不定期咲きのGower Ramsey では明確な日長反応は見られない．Gower Ramsey 'Shonan' は不定期咲きであるが，秋の開花が多くなり夏に開花が少なくなる．開花時期はリードの発生時期との関係が大きい．Milky Way（*O. flexuosum*×（Java×*O. varicosum*））では冬季の電照処理で開花が早まる．

■開花調節・作型

オンシジウムの鉢植え生産では，従来は株分けも見られたが，最近は培養クローン苗からの栽培が一般的になっている．また，開花株をタイから輸入するリレー栽培も試みられている．

オンシジウム生産では厳密な開花調節は難しく，品種の選択によってその出荷時期はおおよそ決まってくる．肥培管理，温度管理，日長管理によってある程度偽球茎の完成時期と開花時期の調節ができるが，早く咲いたものではボリュームに欠ける．

図14.14に鉢物栽培と，切り花栽培の作型の一例を示す．フラスコ苗は寄せ植えあるいは連結ポットに水苔植えとし，鉢上げの段階でバーク植えとする．フラスコ苗は大きい方が，またフラスコ出し時期が早まると，開花時期も早まる．株分けの場合も植替え時期が早い場合に開花時期は早まるが，栽培が経過するにつれて本来の開花時期に戻る[3]．

■栽培管理

小輪多花性系統は10℃程度の越冬温度でも問題

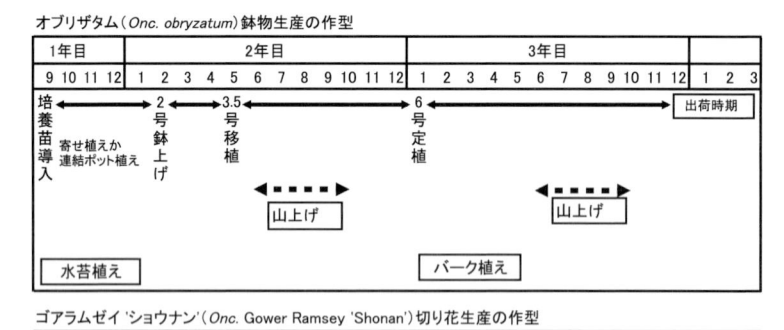

図14.14　オンシジウムの作型

はないが，15℃程度で管理した方が生育は良好となる．Aloha Iwanaga, Gower Ramsey などは低温では生育が遅れ，花が小さくなるため，最低気温15〜20℃前後で管理するのが好ましい．30℃以上の高温ではいずれの種類も生育が抑制されるので，夏期には山上げするのが好ましい．遮光は50％程度とする．

オンシジウムの根は低温期，開花期には過湿に弱いので，水苔など保湿性の高い植え込み材料では，水のやりすぎは禁物である．灌水は，乾けば与える．夏期は1〜2日に1回，春・秋・冬期は3〜4日に1回の目安である．

施肥は，遅効性肥料を鉢の大きさに応じ1〜3g（年2回）と，液肥（20：20：20）はN 50〜100 ppm とし，10日間隔で施用する． ［市橋正一］

## 文 献

1) Dressler, R. L.：Phylogeny and Classification of the Orchid Family, p. 273, p. 275, Cambridge Univ. Press, 1993.
2) 米田和夫：農業技術体系，花卉編12, pp. 403-413, 農山漁村文化協会, 1996.
3) 近藤真二・高木和彦：徳島県立農林水産総合技術支援センター農業研究所オンラインブックス，16年度試験成績概要書, 2004.

### 14.8.6 その他のラン類

表14.2参照（東洋ランも含む）.

**表14.2 その他のラン類**

| 和名・学名 | 原産地 | 開花（出荷）期 | 形態・生理生態的特徴 | 栽培管理・開花調節 |
|---|---|---|---|---|
| ウチョウラン<br>*Ponerorchis graminifolia* Rchb. f. | 日本・朝鮮南部 | 夏 | 湿った岩上に自生する．球根は細かい毛でおおわれており，春になると出芽する．シュート発生後，シュート基部から発根するとともに2〜4枚の葉を展開した後，花茎が伸長し，その先端に小花が総状につく．花が終了すると球根が肥大し，気温が低下する秋には地上部が枯死し，休眠期に入る．次のシーズンには新しく形成された球根からシュートが発生する． | 球根は乾燥に弱いので，保存する場合には湿式冷蔵とする．球根の腐敗を防ぐために，植え込む前に殺菌剤で30分間処理する．12〜翌2月に鹿沼土，ボラ土，赤玉土を主体とした培土に芽を上にして浅く植え込む．風通しのよい雨除け栽培でよく，気温は20℃を基準とする．遮光は夏に30〜50％程度，その他の季節は無遮光で管理する．灌水は春から夏にかけては培土が乾かない程度に行い，温度が低下する秋以降は灌水を控える．肥料は6〜9月にNとして50 ppmの液肥（5-10-5）を毎週1回施用する． |
| オドントグロッサム類<br>*Odontoglossum* Kunth | 中央・南米 | 秋から初夏 | シュートに十数枚の葉をもち，上位節の節間が肥大し，偽球茎を形成する．偽球茎形成後に偽球茎直下の腋芽が花芽分化し，花茎伸長し開花に至る．このため，偽球茎の発生時期によって開花時期も大きく変動するが，夏に開花するものは少ない．新しいシュートは下位節から発生する．流通上，属間交配種もオドントグロッサム類として取り扱われる．高温に弱い． | 生育・開花の適温幅は比較的狭く，最高気温25℃，最低気温13℃の範囲である．28℃以上になると葉が黄化し，花芽分化が著しく阻害される．光強度が強すぎると葉温が上昇し，生育が停滞するので75％遮光とする．小花数は前年の窒素施肥量によって大きく変化し，施肥量が少ないと減少する．肥料は4号鉢植えの植物に対して緩効性肥料（14-12-14）を4g程度とする．開花率を高めるには温度上昇に注意するとともに，$GA_3$の投与が有効である． |
| カランセ<br>*Calanthe* spp. | 日本，熱帯アフリカ，マダガスカル，ヒマラヤ，オーストラリア，ポリネシア，中米 | 常緑性種：春，落葉性種：冬 | 約150種からなり，おもに日本を含む東アジアを中心に分布する常緑性種と東南アジアなどの熱帯地域を中心に分布する落葉性種に分けられる．常緑性種の偽球茎は比較的小さく，花茎は偽球茎の頂部または上位節から発生し，日本に自生する *C. discolor*（エビネ）は冬季休眠する．落葉性種の偽球茎は大きく，花茎は落葉した後，偽球茎の基部から生じる． | 常緑性種：春に萌芽し開花する．秋までは戸外か風通しのよい温室内に置き，夏75％遮光，その他の季節は50％遮光とする．冬は最低気温を5℃とする．生育が旺盛な春から秋にかけてはほぼ毎日灌水し，低温期は灌水を控える．植え替えは2〜3年を目安に行う．<br>落葉性種：春に萌芽，秋にかけて旺盛に生育し，冬に落葉後開花する．生育中は風通しがよい戸外か温室に置き，光強度は常緑性種よりもやや強めに管理する．開花終了後，花茎を切り取り新芽の生育を促す． |

| | | | | |
|---|---|---|---|---|
| グラマトフィラム<br>*Grammatophyllum scriptum* (L.) Bl. | 東南アジア | 夏 | 変種としてvar. *scritum* と var. *tigrinum* がある．var. *scritum* はフィリピン，ボルネオ島，ニューギニアの低地に自生し，var. *tigrinum* はフィリピンに産する．また，園芸種として'Hihimanu' がある．花茎は偽球茎の基部から発生し，長さは1m以上に達し，多数の小花を総状につける． | 冬の管理温度が低いと春のシュートの生育が遅れるので，冬の最低気温を15℃以上確保する．春から秋にかけては風通しをよく管理し，30℃を超えないようにする．光強度は夏50%遮光，その他の季節は30%遮光とする．春から秋にかけての生育期には灌水を多くし，冬は灌水を少なくする．肥料は生育期にNとして50 ppmの液肥（5-10-5）を毎週施用する． |
| サギソウ<br>*Pecteilis radiata* (Thunb.) Raf. (= *Habenaria radiata* Thunb.) | 日本 | 夏 | 球根の分球によって容易に繁殖する．春に母球からシュートが発生した直後に花芽分化し，2枚の鱗片葉と普通葉を形成した後，2, 3輪の小花をつける．萼片は緑色，花弁は白色をなし白色の唇弁は裂片状になっている．その形状がサギを思わせることから本種の名前の由来となっている．地上部は晩秋には枯死するが，地下部には開花直後からストロンを出しその先端に新しい球根を形成する．この球根から翌年の春に新しいシュートが萌芽する． | 球根養成：母球を育苗箱に鹿沼土，砂，ピートモスの混合培土を用いて3月中に植え付ける．風通しのよい場所におき，夏季は50%遮光とする．Nとして100 ppmの液肥（5-10-5）を2週間に1回，開花終了まで施用する．花茎は切り取り，球根肥大を促進させる．秋以降に地上部が枯死したら用土が乾燥しない程度に灌水し，2月までに球根を掘り上げ，水苔で包み0℃で貯蔵する．<br>開花株の養成：上記培養土に球根の先がややとがった方を上にして植え付ける．最低夜温10℃を確保し，日中は通風に務める．出芽したら十分に灌水し，遮光せず十分光に当てる．肥料はNとして100 ppmの液肥（5-10-5）を灌水がわりに施用する．低温貯蔵によって開花が抑制される． |
| シラン<br>*Bletilla striata* (Thunb.) Rchb. f. | 東アジア，日本 | 春から初夏 | 耐寒および耐暑性にすぐれ，日照のよい湿地や草原に自生する地生ランであり，栽培は容易である．地下部に偽球茎を形成し，春に偽球茎から新しいシュートを生じる．シュートはひだの多い幅広披針形の葉を数枚形成し，シュートの頂部に数個の小花を生ずる．気温が低下すると地上部は枯死する．他のランと異なり，種子を株元に播くと容易に発芽するが，一般的には株分けで繁殖させる． | 非常に強健で作りやすい．10月頃に掘り上げ，偽球茎を3～4個に分け，腐葉土などの有機物を多く含む培土に植え込む．冬の水やりはやや控え，春にシュートが発生したら，ほぼ毎日灌水する．肥料はほとんど必要ないが，4～6月にNとして50 ppm程度の薄い液肥（5-10-5）を施すと生育が促進される．夏は30%程度の遮光を行うが，その他の季節は直射日光下で栽培する． |
| パフィオペディラム<br>*Paphiopedilum* Phitzer | インド，中国南部から東南アジア一帯 | 冬咲きと夏咲きの品種群がある | 約75種，6亜属からなる偽球茎をもたない地生種である．比較的高地に自生する種は5℃程度の耐寒性をもつが，低緯度の熱帯地方に自生する種は耐寒性をもたない．唇弁と仮雄蕊が大きく発達しており，品種を特徴づける．蕊柱は短く雄蕊は二つあり，その他のランとは大きく異なる．短縮茎をもち，5～6枚の葉を展開した後，頂部から花茎が発生し，1花または複数の花をつける．花芽分化後に株元から新しいシュートが発生する． | 無菌播種した苗を購入するか株分けによって繁殖する．栽培温度は品種によって最低気温が5～18℃と大きく異なるが，いずれの種も最高気温は約30℃を超えないように管理する．とくに低温性の種はできるだけ気温を下げる．多湿条件を好むため，温室内が乾燥しないようにシリンジ給水や灌水を行う．光強度は冬50%遮光，その他の季節は75%遮光で管理する．肥料はNとして50 ppm程度の低濃度の液肥（5-10-5）を施用する． |
| フウラン<br>*Neofinetia falcata* (Thunb.) Hu | 日本，韓国，中国 | 夏 | 樹上や岩上に着生する．茎は短くほとんど葉鞘に包まれ，葉は互生し長さは5～10 cmとなる．花茎は腋芽から発生し，その先端に白い数個の小花をつける．小花は強い芳香性をもち，距は細長く湾曲する．冬は休眠する．古典園芸植物として富貴蘭と呼ばれ，江戸時代より様々な品種が作出されている． | 冬の最低気温は5℃以上，夏の最高気温は30℃以下で管理する．ヘゴ板などに着生させる場合もあるが，基本的に水苔で植え込む．洋ランとは異なり中央部が鉢上面よりも高くなるように盛り上げて植え付ける．植え替えは春が適期．過湿には弱いため，素焼鉢が管理しやすく水苔が乾いてから十分に灌水する．冬の休眠期には灌水は控える．肥料はNとして50 ppm程度の液肥（5-10-5）を春から秋にかけて月に2回程度与える． |

| マスデバリア<br>*Masdevallia* Ruiz et Pav. | 中南米 | 冬から春 | 約400種の存在が知られ、多くの種が海抜2000 m以上の雲霧林帯に自生する着生または地生ランであり、耐暑性に乏しい．匍匐茎から発生した茎は短く直立し密生する．花茎は茎の基部から発生し，その先端に総状に小花をつける．小花は3枚の萼片が基部で合着し筒状となるが，先端部に向けて離れ萼片の先端は細長く独特の形態をとる． | 15～28℃の範囲になるように管理する．28℃を超える高温になると，急激に生育が停滞するので，夏にはシリンジ給水を行い温度上昇を防ぐ．夏は80％遮光，その他の季節は30～50％遮光とする．水分を好むため，春から夏にかけての生育期にははほぼ毎日灌水し，冬はやや灌水を控える． |
|---|---|---|---|---|
| ミルトニア<br>*Miltonia* Lindl. | 南米 | 春から初夏 | コロンビア型とブラジル型に大きく分けられ，複茎性の着生ランであり高温に弱い．シュートは10枚程度の葉を形成し，上位節の節間が肥大し偽球茎を形成する．花芽は偽球茎直下または2節下の腋芽に1月頃に形成され，3月上旬に花茎が伸長し5月には4，5輪の小花が開花する．花はパンジーに似ていることからパンジーオーキッドとも呼ばれる．次世代のシュートは上位4，5節から発生する． | 25℃以上になると株が枯死しやすく，秋以降に7℃以下になると花芽が枯死するため，周年にわたり約18℃で管理する．光強度は70％遮光とする．遮光率が低いと葉温が上昇し生育が停滞する．肥料はNとして100 ppmの液肥（5-10-5）を月に1回施用する．現在のところ開花調節技術は確立されていないが，短日処理またはGA₃施用によって開花が促進される． |

［窪田　聡］

# 14.9 観葉植物

観葉植物（ornamental foliage plant）とは，おもに熱帯，亜熱帯原産の植物の葉の形，色，斑などを観賞する植物である．中には葉だけでなく，美しい苞をもつものなど，多くの種類が含まれている．光補償点が低く，1000 lx程度の室内照明下においても成長できるなど，弱光に耐える植物が多いため，オフィスや家庭など，おもに室内で観賞される．

## 14.9.1 スパティフィラム（*Spathiphyllum* Schott，サトイモ科）

### ■来歴・分布

熱帯アメリカに30種，熱帯アジアに2種が分布する．園芸品種の多くはコロンビアを原産とする矮性のフロリブンドゥム（*S. floribundum*）を母本として育成された高さ1 m程度の'マウナロア'を基本に，交配や培養変異により育種・選抜されてきた[1]．日本には明治時代末に導入され，本格的な生産が始まったのは昭和50年代以降である[2]．耐陰性に富む，主要な観葉植物の一つである．

### ■系統・種類・品種

多く流通している品種は，'マウナロア'と'タッソン'から育成された'メリー'や，ジベレリンの感応性がよく小株のうちに開花して出荷される'ショパン'で，いずれも純白の仏炎苞をもつものである．また，葉に白斑の入る'ドミノ'がある．

### ■形態・生理生態的特徴

短い地上茎から葉柄が伸びた濃緑色で艶のある楕円形の葉を密生させる．葉が4～6枚展開すると，葉の中心から長い花茎を伸ばし，その先端に肉穂花序と白または黄緑の仏炎苞を開く．仏炎苞を開いた後，肉穂花序から花粉が出るが，肉穂花序や仏炎苞は約1カ月間白色を保ち，その後緑化する．生育適温は20℃前後で，30℃以上の高温や15℃以下の温度で，生育や開花が遅延する．

### ■開花調節・作型

生育適温であれば，葉が4～6枚展開すると花茎を伸ばし開花するが，6月中旬～9月中旬はおもに高温により花芽分化が抑制されるため，晩秋には開花しにくい[3]（図14.15）．花つきの促進や，開花を揃えるため，出荷2～3カ月前に300～500 ppmのジベレリン散布処理が行われている．'ショパン'の場合，8～翌3月に実生苗を導入し，3

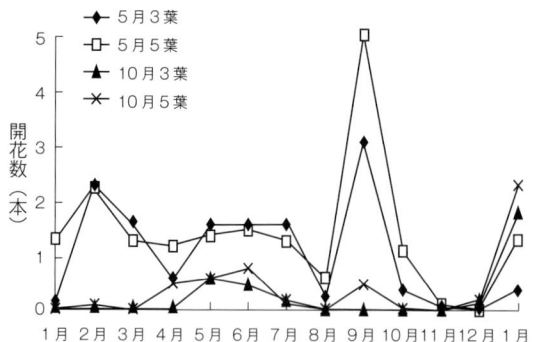

**図14.15** スパティフィラム'メリー'の時期別総開花数(須田・福田,1998)[3]

株分け時期と葉齢:5月3葉:前年の5月に3葉齢苗を鉢上げ,5月5葉:前年の5月に5葉齢苗を鉢上げ.10月3葉:前年の10月に3葉齢苗を鉢上げ,10月5葉:前年の10月に5葉齢苗を鉢上げ.

～8月に小鉢で出荷され,その後は数株寄せて中鉢で周年出荷されている.

■栽培管理

株分け,組織培養苗および実生苗を利用する.生育適温である20℃前後を保つよう,夏季の換気と,冬季の15℃以上の暖房が必要である.なお,適温以下の温室でも,ベンチ上にビニルトンネルを設け,根圏を温めることにより,生育適温とされる20℃と同等の生育が得られる.また,強い光で葉が日焼けするが,あまり弱いと花つきが悪くなる.

### 14.9.2 ポトス(*Epipremnum aureum* Bunt., サトイモ科)

■来歴・分布

東南アジアやソロモン諸島に約10種原産するつる性植物である.当初属名をポトス(*Pothos*)と命名され,後にエピプレムナム(*Epipremnum*)と改められたが,属名のエピプレムナムよりポトスの名で流通している.不規則な黄色の斑が入る'ゴールデンポトス'は明治時代中ごろから導入され,'おうごんかずら'として親しまれてきた.耐陰性に富み,弱光によく適応する主要な観葉植物の一つである.

■系統・種類・品種

最も多いのが生育旺盛でつくりやすい'ゴールデンポトス'である.その他に,ライトグリーンの葉色が特徴で,'ゴールデンポトス'に比べやや葉が小さい'ライム'や,緑の葉色に白色の斑が入る'マーブルクイーン'などがある.緑,黄,白の3色の斑が入る'トリカラー'を始め,枝変わりにより品種が作出されている.

■形態・生理生態的特徴

気根によって樹木に付着したり,樹上から垂れ下がるつる性植物である.この特徴を生かし,ヘゴ柱仕立てや吊鉢で仕立てられている.吊鉢や小鉢で流通する幼若期の葉は15～20cmでハート型をしているが,成熟期の葉は60cmと大きく,モンステラのように穴が開いたり,切れ込みができる.

■作型

周年出荷されるが,4～5月や8～9月を出荷の中心におく作型が多い.温度条件や仕立てる鉢の大きさにあわせ,4～6カ月前に挿し木を行う.

■栽培管理

節間や天芽による挿し木で繁殖する.挿し穂は吊鉢で管理された葉の大きさが揃い,葉色にすぐれた親株から採取する.挿し穂は水苔で葉柄部分を包んで発根させる.直接仕上げ鉢に挿す場合,葉腋が埋まると新葉に黒点の条斑が入る生理障害が発生しやすくなるので,浅く挿す.夏季は35℃を超えないように換気し,冬季は20℃以上の管理で伸長する.15℃の暖房でも栽培は可能であるが,生育は非常に緩慢になる.なお,夏季の栽培は強い光で葉が日焼けするため,50～70%の遮光下で管理する.

### 14.9.3 シダ類

■来歴・分布

温帯から熱帯まで原産し,ネフロレピス,アジアンタム,プテリス,アスプレニウム,シノブなど,小型のものから大型のものまで,たくさんの種類が鉢物や切り葉として生産されている.また,イワヒバ,マツバランは,古くは江戸時代から栽培され,現在でも古典園芸植物として親しまれている.美しく涼しげな葉の形をもつものが多く,春から夏にかけて人気がある.

### ■系統・種類・品種

シダ科のネフロレピス (*Nephrolepis*) 属にはタマシダ (*N. cordifolia*), エグザルタータ (*N. exaltata*, セイヨウタマシダ) があり, 中でもセイヨウタマシダの'ボストンファーン'からは, 'ツディー'など, 多くの品種がつくられた. イノモトソウ科のアジアンタム (*Adiantum*) 属では, 羽状複葉をもつラディアナム (*A. raddianum*) があり, 原種のほかに'フリッツルツ', 'ミクロフィルム', 'モノカラー'などの品種がある. チャセンシダ科のアスプレニウム (*Asplenium*) 属では, ニドゥス (*A. nidus*, シマオオタニワタリ) の'アビスシダ'が多く生産されている.

### ■形態・生理生態的特徴

地上部に葉を展開し, 葉の裏につく胞子で繁殖する. 胞子が発芽した前葉体で受精を行い (有性世代), 受精卵は胚となって発芽し, 観賞される胞子体 (無性世代) となる.

### ■作型

周年出荷されるが, 4～7月出荷を中心におく作型が多い.

### ■栽培管理

胞子や株分けにより繁殖する. ヨーロッパからの輸入苗を用いる場合もある. 高温多湿を好むが, 耐寒性が強いものも多い. 冬季は12℃以上で管理する. 夏季は乾燥に注意し, 50～70％の遮光下で管理する.

## 14.9.4 ドラセナ類 (キジカクシ科←リュウケツジュ科←リュウゼツラン科)

### ■来歴・分布

コルジリーネ (*Cordyline*) 属, ドラセナ (*Dracaena*) 属がドラセナ類とされている. コルジリーネ属はニュージーランド, オーストラリアを中心に約20種, ドラセナ属はアジア, アフリカを中心に約50種原産する. 同じ科にはその他にサンセベリア (*Sansevieria*) 属, トックリラン (*Nolina*) 属がある. 耐陰性に富み, 緑に赤, 黄, 白といった縞や斑入りの美しい葉色をもつものが多く, 大鉢から小鉢まで多くの種類が栽培されている.

### ■系統・種類・品種

コルジリーネ属のターミナリス (*C. terminalis*) は被針形の葉をもち, 新葉が濃紫紅色の'愛知赤'や新葉に黄白や赤の斑が入る'ドリーミー'など多くの品種がある.

ドラセナ属フラグランス (*D. fragrans*) のデレメンシスグループには, 細長い剣状の葉をもつ'ワーネッキー'や新葉の斑がライムイエローの'レモンライム', 小型の'コンパクタ',「幸福の木」の商品名で知られる'マッサンゲアナ'などの品種がある. その他, スルクローサ (*D. surculosa*) には黄白の斑が入る'フロリダビューティー', マルギナタ (*D. marginata*, 流通名コンシンナ) には細長い葉をもつ'レインボー', 幹の状態でも販売されるサンデリアーナ (*D. sanderiana*) がある (口絵22参照).

### ■形態・生理生態的特徴

両属とも低木または高木で, ドラセナ属は葉が細く, ほとんどが葉柄をもたない, 匍匐した地下茎をもたないのに対し, コルジリーネ属は葉幅が広く葉柄をもつものが多く, 匍匐性の地下茎をもつといった特徴がある.

### ■作型

温室や戸外を利用して周年出荷される.

### ■栽培管理

挿し木や取り木により繁殖する. ドラセナ・フラグランス'マッサンゲアーナ'は中南米から輸入した原木を用いて繁殖する. 高温多湿を好み, 夏季は戸外で栽培されるものもあるが, 冬季は15℃以上で管理する.

## 14.9.5 フィカス類 (*Ficus* spp., クワ科)

### ■来歴・分布

ゴム類とも呼ばれ, クワ科イチジク (*Ficus*) 属の植物で, 果物として知られるイチジクをはじめ800以上の種がある. 熱帯から亜熱帯地域を中心に分布するが, 温帯地域にも分布し, 日本でもプミラ (和名オオイタビ), ガジュマル, アコウなどが自生している. 種類の特性をいかし, 編み込み, 刈り込みなどにより, 様々な形状に仕立てられている.

■系統・種類・品種

エラスティカ（F. elastica，和名インドゴムノキ）は，インドやマレー半島を中心に原産する高木で，濃緑で長楕円形の葉をもっている．立ち葉で丸みある肉厚の葉をもつインドネシア原産の'デコラ'や，'デコラ'の斑入り種の'デコラトリカラー'，より立ち葉で節間のつまった'ロブスタ'などがある．

ベンジャミナ（F. benjamina）は，インドを原産とする高木で，分枝する枝をもち，淡緑色で楕円形の葉を密生し，幹は灰白色である．自然仕立てのほか，柔らかい幹の特徴を生かし，数本の木をより合わせ上部に丸く葉を茂らせるスタンダードなどに仕立てられている．緑葉種の'ゴールドエース'，'リッチ'のほかに，白の斑入りの'スターライト'，'ゴールデンプリンセス'などがある．

プミラ（F. pumila）は，温帯の日本をはじめ，亜熱帯のアジアやインドに分布する常緑つる性の低木で，枝に密生して長さ3cm程度の葉をもち，気根で岩や木に付着しながら伸びる．葉に白色の縁取りが入る'ホワイトサニー'などがある．

カシワバゴムノキ（F. lyrata）は熱帯アフリカを原産とする常緑性の高木で，長さ25～30cmのカシワ状の大きく波打った葉をもち，その形がバイオリンにたとえられている．

このほか，アルティッシマ（F. altissima），アコウ（F. superba），ガジュマル（F. microcarpa），ベンガルボダイジュ（F. benghalensis）などがある．

■形態・生理生態的特徴

常緑性の高木または低木であるが，つる性のものもある．幹を傷つけると乳液を出し，インドゴムノキの仲間はゴムの原料として利用された．

■作型

周年出荷されるが，4～5月を出荷の中心におく作型が多い．

■栽培管理

挿し木や取り木，あるいは組織培養により繁殖する．また，インドゴムノキでは沖縄で挿し木された苗を購入して生産されている．強光を好み，夏季は戸外で栽培されるものもあるが，葉色を美しくするために，夏季を中心に遮光下で栽培されるものもある．耐寒性は強く5℃以上あれば枯死しないが，生育のためには冬季15℃以上で管理する．

### 14.9.6　アナナス類（パイナップル科）

■来歴・分布

パイナップル科の植物をアナナス類としている．熱帯アメリカを中心におよそ1800種が分布する．密生する葉の中央から伸びた独特な色と形の苞を観賞する．なお，食用で知られるアナナス属のパイナップルにも観賞用の果実をつけた鉢物がある．栽培種は熱帯雨林などの樹木に着生しているものが多い．昭和30年代から昭和40年代にかけて観葉植物の半数近くを占めるほど盛んに生産されたが，栽培期間が長く冬季の暖房費が高くつくことから，昭和48年のオイルショック以降，減少した．

■系統・種類・品種

エクメア属のファッシアータ（Aechmea fasciata，シマサンゴアナナス）はブラジル原産の着生種で，花茎に桃色で松笠状の苞を伸ばす．硬質で縁に刺のある葉をもつが，斑入りや刺のないものもある．

グズマニア属のマグニフィカ（Guzumania × magnifica）は熱帯アメリカ原産の小型の着生種で，星型の赤い苞を伸ばし，刺のない細長い照り葉をもつ．中には黄色の苞をもつものや，斑入りの葉をもつものもある．その他，大型のディッシティフローラ（G. dissitiflora）などが栽培されている．

チランジア属のシアネア（Tillandsia cyanea）はエクアドル，ペルー原産の小型の着生種で，扁平で淡桃赤の苞から紫の花をつける．葉は刺がなく細長い．その他，乾燥に強く，強健なものが土不要のエアープランツとして流通している．

フリーセア属のオオインコアナナス（Vriesea Poelmanii Group）は赤，橙，黄といった苞をもち，多くは苞が分枝するように改良されている．その他，ブラジル原産で，黒紫の縞模様の葉をもつトラフアナナス（V. splendens）などが栽培さ

れている．

このほか，葉縁や中央に白の斑や中央が赤に染まるなど葉色の美しさや草姿を観賞するネオレゲリア（*Neoregelia*）属やクリプタンサス（*Cryptanthus*）属，観賞用の果実をつけるアナナス（*Ananas*）属のパイナップルがある．

■形態・生理生態的特徴

アナナス類の多くは着生種で，葉を基部から放射状に密生させ，葉の間や中央の葉筒に水を蓄えるようになっている．葉筒または葉の表裏全体に吸収鱗毛をもち，これによっても養水分を吸収している．葉が約10数枚展開し，株が成熟すると温度や日長条件により，葉の中央の葉筒部分が変化して，花茎を伸ばす．ここに着色した苞を中心部で開花するが，花はほとんどが目立たない．苞は数カ月観賞可能である．冬季15℃以上が必要で，生育のためには20℃程度の暖房が望ましい．

■開花調節・作型

アナナス類の多くは，エチレンに反応して花芽分化するので，エチレンを葉筒内で発生させることにより，開花促進ができる．最も普及しているのはカーバイトを水と反応させた上澄み液を葉筒内に注入する方法である．また，植物成長調整剤のエテホン処理も有効である．処理後は，種類や季節によって異なるが，2～3カ月程度で開花する．栽培に1年から1年半かかるため，出荷に向けて開花処理や冬季の暖房を計画的に行う必要がある．

■栽培管理

開花後の親株の株元から出た腋芽を切り取って挿し木する．このほか，組織培養苗，実生を利用する場合もある．生育適温である20℃前後を保つよう，夏季の換気と，冬季の暖房が必要である．種類によって異なるが，多くは半日影を好むので，夏季は50％，冬季は20％くらい遮光する．

### 14.9.7 アンスリウム（*Anthurium* spp., サトイモ科）

■来歴・分布

熱帯アメリカを中心に樹木に着生する種類から地生のものまで，約600種が分布する．赤，白，黄といった仏炎苞と肉穂花序を観賞する園芸品種の多くは着生のアンドレアナム種で，おもにハワイで品種改良が進められた．このほか，仏炎苞は目立たず，葉の模様や形を観賞する種類もある．大鉢から小鉢まで，また切り花としても栽培されている．

■系統・種類・品種

多く流通している品種は，光沢のある仏炎苞と葉をもつアンドレアナム（*A. andraeanum*）である．仏炎苞が赤い'アリゾナ'や白い'アクロポリス'，桃の'ピンクチャンピオン'，その他，紫のものや赤や緑が混じるものもある．また，小型のシュルチェリアナム（*A. scherzerianum*）がある．

■形態・生理生態的特徴

多くは着生種で，短い茎から葉柄を伸ばし，ハート型で革質の葉を互生させる．株が充実し開花齢に達すると，中心から花茎を伸ばし，その先端にサトイモ科特有の肉穂花序の発達した赤や白のハート型の仏炎苞を開く．肉穂花序や仏炎苞は約1カ月観賞でき，その後緑化する．生育適温は20℃前後で，耐寒性や耐暑性は乏しい．10℃以下の温度で生育の遅延や葉が退色し，35℃以上の温度で開花が遅延する．

■開花調節・作型

組織培養苗を利用する場合，開花齢に達するまで1年程度かかるので，適温を維持し夏の高温に注意する．開花齢に達すれば，好適環境下で連続的に開花するので，7～8号鉢の場合，数株寄せて周年出荷されている．

■栽培管理

株が大きくなったり，生育が抑制されたりすると側芽が多くできるので，容易に株分け可能である．営利生産では，生育の揃った多数の苗が必要なことから組織培養苗の利用が一般的である．他の観葉植物と比べ，生育適温幅が狭いため，20℃前後を保つよう，夏季の換気と，冬季20℃前後の暖房が必要である．また，葉が日焼けするため，夏期は50％程度の遮光下で栽培されるが，この光条件も他の観葉植物と比べると幅が狭く，弱いと花つきが悪くなる．

## 14.9.8 ディフェンバキア（*Dieffenbachia* spp., サトイモ科）

### ■来歴・分布

熱帯アメリカに約30種分布する常緑多年草である．昭和30年代から生産が始まり，生産効率のよさから一時期急速に生産が増加したが，比較的高温を好み冬季の暖房費がかさむため，その後生産は減少した．緑に白い斑が美しく，耐陰性に富むインテリアグリーンとして，春から秋を中心に出荷されている．

### ■系統・種類・品種

多くの園芸用の種類は熱帯地方で改良されたアモエナ（*D. amoena*）が最も多く，黄白の葉をもち，草丈が低く側芽の発生の多い'カミーラ'や大きな葉をもち，緑の縁取りと黄白の斑が鮮明に出る'セントレアシルキー'など，様々な品種がある．その他に，マクラータ（*D. maculata*）がある．

### ■形態・生理生態的特徴

直立する茎から長楕円形の葉を互生させ，2m以上の高さになる．種類によっては側芽が多く発生し，株立ちする．株が古くなると筒状の仏炎苞が発生するが，目立たなく観賞価値はない．また，シュウ酸カルシウムを含む白い汁液は有毒で，直接手で触れたり口にしないように注意が必要である．

### ■作型

周年出荷可能だが，耐寒性に劣るため，3～9月を中心に出荷される．4～5号鉢で挿し木後，7～8カ月で出荷可能である．

### ■栽培管理

挿し木により繁殖する．挿し穂は成長と葉色にすぐれた親株の太い茎を摘心し，側芽の萌芽と成長を促すと，10～15cm程度の芽が取れるので，水または川砂に挿し，発根後定植する．なお，輸入した挿し穂を直接仕上げ鉢に直挿しする場合もある．計画的に出荷するためには，夏季はなるべく30℃を超えないように換気し，冬季は20℃以上の管理を行う．15℃の暖房でも栽培は可能であるが，生育は非常に緩慢になる．夏季は十分な灌水を必要とし，毎日行った方がよい生育を示す（図14.16）．また，適温以下の栽培では，栽培床

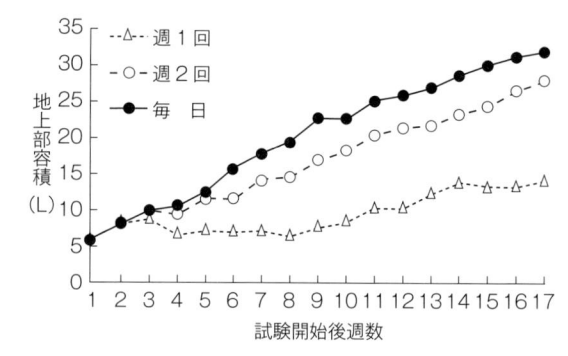

**図14.16** ディフェンバキア'カミーラ'のホース灌水の灌水回数と地上部容積の経時変化（二村ら，1992）[4]
5月28日鉢上げ，7月2日～11月2日実施．

面に電熱線などの発熱体を設置し，鉢を室温より5℃程度高めに加温する．葉は日焼けしやすいため，遮光下で栽培され，とくに夏季の栽培は70%程度の遮光下で管理する．

## 14.9.9 アフェランドラ（*Aphelandra squarrosa* Nees, キツネノマゴ科）

### ■来歴・分布

アフェランドラ属は熱帯アメリカを中心に約200種が分布する．観葉植物として流通するのはブラジル原産のスクアローサ（*A. squarrosa*）である．キツネノマゴ科の観葉植物には，花壇苗として流通するヒポエステス（*Hypoestes*）属やフィットニア（*Fittonia*）属がある．

### ■系統・種類・品種

黄色い苞をもち，濃緑の葉は葉脈沿いに白く太い線状の斑が入る'ダニア'が最も多く生産されている．このほか，葉全体が乳白色の'シルバークラウド'や'ミラクルホワイト'がある．

### ■形態・生理生態的特徴

濃い赤茶色の太い茎から，つやのある広楕円形の葉を対生させる．7～8節で茎の先端から10～15cmの黄の苞を伸ばし，唇形花を咲かせる．開花した唇形花の寿命は短いが，苞は1～2カ月は観賞可能である．生育適温は20℃以上で，10℃以下の温度で生育が非常に緩慢になり，30℃以上の温度で花芽形成が阻害される．

### ■開花調節・作型

3～4節で開花可能株となり，9000lx以上の光

と15℃以上の温度で開花するが，7～8節になると適温であれば1000 lxの室内でも開花する．挿し木後，1カ月程度で発根し，約6カ月で開花するので，挿し木の時期をずらし，3号鉢や5号鉢に2～3本寄せ植えにして周年出荷されている．

■栽培管理

1節の管挿しにより繁殖する．また，縦に切断して対生する葉芽を二つに分けても挿し木できる．挿し穂は1株から5本程度とれるので，栽培鉢数の20%ほど確保する．親株は花芽をつける必要がないため，棚下で栽培されることが多いが，よい挿し穂を取るためには，挿し木の1カ月前から棚に上げて管理する．花芽形成のためには，夏季は30℃を超えないように換気し，冬季は20℃以上の管理を行う．15℃の暖房でも栽培は可能であるが，生育は非常に緩慢になる．なお，適温以下の栽培では，根圏加温が有効である．また，夏季の栽培は強い光で葉が日焼けするため，40～50%の遮光下で管理する．

文献

1) 森岡公一編：観葉植物栽培事例集第Ⅱ版，2007.
2) 花卉園芸大百科，第16巻観葉植物・サボテン・多肉植物，pp. 3-339, 農山漁村文化協会, 2002.
3) 須田 晃・福田正夫：愛知農総試研報, **30**, 195-200, 1998.
4) 二村幹雄他：愛知農総試研報, **24**, 189-194, 1992.

### 14.9.10 その他の観葉植物

表14.3参照．　　　　　　　　　　　　　　［新井 聡］

表14.3 その他の観葉植物—市場での取扱い数量が多いもの

| 和名・学名（科名） | 原産地 | 出荷期* | 形態・生理生態的特徴 | 栽培管理・開花調節 |
|---|---|---|---|---|
| アスパラガス<br>*Asparagus* spp.<br>（キジカクシ科←ユリ科） | 南アフリカ | 周年<br>(3～5月) | 多くが葉の退化した細い仮葉をもつ常緑つる性の多年草だが，低木となるものもある． | 繁殖は株分けまたは実生による． |
| アロカシア（クワズイモ）<br>*Alocasia* spp.<br>（サトイモ科） | 熱帯アジア | 周年<br>(5～7月) | 根茎よりサトイモに似た葉を伸ばす．葉脈にそって白斑や金属光沢をもつなど，葉の変化に富む． | 繁殖は挿し木，株分けまたはメリクロン苗による．挿し木は葉が2～3枚となった側芽を取って挿し木し，株分けは株元から発生した子株を分けて増殖する．20℃以上あれば年中生育する． |
| オリヅルラン<br>*Chlorophytum comosum* (Thunb.) Jacques<br>（キジカクシ科←アンテリクム科←ユリ科） | 南アフリカ | 周年<br>(3～9月) | 株元から剣状の葉を密生させる．成長すると長く伸びたランナーの先端に子株をつける． | 繁殖は4～9月に株分けまたは子株を取って鉢に植える．生育が旺盛で，病気も少なく育てやすい． |
| クロトン<br>*Codiaeum variegatum* Blume.<br>（トウダイグサ科） | 熱帯アジア，ポリネシア，オーストラリア | (5～9月) | 常緑低木で，葉の形に様々な種類があり，葉の色も赤，橙，黄とあざやかな色彩の斑が入る． | 繁殖は挿し木または取り木による．挿し木は川砂に挿し木する．発根適温は15～20℃で，挿し木後は1カ月ほどで移植できる．光を好むが，黄色系品種は30%ほど遮光する． |
| シェフレラ<br>*Schefflera arboricola* (Hayata) Merr.<br>（ウコギ科） | 台湾，中国南部 | 周年<br>(1～7月) | 常緑低木で，光沢のある掌状の複葉を互生する．耐寒性や耐陰性に富む． | 繁殖は挿し木による．挿し木は8月中旬に充実した緑色の枝を取り，1節ごとに切って挿し木する．冬季は12～13℃に加温する． |
| シッサス<br>*Cissus rhombifolia* Vahl.<br>（ブドウ科） | メキシコ，西インド諸島，南米北部 | 周年<br>(3～6月) | 常緑つる性の多年草で，ブドウの葉に似た3小葉からなる．耐陰性と耐寒性に富む． | 繁殖は挿し木による．挿し木は8月下旬に新梢のやや固めの茎を1節ごとに切ったもの直接鉢に挿すか，挿し芽用土に挿し，発根後，鉢上げする．20～25℃が生育適温である． |

| 種類 | 原産地 | 出回り期* | 特徴 | 繁殖・栽培上の注意 |
|---|---|---|---|---|
| テーブルヤシ（チャメドレア）<br>*Chamaedorea elegans* Mart.<br>（ヤシ科） | メキシコ，グアテマラ | 周年<br>（3〜9月） | 単幹または株立ちする．葉の形も羽状葉や矢羽根形の双葉状になる．耐寒性と耐陰性に富む． | 繁殖は種子または株分けによる．種子の発芽適温は25℃〜30℃で，好適条件下で3カ月ほどで発芽する．営利栽培上は最低温度は12℃を確保し，夏季は30〜40％遮光する． |
| パキラ<br>*Pachira glabra* Pasq.<br>（アオイ科←パンヤ科） | メキシコから中南米 | 周年<br>（2〜9月） | 基部が膨らんだ幹をもち，大きく濃緑のカエデ状の葉をもつ．白の斑入りのものもある． | 繁殖は輸入した原木を3号鉢に挿し木する．中〜大鉢に仕立てる場合，強光を好むため5〜10月中旬までは戸外で育て，その後最低温度は18℃を確保する． |
| フィロデンドロン<br>*Philodendron* spp.<br>（サトイモ科） | メキシコ，中南米，ブラジル | 周年<br>（3〜9月） | 種により直立またはつる状に伸びる．葉の形は丸葉，切れ葉，長葉などの形がある． | 繁殖はほとんどが挿し木であるが，セロームは実生で繁殖する．7月に1節ごとに切った挿し穂を水苔で巻き，発根後鉢上げする．実生のものは5〜8月に播種する． |
| ブライダルベール<br>*Gibasis geniculata* Rohw<br>（ツユクサ科） | 中南米熱帯 | 4〜7月 | 表面が暗緑色で裏面が紫色の細い葉をもち，小さな白い花を咲かせる．茎は細く伸びると枝垂れる． | 繁殖は挿し木による．挿し木後は芽の生育を揃えるため，地際から5cmほど残して刈り込む．生育期間中は十分に光を当てる． |
| ヘデラ<br>*Hedera helix* L.<br>（ウコギ科） | ヨーロッパ，北アフリカ，西アジア | 周年 | 小さい葉をもち，つる状に伸びる．茎から気根を出し付着する．葉の形や色彩が変化に富む． | 繁殖は挿し木による．温室内での挿し木は8月を除き，周年可能である．冬季は15℃とし，昼間は25℃を超えないように管理する． |
| ペペロミア<br>*Peperomia* spp.<br>（コショウ科） | 熱帯，亜熱帯，温帯 | 周年<br>（3〜10月） | 種によって茎がつる状，直立状，ロゼット状となる．繁殖が容易で耐陰性に富む． | 繁殖は挿し木による．直立性のオブツシフォリアは冬季は15℃〜18℃とし，十分に光に当てる．夏季は60％遮光する． |
| モンステラ<br>*Monstera deliciosa* Liebm.<br>（サトイモ科） | 中南米熱帯 | 周年<br>（3〜10月） | 常緑つる性で不規則に切れ込みの入る葉をもつ．太い気根をもち，樹木等に付着する． | 繁殖は挿し木または実生による．実生の場合，1カ月ほどで発芽する．冬季は18℃以上を保つようにする． |
| ユッカ<br>*Yucca elephantipes* Regel.<br>（キジカクシ科←リュウゼツラン科） | メキシコ | 周年<br>（1〜5月） | 細長く固い葉を茎頂付近に密生する常緑高木．成長すると株基部が太くなり象足状になる． | 繁殖は輸入された原木を挿し木する．挿し木後，70〜100日で鉢サイズに合わせて寄せ植えする．温室内は年間通して20℃前後を保つようにする． |

\*：（ ）内は市場に広く流通している時期を示す．

## 14.10 花木類

### 14.10.1 ハイドランジア（*Hydrangea macrophylla* f. *hortensia* Rehder，アジサイ科）

#### ■来歴・分布

アジサイ（*Hydrangea*）属は，東アジア，北米・南米に約40種があり，日本には14種が分布している．このうち18世紀後半に東アジアからヨーロッパに導入された種がフランス，ドイツ，オランダなどで交雑育種され，今日の矮性鉢物用として成立したものがセイヨウアジサイであり，一般的にハイドランジアと呼ばれている．

#### ■種類・品種

1) ガクアジサイ（*H. macrophylla* f. *normalis*）：千葉県以南の太平洋岸に自生する落葉低木．花序の頂部は平らで，周縁部に装飾花がつく．

2) アジサイ（*H. macrophylla* f. *macrophylla*）：日本全国に広く分布．花序はほとんど装飾花で種子は普通できない．萼片は全縁，青色から淡青色．ガクアジサイの変種と推定される．

3) セイヨウアジサイ（*H. macrophylla* f.

*hortensia*）： 一般にハイドランジアと呼ばれる．花序の形態から，球状で装飾花をつける品種をホルテンシア系（Hortensia：てまり型），中心部に稔性花，周縁部に装飾花をつける品種をレースキャップ系（Lacecap：ガクアジサイ型）と呼ぶ．

青色系： 'ブルーダイヤモンド'，'ミセスヘップバーン'，'ブルーキング'，'ブルースカイ'．

桃色系： 'フランビュー'，'プリマ'，'モルゲンロート'，'グリンヘルツ'，'ミセスクミコ'．

白色系： 'マダムEムイエール'，'スレアテレーサ'，'リベラバイス'．

4）その他： 近年，胚珠培養を利用したアジサイ科の属間・種間交雑が盛んに行われており，新しい品種が多数作出されている．群馬県が育成したトキワアジサイとセイヨウアジサイの種間雑種は常緑性，早咲き性が認められる．

■形態・生理生態的特徴

アジサイ属は落葉性低木が主で，常緑種，蔓性も含まれる．花序は散房状集散まれに円錐で，稔性の低い装飾花（decorative floret：中性花）のみを有する種，装飾花を欠く種，および花序周縁部が装飾花で中心部に稔性花（両性花）をもつ種に大別される．装飾花は萼片が花弁様に変化したものである．

花芽はその年に伸びた新梢の頂部に形成される．花芽分化は18℃以下の温度で行われ[1]，自然条件下では9月下旬～10月中旬に花芽分化を開始し，11月中～下旬に雄蕊・雌蕊が形成され，自発休眠に入る．休眠は一定の低温に遭遇すると打破され，1月中旬頃までに充足される．休眠覚醒後も生育適温にならないと他発休眠が続き，3月中～下旬に萌芽と並行して発達を再開し，5月中～下旬に花粉と胚珠を形成し，6～7月に開花する．花芽分化は25℃以上では阻害され，発達の適温は10～15℃である．休眠打破は5℃，40～50日程度とされるが品種間差異が大きい．

花色（萼片の色）はアントシアニンの一種であるデルフィニジン3-グルコシドがアルミニウム（Al）と金属複合体を形成して青色～桃色を発現する．一般的には土壌pHによって調整され，5.5以下では鮮青色，5.5～6.5では藤色，6.5～7.5では桃色となる．白色系は土壌pHの影響を受けない．萼片中のAl含量は青色では950 ppm以上，藤色では200～950 ppm，桃色では200 ppm以下となり，花色と高い相関を示し，Alの土壌添加が青色の発現を促進する[2]．また，肥料3成分の施用量比率によってAl吸収が変化し，低N・高K施用条件ではAlの蓄積が多く青色を，一方，高P施用条件ではAlの蓄積が少なく桃色を発現しやすい[3]．

■作型・開花調節

日本における標準的作型は図14.17のとおりである．花芽分化した株は低温に遭遇して休眠が打破されるので，休眠覚醒した株の加温施設への入室時期を変えることで開花調節を行う．入室から開花までの日数は，品種の早晩性や加温温度によって異なるが，最低管理温度16℃では70～80日で開花する．

■栽培管理

繁殖・鉢上げ： 5月に挿し木繁殖を行う．挿し穂は促成株に発生した新梢，ブラインド枝の頂芽または茎部1～2節の管挿しとする．挿し木用土は鹿沼土などの通気性のよい用土を使用し，ミストあるいは密閉下で管理し，挿し木後約30日で鉢

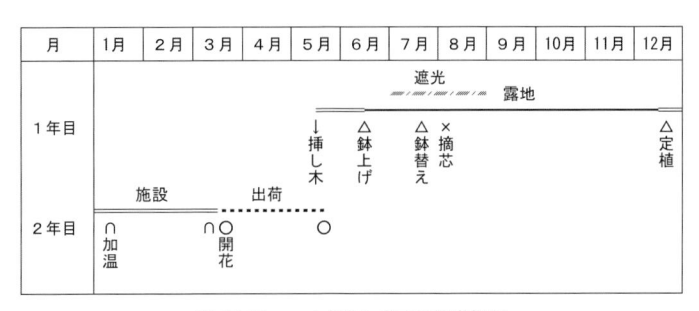

**図14.17** ハイドランジアの促成作型

上げ可能となる．5月上旬挿し木の場合は6月上旬鉢上げ（3号），ついで7月下旬鉢替え（4号），定植は促成開始直前に行い，5号鉢で1株，6～8号鉢で2～3株，10号鉢で4株植えとする．

摘心・整枝： 摘心の適期は，花芽分化期より約60日前の7月下旬～8月中旬である．摘心時期が草丈，着花を決定する．適期より早いと草丈が伸びすぎて草姿が乱れ，遅いと草丈は低くなるが，枝梢の成熟が不十分でブラインドの原因となる．

摘心後に伸長する側枝の成熟度が着花房数，品質を決定する．発生数が多いとブラインドの発生を助長するので，大花房品種では鉢当り5～6本，中花房品種では8～10本を残して8月下旬までに整枝する．

休眠打破，入室・加温（促成処理）： 10月中旬になると茎の伸長は停止し休眠に入る．数回の降霜で11月中旬から落葉が始まる．この時期に0℃以下の寒気に遭遇すると花芽が凍害を受けるので防寒対策を行う．

休眠は品種の早晩性によるが，5℃以下の温度に40～50日以上遭遇すると打破される．休眠が覚めた養成株を定植鉢に鉢上げし，加温施設へ入室する．入室の早晩によって最終草丈が著しく異なり，早すぎると開花揃いが悪く，開花率が低下する．一般的には12月下旬～1月上旬が入室適期で，開花期は，加温程度により異なる．開花2週間前まで16～18℃，その後開花まで12～13℃の加温管理で高品質の開花株が得られる．

用土・施肥： 青色系品種の用土は，火山灰下層土など可溶性Al含有量の高い土にピートモスなどの酸性素材を混和し，pH5.5以下に調整する．株養成期，促成期ともN，Pの施用量をやや少なく，Kの施用量を多くする．

桃色系品種の用土は，酸性資材を避け，苦土石灰などを配合してpH6.5以上に調整する．ただし，アルカリ性になるとクロロシスや生育不良などの障害が発生しやすくなる．株養成期，促成期ともNとPの施用量をやや多く，Kの施用量を少なくする．

花色（萼色）調節： 青色系品種には，0.1%硫酸アルミニウム溶液を，9～10月の株養成期は10日おきに鉢当り50 mL，1～3月の促成期には200 mLを灌注する．

生理障害・病害虫： ブラインドは摘心の遅れ，強度の遮光，凍害による花芽枯死などによって発生する．

クロロシスは鉄（Fe）の溶解度が低下して吸収が阻害されることが原因であり，桃色系品種での高pH条件の用土で多発しやすい．応急的には硫酸鉄3 g/Lまたはキレート鉄0.6 g/Lを葉面散布することで改善される．

病害虫はモザイク病，斑点病，うどんこ病，灰色かび病，アブラムシ類，ダニ類，スリップス類などが発生する．

出荷： 矮性種は支柱の必要はないが，高性種は支柱を立てて花房を安定させる．出荷には株当たり3個以上の着花シュートが必要で，花色が発現した時点で出荷する．出荷は年度変わりの3月下旬～4月上旬，母の日の5月上旬の贈答需要期に多い．

［内山達也］

## 文 献

1) 小杉　清・荒井尚孝：香川大農学報, **12**, 78-83, 1960.
2) Allen, R. C.：*Contrib. Boyce Thompson Inst.*, **13**, 221-242, 1943.
3) Shanks, J. B. and C. B. Link：*Proc. Amer. Soc. Hort. Sci.*, **56**, 357-366, 1951.

## 14.10.2　アザレア（*Rhododendron* Belgian Indian Group，ツツジ科）

### ■来歴・分布

アザレアは，中国の長江（揚子江）流域を中心に広く中国大陸，台湾に自生しているタイワンヤマツツジ（*R. simsii*）と日本原産のツツジ園芸品種などを交配親として，ヨーロッパで品種改良された温室鉢物用ツツジである．主としてベルギーで品種改良が行われたため，ベルジアンアザレアとも呼ばれている．温室栽培用に品種改良されているので，日本のツツジと比較すると耐寒性はやや弱く，露地での越冬が厳しい品種も多い．

日本には明治時代に導入され，戦後になって本格的に栽培が行われるようになった．自然開花期は春であるが，促成栽培技術の確立とともに秋～

春の鉢花として出荷されている．国内では新潟県と福岡県がおもな産地となっている．

■系統・種類・品種

開花期の早晩や花の大小，花色，花形など種類は豊富で品種数も多いが，促成栽培適応性の高い早生系統が主力となっている．早い作型では極早生〜早生品種が用いられ，3月出荷作型では晩生品種も使われるようになる．

主要な品種としては，ニコレット系といわれる中輪極早生系統の'アクアレル'（白に桃覆輪），'インガ'（桃に白覆輪，絞り），'エバ'（桃），'ヘルムートボーゲル'（濃桃）や，大輪極早生の'ルーシー'（桃），大輪早生の'アリーン'（白），'エリー'（桃に白覆輪，絞り），中輪中生の'ロザリー'（桃），'アンブロシャーナ'（赤），中輪晩生の'カメレオン'（桃に赤）などがあり，その他に新潟オリジナル品種として，新潟県で育成した'越の淡雪'（白，半八重），'越の舞姫'（桃，極大輪半八重），'ダンシングスノー'（白に赤紫絞り，大輪一重），'ほほえみ'（明桃に赤紫ブロッチ，大輪一重），'ももか'（濃桃に赤紫ブロッチ，中輪一重）などがある．

■形態・生理生態的特徴

ツツジ科の常緑低木で自然条件では4〜5月に開花する．7〜8月頃，開花後に伸長した新梢の先端に花芽分化が始まり，10月には完成する．秋になり気温が低下すると花芽は休眠に入り，一定期間の低温遭遇で休眠が打破され，その後の高温で開花する．花は大輪で一重から半八重，八重咲きなどがあり，花色も白から桃，赤，赤紫までで色の濃淡や絞り，覆輪など変異に富み，ツツジ類中では最も花の美しい品種群である．

もともと温室栽培用に品種改良されているので耐寒性はやや弱いが，休眠が浅く，四季咲き性が強いので促成に適している．

■開花調節・作型

促成作型：9〜12月に出荷する作型であり，摘心後の花芽分化の早期誘導と花芽形成後の休眠打破の二つが体系的に進められないと早期出荷はできない．そのため，花芽分化が早く，休眠の浅い極早生品種や早生品種を主体として，挿し木や摘心の時期から計画的に栽培する必要がある．管理面では樹勢を抑えて花芽分化を早めるとともに，ジベレリンの生合成経路を阻害する植物成長調整剤，いわゆる矮化剤の処理により節間伸長の抑制と着蕾数の増加をはかる．その後，花芽形成を確認して5〜10℃の冷蔵庫で2〜4週間の低温処理により休眠打破を行う．休眠打破に必要な低温処理期間は品種によって異なっており，暗黒条件で処理期間が長くなると，葉の黄化や落葉などの問題が生じる．植物成長調整剤のジベレリン処理により，休眠打破による開花促進効果が確認されているが，開花が一斉にならない欠点がある．冷蔵処理による休眠打破が主体であるが，一部では両者の併用による方法も行われている．

半促成・季咲き作型：1〜4月に出荷する作型であり，極早生〜中晩生品種まで多くの品種が利用可能となる．自然低温による休眠打破後に温室内に搬入することで出荷は可能であるが，中晩生品種を用いて1〜2月に出荷する場合には，促成作型と同様の休眠打破処理が必要となる．休眠打破に必要な低温量や開花までの日数など，品種による差が大きいので，あらかじめ特性を把握しておく．

■栽培管理（図14.18）

育苗：挿し木の時期は，2年生株の摘心時期に合わせる．通常，4〜5月頃であるが，早期出荷用品種では3月頃から始まり，3年生の大株仕立てでは6月頃まで可能となる．挿し穂は5〜6cm程度に切りそろえ，育苗箱に川砂などを入れた挿し床に挿し木する．挿し木後50日程度で移植適期となるので，ピートモスなどの培地に仮植する．仮植後3〜4週目くらいから追肥を行い，9月と12〜1月頃の2回摘心を行って枝を出させ，草姿を整える．冬期間は内張りをするとともに8〜10℃程度で加温管理する．

鉢上げ・仕立て：越冬後の苗を3〜5月に鉢上げする．2年仕上げの場合には4.5号鉢に鉢上げし，その後は過湿とならないように管理して発根伸長を促す．また，用土はピートモス，鹿沼土などを混合してpH5.0程度に調整する．鉢上げ1カ月後には新芽が伸長してくるので摘心を行う．

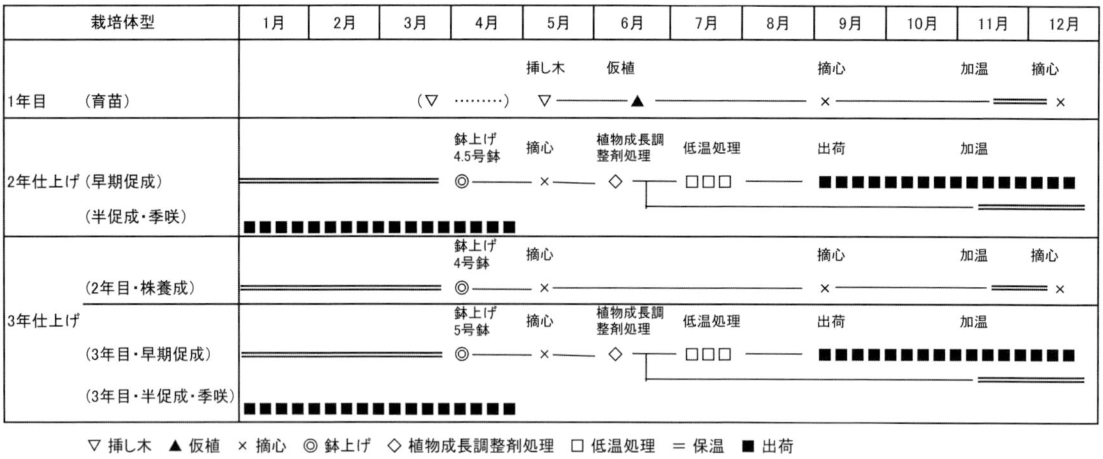

| 栽培体型 | | 1月 | 2月 | 3月 | 4月 | 5月 | 6月 | 7月 | 8月 | 9月 | 10月 | 11月 | 12月 |
|---|---|---|---|---|---|---|---|---|---|---|---|---|---|
| 1年目 | （育苗） | | | | (▽ ········) | 挿し木<br>▽———— | 仮植<br>▲ | | | 摘心<br>× | | 加温<br>══════ | 摘心<br>× |
| 2年仕上げ | （早期促成） | | | | | 鉢上げ<br>4.5号鉢<br>◎——— | 摘心<br>× | 植物成長調<br>整剤処理<br>◇ | 低温処理<br>□□□ | 出荷<br>■■■■ | ■■■■■ | 加温<br>══════ | |
| | （半促成・季咲） | ■■■■ | ■■■■■ | ■■■■ | | | | | | | | ══════ | |
| | （2年目・株養成） | | | | | 鉢上げ<br>4号鉢<br>◎——— | 摘心<br>× | | | 摘心<br>× | | 加温<br>══════ | 摘心<br>× |
| 3年仕上げ | （3年目・早期促成） | | | | | 鉢上げ<br>5号鉢<br>◎——— | 摘心<br>× | 植物成長調<br>整剤処理<br>◇ | 低温処理<br>□□□ | 出荷<br>■■■■ | ■■■■■ | 加温<br>══════ | |
| | （3年目・半促成・季咲） | ■■■■ | ■■■■■ | ■■■■ | | | | | | | | ══════ | |

▽ 挿し木　▲ 仮植　× 摘心　◎ 鉢上げ　◇ 植物成長調整剤処理　□ 低温処理　= 保温　■ 出荷

**図14.18** アザレア鉢花の栽培体系

樹冠の形を考えながら分枝が多く出るように摘心し，半球形の傘作りに仕立てる．その後は植物成長調整剤（矮化剤）を処理して節間伸長の抑制と着蕾数の増加をはかり，目的の作型に合わせて開花促進のための管理を行う．3年仕上げの場合には4号鉢に鉢上げし，鉢上げ1カ月後と9月，12～1月頃の3回摘心を行って1年養成し，株を充実させて次の年の春に5号鉢に鉢上げする．その後は2年仕上げ鉢と同様に摘心を行って株を仕立て，植物成長調整剤（矮化剤）を処理して節間伸長の抑制と着蕾数の増加をはかり，目的の作型に合わせて開花促進のための管理を行う．3年苗は摘心を早く切り上げることで花芽分化も早く，早期出荷用として有利となる．5月以降，9月末までは寒冷紗で遮光して葉焼けなどの発生を防ぐ．

病害虫：　褐斑病，炭疽病，灰色かび病などが発生するので，殺菌剤を散布して防除する．また，ツツジグンバイムシやハマキムシ，コガネムシが発生するので，殺虫剤を発生初期に散布して防除する．

[小田正之]

## 14.10.3　ハイビスカス（*Hibiscus* L., アオイ科）
### ■来歴・分布

ハイビスカスは200種以上が温帯から熱帯にかけて存在し，ブッソウゲ，フウリンブッソウゲ，ムクゲ，フヨウなどを含む *Hibiscus* 属の総称である．一般的にハイビスカスの品種というと，ブッソウゲ（*H. rosa-sinensis*），フウリンブッソウゲ（*H. schizopetalus*）の交雑およびそれらの交雑によって作出されたものと考えられ，多くがハワイで改良が進んだ．鉢花生産では，常緑性の低木または中低木が一般的にハイビスカスと呼ばれ，流通している．

### ■系統・種類・品種

ハワイ原産の種類 *H. arnottianus*, *H. brackenridgei*, *H. kokio* などの間で交雑が行われ，その後ブッソウゲ，フウリンブッソウゲなどとの交雑によって作出されたと考えられている．このため，品種の由来などは，複雑な交配によるところが大きく不詳のものが多い．

ハワイアン系：　大輪で美しい品種が多く見られる．高温で順調に生育するが，低温では生育が緩慢なこと，挿し木繁殖がしにくい性質がある．おもな品種としては，'バスコ'（大輪一重，黄），'ハリウッドレッド'（大輪一重，緋赤），'ジューンブライド'（大輪八重，濃桃）などがある．

オールドタイプ（ヨーロッパ）系，コーラル系：　ほとんどの品種が中輪系で花数が多く，低温でも比較的生育開花がよい．挿し木繁殖が可能で，大量生産に向くものが多い．おもな品種としては，'チェリー'（大輪，橙，'バンホーテン'（大輪一重，緋赤），'ハンブルグラックス'（大輪八重，桃），'コーラルピンク'（中輪，一重，桃），'コーラルレッド'（大輪，一重，赤）など

がある．

■形態，生理生態的特徴

花は葉腋から単生し，円錐形で5枚の花弁がある．花柱に特色があり花弁より先に長く伸び，先端は5裂した柱頭となる．花色は緋赤，淡紅，白，黄，底赤など非常に豊富である．

生育適温は25～30℃で，12℃以上あれば成長し開花を続けるが，大輪のハワイアン系はより高温が必要とされる．また，強光線を好み，弱光線下では徒長し，開花せずに落花しやすい．

■開花調節・作型

本種の開花反応は生育適温の温度のみに影響される．生育適温は25℃程度とされ，ハワイアン系で最低15℃，オールドタイプ系およびコーラル系では10℃の温度が確保されれば生育が進み，枝の伸長に伴って開花が始まる．

■栽培管理

繁殖： 挿し木が可能な種類が多く，30日程度で発根するが，ハワイアン系は発根率が低下しやすいので，挿し床を15℃以上を目標に維持する．挿し穂は1節または2節に調整し，葉が大きく挿し穂が固定しにくい場合は，葉を1/3程度カットする．また，発根率の低い種類は発根促進剤の利用やミスト環境下で繁殖するとよい．遮光は，挿し木直後には極端な温度上昇を避けるため必要であるが，強光線を好むため発根確認後は徐々に光線に当て，健苗確保に務める．

栽培管理： どのような土壌でも生育に差がなく，多肥栽培を好む特性があり，肥料を切らさないように管理する．肥料が切れると下葉の黄化と落下を招くことから，緩効性肥料の使用も効果的である．

生育が旺盛であることから種類によっては1回程度の摘心を行い株を作ること，鉢上げ後，新梢の伸び始めに矮化剤の利用が必要であるが，種類によっては効果が異なる．

病害はほとんど発生しないが，アブラムシ，ダニ類は比較的多く発生する．とくにダニ類は，葉が密生してくる生育の後半に葉裏を注意深く観察し，初期発生時に農薬を散布する．

### 14.10.4 ポインセチア（*Euphorbia pulcherrima* Willd．トウダイグサ科）

■来歴・分布

メキシコ原産の熱帯性常緑低木で，名前は1800年初期に探検家ポインセット（J. R. Poinsett）によって発見されたことに由来している．短日植物であるため12月に開花することから，クリスマス用の花として使用されるようになった．日本へは明治初期に導入され，生活様式の洋風化に伴い，現在では年末の必需品となっている．

■系統・種類・品種

20世紀後半にヨーロッパや米国で交配育種が進み，園芸品種として飛躍的に改良が進んだ結果，栽培しやすく日持ちのよい品種の出現によって，生産が飛躍的に伸びた．大別すると次の3系統になるが，年々新しい品種が発表され主力品種の変遷が激しく，現在，国内で生産販売されているほとんどの品種は品種登録されており，契約栽培が必要である．

アンネット・ヘッグ系： 分枝が多く，大きい苞が垂れ下がる特性があり，比較的低温に強く栽培しやすい系統である．

エキスポイント系： 茎が剛直で苞は水平に展開する特性があるが，栽培にはやや高温が必要である．

V系： 矮性で分枝が多く苞も水平に展開するなど，ミニ鉢から中鉢生産に向く特性がある．V系の出現によって日本でも急速に需要が伸びた．

■形態，生理生態的特徴

形態： 花に見えるのは苞で，真の花は苞の中に存在し，中央に1個の雌花とその周囲に多数の雄花がある．苞が劣化・脱落しても花は長期間残っている．また，自家不和合の性質があり，異品種との交配で結実する．

生育・開花： 生育適温は15～25℃である．15℃以下では生育速度が遅くなり，品種間差があるものの5℃では葉の黄化，落葉が発生する．

短日植物であるため花芽の分化や開花は日長に影響され，一般的に12時間30分が限界日長とされている．しかし，限界日長は，26℃では9時間，15℃では13時間という報告があり[1]，高温条

件では限界日長が短く，低温では長くなる．

■開花の調節・作型

　一般的には自然条件下では10月上旬に花芽分化が始まり，12月に開花する．これより早く出荷する場合は，25℃以上で9～10時間の短日処理によって花芽分化を促進させる．短日処理中に一時的に光があたる長日条件が発生した場合，著しく開花が遅延する．

■栽培管理

　繁殖：　充実した挿し穂を得るためには，親株の生育を旺盛にする管理が重要であり，とくに同一親株から2回以上の採穂を行う場合，鉢替えにより根づまりを回避し，適度の施肥を行う．

　ほとんどの種類は挿し木繁殖が可能で，30日程度で発根する．しかし，挿し木時期は夏期の高温にあたり，リゾクトニア菌などによる立枯れ障害が発生しやすいので，殺菌剤や発根促進剤の利用を考える．挿し木は，約5cmに挿し穂を調整し，水に浸けることによって切り口から出る樹液を洗浄する．挿し木環境は適度な遮光を行い，挿し床の温度上昇を回避する．

　摘心：　鉢花品質の決定要因の一つに摘心がある．芽が10cm程度に伸長した時期に行うが，出荷時の草丈を考えて8月下旬～9月中旬が目安となる．また，分枝数の少ないタイプはソフトピンチを行うなど，品種ごとに工夫が必要である．

　肥培管理：　鉢花の中でも肥料を多く必要とし，とくに窒素が欠乏すると草丈，苞が小さくなり，品質低下を招くことになる．また，灌水による流亡を考えて，液肥，緩効性肥料などでつねに一定の濃度を保つことが必要である．さらに，青木ら[2]によると，N以外に吸収量の多い成分としてKをあげており，その必要性を報告している．

　また，微量要素の吸収阻害から欠乏症が発生する場合があるため，用土のpHを5.5～6.5に調整する必要がある．

　その他：　節間を縮めた草丈の短い商品を生産するため矮化剤使用も必要で，処理は摘心後，分枝が伸長し始めた時期に行うのが効果的である．しかし，その効果は品種ごとに異なるため，注意が必要である．

　病害の発生は少ないが，高温時期の立枯れ性の病害に注意する．また，オンシツコナジラミは，発生初期に防除しないとまん延しやすい．

〔鎌田正行〕

### 文献

1) Larson, R. A. and R. W. Langhans : *Proc. Amer. Soc. Hort. Sci.*, **82**, 547-551, 1963.
2) 青木正孝・筒井　澄：園学要旨，昭53春，278-279，1978.

## 14.11　その他の鉢物類

表14.4参照．

表14.4　その他の鉢物類

| 和名・学名（科名） | 原産地 | おもな出荷期 | 形態・生理生態的特徴 | 栽培管理・開花調節 |
|---|---|---|---|---|
| アキレギア（セイヨウオダマキ）<br>*Aquilegia* L.<br>（キンポウゲ科） | 北半球温帯 | 1～5月 | 現在流通しているほとんどの品種は，*A. vulgaris, A. caerulea, A. canadensis, A. chrysantha* などの交配種である．耐寒性の多年草で，葉は1～3回の三出複葉である．花は花弁，萼片ともに5個で，花弁の基部に距があり，萼片の間から後ろに長く突き出す．花色は赤，紫，青，橙，黄，白などがある．高温多湿に弱い．花芽の形成に低温が必要である． | 種子には硬い表皮があるので，発芽前に1昼夜吸水させる．好光性種子で発芽適温は15～20℃である．株分け，実生による増殖が可能であるが，園芸的には実生が一般的である．排水のよい用土を用いる．夏は葉焼けしやすいため，半日陰の涼しい場所で管理する．株が低温感応できる大きさに成長した後に，露地で管理するなどして低温に遭遇させ，加温して開花を促進する． |

| | | | | |
|---|---|---|---|---|
| エキザカム<br>*Exacum affine* Balf. f.<br>（リンドウ科） | インド洋のソコトラ島 | 5〜10月 | 葉は先端部の尖った幅の広い卵形で、長い柄があり、光沢がある。分枝性であり、草姿は球状にまとまる。短日で開花が促進され、花は頂部の葉腋に着生する。30℃以上では生育を停止する。好光性種子である。 | 春播きで夏から秋にかけて、秋播きでは冬から早春にかけて開花する。鉢物には排水のよい用土が適している。乾燥および夏季の強い日射を嫌う。摘心によって分枝を増やす。発芽には高温を好むため、20℃を確保する。八重咲き品種は種子がとれないため、挿し芽で増殖する。 |
| オキザリス<br>*Oxalis* spp.<br>（カタバミ科） | 全世界に分布、とくに南アフリカ、中南米に多く自生 | 9〜翌2月 | 園芸的に利用されるのは30〜40種で、鱗茎、塊茎、根茎などの球根をもつ多年草である。葉は互生し、3枚以上の小葉をつける。集散花序または散形花序となり、花弁、萼片ともに5枚、基部は合着している。 | 草丈が低く、花や葉が美しいものが鉢植えとして流通している。増殖は分球による。秋冬咲きの品種は、夏から初秋に植え、春夏咲きの品種は春に植える。通気性、排水のよい砂質土を好み、過湿を嫌う。 |
| オステオスペルマム<br>*Osteospermum* L.<br>（キク科） | 南アフリカ、アラビア半島 | 1〜5月 | オステオスペルマム属は以前はディモルフォセカ属に含まれていたが、現在では耐寒性一年草のものをディモルフォセカ、宿根草のものをオステオスペルマムと区別している。花芽の形成に低温が必要である。 | 園芸品種の多くは野生種の種間雑種である。増殖は実生または挿し芽で行い、播種の適期は9〜12月、挿し芽の適期は10〜12月である。株が低温に感応し、花芽が形成された後、15〜18℃に加温することで、開花が促進される。 |
| ガザニア<br>*Gazania* Gaertn.<br>（キク科） | 南アフリカ中南部 | 10〜翌6月 | 半耐寒性の多年草で、株元から多数の根出葉を叢生する。分枝した根茎の先に長い花柄を伸ばし、頭状花序を単生する。暑さ、強光、乾燥に対して強い。嫌光性種子である。 | 園芸上は一年草として栽培される。発芽適温は15〜20℃である。秋播きの場合には凍害に注意し、凍らない程度に管理する。排水のよい用土を用いる。日当たりを好み、夏の高温乾燥にも強い。 |
| カルセオラリア<br>*Calceolaria* L.<br>（キンチャクソウ科←ゴマノハグサ科） | 中南米およびニュージーランド | 1〜4月 | 葉は対生または輪生し、普通は有毛でしわがあり、単葉または羽状である。花は不規則な集散花序につき、普通は黄色であるが、緋赤色、濃桃色もある。花冠は2唇に分かれ嚢状で、上唇は小さくいくらか袋状になり、下唇は大きく膨らみ、巾着状になっている。現在流通している品種では、花芽分化に低温遭遇をほとんど必要としない。 | 園芸種は、草本の宿根性種と低木性種に分けられる。鉢物としては、宿根性種が一年草として栽培されている。発芽適温は18℃で、好光性種子である。pH5.5〜6.0の弱酸性で排水のよい用土を用いる。冷涼な気候を好むため、高温期には遮光し涼しく管理する。夜温は10℃以上を保つ。 |
| キンレンカ（ナスタチウム）<br>*Tropaeolum* L.<br>（ノウゼンハレン科） | 中南米の高原地帯 | 3〜6月 | 園芸種は *T. majus* および *T. majus* と *T. minus* や *T. peltopholem* などとの交配種で、矮性のものが多い。茎葉は無毛で肉質である。葉は互生し、円形の盾型で葉柄が長い。花は腋生で普通単生する。10℃以下30℃以上で生育を停止する。 | 嫌光性種子である。発芽適温は20℃で、夜温18℃以下でよく開花し、盛夏には茎葉が繁り、花数が減るため、遮光して涼しく管理する。排水のよい用土を用いる。やせた土壌でよく開花し、窒素肥料が多すぎると開花しにくい。 |
| クリスマスローズ<br>*Helleborus* L.<br>（キンポウゲ科） | ヨーロッパ、地中海沿岸、西アジア | 10〜翌3月 | 現在流通している多くの品種が *H. orientalis* の交雑種である。原生地では、真冬の12月から4月にかけて開花する多年草であり、ほとんどの原種は夏季、葉が枯れて生育を休止する。低温によって開花が促進される。花弁のように見えるのは、萼が変形したものである。 | 園芸種の多くは、夏季でも葉が繁っているが、半休眠状態になってほとんど成長しないため、夏季は肥料や灌水は控えめにする。冬季は無加温でも枯死しないが、葉が枯れるのを防ぐため、3℃以下にならないように加温する。排水のよい用土を用いる。株に低温処理を行った後に、10℃以上の加温栽培を行うことによって、開花を促進させることが可能である。 |

| | | | | |
|---|---|---|---|---|
| グロキシニア（シンニンギア）<br>*Sinningia speciosa* (Lodd.) Hiern<br>（イワタバコ科） | ブラジル | 4～9月 | 熱帯雨林の樹下に自生し，半日陰を好む非耐寒性の多年草である．草丈は低く，茎はごく短く基部は地中で円盤状に肥大して塊茎となる．葉は幅広く肉厚の多汁質で，長さ15 cm前後，倒卵形または長楕円形で葉柄を有し，柔毛におおわれている．花冠は釣り鐘状で，花弁の先端が5～8裂する．花色は赤，紫，桃，白などがある．好光性種子である． | 増殖は，通常実生によるが，球根，葉挿しも可能である．発芽適温は25℃である．生育適温は20～25℃で，生育期間を通して遮光条件下で管理する．高温や強光条件下では葉焼けを起こしやすい．排水と保水ともによい用土を用いる．秋播きでは4月から，春播きでは7月からの開花となる． |
| クロサンドラ<br>*Crossandra infundibuliformis* (L.) Nees<br>（キツネノマゴ科） | アフリカ，インド南部，スリランカ，マダガスカル | 5～9月 | 一般にクロサンドラといえば*C. infundibuliformis*を指す．非耐寒性の常緑低木または草本で，花は穂状花序に密につき，花色は黄，橙，橙赤，白がある． | 乾燥に強いが，過湿に弱いため，膨軟で排水のよい用土を用いる．冬季10℃以上の加温が必要． |
| サキシフラガ<br>*Saxifraga* L.<br>（ユキノシタ科） | ヨーロッパ，ヒマラヤを含む中央アジア，アンデス山脈，日本 | 9～翌3月 | *Saxifraga*属の原種および多くの交雑種が園芸的に利用される．日本には，ユキノシタやダイモンジソウなど数種が分布する．小型の植物で，多くはロゼット状に生育し，クッション状に群生することが多い． | *Saxifraga rosacea*は多くの交雑種の親となっており，クモマグサとして流通しているが，本来，クモマグサとは日本に自生する高山植物のことである．一般に排水良好な砂を中心とした用土で栽培する．寒さには非常に強いが，夏の高温多湿で枯れるものが多い． |
| ディモルフォセカ<br>*Dimorphotheca sinuata* DC.<br>（キク科） | 南アフリカ南西部 | 3～5月 | 草丈は30～40 cmで，頭状花序が長い花茎の先端に単生する．舌状花は雌性で橙黄または白，管状花は両性である．花序は日中に開き，夜や曇天には開かない． | 排水のよい有機質を多く含んだ用土を用いる．半耐寒性であり，秋播きする場合には，凍霜害に注意する． |
| トウガラシ<br>*Capsicum anuum* L.<br>（ナス科） | 中南米 | 4～9月 | 熱帯では半低木状の多年草である．温帯では一年草として栽培され，観賞用トウガラシは食用トウガラシを改良したものである．花は腋生で，単生するか数個ずつ集まって咲く．果実は形状，大きさともに多様で，色は赤，橙，黄，紫などがある． | 鉢物用としては矮性で葉も果実も小さいものが多い．辛み成分を含む品種もある．発芽適温は25～30℃，生育適温は18～28℃で，15℃以下では茎の伸長が停止する．強光を好む．窒素肥料が効きすぎると実つきが悪くなる． |
| ニチニチソウ（ビンカ）<br>*Catharanthus roseus* (L.) G. Don<br>（キョウチクトウ科） | マダガスカル | 4～9月 | 原産地では基部が木質化して半低木となるが，園芸上は非耐寒性一年草として扱われる．葉は対生で光沢があり，濃緑色である．花は基部が筒状で，丈夫で5枚の花弁に分かれる．花色は赤，白，桃，紫がある．嫌光性種子である． | 暑さと乾燥に非常に強いため夏花壇用の植物としてよく利用される．発芽および生育の適温は25℃前後で，夜温が15℃を下回ると生育が著しく低下する．根が少ないため，プラグ育苗を行う．排水不良では立ち枯れを起こしやすいので，排水のよい用土を用いる． |
| バーベナ<br>*Verbena* L.<br>（クマツヅラ科） | おもに中南米，一部ヨーロッパ，アジアにも分布．日本にも1種自生 | 3～6月 | 一年草または多年草で，園芸上は一年草として扱われる．花は普通頂生し，穂状花序は散房あるいは円錐状に集まる．小花の花弁は5裂し，色は白，桃，紫，青，橙，緋赤などがある．高温長日で花芽分化が促進される．嫌光性種子である． | 多湿より乾燥気味を好み，排水のよい用土を用いる．酸性土を嫌う．実生による増殖が一般的であるが，挿し芽で増やす栄養系の品種もある．実生栽培では春播きまたは秋播きする． |
| ヒアシンス<br>*Hyacinthus orientalis* L.<br>（キジカクシ科←ヒアシンス科←ユリ科） | 地中海沿岸 | 11～翌2月 | 球根で鱗茎をもち，春先に肉質で幅2 cm，長さ20 cmほどの根生葉を出す．根生葉の中心より太い花茎が伸長し，花径3 cmくらいの漏斗状の花を多数総状につける．強い芳香がある．野生種の花色は青紫であるが，桃，赤，白，黄などの園芸品種がある．球根の母球は開花後も残存肥大し，大球では，3年にわたって形成された鱗片からなる層状鱗茎となる． | 7月下旬より球根を8℃で70～75日間低温処理し，10月上旬に鉢植えし，温室で栽培することによって年末に開花させることができる．排水がよく，乾燥しにくい，中性から微アルカリ性の用土を用いる．球根の先端がわずかに出る程度に浅植えにする． |

| 名称 | 原産地 | 開花期 | 特徴 | 栽培 |
|---|---|---|---|---|
| フクシア<br>*Fuchsia* L.<br>（アカバナ科） | 中南米，ニュージーランド，タヒチ島 | 3～6月 | 常緑または落葉性の低木または小高木である．茎が直立してよく伸長する立性の品種，茎が垂れ下がって伸長する下垂性の品種，根ぎわから分枝する叢生の品種，および根ぎわから分枝せず茎伸長が緩慢な低木性の品種がある．花は，葉腋に単生あるいは叢生する場合と，茎頂に総状あるいは円錐花序につく場合があり，多くの場合垂れ下がる．萼片が反り返ることが多い．本属の多くは長日植物であるが，*F. triphylla* は花芽分化について日長の影響を受けないため，*F. triphylla* の交雑種も花芽分化に日長が関与しない． | 高温と強光に弱いので，夏季は涼しく風通しのよいところで管理する．フクシアの多くは耐寒性があまりなく，戸外での越冬は難しいが，暖地では品種によって戸外で越冬できる．増殖はおもに挿し木による．やや酸性の用土が適する．仕立て方として，つり鉢仕立て，スタンダード仕立て，株仕立てなどがあり，いずれの場合にも，数度の摘心により分枝を促す． |
| フクジュソウ<br>*Adonis amurensis*<br>Regel & Radde<br>（キンポウゲ科） | シベリア東部，中国北部，朝鮮半島，日本 | 11～翌1月 | 草丈15～30 cmの多年草．地下茎は短く，やや太い糸状根を多数つける．茎は直立し，葉は長い葉柄をもち，一般に無毛である．茎頂に1花つけるが，分枝して数花つける品種もある．花色は普通黄であるが，白や紅を帯びたものもある．高温下では休眠する．花茎の伸長と開花は低温遭遇によって促進される． | 増殖は株分けによる．3～4芽を1株とし，芽が少し隠れる程度に植え，乾燥を防ぐために敷きわらをする．初夏には葉が枯れ，休眠状態となるので，厚さ8～10 cm程度土寄せする．生育を再開する10月頃に，芽が少し露出するように土を取り除き，十分に光に当てる．低温に遭遇させた後，11月下旬に掘り上げ，ハウス内で保温することで，年末に出荷可能となる． |
| フランネルフラワー<br>*Actinotus helianthi*<br>Labill.<br>（セリ科） | オーストラリア | 3～6月，9～11月 | 直立性の宿根草で，高さ60 cmに達し，よく分枝する．茎には軟毛が密生する．葉は2～3回羽状に中裂する．多花性で白色．花柄は短い．花弁はなく，10枚前後の花弁状の白い密毛でおおわれた総苞がある． | 園芸上は一年草として扱われる．秋播きにしてハウス内で春に開花させるか，早春に播いて夏～秋に開花させる．ほぼ周年，次々と開花する．強光を必要とし，酸性土壌（pH 5以下）を好む．耐寒性はあまりなく，最低5℃に保つ．高温多湿を嫌う． |
| ブルーデージー<br>*Felicia amelloides*<br>(L.) Voss<br>（キク科） | 南アフリカ | 10～翌6月 | 半低木で，草丈は1 m近くになる．対生葉は無柄または無柄に近く，長楕円形または倒卵形，長さ約4 cmである．長い花柄の先に4 cmほどの頭状花序をつける． | 挿し木によって増殖する．花が終わった株を刈り込んで，親株とする．膨軟で排水のよい用土を用いる．生育温度は5～25℃で耐寒性は強くないが，暖地では戸外で越冬できる． |
| ペンタス（クササンタンカ）<br>*Pentas lanceolata*<br>(Forssk.) Deflers<br>（アカネ科） | アフリカ東部の熱帯地域からアラビア半島南部 | 5～9月 | 常緑の多年草あるいは半低木で，基部は木質化する．全体に柔毛が密に着生する．葉は短い葉柄をもち，鋭頭の披針形，楕円形，卵形で，有毛である．花は頂生の散房花序につく．花冠は漏斗状で，長い花筒をもち，花弁は5裂．花色は赤，桃，白などである． | 増殖は挿し木によるが，実生による繁殖も可能である．過湿に弱いため排水性がよく，有機質の多い膨軟な用土を用いる．最低気温が15℃以下では，著しく生育が低下する．定植後は摘心によって分枝を促す． |
| ポーチュラカ（ハナスベリヒユ）<br>*Portulaca umbraticola* Kunth<br>（スベリヒユ科） | 南アフリカ | 4～8月 | 非耐寒性の多年草．草丈が低く，横に伸びて多数分枝して広がる．葉は多肉で無毛である．光合成に関して$C_4$植物であるが，水ストレス下ではCAMの性質を示す．花は茎頂に数個つき，赤，桃，橙，黄，白色がある．高温乾燥，強光を好む． | 過湿に弱く根腐れを起こしやすいため，排水のよい用土を用いる．実生あるいは挿し芽で増殖する．種子の発芽適温は20～25℃であり，最低夜温が15℃を下回ると生育が著しく低下する．花芽は茎頂の先端につくので，摘心し花数を増やす．挿し芽用の親株は冬季10℃以上で管理する． |
| ホテイアオイ<br>*Eichhornia crassipes*<br>(Mart.) Solms-Laub.<br>（ミズアオイ科） | 熱帯アメリカ | 3～8月 | 茎は水中にあり，下方にひげ根，水上に葉がロゼット状に叢生する．葉身は幅の広い倒卵形で，葉柄が球形にふくれて浮き袋状になる．高温・多日照下では，盛んに繁殖し，走出枝を多数出す．夏から秋にかけて総状花序に淡青紫色の花をつける． | 水生の多年草であるが，耐寒性に欠けるので，日本では暖地以外では一年草になる．日本ではほとんど種子を形成しないため，繁殖は株分けによる．非耐寒性であるため，越冬するためには3℃以下にならないように温室内で管理する． |

| | | | | |
|---|---|---|---|---|
| ボロニア<br>*Boronia* spp.<br>(ミカン科) | オーストラリア, ニューカレドニア | 2～4月 | 常緑低木である．葉は単葉または複葉で，対生する．花は頂生あるいは腋生し，単生，集散花序，または散形花序などにつき，芳香を発するものが多い．花冠は星形あるいは鐘型で，花色は桃ないし紫桃．花芽分化に低温遭遇を必要とする． | 増殖は挿し木による．排水がよく腐植質に富んだ弱酸性から酸性の用土を用いる．花芽分化期に窒素肥料が多いと着蕾数が減少するので，過剰施肥は避ける．鉢上げ後は摘心を繰り返し，分枝を促進する．冬季は0℃以下にならないように保温が必要である． |
| マーガレット<br>*Argyranthemum frutescens* (L.) Schultz-Bip.<br>(キク科) | カナリア諸島およびマデイラ諸島 | 10～翌5月 | 多年草であるが，茎の基部が木化する．草丈は60～100 cmになり，立性かやや横張りである．葉は羽状に深く切れ込み，互生する．頭状花序が葉腋に単生し，多数着生する．高温で花芽形成が抑制され，やや冷涼な温度で花芽形成する．長日により開花が促進される． | 増殖は挿し芽による．排水のよい用土を用いる．夏の高温多湿，乾燥に弱く，また，非耐寒性であるため，栽培には暖地の無霜地帯かビニルハウス内が適する． |
| マンデヴィラ(ディプラデニア)<br>*Mandevilla* Lindl.<br>(キョウチクトウ科) | 熱帯アメリカ | 4～7月，11月 | 通常はつる性低木，ときに多年草または亜低木．流通しているのは，*M. splendens*を片親にした交雑種であるが，片親は不明である．大形のつる性種で，葉は光沢があり，葉面のしわが目立つ．花は径8～10 cmの漏斗形で，赤，白，桃の品種がある． | 増殖は挿し木による．強光を好むので，日光には十分あてる．耐暑性があり，トレリスや庭植えにも使われる．耐寒性は弱い．花はエチレン感受性で，弱光などのストレスを受けると落下する． |
| ムスカリ<br>*Muscari* spp.<br>(キジカクシ科←ヒアシンス科←ユリ科) | 地中海沿岸および西南アジア | 12～翌3月 | *Muscari*属の多くの種が園芸的に利用されている．春咲きの球根植物で球形の鱗茎をもつ．幅の広い肉質の葉を根出する．花茎は無葉で直立し，頂部に総状または穂状花序を作る．青，白，黄緑，黄または褐色で，壺形または倒卵形の合弁花を密につける．春に開花した後，茎葉が枯れ，休眠状態となる．多くの種では，おおむね8月中旬までに雌蕊が形成される．そのころより低温処理を行うと，花芽の発達および開花が促進される．なお，適切な低温処理温度および期間は，種によって異なる． | 8月中旬から低温処理した球根を，気温の低下する10月以降に定植することで，年末出荷の促成栽培が可能である．また，自然低温に遭遇した球根を，12月下旬以降に温室で加温することで，2月から順次開花させることが可能である．排水がよく保水性のある用土を用い，酸性の用土は嫌う．球根が隠れる程度の浅植えとする．定植後は涼しく管理し，最低夜温は10℃程度がよい．分球によって小球が発生するので，小球を親球から切り離して1年養成すると開花球になる． |
| ユリオプスデージー<br>*Euryops pectinatus* (L.) Cass.<br>(キク科) | 南アフリカ | 8～翌5月 | 草丈は90 cmほどになる宿根草である．茎葉に毛が着生し，灰白色を呈する．長さ15 cmほどの花柄の先に黄色の頭状花序をつける．夏の高温，強日射，乾燥条件によく耐える．過湿には弱い． | 増殖は挿し芽による．排水がよく弱酸性の用土を用いる．生育適温は20～25℃であり，冬季には0℃以下にならないように加温する．耐寒性はかなりあり，関東以西ならば，越冬できる． |
| ラベンダー<br>*Lavandula* L.<br>(シソ科) | 地中海沿岸，カナリア諸島からインド | 9～翌6月 | コモンラベンダー(*L. angustifolia*)およびスパイクラベンダー(*L. latifolia*)と，これら両種の雑種であるラヴァンディン(*L.×intermedia*)が多く流通している．常緑性の小低木である．葉は対生し，全縁または分裂する．茎の上部に輪散花序を複数つけ，全体が穂状となる．花色は淡紫紅や青藤色が多い． | 増殖は挿し木による．通気性と保水性にすぐれ，排水のよい中性から弱アルカリ性の用土を用いる．高温多湿に弱く，また，半耐寒性の種では冬季防寒する必要がある． |
| ランタナ<br>*Lantana* spp.<br>(クマツヅラ科) | 南米～北米南部 | 4～10月 | 非耐寒性の低木あるいは宿根草である．茎に刺をもつものがあり，葉は対生する．花は頂生あるいは腋生で，密な穂状あるいは頭状となる．花色は赤，黄，紫，白，橙など多彩である． | おもに挿し木で増殖する．排水のよい弱酸性の用土を用いる．乾燥にはあまり強くない．摘心によって分枝を促し，株を仕立てる．日照のよい場所を好み，耐暑性がある． |

| | | | | |
|---|---|---|---|---|
| ルピナス<br>*Lupinus* spp.<br>(マメ科) | 北アメリカ西部 | 1～5月 | ラッセル・ルピナス（*L. polyphyllus* hybrid）は草丈90～120 cm, 多年草であるが園芸上は二年草として扱われる. ラッセル・ルピナスの改良品種群で矮性（40～50 cm丈）の系統はミナレットと呼ばれる. 葉は長い葉柄をもち, 7～12枚の小葉からなる. 花は頂生の総状花序につき, 花冠は蝶形で, 旗弁は直立する. 花色は黄, 赤, 青, 桃, 白など豊富である. 花芽の形成に低温が必要である. | ラッセル・ルピナスは夏冷涼な気候を好み, 寒冷地での栽培が適する. ミナレットは耐暑性があることから暖地での栽培が可能である. 小株では低温に反応しないことから, 播種は秋までに行う. 発芽適温は15～20℃, 生育適温は5～20℃である. 日照と排水のよい, 肥沃な土壌を好み, 酸性土壌を嫌う. |
| ローズマリー<br>*Rosmarinus officinalis* L.<br>(シソ科) | 地中海沿岸 | 2～11月 | 常緑の低木である. 葉は単葉で対生し, 線形, 長さ1.5～4 cmである. 花は前年枝につき, 薄紫である. 芳香性の植物である. | 成長すると樹高2 mにも及ぶ立性の品種から, 地を這うように広がる匍匐性の品種までである. 暑さや乾燥に強い. 増殖は挿し木, 株分け, 実生による. 用土は排水のよいものを用い, 乾燥気味に管理する. |
| ローダンセ<br>*Rhodanthe manglesii* Lindl.<br>(=*Helipterum manglesii* F. v. Muell. var. *maculatum* hort.)<br>(キク科) | オーストラリア | 11～翌4月 | 半耐寒性の一年草である. 葉は薄質で卵形または楕円形, 全縁で基部は耳状となり茎を抱く. 茎は細長く先端が散房状に分枝し, その先端に頭状花序をつける. 頭状花序の外側の総苞片は, 乾膜質で光沢のある白を呈する. 花色は赤, 白, 桃がある. | 種子は綿毛をかぶっており, 吸水しにくいため, 種子を砂などと混ぜてよく揉んで, 綿毛を除去する. 発芽適温は18～20℃である. 昼間は20℃以下に, 夜間は0℃を下回らないように管理する. |
| ロードヒポクシス（アッツザクラ）<br>*Rhodohypoxis baurii* (Bak.) Nel.<br>(キンバイザサ科) | 南アフリカの高原 | 9～翌5月 | 1～1.5 cmの球茎を作る球根植物で, 春から秋にかけて生育し, 冬季休眠する. 一つの球茎に10～15枚の葉をつけ, 葉1枚につき一つの花序を形成する性質があるが, 開花に至るのは3～7花序である. 球茎の萌芽, および花序が開花に至るためには, 低温遭遇を必要とする. | 分球により増殖する. 排水のよい用土を用いる. 10月より球茎を低温処理（2℃, 2カ月）した後, 12月に定植し, 夜温15℃, 昼温25℃で管理することにより, 2～3月に開花させることができる. また, 自然低温で低温要求が満たされた球茎を, 2月より2℃の冷蔵庫で保管し, 8～9月にかけて定植することで10～11月に開花させることができる. この場合, 定植期の気温が低い方がいいので, 寒冷地が適する. |
| ロブラリア（スイートアリッサム）<br>*Lobularia maritima* (L.) Desv.<br>(アブラナ科) | 地中海沿岸 | 10～翌4月 | 多年草であるが, 冷涼な環境を好み, 高温多湿期に枯れやすいため, 園芸上は一年草として扱われる. 草丈は10～15 cmで, 分枝に富み半球状となる. 小さい花が数多くつき, 散房花序あるいは総状花序となる. 好光性種子である. | 排水がよく, 弱酸性の用土を用いる. 直根性で移植を嫌うため, プラグ育苗かポット直播き育苗を行う. 肥料を切らさないように管理する. 高温・強光で葉焼けが発生するので, 夏季には遮光する. コナガによる被害を受けやすいので注意する. |

[住友克彦]

# 15. 花壇用苗物類

## 15.1 パンジー

*Viola wittrockiana* Gams　スミレ科

■来歴・分布

　パンジー（節）はスミレ属の中では最も進化の進んだグループで，野生種は約450種がヨーロッパならびに北アメリカに分布し，日本にはスミレ属として57種が自生する．

　パンジーの本格的な品種改良は1813年に英国人園芸家のトムソン（T. Thomson）によって始められ，その後，30年間にわたる育種活動により，左右対称の色づかいが特徴の show pansy として400品種以上が完成した．さらに，ドイツ，フランス，ベルギー，スイス，オランダなどで著名な系統・品種が作出され，後に fancy pansy と呼ばれる花型とブロッチが改良された系統は，ベルギー・フランスでの育種を経て，英国で完成された．フランスではトリマルド系が，ドイツではヒエマリス系がそれぞれ作出され，今日でも栽培されている．

　近年の育種目標は，パステルカラー，パンジーとビオラの交配による小輪系，低温短日期の冬でも咲き続ける性質などであり，新系統・新品種が次々に発表されている．とくに $F_1$ 品種は開花が早く，花色や花形が安定しており，栽培上の性質がきわめて良好で，育種を進める上で非常に重要な役割を担っている．原種に近いパンジーの基本染色体数は $2n=26$ であるが，園芸品種の多くが四倍体（$2n=52$）となっている．様々な系統・品種が交雑しているため現存品種の遺伝子構成はかなり複雑で，系統・品種の分類も難しくなりつつある．

■系統・種類・品種

　現存するパンジーは育種の過程によって，ガーデンパンジーとタフテッドパンジー（tufted pansy）の2種に大別できる．ガーデンパンジーには巨大輪系から中輪系まであり，色彩のあざやかな固定種が多く，その原型は19世紀初頭にヨーロッパ原産の *V. tricolor* と *V. lutea* との交配によって生まれ，その後，*V. cornuta*，*V. altaica*，*V. calcarata* などの交雑により作出された．

　*V. cornuta* と *V. lutea* との交配によって作出されたタフテッドパンジーは，小輪・多花性・強健な性質があり，*V. cornuta* の遺伝的形質を多くもっている．日本では小輪系パンジー，あるいはビオラと呼んでいるが，最近では大輪系との交雑が進んでいる（口絵23参照）．

　上記の育種過程とは別に，花径サイズによる以下の系統分けが試みられている．

巨大輪系：　花径が10 cm以上で花数はやや少なく，降雨が続くと花が傷みやすい．'ハッピーフェース'，'スーパーマジェスティクジャイアント'，'マトリクス' などがあり，日本で育種された 'マジェスティクジャイアント' は花径が12 cm程度で，1966年に世界に先駆けて発表された $F_1$ 品種である．

大輪系：　花径が7～8 cmで品種が多く，花つきが良好で人気の高い品種が多い．'ビンゴ'，'クラウン'，'デルタ'，'リーガル'，'ロック' などがあり，'インペリアル' は1971年に日本において作出された代表的品種である．

中輪系：　花径が5～6 cmで，花つきがきわめてよく，降雨による花傷みが少ない．スイスのLogly社育成の 'スイスジャイアント' はとくに有名で，現在でも栽培されている．1956年にオランダのSluis & Groot社で育成された 'クリアク

リスタル'はブロッチがなく，花色が鮮明な単色系の品種である．その他の品種としては，'マキシム'，'メロディー'，'ラリー'，'スカイ'，'ユニバーサルプラス'，'アイスクィーン'，'クリスタル'，'パハラジャ'，'ジョリージョーカー'，'ファーマ'，'ファンシー'などがある．なお，'ベッダー'，'イオナ'は日本で育成された品種である．

　小輪系：　花径が2〜4cmの系統で，中輪系と同様に花つきがきわめてよく，花壇ではカーペットを敷きつめたように無数の花が咲く．品種としては'ペニー'，'キューティ'，'プリティー'，'ソルベ'，'ビビ'，'ロリータ'，'ナチュレ'などがある．

■形態・生理生態的特徴

　現存の園芸品種は秋播き一年草に分類される．花は花弁の周囲の形状が多種多様で，左右相称の両性花である．花弁は5枚あり，花は一つずつ咲く．早春から初夏にかけて開花し，花色は非常に豊富で，赤，白，黄，桃，紫の単色あるいは2色以上の複色，ブロッチの入るものがある．葉柄のある葉は心形の単葉であり，互生する．柱頭は球状にふくらみ有毛である．耐寒性が非常に強く，−5〜−10℃でも枯死することはない．低温伸長性が高く，0℃付近でも伸長する．冷涼な気候を好み，生育適温は10〜15℃である．耐暑性は低く，20℃以上では徒長する．

■開花調節・作型

　量的長日植物であり，品種によっては長日条件下で開花が早まるが，節間伸長が起こり株張りが貧弱になる．したがって，開花を早めたり開花数を増加させるには，電照も有効な手段となりうるが，品種が豊富でもあり，現在のところ実用化には至っていない．

　営利栽培の場合，秋期出荷が中心であり，10月中旬〜11月中旬にかけて出荷ピークがある．10月上旬からの早期出荷の場合には，播種を7月に行うことにより開花時期を早めることができるが，育苗期が盛夏期にあたるため成苗率が低い．そのため，播種後に本葉が2〜4対展開した苗を0〜2℃の低温で保存し，9月上旬に定植することで，高温による花芽発達の不全を回避することができ，10月上旬からの早期出荷が可能になる．

■栽培管理

　播種：　出荷までの栽培期間は60〜80日であり，営利栽培における播種は，通常，7〜9月に行う．発芽適温は15〜20℃で，平均気温が25℃以上になると発芽率が極端に低下する．そのため，盛夏期の温室内などで播種を行うと発芽率が極端に低下し，30％に満たないこともある．したがって，この時期に発芽率や発芽勢を高めるためには，空調管理のできる発芽室が必要になる．

　発芽室内の気温を最適条件に保った場合，品種によって多少の差はあるが，7〜10日で発芽が完了する．ただし，発芽室に長期間入室したままにしておくと徒長してその後の商品性が著しく劣るため，発芽するとすぐに発芽室から出し，寒冷紗などで遮光率を高めた風通しのよい環境下で，涼しくなる時期までの栽培管理を行う．

　培養土：　成苗のパンジーは多肥を好むが，播種時には，pHを5.5〜6.5に調整し，施肥成分の少ない市販の播種用培養土を使用する．とくに高温期に播種を行う場合，可能な限り施肥成分を制限し，ECをなるべく低く抑えるように管理する．

　定植時にはピートモス，バーミキュライト，パーライト，山土，堆肥などの病原菌のない清潔な資材を適宜混合して培養土を作成し，苦土石灰や基肥などで化学性の調整を行う．通常，培養土と蒸留水の容積比を1：5として測定したときのpHが5.5〜6.0に，ECは0.3〜0.5ds/mとなるように調整する．

　病虫害：　病害としては，高温期の育苗時に苗立枯病が発生しやすい．また，パンジーは施設内で連作されることが多いため，近年では，根が黒く変色して枯死に至る根腐病の発生が多く見られる．

　虫害はハダニ，アブラムシ，コナジラミ類に注意する必要がある．また，発生はさほど多くはないが，スミレ科の植物を好んで食害するタテハチョウ科のメスグロヒョウモンがいる．

# 15.2 サルビア

*Salvia* spp. シソ科

### ■来歴・分布

サルビア属は約700種が存在し，一・二年草，多年生の宿根草または低木，半低木などがあり，温帯，暖帯に広く分布し，とくにメキシコや地中海沿岸に多く自生している．

日本の固有種としては，アキノタムラソウ（*S. japonica*），アキギリ（*S. glabrescens*），キバナアキギリ（*S. nipponica*）などがある．

花を観賞の対象とするサルビアとして園芸的に栽培されているものは種類が限定されており，ブラジル原産の多年草であるスプレンデンス（*S. splendens*），北米・テキサス州原産の多年草であるファリナセア（*S. farinacea*），北米，メキシコ，南米原産の多年草・亜低木であるコクシネア（*S. coccinea*），南欧原産の一年草であるホルミヌム（*S. horminum*）などがある．

### ■系統・種類・品種

スプレンデンス： 1820年代にヨーロッパで品種改良が進み，通常，サルビアといえばスプレンデンスを指すことが多い．スプレンデンスのおもな品種には，花色が濃赤で草丈が40～60 cmの高性晩生種である'ボンファイアー'，赤，桃赤，桃，白で草丈が30～40 cmの中性早生種である'シズラー'，鮮赤で草丈が30～40 cmの中矮性中早生種である'ホットジャズ'，赤，桃，白，紫で草丈が20～40 cmの中矮性早生種である'カラビニエール'，赤で草丈が25～30 cmの矮性早生種である'フラメックス2000'，桃赤で草丈が30～40 cmの中矮性中早生種である'セントジョーンズファイアー'などがある．

ファリナセア： 近年ブルーサルビアとして人気を博している．主要品種には，花色が紫で草丈40～50 cmの高性晩生種である'ビクトリアブルー'，花色が紫，萼片が白で草丈が30 cmの矮性早生種である'ストラータ'，白花で中矮性早生種の'シラス'などがある．

コクシネア： 主要品種には，'レッドインレッド'，'コーラルニンフ'，'ホワイトニンフ'などがある．

### ■形態・生理生態的特徴

自生種は一年草あるいは多年草として温帯～暖帯に分布し，園芸上は春播き一年草に分類される．通常，春から秋にかけて開花し，花色は，上述したとおり赤が主体であるが，桃，紫，白，鮭桃の単色あるいは2色の複色などもある．

温暖な気候を好む植物で耐暑性が高く，発芽適温は20℃付近にあり，平均気温が15℃以下になると発芽率が極端に低下する．生育適温は20～25℃で，25℃以上では徒長する．低温には弱く霜が降りるとほとんど枯死する．

スプレンデンスは半低木となるが，園芸上は一年草として取り扱われる．花は2～6花の輪散花序で花軸につき，花茎長15～30 cmで30程度の小花をつける．萼は膜質の長い鐘型で，花冠と同色である．花筒は突き出ている．葉は先端が尖卵型で対生しており，葉縁には鋸歯状の凹凸が見られる．定植後の植物体は草丈25～80 cm程度となるが，生育は品種により大きく異なる．

ファリナセアは草丈が60～100 cmとなる．日本では露地でも越冬するが，園芸的には一年草として取り扱われる．花は6花の輪散花序からなり，萼は白紫の長鐘型で毛が密生している．

### ■開花調節・作型

スプレンデンスは量的短日植物であるが，日長反応に関しては品種間差が非常に大きい．早生種では低温期に長日条件で開花が早まり，晩生種では短日条件下で草丈が短くなり低節位で開花する．すなわち，'ボンファイアー'に代表される高性晩生種の品種は短日条件下でよく開花し，'カラビニエール'，'フラメックス2000'に代表される早生品種は冬から早春の栽培でもよく開花する．ただし営利栽培する場合，日長処理を行うことはない．作型としては，通常3月下旬からの出荷となり，春から秋にかけて咲き続ける．夏期に開花のピークを迎えるため，代表的な夏期の花壇苗とされる．霜が降りるまで開花し観賞できるため，9月以降にも秋の花として出荷されることがある．

■栽培管理

播種： 播種から開花までに要する期間は100〜120日であり，営利栽培における播種は，春期出荷の場合には2〜3月，夏期出荷の場合には5〜6月にかけて行う．発芽適温は20〜25℃で，春期作の発芽は発芽室あるいは温室内で温床線を用いて行う．夏期出荷の場合は温室内であれば自然温度で十分な発芽率が得られる．

培養土： 播種時には，pHを5.5〜6.0に調整し，施肥成分の少ない市販の播種用培養土が使用されることが多い．定植時にはピートモス，バーミキュライト，パーライト，山土，堆肥などの病原菌のない清潔な資材を適宜混合して培養土を作成し，苦土石灰や基肥などで化学性の調整を行う．通常，pHは5.5〜6.5に，ECは0.3〜0.5 ds/mとなるように調整する．また，Pの施用効果が高いので，基肥にはPを多めに施用する．

病虫害： 病害としては，低温期の育苗時に苗立枯病が発生しやすい．また，高温時にはRhizoctoniaによる病害が発生する．低温多湿条件では灰色かび病が発生することがある．虫害にはアブラムシ，コナジラミ，ハダニの被害が発生することがある．

## 15.3 マリーゴールド

*Tagetes* spp. キク科

■来歴・分布

マリーゴールドはタゲテス属の一年草あるいは多年草に分類され，メキシコなどの中米に約30種が存在する．日本には江戸時代前期に導入された．なお，タゲテス属の基本染色体数は $x=12$ であるが，アフリカン種の染色体数は $2n=2x=24$ で，フレンチ種は $2n=4x=48$ であり，染色体数が異なっている．

■系統・種類・品種

主要な種類として，アフリカンマリーゴールド（*T. erecta*）とフレンチマリーゴールド（*T. patula*）がある．ともにメキシコを中心とした中央アメリカが原産であるが，1500年代にスペインを経由し，アフリカン種はアフリカで，フレンチ種はフランスでいったん野生化した後，ヨーロッパにおいて品種改良がなされた．花色は乳白，黄，橙，赤，ならびにこれらの複色がある．

アフリカン種のおもな品種としては'インカ'，'アンティグア'，'ムーンストラック'，'アズテック'などがあり，'ディスカバリー'，'パーフェクション'は矮性種である．

フレンチ種には'ボナンザ'，'リトルヒーロー'，'ディスコ'，'ボレロ'，'マーチ'，'サファリ'，'ボーイ'などの品種がある．

メキシカンマリーゴールド（*T. tenuifolia*）のうち，園芸用に栽培されるものはプミラと呼ばれ，おもな品種には'スターファイアー'などがあるが，日本ではあまり普及していない．

■形態・生理生態的特徴

茎が直立あるいは散開する．直径が1〜5 cmの花冠をもち，頭状花序を形づくっている．総苞片は互いに癒合しており，中空状の両性管状花となる．園芸品種には舌状花が重なった八重咲きのものが多い．葉は羽状に展開し，個々の葉は深く裂けている．葉や総苞に存在する油腺からはマリーゴールド特有の臭気を発する．

アフリカン種は茎の太い直立性の高性種であり，花が大きく直径が10 cmを超えるものもある．中には草丈の低い矮性種もあるが，花は大きい．

フレンチ種は草丈が50 cm以下になる矮性かつ開張性で，花の直径が3〜6 cmとなる．

メキシカン種は細かく分枝しながら草丈が40 cm程度まで生育し，葉は細かく羽状に広がり，花は1 cm前後である．暑さにはやや弱いので，冷涼地の花壇向きである．

■開花調節・作型

花芽形成はほとんど日長に影響されないが，花芽発達は種によって気温や日長の影響を受ける．すなわち，アフリカン種は高温・長日で生育・開花が良好となり，フレンチ種は量的短日植物であり，高温・長日で茎葉のみが生育し，開花が抑制されることがある．

作型としては，1〜2月播種で4〜6月出荷，6月播種で8〜9月出荷となる．暖地では3月下旬からの出荷となり，日本における開花期は4〜11

月である．生育適温は15〜25℃であり，やや冷涼な気候を好む．高温にも耐えるが平均気温が30℃以上になると徒長して生育が劣り，開花数も減少する．

■栽培管理

播種：　播種から開花までに要する期間は品種によって異なり，最適環境下であっても出荷までには60〜80日間程度の期間がかかる．営利栽培における播種は，春期出荷の場合には1〜2月に，夏期出荷の場合には5〜6月に行う．発芽適温の範囲が15〜20℃にあるため，春期作の発芽は発芽室あるいは温室内で温床線を用いて行う．夏期出荷の場合は，温室内であれば自然温度で対応可能である．

培養土：　播種には，pHを6.0〜6.5に調整し，施肥成分の少ない市販の播種用培養土を使用する．pHが低下すると黄斑が発生するので，pHがつねに6.0以上となるように保つ．

定植時にはピートモス，バーミキュライト，パーライト，山土，堆肥などの病原菌のない清潔な資材を適宜混合して培養土を作成し，苦土石灰や基肥などで化学性の調整を行う．pHは6.0〜6.5に，ECは0.5〜0.8 ds/mとなるように調整する．窒素の効きすぎにより茎葉が繁茂し，開花が抑制されることがある．

病虫害：　一般的に，マリーゴールドは病虫害の発生の少ない花である．病害としては，バクテリアによる青枯病があり，花壇などで連作すると発生することがある．虫害としては，高温乾燥期にハダニの発生が非常に多くなるので注意を要する．アブラムシ，スリップスの発生も見られ，トマト黄化えそウイルス（Tomato spotted wilt virus：TSWV）を媒介する．

## 15.4　ペチュニア

*Petunia* Juss. ナス科

■来歴・分布

ペチュニアは南米に約30種，中米メキシコに2種が分布する．園芸品種は，1830年代に英国において，*P. axillaris*と*P. violacea*との種間交雑が行われた後，*P. inflata*との交雑により誕生したとされる．ペチュニアの基本染色体数は$x=7$または9であり，染色体数が$2n=14$の一般的な種と，染色体数が$2n=18$の種が存在する．

また，1989年には，サントリーが匍匐性の栄養系品種名サフィニアシリーズを発表し，全世界に広く普及している．また，カリブラコア（*Calibrachoa*）属は別属だが，広義のペチュニアとされることが多い．

■系統・種類・品種

園芸用の交配品種の花型は一重および八重で，花径は大輪〜小輪まである．花色は後述のとおり多種多様である．通常の営利品種は二倍体であり，品種育成の過程で生み出されてきた四倍体の巨大輪品種はほとんど栽培されていない．営利栽培で使用されている主要品種は大部分が$F_1$で，固定種はほとんどない．園芸品種は，花の大きさによって系統の分類が大まかになされているが，明確な基準に基づく分類ではない．以下に花径サイズで分けた市販の主要品種を示した．

大輪系（グランディフロラ系）：'イーグル'，'プリズム'，'クリーピア'，'カーニバル'，'リンボ'，'ドリーム'，'タイタン'など．

中輪系（マルティフロラ系）：'マンボ'，'カーペット'，'バカラ'，'ホライゾン'，'ドルチェ'，'ロンド'，'ミラージュ'など．

小輪系：'ファンタジー'，'キューティ'など．

■形態・生理生態的特徴

園芸上は春播き一年草に分類される．株全体に粘毛があり，茎は直立性あるいは匍匐性で分枝する．草丈は20〜60 cm程度になる．春から秋にかけて開花し，花色は，赤，桃，鮭，青，鮮青，白，淡黄の単色をはじめ，赤，桃，紫，濃赤紫と白の縞模様，あるいは中央部に星形の模様が入る複色品種もあり，多種多様である．

葉の形は全縁の卵形で互生しており，上位の開花節では対生している．花は葉腋から一花ずつ開花する．萼は五つに深く裂け，楕円形の裂片が見られる．花は漏斗状で，花筒は長く，五つに浅く裂けた状態となる．雄蕊は花の外部には出ず，花筒内部に存在する．花径は小輪種で5〜6 cm，大

輪種では 7~8 cm 以上となる．花径が 10 cm 以上の巨大輪種もある．大輪系の品種は降雨時に花の形が崩れて花壇として見苦しくなるが，小輪系の品種は乱れが少ない．

■開花調節・作型

量的長日植物で短日・低温期には分枝が増加してロゼットとなり，開花遅延を生じる．

生育適温は 15~25℃で，長日・高温期には分枝数が減少し，節間が伸長して開花数が増大する．節間が短く分枝の多い高品質な苗を生産するためには，播種，育苗を冬季に行い，4 月以降に開花させるのが望ましい．

温暖な気候を好むが耐暑性も高い．生育適温は 20℃付近にあり，20~25℃で開花が良好となる．低温にも比較的強く，一時的に 0℃程度になっても越冬は可能である．

■栽培管理

播種： 種子の大きさは微細で，好光性種子である．発芽適温は 25℃付近にあり，条件がよければ 7 日以内に発芽する．冬期に播種する場合は加温施設が必要となる．通常の営利生産における播種は 10 月以降に開始し，3 月頃まで順次行っていく．

培養土： 播種には，pH を 5.5~6.5 に調整し，施肥成分の少ない市販の播種用培養土を使用する．定植時にはピートモス，バーミキュライト，パーライト，山土，堆肥などの病原菌のない清潔な資材を適宜混合して培養土を作成し，苦土石灰や基肥などで化学性の調整を行う．pH は 6.0~6.5 に，EC は 0.5~0.8 ds/m となるように調整する．また，ナス科植物ということもあって，N 成分を好み，N が不足すると生育が著しく遅延する．

病虫害： 幼苗期には苗立枯病が発生しやすい．さらに灰色かび病が開花期に発生する．タバコモザイクウイルス（*Tobacco mosaic virus*：TMV）やキュウリモザイクウイルス（*Cucumber mosaic virus*：CMV）によるモザイク病はアブラムシやスリップスが媒介する．他にハダニ類，オンシツコナジラミの被害，ヨトウガによる食害も発生する．

## 15.5　その他の花壇用苗物類

表 15.1 参照．

表 15.1　その他の花壇用苗物類

| 和名・学名（科名） | 原産地 | おもな出荷期 | 形態・生理生態的特徴 | 栽培管理・開花調節 |
|---|---|---|---|---|
| アリッサム *Alyssum montanum* L.（アブラナ科） | 地中海沿岸，アルプス，コーカサス地域． | 9~翌 4 月 | 直立性または匍匐性の常緑の宿根草．葉は細毛のある線状あるいはへら状の単葉が互生する．多くの花が頂生して総状花序あるいは散状花序を形成する．花弁は十字状に 4 個つく．スイートアリッサムと呼ばれる花はロブラリア（*Lobularia*）属の植物を指す． | 園芸用には一年草として栽培される．秋に定植することが多い．増殖は種子または挿し木で行う．いずれの品種も剛健で日射を好み，砂礫地でよく生育する．石灰を好み，培養土の pH は 6.5~7.0 に設定する．広くロックガーデンに利用される． |
| インパチエンス *Impatiens walleriana* Hook. f.（ツリフネソウ科） | アジア・アフリカの亜熱帯~熱帯．日本で園芸用に栽培されるインパチエンスの原産地はアフリカ東岸． | 4~8 月 | 宿根草で，基部で分枝して株立ち状になる．葉の多くは互生するが，部分的に対生や輪生となっている．上部の葉腋より総状花序が出る．花弁は 1 個の旗弁と二つに裂けた 1 対の翼弁からなる．花色には青紫，白，緋紅などがある． | 園芸用には一年草として栽培される．大別して一重系と八重系，栄養繁殖系と実生系がある．好光性種子で発芽適温は 20~25℃．強光には弱く，高温時には葉焼けして品質が低下するが，日陰には強く，生育が旺盛となる．培養土の pH は 5.5~6.5 に設定する．日長に関係なく周年開花するため，とくに開花調節を必要としない． |

| 種類 | 原産地 | 開花期 | 形態的特徴 | 栽培上の特性 |
|---|---|---|---|---|
| ダイアンサス類 *Dianthus* spp. (ナデシコ科) | ヨーロッパ, 地中海沿岸, アジア, 南アフリカなど. | 3～6月, 8～10月 | 直立性または匍匐性の一年草あるいは宿根草. 葉は細長い線状で先端部が尖っている. 花は高坏形で頂生するが, 単生または集散あるいは散形花序となる. | 園芸用には一年草として栽培される. 増殖は種子または挿し木で行う. 培養土のpHは6.0～6.5に設定する. 肥料不足により下葉が黄変することがある. 四季咲き性があるため春～秋の長期にわたる生産が可能であるが, 高温期には開花が停滞する. 種によって開花期が異なる. 高温長日下では徒長が抑制され, 低温短日下では徒長した苗となりやすい. |
| デージー *Bellis perennis* L. (キク科) | ヨーロッパおよび地中海沿岸. | 10～翌4月 | 地下に匍匐茎を伸ばし, 大株となる宿根草. 葉はへら形の全縁もしくは鋸歯状で互生する. 花は頭状花序が単生し, 総苞片は2列をなして葉状となる. 舌状花は雌性で管状花は両性である. 八重咲きで舌状花の多いリグローサ系とほとんどが管状花になるフィストローサ系に大別できる. | 園芸用には一年草として栽培される. 好光性種子で発芽適温は15～20℃であるが, 8月に播種すると年内に開花する. 10月に播種した苗は, 早春からの出荷が可能になり, 5月下旬まで開花し続ける. 低温で栽培することによりコンパクトな苗になる. 培養土のpHは5.5～6.0に設定する. |
| ニチニチソウ *Catharanthus roseus* (L.) G. Don (キョウチクトウ科) | マダガスカル. | 4～9月 | 直立性または匍匐性の宿根草. 葉は光沢のある濃緑の照り葉で対生する. 全縁の楕円形で基部は狭く, 葉柄は無柄もしくは短柄. 花は葉腋に単生する. 花冠は高坏形, 花筒は円筒形, 花弁は五裂する. | 園芸用には一年草として栽培される. 嫌光性種子で発芽適温は約20℃. 高温乾燥に強いが, 低温には弱く生育が遅延する. 培養土のpHは5.5～6.0に設定する. 20℃以上の温度があれば咲き続ける. 営利栽培の場合, 2～3月播種で6～8月に開花し, 4～5月播種で8～9月に開花する. |
| バーベナ *Verbena* × *hybrida* Groenl. & Ruempl. (クマツヅラ科) | 南米の亜熱帯から熱帯地域. | 3～6月 | 南米原産の数種の交配により生じたとされる. 茎は四稜形で, 直立性または匍匐性の宿根草. 葉は対生し, 葉縁部は分裂あるいは全裂する. 花は小花が頂生して穂状花序が単独で立つ. 花冠は五裂して高坏形あるいは漏斗形となる. | 園芸種は一年草として栽培される. 発芽適温は15～20℃で, 栽培適温は10～20℃である. 播種は前年の秋以降に行われる. 播種の1週間前より冷蔵処理し, 乾いた状態で播種するが, 軽く薄い覆土を行う. 培養土のpHは5.5～6.0に設定する. 5～10月の長期間にわたり開花する. |
| ハボタン *Brassica oleracea* L. var. *acephala* DC. (アブラナ科) | ヨーロッパ南西部の海岸地帯に分布. | 11月中旬～12月上中旬 (葉の中央部発色時期) | 直立性の茎を有する耐寒性の一年草. 葉は互生して葉縁には鋸歯がある. 花は頂生して総状花序, 花色は黄あるいは白. 4個の花弁が十字状に並ぶ. 日本を中心として育種が進み, 東京丸葉系, 名古屋ちりめん系, 大阪丸葉系, さんご系の4種に大別される. | 好光性種子で発芽適温は15～20℃である. 播種を7月中に行わないと葉数の確保が難しい. 培養土のpHは5.5～6.5に設定する. 発色は最低温度が10℃以下になる頃から始まるので, 夜温を高めすぎないよう, 温度管理に注意する. N成分を過剰に与えると葉の中央部の白もしくは紅に変色した部分が緑に戻るので, 肥効が長期にわたる施肥を行わないようにする. |

[前田茂一]

# 16. 球根類（球根生産）

## 16.1 チューリップ

*Tulipa gesneriana* L. ユリ科

■来歴

チューリップ属は中央アジアから地中海沿岸にかけての北緯40度線にそって自生している．一般にチューリップと呼ばれ園芸作物として栽培されているものには，*T. gesneriana* L.の学名がつけられているが，正確な起源は不明である．チューリップは16世紀にトルコからヨーロッパに持ち込まれた．17世紀にはモザイク模様の花を咲かせる球根が異常な高値で取り引きされるチューリップ狂時代を迎えたが，数年で収束した．その後オランダを中心に育種が進み，現在の品種群が誕生した．

日本には，江戸時代に渡来したとされるが，営利的に球根栽培が開始されたのは1919（大正8）年であり，1934（昭和9）年には球根の輸出も始まっていた．第二次世界大戦による中断を経て，終戦直後から球根生産は再開され，昭和40年代前半まで栽培の増加は続いた．その後，円が変動相場制に移行し，米国向けの球根輸出が急減したため栽培は減少した．さらに，1988（昭和63）年にオランダとの間で隔離検疫制度が免除になり，球根輸入が急増したため，減少の度合が加速された．

■系統・種類・品種

チューリップ品種の国際登録機関として認定されているオランダの王立球根生産者協会（KAVB）による分類では，1960年には23のグループに分けられていたが，1971年には15のグループに統合され，1981年には一部改訂され，現在の15グループに分類されている（切り花類の項，13.14節，表13.9参照）．なお，グループごとの球根の特性と代表品種は表16.1に示すとおりである．

表16.1 チューリップ属の系統分類と代表品種

| 系統・球根の特性 | 代表品種 |
|---|---|
| 早生（4月上～中旬開花） | |
| 一重早咲き：小球性品種が多い． | クリスマスドリーム，アプリコットビューティー |
| 八重早咲き：一重早咲きに似ている． | モンテカルロ，モンセラ，モンテビュー |
| 中生（4月中～下旬開花） | |
| トライアンフ | ベンバンザンテン，アルビノ，ヤンバンネス |
| ダーウィン・ハイブリッド：球根肥大性がよい． | ピンクインプレッション，ゴールデンエンパイアーステート，黄小町 |
| 晩生（4月下～5月上旬開花） | |
| 一重晩咲き：球根肥大性，分球性がよいので，球根生産は容易である． | ピンクダイヤモンド，紫水晶 |
| ユリ咲き：小球性品種が多い． | バレリーナ，ジャクリーン，アラジンレコード |
| フリンジ咲き | フリンジドファミリー，ランバダ |
| ビリディフローラ | スプリンググリーン，グリーンランド |
| レンブラント | トワイライト |
| パーロット咲き | フレミングパーロット，ブラックパーロット |
| 八重晩咲き | アンジェリケ，メイワンダー |
| 原種（3月下～5月上旬開花） | |
| カウフマニアナ：球根は小球性． | シェイクスピア，ジョセップベルディー |
| フォステリアナ：球根肥大性はよい． | ピューリシマ，プリンセプス |
| グレーギー：球根肥大性はよい． | アリババ，イエロードーン |
| その他の原種：外皮の硬い種が多い | サキサティリス，プラエスタンス |

■形態・生理生態的特徴

形態： 春季の気温の上昇とともに萌芽・成長を開始する．生育適温は17℃前後である．花は直立した茎の頂部に着生する．種・品種によっては茎が分枝し，10輪以上花をつける場合もある．花の大きさ，形は様々で色彩も豊富である．花被は一重咲きでは内側3枚と外側3枚の計6枚で構成される．雄蕊は6本，花柱の先端の柱頭部は3裂する．

球根： 球根は茎が短縮した盤状茎に葉が変形肥厚した鱗片からなる鱗茎で，通常4〜6枚の鱗片で構成される．鱗茎の中央部には幼芽が形成される．幼芽は日本海側の気候では，6月の収穫期前後に第1葉が分化し，1カ月間で3〜5枚の幼葉が分化する．幼葉の分化後7月下旬より花芽の分化が始まり，20日〜1カ月で花芽が完成するが，高温になると分化が一時停滞する．花芽形成後の球根貯蔵中の幼芽の発育は，夏季の高温期間はきわめて緩慢で，9月下旬より本格的に伸長する．10月下旬には3cm程度まで成長する．10月には花粉の形成が始まり，11月上旬には完了する．球根の植え付け後，冬季の地温5℃以下の状態では幼芽の伸長は停止し，春季の地温の上昇とともに発育が早まり，開花に至る．

新球根の分化： 11月の植え付け時の球根には，すでに翌年に新球根に発育する子球が分化している（図16.1）．外側子球の分化はすでに2月に始まっており，6月の収穫時には2枚ほどの鱗片を形成している．一方，内側子球の分化は花芽の分化開始時期と同じ7月下旬であり，それらの分化は球根の外側に位置するものから始まり，中央部の主球の分化が最も遅い．しかし，一番遅く分化した主球は最も発育が旺盛で，球肥大も大きい．一番早く分化した外側子球も発育がよく，翌年，小さな花をつけることがある．主球根は開花期頃には球高が最大に達し，その後，葉の同化養分を受けて球径が増加し，茎葉が黄変するまで肥大充実が続く．

生理・生態： 秋季に植え，冬季の低温を経由して春季に生育開花し，初夏になると地上部が枯れ上がり，夏の間は休眠して過ごす代表的な秋植え球根である．チューリップの生育は，主として温度に支配される．発根適温は，品種間差はあるが13℃前後とされ，植え付け後の地温低下が早いことが望ましい．チューリップの根は，植え付けによって水分があると一斉に伸び始めるが，一度障害を受けると再生しない．また，冬季の温度は2〜5℃の安定した低温で経過するのがよい．生育適温は17℃前後で，とくに生育後期の気温が高いと地上部の枯れ上がりが早くなり，球根肥大が抑えられる．日照時間の長短は直接発育に影響しないが，日照量が多いほど球根収量が増加する．一方，降水量は土壌水分量を左右するため，発育や球根収量に影響を及ぼす．

■栽培管理（球根養成）

植え付け： 球根産地の北陸では10月中〜11月下旬に植え付ける．栽植密度は土壌，品種，気象条件によって異なるが，条間14〜15cmの6条植えとし，通路面積も含めておおむね3.3 m² 当り9 cm球では140〜180球，8 cm球では180〜210球を目安とする．覆土量が少ないと気温の影響を強く受けるため，少なくとも10 cm，できれば15 cmの覆土量は確保したい．

肥培管理： チューリップの養分吸収は，植え付けの早晩，品種により異なる．また，砂丘畑と水田転換畑など土壌条件により大きく異なる．近年様々なタイプの肥料が開発されているので，植え付ける土壌条件，品種に合わせて調整する．

病害虫・防除： 萌芽期から生育初期には葉腐病や球根腐敗病などに感染した不萌芽株を，開花期前後には，花や葉にモザイク症状や斑紋を生じた株を徹底的に抜き取る．摘花した花は灰色かび病菌が寄生しやすいので圃場外に持ち出し処分す

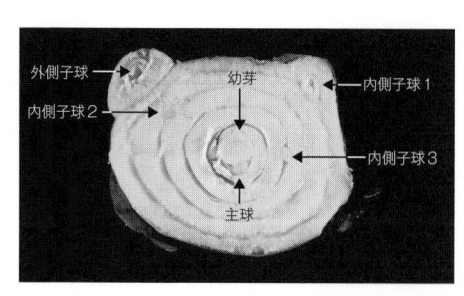

図16.1 球根の断面

る．萌芽期から掘り取り期までは，殺菌剤と殺虫剤による定期防除を励行する．

収穫・出荷：　収穫時期はおおむね6月上〜下旬であるが，品種ごとに収穫時期が異なるため，試し掘りを行い，主球外皮面積の7〜8割が着色したときにすみやかに掘り取る．掘取り作業は，できるだけ土壌が乾いたときに行い，古皮・根付きの状態で品種別にネット袋に収納する．水洗はできるだけ新しい多量の流水中で行う．水洗後，チューリップサビダニや球根腐敗病の発生を予防するため，浸漬消毒を行う．消毒後，ただちに水切りし，送風乾燥機に移して乾燥させる．球根の調整が終わったら，乾燥コンテナに球根を重ならないように並べ，風通しのよい場所や除湿乾燥室で十分乾燥させる．乾燥後はサイズ選別を行い，サイズごとに出荷する．　　　　　　　［辻　俊明］

文　献
1)　天野正之：植物遺伝資源集成，第3巻（飯塚宗夫他編），pp. 1067-1071，講談社，1989.
2)　村井千里：農業技術体系，花卉編10, pp. 367-378，農山漁村文化協会，1995.
3)　豊田篤治：チューリップ球根の営利栽培，農業図書，1972.
4)　木村敬助：チューリップ・鬱金香（ウッコンコウ），農山漁村文化協会，2002.

## 16.2　ユ　　　リ

*Lilium* L.　ユリ科

■来　歴

　ユリの原種は北半球の温帯地域を中心として亜寒帯から亜熱帯地域に広く分布している．日本にも固有種を含め多くのユリが自生しており，観賞用や育種用の母本として利用されてきた．19世紀中頃に日本のユリがヨーロッパに紹介されてから品種改良が急速に進んだ．そして，スカシユリ（アジアティックハイブリッド）や現在の主力となっているオリエンタルハイブリッド，LAハイブリッドなどへと発展してきた．

　日本では1882（明治15）年頃から，ユリ球根の輸出が山に生えているヤマユリなどを掘り取って始まり，第二次世界大戦前，テッポウユリ球根の主産地である沖永良部島では100 haを超す球根養成が行われ，テッポウユリを中心に年3000〜4000万球の球根が輸出されていた．大戦直後からテッポウユリの球根養成は再開され，輸出も2000万球を超えるまで増加したが，ウイルス罹病などのため輸出は漸減した．この間，日本でもテッポウユリやスカシユリなどの品種が選抜・育成され，球根が養成されてきたが，近年はオランダで育成された品種が主体となり，国内の球根養成は急激に減少している．

■系統・種類・品種

　園芸種として流通しているユリの系統や品種は多いが，国内での球根養成は少ない．国内で育種・選抜された品種では鱗片繁殖による球根養成が行われているが，テッポウユリなど，ごく一部に限られる．その他は，一部切り花用や一般小売り用として，輸入小球を利用した1作仕上げ栽培が行われているのみとなっている．

　テッポウユリ：　日本の自生個体からの選抜や交配による品種群であり，‘ひのもと’が代表的な品種である．鱗片繁殖による球根養成が行われている．

　オリエンタルハイブリッド：　日本原産のユリの交配によって作出された品種群で，ほとんどが外国で育種された品種である．国内では輸入小球による1作仕上げにより，‘カサブランカ’などが一部球根養成されている．

■形態・生理生態的特徴

　鱗片繁殖：　球根からはがされた鱗片は，23℃前後で適湿条件におかれると切り口付近に不定芽を形成し，不定芽は肥大して子球（新球根）となる．子球が一定の大きさに肥大すると，17℃前後の温度下で中心に抽苔茎となる芽が形成され，これが冬季の低温に感応して翌年抽苔する．

　萌芽期頃，球根内の茎基部に新しい茎頂分裂組織が形成され，鱗片を分化する．分化した鱗片は貯蔵養分を蓄積して肥大し，古い鱗片を押し広げるようになる．一方，前年に形成された鱗片の一部は地上部の成長のために使われ，薄い皮膜状になって脱落するが，残った鱗片は再び肥大する．こうして2年分の鱗片が肥大して球根全体が肥大

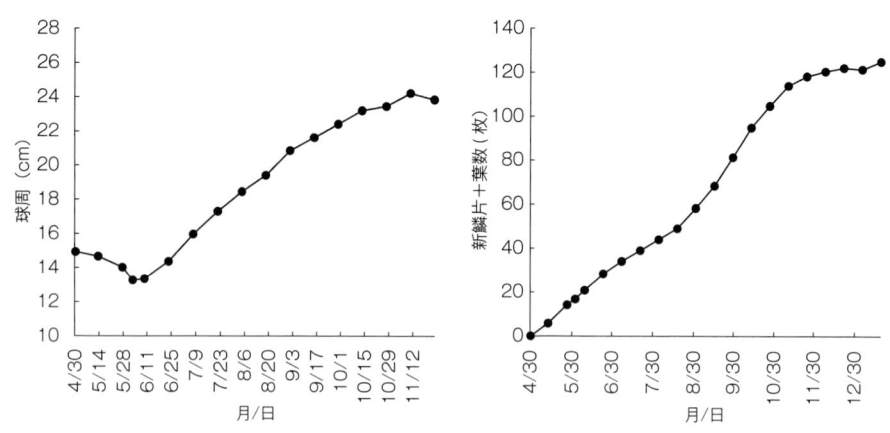

**図 16.2** 輸入球根 1 作仕上げ栽培における球周の推移（左），新鱗片＋葉分化数の推移（右）
（小田・渡邉，2007）[1]
'カサブランカ' 14/16 cm 球根，新潟県聖籠町，4 月中旬定植，2000～2006 年の平均.

する.

**輸入小球 1 作仕上げ：** 輸入小球を春に圃場に定植し，養成して秋に掘り取る栽培である．春に植え付けられた球根は，外側の鱗片が地上部の成長のために使われるため一時的に球周が減少し，その後増加に転じて 11 月上旬頃まで増加する（図 16.2 左）．新球の形成は定植後 4 週間までに始まり，その後，新鱗片・葉分化が進む．葉分化は 9 月以降急激に増加するが，11 月以降は緩慢となる（図 16.2 右）[1]．

■**栽培管理（球根養成）**

**鱗片繁殖：** 母球となる球根は無病で充実した大球を選定し，水洗い消毒後，日陰で軽く風乾する．母球から鱗片をはぎ，切り口を乾かして圃場に定植するが，母球の鱗片の外側一層は繁殖能率が劣るので除く．地温の高い 8 月中旬～9 月上旬が鱗片繁殖の適期となる．圃場に定植して越冬後，子球を養成して秋に掘り取る．球根が目標とするサイズになっていなければ，植え替えてさらに球根養成する．なお，適期に鱗片繁殖の作業ができない場合には，はいだ鱗片を湿らせたおが屑などに伏せ込んで 23～25℃で約 60 日加温し，十分な大きさの子球を形成させた後，5℃の低温に移して休眠を破り，春に圃場に定植する．

**輸入小球の解凍：** 輸入小球は －1.5℃で氷温貯蔵されているので，4 月の定植前に球根を解凍し，終了しだいできるだけ早く植え付けを行う．球根の解凍は作業小屋などの冷暗所で行うが，解凍後は急速に花芽分化が進むので，長期間保存すると障害が出る恐れがある．

**圃場準備・施肥：** 春に定植する場合には，雪が消えたらすみやかに圃場の準備を行う．圃場は土壌消毒後，pH 6 程度となるように石灰を投入し，堆肥および肥料を投入する．施肥量は N，P，K 各成分で 10 a 当り基肥を 10 kg 程度とし，その後は 2～3 回に分けて合計 10～15 kg 程度追肥する．

**圃場管理：** 土壌の乾燥防止，雑草の発生防止のために敷きわらを施す．また，夏季の乾燥の激しい場合は灌水を行う．

**抜き取り：** 異品種株，ウイルス株は早めに抜き取る．花被や葉に濃淡のモザイクが入るものや葉に褐斑が出るもの，葉が極端によじれたりするものはウイルス病の疑いがあるので抜き取り，焼却または土中に埋める．

**摘花：** 1 株に 1 花開花した頃，品種を確認して摘花し，異品種株は抜き取る．摘花した花は圃場外で処分する．

**病害虫防除：** ウイルス病を媒介するアブラムシ防除を徹底する．圃場を寒冷紗などで被覆して隔離したり，発生初期に薬剤散布を行って防除する．また，葉枯病が発生しやすいので，定期的な薬剤散布を行って防除する．

**収穫・出荷：** 掘り取り時期は使用目的や出荷

時期によって決まる．掘り取り後は極力日光にさらさないようにし，付着した土砂を落とし，病気による障害球や奇形球を除去し，規格ごとに選別を行って出荷する．出荷は，ピートモスを湿らせたもの（握ってわずかに水がしみ出る程度）にパッキングし，プラスチックコンテナに入れて行う．

[小田正之]

## 文　献

1) 小田正之・渡邉祐輔：平成18年度試験成績書（花き），56-58，新潟県農業総合研究所園芸研究センター，2007．

## 16.3　グラジオラス

*Gladiolus* L.　アヤメ科

### ■来　歴

熱帯および南アフリカ，マダガスカル，中央ヨーロッパおよび地中海沿岸に自生する．250種以上の原種があるが，現在の品種育成にかかわったのは早咲き系で10種，夏咲き系で12種程度といわれている．球根（球茎）生産は古くからあったが，戦後，外貨獲得のための輸出農産物生産奨励により急増した．その後輸出がなくなり生産が減ったが，1970年代後半，国内消費が増えるに従って再び生産が増え，全国で220 ha，約1億5000万球に達した．しかし，国内消費の落ち込み，生産者の高齢化，1994年のオランダ産球根の隔離検疫栽培免除をきっかけに減少し，2013年では作付けが10 ha程度になった．茨城県で国内の約80％が生産されている．

### ■系統・種類・品種

切り花類の項（13.9節）参照．

### ■形態・生理生態的特徴

母球を植え付けると約6枚の鞘葉，約10枚の本葉を分化した後に花芽が分化する．最上位の鞘葉とその上位の本葉にあたる5〜6節間が肥大して子球（新球）を形成し，底部から牽引根を伸ばす．これより上位節は茎となる．子球の下にある鞘葉節の腋芽はストロンとして伸長し，先端に木子を形成する．この木子の基部あるいはストロンの基部には多数の腋芽が形成され，それぞれがストロンに発達して木子を形成する（図16.3）．木子の形成は短日条件下で促進される．

### ■栽培管理（球根養成）

温湯処理：　発芽率の向上とセンチュウ防除のため12月末に，木子を水に一晩浸漬した後，32〜35℃，45〜47℃，52〜55℃の温湯に順次30分間浸漬する．

定植：　連作を避ける．10 a当り40〜80 Lの木子を3月下旬〜4月上旬に定植する．定植前1〜2日間木子を水に漬け催芽する．畝幅を30〜40 cm，通路を50〜60 cmとり，4〜5 cm間隔になるように木子を植え付け，3〜5 cm覆土する．

肥培管理：　定植前に土壌pHを6前後に調整し，10 a当り成分量でN 5 kg，P 20 kg，K 5 kgを基肥として施用する．総量はそれぞれ最大で10-20-20 kgとし，生育をみてNやKを追肥する．

摘花：　発蕾後，第1花を残して花蕾をすべて手で摘み取る．第1花開花時に混種株，ウイルス罹病株を抜き取り処分する．

病害虫防除：　アブラムシ，スリップス類，チョウ目害虫，ハダニ類などの害虫や赤斑病，灰色かび病，球根腐敗病などの病害を適切に防除する．キュウリモザイクウイルス（*Cucumber mosaic virus*：CMV），インゲン黄斑モザイクウイルス（*Bean yellow mosaic virus*：BYMV），タバコモザイクウイルス（*Tobacco mosaic virus*：TMV），

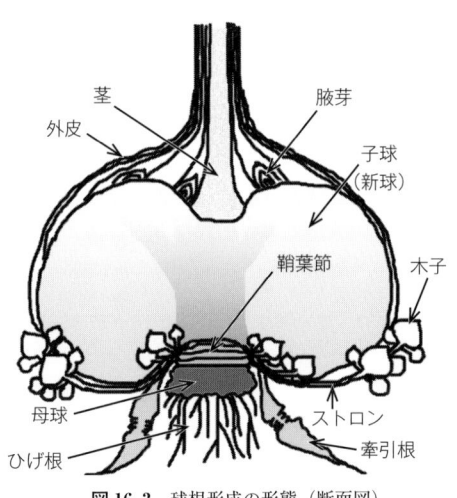

図16.3　球根形成の形態（断面図）

ソテツえそ萎縮ウイルス（*Cycas necrotic stunt virus*：CNSV）などのウイルス罹病株は見つけしだい抜き取り焼却処分する．

収穫・出荷： 10月中旬頃，茎葉が黄化する前に，トラクターで株を浮かせ茎葉ごと収穫する．収穫が遅れると木子が脱落する．収穫物は茎葉ごと束ねて逆さに立て，ビニルシートで雨除けをして約1カ月乾燥させる．乾燥後分別し，等級別に分けて出荷する．

## 16.4 フリージア

*Freesia* Eckl. ex Klatt　アヤメ科

■来　歴

南アフリカ原産で14種からなる．日本には明治末期から大正初めにかけて小笠原諸島に導入された．第二次世界大戦後，八丈島に移り球根生産が行われ，その後沖永良部島でも球根が生産された．1979年から種子島で生産が始まり，2008年には営利栽培用球根の90％以上が種子島で生産されている．全国で約30 ha，3000万球の生産がある．

■系統・種類・品種，形態・生理生態的特徴

切り花類の項（13.8節）参照．

■栽培管理（球根養成）

定植： 連作障害回避のため連作をさける．同じ圃場に栽培する場合はアヤメ科をさけた輪作体系を確立する．過繁茂や倒伏をさけるために早植えせず，10月下旬～11月上旬に定植する．ただし，11月中旬以降になると「二階球（pupa）」という不発芽現象が発生する危険性が増す（図16.4）．10 a当り約22万球を，畝幅90～100 cm，通路60 cmとし，条間12 cm，株間2～3 cmで，球根が隠れる程度に植え付ける．

肥培管理： 定植前にpHを6前後に調整し，堆肥を10 a当り2～3 t投入する．N過多は過繁茂による灰色かび病や高温処理時の腐敗球の原因となるので，緩効性肥料を用い，3成分とも10～15 kg施用する．

病害虫防除： フリージアのウイルスはCMV，BYMVおよびフリージアストリークウイルス（*Freesia streak virus*：FSV）の3種が知られている．汁液伝染やアブラムシにより媒介されるので，栽培管理に注意し害虫防除に務める．ウイルス株は抜き取り焼却処分する．

摘花： 開花時に混種を抜き取り後，肥大を促進するため側枝も含めすべて摘花する．ウイルス伝染を防ぐため，機械による刈込みはせず手でつみ取る．

収穫： 4月下旬以降順次収穫する．トラクターで株を浮かせ人力で集める．茎葉，球根，木子をはずして分別し，必ず直射日光をさけ，通風のよい場所で乾燥させる．

高温処理： 休眠打破には高温が必要である．多くの場合30℃で4週間の高温処理後，20～25℃で9～10週間おくと休眠から覚醒する．

エチレン・くん煙処理： いずれかの処理を4週間の高温処理終了時に行うと，休眠が早く破れ

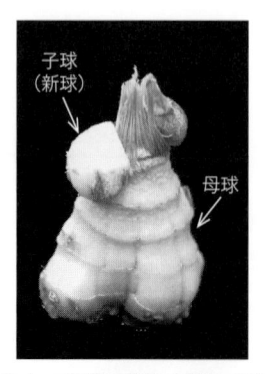

図16.4　二階球の形態（本図，2005）[1]

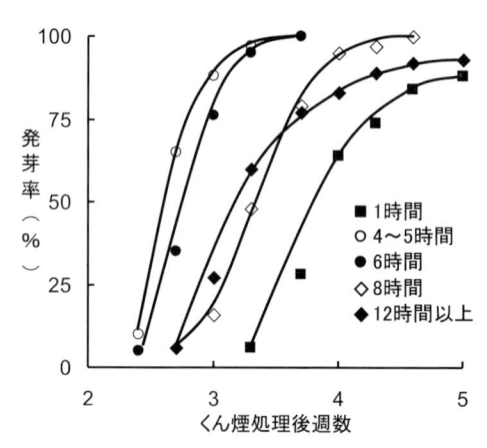

図16.5　くん煙処理時間と休眠打破との関係（今西ら，1986に加筆）[2]

るとともに発芽揃いがよくなり萌芽数が増える．エチレン処理は，球根を密閉状態の冷蔵庫や倉庫に入れ，エチレン濃度が50〜100 ppmになるようにバナナ追熟用エチレンガス（商品名バナチレン）を放出させ，5〜6時間後に開放して十分換気する．くん煙処理は，1 m³当り3Lの籾殻や枯れ草を，1日5〜6時間燃やして球根をいぶす（図16.5）．いずれも，この一連の処理を1日に1回，3日間（計3回）繰り返す．

出荷： 腐敗球を選別後，箱詰めして出荷する．出荷は高温期にあたるので，流通過程で過度の高温にあてないように注意する． ［本図竹司］

## 文　献

1) 本図竹司：球根類の開花調節（今西英雄編），p. 166，農山漁村文化協会，2005.
2) 今西英雄他：園学雑, **55**, 75-81, 1986.

# 17. 花木類（植木類）

## 17.1 ツツジ類

*Rhododendron* L. ツツジ科

■来歴・分布

　常緑性のツツジは，日本，朝鮮半島，台湾，中国に分布する．落葉性ツツジは，日本，朝鮮半島，中国，北米，東欧，コーカサス地方に分布する．これらの野生種を組み合わせ，常緑性のツツジは日本で，落葉性ツツジは欧州でおもに品種育成が行われた．

■系統・種類・品種

　①キリシマ（*R.* ×*obtusum*）：'紅キリシマ'（紅，一重），'八重キリシマ'（濃紅，二重）などの品種がある．

　②クルメツツジ（*R.* Kurume Group）：'麒麟'（桃，二重），'緋の司'（紅，一重），'胡蝶の舞'（紫，二重），'九重'（淡紫，二重），'常夏'（紅紫絞り，一重）など，300以上の品種がある．

　③ヒラドツツジ（*R.* Hirado Group）：'桃山'（桃，一重），'羅生門'（紅，一重），'平和の光'（淡紅，一重），'谷間の雪'（白，一重）など，約300の品種がある．

　④ミヤマキリシマ（*R. kiusianum* Mak.）：'紅鶴'（紅，一重），'左近'（淡桃，一重），'九重'（紫，八重），'藤娘'（淡紫，一重），'瑞紅'（紅，一重），'由布絞り'（淡紫絞り，一重），'霧の月'（桃底淡桃，一重），'紅小町'（紅，一重）など，100以上の品種がある．

　⑤サツキ（*R.* Satsuki Group）：'大盃'（桃，一重），'華宝'（紅紫絞り，一重），'晃山'（淡紅，一重），'山の光'（淡紅地に紅絞り，一重），'好月'（紅絞り，一重），'貴公子'（紅紫底白，一重）など，1000以上の品種がある．

　⑥アザレア（*R.* Belgian Indian Group）：'エリー'（淡紅白覆輪，八重，早生），'アンブロシアーナ'（紅紫，八重，早生），'グレーテル'（白紅紫覆輪，八重，晩生），'ピノキオ'（白紫覆輪，八重，晩生）など，100以上の品種がある．

　⑦エクスバリーアザレア（*R.* Exbury Group）：'ブラジル'（朱紅，一重），'バレリーナ'（白，一重），'セシル'（桃，一重），'ホームブッシュ'（桃，八重），'ヒューワモールド'（黄，一重）など，約200の品種がある．

■形態・生理生態的特徴

　①キリシマ：　花は小輪で一重あるいは二重，樹全体に花がつくため華やかである．枝の伸びはよい．耐寒性に富む．

　②クルメツツジ：　花は小輪で一重あるいは二重，枝の伸びは悪いが，花数が多いため樹冠全体が花でおおわれる．

　③ヒラドツツジ：　花は大輪で，枝の伸びがよく大型になる．公園などの植栽に多用される．耐寒性は若干劣る．

　④ミヤマキリシマ：　極小輪，極矮性種で，小鉢栽培や盆栽に使われる．耐暑性は劣る．

　⑤サツキ：　江戸時代以後，品種が多数作出された．花が変化に富み，幹や枝ぶりが美しいため，盆栽として栽培される．近年は，道路の緑地帯やレストランなどの植栽に使われる．他のツツジと比べ，開花時期は遅い．

　⑥アザレア：　中国や台湾に分布する *R. simsii* から，主としてベルギーで育成された温室栽培用のツツジで，休眠が浅く四季咲き性が強いため，早春の鉢物として促成栽培される．大輪八重咲きの品種が多い．

　⑦エクスバリーアザレア：　欧州を中心に，日本のレンゲツツジなどを親として育成された落葉

性のツツジで，大輪花を多数つける．
■開花調節
　ツツジの花芽分化は温度と密接に関係し，18℃以上の積算時間が重要である．多くのツツジは7～8月に花芽分化するが，ミヤマキリシマは6月，ケラマツツジは9月と，種によって若干異なる．日長の影響は顕著ではない．また，ジベレリン生合成阻害剤の植物成長調整剤（矮化剤）処理により，花芽分化が促進される．
■栽培管理
　繁殖は挿し木による．通常は7月頃に新梢を挿しつけるが，20℃程度の地温が得られれば，冬季も可能である．挿し床に鹿沼土を使うことが多いが，赤玉土でも容易に発根する．発根苗は3月に露地畑へ定植するが，コンテナ栽培も増加している．

## 17.2 イブキ

*Juniperus chinensis* L.　ヒノキ科　別名ビャクシン

■来歴・分布
　日本，朝鮮半島，中国に分布している．来歴は定かではないが，中国からの渡来説と，伊豆半島にクロマツと混生する樹齢2000年のビャクシンの老木があることから，日本自生説もある．
■系統・種類・品種
　イブキ（*J. chinensis*）の園芸品種に，玉状にまとまるタマイブキ（'Globosa'），生け垣などに多用されるカイヅカイブキ（'Kaizuka'），スリムな円錐形に仕上がるスパルタン（'Spartan'），黄金色のオーレア（'Aurea'）がある．
　イブキ属には，イブキのほかに，日本に分布するものとして，ハイビャクシン（*J. procumbens*）やミヤマハイビャクシン（*J. sargentii*），枝が匍匐するハイネズ（*J. conferta*）などがある．また，欧州から北米東部にかけて分布するセイヨウネズ（*J. communis*），北米西部に分布する匍匐タイプのアメリカハイビャクシン（*J. horizontalis*），北米西部に分布するコロラドビャクシン（*J. scopulorum*），北米中部・東部に分布するエンピツビャクシン（*J. virginiana*），台湾や中国中部・南部，アフガニスタンなどに分布するニイタカビャクシン（*J. squamata*）などの種類があり，それぞれに多数の品種が流通する．とくに，コロラドビャクシンの'ブルーヘブン'に代表される灰青色の品種は人気が高い．
■形態・生理生態的特徴
　常緑高木あるいは常緑低木で，葉は針葉と鱗葉の2タイプがあり，生育ステージや栽培条件などで変化する．すなわち，苗や強い刈り込み後には針状タイプの葉が展開し，老熟枝は鱗状タイプの葉をもつことが多い．葉色は緑色が基本であるが，葉裏の白い気孔線により，灰緑色あるいは灰青色に見えるものや，黄金色の品種もある．イブキはナシやボケにとって大敵である赤星病菌の中間宿主であり，ナシ園から一定の範囲内では，イブキの栽培が禁止されている自治体もある．耐潮性に富むため，海浜部の緑化に多用される．
■栽培管理
　繁殖は冬季に前年枝を挿し木する．挿し穂は前年枝なら50 cm以上の枝でも発根する．無加温の場合，初夏から発根するため，初秋に鉢上げするか，そのまま翌春まで挿し床で管理し，その後に鉢上げする．
　肥沃土を好むため，植え付け前に堆肥などを鋤込み土壌改良を施す．立ち性種は定期的に刈り込み，スリムに仕立てる．枝の内部に食い入るタマムシが寄生するため，定期的に殺虫剤を散布する．移植が難しい種類が多いため，移植前にあらかじめ根回しをかける．

## 17.3 ツバキ類

*Camellia* spp.　ツバキ科
■来歴・分布
　青森県夏泊半島以西からアジア東南部の温帯，亜熱帯にかけて約200種が分布する．日本では奈良時代から栽培され始め，江戸時代に入ると新品種が多く作出され，現在の品種の親になっている．一方，米国やオセアニアに渡ったものから，巨大輪などの新しい品種が多数作出され，世界中でツ

バキが栽培されるようになった．

■系統・種類・品種

　日本には，太平洋側を中心にヤブツバキ (*C. japonica*)，日本海側を中心にユキツバキ (*C. japonica* subsp. *rusticana*)，両者の接点部分に分布するユキバタツバキ (*C. japonica* var. *intermedia*) があり，それぞれ多くの品種がある．また，リンゴツバキ (*C. japonica* var. *macrocarpa*)，ホウザンツバキ (*C. japonica* var. *hozanensis*)，サザンカ (*C. sasanqua*)，ヒメサザンカ (*C. lutchuensis*)，オキナワサザンカ (*C. miyagii*) が九州から台湾にかけて分布する．世界的には，中国雲南省西部に分布するトウツバキ (*C. reticulata*)，中国雲南省・四川省に分布するサルウィンツバキ (*C. saluenensis*)，中国揚子江以南からラオスにかけて分布するユチャ (*C. oleifera*)，ビルマのサルウィン川上流に分布するグランサムツバキ (*C. granthamiana*) などがあり，それぞれ交配親として重要である．

　ヤブツバキには，濃紅地に白斑が入る八重の中大輪の‘岩根絞’，白地に紅の縦絞りが入る八重大輪の‘江戸錦’，白色八重蓮華咲きの‘都鳥’，濃紅色の一重筒咲きの‘百合椿’などがある．ユキツバキには，紅地に白斑が入る八重蓮華咲きの‘縞千鳥’，淡桃色で八重咲きの‘雪小国’，淡桃色千重列弁咲きの‘あやとり’などがある．

　海外で育成された洋種ツバキの多くは八重大輪のものが多く，桃色で鋸歯が強い花弁が二重三重に取り囲み，半弁化した雄蕊が唐子状に入る‘エレガンスシュープリーム’，淡い桃地に紅の覆輪が入る‘スプリングソネット’などがある．

　このほかに，地域性を感じさせるツバキも多い．その代表が肥後ツバキで，200年以上前から肥後熊本を中心に栽培される．花弁は一重で平開し，雄蕊は1本ずつ独立して梅の芯状に散開し豪華である．‘日月星’，‘国華’，‘丹頂’などの品種がある．

　サザンカには，白色千重咲きの‘富士の峰’，白地に紅覆輪，一重咲きの‘酒中花’，白地に淡紅のぼかしが入り八重咲きの‘明石潟’などがある．

■形態・生理生態的特徴

　ヤブツバキの形態は，紅一重，筒咲き，中輪，雄蕊は筒型が基本で，ツバキ属の中で最も北に分布する．花が落花しやすい．ユキツバキは，豪雪でも枝折れしないような柔軟性をもち，花が落ちず長い間株についている．花は平開性で雄蕊は分離し，葉柄部分に短毛が生える．ユキバタツバキは，ヤブツバキとユキツバキが混在する地域において両種が交雑した自然雑種で，形質は両者の中間的である．リンゴツバキは，紅一重，半開の筒咲き小輪で，果実は直径5～8 cmと巨大になる．サザンカは，10～12月咲きで，基本種は白一重，平開咲きで花は散り性，微香がある．ヒメサザンカは琉球列島に分布し，白一重，極小輪の花をつけ，ウメに似た芳香を放つ．香りツバキの育成に重要な種類である．

■開花調節

　大部分のツバキ，サザンカの花芽分化は6月中旬～7月中旬に始まる．秋咲きのツバキやサザンカはその後も蕾が発達し秋に咲くが，春咲きのツバキでは花芽が休眠に入るため発達が遅れる．春咲きツバキの促成栽培では，この休眠を打破する必要がある．すなわち，10月に1カ月間3℃の低温に遭遇させ，その後加温室で管理すると12～1月に開花する．また，10月に花芽に隣接する葉芽を折り取り，おわん型の鱗片の中に1％のジベレリン溶液を注射器で1滴落とすジッビング (gibbing) 処理も効果があり，育種における交配期間の拡大に有効である．早いもので40日後に開花する．

■栽培管理

　繁殖は挿し木，接ぎ木による．ミスト挿しや密閉挿しは，新梢が伸びていない限りいつでも可能である．接ぎ木はサザンカ台を用い，3～4月に行う．ユキツバキは冬の寒風を嫌うため，ハウス内や風よけ下で栽培する．ヒメサザンカ，ユチャ，トウツバキなど西南暖地原産の種類はハウスで管理する．

## 17.4 カエデ

*Acer* spp.　ムクロジ科←カエデ科

### ■来歴・分布

　北半球の温帯に広く分布する落葉または常緑の高木から低木である．日本では23種が知られ，ほぼ全国に分布している．世界的には，中国や北米，欧州に多く分布し，とくに中国には常緑種が7種分布する．

　日本での栽培歴は古く，江戸時代の園芸書『花壇地錦抄』にすでに20品種が記載されている．モミジと呼ばれることもあるが，モミジは紅葉の意味をもち，紅葉する樹木を指している．

### ■系統・種類・品種

　葉が分裂しないものに，チドリノキ（*A. carpinifolium*），ヒトツバカエデ（*A. distylum*），クスノハカエデ（*A. oblongum* var. *itoanum*）がある．

　葉が多少分裂するものに，ハナノキ（*A. pycnanthum*），トウカエデ（*A. buergerianum*），ウリハダカエデ（*A. rufinerve*）がある．

　葉が分裂するものに，イロハカエデ（*A. palmatum*），オオモミジ（*A. palmatum* var. *amoenum*），ヤマモミジ（*A. palmatum* var. *matumurae*），イタヤカエデ（*A. mono*），ハウチワカエデ（*A. japonicum*），ノルウェーカエデ（*A. platanoides*），セイヨウカジカエデ（*A. pseudplatanus*）などがある．各種には，園芸品種が多数作出され，ガーデニングの主要樹種になっている．

### ■形態・生理生態的特徴

　葉は掌状単葉，単葉，羽状複葉からなり対生し，花序は円錐，総状，束状で，頂生または側生する．花は小さく淡緑色で，雄花，雌花，両性花が同じ株または異株につく．翼果は2個の分果からなり，各分果に1枚ずつ翼がつき風に乗って飛散する．

　美しい紅葉は，日照条件に恵まれ，急に寒さが到来したときにすばらしい発色を示す．カエデ葉内に含まれるアントシアニンは春と秋で異なり，春から赤い種類はクリサンセミンおよびケラシアニンが主で，秋に紅葉する種類はクリサンセミン

による．

### ■栽培管理

　自生地からみて，保水力があり，午前中は日があたり西日は遮られる土地を好む．

　繁殖は接ぎ木，実生によるが，まれに挿し木される．接ぎ木は緑枝接ぎがよい．6～7月に台木と同じ太さの接ぎ穂を採取し，1節ずつ切り分けて基部をくさび形に切り，乾かさないよう注意して割り接ぐ．接ぎ木後はビニールなどでおおい，湿度を保持する．実生は緑化材料の繁殖や台木養成，品種改良のために行う．挿し木は，ミストや密閉条件下で緑枝挿しするが，発根率は高くない．

## 17.5 ヒバ

*Chamaecyparis* spp.　ヒノキ科

### ■来歴・分布

　東アジアや北米に6種分布する常緑高木または低木で，植物的にはヒバという分類はないが，一般にヒノキやサワラなどをくくってヒバと呼ばれる．

### ■系統・種類・品種

　ヒノキ（*C. obtusa*）：　日本固有種で，福島以西から九州にかけて分布する常緑高木で，樹高は40mに達する．鱗葉の下面に白色の気孔線がY字形に入る．生け垣や庭園樹のほかに，材質が緻密なため建築材として高価に取引される．スギについでほぼ全国的に植林される．'クリプシー'や'ナナグラキリス'など，多数の品種がある．

　サワラ（*C. pisifera*）：　岩手県の一部以西から九州にかけて分布する常緑高木で，ヒノキに似るが，鱗葉の先端は尖り，下面の白色部はヒノキより鮮明である．生け垣や庭園樹のほかに，材質が柔らかく加工しやすいため，桶や櫃などに使われる．'フィリフェラオーレア'，'プルモサオーレア'など，多数の品種がある．

　ローソンヒノキ（*C. lawsoniana*）：　北米西部原産の常緑高木で，樹高は60mに達する．枝葉はサワラに似る．鱗葉は細く尖り，下面の気孔が線状に集合した気孔線は細い．品種が豊富にあり，とくに青葉品種は人目を引く．葉色が青い'コル

ムナリスグラウカ'，'エルウッディ'，黄金色が発現する'エルウッズゴールド'など，多数の品種がある．

**ヌマヒノキ**（*C. thyoides*）：北米東部原産の常緑高木で，樹高は 30 m 以上になる．沼沢地を好むが，乾燥地でも栽培できる．'バリエガータ'，'エリコイデス'などの品種がある．

**アラスカヒノキ**（*C. nootkatensis*）：北米西部原産の常緑高木で，欧米では庭園樹として人気がある．鱗葉の先端は尖り，小枝は下垂する．枝垂れ性の'ペンデュラ'などの品種がある．

■形態・生理生態的特徴

基本樹形は円錐形であるが，園芸品種には球形や枝垂れ形，エンピツ形になるものもある．樹皮は赤褐色や褐色で，縦列するものが多い．小枝は水平に展開し，羽状あるいは扇形の羽状に分岐し，表裏の区別が明瞭である．球果は小型球形で，果鱗は 6～12 片が交互対生し，各片に 2～5 個の種子がつく．

■栽培管理

挿し木，接ぎ木，実生で繁殖する．挿し木は露地挿しも可能であるが，安定した発根を得るには密閉挿しする．挿し床は地床あるいは育苗箱とし，そこにビニルトンネルと，その上にさらにひとまわり大きいトンネルフレームを設け，遮光資材を展張する．ビニルと遮光資材の間隔は，最低 20 cm 空ける．肥沃土壌を好むため，定植前に堆肥などを混入する．適正な土壌 pH は 5.5 くらいであり，とくに野菜畑の跡地はアルカリ化していることが多いため注意する．N 不足の場合，生育が劣ることはもちろんであるが，とくに青葉品種は発色が悪く緑葉が目立つようになる一方，黄金品種は発色がすぐれている傾向が見られる．

3 月に露地密閉挿しを行い，7 月あるいは翌春までそのまま放任し，9～12 cm ポットに鉢上げする．苗が 20～30 cm になったら，2～3 月，9 月に露地畑に定植する．盛夏，厳冬，新梢伸長中の定植は避ける．その後，支柱を添えて垂直に主幹を立て，除草，追肥などの一般管理を行い，1.2～1.5 m 程度まで栽培し，2～3 月に掘り取り出荷する．枝葉ものとして生産する場合，肥培管理に心がけ，枝を採取しやすいよう地際近くで分枝させて盃状に低く仕立てる．

## 17.6 ツゲ

*Buxus* spp.　ツゲ科

■来歴・分布

日本や欧州，北アフリカの温帯，亜熱帯に約 30 種分布する常緑小高木または低木で，造園業界ではイヌツゲ（*Ilex crenata*）を含めてツゲと呼ぶことがあるが，イヌツゲはモチノキ科の常緑小高木であり，別に扱う必要がある．

■系統・種類・品種

**ツゲ**（*B. microphylla* var. *japonica*）：ホンツゲとも呼ばれ，関東以西から九州にかけて分布する常緑小高木または低木で，石灰岩地や蛇紋岩地に多く自生する．幹は直立し，葉は楕円形あるいは長楕円形で対生し，葉のつき方は互生のイヌツゲと異なる．短い葉柄があり，葉の縁は全縁でへりは裏側に巻き込むように曲がり，革質で固い．3～4 月に淡黄色で無柄の小花が小枝の葉腋に群生する．花序は雄花が集まり，その頂上に 1 個の雌花をつける．朔果は長楕円形で，10 月に緑褐色に熟す．'斑入り'，'マメツゲ'，'ベッコウツゲ'などの品種がある．庭園樹や生け垣として栽培されるほか，材は櫛や印鑑などに使われる．

**ヒメツゲ**（*B. microphylla*）：自生地が定かではないが，関東南部以西から九州にかけて植栽される．クサツゲとも呼ばれ，幹はほとんど立たず，基部からよく分枝し，枝葉が密につく．ツゲに比べ枝は細く，葉は倒卵形あるいは長楕円形で，先端は円か窪む．葉柄は判別が困難なほど短い．花壇の境栽やグランドカバー的に密植されることが多い．

**セイヨウツゲ**（*B. sempervirens*）：欧州，北アフリカなどに分布する常緑低木で，幹はやや屈曲し，樹高は 5 m になる．枝は灰緑色か濃緑色で細く，小枝には 4 稜がある．庭園樹や生け垣，トピアリーなどに使われる．

■栽培管理

おもに挿し木で繁殖する．発根は容易である．3

〜4月に前年枝か7月に当年枝を挿す．露地栽培は，日照がよく，排水がよい肥沃土を好むが，半日陰でも栽培可能である．石灰岩地帯に自生が多いことから，若干アルカリ化した土壌を好む．新梢が伸びきる7〜9月に刈り込むとよい．

## 17.7 その他の花木類

表17.1 参照．

表17.1 その他の花木類

| 和名・学名（科名） | 原産地 | 開花期 | 形態・生理 生態的特徴 | 栽培管理 | おもな種類・品種 |
|---|---|---|---|---|---|
| アジサイ Hydrangea macrophylla Ser. （アジサイ科） | 東アジア，南北アメリカ | 6〜7月 | 落葉低灌木．花芽は9月下旬以降分化．土壌のpHで花色が変化する． | 繁殖は新梢挿し，鉢上げ後摘心する． | ガクアジサイ，アジサイ，セイヨウアジサイがあり，各々に多数の品種がある． |
| イチイ Taxus spp. （イチイ科） | 北半球の亜寒帯 | 3〜4月 | 葉は長さ約2cmの線形で，先端は尖る．雌雄異株である． | 挿し木，接ぎ木，実生で繁殖する．暑さにやや弱い． | キャラボク，セイヨウイチイ（別名ヨーロッパイチイ）などの種類がある． |
| サルスベリ Lagerstroemia indica L. （ミソハギ科） | 中国南部 | 7〜9月 | 落葉中高木．屋久島などに分布するシマサルスベリの血が入り，うどんこ病耐性がつく．長日植物． | 3月上中旬に剪定し，分枝を促す．挿し木，接ぎ木で繁殖する． | 'チカソウ'，'ポコモック'，'ディアピンク'，'ディアパープル'などの品種がある． |
| セイヨウヒイラギ Ilex aquifolium L. （モチノキ科） | 欧州 | 6月 | 常緑高木．葉は短い柄で互生し，革質で葉縁に刺状の鋸歯がつく．雌雄異株である． | 雌雄異株であるため，雌株を選ぶ． | 'アルゲンティアマルギナータ'，'フラウェスケンス'などの品種がある． |
| タニウツギ Weigela hortensis K. Koch （スイカズラ科） | 日本 | 5〜6月 | 落葉低木．茎内部は中空．卵形，長楕円形の葉は対生する． | 3月に休眠枝挿しするか，7月に新梢を挿す． | 'ニューポートレッド'，'ルビークイーン'，'レッドプリンス'などの品種がある． |
| トウヒ Picea spp. （マツ科） | 北半球の温帯，亜寒帯 | 5〜6月 | 針葉の先端は尖り，触ると痛い．球果は始め上向きにつき，後に下垂する． | 挿し木可能な種類・品種と，接ぎ木繁殖のみ可能な種類がある． | コロラドトウヒ，カナダトウヒ，オモリカトウヒ，コーカサストウヒなどの種類がある． |
| ニオイヒバ Thuja occidentalis Linn. （ヒノキ科） | 北米東部 | 5月 | 枝葉から柑橘系の芳香を放つ． | 挿し木で繁殖する． | 直立性，下垂性，半球形など様々な樹形の品種がある． |
| ノダフジ Wisteria floribunda DC. （マメ科） | 本州から沖縄 | 5〜6月 | 落葉つる植物．他のものに絡まり登攀する．葉は互生し，奇数羽状複葉． | 湿気のある肥沃土を好む．園芸品種は接ぎ木，取り木，挿し木で繁殖する． | '九尺フジ'，'アケボノ'，'シロバナ'などの品種がある． |
| ヒイラギナンテン Berberis (=Mahonia) japonica (Thunb.) R. Br. （メギ科） | 中国，台湾，ヒマラヤ | 11〜3月 | 幹は直立し，株立ちする．葉は互生し，奇数羽状複葉．革質で刺状の鋸歯がある． | 園芸品種は挿し木で繁殖する．基本種は実生で繁殖する． | 'チャリティ'，'コンフューサ'などの品種がある． |

| | | | | | |
|---|---|---|---|---|---|
| マキ<br>*Podocarpus* spp.<br>（マキ科） | 両半球の暖地 | 5～6月 | 葉は長さ約10cmの線形で，耐陰性，耐潮性にすぐれる．雌雄異株である． | 挿し木，実生で繁殖する．寒冷地への植栽は適さない． | イヌマキ，ラカンマキ，アフリカマキ，トタラマキなどの種類がある． |
| モクレン<br>*Magnolia* spp.<br>（モクレン科） | 米国から西インド諸島，アジア | 春および初夏 | 常緑性・落葉性の高木．芳香を放つものが多い． | 園芸品種は接ぎ木で繁殖する． | 落葉性：ハクモクレン，シモクレン，コブシ，オオヤマレンゲ，常緑性：タイサンボク，ヒメタイサンボクなどの種類がある． |
| モミ<br>*Abies* spp.<br>（マツ科） | 北半球の温帯，亜寒帯 | 6月 | 針葉の先端は丸いか窪み，触っても痛くない．球果は上向きにつく． | 園芸品種は接ぎ木で繁殖する． | ウラジロモミ，コロラドモミ，ノーブルモミ，アルプスモミなどの種類がある． |

［柴田忠裕］

# 18. 地被植物類

## 18.1 つる物類

■分布

日本には，アケビ，キヅタ，ナツヅタ，スイカズラ，テイカカズラ，ブドウなど十数種のつる性登攀植物（つる物類，climbing plant）が知られている．これらは使い方で登攀にも地被にも用いられるが，壁面緑化に使われることが多い．それぞれ登攀形態が異なり，他の物体に巻きつき登攀するタイプと，巻きひげや巻き葉（葉柄）でからみつき登攀するタイプ，吸盤や付着根で吸着登攀するタイプに大別される．

■系統・種類・品種

### 巻き付き登攀タイプ

カロライナジャスミン（Gelsemium sempervirens）：北米中央部からグアテマラにかけて分布するゲルセミウム科の常緑つる性植物で，茎は右巻きに巻きつき登攀する．強健で，春に黄色でラッパ状の小花が多数開花する．

サネカズラ（Kadsura japonica）： 関東以西に分布するマツブサ科の常緑つる性植物で，ビナンカズラの名で流通している．茎は左巻きに巻きつき登攀し，秋にイチゴ状の果実が紅熟する．

スイカズラ（Lonicera japonica）： ほぼ全国的に分布するスイカズラ科の常緑つる性植物で，茎は左巻きに巻きつき登攀する．生育旺盛で，茎は10 m以上に伸びる．強健で，春に芳香が強い花を多数つける．

ツキヌキニンドウ（Lonicera sempervirens）：北米東南部原産のスイカズラ科の常緑つる性植物で，茎は左巻きに巻きつき登攀する．6月から夏中赤い小花をつけ，盛花時は緑色地に赤い房を散らしたように見える．園芸品種も多い．

ムベ（Stauntonia hexaphylla）： 関東以西に分布するアケビ科の常緑つる性植物で，茎は右巻きに巻きつき登攀する．濃緑色で光沢のある大きな掌状葉をつけ，被覆はボリューム豊かである．果実は秋に紫色に熟し，美味である．

アケビ（Akebia quinata）： ほぼ全国に分布するアケビ科の落葉つる性植物で，茎は右巻きに巻きつき登攀する．葉は5枚の小葉からなる複葉で，

表18.1 登攀形態別つる性植物の特性と代表的な種類

| 登攀形態 | 登攀手段 | 特徴 | 代表的な種類 |
| --- | --- | --- | --- |
| 吸盤 | 巻きひげ先端につく吸盤 | 壁面や樹木などに吸盤を出し，吸着登攀する．はがれ落ちる場合もある． | ナツヅタ，ヘンリーヅタ |
| 吸着根（付着根） | 茎から出る不定根 | 接触刺激や水分の存在によって不定根が発生し，付着登攀する．付着力は植物で差がある． | イタビカズラ，ヘデラ，ノウゼンカズラ，ツルマサキ，テイカカズラ，イワガラミ |
| 巻きつき | 巻きつく茎や幹 | 樹木や他の物体に茎などが巻きつき登攀する． | カロライナジャスミン，ツキヌキニンドウ，ムベ，アケビ，リュウキュウアサガオ |
| 巻きひげ | 巻きひげ | 葉や茎が変化したひげで物体にからみつき登攀する． | ビグノニア，トケイソウ，ブドウ，フウセンカズラ |
| 巻き葉柄（巻き葉） | 葉柄 | 巻きひげほど強固ではないが，長く伸びた葉柄が物体にからみつき登攀する． | クレマチス，テッセン，ハンショウヅル |
| 刺 | 幹，枝，茎，葉などにつく刺状の突起 | 茎や枝，葉などにつく刺や鉤などの突起物を他の物体に引っかけ登攀する． | イシミカワ，サルトリイバラ，ツルバラ，カナムグラ，カギカズラ |

4月下旬に花序を下垂し，赤紫色の萼が美しい．10〜11月に果実が紫熟し，美味である．ほかに三出葉のミツバアケビ（*A. trifoliata*）がある．

フジ（*Wisteria* spp.）： ほぼ全国に分布するマメ科の落葉つる性植物で，フジ（*W. floribunda*）は左巻きに，ヤマフジ（*W. venusta*），シナフジ（*W. sinensis*）は右巻きに巻きつき登攀する．日本ではフジ，ヤマフジが多く使われるが，欧米ではシナフジが使われる．初夏に紫の花序が下垂し，美しい．

### 巻きひげ・巻き葉（葉柄）登攀タイプ

ビグノニア（*Bignonia capreolata*）： 北米原産のノウゼンカズラ科の常緑つる性植物で，巻きひげで他物に絡みつくとともに，巻きつき登攀する．5月頃にカレーに似た臭いの花をつけるため，カレーバインの英名もある．

トケイソウ（*Passiflora caerulea*）： ペルー，ブラジル原産のトケイソウ科の常緑つる性植物で，巻きひげを出し登攀する．比較的耐寒性もあるため，関東以西では越冬する．夏に時計の文字盤に似た花を咲かせる．

クレマチス（*Clematis* spp.）： 北半球の温帯を中心に広く分布するキンポウゲ科の落葉（一部常緑）つる性植物で，初夏から夏にかけて開花する．日本にはカザグルマ（*C. patens*）が自生する．常緑のクレマチスであるアルマンディ（*C. armandii*）は，花が小型であるが芳香はすばらしい．

### 吸着登攀タイプ

ナツヅタ（*Parthenocissus tricuspidata*）： 日本の山野に自生するブドウ科の落葉つる性植物で，ヘデラと並び日本で最も多く壁面緑化に使われる．巻きひげの先端の吸着（付着）盤で壁面にへばりつき登攀する．生育旺盛で，1株で年間2〜4 m$^2$被覆する．

オオイタビ（*Ficus pumila*）： 房総半島以西の暖地に自生するクワ科の常緑つる性植物で，本種のほかにイタビカズラ（*F. sarmentosa* var. *nipponica*），ヒメイタビ（*F. thunbergii*）が知られる．茎は幼形（juvenile form）タイプと成形（adult form）タイプに分かれ，それぞれ幼葉と成葉がつく．幼形茎から気根を出し，建物などに付着して登攀する．幼葉は小さく密生し，成葉は幼葉の数倍大きい．

ヘデラ（*Hedera* spp.）： アフリカ北部から北欧，アジアに分布するウコギ科の常緑つる性植物で，そのうち日本では，ヘリックス（*H. helix*），カナリエンシス（*H. canariensis*），コルシカ（*H. colchica*）およびキヅタ（*H. rhombea*）の4種が利用される．ヘリックスは冷涼な気候帯の欧州からトルコにかけて分布し，そのために若干耐暑性が劣る傾向が見られる．しかし，現在では多くの品種が作出され，世界的にグランドカバー用や壁面緑化用植物として利用されている．カナリエンシスはカナリー諸島に分布し，大型の葉をもつ．現地の気候から，耐暑性にすぐれるものの，耐寒性は若干劣る．コルシカはコーカサス地方とトルコに分布し，茎の熟度により幼葉と成葉に分かれる．幼葉（juvenile leaf）は全縁あるいはわずかに3裂するが，成葉（adult leaf）は大きく全縁で，内側に巻く傾向が見られる．キヅタは日本原産種で，フユヅタとも呼ばれる．樹林の林床に生え，近くの樹木に付着登攀する．生育は前種に比べ劣るが，耐寒性に富む．

ツルマサキ（*Euonymus fortunei*）： 沖縄を除く日本のほぼ全土に分布するニシキギ科の常緑つる性植物で，イタビカズラなどと同じように幼形茎と成形茎をもつ．林床から幼形茎が這い登り，十分な光が当たる部分にいきつくと成形茎を伸ばし，花をつける．幼形茎は気根を出し，樹木などに付着登攀する．いくつかの品種が流通している．

テイカカズラ（*Trachelospermum asiaticum*）：本州から沖縄にかけて分布するキョウチクトウ科の常緑のつる性植物で，耐寒性，耐暑性ともにすぐれる．幼形茎と成形茎をもち，気根を出して他のものに付着登攀する．本種のほかに，ケテイカカズラ（*T. jasminoides* var. *pubescens*）が知られる．園芸的に流通しているハツユキカズラは，新葉が淡黄や桃に染まり人気があるが，おそらくケテイカカズラの園芸品種と考えられる．

ノウゼンカズラ（*Campsis grandiflora*）： 中国中南部原産のノウゼンカズラ科の落葉つる性植物で，耐暑性，耐寒性に富み，気根を出して他の

ものに付着し登攀する．生育旺盛で，茎は年間数メートルも伸長する．夏に橙赤の大きな花をつけて目立つ．ほかに米国中南部原産のアメリカノウゼン（*C. radicans*）があり，赤花や黄花など，多くの品種が作出されている．

## 18.2　タケ・ササ類

### ■来歴・分布

イネ科の植物で，東アジア，熱帯アジアを中心に世界中で45属が分布し，うち日本には11属が分布する．桿は中空で節があり，種によっては高木になる．タケとササの区別は，大きくなるものがタケ，そうでないものがササであるが，形態的には桿鞘（竹の皮）が桿の成長につれて離脱するものがタケ，離脱しないものがササである．しかし，オカメザサのように小さくともタケに分類されるものや，オロシマチクのように名前にタケがついたササもある．

### ■系統・種類・品種

マダケ（*Phyllostachys bambusoides*）：　中国から導入されたタケで，日本のタケ林の主要な構成種となっている．枝が水平に出るため樹形が美しく，黄の桿に緑の条が入る'キンメイチク'などの品種がある．

モウソウチク（*P. edulis*）：　中国から導入された大型のタケで，竹材やタケノコ用に栽培される．桿に黄の斑が入る'キンメイモウソウ'などの品種がある．

クロチク（*P. nigra*）：　1年目の桿は緑色であるが，徐々に黒くなり，2年目以降はつやのある黒紫色になり，小庭園の必需品となっている．

シホウチク（*Chimonobambusa quadrangularis*）：桿は4稜形で直径4cm程度，樹高は3〜5mになる比較的小型のタケで，節の下に気根状の突起がある．新桿は秋に出る．

オカメザサ（*Shibataea kumasasa*）：　和名は浅草西の市で，おかめの面を本種につけて売ったことに由来する．小型のタケで，刈り込みに耐え，桿が密生するため，根締めやグランドカバーに利用される．放任すると高さ2m以上になるが，一般には刈り込んで数十cmに抑える．桿鞘葉は脱落するため，名前はササであるがタケに分類される．

クマザサ（*Sasa veitchii*）：　桿は1〜2mで密生し，葉は大きく，秋から冬にかけて葉縁部がくまどりされて美しい．葉を乾かしても巻かないため，モチやアメなどの包装に使われる．

### ■形態・生理生態的特徴

多くのタケやササは地下茎が伸び，生息域を拡大するが，ホウライチク（*Bambusa*）属は地下茎がほとんどなく，桿が叢生する．また，多くのタケやササは，春にタケノコが伸び出すが，シホウチクは秋に出る．

### ■栽培管理

移植はモウソウチク，クマザサは2月，ホウライチク属やシホウチクは5月，その他は3月が適期である．移植時に根を乾かすと活着が劣るため，土をつけて根巻きするか水苔などで包む．クマザサは，地下茎を20〜30cmに切り分け，ポットなどに伏せ込む．

クマザサやオカメザサなどを低く維持するためには，毎年2〜3月に地際から刈り取る．

## 18.3　ジャノヒゲ類

*Ophiopogon* spp.　キジカクシ科←スズラン科←ユリ科

### ■来歴・分布

ジャノヒゲ類は東アジアからインドにかけて分布する常緑多年草で，日本にも本州以西の山野の林床に4種が分布する．同じように広く日本に自生するヤブラン（*Liriope platyphylla*）は，形態的にジャノヒゲに似るが，花序のつき方や果実の色などが異なる．

### ■系統・種類・品種

ジャノヒゲ（*O. japonicus*）：　リュウノヒゲとも呼ばれる．日本の雑木林の林床に広く分布し，長さ20cm前後，幅2〜3mmで線形の葉を叢生する．株の被覆形態は，匍匐茎を伸ばし急速に面積を拡大するものと，徐々に株の周囲に拡大する2タイプがある．6〜7月に淡紫色の小花をつけ，

秋に球形で碧色の果実が熟す．半日陰を好み，日向では葉が焼ける．白条が入る‘白竜’などの品種がある．‘タマリュウ’は本種の矮性品種で，葉の長さが3～5cmと短く，むしろジャノヒゲより造園的な利用が多い．白条が入る‘玉竜錦’，より矮性の‘福玉’などの品種がある．

オオバジャノヒゲ（*O. planiscapus*）：葉は長さ25cm前後，幅5mm前後で，ジャノヒゲより若干大型の種類である．黒紫の‘コクリュウ’などの品種がある．

ノシラン（*O. jaburan*）：日本原産の大型種で，草丈は40～50cmになる．濃緑色でリュウノヒゲよりかなり幅広の葉を叢生し，8～9月に白の小花を穂状につけ，秋に藍色の果実が熟す．

■形態的特徴

ヤブランの花茎は円形で小花は全体的に着生するが，ジャノヒゲは扁平で，小花は一方向に着生する．また，ヤブランの葉は全縁であるが，ジャノヒゲは若干鋸歯がある．

■栽培管理

株分けで繁殖する．最低2芽をつけて株分けし，腐植質に富んだ土で植え込む．早春に株分けしたものは，秋あるいは翌春に出荷可能である．腐葉土や堆肥を投入し土壌改良したところに，1m$^2$当りジャノヒゲで25～36ポットを植栽する．近年は，厚さ3～4cmの薄層基盤で栽培され，全体的に茎葉が繁茂したマット植物が流通し始め，植栽と同時に完全な被覆ができるようになった．

## 18.4　その他の地被植物類

表18.2参照．

表18.2　その他の地被植物類

| 和名・学名（科名） | 原産地 | 開花期 | 形態・生理生態的特徴 | 繁殖方法 | おもな種類・品種 |
|---|---|---|---|---|---|
| **草本類** | | | | | |
| アジュガ *Ajuga reptans* L.（シソ科） | 欧州，日本 | 4～5月 | 匍匐茎で広がる．半日陰地を好む． | 株分けで繁殖．冬も適宜灌水する． | ‘チョコレートチップ’（紫の小葉），‘アトロプルブレア’（紫の大葉） |
| ウェデリア *Wedelia trilobata* Hitchc.（キク科） | 北米南部 | 7～9月 | 匍匐茎で広がる．日当たり良好地を好む．耐寒性に欠ける． | 挿し木で繁殖．秋までに養成した苗で越冬させる． | ‘ヴァリエガータ’（斑入り） |
| シバザクラ *Phlox subulata* L.（ハナシノブ科） | 北米 | 4～5月 | 匍匐茎で広がる．夏は観賞性が低下する． | 株分け，挿し芽で繁殖する．夏の乾燥に注意する． | ‘オータムローズ’，‘マクダニエルズクッション’ |
| ツルニチニチソウ *Vinca major* L.（キョウチクトウ科） | 南欧，北アフリカ | 5～7月 | 常緑の匍匐性植物．接地点から根を出し這い広がる． | 挿し木で繁殖する． | ‘ヴァリエガータ’（斑入り），近縁に小型のヒメツルニチニチソウ（*V. minor*） |
| ヒメイワダレソウ *Phyla canescens* L.（クマツヅラ科） | ペルー | 6～9月 | 1ポット1年で0.5m$^2$に広がる．関東以西は露地で越冬可能．耐乾性に劣る． | 挿し木，株分けで繁殖．水切れに注意する． | イワダレソウ（*P. nodiflora*）との種間雑種あり |
| ポテンティラ・ベルナ *Potentilla neumanniana* Rchb.（バラ科） | 欧州 | 7～8月 | 匍匐茎で広がる．日当たりを好み，耐踏圧性に欠ける． | 株分け，挿し芽で繁殖する．過湿に注意する． | アウレア（*P. aurea*, 黄），ネパレンシス（*P. nepalensis*, 紅） |
| マツバギク *Lampranthus spectabilis* N. E. Br.（ハマミズナ科） | 南アフリカ | 5～7月 | 多肉で乾燥に耐える．耐踏圧性に欠ける． | 挿し木，株分けで繁殖する． | 品種多数 |

18.4 その他の地被植物類

| | | | | | |
|---|---|---|---|---|---|
| ヤブラン<br>*Liriope muscari* L. H. Bailey<br>(キジカクシ科←スズラン科←ユリ科) | 本州・沖縄 | 8～9月 | 常緑多年草．乾燥に強く，半日陰地を好む． | 株分けで繁殖する．強光で葉が焼けるため，遮光が必要． | 'ヴァリエガータ'（斑入り）など多数 |
| **木本類** | | | | | |
| アベリア<br>*Abelia* × *grandiflora* Rehd.<br>(スイカズラ科) | 中国 | 6～10月 | 常緑，半常緑低木．花は長期間開花し，微香がある． | 挿し木で繁殖する．徒長枝は適宜剪定する． | 'コンフェッティ'（白覆輪に桃），'エドワードゴーチャー'（藤桃） |
| アメリカハイネズ<br>*Juniperus horizontalis* Moench<br>(ヒノキ科) | 北米 | 3～4月 | 常緑，匍匐茎で広がる．冬は紫色を帯びる品種が多い． | 挿し木で繁殖する．過湿に注意する． | 'ウイルトニー'，'バーハーバー' |
| グレビレア<br>*Grevillea* spp.<br>(ヤマモガシ科) | オセアニア | 7～9月 | 常緑低木または匍匐性低木．葉は革質で耐乾性に富む． | 挿し木で繁殖する．過湿に注意する． | 種類・品種多数 |
| コトネアスター<br>*Cotoneaster* spp.<br>(バラ科) | 中国 | 5～6月 | 常緑，半常緑，落葉種がある．秋に果実が紅熟する． | 挿し木で繁殖する． | ホリゾンタリス（*C. horizontalis*），'オータムファイヤー'（*C. salicifolius* 'Autumn Fire'），ダメリー（*C. dammeri*） |
| タイム<br>*Thymus* spp.<br>(シソ科) | 南欧，日本他 | 5～6月 | 常緑匍匐性小低木．茎葉は強い芳香を放つ． | 挿し木で繁殖する．暑さに弱いため，夏は軽い遮光下で栽培する． | ロンギカウリス（*T. longicaulis*），イブキジャコウソウ（*T. quinquecostatus*） |
| ニイタカビャクシン<br>*Juniperus squamata* Buch.-Ham. ex Lambert<br>(ヒノキ科) | 中央アジア，東アジア | 3～4月 | 常緑，枝は盃状に伸長するものが多い． | 挿し木で繁殖する．ピンチを行い，分枝を促す． | 'ブルーカーペット'，'マイエリ'，'ドリームジョイ' |
| ハイネズ<br>*Juniperus conferta* Parl.<br>(ヒノキ科) | 九州から樺太 | 3～4月 | 常緑，匍匐茎で広がる．耐潮性に富み，海岸の水際まで生育する． | 挿し木で繁殖する．過湿に注意する． | 'ブルーパシフィック'，'オーレア' |
| ハマヒサカキ<br>*Eurya emarginata* Makino<br>(サカキ科←ツバキ科) | 本州中部以南 | 10～翌2月 | 常緑低木，葉は革質で光沢があり，耐潮性に富む． | 実生，挿し木で繁殖する． | 'ルナパティ'（斑入り） |
| ヒペリカム・カリシナム<br>*Hypericum calycinum* L.<br>(オトギリソウ科) | 欧州南部 | 6～7月 | 常緑または半常緑低木．ブッシュ状に枝を叢生する． | 挿し木，実生で繁殖する．さび病を防除する． | 近縁に'ヒドコート'（*H. frondosum* 'Hidcote'），ビヨウヤナギ（*H. monogynum*） |
| フッキソウ<br>*Pachysandra terminalis* Sieb. et Zucc.<br>(ツゲ科) | 日本，中国 | 4～5月 | 常緑，匍匐茎で広がる．半日陰地を好む． | 挿し木で繁殖する．過湿に注意する． | 'ヴァリエガータ'（斑入り） |
| ロニセラ・ニティダ<br>*Lonicera nitida* Wils.<br>(スイカズラ科) | 中国 | 7～8月 | 常緑低木，耐潮性，耐乾性に富む．刈り込みにも強い． | 挿し木で繁殖する． | 'オーレア'（黄金），'レモンビューティ'（緑地に黄斑） |

［柴田忠裕］

# 19. シ バ

■来歴・分布

 シバ（Zoysia）属はイネ科の植物で，日本，韓国，中国，東南アジア，ニュージーランド，オーストラリアおよびアフリカに広く分布し，合計で22種あるが，おもなものはその中の14種である．このうち，日本に自生するものは6種とされている[4]．

 日本芝を代表するのはノシバとコウライシバであるが，これらは利用名である．植物分類学上では，ノシバはシバ属シバ（Z. japonica），コウライシバはシバ属コウシュンシバ（Z. matrella）であるとされている．ほかにシバ属コウライシバ（Z. tenuifolia）があり，これは利用名でヒメシバと呼ばれている[4]．以下，利用名で記述する．

 シバ属の自生地は，岩盤露出地，岩礁，河川敷，放牧地など自然環境が厳しい．そのため乾燥，塩分過多，踏圧など多様な条件に対して幅広い適応性を獲得し，芝生としてのすぐれた特性をもっている．日本では奈良時代以前からノシバが庭園に利用されていたようであるが，広く普及されるようになったのは江戸時代中期以降とされ，中でもコウライシバが広く使用されるようになり，今日では日本芝の中心的存在となっている[4]．

■系統・種類・品種

 シバは，経済的・観賞的価値が低かったため，日本ではシバの育種に対する関心が低く，育種はまったく行われていなかった．わずかに遺伝資源としての収集が行われてきた程度である．近年，芝草に対する関心が高まり，常緑化や耐病虫性あるいは低コストで維持管理のできる草種が求められ，国や県さらに民間の各研究機関でシバの育種が行われ始めた．日本におけるおもな育種目標は，①耐病性，②耐虫性，③冬季緑色保持性，④耐陰性，⑤耐乾性，⑥耐踏圧性，⑦種子繁殖性，⑧少刈り込み要求性，⑨耐雑草性，⑩高繁殖性などである[2]．ノシバの代表的品種として'メイヤー'，'エルトロ'，'チバラフワン'，'ヒメノ'，コウライシバの代表的品種として'ちばフェアグリーン'，'ウィンターフィールド'，'TM-9'，ノシバとコウライシバの種間雑種品種として'みやこ'，'はるか'がある．

■形態的・生理生態的特徴

 形態： シバの茎は，地上に垂直に立つ直立茎と，地上をはうか地下浅く水平方向に伸長する匍匐茎に分類される．シバの葉は厚膜組織が発達しているため，踏圧などに対する抵抗性が大きい．開花期は，東京付近では4月上旬～5月上旬で，花は穂軸の周囲に小花を着生する総状花である．開花後1カ月前後で外穎は黄白となり完熟し，種子はまもなく自然落下する[5]．

 生理的特性： シバ属は，$C_4$植物であることから，$CO_2$の濃縮回路を経て，カルビン回路につながる機構を備え，高温，高日射環境下で効率的に光合成を行うことができ，水利用効率が高く乾燥に対する適応力が高い．一方，低温になると酵素活性の低下，葉緑素の分解が早い．したがって，夏季の生育は旺盛であるが，低温期には急速に生育が衰える[1]．日本での生育期間は，春から秋に限定され，秋以降10～15℃以下で生育が停止し，葉身にアントシアニンが生成し，緑度が低下する．長期間低温にさらされると地上部は枯死する．

■栽培管理

 圃場の準備： 圃場は，雑草を除去した後，できるだけ平坦になるように整地する．芝生は，いったん植え付けられるとその後数年にわたって同一の圃場から継続して切り出しが可能であるが，整地が十分でないと良質の芝生生産ができない[3]．また，植え付け前には土壌診断に基づき堆肥や炭

酸石灰および化成肥料を施用し土壌改良を行う．

**植え付け：** 植え付けは，種芝として増殖されたシバを用いる．ノシバやコウライシバは，種芝面積の8～10倍に殖やすことが可能である．植え付けは，3～4月が適期で，20～30 cm間隔に深さ3 cm程度の筋溝をつけ，ほぐした種芝を10～20 cm間隔で植え付ける[3]．植え付け後，ローラーで転圧して平坦化を図り，土壌の流亡を防ぐ．

**施肥：** 施肥は芝生の形成に重要な作業で，シバの生育に応じて定期的に行う．一例として3～9月に成分量で10 a当りN，P，Kともに25～30 kgを施用する[6]．

**刈り込み：** シバは，一定の頻度で刈ることによって直立茎の分げつと匍匐茎の分枝伸長を促し，芝生を密にし品質を高める．生育期には月3～4回の刈り込みを行う．刈り高は，ノシバで25～30 mm，コウライシバで15～20 mmとする．

**切り出し：** 切り出しは，ソッドカッターを用いて行う．切り出し適期は3～6月で，この時期は切り取り後の強い再生が期待できる．切り出した芝生は，1束が1 $m^2$ になるように結束する．

［加藤正広］

## 文 献

1) 浅野義人：芝草と品種（浅野義人・青木孝一編），pp. 2-20, ソフトサイエンス社，1998.
2) 加藤正広他：芝草研究，**26** (2), 31-42, 1997.
3) 加藤正広：花き・緑化ハンドブック（千葉県農業改良協会編），pp. 364-365, 千葉県農業改良協会，2001.
4) 北村文雄：ノシバ，コウライシバ―その特性とコースにおける管理―（中村直彦編），pp. 2-13, ソフトサイエンス社，1993.
5) 本多 侔：ノシバ，コウライシバ―その特性とコースにおける管理―（中村直彦編），pp. 26-43, ソフトサイエンス社，1993.
6) 村岡洋次：ノシバ，コウライシバ―その特性とコースにおける管理―（中村直彦編），pp. 272-280, ソフトサイエンス社，1993.

# 花卉名索引
系統・グループ名を含む

LA ハイブリッド　257, 389
LO ハイブリッド　257
OT ハイブリッド　257, 259
V系　373

## ア

アイアン系　262
アイスランドポピー　305
アイノコレンギョウ　302
アイビーゼラニウム　335
アカシア　152
アカショウマ　308
アガパンサス　308
アカメヤナギ　301
アキギリ　382
アキノタムラソウ　382
アキレア　308
アキレギア　374
アケビ　401
アゲラタム　304
アコウ　364
アコニタム　313
アザミ　308
アザレア　370, 394
アジアティックハイブリッド　256, 258, 389
アジアンタム　363
アジサイ　368, 399
アジサイ類　295
アジュガ　404
アスクレピアス　308
アスター　304
アスチルベ　308
アストランチア　308
アスパラガス　367
アスパラガス・デンシフロルス　289
アスプレニウム　363
アッツザクラ　379
アナナス　365
アナナス類　364
アニゴザントス　308
アネモネ　316
アフェランドラ　366
アブラツツジ　298
アフリカマキ　399
アフリカンマリーゴールド　307, 383
アベリア　405
アマドコロ　309
アマランサス　304
アマリリス　317
アメリカテマリシモツケ　295
アメリカノウゼン　403

アメリカノリノキ　295
アメリカハイネズ　405
アメリカハイビャクシン　395
アメリカヤマボウシ　300
アヤメ　309
アラスカヒノキ　398
アリウム　317
アリッサム　385
アルケミラ　309
アルストロメリア　164, 273
アルプスモミ　400
アロエ　342
アロカシア　367
アワモリショウマ　308
アンスリウム　365
アンネット・ヘッグ系　373

## イ

イカダバルスカス　291
イキシア　318
イシミカワ　401
イースターカクタス　340
イソギク　241
イタビカズラ　402
イタヤカエデ　397
イチイ　399
イチジク　363
イヌサフラン　72
イヌツゲ　398
イヌマキ　399
イブキ　395
イブキジャコウソウ　405
イロハカエデ　397
イロマツヨイグサ　305
イワガラミ　401
イワダレソウ　404
インドゴムノキ　364
インパチエンス　385

## ウ

ウェデリア　404
ウケユリ　256
ウチョウラン　359
ウチワサボテン　342
ウメ　295
ウラジロモミ　400
ウリハダカエデ　397
ウンリュウヤナギ　301

## エ

エキザカム　375
エキスポイント系　373

エキナセア　309
エキノプス　316
エクスバリーアザレア　394
エクメア・ファッシアータ　364
エゾミソハギ　315
エゾリンドウ　283
エバースポーティング系　260
エビネ　359
エピプレムナム　362
エラータム系　286
エラチオールベゴニア　330
エリンジウム　309
エンゼルランプ　338
エンピツビャクシン　395

## オ

オイランソウ　309
オウゴンヤグルマソウ　309
オオアワダチソウ　312
オオイタビ　363, 402
オオインコアナナス　364
オオキツネヤナギ　301
オオデマリ　299
オオトウワタ　308
オオバジャノヒゲ　404
オオハンゴンソウ　316
オオモミジ　397
オオヤマレンゲ　400
オカメザサ　403
オキザリス　375
オキシペタラム　309
オキナワサザンカ　396
オステオスペルマム　375
オックスアイデージー　312
オトメユリ　256
オドントグロッサム類　359
オーニソガラム　317
オミナエシ　310
オモリカトウヒ　399
オリエンタルハイブリッド　256, 259, 389
オリエンペットハイブリッド　257
オリヅルラン　367
オールダブル系　260
オールドタイプ系　372
オロシマチク　403
オンシジウム　357

## カ

カイヅカイブキ　395
カイドウ　302
カエデ　397

## カ

カギカズラ　401
カキツバタ　310
ガクアジサイ　295, 368, 399
カクトラノオ　314
カザグルマ　311, 402
ガザニア　375
ガジュマル　364
カシワバアジサイ　295
カシワバゴムノキ　364
ガーデンパンジー　380
カトレヤ類　355
カナダアキノキリンソウ　312
カナダトウヒ　399
カナムグラ　401
カニバサボテン　340
カーネーション　17, 129, 200, 202, 246
カノコユリ　256
ガーベラ　275
ガマ　310
ガマズミ　299
カラー　318
カライトソウ　310
カランコエ　338
カランセ　359
カリブラコア　384
カルセオラリア　375
カレーバイン　402
カロライナジャスミン　401
変わり葉ゼラニウム　335
カンガルーポー　308
カンパニュラ　310
カンパニュラ・メディウム　304

## キ

キキョウ　310
キキョウラン　290
キク　147, 156, 163, 240
キクイモモドキ　314
キソケイ　297
木立性ベゴニア　332
キヅタ　402
キツネノカミソリ　322
キバナアキギリ　382
キバナコスモス　304, 313
キバナセンニチコウ　306
キバナノノコギリソウ　308
黄房スイセン　319
キブネギク　312
ギボウシ　13, 310
キャッツポー　308
キャラボク　399
キュウコンベゴニア　332
キリシマ　297, 394
キリンギク　316
キンギョソウ　304
キンセンカ　305
ギンマルバユーカリ　301
キンメヤナギ　301
キンリョウヘン　344
キンレンカ　375

## ク

クサキョウチクトウ　309
クササンタンカ　377
クジャクアスター　310
クジャクサボテン　342
クジャクソウ　310
クスノハカエデ　397
グズマニア　364
口紅スイセン　319
グニーユーカリ　301
クマザサ　403
クモマグサ　376
グラジオラス　270, 391
クラスペディア　311
クラブアップル　302
グラマトフィラム　360
グランサムツバキ　396
クリスマスローズ　375
クリプタンサス　365
クリムソンクローバー　305
クルクマ・シャローム　318
クルメツツジ　394
グレビレア　405
クレマチス　311, 402
グロキシニア　376
クロサンドラ　376
クロタネソウ　305
クロチク　403
クロトン　367
クローバー　305
クロマツ　300
クロメヤナギ　301
クロヤナギ　301
グロリオサ　319
クワガタソウ　314
クワズイモ　367

## ケ

ケイトウ　305
ゲイラックス　311
ケシ　305
ケテイカズラ　402
ケローネ　311

## コ

コウシュンシバ　406
コウシンバラ　250
幸福の木　363
コウホネ　311
コウヤマキ　296
コウライシバ　406
コーカサストウヒ　399
小ギク　242
ゴクラクチョウカ　312
コスモス　305
ゴデチア　305
コデマリ　296
コトネアスター　405
コノハサボテン　342
コブシ　400
コマルバユーカリ　301
ゴム類　363
コモンラベンダー　378
ゴヨウマツ　300
コーラル系　372
コリヤナギ　301
コルジリーネ　363
コロラドトウヒ　399
コロラドビャクシン　395
コロラドモミ　400
コンシンナ　363

## サ

サイネリア　333
サカキ　296
サキシフラガ　376
サギソウ　360
サクユリ　256
サクラソウ　326
サクラ類　291
ササ　403
ササユリ　256
ササリンドウ　283
サザンカ　298, 396
サツキ　394
サトザクラグループ　291
サネカズラ　401
サボテン　36, 338, 342
サラサドウダン　298
サルウィンツバキ　396
サルスベリ　399
サルトリイバラ　401
サルビア　382
サワラ　299, 397
サンシュユ　300
サンセベリア　363
サンダーソニア　319

## シ

シェフレラ　367
シオン　311
シキミ　296
シクラメン　323
シダ類　362
シダレヤナギ　301
シッサス　367
シナフジ　402
シナレンギョウ　302
シネラリア　333
シネンシス系　287
シネンシス系ハイブリッドスターチス　263
シノブボウキ　289
シバザクラ　404
ジプシー系　248
シホウチク　403
シマオオタニワタリ　363
シマサンゴアナナス　364
シム系　247
シモクレン　400
シャクヤク　6, 312

ジャコウソウモドキ　311
シャコバサボテン　340, 342
シャスタデージー　312
ジャノヒゲ　403
ジャノヒゲ類　403
ジャーマンアイリス　311
シュウメイギク　312
シュッコンアスター　310, 315
シュッコンカスミソウ　271
シュッコンパンヤ　308
シュッコンフロックス　309
シュラブ・ローズ系　250
ジュリアンハイブリッド　328
ショウキラン　322
シラタマミズキ　300
シラン　360
シロイヌナズナ　157, 161
シロクジャク　310
シロバナエニシダ　296
シロバナマンジュシャゲ　322
シンテッポウユリ　257
シンニンギア　376
シンノウヤシ　289
シンビジウム　343
シンフォリカルポス　297

## ス

スイカズラ　401
スイセン　319, 320
スイートアリッサム　379, 385
スイートピー　163, 278
スイレン　6, 312
スカシユリ　257, 389
スカビオサ　305
スズラン　313
スターチス　262
スターチス・シヌアータ　163, 262
スタンダード系　248
スタンダードタイプ　251
ストケシア　312
ストック　260
ストレリチア・レギネ　312
ストロベリーキャンドル　305
スパイクラベンダー　378
スパティフィラム　361
スピードリオン　311
スプレーギク　240
スプレー系　248
スプレータイプ　251
スペインタイプ　348
スミレ　380
スモークツリー　297
スルガラン　345

## セ

セイタカアワダチソウ　312
セイヨウアジサイ　295, 368, 399
セイヨウイチイ　399
セイヨウオダマキ　374
セイヨウカジカエデ　397
セイヨウカンボク　299

セイヨウキヅタ　152
セイヨウタマシダ　363
セイヨウツゲ　398
セイヨウネズ　395
セイヨウノコギリソウ　308
セイヨウヒイラギ　399
セイヨウマツムシソウ　305
セキチク　247
セッカヤナギ　301
ゼブリナ　290
ゼラニウム　335
セントポーリア　337
センニチコウ　306
センネンボク　289
センリョウ　297

## ソ

ソケイ　297
ソネット系　248
ソリダゴ　312
ソリダスター　313

## タ

ダイアンサス　248
ダイアンサス類　386
ダイオウマツ　300
タイサンボク　400
タイマツバナ　315
タイム　405
ダイモンジソウ　376
タイワンシュウメイギク　312
タイワンホトトギス　315
タイワンヤマツツジ　370
タカサゴユリ　257
タケ・ササ類　403
タチアオイ　315
ダッチアイリス　320
タナケツム　313
タニウツギ　399
多肉植物　338
タフテッドパンジー　380
タマイブキ　395
タマサボテン　342
タマシダ　289, 363
タモトユリ　256
ダリア　320
ダルマヒオウギ　314

## チ

チェロネ・リオニー　311
地中海系　248
チドリソウ　286
チドリノキ　397
チャメドレア　368
チューリップ　8, 18, 164, 279, 387
チョウセンノギク　240
チョウセンレンギョウ　302
チョコレートコスモス　313
チランジア・シアネア　364

## ツ

ツキヌキニンドウ　401
ツキヌキユーカリ　301
ツゲ　398
ツツジ類　297, 394
ツバキ　11
ツバキ類　298, 395
ツルニチニチソウ　404
ツルバラ　401
ツルマサキ　402

## テ

ディアネラ・カエルレア　290
テイカカズラ　402
ティヌス　299
ディフェンバキア　366
ディプラデニア　378
ディモルフォセカ　375, 376
ティー・ローズ系　250
デージー　386
テッセン　311, 401
テッポウユリ　18, 257, 389
テーブルヤシ　368
テリハノイバラ　250
デルフィニウム　286
デレメンシスグループ　363
デンドロビウム　347
デンファレ　347
デンマークカクタス　340

## ト

ドイッスズラン　313
トウカエデ　397
トウガラシ　376
トウシキミ　296
ドウダンツツジ　298
トウツバキ　298, 396
トウヒ　399
トウワタ　308
トキワアジサイ　369
トケイソウ　402
トックリラン　363
ドラセナ　363
ドラセナ類　363
トラフアナナス　364
トラフヒメバショウ　290
トリカブト　313
トリゾミック系　260
トルコギキョウ　147, 163, 264

## ナ

ナスタチウム　375
ナツシロギク　313
ナツズイセン　322
ナツヅタ　402
ナデシコ　9
ナルコユリ　309
ナルコラン　309
ナンテン　298

## ニ

ニイタカビャクシン 395, 405
ニオイゼラニウム 335
ニオイヒバ 399
ニチニチソウ 376, 386
ニホンスイセン 319

## ヌ

ヌマヒノキ 398

## ネ

ネオレゲリア 365
ネフロレピス 363
ネリネ 321

## ノ

ノアザミ 308
ノイバラ 250, 298
ノウゼンカズラ 402
ノコギリソウ 308
ノシバ 406
ノシュンギク 315
ノシラン 404
ノダフジ 399
ノビルタイプ 347
ノーブルモミ 400
ノリウツギ 295
ノルウェーカエデ 397

## ハ

ハイシマカンギク 240
ハイドランジア 368
ハイネズ 395, 405
ハイビスカス 372
ハイビャクシン 395
ハイブリッドスターチス 263
ハイブリッド・ティー系 250
ハイブリッド・パーペチュアル系 250
ハウチワカエデ 397
パキラ 368
ハクモクレン 400
ハゴロモグサ 309
ハゴロモジャスミン 297
ハシラサボテン 342
ハス 6, 9, 313
ハツユキカズラ 402
ハナアザミ 308
ハナカイドウ 302
ハナガサギク 316
ハナキリン 342
ハナショウブ 313
ハナスベリヒュ 377
花ゼラニウム 335
ハナトラノオ 314
ハナトリカブト 313
ハナナ 306
ハナノキ 397
パフィオペディラム 360
ハーブゼラニウム 335
バーベナ 376, 386
ハボタン 12, 306, 386
ハマギク 312
ハマナス 250
ハマナデシコ 313
ハマヒサカキ 405
バラ 125, 177, 205, 215, 234, 250, 298
ハラン 290
ハワイアン系 372
パンジー 251, 380
パンジーオーキッド 361
ハンショウヅル 401

## ヒ

ヒアシンス 376
ヒイラギナンテン 399
ヒエンソウ 286, 306
ヒオウギ 314
ビオラ 380
ヒガンバナ 322
ビグノニア 402
ヒゴタイ 316
肥後ツバキ 396
ヒサカキ 296
ビジョナデシコ 306
ピットスポラム 298
ヒトツバカエデ 397
ビナンカズラ 401
ヒノキ 299, 397
ヒバ 299, 397
ビブルナム 299
ヒペリカム 129, 299
ヒペリカム・カリシナム 405
ヒポエステス 366
ヒマラヤソケイ 297
ヒマワリ 306
ヒメイタビ 402
ヒメイワダレソウ 404
ヒメサザンカ 396
ヒメシバ 406
ヒメタイサンボク 400
ヒメツゲ 398
ヒメツルニチニチソウ 404
ヒメヒマワリ 314
ヒメモンステラ 290
ヒメユリ 257
ヒメリンゴ 302
ビャクシン 395
ビャクブ 314
ヒョウタン 9
ビヨウヤナギ 405
ヒラドツツジ 394
ビンカ 376

## フ

ファレノプシス 164, 352
フィカス類 363
フィソステギア 314
フィットニア 366
フィロデンドロン 368
フウセンカズラ 401
フウラン 360
フウリンソウ 310
フウリンブッソウゲ 372
フォーミディブル 347
フォルモーサムタイプ 347
フクシア 377
フクジュソウ 377
フジ 402
フジナデシコ 313
フジバカマ 314
フッキソウ 405
ブッソウゲ 372
ブドウ 401
ブバルディア 314
ブプレウルム 306
ブミラ 383
フユヅタ 402
フヨウ 372
ブライダルベール 368
フランスギク 312
フランネルフラワー 377
フリージア 268, 392
フリーセア 364
フリソデヤナギ 301
プリムラ類 326
ブルーサルビア 382
ブルースター 309
ブルーデージー 377
ブルーレースフラワー 307
フレンチマリーゴールド 383
フロックス・マキュラータ 309
フロリバンダ系 250

## ヘ

ベゴニア 330
ペチュニア 384
ヘデラ 368, 402
ベニドウダン 298
ベニバナ 307
ベニフクリンセンネンボク 290
ペペロミア 368
ペラ 289
ベラドンナ系 286
ペラルゴニウム 335
ヘリオプシス 314
ヘリコニア 314
ベルジアンアザレア 370
ベロニカ 314
ベンガルボダイジュ 364
ペンタス 377
ヘンリーヅタ 401

## ホ

ポインセチア 373
ホウザンツバキ 396
ホウライチク 403
ポエタズ系 319
ホオズキ 315
ボケ 300
星咲きゼラニウム 335
ホタルブクロ 310
ポーチュラカ 377

ホテイアオイ　377
ポテンティラ・ベルナ　404
ポトス　362
ホトトギス　315
ポリアンサ・ローズ系　250
ホリホック　315
ホルテンシア系　369
ボロニア　378
ホワイトレースフラワー　307

## マ

マーガレット　315, 378
マキ　400
マスデバリア　361
マダケ　403
マツ　300
マツカサアザミ　309
マツバギク　404
マトリカリア　313
マリーゴールド　125, 307, 383
マンデヴィラ　378

## ミ

ミケルマスデージー　315
ミズキ　300
ミソハギ　315
ミツバアケビ　402
ミツバツツジ　297
ミナレット　379
ミニカトレヤ　356
ミニチュア系　250
ミヤコワスレ　315
ミヤマキリシマ　394
ミヤマハイビャクシン　395
ミヤマヨメナ　315
ミルトニア　361

## ム

ムギ類　161
ムクゲ　372
ムスカリ　378
ムベ　401
ムラサキハシドイ　302
ムラサキバレンギク　309

## メ

メイリー　289
メキシカンマリーゴールド　383

## モ

モウソウチク　403
モクシュンギク　315
モクレン　400
モナルダ・ディディマ　315
モミ　400
モモ　301
モモバギキョウ　310
モルセラ　307
モンステラ　368

## ヤ

ヤグルマハッカ　315
ヤツシロソウ　310
ヤナギ　301
ヤナギトウワタ　308
ヤブツバキ　298, 396
ヤブラン　403, 405
ヤマツツジ　297
ヤマフジ　402
ヤマボウシ　300
ヤマモミジ　397
ヤマユリ　256

## ユ

ユウゼンギク　310, 315
ユーカリ　301
ユキツバキ　298, 396
ユキノシタ　376
ユキバタツバキ　396
ユキヤナギ　301
ユチャ　396
ユーチャリス　321
ユッカ　368
ユーパトリウム　314
ユリ　255, 389
ユリアザミ　316
ユリオプスデージー　378
ユリ類　164

## ヨ

ヨウラクホオズキ　315
洋ラン類　343
ヨーロッパ系　372

## ラ

ライラック　302
ラヴァンディン　378

## ラ

ラカンマキ　399
ラークスパー　286
ラッセル・ルピナス　379
ラッパ・大杯系　319, 320
ラナンキュラス　321
ラフィーネ系　248
ラベンダー　153, 378
ランタナ　378
ラン類　33

## リ

リアトリス　316
リキュウソウ　314
リコリス　322
リーツェイ　290
リュウキュウアサガオ　401
リュウキュウオウバイ　297
リュウノヒゲ　403
リューカデンドロン　302
リューココリネ　322
輪ギク　241
リンゴ　302
リンゴツバキ　396
リンドウ　283
リンドウザキカンパニュラ　310

## ル

ルスカス　291
ルドベキア　316
ルピナス　379
ルリタマアザミ　316

## レ

レザーリーフファーン　291
レースキャップ系　369
レンギョウ　302

## ロ

ローズマリー　379
ローソンヒノキ　397
ローダンセ　379
ロードヒポクシス　379
ロニセラ・ニティダ　405
ロブラリア　379, 385
ロンギフローラムハイブリッド　257

## ワ

ワックスフラワー　303
ワレモコウ　316

# 和文索引

α波 232
ABCモデル 55, 76, 153
ACC合成酵素 203
ACC酸化酵素 203
APハウス 133
β波 232
$C_3$型光合成 357
$C_3$植物 148
$C_4$植物 148, 406
CA貯蔵 209
CAM型光合成 353
CAM植物 141, 148, 149, 349, 353, 356
　——のフェイズ 355
$CO_2$施用 98
$CO_2$飽和点 150
$CO_2$補償点 150
DNA多型 77
$F_1$雑種 64
$F_1$雑種育種法 67
$F_1$品種 81
FLC遺伝子 161
FT相同遺伝子 162
FTタンパク質 157
HIDランプ 138
$L^*a^*b^*$表色系 192
MA貯蔵 209
MA包装 209
NFT耕 182
PDCA方式 216
pF値 178
PLB増殖 94
PLB誘導 93
RNA干渉 75
S遺伝子 65
SD法 231, 235
SOC1遺伝子 161
T字形芽接ぎ 90
VRN1遺伝子 162
VRN2遺伝子 162
VRN3遺伝子 162
XYZ表色系 192

## ア

アイスチューリップ 282
赤玉土 111
秋植え球根 35, 146, 388
秋ギク 173, 241
秋咲き性 34
秋播き一年草 34, 381
悪臭 197
アクリル 134
アグロバクテリウム法 75
揚げ接ぎ 88
アザミウマ 121
亜種 24
亜硝酸態窒素 106
アスコルビン酸-グルタチオンサイクル 200
アスコルビン酸パーオキシダーゼ 200
アーチング仕立て 253
圧条法 87
圧ポテンシャル 205
S-アデノシルメチオニン 168
アデノシン-5′-二リン酸 148
アデノシン-5′-三リン酸 148
後休眠〔期〕 146, 293
後処理 212
亜熱帯性 31
アブシシン酸 168
アブラムシ 121
アボーション 185
アポプラスト 205
雨除け栽培 132, 176
アミノイソ酪酸 211
アミノエトキシビニルグリシン 185, 209
アミノオキシ酢酸 185, 209
1-アミノシクロプロパン-1-カルボン酸 168, 203
荒木田土 112
アラード(H. A. Allard) 155
アルカリ性肥料 113
アルギン酸カプセル化乾燥法 99
アルミニウム 369
アレガティエ(M. A. Alegatiere) 247
アレンジメント 227
アロマテラピー 233
合わせ接ぎ 86, 89
暗期中断 156, 159, 243
暗黒処理 159
アンチフロリゲン 157
アントシアニジン 195
アントシアニン 75, 193, 195, 265, 345, 369, 397, 406
暗発芽種子 145
アンモニア態窒素 106
安楽庵策伝 11

## イ

イオウ 108
イオンビーム 70
イオン漏出 199
異化 184
異花被花 53
維管束 42
維管束間形成層 42
維管束系 41
維管束形成層 40
維管束鞘 41
維管束植物 26
維管束内形成層 42
イギリス式庭園 220
育種 62
育種家 62
育種選抜 78
育種素材 62
育種法 65
育種方法 62
育種目標 62
育成者 79
育苗 174
異型花 327
異型接合体 63
異形複合花序 59
生け花 10
生け水 207
異質倍数体 71
移植 176
異数性 72
7-イソジャスモン酸 171
イソブチルアセトアルデヒド縮合尿素 113
イソペンテニルピロリン酸 167
イタリア式庭園 220
一塩基多型 78
一次根 151
一重項酸素 200
一巡植物 33
一代雑種 64, 81
一代雑種育種法 67
一年生植物 31
一年草 34
一部剪定折り曲げ法 177
萎凋 204
萎凋病菌 118
一回結実性 33
1回摘心 178
1回半摘心 178
居接ぎ 88
一季咲き〔性〕 33
一作仕上げ 389
遺伝 63
遺伝子 63
遺伝子組換え 62, 74
遺伝子組換え植物 74
遺伝資源 62

## 和文索引

遺伝子工学　74
遺伝子雄性不稔　67
遺伝的安定性　99
伊藤伊兵衛三之丞　11
移動式ベンチ　181
イネばか苗病菌　167
イブン・ブートラン(Ibn Butlân)　7
癒し　191, 231
　　──の庭　231
色の3属性　192
陰イオン　105, 114
陰イオン交換容量　105
陰芽　42
インガー(B. R. Yinger)　37
陰樹　32
陰生植物　13, 32, 150
インドール酢酸　166
インドール酪酸　85, 166
陰‐陽生植物　32

### ウ

ウイック法　180
ウィルキンス(H. F. Wilkins)　274
ウイルス　100, 120, 122
ウィルソン(E. H. Wilson)　16
ウイロイド　101, 120, 246
植え傷み　176
植木類　4, 394
ウェント(F. W. Went)　166
ウォーターカーテン　139
羽状〔の〕　45
羽状複葉　45
雨滴伝染　124
畝幅　176
畝間　176
畝間灌水　180
羽片　45

### エ

永久萎凋点　179
永久しおれ点　179
英国王立園芸協会　193
栄養系　34
栄養系選抜　63, 66
栄養成長　147
栄養成長相　144
栄養繁殖　34, 65, 81, 84
栄養繁殖性花卉　62
腋芽　42, 48
腋花芽　43
易効性有効水　178
腋生花芽　43
腋生分枝法　95
液相　103
液体肥料　115
液胞　40
エコファーマー　128
壊死　199
枝　48
枝変わり　69
枝挿し　85

枝接ぎ　88
枝物　4, 38
エチレン　77, 168, 201, 365, 392
エチレン感受性花卉　250
エチレン-酢酸ビニルフィルム　134
エチレン作用阻害剤　209, 345
エチレン受容　204
エチレン受容体　203
エチレン除去剤　209
エチレン生合成　203, 345
エチレン生合成阻害剤　209, 345
エチレン阻害剤　209
エチレン反応　201
エッセンシャルオイル　233
エティエンヌ(C. S. Estienne)　7
エテホン　172, 245, 365
江戸時代の園芸　13
エピジェネティクス　161
エピジャスモン酸　171
エブアンドフロー方式　180
9-シス-エポキシカロテノイドジオキシゲナーゼ　168, 197
エライオソーム　60
エライザ法　101
エロフィンパイプ　139
沿下〔の〕　46
塩化ビニル　134
塩基性植物　32
塩基性土壌　105
塩基の挿入・欠失　78
塩基バランス　115
エングラー(H. G. A. Engler)　23
園芸　2, 7, 231
　　──の職業訓練　229
　　──の東西交流　12
　　──の療法的活用　237
園芸家　3
園芸学　3
園芸活動　236
園芸作業　236
園芸作物　2
園芸社会学　228
園芸セラピー　237
園芸的一年草　34
園芸的分類　33
園芸福祉　3, 229, 237
園芸利用学　3
園芸療法　3, 231, 236
園芸療法士　236, 238
園芸療法プログラム　236
園芸レクレーション　229
円錐花序　59
遠赤外線　137
遠赤色光　154
エンブリオジェニックカルス　96
塩類集積　108
塩類障害　108
塩類濃度　115

### オ

扇形花序　59

黄色蛍光灯　250
黄変　194
大型温室　133
オオタバコガ　122
オキサミド　114
オーキシン　84, 166
屋上緑化　221
晩生　33
オークマ(K. Ohkuma)　168
雄しべ　52
オスグッド(C. E. Osgood)　231
オスモプライミング　84
オートファゴソーム　199
オートファジー　199
親食い　91
オランジェリー　8
折り曲げ枝　253
卸売市場　212
オーロン　196
温室　132
温室環境制御　132
温室環境制御システム　136
温室栽培　131, 176
温室植物　36
温室制御装置　136
温室内光環境制御　137
温室村　18
温周性　33, 160
温水暖房　139
温帯系　31
温湯種子消毒技術　125
温湯処理　164, 259, 391
温湯暖房　139
温度係数　200
温度差換気　141
温度制御　139
温風暖房　139

### カ

科　24
開花　154
開花室　209
開花調節　154, 159, 163
開花反応　155
外花被〔片〕　53
開花溶液　209
階級(生物の)　24
階級(選別の)　207
階級分け　207
塊茎　31, 34, 51, 91
『廻国奇観』　15
塊根　31, 34, 50, 52, 91
外子球　35
概日時計　155
概日リズム　155
外種皮　60
外植体　93
開拓使　17
害虫　121
外的品質　191
買取り業者　213

# 和文索引

カイネチン 94, 166
貝原益軒 3, 11
開放花 57
界面活性剤 175, 207, 211
海綿状組織 41
外面被覆 139
開葯 154
外来植物 30
香り 191, 197, 232
加温栽培 176
花芽 42, 154
花外蜜腺 61
『下学集』 11
化学的防除 124
化学肥料 113
花芽形成 153
踵挿し 85
花芽発達 152
花芽分化 152, 371, 395, 396
花芽分裂組織 152
花冠 53
花冠裂片 53
花器 152
花卉 2
　——の消費 20
花卉園芸 2, 13
花卉園芸学 3, 4
花卉栽培 4
　——の始まり 17
夏季剪定 177, 254
可給態リン酸 107
萼 54
萼筒 54
萼片 53, 54, 152
学名 23
隔離 81
隔離検疫制度 22, 130, 387
隔離栽培代替措置制度 130
萼裂片 54
萼割れ 188
花茎 55, 327
花茎培養 94
加工種子 83
過酸化脂質 200
過酸化水素 200
花糸 52
花式 56
花式図 56
花軸 54
仮軸性 33
仮軸分枝 33, 48, 274, 344
可視光 137, 191
可視光線 137
〔可視〕光線透過率 137
果実 60
果樹 2
夏秋ギク 173, 241
果樹園芸 2
果樹園芸学 3
花熟 152, 350
仮種皮 60

花序 57
果序 60
花床 52, 54
過剰症 189
仮植 176
花色 194
　——の改変 75
花色調節 370
花序軸 57
花序分裂組織 152
『春日権現験記』 11
ガスクロマトグラフィー質量分析 198
ガスナー（G. Gassner） 160
花成 152
夏生一年生植物 31
花成刺激 152
花成誘導 159
風の道 221
花托 54
かたつむり形花序 58
片屋根式温室 132
カタラーゼ 200
花壇 38, 217
『花壇綱目』 11
『花壇地錦抄』 11, 260, 397
花壇用苗物 4, 19
花壇用苗物類 38, 380
花柱 52
花柱切断受粉 73
学校園芸 229
学校〔農〕園 229
活性酸素種 200
活性酸素消去系 200
活着 88
カットパック 110
カッピング 189
褐変 199
家庭園芸 3
家庭消費 214
花底色 195
ガーディネスク様式 8
ガーデニング 231
花筒 53
果糖 201
仮道管 42
仮道管組織 42
ガーナー（W. W. Garner） 155
花内蜜腺 61
鹿沼土 111
鹿の子模様 195
カーバイト 365
花被 53
仮比重 103
花被片 52, 53
『花譜』 3, 11
カフェ酸 196
株間 176
株分け 91, 404
花粉 52
花粉塊 52
花粉嚢 52

花粉培養 63
花柄 55
花弁 53, 152
花木類 4, 13, 20, 35, 368, 394
鎌形花序 58
仮雄蕊 52
花葉 43, 52, 152
ガラス室 133
ガラス繊維強化アクリル 134
ガラス繊維強化ポリエステル 134
カラーチャート 193
カリ 107
カリウム 107
カリ質肥料 114
夏緑性 33
芽鱗 42
軽石 112
カルコン 196
カルシウム 107
カルビン回路 148
加齢 199
カロテノイド 193, 196, 265
カロテノイド酸化開裂酵素 197
カロテン 197
環域 152, 153
感覚毛 61
換気 140
換気制御 140
環境汚染 229
環境基準 229
環境教育 229
環境制御 136
環境センサー 136
環境調節 131, 136
環境にやさしい農業 229
環境保全型農業 127, 229
間欠照明 159, 243
還元型ニコチンアミドアデニンジヌクレオチドリン酸 148
緩効性肥料 113
乾式貯蔵 209
乾式輸送 208
観賞園芸学 4
管状花 57
観賞価値 191
観賞植物 3
環状剥皮 87, 294
灌水〔開始〕点 179
灌水同時施肥 179, 183
含水量 141
貫生 187
貫生花 187, 334
乾生植物 31
完全花 56
完全優性 64
完全葉 43
乾燥気候型 30
間断腰水給水 180
官能検査 198
官能評価 235
灌木 33

ガンマ線　70
ガンマフィールド　70
観葉植物　36, 361
寒冷紗　135

## キ

偽花　57
偽果　60
器官離脱　201
偽球茎　49, 93, 344
キクえそ病　246
キク白さび病　245
キクわい化ウイロイド　120, 246
キクわい化病　246
偽茎　49
奇形花　185
起原層　70
木子　35, 51, 91, 257, 268, 270, 391
気孔　41, 43
気候型　28
気候区分　28
気孔抵抗　204
気根　50, 51, 362
季咲き　154
岐散花序　58
キサントフィル　197
『魏志』　9
奇数羽状複葉　45
傷伝染　124
気生植物　31
キセノンランプ　138
気相　103
気分プロフィールテスト　231
旗弁　54
基本組織系　41
キメラ　70
逆転写-ポリメラーゼ連鎖反応法　101
キャビテーション　205
球茎　31, 34, 51, 91
球根　34, 51
　　──の形態　35
　　──の輸出　18, 21, 387, 389
　　──の輸入　22
球根形成　146
球根植物　51
球根生産　387
球根繁殖　92
球根類　4, 20, 34, 38, 387
吸枝　49, 91, 147, 241
吸湿水　178
球状胚　73
吸水　204
給水　180
吸水根　51
吸着登攀タイプ　402
厩肥　112
休眠　83, 144, 162
休眠芽　30, 42
休眠型　30
休眠枝挿し　85
休眠枝接ぎ　88

休眠誘導　158
距　54
偽葉　152
境栽花壇　217
強制換気　141
共同出荷　213
共同選花　213
共同選花場　213
喬木　33
共有派生形質　25
極気候型　30
極性移動　166
巨大細胞　122
魚雷型胚　73
切り上げ仕立て　253
切り枝　4, 38, 291
切り接ぎ　88, 254
切り葉　4, 21, 38, 289
切り花　3, 19, 21
切り花類　38, 240
切り前　206
切り水　207
切り戻し　212
キレート　194
近縁種　73
菌核病菌　118
近交弱勢　64
近赤外線　137

## ク

空気浄化効果　225
空気伝染　124
空気膜二重温室　134, 139
偶数羽状複葉　45
偶発突然変異　69
茎　48
　　──の亀裂　190
茎挿し　84, 85
茎伏せ　351
茎巻きひげ　49, 61
『草花絵前集』　11
管挿し　85, 367
クチクラ　41
クチクラ蒸散　204
クック(C. E. Cook)　171
苦土　108
クーパー(A. Cooper)　182
クパーニ(F. Cupani)　278
区分キメラ　70
クマル酸　196
組換え DNA　74
く溶性　113
クライマクテリック型　202
クライマクテリック上昇　168, 202
クライヤー(A. Cleyer)　15
グラジオラス咲き　186, 269
鞍接ぎ　89
クランツ型葉構造　148
グランドカバー　4, 39
グリセルアルデヒドリン酸　148
クリック(F. H. C. Crick)　63

クリプトクローム　154
グリーンアメニティ　223
クルシウス(C. Clusius)　8
車枝　49
グロースチャンバー　137
クロッカー(W. Crocker)　168
グローブ(M. D. Grove)　168
黒ボク土　103
クロロインドール酢酸　166
クロロシス　189, 370
クロロフィラーゼ　196
クロロフィリド　196
クロロフィル　148, 193, 196, 265
クローン　92
クロンキスト(A. Cronquist)　23
クローン品種　353
群　27
くん煙処理　392
グンバイムシ　122
『群芳譜』　3

## ケ

毛　60
蛍光灯　138
稽古花　214
形質転換　74
形質転換植物　74
茎出根　257
茎針　49
形成層　40
茎生葉　152
茎節　340
形態形成　150
茎頂培養　66, 93, 100
茎頂分裂組織　40, 150
系統育種　66
系統分類　23, 32, 79
ゲイン(R. Gane)　168
化粧鉢　109
ゲスナー(K. C. Gesner)　8
結合水　178
結合部位　203
結束　207
欠乏症　189
ゲノム　71
ゲノムサイズ　73
ゲルベル(T. Gerver)　275
牽引根　35, 50, 268
限界日長　155, 243
嫌光性種子　83, 145
巻散花序　58
原始的双子葉群　26
『源氏物語』　10
原種採種　81
原生地　28
減農薬　127
ケンペル(E. Kaempfer)　15

## コ

コイア　111, 254
高圧ナトリウムランプ　138

高温障害　159
合萼　54
厚角組織　41
交換性塩基　105
香気成分　197
高輝度放電ランプ　138
抗菌剤　211
孔隙　103
孔隙率　103
光合成　148
好光性種子　83, 145, 327, 328
光合成速度　149
光合成有効光量子束　137
光合成有効光量子束密度　149, 324
光合成有効放射　137, 149
交雑　62
交雑不親和性　65
後作用型　160
抗酸化物質　200
抗GA剤　172
光質　157
硬実　83
硬質フィルム　135
光周性　33, 35, 155
後熟　144
高出葉　47
耕種的防除　125
高所ロゼット　147
更新型塊茎　91
更新型球根　35
更新型鱗茎　91
降水量　28
合生托葉　46
洪積土　103
高設栽培システム　181
高設ベッド　181
光線透過率　137
高速液体クロマトグラフィー　193, 198
酵素抗体結合法　101
光電池　138
交配種　81
交配品種　81
合弁花　56
合弁花冠　53
合弁花類　26
孔辺細胞　41, 43
高木　33
剛毛〔がある〕　60
紅葉　194, 397
小売価格　213
小売業者　212
光量子計　138
光量子束　137
高冷地育苗　174
呼吸基質　201
呼吸熱　200
『古今和歌集』　10
国際栽培植物命名規約　27
国際照明委員会　192
国際植物品種保護連合　27
国際藻類・菌類・植物命名規約　23

国際花と緑の博覧会（花博）　19, 130
固形培地耕　182
コケ植物　26, 36
コケ類　36
ココナッツピート　111
コサージ　227
互散花序　58
『古事記』　9
腰水給水法　180
個人出荷　213
5数性　56
互生〔の〕　46
固相　103
古代インドの花　6
古代エジプトの花　6
古代中国の花　6
固定種　81
固定品種　81
コーティング種子　175
古典園芸植物　11, 37
子ども農園　229
コナジラミ　121
コニファー　35
コニファーガーデン　219
五倍体　71
コミュニティガーデン　219
コミュニティポット　94
コーリング　92
コルク形成層　40
コルチゾール　232, 235
コルディ（V. Cordi）　8
コールドチェーン　208
コルヒチン　72
混芽　42
根冠　49
根系　50, 151
根茎　31, 34, 51, 96
根圏　82
根原基　85
混合芽　42
混合花芽　42
混合受粉　73
根出葉　47
根端分裂組織　150
コンテナガーデン　219
コンテナ栽培　109, 176
根頭がんしゅ病　255
根被　51, 344
根毛　49

## サ

差圧予冷　208
細菌病　119
採種　81
栽植距離　177
栽植方法　176
栽植密度　177
最初の花人　5
再生能　95
再電照　245
彩度　192

サイトカイニン　166
サイドライトホローシステム　98
栽培化　30
栽培期間　176
栽培床　180
栽培植物　26
栽培棚　180
栽培品種　27
細胞質遺伝　64
細胞質雄性不稔　68
細胞壁　40
細胞膜　199
細胞融合　62, 74
細霧　175
細霧灌水　179
細霧冷房　140
再利用型バケット　208
先取り法　87
作業療法　231, 237
作型　173
柵状組織　41
腊葉標本　24
砂耕　182
挿し木　10, 84
挿し木台　86
挿し木苗　85, 254
挿し木発根苗　85
挿し木繁殖　84
挿し木用土　84
砂壌土　102
さそり形花序　58
殺菌剤　211
ザックス（J. von Sachs）　181
雑種強勢　64
雑種第1〔世〕代　63, 66
雑種第2〔世〕代　63, 66
雑草の園芸化　14
砂土　102
サビダニ　122
サーモスタット　136
左右相称花　56
左右相称花冠　53
3回羽状複葉　45
酸化型ニコチンアミドアデニンジヌクレオチドリン酸　148
『山家集』　10
酸化障害　200
サンクガーデン　217
散形花序　58
三元交配　69
三原色　192
三重反応　168
三出複葉　45
散水ノズル　179
3数性　56
酸性植物　32
酸性土壌　105
酸性肥料　113
三相分布　103
三倍体　71
散房花序　58

山野草　37
三要素系肥料　112
散乱性フィルム　136
散乱日射　138
3輪生　46

## シ

次亜塩素酸　211
シアニジン　195, 251
しいな種子　81
シェード栽培　176
シェードプランツ　13
雌花　56
紫外光　191
紫外線　137
紫外線カットフィルム　136
紫外線透過率　137
視覚疲労　226
直挿し栽培　244
自家受粉　62
自家不和合性　65
直播き　81
雌花両性花異株　57
雌花両性花同株　57
師管　42
篩管　42
師管要素　42
色差　192
色彩計　193
四季咲き〔性〕　34, 394
色素　193
色相　192
色素体　193
色調　192
色度　192
子球　51, 91, 96, 146, 268, 388
シグナル伝達　204
シグモイド型成長曲線　144
シクロディウレア　114
シクロドーパ　197
試験管内受精　73
自己触媒的エチレン生成　203
仕事花　214
自己抑制的エチレン生成　203
刺座　342
師細胞　42
師細胞組織　42
支持根　51
市場価格　213
市場価値　214
糸状菌病　117
自殖弱勢　64, 81
自殖性　81
自殖性花卉　62
シース　43, 346
雌蕊　52, 152
雌蕊群　52
シス型ジャスモン酸　171
自生植物　30
雌性不稔　65
雌性両全性異株　57

雌性両全性同株　57
施設園芸　131
施設園芸学　3
施設環境制御　136
施設栽培　131, 175
自然換気　141
自然交配　81
自然突然変異　69
自然分類　32
持続可能な農業　3
シダ植物　26
仕立て　253
シダ類　36
支柱根　51
湿式貯蔵　209
湿式輸送　208
湿潤冷蔵　164
湿生植物　32
湿地性　37
質的短日植物　155, 339, 341
質的長日植物　155
室内装飾　223
室内緑化　222
ジッピング　396
実容積　103
自動移植機　176
自動換気　141
自動灌水　179
自動植物培養システム　97
児童農園　229
自動播種機　175
シードテープ　84
子のう菌類　117
シバ　406
芝　4, 20
芝草　39
自発休眠　144, 369
師部　42
篩部　42
ジベレリン　167, 361
ジベレリン酸　211
子房　52
子房下位〔性〕　56
脂肪酸　198, 199
子房周位性　56
子房上位〔性〕　56
子房中位〔性〕　56
子房培養　73
絞り　195, 396
シーボルト（P. F. von Siebold）　12, 15
姉妹群　25
シム（W. Sim）　247
シム系品種群　70, 247
湿り空気線図　140
社会園芸　3
社会園芸学　228
遮光カーテン　134
ジャスモン酸　171
種　24
雌雄異花　57
雌雄異株　57

汁液接種法　101
周縁キメラ　70
周縁区分キメラ　70
収穫　206
収穫後技術　191
集合花　57
柔細胞　41
集散花序　57, 58
十字対生　46
自由水　178
集団育種　66
集団選抜　62, 67
雌雄同株　57
周年切り作型　253
重粘土　102
終夜照明　159
重力換気　141
重力水　178
重力ポテンシャル　205
珠芽　42, 257
種間雑種　73
熟枝挿し　85
種形容語　24
主根　50
種子　4, 60
種子系　34
種子根　50
種子春化　160
種子植物　26
種子処理　83
種子繁殖　34, 81
種子繁殖性花卉　62
種小名　24
種子冷蔵処理　266
出芽　83
宿根草　34
出葉速度　151
シュート　48, 94
　　──の発根　95
シュート形成　94
シュート水平折り曲げ仕立て　253
シュート増殖　94
種皮　60
樹皮　111
種苗　39
種苗生産　5
種苗法　62, 80
趣味園芸　3
主脈　43
撞木挿し　85
撞木取り法　87
シュレヒター（F. R. R. Schlechter）　347
春化　160
順化　85, 98, 206
純系選抜　62, 66
純正花芽　43
盾着〔した〕　47
子葉　60
省エネルギー　142
小花　57
小花柄　55

条間　176
蒸気圧　197
蒸気消毒　126
蒸気暖房　139
蒸散　204
硝酸化成　106
硝酸化成菌　106
硝酸態窒素　106
蒸散抑制剤　211
蒸散流　204
掌状〔の〕　45
掌状複葉　45
小植物体　93, 94
小植物体形成　94
小総苞　47
小総苞片　47
小托葉　45
省電力新照明方式　98
照度　137
壌土　102
上胚軸　60
上胚軸休眠　145
蒸発散量　140
蒸発冷却法　140
上部給水　180
小苞　47
消耗型鱗茎　91
縄文人と花　9
小葉　45
小葉柄　45
省力化　142
常緑性　33
初期萎凋点　179
初期しおれ点　179
埴壌土　102
食虫植物　37, 48
埴土　102
『続日本後記』　10
植物寄生性線虫　122
植物工場　136
植物新品種保護国際同盟　79
植物成長調整剤　166, 172
植物成長調節物質　166
植物耐寒限界ゾーン地図　31
植物体春化型　334
植物特許　80
植物標本　24
植物品種保護法　80
植物防疫　129
植物ホルモン　166
初生根　50
初代培養　93
ショ糖　201
初夜加温　165
除雄　65, 67, 81
白絹病菌　118
人為突然変異　70
人為分類　33
真果　60
芯枯れ　189
真休眠〔期〕　146, 293

真空予冷　208
人工気象室　137
人工光源　136
人工交配　81
人工種子　99
人工照明　138
真正双子葉群　26
心臓型胚　73
浸透圧　205
浸透圧調節物質　201
浸透ポテンシャル　205
芯止まり　189
侵入害虫　121
『神農本草経』　7
心皮　52, 152
真比重　103
新品種保護　79
シンプラスト　205
唇弁　53
深夜電照　159
針葉樹　35
深裂〔の〕　45
親和性　88
神話の花　9

## ス

髄　41
垂下球　35
水耕　182
髄腔　42
水栽花壇　219
穂状花序　58
水浸状化　97, 101
水生植物　31
水素イオン濃度　105
水草　37
水素炎イオン化検出器　198
蕊柱　52, 344
水中根　50, 51
水中植物　32
水媒伝染　124
随伴性陰性変動　235
水分恒数　142
水溶性　113
スイレン型花卉　7
スクーグ (F. Skoog)　166
スクーピング　92
頭上灌水　179, 245
頭上給水　180
スタンダードタイプ　178
ストリゴラクトン　171
ストリゴール　171
ストロン　91, 391
スーパーオキシド　200
スーパーオキシドジスムターゼ　188, 200
スプリンクラー　179
素焼き鉢　109
スリークォーター式温室　132
スリーピング　207

## セ

ゼアチン　166
生育期　28
生育相　144
生育土壌　32
生花　227
生活型　30
生活環　123, 144
生活形　30
生活の質　3, 231
成形　402
制限酵素断片長多型　77
生産園芸　3
整枝　177
成熟相　152
生殖成長相　144
精選　81
ぜいたく吸収　107
成長　144
成長有効水　178
成長抑制法　99
成長力　185
成品生産　5
生物学的種概念　24
生物検定法　101
生物多様性　229
生物的防除　127
生物時計　155
精油　233
成葉　402
西洋ラン　36
生理型　119
生理障害　184
赤外光　191
赤外線　137
赤色光　154
『尺素往来』　11
セスキテルペン　198
世代促進　63
節　48
石化　187
石灰　108
石灰岩植物　32
節間　48
接合菌類　117
舌状花　57
絶対的短日植物　155
絶対的長日植物　155
節培養法　94
切片挿し　92
施肥時期　115
施肥法　114
施用位置　115
競り　212
セル成型苗　39, 82, 174
セルトレー　82, 110, 174
セル苗　174
セルパック　110
腺　61
潜芽　42

センサリーガーデン 235, 238
全枝折り曲げ法 177
染色体基本数 71
染色体倍加 72
蘚苔植物 36
蘚苔類 36
線虫 122
剪定 177
全天日射計 138
鮮度 191
鮮度保持 191
鮮度保持剤 209
セントポール(Walter von Saint Paul) 337
潜伏芽 42
選別 207
腺毛 61
全葉挿し 86
浅裂〔の〕 45
全裂〔の〕 45

## ソ

ソイルブロック 82, 174
そう果 60
造花 10, 227
総合的病害虫・雑草管理 128
総合的防除 128
走出枝 49
総状花序 58
双子葉植物 26
層状鱗茎 31, 51
装飾花 57, 369
総穂花序 57, 58
叢生 48, 95
相対的短日植物 155
相対的長日植物 155
早朝加温 165
早朝電照 159
相転移 199
贈答用 214
早晩性 33
総苞 47
総苞片 47
草本 3, 33
『草木奇品家雅見』 12
『草木錦葉集』 12
そぎ芽接ぎ 90
属 24
側芽 42, 48
側花芽 43
属間雑種 73
側根 50, 151
側小葉 45
測色 192
測色計 192
側生花芽 43
側部分裂組織 40
側脈 43
属名 24
組織培養 174
速効性肥料 113

外張り資材 134
ソフトピンチ 177
粗毛〔がある〕 60
ソレッキー(Ralph S. Soleki) 5

## タ

第一次伝染源 123
帯化 187
台勝ち 88, 253
耐寒性 31
台木 87
耐久器官 119
台木利用技術 125
対抗植物利用技術 125
体細胞雑種 74
体細胞胚 96
体細胞変異 99
代謝 184
台車 208
退色 199
対生〔の〕 46
代替エネルギー 142
耐凍性 31
堆肥 112
タイプ標本 24
台負け 88
太陽熱消毒 126
大陸西岸気候型 28
大陸東岸気候型 29
大量増殖 97
ダーウィン(C. R. Darwin) 166
駄温鉢 109
多回結実性 33
多芽球体 96
多芽球体法 96
高島得三 17
他家受粉 62
高取り法 87
高芽 42, 87
ダクト送風 139
托葉 43
多孔チューブ 179
多孔パイプ 179
多散花序 58
多重遺伝子族 203
多出集散花序 58
多巡植物 33
他殖性 81
他殖性花卉 62
田代安定 16
脱春化 161
脱緑 194, 202
盾芽接ぎ 90
多糖 201
田中芳男 16
棚持ち 191
多肉茎 49
多肉根 50
多肉植物 12, 36
多肉葉 48
多年草 34

他発休眠 144, 369
タペストリーガーデン 217
玉川温室村 247
多目的細霧システム 140
多量必須元素 106
ダルメ(M. Dalmais) 247
単一脈系 43
湛液型水耕 182, 183
湛液循環式水耕 182
湛液流動水耕 182
短花柱花 57, 327
単花被花 56
短期貯蔵 208
単茎性 48, 352, 353
短茎多収栽培 244
単系統群 25
団子挿し 86
だんご花 187, 272
炭酸同化作用 148
短枝 48
短時間遠赤色光照射処理 159
担子菌類 118
単軸性 33
単軸分枝 33, 48
短日植物 155, 373
短日処理 159, 340
単出集散花序 57, 58
単子葉植物 26
単色光 157
単性花 56
単頂花序 57
短長日〔性〕植物 156
単棟温室 132
短波放射 137
暖房 139
段ボール箱 207
単面葉 43
単葉 45
単粒構造 103
団粒構造 103

## チ

チアゾリン 211
チオ硫酸銀錯塩 185, 247
地下茎 31, 48
置換性塩基 105
地球温暖化 220
遅効性肥料 113
致死遺伝子 64
地上茎 48
地上散水 179
地上植物 31
地生種 36
地中海気候型 28
地中灌水 179
地中根 50
地中植物 31
地中冷却 163, 274
窒素 106
窒素飢餓 190
窒素質肥料 114

チップバーン　189
地被植物　4, 35
地被植物類　20, 39, 401
地表散水　179
地表植物　31
チャイラヒャン（M. Chailakhyan）　157
着生種　36, 365
着生植物　31, 32
中央脈　43
虫害　121
中核真正双子葉群　26
中心柱　41
抽水植物　32
抽水性　37
中性花　369
中性植物　32, 155
中性肥料　113
沖積土　103
柱頭　52
虫媒　81
虫媒伝染　124
中裂〔の〕　45
チューブ灌水　179
チューリップ狂時代　8, 387
頂芽　42, 48
頂花芽　43
長花柱花　57, 327
頂芽優勢　33, 151
長期貯蔵　209
長枝　48
長日植物　155
長日処理　159
長梢挿し　85
頂小葉　45
調整　207
頂生花芽　43
長短日〔性〕植物　156
頂端分裂組織　40
長波放射　139
超微小茎端分裂組織培養法　101
超八重　59
直接作用型　160
　――の低温反応　261
直達日射　138
貯蔵根　50, 274
沈床花壇　217
沈水植物　32
沈水性　37
鎮静効果　235

### ツ

追肥　115
通気　184
通気性　103
通導抵抗　205
通風予冷　208
接ぎ木　10, 87
接ぎ木親和性　88
接ぎ木苗　88, 254
接ぎ木繁殖　87
接ぎ木不親和性　88

接ぎ挿し　86, 254
接ぎ挿し苗　174
突き抜き〔の〕　47
接ぎ穂　87
蕾切り　206
蕾受粉　65
蕾貯蔵　209
ツュンベルク（C. P. Thunberg）　15
つる下げ　279
つる性植物　32, 37, 362
つる性登攀植物　401
つる物類　401
『徒然草』　11

### テ

低圧ナトリウムランプ　138
低温障害　159, 209
低温貯蔵　209
低温保存　98
低温要求　160
定芽　42, 48
挺幹　49
定根　50
底出根　257
低出葉　47
定植　176
ディフ　165
底部吸水　180
低木　33
底面灌水　82
底面給水　180
デオキシリボ核酸　63
手灌水　179
摘花　177, 390, 391, 392
摘芽　177
摘心　177
適正農業規範　216
摘蕾　177
テクノストレス　220
出島の3賢人　15
綴化　187
デモール（E. Demole）　171
テラコッタ　109, 219
テラス花壇　217
デラバイ（J. M. Delavay）　327
デルフィニジン　76, 195, 251
テルペノイド　197, 198
展開速度　151
電気温床　140
電気伝導度　105, 115
天挿し　85
テンシオメーター　142, 178
転写調節因子　204
電照　159, 243
電照栽培　137, 176
伝染環　123
点滴灌水　179
伝統花卉　38
転流　184

### ト

頭花　58
同化　184
同花被花　53
透過率　137
道管　42, 205
導管　42
道管閉塞　205
道管要素　42
冬季剪定　254
陶器鉢　109
等級　207
等級分け　207
東京高級園芸市場　18
同型接合体　63
同形複合花序　59
凍結〔貯蔵〕球　209
凍結保存法　99
東西棟　132
冬至芽　33, 147, 241
糖質　201, 211
同質倍数体　71
筒状花　57
頭状花序　58
頭状総状花序　59
透水性　103
銅葉　194
東洋ラン　36, 344
冬緑性　33
遠縁交雑　73
特殊肥料　112
独立の法則　63
刺　61
都市園芸　3
都市園芸学　220
都市化　220
土壌　102
　――の栄養診断　106
　――の反応　104
土壌改良材　112
土壌還元消毒技術　125
土壌空気　104
土壌コロイド　105
土壌酸度　104
土壌条件　28
土壌-植物-大気連続系　204
土壌診断　105
土壌水　104, 178
土壌水分制御　141
土壌水分張力　178
土壌生物　104
土壌通気　104
土壌伝染　124
土壌微生物　104
土壌肥沃度　106
土壌由来素材　111
土壌溶液　104
土壌粒子　103
都市緑化　220
トスポウイルス　120

土性 102
土性三角図表 102
土層 103
土中植物 31
突然変異育種〔法〕 62, 69
ドーナー(F. Dorner) 247
トピアリー 398
トピアリーガーデン 219
トマト黄化えそウイルス 120, 246
トムソン(T. Thomson) 380
止め葉 48, 350
渡来種 9, 10
渡来植物 14
ドライフラワー 227
トラフ法 180
トランスポゾン 69, 195
鳥足状複葉 45
取り木 86
取り木繁殖 86
取り播き 82
ドロッパー 91
トンネル 134
トンネル栽培 132, 175
問屋 18

## ナ

内花被〔片〕 53
内子球 35
内種皮 60
内鞘 42
内的品質 191
ナイト(L. I. Knight) 168
内皮 41
苗物 4
仲卸 212
中庭 7
夏型一年草 34
夏ギク 173, 241
夏切り中心作型 254
ナトリウムランプ 138
斜め挿し 85
ナフタレン酢酸 85
軟質フィルム 135
南北棟 132

## ニ

におい嗅ぎガスクロマトグラフィー 198
におい嗅ぎ装置 198
二回羽状複葉 45
二階球 269, 392
肉芽 42
肉穂花序 47, 58, 365
二元交配 69
二酸化炭素 148
二酸化炭素施用 141
二次休眠 83
二次代謝物 197
二次伝染 124
二重被覆 139
二出集散花序 58

2数性 56
二段階凍結法 99
日常生活活動 231
日華植物区系区 12
日光温室 132
日射 137, 149
日射透過率 137
日長 28, 154
日長感応性 155
日長反応 155
二糖 201
二度切り栽培 244
二年草 34
二倍体 71
日本園芸植物標準色票 193
日本最古の鉢植え 10
日本芝 406
『日本植物誌』(1784) 15
『日本植物誌』(1870) 15
日本植物の頒布 16
二名法 24
二命名法 24
乳液 61
乳管 61
二鱗片挿し 92
人間・植物関係 228
人間・植物相互作用 228

## ネ

根 49
ネアンデルタール人 5
ネーキッド種子 84
ネグサレセンチュウ 122
ネクロシス 189
ネコブカビ類 117
ネコブセンチュウ 122
根挿し 84, 86
ネダニ 122
熱貫流率 142
根接ぎ 87, 89
熱水土壌消毒 126
熱帯気候型 30
熱帯高地気候型 29
熱帯性 31
ネットハウス栽培 176
熱利用土壌消毒技術 126
根鉢 82
眠り病 168, 201
稔性花 369
粘土 102

## ノ

農業 2
農酢ビ 134
農作物 2
脳波 231
農ビ 133, 135
農 PO 133, 135
農薬登録制度 125
ノーズ 281
ノッチング 92

ノップ(W. Knop) 181
2,5-ノルボルナジエン 211

## ハ

葉 43
胚 60
灰色かび病菌 118
バイオアッセイ 101
バイオテクノロジー 73
パイオニアルート 35
倍加半数体 73
倍加半数体法 63
配合土 110
胚軸 60
胚珠 52
胚珠培養 73
倍数性 71
倍数性育種 62
倍数性育種法 71
倍数体 71
培地 93
培地耕 182
ハイデッカー(W. Heydecker) 84
培土耕 183
胚乳 60
胚培養 73, 273
ハイパーハイドリシティ 97, 101
パイプハウス 133
培養液 183
——への通気 184
ハイラック仕立て 253
ハウス栽培 131, 176
葉かき 276
パーキンソン(J. Parkinson) 7
バーク 111
白化 189
薄層クロマトグラフィー 193
薄膜水耕 182
葉組み 326
バケット輸送 208
箱づめ 207
葉挿し 84, 86, 337
橋接ぎ 88, 89
播種 81
波状取り法 87
ハダニ 121, 122
畑和助 17
鉢上げ 176
鉢替え 176
鉢栽培 109
鉢苗 174
鉢の木 11
八倍体 71
鉢広げ 177
鉢物 3, 19
鉢物類 38, 323
波長別放射計 139
発育 144
発育不全 185
発芽 82
発芽勢 83

発芽率 82
バックバルブ 48, 344, 348
発光ダイオード 97, 138, 157
発色 194
パッドアンドファン冷房 140
ハードピンチ 177
花 52
　——の寿命の延長 77
　——のルネッサンス 11
花形の改変 76
花原基 152
花下がり 186, 269
花食 5
花束加工業者 213
花店 213
花飛び 185, 344
花持ち 191
花屋 213
バーナリゼーション 160
バーナリン 161
パネルテスト 198
バビロンの空中庭園 221
ハーブ 37, 232
ハーブ園 235
ハーブガーデン 219
葉巻きひげ 48, 61
バーミキュライト 110
葉芽挿し 86
はめ接ぎ 90
ハモグリバエ 121
葉物 38
葉焼け 188, 190
パーライト 110
バラの香気成分 233
春植え球根 35, 146
パルス処理 212
バルブ 49, 344
春播き一年草 34, 382, 384
反射性フィルム 135
反射マルチ 134
半熟枝挿し 85
繁殖 81
半数体 73
半数体育種 73
汎世界的園芸植物 14
半耐寒性 31
半地中植物 31
半八重 59

## ヒ

避陰反応 158
ビオトープ 229
光環境制御 137
光強度 137
光受容体 154
光選択性資材 136
光中断 156
光飽和点 150
光補償点 149, 206, 361
光利用技術 126
非還元配偶子 71

非クライマクテリック型 202
ひげ根 50
非更新型塊茎 91
非更新型球根 35
非更新型鱗茎 91
被子植物 26
被子植物系統研究グループ 23
非消耗型鱗茎 91
皮層 41
非相称花 56
非耐寒性 31
左巻き〔の〕 49
必須元素 106
『秘傳花鏡』 3
ピート 111
ヒートアイランド現象 220
一重咲き 59, 396
ピートポット 110
ヒートポンプ 142
一芽挿し 85
ピートモス 111
ビトリフィケーション法 99
ヒドロキシルラジカル 200
ヒナゲシ型花卉 7
被覆栽培技術 126
被覆資材 134
非メンデル遺伝 64
ひも給水法 180
日持ち 191
日持ち性 191
日持ち保証 215
『百椿集』 11
ビュスベック (O. G. de Busbecq) 8
氷温貯蔵 164, 390
病害 117
病害虫防御 117
病害抵抗性 128
病原型 119
苗条 93
苗条原基 96
苗条原基法 96
表色系 192
表皮 41
表皮系 41
表皮細胞 41
肥料 112
肥料成分 114
微量必須元素 106, 108
肥料焼け 190
ヒル反応 148
品質 191
品質管理 191
品質保持期間 191
品質保持剤 209
品質保証 215, 216
品種 24, 27, 62
品種間交雑 66
品種識別 78
品種登録 80

## フ

ファイトトロン 137
ファイトプラズマ 119
ファン換気 141
ファン・デ・ポール (van de Pol) 86
フィッシャー (P. Fisher) 247
フィトクローム 154, 158
フィラデルフィアグリーン 230
フィラフラワー 227
斑入り 12
斑入り植物 194
フィルムコート種子 83
フィルム培養容器 97
風媒 81
風力換気 141
フェオフィチン 196
フェオフォルビド 196
フェニルプロパノイド 198
フェンロー型温室 133
フォーチュン (R. Fortune) 12, 16
フォトダイオード 138
フォトトロピン 154
フォームフラワー 228
フォレスト (G. Forrest) 327
フォンク・ノールデグラーフ (C. Vonk Noordegraaf) 274
不完全花 56
不完全菌類 118
不完全優性 64
不完全葉 43
副花冠 54
副萼 54
副冠 54
複茎性 48
複合花序 59
複散形花序 59
複穂状花序 59
複総状花序 59
複層板 134
複対立遺伝子 64
覆土 82
福羽逸人 17, 247
複葉 45
覆輪 195, 265, 396
袋接ぎ 89
ブケー 227
不織布 135
不親和性 88
二重咲き 59
二又脈系 43
付着根 51, 401
普通取り法 87
普通肥料 112
普通葉 43
仏炎苞 47, 361, 365
フッ素フィルム 135
『物品識名』 14
『物類品隲』 14
不定芽 42, 48
不定芽形成 95

不定根 50, 151
不定胚形成 96
ブドウ糖 201
不飽和脂肪酸 199
浮遊植物 32
浮遊性 37
冬型一年草 34
冬切り中心作型 254
冬芽 42, 146
浮葉植物 32
浮葉性 37
腐葉土 111
プライミング 84, 146
ブラインド 185, 370
ブラインド球 185
ブラインド枝 185, 252
プラグシステム 175
プラグトレー 82, 174
プラグ苗 82
ブラシノステロイド 168
ブラシノライド 171
プラスチック硬質板 134
プラスチックハウス 133
プラスチック鉢 109
ブラスティング 185, 270, 281, 344
ブラックニング 252
フラッシング 254
フラボノイド 193, 196, 265
フラボノール 196
フラボン 196
フラワーデザイン 226
フラワーリングアウトピンチ 177
フランス式庭園 220
プランター 110
プラントハンター 16
プリザーブドフラワー 227
ブリトルリーフ 206
プリニウス(Plinius) 7
プリミン 328
浮力換気 141
ブルーイング 255
ブルノーズ 186
ブルヘッド 186, 252
プログラム細胞死 199
フローサイトメトリー 72
ブロッチ 381
フローティング花壇 219
プロトコーム状球体 93
プロヘキサジオンカルシウム 172, 262
シス-プロペニルホスホン酸 211
フロリゲン 157
分果 60
分化型 118
分岐学 24
分球 91
分光測色計 193
分光放射計 138
分枝 48, 151
分子系統学 23, 79
分子系統樹 79
分生子 119

分泌型免疫グロブリンA 235
噴霧耕 182, 183
分離の法則 63
分類群 24
分類体系 23
分裂組織 93

## ヘ

ベアパイプ 139
平行脈系 43
閉鎖花 57
ペオニジン 195
壁面花壇 217
壁面緑化 221, 402
ベーサルシュート 253
ベジタブルガーデン 219
へそ 60
べたがけ栽培 132, 134, 175
ベタキサンチン 197
ベタシアニン 197
ベタラミン酸 197
ベタレイン 193, 197
ペチュニジン 195
ベッド 180
ペットガーデン 219
ヘッドスペース法 234
ヘテロ 63
ヘテロシス 64
ペーパーポット 174
ペラルゴニジン 195
縁花壇 217
ペレット種子 83, 175
変異 94
変温管理 165
弁化 59
ベンケイソウ科植物 149
変種 24
ベンジルアデニン 211
ベンジルアミノプリン 211
ベンチ 180
ベントキャノピー 253
ベントネック 205, 206, 255
変夜温管理 165

## ホ

ポインセット(J. R. Poinsett) 373
苞 47, 373
膨圧 205
抱茎〔の〕 46
芳香 197
芳香性植物 232
芳香族化合物 195, 198
芳香療法 232
胞子 119
放射相称花 56
放射相称花冠 53
放射束 137
膨潤水 178
防除法 123
放熱管 139
『法然上人行状絵図』 11

飽和容水量 178
保温 139
保温カーテン 134, 139
保温被覆 139, 142
補完代替医療 235, 236
穂木 84
母球 51, 91
北帯気候型 30
補光 137, 150
ホコリダニ 122
圃場容水量 178
補色 192
補助色素効果 194
ホスホエノールピルビン酸 148
ホスホエノールピルビン酸カルボキシラーゼ 148
3-ホスホグリセリン酸 148
舗石花壇 217
補足遺伝子 64
ボーダー花壇 217
捕虫葉 48
ボックス花壇 219
匍匐茎 49, 406
ポプリ 235
ボーマー(W. G. L. Boehmer) 16
ホームガーデン 219
ホームセンター 213
ホメオティック遺伝子 153
ホモ 63
ポリエステルフィルム 135
ポリエチレンフィルム 135
ポリ塩化ビニルフィルム 133
ポリオレフィン系特殊フィルム 133
ポリカーボネート 134
ポリ鉢 109
ポリビニルアルコール 135
ポリポット 109
ポリメラーゼ連鎖反応 77
穂冷蔵 163
盆景 11
盆栽 3, 11, 38
『本草図譜』 14

## マ

マイクロプロパゲーション 92
マイコプラズマ様微生物 119
マイスター(G. Meister) 15
前休眠〔期〕 146, 293
前処理 212
巻き下げ 279
巻きつき茎 49
巻き付き登攀タイプ 401
巻き葉登攀タイプ 402
巻きひげ 61, 401
巻きひげ登攀タイプ 402
マグネシウム 108
『枕草子』 10
増田金太 12
マスフラワー 227
マット給水 180
マット植物 221, 404

マトリックポテンシャル　205
マルチ栽培　127, 132, 134, 175
マルチペレット種子　83
マルチポット　110
マルビジン　195
丸屋根型温室　132
マンセル表色系　192
『万葉集』　9, 250

## ミ

幹　48
右巻き〔の〕　49
実生　4, 66, 81, 144
実生苗　93
実生繁殖　81
水揚げ　204, 206
水切り　206
水苔　111
水通導性　205
ミスト　175
ミスト灌水　179
ミスト繁殖　85
ミスト冷房　140
水野忠暁　12
水野元勝　11
水ポテンシャル　142, 204
密錐花序　59
蜜腺　61
ミッチェル（J. W. Mitchell）　168
密閉挿し　85, 396, 398
緑の空間　220
ミニシクラメン　325
ミニプラント　86
脈系　43
ミラー（P. Miller）　8

## ム

無加温栽培　176
むかご　35, 42
無花被花　56
無機質素材　110
無限花序　57
結び目模様　217
無性繁殖　81
無側枝性　240
無側枝性品種　178
無胚乳種子　60
無病苗生産　100
無皮鱗茎　31
ムービングベンチ　181
無柄葉　46

## メ

芽　42
明期延長　159
明期終了時　159
『明月記』　11
明度　192
明発芽種子　145
命名法　23
雌しべ　52

メタルハライドランプ　138
メチルエリスリトールリン酸　167
1-メチルシクロプロペン　211
芽接ぎ　89
芽接ぎ苗　254
芽なし品種　178
メリクロン　93
メリクロン苗　344
メンデル（G. J. Mendel）　63
メンデル遺伝　63

## モ

毛管給水　180
毛管水　178
毛管連絡切断点　179
毛状突起　41
網状脈系　43
毛氈花壇　217
目　24
木部　42
木本　3, 33
元肥　115
基肥　115
戻し交雑　69
モノテルペン　198
籾殻　111
籾殻くん炭　111
盛り土法　87

## ヤ

八重　59
八重鑑別　262
八重咲き　59
薬剤抵抗性　121
药培養　63
薬帽　52
薬用植物　13, 235
野菜　2
野菜園芸　2
野菜園芸学　3
野生植物　30
やなぎ芽　43
藪田貞治郎　167
山上げ栽培　164, 341, 345
『大和本草』　14
夜冷　163
夜冷育苗　174
ヤン回路　203

## ユ

湯揚げ　207
雄花　56
有機栽培　3
有機質素材　111
有機質肥料　112
有機物　104
有限花序　57
有効水　178
有効水分量　142
有効態リン酸　107
雄蕊　52, 152

雄蕊群　52
優性　63
有性繁殖　81
雄性不稔　65
有胚乳種子　60
有皮鱗茎　31
有柄葉　46
有用元素　108
優劣の法則　63
輸送　208
輸入業者　213
ユリ型花卉　7
ユーレップギャップ　216

## ヨ

陽イオン　105, 114
陽イオン交換容量　105
養液栽培　181
葉縁　43
葉化　186
幼芽　42, 388
葉芽　42
葉間期　151
葉間托葉　46
幼形　402
葉原基　150
幼根　50, 60
葉軸　45
幼若性　85, 151, 242
幼若相　151, 160
陽樹　32
葉序　46, 151
葉鞘　43
葉状茎　49
葉上散水　179
葉色　194
幼植物　4
葉身　43
葉針　48
陽生植物　32, 150
容積重　103
葉肉　41
葉柄　43, 45
葉柄間托葉　46
擁壁花壇　217
葉片挿し　86
要防除水準　121
葉脈　43
葉面境界層抵抗　204
葉面積指数　177
幼葉　402
洋ラン　36, 344
葉緑素　148, 196
葉緑体　40, 193
葉緑体DNA　79
翼弁　54
よじ登り茎　49
寄せ接ぎ　89
ヨトウガ　122
ヨハンセン（W. L. Johansen）　63

## 和文索引

呼び接ぎ 89
予約相対取引 212
予冷 207
四級アンモニウム塩 211
四元交配 69
四倍体 71
4輪生 46

### ラ

ラインフラワー 227
ラウンキエール(C. Raunkiaer) 30
『洛陽花卉選』 13
落葉性 33
裸子植物 26
落花防止剤 332
ラッピング 228
卵菌類 117
ランナー 91
ラン類 36

### リ

離萼 54
理学療法 237
陸上植物 26, 31
リーサム(D. S. Letham) 166
離層 41, 202
リゾーム 356
リード 344, 348, 356
リードバルブ 48, 344
リファレンステスト 215
リーフスポット 188
離弁花 56
離弁花冠 53
離弁花類 26
リボン花壇 217
竜骨弁 54
硫酸アルミニウム 211
流通 212
流通経路 212
両性花 56, 369, 381
量的形質遺伝子座 78

量的短日植物 155, 382, 384
量的長日植物 155, 248, 385
療法的園芸 231
療法的景観 231
両面葉 43
両屋根式温室 132
緑化植物 220
緑枝挿し 85
緑枝接ぎ 88, 397
緑色球状体 96
緑色植物体春化 160
緑視率 225
緑地 220
リレー栽培 351, 354
リン 106
鱗芽 42
リングスポット 188
鱗茎 31, 34, 51, 257
リン酸 107
リン酸吸収係数 107
リン酸質肥料 114
林床植物 32
鱗状鱗茎 31, 51
輪生〔の〕 46
リンネ(C. von Linnaeus) 8
鱗片 92, 257, 389
鱗片挿し 92
鱗片繁殖 92, 389
鱗片葉 51, 91

### ル

ルイセンコ(T. D. Lysenko) 160
ル・クール(B. Le Court) 7
ル・ノートル式花壇 217
ルビスコ 141, 148
ルロア・グーラン(Leroi-Gourhan) 5
ルンビニ園 6

### レ

齢 151
冷陰極蛍光灯 98, 138

レイズドベッド 238
冷蔵コンテナ 208
冷房 140
冷房育苗 174
礫耕 182
レース 118
劣性 63
裂片 45
連 12
連鎖 64
連鎖地図 78
連続開花性 191
連棟温室 133

### ロ

老化 199
老花受粉 65
六倍体 71
ロザシアニン 251
露地栽培 131, 175
露芯花 187
ローズガーデン 219
ロゼット 47, 144, 147, 242, 266, 272, 287
ロゼット咲き 251
ロゼット葉 47
ロックウール 110
ロックウールキューブ 174
ロックウール耕 182
ロックウールスラブ 181
ロックガーデン 219

### ワ

「わが村は美しく」運動 230
ワシントン条約 342
早生 33
ワトソン(J. D. Watson) 63
割接ぎ 89

# 欧文索引

## A

ABA　168
ABC model　153
abortion　185
abscisic acid　168
abscission　201
abscission layer　41, 202
absorptive root　51
accessory calyx　54
acclimatization　98, 206
achene　60
achlamydeous flower　56
acid plant　32
acid soil　105
actinomorphic corolla　53
actinomorphic flower　56
activity of daily living：ADL　231
adaptability to severe climate　135
adenosine diphosphate：ADP　148
adenosine triphosphate：ATP　148
adhesive root　51
adnate stipule　46
AdoMet　168, 203
adult form　402
adult leaf　402
adult phase　152
adventitious bud　42
adventitious bud formation　95
adventitious root　50, 151
aeration　184
aerial bulblet　35
aerial root　50
aerial tuber　35
aerophyte　31
affinity　88
after-effect　160
afterripening　144
age　151
aggregate flower　57
aggregate structure　103
aging　199
agriculture　2
agronomy　2
air-borne　124
air embolism　205
air filled porosity　103
air-inflated double-poly greenhouse　134
air layering　87
air permeability　103
albumen　60

albuminous seed　60
alien plant　30
alkaline plant　32
alkaline soil　105
allied species　73
allogamy　81
allopolyploid　71
alluvial soil　103
alpha wave　232
alternate　46
aluminum sulfate　211
amateur gardening　3
1-aminocyclopropane-1-carboxylate oxidase　203
1-aminocyclopropane-1-carboxylate synthase　203
1-aminocyclopropane-1-carboxylic acid：ACC　168, 203
aminoethoxyvinylglycine：AVG　185, 209
aminoisobutyric acid：AIB　211
aminooxyacetic acid：AOA　185, 209
ammonium nitrogen　106
amplexicaul　46
amplified fragment length polymorphism：AFLP　78
anabolism　184
andosol　103
androecium　52
anemophily　81
aneuploidy　72
angiosperm　26
Angiosperm Phylogeny Group：APG　23
animal manure　112
anion　105, 114
anion exchange capacity：AEC　105
annual　34
annual plant　34
anther　52
anther cap　52
anther culture　63
anthesis　154
anthocyanidin　195
anthocyanin　195
antiflorigen　157
antioxidant　200
antioxidant system　200
apical bud　42
apical dominance　151
apical flower bud　43
apical meristem　40

apical meristem culture　66, 100
apoplast　205
apparent specific gravity　103
approach grafting　89
aquatic plant　31, 37
aquatic root　50
Arakida soil　112
arched low tunnel　134
arching　253
arctic climate type　30
areole　342
arid and semiarid climate type　30
aril　60
aroma　197
aromatherapy　232
aromatic compound　198
aromatic plant　232
arrangement　227
artificial classification　33
artificial flower　227
artificial lighting　138
artificial lighting source　136
artificial mutation　70
artificial pollination　81
ascorbate-glutathione cycle　200
ascorbate peroxidase　200
asexual propagation　81
asymmetric flower　56
atrophy　185
auction　212
auction market　212
autocatalytic ethylene biosynthesis　203
autogamy　81
autoinhibitory ethylene biosynthesis　203
automated plant culture system：APCS　97
automated ventilation　141
automatic irrigation　179
automatic ventilation　141
autophagy　199
autopolyploid　71
autumn leaf　194
auxin　84, 166
available water　142, 178
axillary branching method　95
axillary bud　42
axillary flower bud　43

## B

back bulb　48, 344

backcross  69
bacterial disease  119
bacterial plugging  205
bacteriocide  211
bark  111
bark grafting  88, 89
basal fertilizer  115
basal root  257
basal shoot  253
basic number  71
*Bean yellow mosaic virus* : BYMV  128, 391, 392
bed  180
bed width  176
bedding plant  4, 38
Belgian Indian Group  370
bench  180
bench grafting  88
bent canopy  253
bent neck  205
benzyladenine : BA  211
benzylaminopurine : BA  211
beta wave  232
betalain  197
biennial  34
biennial plant  34
bifacial leaf  43
binding site  203
binomial nomenclature  24
bioassay  101
biological clock  155
biological control  127
biological diversity  229
biological species concept  24
biotope  229
biovar  119
bipinnate leaf  45
bisexual flower  56
blacking-out  159
blasting  185
blind bulb  185
blind shoot  185
blindness  185
blossom  52
blueing  255
bluing  255
bonsai  3, 38
boot leaf  48
border flower bed  217
border garden  217
bostryx  58
botrys  57, 58
bottom break  253
bottom irrigation  82
bottom watering  180
bound water  178
bouquet  227
bowed branch layering  87
bract  47
bract leaf  47
bracteole  47

brain wave  231
branch  48
branching  48, 151
brassinolide  171
brassinosteroid  168
breeder  62, 79
breeding  62
breeding material  62
breeding method  62
breeding objective  62
bridge grafting  89
brightness  192
brittle leaf  206
bronze leaf  194
brood bud  42
browning  199
bryophyte  26, 36
bucket transportation  208
bud  42
bud cut  206
bud cutting  85
bud emergence  83
bud-opening room  209
bud-opening solution  209
bud pollination  65
bud scale  42
bud stick  84
budding  89
budwood  84
bulb  31, 51
bulb scale  51
bulbil  35, 42
bulbing  146
bulblet  35, 51, 96
bulbous and tuberous plant  34, 38
bulbous plant  51
bulbs  51
bulk breeding  66
bulk density  103
bullhead  186
bullnose  186
bunching  207
bushiness  48, 95
buyer  213

## C

$C_3$ plant  148
$C_4$ plant  148
cactus  36
calcium  107
Calvin cycle  148
calyx  54
calyx lobe  54
calyx splitting  188
calyx tube  54
cambium  40
capillary mat watering  180
capillary water  178
capillary watering  180
capitula  58
capitulum  58

capitulum-raceme  59
caput  58
carbon assimilation  148
carbon dioxide enrichment  141
cardboard box  207
carnivorous plant  48
carotene  197
carotenoid  196
carotenoid cleavage dioxygenase : CCD  197
carpel  52, 152
carpet garden  217
cart  208
castoration  65
castration  81
catabolism  184
catalase  200
cataphyll  47
cation  105, 114
cation exchange capacity : CEC  105
caudex  49
cauline leaf  152
cavitation  205
CDU  114
cell fusion  62, 74
cell membrane  199
cell raised plant  174
cell seedling  174
cell tray  82, 110, 174
cell wall  40
central cylinder  41
central vein  43
chamaephyte  31
chasmogamous flower  57
cheesecloth  135
chelating  194
chemical control  124
chemical fertilizer  113
children garden  229
chilling injury  209
chilling requirement  160
chimera  70
chip budding  90
chlorimetric measurement  192
chlorophyll  148, 196
chlorophyllase  196
chlorophyllide  196
chloroplast  40
chlorosis  189
choripetalous corolla  53
choripetalous flower  56
chorisepal  54
chroma  192
chromaticity  192
chromaticity scale  192
chromosome doubling  72
*Chrysanthemum stem necrosis virus* : CSNV  129
*Chrysanthemum stunt viroid* : CSVd  120, 246
*Chrysanthemum virus B* : CVB  120

CIE  192
cincinnus  58
circadian clock  155
circadian rhythm  155
citrate solubility  113
cladistics  24
cladophyll  49
class  207
classical plant  37
classification system  23
clay  102
clay loam  102
clay pot  109
cleaved amplified polymorphic
    sequence：CAPS  78
cleft  45
cleft grafting  89
cleistogamous flower  57
climacteric rise  168, 202
climacteric type of senescence  202
climate classification  28
climatic type  28
climber  37
climbing plant  32, 401
climbing stem  49
clonal line  34
clonal propagation  34
clonal selection  63, 66
clone  34
closed-frame cutting  85
$CO_2$ compensation point  150
$CO_2$ enrichment  98
$CO_2$ saturation point  150
coconut peat  111
coir  111, 254
cold cathode fluorescent lamp：CCFL
    98, 138
cold chain  208
cold injury  160
cold storage  209
colony formation unit  205
color chart  193
color difference  192
color system  192
coloration  192, 194
colorimeter  193
column  344
commercial horticulture  3
community garden  219
community pot  94
compatibility  88
complementary and alternative
    medicine：CAM  235
complementary gene  64
complete dominance  64
complete flower  56
complete leaf  43
compound inflorescence  59
compound layering  87
compound leaf  45
compound raceme  59

compound spike  59
compound umbel  59
concomitant negative variance：CNV
    235
conifer  35
conifer garden  219
conservation oriented agriculture  229
consumer price  213
container culture  109, 176
container garden  219
container planting  176
continuous layering  87
continuous lighting  159
continuous treatment  212
contractile root  35, 50
control threshold  121
controlled atmosphere storage  209
controlled release fertilizer  113
cooling  140
cooperative packing house  213
cooperative shipping  213
cooperative sorting  213
copigmentation  194
coring  92
cork cambium  40
corm  31, 51
cormel  35, 51, 91
cormlet  35, 51
corolla  53
corolla lobe  53
corolla tube  53
corona  54
corsage  227
cortex  41
cortisol  232
corymb  58
cotyledon  60
covering material  134
cracked stem  190
crassulacean acid metabolism plant：
    CAM plant  148
critical day-length  155
cropping type  173
cross imcompatibility  65
cross talk  166
crossing  62
crown bud  43
crown gall  255
cryopreservation  99
cryptochrome  154
cryptophyte  31
*Cucumber mosaic virus*：CMV  124,
    385, 391, 392
cultivar  24, 27, 62
cultivation by [using] fertigation  179
cultivation in a heated plastic house
    176
cultivation in a plastic house  176
cultivation in a screen house  176
cultivation in an unheated plastic house
    176

cultivation under open field  131
cultivation under rain shelter  132
cultivation under row cover  132
cultural control  125
culture bed  180
cupping  189
cut branch  4, 38
cut flower  3, 38
cut flower packer  213
cut foliage  4, 38
cut twig  4, 38
cuticle  41
cuticle transpiration  204
cutting  84
cutting stock  86
cutting using high humidity tent  85
*Cycas necrotic stunt virus*：CNSV  392
cyclic lighting  159
*Cymbidium mosaic virus*：CyMV  346
cyme  57, 58
cytokinin  166
cytoplasmic inheritance  64
cytoplasmic male sterility：CMS  68

## D

dark germinating seed  145
daughter bulb  51, 91
daughter corm  51, 146, 91
daughter tuber  91
day extension  159
day length  28, 154
day-neutral plant  155
deciduous  33
decorative floret  57, 369
decurrent  46
decussate opposite  46
deep flow technique：DFT  182
deficiency  189
definite bud  42
degreening  194, 202
delayed release fertilizer  113
determinate inflorescence  57
development  144
devernalization  161
dextral  49
dichasium  58
dichotomous venation  43
diclinous flower  57
dicot  26
dicotyledon  26
DIF  165
digitate  45
diluvial soil  103
dimerous  56
dioecious  57
diploid  71
direct-effect  160
direct sowing  81
disaccharide  201
disbudding  177
disc floret  57

discoloration 199
disease cycle 123
distance between ridges 176
distance between rows 176
divided 45
division 91
DNA 63
domestication 30
dominant 63
dormancy 144, 162
dormancy type 30
dormant bud 30, 42
dormant wood cutting 85
dormant wood grafting 88
double flowered 59
double haploid method 63
double-layered panel 134
doubled haploid 73
drepanium 58
dried flower 227
drip irrigation 179
drip watering 179
dropper 35, 91
dry climate type 30
dry shipping 208
dry storage 209
dry transportation 208
duplicated flowered 59

### E

early morning heating 165
earthen-ball cutting 86
east continental climate type 29
east-west oriented greenhouse 132
ebb and flow system 180
ecodormancy 144
elaiosome 60
electric conductivity：EC 105, 115
electric hot-bed 140
elevated bed 181
elevated bed system 181
emasceration 65
emasculation 81
embryo 60
embryo culture 73
embryogenic callus：EC 96
embryophyte 26
emergent plant 32
empty seed 81
encapsulation dehydration 99
end-of-day：EOD 159
end-of-day-heating：EOD-heating 165
endodermis 41
endodormancy 144
English garden 220
entomophily 81
environment-friendly agriculture 229
environmental control 136
environmental education 229
environmental pollution 229

environmental standard 229
enzyme-linked immunosorbent assay： ELISA 101
EOD-FR 159
epicotyl 60
epicotyl dormancy 145
epidermal system 41
epidermis 41
epidermis cell 41
epigenetics 161
epigyny 56
epiphyte 31, 32
9-*cis*-epoxycarotenoid dioxygenase： NCED 168, 197
essential oil 233
ethylene 168, 201
ethylene action inhibitor 209
ethylene biosynthesis 203
ethylene biosynthesis inhibitor 209
ethylene inhibitor 209
ethylene reception 204
ethylene receptor 203
ethylene scrubber 209
ethylene vinyl acetate copolymer： EVA 134
evaporative cooling 140
evapotranspiration rate 140
even-span greenhouse 132
ever-blooming 34
ever-flowering 34
evergreen 33
evidence based control：EBC 127
evidence based medicine：EBM 232
*ex vitro* 93
exalbuminous seed 60
excess damage 189
exchangeable base 105
exchangeable cation 105
exclusive limestone plant 32
explant 93
external quality 191
external seed coat 60
extrafloral nectary 61
eye cutting 85

### F

$F_1$ hybrid 64, 81
facultative long-day plant 155
facultative short-day plant 155
fading 199
fall planting bulb 35
false fruit 60
fan ventilation 141
far infrared rays 137
far-red light 154
fasciation 187
fatty acid 198, 199
female flower 56
female sterile 65
fern 36
fertilizer 112

fiberboard carton 207
fibrous root 50
field crop 2
field-grafting 88
field [moisture] capacity 178
field-working 88
filament 52
filler flower 227
film coated seed 83
first filial generation：$F_1$ 63
flag leaf 48
flame ionization detector：FID 198
flavonoid 196
floating garden 219
floating leaved plant 32
[floating] row cover cultivation 175
floor plant 32
floral axis 54
floral diagram 56
floral formula 56
floral induction 159
floral leaf 43, 52
floral meristem 152
floral nectary 61
floral organ 152
floral preservative 209
floral stimulus 152
floral transition 152
floral tube 53
floret 57
floriculture 2, 3
florigen 157
florist 213
flow cytometry 72
flower 52
flower and ornamental plant 2
flower bed 38, 217
flower bud 42, 154
flower bud development 152
flower bud differentiation 152
flower bud formation 153
flower bud initiation 152
flower bulb 4
flower color 194
flower diagram 56
flower formula 56
flower gardening 2
flower growing 4
flower induction 159
flower longevity 63
flower primordium 152
flower shop 213
flower-stalk cutting culture 94
flowering 154
flowering durability 191
flowering plant 26
flowering response 155
fluorescent lamp 138
fluoropolymer film：ETFE 135
flush[ing] 254
fog 175

fog and fan cooling   140
fog cooling   140
fog cooling in combination with natural ventilation   140
fog irrigation   179
foliage   43
foliage leaf   43
foliation rate   151
forced air [pressure] cooling   208
forced ventilation   141
forcing [culture]   173
form   24
form flower   228
forma specialis：f. sp.   118
fractional scale-stem cutting   92
fragrance   197, 232
free-floating plant   32
free water   178
*Freesia streak virus*：FSV   392
freeze preservation   99
freezing resistance   31
French garden   220
fresh flower   227
freshness   191
fructose   201
fruit   60
fruit growing   2
fruit science   2, 3
fruit tree   2
fundamental tissue system   41
fungal disease   117
furrow irrigation   180

### G

gamopetalous corolla   53
gamopetalous flower   56
gamosepal   54
garden   217
garden center   213
garden crop   2
garden tree and shrub   4
gardening   2
gardening activity   236
gas chromatography-mass spectrometry：GC-MS   198
gaseous phase   103
genetic engineering   74
genetic modification   62
genetic recombination   74
genetic resource   62
genetically modified crop：GM crop   74
genetically modified organism：GMO   74
genetically modified plant：GM plant   74
genome   71
genus name   24
geophyte   31
germ layer   70
germination   82

germination energy   83
germination rate   82
germination vigor   83
giant cell   122
gibberellic acid：$GA_3$   211
gibberellin   167
gibbing   396
gift use   214
girdling   87
gladioli-like-flower   186
gland   61
glandular hair   61
glass fiber reinforced acryl：FRA   134
glass fiber reinforced polyester：FRP   134
glasshouse   133
glazed pot   109
global warming   220
globular embryo   73
glucose   201
glyceraldehydephosphate：GAP   148
good agricultural practice：GAP   216
gooseneck stage   186
grade   207
grading   207
graft   88
graft compatibility   88
graft incompatibility   88
graft-take   88
grafted nursery plant   88
grafting   87
gravel culture   182
gravitational potential   205
gravitational water   178
green amenity   223
green globular bodies   96
green plant vernalization   160
green space   220
greenhouse   132
greenhouse controller   136
greenhouse covering material   134
greenhouse cultivation   131
greenhouse culture   176
greenhouse environmental control system   136
greenhouse plant   36
greening plant   220
greenwood grafting   88
grex   27
ground cover plant   4, 39
group   27
growing in a plastic house   176
growing in plastic tunnels   175
growing period   176
growing soil   32
growth   144
growth chamber   137
growth period   28
growth vigor   185
guard cell   41, 43
gymnosperm   26

gynodioecious   57
gynoecium   52
gynomonoecious   57

### H

hair   60
half-hardy   31
hand pollination   81
haploid   73
hard pinch   177
hard seed   83
hardening   85, 206
hardwood cutting   85
hardwood grafting   88
hardy   31
harvest   206
harvest maturity   206
harvesting   206
head   58
healing   191, 231
healing garden   231
heart-shaped embryo   73
heat injury   159
heat insulation   139
heat-island observation   220
heat transmission coefficient   142
heating   139
heating pipe   139
heavy clay   102
heel cutting   85
helophyte   32
hemicryptophyte   31
herb   37, 232
herb garden   219, 235
herbaceous   3
herbaceous perennial   34
herbaceous plant   33
herbarium specimen   24
hermaphrodite flower   56
heterochlamydeous flower   53
heteromorphous compound inflorescence   59
heterosis   64
heterozygote   63
hexaploid   71
high intensity discharge lamp   138
high performance liquid chromatography：HPLC   193, 198
high-pressure sodium lamp   138
high-rack   253
high temperature injury   159
highland climate in tropics type   29
Hill reaction   148
hilum   60
hirsute   60
hispid   60
home garden   219
home gardening   3
homeotic gene   153
homochlamydeous flower   53
homozygote   63

horizontal layering  87
horticultural activity  236
horticultural classification  33
horticultural crop  2
horticultural recreation  229
horticultural science  3
horticultural sociology  228
horticultural therapist  236
horticultural therapy  3, 236
horticultural therapy program  236
horticultural well-being  3, 229
horticulture  2, 7
horticulture under structure  131
horticulturist  3
hortus  7
hot air heating  139
hot water heating  139
hot-water treatment  164
household domestic consumption  214
hue  192
hybrid vigor  64
hydration  206
hydration water  207
hydration with hot water  207
hydraulic conductance  205
hydraulic resistance  205
hydrogen peroxide  200
hydrophyte  31, 32
hydroponics  181
hydroscopic water  178
hydroxyl radical  200
8-hydroxyquinoline：8-HQ  211
hygrophyte  32
hyperhydricity  97
hypochlorite  211
hypocotyl  60
hypogyny  56
hypsophyll  47

## I

IB  113
ice bulb  209
illuminance  137
illuminated culture  176
immature  199
imparipinnate leaf  45
*Impatiens necrotic spot virus*：INSV  120, 126
imperfect flower  56
importer  213
*in vitro*  93
inarching  89
inbreeding depression  64, 81
incompatibility  88
incomplete dominance  64
incomplete flower  56
incomplete leaf  43
indefinite bud  42
indeterminate inflorescence  57
indoleacetic acid：IAA  166
indolebutyric acid：IBA  85, 166

inflorescence  57
inflorescence axis  57
inflorescence meristem  152
infrared light  191
infrared rays  137
infructescence  60
initial culture  93
initial wilting point  179
[inlay] bark grafting  88
inner bulblet  35
inner perianth  53
insect pest  121
insect pollination  81
insect transmission  124
insectivorous leaf  48
insectivorous plant  37, 48
insertion deletion：InDel  78
integrated pest management：IPM  128
interfascicular cambium  42
interfoliar stipule  46
intergeneric hybrid  73
internal quality  191
internal seed coat  60
International Code of Nomenclature for algae, fungi, and plants：ICN  24
International Code of Nomenclature for Cultivated Plants：ICNCP  27
internode  48
interpetiolar stipule  46
interspecific hybrid  73
intrafascicular cambium  42
intrarow spacing  176
intrastyler pollination  73
involucel  47
involucel segment  47
involucral scale  47
involucre  47
ion leakage  199
*Iris yellow spot virus*：IYSV  120, 126, 275
irreversible wilting point  179
isolation  81
isomorphous compound inflorescence  59
isopentenyl diphosphate：IPP  167
isopentenyl pyrophosphate：IPP  167
Italian garden  220
iteroparous  33

## J

jasmonic acid  171
*epi*-jasmonic acid  171
7-*iso*-jasmonic acid  171
juvenile form  402
juvenile leaf  402
juvenile phase  151, 160
juvenility  85, 151

## K

Kanuma soil  111

keel  54
keeping freshness  191
keeping quality  191
kinetin  94, 166
knot  217

## L

L*a*b* chromaticity scale  192
labium  53
lamina  43
land plant  26
lasting quality  191
latent bud  42
lateral bud  42
lateral flower bud  43
lateral leaflet  45
lateral meristem  40
lateral root  151
lateral vein  43
latex  61
latex duct  61
latex tube  61
lawn grass  4, 39
layerage  86
layering  87
lead bulb  48, 344
leaf  43
leaf area index：LAI  177
leaf arrangement  46
leaf axil  42
leaf blade  43
leaf bud  42
leaf-bud cutting  86
leaf burn  190
leaf color  194
leaf cutting  86
leaf emergence rate  151
leaf margin  43
leaf mold  111
leaf photodamage  188, 190
leaf primordia-free shoot apical meristem culture  101
leaf primordium  150
leaf scorch  190
leaf sheath  43
leaf spine  48
leaf spot  188
leaf stalk  43
leaf-surface boundary layer resistance  204
leaf tendril  48
leaflet  45
lean-to greenhouse  132
lethal gene  64
leveling  253
life cycle  144
life form  30
life type  30
light break  156
light compensation point  149
light culture  176

light emitting diode：LED　97, 138, 157
light germinating seed　145
light inhibited seed　83
light intensity　137
light interruption　156
light quality　157
light saturation point　150
light scattering film　136
light selective　136
light transmittance　137
lighting　159
lightness　192
ligulose flower　57
*Lily symptomless virus*：LSV　120
line flower　227
linkage　64
lip　53
lipid peroxide　200
liquid fertilizer　115
liquid phase　103
living modified organism：LMO　74
loam　102
lobe　45
lobed　45
long branch　48
long-day plant：LDP　155
long-day treatment　159
long-short day plant：LSDP　156
long stem cutting　85
long-styled flower　57
long term storage　209
long-wave radiation　139
longevity　191
low-pressure sodium lamp　138
low temperature injury　159
low temperature requirement　160
low temperature storage　98

## M

macronutrient　106
magnesium　108
main root　50
main vein　43
male flower　56
male sterile　65
malformed flower　185
mallet cutting　85
manure　112
marcotting　87
marginal sectional chimera　70
marginal variegation　265
marker-assisted selection：MAS　78
market price　213
market value　214
marketing　212
marketing channel　212
mass flower　227
mass propagation　97
mass selection　62, 67
mat plant　221
matric potential　205

mature　199
mechanical seeder　175
media culture　182
medicinal plant　235
mediterranean climate type　28
medium　93
medullary cavity　42
mericarp　60
mericlone　93
meristem　93
mesophyll　41
metabolism　184
metal halide lamp　138
methyl methacrylate：MMA　134
1-methylcyclopropene：1-MCP　211
methylerythritol phosphate：MEP　167
micronutrient　106, 108
micropropagation　92
midnight lighting　159
Milieu Programma Sierteelt：MPS　128, 216
mini-plant　86
mist　175
mist cooling　140
mist irrigation　179
mist propagation　85
mixed bud　42
mixed pollination　73
mixed soil　110
modified atmosphere packaging：MAP　209
modified atmosphere storage　209
modified trench layering　87
moisture content　141
molecular phylogeny　23
monocarpic　33
monocarpic plant　33
monochasium　58
monochlamydeous flower　56
monochromatic light　157
monocot　26
monocotyledon　26
monoecious　57
monophyletic group　25
monopodial　48
monopodial branching　33, 48
monopodium　33
monosaccharide　201
monoterpene　198
morphogenesis　150
mother bulb　51, 91
mother corm　51, 91
mother stem　253
mother tuber　51, 91
mound layering　87
movable bench　181
mulch　175
mulching　132, 175
mulching cultivation　134
multi-pot　110

multi-span greenhouse　133
multigene family　203
multiple alles　64
Munsell color system　192
mutation breeding　62
mycoplasma　120
mycoplasma like organism：MLO　119

## N

NAA　85
NADPH　148
naked seed　84
narrative based medicine：NBM　232
native plant　30
natural classification　32
natural mutation　69
natural ventilation　141
naturalized plant　30
near infrared rays　137
necrosis　189, 199
nectary　61
negatively photoblastic seed　83, 145
nerve　43
neutral plant　32
nicotinamide adenine dinucleotide phosphate：NADP　148
night break　156
night chilling　163
nitrate nitrogen　106
nitrification　106
nitrifying bacteria　106
nitrite nitrogen　106
nitrogen fertilizer　114
nitrogen starvation　190
node　48
nomenclature　23
non-branching type cultivar　178
non-climacteric type of senescence　202
non-hardy　31
non-rigid plastic film　135
non-tunicated bulb　51
non-woven fabric　135
2,5-norbornadiene　211
normal cutting　85
north-south oriented greenhouse　132
nose　281
notching　92
note　234
nursery plant　4
nutriculture　181
nutrient film technique：NFT　182
nutrient mist culture　182
nutrient solution　183

## O

obligate long-day plant　155
obligate short-day plant　155
oblique cutting　85
occupational therapy　237
octaploid　71

*Odontoglossum ringspot virus*：ORV 346
odor 197
off-type 99
offshoot 42, 87
old flower pollination 65
olericulture 2, 3
olfactometer 198
one season blooming 33
one season flowering 33
open centers 187
open field culture 175
open pollination 81
open space 220
opposite 46
orchid 36
[ordinary] splice grafting 89
organic culture 3
organic fertilizer 112
organic substance 104
organoleptic evaluation 198
ornamental foliage plant 36, 361
ornamental horticulture 4
ornamental plant 3
ornamental tree and shrub 35
ornamental value 191
osmo-priming 84
osmotic potential 205
osmotic pressure 205
osmoticum 201
outcrossing 62
outer bulblet 35
outer perianth 53
ovary 52
ovary culture 73
overgrowth of the rootstock 88
overgrowth of the scion 88
overhead irrigation 179
overhead watering 179, 180
ovule 52
ovule culture 73
oxidative damage 200

## P

packer 213
pad and fan cooling 140
palisade tissue 41
palmate 45
palmate compound leaf 45
panel test 198
panicle 59
PAR sensor 138
parallel venation 43
parenchyma cell 41
paripinnate leaf 45
part leaf cutting 86
parted 45
partly glazed [clay] pot 109
patch budding 90
pathovar：pv. 119
paved garden 217

peat moss 111
peat-pot 110
pedately compound leaf 45
pedicel 55
pedicelet 55
pedigree breeding 66
peduncle 55
pelleted seed 83
peltate 47
pentamerous 56
pentaploid 71
people-plant interaction 228
people-plant relationship 228
perennial 34
perennial herbaceous plant 34
perfect flower 56
perfoliate 47
perianth 53
perianth lobe 53
perianth segment 52
periclinal chimera 70
pericycle 42
perigyny 56
perlite 110
permanent wilting point 179
perpetual flowering 34
pesticide resistance 121
pet garden 219
petal 53, 152
petiolate leaf 46
petiole 43
petiolule 45
pF value 178
pH 104
phanerophyte 31
phase transition 199
phenylpropanoid 198
pheophorbide 196
pheophytin 196
phloem 42
phosphatic fertilizer 114
phosphoenolpyruvate：PEP 148
phosphoenolpyruvate carboxylase：PEPC 148
phosphoglycerate 148
phospholipid 199
phosphorus 107
phosphorus absorption coefficient 107
photo-selective 136
photon flux 137
photoperiodic response 155
photoperiodic sensitivity 155
photoperiodism 155
photosynthesis 148
photosynthetic photon flux：PPF 137
photosynthetic photon flux density：PPFD 149, 324
photosynthetic rate 149
photosynthetic[ally] active radiation：PAR 137, 149
phototropin 154

phyllode 152
phyllody 186
phyllotaxis 46, 151
phylogenetic classification 23
physical therapy 237
physiological disorder 184
physiological injury 184
phytochrome 154
phytoplasma 119
phytotron 137
picotee 195, 265
pigment 193
pin 57
pinch and a half 178
pinch[ing] 177
pinna 45
pinnate 45
pinnate compound leaf 45
pioneer root 35
pipe frame house 133
pistil 52, 152
pistillate flower 56
pith 41
pith cavity 42
plan-do-check-act cycle 216
plant bioregulator 166
plant factory 136
plant growth regulator 166
plant hardiness zone map 31
plant hormone 166
plant-parasitic nematode 122
Plant Patent 80
[plant] spacing 177
planter 110
planting 176
[planting] bed 180
plant[ing] density 177
planting distance 176, 177
planting method 176
planting rate 177
plantlet 93
plastic house 133
plastic pot 109
plastic-tube watering 179
plastic-tunnel culture 175
plastochron 151
pleiochasium 58
plug 39, 82
plug seedling 82, 174
plug system 175
plug tray 82, 174
plumule 42
polar climate type 30
polar transport 166
pollen 52
pollen culture 63
pollen mass 53
pollen sac 52
polycarbonate：PC 134
polycarpic 33
polycarpic plant 33

polyester film　135
polyethylene film：PE　135
polyethylene pot　109
polyethylene telephtalate film：PET　135
polymerase chain reaction：PCR　77
polyolefin film：PO　133
polyploid　71
polyploidy　71
polyploidy breeding　62
polysaccharide　201
polyvinyl chloride film：PVC　133, 134
pomology　3
pore space　103
positively photoblastic seed　83, 145
postdormancy　146, 293
postharvest horticulture　3
postharvest technology　191
pot culture　109
pot seedling　174
potash fertilizer　114
potassium　107
potential of free energy：pF　142, 178
potential of hydrogen：pH　105
potpourri　235
potted plant　3, 38
potting　176
potting machine　176
PPFD　324
pre-dawn lighting　159
precipitation　28
precooling　207
predormancy　146, 293
[preharvest] acclimatization　206
preservative　209
preserved flower　227
pressure potential　205
pretreatment　212
prickle　61
primary inoculum　123
primary root　50, 151
primin　328
priming　146
private shipping　213
processed seed　83
profile of mood states：POMS　231
programmed cell death：PCD　199
proliferation　187
prop root　51
propagule　42
cis-propenylphosphonic acid：PPOH　211
protected cultivation　131, 175
protected horticulture　3, 131
protocorm-like body：PLB　93
provinance　28
pruning　177
pseudanthium　57
pseudobulb　49, 93, 344
pseudostem　49
psychrometric chart　140

pteridophyte　26
pulsing　212
pulsing treatment　212
pumice　112
pupa　269, 392
pure flower bud　43
pure line selection　62, 66
purebred cultivar　81
PVA　135
pyranometer　138

## Q

qualitative long-day plant　155
qualitative short-day plant　155
quality control　191
quality guarantee　215
quality management　191
quality of life：QOL　3, 231
quantitative long-day plant　155
quantitative short-day plant　155
quantitative trait locus：QTL　78
quantum sensor　138
quaternary ammonium salt　211
quaternate　46
quick-acting fertilizer　113

## R

race　118
raceme　58
rachis　45, 57
radiation flux　137
radical leaf　47
radicle　50
rain protected culture　176
raised bed　238
raising seedling　174
raising seedling at cool temperature　174
raising seedling in cool upland　174
raising seedling in night chilling　174
ramification　48
random amplified polymorphic DNA：RAPD　78
rank　24
rapid-acting fertilizer　113
ray floret　57
reactive oxygen species：ROS　200
readily available water　178
receptacle　52, 54
recessive　63
recombinant DNA　74
recut　212
recut under water　206
red light　154
red soil　111
reefer　208
reference test　215
reflecting mulching　134
reflective film　135
regeneration　95
registration of cultivar　80

regulation of flowering　159
rehydration　207
related species　73
repotting　176
reproductive growth phase　144
respiratory heat　200
respiratory substrate　201
response to ethylene　201
resting bud　42
restriction fragment length polymorphism：RFLP　77
retailer　212
retarding culture　173
reticulate venation　43
returnable bucket　208
reverse transcription - polymerase chain reaction：RT-PCR　101
rhipidium　59
rhizome　31, 51, 96
rhizosphere　82
ribbon garden　217
ribulose-1,5-bisphosphate carboxylase/oxygenase：Rubisco　141, 148
rice husk　111
ridge width　176
rigid plastic film　135
rigid plastic sheet　134
ring spot　188
ringing　87
ripeness to flower　152
RNA interference：RNAi　75
rock garden　219
rockwool　110
rockwool cube　174
rockwool culture　182
rockwool slub　181
roof planting　221
room cooling　208
root　49, 50
root apical meristem　150
root ball　82
root cap　49
root cutting　86
root grafting　89
root hair　49
root initial　85
root system　50, 151
root tuber　31
rooted cutting　85
rooting medium　84
rootstock　87
rose garden　219
rosette　47, 147
rosette leaf　47
round-arched greenhouse　132
row cover cultivation　175
row spacing　176
runner　49, 91

## S

S-adenosylmethionine：SAM, AdoMet  168, 203
S gene  65
saddle grafting  89
salinization  108
salt accumulation  108
salt injury  108
sand  102
sand culture  182
sandy loam  102
sap inoculation  101
saturated water capacity  178
saturation  192
save energy  142
save labor  142
scale  92
scale leaf  91
scale propagation  92
scaling  92
scaly bulb  31
scape  55, 327
scent  197
schizopetalous corolla  53
schizopetalous flower  56
school garden  229
school gardening  229
scion  87
scion grafting  88
sclerenchyma  41
scooping  92
scorpioid cyme  58
season flowering  154
second filial generation：$F_2$  63
secondary dormancy  83
secondary infection  124
secondary metabolite  197
secondary rosette  147
secretory-immunoglobulin A：S-IgA  235
sectorial chimera  70
seed  4, 60
seed cleaning  81
seed coat  60
seed dormancy  83
seed plant  26
seed priming  84
seed production  81
seed propagation  34, 81
seed tape  84
seed treatment  83
seed vernalization  160
seedage  81
seeding  81
seedling  4, 66, 81, 93, 144
Seeds and Seedlings Law  62, 80
self imcompatibility  65
self pollination  62
semantic differential technique  231
semelparous  33

semi-hardwood cutting  85
seminal root  50
senescence  199
sensitive hair  61
sensitivity to photoperiod  155
sensory evaluation  235
sensory garden  238
sepal  54, 152
separation layer  41
serpentine layering  87
sesquiterpene  198
sessile leaf  46
setting  176
sexual propagation  81
shade plant  32, 150
shade tree  32
shading screen  134
sheath  43, 346
shelf life  191
shield budding  90
shipping  208
shoot  48, 93
shoot apical meristem  40, 150
shoot bending  253
shoot pimordia  96
shoot tip culture  93, 100
short branch  48
short-day plant：SDP  155
short-day treatment  159
short-long day plant：SLDP  156
short-styled flower  57
short term storage  209
shortwave radiation  137
side dressing  115
side light hollow system：SILHOS  98
sieve cell  42
sieve cell tissue  42
sieve tube  42
sieve tube element  42
sigmoid growth curve  144
signal transduction  204
silver thiosulfate：STS  185, 211, 247, 250, 273, 279, 288, 336
simple layering  87
simple leaf  45
simple sequence repeat：SSR  78
simple venation  43
single-eyed cutting  85
single flowered  59
single grained structure  103
single node culture  94
single nucleotide polymorphism：SNP  78
single pinch  178
single-span greenhouse  132
singlet oxygen  200
sinistral  49
sister group  25
size  207
sizing  207
sleepiness  168, 201

sleeping  168, 201
sleeving  207
slow growth  99
slow release fertilizer  113
smell  197
sniff-gas chromatography  198
sociohorticulture  3, 228
sodium lamp  138
soft pinch  177
softwood cutting  85
softwood grafting  88
soil acidity  104
soil aeration  104
soil air  104
soil block  82, 174
soil-borne  124
soil colloid  105
soil condition  112
soil cooling  163
soil covering  82
soil diagnosis  106
soil diagnosis of nutrient condition  106
soil fertility  106
soil layer  103
soil microorganism  104
soil mixture  110
soil moisture  104, 178
soil organism  104
soil particle  103
soil-plant-atmosphere continuum：SPAC  204
soil reaction  104
soil solution  104
soil texture  102
soil water  104, 178
soilless culture  181
solar heat disinfection  126
solar radiation  137, 149
solid phase  103
solitary inflorescence  57
solution culture  181
somaclonal variation  99
somatic embryo  96
somatic hybrid  74
sowing of freshly harvested seeds  82
spacing  177
spacing between rows  176
spadices  58
spadix  58
spathe  47
species  24
specific gravity  103
specific name  24
spectral quality of light  157
spectroradiometer  139
spermatophyte  26
sphagnum peat  111
spike  58
spine  61
splash  195
splice grafting  89

split　45
split grafting　89
spongy tissue　41
spontaneous mutation　69
spray nozzle　179
spring planting bulb　35
sprinkler　179
spur　54
stage for harvest　206
stamen　52, 152
staminate flower　56
staminode　52
standard　54
standard type　178
steam heating　139
steam sterilization　126
stem　48
stem cutting　85
stem-plugging　205
stem root　257
stem spine　49
stem tendril　49
stem tuber　31
stenting　86, 174
stigma　52
stipel　45
stipule　43
stock seed production　81
stolon　49, 91
stoma　41
stomata　41
stomatal resistance　204
stool layering　87
storage of bud-cut flower　209
storage root　50
strigol　171
strigolactones　171
stunting　185
style　52
subirrigation　179
submerged plant　32
subspecies　24
substrate culture　182
subterranean stem　31, 48
subtropical　31
successful union　88
succulent leaf　48
succulent plant　36
succulent root　50
succulent stem　49
sucker　49, 91, 147
suckering　91, 177
sucrose　201
sugar　201
summer annual　31, 34
summer green　33
summer pruning　177, 254
sun plant　32, 150
sun tree　32
sunken garden　217
superoxide　200

superoxide dismutase：SOD　188, 200
supplement application [of fertilizer]
　　115
supplemental lighting　137, 150
surfactant　207
sustainable agriculture　3
swelling water　178
sympetalous corolla　53
sympetalous flower　56
symplast　205
sympodial　48
sympodial branching　33, 48
sympodium　33
synapomorphy　25
synthetic seed　99
systematics　23

**T**

T-budding　90
take　88
tapestry garden　217
taproot　50
taxa　24
taxon　24
technostress　220
temperate　31
temperature　28
temperature quotient　200
temporary planting　176
tender　31
tendril　61
tensiometer　142, 178
tepal　53
terminal bud　42
terminal flower bud　43
terminal leaflet　45
ternate　46
ternate compound leaf　45
terpenoid　197
terrace garden　217
terracotta　109, 219
terrestrial root　50
terrestrial stem　48
test tube fertilization　73
tetraploid　71
the hanging gardens of Babylon　221
The Royal Horticultural Society：R. H. S.　193
therapeutic horticulture　231
therapeutic landscape　231
thermal screen　134
thermoperiodicity　160
thermoperiodism　160
therophyte　31
thiazoline　211
thin layer chromatography：TLC　193
thorn　61
three phase distribution　103
three-quarter greenhouse　132
thrum　57
thumbing　186

thyrse　59
time-dependent temperature management　165
time domain reflectometry：TDR　142
tip burn　189
tip layering　87
tissue culture　174
*Tobacco mosaic virus*：TMV　385, 391
*Tomato aspermy virus*：TAV　120
*Tomato spotted wilt virus*：TSWV　120, 122, 126, 129, 246, 277, 384
[tongued] approach grafting　89
top cutting　85
top dressing　115
topiary garden　219
topping　177
torpedo-shaped embryo　73
torus　54
trachaeophyte　26
tracheid　42
tracheid tissue　42
trade channel　212
training　177, 253
transcriptional regulator　204
transformation　74
transformed plant　74
transgenic plant　74
translocation　184
transmissivity　137
transmittance　137
transmittance of solar radiation　137
transmittance of ultraviolet radiation　137
transpiration　204
transpiration flow　204
transpiration suppressant　211
transplanting　176
transplanting injury　176
transportation　208
transposon　69
trench layering　87
trichome　41
trickle irrigation　179
trickle watering　179
trimerous　56
trimming　177
tripinnate leaf　45
triple response　168
triploid　71
tropical　31
tropical climate type　30
trough system　180
true dormancy　146, 293
true fruit　60
true-to-type　99
truebred variety　81
trunk　48
tuber　31, 51
tuberous root　31, 50, 52
tufted　48
tufted pansy　380

*Tulip breaking virus*：TBV　120, 122
tunicated bulb　31, 51
tunnel cultivation　132, 175
turf　4
turgor pressure　205
twin-scaling　92
twining stem　49
two-step freezing　99
type specimen　24

## U

ultraviolet light　191
ultraviolet rays：UV　137
umbel　58
unifacial leaf　43
uniflowered inflorescence　57
uniform chromaticity scale：UCS　192
Union internationale pour la protection des obtentions vegetales：UPOV　27, 79
unisexual flower　56
unmixed flower bud　43
unreduced gamete　71
unsaturated fatty acid　199
urban greenery technology　220
urban greening　220
urban horticulture　3, 220
urbanization　220
UV cut film　136

## V

vacuole　40
vacuum cooling　208
vapor phase　103
variation　94
variegated plant　194
varietal cross　66
variety　24
vascular bundle　42
vascular bundle sheath　41
vascular bundle system　41
vascular cambium　40
vascular occlusion　205
vascular plant　26
vascular system　41
vase life　191
vase life guarantee　215
vase water　207
vegetable　2

vegetable crop science　3
vegetable garden　219
vegetable gardening　2
vegetation covering on wall surface　221
vegetative growth phase　144
vegetative propagation　34, 81
vein　43
velamen　51, 344
venation　43
veneer grafting　88
Venlo-type greenhouse　133
ventilation　140
ventilation due to buoyancy　141
ventilation due to temperature difference　141
ventilation due to wind force　141
ventilation path　221
vermiculite　110
vernaline　161
vernalization　160
vessel　42
vessel element　42
vine　32
viroid disease　120
virus disease　120
visible light　137, 191
［visible］light transmittance　137
visible rays　137
visual display terminal：VDT　226
vitrification　99
vocational horticultural training　229
volume weight　103

## W

wall garden　217
wall greening　221
water constant　142
water content　141
water culture　182
water curtain　139
water garden　219
water permeability　103
water plant　37
water potential　142, 205
water solubility　113
water transmission　124
water uptake　204
watering　180

weatherability　135
wedge grafting　89
west continental climate type　28
wet cold storage　164
wet shipping　208
wet storage　209
wet transportation　208
wetting agent　175
whole leaf cutting　86
wholesaler　212
whorl　152
whorl of branches　49
whorled　46
wick system　180
wide cross　73
wide-span greenhouse　133
wild plant　30
wilting　204
wind pollination　81
wing　54
winter annual　34
winter bud　42, 146
winter green　33
winter pruning　254
winter sucker　147
woody　3
woody plant　33
wound transmission　124
wrapping　228

## X

xanthophyll　197
xenon lamp　138
xerophyte　31
xylem　42
xylem vessel　205
XYZ chromaticity scale　192

## Y

Yang cycle　203
year-round production　253
yellowing　194
young plant　4

## Z

zeatin　166
zygomorphic corolla　53
zygomorphic flower　56

# 学名索引

## A

*Abelia* × *grandiflora* 405
*Abies* 400
*Acer* 397
　*A. buergerianum* 397
　*A. carpinifolium* 397
　*A. distylum* 397
　*A. japonicum* 397
　*A. mono* 397
　*A. oblongum* var. *itoanum* 397
　*A. palmatum* 397
　*A. palmatum* var. *amoenum* 397
　*A. palmatum* var. *matumurae* 397
　*A. platanoides* 397
　*A. pseudplatanus* 397
　*A. pycnanthum* 397
　*A. rufinerve* 397
*Achillea* 308
　*A. filipendulina* 308
　*A. millefolium* 308
*Aconitum carmichaelii* 313
*Actinotus helianthi* 377
*Adiantum* 363
　*A. raddianum* 363
*Adonis amurensis* 377
*Aechmea fasciata* 364
*Agapanthus africanus* 308
*Ageratum houstonianum* 304
*Ajuga reptans* 404
*Akebia quinata* 401
*Akebia trifoliata* 402
*Alcea rosea* 315
*Alchemilla mollis* 309
*Allium cowanii* 317
*Allium giganteum* 317
*Allium neapolitanum* 317
*Allium sphaerocephalon* 317
*Allium unifolium* 317
*Alocasia* 367
*Alstroemeria* 273
　*A. aurantiaca* 274
　*A. caryophyllaea* 273
　*A. pelegrina* 273, 274
*Alyssum montanum* 385
*Amaranthus caudatus* 304
*Ammi majus* 307
*Ananas* 365
*Anemone coronaria* 316
*Anemone hupehensis* var. *japonica* 312
*Anemone vitifolia* 312
*Anigozanthos* 308

*Anthurium* 365
　*A. andraeanum* 365
　*A. scherzerianum* 365
*Antirrhinum majus* 304
*Aphelandra* 366
　*A. squarrosa* 366
*Aquilegia* 374
　*A. caerulea* 374
　*A. canadensis* 374
　*A. chrysantha* 374
　*A. vulgaris* 374
*Argyranthemum frutescens* 315, 378
*Asclepias* 308
　*A. curassavica* 308
　*A. syriaca* 308
　*A. tuberosa* 308
*Asparagus* 367
　*A. densiflorus* 289
　*A. setaceus* 289
*Aspidistra elatior* 290
*Asplenium* 363
　*A. nidus* 363
*Aster ericoides* 310
*Aster novi-belgii* 310, 315
*Aster ptarmicoides* 313
*Aster savatieri* 315
*Aster tataricus* 311
*Astilbe* × *arendsii* 308
*Astilbe chinensis* 308
*Astilbe japonica* 308
*Astilbe thunbergii* 308
*Astrantia* 308
　*A. major* 308

## B

*Bambusa* 403
*Begonia* 330
　B. Elatior Group 330
　*B.* × *hiemalis* 330
　B. Semperflorens-cultorum Group 333
　*B. socotrana* 330
　B. Tuberhybrida Group 332
*Bellis perennis* 386
*Berberis japonica* 399
*Bignonia capreolata* 402
*Bletilla striata* 360
*Boronia* 378
*Bouvardia* 314
　*B. leiantha* 314
　*B. longiflora* 314
　*B. ternifolia* 314

*Brassavola* 355
*Brassica oleracea* var. *acephala* 306, 386
*Brassica rapa* var. *amplexicaulis* 306
*Bryophyllum uniflorum* 339
*Bupleurum rotundifolium* 306
*Buxus* 398
　*B. microphylla* 398
　*B. microphylla* var. *japonica* 398
　*B. sempervirens* 398

## C

*Calanthe* 359
　*C. discolor* 359
*Calathea* 290
　*C. lietzei* 290
*Calceolaria* 375
*Calendula officinalis* 305
*Calibrachoa* 384
*Callistephus chinensis* 304
*Camellia* 298, 395
　*C. granthamiana* 396
　*C. japonica* 298, 396
　*C. japonica* subsp. *rusticana* 396
　*C. japonica* var. *hozanensis* 396
　*C. japonica* var. *intermedia* 396
　*C. japonica* var. *macrocarpa* 396
　*C. lutchuensis* 396
　*C. miyagii* 396
　*C. oleifera* 396
　*C. reticulata* 298, 396
　*C. rusticana* 298
　*C. saluenensis* 396
　*C. sasanqua* 298, 396
*Campanula* 310
　*C. glomerata* 310
　*C. medium* 304, 310
　*C. persicifolia* 310
　*C. punctata* 310
　*C. rapunculoides* 310
*Campsis grandiflora* 402
*Campsis radicans* 403
*Capsicum anuum* 376
*Carthamus tinctorius* 307
*Catharanthus roseus* 376, 386
*Cattleya* 355
*Celosia* 305
*Centaurea cineraria* 309
*Centaurea dealbata* 309
*Centaurea macrocephala* 309
*Centaurea montana* 309
*Chaenomeles speciosa* 300

学名索引

*Chamaecyparis* 299, 397
　*C. lawsoniana* 397
　*C. nootkatensis* 398
　*C. obtusa* 299, 397
　*C. pisifera* 299, 397
　*C. thyoides* 398
*Chamaedorea elegans* 368
*Chamelaucium uncinatum* 303
*Chelone lyonii* 311
*Chimonobambusa quadrangularis* 403
*Chlorophytum comosum* 367
*Chrysanthemum indicum* var.
　　*procumbens* 240
*Chrysanthemum maximum* 312
*Chrysanthemum morifolium* 240
*Chrysanthemum pacificum* 241
*Chrysanthemum parthenium* 313
*Chrysanthemum zawadskii* var.
　　*latilobum* 240
*Cirsium japonicum* 308
*Cissus rhombifolia* 367
*Clarkia amoena* 305
*Clematis* 311, 402
　　*C. armandii* 402
　　*C. florida* 311
　　*C. ×jackmanii* 311
　　*C. patens* 311, 402
*Cleyera japonica* 296
*Cochlioda* 357
*Codiaeum variegatum* 367
*Colchicum autumnale* 72
*Consolida* 286, 306
　　*C. ajacis* 306
　　*C. regalis* 306
*Convallaria keiskei* 313
*Convallaria majalis* 313
*Cordyline* 363
　　*C. terminalis* 289, 363
*Cornus* 300
　　*C. alba* 300
　　*C. florida* 300
　　*C. kousa* 300
　　*C. officinalis* 300
*Cosmos atrosanguineus* 313
*Cosmos bipinnatus* 305
*Cosmos sulphureus* 304, 313
*Cotinus* 297
　　*C. coggygria* 297
　　*C. ovovatus* 297
*Cotoneaster* 405
　　*C. dammeri* 405
　　*C. horizontalis* 405
　　*C. salicifolius* 405
*Craspedia globosa* 311
*Crossandra infundibuliformis* 376
*Cryptanthus* 365
*Curcuma alismatifolia* 318
*Cyclamen persicum* 323
*Cymbidium* 343
　　*C. aloifolium* 345
　　*C. ensifolium* 345

*C. floribundum* 344
*C. madidum* 345
*Cytisus multiflorus* 296

## D

*Dahlia* 320
*Delphinium* 286
　*D. cardinale* 286
　*D. elatum* 286
　*D. grandiflorum* 286
　*D. grandiflorum* var. *chinense* 286
　*D. nudicaule* 286
　*D. semibarbatum* 286
　*D. zalil* 286
*Dendrobium* 347
　*D. aureum* 347
　*D. biggibum* 347
　*D. formosum* 347
　*D. gouldii* 347
　*D. moniliforme* 347
　*D. nobile* 347
　*D. phalaenopsis* 347
　*D. specio-kingianum* 348
　*D. unicum* 347
*Dianella caerulea* 290
*Dianthus* 386
　*D. barbatus* 306
　*D. caryophyllus* 246
　*D. chinensis* 247
　*D. japonicus* 313
*Dieffenbachia* 366
　*D. amoena* 366
　*D. maculata* 366
*Dimorphotheca sinuata* 376
*Doritinopsis* 353
*Doritis* 352
　*D. pulcherrima* 353
*Dracaena* 363
　*D. concinna* 290
　*D. fragrans* 363
　*D. marginata* 363
　*D. sanderiana* 363
　*D. surculosa* 363

## E

*Echinacea purpurea* 309
*Echinops ritro* 316
*Echinops setifer* 316
*Eichhornia crassipes* 377
*Enkianthus* 298
　*E. campanulatus* 298
　*E. cernuus* f. *rubens* 298
　*E. perulatus* 298
　*E. subsessilis* 298
*Epipremnum aureum* 362
*Eryngium* 309
　*E. alpinum* 309
　*E. giganteum* 309
　*E. planum* 309
　*E. yuccifolium* 309
*Eucalyptus* 301

*E. cinerea* 301
*E. gunnii* 301
*E. perriniana* 301
*E. pulverulenta* 301
*Eucharis ×grandiflora* 321
*Euonymus fortunei* 402
*Eupatorium japonicum* 314
*Euphorbia pulcherrima* 373
*Eurya emarginata* 405
*Eurya japonica* 296
*Euryops pectinatus* 378
*Eustoma barkley* 264
*Eustoma exaltatum* 264
*Eustoma grandiflorum* 264
*Exacum affine* 375

## F

*Felicia amelloides* 377
*Ficus* 363
　*F. altissima* 364
　*F. benghalensis* 364
　*F. benjamina* 364
　*F. elastica* 364
　*F. lyrata* 364
　*F. microcarpa* 364
　*F. pumila* 364, 402
　*F. sarmentosa* var. *nipponica* 402
　*F. superba* 364
　*F. thunbergii* 402
*Fittonia* 366
*Forsythia* 302
　*F. ×intermedia* 302
　*F. suspensa* 302
　*F. viridissima* 302
　*F. viridissima* var. *koreana* 302
*Freesia* 268, 392
*Fuchsia* 377
　*F. triphylla* 377

## G

*Galax urceolata* 311
*Gazania* 375
*Gelsemium sempervirens* 401
*Gentiana* 283
　*G. scabra* 283
　*G. triflora* 283
*Gerbera jamesonii* 275
*Gerbera vividifolia* 276
*Gibasis geniculata* 368
*Gladiolus* 270, 391
　*G. tristis* 270
*Gloriosa superba* 319
*Godetia amoena* 305
*Gomphrena* 306
　*G. globosa* 306
　*G. haageana* 306
*Grammatophyllum scriptum* 360
*Grevillea* 405
*Guzumania dissitiflora* 364
*Guzumania ×magnifica* 364
*Gypsophila paniculata* 271

## H

*Habenaria radiata* 360
*Hatiora* 340
*Hedera* 402
    *H. canariensis* 402
    *H. colchica* 402
    *H. helix* 368, 402
    *H. rhombea* 402
*Helianthus annuus* 306
*Helianthus debilis* 314
*Heliconia* 314
*Heliopsis helianthoides* subsp. *scarba* 314
*Helipterum manglesii* var. *maculatum* 379
*Helleborus* 375
    *H. orientalis* 375
*Hibiscus* 372
    *H. arnottianus* 372
    *H. brackenridgei* 372
    *H. kokio* 372
    *H. rosa-sinensis* 372
    *H. schizopetalus* 372
*Hippeastrum* 317
*Hosta* 13, 310
*Hyacinthus orientalis* 376
*Hydrangea* 295
    *H. arborescens* 295
    *H. macrophylla* 295, 399
    *H. macrophylla* f. *hortensia* 368
    *H. macrophylla* f. *macrophylla* 368
    *H. macrophylla* f. *normalis* 368
    *H. paniculata* 295
    *H. quercifolia* 295
*Hypericum* 299
    *H. androsaemum* 299
    *H. calycinum* 405
    *H. frondosum* 405
    *H. hiricinum* 299
    *H. monogynum* 405
*Hypoestes* 366

## I

*Ilex aquifolium* 399
*Ilex crenata* 398
*Illicium anisatum* 296
*Illicium verum* 296
*Impatiens walleriana* 385
*Iris domestica* 314
*Iris domestica* var. *cruenta* f. *vulgaris* 314
*Iris ensata* 313
*Iris germanica* 311
*Iris × hollandica* 320
*Iris kaempferi* 313
*Iris laevigata* 310
*Iris sanguinea* 309
*Ixia* 318

## J

*Jasminum* 297
    *J. floridum* 297
    *J. humile* 297
    *J. humile* var. *revolutum* 297
    *J. polyanthum* 297
*Juniperus chinensis* 395
*Juniperus communis* 395
*Juniperus conferta* 395, 405
*Juniperus horizontalis* 395, 405
*Juniperus procumbens* 395
*Juniperus sargentii* 395
*Juniperus scopulorum* 395
*Juniperus squamata* 395, 405
*Juniperus virginiana* 395

## K

*Kadsura japonica* 401
*Kalanchoe beharensis* 339
*Kalanchoe blossfeldiana* 338
*Kalanchoe manginii* 338
*Kalanchoe marmorata* 339
*Kalanchoe uniflora* 339

## L

*Laelia* 355
*Lagerstroemia indica* 399
*Lampranthus spectabilis* 404
*Lantana* 378
*Lathyrus odoratus* 278
*Lavandula* 378
    *L. angustifolia* 378
    *L.× intermedia* 378
    *L. latifolia* 378
*Leucadendron* 302
    *L. discolor* 302
    *L. laureolum* 302
    *L. salignum* 302
*Leucanthemum lacustre* 312
*Leucanthemum maximum* 312
*Leucanthemum × superbum* 312
*Leucanthemum vulgare* 312
*Leucocoryne* 322
*Liatris* 316
    *L. ligulistylis* 316
    *L. scariosa* 316
    *L. spicata* 316
*Lilium* 255, 389
    *L. alexandrae* 256
    *L. auratum* 256
    *L. auratum* var. *platyphyllum* 256
    *L. cernuum* 256
    *L. concolor* 257
    *L. dauricum* 256
    *L. formosanum* 257
    *L. japonicum* 256
    *L. lancifolium* 256
    *L. longiflorum* 256
    *L. maculatum* 256
    *L. nobilissimum* 256
    *L. rubellum* 256
    *L. speciosum* 256
*Limonium* 262
    *L. bellidifolium* 263
    *L. bonduellei* 262
    *L. caspium* 263
    *L. latifolium* 262
    *L. perezii* 262
    *L. sinense* 262
    *L. sinuatum* 262
    *L. tetragonum* 262
*Liriope muscari* 405
*Liriope platyphylla* 403
*Lobularia* 385
    *L. maritima* 379
*Lonicera japonica* 401
*Lonicera nitida* 405
*Lonicera sempervirens* 401
*Lupinus* 379
    *L. polyhyllus hybrid* 379
*Lycoris albiflora* 322
*Lycoris aurea* 322
*Lycoris incarnata* 322
*Lycoris radiata* 322
*Lycoris sanguinea* 322
*Lycoris squamigera* 322
*Lythrum anceps* 315
*Lythrum salicaria* 315

## M

*Magnolia* 400
*Mahonia japonica* 399
*Malus* 302
    *M. halliana* 302
    *M. micromalus* 302
    *M. prunifolia* 302
    *M. prunifolia* var. *ringo* 302
*Mandevilla* 378
    *M. splendens* 378
*Masdevallia* 361
*Matthiola incana* 260
*Matthiola incana* var. *annua* 260
*Miltonia* 361
*Moluccella laevis* 307
*Monarda didyma* 315
*Monarda fistulosa* 315
*Monstera adansonii* 290
*Monstera deliciosa* 290, 368
*Muscari* 378

## N

*Nandina domestica* 298
*Narcissus poeticus* 319
*Narcissus pseudonarcissus* 320
*Narcissus tazetta* 319
*Nelumbo nucifera* 313
*Neofinetia falcata* 360
*Neoregelia* 365
*Nephrolepis* 363
    *N. cordifolia* 289, 363
    *N. exaltata* 363

*Nerine* 321
   *N. bowdenii* 321
   *N. sarniensis* 321
   *N. undulata* 321
*Nigella damascena* 305
*Nipponanthemum nipponicum* 312
*Nolina* 363
*Nuphar japonicum* 311
*Nymphaea* 312

## O

*Odontoglossum* 359
*Oncidium* 357
   *O. cheirophorum* 357, 358
   *O. flexuosum* 358
   *O. forbesii* 358
   *O. obryzatum* 357
   *O. sphacelatum* 358
   *O. varicosum* 358
*Ophiopogon* 403
   *O. jaburan* 404
   *O. japonicus* 403
   *O. planiscapus* 404
*Ornithogalum arabicum* 317
*Ornithogalum thyrsoides* 317
*Osteospermum* 375
*Oxalis* 375
*Oxypetalum caeruleum* 309

## P

*Pachira glabra* 368
*Pachysandra terminalis* 405
*Paeonia albiflora* 312
*Paeonia lactiflora* 312
*Papaver* 305
   *P. nudicaule* 305
*Paphiopedilum* 360
*Parthenocissus tricuspidata* 402
*Passiflora caerulea* 402
*Patrinia scabiosifolia* 310
*Pecteilis radiata* 360
*Pelargonium* × *domesticum* 335
*Pelargonium* × *hortorum* 335
*Pelargonium inquinans* 335
*Pelargonium peltatum* 335
*Pelargonium zonale* 335
*Pentas lanceolata* 377
*Peperomia* 368
*Pericallis* × *hybrida* 333
*Petunia* 384
   *P. axillaris* 384
   *P. inflata* 384
   *P. violacea* 384
*Phalaenopsis* 352
   *P. amabilis* 353
   *P. equestris* 353
*Philodendron* 368
*Phlox maculata* 309
*Phlox paniculata* 309
*Phlox subulata* 404
*Phoenix roebelenii* 289

*Phyla canescens* 404
*Phyla nodiflora* 404
*Phyllostachys bambusoides* 403
*Phyllostachys edulis* 403
*Phyllostachys nigra* 403
*Physalis alkekengi* var. *franchetii* 315
*Physalis alkekengi* var. *franchetii* f. *monstrosa* 315
*Physocarpus opulifolius* 295
*Physostegia virginiana* 314
*Picea* 399
*Pinus* 300
   *P. palustris* 300
   *P. parviflora* 300
   *P. thunbergii* 300
*Pittosporum tenuifolium* 298
*Platycodon grandiflorus* 310
*Podocarpus* 400
*Polygonatum falcatum* 309
*Polygonatum odoratum* var. *pluriflorum* 309
*Ponerorchis graminifolia* 359
*Portulaca umbraticola* 377
*Potentilla aurea* 404
*Potentilla nepalensis* 404
*Potentilla neumanniana* 404
*Pothos* 362
*Primula* 326
   *P. elatior* 328
   *P. juliae* 328
   *P. malacoides* 327
   *P. megaseifolia* 328
   *P. obconica* 328
   *P.* Polyanthus Group 328
   *P. veris* 328
   *P. vulgaris* 328
*Prunus mume* 295
*Prunus persica* 301
*Prunus* Sato-zakura Group 291
*Prunus* subg. *Cerasus* 291
*Pycnosorus globosus* 311

## R

*Ranunculus asiaticus* 321
*Rhipsalidopsis* 340
*Rhodanthe manglesii* 379
*Rhododendron* 297, 370, 394
   *R.* Belgian Indian Group 370, 394
   *R. dilatatum* 297
   *R.* Exbury Group 394
   *R.* Hirado Group 394
   *R. kaempferi* 297
   *R. kiusianum* 394
   *R.* Kurume Group 394
   *R.* × *obtusum* 297, 394
   *R.* Satsuki Group 394
   *R. simsii* 370
*Rhodohypoxis baurii* 379
*Rosa* 250, 298
   *R. canina* 298
   *R. chinensis* 250

   *R. chinensis* var. *spontanea* 234
   *R. damascena* 234
   *R. gallica* 234
   *R. gigantea* 234
   *R. multiflora* 250, 298
   *R. odorata* 253
   *R. phoenicia* 234
   *R. rubiginosa* 298
   *R. rugosa* 250
   *R. setigera* 298
   *R. wichuraiana* 250
*Rosmarinus officinalis* 379
*Rudbeckia* 316
   *R. hirta* 316
   *R. laciniata* 316
*Rumohra adiantiformis* 291
*Ruscus hypophyllum* 291

## S

*Saintpaulia ionantha* 337
*Salix* 301
   *S. babylonica* 301
   *S. futura* 301
   *S. gracilistyla* var. *melanostachs* 301
   *S. koriyanagi* 301
   *S.* × *leucopithecia* 301
   *S. matsudana* 'Tortuosa' 301
   *S. sachalinensis* 'Setsuka' 301
*Salvia* 382
   *S. coccinea* 382
   *S. farinacea* 382
   *S. glabrescens* 382
   *S. horminum* 382
   *S. japonica* 382
   *S. nipponica* 382
   *S. splendens* 382
*Sandersonia aurantiaca* 319
*Sanguisorba hakusanensis* 310
*Sanguisorba officinalis* 316
*Sansevieria* 363
*Sarcandra glabra* 297
*Sasa veitchii* 403
*Saxifraga* 376
   *S. rosacea* 376
*Scabiosa* 305
   *S. atropurpurea* 305
   *S. caucasica* 305
*Schefflera arboricola* 367
*Schlumbergera* 340
*Sciadopitys verticillata* 296
*Shibataea kumasasa* 403
*Sinningia speciosa* 376
*Solidago* 312
   *S. altissima* 312
   *S. canadensis* 312
   *S. serotina* 312
× *Solidaster luteus* 313
*Sophronitis* 355
*Spathiphyllum* 361
   *S. floribundum* 361
*Spiraea cantoniensis* 296

*Spiraea thunbergii* 301
*Stauntonia hexaphylla* 401
*Stemona japonica* 314
*Stokesia laevis* 312
*Strelitzia reginae* 312
*Symphoricarpos* 297
　　*S. albus* var. *laevigatus* 297
　　*S. microphyllus* 297
　　*S. orbiculatus* 297
*Syringa* 302
　　*S.* × *hyacinthiflora* 302
　　*S. oblata* 302
　　*S. vulgaris* 302

## T

*Tagetes* 307, 383
　　*T. erecta* 307, 383
　　*T. patula* 383
　　*T. tenuifolia* 383
*Tanacetum parthenium* 313
*Taxus* 399
*Thuja occidentalis* 399
*Thymus* 405
　　*T. guinguecostatus* 405
　　*T. longicaulis* 405
*Tillandsia cyanea* 364
*Trachelospermum asiaticum* 402
*Trachelospermum jasminoides* var.
　　*pubescens* 402
*Trachymene coerulea* 307

*Tricyrtis formosana* 315
*Tricyrtis hirta* 315
*Trifolium incarnatum* 305
*Tropaeolum* 375
　　*T. majus* 375
　　*T. minus* 375
　　*T. peltopholem* 375
*Tulipa fosteriana* 279
*Tulipa gesneriana* 8, 279, 387
*Tulipa greigii* 279
*Tulipa kaufmanniana* 279
*Tweedia caerulea* 309
*Typha latifolia* 310

## V

*Verbena* 376
　　*V.* × *hybrida* 386
*Veronica* 314
　　*V. longifolia* 314
　　*V. miqueliana* 314
　　*V. spicata* 314
*Viburnum* 299
　　*V. dilatatum* 299
　　*V. opulus* 299
　　*V. plicatum* 299
　　*V. tinus* 299
*Vinca major* 404
*Vinca minor* 404
*Viola altaica* 380
*Viola calcarata* 380

*Viola cornuta* 380
*Viola lutea* 380
*Viola tricolor* 380
*Viola wittrockiana* 380
*Vriesea* Poelmanii Group 364
*Vriesea splendens* 364

## W

*Wedelia trilobata* 404
*Weigela hortensis* 399
*Wisteria* 402
　　*W. floribunda* 399, 402
　　*W. sinensis* 402
　　*W. venusta* 402

## Y

*Yucca elephantipes* 368

## Z

*Zantedeschia aethiopica* 318
*Zantedeschia albomaculata* 318
*Zantedeschia elliottiana* 318
*Zantedeschia rehmannii* 318
*Zoysia* 406
　　*Z. japonica* 406
　　*Z. matrella* 406
　　*Z. tenuifolia* 406
*Zygocactus* 340

# 資　料　編

―掲載会社索引―
（五十音順）

株式会社サカタのタネ……………………………………………………2
タキイ種苗株式会社………………………………………………………3
株式会社ミヨシグループ…………………………………………………4
株式会社ムラカミシード…………………………………………………5

# サカタのタネ

# PASSION in Seed

～サカタのタネは2013年に創業100周年を迎えました～

当社では、「品質・誠実・奉仕」のもと創業当初から現在に至るまで、
自然環境の変動や時代背景に応じた品種の育種開発を行ってまいりました。
「花は心の栄養、野菜は体の栄養」であり、花と野菜は生きるための原動力です。
タネを通じて人類の課題を克服し、寄与することが当社の変わらぬ使命です。
これからも皆さまのより豊かな暮らしに貢献してまいります。

## Pansy　　　　Lisianthus　　　　Impatiens

マジェスティックジャイアント　　紫の峰　　　　スパーク
1966年発表　　　　1981年発表　　　1971年発表

パシオ®　　　　　フルフル®　　　　サンパチェンス®
2013年発表　　　2013年発表　　　2005年発表

**株式会社 サカタのタネ**　〒224-0041　横浜市都筑区仲町台2-7-1
TEL 045-945-8800（代表）　http://www.sakataseed.co.jp

**タネのタキイ**

ひと粒のタネから
広がる未来…

今やトマトの代名詞ともなった
「桃太郎」、
世界中で最も多く作られている
ヒマワリ「サンリッチ」……。

180年の歴史の中で培われた
最先端の育種技術と、
豊富な遺伝資源を活用し、
タキイはつねに、
すぐれたタネの創造と安定供給で、
人びとの健康的な食生活と、
潤いのある豊かな暮らしに貢献しています。

ひと粒のタネから広がる未来…
**タキイ種苗株式会社**
本社／〒600-8686　京都市下京区梅小路通猪熊東入
TEL(075)365-0123(大代表)　FAX(075)365-0150
www.takii.co.jp
支店／札幌・仙台・東京・福岡　　農場／滋賀・北海道・茨城・長野(塩尻・富士見)・和歌山

# ミヨシグループ
## MIYOSHI GROUP & CO.,LTD.

常に先駆けて行動する
「先駆者」であり続け
常に現場に即した
「お客様第一主義」の精神で
「種苗業」を通して
園芸業界へ貢献していきます

今世紀は農業が世界経済をリードしていきます。

色や形、味覚などの感覚は地域の違いや多様性はあれ、その感動や驚きは万国共通。

我々は種苗業を通じて常に生産者、消費者にとって新しい品種を生み出し、

驚きと感動を提供する企業グループとしてグローバルに展開しております。

一次産業から六次産業への転換が図られておりますが、我々ミヨシグループの開発力、

情報発信力を生かして園芸業界へ貢献し続けていきたいと思います。

---

切花用種苗

**MIYOSHI & CO.,LTD.**

株式会社 ミヨシ

山梨県北杜市小淵沢町上笹尾3181

TEL 0551-36-5911

FAX 0551-36-5900

http://www.miyosi.co.jp/

---

鉢物・花壇用種苗

**M&B Flora**

株式会社エム・アンド・ビー・フローラ

山梨県北杜市小淵沢町上笹尾3181-4

TEL 0551-36-5677

FAX 0551-36-5636

http://www.mbflora.co.jp/

---

カーネーション種苗

**M&H Bloemen co.,ltd.**

株式会社 M&Hブルーメン

山梨県北杜市小淵沢町上笹尾3181-10

TEL 0551-36-5587

FAX 0551-36-5547

http://www.mh-bloemen.co.jp/

# MURAKAMI SEED

まちに彩りを、
人の心に潤いを

**株式会社 ムラカミ シード**
**MURAKAMI SEED CO.,LTD.**

本社
〒309-1738 茨城県笠間市大田町341
TEL 0296-77-0354　FAX 0296-77-1295

水戸研究農場
〒319-0323 茨城県水戸市鯉渕町5986
TEL 029-259-6332　FAX 029-259-6226

**編集者略歴**

今西英雄（いまにし・ひでお）
1940 年　滋賀県に生まれる
1965 年　京都大学大学院農学研究科修士課程修了
現　在　大阪府立大学名誉教授
　　　　農学博士

腰岡政二（こしおか・まさじ）
1950 年　兵庫県に生まれる
1975 年　大阪大学大学院薬学研究科修士課程修了
現　在　日本大学生物資源科学部・教授
　　　　薬学博士・農学博士

柴田道夫（しばた・みちお）
1956 年　東京都に生まれる
1979 年　東京大学農学部卒業
現　在　東京大学大学院農学生命科学研究科・教授
　　　　農学博士

土井元章（どい・もとあき）
1958 年　大阪府に生まれる
1982 年　京都大学大学院農学研究科修士課程修了
現　在　京都大学大学院農学研究科・教授
　　　　農学博士

---

花の園芸事典　　　　　　　　　　　定価はカバーに表示

2014 年 9 月 20 日　初版第 1 刷

　　　　編集者　今　西　英　雄
　　　　　　　　腰　岡　政　二
　　　　　　　　柴　田　道　夫
　　　　　　　　土　井　元　章
　　　　発行者　朝　倉　邦　造
　　　　発行所　株式会社　朝倉書店
　　　　　　　　東京都新宿区新小川町 6-29
　　　　　　　　郵 便 番 号　１６２-８７０７
　　　　　　　　電　話　03（3260）0141
　　　　　　　　ＦＡＸ　03（3260）0180
　　　　　　　　http://www.asakura.co.jp

〈検印省略〉

© 2014 〈無断複写・転載を禁ず〉　　　　新日本印刷・牧製本
ISBN 978-4-254-41034-1　C 3561　　　　Printed in Japan

JCOPY　〈(社)出版者著作権管理機構 委託出版物〉
本書の無断複写は著作権法上での例外を除き禁じられています．複写される場合は，そのつど事前に，(社)出版者著作権管理機構（電話 03-3513-6969，FAX 03-3513-6979，e-mail: info@jcopy.or.jp）の許諾を得てください．

東北大 西尾 剛編著
見てわかる農学シリーズ1
# 遺 伝 学 の 基 礎
40541-5 C3361　　　　B 5 判 180頁 本体3600円

農学系の学生のための遺伝学入門書。メンデルの古典遺伝学から最先端の分子遺伝学まで、図やコラムを豊富に用い「見やすく」「わかりやすい」解説をこころがけた。1章が講義1回用、全15章からなり、セメスター授業に最適の構成。

前東農大 今西英雄編著
見てわかる農学シリーズ2
# 園 芸 学 入 門
40542-2 C3361　　　　B 5 判 168頁 本体3600円

園芸学(概論)の平易なテキスト。図表を豊富に駆使し、「見やすく」「わかりやすい」構成をこころがけた。〔内容〕序論／園芸作物の種類と分類／形態／育種／繁殖／発育の生理／生育環境と栽培管理／施設園芸／園芸生産物の利用と流通

大阪府大 大門弘幸編著
見てわかる農学シリーズ3
# 作 物 学 概 論
40543-9 C3361　　　　B 5 判 208頁 本体3800円

セメスター授業に対応した、作物学の平易なテキスト。図や写真を多数収録し、コラムや用語解説など構成も「見やすく」「わかりやすい」よう工夫した。〔内容〕総論(作物の起源／成長と生理／栽培管理と環境保全)、各論(イネ／ムギ類／他)

前東農大 池上正人編著
見てわかる農学シリーズ4
# バイオテクノロジー概論
40544-6 C3361　　　　B 5 判 176頁 本体3600円

めざましい発展と拡大をとげてきたバイオテクノロジーの各分野を俯瞰的にとらえ、全体を把握できるよう解説した初学者に最適の教科書。〔内容〕バイオテクノロジーとは／組換えDNA技術／植物分野／動物分野／食品分野／環境分野／他

日本作物学会『作物栽培大系』編集委員会監修
作物研 小柳敦史・中央農業研究センター 渡邊好昭編
作物栽培大系3
# 麦 類 の 栽 培 と 利 用
41503-2 C3361　　　　A 5 判 248頁 本体4500円

コムギ、オオムギなど麦類は、主要な穀物であるだけでなく、数少ない冬作物として作付体系上きわめて重要な位置を占める。本巻ではこれら麦類の栽培について体系的に解説する。〔内容〕コムギ／オオムギ／エンバク／ライムギ／ライコムギ

日本作物学会『作物栽培大系』編集委員会監修
東北大 国分牧衛編
作物栽培大系5
# 豆 類 の 栽 培 と 利 用
41505-6 C3361　　　　A 5 判 240頁 本体4500円

根粒による窒素固定能力や高い栄養価など、他の作物では代替できないユニークな特性を持つマメ科作物の栽培について体系的に解説する。〔内容〕ダイズ／アズキ／ラッカセイ／その他の豆類(インゲンマメ，ササゲ，エンドウ，ソラマメ等)

農工大 荻原 勲編著
# 図説 園 芸 学
41027-3 C3061　　　　B 5 判 224頁 本体4500円

明快な図版と丁寧な解説で説き起こす園芸学の総合的入門書。初学者から実務家まで幅広い読者に対応。〔内容〕品種および育種法／施設栽培／ポストハーベストテクノロジー／野菜の種類と原産地／野菜(花卉)の形態と生理生態的特性／他

千葉大 古在豊樹・千葉大 後藤英司・東大 富士原和宏編著
# 最新施設園芸学
41026-6 C3061　　　　A 5 判 248頁 本体4500円

好評のテキスト「新施設園芸学」の全面改訂版。園芸作物の環境応答に関する基本を解説するとともに、近年めざましい学術的・技術的発展も紹介。〔内容〕緒論／園芸植物の特性／園芸施設の環境調節／栽培管理／新領域(園芸療法，宇宙農場他)

鈴木芳夫・高野泰吉・八鍬利郎・中村俊一郎・
斎藤 隆・藤重宣昭・岩田 隆著
# 新 蔬 菜 園 芸 学
41015-0 C3061　　　　A 5 判 228頁 本体4400円

蔬菜園芸全般を体系的に概観しつつ、最新の技術の現状や収穫後の取扱い等も解説したスタンダードな教科書・参考書〔内容〕序論／種類と生産／育種・採種とバイオテクノロジー／栄養と生育／生長と発育／栽培技術／収穫後の生理と品質保持

愛媛大 水谷房雄他著
# 最 新 果 樹 園 芸 学
41025-9 C3061　　　　A 5 判 248頁 本体4700円

新知見を盛り込んでリニューアルした標準テキスト〔内容〕最新の動向／環境と生態／種類と品種／繁殖と育種／開園と栽植／水分生理と土壌管理／樹体栄養と施肥／整枝・せん定／開花と結実／発育と成熟／収穫後の取り扱い／生理障害・災害

園芸学会監修
# 日 本 の 園 芸 (普及版)
41030-3 C3061　　　　B 5 判 232頁 本体4200円

全体を総論と果樹・野菜・花きの三つの各論に分け、日本の園芸事情全般について網羅的に解説。〔内容〕日本の園芸の特徴／地理・気象条件／市場・流通システム／各種作物の歴史／主要品種／生産・消費・作型／日本の特徴的な栽培技術／他

東北大 齋藤忠夫編著
農学・生命科学のための
# 学術情報リテラシー
40021-2 C3061　　　　B 5 判 132頁 本体2800円

情報化社会のなか研究者が身につけるべきリテラシーを、初学者向けに丁寧に解説した手引き書。〔内容〕学術文献とは何か／学術情報の入手利用法(インターネットの利用，学術データベース，図書館の活用，等)／学術情報と研究者の倫理／他

前千葉大 本山直樹編

# 農 薬 学 事 典

43069-1 C3561　　A5判 592頁 本体20000円

農薬学の最新研究成果を紹介するとともに，その作用機構，安全性，散布の実際などとくに環境という視点から専門研究者だけでなく周辺領域の人たちにも正しい理解が得られるよう解説したハンドブック。〔内容〕農薬とは／農薬の生産／農薬の研究開発／農薬のしくみ／農薬の作用機構／農薬抵抗性問題／化学農薬以外の農薬／遺伝子組換え作物／農薬の有益性／農薬の安全性／農薬中毒と治療方法／農薬と環境問題／農薬散布の実際／関連法規／わが国の主な農薬一覧／関係機関一覧

前東大 鈴木昭憲・前東大 荒井綜一編

# 農 芸 化 学 の 事 典

43080-6 C3561　　B5判 904頁 本体38000円

農芸化学の全体像を俯瞰し，将来の展望を含め，単に従来の農芸化学の集積ではなく，新しい考え方を十分取り入れ新しい切り口でまとめた。研究小史を各章の冒頭につけ，各項目の農芸化学における位置付けを初学者にもわかりやすく解説。〔内容〕生命科学／有機化学（生物活性物質の化学，生物有機化学における新しい展開）／食品科学／微生物科学／バイオテクノロジー（植物,動物バイオテクノロジー）／環境科学（微生物機能と環境科学，土壌肥料・農地生態系における環境科学）

石川県大 杉浦　明・近畿大 宇都宮直樹・香川大 片岡郁雄・岡山大 久保田尚浩・京大 米森敬三編

# 果 実 の 事 典

43095-0 C3561　　A5判 636頁 本体20000円

果実（フルーツ，ナッツ）は，太古より生命の糧として人類の文明を支え，現代においても食生活に潤いを与える嗜好食品，あるいは機能性栄養成分の宝庫としてその役割を広げている。本書は，そうした果実について来歴，形態，栽培から利用加工，栄養まで，総合的に解説した事典である。〔内容〕総論（果実の植物学／歴史／美味しさと栄養成分／利用加工／生産と消費）各論（リンゴ／カンキツ類／ブドウ／ナシ／モモ／イチゴ／メロン／バナナ／マンゴー／クリ／クルミ／他）

前鹿児島大 伊藤三郎編
食物と健康の科学シリーズ

## 果実の機能と科学

43541-2 C3361　　A5判 244頁 本体4500円

高い機能性と嗜好性をあわせもつすぐれた食品である果実について，生理・生化学，栄養機能といった様々な側面から解説した最新の書。〔内容〕果実の植物学／成熟生理と生化学／栄養・食品化学／健康科学／各種果実の機能特性／他

東京大学大学院農学生命科学研究科応用生命化学・応用生命工学専攻編

21世紀のバイオ
サイエンス **実験農芸化学**

43115-5 C3061　　B5判 304頁 本体6200円

1908年の刊行以来，定評ある実験書を現状に合わせ改訂した。〔内容〕無機成分分析法／土壌実験法／低分子有機化合物実験法／食品由来成分実験法／タンパク質・酵素実験法／応用微生物実験法／植物実験法／動物・動物細胞取扱実験法／他

大阪大 福井希一・大阪教育大 向井康比己・岡山大 佐藤和広著

## 植物の遺伝と育種（第2版）

42038-8 C3061　　A5判 256頁 本体4300円

遺伝・育種学の基礎的事項を網羅し，やさしく丁寧に解説。公務員試験の出題範囲もカバーした最新最良の教科書。〔内容〕遺伝のしくみ／遺伝子・染色体・ゲノム／さまざまな育種法／細胞・組織工学／遺伝子工学／情報科学とデータ解析／他

元東農大 上原敬二著

## 樹木ガイドブック

47048-2 C3061　　四六変判 504頁 本体1800円

さまざまな樹木をイラスト付きで詳説。全90科430種の形態・産地・適地・生長・用途などを，各1ページにまとめて記載．特に形態の項では樹形・葉・花・実について詳述．野外での調べものに最適．1962年初版の新装版．

森林総研 鈴木和夫・東大 福田健二編著

## 図説 日本の樹木

17149-5 C3045　　B5判 208頁 本体4800円

カラー写真を豊富に用い，日本に自生する樹木を平易に解説。〔内容〕概論（日本の林相・植物の分類）／各論（10科—マツ科・ブナ科ほか，55属—ヒノキ属・サクラ属ほか，100種—イチョウ・マンサク・モウソウチクほか，きのこ類）

石川県大 岡崎正規・農工大 木村園子ドロテア・農工大 豊田剛己・北大 波多野隆介・農環研 林健太郎著

## 図説 日本の土壌

40017-5 C3061　　B5判 184頁 本体5200円

日本の土壌の姿を豊富なカラー写真と図版で解説。〔内容〕わが国の土壌の特徴と分布／物質は巡る／生物を育む土壌／土壌と大気の間に／土壌から水・植物・動物・ヒトへ／ヒトから土壌へ／土壌資源／土壌と地域・地球／かけがえのない土壌

V.H.ヘイウッド編　前東大 大澤雅彦監訳

## ヘイウッド 花の大百科事典（普及版）

17139-6　C3545　　　　A 4 判　352頁　本体34000円

25万種にもおよぶ世界中の"花の咲く植物＝顕花植物／被子植物"の特徴を、約300の科別に美しいカラー図版と共に詳しく解説した情報満載の本。ガーデニング愛好家から植物学の研究者まで幅広い読者に向けたわかりやすい記載と科学的内容。〔内容〕【総論】顕花植物について／分類・体系／構造・形態／生態／利用／用語集【各科の解説内容】概要／分布（分布地図）／科の特徴／分類／経済的利用【収載した科の例】クルミ科／スイレン科／バラ科／ラフレシア科／アカネ科／ユリ科／他多数

阿部定夫・岡田正順・小西国義・樋口春三編

## 花卉園芸の事典（新装版）

41036-5　C3561　　　　A 5 判　848頁　本体16000円

日本で栽培されている花卉約470種を収め、それぞれの来歴、形態、品種、生態、栽培、病虫害、利用などを解説。現場技術者の手引書、園芸愛好家の座右の書、また農学系大学・高校での参考書として、さらに、データや文献も豊富に収載して、専門研究者の研究書としても役立つ。大学・試験場等第一線研究者63名による労作。〔内容〕花卉の分類と品質保護／一・二年草／宿根草／球根／花木／温室植物／観葉植物／ラン／サボテン・多肉植物／病虫害一覧／園芸資材一覧／用語解説

松本正雄・大垣智昭・大川　清編

## 園　芸　事　典（新装版）

41031-0　C3561　　　　B 5 判　408頁　本体16000円

果樹・野菜・花き・花木などの園芸用語のほか、周辺領域および日本古来の特有な用語なども含め約1500項目（見出し約2000項目）を、図・写真・表などを掲げて平易に解説した五十音配列の事典。各領域の専門研究者66名が的確な解説を行っているので信頼して利用できる。関連項目は必要に応じて見出し語として併記し相互理解を容易にした。慣用されている英語を可能な限り多く収録したので英和用語集としても使える。園芸の専門家だけでなく、一般の園芸愛好者・学生にも便利

植物栄養・肥料の事典編集委員会編

## 植物栄養・肥料の事典

43077-6　C3561　　　　A 5 判　720頁　本体23000円

植物生理・生化学、土壌学、植物生態学、環境科学、分子生物学など幅広い分野を視野に入れ、進展いちじるしい植物栄養学および肥料学について第一線の研究者約130名により詳しくかつ平易に書かれたハンドブック。大学・試験場・研究機関などの専門研究者だけでなく周辺領域の人々や現場の技術者にも役立つ好個の待望書。〔内容〕植物の形態／根圏／元素の生理機能／吸収と移動／代謝／共生／ストレス生理／肥料／施肥／栄養診断／農産物の品質／環境／分子生物学

但野利秋・尾和尚人・木村眞人・越野正義・三枝正彦・長谷川功・吉羽雅昭編

## 肥　料　の　事　典

43090-5　C3561　　　　B 5 判　400頁　本体18000円

世界的な人口増加を背景とする食料の増産と、それを支える肥料需要の増大によって深刻化する水質汚染や大気汚染などの環境問題。これら今日的な課題を踏まえ、持続可能な農業生産体制の構築のための新たな指針として、肥料の基礎から施肥の実務までを解説。〔内容〕食料生産と施肥／施肥需要の歴史的推移と将来展望／肥料の定義と分類／肥料の種類と性質（化学肥料／有機性肥料）／土地改良資材／施肥法／施肥と作物の品質／施肥と環境

元東大 石井龍一・前東大 岩槻邦男・環境研 竹中明夫・甲子園短大 土橋　豊・基礎生物学研 長谷部光泰・九大 矢原徹一・九大 和田正三編

## 植　物　の　百　科　事　典

17137-2　C3545　　　　B 5 判　560頁　本体20000円

植物に関わる様々なテーマについて、単に用語解説にとどまることなく、ストーリー性をもたせる形で解説した事典。章の冒頭に全体像がつかめるよう総論を掲げるとともに、各節のはじめにも総説を述べてから項目の解説にはいる工夫された構成となっている。また、豊富な図・写真を用いてよりわかりやすい内容とし、最新の情報も十分にとり入れた。植物に関心と好奇心をもつ方々の必携書。〔内容〕植物のはたらき／植物の生活／植物のかたち／植物の進化／植物の利用／植物と文化

上記価格（税別）は 2014 年 8 月現在